JULGAMENTO E JUÍZO DE CONTAS NO BRASIL

A reconstrução necessária

História, teoria e paradigmas internacionais

WEDER DE OLIVEIRA

Prefácios
Ministro Gilmar Ferreira Mendes
Ministro André Mendonça

Apresentações
José Maurício Conti
Marcus André Melo

JULGAMENTO E JUÍZO DE CONTAS NO BRASIL

A reconstrução necessária
História, teoria e paradigmas internacionais

Belo Horizonte
FORUM
CONHECIMENTO JURÍDICO
2025

FÓRUM
CONHECIMENTO JURÍDICO

Luís Cláudio Rodrigues Ferreira
Presidente e Editor

Coordenação editorial: Leonardo Eustáquio Siqueira Araújo / Aline Sobreira de Oliveira
Revisão: Gabriela Sbeghen
Capa e projeto gráfico: Walter Santos
Diagramação: Formato Editoração

Rua Paulo Ribeiro Bastos, 211 – Jardim Atlântico – CEP 31710-430
Belo Horizonte – Minas Gerais – Tel.: (31) 99412.0131
www.editoraforum.com.br – editoraforum@editoraforum.com.br

Técnica. Empenho. Zelo. Esses foram alguns dos cuidados aplicados na edição desta obra. No entanto, podem ocorrer erros de impressão, digitação ou mesmo restar alguma dúvida conceitual. Caso se constate algo assim, solicitamos a gentileza de nos comunicar através do *e-mail* editorial@editoraforum.com.br para que possamos esclarecer, no que couber. A sua contribuição é muito importante para mantermos a excelência editorial. A Editora Fórum agradece a sua contribuição.

Dados Internacionais de Catalogação na Publicação (CIP) de acordo com ISBD

O48j Oliveira, Weder de

Julgamento e juízo de contas no Brasil: a reconstrução necessária. História, teoria e paradigmas internacionais. / Weder de Oliveira. Belo Horizonte: Fórum, 2025.

620p. 17x24cm

ISBN impresso 978-85-450-0876-7
ISBN digital 978-85-450-0875-0

1. Parecer prévio. 2. Contas de governo. 3. Contas de gestão. 4. Responsabilização financeira. 5. História do Tribunal de Contas. I. Título.

CDD: 343.03
CDU: 34.33

Ficha catalográfica elaborada por Lissandra Ruas Lima – CRB/6 – 2851

Informação bibliográfica deste livro, conforme a NBR 6023:2018 da Associação Brasileira de Normas Técnicas (ABNT):

OLIVEIRA, Weder de. Julgamento e juízo de contas no Brasil: a reconstrução necessária. História, teoria e paradigmas internacionais. Belo Horizonte: Fórum, 2025. 620p. ISBN 978-85-450-0876-7.

Para Gabriela, minha mulher, companheira de todos os momentos, que, de um jeito especial – único, determinado e amoroso –, sempre nos leva adiante.

Para Natália e Júlia, minhas filhas, amigas e, por vezes, conselheiras, que me fazem agradecer todos os dias pela bênção de ser pai delas.

Aos meus pais, Eny e Ozair, exemplos de mãe e pai, aos quais só posso agradecer da forma mais simples, sincera e verdadeira: não fosse a dedicação de vocês, nada disso seria possível.

Aos meus queridos irmãos, Rosani, Willer (*in memoriam*) e Rosilene, sempre presentes em meu espírito – partes de uma história comum que não se desfaz.

Aos membros da banca examinadora, que concederam à minha tese de doutorado – consolidada neste livro – a avaliação máxima da Universidade de São Paulo, *summa cum laude*, minha profunda gratidão por essa grande honra:

Ministro Gilmar Mendes, que reúne as melhores qualidades de docente e uma vasta compreensão da realidade brasileira, inspirando seus alunos – com quem compartilho vivências acadêmicas desde o início dos anos 2000, na Faculdade de Direito da Universidade de Brasília.

Ministro André Mendonça, docente de admirável e generosa capacidade de inspirar e compartilhar lições de sabedoria e humanidade, que me trouxe os estímulos decisivos para prosseguir na pesquisa acadêmica e profissional, quando conversamos, em 2019, sobre sua experiência na Universidade de Salamanca.

Professor José Maurício Conti, de quem me tornei amigo na Universidade de São Paulo, cuja imensa e genuína dedicação ao ensino e notável capacidade de promover conhecimento com seriedade elevaram a abordagem do direito financeiro brasileiro a outro patamar, no qual a interdisciplinaridade se tornou o novo normal.

Professor Marcus André Melo, renomado cientista político da Universidade Federal de Pernambuco e referência internacional nos estudos sobre entidades fiscalizadoras superiores e mecanismos de *accountability*, que nos surpreende com *insights* instigantes em cada coluna sobre a política nacional e internacional – leitura indispensável.

Professora Sabrina Iocken, Conselheira-Substituta, que faz avançar as ideias de avaliação de políticas públicas e do bom controle externo em suas publicações, na docência e no exercício profissional, engrandecendo a atuação das mulheres nos Tribunais de Contas de Santa Catarina e do Brasil.

Professor João Ricardo Catarino, eminente catedrático do Instituto Superior de Ciências Sociais e Políticas da Universidade de Lisboa, autor de obras singulares em direito financeiro, direito tributário, finanças públicas e economia política, que aportou um olhar europeu ao meu livro *Lei de Diretrizes Orçamentárias: gênese, funcionalidade e constitucionalidade – Retomando as origens*, generosamente expresso em seu prefácio, de 2017.

Aos amigos Mariângela e Rubin Lemos, Suzana e Armando Pamplona, Lílian e Ribamar Oliveira (*in memoriam*), Paulo Maciel e Rosângela Gazdovich, pela inestimável companhia – alegre e verdadeira – que tornou mais amenas e felizes as pausas de pesquisa e escrita.

Ao Ministro José Mucio Monteiro, pela amizade e convivência sempre bem-humorada, e aos amigos ministros, ministros-substitutos e procuradores com os quais compartilho a experiência do aprendizado mútuo e respeitoso nos órgãos colegiados: ministros Walton Alencar Rodrigues, Benjamin Zymler, Augusto Nardes, Aroldo Cedraz, Bruno Dantas, Vital do Rêgo, Jorge Oliveira, Antônio Anastasia e Jhonatan de Jesus; ministros-substitutos Augusto Sherman Cavalcanti e Marcos Bemquerer Costa; Cristina

Machado, Lucas Rocha Furtado, Paulo Soares Bugarin, Júlio Marcelo de Oliveira, Marinus Marsico, Sérgio Caribé e Rodrigo Medeiros – membros do Ministério Público de Contas.

Aos ministros aposentados Luciano Brandão (*in memoriam*), Marcos Vilaça (*in memoriam*), Ubiratan Aguiar, Valmir Campelo, José Jorge e Raimundo Carreiro, e à Ministra Ana Arraes, dos quais guardo lembranças e exemplos de muito valor.

Ao amigo Marcelo Bemerguy e a todos que trabalham e trabalharam comigo no Tribunal de Contas da União, sempre enfrentando desafios semanais de encontrar soluções certas e justas para problemas difíceis em um ambiente de interação fraterna e disposição à dialética – em especial a Mauro, Érica, Patrícia, Laércio, Nelson, Amparo, Luciane, Gualter, Rogério, Aline, Alysson, Geovani, Mariana, Marcos, Juliana, Orlando, Martha, Cícero e Ronaldo.

A todos do nosso extraordinário Tribunal de Contas da União que, com muita dedicação, estudo, trabalho e vontade de fazer melhor, contribuíram, pelos modos mais diversos, para a ampliação do conhecimento coletivo, que muito nos beneficia.

Para construir um futuro melhor, temos de entender com profundidade o presente, e para conhecer o presente, é absolutamente necessário conhecer o passado porque ademais nada há de novo debaixo do sol.

(Rafael de Mendizábal Allende)

ACD	Auditoria de conformidade declaratória
ACI	Auditoria de conformidade inquiritiva
AC 3608	Acórdão nº 3.608/2014-TCU-Plenário
ART 16-I	Inciso I do art. 16 da Lei nº 8.443/1992
ART 16-II	Inciso II do art. 16 da Lei nº 8.443/1992
ART 16-III	Inciso III do art. 16 da Lei nº 8.443/1992
CCU	Código de Contabilidade da União de 1922
CF	Constituição Federal
CGU	Controladoria-Geral da União
CPR	Contas do Presidente da República
GAO	*Government Accountability Office*
EFS	Entidade fiscalizadora superior
LOTCU	Lei Orgânica do Tribunal de Contas da União
Intosai	*International Organization of Supreme Audit Institutions*
Inciso I-G	Alínea "g" do inciso I do art. 1º da Lei Complementar nº 64/1990
ISSAI	*International Standards of Supreme Audit Institutions*
NAO	*National Audit Office*
NMPC-IN 84	Relatório Novo Modelo de Tomada e Prestação de Contas
NMC-1967	Novo Modelo de Controle após 1967
OCDE	Organização para a Cooperação e Desenvolvimento Econômico
RITCU	Regimento Interno do Tribunal de Contas da União
RPTC-1917	Regulamento de Prestação e Tomada de Contas de 1917
SAI	*Supreme Audit Institution*
STF	Supremo Tribunal Federal
STJ	Superior Tribunal de Justiça
TCs	Tribunais de Contas
TCU	Tribunal de Contas da União
THAR	Trabalho híbrido de auditoria e responsabilização

CAPÍTULO 7

A obra *Julgamento e juízo de contas no Brasil: a reconstrução necessária*, fruto da brilhante tese de doutorado de Weder de Oliveira, vem suprir uma lacuna na literatura acadêmica ao apresentar, com notável densidade teórica, um estudo aprofundado sobre os fundamentos e as funções dos Tribunais de Contas no ordenamento brasileiro.

Na definição do Professor Hely Lopes Meirelles, controle é "a faculdade de vigilância, orientação e correção que um Poder, órgão ou autoridade exerce sobre a conduta funcional de outro".[1] Trata-se de conceito amplo, que abrange as diversas funções estatais sob diferentes formas e aspectos.

Essa atribuição pode ser compreendida como decorrência natural do Estado Democrático de Direito: é por meio do controle que se assegura o respeito às regras e aos princípios jurídicos pela Administração Pública e seus agentes. Nessa perspectiva, a doutrina classifica o controle segundo distintos critérios, entre os quais se destacam: o órgão responsável (controle administrativo, legislativo ou judicial), a posição relativa entre o controlador e o controlado (controle interno ou externo) e o momento de seu exercício (controle prévio ou preventivo, concomitante ou *a posteriori*).

A Constituição Federal de 1988, em contraste com as Constituições pretéritas, conferiu especial relevo ao controle externo de natureza financeira, dedicando-lhe uma seção específica (arts. 70 a 75) e prevendo-o em outros dispositivos dispersos ao longo do texto constitucional, como o art. 31, que versa sobre a fiscalização financeira dos municípios.

Conforme preceitua o art. 71 da Lei Maior, esse controle, "a cargo do Congresso Nacional, será exercido com o auxílio do Tribunal de Contas da União". Adotou-se, no país, modelo similar ao de alguns Estados da Europa Ocidental (como Portugal, Espanha, Itália, França e Bélgica), centrado nas Cortes de Contas. Esse modelo contrasta com o das controladorias ou auditorias-gerais, típicas dos países de tradição anglo-saxônica (Estados Unidos, Austrália, Canadá, Nova Zelândia e Reino Unido), onde o controle externo é exercido por órgãos unipessoais e com atribuições restritas à fiscalização. Há ainda um modelo misto, adotado por nações como Alemanha, Áustria e Países Baixos, no qual atuam órgãos colegiados, mas sem função de julgamento de contas.

Importante ressaltar que o auxílio prestado pelos Tribunais de Contas ao Parlamento não os torna meros auxiliares ou subordinados do Poder Legislativo. Ao contrário, essas Cortes exercem competências constitucionais próprias, previstas nos incisos do art. 71 da Constituição, e atuam de forma independente, sem sujeição à revisão parlamentar.

Como assentou o Supremo Tribunal Federal no julgamento da ADI nº 4.190 MC (Rel. Min. Celso de Mello), os Tribunais de Contas "ostentam posição eminente na estrutura constitucional brasileira, não se achando subordinados, por qualquer vínculo

[1] MEIRELLES, Hely Lopes. *Direito administrativo brasileiro*. 17. ed. São Paulo: Malheiros, 1990.

de ordem hierárquica, ao Poder Legislativo, de que não são órgãos delegatários nem organismos de mero assessoramento técnico". Nesse sentido, completa: a "competência institucional dos Tribunais de Contas não deriva, por isso mesmo, de delegação dos órgãos do Poder Legislativo, mas traduz emanação que resulta, primariamente, da própria Constituição da República".[2]

Por isso, os Tribunais de Contas não integram o Poder Legislativo, tampouco o Executivo ou o Judiciário. Cuida-se, isto sim, de órgãos independentes e autônomos, cujas funções são expressamente atribuídas pelo texto constitucional.

Nesse cenário institucional complexo, em que o controle externo financeiro desempenha papel essencial na preservação da integridade do Estado e na proteção do interesse público, esta obra oferece contribuição singular: realiza uma investigação crítica sobre os fundamentos históricos, teóricos e normativos da existência e da atuação dos Tribunais de Contas no Brasil, com especial atenção às funções de julgamento e juízo das contas públicas. A partir da análise da experiência do Tribunal de Contas da União, articula questões institucionais, processuais e políticas, propondo uma nova compreensão sobre os sentidos e os limites dessas funções constitucionais.

Deste modo, o livro é leitura indispensável para estudantes e profissionais do direito que busquem compreender, com rigor e clareza, o papel dos Tribunais de Contas no Brasil.

Desejo a todos proveitosa leitura!

Gilmar Ferreira Mendes

Doutor em Direito pela Universidade de Münster, Alemanha. Professor de Direito Constitucional nos cursos de graduação e pós-graduação do Instituto Brasileiro de Ensino, Desenvolvimento e Pesquisa (IDP). Ministro do Supremo Tribunal Federal (STF).

[2] ADI 4.190 MC-Ref. Rel. Min. Celso de Mello, Tribunal Pleno. *DJe*, 11.6.2010.

A Constituição da República, no parágrafo único do seu artigo 70, estabelece o *princípio da prestação de contas*: "qualquer pessoa física ou jurídica, pública ou privada, que utilize, arrecade, guarde, gerencie ou administre dinheiros, bens e valores públicos ou pelos quais a União responda, ou que, em nome desta, assuma obrigações de natureza pecuniária", assume o incontornável dever de prestar contas. A redação desse dispositivo, aprimorada pela Emenda Constitucional nº 19, de 1998, explicita o que já poderia ser facilmente depreendido da conjugação de preceitos diversos albergados na Carta de 1988, tais como os princípios republicano, da moralidade, da publicidade e da eficiência. Trata-se, no reverso da moeda, de uma das expressões do direito fundamental ao *bom governo* que assiste ao povo brasileiro.

A efetividade desse princípio, por sua vez, está diretamente ligada à função controladora do Estado, personificada, no que tange ao controle externo, no Tribunal de Contas da União (TCU) e, quanto aos demais níveis da federação, nos correlatos Tribunais de Contas dos Estados e, onde houver, Municípios. Embora ostentem vinculação auxiliar ao Poder Legislativo, o conjunto de prerrogativas atribuído a tais órgãos pelo constituinte originário, equiparado a órgãos de cúpula do Poder Judiciário, coloca-os em relevantíssima e singular posição institucional no desenho organizacional do Estado brasileiro.

Só essa constatação já indica a imensa importância da obra que tenho a hora de apresentar, fruto de diligente pesquisa e larga vivência do jurista e amigo Weder de Oliveira. Ministro-substituto do Tribunal de Contas da União desde 2009, o autor não se limita à tarefa descritiva do funcionamento institucional dos Tribunais de Contas, o que já seria altamente meritório, mas, além disso, propõe uma pertinente revisão crítica da lógica que tem regido o modelo atual de julgamento de contas, rompendo com paradigmas que, embora consolidados na *práxis*, não atingem adequadamente o refinamento desejado da teoria do controle, considerando a prática internacional e o próprio *espírito* da Constituição brasileira.

Sobre práticas alienígenas, diga-se, com rara combinação de densidade teórica, pesquisa histórica e clareza analítica, o autor articula elucidativa comparação com outros modelos de Entidades de Fiscalização Superior – como o belga-italiano, o francês e o inglês – para demonstrar que outras arquiteturas institucionais são possíveis, nas quais a ênfase no rigorismo técnico diminui a margem para percepções politicamente contaminadas. Ademais, o livro mergulha na história do controle de contas no Brasil, desde suas raízes no Império, percorrendo a construção normativa e política dos Tribunais de Contas, que desaguou na concepção binária – e imprecisa – de "aprovar" ou "rejeitar" contas públicas, emulando, por vezes, inapropriados juízos de valor. A análise sugere o afastamento do modelo brasileiro das melhores práticas globais e como isso repercute não somente na racionalidade decisória, mas, em última análise, na própria efetividade da responsabilização.

Creio que o maior mérito da obra reside na sua proposta de reconstrução: repensar a função do julgamento de contas não como instância de censura simbólica ou de disputa política, mas como ferramenta institucional comprometida com a boa governança dos recursos públicos. É uma proposta disruptiva e corajosa, que, embora desafie práticas consolidadas, não o faz de forma descomprometida com o rigor teórico da pesquisa jurídico-acadêmica.

Por tais razões, recomendo enfaticamente a leitura deste livro a todos os operadores e estudiosos do direito público, em especial aos que lidam com a temática do controle externo. O *princípio da prestação de contas*, na proposta ora trazida, reencontra-se efetivamente com o que Rui Barbosa denominou *princípio do Tribunal de Contas* há mais de um século. Sem dúvida alguma, Weder de Oliveira oferece a todos nós um texto maduro, provocador e, por isso mesmo, imprescindível para repensar os rumos do controle de contas no Brasil.

Brasília, julho de 2025.

André Luiz de Almeida Mendonça

Doutor em Direito pela Universidade de Salamanca. Ministro do Supremo Tribunal Federal.

É com grande honra e imensa satisfação que apresento o livro *Julgamento e juízo de contas no Brasil: a reconstrução necessária. História, teoria e paradigmas internacionais*, de autoria de Weder de Oliveira. Fruto de sua tese de doutorado defendida na Faculdade de Direito da Universidade de São Paulo, a obra representa uma contribuição rara e extremamente valiosa ao campo do direito financeiro – especialmente no que se refere à compreensão crítica, histórica e estrutural da função de julgamento de contas exercida pelos Tribunais de Contas no Brasil. Trata-se de um trabalho que preenche importantes lacunas doutrinárias, revisita e esclarece conceitos frequentemente tratados como consolidados e propõe uma nova perspectiva institucional para uma das mais relevantes engrenagens de *accountability* do Estado brasileiro.

O julgamento das contas, prática consolidada há décadas no Brasil e em diversos outros países, envolve aspectos teóricos e práticos de grande relevância para todos os atores institucionais envolvidos. Aspectos que nunca foram devidamente analisados, estudados e sistematizados, o que dificulta a formulação de soluções adequadas para as múltiplas questões que deles decorrem. Essa lacuna é agora preenchida de forma exemplar por Weder de Oliveira – autor que, sem dúvida, reúne a formação, a experiência e a autoridade intelectual necessárias para enfrentar esse desafio como nenhum outro.

A pesquisa parte de uma premissa instigante e de grande impacto teórico, institucional e prático: o questionamento da necessidade de os Tribunais de Contas emitirem juízos peremptórios de aprovação ou rejeição de contas. De forma convincente e com sólida fundamentação, o autor demonstra que essa prática, embora amplamente difundida e tratada quase como um axioma, acarreta uma série de disfunções. Entre elas, destaca-se a desorganização da lógica própria da jurisdição de contas, além da sobreposição de funções que obscurece os limites da auditoria governamental, comprometendo a funcionalidade, a coerência e a isonomia na atuação dessas instituições.

E o autor não se limita a apontar inconsistências ou falácias no modo tradicional de compreensão do "julgamento de contas". Ao contrário, o autor mergulha na formação histórica dos Tribunais de Contas no Brasil, reconstrói sua gênese à luz da experiência europeia – notadamente a belga, italiana e francesa –, e reposiciona o debate nos marcos conceituais da Intosai e dos padrões internacionais de auditoria. Ao fazê-lo, oferece uma interpretação ancorada em pressupostos contemporâneos de governança, *accountability* e boa administração pública.

Com a precisão e o rigor que lhe são habituais, Weder de Oliveira percorre diferentes fases e arranjos normativos da instituição: desde os modelos iniciais de controle financeiro e judicialização das contas públicas, passando pela transformação das funções de auditoria, até os desafios da modernização institucional, como a adoção da auditoria financeira como eixo estruturante das atividades do Tribunal de Contas da União. A análise da legislação brasileira – em especial da Constituição Federal, da Lei Orgânica do TCU e das normas da Intosai – é feita com clareza e linguagem acessível, sem prejuízo algum para a exatidão técnica, sempre com vistas a esclarecer o que está em jogo: qual é, afinal, a função institucional e democrática de um Tribunal de Contas?

Nesse percurso, revisita o conceito de "conta" no contexto do setor público, bem como o que significa "julgar" uma conta. O autor demonstra que a prática reiterada de emitir um juízo de aprovação ou rejeição sobre as contas de administradores públicos decorre de um deslocamento de sentido: abandona-se o exame técnico-jurisdicional – fundado na existência de débito ou alcance – e adota-se uma forma imprecisa e politicamente vulnerável de avaliação de desempenho administrativo. Tal transformação induz à superposição indevida entre o controle técnico e o juízo moral ou político, comprometendo a equidistância institucional e expondo os Tribunais a pressões incompatíveis com sua função constitucional.

A pesquisa empírica e os estudos de caso apresentados na obra reforçam a percepção de que a prática do juízo de aprovação/rejeição de contas, embora consolidada, não encontra respaldo normativo robusto, tampouco se mostra útil do ponto de vista do controle da Administração Pública. Ao contrário, gera complexificação processual desnecessária, efeitos anti-isonômicos, insegurança jurídica e, não raramente, desvirtuamento do papel institucional dos Tribunais, com consequências graves sobre direitos políticos, como nos casos de inelegibilidade.

O autor enfrenta ainda os efeitos nocivos do inc. I, alínea "g", do art. 1º da Lei Complementar nº 64/1990, que vincula a rejeição de contas por irregularidade insanável a hipóteses de inelegibilidade. Demonstra que a combinação entre esse dispositivo e a prática equivocada do juízo de rejeição de contas cria uma zona de ambiguidade institucional, com sérios riscos à isonomia, à segurança jurídica e à lisura do processo eleitoral.

Importante destacar, ainda, a dimensão comparada do trabalho. A análise dos sistemas de julgamento de contas na Itália, França e União Europeia permite perceber que os dilemas enfrentados no Brasil não são isolados, mas que a solução encontrada por outras entidades fiscalizadoras superiores tem caminhado no sentido oposto ao do modelo brasileiro. Ao invés de insistirem na emissão de juízos simplificadores sobre contas de governo, essas instituições têm investido em sistemas complexos e tecnicamente fundamentados de auditoria, com emissão de pareceres específicos, baseados em normas internacionais e com separação clara entre fiscalização, responsabilização e avaliação política.

Outro destaque da obra é a crítica à equivocada expectativa de que os Tribunais de Contas devam "aprovar" ou "reprovar" contas de governo, como se detivessem um poder de controle final sobre a atividade política do chefe do Executivo. O autor resgata, com precisão, o papel constitucional do parecer prévio nas contas de governo, bem como sua natureza de orientação técnica, destinada ao juízo político do Legislativo. Ao confundir as esferas técnica e política, aprofunda-se o risco de politização das decisões dos Tribunais, com perda de credibilidade e enfraquecimento da função de auditoria.

Em um contexto de crescente desconfiança nas instituições públicas e de forte demanda por transparência, integridade e eficiência, a obra de Weder de Oliveira desempenha papel essencial ao reconectar os Tribunais de Contas à sua função primordial na democracia contemporânea: a de órgãos fiscalizadores técnicos, independentes, apartidários e comprometidos com a boa governança. Mais que uma análise aprofundada do tema, a obra propõe reformas institucionais de alta sofisticação técnica, defende a coerência normativa e funcional e se orienta pelos princípios de racionalidade próprios de um Estado republicano.

Uma obra dessa natureza e qualidade não poderia ter sido concebida senão pelas mãos certas. Acompanhei de perto o percurso intelectual de Weder de Oliveira desde os primeiros passos deste trabalho e fui testemunha da seriedade, do rigor metodológico e da profundidade com que desenvolveu sua pesquisa. Trata-se de um estudioso comprometido, que conheci há mais de uma década, quando iniciou sua pós-graduação em Direito Financeiro na Faculdade de Direito da USP, inicialmente no mestrado, cuja dissertação resultou em obra publicada que se consolidou como referência na área – *Lei de Diretrizes Orçamentárias: gênese, funcionalidade e constitucionalidade – Retomando as origens* (Ed. Fórum, 2017).

Sua sólida trajetória profissional, construída ao longo de décadas de atuação no Tribunal de Contas da União – antecedida por destacada passagem na Receita Federal e na Consultoria de Orçamentos na Câmara dos Deputados e no Senado Federal – confere ao presente trabalho não apenas densidade teórica, mas também um raro domínio empírico e sensibilidade institucional. O autor escreve com a autoridade de quem conhece, por dentro, os mecanismos que analisa, e com a honestidade intelectual de quem não hesita em repensá-los criticamente.

O direito financeiro deve muito a Weder de Oliveira. E este livro será, sem dúvida, mais uma contribuição sua, que será referência obrigatória para estudiosos do direito financeiro, auditores, membros dos Tribunais de Contas, parlamentares, gestores públicos, operadores do direito e todos os que se dedicam à construção de um Estado mais eficiente, justo e republicano. Mais que isso: é uma leitura necessária para quem deseja compreender o sentido da responsabilização na vida pública e os caminhos possíveis para o aperfeiçoamento do controle estatal em sociedades democráticas.

José Maurício Conti

Professor de Direito Financeiro – Faculdade de Direito da Universidade de São Paulo.

Poucos escritores brasileiros conseguiram, como Lima Barreto, expressar críticas tão mordazes e profundamente irônicas às patologias do nosso modelo civilizacional e político. Em *O Triste Fim de Policarpo Quaresma*, o personagem Genelício encarna um tipo canônico do servidor público moldado pelo bacharelismo e pelo patrimonialismo – duas das mazelas denunciadas por Barreto. Dedica-se obsessivamente a regras obsoletas e protocolos irrelevantes e investe seu tempo na redação de um pretensioso volume intitulado *Os Tribunais de Contas nos Países Asiáticos* – uma iniciativa tão inútil quanto o aprendizado do javanês, em outro conto célebre do autor. Trata-se, em ambos os casos, de empreitadas oportunistas, desprovidas de utilidade pública, voltadas apenas à obtenção de credenciais numa sociedade ensimesmada e dominada pelo beletrismo estéril.

Barreto escrevia em 1911. No entanto, mais de um século depois, o tema outrora exótico e quase irrelevante dos Tribunais de Contas tornou-se uma questão central na agenda pública brasileira. Se no passado converteram-se, nos termos mordazes de Rui Barbosa, em "instituições de ornato aparatoso e inútil"[1] – verdadeiros "Tribunais de Faz-de-Conta" –, hoje, os Tribunais de Contas se tornaram atores fundamentais no funcionamento do sistema político em nosso país. O Tribunal de Contas da União (TCU), em especial, tem ocupado posição de destaque em episódios cruciais da Nova República, como o *impeachment* presidencial, além de exercer papel central na fiscalização de políticas públicas setoriais (saúde, meio ambiente, educação) e nas disputas interinstitucionais entre Executivo e Legislativo em questões fiscais, orçamentárias e financeiras; para não falar da corrupção, tema de grande centralidade na agenda pública brasileira e internacional.

Esse processo de transformação institucional guarda paralelo com o que ocorreu com o Supremo Tribunal Federal (STF). Antes praticamente invisível no debate público – como apontava Aliomar Baleeiro em *O Supremo Tribunal Federal, esse desconhecido* (1968) –, o STF assumiu centralidade crescente na política brasileira pós-1988. De forma análoga, o TCU passou de uma instituição periférica a um protagonista incontornável.

A metamorfose da instituição superior de controle, ao longo de mais de um século, constitui o objeto do presente livro. Longe de ser laudatória e institucional, a abordagem do autor combina perspectiva histórica e análise comparada e vai muito além de um exercício descritivo. O livro não se limita a reunir ensaios dispersos sobre o controle externo em nível federal: trata-se de um esforço analítico e normativo robusto, voltado à compreensão da arquitetura institucional do TCU, à identificação de suas disfunções e à proposição de soluções para seu aprimoramento.

Apesar de sua crescente importância, o TCU permanece em grande parte como uma *terra incógnita*. Embora existam pesquisas acadêmicas sobre o tema, elas ainda são muito escassas. O contraste entre a relativa invisibilidade acadêmica da instituição e

[1] BRASIL. Exposição de motivos de Rui Barbosa sobre a criação do Tribunal de Contas da União. *Revista do TCU*, Brasília, n. 82, p. 253–262, 1999.

sua alta exposição midiática é notável – e não se limita ao caso brasileiro: a literatura internacional sobre Entidades Superiores de Controle (*Supreme Audit Institutions*) também é limitada. Essa constatação confere ao trabalho um valor singular. Por sua originalidade, relevância e completude, esta obra preenche importante lacuna no conhecimento acumulado em torno da questão.

A ascensão do TCU é tanto mais surpreendente quanto se considera seu formato institucional híbrido. O tribunal brasileiro não é um órgão de soberania, tampouco se configura como um tribunal jurisdicional de contas puro ou *stricto sensu*, como ocorre em muitos modelos europeus. Suas decisões são passíveis de revisão judicial, o que levanta questões sobre sua efetividade e autoridade decisória, para não falar de seu impacto deletério sobre a celeridade dos processos, uma vez que após o julgamento no TCs, pode-se instaurar um processo judicial. Malgrado a crescente autonomia *de jure* e *de facto* que passou a desfrutar, por não ter poderes judiciais, o exercício de controle contramajoritário é limitado. Aproxima-se, sob esse aspecto, dos modelos do sistema Westminster, como as *General Audit Institutions*, mas com uma diferença fundamental: ao contrário destas, a corte de contas brasileira não está subordinada a um *Public Accounts Committee*, presidido pela minoria parlamentar – o que, nos sistemas britânicos, fortalece o controle pela oposição. Inexiste, assim, incentivos fortes para o controle, se o poder executivo contar com ampla maioria, o que, no caso brasileiro, tem sido a regra mais que a exceção. Ainda assim, vale destacar que a oposição no Brasil tem sido historicamente ativa na mobilização da instituição para fins de controle. Ao contrário destes últimos, o julgamento pelo TCU é desacoplado do ciclo anual de responsabilização parlamentar. Ainda assim, como ressaltado, o TCU adquiriu enorme visibilidade institucional.

Outra distinção importante: o TCU não responsabiliza diretamente agentes políticos como fazem os tribunais de contas jurisdicionais *stricto sensu*. Em termos de macromodelo institucional, não há paralelo internacional plenamente equivalente à corte de contas brasileira. Cerca de 45 instituições superiores de controle adotam o modelo jurisdicional *stricto sensu*, enquanto 152 adotam outros modelos (auditor geral e colegiados de auditores). O modelo brasileiro é único. A sua conversão em modelo jurisdicional puro ou de auditor geral é tema para uma agenda de reforma institucional ampla para o que este trabalho representa o ponto de partida. Embora tenhamos que reconhecer que uma reforma compreensiva não está no plano da obra.

Paradoxalmente, a despeito de sua elevada visibilidade pública, as especificidades institucionais do TCU são pouco conhecidas, exceto por especialistas. Este livro examina essas particularidades em profundidade. Mais do que uma análise diagnóstica, a obra oferece uma cartografia minuciosa das práticas institucionais de tribunais congêneres em outros países, tornando-se, desde já, uma referência obrigatória.

Do ponto de vista normativo, merece especial atenção a crítica feita pelo autor à prática do "juízo de contas" – especialmente as decisões de aprovação ou rejeição das contas anuais de governo pelos tribunais de contas. As evidências mobilizadas pelo autor demonstram cabalmente que tais julgamentos muitas vezes assumem função simbólica, moral ou política, dissociada de fundamentos técnicos, jurídicos ou contábeis. Esse modelo não encontra respaldo na Constituição brasileira, tampouco nas normas internacionais, como as da Intosai (*International Organization of Supreme Audit Institutions*), ou nas boas práticas de auditoria pública. A consequência mais perversa dessa prática é sua instrumentalização eleitoral: os "juízos de contas" têm sido utilizados para afetar a elegibilidade de agentes políticos, atuando como forma de controle político disfarçado de avaliação técnica, com o potencial de restringir indevidamente a competição eleitoral.

O juízo de irregularidade das contas anuais – especialmente quando oriundo de tribunais subnacionais – pode gerar inelegibilidade com base na Lei da Ficha Limpa. O autor mostra como isso produz um "efeito parajurisdicional", sem garantias plenas de contraditório, o que compromete o devido processo legal e a isonomia na disputa eleitoral. São inúmeros os casos reportados no trabalho em esforço notável de catalogação.

Por outro lado, a emissão de pareceres genéricos de aprovação ou rejeição contribui para a perda de efetividade do controle. Em vez de fomentar correção de rumos administrativos, esses pareceres cristalizam um julgamento "binário" que não comunica adequadamente os problemas e falhas de gestão – ou seja, não geram aprendizado institucional. O autor argumenta também que a prática também gera efeitos disfuncionais sobre os próprios administradores públicos. Por vezes, dois gestores que cometeram faltas semelhantes recebem tratamentos distintos, dependendo do tribunal ou do contexto político. Isso mina o princípio da igualdade e da segurança jurídica na Administração Pública. A combinação dessas patologias com a profunda heterogeneidade no que se refere aos níveis de profissionalização, autonomia, eficiência e politização dos tribunais subnacionais gera disfunções de grande magnitude na democracia brasileira.[2]

As conclusões do autor sobre juízo de contas fundamentam-se em uma distinção entre função de auditoria – avaliação técnica baseada em evidências, com métodos padronizados e objetividade – e função jurisdicional – apuração de responsabilidade e aplicação de sanções, sobretudo, mas não exclusivamente quando há dano ao erário. Essa dupla função resulta do desenho institucional híbrido dos tribunais de contas no país. Estes acabam também exercendo uma função adicional, a saber, a que denomina "simbólica" ou "política", que decorre em última instância do juízo de aprovação/rejeição de contas que emitem. O juízo converte-se em sanção política informal. Esse ponto é efetivamente o núcleo organizador de todo o esforço teórico. Em última instância, ele deriva do que o autor denomina "axioma" do juízo de contas: "ao julgar as 'contas anuais', o Tribunal deve proferir, em decisão de mérito, se elas são regulares ou irregulares (aprová-las ou rejeitá-las); ao julgar uma tomada de contas especial, deve dizer se 'as contas dos responsáveis' são irregulares ou regulares; ao emitir parecer prévio, o Tribunal deve recomendar a aprovação ou rejeição das 'contas prestadas pelo Chefe do Poder Executivo ao Poder Legislativo'". Em suma, o modelo processual dos Tribunais de Contas brasileiros assenta-se no axioma que o que está sob apreciação são contas, então a apreciação esperada, o julgamento de mérito esperado, é uma decisão de aprovação ou rejeição.

Essa visão, defende o autor, é equivocada e inconsistente com o modelo das entidades fiscalizadoras superiores vigente na maioria dos países da OECD. Ela tem como suposto que a competência jurisdicional de julgar contas envolve um juízo autônomo sobre o governo, sobre a gestão e/ou sobre a administração do Chefe do Poder Executivo. Um juízo de rejeição de contas não é juízo de auditoria (opinião) nem decisão condenatória de natureza judiciária, quase judicial. O cerne das recomendações propostas pelo autor, portanto, concentra-se neste ponto. E há um certo otimismo reformista: "A eliminação

---

2 MELO, Marcus André, *O controle externo subnacional no Brasil: Diagnóstico e Perspectivas*, Relatório elaborado para o PQATC/ATRICON, 2016.

desses juízos não afeta o exercício das competências constitucionais essenciais do Tribunal: a auditoria e a responsabilização financeira. Ao contrário, deixa-as mais evidentes". A superação do axioma leva a reconhecer a questão do controle e responsabilização como um "problema de gestão complexo, e não uma questão punitiva: sancionatória, ressarcitória, político-eleitoral e moral".

Diria que a perversidade do atual modelo resulta não só dos aspectos que o autor aponta, mas de um paradoxo que a inexistência de rejeição é brandida como atestado de boa governança e probidade por agentes eleitos e gestores. O que decorre, em última instância, da tradição de auditorias de conformidade, que, ao limitar-se historicamente ao exame de verificação das regras, não podem detectar irregularidades graves.

O atual julgamento de contas vigente há mais de três décadas sofreu transformações importantes em 2004, quando se adotou seletividade com base em critérios de materialidade e risco, em 2020, mas, durante todo o período, manteve-se o juízo de regularidade. O autor demonstra como o modelo atual mistura o exame técnico da legalidade e economicidade com juízos subjetivos sobre a qualidade da gestão, sem base em procedimentos de auditoria planejados e documentados. Isso compromete a credibilidade das conclusões e aumenta a litigiosidade. Há vários aspectos técnicos que são também elencados relacionados à composição extensiva do rol de responsáveis em um processo de contas anuais gerando dificuldades operacionais e confusão sobre o objeto da responsabilização.

Os exames comparativos de casos internacionais são mobilizados na tese para dar sustentação a singularidade negativa do caso brasileiro. O autor analisa dois casos de Instituições Superiores de Controle que exemplificam modelos consolidados de avaliação das contas do Chefe do Executivo – o *discharge procedure* da União Europeia e o modelo da *Cour des Comptes* da França. O objetivo é demonstrar que esses países adotam processos baseados em auditoria técnica, centrados na *accountability* orçamentária, sem emitir juízos binários de aprovação ou rejeição. Com o mesmo propósito se compara o exercício da função jurisdicional por duas Entidades Fiscalizadoras Superiores europeias – a *Corte dei Conti da Itália* e a *Cour des Comptes da França* – com o modelo brasileiro. A tese busca elucidar o significado da expressão "julgar contas" no direito comparado e demonstrar que, nos modelos estudados, esse julgamento é centrado na responsabilização financeira individual, e não na emissão de juízos genéricos sobre a "gestão".

A adição de uma recomendação de aprovação, aprovação com ressalvas ou rejeição das contas apresentadas ao Congresso Nacional pelo Presidente da República em nosso país é dispensável e necessária. Nenhuma entidade superior de controle nos casos representativos analisados no trabalho – União Europeia, França, Itália, Portugal, Espanha – se manifesta sobre as contas do Presidente.

O diagnóstico leva a propostas e prescrições normativas de grande importância para o debate público e a agenda de reforma. O autor propõe um modelo de julgamento técnico com base exclusivamente na emissão de pareceres de auditoria, nos moldes praticados por cortes de contas europeias. O "juízo de contas" deve ser substituído por pareceres técnicos de auditoria. A ideia de aprovar ou reprovar contas é, segundo ele, um resquício de concepções ultrapassadas, e sua permanência provoca distorções institucionais sérias, tanto no controle de contas quanto na esfera político-eleitoral. A proposta é abandonar a noção de julgamento moral ou político da gestão pública e adotar um modelo baseado exclusivamente em evidência técnica, respeitando os princípios da auditoria pública profissional. Sua conclusão é que os Tribunais de Contas, exercendo a função de auditoria, em acepção mais ampla, poderão sempre de avaliar a gestão, avaliar programas, projetos e políticas públicas e instituir procedimentos de melhor funcionamento da *accountability* pública sobre o uso de recursos públicos. Nessa perspectiva, não estão adstritos aos processos de julgamento de contas de gestão e emissão de parecer prévio sobre contas de governo.

Uma das contribuições mais relevantes do ponto de vista da história recente do país é exatamente a análise da dinâmica da apreciação de contas do Chefe do Poder Executivo e o parecer prévio do tribunal nos vários níveis federativos. Essa questão remete às expectativas de elites do setor público e da opinião pública de que o TCU julga as contas e não apenas emite parecer prévio. Esta dissonância é fonte de muito *malaise* político sobre o controle externo na opinião pública. Em última instância parte do problema se relaciona ao fato elementar de que o Tribunal de contas é percebido como um Tribunal, embora não exerça função jurisdicional plena e não seja parte do poder judiciário.

Em *survey* realizado pela Confederação Nacional da Indústria, cerca de 90% dos respondentes em amostra nacional representativa relataram que o tribunal é percebido como ator muito relevante no combate à corrupção no país.[3] Em outras palavras, as expectativas da opinião pública e de setores das elites do setor público e da sociedade civil em relação à instituição são muito elevadas e o potencial de frustração igualmente significativo. Essas expectativas também são grandes fora do Brasil. As Entidades Fiscalizadoras Superiores têm estado também sob grande pressão pública para atuar no combate à corrupção.[4] Trata-se de uma demanda que se universalizou mesmo nas democracias consolidadas. No entanto, a frustração é grande, sobretudo nos casos das entidades que adotam o modelo de Auditor Geral, que não têm mandato jurisdicional.[5] As práticas de auditorias dessas entidades não permitem ir a fundo no papel investigativo que é próprio do Judiciário, da Polícia e do Ministério Público. As entidades relutam em assumir esse novo papel.[6]

Penso que esse hiato de expectativas se exacerba no caso brasileiro pela própria nomenclatura adotada para estas entidades no Brasil – Tribunal de Contas – além das apontadas no livro relacionadas ao juízo de contas. Ademais, o próprio Tribunal incorporou esse papel em sua estrutura organizacional, suas rotinas e sua comunicação. Assim, a viabilidade política da nova proposta será baixa considerando que a adoção de um modelo de auditoria mais canônico será interpretada por muitos atores como abandono de um mandato de combate à corrupção. Ademais, o problema estrutural da instituição como um hibrido institucional permanecerá intocado.

Outro aspecto a ser considerado do ponto de vista da viabilidade política é que segundo a Constituição Federal, a competência sobre julgamento de contas de

---

3 OECD. *Brazil's Federal Court of Accounts: insight and foresight for better governance*. Paris: OECD Publishing, 2017. (OECD Public Governance Reviews)..

4 DYE, Kenneth. Corruption and fraud detection by Supreme Audit Institutions. In: SHAH, Anwar (ed.). *Performance accountability and combating corruption*. Washington, DC: World Bank, 2007. (Public Sector Governance and Accountability Series).

5 REICHBORN-KJENNERUD, Kristin; GONZÁLEZ-DÍAZ, Beatriz; BRACCI, Enrico; CARRINGTON, Tim. SAIs work against corruption in Scandinavian, South-European and African countries: an institutional analysis. *The British Accounting Review*, [s.l.], v. 51, n. 5, 2019.

6 Idem, op cit.

administradores e demais responsáveis por bens, dinheiros e valores públicos é uma competência judiciária (mas não de órgão integrante da estrutura orgânica do Poder Judiciário), uma competência histórica que autoriza o Tribunal de Contas a promover a responsabilização financeira em processos ordinários anuais ou específicos. Ou seja, embora não seja parte do judiciário os tribunais exercem função judiciária. A questão relevante é se não seria o caso de se adotar o modelo de tribunal jurisdicional puro. O atual modelo é fonte de tensão permanente entre os plenos do tribunal e seu corpo técnico. Os conselheiros atuam como juízes – o processo é quase judicial, com base no contraditório e ampla defesa – mas seu recrutamento se dá em bases totalmente distintas daquelas da magistratura. No plano subnacional, por exemplo, as assembleias legislativas controlam as nomeações em processos hiperpolitizados, para não dizer patrimonialistas, o que impacta a legitimidade institucional dos TCs.

O abandono do juízo de contas proposto implicará em significativa redistribuição de poder, sobretudo no plano subnacional, onde os TCs são temidos por seu impacto sobre suas repercussões a inelegibilidade. Os tribunais perderão poder. Quais as implicações desse fato sobre o combate à corrupção? O pressuposto da proposta de mudança é otimista: haverá ganhos sobre a responsabilização. Mas os tribunais perderão status organizacional no aparelho de estado? Quem serão os perdedores e ganhadores caso a mudança ocorra? Poderão os primeiros travar as mudanças?

Escusado reiterar aqui que esses temas são centrais para uma agenda de transformação das bases institucionais da democracia brasileira. A rigor, a questão do controle e da responsabilização dos dinheiros públicos se confunde na sua origem com o surgimento da democracia como arranjo político. O episódio pelo qual William Prynne, membro do Parlamento Britânico, liderou demandas para a transparência no uso dos recursos públicos, que levou ao estabelecimento de uma comissão para a auditagem das contas da coroa britânica, confunde-se com o debacle do antigo regime naquela país. Como relatado por Jacob Soll[7], em 1634, Prynne teve as orelhas cortadas como punição à audácia de querer que o rei prestasse contas. Mas sobreviveu. O rei Charles I não teve a mesma sorte – foi guilhotinado durante a guerra civil inglesa.

O controle das contas públicas entre nós experimentou enorme expansão e fortalecimento sobretudo após a redemocratização e da Carta de 1988. No entanto, tem havido também retrocessos importantes e muitos dos que se batem pela transparência das contas tem tido as "orelhas cortadas". O que diria nosso cronista mor – Lima Barreto – estivesse vivo?

Marcus André Melo

PhD pela University of Sussex. Professor Titular de Ciência Política da Universidade Federal de Pernambuco. Colunista da Folha de São Paulo. Seu útlimo livro (co-autorado) é *Brazil in Transition: beliefs, leadership and institutional change*, Princeton University Press, 2017

[7] Soll, Jakob , The reckoning: financial accountability and the rise and fall of nations, New York, Basic Books, 2014, p. 101.

Os Tribunais de Contas são instituições *sui generis*, complexas, indispensáveis às estruturas e processos de *accountability* pública.

Instituições multifuncionais, com competências recebidas diretamente da Constituição, complementadas por atribuições conferidas por leis, desempenham desde sua origem a função de julgar as contas de administradores e demais responsáveis por bens e dinheiros públicos e a de apreciar as contas anuais prestadas pelo Chefe do Poder Executivo.

Funções tão naturalmente associadas ao nome da instituição que direcionam a formação do senso comum sobre o que fazem os Tribunais de Contas: julgam contas.

Ao longo de algumas décadas também se formou, por muitas razões, um senso de resposta natural sobre o que fazem os Tribunais quando julgam contas: aprovam ou rejeitam.

Nos processos de prestação de contas anuais de administradores, em tomadas de contas especiais e nos pareceres prévios sobre as contas apresentadas pelo presidente da República, governadores e prefeitos, manifestam-se emitindo juízos de regularidade ou irregularidade das contas, aprovação ou rejeição.

Essa manifestação tornou-se um axioma e é percebida como juízos de avaliação da gestão, de gestores e, até mesmo, de governos.

Vista além da superfície normativa, contudo, essa manifestação dificilmente corresponde à requerida de uma entidade fiscalizadora superior naqueles tipos de processos, quando desempenham suas funções de auditoria governamental e responsabilização financeira, e gera problemas ainda não percebidos com clareza: complexificação processual, ineficiências funcionais, resultados não isonômicos, indevido posicionamento sensível no ambiente político-parlamentar, indução ao desenvolvimento de processos analíticos e institucionais direcionados à emissão de um juízo de aprovação/rejeição de contas.

Esta tese desenvolveu-se em torno da seguinte pergunta: os Tribunais de Contas, quando julgam ou apreciam contas, devem emitir juízos de aprovação ou rejeição, regularidade ou irregularidade?

A busca por essa resposta, que concluímos ser "não", passava por investigar questões mais fundamentais sobre a instituição Tribunal de Contas: o que são contas, o que é um julgamento de contas, o que significa aprovar ou rejeitar contas, o que deve fazer o Tribunal nesses processos.

A pesquisa teve como recorte o Tribunal de Contas da União e foi conduzida segundo um eixo de reconstrução histórica da origem da instituição, dos sentidos de sua competência constitucional para julgar contas, com caráter judiciário, e apreciar as contas governamentais apresentadas pelo presidente da República mediante parecer prévio, à qual foi acoplada um forte escrutínio analítico da legislação, de exame de casos e do que fazem outras entidades fiscalizadoras superiores, cujos pressupostos fundamentais de existência são os de serem independentes, imparciais, apartidárias, equidistantes da

Administração e do Parlamento; de conduzirem seus trabalhos de auditoria segundo normas técnicas e profissionais que lhes deem a credibilidade imprescindível; e, na função responsabilizatória, assegurar um julgamento justo, pautado pelo pleno respeito aos direitos ao contraditório e à ampla defesa, mediante uma estrutura processual compatível e bem desenhada.

A superação do axioma "Tribunais de Contas devem emitir juízos de aprovação ou rejeição de contas quando julgam ou apreciam contas", proposta na conclusão desta tese, é uma etapa necessária à mitigação ou eliminação dos problemas mencionados e ao direcionamento da atenção dessa instituição para outros horizontes de exercício de suas competências constitucionais.

A investigação histórica, teórica, analítica e comparada realizada aporta perspectivas novas, contribui para o avanço do conhecimento sobre os Tribunais de Contas no Brasil e fundamenta proposições que estimulam e dão base a mais reflexões e discussões sobre o aprimoramento do processo de controle externo, o reposicionamento da instituição quanto à função judiciária que as Constituições brasileiras lhe atribuíram e ao modo de desempenho da auditoria governamental, de forma ordinária e no exame das contas prestadas anualmente pelo Chefe do Poder Executivo.

Tenho este livro como um legado à Administração Pública brasileira, à qual tanto devo e à qual procurei retribuir ao máximo ao longo de mais de 42 anos no setor público. É o resultado de centenas de horas de pesquisa, estudos, reflexões e escritas solitárias e muitas mais de aprendizado difuso de muitas fontes, de muitas pessoas, durante muitos anos – desde conversas despretensiosas, reuniões cotidianas e breves passagens de votos e relatórios, até encontros técnicos internacionais, profundos relatórios institucionais e grandes auditorias.

Espero que os leitores possam se sentir "intelectualmente incomodados" – positivamente, estimulados à reflexão – e experimentar pelo menos um pouco do entusiasmo que me fez iniciar e, mais ainda, prosseguir nesse empreendimento quase infindável, que me revelou muito mais do imaginava aprender sobre o Tribunal de Contas no Brasil, especificamente o Tribunal de Contas da União, e as entidades fiscalizadores superiores comparáveis: a *Cour des Comptes*, da França; a *Corte dei Conti*, da Itália, o Tribunal de Contas, de Portugal; o *Tribunal de Cuentas*, da Espanha; a Corte Europeia de Auditores, ou Tribunal de Contas Europeu, da União Europeia; o *National Audit Office*, da Inglaterra; e o *Government Accountability Office*, dos Estados Unidos – todas imersas num instigante universo de complexidades muitíssimo maior do que o escopo focado do que foi necessário e possível pesquisar, aprender e aportar neste livro.

CAPÍTULO 1

INTRODUÇÃO[1]

Some officials handle large sums of money: it is therefore necessary to have other officials to receive and exam the accounts. These inspectors must administer no funds themselves... call them inspectors or auditors.[2]
(Aristóteles)

Os Tribunais de Contas,[3] instituições superiores de auditoria, são entidades complexas.

Uma instituição superior de auditoria,[4] conforme definição da International Organization of Supreme Audit Institutions,[5]

> é uma instituição pública de um Estado ou organização supranacional, a qual, qualquer que seja a forma como designada, constituída ou organizada, exerce, com base em lei ou outro instrumento jurídico, a função de auditoria de mais alto nível dentro do Estado ou organização supranacional, de um modo independente, com ou sem competência jurisdicional.[6]

Essas instituições surgiram e evoluíram em contextos históricos, sistemas de governo e ordenamentos jurídicos particulares, desempenham a função de auditoria do setor

---

1 Os aspectos teóricos, as doutrinas e os conceitos serão apresentados já nesta Introdução e continuarão a ser expostos e a fundamentar as análises ao longo de todo o texto, no corpo principal ou em notas de rodapé. Em alguns casos, serão apresentados mais de uma vez, em novos contextos, de modo a facilitar a exposição dos raciocínios e a compreensão do leitor. O conteúdo das notas de rodapé compõe a exposição analítica resultante da pesquisa – documentação histórica e doutrina; parte reportada no corpo do texto, parte nas notas de rodapé, como forma de dar fluidez ao desenvolvimento da historicidade normativa.

2 Schiavo-Campo (*Running the Government*, 2019, p. 136).

3 A expressão "Tribunais de Contas" refere-se aos tribunais de contas do Brasil.

4 SAI – Supreme Audit Institution. Também referidas como entidades fiscalizadoras superiores (EFS), conforme terminologia adotada pela Intosai.

5 A Intosai (International Organization of Supreme Audit Institutions) é uma organização internacional, fundada em 1953, "autônoma, independente, profissional e apolítica, estabelecida como uma instituição permanente. Seu propósito é prover apoio mútuo, estimular a troca de ideias, conhecimento e experiências; atuar como uma reconhecida voz pública global das SAI no âmbito da comunidade internacional, estabelecer normas e padrões de auditoria do setor público, promover a boa governança nacional e apoiar o desenvolvimento das capacidades das SAI, cooperação e contínuo aprimoramento de desempenho" (Tradução nossa) (About us. International Organization of Supreme Audit Institutions, [s.d.]. Disponível em: https://www.intosai.org/about-us).

6 Intosai (*Statutes*, 2016, p. 2): "A Supreme Audit Institution is a public body of a state or supranational organization which, however designated, constituted or organized, exercises, by virtue of law, or other formal action of the state or the supranational organization, the highest public auditing function of that state or supranational organization in an independent manner, with or without jurisdictional competence".

público,[7] [8] [9] [10] e recebem das Constituições e das leis "mandatos para realizar muitos tipos de trabalho sobre qualquer tema de relevância que diga respeito às responsabilidades da Administração e dos responsáveis pela governança e o uso apropriado de recursos e bens públicos".[11] [12]

As SAIs compartilham os objetivos da auditoria governamental expressos no preâmbulo da Declaração de Lima,[13] de 1977, um dos documentos fundantes da Intosai:

---

[7] Gramling, Rittenberg e Johnstone (*Auditoria*, 2012, p. 6): "A auditoria é frequentemente vista como o exame das demonstrações financeiras de uma empresa. Entretanto, também é *um processo* que pode ser aplicado em muitas situações distintas, incluindo a avalição da eficiência e eficácia de um processo ou de um departamento, os relatórios financeiros de um órgão público, ou a obediência a normas operacionais de uma empresa ou à regulamentação governamental" (Grifos nossos).

[8] Gramling, Rittenberg e Johnstone (*Auditoria*, 2012, p. 7): "Em termos gerais, a auditoria é um processo de (1) *coleta de evidências para comprovar afirmações* (geralmente feitas pelos administradores, mas também por outras partes), (2) avaliação dessas afirmações em confronto com critérios objetivos (por exemplo, padrões de controle interno, princípios contábeis aceitos, ou padrões internacionais de divulgação financeira), e (3) comunicação das conclusões da auditoria a partes interessadas (geralmente usuários externos, mas também à administração e a agentes reguladores)" (Grifos nossos).

[9] TCU (*Normas de Auditoria do Tribunal de Contas da União. Revisão novembro/2020*, 2020, p. 11): "O conceito de auditoria não tem sido unânime ou estático no decorrer do tempo, embora algumas definições conhecidas tenham uma aceitação relativamente generalizada. Esse conceito tem evoluído, refletindo não só as mutações ocorridas no desenvolvimento das organizações e na ponderação dos interesses de partes envolvidas, mas também nos objetivos cada vez mais amplos que têm sido estabelecidos para os trabalhos de auditoria. [...] Um conceito de auditoria geralmente aceito, devido à sua amplitude, é o que a define como o *exame independente e objetivo* de uma situação ou condição, em confronto com um critério ou padrão preestabelecido, para que se possa opinar ou comentar a respeito para um destinatário predeterminado" (Grifos nossos).

[10] Intosai (*ISSAI 100 – Princípios Fundamentais de Auditoria do Setor Público*, 2013, p. 3): "Em geral, a auditoria do setor público pode ser descrita como um processo sistemático de obter e avaliar objetivamente evidências para determinar se as informações ou as condições reais de um objeto estão de acordo com critérios aplicáveis. *A auditoria do setor público é essencial*, pois fornece aos órgãos legislativos e de controle, bem como aos responsáveis pela governança e ao público em geral, informações e avaliações independentes e objetivas acerca da gestão e do desempenho de políticas, programas e operações governamentais".

[11] Intosai (*ISSAI 100 – Princípios Fundamentais de Auditoria do Setor Público*, 2013, p. 3): "Uma EFS exercerá sua função de auditoria do setor público dentro de um ordenamento constitucional específico e em virtude de sua missão e mandato, que lhe garantem suficiente independência e poder discricionário para desempenhar suas atribuições. O mandato de uma EFS pode definir suas responsabilidades gerais no campo da auditoria do setor público e fazer disposições adicionais relativamente a auditorias e outros trabalhos a realizar. As EFS podem ter mandatos para realizar muitos tipos de trabalho sobre qualquer tema de relevância que diga respeito às responsabilidades da administração e dos responsáveis pela governança e ao uso apropriado de recursos e bens públicos. A abrangência ou forma desses trabalhos e dos relatórios deles decorrentes variará *segundo o mandato conferido por lei à EFS*" (Grifos nossos).

[12] *Vide* World Bank (*Features and functions of supreme audit institutions*, 2002): "Supreme audit institutions are national agencies responsible for auditing government revenue and spending. Their legal mandates, reporting relationships, and effectiveness vary, reflecting different governance systems and government policies. But *their primary purpose is to oversee the management of public funds* and the quality and credibility of governments reported financial data" (Grifos nossos).

[13] Intosai (*Declaração de Lima sobre Diretrizes para Preceitos de Auditoria*, 1998, Preâmbulo): "O IX Congresso da Organização Internacional de Entidades Fiscalizadoras Superiores (INTOSAI), realizado em Lima: – Considerando que o uso regular e eficiente de recursos públicos constitui um dos pré-requisitos essenciais para a gestão adequada das finanças públicas e a tomada de decisões eficazes por parte das autoridades responsáveis; – considerando que, para alcançar esse objetivo, é indispensável que cada país tenha uma Entidade Fiscalizadora Superior cuja independência seja garantida pela legislação; – considerando que essas instituições tornaram-se ainda mais necessárias pelo fato de o Estado ter ampliado suas atividades para setores sociais e econômicos e, portanto, operar além dos limites da estrutura financeira tradicional; – considerando que os *objetivos específicos da auditoria*, a saber, garantir o uso adequado e eficaz de recursos públicos, o desenvolvimento de uma gestão financeira saudável, a execução adequada de atividades administrativas e a comunicação de informações para autoridades públicas e o público em geral por meio da publicação de relatórios objetivos, são necessários para *garantir a estabilidade e o desenvolvimento dos Estados* em conformidade com as metas estabelecidas pelas Nações Unidas; [...]" (Grifos nossos).

garantir o uso adequado e eficaz de recursos públicos, o desenvolvimento de uma gestão financeira saudável, a execução adequada de atividades administrativas e a comunicação de informações para autoridades públicas e o público em geral por meio de publicação de relatórios objetivos [...].[14] [15]

Uma entidade fiscalizadora superior com *competência jurisdicional*[16] [17] [18] pode promover, diretamente, a responsabilização de administradores de recursos públicos, seja em decorrência da constatação de irregularidades no exercício de suas funções ativas, seja porque ocorrências ilícitas lhes sejam comunicadas por terceiros,[19] independentemente de terem sido ou não objeto de ações cíveis ou penais.

---

14 Segundo a Declaração de Lima, "o conceito e estabelecimento da auditoria são inerentes à gestão financeira pública, já que a gestão de recursos públicos envolve um voto de confiança. A auditoria não é um fim em si, e sim *um elemento indispensável de um sistema regulatório* cujo objetivo é revelar desvios das normas e violações dos princípios da legalidade, eficiência, eficácia e economia na gestão financeira com a tempestividade necessária para que medidas corretivas possam ter tomadas em casos individuais, para fazer com que os responsáveis por esses desvios assumam a responsabilidade por eles, para obter o devido ressarcimento ou para tomar medidas para impedir – ou pelo menos dificultar – a ocorrência dessas violações" (Grifos nossos).

15 Intosai (*ISSAI 100 – Princípios Fundamentais de Auditoria do Setor Público*, 2013, p. 3): "O ambiente da auditoria do setor público [ou auditoria governamental] é aquele no qual governos e outras entidades do setor público são responsáveis pelo uso de recursos provenientes de tributação e outras fontes, para a prestação de serviços aos cidadãos e outros beneficiários. Essas entidades devem prestar contas de sua gestão e desempenho, assim como do uso dos recursos, tanto para aqueles que proveem os recursos como para aqueles que dependem dos serviços prestados com a utilização de tais recursos, incluindo os cidadãos. A auditoria do setor público ajuda a criar condições apropriadas e a fortalecer a expectativa de que as entidades do setor público e os servidores públicos *desempenharão suas atribuições de modo efetivo, eficiente,* ético *e em conformidade com as leis e os regulamentos aplicáveis*" (Grifos nossos).

16 Intosai (*ISSAI 100 – Princípios Fundamentais de Auditoria do Setor Público*, 2013, p. 3): "Em certos países, a EFS é um tribunal, composto por juízes, com autoridade sobre os contabilistas do Estado e outros agentes públicos que lhe devem prestar contas. Nesses casos, existe uma importante relação entre essa função jurisdicional e as características da auditoria do setor público. *A função jurisdicional requer que a EFS assegure que seja responsabilizado* quem quer que esteja encarregado de lidar com recursos públicos, e, nesse sentido, esteja sujeito à sua jurisdição" (Grifos nossos).

17 Intosai (*Principles of jurisdictional activities of SAIs*, 2019, p. 4): "Supreme Audit Institutions (SAIs) with jurisdictional functions have the possibility to engage directly the liability of managers of public funds when their findings show some irregularities or when such irregularities are referred to it by a third party. Indeed, it has been observed that funds management difficulties could come with irregularities with regards to legal provisions or specific regulations related to management. Hence, observations made in a financial, performance or compliance audit report of a public organization, whether they are reported to civil or criminal court or not, can be followed by quick and proper legal proceedings lead by the SAI itself within the framework of its jurisdictional activities".

18 Sobre a função jurisdicional, *vide*, inicialmente, Carmo (*Contribuição para o Estudo da Responsabilidade Financeira*, 1995, p. 75): "Ensina o Prof. Sousa Franco: 'A razão de ser deste tipo de *fiscalização jurisdicional* parece ser a de dar mais uma garantia aos contribuintes quanto à correta afetação dos dinheiros públicos e ao reconhecimento dos seus direitos. Ela é por vezes substituída pela análise de *auditores públicos,* independentes como os juízes e escolhidos pelos Parlamentos ou Chefes de Estado' [...] foi este último modelo que vingou nos países anglo-saxónicos, onde o Auditor (v.g., no Reino Unido, o 'Comptroller General of the receipt and issue of Her Majesty's Exchequer and Auditor General of Public Accounts') examina e verifica a regularidade das contas de todos os departamentos governamentais e de uma parte importante das entidades do sector público, informando o Parlamento das inspeções e dos inquéritos a que proceda e publicando relatórios de apreciação, sem todavia praticar actos com efeitos na esfera jurídica de qualquer funcionário ou entidade (vd. 'national Audit Act, cap. 44)'" (Grifos no original). No texto de Carmo, é importante realçar a expressão "examina e verifica a regularidade das contas". Essa atividade pode ser também denominada "julgamento de contas", sem nenhuma conotação de exercício de competência jurisdicional. Julgamento é um termo usado em muitos e diferentes contextos e sem relação com a função judiciária, como acontece nos próprios Tribunais de Contas.

19 No Brasil, a Constituição Federal assegura a qualquer cidadão, partido político ou associação o direito de denunciar irregularidades ou ilegalidades perante o Tribunal de Contas da União (art. 74, §2º). *Vide*, também, o art. 170, §4º, da Lei nº 14.133/2021: "Qualquer licitante, contratado ou pessoa física ou jurídica poderá representar aos órgãos de controle interno ou ao tribunal de contas competente contra irregularidades na aplicação desta Lei".

O Tribunal de Contas da União e a Corte dei Conti, da Itália, por exemplo, são entidades superiores de fiscalização com funções jurisdicionais.[20] [21] O Government Accountability Office, dos Estados Unidos, e o National Audit Office, da Inglaterra, não.

As constituições e as leis posicionam as EFS de modos distintos na estrutura do Estado e em seu sistema de governança.[22] A Corte dei Conti insere-se no sistema judiciário italiano;[23] o Government Accountability Office, nos Estados Unidos,[24] é uma agência independente que fornece uma "variedade de serviços" para o Congresso, ao qual está vinculada. Na Inglaterra, o National Audit Office[25] é uma instituição independente do Poder Executivo, sendo o seu dirigente, o controlador e auditor-geral, escolhido diretamente pela Câmara dos Comuns, uma das casas do Parlamento.[26]

---

[20] A competência jurisdicional (responsabilização sancionatória e ressarcitória), entendida nos termos da norma da Intosai, *não* é, necessariamente, desempenhada pela EFS como parte da estrutura orgânica do Poder Judiciário. Isso dependerá do modo como o ordenamento jurídico de cada país insere sua entidade fiscalizadora superior na configuração do Estado. As EFS são instituições *sui generis*, como será visto ao longo do texto.

[21] *Uma observação redacional*: para indicar a supressão de texto, utilizaremos o modo padrão recomendado: três pontos entre colchetes ([...]). No entanto, para evitar o uso dessa forma diversas vezes e que a leitura se torne enfadonha, recorreremos, alternativamente, ao uso de uma barra em negrito (**/**), à expressão *omissis* ou à expressão "texto suprimido" entre colchetes. Nomes de pessoas físicas e pessoas jurídicas foram suprimidos, onde considerado pertinente, mediante uma das formas mencionadas acima, ou substituídos por letras, em itálico. Por exemplo: senhor João da Silva, por senhor *A*.

[22] Conforme Melo (*Controle Externo na América Latina*, 2008, p. 13), "os modelos de ISCs [instituições superiores de controle] representam desenhos institucionais específicos cuja adoção e mudanças ao longo do tempo mantém estreita relação com a arquitetura constitucional e tradições jurídicas e políticas dos países".

[23] Itália (*Constituição da República Italiana-Costituzione Italiana*, 2018, *passim*): "Art. 100 O Conselho de Estado é órgão de consultoria jurídico-administrativa e de tutela da justiça na administração. O Tribunal de Contas exerce o controlo preventivo de legitimidade sobre os atos do Governo, e também ao sucessivo sobre a gestão do orçamento do Estado. Participa, nos casos e nas formas estabelecidas pela lei, ao controlo sobre a gestão financeira das entidades à qual o estado contribui em via ordinária. Refere diretamente às Câmaras sobre o resultado da verificação efetuada. A lei assegura a independência dos dois Institutos e dos seus membros perante o Governo. [Texto suprimido]. Título IV – *A Magistratura* – Secção I – *Ordenamento jurisdicional*. [...] Art. 103. O Conselho de Estado e os outros órgãos de justiça administrativa têm jurisdição para a tutela perante a administração pública dos interesses legítimos e, em específicos assuntos indicados por lei, também dos direitos subjetivos. O Tribunal de Contas tem jurisdição nos assuntos de contabilidade pública e nas outras especificadas pela lei. Os tribunais militares, em tempo de guerra, têm a jurisdição estabelecida pela lei. Em tempo de paz, só têm jurisdição para os crimes militares cometidos por pessoas pertencentes às Forças Armadas" (Grifos no original). A Corte dei Conti, embora exerça função judiciária, não integra a estrutura orgânica do Poder Judiciário.

[24] Kaiser (*Government Accountability Office and General Accounting Office*, 2008, *passim*): "GAO was established as an independent auditor of government agencies and activities by the Budget and Accounting Act of 1921 (42 Stat. 23). [...]. The office was intended to be 'independent of the executive departments,' the entities it would audit and review. Sometimes called 'Congress's watchdog' and its 'investigative arm,' GAO now provides a variety of services to Congress that extend beyond its original functions and duties, including oversight, investigation, review, and evaluation of executive programs, operations, and activities. [...]".

[25] Bourn (*Public Sector Auditing*, 2007, p. 5): "Under the terms of the 1983 Act, the Comptroller and Audit General formally became an Officer of the House of Commons, emphasizing his independence from the executive. And the National Audit Office (NAO) was funded directly by Parliament, not by the executive, as the audit office had previously been. Express powers were given to the post holder to carry out examinations of the economy, efficiency and effectiveness with which central government departments and certain other public bodies had used their resources".

[26] Ver também: *Budget Responsibility and National Audit Act 2011*. Disponível em: https://www.legislation.gov.uk/ukpga/2011/4/data.pdf.

No Brasil, o Tribunal de Contas da União é um órgão constitucionalmente autônomo,[27] não integra o Poder Judiciário nem os demais poderes, e o núcleo de suas competências está estabelecido na Constituição Federal de 1988:[28] [29]

a) apreciar as contas prestadas anualmente pelo Presidente da República, mediante parecer prévio;[30]
b) julgar as contas dos administradores e demais responsáveis por dinheiros, bens e valores públicos;
c) julgar as contas daqueles que derem causa a prejuízo ao erário público;
d) realizar inspeções e auditorias[31] de natureza contábil, financeira,[32] orçamentária, operacional[33] e patrimonial,[34] por iniciativa própria ou por solicitação da Câmara dos Deputados, do Senado Federal, de comissão técnica ou de comissão parlamentar de inquérito;[35]
e) emitir, por solicitação da Comissão Mista de Orçamento do Congresso Nacional (CMO), pronunciamento sobre indícios de realização de despesas não autorizadas, de investimentos não programados ou de subsídios não aprovados;

---

[27] Sobre órgãos constitucionalmente autônomos, ver Moreira Neto (*Algumas notas sobre* órgãos *constitucionalmente autônomos*, 2001, p. 11; 21; 23): "'É sobre esses órgãos portadores ou garantidores dos valores político-constitucionais do Estado que J.J. Gomes Canotilho se refere como' órgãos constitucionais de soberania, que, além de derivarem imediatamente da Constituição, destacam-se por serem coessenciais à caracterização da forma de governo constitucionalmente instituída. [...] Essa resenha de funções examinadas, técnicas e políticas, demonstram à saciedade o *hibridismo funcional do Tribunal de Contas* na organização constitucional brasileira e, por isso, o caracterizam como um órgão autônomo da estrutura constitucional do Estado, compartilhando dos poderes inerentes à soberania. [...] Os Tribunais de Contas e os Conselhos de Contas têm natureza jurídica de órgãos estatais de matriz constitucional, com autonomia administrativa, financeira e orçamentária, e se situam como órgãos *independentes* dos demais órgãos que estruturam os Poderes das entidades políticas a que pertençam, o que vem a ser uma *característica constitucional que lhes* é *imprescindível* para o exercício de suas funções de controle sobre todos e cada um deles, bem como sobre quaisquer outros entes ou órgãos, sejam públicos ou privados, que devam prestar contas de dinheiros público" (Grifos nossos).

[28] Conforme o art. 75 da Constituição Federal (CF-1988), as normas estabelecidas para o Tribunal de Contas da União aplicam-se, no que couber, aos Tribunais de Contas dos Estados e do Distrito Federal, bem como aos "Tribunais e Conselhos de Contas dos Municípios".

[29] Ver arts. 71, 72 e 74 da Constituição Federal de 1988.

[30] Conforme art. 49 da Constituição Federal, o julgamento das contas anualmente prestadas pelo Presidente da República é da competência exclusiva do Congresso Nacional: "É da competência exclusiva do Congresso Nacional: [...] IX – julgar anualmente as contas prestadas pelo Presidente da República e apreciar os relatórios sobre a execução dos planos de governo".

[31] As auditorias do setor público são classificadas em três principais tipos: auditoria financeira, auditoria de conformidade e auditoria operacional.

[32] Intosai (*ISSAI 100 – Princípios Fundamentais de Auditoria do Setor Público*, 2013, p. 4): "Auditoria financeira foca em determinar se a informação financeira de uma entidade é apresentada em conformidade com a estrutura de relatório financeiro e o marco regulatório aplicável. Isso é alcançado obtendo-se evidência de auditoria suficiente e apropriada para permitir o auditor *expressar uma opinião* quanto a estarem as informações financeiras livres de distorções relevantes devido a fraude ou erro" (Grifos nossos).

[33] Intosai (*ISSAI 100 – Princípios Fundamentais de Auditoria do Setor Público*, 2013, p. 4) "Auditoria operacional foca em determinar se intervenções, programas e instituições estão operando em conformidade com os princípios de economicidade, eficiência e efetividade, bem como se há espaço para aperfeiçoamento. O desempenho é examinado segundo critérios adequados, e as causas de desvios desses critérios ou outros problemas são analisados. O objetivo é responder a questões-chave de auditoria e apresentar recomendações para *aperfeiçoamento*" (Grifos nossos).

[34] Intosai (*ISSAI 100 – Princípios Fundamentais de Auditoria do Setor Público*, 2013, p. 4) "Auditoria de conformidade foca em determinar se um particular objeto está em conformidade com normas identificadas como critérios. A auditoria de conformidade é realizada para avaliar se atividades, transações financeiras e informações cumprem, em todos os aspectos relevantes, as *normas que regem a entidade auditada*. Essas normas podem incluir regras, leis, regulamentos, resoluções orçamentárias, políticas, códigos estabelecidos, acordos ou os princípios gerais que regem a gestão financeira responsável do setor público e a conduta dos agentes públicos" (Grifos nossos).

[35] Neste caso e no seguinte, a realização de ações por demanda do Poder Legislativo qualifica-se melhor como *um dever*. O Tribunal de Contas da União, mais do que poder agir, deve agir.

f) prestar as informações solicitadas pelo Congresso Nacional sobre a fiscalização contábil, financeira, orçamentária, operacional e patrimonial e sobre resultados de auditorias e inspeções;
g) fiscalizar as contas nacionais das empresas supranacionais de cujo capital social a União participe;[36]
h) fiscalizar a aplicação de recursos repassados pela União aos demais entes da federação mediante convênio ou outros instrumentos congêneres;
i) apreciar a legalidade dos atos de admissão de pessoal e das concessões de aposentadorias, reformas e pensões;
j) apurar denúncias de ocorrências de ilegalidades e irregularidades,[37] [38] [39] [40] apresentadas por cidadão, partido político, sindicato ou associação;
k) aplicar aos responsáveis as sanções previstas em lei;

---

[36] A exemplo da empresa Itaipu Binacional.

[37] O vocábulo "irregularidade" é utilizado pelos Tribunais de Contas sem um sentido unívoco. É uma palavra curinga. Podem ser qualificados como "irregulares" situações e condutas diversas, que poderiam ser referidas mais precisamente como ilegais, inconstitucionais, ilegítimas, antieconômicas, causadoras de dano ao erário, infrações a normas técnicas, violações de princípios da Administração Pública, inobservância de normas operacionais, dentre outras possibilidades.

[38] Constata-se esse caráter de vocábulo curinga nas 14 vezes em que o termo aparece na Lei nº 8.443/1992, Lei Orgânica do Tribunal de Contas da União (LOTCU-1992 ou LOTCU): "Art. 1º Ao Tribunal de Contas da União / compete: I – julgar as contas dos administradores / e as contas daqueles que derem causa a perda, extravio ou outra *irregularidade de que resulte dano ao Erário* / representar ao poder competente sobre *irregularidades ou abusos* apurados / Art. 5º A jurisdição do Tribunal abrange / aqueles que derem causa a perda, extravio ou outra *irregularidade* de que resulte dano ao Erário; [...] Art. 9º Integrarão a tomada ou prestação de contas / relatório e certificado de auditoria / que consignará qualquer *irregularidade ou ilegalidade* constatada / Art. 12. Verificada *irregularidade nas contas*, o Relator ou o Tribunal / §2º Reconhecida pelo Tribunal a boa-fé, a liquidação tempestiva do débito atualizado monetariamente sanará o processo, se não houver sido observada outra *irregularidade* nas contas. [...]. Art. 43. Ao proceder à fiscalização / o Relator ou o Tribunal: / II – se verificar a ocorrência de *irregularidade quanto à legitimidade ou economicidade*, determinará a audiência do responsável [...]. Art. 47. Ao exercer a fiscalização, se configurada a ocorrência de *desfalque, desvio de bens ou outra irregularidade* de que resulte dano ao Erário, o Tribunal ordenará, desde logo, a conversão do processo em tomada de contas especial / Art. 51. Os responsáveis pelo controle interno, ao tomarem conhecimento de qualquer *irregularidade ou ilegalidade*, dela darão ciência de imediato ao Tribunal de Contas da União, sob pena de responsabilidade solidária; [...]. Art. 53. Qualquer cidadão, partido político, associação ou sindicato é parte legítima para denunciar *irregularidades ou ilegalidades* perante o Tribunal de Contas da União. / §4º Reunidas as provas que indiquem a existência de *irregularidade ou ilegalidade*, serão públicos os demais atos do processo, assegurando-se aos acusados a oportunidade de ampla defesa; [...]. Art. 60. Sem prejuízo das sanções previstas na seção anterior e das penalidades administrativas. aplicáveis pelas autoridades competentes, por *irregularidades constatadas* pelo Tribunal de Contas da União, sempre que este, por maioria absoluta de seus membros, considerar grave a infração cometida, o responsável ficará inabilitado, por um período que variará de cinco a oito anos, para o exercício de cargo em comissão ou função de confiança no âmbito da Administração Pública; [...] Art. 86. São obrigações do servidor que exerce funções específicas de controle externo no Tribunal de Contas da União: [...] II – representar à chefia imediata contra os responsáveis pelos órgãos e entidades sob sua fiscalização, em casos de falhas e/ou *irregularidades*" (Grifos nossos).

[39] A Lei Orgânica do TCU, em alguns dos dispositivos mencionados, faz aparente distinção entre os termos *ilegalidade* e *irregularidade*, como se irregularidade fosse algo diferente de ilegalidade. No entanto, nos demais dispositivos, maioria, não se vê essa distinção, de modo que serão qualificadas como irregulares situações e condutas que constituem um conjunto muito maior do que o conjunto de situações e condutas passíveis de serem qualificadas como ilegais, em sentido estrito. Essa peculiaridade é um tanto estranha, pois a qualificação de algo como *irregular* soa menos grave do que sua qualificação como *ilegal* ou *inconstitucional*. Não se trata de falha de técnica legislativa, mas de opção do legislador, como se observa perfeitamente no art. 16, III: "As contas serão julgadas *irregulares*, quando comprovada qualquer das seguintes ocorrências: a) omissão no dever de prestar contas; b) prática de ato de gestão ilegal, ilegítimo, antieconômico, ou infração à norma legal ou regulamentar de natureza contábil, financeira, orçamentária, operacional ou patrimonial; c) dano ao Erário decorrente de ato de gestão ilegítimo ao antieconômico; d) desfalque ou desvio de dinheiros, bens ou valores públicos".

[40] De outro lado, situações específicas que o Tribunal entenda que não se caracterizam como graves, ou que não devam ser qualificadas como graves em certos contextos, são referidas como impropriedades, inconformidades, falhas ou falhas formais.

l) assinar prazo para que a Administração adote as providências necessárias ao exato cumprimento da lei; sustar, se não atendido, a execução do ato impugnado, comunicando a decisão à Câmara dos Deputados e ao Senado Federal; e decidir sobre sustação de contratos, se, no prazo de noventa dias, o Congresso Nacional deixar de promovê-la ou o Poder Executivo, no mesmo prazo, não efetivar as medidas solicitadas pelo Poder Legislativo.

Leis subsequentes à Constituição, como as leis orgânicas, a exemplo da Lei Orgânica do Tribunal de Contas da União,[41] [42] a Lei de Licitações e Contratos Administrativos[43] e a Lei de Responsabilidade Fiscal[44] especificaram as competências constitucionais dos Tribunais de Contas ou atribuíram-lhes competências e obrigações conexas com aquelas, ou mesmo novas. No âmbito federal, o plexo de competências, obrigações e deveres do Tribunal de Contas da União resultante da Constituição vem sendo expandido por outras leis, menos conhecidas.[45]

---

[41] A Lei nº 8.443/1992, nos arts. 1º e 38, consignou as seguintes competências ao Tribunal: *auditar projetos e programas* autorizados na lei orçamentária anual, por solicitação da Comissão Mista de Orçamento ou comissão técnica de qualquer das Casas do Congresso Nacional, avaliando os seus resultados quanto à eficácia, eficiência e economicidade; acompanhar a arrecadação da receita, mediante inspeções e auditorias; *decidir sobre a legalidade, a legitimidade e a economicidade dos atos de gestão* e das despesas deles decorrentes, bem como sobre a aplicação de subvenções e a renúncia de receitas; decidir sobre consulta que lhe seja formulada por autoridade competente, a respeito de dúvida suscitada na aplicação de dispositivos legais e regulamentares concernentes a matéria de sua competência (a resposta à consulta tem caráter normativo e constitui prejulgamento da tese, mas não do fato ou caso concreto); exercer o poder regulamentar e expedir atos e instruções normativas sobre matéria de suas atribuições e sobre a organização dos processos que lhe devam ser submetidos, obrigando ao seu cumprimento, sob pena de responsabilidade.

[42] O Tribunal de Contas da União será referido também como: Tribunal de Contas, Tribunal, Corte de Contas ou TCU.

[43] Lei nº 8.666/1993, a Lei de Licitações e Contratos Administrativos de 1993, prescrevia que os Tribunais de Contas: deviam exercer o controle das despesas decorrentes dos contratos, na forma da legislação pertinente, ficando a administração responsável pela demonstração da legalidade e regularidade da despesa e execução contratual; deviam examinar representação formulada por qualquer licitante, contratado ou pessoa física ou jurídica contra irregularidades nos processos licitatórios, na contratação e na execução contratual; podiam exercer o controle dos editais, obrigando-se a administração à adoção das medidas corretivas que lhes fossem determinadas.

[44] Lei Complementar nº 101, de 4.5.2000 (LRF). Conforme o art. 59, os Tribunais de Contas devem fiscalizar amplamente o cumprimento de suas normas, qualificadas como normas de finanças públicas voltadas para a responsabilidade na gestão fiscal, e, especificamente: verificar o atingimento das metas estabelecidas na lei de diretrizes orçamentárias (LDO); fiscalizar o cumprimento dos limites e condições para realização de operações de crédito e inscrição de despesas em restos a pagar; verificar se foram tomadas providências para recondução dos montantes das dívidas consolidada e mobiliária aos respectivos limites; verificar os cálculos dos limites da despesa total com pessoal; verificar se foram adotadas as medidas para o retorno da despesa total com pessoal ao respectivo limite; fiscalizar o cumprimento do limite de gastos totais dos legislativos municipais; fiscalizar a destinação de recursos obtidos com a alienação de ativos, tendo em vista as restrições constitucionais e as da própria lei complementar; alertar o Poder Executivo que os montantes das dívidas consolidada e mobiliária, das operações de crédito e da concessão de garantia se encontram acima de noventa por cento dos respectivos limites; alertar os órgãos pertinentes que o montante da despesa total com pessoal ultrapassou noventa por cento do limite; alertar os órgãos pertinentes que os gastos com inativos e pensionistas se encontram acima do limite definido em lei; alertar os órgãos pertinentes sobre a possibilidade de ocorrência de necessidade de promover limitação de empenho e movimentação financeira; alertar os órgãos pertinentes sobre fatos que comprometam os custos ou os resultados dos programas ou indícios de irregularidades na gestão orçamentária.

[45] Por exemplo, a *Lei nº 8.730/1993*, que estabelece a obrigatoriedade de apresentação da declaração de bens e rendas para o exercício de cargos, empregos e funções nos Poderes Executivo, Legislativo e Judiciário e impõe aos servidores e empregados públicos a obrigação de remeter suas declarações ao TCU, ao qual atribui competência para "exercer o controle da legalidade e legitimidade desses bens e rendas"; as *leis de diretrizes orçamentárias*, desde a *Lei nº 9.473/1997*, dispõem sobre a fiscalização da execução de obras públicas e estabelecem procedimentos a serem observados pelo Congresso Nacional e pelo Tribunal nesse campo de atuação; a *Lei nº 9.491/1997* atribui-lhe competência para apreciar os processos de desestatização; a *Lei nº 11.079/2004*, que institui normas gerais para licitação e contratação de parceria público-privada, determina que o órgão gestor das parcerias

Esse universo normativo possibilita uma multiplicidade de modos de atuação ao Tribunal de Contas da União e aos demais Tribunais de Contas, que fiscalizam, investigam, auditam, avaliam, normatizam, julgam,[46] determinam, recomendam, responsabilizam e promovem o ressarcimento de danos causados ao erário, numa vasta dimensão da administração, das finanças e das políticas públicas, resultando em muitas complexidades organizacionais, funcionais, procedimentais, normativas e consequenciais, ainda por serem mais bem desveladas e estudadas, como exemplo:

a) a convivência de abordagens técnico-profissionais distintas, tipologias processuais várias, sob uma processualística básica uniforme, antiga e datada;
b) o problemático desempenho de diferentes funções, competências e objetivos no mesmo processo, simultaneamente;
c) dificuldades de definição de sentido, foco, prioridades e amplitude do exame dos objetos sob sua jurisdição.

A compreensão dos limites dessa multifuncionalidade pode ser buscada na perspectiva do Tribunal de Contas como instituição histórica perene, que compõe a estrutura de governança estatal configurada pela Constituição Federal de 1988 e pelas leis, e que atua como parte essencial de um sistema institucional-normativo que o Estado desenvolve para alcançar objetivos interconectados: a escorreita elaboração e execução do orçamento público, aprovado pelo Poder Legislativo; a boa e regular gestão dos recursos públicos; a probidade administrativa; a eficiente implementação de projetos, programas e políticas públicas; a adequada prestação de serviços públicos; a boa gestão do patrimônio público; a higidez e confiabilidade das demonstrações contábeis e fiscais; e a sustentabilidade das finanças públicas.[47]

A manifestação concreta dessa multifuncionalidade pode ser observada, no Tribunal de Contas da União, no desenvolvimento da competência que, dentre as definidas

---

federais lhe encaminhe, anualmente, relatórios de desempenho dos contratos de parceria público-privada; a *Lei nº 13.448/2017*, que estabelece diretrizes gerais para prorrogação e relicitação de contratos de parceria, determina o encaminhamento dos estudos pertinentes ao exame do TCU; a *Lei nº 13.848/2019*, que dispõe sobre a gestão, organização, o processo decisório e o controle social das agências reguladoras, determina que essas entidades enviem-lhe o relatório anual de atividades, o plano de gestão anual e o relatório anual da ouvidoria; a *Lei nº 8.313 / 1991* (Lei Rouanet), que instituiu o Programa Nacional de Apoio à Cultura, determina ao Tribunal que inclua análise relativa à avaliação dos projetos culturais em seu parecer prévio sobre as contas prestadas pelo Presidente da República; a *Lei nº 9.637/1998*, que dispõe sobre a qualificação de entidades como organizações sociais, determina aos responsáveis pela fiscalização da execução do contrato de gestão que informem ao TCU qualquer irregularidade ou ilegalidade de que tenham conhecimento, sob pena de responsabilidade solidária; a *Lei nº 13.019/2014*, que disciplina o regime jurídico das parcerias entre a Administração Pública e as organizações da sociedade civil (OSC), prevê o julgamento de contas de parceria pelos Tribunais de Contas e impede a celebração de parcerias com OSC que tenha tido contas de parceria julgadas irregulares ou rejeitadas, em decisão irrecorrível, nos últimos oito anos, bem como que tenha entre seus dirigentes pessoa na mesma condição ou que tenha sido julgada responsável por falta grave e inabilitada para o exercício de cargo em comissão ou função de confiança, enquanto durar a inabilitação (imposta pelo Tribunal de Contas); a *Lei nº 10.028/2000*, que dispõe sobre as infrações administrativas contra as leis de finanças públicas, atribuiu aos Tribunais de Contas a competência para processar e julgar essas infrações e punir com multa os agentes que lhe derem causa.

[46] Julgar em acepção ampla: julgar processos, julgar atos, julgar responsabilidades.

[47] Sobre as funções da auditoria governamental e, consequentemente, das entidades fiscalizadoras superiores, como os Tribunais de Contas, *vide* Posner e Shahan (*Audit Institutions*, 2014, p. 488/720): "Governmental audits are conducted to provide an independent assessment of the extent to which public agencies meet acceptable standards of legal, financial, and performance accountability in implementing public programs. Audits can simply provide information to policymakers about public policy implementation, but most often they make recommendations to either executive or legislative officials to take corrective actions".

historicamente nas Constituições brasileiras, se apresenta como sendo aquela que justifica o nome da instituição e a existência de uma *magistratura de contas*: o julgamento de contas.

Essa competência, conforme a Constituição, é exercida em quatro situações, que denominamos de "contextos de contas":

a) as contas dos administradores;
b) as contas dos demais responsáveis (não administradores) por dinheiros, bens e valores públicos;
c) as contas daqueles que derem causa a dano ao erário público;
d) as contas prestadas anualmente pelo Chefe do Poder Executivo (Presidente da República, Governador, Prefeito),[48] em relação às quais a Constituição reserva o julgamento ao Poder Legislativo,[49] cabendo ao Tribunal de Contas apreciá-las mediante parecer prévio.

Neste último caso, embora a emissão do parecer prévio deva ter um significado distinto daquele que deve ter um julgamento de contas procedido pelo Poder Legislativo, significados ainda por serem mais bem compreendidos, a manifestação dos Tribunais de Contas sobre as contas prestadas pelo Chefe do Poder Executivo tem se dado, historicamente (mas não ao longo de toda a história da instituição), em termos semelhantes ao de um julgamento das contas de administradores (aprovação ou rejeição) e é efetivamente noticiada e apreendida pelo público e, mesmo, pelas próprias Cortes, como uma decisão que aprova, aprova com ressalvas ou rejeita as contas do Prefeito, do Governador ou do Presidente da República,[50] como se vê nas seguintes manchetes:

> Tribunal aprova contas do presidente com 14 ressalvas.[51]
> TCU aprova contas do governo federal de 2021 com ressalvas.[52]
> Com ressalvas e recomendações, TCE-MS aprova as contas do Governo do Estado de 2021.[53]
> TCE-PB reprova contas da gestão do governador João Azevêdo, referentes a 2019.[54]
> TCM adia decisão sobre rejeição de contas do prefeito de Salvador.[55]

---

[48] A Lei de Responsabilidade Fiscal, no art. 56, refere-se ao presidente da República, aos governadores e prefeitos como chefes do Poder Executivo.

[49] *Vide* art. 49 da Constituição Federal: "É da competência exclusiva do Congresso Nacional: [...] IX – julgar anualmente as contas prestadas pelo Presidente da República e apreciar os relatórios sobre a execução dos planos de governo".

[50] Na maior parte dos Tribunais de Contas, a lei orgânica estabelece que as contas serão julgadas regulares, regulares com ressalva ou irregulares. Em alguns, as contas são aprovadas ou reprovadas/rejeitadas; em poucos, aprovadas, aprovadas com ressalva e reprovadas. Nessa situação, o juízo de contas julgadas irregulares equivale ao juízo de contas rejeitadas ou reprovadas.

[51] *Tribunal aprova contas do presidente com 14 ressalvas* (2022): "Tribunal aprova contas do presidente com 14 ressalvas – O parecer prévio traz dez recomendações e cinco alertas ao governo. Também foram apontadas três irregularidades e três impropriedades no relatório sobre a execução dos orçamentos da União, além de oito distorções no Balanço Geral".

[52] *TCU aprova contas do governo federal de 2021 com ressalvas* (2022): "TCU aprova contas do governo federal de 2021 com ressalvas – Relator endossou conclusões da equipe técnica do tribunal".

[53] *Com ressalvas e recomendações, TCE-MS aprova as contas do Governo do Estado de 2021* (2022): "O parecer prévio do TCE-MS auxiliará o julgamento que deverá ser realizado pela Assembleia Legislativa do Estado de Mato Grosso do Sul, como estabelece a Constituição Estadual".

[54] *TCE-PB reprova contas da gestão do governador João Azevêdo, referentes a 2019* (2022): "Caso foi analisado em sessão extraordinária, realizada nesta segunda-feira, com relatoria do conselheiro [...]".

[55] *TCM adia decisão sobre rejeição de contas do prefeito de Salvador* (2011): "Nesta terça-feira (15/3) o Tribunal de Contas dos Municípios (TCM) da Bahia adiou o julgamento do pedido de reconsideração da rejeição das contas da prefeitura de Salvador, feito pelo prefeito João Henrique (PP)".

Órgão de contas pede reprovação de gastos de Alckmin e França em 2018.[56]

No Tribunal de Contas da União, os processos relativos aos mencionados contextos de contas são conhecidos como "processos de contas": processo de contas anuais (contas de gestão),[57] [58] processo de tomada de contas especial (contas especiais)[59] e processo de contas do presidente da República[60] (contas de governo).[61]

Considerado o texto da Constituição, o tema "julgamento de contas" suscita um conjunto de perguntas inter-relacionadas, necessárias, e chama a atenção que não sejam feitas com maior frequência e que não se tenha mais conhecimento amplo e organizado a respeito:

a) Por que essa matéria é parte de nossa Constituição e por que se instituiu um órgão com a função de julgar contas?
b) O que são as "contas prestadas anualmente pelo Presidente da República", conforme referido na Constituição no art. 71, I, e no art. 49, IX?[62]
c) O que está posto sob apreciação e como deve o Tribunal de Contas da União atuar na emissão do parecer prévio sobre "as contas prestadas anualmente pelo Presidente da República"?
d) O que está posto sob apreciação quando o Congresso Nacional julga "as contas prestadas pelo Presidente da República"?

---

[56] Órgão *de contas pede reprovação de gastos de Alckmin e França em 2018* (2019): "É a primeira vez que parecer, que será julgado pelo TCE, rejeita prestação de governadores de SP".

[57] LOTCU: "Art. 7º As contas dos administradores e responsáveis a que se refere o artigo anterior serão anualmente submetidas a julgamento do Tribunal, sob forma de tomada ou prestação de contas, organizadas de acordo com normas estabelecidas em instrução normativa".

[58] Nos demais Tribunais de Contas, esses processos são referidos como contas de gestão. No Brasil, há 33 Tribunais de Contas: o Tribunal de Contas da União; um Tribunal de Contas do Estado em cada um dos Estados e no Distrito Federal; um Tribunal de Contas dos Municípios nos Estados da Bahia, de Goiás e do Pará; um Tribunal de Contas no município de São Paulo e outro no município do Rio de Janeiro.

[59] LOTCU: "Art. 8º Diante da omissão no dever de prestar contas, da não comprovação da aplicação dos recursos repassados pela União, na forma prevista no inciso VII do art. 5º desta Lei, da ocorrência de desfalque ou desvio de dinheiros, bens ou valores públicos, ou, ainda, da prática de qualquer ato ilegal, ilegítimo ou antieconômico de que resulte dano ao Erário, a autoridade administrativa competente, sob pena de responsabilidade solidária, deverá imediatamente adotar providências com vistas à instauração da tomada de contas especial para apuração dos fatos, identificação dos responsáveis e quantificação do dano". Ver também Instrução Normativa-TCU nº 71/2012: "Art. 2º Tomada de contas especial é um processo administrativo devidamente formalizado, com rito próprio, *para apurar responsabilidade por ocorrência de dano* à *Administração Pública Federal*, com apuração de fatos, quantificação do dano, identificação dos responsáveis e obter o respectivo ressarcimento. Parágrafo único. Consideram-se responsáveis pessoas físicas ou jurídicas às quais possa ser imputada a obrigação de ressarcir o Erário" (Grifos nossos).

[60] LOTCU: "Art. 36. Ao Tribunal de Contas da União compete, na forma estabelecida no Regimento Interno, apreciar as contas prestadas anualmente pelo Presidente da República, mediante parecer prévio a ser elaborado em sessenta dias a contar de seu recebimento. Parágrafo único. As contas consistirão nos balanços gerais da União e no relatório do órgão central do sistema de controle interno do Poder Executivo sobre a execução dos orçamentos de que trata o §5º do art. 165 da Constituição Federal".

[61] A doutrina sobre contas de governo e contas de gestão pode ser vista no Capítulo 7, na forma como construída nos votos dos ministros do Supremo Tribunal Federal na apreciação de dois recursos extraordinários com repercussão geral.

[62] *Vide* arts. 49, IX, e 71 da CF-1988: "Art. 49, IX: É da competência exclusiva do Congresso Nacional julgar anualmente as contas prestadas pelo Presidente da República e apreciar os relatórios sobre a execução dos planos de governo; [...] Art. 71. O controle externo, a cargo do Congresso Nacional, será exercido com o auxílio do Tribunal de Contas da União, ao qual compete: I – apreciar as contas prestadas anualmente pelo Presidente da República, mediante parecer prévio que deverá ser elaborado em sessenta dias a contar de seu recebimento".

e) Quais são as consequências do julgamento do Congresso Nacional "sobre as contas prestadas pelo Presidente da República"?
f) Quem define o que devem ser "as contas prestadas anualmente pelo Presidente da República"?
g) O que são as "contas dos administradores", conforme referenciado no art. 71, II, da Constituição Federal?[63]
h) O que são as "contas dos demais responsáveis (não administradores)" por dinheiros, bens e valores públicos, conforme referenciado no art. 71, II, da Constituição Federal?
i) O que são as "contas daqueles que derem causa a prejuízo ao erário público" conforme referenciado no art. 71, II, da Constituição Federal?
j) Sobre o que decide o Tribunal de Contas no julgamento das contas dos administradores; dos demais responsáveis por valores, bens e dinheiros públicos; e daqueles que derem causa a prejuízo ao erário?
k) No julgamento de contas, o Tribunal de Contas julga pessoas ou julga "as contas"?[64] [65] [66] [67] [68] [69]

---

[63] CF-1988: "Art. 71. O controle externo, a cargo do Congresso Nacional, será exercido com o auxílio do Tribunal de Contas da União, ao qual compete: [...] julgar as contas dos administradores e demais responsáveis por dinheiros, bens e valores públicos da administração direta e indireta, incluídas as fundações e sociedades instituídas e mantidas pelo Poder Público federal, e as contas daqueles que derem causa a perda, extravio ou outra irregularidade de que resulte prejuízo ao erário público".

[64] No julgamento do RE nº 636.886-AL, Relator Ministro Alexandre de Moraes, o Supremo Tribunal Federal (STF) assentou na ementa do acórdão, de 20.4.2020, o seguinte: "3. A excepcionalidade reconhecida pela maioria do SUPREMO TRIBUNAL FEDERAL no TEMA 897, portanto, não se encontra presente no caso em análise, uma vez que, no processo de tomada de contas, o TCU *não julga pessoas*, não perquirindo a existência de dolo decorrente de improbidade administrativa, mas especificamente, realiza o *julgamento técnico das contas* a partir da reunião dos elementos objeto da fiscalização e apurada a ocorrência de irregularidades de que resulte dano ao erário, proferindo o acórdão em que se imputa débito ao responsável para fins de se obter o respectivo ressarcimento" (Grifos nossos).

[65] No voto condutor do acórdão proferido no RE nº 636.886-AL, p. 11-12/71, o relator valeu-se dos entendimentos doutrinários de José dos Santos Carvalho Filho (*Manual de Direito Administrativo*, 2010, p. 1094), José Cretella Junior (*Manual de Direito Administrativo*, 1989, p. 49) e José Afonso da Silva (*Curso de Direito Constitucional Positivo*, 2008, p. 755), transcritos nas próximas notas de rodapé.

[66] Carvalho Filho (*Manual de Direito Administrativo*, 2010, p. 1094): "[julgar] não tem o sentido normalmente atribuído aos juízes no exercício de sua função jurisdicional. O sentido do termo é o de apreciar, examinar, analisar as contas, porque a função exercida pelo Tribunal de Contas na hipótese é de caráter eminentemente administrativo". Entendimento equivocado, como será visto.

[67] Cretella Junior (*Manual de Direito Administrativo*, 1989, p. 49): "[...] as decisões do Tribunal de Contas não são decisões judiciárias porque ele não julga. Não profere julgamento nem de natureza cível, nem de natureza penal. As decisões proferidas dizem respeito à regularidade intrínseca da conta, e não sobre a responsabilidade do exator ou pagador ou sobre a imputação dessa responsabilidade". As decisões do presente dizem respeito a muito mais do que isso.

[68] Silva (*Curso de Direito Constitucional Positivo*, 2008, p. 743): "pois [o TCU] não julga pessoas nem dirime conflitos de interesses, mas apenas exerce um julgamento técnico de contas". O julgamento das contas tem assumido até mesmo o caráter de sanção moral. "Julgamento técnico" seria uma expressão mais próxima de juízo de auditoria.

[69] A ementa do RE nº 636.886/AL requer esclarecimentos e alguma correção: o Tribunal de Contas da União tanto realiza o "julgamento técnico das contas" (examina, verifica as contas), quando profere juízo de auditoria financeira sobre demonstrações contábeis, quanto "julga pessoas", quando profere decisões condenatórias de ressarcimento ao erário e aplica sanções a pessoas físicas, no sentido de julgar a conduta daquele a quem se imputa o cometimento de grave infração a certas normas ou responsabilidade por dano ao erário, não exigindo a lei, contudo, que a responsabilização pessoal decorra de demonstração de conduta dolosa (*vide* arts. 57 e 58, II, da Lei nº 8.443/1992).

l) Contas[70] e prestação de contas representam o mesmo objeto?[71] [72] [73]
m) O juízo sobre as contas corresponde a um juízo sobre a gestão do administrador?[74]
n) A razão de ser de um julgamento de contas implica necessariamente a prolação de um juízo de aprovação ou rejeição das contas (regulares/irregulares)?

---

[70] *Vide* art. 36 da LOTCU-1992 sobre em que consistem as contas prestadas anualmente pelo Presidente da República: "Art. 36. Ao Tribunal de Contas da União compete, na forma estabelecida no Regimento Interno, apreciar as contas prestadas anualmente pelo Presidente da República, mediante parecer prévio a ser elaborado em sessenta dias a contar de seu recebimento. Parágrafo único. As contas consistirão nos balanços gerais da União e no relatório do órgão central do sistema de controle interno do Poder Executivo sobre a execução dos orçamentos de que trata o §5º do art. 165 da Constituição Federal".

[71] *Vide* no texto *Contexto geral das prestações de contas* ([s.d.]) como o Portal TCU explica o que é prestação de contas: "Contexto geral das prestações de contas – [...] Aos demais administradores, cabe prestar contas dos resultados alcançados na gestão dos recursos confiados à sua responsabilidade em face dos objetivos de interesse coletivo estabelecidos pelo poder público (accountability). Essa prestação de contas *toma a forma de uma autoavaliação.* [...] *O propósito da prestação de contas* é assegurar a transparência e a responsabilidade na Administração Pública, bem como dar suporte às decisões de alocação de recursos, promover a defesa do patrimônio público e, sobretudo, informar aos cidadãos, que são os usuários dos bens e serviços produzidos pela Administração Pública e principais provedores dos recursos para o seu funcionamento. A prestação de contas anual das organizações do setor público deve proporcionar uma visão estratégica e de orientação para o futuro quanto à sua capacidade de gerar valor público em curto, médio e longo prazos, bem como do uso que fazem dos recursos públicos e seus impactos na sociedade. Se constitui assim em um dos principais instrumentos democráticos de comunicação entre governo, cidadãos e seus representantes. *Espera-se que as prestações de contas das organizações do setor público forneçam informações* para subsidiar avaliações em questões como: se a entidade prestou seus serviços à sociedade de maneira eficiente e eficaz; se a capacidade da entidade para prestar serviços melhorou ou piorou em comparação com exercícios anteriores; quais são os recursos atualmente disponíveis para gastos futuros, e até que ponto há restrições ou condições para a utilização desses recursos; a extensão na qual a carga tributária, que recairá sobre os contribuintes em períodos futuros para pagar por serviços correntes, ou o endividamento, tem evoluído" (Grifos nossos).

[72] O termo "contas" suscita uma ideia, em denotação estrita, atinente a demonstrações contábeis, financeiras, fiscais, econômicas, patrimoniais, orçamentárias, por exemplo, suscetíveis a julgamento profissional de auditoria, enquanto ao termo "prestação de contas" pode-se dar uma concepção bastante ampla, fundada no princípio da transparência e nas teorias de *accountability*, da qual resulta a produção de um vasto e diversificado conjunto de informações e inúmeros objetos distintos de análise, *insuscetíveis* todos eles a juízos de auditoria, ou, pelo menos, do mesmo tipo de auditoria.

[73] Pode-se aplicar ao termo ou objeto "contas" a substância do que disse *Bobbio* (*Direita e esquerda: razões e significados de uma distinção política*, 2011, p. 9) a respeito dos termos *direita* e *esquerda*: "Ganhou força também a ideia de que direita e esquerda tornaram-se hoje pura e simplesmente 'recipientes' em que se depositou um conteúdo qualquer, e portanto, não são conceitos, mas apenas palavras suscetíveis de assumir diversos significados conforme o caso".

[74] *Vide* os seguintes enunciados da jurisprudência selecionada do Tribunal de Contas da União, entre muitos outros (grifos nossos em todos os casos): "A constatação de que o conjunto de ocorrências que motivaram a aplicação de multa em processo de fiscalização é suficientemente grave para *macular toda a gestão* do dirigente implica o julgamento pela irregularidade de suas contas ordinárias do exercício correlato". "A aplicação de multa em processo de fiscalização não implica prejulgamento das contas ordinárias, devendo o fato ser considerado no contexto dos *demais atos de gestão* do período envolvido. O Tribunal, verificando que as ocorrências apuradas no processo de fiscalização não se revestem de gravidade suficientemente *para macular a gestão* do exercício examinado, julga regulares com ressalva as contas do responsável". "A aplicação de multa em processo de fiscalização não implica prejulgamento das contas ordinárias do gestor obrigado a prestá-las. O TCU, contudo, verificando que as irregularidades apuradas no processo de fiscalização, no contexto dos demais atos de gestão praticados no período envolvido, são graves o bastante *para macular o conjunto da gestão*, pode julgar irregulares as respectivas contas ordinárias do responsável". "A baixa materialidade de contratação irregular, constituindo ocorrência isolada, não é suficiente para *macular de irregularidade a totalidade de contas anuais*". "O fato de o gestor ter sido multado em processo de fiscalização não implica, necessariamente, no julgamento pela irregularidade de suas contas ordinárias. A ausência de irregularidades graves o suficiente para *macular a gestão do responsável* possibilita ao TCU formar o juízo pela regularidade com ressalva". "É desnecessária nova audiência do gestor, por ocasião do processamento de tomada ou prestação de contas anuais, acerca de fatos a serem considerados na avaliação da gestão que já foram objeto de defesa prévia e reputados irregulares em processos autônomos anteriormente julgados. *Fica ao juízo do relator e do Tribunal avaliar se os atos isolados tratados nas fiscalizações são graves o bastante para macular o conjunto da gestão*" (Disponíveis em: https://pesquisa.apps.tcu.gov.br/resultado/jurisprudencia-selecionada/macular%2520as%2520contas/%2520/sinonimos%253Dtrue. Acesso em: 25 jan. 2024).

o) O que o Tribunal de Contas comunica ou deseja comunicar ao Parlamento e à comunidade interessada quando diz que as contas do administrador foram aprovadas (regulares)?[75] O que comunica quando diz que foram rejeitadas (irregulares)?
p) Em suma, o que fazem os Tribunais de Contas quando julgam contas e por que o fazem?[76]

Para algumas dessas questões, respostas iniciais são encontradas nas leis orgânicas, nos regimentos e nos demais atos normativos produzidos pelos Tribunais de Contas. E respostas diferentes, e muito diferentes em alguns aspectos, foram dadas ao longo do tempo, conforme mostra esta tese sobre o Tribunal de Contas da União.

Nesse campo de perguntas fundamentais e respostas díspares, encontra-se algo comum e consolidado nas normas e nas práticas dos Tribunais de Contas: em todos os tipos de processos de contas (contas dos administradores; contas daqueles que derem causa a dano ao erário; contas do Chefe do Poder Executivo)[77] eles proferem três possíveis decisões, muito embora sejam contextos e processos com finalidades muito distintas:

a) julgam as contas irregulares ou as rejeitam;
b) jugam as contas regulares ou as aprovam;
c) julgam as contas regulares com ressalva ou aprovam-nas com ressalvas.[78]

Haveria, conforme expressamente referido na legislação pertinente,[79] um "mérito das contas" a ser decidido, julgado, pelo Tribunal de Contas,[80] no exercício de uma

---

[75] O que o Tribunal de Contas comunica quando se manifesta por recomendar a aprovação ou rejeição das contas anuais do Chefe do Poder Executivo? *Vide* a respeito Castro (*Bagunça nas contas de Bolsonaro*, 2023): "Bagunça nas contas de Bolsonaro: *O TCU aprovou com ressalvas a sua prestação para 2022, com R$1,28 trilhão mal explicados.* Eu lhe dei 20 mil réis/ Pra tirar três e trezentos/ Você tem que me voltar/ Dezessete e setecentos. O baião de Luiz Gonzaga e Miguel Lima, um clássico de 1958, pode ajudar a entender a prestação de contas do governo Bolsonaro para o ano de 2022, aprovada 'com ressalvas' na semana passada pelo Tribunal de Contas da União. 'Ressalvas' porque, segundo o relatório do TCU, há uma 'relevância de distorções' no valor de R$1,28 trilhão. *O que são 'distorções' de tal 'relevância', só o Sombra sabe.* Mas o valor distorcido exige tradução para o português: 1 trilhão e 280 bilhões de reais. Não é pouca distorção. O relatório acusa o 'reconhecimento indevido de receitas com impostos, de reversão de provisões e de ajustes para perdas e ganhos com a reavaliação de ativos' e o 'não reconhecimento de desincorporação de ativos, de obrigações com a Previdência Social e com os estados e de ajustes e reservas no patrimônio líquido da União'. O que isso quer dizer, talvez nem o próprio Sombra saiba. O que se deduz é que o governo Bolsonaro deixou uma bagunça de contas no valor de 1 trilhão e 280 bilhões de reais. E por que não? [...] Não é um caminhão de dinheiro mal explicado. É uma frota de caminhões. *Mas talvez não signifique muito,* já que os juízes do TCU seguiram por unanimidade o voto do relator [...]. O relatório irá agora para julgamento no Congresso, especialista, como sabemos, nos dezessete e setecentos" (Grifos nossos).

[76] Julgar contas é uma expressão que descreve um modo de atuação dos Tribunais de Contas que também pode ser referido como "examinar contas", "apreciar contas", "auditar contas". A mudança no modo de referir essa atuação muda a percepção sobre o que deve ser feito sobre as contas, e a natureza desse fazer (atuação jurisdicional?).

[77] Nessas contas, os Tribunais de Contas manifestam-se emitindo parecer, quase sempre na forma de recomendação ao Poder Legislativo de aprovação, rejeição, ou aprovação com ressalvas, ou, simplesmente, um parecer pela aprovação, rejeição, ou aprovação com ressalvas.

[78] Decidir o mérito das contas, segundo as normas dos Tribunais de Contas, é decidir se devem ser aprovadas, aprovadas com ressalva ou rejeitadas, ou, em outros termos, em alguns tribunais, como o Tribunal de Contas da União, se devem ser consideradas irregulares, regulares com ressalva ou regulares.

[79] LOTCU: "Art. 10. A decisão em processo de tomada ou prestação de contas pode ser preliminar, definitiva ou terminativa. §1º Preliminar é a decisão pela qual o Relator ou o Tribunal, antes de pronunciar-se quanto ao mérito das contas, resolve sobrestar o julgamento, ordenar a citação ou a audiência dos responsáveis ou, ainda, determinar outras diligências necessárias ao saneamento do processo. §2º Definitiva é a decisão pela qual o Tribunal julga as contas regulares, regulares com ressalva, ou irregulares".

[80] *Vide*, como exemplo, o art. 28, §§1º 1 e 2º da Lei Orgânica do Tribunal de Contas do Estado de São Paulo: "Artigo 28 – A decisão em processo de tomada ou prestação de contas pode ser preliminar, final ou terminativa. §1º – Preliminar é a decisão pela qual o Relator ou o Tribunal de Contas, antes *de se pronunciar quanto ao mérito*

jurisdição particular (que não se confunde com jurisdição judicial, no Brasil, pelo menos por enquanto), à semelhança de um juízo de mérito em uma ação judicial.

Portanto, à pergunta "o que fazem os Tribunais de Contas quando julgam contas" a resposta quase sempre ouvida é: "os tribunais aprovam ou rejeitam as contas".

Por força das leis orgânicas, dos regimentos internos, da Lei de Inelegibilidades e de outras normas, tem-se entendido que o julgamento das contas envolve o exercício de uma função jurisdicional em que o Tribunal de Contas emite um juízo de aprovação (regularidade)/rejeição (irregularidade) de contas,[81] insuscetível de revisão pelo Poder Judiciário, juízo independente de qualquer decisão subsequente ou antecedente que sanciona o agente público (ou mesmo privado) ou o condena a ressarcir o erário, e que pode assumir, e assume, também, a natureza de um juízo sobre a conduta de pessoas, a gestão de dirigentes e, até mesmo, sobre a administração do Chefe do Poder Executivo.[82]

Essa compreensão ("no julgamento de contas, os TCs[83] devem decidir sobre o 'mérito das contas', aprovando-as ou rejeitando-as")[84] apresenta-se como um desenlace inato a essa atividade, esperado, um axioma. Investigamos, nesta tese, se assim deve ser.

Para responder a essa pergunta e, ao mesmo tempo, aprofundar o conhecimento sobre os Tribunais de Contas, pesquisamos, estudamos e investigamos em diferentes linhas a relação das duas principais funções das entidades fiscalizadoras superiores – auditoria do setor público e responsabilização financeira – com os processos de contas, o julgamento de contas e o juízo de contas.[85]

A função jurisdicional de uma entidade fiscalizadora superior *não é* compreendida daquela forma pela Intosai, que, considerando a realidade das EFS, a reporta como uma

---

das contas, resolve sobrestar o julgamento, ordenar a notificação ou a audiência dos responsáveis ou, ainda, determinar outras diligências necessárias à instrução do processo. §2º – Final é a decisão pela qual o Tribunal de Contas julga regulares, regulares com ressalvas ou irregulares as contas" (Grifos nossos).

81 *Vide*, como exemplo, art. 84 do Regimento Interno do Tribunal de Contas do Estado do Rio Grande do Sul: "As contas ordinárias serão julgadas: I – regulares; II – regulares com ressalva(s), quando houver falha(s) formal(is); III – irregulares. §1º Os critérios para o julgamento das contas ordinárias serão definidos em resolução própria. [...]".

82 Percepção dessa natureza é ainda mais forte e explorada politicamente, positiva ou negativamente, quando o Tribunal de Contas emite parecer prévio sobre as contas do Chefe do Poder Executivo, pela aprovação ou rejeição, conforme se vê nessa notícia, entre tantas outras: *vide*: *Tribunal de Contas aprova por unanimidade as contas do Prefeito de Urupês relativas a 2021* ([s.d.]): "Isso significa que o órgão julgou que aplicação dos recursos foi feita de forma responsável e transparente. O Tribunal de Contas do Estado de São Paulo (TCE-SP) aprovou por unanimidade as contas da Prefeitura de Urupês referentes ao exercício de 2021. Com isso, *o tribunal indicou que o prefeito cumpriu todas as exigências legais, aplicando corretamente os recursos públicos, além de planejar adequadamente a gestão*. [...]. Para o prefeito *omissis*, esse resultado é a resposta de um trabalho sério e transparente desenvolvido por toda a Administração Pública municipal, fazendo uso correto do dinheiro público, com responsabilidade fiscal" (Grifos nossos). *Vide* também: *Prefeito tem as contas de 2021 aprovadas pelo TCE-SP* (2023): "[...] Na tarde desta terça-feira, 23, o TCE-SP – Tribunal de Contas do Estado de São Paulo – realizou o julgamento das contas do prefeito *omissis* relativas ao exercício de 2021 do Executivo Municipal. De acordo com o Tribunal de Contas, não havia irregularidades para resultar na rejeição dos documentos apresentados pela Prefeitura de Fernandópolis e o parecer final, após minuciosa análise, foi pela aprovação das contas do atual prefeito. [...] Para o prefeito *omissis*, o resultado da análise do Tribunal de Contas é reflexo de um trabalho transparente e com seriedade desenvolvido pela administração municipal, com bom uso do direito público e responsabilidade fiscal".

83 Tribunais de Contas.

84 Entendimento que foi estendido à manifestação dos Tribunais de Contas, em parecer prévio, sobre as contas prestadas pelo presidente da República, governadores e prefeitos (chefes do Poder Executivo).

85 Juízo de contas = juízo de aprovação ou rejeição, ou juízo de contas regulares ou contas irregulares. Nesta tese, na expressão "juízo de aprovação", de modo geral, está contido o juízo de aprovação com ressalva. No de contas regulares, o de contas regulares com ressalva.

atividade de persecução de responsabilidades, para fins de imposição de sanções ou de reparação de prejuízos causados à Administração, subsequente a outros processos:[86]

> As entidades superiores de auditoria com funções jurisdicionais podem responsabilizar diretamente os gestores de recursos públicos quando identificam em seus trabalhos alguma irregularidade ou quando irregularidades lhes são noticiadas por terceiros. [...] Assim, os achados reportados em um relatório de auditoria financeira, de desempenho ou de conformidade de uma organização pública, sejam elas encaminhadas ou não a um tribunal cível ou criminal, podem ser apurados e processados por processos legais céleres e adequados conduzidos pela própria EFS no âmbito de suas atividades jurisdicionais. O objetivo das atividades jurisdicionais de uma SAI é a proteção do regular funcionamento da gestão pública, assim como dos interesses da entidade auditada e, além disso, dos poderes públicos e cidadãos. A atividade jurisdicional tem por finalidade compensar total ou parcialmente prejuízos sofrido pela Administração Pública e/ou sancionar pessoalmente, com penas pecuniárias ou disciplinares, aqueles considerados culpados. (Tradução nossa)

Diferentemente, a doutrina brasileira, de modo geral, considera que o Tribunal de Contas exerce função jurisdicional, judicante, quando julga contas[87] (aprova ou reprova, regulares ou irregulares), autônoma, diferente das funções sancionatória e reintegradora – quando aplica sanções e responsabiliza pessoas (físicas ou jurídicas) por dano ao erário.[88]

As dificuldades de entendimento sobre o que fazem ou devem fazer os Tribunais de Contas quando julgam contas e sobre *como o que* fazem ou devem fazer assume ou

---

[86] Intosai (*Principles of jurisdictional activities of SAIs*, 2019, p. 4): "Supreme Audit Institutions (SAIs) with jurisdictional functions have the possibility to engage directly the liability of managers of public funds when their findings show some irregularities or when such irregularities are referred to it by a third party. Indeed, it has been observed that funds management difficulties could come with irregularities with regards to legal provisions or specific regulations related to management. Hence, observations made in a financial, performance or compliance audit report of a public organization, whether they are reported to civil or criminal court or not, can be followed by quick and proper legal proceedings lead by the SAI itself within the framework of its jurisdictional activities. The aim of the jurisdictional activities of a SAI is the protection of the proper functioning of public management as well as the interests of the audited entity and, furthermore, of public authorities and citizens. The jurisdictional activity aims to compensate in whole or in part for losses suffered by a public entity and/or to sanction the personal liability, either financial or disciplinary of individuals found guilty".

[87] Contas de administradores e demais responsáveis por dinheiros, bens e valores públicos, bem como daqueles que derem causa ao erário.

[88] *Vide*, como exemplo, a classificação doutrinária citada por Mota (*Processo de modernização e novas funções dos Tribunais de Contas*, 2023), representando a essência da doutrina vigente: "Com efeito, é possível fazer referência à conhecida classificação doutrinária que divide as funções dos Tribunais de Contas organizando-as em: fiscalizadora, julgadora, consultiva, sancionadora, corretiva, de ouvidoria; e, ainda, normativa, pedagógica e reintegradora. A *função fiscalizadora* (artigo 71, incisos III, IV e VI, da CF) compreende os processos de registro de atos de pessoal; a realização de auditorias e inspeções; análise de denúncias e representações; análise de licitações, contratos e instrumentos administrativos em geral; e a verificação da aplicação de quaisquer recursos públicos, inclusive renúncias de receitas. Consiste, basicamente, em capturar dados e informações, analisá-los, produzir um diagnóstico e formar um juízo de valor, que alimentará o processo decisório. A *função judicante* (artigo 71, inciso II, CF), por seu turno, se refere ao julgamento das contas dos responsáveis por dinheiros, bens e valores públicos, sob a forma de tomada ou prestação de contas, bem como as contas daqueles que derem causa a perda, extravio ou outra irregularidade de que resulte prejuízo ao erário (tomada de contas especial). / A *função sancionadora* (artigo 71, incisos VIII, IX e X, §§2º e 3º, CF) se manifesta na aplicação, aos responsáveis, das sanções previstas na legislação, em caso de ilegalidade ou de irregularidade devidamente tipificadas, bem como multa proporcional ao dano causado ao erário / A *função reintegradora*, prevista no artigo 71, §3º, da CF, se refere à competência de imputar débito para fins de ressarcimento ao erário, nos casos de danos constatados e apurados. [...]" (Grifos no original).

pode assumir um caráter jurisdicional especial (quase judicial), que lhe foi atribuído pela Constituição, são amplificadas pelas dificuldades ainda maiores de definir e compreender o objeto da atividade julgadora.

Esse objeto, as contas, sobre o qual os Tribunais, segundo o entendimento vigente, devem prolatar uma decisão de mérito (contas regulares ou irregulares, aprovadas ou rejeitadas) não é cognoscível *a priori*: é mutante. Efetivamente, só se sabe sobre o que se está a emitir um juízo de contas em cada caso concreto.

Ao longo da história do Tribunal de Contas da União, estudada nesta tese, esse objeto foi recebendo concepções ampliadas, assistemáticas, associando-se com a ideia de prestação de contas, sob a influência de novos modos de estruturar e pensar a Administração Pública, de teorias de accountability[89] (prestação de contas), da evolução dos processos de auditoria governamental e do próprio desenvolvimento institucional.

A atividade de julgamento de contas dos administradores tornou-se cada vez mais difícil de ser compreendida, mais complexa do que se imagina, exercida em um ambiente normativo e empírico permeado por contradições, lacunas teóricas, inconsistências conceituais e lógicas, complicações processuais, sensibilidades políticas e alguns enigmas.

As pesquisas preliminares, avançadas nesta tese, mostraram-nos que havia sérios problemas na concepção "os Tribunais de Contas ao julgarem contas devem decidir se as aprovam ou reprovam, se são regulares ou irregulares", e que dela decorriam algumas consequências irracionais, ineficientes e indesejadas (problemas críticos descritos logo em seguida) que suscitavam o aprofundamento da investigação histórica sobre os fundamentos e a normatização dessa competência constitucional, por meio de uma cobertura documental mais ampla, exames de normas, práticas e doutrinas de outras entidades fiscalizadoras superiores e um empreendimento analítico mais robusto, para questionar um modo de atuar considerado um axioma dos Tribunais de Contas no Brasil e induzir a discussão mais ampla de um tema, aparentemente singelo, mas que tem grande influência sobre o modo de operar, "de ser" e "de se ver" dessas entidades de controle.[90]

Antes de prosseguirmos na evidenciação dos problemas mais críticos, faremos uma classificação das funções dos Tribunais de Contas mais consentânea com o entendimento que estamos desenvolvendo e necessário à melhor exposição e descrição dos problemas.

---

[89] A palavra inglesa *accountability* aparecerá inúmeras vezes nesta tese e será grafada normalmente, sem destaque em itálico. O termo não encontra tradução precisa em português e está incorporado às discussões acadêmicas e profissionais como uma palavra que traduz certos sentidos em português.

[90] A evolução da forma como o Tribunal de Contas da União atua e decide nos referidos contextos de contas é investigada nesta tese, para compreendermos as razões que levaram ao entendimento de que o exercício da competência julgar contas, uma atividade considerada jurisdicional, quase judicial, implica a emissão de um juízo sobre o "mérito das contas": regulares, regulares com ressalvas ou irregulares (aprovação, aprovação com ressalva, reprovação ou rejeição).

1.1 Três funções do Tribunal de Contas

A doutrina mais reconhecida atribui ao Tribunal de Contas, com esteio no texto constitucional,[91] a função de controle externo da Administração Pública.[92]

A expressão "controle externo" instila, com naturalidade, uma ideia de relação controlador-controlado, a qual não traduz bem o papel funcional atual e o papel histórico do Tribunal, concebido por Rui Barbosa[93] como "corpo de magistratura intermediária à administração e à legislatura", um "mediador independente" entre o "poder que autoriza periodicamente a despesa e o poder que quotidianamente o executa", com funções de "revisão e julgamento", autônomo e cercado de garantias para que possa exercer as suas "funções vitais no organismo constitucional".[94]

Em um sentido muito amplo, tudo o que o Tribunal de Contas faz pode subsumir-se a essa qualificação, agregação máxima de seu conjunto de competências. Para maior clareza e melhor compreensão de pontos centrais desta tese, optamos por fazer essa agregação de competências em três funções.

Conforme a categorização da Intosai, as entidades fiscalizadoras superiores desempenham duas funções fundamentais: a função de auditoria do setor público, inerente a todas elas, e a função jurisdicional, exercida apenas por algumas. A essas duas funções, cada país adiciona outras, adequadas às suas necessidades estruturais e contingenciais.[95]

No caso brasileiro, à luz da realidade atual, consideramos ser mais adequada a definição de três funções: auditoria, fiscalização e responsabilização.[96]

Denominaremos essas funções como: função de auditoria governamental, função fiscalizatória e função responsabilizatória, abrangendo a responsabilização ressarcitória (condenação ao ressarcimento) e a responsabilização sancionatória (multas e restrição de direitos).[97]

---

[91] *Vide* o art. 71 da Constituição Federal: "O controle externo, a cargo do Congresso Nacional, será exercido com o auxílio do Tribunal de Contas da União, ao qual compete [...]".

[92] Britto (*O Regime Constitucional dos Tribunais de Contas*, 2005, p. 67-68) distingue os termos função, competência e atribuição. Função seria a atividade típica de um órgão, que o põe em movimento e que é sua justificativa imediata, sua atividade-fim, e a função dos Tribunais de Contas é a de controle externo. Competências são os poderes instrumentais que lhes são atribuídos, meios para o exercício do controle externo (função). As atribuições seriam prerrogativas, "situações jurídicas ativas que envolucram o exercício das precitadas competências" e implicam "o desfrute de condições especialmente propiciadoras do melhor desempenho possível" do que lhes foi constitucionalmente adjudicado.

[93] Ministério da Fazenda (*Relatório do Ministro da Fazenda Ruy Barbosa em janeiro de 1891*, 1891, *passim*, p. 451-453).

[94] TCU (*Exposição de Motivos de Rui Barbosa sobre a Criação do TCU*, 1999, *passim*, p. 254-257).

[95] No Brasil, um dos exemplos é o acompanhamento dos processos de desestatização realizado pelo Tribunal de Contas da União desde a década de 1990.

[96] Na Itália, como veremos, a Corte dei Conti exerce uma função de responsabilização, em processualísticas distintas: a "responsabilidade contábil" e a "responsabilidade administrativa".

[97] Em Portugal, a responsabilização procedida pelo Tribunal de Contas é referida como responsabilidade financeira. Sobre essa categoria de responsabilização dos agentes públicos, *vide* Carmo (*Contribuição para o Estudo da Responsabilidade Financeira*, 1995, p. 65,71): "A responsabilidade civil, como ensina a doutrina civilística, tem por escopo (zweck), no essencial, a reparação patrimonial dos danos causados a outrém. Pressupõe a ocorrência de um dano ou prejuízo e postula, para o sujeito que lhe deu causa, o dever de indemnizar o lesado. Por seu lado, a responsabilidade financeira é comummente associada à obrigação, prevista pela lei em certos casos, de *reintegrar os dinheiros públicos* objecto de prática financeira ilegal ou irregular, por parte das entidades (pessoas singulares) responsáveis. Esta função eminentemente reintegratória e reconstitutiva da responsabilidade financeira reflecte desde já a sua contiguidade lógico-material com a responsabilidade civil. Num caso como

Preferimos a denominação "função responsabilizatória" à "função jurisdicional" em razão de o adjetivo "jurisdicional", no nosso contexto constitucional, suscitar controvérsias sobre a natureza dessa "jurisdição", em face das competências do Poder Judiciário e do princípio da unicidade de jurisdição.

As EFS de mais longa tradição na função jurisdicional (responsabilizatória), conforme denominação da Intosai, como as Cortes de Contas da França, Itália e Bélgica, e os Tribunais de Contas da Espanha e de Portugal, podem situar-se na estrutura da justiça administrativa (caso da Cour des Comptes, na França), na estrutura do Poder Judiciário, como ramo especializado (situação do Tribunal de Contas de Portugal) ou fora desse Poder, mas exercendo função judiciária, jurisdição especializada privativa (caso da Corte dei Conti da Itália).

Adotamos, também, a denominação "função responsabilizatória" (ressarcitória e sancionatória) porque é mais clara e precisa sobre o que significa o julgar contas em nossa Constituição e bem descreve o entendimento internacional sobre o que as EFS desempenham sob a equivalente competência jurisdicional: "entidades superiores de auditoria têm a possibilidade de responsabilizar diretamente administradores de recursos públicos quando os resultados de suas auditorias apontam irregularidades ou quando irregularidades lhes chegam ao conhecimento por terceiros" (tradução nossa).[98]

Alternativamente, denominaremos a função responsabilizatória de função de responsabilização financeira e, ainda, função jurisdicional-Intosai (para deixar claro que adjetivo "jurisdicional" está sendo usado na acepção da Intosai, ou seja, responsabilização, e não na acepção de emissão de juízo sobre "as contas": regulares ou irregulares; aprovação ou rejeição).

Na opção por três funções, em vez de duas (auditoria e responsabilização), incluímos a função fiscalização, porque parte expressiva dos processos do Tribunal de Contas não se relaciona com auditoria nem com responsabilização: são atividades rotineiras de verificação de determinados pontos ou de investigação ou apuração de suspeitas de ocorrências ilícitas, realizadas por iniciativa própria ou quando acionado em solicitações do Congresso Nacional, representações e denúncias.

---

noutro, o sujeito julgado responsável vê formar-se, na sua esfera jurídica, um dever com tradução pecuniária. Aliás, não raras vezes o conceito de responsabilidade financeira surge, na doutrina estrangeira, com a veste de uma responsabilidade civil específica'. [...] Tal como na responsabilidade civil, o vinculum iuris que brota da responsabilidade financeira reveste carácter patrimonial, ou pecuniário, desempenhando a função precípua de impor ao prevaricador a *reparação dos danos causados a outrem (neste caso, ao Estado)*, resultantes da sua actuação desconforme ao direito ou violadora de um dever jurídico (ilícita). Essa desconformidade há-de traduzir-se, todavia, numa infracção financeira, praticada por um sujeito ou entidade a quem está especialmente *cometida a guarda e o manejo de fundos públicos*. E o dano que dessa infracção emerge será, normalmente, apurado no decurso de um processo de julgamento de contas, de forma muito mais linear que na responsabilidade civil em geral; com efeito, na responsabilidade financeira, é a própria lei que determina a configuração do dano e o modo de apurar o seu montante, sem haver necessidade de proceder ao cálculo do efectivo prejuízo indemnizável. Mas não é sequer necessária, nalguns casos, a existência de dano patrimonial como resultado da infracção, desempenhando então a responsabilidade financeira uma função marcadamente sancionatória e preventiva, como melhor veremos mais adiante" (Grifos nossos).

98 Intosai (*Principles of jurisdictional activities of SAIs*, 2019, p. 4): "Supreme Audit Institutions (SAIs) with jurisdictional functions have the possibility to engage directly the liability of managers of public funds when their findings show some irregularities or when such irregularities are referred to it by a third party".

Assim, a função auditoria tem um sentido estrito, de auditoria (financeira, conformidade, operacional/avaliação), e não um sentido amplo de fiscalização (qualquer forma de apuração de irregularidades).

1.2 O juízo de aprovação/rejeição de contas e alguns aspectos críticos

Nesta seção, faremos a abordagem inicial de alguns problemas relacionados a esse juízo, qualificados como *aspectos críticos*.

1.2.1 O juízo de rejeição de contas e sua influência nas condições de elegibilidade e na institucionalidade do Tribunal de Contas

Um dos aspectos críticos mais importantes decorre da Lei Complementar nº 64/1990, Lei de Inelegibilidades, editada em cumprimento ao disposto na redação original do art. 14, §9º, da Constituição Federal:

> Lei complementar estabelecerá outros casos de inelegibilidade e os prazos de sua cessação, a fim de proteger a normalidade e legitimidade das eleições contra a influência do poder econômico ou o abuso do exercício de função, cargo ou emprego na administração direta ou indireta.[99]

Essa lei qualifica como inelegíveis, entre outros, aqueles que forem "condenados criminalmente, com sentença transitada em julgado, pela prática de crime contra a economia popular, a fé pública, a Administração Pública, o patrimônio público, o mercado financeiro, pelo tráfico de entorpecentes e por crimes eleitorais".[100]

Segundo a redação original da alínea "g" do inc. I de seu art. 1º (*Inciso I-G*), eram inelegíveis para as eleições que se realizassem nos 5 (cinco) anos seguintes, contados a partir da data da decisão, os que tivessem as contas relativas ao exercício de cargos ou funções públicas rejeitadas por irregularidade insanável[101] e por decisão irrecorrível do órgão competente, salvo se a questão houvesse sido ou estivesse sendo submetida à apreciação do Poder Judiciário.[102]

---

99 A redação original foi alterada pela Emenda Constitucional de Revisão nº 4, de 1994: "§9º Lei complementar estabelecerá outros casos de inelegibilidade e os prazos de sua cessação, a fim de proteger *a probidade administrativa, a moralidade* para exercício de mandato considerada vida pregressa do candidato, e a normalidade e legitimidade das eleições contra a influência do poder econômico ou o abuso do exercício de função, cargo ou emprego na administração direta ou indireta" (Grifos nossos).

100 "Art. 1º São inelegíveis: I – para qualquer cargo / e): os que forem condenados criminalmente, com sentença transitada em julgado, pela prática de crime contra a economia popular, a fé pública, a Administração Pública, o patrimônio público, o mercado financeiro, pelo tráfico de entorpecentes e por crimes eleitorais da pena [...]".

101 Muito embora nesta tese façamos algumas considerações sobre o problema da "irregularidade insanável", quando necessário, não faz parte de seu escopo examinar as questões eleitorais envolvidas.

102 "Art. 1º São inelegíveis: I – para qualquer cargo / g) os que tiverem suas contas relativas ao exercício de cargos ou funções públicas rejeitadas por irregularidade insanável e por decisão irrecorrível do órgão competente, salvo se a questão houver sido ou estiver sendo submetida à apreciação do Poder Judiciário, para as eleições que se realizarem nos 5 (cinco) anos seguintes, contados a partir da data da decisão; [...]".

Supõe-se que os parlamentares federais[103] entenderam que a rejeição de contas por "irregularidade insanável" equivaleria a um juízo tão grave de reprovação de conduta que mereceria o mesmo tratamento (inelegibilidade) que se dava a uma condenação judicial por cometimento de crimes punidos com pena de reclusão,[104] bem como que se tomou por certo que os Tribunais de Contas, ao analisarem as contas, o faziam visando a uma decisão de aprovação ou rejeição.[105]

Dar a mesma consequência a essas situações (rejeição de contas por irregularidade insanável = condenação criminal) demandaria, em tese, a compreensão das "contas" como um objeto plenamente cognoscível, sobre o qual os Tribunais de Contas então deliberavam segundo critérios e processos bem estabelecidos, à semelhança do que faz o Poder Judiciário no julgamento de processos criminais, em conformidade com as normas processuais penais. Seria de se esperar que tal equivalência tivesse sido feita sob a perspectiva de haver alguma tipificação legal detalhada de condições, situações e irregularidades suscetíveis de ensejar a rejeição das contas.

Mas não é isso que sucede.[106]

Sob o aspecto normativo, não existe tipificação legal dessa natureza e os critérios de julgamento de contas estabelecidos nas leis orgânicas dos Tribunais de Contas, desenvolvidos, presumidamente, segundo relação de pertinência com a função de auditoria,[107] não têm por fundamento considerações de probidade administrativa ou moralidade, necessariamente presentes no estabelecimento de casos de inelegibilidade.[108] Tampouco as leis orgânicas vinculam a emissão de juízo de rejeição de contas à comprovação de dolo ou culpa grave.[109]

Sob a perspectiva ontológica, o objeto "contas" é um objeto fluido,[110] que assume diferentes conteúdos e caracterizações, no mesmo Tribunal de Contas, dependendo do

---

[103] Em seção específica do *Capítulo 3*, será examinado o debate legislativo que levou à alínea "g" do inc. I do art. 1º da Lei de Inelegibilidades.

[104] *Vide*, como exemplo, os números 1 a 10 do art. 1º, inc. I, alínea "e", na redação atual: crimes contra a administração, tráfico de drogas, crimes contra a vida, crimes praticados por organização criminosa ou quadrilha, entre outros.

[105] *Nesta tese:* a) nas menções a juízo de aprovação, está incluído o juízo de aprovação com ressalvas; b) juízo de aprovação equivale à terminologia "regulares (regulares com ressalvas)"; juízo de reprovação equivale às terminologias "rejeição" e "contas irregulares".

[106] *Vide* art. 84 do Regimento Interno do Tribunal de Contas do Estado do Rio Grande do Sul, que remete à definição de critérios para emissão de juízo de irregularidade de contas para norma interna específica: "Art. 84. As contas ordinárias serão julgadas: I – regulares; II – regulares com ressalva(s), quando houver falha(s) formal(is); III – irregulares. §1º Os *critérios* para o julgamento das contas ordinárias serão definidos em resolução própria. [...]" (Grifos nossos).

[107] *Vide* art. 40 da Lei Orgânica do Tribunal de Contas dos Municípios do Estado da Bahia (Lei Complementar nº 6, de 6 de dezembro de 1991): "Art. 40. As contas serão consideradas: I – regulares, quando expressarem, de forma clara e objetiva, a exatidão dos demonstrativos contábeis, a legalidade, a legitimidade, a economicidade e a razoabilidade dos atos de gestão do responsável".

[108] Uma vez que a Lei de Inelegibilidades foi editada para dar cumprimento ao art. 14, §9º da Constituição Federal: "Art. 14. [...] §9º Lei complementar estabelecerá outros casos de inelegibilidade e os prazos de sua cessação, a fim de proteger a probidade administrativa, a moralidade para exercício de mandato considerada vida pregressa do candidato, e a normalidade e legitimidade das eleições contra a influência do poder econômico ou o abuso do exercício de função, cargo ou emprego na administração direta ou indireta. (Redação dada pela Emenda Constitucional de Revisão nº 4, de 1994)".

[109] Na responsabilização sancionatória (pecuniária ou mediante restrição de direitos), exige-se dos Tribunais de Contas a evidenciação de atuação do agente público, ou de terceiros, com culpa grave, cometendo grave infração às normas aplicáveis ao caso sob jurisdição.

[110] Como se verá nos Capítulos 3, 4 e 7.

contexto da atuação de controle, da conjuntura e da quadra histórica. Em alguns casos se caracterizando como algo simples e preciso;[111] em outros, como um conjunto amplo de distintos objetos.[112] A fluidez é potencializada pela variedade de situações sobre as quais atuam o conjunto dos Tribunais de Contas.

Assim, só é possível entender o significado de um juízo de aprovação/rejeição de contas investigando o que foi posto em exame, como o que foi posto em exame foi analisado, e a coerência entre o juízo proferido e a forma como foi analisado o conjunto de coisas posto sob exame a título de "contas" – coerência a ser verificada a partir da identificação da finalidade da atuação do Tribunal de Contas em cada contexto.

O Inciso I-G deu aos Tribunais de Contas um poder inesperado e problemático:[113] um juízo de rejeição das contas dos ocupantes de cargos e funções públicas poderia

[111] Veja-se, como exemplo, a verificação da arrecadação de taxas de ingresso num parque público. Estariam em exame "as contas" dos agentes que as arrecadam.

[112] As próprias "contas de gestão" dos prefeitos.

[113] *Vide* reportagem *Rejeição de contas vira arma política e leva a acusações de manobra em eleições no país* (2022), que apresenta uma série de pontos que serão examinados nesta tese: "O ex-prefeito Julio Lóssio (PSD) já se preparava para lançar uma nova candidatura em Petrolina, no interior de Pernambuco, quando soube que vereadores adversários armavam um obstáculo para sua campanha. Segundo Lóssio, aliados do atual prefeito, Miguel Coelho (MDB), *articulavam colocar em votação na Câmara Municipal contas de sua gestão (2009 a 2016) e rejeitá-las.* Isso poderia ameaçar sua condição de ficha-limpa e barrar sua nova candidatura. / Assim como Lóssio, outros prefeitos e ex-prefeitos pelo país se dizem vítimas de manobras de Câmaras Municipais para deixá-los inelegíveis ou, ao menos tempo, provocar desgastes em suas campanhas. [...]. Em São Bernardo do Campo, no ABC Paulista, os vereadores rejeitaram em junho de 2018 as contas de 2015 do ex-prefeito Luiz Marinho (PT) por 19 votos a 5. *O TCE havia votado pela aprovação das contas*, com ressalvas. / À época, Marinho era candidato ao Governo de São Paulo e acionou a Justiça contra a votação, apontando equívocos em formalidades na tramitação. A Câmara Municipal de São Bernardo teve que refazer a análise das contas, que então foram aprovadas em 2019. [...]. Neste ano, no município de Muniz Ferreira (BA), o atual prefeito Wellington Sena (PSD) teve as contas de 2017 reprovadas, a despeito de elas terem sido aprovadas pelo Tribunal de Contas. Ele diz que não teve direito a defesa. '*Foi um processo relâmpago, com o intuito de me deixar inelegível* para evitar que eu concorra às eleições. A Câmara tem seis vereadores contra mim e eu só tenho três que me apoiam', diz Wellington. '[As contas foram rejeitadas por] vereador analfabeto de pai e mãe, que não sabe escrever o 'o' com o copo, não analisa nada. As contas estavam todas boas, sem problema nenhum e foram aprovadas no tribunal'. [...]. Em Pernambuco, no município de Machados, uma sessão da Câmara Municipal em agosto passado que rejeitou as contas de 2012 do ex-prefeito Manuel Plácido da Silva Filho, conhecido como Cido, teve direito a claque do grupo político rival e fogos de artifício em comemoração à medida. / 'É uma forma que eles [rivais] têm de *deixar confusos os nossos eleitores*. Começam a produzir adesivos de 'fora, ficha-suja'. O eleitor do interior às vezes não tem tanto conhecimento do que é legítimo ou não', diz a vereadora Andressa Borges (PL), que deu um dos únicos dois votos favoráveis a Cido, que é seu tio. 'Se for pensar, o prefeito que perde a eleição pode nunca mais ser candidato. Porque quem está no poder normalmente tem a maioria na Câmara e vai votar pela rejeição [das contas] do ex. Então, realmente é um poder que precisa ser limitado', diz a vereadora Andressa. [...] Em Bertioga, no litoral de São Paulo, o ex-prefeito Mauro Orlandini teve as suas contas dos anos de 2013, 2014 e 2015 *rejeitadas tanto* pelo Tribunal de Contas do Estado quanto pela Câmara Municipal. O motivo foi a falta de aplicação do mínimo previsto para a educação – que é de 25% da receita resultante de impostos e de transferências. Para ele, que hoje novamente concorre a prefeito pelo PSL, *a rejeição foi uma jogada política e antidemocrática* para excluí-lo do pleito. Seu argumento é o de que os índices relativos à educação melhoraram em suas gestões no município e que isso não foi levado em conta na votação dos vereadores. / Também afirma que casos como o dele *não envolvem suspeitas de desvios ou de má-fé na aplicação dos recursos*, e que isso devia ser levado em conta. / 'Lá na frente, o prefeito que fez uma gestão e deve ser avaliado democraticamente fica impedido de ir para a urna. Por quê? Porque se ele for para a urna, ele ganha? Se ele for para a urna, ele é um concorrente forte? Democracia não é isso'" (Grifos nossos).

torná-los inelegíveis – um poder especialmente temido por prefeitos, em razão do disposto no art. 31, §§2º e 3º, da Constituição Federal.[114] [115]

Não havendo lei que tipificasse as condições e irregularidades (sanáveis ou insanáveis)[116] justificadoras de prolação de juízo de rejeição de contas, à semelhança de tipos penais,[117] esse juízo poderia ser emitido pelos Tribunais de Contas com base em critérios muito abertos,[118] [119] estabelecidos em suas leis orgânicas, ou em normas próprias, ou simplesmente adotados reiteradamente, os quais, em muitas situações, permitem tanto uma decisão sobre "as contas" pela aprovação com ressalva quanto pela rejeição,[120] o que incluiria o agente público numa "Lista de Inelegíveis".[121]

---

[114] CF-1988: "Art. 31. A fiscalização do Município será exercida pelo Poder Legislativo Municipal, mediante controle externo, e pelos sistemas de controle interno do Poder Executivo Municipal, na forma da lei. §1º O controle externo da Câmara Municipal será exercido com o auxílio dos Tribunais de Contas dos Estados ou do Município ou dos Conselhos ou Tribunais de Contas dos Municípios, onde houver. §2º O parecer prévio, emitido pelo órgão competente sobre as *contas que o Prefeito deve anualmente prestar*, só deixará de prevalecer por decisão de dois terços dos membros da Câmara Municipal. §3º *As contas dos Municípios* ficarão, durante sessenta dias, anualmente, à disposição de qualquer contribuinte, para exame e apreciação, o qual poderá questionar-lhes a legitimidade, nos termos da lei".

[115] Dispositivo que merece ser analisado em trabalho específico, cabendo antecipar que a norma da Constituição não prescreve a emissão de parecer por aprovação ou rejeição de contas.

[116] Note-se que as leis orgânicas dos Tribunais de Contas não fazem distinção entre irregularidades insanáveis e irregularidades sanáveis.

[117] As leis orgânicas dos Tribunais de Contas dispõem sobre situações em que as contas serão julgadas irregulares (ou reprovadas), mas são poucos os tipos, e muito abertos. *Vide*, por exemplo, o art. 33 da Lei Orgânica do Tribunal de Contas do Estado de São Paulo (Lei Complementar nº 709, de 14 de janeiro de 1993): "Artigo 33 – As contas serão julgadas: / II – irregulares, quando comprovada qualquer das seguintes ocorrências: a) omissão no dever de prestar contas; b) infração à norma legal ou regulamentar; c) dano ao erário, decorrente de ato de gestão ilegítimo ou antieconômico; d) desfalque, desvio de bens ou valores públicos". Se da constatação de ocorrência de qualquer infração à norma legal ou regulamentar resultasse um julgamento pela irregularidade das contas, essa seria sempre a decisão esperada em um julgamento de contas, dado que, dificilmente, um bom trabalho de auditoria (ou mesmo de fiscalização) não revelaria irregularidades dessa natureza. Evidentemente, os Tribunais de Contas procuram avaliar a gravidade das constatações, e aí reside o alto grau de subjetividade envolvido na emissão de um juízo de contas (aprovação / rejeição), e uma boa justificativa para as subsequentes perguntas: Por que mesmo o Tribunal deve emitir um juízo de aprovação ou rejeição de contas? Por que mesmo esse juízo deve receber tamanha relevância?

[118] Sales (*Inelegibilidade por rejeição de contas*, 2020, p. 49) refere caso de rejeição de "contas de candidato enquanto presidente de Câmara Municipal em razão de não encadernação dos livros razão, diário e caixa; ausência de estoque de materiais, bem como por falta de tombamento de alguns bens e da desatualização do livro inventário de bens patrimoniais". Segundo o autor, "o julgamento de primeiro grau enxergou / tais irregularidades como *imoralidade suficiente* para configuração de inelegibilidade". No entanto, o Tribunal Regional Eleitoral reformou a decisão "porque não vislumbrou irregularidade insanável, mas apenas incorreções formais que não justificariam o óbice à capacidade eleitoral passiva, que representa tão importante direito político" (Grifos nossos). Concretamente, observa-se, no caso mencionado, que houve uma contraposição de juízos de valor sobre as "irregularidades". A Corte de Contas as considerou "graves" o suficiente para rejeitar "as contas", a Corte Eleitoral não as considerou "graves" o suficiente para obstar a "capacidade eleitoral passiva". O juízo de rejeição de contas em si foi ignorado, mantendo a Corte Eleitoral a atenção na natureza das irregularidades, e não no juízo de valor sobre elas, formalizado como "contas rejeitadas".

[119] Dissociados do exercício da função de auditoria, no modo como são aplicados.

[120] O juízo de aprovação/reprovação tornou-se, em razão de falhas da normatização feita em leis orgânicas e normas internas (entre outras causas), uma decisão autônoma e de forte apelo político: diante de uma ou mais irregularidades apontadas nas "contas", os membros dos Tribunais poderiam decidir com alto grau de subjetividade pela aprovação, aprovação com ressalvas, ou reprovação das contas. Mesmo diante de um conjunto de irregularidades difíceis de não serem consideradas graves, poderiam considerar o contexto em que ocorreram e aprovar as contas, com ressalvas.

[121] Denominamos essa relação, também, como Lista de Agentes Públicos com Contas Rejeitadas. No Caso do Tribunal de Contas da União: Lista de Responsáveis com Contas Julgadas Irregulares.

Essa lista é o nome pelo qual, muitas vezes, é divulgada[122] [123] a relação prevista no art. 11, §5º, da Lei nº 9.504/1997:

> Até a data a que se refere este artigo [15 de agosto do ano em que se realizarem as eleições], os Tribunais e Conselhos de Contas deverão tornar disponíveis à Justiça Eleitoral relação dos que tiveram suas contas relativas ao exercício de cargos ou funções públicas rejeitadas por irregularidade insanável e por decisão irrecorrível do órgão competente, ressalvados os casos em que a questão estiver sendo submetida à apreciação do Poder Judiciário, ou que haja sentença judicial favorável ao interessado.

Independentemente do que de irregular se apura, concretamente, no exame das contas, o juízo de rejeição[124] denigre a imagem do agente público, uma vez que o associa a conceitos depreciativos (mau gestor, corrupto, "político que deve ser afastado da vida pública"), como exemplifica a notícia reportada em nota de rodapé.[125]

De outro lado, o juízo de aprovação possibilita ao agente público apresentar-se como bom gestor, competente, probo, merecedor de receber novamente o voto do eleitor,[126] administrador que teve "suas contas" integramente auditadas, escrutinizadas e aprovadas pelo Tribunal de Contas, que nada encontrou de irregular, quando raramente se procede a tão amplo escrutínio, podendo-se mesmo dizer que os Tribunais nunca procedem assim.

Em ambas as situações, a ideia de julgamento de contas como emissão de juízo de contas de aprovação/rejeição produz uma atuação defeituosa do Tribunal de Contas

---

[122] *Vide TCU entrega lista com 6.791 nomes inelegíveis por reprovação de contas* (2022).

[123] *Vide TCM prepara lista de inelegíveis* (2014): "Ele ressaltou que a colaboração do TCM é fundamental para a elaboração da lista dos *gestores que 'devem ser excluídos da vida pública*, uma vez que a Lei de Ficha Limpa – uma iniciativa popular em boa hora acatada pelos legisladores – valorizou e muito a tarefa e as decisões das cortes de contas do país' [...] propor, sempre que necessário, ações na Justiça contra *políticos corruptos e que cometeram crimes contra o erário*, para afastá-los da disputa eleitoral. [...] 'Vamos colaborar e dar a mais ampla divulgação das nossas decisões contra os maus gestores. A população precisa ser informada e estes políticos devem ser afastados da vida pública'" (Grifos nossos).

[124] Juízo de rejeição equivale a juízo de contas irregulares na terminologia adotada pelo Tribunal de Contas da União.

[125] Na reportagem *TCM prepara lista de inelegíveis* (2014) foi ressaltado que a colaboração do Tribunal de Contas era fundamental para elaboração da lista de gestores que "devem ser excluídos da vida pública, uma vez que a Lei da Ficha Limpa [...] valorizou e muito a tarefa e as decisões das cortes de contas do país" e que a Corte de Contas daria a mais ampla divulgação de suas decisões "contra os maus gestores", pois a população precisaria ser informada e "estes políticos devem ser afastados da vida pública".

[126] *Vide Prefeito de Candiota tem contas aprovadas por unanimidade no Tribunal de Contas do Estado* ([s.d.]): "As contas de Governo da Prefeitura de Candiota referentes ao exercício de 2014 foram aprovadas pela segunda câmara do Tribunal de Contas do Estado do Rio Grande do Sul. O Ministério Público junto ao Tribunal de Contas, concluiu que não há irregularidades para resultar na rejeição, na imposição de multas ou qualquer outra penalidade. [...] Para o prefeito *omissis essa aprovação é um reflexo do compromisso da equipe administrativa, que sempre se manteve firme e comprometida com a responsabilidade fiscal* [...]" (Grifos nossos).

no processo de accountability,[127] ao qual a atuação de uma EFS está associada:[128] não informa bem e corretamente o público, os cidadãos e os eleitores; muitas vezes, mais desinforma do que informa, e esse é um dos maiores riscos que os Tribunais de Contas não podem assumir.

Da Lei de Inelegibilidades, de 1990, derivaria a concessão de um grande poder aos Tribunais de Contas,[129] mediante um juízo autônomo de rejeição de contas, a ser exercido, no contexto do entendimento axiomático analisado, com imensa e onerosa responsabilidade, por meio de um exame de contas muito bem concebido e juízos estritamente formulados, a partir dos resultados objetivos de auditorias.

Em decorrência do Inciso I-G, o exercício do "juízo de contas" tornou-se um fator de poder concreto e um forte indutor de concepções processuais e desenvolvimento institucional nos Tribunais de Contas,[130] capaz de:

a) influenciar o cenário eleitoral, principalmente nos pequenos e médios municípios;
b) fomentar e sedimentar uma particular compreensão sobre o que são "as contas" e o que devem fazer quando as examinam, em que a inelegibilidade associada ao juízo de rejeição de contas é uma de suas fontes fundamentais;

---

[127] Ver Bovens, Goodin e Schillemans (*Proliferation and fragmentation*, 2014, *passim* p. 6-10): "Accountability in its fundamental sense means being answerable for one's actions to some authority and having to suffer sanctions for those actions: 'A is accountable to B when A is obliged to inform B about A's (past or future) actions and decisions, to justify them, and to suffer punishment in the case of eventual misconduct' [...]. *Public accountability* mainly regards matters of public concern, such as the spending of public funds, the exercise of public powers, or the conduct of public institutions. / Public accountability implies the rendering of account for matters of public interest, i.e. an accounting that is performed with a view to the public interest or to public responsibilities. [...] Legal scholars, for example, are interested in the propriety of a particular accountability mechanism or a specific, concrete accountability process: *is the forum sufficiently independent* from the actor? Does it have serious inquisitorial and sanctioning powers? Is the forum impartial, and does it provide due process? Political scientists and public management scholars are more interested in the effects these arrangements have on the way public actors operate. Do they enhance democratic control of the executive? Do they provide for checks and balances? Do they induce public organizations to improve their performance? The main items of the political science research agenda are the *evaluation of mechanisms and the positive or negative effects of these mechanisms*. / Public organizations and officials operating in a constitutional democracy find themselves confronting different types of forums and hence different kinds of accountability. These forums generally demand different sorts of information and apply different criteria in assessing what constitutes responsible conduct" (Grifos nossos).

[128] Sobre a função de auditoria, em sentido técnico estrito e na perspectiva de accountability, *vide* novamente Intosai (*ISSAI 100 – Princípios Fundamentais de Auditoria do Setor Público*, 2013, p. 3): "Em geral, a auditoria do setor público pode ser descrita como um processo sistemático de obter e avaliar objetivamente evidências para determinar se as informações ou as condições reais de um objeto estão de acordo com critérios aplicáveis. A auditoria do setor público é essencial, pois fornece aos órgãos legislativos e de controle, bem como aos responsáveis pela governança e ao público em geral, *informações e avaliações independentes e objetivas* acerca da gestão e do desempenho de políticas, programas e operações governamentais" (Grifos nossos).

[129] É a Justiça Eleitoral que decide sobre a inelegibilidade daquele cujas "contas relativas ao exercício de cargos e funções públicas" foram rejeitadas pelo Tribunal de Contas, não sendo a inelegibilidade uma consequência jurídica imediata da decisão de rejeição de contas. Os TREs analisam os fatos apurados e questionados na decisão e os qualificam como irregularidade insanável, segundo a versão original do Inciso I-G, ou como irregularidade "insanável que configure ato doloso de improbidade administrativa", na redação dada pela Lei Complementar nº 135/2010. No entanto, os Tribunais de Contas quando decidem sobre "as contas", decidem efetivamente, quando as rejeitam, quem será incluído na Lista de Agentes Públicos com Contas Rejeitadas e terá as irregularidades que lhes foram imputadas submetidas ao exame da Justiça Eleitoral, para fins do Inciso I-G. Não ser incluído nessa lista, portanto, é um passo imprescindível para ocupantes de cargos e funções públicas que desejam se candidatar a cargos eletivos e têm "contas" sob apreciação dos Tribunais de Contas.

[130] *Vide* reportagem *Coibir abuso na indicação a tribunais de contas depende do Congresso* (2023): "Quanto mais aumenta a partidarização, menos é a isenção nas decisões – algo grave num órgão *com poder de tornar gestores inelegíveis*. Os tribunais de contas custam caro (R$10 bilhões por ano) e precisam ter caráter técnico" (Grifos nossos).

c) de modo menos evidente, direcionar seus processos de trabalho e sua processualística, sem que isso seja bem percebido, em desalinho com as teorias e as razões funcionais e práticas dos processos de contas.[131]

Os processos de contas (contas anuais, contas de governo e contas especiais) têm finalidades normativas e teleológicas a guiá-los, relacionadas aos princípios republicanos,[132] ao orçamento público[133] e suas teorias, a fundamentos de accountability, aos objetivos e normas profissionais de auditoria e a estratégias de aprimoramento da Administração Pública.[134] Não podem ser vistos, e efetivamente desenvolvidos, como processos cuja maior relevância liga-se ao potencial resultado de repercussão política advindo de um juízo de contas. O entendimento do julgamento de contas como prolação de um juízo de aprovação/rejeição suscita e potencializa esse risco.[135]

---

[131] Processos de contas anuais ou de contas de governo em que a perspectiva de um trabalho de auditoria cede à ideia de um processo de contraditório sobre as irregularidades constatadas orientado para categorizá-las como graves o suficientemente, ou não, para a prolação de um juízo de rejeição / aprovação de contas.

[132] "República, é o regime político em que os excercentes de funções políticas (executivas e legislativas) representam o povo e decidem em seu nome, fazendo-o com responsabilidade, eletividade, e mediante mandatos renováveis periodicamente [...] Evidentemente, os mecanismos republicanos *hão de resguardar os bens, dinheiros e valores públicos contra a ação dos agentes públicos* [...] Controle financeiro público é o conjunto de medidas de natureza fiscalizatória exercidas sobre o movimento de dinheiros e bens valiosos, de natureza econômica, manejados por administradores públicos, debaixo da relação de administração [...] Sua guarda, gestão e manejo, no regime republicano, ficam debaixo de proteção especialíssima, objetos de princípios e regras constitucionais especiais (arts. 70-75 e 165-169)" (Ataliba, *República e Constituição*, 2001, p. 13) (Grifos nossos).

[133] World Bank (*Features and functions of supreme audit institutions*, 2002): "*Audits are an integral part of the budget cycle.* The budget sets out the government's fiscal policies, detailing revenue, spending, and the economic policies on which they are based. As a public document the budget requires public disclosure, evaluation, and auditing – and here supreme audit institutions play a key role. Based on the report by the auditor general or *cour des comptes*, a public accounting is issued describing how the budget has been implemented and managed" (Grifos nossos). Ver também art. 36 da LOTCU, que relaciona as contas prestadas anualmente pelo Presidente da República à execução do orçamento: "Art. 36. Ao Tribunal de Contas da União compete, na forma estabelecida no Regimento Interno, apreciar as contas prestadas anualmente pelo Presidente da República, mediante parecer prévio a ser elaborado em sessenta dias a contar de seu recebimento. Parágrafo único. As contas consistirão nos balanços gerais da União e no relatório do órgão central do sistema de controle interno do Poder Executivo sobre a execução dos orçamentos de que trata o §5º do art. 165 da Constituição Federal".

[134] *Vide* Posner e Shahan (*Audit Institutions*, 2014, p. 488): "*These agencies [audit institutions] are part of a broader set of accountability institutions* and actors both within and outside of government that seeks to ensure that government meets the expectations placed on it for three major goals: to ensure that governmental programs and officials comply with applicable laws and values; to provide that government accurately accounts for spending public funds; to guarantee that programs achieve their goals in the most effective and efficient manner. These three types of accountability – legal, financial, and performance – have become the keystone for managers and auditors alike" (Grifos nossos).

[135] Como mencionado, o juízo de aprovação/reprovação tornou-se, em razão de falhas da normatização (entre outras causas), uma decisão autônoma, de forte apelo político, conectada à questão da inelegibilidade e desconectada das finalidades dos trabalhos de auditoria. Assim, tendo como contexto consequencial a inelegibilidade e/ou a repercussão sobre a imagem do administrador, constatadas irregularidades apontadas nas "contas", as diversas instâncias do Tribunal de Contas poderiam opinar e decidir com alto grau de subjetividade pela aprovação com ressalvas ou reprovação das contas. Mesmo diante de um conjunto de irregularidades difíceis de não serem consideradas graves, poderiam justificar uma proposta, ou decisão, de aprovação com ressalvas com base no contexto. O juízo de contas pode corresponder a juízo profissional de auditoria, resultado de um conjunto de verificações e análises planejados e realizados segundo normas de auditoria. No entanto, a vivência profissional deste pesquisador e o exame de casos de diversos Tribunais de Contas mostram que raramente um "juízo de contas" corresponde a um "juízo profissional de auditoria". Isso também pode ser constatado no exame das normas que regulam o processo de contas em cada Tribunal.

1.2.2 Perda de funcionalidade e utilidade do processo de contas anuais

A ideia de julgamento de contas como prolação de um juízo de contas (aprovação/rejeição), fomentada pelo *contexto rejeição de contas/inelegibilidade*, gerou distorções na atuação dos Tribunais de Contas; especificamente, no exercício da competência "julgar contas"[136] e na emissão do parecer prévio sobre as contas anualmente prestadas pelo presidente da República, por governadores e prefeitos.

Dada essa realidade normativo-consequencial, a concepção e a processualística dos processos de contas e da emissão do parecer prévio orientaram-se, em diferentes graus, segundo o objetivo de prolatar um juízo de aprovação ou rejeição de contas, indissociável dos consequentes reflexos desse juízo na condição de elegibilidade do agente público e em sua reputação profissional.[137]

Em processos de contas anuais dos administradores, os Tribunais de Contas desempenham, concomitantemente, a função de auditoria governamental, sob uma ou mais modalidades, e a função de responsabilização financeira, e, em maior ou menor extensão, também a função fiscalizatória – pois quase sempre, considerada a realidade nacional, não são realizadas, de fato, auditorias, mas exames de situações específicas.

Depreende-se da notória realidade de o juízo sobre as contas dos administradores ser proferido quando decorridos muitos anos após terem sido apresentadas[138] (descumprindo-se prazos legais e regimentais),[139] que se dá preferência às discussões sobre responsabilização, e ao próprio juízo em si, em detrimento dos objetivos dos trabalhos

---

[136] Denominaremos como competências as diversas formas de atuação dos Tribunais de Contas.

[137] Sobre esse ponto, ver Speck (*Inovação e rotina no Tribunal de Contas da União*, 2000, p. 85-86): "Desde a abolição [1967] da fiscalização prévia através do registro das despesas, o julgamento das contas tornou-se a função central do Tribunal de Contas. A apresentação das contas prestadas pelos administradores de recursos públicos é considerada a atividade-chave do Tribunal de Contas em relação a três aspectos. Primeiro, o julgamento de contas tem um papel central na estrutura processual do Tribunal de Contas [...]. Essa estrutura processual, baseada no princípio do contraditório, *conduz os processos de prestação de contas a uma decisão conclusiva a respeito da aprovação ou reprovação do comportamento dos administradores em questão*" (Grifos nossos).

[138] *Vide*, entre dezenas de outros casos com características semelhantes, o acórdão nº 2174/2022-TCU-Plenário, referente à "prestação de contas anual do Instituto Brasileiro de Turismo (Embratur) e do Fundo de Investimentos Setoriais – Turismo (Fiset-Turismo), *relativas ao exercício de 2012*". Apesar de terem sido realizadas análises de aspectos de gestão de diversas naturezas na instrução do processo (ver a seguir), *datada de 9.8.2022*, elas não tiveram utilidade, pois qualquer recomendação, determinação, comunicação e consideração a respeito seria inútil quando feita passados 10 anos dos eventos analisados. O processo destinou-se, concretamente, à apuração de responsabilidades procedimentais de agentes públicos por irregularidades em um único contrato: "Em razão de indícios de irregularidades, foi realizada a audiência de responsáveis nos seguintes termos [...] a) Sra. *A*, então coordenadora-geral de promoção, pelo fato de ter opinado favoravelmente à prorrogação contratual, embora somente houvesse um único orçamento de preços nos autos; b) Sr. *B*, então diretor de marketing, uma vez que aprovou projeto de patrocínio sem que fosse realizada a devida justificativa quanto aos preços a serem praticados; c) Sr. *C*, então diretor de produtos e destinos da Embratur, por ter autorizado a execução de serviços e gerado a realização de pagamentos sem cobertura contratual; d) Sr. *D*, então Diretor de Produtos e Destinos da Embratur e *E* então Diretora de Produtos e Destinos, Substituta, da Embratur, pelas: d.1) assinaturas de ordens de serviço sem que fosse demonstrada a sua vantajosidade; e d.2) assinaturas de ordens de serviço que geraram pagamentos sem respaldo contratual". No "Exame técnico das contas da Embratur", a unidade instrutiva abordou, sinteticamente, os seguintes pontos, entre outros: IV – Avaliação da execução orçamentária e física, do planejamento de ação e dos resultados quantitativos e qualitativos da gestão (previsão e execução orçamentária, execução física das ações); V – Avaliação de indicadores; VI – Avaliação da estrutura de governança e de controles internos; VII – Avaliação da gestão de tecnologia da informação e da gestão do conhecimento; VIII – Avaliação da gestão de pessoas e da terceirização de mão de obra.

[139] Não obstante as leis orgânicas, como a do Tribunal de Contas da União (Lei nº 8.443/1992), estabelecerem prazo para a decisão sobre as contas dos administradores: "Art. 14. O Tribunal julgará as tomadas ou prestações de contas até o *término do exercício seguinte* àquele em que estas lhes tiverem sido apresentadas" (Grifos nossos).

de auditoria, de modo que, ao final do processo, as decisões sobre recomendações e determinações que resultam da auditoria das contas, e que devem ser proferidas tempestivamente, já se tornaram inapropriadas, ineptas, inoportunas, obsoletas, pondo-se o processo como um todo, nessa parte, quanto ao que concretamente fez o Tribunal de Contas, sob risco de inutilidade.[140]

O desenvolvimento de ações com finalidades muito distintas (auditoria, responsabilização e uma, de fato, atuação voltada à emissão de um questionável "juízo sobre a gestão")[141] em um mesmo processo – como ocorre nos processos de contas anuais e, em certa medida, em contas de governo,[142] cada uma delas requerendo modelos cognitivos, modos de proceder e momentos decisórios diferentes, muitas vezes incompatíveis, e muitas vezes sujeitos à interferência de outros processos –[143] eleva a dificuldade de compreensão concreta, caso a caso, sobre *o que se está fazendo, por quais razões, com quais finalidades e consequências.*

A ineficiência processual e funcional desses processos,[144] concebida abstratamente e constatada em casos reais, é aumentada quando a essas finalidades se junta a finalidade

---

[140] As decisões sobre o "mérito das contas" (rejeição / aprovação), questão que será discutida em outras partes desta tese, são tomadas, quase sempre, associadamente à decisão sobre a responsabilização para fins de aplicação de sanções ou de ressarcimento de danos causados ao erário, podendo o processo de contas prosseguir aberto por muitos anos, dada a natureza de um processo de responsabilização, desenvolvido segundo a plena observância dos princípios do contraditório e da ampla defesa e fases recursais.

[141] *Vide* nota de rodapé nº 73, em que relacionamos enunciados da jurisprudência selecionada do Tribunal de Contas da União sobre irregularidades que "maculam a gestão", como exemplo: "A constatação de que o conjunto de ocorrências que motivaram a aplicação de multa em processo de fiscalização é suficientemente grave para *macular toda a gestão* do dirigente implica o julgamento pela irregularidade de suas contas ordinárias do exercício correlato"; "A aplicação de multa em processo de fiscalização não implica prejulgamento das contas ordinárias, devendo o fato ser considerado no contexto dos *demais atos de gestão* do período envolvido. O Tribunal, verificando que as ocorrências apuradas no processo de fiscalização não se revestem de gravidade suficiente *para macular a gestão* do exercício examinado, julga regulares com ressalva as contas do responsável" (Grifos nossos).

[142] Fazendo-se as devidas reservas, processo similar pode ser observado nos processos de contas de governo no âmbito dos Tribunais de Contas dos demais entes da Federação.

[143] No contexto do TCU, por exemplo, é possível que um processo de contas anuais abrangendo certo administrador seja sobrestado até que seja prolatada decisão em outro processo, envolvendo o mesmo agente público, a qual, a juízo do relator ou do Tribunal, tem o condão de influenciar o juízo de mérito a ser proferido sobre as contas daquele administrador.

[144] *Vide* a respeito da percepção de ineficiência e de perda de relevância do processo de contas, relato de Madela (*Prestação de contas perante o TCU*, 2019, p. 36-37) sobre pesquisas feitas no âmbito do Tribunal de Contas da União em 2015 e 2017: "[...] em 2017, foi realizada a Semana da Qualidade, onde diversas unidades técnicas do TCU se reuniram para elaborar propostas e recomendações que contribuíssem para o controle externo. O resultado foi um relatório com 288 propostas e recomendações, das quais sessenta estavam relacionadas ao processo de prestação de contas. O volume de propostas indica o *anseio do corpo técnico pelo aprimoramento do instrumento.* Além disso, havia propostas que reforçavam o entendimento que parte do corpo técnico considera o processo de contas importante, mas negligenciado. É o que observamos nas cinco propostas abaixo: Valorização dos processos de contas pelo corpo dirigente. Refletir a importância dos processos de contas nas metas do Tribunal. Priorização das prestações de contas. Conscientização da importância do processo de contas. Valorização do processo. / Posteriormente, em 2018 / constituiu um grupo de trabalho com o objetivo de propor soluções para otimizar a eficiência da Secretaria-Geral de Controle Externo. Segundo a metodologia do grupo, os dados primários foram coletados por meio de questionário enviado a 118 secretários e diretores da Segecex. [...] Ao classificar os dezessete processos de trabalho em ordem daqueles que mais demandam necessidade de melhoria, 65 [de 98] respondentes citaram o processo de prestação de contas, colocando-o em primeiro lugar como o processo de trabalho mais citado. [...] Ainda segundo o relatório final do grupo de trabalho, há outra pesquisa anterior que reforça a percepção: na revisão do planejamento estratégico 2015-2021, 52,6% dos servidores que responderam à pesquisa *discordaram da afirmação de que o julgamento de contas anuais, da forma como é feito, é relevante para o exercício do controle externo.* [...] O questionário também apresentou questões abertas, nas quais eram solicitadas informações acerca de oportunidades de melhoria, reduzindo sobreposições, lacunas e fragmentações nas ações do TCU. Nas que abordaram *ineficiências e propostas de o que parar de fazer, as contas anuais foram o processo de trabalho*

que se questiona nesta tese, de emissão de um "juízo de aprovação/rejeição" sobre um conjunto de coisas a que se dá o nome de "contas", proferido após um demorado processo de definição de responsabilidades.

1.2.3 O efeito anti-isonômico do juízo de rejeição de contas

Além de aumentar o espaço de incidência de pressões sobre as diversas instâncias do Tribunal de Contas e o risco de ineficiência, outro sério aspecto crítico da concepção "juízo de rejeição/inelegibilidade" é a produção de situações não isonômicas: casos análogos, consequências distintas.

Uma vez que o juízo de rejeição de contas (que é o que se exige textualmente para os fins da Lei de Inelegibilidades) somente é proferido em processos de contas, não sendo proferido em outros processos, como representações, denúncias, auditorias, ocorrem situações insustentáveis na presença dos princípios da razoabilidade e da isonomia.

De um lado, um agente público cuja conduta foi investigada em processo de denúncia e sancionado com multa de elevado valor e com a inabilitação para o exercício de cargos e funções de confiança na Administração Pública pelo tempo máximo permitido, em razão de cometimento de irregularidade considerada grave, não terá seu nome incluído na "Lista de Agentes com Contas Rejeitadas", porque nesse tipo de processo (denúncia) os Tribunais de Contas não prolatam juízos de aprovação/rejeição de contas.

De outro, um agente responsável por infração de menor gravidade e sancionado com multa de baixo valor numa tomada de contas especial, ou em processo de contas anuais, será incluído naquela lista, tão somente porque nesses processos os Tribunais de Contas proferem um juízo de rejeição de contas.

A concepção "rejeição de contas/inelegibilidade" propicia essas situações.[145] No âmbito do Tribunal de Contas da União, esse problema foi apontado pela primeira vez no Acórdão nº 1.723/2009-TCU-Plenário, que será discutido no Capítulo 7.[146]

---

mais citado, com propostas que vão desde parar de fazer todas até integrar com fiscalizações ou julgar apenas contas com indícios de irregularidades" (Grifos nossos).

145 Em parte, as consequências deste problema foram atenuadas pela recente alteração procedida na Lei Complementar nº 64/1990 pela Lei Complementar nº 182/2021, que incluiu o seguinte parágrafo no art. 1º: "§4º-A. A inelegibilidade prevista na alínea 'g' do inciso I do *caput* deste artigo não se aplica aos responsáveis que tenham tido suas contas julgadas irregulares sem imputação de débito e sancionados exclusivamente com o pagamento de multa".

146 *Vide* declaração de voto condutor do acórdão. Seguem-se os excertos mais relevantes: "O responsável pela prática de ato infracional a norma legal ou regulamentar de natureza contábil, financeira, orçamentária, operacional ou patrimonial da qual não decorra dano ao erário pode merecer distintas decisões deste Tribunal, a depender do tipo de processo em que tenha sido apurada a ocorrência [...] 3. Desse modo, se, por exemplo, determinado gestor pratica atos contrários à Lei de Licitações, irregulares embora não danosos ao erário, e esses atos são objeto de representação ou denúncia ao Tribunal, ou mesmo verificados pelo próprio TCU em atos de fiscalização, ao final do processo poderá ser sancionado com multa. Se esses atos são detectados no bojo do processo de contas ordinárias, muito provavelmente, o responsável, além de ser apenado com multa, poderá ter as contas julgadas irregulares e ser incluído, após a decisão definitiva, na lista de responsáveis cujas contas houverem sido julgadas irregulares remetida ao Ministério Público Eleitoral para os fins previstos na Lei Complementar nº 64/1990, nos termos do art. 91 da LO/TCU. [...] Essas distintas conseqüências para um mesmo fato praticado por um mesmo responsável não decorrem de diferenças de entendimento de diferentes ministros sobre um mesmo fato. Decorrem unicamente do tipo de processo no âmbito do qual se apurou a irregularidade. Um mesmo relator seria conduzido pela LO/TCU e pelo Regimento Interno a deliberar em diferentes sentidos, conforme a natureza do processo, se de contas ou não. Tal situação tem considerável possibilidade de produzir situações não isonômicas. Por exemplo, se dois gestores tiverem praticado o mesmo ato não danoso ao erário mas estiverem respondendo por eles em processos de natureza distinta, um em representação e o outro em prestação de contas ordinárias,

1.3 Síntese, objetivos e desenvolvimento da tese

Os aspectos críticos acima expostos estão associados:

a) sob o ponto de vista normativo e dogmático, ao entendimento axiomático de que os Tribunais de Contas quando julgam contas devem dizer se as aprovam ou rejeitam, se são regulares ou irregulares; um entendimento de que faz sentido e é necessário emitir um juízo de contas, independente e autônomo, distinto da decisão de responsabilização (aplicação de sanções/condenação de ressarcir ao erário o dano causado), juízo que não corresponde a um juízo profissional de auditoria, mas a um juízo de valor sobre a conduta do administrador, sobre a gestão, e mesmo sobre o governo do Chefe do Poder Executivo;

b) sob a perspectiva histórico-contextual, desde os anos 1990, ao fato de a Lei de Inelegibilidades ter definido que é o juízo de rejeição de contas "relativas ao exercício de cargos e funções públicas" por irregularidades insanáveis, na redação original, ou por irregularidades insanáveis que configurem ato doloso de improbidade administrativa, em nova redação, que leva o agente público à Justiça Eleitoral, para fins de declaração de inelegibilidade; essa prescrição normativa fomentou o entendimento exposto acima.[147] [148] [149]

---

ao primeiro não será atribuído 'o julgamento pela irregularidade', passível de levar à condição de inelegível; ao segundo, muito provavelmente, sim. [...]".

147 Segundo Fuliaro e Vargas (*A Lei da ficha Limpa e as Eleições 2014*, 2015, p. 19), "dos 86 [*sic*] acórdãos do TRE-SP acerca de registro de candidaturas ou impugnações analisados, 40 referiam-se à hipótese 'ALÍNEA G – Rejeição das contas – Tribunal de Contas', 25 referiam-se a casos de condenação criminal e 24 a casos de improbidade administrativa. 'Na análise do material de pesquisa (os 86 acórdãos do TRE-SP e respectivos julgados dos recursos dessas decisões proferidos pelo TSE), fica evidenciado que essa é, dentre os casos em que se discute a LCP 135/2010, a *hipótese de inelegibilidade mais debatida*, bem como que a jurisprudência ainda não está completamente firmada [...]. Como destacado por Thalita Abdala Aris, a grande dificuldade da Justiça Eleitoral se encontra no fato de ter de avaliar as decisões dos Tribunais de Contas *sem adentrar seu mérito*, a partir dos elementos ali estabelecidos, concluir pela existência da 'irregularidade insanável' e do 'ato doloso de improbidade administrativa', contando com uma adoção de práticas pela Corte de controle externo para que esta passe a consignar expressamente essas circunstâncias em suas decisões" (Grifos nossos).

148 Sobre o texto referido na nota de rodapé anterior, é relevante examinar o seguinte excerto: "grande dificuldade da Justiça Eleitoral se encontra no fato de ter de avaliar as decisões dos Tribunais de Contas sem adentrar seu mérito". O que os autores querem dizer com "sem adentrar o mérito das decisões dos Tribunais de Contas"? Presumidamente, que não cabe à Justiça Eleitoral avaliar se as irregularidades apuradas no processo de contas deveriam dar ensejo ao juízo de rejeição. E, também, presumidamente, que não cabe à Justiça Eleitoral rediscutir a ocorrência das irregularidades. Mas a Justiça Eleitoral, considerando o conceito de "irregularidade insanável", faz seu próprio juízo sobre a relevância das irregularidades para fins de impugnações de candidaturas e declaração de inelegibilidade, por oito anos, considerados os princípios da razoabilidade e proporcionalidade e da interpretação que se deve dar a normas restritivas de direitos. Na prática, pode tornar inócuo o juízo de rejeição para os fins do Inciso I-G, mas o sentido de censura moral associado à rejeição de contas permanece.

149 O exame feito pelos autores sobre um dos casos, RCAND nº 7 1676-63.2014.6.26.000, p. 19-20, comprova que a Justiça Eleitoral pode e deve atuar assim, *infirmando indiretamente a própria decisão do Tribunal de Contas*, haja vista ter rejeitado contas por irregularidades de pouca relevância ou em relação às quais a culpabilidade do agente público não foi evidenciada. O TSE reformou decisão do TRE-SP, que havia indeferido o registro da candidatura. Segundo os autores, "estabeleceu-se como outro parâmetro hermenêutico para afastar a caracterização de irregularidades insanáveis serem pouco significativas as falhas apontadas, como se verificar nos trechos: Em relação ao almoxarifado, apontou-se apenas deficiência no sistema de controle e elaboração de inventário dos bens armazenados, não havendo falar, portanto, em irregularidade insanável, apta a ensejar a incidência da causa de inelegibilidade. O mesmo se diga quanto à divergência entre o inventário físico-financeiro e o balanço contábil, pois se verificou, ao final, que tal diferença consistiu em *R$32,72*, valor não significativo e incapaz de fazer incidir a alínea g do inciso I do art. 1º, da LC nº64/90". Ainda: "afastou-se, especificamente, a possibilidade de se reconhecer a irregularidade insanável e o ato doloso de improbidade administrativa em razão da contratação de pessoal sem concurso público porque: 'o Tribunal de Contas *não consignou as circunstâncias em que as falhas teriam ocorrido* / também consignei que não consta da manifestação do órgão técnico do TCE/SP nenhuma menção à

No âmbito doutrinário, a compreensão de que a rejeição de contas equivale sempre a juízos de gestor inepto, corrupto, ficha suja, que deve ser afastado da disputa eleitoral, e o conhecimento incipiente[150] sobre os processos de contas impedem que se reconheça que esses processos não se destinam à investigação de casos de corrupção, nem à apuração de atos dolosos de improbidade administrativa, e, raramente, por meio deles comprova-se, com fundamento em procedimentos escorreitos de auditoria, a inépcia administrativa do agente público.[151]

Esta tese[152] desenvolve um conhecimento mais amplo e fundamentado sobre os "processos de contas" e a competência julgamento de contas, elemento central da existência e da atuação constitucional dos Tribunais de Contas no Brasil,[153] em que prolatam, atualmente, questionáveis juízos de contas, de aprovação/rejeição, regulares ou irregulares.

É uma busca por conhecimento indispensável ao entendimento e desenvolvimento dessas instituições, guiada pelo objetivo de questionar esse juízo de contas concomitantemente à evidenciação dos problemas em seu entorno, o que será feito a partir da experiência histórica do Tribunal de Contas da União[154] [155] e, complementarmente, de elementos de Tribunais de Contas subnacionais e entidades fiscalizadoras superiores

---

atuação da recorrente no que respeito às irregularidades em questão' [...] Pela mesma razão, deixou de aceitar [o relator] o argumento da elevação da dívida como irregularidade a ensejar a inelegibilidade: Quanto à elevação da Dívida consolidada líquida, *nada se mencionou acerca de fatos* que pudessem caracterizar ato doloso por parte do recorrente" (Grifos nossos). Independentemente de a "rejeição de contas" analisada acima não ter resultado em inelegibilidade, o caso revela *a que ponto de subjetividade se pode chegar na emissão de um juízo de "rejeição de contas"* e a dimensão do problema de saber o que é e a que propósito serve um "julgamento de contas", baseado no art. 71, I, da Constituição Federal.

150 *Vide* a avaliação de Willeman (*Accountability democrática e o desenho institucional dos tribunais de contas no Brasil*, 2019, p. 42): "O arcabouço teórico desenvolvido pela doutrina brasileira a respeito das Instituições Superiores de Controle é relativamente recente e não tem sido devidamente privilegiado no campo das ciências jurídicas".

151 Irregularidades insanáveis que configurem ato doloso de improbidade administrativo e/ou que causem dano ao erário são e podem ser apuradas pelos Tribunais de Contas em processos de diversas naturezas. Para o atendimento da teleologia do Inciso I-G, é necessário que tais situações estejam comprovadas, mas não necessariamente que estejam comprovadas em processos de contas com juízo de rejeição.

152 Sobre a natureza de uma tese de doutorado, *vide* Hespanha (*Como preparar uma dissertação: um guia em cinco pontos*, 2010, p. 3): "1. A natureza de uma dissertação. 1.1. O nome tradicional da dissertação é o de 'tese' porque, até aos inícios do sec. XX, os candidatos deviam defender a pertinência de uma proposição por eles apresentada a discussão. Hoje, a dissertação não se caracteriza necessariamente por esse tom assertivo, podendo, no limite, consistir mesmo na formulação argumentada de um problema em aberto. 1.2. O que hoje caracteriza a dissertação é o esforço para, descrito o 'estado da arte' de forma clara e completa, fazer avançar o saber nessa área. Assim, os seus méritos hão-de ser: 1.2.1. O conhecimento – tendencialmente completo (incluindo as necessárias referências às questões teóricas subjacentes e às perspectivas transdisciplinares e comparativas) – da tradição e situação actual da questão tomada como objecto de estudo; 1.2.2. A capacidade de problematização e de reflexão avançada sobre essa questão; 1.2.3. A capacidade de ineditismo ou de inovação revelada no seu tratamento. [...]" (Grifos no original).

153 Ver, também, Eco (*Como se Faz uma Tese*, 2016, *passim*, p-27-30): "1) O estudo deve debruçar-se sobre um *objeto reconhecível e definido de tal maneira que seja reconhecível igualmente pelos outros.* / 2) O estudo deve dizer do objeto *algo que ainda não dito* ou rever sob uma óptica diferente o que já se disse. / 3) O estudo *deve ser* útil *aos demais.* / 4) O estudo deve *fornecer elementos para a verificação e a contestação das hipóteses apresentadas*, e, portanto, para uma continuidade pública" (Grifos no original).

154 Sobre a importância da pesquisa histórica, *vide* Pompeu e Costa (*Histórico do Controle de Contas em Portugal e no Brasil*, 2014, Apresentação): "Com esta pesquisa, o Tribunal de Contas da União, imbuído da nobre missão que lhe foi confiada pela República, oferece seu contributo para a recuperação de um passado que considera fundamental para o entendimento não só das estruturas que o antecedem, mas da própria formatação do Estado brasileiro de ontem, sem o que não se compreende com profundidade o Estado brasileiro de hoje".

155 *Sobre o método histórico no estudo do Tribunal de Contas*, ver Allende (*La funcion jurisdicional del Tribunal de Cuentas*, 1983, p. 1315): "Las instituciones, ha dicho García de Enterría, no son especies logicas, sino precisamente arbitrios políticos 'y, por ende, construidos, eventuales, artificiosos', con los que una comunidad atende a sus singulares exigencias de justicia. Por ello, sólo el campo totalizador de la historia puede ilustrarnos sobre la efectiva función

de outros países, tendo como fio investigativo o entendimento sobre a origem e os fundamentos da ideia de emissão de um juízo de aprovação/rejeição de contas, no exercício da competência constitucional de julgar contas, contrastados com os fundamentos que justificam as funções jurisdicional (responsabilizatória) e de auditoria governamental, desempenhadas por outras entidades fiscalizadoras superiores, na forma como essas atividades são compreendidas pela comunidade internacional, representada pela Intosai.

Uma hipótese investigada sobre esse juízo é que foi ele concebido, em algum momento, como uma decisão prolatada pelo Tribunal de Contas no exercício de uma atividade de auditoria financeira, a partir da qual se desenvolveria a atividade responsabilizatória (jurisdicional), mas se converteu em um juízo autônomo, distinto do juízo de responsabilização, e passível de constituir-se como juízo de auditoria apenas em casos muito específicos.[156]

Os problemas associados a um juízo de contas de aprovação/rejeição ocorrem num ambiente institucional repleto de questões que também os Tribunais encontram dificuldades em responder e normatizar, enunciadas anteriormente:

a) Por que essa matéria é parte de nossa Constituição e por que se instituiu um órgão com a função de julgar contas?
b) O que são as "contas prestadas anualmente pelo Presidente da República", conforme referido na Constituição nos art. 71, I, e no art. 49, IX?
c) O que está posto sob apreciação e como deve o Tribunal de Contas da União atuar na emissão do parecer prévio sobre "as contas prestadas anualmente pelo Presidente da República"?
d) O que está posto sob apreciação quando o Congresso Nacional julga as contas prestadas pelo Presidente da República?
e) Quais são as consequências do julgamento do Congresso Nacional sobre as contas prestadas pelo Presidente da República?[157] [158]

---

política y social de las instituciones. [...] Si el método histórico es fecundo en general, su utilidad aumenta respecto del Tribunal de Cuentas, que conserva aún las características con que surgieron sus antepasados en el siglo XIII".

156 Essa realidade conduz a problemas relevantes, como os mencionados anteriormente. Problemas, que de um modo ou outro, vieram sendo abordados pelo Tribunal de Contas da União ao longo das últimas décadas, bem como pelo Congresso Nacional, em alterações na Lei de Inelegibilidades, a mais recente ocorrida em 2021: Lei Complementar nº 184/2021.

157 *Vide* Carmo (*Contribuição ao Estudo da Responsabilidade Financeira*, 1995, p. 53-54), a respeito dessa questão em Portugal: "II – Designa-se por responsabilidade orçamental a responsabilidade genérica do Governo e da Administração Pública pelo conjunto da execução orçamental. Tem como pressuposto, dentro da tradição do constitucionalismo ocidental, a obrigação, imposta aos governos, como órgãos responsáveis pelo funcionamento do aparelho administrativo do Estado, de *prestar contas de cada execução financeira* (em regra balizada pela anualidade orçamental) diante das assembleias políticas ou órgãos legislativos. No direito português atual, a fiscalização política da gestão financeira pública é cometida à Assembleia da República, que a exerce através da aprovação (ou não) da Conta Geral do Estado, precedida de parecer do Tribunal de Contas, e com recurso aos demais elementos necessários àquela apreciação. Em caso de juízo parlamentar negativo quanto à prestação de contas efetuada pelo Executivo, o que significaria a não aprovação da Conta Geral do Estado, *as consequências diretas não seriam senão políticas*, podendo a Assembleia determinar a efetivação de responsabilidades a que porventura houver lugar (artigos 110º, 165º, alínea d) e 169º, nº 5, da Constituição; art. 24º, nº, da Lei nº 6/91, de 20 de Fevereiro). Aliás, nem a Constituição, nem a lei, definem as consequências da não aprovação das contas públicas. III – Mas a responsabilidade política que se efetiva através da não aprovação da Conta Geral do Estado terá sempre consequências de eficácia muito relativa, dado poder vir, na prática, a incidir sobre a execução orçamental de um Governo que já não está em funções. E nunca se efetivou até hoje, o que demonstra a manifesta debilidade inerente à sua natureza essencialmente política".

158 E, também, Carmo (*Contribuição ao Estudo da Responsabilidade Financeira*, 1995, p. 54, nota de rodapé nº 15): "A Lei nº 6/91 estatui, no seu art. 24º, nº 3, «in fine», que a Assembleia determina, no caso de não aprovação da Conta e «se a isso houver lugar, a efetivação da correspondente responsabilidade». Em nosso entender, o preceito é

f) Quem define o que devem ser "as contas prestadas anualmente pelo Presidente da República"?
g) O que são as "contas dos administradores", conforme referenciado no art. 71, II, da Constituição Federal?[159]
h) O que são as "contas dos demais responsáveis (não administradores) por dinheiros, bens e valores públicos", conforme referenciado no art. 71, II, da Constituição Federal?
i) O que são as "contas daqueles que derem causa a prejuízo ao erário público", conforme referenciado no art. 71, II, da Constituição Federal?
j) Sobre o que decide o Tribunal de Contas no julgamento das contas (a) dos administradores; (b) dos demais responsáveis por valores, bens e dinheiros públicos; (c) daqueles que derem causa a prejuízo ao erário?
k) No julgamento de contas, o Tribunal de Contas julga pessoas ou julga "as contas"?
l) Contas e prestação de contas representam o mesmo objeto?
m) O juízo sobre as contas corresponde a um juízo sobre a gestão do administrador?
n) A razão de ser de um julgamento de contas implica axiomaticamente a prolação de um juízo de aprovação ou rejeição das contas (regulares/irregulares)?
o) O que o Tribunal de Contas comunica ou deseja comunicar ao Parlamento e à comunidade interessada quando diz que as contas do administrador foram aprovadas?[160] O que comunica quando diz que foram rejeitadas?
p) Em suma, o que fazem os Tribunais de Contas quando julgam contas e por que o fazem?

Há três questões subjacentes à emissão de juízos de contas:

a) Que fundamentos sustentaram ou sustentariam a prescrição normativa das leis orgânicas atuais de que os Tribunais de Contas, ao julgarem as contas, decidirão, no mérito, se são regulares, regulares com ressalva ou irregulares (ou se as aprovam ou rejeitam)?
b) Poderiam os Tribunais de Contas, sob outra prescrição normativa, proceder ao julgamento de contas (e emissão do parecer prévio) sem emitir juízo de aprovação/rejeição?
c) Devem os Tribunais de Contas assim proceder?

---

infeliz, não fazendo sentido que se trate de efetivar a responsabilidade orçamental «proprio sensu», que decorre imediatamente da não aprovação da Conta, mas eventuais responsabilidades *políticas* emergentes de atos financeiros (a que aludiremos adiante) e, inclusivamente, as formas de responsabilidade cujos pressupostos factuais possam, a partir do ato parlamentar (e do parecer do Tribunal de Contas nele tido em consideração), chegar ao conhecimento, p. ex., do Ministério Público. Todavia, como refere GUILHERME D'OLIVEIRA MARTINS, estas formas de responsabilidade são acionadas independentemente da decisão parlamentar favorável ou desfavorável (op. cit., págs. 362 e seg.)".

159 *Vide* art. 71 da Constituição: "O controle externo, a cargo do Congresso Nacional, será exercido com o auxílio do Tribunal de Contas da União, ao qual compete: / II – julgar as contas dos administradores e demais responsáveis por dinheiros, bens e valores públicos da administração direta e indireta, incluídas as fundações e sociedades instituídas e mantidas pelo Poder Público federal, e as contas daqueles que derem causa a perda, extravio ou outra irregularidade de que resulte prejuízo ao erário público [...]".

160 Ou mesmo quando se manifesta por recomendar a aprovação ou rejeição das contas anuais do Chefe do Poder Executivo. *Vide* a respeito, novamente, coluna de Ruy Castro, citada anteriormente, nota de rodapé nº 74, intitulada "Bagunça nas contas de Bolsonaro: O TCU aprovou com ressalvas a sua prestação para 2022, com R$1,28 trilhão mal explicados".

Para a primeira questão, trabalhamos com a hipótese de que não seriam encontrados fundamentos bem enunciados em documentos oficiais, teorias ou mesmo na doutrina, e que esses juízos foram estabelecidos por similaridade com as opiniões de auditoria externa independente sobre as demonstrações financeiras (parecer limpo, parecer com ressalvas, parecer adverso), mas seriam inadequados à natureza do objeto em relação aos quais estão sendo emitidos, e isso é um problema relevante.

Sobre a segunda questão, a hipótese era que a análise da evolução histórica e a identificação das teorias de accountability e auditoria do setor público aplicáveis ao exame das contas (contas anuais, contas especiais), bem como às contas do Chefe do Poder Executivo (contas de governo), envolvem processos de auditoria ou de responsabilização, e em nenhum deles a prolação de um juízo de aprovação ou rejeição – qualificáveis como juízos de valor – é necessária.

Quanto à terceira, a emissão desse juízo não é uma questão irrelevante. Ao contrário. A construção institucional (não teórica) de que os Tribunais de Contas exercem uma função jurisdicional de "julgamento de contas" (insuscetível de revisão de mérito pelo Poder Judiciário), distinta da função de auditoria e da função de responsabilização, materializada pela prolação de um juízo de aprovação ou rejeição, que ganhou relevo com o Inciso I-G da Lei de Inelegibilidades, é uma causa de:[161]

a) complexificações, contradições e incoerências processuais;
b) ineficiências funcionais dos processos de contas anuais, em prejuízo dos processos de accountability;
c) desvio de sentido da tomada de contas especiais, vista como instrumento sancionatório (pela possibilidade da inelegibilidade do agente público cujas contas especiais forem julgadas irregulares);
d) ampliação do espaço de risco de politização das diversas instâncias dos Tribunais de Contas, pelo indevido posicionamento sensível no ambiente político-parlamentar;
e) indesejado envolvimento dessas instituições nas disputas político-partidárias, ao se manifestarem pela aprovação ou rejeição das contas de governo, em descompasso com as prescrições teóricas e normativas sobre o papel das instituições superiores de auditoria;
f) do alto risco de inutilidade do processo de contas de governo, transformado, em muitos casos, em indevido instrumento de apontamento de irregularidades imputáveis ao Chefe do Poder Executivo;
g) da geração de resultados anti-isonômicos: casos menos graves gerando consequências mais gravosas; casos mais graves gerando consequências menos gravosas;
h) da indução ao desenvolvimento de processos analíticos e institucionais direcionados à emissão de um juízo de aprovação/rejeição de contas.

Para o estudo dessa problemática, seguimos o caminho de estudar o desenvolvimento histórico dos processos de contas no âmbito do Tribunal de Contas da União: as

[161] A complexidade e as dificuldades de compreensão das questões postas e a potencial resistência à redução da influência político-eleitoral que derivou do Inciso I-G da Lei de Inelegibilidades são fatores que podem dificultar a mudança institucional dos Tribunais de Contas e a reforma de seus processos de contas.

contas anuais dos administradores, a tomada de contas especial,[162] as contas apresentadas anualmente pelo Presidente da República.

Nos dois primeiros processos, o Tribunal de Contas da União prolata um juízo de contas; no terceiro, prolata uma espécie de "recomendação de juízo de contas" ao Congresso Nacional, mas que reflete o juízo que o Tribunal prolataria se lhe fosse dado fazê-lo.

Embora nesses três processos esteja envolvido um juízo de contas, não é certo que isso deveria ocorrer em todos eles, porque são processos com objetivos muito distintos. E, quando deve ocorrer, cabe discutir se deve ocorrer como ocorre.

O processo de contas anuais envolve a realização de trabalhos de auditoria e, quando necessário, a promoção de responsabilizações.[163] [164] [165] Nesse processo, questiona-se, consideradas a amplitude e natureza do que se colocar, concretamente, sob apreciação e do escopo dos exames realizados, qual será a natureza do juízo prolatado no julgamento das contas (contas irregulares/contas regulares), à luz das razões normativas, teóricas ou funcionais que se possam manusear para justificar a necessidade de prolação desses juízos. Juízo de auditoria, segundo as normas técnicas; juízo de valor; uma expressão declaratória?

Em uma tomada de contas especial, o objetivo é a apuração de responsabilidades por dano ao erário.[166] Nesse processo, discute-se particularmente se a prolação de um juízo

---

[162] A tomada de contas especial está prevista no art. 8º da LOTCU-1992: "Diante da omissão no dever de prestar contas, da não comprovação da aplicação dos recursos repassados pela União, na forma prevista no inciso VII do art. 5º desta Lei, da ocorrência de desfalque ou desvio de dinheiros, bens ou valores públicos, ou, ainda, da prática de qualquer ato ilegal, ilegítimo ou antieconômico de que resulte dano ao Erário, a autoridade administrativa competente, sob pena de responsabilidade solidária, deverá imediatamente adotar providências com vistas à instauração da tomada de contas especial para apuração dos fatos, identificação dos responsáveis e quantificação do dano".

[163] *Vide* arts. 7º, 9º e 12 da LOTCU: "Art. 7º As contas dos administradores e responsáveis a que se refere o artigo anterior serão anualmente submetidas a julgamento do Tribunal, sob forma de tomada ou prestação de contas, organizadas de acordo com normas estabelecidas em instrução normativa. / Art. 9º Integrarão a tomada ou prestação de contas, inclusive a tomada de contas especial, dentre outros elementos estabelecidos no Regimento Interno, os seguintes: I – relatório de gestão; II – relatório do tomador de contas, quando couber; III – relatório e certificado de auditoria, com o parecer do dirigente do órgão de controle interno, que consignará qualquer irregularidade ou ilegalidade constatada, indicando as medidas adotadas para corrigir as faltas encontradas; IV – pronunciamento do Ministro de Estado supervisor da área ou da autoridade de nível hierárquico equivalente, na forma do art. 52 desta Lei. / Art. 12. Verificada irregularidade nas contas, o Relator ou o Tribunal: I – definirá a responsabilidade individual ou solidária pelo ato de gestão inquinado; II – se houver débito, ordenará a citação do responsável para, no prazo estabelecido no Regimento Interno, apresentar defesa ou recolher a quantia devida; III – se não houver débito, determinará a audiência do responsável para, no prazo estabelecido no Regimento Interno, apresentar razões de justificativa [...]".

[164] No processo de julgamento das contas anuais, o Tribunal de Contas da União promove a responsabilização no mesmo processo em que foi realizada a auditoria e, em geral, somente finaliza o julgamento das contas após o encerramento da apuração de responsabilidades. Em países como França, Espanha, Itália e Portugal, os trabalhos de auditoria e a atividade jurisdicional (responsabilizatória) são desempenhados em processos distintos.

[165] No âmbito do TCU, a responsabilização mediante aplicação de sanções pode ser procedida em processos de auditoria, representação, denúncia, processos de contas anuais e tomadas de contas especiais. No entanto, imputação de dano ao erário somente ocorre em processos de contas: anuais ou especiais. Em outros tribunais de contas, não necessariamente se tem essas mesmas características processuais.

[166] Segundo o art. 2º da Instrução Normativa-TCU nº 71/2012, que "dispõe sobre a instauração, a organização e o encaminhamento do Tribunal de Contas da União dos processos de tomada de contas especial", a tomada de contas especial (TCE) "é um processo administrativo devidamente formalizado, com rito próprio, para apurar responsabilidade por ocorrência de dano à Administração Pública federal, com apuração de fatos, quantificação do dano, identificação dos responsáveis e obter o respectivo ressarcimento", e consideram-se como responsáveis as "pessoas físicas ou jurídicas à quais possa ser imputada a obrigação de ressarcir o Erário".

de contas, à semelhança do que se faz no exame das contas anuais dos administradores, é compatível e coerente com a finalidade do processo (apurar a ocorrência de dano ao erário, identificar os responsáveis e promover o ressarcimento) e com a disciplina do art. 16 da LOTCU,[167] aplicável ao processo de contas ordinárias.

Na apreciação das contas prestadas pelo Presidente da República mediante parecer prévio, não se procede à apuração de responsabilidades.[168] Procede-se a auditorias e a certas análises gerais, e não se deveria emitir manifestação valorativa sobre o governo do Chefe do Poder Executivo,[169] o que acaba ocorrendo por meio de recomendação de aprovação/reprovação de contas dissociadas de juízos técnico-profissionais de auditoria, e assim é notoriamente percebido.

Buscamos a compreensão do desenvolvimento histórico dos processos de contas no âmbito do Tribunal de Contas da União em quatro linhas investigativas e analíticas, que se inter-relacionam, e estão presentes no Capítulo 3 (Contas anuais), no Capítulo 4 (Contas apresentadas pelo Chefe do Poder Executivo e parecer prévio do Tribunal de Contas) e no Capítulo 7 (Tomada de contas especiais).

O primeiro trabalho envolveu a pesquisa da origem e dos fundamentos da ideia, aparentemente axiomática, de que um juízo sobre a regularidade das contas (aprovação/rejeição) é um juízo inerente ao julgamento de contas.

Foi necessário compreender as razões do surgimento do Tribunal de Contas no país, o sentido e a evolução do modo de desempenho de suas funções fundamentais, como caminho principal a ser tomado para o entendimento do seu "julgar contas" atual em contextos tão distintos.

Isso se fez, inicialmente, pelo exame da legislação e da literatura históricas e dos debates parlamentares havidos nos momentos mais relevantes do século XIX em que se discutiram a criação de um Tribunal de Contas e suas funções.

Prosseguimos nessa linha com o exame da legislação e de literatura das décadas seguintes, como encaminhamento às análises mais intensas e profundas promovidas sobre o período pós-Constituição de 1967 e o momento recente do Tribunal de Contas da União.

No segundo trabalho, analisamos em que condições esses juízos devem (podem) ser, e estão sendo proferidos, à luz das normas profissionais que regem a atuação das entidades fiscalizadoras superiores, como são os Tribunais de Contas, de teorias de accountability e de auditoria do setor público.

---

[167] LOTCU, art. 16: "As contas serão julgadas: I – regulares, quando expressarem, de forma clara e objetiva, a exatidão dos demonstrativos contábeis, a legalidade, a legitimidade e a economicidade dos atos de gestão do responsável; II – regulares com ressalva, quando evidenciarem impropriedade ou qualquer outra falta de natureza formal de que não resulte dano ao Erário; III – irregulares, quando comprovada qualquer das seguintes ocorrências: a) omissão no dever de prestar contas; b) prática de ato de gestão ilegal, ilegítimo, antieconômico, ou infração à norma legal ou regulamentar de natureza contábil, financeira, orçamentária, operacional ou patrimonial; c) dano ao Erário decorrente de ato de gestão ilegítimo ao antieconômico; d) desfalque ou desvio de dinheiros, bens ou valores públicos".

[168] Conforme art. 36 da LOTCU, "Ao Tribunal de Contas da União compete, na forma estabelecida no Regimento Interno, apreciar as contas prestadas anualmente pelo Presidente da República, mediante parecer prévio a ser elaborado em sessenta dias a contar de seu recebimento. Parágrafo único. *As contas consistirão nos balanços gerais da União e no relatório do órgão central do sistema de controle interno do Poder Executivo sobre a execução dos orçamentos* [...]" (Grifos nossos).

[169] No caso do parecer prévio, a LOTCU não prevê que o TCU faça ao Congresso Nacional recomendação de aprovação ou rejeição das contas apresentadas pelo Presidente da República.

A pesquisa do sentido de um "julgar contas" e do exercício da atividade jurisdicional em outras EFS, como França, Espanha, Itália e Portugal, constituiu um elemento indispensável de diálogo com a pesquisa principal.

A terceira linha de desenvolvimento da tese foi a condução de um trabalho analítico profundo e difícil das normas e dos documentos institucionais pertinentes à constituição de processos de contas, às auditorias a eles relacionadas, ao exame e ao julgamento das contas, para apreender esse sistema, normativa e funcionalmente complexo, e avaliar sua coerência com o modo de decisão sobre "as contas". O exame de casos permitiu uma melhor caracterização dos problemas e o desenvolvimento de raciocínios com maior clareza.

A quarta linha consistiu no aprofundamento do exame das consequências normativas, institucionais e pragmáticas derivadas da prolação desses juízos de aprovação/reprovação (regularidade/irregularidade) no âmbito do Tribunal de Contas da União, pelo exame de suas normas, de casos emblemáticos, de seus estudos institucionais e das mudanças procedidas nos últimos anos, que corroboram a tese da existência de problemas e da necessidade de se fazer a *crítica do axioma "julgar contas é decidir por aprová-las ou rejeitá-las"*.

Esta tese é composta por oito capítulos: este, Introdução, outros 6 capítulos e o das conclusões.

No Capítulo 2, estudamos a origem do Tribunal de Contas e de suas duas funções essenciais: fiscalização da administração financeira (auditoria) e julgamento de contas (responsabilização financeira).

No Capítulo 3, discutimos a evolução normativa, conceitual e institucional do processo e julgamento de contas anuais no Tribunal de Contas da União.

O Capítulo 4 é dedicado à investigação dos sentidos da atuação do Tribunal de Contas na apreciação das contas prestadas anualmente pelo Chefe do Poder Executivo e da sensibilidade política dessa manifestação. Nele se faz a crítica da ideia de dever o Tribunal emitir juízos, ou recomendação, de aprovação/rejeição de contas.

No Capítulo 5, pesquisamos a forma como atuam a Corte Europeia de Auditores e a Cour des Comptes no processo de encerramento do ciclo orçamentário na Comissão Europeia e na França, respectivamente; processos equivalentes à apreciação das contas prestadas pelo Presidente da República e emissão de um parecer, prévio, pelo Tribunal de Contas da União.

O Capítulo 6 reporta o exercício da função jurisdicional da Corte dei Conti, da Itália, e da Cour des Comptes, da França, duas cortes representativas do modo de atuação das EFS com essa competência nos países europeus e nos países que estruturaram suas entidades fiscalizadoras superiores sob influência daqueles.

Esse capítulo é relevante para a compreensão do instrumento processual denominado tomada de contas especial, instaurado para "julgamento das contas daqueles que derem causa a extravio, prejuízo ou qualquer outra irregularidade de que resulte prejuízo ao erário público", nos termos da Constituição de 1988, estudado no Capítulo 7, principalmente no que diz respeito ao sentido de um "juízo de contas" nesse processo, responsável pela quase totalidade dos casos de responsáveis incluídos na "Lista de Inelegíveis" do Tribunal de Contas da União.

No penúltimo capítulo, o Capítulo 8, analisamos dois casos paradigmáticos, relacionados a outros Tribunais de Contas, de modo a bem evidenciar como um aparente singelo e axiomático "juízo de rejeição de contas" é uma causa de problemas relevantes e está envolto em um ambiente de profunda dificuldade conceitual e de falta de clareza de sentidos de atuação das instituições.

O desenvolvimento da tese enfrentou o desafio de manter o foco e, ao mesmo tempo, angariar, historiar e sistematizar um amplo conhecimento útil sobre o tema. Inúmeras possibilidades de aprofundamento sobre questões suscitadas em cada análise surgiram; algumas foram exploradas, outras referidas em notas de rodapé, muitas só podem ser exploradas em pesquisas específicas, para as quais esta tese poderá constituir subsídio.

Optamos por deixar reportadas no texto, em maior extensão, principalmente em notas de rodapé, mais de uma vez, quando necessário, a legislação analisada, partes de estudos, doutrinas e votos, para facilitar a compreensão das análises e a revisitação do que foi pensado sem necessidade de consulta direta frequente aos textos citados.

CAPÍTULO 2

A IDEIA DE UM TRIBUNAL DE CONTAS: DOIS MOMENTOS NO SÉCULO XIX[170] [171]

O Tribunal de Contas foi instituído no Brasil pelo Decreto nº 966-A, de 7.11.1890,[172] [173] incumbindo-lhe "o exame, a revisão e o julgamento de todas as operações concernentes à receita e despesa da República".

Instituições da mesma natureza já existiam na França (1807),[174] Bélgica (1830),[175] Portugal (1849),[176] Espanha (1851),[177] e Itália (1862).[178]

---

170 Neste capítulo, a teoria e a doutrina relacionadas ao surgimento do Tribunal de Contas são apresentadas em conjunto com a pesquisa da história parlamentar.

171 As palavras dos textos históricos foram ajustadas à grafia moderna, para possibilitar melhor leitura, sem qualquer modificação de sentido.

172 *Decreto nº 966-A, de 7.11.1890.*

173 Referido, também, como Decreto nº 966-A.

174 Albert e Lambert (*La Cour des comptes: um pouvoir rédempteur?*, 2017): "Créée em 1807, la Cour des comptes Française incarne, à l'instar sans doute de le'inspection géneérales des finances (1816) et de la Caisse des dépots et consignations (1816), *ce type d'institution qui trouve dans le temps une légitimité qui transcende ou dépasse les régimes politiques*" (Grifos nossos).

175 Bélgica (*Court of Audit. Presentation. Historical survey,* [s.d.]): "Set up shortly after the independence of Belgium, the Court of Audit is one of the oldest public institutions of the country. On 30 December 1830, the National Congress voted the Decree establishing the Court of Audit, the first members of which were appointed on 5 and 6 January 1831. The College came officially sworn in on 15 January 1831. The existence of the new institution was finally confirmed by article 116 of the Constitution adopted on 7 February 1831 (which has become article 180 of the actual Constitution). The 1830 Decree was replaced on 29 October 1846 by the law organising the Court of Audit, which has been amended several times ever since".

176 Portugal. Tribunal de Contas (*Tribunal de Contas,* [s.d.]): "Subjacente à criação, em 10 de Novembro de 1849, do Tribunal de Contas – '*Instituição necessária em qualquer Governo regular,* qualquer que seja a forma e princípio da sua constituição' (tal como refere o Diário do Governo nº 267, de 12 de Novembro de 1849) – esteve a preocupação com a clara definição das suas competências e a garantia da independência dos seus membros enquanto julgadores" (Grifos nossos).

177 Espanha (*Tribunal de Cuentas. Institución. Historia,* [s.d.]): "En la Constitución de 1812, aprobada por las Cortes de Cádiz, se dispuso la creación de una Contaduría Mayor de Cuentas "*para el examen de todas las cuentas de los caudales públicos*". En 1828 se aprobó la Ordenanza por la que se crea el Tribunal Mayor de Cuentas, que estuvo vigente hasta 1851. Durante el régimen establecido en la Constitución de 1845 se llevaron a cabo una serie de importantes reformas en la Administración financiera del Estado, aprobándose la Ley Orgánica del Tribunal de Cuentas de 1851, que constituye el auténtico germen de la Institución actual, atribuyéndole la fiscalización financiera de la Administración Pública" (Grifos nossos).

178 Itália (*Corte dei Conti. Storia,* [s.d.]): "La Corte dei conti fu istituita agli albori dello Stato unitario (legge 14 agosto 1862, n. 800), perché vigilasse sulle amministrazioni dello Stato, così da prevenire ed impedire sperperi e cattive gestioni. In questa funzione, la Corte dei conti assunse la veste di una 'magistratura', essendo emersa – secondo la storica affermazione di Camillo Benso conte di Cavour – la 'assoluta necessità di concentrare il controllo preventivo e consuntivo in un magistrato inamovibile'".

Rui Barbosa, na exposição de motivos daquele decreto, mencionava a existência de "não menos de quatorze constituições onde se consigna o princípio do Tribunal de Contas", citando alguns países, adotantes de um dos dois "tipos capitais" dessa instituição: França, Suécia, Espanha, "os dois grandes Estados centrais" (Alemanha e Áustria-Hungria), Grécia, Sérvia, Romênia e Turquia, que adotavam o tipo francês; Itália, Holanda, Bélgica, Portugal, Chile e Japão, adotantes do tipo italiano.[179]

2.1 O primeiro momento: 1826

Embora instituído em 1890, a necessidade de um Tribunal de Contas começara a ser debatida décadas antes, em 1826, pelos senadores Visconde de Barbacena[180] e José Inácio Borges.[181]

Na sessão do Senado de 23.6.1826, o Visconde de Barbacena apresentou um projeto de lei para regulamentar o art. 131 da Constituição Política do Império do Brazil de 1824,[182] [183] tendo por diretriz política o fato de que o país vivia um "governo monárquico constitucional":[184]

> Sr. VISCONDE DE BARBACENA – Levanto-me para oferecer um projeto de lei regulamentar, aquela, que pelo art. 131 da constituição deve designar o número das secretarias de estado, e suas atribuições. Quando eu tinha acabado este trabalho, soube que outro ilustre senador, o sr. Borges, se havia ocupado do mesmo objeto: julguei conveniente convidá-lo para uma conferência, e no seu encontrei os mesmos princípios, e atribuições, havendo apenas alguma diferença, na redação, por cujo motivo foi muito fácil reduzir ambos a um só projeto. Neste projeto procuramos atender, quanto nos foi possível ao nosso atual sistema de administração: *existimos num governo monárquico constitucional, convinha, pois, que não seguíssemos as mesmas formas de um governo absoluto*. Eu o ofereço à consideração da câmara: ela corrigirá como entender.[185] (Grifos nossos)

---

[179] TCU (*Exposição de Motivos de Rui Barbosa sobre a Criação do TCU*, 1999, *passim*, p. 256).

[180] Arquivo Nacional. Memória da Administração Pública (*Horta, Felisberto Caldeira Brandt Pontes Oliveira e* ([s.d.]): "[...] Foi plenipotenciário em Londres para o reconhecimento da Independência do Brasil, deputado constituinte (1823), ministro do Império e da Fazenda (1825), senador por Alagoas (1826), ministro da Fazenda (1829) e conselheiro de Estado (1830)".

[181] Ministério da Fazenda (*José Ignácio Borges*. [s.d.]): "Foi senador pela Província de Pernambuco, pertenceu ao Conselho do Imperador. No período de 1816 a 1817 presidiu a Província do Rio Grande do Note e, em 1831, com a organização da Regência Provisória, ocupou o cargo de Ministro da Fazenda [...] Na Regência de Feijó exerceu, em 1835, a pasta do Império e, interinamente, a dos Estrangeiros".

[182] Constituição Política do Império do Brazil (de 25.3.1824) (CF-1824).

[183] CF-1824: "Art. 131. Haverá diferentes Secretarias de Estado. A Lei designará os negócios pertencentes a cada uma, e seu número; as reunirá, ou separará, como mais convier".

[184] Speck (*Inovação e rotina no Tribunal de Contas da União*, 2000, p. 31): "As instituições superiores de controle financeiro têm origem, historicamente, em duas preocupações diferentes: primeiro, na preocupação gerencial de administrar bem os recursos públicos. Essa inquietação nasce no âmbito da própria administração, e dá origem a instituições de controle financeiro inicialmente alocadas no âmbito do próprio Poder Executivo. A segunda fonte das instituições de controle financeiro é *a apreensão liberal com a limitação do Poder Executivo*. Essa preocupação tem origem nos primeiros órgãos representativos, como as Cortes Gerais medievais, e será retomada por seus sucessores, os organismos representativos que formaram o Poder Legislativo em sistemas políticos modernos" (Grifos nossos).

[185] Senado (*Annaes do Senado do Império do Brazil – Primeira Sessão da Primeira Legislatura – Anno de 1826 – Tomo Segundo*, 1826a, p. 122).

O projeto definia as secretarias de Estado e suas atribuições.[186] Segundo o art. 1º, haveria seis secretarias de estado e cada uma delas seria "confiada a um ministro e secretário de estado". No art. 8º, estabelecia as atribuições do secretário de estado dos negócios da fazenda, entre elas, as relacionadas à elaboração do orçamento e às contas do Tesouro.[187]

No art. 9º, o projeto confiava o Tesouro a "um administrador geral com seu regimento particular". No décimo, estabelecia: "Haverá um tribunal de revisão de contas com seu regimento".

Nada mais dizia sobre o administrador geral do Tesouro e o Tribunal de Revisão de Contas. Voltaria à discussão nas sessões de 5 e 6.7.1826.

2.1.1 O sistema de administração da Fazenda

A ideia de um Tribunal de Revisão de Contas estava relacionada, também, a diferentes visões sobre a situação do sistema de administração da Fazenda Pública.

2.1.1.1 Problemas do sistema de administração da Fazenda e razões para um Tribunal de Revisão de Contas no início do Império

O Visconde de Barbacena, conforme explicara na sessão de 5 de julho,[188] propôs a instituição de um administrador do tesouro como medida necessária para remediar os males do "sistema de administração da fazenda vigente", que concentrava funções demais no ministro da Fazenda, inclusive "julgar de suas contas do ano antecedente", o que seria incapaz de garantir a exatidão e a legalidade das contas, bem como fazer com que, quem devesse prestar contas, prestasse. O remédio seria a *divisão de funções*, a quebra da concentração de poderes no ministro da Fazenda:

> O Sr. VISCONDE DE BARBACENA – Nada há mais monstruoso, do que o atual sistema de administração da fazenda. É um só ministro quem tem tudo a seu cargo: ele arrecada todas as rendas da nação, ele manda pagar as despesas, e depois ele mesmo no princípio do ano julga das suas contas do ano antecedente, e diz que estão na devida ordem. Se nós pudéssemos descansar na palavra do ministro, bem; mas o mesmo ministro não pode

---

[186] Senado (*Annaes do Senado do Império do Brazil – Primeira Sessão da Primeira Legislatura – Anno de 1826 – Tomo Segundo* 1826a, p. 122 e seguintes).

[187] *Vide* excerto do art. 8º: "Ao ministro, e secretário de estado dos negócios da fazenda pertence: A suprema administração econômica, a contabilidade, e fiscalização de todos os tributos, de todas as rendas públicas, e bem nacionais. A superior direção do tesouro público, e de todos e quaisquer cofres públicos, os quais serão considerados, como partes integrantes do tesouro, que é o depósito central de todas as receitas públicas. A escrituração sumária de toda a despesa feita em cada uma das seis secretarias de estado. [...] Tem a administração, contabilidade e fiscalização dos fundos destinados para as despesas privativas deste ministério, e deve, no último trimestre de cada ano, fazer os orçamentos seguintes para o ano vindouro [...]. Deve mais formalizar, e apresentar posteriormente *as seguintes contas gerais*, e definitivas: 1º A conta do efetivo rendimento do império no ano precedente, e da despesa feita com a sua cobrança. 2º A conta do rendimento líquido, e da despesa efetiva. 3º A conta exata das despesas privativas da repartição da fazenda. 4º A conta da entrada, saída, e remanescente efetivo do tesouro, e de todos os cofres públicos filiais desta repartição. 5º a conta da dívida pública existente, e da sua amortização anual. [...] E, finalmente, da privativa competência deste ministério a proposta de todas as medidas, que forem necessárias para melhor arrecadação das rendas, e mais exta cumprimento das leis em vigor, pertencentes à fazenda pública" (Grifos nossos).

[188] Senado (*Annaes do Senado do Império do Brazil – Primeira Sessão da Primeira Legislatura – Anno de 1826 – Tomo Terceiro*, 1826b, p. 42 e seguintes).

> garantir a exatidão, a legalidade delas. Enfim, esta terrível administração de fazenda *não toma conta a ninguém, porque ninguém dá conta.*[189] Não há uma só nação, que tenha ideia de administração, e conserve semelhante sistema. O remédio para isso é dividir; é criar um administrador geral do tesouro, que receba todas as rendas da nação, e pague todas as grandes divisões. (Grifos nossos)

O senador compreendia o exame das contas como algo necessário para assegurar a responsabilidade dos ministros,[190] "uma das coisas essenciais em um governo constitucional", pois no sistema vigente era o ministro que, ao final, diria se as "cobranças foram exatas e se os pagamentos foram legais", baseando-se no "bom conceito de seus empregados", uma vez ser impossível a ele "adentrar no exame de tudo":

> O Sr. VISCONDE DE BARBACENA – Se uma das coisas essenciais em um governo constitucional é a responsabilidade dos ministros, como se pode esta verificar sem o exame das contas? No atual sistema, o ministro cobra todas as rendas da nação, paga todas as despesas, e diz no fim: as cobranças foram exatas, os pagamentos foram legais, e com isto está decidido tudo. Semelhante modo de administração não pode continuar em um governo constituído como o nosso. Se ao menos a nação pudesse descansar na palavra do ministro, de que tudo assim havia sido feito, ainda bem; mas é absolutamente impossível que o ministro possa entrar no exame de tudo, e dar a sua afirmação, *sem que em muitas coisas repouse no bom conceito dos seus empregados* [...].[191] (Grifos nossos)

O modelo que propunha inspirava-se no sistema que vira na Inglaterra, em que havia segregação de funções entre o ministro das finanças, o administrador do tesouro e o tribunal de revisão das contas, que dizia lá existir:

---

[189] O Visconde de Maricá (Mariano José Pereira da Fonseca) discordaria dessa narrativa: "É injusto dizer vagamente que se não dão contas; todas as repartições prestam as suas; elas se tomam ao comissariado, à casa da moeda, etc., e cada uma das contadorias está encarregada de examinar as quais lhe compete, conforme a divisão estabelecida. O comissariado, por exemplo, não pode, às vezes, ser pontual na apresentação dessas contas, como agora, que tão grandes expedições têm sucedido umas às outras, e sempre com urgência; mas ele vai arrecadando os documentos, e presta-as depois: portanto, assento que era melhor suprimirem-se estes dois últimos artigos, ou que ficassem separados, para formarem nova lei, visto que se separam também estas atribuições; e quando hajam de ter efeito, não pode ser sem primeiramente se ver o regimento" (Senado, *Annaes do Senado do Império do Brazil – Primeira Sessão da Primeira Legislatura – Anno de 1826 – Tomo Terceiro*, 1826b, p. 42). Mariano José Pereira da Fonseca elegeu-se "deputado e secretário da Junta Provisória do Rio de Janeiro (1821), órgão encarregado do governo das províncias em substituição aos capitães e governadores de Capitanias. Exerceu a função de ministro e secretário da Fazenda entre 1823 e 1825, quando realizou junto à Inglaterra o primeiro empréstimo externo do governo brasileiro. Foi conselheiro de Estado, participando do projeto de elaboração da Constituição outorgada em 1824. Recebeu o título de visconde de Maricá em 1825 e, ao chegar ao Senado, em 1826, foi elevado a marquês. [...]" (Arquivo Nacional. *Memória da Administração Pública Brasileira*. Disponível em: http://mapa.an.gov.br/index.php/publicacoes/70-assuntos/producao/publicacoes-2/biografias/444-mariano-jose-pereira-da-fonseca-marques-de-marica).

[190] *Vide* Constituição Política do Império do Brazil (Constituição de 1824-CF-1934): "*Art. 133*. Os Ministros de Estado serão responsáveis: I. Por traição. II. Por peita, suborno, ou concussão. III. Por abuso do Poder. IV. Pela falta de observância da Lei. V. Pelo que obrarem contra a Liberdade, segurança, ou propriedade dos Cidadãos. VI. Por qualquer dissipação dos bens públicos. *Art. 134*. Uma Lei particular especificará a natureza destes delitos, e a maneira de proceder contra eles. *Art. 135*. Não salva aos Ministros da responsabilidade a ordem do Imperador vocal, ou por escrito" (Grifos nossos).

[191] Senado (*Annaes do Senado do Império do Brazil – Primeira Sessão da Primeira Legislatura – Anno de 1826 – Tomo Terceiro*, 1826b, p. 43).

O Sr. VISCONDE DE BARBACENA – Recorramos o que nesta parte têm feito as nações mais civilizadas, e que tem a mesma forma do nosso governo. *Vemos a Inglaterra* com o seu ministro de finanças. Este ministro arrecada todas as rendas do estado, e faz a distribuição delas para os pagamentos das despesas pelas grandes divisões, que entre nós são seis: depois tem o administrador, que recebe as contas dessas grandes divisões, por cuja exatidão responde o chefe de cada uma delas, e o ministro por todas sobre estes três pontos: 1.º se estão certas; 2.º se estão legais; 3.º se são legítimas, *verificadas no tribunal da revisão das contas*. Dizendo este tribunal que estão na devida ordem, então é que são aprovadas.[192] (Grifos nossos)

A visão de que o sistema de administração da Fazenda concentrava responsabilidades no ministro, funcionava mal e precisava ser modificado foi contestada pelo Visconde de Inhambupe, que havia sido conselheiro da Fazenda e ministro nas secretarias de Estado dos Negócios da Fazenda e dos Estrangeiros:[193]

O Sr. VISCONDE DE INHAMBUPE – [...] a administração das finanças não está nessa irregularidade, que se inculca. É certo que, nos tempos em que das rendas públicas se dispunha à vontade do soberano, o tesoureiro-mor fazia quanto queria; mas hoje que os ministros têm a responsabilidade, e a censura pública, não é assim. Nós sabemos que o ministro não é o recebedor; que as contadorias estão divididas de uma maneira tal, que a sua escrituração se faz com toda a regularidade [...] portanto, penso que as coisas estão em ordem e que o mal, que nesta parte temos experimentado, não procede da falta de método, nem do modo da organização do sistema, nem da distribuição das rendas públicas, depois que elas entram para o tesouro; *mas sim de outros abusos, introduzidos na arrecadação*.[194] (Grifos nossos)

O problema não estava na organização e nos métodos do sistema, mas decorria dos "abusos introduzidos na arrecadação", da falta de exação dos "juízes dos feitos da coroa", de haver administradores que não apresentavam suas contas e do descumprimento da "Lei de 1761".[195] Não "via necessidade absoluta de se fazer" a inovação (o administrador geral do Tesouro e o Tribunal de Revisão de Contas), que não fora apresentada "em toda sua extensão":[196]

O Sr. VISCONDE DE INHAMBUPE – Havia homens pouco zelosos no desempenho dos seus deveres, que tinham protegidos a quem queriam acomodar, e a quem se encarregava a cobrança de certas rendas, de que recebiam uns tantos por cento, mas que por fim ficavam com tudo. Os juízes dos feitos da coroa não cumpriam as ordens, deixavam de fazer as execuções, dizia-se que havia tantos contos de desfalque, e não se examinava a origem disso. Tal administrador havia, que acabava a administração, e não apresentava as suas

---

[192] Senado (*Annaes do Senado do Império, Tomo Terceiro*, 1826b, p. 43).

[193] Antônio Luís Pereira da Cunha. Foi conselheiro da Fazenda (1815-1820). Foi ministro nas secretarias de Estado dos Negócios da Fazenda e dos Estrangeiros, ambos os cargos em 1825. (Arquivo Nacional. *Memória da Administração Pública Brasileira*. Disponível em: http://mapa.an.gov.br/index.php/ultimas-noticias/746-antonio-luiz-pereira-da-cunha-marques-de-inhambupe).

[194] Senado (*Annaes do Senado do Império do Brazil, Tomo Terceiro*, 1826b, p. 44).

[195] Refere-se ao Alvará de 22 de junho de 1761, que criou o Erário Régio em Portugal, "e extinguiu a Casa dos Contos, datada do século XIII" (Pompeu e Costa, *Histórico do Controle de Contas em Portugal e no Brasil*, 2014, p. 30).

[196] "O Sr. VISCONDE DE INHAMBUPE – [...] Eu ainda estou em que para a câmara tomar uma deliberação, e adoptar o sistema, que se pretende introduzir, é necessário que se lhe apresente em toda a sua extensão: sem isto como é que ela há de conhecer a sua utilidade?".

> contas. *Não se executava a grande carta de lei de 1761, nem as mais providências que traz a nossa legislação*: hoje, porém, as coisas marcham com maior exatidão. Por consequência não vejo uma necessidade absoluta para se fazer esta inovação [...].[197] (Grifos nossos)

De outro lado, para o Senador José Inácio Borges, coautor do projeto, o sistema em vigor não era apto a promover a responsabilidade dos ministros, pois era notória a "falta de exação nas contadorias e o pouco que examinavam as contas que iam à sua fiscalização", e o bom funcionamento do sistema dependia do que fizesse o oficial que primeiro examinava as contas, pois o contador e o ministro, sucessivamente, sem maior exame, davam as contas por tomadas:

> O Sr. BORGES – Essa escrituração do tesouro apresentada assim, como fez o ilustre senador, não pode ser mais bela; porém na prática as coisas são muito diferentes. Não há coisa mais notória, do que seja a falta de exação nessas contadorias, e o pouco que se examinam as contas, que vão a sua fiscalização. As repartições subalternas apresentam um masso de contas, e que se faz? *Nomeia-se um oficial para as examinar; este tarde, ou nunca as verifica*, e por fim apresenta-as ao contador, que, sem mais exame, dá as contas por tomadas, pelo que lhe disse o oficial; e o ministro da fazenda faz o mesmo, pelo que lhe disse o contador: logo, sobre quem repousa esta última asserção? Não é sobre a opinião do ministro da fazenda, nem mesmo do contador; mas sobre a do oficial: deste é que depende tudo.[198] (Grifos nossos).

A censura pública a que estavam sujeitos os ministros, mas não o tesoureiro-mor, que "fazia quanto queria nos tempos em que das rendas públicas se dispunha à vontade do soberano", não constituiria "muralha contra os abusos", pois a censura pública seria algo raro de ocorrer e, quando ocorresse, poderia não ser desinteressada:

> O Sr. BORGES – Traz-se a censura pública, como uma muralha contra os abusos, e omissões: mas quem há de andar a falar nisso? Quem há de deixar as suas ocupações para se fazer censor público? Ninguém; e quando, com efeito, apareça uma, ou outra censura, quem nos assevera que ela é bem fundada, que parte de um homem de probidade, que tem unicamente o fito no bem nacional, e que não entram neste ato motivos sinistros, capeado com aparências de zelo desinteressado? *Com semelhante método de administração até é impossível fazer efetiva a responsabilidade do ministro*.[199] (Grifos nossos)

E, prossegue, vindo o ministro a ser arguido por qualquer irregularidade "descoberta nas contas", transferiria a responsabilidade para as instâncias inferiores do sistema, que primeiro "fiscalizaram as contas":

> O Sr. BORGES – Suponhamos que o ministro era arguido de qualquer irregularidade, que viesse a descobrir-se em alguma dessas contas, que tivessem sido aprovadas: ele dizia mui francamente: Eu não é que hei de ir tomar as contas: o contador disse que estavam na devida ordem, por consequência aprovei-as. Era arguido o contador, respondia em termos

[197] Senado (*Annaes do Senado do Império do Brazil, Tomo Terceiro*, 1826b, p. 44).

[198] Senado (*Annaes do Senado do Império do Brazil, Tomo Terceiro*, 1826b, p. 44).

[199] Senado (*Annaes do Senado do Império do Brazil, Tomo Terceiro*, 1826b, p. 45).

semelhantes, e tornava-se contra os oficiais, que as fiscalizaram. Ora, isto não é ordem, não pode continuar [...].[200]

Desse sistema defeituoso de fiscalização e exame de contas, que chamara "monstruoso", resultava que o Tesouro recebia menos e pagava mais do que deveria:

> O Sr. BORGES – [...] e deste monstruoso sistema nasce que o tesouro recebe como dez, devendo receber como vinte; e que despende como vinte, podendo despender como dez. É necessário que estejamos inteiramente cegos, ou que sejamos de todo estúpidos, para não conhecermos isto. Falemos claro: *a nação está com um peso de impostos como vinte, e recebe dez;* e por quê? Porque na sua arrecadação há quem absorva o resto. Esses mesmos dez ficam depois reduzidos a pouco mais de cinco, porque os encarregados das compras para o estado dão quatro pelo que vale dois, ou três; e por outra parte os que vendem, contando já com a dificuldade do pagamento, querem seis pelo que vale cinco, ou quatro.[201] (Grifos nossos)

A solução seria a divisão de funções, com a instituição de um administrador-geral e um tribunal de exame de contas, "composto de homens inteligentes, independentes e de reconhecida probidade", pois o "ministro da fazenda não pode fazer tudo":

> O Sr. BORGES – Eu não descubro outro meio de se poder pôr um obstáculo a semelhantes abusos senão *dividindo o trabalho*. O ministro de fazenda não pode fazer tudo: ele tem a seu cargo as grandes operações financeiras: tem de apresentar os cálculos da despesa; tem de receber e pagar; é obrigado a aparecer todos os dias no tesouro; tem de ouvir as partes, e de lhes fazer justiça; tem, finalmente, mil ocupações, que, acumuladas em um só homem, não se podem preencher. Mas já não sucederá assim, havendo um administrador geral, e um tribunal de exame de contas, composto de homens inteligentes, independentes, e de reconhecida probidade.[202] (Grifos nossos)

Não se poderia continuar confiando na felicidade de se ter ministros da Fazenda com capacidade e diligência para promover os interesses do Estado, mas atuando em um sistema antigo que, como mostrava a experiência, permitia a ocorrência de muitos abusos:

> O Sr. BORGES – Talvez se não evitem todos os abusos, evitar-se-á, porém, uma grande parte deles: e se o novo sistema não satisfaz, a experiencia já nos tem mostrado que então muito menos o antigo. Bem sei que até hoje tivemos sempre a ventura de possuirmos ministros muito capazes, que nenhuns trabalhos, nem diligências têm poupado para promoverem o interesse do estado; mas essa felicidade talvez que nem sempre dure, e nós estamos legislando também para o futuro.[203]

---

200 Senado (*Annaes do Senado do Império do Brazil, Tomo Terceiro*, 1826b, p. 45).
201 Senado (*Annaes do Senado do Império do Brazil, Tomo Terceiro*, 1826b, p. 45).
202 Senado (*Annaes do Senado do Império do Brazil, Tomo Terceiro*, 1826b, p. 45).
203 Senado (*Annaes do Senado do Império do Brazil, Tomo Terceiro*, 1826b, p. 45).

2.1.1.2 A didática visão do ministro da Fazenda e sua crítica a um Tribunal de Revisão de Contas de atuação a posteriori

Em defesa do ministério, o Senador Visconde de Baependy,[204] Manoel Jacintho Nogueira da Gama, discorreu em detalhes sobre o funcionamento do sistema,[205] procurando demonstrar que "a repartição da fazenda não estava no abandono que se dizia" e que "não era uma corporação de perversos, como se queria inculcar". Sua exposição está sintetizada a seguir.[206]

A Lei de 1761 criou o Tesouro (Tesouro Geral) em Portugal[207] e, lá, o presidente do Tesouro "em nada era inferior aos ministros de estado, porque, em Portugal, era ele lugar-tenente imediato à pessoa do soberano". E assim continuou a ser no Brasil,

[204] "Manoel Jacintho Nogueira da Gama. Foi escrivão do Erário Régio no Rio de Janeiro (1809-1821) e conselheiro do Conselho de Fazenda (1821). Foi secretário de Estado dos Negócios da Fazenda em diversas ocasiões (1823, 1826-1827 e 1831)" (Arquivo Nacional. *Memória da Administração Pública Brasileira*. Disponível em: http://mapa.an.gov.br/index.php/ultimas-noticias/758-manuel-jacinto-nogueira-da-gama-marques-de-baependi). "Ao ser criado o Erário Régio, em 1808, designaram-no para as funções de Escrivão, e nessa qualidade apresentou um plano sobre os melhoramentos exigidos para a cobrança de rendas e fiscalização da despesa, aprovado por D. João VI. Exerceu funções no Conselho de Fazenda e, em 1823, passou a Ministro da Fazenda e Presidente do Tesouro, demitindo-se do mesmo três meses depois, não concordando com a dissolução da Assembléia Constituinte. Ocupou a pasta da Fazenda novamente em 1826 e, após ter participado, como Ministro da Fazenda, no Gabinete dos Medalhões, em 1831, retirou-se da vida pública. Ao Marquês de Baependi coube a iniciativa de um projeto de criação do montepio geral para as famílias brasileiras. Senador pela Província de Minas Gerais, ocupando a Presidência em 1838" (Ministério da Fazenda. Disponível em: https://www.gov.br/fazenda/pt-br/acesso-a-informacao/institucional/galeria-de-ministros/pasta-imperio-primeiro-reinado-dom-pedro-i/pasta-imperio-primeiro-reinado-dom-pedro-i-ministros/manoel-jacintho-nogueira-da-gama).

[205] Senado (*Annaes do Senado do Império do Brazil – Primeira Sessão da Primeira Legislatura – Anno de 1826 – Tomo Terceiro*, 1826b, p. 45): "O Sr. VISCONDE DE BAEPENDY – Não pretendia falar nesta matéria, porque sendo ministro da fazenda poderia parecer suspeito; mas não posso sofrer a sangue frio que tão desapiedadamente se insultem todos os empregados da repartição da fazenda. Se o ilustre senador conhece alguns, que deixem de cumprir as suas obrigações, que pratiquem escandalosos abusos, queira nomeá-los, para não incluir a todos na classe de prevaricadores: isto é uma injustiça tanto mais ofensiva, quanto menos esperada de uma pessoa, que até em razão do seu lugar deve guardar nas suas palavras a maior circunspecção. Eu passo, pois, a mostrar, que a repartição da fazenda não é uma corporação de perversos, como se quer inculcar. Não sustentarei que não tenham havido, e ainda não haja nela alguns desleixos e abusos: em toda a parte, e em todos os sistemas os há, e até nesses países bem organizados e clássicos, que se nos apontam por modelo: mostrarei também, que *esta repartição não está no abandono, que se diz*" (Grifos nossos).

[206] Senado (*Annaes do Senado do Império do Brazil, Tomo Terceiro*, 1826b, p. 45-49).

[207] Conforme Pompeu e Costa (2014, *passim*, p. 31; 58; 73), a instalação do Erário Régio estava ligada à concepção de "um poder do Estado, e não mais da Coroa": "a instalação do Erário Régio, por meio do Alvará de 22 de dezembro de 1761, reforçou a centralização das finanças do reino e domínios do Ultramar, processo desenvolvido com a criação das Juntas da Fazenda nas capitanias dos domínios portugueses e subordinadas ao Erário. A importância atribuída às atividades de controle e vigilância dentro do sistema financeiro se relacionava à *eclosão de novos princípios administrativos, que tendiam a delinear um poder de Estado, e não mais da Coroa*. Tais princípios demandavam um novo conjunto de práticas, técnicas e recursos, cuja inspiração iluminista, que ressaltava a razão e o conhecimento, fazia-se presente. Depreende-se que o alvará que criou o Erário determinou igualmente a concentração da arrecadação, antes difusa em diversos órgãos. Impôs-se uma fiscalização mais abrangente das repartições e implementaram-se instruções relativas aos procedimentos de arrecadação, realização de pagamentos e balanços – antes inexistentes, o que gerava uma fiscalização ineficaz pela falta de métodos e de padronização dos registros de entradas e saídas. [...] No decorrer no tempo, a máquina administrativa do Erário tornou-se mais complexa, abrangendo mais setores e se dividindo em mais repartições. O Conselho da Fazenda (que promovia a arrecadação de direitos e de bens da Coroa) foi unificado ao Erário Régio no ano de 1790, quando o Ministro do Estado da Fazenda tornou-se presidente do Real Erário e do Conselho da Fazenda. [...] Com a criação do Erário Régio em 1761, foram alterados todos os métodos de arrecadação e contabilidade do reino e colônias. Desse período até a década seguinte, as Juntas da Fazenda tornaram-se instâncias diretamente subordinadas ao Erário, já contando com a utilização de novos métodos contábeis (como o sistema de partidas dobradas), o controle semestral das contas e a realização de balanços e receitas" (Grifos nossos).

com o Alvará de 28 de junho de 1808,[208] que criou o Erário Régio (ou Tesouro Público) e o Conselho de Fazenda.[209]

A Lei de 1761 deu ao presidente do Tesouro "a suprema administração de toda a receita e despesa pública, sem, contudo, o fazer cobrador e pagador", e criou "diferentes contadorias, dividindo por elas toda a escrituração e liquidação das contas, ficando os contadores encarregados de fazerem entrar para o tesouro as rendas públicas no devido tempo".

O Conselho da Fazenda, presidido pelo presidente do Tesouro, exercia "*jurisdição voluntária e contenciosa*, como tribunal próprio de administração da renda pública".[210] [211]

Nesse conselho eram feitas, também, em hasta pública, "as arrematações das rendas", competindo à contadoria do Tesouro, segundo as condições do contrato, "abrir os assentos necessários", e exigir "os pagamentos nas épocas convencionadas".

Nas Províncias, foram criadas "as juntas de fazenda, subordinadas ao tesouro público, e tendo jurisdição semelhante à do conselho de fazenda".

Do mesmo modo, o Alvará de 28 de junho de 1808, no Brasil:

a) "marcou as rendas que se deviam administrar e as que se podiam contratar em hasta pública perante o Conselho da Fazenda";

---

[208] "Dentre as consequências da vinda da família real aos trópicos, está a instalação do Erário Régio no Rio de Janeiro. Com a transladação de D. João VI para o Rio de Janeiro devido à ocupação francesa no início do século XIX, o Erário Régio foi deslocado para o Brasil e regido por prerrogativas semelhantes ao Erário de Lisboa, criado em 1761. Dessa forma, compondo o Alvará de 1808, o Erário foi dividido em três contadorias: uma para a cidade do Rio de Janeiro; outra para a África Oriental, Ásia portuguesa e as regiões brasileiras de Minas Gerais, São Paulo, Goiás, Mato Grosso e Rio Grande do Sul; e a terceira, para Bahia, Pernambuco, Maranhão, Ceará, Piauí, Paraíba, além das possessões na África ocidental e ilhas de Cabo Verde, Açores e Madeira. *O Erário também foi conhecido pelos sinônimos: Tesouro Público, Real Fazenda e Tesouro Geral*" (Pompeu e Costa, *Histórico do Controle de Contas em Portugal e no Brasil*, 2014, p. 101) (Grifos nossos).

[209] Segue o texto de criação do Erário, contido no Alvará de 28 de junho de 1808: "Cria o Erário Régio e o Conselho da Fazenda. Eu o Príncipe Regente faço saber aos que este Alvará com força de Lei virem, que sendo indispensável nas atuais circunstâncias do Estado estabelecer quanto antes nesta Cidade Capital um Erário ou Tesouro Geral e Público, e um Conselho da minha Real Fazenda, para a mais exata administração, Arrecadação, Distribuição, Assentamento e Expediente dela, de que pende a manutenção do Trono, e o bem comum dos meus fieis vassalos; pois que as dilações em semelhantes negócios são de gravíssimas consequências: tendo por uma parte consideração à utilidade que resultou à minha Real Fazenda da observância das saudáveis Leis de 22 de Dezembro de 1761; e por outra parte à bem entendida economia, com que, nas presentes e inevitáveis urgências, devem ser formados os provisionais estabelecimentos da Administração Pública e Fiscal: conformando-me com o parecer de pessoas do meu Conselho, inteligentes e literatas, de sã consciência, zelosas do meu real serviço, e do bem comum: sou servido reduzir provisionalmente a uma só e única jurisdição todas as cousas, ou negócios da minha Real Fazenda que foram dependentes até agora das jurisdições voluntaria e contenciosa, exercitadas pelas Juntas da Fazenda e da Revisão da antiga dívida passiva desta Capitania, criando em lugar delas um Erário Régio e Conselho da Fazenda, por onde única, e primitivamente se expeçam todos os negócios pertencentes à Arrecadação, Distribuição e Administração da minha Real Fazenda deste Continente e Domínios Ultramarinos pela maneira" (Pompeu e Costa, *Histórico do Controle de Contas em Portugal e no Brasil*, 2014, p. 94).

[210] Falava o Visconde de Baependy, ministro da Fazenda, sobre a existência de uma *jurisdição específica na Administração Real para as questões de rendas públicas*, um tribunal próprio com poderes judiciários, na vigência da Lei de 1761, conformação também existente em outros países europeus, no século XIX, que evoluiria para o sistema de Cortes de Contas, independente da Administração.

[211] A esse respeito, *vide* Pompeu e Costa (*Histórico do Controle de Contas em Portugal e no Brasil*, 2014, p. 117): "Com a Regência, período anômalo na história da monarquia, é criado o Tesouro Público Nacional e extintos o Erário Régio e o Conselho da Fazenda. As reformas administrativas empreendidas neste período representaram grande avanço nos mecanismos de controle. O próprio *Tesouro Público Nacional* possuía algumas características e métodos semelhantes àqueles que seriam encontrados futuramente no Tribunal de Contas, ainda mais após a reforma de 1850. No entanto, não possuía independência. Presidido, durante todo o período da monarquia (e também no tempo da Regência), pelo ministro da Fazenda e, por isso, atrelado à administração fazendária, este órgão carecia de idoneidade e discricionariedade" (Grifos nossos).

b) "ordenou que todos os devedores por contratos e administrações, todos os recebedores, almoxarifes, comissários e tesoureiros-pagadores *tivessem conta aberta de seu débito e crédito*[212] nas diversas contadorias do Tesouro Público, e que nelas se tomassem suas contas, para se lhes passassem quitações, sendo ouvidos o procurador da fazenda, os fiscais, e membros da mesa do tesouro";[213]
c) "encarregou os contadores do cuidado de fazer entrar no Tesouro as quantias a ele devidas em seu competente tempo", cabendo-lhes encaminhar "ao conselho da fazenda a conta corrente dos devedores remissos, *para se proceder contra eles no juízo respectivo*";
d) "marcou as obrigações do tesoureiro-mor, do escrivão da mesa, e dos contadores".

Todas as rendas nacionais entravam no Tesouro ou por administração (como as das alfândegas, casas de moeda, décima)[214] ou por contratos e arrematações.

Nas contadorias e nas juntas de fazenda eram abertas "contas de débito e crédito a todos os administradores, contadores e tesoureiros".[215] Competia aos contadores

> o cuidado de fazer entrar as rendas nos seus devidos tempos, dando parte ao presidente do Tesouro na Corte, e às juntas de fazenda nas Províncias das faltas de entrada, para se proceder contra os remissos, mandando-se para o juízo executivo as contas correntes dos devedores.

Incumbia ao tesoureiro-mor e aos escrivães das juntas de fazenda a inspeção das contadorias, "a fim de se prevenir qualquer desleixo ou prevaricação dos contadores". A eles competia "fazer andar em dia a escrituração e observar a conduta dos contadores, tanto sobre a exigência das quantias vencidas, como sobre o ajustamento das contas dos recebedores, administradores, tesoureiros, comissários e almoxarifes", bem como "dar parte ao presidente do Tesouro ou às juntas de fazenda, de tudo quanto necessitar de providência", a fim de evitarem a sua própria responsabilidade.

Informados sobre o que necessitasse de providências, o presidente do Tesouro ou os membros das juntas da fazenda poderiam ser responsabilizados "no caso de falta

---

[212] Aqui bem se expressa o sentido dos termos "tomar a conta" ou "tomar as contas".

[213] Segundo o Alvará, a Mesa do Erário era formada pelo presidente, o tesoureiro-mor e o escrivão da receita.

[214] "A imposição da décima era uma prática conhecida em Portugal, tendo sido estabelecida pela primeira vez pela lei de 5 de setembro de 1641, durante o reinado de d. João IV (1640-1656). Visando fazer face às despesas de organização das forças militares do país após a Restauração, cada cidadão deveria contribuir com 10% de todos os seus rendimentos e bens de raiz. Tal cobrança deveria incidir não apenas sobre a propriedade predial, mas sobre qualquer tipo de rendimento, sem isentar rei ou clero [...] Com a criação do imposto no Brasil, foram instituídas as juntas da décima em todas as cidades e vilas, para as quais seriam nomeadas 'pessoas responsáveis' para formar e dirigir os lançamentos. Na corte, a junta era presidida por dois superintendentes, que seriam os dois juízes do crime nomeados também em 27 de junho de 1808, cabendo a cada um deles o lançamento da décima em duas freguesias. Haveria ainda, em sua estrutura, um escrivão, dois 'homens bons', um nobre e outro do povo, dois carpinteiros, um pedreiro e um fiscal, que seria um advogado. Todos esses membros deveriam ser propostos pelo superintendente e aprovados pelo Conselho da Fazenda" (Arquivo Nacional. *Memória da Administração Pública Brasileira.* Disponível em: http://mapa.an.gov.br/index.php/dicionario-periodo-colonial/185-juntas-de-lancamento-da-decima-urbana).

[215] *Sobre a noção de contas e a distinção entre conta individual e contas de caráter geral, vide* Sanagustín (*Cuenta*, 2019, p. 76): "[...] Con carácter general, la Ley aquí se está refiriendo a quienes están obligados a rendir las cuentas generales de las diversas entidades, sin embargo, existe otra cuenta, la que debe rendir aquel que tenga a su cargo el manejo de caudales o efectos públicos. Este tipo de rendición no tiene por objeto conocer la actividad económico-financiera para poder fiscalizarla, sino exigir posibles responsabilidades al gestor de los fondos públicos".

de vigilância, e de cuidado em atalharem prontamente o mal e os prejuízos da fazenda pública devidamente reconhecidos".

No que se referia às despesas públicas, ou estavam "marcadas por lei" (despesas com empregados civis, militares e eclesiásticos) ou procediam "de gêneros que se compram, de obras que se fazem, e de outras despesas eventuais, como fretamento de embarcações, ajudas de custo, transportes, compras de navios, de munições, e petrechos de guerra para a marinha, e exército etc.".

Todas as despesas eram realizadas "por folhas processadas nas competentes estações e decretadas, ou por decretos expedidos ao Tesouro pelas repartições a que tocassem, sem que jamais pudesse sair do Tesouro a mais insignificante quantia sem proceder um título legal", sob pena de responsabilidade do tesoureiro que assim pagasse.

Quanto a algumas despesas "que se faziam por despacho do presidente", pagas pelo tesoureiro-mor, exigia-se: informação do contador respectivo; a audiência e fiscalização do procurador da fazenda; o voto do escrivão e o voto do tesoureiro-mor (membro da Mesa do Erário, juntamente com o presidente).

De forma semelhante, procedia-se a

> respeito das despesas das repartições da marinha e guerra, que sendo vistas, examinadas e aprovadas nas suas respectivas contadorias, são enviadas ao tesouro para o último exame e aprovação, sem o que se não passa quitação aos recebedores, almoxarifes, comissários, tesoureiros e pagadores.

Por fim, o presidente do Tesouro,

> chefe principal da fazenda pública, e como ministro e secretário de estado dos negócios da fazenda, é quem *toma contas de seis em seis meses ao tesoureiro-mor de toda a entrada e saída*, que houver, examinando um por um os documentos de receita e despesa, sem o que se lhe não passa quitação de ajustamento da sua conta. (Grifos nossos)

O ministro da Fazenda, Manoel Jacintho Nogueira da Gama, Visconde de Baependy, como registrado nos anais dos debates parlamentares, contestou veementemente a visão sobre o sistema manifestada pelos autores do projeto. Sobre o Senador Borges, diria, não se admirava quanto às suas proposições, pois não tinha conhecimentos práticos do método que se seguia na administração, na arrecadação e no pagamento das despesas, nem da legislação. Quanto ao Senador Visconde de Barbacena, que havia sido ministro da Fazenda[216] e presidente do Tesouro, surpreendia-lhe que sustentasse "uma mudança total do atual sistema":

> O Sr. VISCONDE DE BAEPENDY – Que um dos ilustres senadores, seu autor, não tendo conhecimentos práticos do método que se segue na administração, e arrecadação das rendas

[216] "Senador pela Bahia (1826). Em 1825, confiaram a ele o cargo de Ministro da Fazenda, no qual permaneceu durante sessenta dias. Voltou ao exercício do mesmo, em 1829, acumulando com o de Chefe do Gabinete. [...] O Regente Feijó nomeou-o, em 1835, Ministro Plenipotenciário em Londres, onde negociou com o governo inglês vários assuntos de interesse para o Brasil. Ficara no cargo de ministro da Fazenda por apenas sessenta dias: de 21.11.1825 a 20.01.1826" (Ministério da Fazenda. Disponível em: https://www.gov.br/fazenda/pt-br/acesso-a-informacao/institucional/galeria-de-ministros/pasta-imperio-primeiro-reinado-dom-pedro-i/pasta-imperio-primeiro-reinado-dom-pedro-i-ministros/felisberto-caldeira-brant-pontes-de-oliveira-e-horta).

públicas, e no pagamento de suas despesas; esquecendo-se, ou não tendo cabal noticia dos alvarás de 1761, e 1808, e dos regimentos de fazenda, tenha avançado tão injustas proposições, não me devia admirar [...]; mas que outro ilustre senador, que já esteve à testa do tesouro público, como seu presidente, e ministro, e secretário de estado dos negócios da fazenda, sustentasse também a necessidade de uma total mudança do atual sistema, por isso que não pode ter nele lugar a responsabilidade do ministro, sendo este o que contrata, o que cobra todas as rendas da nação, o que paga todas as despesas, dizendo, afinal, as cobranças foram exatas, os pagamentos foram legais com o que tudo fica decidido, ainda me parece impossível, e muito me surpreendeu.

Se algum tesoureiro-mor tinha agido "com maior latitude de poder", conforme dissera o Senador José Ignácio Borges (o tesoureiro-mor "fazia quanto queria nos tempos em que das rendas públicas se dispunha à vontade do soberano"), não se podia em razão disso "acusar o estabelecimento": a causa estaria "na falta de efetiva responsabilidade do antigo sistema, em que os ministros de estado somente respondiam ao soberano pela observância de suas ordens, ainda contrárias à lei".

Ao contrário do entendimento do Senador Visconde de Barbacena, não era o ministro da Fazenda (presidente do Tesouro) "quem cobrava, quem pagava e quem tomava contas a si mesmo": tudo que entrava e saía dos cofres do Tesouro se escriturava na tesouraria-mor e nas contadorias, "servindo estas distintas escriturações de recíproca verificação de toda a receita e despesa do tesouro".

Para o então ministro da Fazenda, "dentro do tesouro, era impossível haver conluio":

O Sr. VISCONDE DE BAEPENDY – Dentro do tesouro, e pelo modo com que marcha a escrituração, e impossível haver conluio, haver o mais insignificante roubo, que imediatamente se não descubra, e pelo menos nas contas, que o presidente do tesouro toma de seis em seis meses; a todo o momento se pode dar balanço, como a experiencia já tem mostrado, mandando-se fechar a escrituração das caixas das contadorias, e a da tesouraria-mor, para se reconhecer o saldo, que deve existir, o que bem prova a exação com que se procede, e a bondade do método da escrituração do tesouro; [...].

Contudo, "fora do tesouro" havia graves abusos, mas não acreditava ele que "esses males" pudessem ser "remediados com a criação de um administrador geral, distinto do ministro da fazenda, e com o tribunal de revisão de contas", *pois no exame e liquidação das contas não se descobririam tais abusos*:[217]

O Sr. VISCONDE DE BAEPENDY – [...] fora, porém, do tesouro podem haver graves abusos, e sem escrúpulo se pode afirmar, que os tem havido nas compras dos gêneros, no seu extravio, e dissipação, dentro e fora dos armazéns, dos arsenais, e a bordo das embarcações: mas *estes males serão, por ventura, remediados com a criação de um administrador geral, distinto do ministro da fazenda, e com o tribunal de revisão de contas?* Qual será o ladrão-mestre, e sagaz que se descubra pelo exame e liquidação de suas contas? Não é sumamente fácil apresentar documentos legais de compras, que se fizeram com prejuízo notável da fazenda pública? (Grifos nossos)

[217] Tal como no século XIX, conforme registrara o ministro da Fazenda, também hoje, no século XXI, no exame das contas não se encontram "abusos", desvios de recursos, porque os trabalhos de fiscalização e auditoria não são pensados, planejados e programados para essa finalidade.

Sua conclusão ficou registrada na história do surgimento dos tribunais de contas no Brasil como uma posição de combate à criação dessa instituição:[218]

> O Sr. VISCONDE DE BAEPENDY – Se o tribunal de revisão de contas, que se pretende estabelecer, se convertesse em tribunal de fiscalização das despesas públicas antes de serem feitas em todas e quaisquer repartições, poder-se-ia colher dele proveito; mas sendo *unicamente destinado ao exame das contas e documentos, exame que se faz no tesouro, para nada servirá,* salvo para novidade de sistema, e aumento de despesa com os nele empregados. [...] Do que tenho dito, creio bem que se pode concluir que a repartição da fazenda não se acha no deplorável abandono, que se quer inculcar, e que a reforma proposta aumentará entidades e despesas, sem aumentar os recursos do tesouro.[219]

Do contexto narrado, compreende-se que a posição do Ministro da Fazenda Nogueira da Gama era menos uma oposição à instituição em si e mais uma oposição ao diagnóstico dos problemas e às propostas de melhorias,[220] baseadas na criação do cargo de Administrador-geral do Tesouro e de um tribunal de revisão de contas, um tribunal "unicamente destinado ao exame das contas e documentos", exame que, dizia, já se fazia no Tesouro.

O projeto de lei não expusera as funções a serem exercidas pelo Administrador-geral do Tesouro e as finalidades e estrutura do "Tribunal de Revisão de Contas", motivos da negativa de apoio manifestada por alguns senadores,[221] [222] que desejavam saber previamente como seria o regulamento da novidade institucional para bem entenderem as finalidades e a configuração do "novo sistema", em substituição ao antigo "sistema de administração da fazenda", que os autores do projeto intencionavam implantar.

---

[218] Buzaid (*O Tribunal de Contas no Brasil*, 1967, p. 39), ao fazer um "breve escorço histórico do Tribunal de Contas no Brasil", diz que o sistema preconizado na proposta do Visconde de Barbacena e José Inácio Borges era o do exame *a posteriori*, e fora vigorosamente combatido pelo Conde de Baependy, no discurso de 6 de julho, do qual merecia destaque a seguinte parte: "Se o Tribunal de revisão de contas, que se pretende estabelecer, se convertesse em tribunal de fiscalização das despesas públicas antes de serem feitas em todas e quaisquer repartições, poder-se-ia colher dele proveito; mas sendo unicamente destinado ao exame das contas e documentos, exame que se faz no tesouro, para nada servirá, salvo para a novidade do sistema e o aumento das despesas com os nele empregados".

[219] Senado (*Annaes do Senado do Império do Brazil, Tomo Terceiro*, 1826b, p. 48, grifos nossos).

[220] *No mesmo sentido é a compreensão de Pontes de Miranda* (*Comentários* à *Constituição de 1967*, 2003, p. 28): "A idéia de um Tribunal de Contas vem, no Brasil, de 1826, em projeto apresentado ao Senado do Império por Felisberto Caldeira Brant (Visconde de Barbacena) e por José Inácio Borges. Combateu-o Manuel Jacinto Nogueira da Gama, Conde (pouco depois Marquês de Baependi), que, em discurso de 6 de julho daquele ano, disse: '«... se o Tribunal de Revisão de Contas, que se pretende estabelecer, se convertesse em tribunal de fiscalização das despesas públicas, antes de serem feitas em todas e quaisquer repartições, poder-se-ia colher dele proveito; mas, sendo unicamente destinado ao exame das contas e documentos, exame que se faz no Tesouro, para nada servirá, salvo para a novidade do sistema e o aumento das despesas com os nele empregados'. Por onde se vê que, se, de um lado, combatia a criação proposta, por outro se manifestava partidário de um Tribunal de Contas mais eficiente, mais poderoso".

[221] "O Sr. VISCONDE DE INHAMBUPE – [...] Não se executava a grande carta de lei de 1761, nem as mais providências que traz a nossa legislação: hoje, porém, as coisas marcham com maior exatidão. Por consequência não vejo uma necessidade absoluta para se fazer esta inovação, e, finalmente, não me posso determinar por ela sem ser apresentado este sistema na sua integra por meio dos respectivos regimentos".

[222] "O Sr. VISCONDE DE MARICÁ – [...] É injusto dizer vagamente que se não dão contas; todas as repartições prestam as suas; elas se tomam ao comissariado, à casa da moeda, etc., e cada uma das contadorias está encarregada de examinar as quais lhe compete, conforme a divisão estabelecida. [...] portanto, assento que era melhor suprimirem-se estes dois últimos artigos, ou que ficassem separados, para formarem nova lei, visto que se separam também estas atribuições; e quando hajam de ter efeito, não pode ser sem primeiramente se ver o regimento".

2.1.2 Argumentos históricos, temas teóricos modernos[223]

Das falas dos debatedores do projeto de 1826, registradas nos anais do Senado do Império, deduzem-se razões para evolução do antigo "sistema de administração da fazenda" em direção a um modelo do qual faria parte uma espécie de entidade fiscalizadora superior (Tribunal de Revisão de Contas),[224] associáveis a discussões modernas nos campos do sistema político-constitucional de estruturação e controle recíproco dos Poderes e órgãos constitucionalmente autônomos,[225] do sistema orçamentário-financeiro, da Administração Pública e das EFS (surgimento e evolução de sua inter-relação com o Poder Legislativo). Temas teóricos como accountability, governança política e organizacional e isomorfismo institucional.

Nas seções seguintes, associamos falas, visões e entendimentos a esses temas, que estão subjacentes ao desenvolvimento desta tese.

2.1.2.1 Accountability política e administrativa

O sistema não garantia transparência nem confiabilidade, pois era o ministro da Fazenda, também presidente do Tesouro, que "no princípio do ano julgava das suas contas do ano antecedente e dizia que estavam na devida ordem". Não se podia continuar "descansando na palavra do ministro", porque lhe era impossível, por ele mesmo, garantir a "exatidão e a legalidade das contas" (exatidão e legalidade da arrecadação das rendas e dos pagamentos das despesas), repousando suas afirmações "no bom conceito dos seus empregados". Os ministros, numa monarquia constitucional,[226] não respondiam mais unicamente ao Imperador.[227] Eram responsáveis perante a Assembleia Geral,[228] que exercia o Poder Legislativo, composta pela Câmara dos Deputados e pelo

[223] O relacionamento da instituição Tribunais de Contas com esses campos teóricos é aqui abordado, mas não é parte do escopo desta tese. A relação de cada um desses aspectos com as entidades fiscalizadores superiores constitui tema de pesquisas específicas.

[224] A exemplo do que havia na Inglaterra, segundo o Visconde de Barbacena, instituição que se transformaria no atual National Audit Office.

[225] "O conceito por detrás da criação das Cortes de Contas na Europa dos oitocentos está associado às demandas por participação popular e à modificação da noção de Estado e de representante político, que passaram a ser definidas pela noção de representatividade. Com isso, as contas públicas tornavam-se cada vez mais abertas à população, a partir de crescente relação entre a tomada de contas dos recursos públicos com a cidadania e a participação da população com o bem público. Embora em desenvolvimento no século XIX, essas ideias iniciaram o debate que percorreria o século XX, amadurecendo a aproximação entre a sociedade e a Administração Pública. Infere-se, desse modo, que *os Tribunais de Contas refletem uma concepção de sociedade existente a partir do século XIX*, podendo enquadrá-los como um modelo institucional sem precedentes, e, portanto, não é possível um simples retrocesso que os relacione a outros mecanismos corporativos do passado. Estudar as formas anteriores aos Tribunais de Contas justifica-se por auxiliar o entendimento do processo político e social que levou à necessidade de tais Cortes, compreendendo seu papel e representação temporal e espacial no período de sua criação, até culminar em sua função nas sociedades atuais" (Pompeu e Costa, *Histórico do Controle de Contas em Portugal e no Brasil*, 2014, p. 122) (Grifos nossos).

[226] *Vide* art. 3º c/c art. 1º da Constituição Política do Império do Brasil, de 1824: o Governo do Império do Brasil é "monárquico hereditário, Constitucional e Representativo".

[227] A Lei de 15 de Outubro de 1827 dispôs sobre a "responsabilidade dos Ministros e Secretários de Estado e dos Conselheiros de Estado", que podiam ser acusados de crimes de responsabilidade pela Câmara dos Deputados, e julgados pelo Senado. Para os delitos de responsabilidade a pena era a "remoção para fora da Corte e seu termo", pelo período de um a três anos. O responsável seria também condenado à reparação do dano havido à Fazenda Pública, "sem o que não voltaria à Corte".

[228] Nos termos dos arts. 133 a 135 da Constituição de 1824, os Ministros de Estado "serão responsáveis por traição, peita, suborno, concussão; abuso do poder; falta de observância da lei; pelo obrassem contra a liberdade, segurança

Senado, e era preciso assegurar a responsabilidade dos ministros, por meio do "exame das contas".[229] [230]

Como acentuado por Dewar e Funel,[231] a accountability pública[232] é um pilar fundamental da democracia, firmemente reconhecido no próprio berço da democracia, Atenas, que já no século IV a.C. desenvolveu procedimentos bem estabelecidos para responsabilizar publicamente todos os detentores de cargos, por sua conduta e gestão.

Os autores bem descrevem e sintetizam o pano de fundo do ambiente histórico-político da Inglaterra antecedente e coetâneo ao desenvolvimento de sua entidade fiscalizadora superior, o atual National Audit Office, ligado ao Poder Legislativo,

---

ou propriedade dos cidadãos; por qualquer dissipação dos bens públicos". Caberia à lei especificar a natureza destes delitos e "a maneira de proceder contra eles". E não "salvava aos Ministros da responsabilidade a ordem do Imperador vocal, ou por escrito".

229 Em um exame de contas poder-se-iam constatar, eventualmente, crimes de reponsabilidade descritos nos arts. 3º, 4º e 6º da Lei de 1827: "*Art. 3º* São responsáveis por abuso de poder: §1º Usando mal da sua autoridade nos atos não especificados na lei, que tenham produzidos prejuízo, ou dano provado ao Estado, ou a qualquer particular. *Art. 4º* São responsáveis por falta de observância da lei: §1º Não cumprindo a lei, ou fazendo o contrário do que ela ordena. §2º Não fazendo efetiva a responsabilidade dos seus subalternos. [...] *Art. 6º* São responsáveis por dissipação dos bens públicos: §1º Ordenando, ou concorrendo de qualquer modo para as despesas não autorizadas por lei, ou para se fazerem contra a forma nela estabelecida, ou para se celebrarem contratos manifestamente lesivos. §2º Não praticando todos os meios ao seu alcance para a arrecadação ou conservação dos bens moveis, ou imóveis, ou rendas da nação. §3º Não pondo, ou não conservando em bom estado a contabilidade da sua repartição" (Grifos nossos).

230 Um exame de contas serve a múltiplas finalidades. Um exame voltado a assegurar a responsabilidade dos ministros, tendo em consideração os crimes de responsabilidade definidos em lei, não poderia ser procedido da mesma forma que um exame realizado sobre as contas de outras categorias de responsáveis. O próprio objeto de exame, as contas, haveria que ser definido em razão dos objetivos pretendidos em cada caso. Essa questão central, já antevista à luz dos debates havidos no início do século XIX, perdura com toda força no século XXI.

231 Dewar e Funnel (*A History of British National Audit*, 2017, p. 1-3, *passim*): "*Public accountability is a cornerstone of democracy*. This was firmly recognized in the cradle of democracy itself when Athens in the fourth century BCE had well-established procedures for holding all office holders publicly accountable for their propriety and stewardship. / Political power and Executive dominance were crucially dependent upon control over public finances, especially in the ability to marshal and use military force, either against external foes or to stifle internal revolution or discontent. Constitutional controls over finance were therefore a bulwark against oppressive use of Executive power. This nexus between political hegemony and public finances lay at the heart of the constitutional battles between Parliament and the Executive in the evolution of the English Constitution. / From the late seventeenth century until the late nineteenth century the constitutional importance of Executive financial accountability provided the core rationale for reforms to government accounting and the nature and extent of parliamentary audit. / According to Burke, the 'only security for law and liberty' was a strong, independent, and vigilant parliament'. [...] Against this background, public accountability has been a complex amalgam of institutions, practices, and requirements where patterns changed to reflect movements in the scale and distribution of public expenditure and developments programmes and projects. Although the pursuit of better accountability has been a dominant force in shaping parliamentary financial control, the evolution of modern public sector audit has been 'cautious and at times faltering', rather than following an 'orderly march towards carefully considered, defined and agreed objectives. Improvements have often depended on a combination of opportunism and determinations, against a background of wider developments in constitutional and political manoeuvring".

232 *Sobre os diferentes tipos de accountability*, Bovens, Goodin e Schillemans (*Proliferation and fragmentation*, 2014, p. 10-11; 720): "When we focus on political accountability, for instance, the account is given in political forums, to voters, members of Parliament and other political representatives, ministers, or political parties. The next type that may be distinguished is bureaucratic or *managerial* accountability, in which the forums is part of the chain of command within a bureaucratic organization. This is sometimes also called hierarchical accountability. Here the forums envolve organizational superiors, all the way up the management board, the CEO, or the minister. Then there is *administrative* accountability, Where the forums are administrative bodies and regulators, involving *courts of audit*, ombudsmen, inspectorates, and regulatory agencies. This form of accountability may sometimes overlap with *legal* accountability, where the forums are legal bodies, such as courts, prosecutors, judges, and other magistrates. In the case of *professional* accountability, the account-giving is vis-à-vis peers and professional bodies of oversight".

caracterizado por uma dinâmica de poder envolvendo a Coroa e o Parlamento pelo controle das finanças:

> O poder político e a predominância do Executivo dependiam crucialmente do controle sobre as finanças públicas, especialmente na capacidade de mobilizar e usar força militar, seja contra inimigos externos ou para sufocar revoluções internas ou descontentamentos. Os controles constitucionais sobre as finanças, portanto, serviam como um baluarte contra o uso opressivo do poder Executivo. Essa ligação entre hegemonia política e finanças públicas foi central nas batalhas constitucionais entre o Parlamento e o Executivo durante a evolução da Constituição inglesa. [...]
> Desde o final do século XVII até o final do século XIX, a importância constitucional da accountability financeira do Executivo forneceu a justificativa central para as reformas na contabilidade governamental e na natureza e extensão da auditoria parlamentar. (Tradução nossa).

2.1.2.2 Governança constitucional, estruturação e poderes da EFS[233] [234]

O sistema deveria ser reestruturado, mediante a divisão de trabalhos: um administrador-geral do Tesouro, que respondesse pela arrecadação e pelos pagamentos; e um tribunal que revisse o exame das contas realizado pelas demais instâncias do Tesouro (senadores Visconde e José Inácio Borges). Conforme o Visconde de Baependy, poder-se-ia colher proveito da ideia de remodelar o sistema antigo se se criasse um "tribunal de fiscalização das despesas públicas antes de serem feitas, em todas e quaisquer repartições", em vez de um "tribunal de revisão de contas".

---

[233] *Sobre o sentido histórico do surgimento das Cortes de Contas* na estrutura constitucional das nações europeias, *vide* Corrales y Sanchez (*La Institución del Tribunal de Cuentas em España y en extranjero*, 1902, *passim*, grifos nossos): "La institución del Tribunal de Cuentas, de genuina tradición española, con honda raíz constitucional y parlamentaria, *se amolda a un servicio del orden político, considerado histórica y científicamente como indispensable por todos los pueblos cultos*, y planteado en todos ellos, con excepción de Inglaterra, por razones especiales, en forma análoga á la nuestra, su ley, ajustada á las exigencias de las ciencias política y económica, sólo deberá modificarse en el sentido iniciado en toda Europa, de dar mayor ensanche y actividad á las funciones que dicha institución desempeña. [...] Hasta que la invasión de los bárbaros no rompe la unidad romana, no aparece, al mismo tiempo que la nueva idea de libertad, el orden de la Hacienda representado por la Contabilidad judicial. Esta será, si se considera como derecho de los ciudadanos á investigar el uso de los tributos, resultado de la aplicación de una ley lógica á la realización de la vida social; si se estima como juicio de facultades administrativas delegadas del poder, atributo de soberanía. En uno y otro caso se presenta como necesidad histórica, traída á la constitución de los pueblos cultos por la fuerza de los hechos. Así no es de extrañar que en plena Edad Media, y con la simultaneidad á que dan lugar los fenómenos sociales, productores de idénticos efectos cuando las causas son las mismas, *aparezca la Contabilidad judicial casi en el mismo siglo en todos los países de Europa*; en Francia, por ejemplo, en tiempo de Felipe V el Largo, en España en el reinado de Sancho II. [...] Cuando la España cristiana dejó de ser un campamento frente al invasor agareno, cuando pudo emplear su vigor y actividad en la constitución interna de la Patria, en el mismo tiempo en que fijaba su lenguaje y nacía la lengua castellana, surge de modo espontáneo, sin imitación de luengas tierras, como necesidad racional de orden en el empleo de los subsidios, la función hoy encomendada al Tribunal de Cuentas, que adquiriendo, en el transcurso de los tiempos mayor, arraigo e intensidad, se perfecciona y mejora como institución nacida, no de la voluntad arbitraria de un rey ó de la costumbre transitoria de una época, sino con fundamento positivo y solido, capaz de llenar una misión de ineludible cumplimiento".

[234] *A respeito da discussão da remodelagem do sistema de controle das contas públicas no Império, vide* Pompeu e Costa (*Histórico do Controle de Contas em Portugal e no Brasil*, 2014, p. 117, grifos nossos): "Mais tarde, em 1830, Bernardo Pereira de Vasconcelos, deputado mineiro, proferiu discurso inflamado em favor da instituição do Tribunal de Contas. Essas propostas, ainda que não concretizadas, encontravam eco nos meios políticos e foram inclusive, algumas vezes, defendidas por ministros ou ex-ministros da Fazenda. Com a Regência, período anômalo na história da monarquia, é criado o Tesouro Público Nacional e extintos o Erário Régio e o Conselho da Fazenda. As reformas administrativas empreendidas neste período representaram grande avanço nos mecanismos de controle. O próprio Tesouro Público Nacional possuía algumas características e métodos semelhantes àqueles que seriam encontrados futuramente no Tribunal de Contas, ainda mais após a reforma de 1850. No entanto, não possuía independência. Presidido, durante todo o período da monarquia (e também no tempo da Regência), pelo ministro da Fazenda e, por isso, atrelado à administração fazendária, este órgão carecia de idoneidade e discricionariedade".

2.1.2.3 Governança da administração[235]

Era notória a falta de exação das contadorias, que "pouco examinavam as contas" que deveriam fiscalizar. As instâncias posteriores e superiores ao primeiro oficial encarregado do exame "davam as contas por tomadas, sem mais exame". O ministro da Fazenda concentrava demasiados encargos e poderes. O sistema de administração da Fazenda era falho e ocorriam fraudes.[236] O tesouro arrecadava menos e pagava mais do que deveria ("o tesouro recebe como dez; devendo receber como vinte; e despende como vinte, podendo despender como dez").

2.1.2.4 Isomorfismo institucional[237] [238]

Havia-se que recorrer ao que faziam as "as nações mais civilizadas, e que tinham a mesma forma do nosso governo", como a Inglaterra, também uma monarquia

---

[235] *Sobre governança da administração, modernamente, vide* Decreto nº 9.203, de 22.11.2017, que dispõe sobre a política de governança da Administração Pública Federal: "Art. 2º Para os efeitos do disposto neste Decreto, considera-se: I – governança pública – conjunto de mecanismos de liderança, estratégia e controle postos em prática para avaliar, direcionar e monitorar a gestão, com vistas à condução de políticas públicas e à prestação de serviços de interesse da sociedade; / V – gestão de riscos – processo de natureza permanente, estabelecido, direcionado e monitorado pela alta administração, que contempla as atividades de identificar, avaliar e gerenciar potenciais eventos que possam afetar a organização, destinado a fornecer segurança razoável quanto à realização de seus objetivos. Art. 3º São princípios da governança pública: I – capacidade de resposta; II – integridade; III – confiabilidade; / V – prestação de contas e responsabilidade; e VI – transparência. [...]".

[236] Esse entendimento do senador Borges, que havia presidido a Província do Rio Grande do Norte (1816-1817), encontrou corroboração na manifestação do Visconde Inhambupe, como transcrito anteriormente: "havia homens pouco zelosos no desempenho dos seus deveres, que tinham protegidos a quem queriam acomodar e a quem se encarregava a cobrança de certas rendas, de quem recebiam uns tantos por centos, mas que por ficavam com tudo".

[237] *Vide* DiMaggio e Powell (*A gaiola de ferro revisitada: isomorfismo institucional e racionalidade coletiva nos campos organizacionais*, 1983, *passim*): "*O que torna as organizações tão similares?* [...] Uma vez que um grupo de organizações emerge como um campo, surge um paradoxo: atores racionais tornam suas organizações cada vez mais similares, à medida que tentam transformá-las / Grande parte da teoria organizacional moderna pressupõe um mundo das organizações diferenciado e diverso, e procura explicar a variação entre as organizações em termos de estrutura e comportamento / Hannan e Freeman (1977) iniciam um importante artigo teórico com a questão: 'Porque existem tantos tipos de organizações?' / Perguntamos, em vez disso, por que há essa homogeneidade surpreendente de formas e práticas organizacionais; e procuramos explicar a homogeneidade e não a variação. Nos estágios iniciais de seus ciclos de vida, os campos organizacionais apresentam uma diversidade considerável em termos de abordagem e forma. No entanto, uma vez que um campo se torne bem estabelecido, há um impulso inexorável em direção à homogeneização. [...] Por campo organizacional entendemos aquelas organizações que, em conjunto, constituem uma área reconhecida da vida institucional / O conceito que melhor capta o processo de homogeneização é o de 'isomorfismo'. Na descrição de Hawley (1968), o isomorfismo constitui um processo de restrição que força uma unidade em uma população a se assemelhar a outras unidades que enfrentam o mesmo conjunto de condições ambientais. [...] Identificamos três mecanismos por meio dos quais ocorrem mudanças isomórficas institucionais, cada um com seus próprios antecedentes: 1) isomorfismo coercitivo, que deriva de influências políticas e do problema da legitimidade; 2) *isomorfismo mimético*, que resulta de respostas padronizadas à incerteza; e 3) isomorfismo normativo, associado à profissionalização. [...] Um dos instantes mais surpreendentes de processos de imitação foi o esforço dos responsáveis pela modernização do Japão, ao final do século XIX, em tomar como modelo para suas novas iniciativas governamentais protótipos ocidentais aparentemente bem-sucedidos. Assim, o governo imperial enviou seus oficiais para estudar as cortes de justiça, o exército e a polícia na França, a marinha e o sistema de correios na Grã-Bretanha e os negócios bancários e a educação artística nos Estados Unidos [...] *As organizações tendem a tomar como modelo em seu campo outras organizações que elas percebem ser mais legítimas ou bem-sucedidas*. A ubiqüidade de determinados tipos de arranjos estruturais pode ser mais provavelmente creditada à universalidade de processos miméticos do que à concreta evidência de que os modelos adotados aumentam a eficiência. John Meyer (1981) afirma que é fácil prever a gestão de uma nova nação emergente sem saber nada sobre a nação em si, já que 'nações periféricas são muito mais isomórficas – com relação às formas administrativas e padrões econômicos – do que qualquer teoria do sistema mundial de divisão econômica do trabalho poderia nos levar a crer" (Grifos nossos).

[238] O conceito se aplica ao desenvolvimento do Tribunal de Contas da União, cuja origem foi influenciada, sobretudo, pelos modelos de Portugal, Itália e França e sua evolução, no período mais recente, nas décadas de 1990 em diante, pelo GAO e pelo NAO, EFS dos Estados Unidos e Inglaterra. Aplica-se, internamente, também, aos

constitucional representativa,[239] como o Brasil.[240] Lá o ministro de finanças arrecadava "todas as rendas do estado" e fazia "a distribuição delas para os pagamentos das despesas pelas grandes divisões";

> o administrador recebia as contas dessas grandes divisões, por cuja exatidão respondia o chefe de cada uma delas, e o ministro por todas sobre se estão certas, legais e legitimas, verificadas no tribunal da revisão das contas, e, dizendo este tribunal que estavam na devida ordem, então é que eram aprovadas.[241] [242]

---

demais Tribunais de Contas no Brasil, influenciados pelo que acontece no TCU, mas não só. Isso torna de especial relevância as pesquisas acadêmicas e profissionais conduzidas sobre essa EFS, cujas conclusões e potencial de levar a reflexões mais profundas, mudanças e aprimoramentos podem alcançar todo o sistema de controle externo no país.

[239] "Mesclando concepções emprestadas de constituições europeias, como a francesa de 1791 e a espanhola de 1812, a carta de 1824 instituiu os três poderes tradicionais: Executivo, Legislativo (dividido em Senado e Câmara) e Judiciário. E também um quarto poder, obviamente resquício da tradição absolutista, denominado Moderador, exercido exclusivamente pelo monarca. O poder moderador dava ao rei o direito de nomear livremente os ministros de Estado, independentemente da opinião do Legislativo. *Não era, pois, um sistema autenticamente parlamentar, nos moldes ingleses, mas é inegável a especial ascendência que o Parlamento adquiriu no período*. A importância da atividade parlamentar e das atribuições com que a Constituição encarregava os senadores e deputados incidiram e modificaram a administração e o emprego dos recursos públicos, já que, a partir de então, o governo deveria não só submeter o orçamento anual à aprovação parlamentar, como apresentar balanços, também anuais, para a apreciação do legislativo. Dessa forma, o controle das contas públicas não era mais feito, exclusivamente, pela própria Fazenda. Tratava-se, já, de uma tentativa efetiva de controlar, externamente, a gestão dos recursos" (Pompeu e Costa, *Histórico do Controle de Contas em Portugal e no Brasil*, 2014, p. 116, grifos nossos).

[240] "Mais tarde, em 1830, Bernardo Pereira de Vasconcelos, deputado mineiro, proferiu discurso inflamado em favor da instituição do Tribunal de Contas. Essas propostas, ainda que não concretizadas, encontravam eco nos meios políticos e foram inclusive, algumas vezes, defendidas por ministros ou ex-ministros da Fazenda. Com a Regência, período anômalo na história da monarquia, é criado o Tesouro Público Nacional e extintos o Erário Régio e o Conselho da Fazenda. As reformas administrativas empreendidas neste período representaram grande avanço nos mecanismos de controle. O próprio Tesouro Público Nacional possuía algumas características e métodos semelhantes àqueles que seriam encontrados futuramente no Tribunal de Contas, ainda mais após a reforma de 1850. No entanto, não possuía independência. Presidido, durante todo o período da monarquia (e também no tempo da Regência), pelo ministro da Fazenda e, por isso, atrelado à administração fazendária, este órgão carecia de idoneidade e discricionariedade" (Pompeu e Costa, *Histórico do Controle de Contas em Portugal e no Brasil*, 2014, p. 117).

[241] Senado (*Annaes do Senado do Império do Brazil*, 1826b, p. 43): "O Sr. VISCONDE DE BARBACENA – Recorramos o que nesta parte têm feito as nações mais civilizadas, e que tem a mesma forma do nosso governo. Vemos a Inglaterra com o seu ministro de finanças. Este ministro arrecada todas as rendas do estado, e faz a distribuição delas para os pagamentos das despesas pelas grandes divisões, que entre nós são seis: depois tem o administrador, que recebe as contas dessas grandes divisões, por cuja exatidão responde o chefe de cada uma delas, e o ministro por todas sobre estes três pontos: 1.º se estão certas; 2.º se estão legais: 3.º se são legitimas, verificadas no tribunal da revisão das contas. Dizendo este tribunal que estão na devida ordem, então é que são aprovadas".

[242] O modelo inglês não abrangia função jurisdicional, de emitir sentenças condenatórias de reparação de dano causado ao erário, por exemplo. *No Brasil, a jurisdição contenciosa*, entre 1808 e 1831, era exercida pelo Conselho de Fazenda. A partir da Lei de 4 de outubro de 1831, que organizou o Tesouro Público Nacional, essa jurisdição passou a ser dos juízes territoriais: "Art. 91. A jurisdição contenciosa, que exercitava o mesmo Conselho extinto, fica pertencendo aos Juízes Territoriais, com recurso para a Relação do distrito, guardados os termos de direito. Art. 92. Nos processos, em que por esta lei se exige audiência do Procurador Fiscal, nos lugares, onde o não houver, fará as suas vezes a pessoa, que for nomeada pelos Inspectores da Fazenda sob proposta dos Juízes Territoriais". Nos termos do art. 20 dessa lei, competia ao procurador fiscal "promover o contencioso da Fazenda Pública, fiscalizando as execuções dela, indicando os meios legais para compelir os devedores remissos, e representando ao Tribunal a negligência dos Juízes encarregados das mesmas execuções".

2.2 O segundo momento I: o Decreto nº 966-A e seus fundamentos

O Decreto nº 966-A/1890[243] concretizou as ideias lançadas no projeto de 1826. Entre 1826 e 1890,[244] em duas outras iniciativas parlamentares, intentou-se a criação de um Tribunal de Contas no Brasil, sem discussões, no entanto. A primeira delas, em 1837/1838:[245]

> Logo que o regente Feijó assumiu [1835], o deputado Manoel do Nascimento Castro e Silva / defendeu a criação de um Tribunal de Contas "independente do Tesouro e só responsável ante a Assembleia-Geral". A ideia voltaria a ser defendida somente dois anos depois, em sessão realizada no dia 9 de setembro de 1837, desta feita sob a forma de projeto de lei visando a criação do tribunal. [...]
> Dez dias depois, porém, no dia 19 de setembro de 1837, o padre Feijó renunciou, ficando pendente de aprovação o projeto de lei apresentado por Castro e Silva. [...] O sucessor de Castro e Silva no cargo de ministro da Fazenda / Miguel Calmon du Pin e Almeida / ao apresentar o relatório de sua Pasta, em 1838, também defendeu a ideia da criação do Tribunal de Contas.

A segunda, em 1845, por iniciativa de Manuel Alves Branco, ministro da Fazenda:

> Dois anos depois, em 1840 [...] ao apresentar o relatório de atividades de sua pasta, manifestou-se favoravelmente à instalação de um Tribunal de Contas *como instituto fiscalizador e imprescindível auxiliar da Assembleia*. Sua proposição somente veio a se tornar concreta em 1845 [...].
> Naquela ocasião, em sessão de 12 de julho de 1845 apresentou projeto de lei instituindo o órgão. Submetido à Comissão de Fazenda da Câmara dos Deputados, foi ela de parecer, datado de 6 de agosto do mesmo ano, que o projeto se convertesse em lei, com uma breve emenda ao art. 2º. O projeto, entretanto, mandado imprimir, jamais foi dado à ordem do dia, não tendo sido convertido em lei. Considerado posteriormente por Rui Barbosa como arrojado e "um grande pensamento", foi deixado adormecido na mesa da Câmara por mais de quarenta e cinco anos, "entregue ao pó protetor dos arquivos parlamentares".[246] (Grifos nossos)

---

[243] *Decreto nº 966-A, de 7 de novembro de 1890*. Cria um Tribunal de Contas para o exame, revisão e julgamento dos atos concernentes à receita e despesa da República.

[244] Sobre a história da criação do Tribunal de Contas da União, *vide* detalhado estudo realizado por Silva (*Tribunal de Contas da União na História do Brasil*, 1999).

[245] Silva (*Tribunal de Contas da União na História do Brasil*, 1999, p. 230).

[246] Silva (*Tribunal de Contas da União na História do Brasil*, 1999, p. 230).

2.2.1 O sistema orçamentário-financeiro e as finanças públicas: a necessidade de um Tribunal de Contas na passagem do Império para a República

Na exposição de motivos do Decreto nº 966-A, Rui Barbosa,[247] ministro da Fazenda, discorreu longamente sobre os fundamentos para a instituição de um Tribunal de Contas no Brasil.[248]

A razão primordial era a necessidade de haver no organismo constitucional uma instituição com capacidade e autonomia, em relação à administração e à legislatura,[249] para fiscalizar a execução do Orçamento[250] e reorganizar o sistema de contabilidade orçamentária.

O primeiro dos requisitos para a estabilidade de qualquer forma de governo constitucional era que o Orçamento, a instituição mais relevante "para o movimento do mecanismo administrativo e político de um povo",[251] se revestisse do "caráter de uma realidade segura, solene, inacessível a transgressões impunes".

Era urgente protegê-lo contra todos os desvios, constituíssem eles "em atentados contra a lei, inspirados em aspirações opostas ao interesse geral, quer se originem (e são estes porventura os mais perigosos) em aspirações de utilidade pública, não contidas nas raias fixadas à despesa pela sua delimitação parlamentar".[252]

---

[247] Segundo Buzaid (*O Tribunal de Contas no Brasil*, 1967, p. 41), "Rui Barbosa, então Ministro da Fazenda, nomeara uma comissão para elaborar o projeto de regulamento do Decreto nº 966 A. A Comissão só o entregou nos derradeiros em que ocupara o Ministério e assim Rui não pode revê-lo. Quando a comissão se desincumbiu do encargo, já estava promulgada a Constituição de 24 de fevereiro de 1891, que consagrou o Tribunal de Contas no artigo 89: 'É instituído o Tribunal de Contas para liquidar as contas da receita e despesa e verificar a sua legalidade, antes de serem prestadas ao Congresso'".

[248] O texto que segue está baseado em TCU (*Exposição de Motivos de Rui Barbosa sobre a Criação do TCU, passim*, p. 253-262).

[249] "O Governo Provisório reconheceu a urgência inadiável de reorganizá-lo, e a medida que vem propor-vos é a criação de um Tribunal de Contas, corpo de magistratura intermediária à administração e à legislatura, que, colocado em posição autônoma, com atribuições de revisão e julgamento, cercado de garantias – contra quaisquer ameaças, possa exercer suas funções vitais no organismo constitucional, sem rico de converter-se em instituição de ornato aparatoso e inútil".

[250] A palavra *orçamento* será grafada com inicial maiúscula quando for usada como referência à instituição Orçamento Público.

[251] Sobre a importância que já à época se dava ao Orçamento, *vide* Estados Unidos. House of Representatives (*The Need for a National Budget*, 1912, p. 131-132): "Writers on public finances have frequently pointed to the fact that the budget is not merely a *report of the executive to the legislative branch* setting forth what has been done and what is proposed, accompanied by a request for funds, but that it has been evolved as *an instrument by means of which fundamental constitutional rights have been developed and maintained.* [...] More broadly conceived, the underlying constitutional theory on which budgetary procedure is based is an adaptation of the ancient law of trusteeship. Constitutional government is conceived as an incorporated agency for the promotion of national welfare. The modern democratic political theory is that the people are sovereign, and that all constitutions are framed by the people. The government is incorporated by the people (the sovereign) as a trusteeship; the officer is the agent by whom the trust is administered; the citizen is the beneficiary of government as well as its creator. Public welfare, public funds, public properties are the entrusted interests or estate. The constitution as a charter of incorporation (being granted by the people who, standing in the double relation of sovereign and beneficiary) has made every precaution that human foresight has been able to devise to make Government agents both responsive to ideals of public welfare and responsible for incompetence, neglect of duty, and breaches of trusts" (Grifos nossos).

[252] *Sobre a conexão Orçamento, Poder Legislativo e Tribunal de Contas, vide* Buzaid (*O Tribunal de Contas no Brasil*, 1967, p. 38): "Uma das conquistas fundamentais da democracia é a elaboração da lei orçamentária pelos representantes do povo. O orçamento, como previsão da receita e fixação da despesa para um exercício financeiro anual, é a um tempo meio para realização de atividades públicas e defesa do contribuinte contra os abusos de imposições tributárias. Compete ao parlamento votá-lo. Mas a sua missão não se exaure aí. Se o orçamento fosse executado sem qualquer fiscalização pela assembleia que o aprovou, prestar-se-ia facilmente à fraude, mediante estorno

Para Rui Barbosa, cumpriria à República mostrar a sua "força regeneradora", fazendo observar escrupulosamente, no regime constitucional em que o país entrava, o orçamento federal, e reorganizar o sistema de contabilidade orçamentária.

Suas aspirações quanto à higidez do Orçamento vinham associadas ao relato das mazelas da instituição: os recorrentes déficits orçamentários; o excesso de créditos suplementares, formando um orçamento duplo, todos os anos; a falta de seriedade na concepção e execução das leis orçamentárias; um "sistema de contabilidade orçamentária" defeituoso:

> O *déficit*, com que se encerram quase todas as liquidações orçamentárias entre nós, e os créditos suplementares, que, deixando de ser exceção, constituem a regra geral, a imemorial tradição, formando todos os anos um orçamento duplo, mostram quanto estão desorganizadas as nossas leis de finanças, e quão pouco escrúpulo tem presidido à concepção e execução dos nossos orçamentos. É, entre nós, o sistema de contabilidade orçamentária defeituoso em seu mecanismo e fraco de sua execução. O Governo Provisório reconheceu a urgência inadiável de reorganizá-lo.

Para enfrentamento dos problemas do sistema orçamentário do Império, propunha a instituição de Tribunal de Contas,[253] com as características de um:

> Corpo de magistratura intermediária à administração e à legislatura, que, colocado em posição autônoma, com atribuições de revisão e julgamento, cercado de garantias, contra quaisquer ameaças, possa exercer as suas funções vitais no organismo constitucional,[254] sem risco de converter-se em instituição de ornato aparatoso e inútil.

---

de verbas, malversação do dinheiro público e desvio de recursos além das raias estabelecidas para as despesas. Nada mais natural, pois, que o corpo legislativo, que votou a lei orçamentária, lhe verificasse o cumprimento. Como, no entanto, esta atribuição dificilmente poderia ser exercida pela casa dos representantes, porque lhe absorveria uma parte considerável do tempo que deve ser dedicado à elaboração legislativa, o direito moderno dos povos civilizados houve por bem confiá-la a uma corporação distinta, chamada Tribunal de Contas, para que a sua atividade, exercida de modo permanente, ficasse a salvo das agitações políticas. Este novo organismo, a que se outorgou a competência para fiscalizar a execução do orçamento, passou a figurar, com função autônoma, no quadro do sistema constitucional; e, para que fosse independente, não vergando ao peso das contingências políticas, das injunções do Poder Executivo ou das influências dos grupos econômicos, outorgou a lei aos seus membros prerrogativas iguais ou semelhantes às da magistratura. Só assim, cercado de garantias e trabalhando em ambiente sereno, é que essa nova instituição poderia desempenhar satisfatoriamente a tarefa que lhe coube no complexo mecanismo político e administrativo do Estado".

253 Já existia um Tribunal do Tesouro, que promovia a tomada de contas dos responsáveis para com a Fazenda Nacional, mas *não havia separação entre "os fiscais e os fiscalizados"*. Conforme Cavalcanti (*Elementos de finanças*, 1896, p. 489, grifos no original), "essas e outras disposições da lei, tendo por objeto a verificação da verdade no *maneio* dos dinheiros públicos, não podiam, nas condições, ter a devida e inteira eficácia. Basta saber-se que o Tribunal do Tesouro, como *Tribunal de Contas,* era composto dos próprios diretores gerais do Tesouro e *funcionava sob as ordens do ministro da fazenda, que é o primeiro responsável* pela boa execução da lei orçamentaria e pela distribuição legal das rendas públicas. Não havia separação nem de pessoas nem de atos entre os *fiscais* e os fiscalizados, entre *juízes* e os responsáveis. Um *Tribunal de contas,* verdadeiramente tal, só se compreende, como instituição distinta, com funções e atribuições independentes, muito embora *estritamente limitadas* ao seu verdadeiro objeto e fins".

254 O Tribunal de Contas já estava sendo instituído, portanto, como parte da estrutura constitucional da República: um órgão constitucionalmente autônomo.

Ao Tribunal caberia a revisão de todas as operações orçamentárias da receita e despesa.[255] A necessidade de confiar essa tarefa a uma corporação com as atribuições que propunha estava "reconhecida em todos os países, e satisfeita em quase todos os sistemas de governo estabelecidos, que apenas divergem quanto à escolha dos moldes".[256] E assim sintetizou a teleologia dessa instituição:

> Convém levantar, entre o poder que autoriza periodicamente a despesa e o poder que quotidianamente a executa, um mediador independente, auxiliar de um e de outro, que, comunicando com a legislatura, e intervindo na administração, seja, não só o vigia, como a mão forte da primeira sobre a segunda, obstando a perpetração das infrações orçamentarias por um veto oportuno aos atos do executivo, que direta ou indireta, próxima ou remotamente discrepem da linha rigorosa das leis de finanças.

Na visão de Rui Barbosa, a existência de uma instituição com a função de revisão das operações orçamentárias da receita e despesa, autônoma, na forma de uma magistratura, situada entre a administração e a legislatura, constituía-se como um princípio da estruturação de quase todos os sistemas de governo então estabelecidos: o "princípio do Tribunal de Contas", como o denominou.[257]

E havia um efeito colateral positivo nessa criação, depreendido da experiência italiana descrita na exposição de motivos, a expectativa de controle, de fiscalização, o "espectro do Tribunal de Contas":

> Se há coisa, que contenha os administradores no declive de atos arbitrários" – dizia, no senado italiano, o ministro das finanças, em março de 1862, – "se há coisa, que nos iniba de ceder a postulantes importunos, à gente cujas pretensões não cessam de acarretar novas despesas, e transbordar os recursos facultados pelo orçamento, é *o espectro do Tribunal de Contas*. Todo o dia, a toda a hora, muitas vezes na mesma hora, um ministro, um secretário geral, todos os que têm relações com a administração afluem, a solicitar novas despesas. Não é fácil resistir. Muitas vezes os pretendentes mesmos não creem na utilidade delas, e apenas as propõem

---

[255] *A questão não era mais um Tribunal de Revisão de Contas para garantir a higidez das operações de arrecadação e pagamento de despesas*. A questão agora, nesse segundo momento, era mais complexa. O Orçamento havia ganhado relevância ao longo do século como um instrumento de controle parlamentar sobre o levantamento e o uso de recursos públicos e de administração da Nação. E passaria a ser ainda mais numa República.

[256] Conforme historiou Rosas (*Aspectos dos Tribunais de Contas*, 1969, p. 30), "foi a *ideia bonapartista da criação de um Tribunal de Contas* como consequência da Revolução francesa, pretendendo a fiscalização e observação sobre os dinheiros públicos, que influenciou a consequente disseminação dos Tribunais de Contas. Como observa Jean Magnet (La Cour des Comptes), esse desideratum estava no cerne da Revolução com o fito de expungir os maus gestores das finanças, os corruptos e aproveitadores que se locupletavam com as últimas raspas do Tesouro. A vindicta estava no âmago da Cour des Comptes. Não a vingança solerte ou malsã, no entanto, a boa intenção de bem conduzir o país na diretriz salutar da boa organização financeira e da orientada execução das finanças do país [...]" (Grifos nossos).

[257] Ruben Rosa (*Direito e Administração*, 1940, p. 21), com respaldo em Robert Cohen (*Athène, une démocracie*, 1937) e Mariano d'Amelio (*Nuovo Digesto Italiano*, 1937), registrou: "há mais de 2 mil anos, *na história grega*, encontra-se o primeiro 'traço' do Tribunal de Contas. Anualmente, eram eleitos 10 tesoureiros (hellénotamiai) da deusa Atenas, perante os quais todos quantos exerciam parcela da administração deveriam não só justificar os atos de sua gestão, assim como prestar contas dos dinheiros, porventura, recebidos. Doutro lado, a publicidade das contas sujeitas à aprovação da Assembleia era a regra. Gravava-se em pedra para permitir um exame perene dos cidadãos. No Museu Britânico, em Londres, encontra-se ainda conservado um desses exemplares. Possuir 'boas finanças', já era um anseio da Grécia eterna" (Grifos nossos).

impelidos por outros, que os seguem; mas, dada a força da autoridade dos intercessores, a consequência é que, resistindo-se-lhes uma ou duas vezes, há de acabar-se por ceder.[258]

Um Tribunal de Contas mostrava-se, também, necessário sob outro fundamento, intrinsicamente vinculado à evolução histórica do Parlamento. Segundo Baleeiro (1952),[259] não sendo possível ao Parlamento fiscalizar "cada uma das parcelas da despesa e apurar se o dinheiro foi gasto para o fim estritamente alegado e autorizado ou se o Executivo o desviou para fim diverso", surgiu a "necessidade de um órgão para controlar a execução do orçamento de sorte que o Legislativo não seja ludibriado pelo Executivo".[260]

No mesmo sentido, Stourm (1889), citado e traduzido por Rui Barbosa:

> cumpre esclarecer o parlamento do modo mais imediato e incessante acerca da execução de sua vontade. Ora, nenhuma autoridade, a não ser o Tribunal de Contas, pode exercer essa missão, hoje essencial, salvo se a quiserem atribuir ao parlamento, o que seria grande calamidade.[261]

Fundamentada a necessidade de um Tribunal de Contas no "organismo constitucional", a questão, na exposição de motivos, passava a ser a escolha do modelo que melhor serviria às condições do país: o francês, de exame *a posteriori*, ou o italiano, de exame prévio, e sua variante belga.

Coelho (1957)[262] fez a seguinte descrição dos sistemas italiano, francês e belga:[263]

> a) *italiano*,[264] também chamado do exame prévio e veto absoluto e impeditivo. Pela sua própria denominação observa-se que há o exame anterior das despesas. [...] Sua ingerência se verifica, ainda, na tomada de contas dos responsáveis por dinheiros públicos;[265]
> b) francês[266] também chamado do exame *a posteriori* [*sic*]. Nessa modalidade o exame representa mais um consentimento. O veto tem efeito suspensivo e não proibitivo. Há uma frase que caracteriza esse sistema: muita confiança antes e grande fiscalização depois;

---

258 TCU (*Exposição de Motivos*, 1999, p. 259, grifos nossos).

259 Baleeiro (*O Tribunal de Contas e o controle da execução orçamentária*, 1953, p. 12).

260 Acrescentava o autor: "ora, quem tem o poder de selecionar os serviços públicos que lhe interessam e o de autorizar os impostos para esse fim restrito, será burlado se não tiver outro direito eficazmente assegurado por um meio técnico idôneo o de verificar se o dinheiro foi gasto realmente para o fim especificamente designado".

261 *Vide* texto original integral em Storm (*Le Budget*, 1889, p. 606): "Au milieu de la masse toujours croissante des opérations de recettes et dépenses et de la constante mobilité des titulaires des départements ministériels, les vérifications, pour demeurer efficaces, ont besoin de pénétrer au sein même des faits contemporains, Il faut enserrer, dans des formalités plus rapprochées, la responsabilité des ministres ordonnateurs; il faut éclairer le Parlement, d'une manière plus immédiate et plus incessante, sur l'exécution de ses volontés. Or, aucune autorité, nous l'avons dit, en dehors de la Cour des comptes, ne peut remplir, en France, cette mission devenue essentielle, à moins de l'attribuer au Parlement lui-même, ce qui serait un grand malheur".

262 Coelho (*Tribunal de Contas como Tribunal de Justiça*, 1957, p. 263).

263 Os modelos italiano e francês atuais serão expostos no Capítulo 5.

264 Adotado por Itália, Holanda, Bélgica, Portugal, conforme o autor.

265 E, ainda, segundo o autor: "A ação do Tribunal se exerce tanto sobre o material como sobre o pessoal. É da sua competência a matéria referente aos decretos de nomeação do funcionalismo público, sua legalidade e também se a receita é compatível para ocorrer a tal despesa. Regula e fiscaliza as garantias, cauções, e fianças fornecidas pelos membros da administração, no momento em que são investidos da função pública. [...] cabendo-lhe, outrossim, a elaboração e fiscalização dos contratos de direito público, como também, o controle de certas verbas, como as destinadas a aposentadorias, pensões, reformas e montepios".

266 Adotado por França, Suécia, Espanha, conforme o autor.

c) belga (Bélgica), também chamado do exame prévio e do veto limitado. Apresenta, de comum, com o italiano, o exame prévio e, dele se afasta, no veto, que é limitado, constituindo-se, por assim dizer, em sinal de alarme de possível ineficácia da administração.

No sistema francês,[267] a competência da Corte de Contas resumia-se a "julgar as contas dos responsáveis, proferindo a sentença, segundo for o caso" e verificar, *a posteriori*, as ordens susceptíveis de despesa, "lançando a respeito declarações de conformidade ou não conformidade, em vista das leis e regulamentos".[268]

Um Tribunal de Revisão de Contas que exercesse o controle *a posteriori* havia sido proposto em 1826, como analisamos anteriormente, pelo Visconde de Barbacena e por José Ignácio Borges, e sofrera crítica do Visconde de Baependy.

Em favor do modelo francês, alegava-se a consagração e respeito à separação e à competência constitucional dos poderes. Sobre esse ponto, Cavalcanti[269] sustentou que, *sendo "corpo judiciário*, o Tribunal de Contas profere as suas decisões definitivas sobre os responsáveis dos dinheiros ou bens da Fazenda Nacional; mas não deve imiscuir-se nas atribuições de natureza puramente administrativa" e "armar o Tribunal de Contas do direito de não registro dos decretos do Poder Executivo, dizem, seria nulificar a aludida competência deste Poder".[270]

No sistema italiano,[271] o Tribunal de Contas era revestido de atribuições amplíssimas, "quer como tribunal judiciário, quer como fiscal de tudo que se refere à administração dos dinheiros públicos e à execução da lei orçamentária", e sua característica fundamental era o direito que se lhe conferia "de exame prévio e de não registro, si assim o entender, de qualquer decreto ou ordem susceptível de despesa, ainda mesmo expedida pelo próprio Ministro da Fazenda em nome do chefe de Estado".[272]

O proveito e utilidade da ação prévia do Tribunal de Contas era o que se dizia a favor dele:

> a experiencia tem demonstrado de sobejo, que a verificação e julgamento posterior de contas encerradas não basta para garantir o cumprimento fiel da lei orçamentária; e que, conseguintemente, só haverá fiscalização, realmente proveitosa e eficaz, se o Tribunal de Contas tiver audiência deliberativa, antes de ser praticado o ato, suscetível de qualquer despesa.[273]

---

267 Ver Capítulo 5.

268 Cavalcanti (*Elementos de Finanças*, 1896, p. 489).

269 Cavalcanti (*Elementos de Finanças*, 1896, p. 490).

270 Aqui residiria a lógica do controle *a posteriori* francês, depreendida de Cavalcanti (*Elementos de Finanças*, 1896, p. 49): "Em favor do sistema francês alega-se: que ele, instituindo uma magistratura superior, separada da ação administrativa, e independente pela inamovibilidade, consagra e respeita a separação e a competência constitucional dos poderes públicos', mas que não deve 'imiscuir-se nas atribuições de natureza puramente administrativa, até, porque seria contraditório e ilógico, que houvesse uma corporação de nomeação do Poder Executivo, mas com direito superior a este na execução das leis. Com efeito, segundo o direito público constitucional dos diversos povos, é o Poder Executivo, que tem a suprema competência na execução de todas as leis, responsável apenas perante o Congresso Nacional, em dados casos de infracção ou inobservância das mesmas; e pois, *armar o Tribunal de Contas do direito de não registro dos decretos do Poder Executivo* [como no sistema italiano], *dizem, seria nulificar a aludida competência deste Poder*" (Grifos nossos).

271 Ver Capítulo 6.

272 Cavalcanti (*Elementos de Finanças*, 1896, p. 489).

273 Cavalcanti (*Elementos de Finanças*, 1896, p. 490).

Dos dois sistemas, Rui Barbosa defendeu a adoção do modelo italiano, pois não bastaria "julgar a administração, denunciar o excesso cometido, colher a exorbitância, ou a prevaricação, para as punir", como no sistema francês, uma vez que "circunscrita a estes limites, essa função tutelar dos dinheiros públicos será muitas vezes inútil, por omissa, tardia, ou impotente". Sua defesa buscava apoio em autores italianos:

> "Vale infinitamente mais", dizem os italianos, "prevenir os pagamentos ilegais e arbitrários do que censurá-los depois de efetuados. A contrasteação posterior basta em relação aos agentes fiscais; porque estes prestam cauções, que lhes tornam eficaz a responsabilidade, em defesa do Tesouro.[274] Mas os ministros não dão fiança, por onde assegurem ao Estado a reparação do dano, que causarem, e, portanto, é mister uma garantia preliminar, a qual vem a ser precisamente a que se realiza na fiscalização preventiva do tribunal". (Giovani Gean-quinto: Corso dí diritto amministrativo). O sistema da verificação preventiva decorre, segundo eles, dos direitos orgânicos do parlamento, que "não deve descansar exclusivamente na fidelidade do ministério". (Ugo: La Corte dei Conti, 1882, Tit. I, c. I, a 1.).[275]

Ao Tribunal de Contas, como mediador independente "entre o poder que autoriza periodicamente a despesa [legislatura] e o poder que quotidianamente a executa [administração]", entendia Rui Barbosa, caberia obstar "a perpetração das infrações orçamentárias por um veto oportuno aos atos do executivo, que direta ou indireta, próxima ou remotamente discrepem da linha rigorosa das leis de finanças", e, comunicando-se com "a legislatura, e intervindo na administração", ser "não só o vigia, como a mão forte da primeira sobre a segunda".

Contudo, o modelo italiano não poderia ser adotado por inteiro. Nele, as atribuições da Corte dei Conti iam muito além "da fronteira dos atos concernentes às finanças públicas". A lei italiana (Lei de 14 de agosto de 1862) generalizava

> a audiência do Tribunal de Contas, não só nos atos do poder executivo que digam respeito ao orçamento do Estado, e influam sobre a receita, ou a despesa, como a todas e quaisquer deliberações do governo, todos os decretos reais, seja qual for o ministério, de que emanem, e o objeto, a que se refiram.

Essa expansão de influência poderia converter o Tribunal de Contas em obstáculo à administração, dificultando a "ação ministerial, e anulando a iniciativa do governo, em atos que não entendem com o desempenho do orçamento".

Não seria "de bom aviso insinuar no organismo de uma instituição um princípio de conflito com outras, confiando o remédio do mal orgânico à prudência acidental dos indivíduos que a representarem", e, portanto, "encerrar a nova autoridade no limite natural das necessidades que a reclamam, isto é, *reduzir a superintendência preventiva*

---

[274] Aqui está presente a ideia da tomada de contas como mecanismo de apuração de responsabilidades financeiras e imputação de débito (perante o Erário) ou exoneração dos "agentes fiscais", dando-lhes, ao final do processo de verificação das contas, quitação e liberação das fianças ou outras garantias.

[275] TCU (*Exposição de Motivos*, 1999, p. 258, grifos nossos).

do Tribunal de Contas aos atos do governo, que possam ter relação com o ativo ou o passivo do Tesouro"[276] (grifos nossos).

Desse modo, adotou-se um sistema de fiscalização prévia como o italiano, mas na extensão mais limitada do modelo da Bélgica, cujo

> Tribunal de Contas exerce a maior latitude de poderes na apreciação dos elementos justificativos das ordens de despesa submetidas ao seu visto, e não o dá sinal após o mais completo exame, depois de perscrutados todos os documentos necessários para lhe esclarecer a consciência, a autorizar as observações, que, na forma da Constituição, houver de fazer sobre o assumpto, as câmaras legislativas.

Com a mesma compreensão, Moreira Neto (2003):

> Foi, porém, o modelo Belga, embora tendo tomado como modelo organizacional e funcional o francês, de 1807, em que havia nítida dependência do poder executivo, que inauguraria, em 1830, no direito público continental europeu, uma tradição de dependência do Poder Legislativo. E seria ainda o modelo belga o que influiria, com suas transformações posteriores a 1850, a nova organização do vetusto tribunal de contas espanhol, bem como a dos órgãos similares dos países da América Latina, inclusive o Brasil, que o adotaria na primeira Constituição republicana, de 1891.

Sob esses fundamentos, foi o Tribunal de Contas instituído com a incumbência de examinar, rever e julgar todas as operações concernentes à receita e despesa da República e julgar anualmente "as contas de todos os responsáveis por contas [...] *dando-lhes quitação, condenando-os a pagar* e, quando o não cumpram, mandando proceder na forma de direito"[277] (grifos nossos).

No exercício da primeira incumbência, estabelecia o Decreto nº 966-A que

> todos os decretos do Poder Executivo, ordens ou avisos dos diferentes Ministérios, suscetíveis de criar despesa, ou interessar às finanças da República, para poderem ter publicidade e execução, serão sujeitos primeiro ao Tribunal de Contas, que os registrará, pondo-lhes o seu "visto", quando reconheça que não violam disposição de lei, nem excedem os créditos [orçamentários] votados[278] pelo Poder Legislativo.

Criada por um decreto do Governo Provisório, a nova instituição ainda não havia passado por um escrutínio parlamentar intenso como acontecera com a ideia de um

---

[276] Prudência institucional recomendada ainda hoje.

[277] Carmo (*Contribuição ao Estudo da Responsabilidade Financeira*, 1995, p. 81) relata que *já no século XIII, em Portugal, havia lei atribuindo essa condenação aos funcionários da fazenda régia*: "Podemos encontrar, desde cedo, normas que dispõem sobre a responsabilidade dos funcionários da fazenda régia. Atribui-se ao tempo de D. Afonso II uma lei que obrigava o tesoureiro, almoxarife ou recebedor que desviasse ou desse destino diverso ao que em nome do Rei houvesse de ser pago, a pagar '[...] quatro tanto a El-Rei d'aquello', sendo ainda degredado do Reino". No reinado de D. Afonso III outra lei determinava funcionários aos que "por El-Rei e em seu nome algumas coisas houvessem de guardar, e receber, e despender [...], e fosse achado que nas ditas coisas ou em cada uma delas fizessem furto, ou engano, tornassem e restituíssem tudo aquilo que furtassem ou enganosamente levassem, ou deixassem levar a outrem, com três tanto aãlle o que assim levassem, segundo El-Rei fosse mandado, e além disso fossem cruelmente açoutados e degredados para sempre de todos seus Reinos" (Grifos nossos).

[278] A lei orçamentária fixa limites para a assunção de obrigações e realização de despesas, de forma agregada ou pormenorizada, não podendo os diversos órgãos governamentais despenderem recursos em finalidades não autorizadas, nem exceder os limites estabelecidos.

Tribunal de Revisão de Contas, no início do século. Isso viria a ocorrer quando da elaboração da Constituição de 1891 e no debate parlamentar sobre o projeto de sua primeira lei orgânica, que será o tema da próxima seção, por onde começa o exame normativo detalhado do Tribunal e suas funções.

2.3 O segundo momento II: a Constituição de 1891 e a primeira lei orgânica do TCU, em 1896

Antes de abordarmos o debate parlamentar de 1896 e o que ele revelou sobre as razões de ser de um Tribunal de Contas, com competência para julgar contas de responsáveis por dinheiros e bens públicos, e sobre os problemas e os benefícios dessa instituição em nosso país no alvorecer do século XX (muitos presentes na agenda de reflexões atual), será importante saber e avaliar que funções e competências lhe foram dadas e como, em linhas gerais, o Tribunal as desempenharia.

2.3.1 A Constituição de 1891 e a regulação provisória de 1892

Promulgada a Constituição da República dos Estados Unidos do Brasil, em 24.2.1891,[279] o Tribunal de Contas foi elevado à posição de "órgão constitucional autônomo",[280] e assim permaneceria, com funções, competências e atribuições expandidas, em todas as demais Constituições.

Conforme Barbalho,[281] "o parlamento imperial nunca quis que existisse esse fiscal esmerilhador":

> O parlamento imperial nunca quis que existisse esse fiscal esmerilhador, indiscreto, incompatível com as facilidades dos ministros e exigências dos deputados. E na República, algum presidente poderia contrariar-se com esse obstáculo às suas facilidades no modo de empregar os dinheiros públicos; isto traria sério perigo à instituição. Criada por lei ordinária, ficaria às legislaturas inutilizá-la, ou suprimi-la, até sob alegação de economia.

No art. 89,[282] a Constituição de 1891 definiu a função do Tribunal de Contas: "liquidação das contas da receita e despesa e verificar sua legalidade, antes de serem

---

279 Constituição da República dos Estados Unidos do Brasil, de 24.2.1891 (CF-1891).

280 Sobre órgãos constitucionais autônomos, *vide* Moreira Neto (2001, p. 11): "É sobre esses órgãos portadores ou garantidores dos valores político-constitucionais do Estado que J. Gomes Canotilho se refere como "órgãos constitucionais de soberania, que, além de derivarem imediatamente da Constituição, destacam-se por serem coessenciais a caracterização da forma de governo constitucionalmente instituída".

281 Barbalho (*Comentários à Constituição de 1891, apud* Silva, *Tribunal de Contas da União na História do Brasil*, 1999, p. 39).

282 CF-1891: "Art. 89. É instituído um Tribunal de Contas para liquidar as contas da receita e despesa e verificar sua legalidade, antes de serem prestadas ao Congresso. Os membros deste Tribunal serão nomeados pelo Presidente da República, com aprovação do Senado, e somente perderão os seus lugares por sentença".

prestadas ao Congresso".[283] [284] Definiu, também, a forma de nomeação de seus membros: pelo presidente da República, com aprovação do Senado.[285]

Essa função estava vinculada às competências privativas do Congresso Nacional, definidas no art. 34, de "orçar a receita, fixar a despesa federal anualmente e tomar as contas[286] da receita e despesa de cada exercício financeiro".

Antes da Constituição, o Decreto nº 966-A já havia definido as linhas das três atribuições principais[287] do Tribunal de Contas:[288]

a) examinar, rever e julgar todas as operações concernentes à receita e à despesa da República;[289]
b) exercer o controle prévio[290] de todos os decretos do Poder Executivo, ordens ou avisos dos diferentes ministérios, suscetíveis de criar despesa ou interessar às finanças da República;[291]

---

283 Essa tímida disposição contrastava com a definição de funções mais amplas feita pelo Decreto nº 966A. Posteriormente, as demais Constituições regularam as funções, competências ou atribuições do Tribunal de Contas, em maior extensão. O ápice dessa evolução ocorreu na Constituição de 1988.

284 Segundo Cunha (*Perspetiva geral sobre a natureza e a evolução da responsabilidade financeira*, p. 4; 78): "No século XIX, *o Tribunal de Contas (TdC), enquanto ideia, surgia, como instrumento fundamental na reorganização das Finanças Públicas*, e, consequentemente, da vida política e social da Nação. A Constituição Política da Monarquia Portuguesa (1838) institui, pela primeira vez a existência de um Tribunal de Contas como órgão independente de controlo das finanças públicas. No artigo 135.º da Constituição de 1838 dispunha-se: 'Haverá um Tribunal de Contas, cujos Membros serão eleitos pela Câmara dos Deputados. §1º- Pertence ao Tribunal de Contas verificar e liquidar as contas da receita e despesa do Estado, e as de todos os responsáveis para com o Tesouro Público. §2º- Uma lei especial regulará a sua organização e atribuições'" (Grifos nossos).

285 A forma de nomeação somente viria a ser alterada na Constituição de 1988, passando o Congresso Nacional a escolher seis dos nove membros do Tribunal de Contas da União, na forma do art. 73, §§1º e 2º: "os Ministros do Tribunal de Contas da União serão nomeados dentre brasileiros que satisfaçam os seguintes requisitos: mais de trinta e cinco e menos de sessenta e cinco anos de idade; idoneidade moral e reputação ilibada; notórios conhecimentos jurídicos, contábeis, econômicos e financeiros ou de Administração Pública; mais de dez anos de exercício de função ou de efetiva atividade profissional que exija os conhecimentos mencionados no inciso anterior, e escolhidos: um terço pelo Presidente da República, com aprovação do Senado Federal, sendo dois alternadamente dentre auditores [ministros-substitutos] e membros do Ministério Público junto ao Tribunal, indicados em lista tríplice pelo Tribunal, segundo os critérios de antiguidade e merecimento; dois terços pelo Congresso Nacional".

286 A ideia de *tomar as contas*, já presente na Grécia antiga, conforme Rosa (*Direito e Administração*, 1940, p. 21), constava na primeira Constituição brasileira, de 1824. Segundo seu art. 37, principiariam na Câmara dos Deputados o "exame da administração passada, e reforma dos abusos nela introduzidos".

287 O decreto previa a possibilidade de o Tribunal de Contas desempenhar outras atribuições, conforme definidas em regulamento, a ser expedido pelo Ministério da Fazenda, desde que convenientes à "natureza de suas funções e de seus fins" ("Art. 8º Além das atribuições estatuídas nos arts. 3º e 4º, o Tribunal de Contas exercerá todas as outras fixadas no respectivo regulamento, que convierem à natureza de suas funções e dos seus fins").

288 O Tribunal era composto pelos "funcionários a que se conferir voto deliberativo", sendo eles nomeados pelo Presidente da República, sujeitos à aprovação do Senado, que gozavam das mesmas garantias de inamovibilidade que os membros do Supremo Tribunal Federal: "Art. 1º Os membros julgadores do Tribunal de Contas terão o tratamento de ministros". O tratamento de ministro seria definido no Decreto nº 3.421/1917.

289 Decreto nº 966-A: "Art. 1º É instituído um Tribunal de Contas, ao qual incumbirá o exame, a revisão e o julgamento de todas as operações concernentes à receita e despesa da República. [...] Art. 4º Compete ao Tribunal de Contas: 1º Examinar mensalmente, em presença das contas e documentos que lhe forem apresentados, ou que requisitar, o movimento da receita e despesa, recapitulando e revendo, anualmente, os resultados mensais; 2º Conferir esses resultados com os que lhe forem apresentados pelo Governo, comunicando tudo ao Poder Legislativo".

290 O exame (registro) prévio, atribuição que viria a ser extinta na Constituição de 1967, tomou por base o veto limitado: recusado o registro, o Tribunal devolveria o ato ao Ministro que o houvesse expedido, expondo seus motivos, o qual, julgando "imprescindível a medida impugnada", poderia dar-lhe publicidade e execução, sob sua responsabilidade, cabendo ao Tribunal registrar o ato sob reserva, levando o caso, na primeira oportunidade, ao conhecimento do Congresso. Nem o Decreto nº 966-A nem a Constituição de 1891 estabeleciam o que competiria ao Congresso fazer nessa situação.

291 Decreto nº 966-A: "Art. 2º Todos os decretos do Poder Executivo, ordens ou avisos dos diferentes Ministérios, suscetíveis de criar despesa, ou interessar às finanças da República, para poderem ter publicidade e execução,

c) julgar anualmente as contas[292] de todos os responsáveis, dando-lhes quitação ou condenando-os a pagar e, quando não o cumpram, mandando proceder na forma de direito.

Observe-se que o decreto definia o escopo da decisão que havia de ser proferida no julgamento das contas: *dar quitação ou condenar a pagar*. Decidir, por consequência, se o responsável estaria, por alguma razão de fato ou de direito, em débito com a Fazenda.

Por fim, remetia ao Ministério da Fazenda a competência para estabelecer, em decreto especial, "a organização e as funções do Tribunal de Contas".

As referências iniciais ao Tribunal vieram na Lei nº 23, de 30.10.1891,[293] que dispôs sobre a reorganização dos "serviços da Administração Federal aos ministérios":

> Art. 10. Extinguir-se-á o Tribunal do Tesouro logo que se achar constituído o Tribunal de Contas, passando as atribuições consultivas do tribunal extinto ao Ministro e diretores do Ministério da Fazenda, na forma do art. 12, letra b.
> Art. 12, b. Extingue-se no Ministério da Fazenda: o Tribunal do Tesouro Nacional, logo que se ache constituído o Tribunal de Contas, *passando a este as atribuições de julgar, ora cometidas* àquele, ficando as atribuições meramente consultivas ou administrativas da corporação extinta ao Ministro da Fazenda, que despachará com audiência singular ou coletiva dos respectivos diretores; (Grifos nossos).
> Art. 2º É da competência privativa do Ministério da Fazenda todo o expediente de serviço concernente à Fazenda Pública, em todos os ramos e interesses, especialmente no que disser respeito: a) ao Tesouro Federal e às repartições fiscais a ele subordinadas; b) ao Tribunal de Contas;

Posteriormente, a Lei nº 26, de 30.12.1891[294] (lei orçamentária) autorizou, no art. 18, o Poder Executivo a reorganizar "as repartições de Fazenda, sem aumento de despesa, e sujeitando o seu ato à aprovação do Congresso".

A primeira regulamentação, em substituição ao Decreto nº 966-A, veio pelo Decreto nº 1.166/1892,[295] em caráter provisório,[296] que reorganizou os serviços referentes

---

serão sujeitos primeiro ao Tribunal de Contas, que os registrará, pondo-lhes o seu visto, quando reconheça que não violam disposição de lei, nem excedem os créditos votados pelo Poder Legislativo [...]".

292 Decreto nº 966-A: "Art. 4º [...] 3º Julgar anualmente as contas de todos os responsáveis por contas, seja qual for o Ministério a que pertençam, dando-lhes quitação, condenando-os a pagar, e, quando o não cumpram, mandando proceder na forma de direito; 4º Estipular aos responsáveis por dinheiros públicos o prazo de apresentação de suas contas, sob as penas que o regulamento estabelecer".

293 *Lei nº de 30 de outubro de 1891*. Reorganiza os serviços da Administração Federal.

294 *Lei nº 26, de 30 de dezembro de 1891*. Fixa a despesa geral da República dos Estados Unidos do Brasil para o exercício de 1892, e dá outras providências.

295 *Decreto nº 1.166, de 17 de dezembro de 1892*. Dá regulamento para execução da Lei nº 23 de 30 de outubro de 1891, na parte referente ao Ministério da Fazenda.

296 Decreto nº 1.166/1992: "Considerando que, para a reorganização do serviço a cargo do Ministério da Fazenda, enumerado nos arts. 2º e 3º da Lei de 30 de outubro de 1891, e reorganização das repartições, é indispensável que se instale o Tribunal de Contas, incluído naquele artigo, letra B, e instituído pelo art. 89 da Constituição da República; tanto que dessa instalação resultará a extinção do Tribunal do Tesouro Nacional, cujas atribuições, em parte, têm de passar para o Tribunal de Contas / e não podem ficar suspensas sem graves inconvenientes / Usando da autorização conferida, tanto pelas leis citadas / como pela Constituição da República / Decreta que, em relação ao Ministério da Fazenda, se observe provisoriamente, até definitiva aprovação do Congresso, o seguinte [...]".

ao Ministério da Fazenda, assinado por Floriano Peixoto e Serzedello Corrêa, então ministro da Fazenda.

Esse ato normativo, no capítulo "Da jurisdição, competência e atribuições do Tribunal de Contas", definia *dois modos de atuação, históricos* e quase permanentes, do Tribunal de Contas:[297] funcionar como fiscal das leis de receita e despesas públicas e como Tribunal de Justiça Administrativo:[298] [299] funções fiscais e funções judiciárias, como as denominou Cavalcanti (1896).[300]

2.3.1.1 O Tribunal de Contas como Tribunal de Justiça Administrativo

Como Tribunal de Justiça Administrativo, cabia ao Tribunal de Contas o exame e revisão das contas ministeriais[301] e a tomada de contas dos responsáveis por dinheiros e valores pertencentes à República.[302]

No exame das contas ministeriais, em controle prévio, o Tribunal examinaria todos os decretos, ordens e avisos dos diferentes ministérios suscetíveis de criar despesas ou interessar às finanças da República e verificaria todas as ordens[303] e contas de despesas,

---

297 Assimiláveis, atualmente, às funções de responsabilização e de auditoria governamental, como analisamos na Introdução.

298 Decreto nº 1.166/1892: "*Art. 27.* A jurisdição do Tribunal de Contas abrange todos os responsáveis por dinheiros e valores pertencentes à República, ainda mesmo no caso de residirem fora do país. *Art. 28.* O Tribunal de Contas tem jurisdição própria e privativa sobre as pessoas e as matérias sujeitas à sua competência; *funciona como Tribunal de Justiça, e as suas decisões definitivas têm força de sentença* com execução aparelhada. *Art. 29.* Compete ao Tribunal de Contas, como Tribunal de Justiça Administrativo: §1º O exame e revisão das contas ministeriais. §2º A tomada das contas dos responsáveis por dinheiros e valores pertencentes à República" (Grifos nossos).

299 Sobre jurisdição administrativa, *vide* Bacellar Filho (*Breves reflexões sobre a jurisdição administrativa*, 1998, p. 65): "Nosso país, como República, adota, desde a Constituição de 1891, o sistema de jurisdição única, também denominado de sistema inglês *una lex una jurisdictio* sem a presença de uma Jurisdição Administrativa. De outro lado, aparece o sistema francês de jurisdição administrativa. Neste último, vigoram *duas ordens de jurisdição*: a judicial ordinária e a administrativa especializada no julgamento do contencioso administrativo entendido como conjunto das contestações nascidas da atividade administrativa exercida sob o direito administrativo. A peculiaridade a distinguir ambos sistemas não se assenta apenas na competência especializada, mas também no aspecto jurisdicional. Afinal, os Tribunais Administrativos desenvolvem atividade jurisdicional, todavia, *desconectados da hierarquia judicial ordinária.* Ainda cabe ressaltar a experiência de outros países de uma jurisdição administrativa integrada ao Poder Judiciário".

300 Cavalcanti (*Elementos de Finanças*, 1896, p. 517-519).

301 Embora inserida no regulamento a título de competência exercida como Tribunal de Justiça Administrativo, essa não era competência típica de um tribunal de justiça judiciário, o que já revelava o caráter *sui generis* da instituição Tribunal de Contas e de uma de suas funções jurisdicionais (responsabilização financeira), qualificada em Portugal e na Itália, por exemplo, como contabilidade judicial.

302 Sobre o sentido dos termos "conta" e "contas", *vide*, novamente, Sanagustín (*Cuenta*, 2019, p. 76): "Esta voz goza de gran importancia, lo que se constata porque figura en el nombre del propio Tribunal y porque a este se le encomienda desde el principio de su regulación la fiscalización de las cuentas. Debemos señalar sin embargo que el término tiene un doble sentido, el individual «cuenta» y el plural «cuentas». La cuenta es la representación de una operación financiera. Mientras que las cuentas serían el conjunto organizado de las representaciones de las diversas operaciones financieras realizadas durante un periodo, ordinariamente un año, que permiten conocer la situación financiera de un ente. [...]".

303 Decreto nº 1.16/1892: "Art. 55. No exame das ordens de pagamento atender-se-á a todas as disposições, que a respeito delas estabelecem as leis de contabilidade. Assim, verificar-se-á: 1º Se a despesa está comprovada e pertence, com efeito, ao exercício, ao artigo e às verbas de crédito legal a que vem referida e se abrange pagamentos relativos a mais de uma verba; 2º Se estão assinadas pelo ministro respectivo ou pelos funcionários em que ele houver delegado; 3º Se têm a indicação do agente da repartição, que há de satisfazê-las; 4º Se têm cabimento nas verbas autorizadas; 5º Se estão de acordo com os orçamentos que devem acompanha-las, quando forem provisórias; 6º Se, pela transferência de despesa de umas para outras repartições, se ordenou a anulação, nos respectivos créditos, das quantias transferidas".

registrando aquelas de reconhecida legalidade e, "no caso contrário, indicaria, em exposição motivada, à repartição que ordenou a despesa, a causa da recusa do registro".[304]

Nessa função judiciária, competia-lhe julgar,[305] em única instância, as contas de todas as repartições,[306] empregados e quaisquer outros responsáveis que, singular ou coletivamente, tivessem administrado, arrecadado ou despendido dinheiros públicos ou valores pertencentes à República, ou porque esta fosse responsável e estivesse sob sua guarda, e bem assim dos que, por qualquer motivo, as devessem prestar perante o Tribunal, seja qual fosse o ministério a que pertencessem.[307]

No julgamento das contas, o Tribunal poderia:

> mandar passar quitação aos tesoureiros, pagadores, recebedores, almoxarifes e a quaisquer outros responsáveis quando correntes em suas contas; julgar desembaraçados os valores depositados e extintas as cauções de qualquer natureza pela quitação dos responsáveis, e levantar o sequestro àqueles que declarar exonerados para com a Fazenda Federal.

---

304 Decreto nº 1.166/1892: "*Art. 29*. Compete ao Tribunal de Contas, como Tribunal de Justiça Administrativo: §1º O exame e revisão das contas ministeriais. §2º A tomada das contas dos responsáveis por dinheiros e valores pertencentes à República. §3º Examinar mensalmente, à vista dos balancetes, o movimento de receita e despesa, recapitulando e revendo anualmente os resultados mensais. §4º Conferir esses resultados com os que lhe forem apresentados pelo Governo, comunicando tudo em seu relatório anual. *Art. 30*. Ao Tribunal, no que diz respeito ao exame prévio e revisão das contas ministeriais, compete: §1º Examinar todos os decretos, ordens e avisos dos diferentes Ministérios, suscetíveis de criar despesas ou interessar às finanças da República. §2º Verificar todas as ordens e contas de despesas autorizadas pelos diferentes Ministérios, registrando as de reconhecida legalidade. No caso contrário, em exposição motivada, indicará à Repartição que ordenou a despesa a causa da recusa do registro" (Grifos nossos).

305 *A competência de julgar as contas, com a finalidade de definir a situação do responsável perante a Fazenda* (débito, crédito ou quite), havido sido, no começo do século, do Conselho de Fazenda, depois, transferida aos juízes territoriais e agora era atribuída ao Tribunal de Contas. Em 1850, o Decreto nº 736 transferiu essa competência dos juízes territoriais para o Tesouro Público Nacional: "Art. 2º Compete ao Tribunal do Tesouro [...] §3º Julgar as contas de todas as Repartições; e Empregados que tiverem a seu cargo a arrecadação e dispêndio de dinheiros, ou de quaisquer valores pertencentes à Nação, fixando no caso de alcance o débito de cada um dos responsáveis". *Vide Decreto nº 563, de 4 de julho de 1850*. Autorizando o Governo a reformar o Tesouro Público e Tesourarias das Províncias. E, também, *Decreto nº 736, de 20 de novembro de 1850*. Reforma o Tesouro Público Nacional e as Tesourarias das Províncias.

306 Cabia às subdiretorias do Tribunal de Contas "o exame e tomada de contas relativas às repartições de arrecadação e às repartições de despesa e movimento de fundos" (art. 54, §§11 e 12). Na sistemática adotada, não se tratava de contas de entidades, mas daqueles responsáveis por essas entidades e que administrassem bens e valores públicos, aos quais se poderia imputar determinada situação perante a Fazenda: devedor, credor ou quite.

307 Como Tribunal de Justiça Administrativo, competia, ainda, ao Tribunal de Contas: "Art. 31. [...] §2º Propor ao ministro da fazenda a suspensão dos responsáveis, que não satisfizerem a prestação de contas ou não entregarem os livros e documentos de sua gestão dentro dos prazos fixados nas leis e regulamentos, ou quando, não havendo tais prazos, forem intimados para esse fim. §3º Propor igualmente, nos termos do decreto n. 657 de 5 de dezembro de 1849, a prisão dos responsáveis que forem remissos ou omissos em fazer as entradas dos dinheiros a seu cargo nos prazos marcados pelas leis, regulamentos, instruções ou quaisquer outros atos, e a promover contra eles e seus fiadores os sequestros e mais processos civis competentes para segurança e embolso da Fazenda Federal. §4º Impor multas aos responsáveis que não apresentarem as contas, ou os livros e documentos de sua gestão, nos prazos que lhes houverem sido marcados, quando não o tiverem feito nos prescritos nas leis, regulamentos, instruções e ordens em vigor. §5º Fixar e julgar, à revelia, o débito dos responsáveis, que deixarem de apresentar as contas ou os livros e documentos de sua gestão, por quaisquer outras contas e documentos que lhes fizerem carga. [...] §7º Avaliar as provas de fato, deduzidas por justificações e quaisquer outros documentos, da perda ou arrebatamento de dinheiros e valores públicos, por força maior, que forem apresentadas pelos responsáveis, e à vista delas, resolver o que for de justiça sobre o abono da soma ou dos valores perdidos ou arrebatados".

Em capítulo específico, o decreto definia o procedimento a ser seguido no processo da tomada de contas[308] e dispunha, precisamente, sobre o modo de deliberação do Tribunal: "estabelecer a situação do responsável, julgando-o quite, em crédito ou em débito com a Fazenda Federal":

> Art. 73. [...] §1º As decisões do Tribunal sobre a tomada das contas estabelecerão a situação do responsável, julgando-o quite, em crédito ou em débito para com a Fazenda Federal, fixando, neste último caso, o seu verdadeiro débito e condenando-o ao pagamento. [...].
> Art. 74. As decisões do Tribunal serão exequíveis a favor ou contra os responsáveis, somente nos termos seguintes: 1º Nos dois primeiros casos de que trata o §1º do artigo antecedente, isto é, de achar-se o responsável quite ou em crédito para com a Fazenda Nacional, mandará o Tribunal passar quitação relativa, levantar os sequestros a que se tiver procedido, o bem assim dar baixa nas fianças e hipotecas, e restituir os depósitos, se não continuar a gerência do mesmo responsável;
> 2º Verificado o alcance,[309] o Tribunal marcará um prazo dentro do qual o responsável ou seus fiadores, viúvas, herdeiros ou interessados, entrem com a respectiva importância e

[308] Antes de ser submetida ao julgamento do Tribunal, para decidir sobre a situação do responsável perante a Fazenda Federal, *a conta do responsável passava por um processo de liquidação*, conforme art. 65 e seguintes: "Art. 65. Logo que a conta for entregue pelo responsável, o respectivo subdiretor, atenta a natureza da conta, designará o escriturário que deva tomá-la, o qual assignará carga em livro da subdiretoria, para isso destinado, com as declarações convenientes. [...]. Art. 66. Concluído o primeiro exame da conta, o subdiretor, se julgar necessário pela importância da responsabilidade, ou por encontrar defeito na primeira liquidação, a entregará a outro escriturário, o qual a examinará de novo e dará a sua opinião à cerca das observações do tomador da conta, glosando as que lhe parecerem desarrazoadas, concordando nas que lhe parecerem procedentes e adicionando tudo que entender necessário para o pleno esclarecimento dela e decisão final. Art. 67. Examinada e liquidada a conta, será entregue pelo escriturário ao subdiretor, e este, depois de revê-la e dar sua opinião, a apresentará ao diretor, que tiver a seu cargo o trabalho do respectivo Ministério. Art. 68. Na tomada de contas dos responsáveis, que deixarem de apresentar os livros e documentos de sua gestão, servirá de base para a avaliação da receita proveniente de impostos o termo médio da renda arrecadada nos cinco últimos exercícios. Art. 69. Os subdiretores ficam autorizados, não só a ouvir o respectivo responsável e a outras quaisquer pessoas, todas as vezes que assim for de mister para esclarecimento, como também para requisitar de qualquer repartição documentos para o mesmo fim, por intermédio do Tribunal. Art. 70. O diretor, depois de examinada e revista a conta, na forma indicada nos artigos antecedentes, considerando-a pronta para ser julgada, a apresentará ao Tribunal. §1º Havendo alcance, será ordenada a citação do responsável, fiadores, suas viúvas, herdeiros, tutores ou curadores destes, afim de alegarem o que for a bem de seu direito, produzirem documentos, e constituírem procurador na sede do Tribunal, e nele escolherem ou declararem ao secretário do mesmo Tribunal o domicilio, onde hão de ser feitas as intimações das decisões para quaisquer efeitos, com a comunicação de serem considerados revéis e não receberem mais intimação, si não fizerem tal declaração. §2º Não havendo alcance, terá lugar o julgamento, independentemente da citação de que trata o parágrafo antecedente". *Esse processo de liquidação era necessário para se chegar ao julgamento (decisão) da(s) conta(s) – uma ou mais contas – do responsável: débito, crédito ou quite.* A natureza de Tribunal de Justiça, administrativo, advinha da natureza de sua decisão sobre as contas: condenar o responsável a pagar algo à Fazenda; reconhecer haver crédito a favor do responsável perante a Fazenda; ou dar-lhe quitação quanto às suas obrigações financeiras, o que significava que nada tinha a pagar nem a receber da Fazenda, encontrando-se quite com ela, dando-se baixa nas garantias (fianças, hipotecas) que, àquela época, ocupantes de certos cargos e funções deviam prestar. Pode-se dizer que esse processo corresponderia, em termos históricos, ao que atualmente se faz sob a denominação "auditoria de contas".

[309] *Sobre o conceito de alcance, vide* Castaño (*Alcance*, 2019, p. 25): "Desde el punto de vista legal, el artículo 72 de la Ley 7/1988, de 5 de abril, de Funcionamiento del Tribunal de Cuentas, dispone en su apartado primero que «A efectos de esta Ley se entenderá por alcance *el saldo deudor injustificado de una cuenta* o, en términos generales, la ausencia de numerario o de justificación en las cuentas que deban rendir las personas que tengan a su cargo el manejo de caudales o efectos públicos, ostenten o no la condición de cuentadantes ante el Tribunal de Cuentas.» [...]. La existencia de un alcance contable no implica necesariamente que la causa del mismo haya sido la apropiación o sustracción de los fondos públicos por parte de la persona que los tenía a su cargo, sino que surge también cuando el que maneja los fondos públicos no es capaz de explicar con la mínima e imprescindible actividad probatoria la inversión o empleo dado a los mismos.» El alcance nace por tanto de un descubierto injustificado en una cuenta que deben rendir quienes tienen a su cargo el manejo de caudales públicos y puede originarse tanto en la ausencia

juros correspondentes para os cofres públicos, e não o fazendo, extraída a conta corrente, será esta remetida, com cópia da decisão do Tribunal, ao diretor representante do ministério público, para promover a sua execução; [...].

2.3.1.2 O Tribunal de Contas como fiscal das leis de receita e despesa

Como "fiscal das leis de receita e despesa públicas", o Tribunal desempenhava funções de escopo orçamentário e de finanças públicas.

Competia-lhe examinar a distribuição dos créditos orçamentários, os atos, de qualquer ministério, que autorizavam despesas e se as concessões de aposentadoria, jubilação ou reforma estavam "dentro das forças orçamentais ou de algum crédito especialmente aberto para esse fim".[310]

2.3.1.3 Síntese das competências fiscais e judiciárias

Em síntese, considerados os dois modos de atuação, funções fiscais e judiciárias, o Tribunal de Contas[311] desempenharia várias competências, que voltarão a ser abordadas na próxima seção e nos próximos capítulos, em contextos mais específicos e comparativos:

a) o exame prévio dos atos suscetíveis de criar despesa ou interessar às finanças públicas;
b) a verificação da legalidade das ordens e contas de despesas autorizadas, promovendo o registro prévio;
c) *a ação jurisdicional-judiciária* sobre os responsáveis por prestar contas de bens e valores públicos, para fins de determinar a situação em que se encontravam

de numerario como en la ausencia de justificación por falta de los necesarios soportes documentales. Para que pueda producirse un alcance es preciso la existencia de *una cuenta entendida en sentido amplio, como documento de naturaleza contable* que ha de ser rendido imperativamente por los que tengan a su cargo el manejo de caudales, aunque no ostenten la condición de cuentadantes ante el Tribunal de Cuentas. [...] Este concepto aparece además unido al de la obligación de dar o rendir cuentas; porque no rendir cuentas debiendo hacerlo por estar encargado de la custodia o manejo de los caudales públicos, no justificar el saldo negativo que estas arrojan, no efectuar los ingresos a que se está obligado por razón de percepción o tenencia de fondos públicos, sustraer o consentir que otro sustraiga, o dar ocasión a que un tercero realice la sustracción de caudales o efectos públicos que se tengan a cargo o aplicarlos a usos propios o ajenos etc., son todos ellos supuestos de alcance y como tales generadores de responsabilidad contable, si se dan todos los requisitos que la Ley establece" (Grifos nossos).

[310] Decreto nº 1.166/1892: "Art. 32 Como fiscal das leis de receita e despesa públicas, compete ao Tribunal de Contas: §1º Examinar as tabelas de distribuição de crédito, todos os decretos, ordens e avisos dos diferentes Ministérios autorizando despesas, e verificar a sua legalidade. §2º Examinar, pelos respectivos títulos, si as concessões de aposentadoria, jubilação ou reforma de empregados públicos, e bem assim as de meio soldo, montepios e pensões, estão dentro das forças orçamentais ou de algum crédito especialmente aberto para tal fim. §3º Expor num relatório anual, dirigido ao ministro, todas as *considerações tendentes a demonstrar e tornar bem conhecido o estado da Fazenda Pública Federal*, as reformas de que possa carecer e os abusos e omissões, porventura, praticados no fiel cumprimento tanto das leis do orçamento como de todas as que disserem respeito à administração fiscal" (Grifos nossos).

[311] O Tribunal era composto de cinco membros: "o presidente e quatro diretores, com voto deliberativo, um dos quais representava o Ministério Público".

perante a Fazenda Federal – devedor,[312] [313] quite ou credor –, podendo impor multas aos responsáveis que não apresentassem as contas ou os livros e documentos de sua gestão;

d) o exame e revisão das contas ministeriais, examinando mensalmente, à vista dos balancetes, o movimento de receita e despesa, recapitulando e revendo anualmente os resultados mensais, e conferindo esses resultados com os que fossem apresentados pelo Governo;[314]
e) a fiscalização das leis de receita e despesa pública, bem como da execução do orçamento, examinando a distribuição dos créditos, os decretos de abertura de créditos extraordinários e suplementares, para fins de registro, a legalidade das autorizações de despesa e a compatibilidade orçamentária das concessões de aposentadoria, jubilação e reforma de empregados públicos e de meios soldos, montepios e pensões;
f) a apreciação prévia de contratos de obras públicas, de garantias de juros e subvenções a estradas de ferro, engenhos centrais e navegação, de construção de edifícios públicos, entre outros;
g) o acompanhamento de todas as autorizações para emissão de empréstimos e levantamento de fundos, devendo o ministro da Fazenda comunicar-lhe todas as operações e documentos "justificativos do uso feito dessas autorizações";
h) o acompanhamento das operações de resgate da dívida pública, cabendo ao ministro da Fazenda encaminhar-lhe "a relação dos bancos, casas bancárias e companhias que as houverem contratado com o Governo e um relatório minucioso do modo pelo qual se haja cumprido o contrato";
i) elaboração de relatório anual, dirigido ao ministro da Fazenda, expondo

todas as considerações tendentes a demonstrar e tornar bem conhecido o estado da Fazenda Pública Federal, as reformas de que possa carecer e os abusos e omissões, porventura,

---

[312] Segundo Carmo (*Contribuição ao Estudo da Responsabilidade Financeira*, 1995, *passim*, p. 65; 134), esse tipo de condenação ressarcitória corresponde à responsabilidade financeira: "Por seu lado, a responsabilidade financeira é comummente associada à obrigação, prevista pela lei em certos casos, de reintegrar os dinheiros públicos objeto de prática financeira ilegal ou irregular, por parte das entidades (pessoas singulares) responsáveis. Esta função eminentemente reintegratória e reconstitutiva da responsabilidade financeira reflete desde já a sua *contiguidade lógico-material com a responsabilidade civil*". E, ainda, "factos constitutivos de responsabilidade financeira são, exatamente, o *alcance* ou *desvio* e o *pagamento indevido*; a responsabilidade tem a natureza de obrigação, consistindo numa *obrigação de repor* que é ordenada pelo Tribunal de Contas" (Grifos nossos). A face reintegratória da responsabilidade financeira em Portugal envolve situações limitadas: "prática financeira ilegal ou irregular" (alcance, desvio, pagamento indevido). No Brasil, a responsabilidade reintegratória seria mais bem nominada de responsabilidade ressarcitória e associada ao conceito de dano ao erário, muito mais amplo do que o conjunto das situações mencionadas por Carmo.

[313] Conforme Carmo (*Contribuição ao Estudo da Responsabilidade Financeira*, 1995, p. 143), "o alcance inculca, tradicionalmente, a ideia de 'desfalque, desvio ou desaparecimento' de dinheiros ou valores do Estado ou de outras entidades públicas. Responsabilidade dele emergente concentra-se, ou concentrava-se exclusivamente, no tesoureiro ou exator público ('comptable public'), dada a sua qualidade de "responsável último pela saída de fundos do Erário, na dupla perspectiva da fidelidade na guarda dos bens públicos, nomeadamente os dinheiros públicos, e de último verificador da cadeia de verificação de legalidade posterior ao ato de ordenação".

[314] Exercia-se uma atividade que atualmente se desenvolveria como auditoria financeira.

praticados no fiel cumprimento tanto das leis do orçamento como de todas as que disserem respeito à administração fiscal.[315] [316]

2.3.2 A primeira Lei Orgânica: Tribunal de Contas como fiscal da administração financeira e Tribunal de Justiça

Criado juridicamente em 1890, o Tribunal de Contas viria a realizar sua primeira sessão apenas em 17.1.1893, operando ainda sob o regulamento provisório de 1892, ato do Poder Executivo, substituído pelo Decreto nº 392/1896,[317] ato do Poder Legislativo,[318] primeira lei orgânica do Tribunal de Contas da União.[319]

---

[315] Essa competência (assim o decreto se referia a esse dever) antecipava o que mais tarde viria a ser demandado do Tribunal de Contas a título de elaboração de parecer prévio sobre as contas anualmente prestadas pelo Chefe do Poder Executivo (contas de governo). E essa "missão" de expor "todas as considerações tendentes a demonstrar e tornar bem conhecido o estado da Fazenda Pública Federal, as reformas de que possa carecer e os abusos e omissões, porventura, praticados no fiel cumprimento tanto das leis do orçamento como de todas as que disserem respeito à administração fiscal" se vê no ordenamento normativo de EFS de países europeus, evidentemente em outros termos, mas esmaecida na prática mais atual dos Tribunais de Contas no Brasil.

[316] Cavalcanti (1896, *Elementos de Finanças*, *passim*, p. 580-581) explica como caberia ao Congresso Nacional proceder nessa função, que qualificava como contabilidade legislativa: "A Constituição Federal (art. 34, §1º) conferiu ao Congresso Nacional o direito e o dever de tomar as contas da receita e despesa de cada exercício; e, em verdade, há na Câmara dos Deputados uma comissão intitulada – Comissão de contas e pensões. Não consta, porém, que o disposto no artigo constitucional tivesse até agora, ao menos, um começo de execução. Conforme a prática seguida na contabilidade de outros Estados, *a tomada de contas pela Representação Nacional constitui matéria para um projeto de lei*, e no seu exame e parecer sobre o mesmo, a comissão deve verificar: 1) Se a receita e a despesa das diversas verbas do balanço definitivo conferem com as previstas e autorizadas nas leis do orçamento e demais atos, porventura expedidos, abrindo créditos adicionais; 2) Se a arrecadação das rendas e impostos foi feita de conformidade com as leis que as autorizavam, e regulavam as suas espécies; 3) Se na efetuação das despesas guardou-se o disposto nas leis e regulamentos; 4) Se os calculas aritméticos estão exatos e conferem, separada e comparativamente. Para bem fundamentar o seu parecer, além dos relatórios dos Ministros e do Tribunal de Contas, a comissão procederá aos exames e informações que julgar convenientes. E somente depois de colhidos e revistos todos estes e outros elementos, é, – que o Congresso Nacional deverá dar o seu voto de *aprovação definitiva das contas do exercício*. É escusado dizer que dos *artigos da lei dessa aprovação* também devem constar disposições, tendo por fim regular os direitos e obrigações, *pró* e *contra* a Fazenda Nacional, que tiveram origem ou resultaram das operações do exercício financeiro, de que se tratar. Nada disso se tem feito entre nós. Entretanto, não é mister insistir na necessidade do cumprimento de tão importante prerrogativa parlamentar. Sem ele, o poder que autorizou os serviços públicos e os meios, votando as leis orçamentarias, ficará na ignorância acerca do modo e condições, pelas quais foi executada a sua vontade soberana. Sem ele, a fiscalização, que lhe compete sobre os dinheiros públicos e quaisquer outros bens ou valores da Nação, deixará de ter a devida eficácia. É intuitivo: quem ordena e não se dá ao trabalho de verificar se as suas ordens foram ou não satisfeitas, na maioria dos casos não será obedecido, ou quando menos, não o será com inteira conveniência, nem conforme ao pensamento do ordenador" (Grifos nossos).

[317] *Decreto n 392, de 8 de outubro de 1896*. Reorganiza o Tribunal de Contas.

[318] A organização do Tribunal de Contas por ato do Poder Legislativo, e não por ato do Poder Executivo, vai ao encontro da crítica feita por Cavalcanti (*Elementos de Finanças*, 1896, *passim*, p. 490; 495): "É oportuno notar que, do simples texto do art. 89 da Constituição Federal, não era licito ao Poder Executivo organizar por decreto seu o Tribunal de Contas [...] abstemo-nos de falar da atual organização do Tribunal de Contas, ao nosso ver, incompetentemente feita pelo decreto n. 1166, porque reputamo-la de caráter *inteiramente provisório*; sendo de esperar, que o Poder Legislativo, do qual ora pende a lei orgânica do mesmo Tribunal, adopte o que for de melhor, em vista da tradição, meios e práticas, da nossa administração financeira".

[319] O Tribunal de Contas da União teria ao longo de sua história as seguintes leis orgânicas: Decreto Legislativo nº 392, de 1896; Decreto nº 13.247, de 1918; Lei nº 156, de 1935; Decreto-Lei nº 426, de 1938; Lei nº 830, de 1949; Decreto-Lei nº 199, de 1967 e Lei nº 8.443, de 1992.

Termos mais precisos foram dados às funções e competências do Tribunal: funcionaria como fiscal da administração financeira[320] [321] e Tribunal de Justiça[322] com jurisdição contenciosa e graciosa.

Como fiscal da administração financeira, o Tribunal de Contas, funcionava[323] "instituindo exame prévio[324] sobre os atos que entendessem com a receita e despesa públicas e revendo as contas ministeriais", sistema de registro prévio com veto suspensivo.

Em relação à receita, caber-lhe-ia,[325] essencialmente: examinar e registrar os decretos e as instruções do Governo que tivessem por finalidade regular a arrecadação dos impostos ou taxas mencionadas nas leis de meios; rever os balancetes mensais de todas as estações e repartições públicas que arrecadarem receita.

Quanto à despesa, o decreto estabelecia, especialmente, as seguintes competências:

a) velar por que a aplicação dos dinheiros públicos se dê em conformidade com as leis do orçamento da despesa e os créditos especiais e adicionais regulamente abertos;[326]
b) verificar a regularidade de todas as ordens de pagamento expedidas pelos diferentes ministérios;[327]

---

320 Não mais com as denominações de "fiscal das leis de receita e despesa públicas" e Tribunal de Justiça Administrativo.

321 Na Constituição de 1988, o equivalente da função de fiscal da administração financeira encontra-se na realização das auditorias, inspeções e fiscalizações previstas no art. 71, incs. I, IV, V e VI.

322 Carmo (*Contribuição ao Estudo da Responsabilidade Financeira*, 1995, p. 87), discorrendo sobre a evolução do Tribunal de Contas em Portugal, aponta que essa competência judiciária estava atrelada à responsabilização dos pagadores/recebedores: "Reconhecia-se que o sistema representativo e o governo constitucional do Reino só seriam possíveis desde que a fazenda pública fosse garantida pelos princípios da publicidade, fiscalização e responsabilidade. Fazendo referência a este último, escreverá, mais tarde, o Professor Armindo Monteiro: 'Imprescindível é organizar em termos bem definidos as *responsabilidades dos pagadores* – já que, cumulando embora de um modo geral as suas funções com as de recebedores, na organização fazendária de quase todos os países constituem uma bem definida categoria. É preciso que a sua responsabilidade esteja assegurada sob uma dupla face: *a de pagamento propriamente dita, função de vigilância e execução orçamental, e a de caixa*, ou seja a função jurídica de libertar definitivamente o Tesouro em relação aos seus credores'" (Grifos nossos).

323 O Tribunal de Contas realizava o registro prévio, nos termos do art. 2º, §3º: "Se o Ministro ordenador julgar que a cobrança do imposto ou a despesa ordenada e não registrada deve ser executada, submeterá o caso ao Presidente da República, em exposição escrita [...]. Se o presidente ordenar por despacho que os aludidos atos sejam praticados, o Tribunal os registrará sob protesto, dando de tudo conhecimento detalhado ao Congresso no relatório anual [relatório anual dirigido às Casas do Congresso]".

324 Conforme arts. 137 a 140 do Decreto nº 2409/1896: "*Art. 137.* O registro consiste na inscrição do ato em livro próprio com especificação da natureza do ato, da autoridade o expediu ou subscreveu, da importância do mesmo, do crédito orçamentário, adicional ou especial a que deva ser computado, ou em que precise ser classificado e da data do registro. *Art. 138.* O registro é simples ou sob protesto, prévio ou à posteriori. *Art. 139.* O primeiro é a inscrição de que trata o Art. 137, sem que haja sido objeto de impugnação a legalidade do ato a registrar; é realizado sob protesto o registro do ato aprovado pelo Presidente da República, nos termos do §3º do Art. 2º do decreto legislativo n. 392 de 8 de outubro de 1896, a despeito da impugnação do Tribunal de Contas; o registro prévio é o que se leva a efeito antes de fazer-se obra pelo ato proposto a registro; à posteriori é o registro do ato consumado. *Art. 140.* O registro simples, prévio ou à posteriori pode ser ordenado pelo Tribunal reunido em sessão, ou pelo presidente do Tribunal nos casos infra especificados" (Grifos nossos).

325 Decreto nº 392/1896, art. 2º, §2º, 4: "Igual procedimento [*vide* art. 2º, §2º, 3] terá o Tribunal em referência aos atos relativos à receita, concedendo ou recusando o registro segundo parecer-lhe que a lei do orçamento contém, ou não, autorização para a arrecadação do imposto, ou que este foi, ou não, decretado pelo Governo de conformidade com a referida autorização".

326 Decreto nº 392/1896, art. 2º, §2º, 3: "Se os atos determinativos de despesa estiverem revestidos de todos os requisitos demonstrativos de sua legalidade, o Tribunal ordenará o registro; no caso contrário, recusá-lo-á, em despacho fundamentado, dentro de 10 dias, que será comunicado ao Ministro ordenador da despesa".

327 Decreto nº 392/1896, art. 2º, §5º: "Nenhuma ordem de pagamento será executada pelos pagadores sem o registro determinado pelo Tribunal ou pelo presidente, anotado na referida ordem e em documento da despesa, por

c) instituir exames sobre os contratos que derem origem à despesa de qualquer natureza;
d) apurar a legalidade das aposentadorias, concessões de meio soldo e montepios militares e civis, e examinar se a fixação dos vencimentos de inatividade e a das pensões está de acordo com a lei;
e) fazer o confronto dos balanços gerais dos exercícios com os resultados das contas dos responsáveis e com as autorizações legislativas;[328]
f) expor em relatório anual dirigido às Casas do Congresso a situação da Fazenda Federal, propor as medidas tendentes à melhor arrecadação da receita e à fiscalização da despesa, emitir parecer sobre a expansão desta e suas causas, e fazer menção dos abusos e omissões praticados na execução das leis do orçamento e nas que entenderem com a administração fiscal.[329]

2.4 Segundo momento III: o debate parlamentar de 1896 e as razões para criação de um Tribunal de Contas e do julgamento de contas

Nas sessões da Câmara dos Deputados em que se debateu o projeto de lei que viria a ser convertido no Decreto nº 392/1896, as discussões mais acirradas envolveram o exame prévio, tema de central relevância à época, mas sobre o qual esta tese não se debruçará.

No entanto, como decorrência desse debate, muitas manifestações se deram acerca das razões de ser de um Tribunal de Contas, ao final do Império, e de suas funções, entre elas a atuação como Tribunal de Justiça, entendimentos fundamentais para a compreensão do sentido histórico do "julgar contas".

Para a Comissão de Constituição, Legislação e Justiça,[330] em seu parecer sobre o Projeto nº 43, de 1896,[331] que reorganizava o Tribunal de Contas, o art. 89 da Constituição o consagrara como instituto fundamental da República, "a melhor garantia da observância" das leis de receita e despesa, "a mais segura providência contra os abusos do Executivo" e "o elemento mais poderoso de separação entre o poder que decreta os orçamentos e o poder que os executa":[332]

---

meio de carimbo [...] O pagador que infringir este preceito incorrerá em responsabilidade criminal por executar ordens ilegais e ser-lhe-á levada em alcance, na tomada das contas, a importância indevidamente paga".

328 No modelo atual de exame de contas anuais de administradores e das contas anualmente apresentadas pelo Presidente da República (balanços gerais, conforme art. 36 da LOTCU-1992), também *esperar-se-ia, à semelhança do que se prescrevia em 1896, consistência*, de algum modo, entre o exame do conjunto dos balanços dos órgãos e entidades e o dos balanços gerais anuais, abrangendo toda a Administração.

329 Todavia, "essa determinação legal não passou de letra morta por longos 23 anos, só vindo a se tornar efetiva quando recepcionada pela Constituição de 1934". E não por muito tempo, pois, a Constituição de 1937 "omitiu qualquer referência acerca da emissão do parecer prévio, pelo Tribunal de Contas, sobre as contas prestadas pelo presidente da República. Nesse novo cenário político vigente no país, as contas do governo passaram a ser objeto de Parecer-Relatório, com aprovação por meio de decreto-lei do próprio presidente da República" (Silva, *Tribunal de Contas da União na História do Brasil*, 1999, *passim*, p. 55,75).

330 A comissão era formada pelos deputados Luiz Domingues (relator), V. de Mello (presidente), Dino Bueno, Sebastião de Lacerda, Alberto Torres e Clementino do Monte.

331 Câmara dos Deputados (*Annaes da Câmara dos Deputados*, 1896, p. 59-60).

332 Aqui o Tribunal de Contas é visto de uma forma que, segundo teorias do final do século XX, o enquadrariam como elemento de governança orçamentária. Modernamente, sobre esse tema, ver Borges (*Governança orçamentária*, 2015, p. 31): "Para trazer essas dimensões do conceito de governança para o contexto do orçamento público, algumas

> O sistema republicano presidencial é de todas as formas de governo a que consagra e realiza a separação mais completa dos poderes políticos da Nação. Nesse regime o Poder Executivo não tem com o Legislativo as relações de dependência do regime parlamentar. [...]
> Assim, competindo pela Constituição ao Poder legislativo decretar os orçamentos da receita e despesa públicas, e ao Poder Executivo executá-los, indispensável é, para fazer-se efetiva a separação dos dois poderes, que o Executivo, no tocante à despesa e à receita públicas, se restrinja ao seu papel de mero executor dos orçamentos, não despendendo nem arrecadando mais do que tenha sido decretado pelo Legislativo. [...]
> O Tribunal de Contas é instituído como a melhor garantia da observância destas leis, como a mais segura providência contra os abusos do Executivo e o *elemento mais poderoso de separação entre o poder que decreta os orçamentos e o poder que os executa.*[333] (Grifos nossos)

2.4.1 As diferentes visões sobre um Tribunal de Contas

Ao longo dos debates, diferentes visões foram expostas sobre os fundamentos para a existência de um Tribunal de Contas e sobre suas funções.

2.4.1.1 O Tribunal de Contas como Tribunal de Justiça

O funcionamento do Tribunal de Contas como Tribunal de Justiça, *processando e julgando, em* única *instância*, justificava-se como corolário da missão constitucional que lhe era atribuída, a liquidação das contas, pois sem a jurisdição contenciosa "a liquidação final das contas não seria feita pelo Tribunal de Contas, mas pelos tribunais judiciários":[334]

> PARECER – [...] Como tribunal de justiça, exercita o Tribunal de Contas sua jurisdição processando, julgando em única instância e revendo as contas de todas as repartições, empregados e responsáveis por dinheiros e valores públicos. Essa atribuição que o projeto confere ao Tribunal de Contas, decorre ainda do princípio constitucional da divisão e independência dos poderes. A jurisdição contenciosa, como a graciosa, sendo o complemento necessário da ação administrativa (Portalis), torna-se evidente [...] A liquidação das contas cabe pela Constituição ao Tribunal de Contas, e a jurisdição contenciosa é a condição dessa

---

características especiais em relação aos demais tipos de orçamento devem ser levadas em consideração: (i) no orçamento público os políticos eleitos e dirigentes públicos gastam o dinheiro do cidadão, e não o seu próprio; por isso, (ii) o orçamento público é largamente constrangido por regras que ditam o que se deve fazer ou não; (iii) no orçamento público há uma variedade de participantes que têm diferentes prioridades e distintos níveis de poder para conseguir valer seus objetivos por meio de estratégias mais eficientes em relação aos demais; por causa dessa variedade de atores e de demandas, (iv) não há apenas um conjunto de demandas para se decidir; assim, (v) o orçamento público pressupõe algum tipo de processo decisório; e (vi) para que os políticos eleitos e os dirigentes públicos possam mostrar suas decisões para os cidadão, *accountability* é uma importante parte do orçamento público (RUBIN, 2006)".

[333] O deputado Alberto Torres mencionou a experiência italiana, segundo a qual é possível entender a força de uma instituição como uma Corte de Contas em razão dos efeitos da expectativa de controle: "[...] A um estadista italiano notabilíssimo, antes da promulgação da lei de contabilidade pública de 1884, que dava ao Tribunal de Contas o veto absoluto, ouviu a Câmara dos Deputados dizer que a maior vantagem do Tribunal *não está tanto nos abusos que evitar depois de praticados, mas nos que impede que o governo tenha a coragem de praticar*" (Câmara dos Deputados, *Annaes da Câmara dos Deputados*, 1896, p. 422, grifos nossos).

[334] Câmara dos Deputados, *Annaes da Câmara dos Deputados*, 1896, p. 60.

liquidação; *sem a jurisdição contenciosa, o preceito constitucional não seria praticável*, a liquidação final[335] das contas não seria feita pelo Tribunal de Contas, mas pelos tribunais judiciários.

Embora com muito menos intensidade do que o instituto do exame prévio, a atuação do Tribunal de Contas como Tribunal de Justiça também foi questionada.

Para o Deputado Medeiros e Albuquerque, o projeto criava uma instituição que usurpava funções do Poder Executivo e do Poder Judiciário:

> O SR. MEDEIROS e ALBUQUERQUE – [...] Há ainda outros pontos sobre os quais o orador insiste fazendo ver principalmente que o projeto consigna um verdadeiro poder novo, espécie de Conselho de Estado ou de Poder Moderador, usurpando funções do Executivo e funções do Judiciário. Do Executivo, porque diminui de fato uma responsabilidade que a Constituição deixou inteira ao Presidente da República. Do Judiciário, porque o projeto *copia disposições do regulamento italiano, sem notar que no nosso regime político não há lugar para nenhuma jurisdição administrativa*. O Poder Judiciário é o único a quem incumbe distribuir justiça.[336] (Grifos nossos)

A percepção dessa competência como "restabelecimento do contencioso administrativo" também ocorreu ao Deputado Luis Detsi, que lhe apontou inconveniências, como o oferecimento de menores garantias "aos lesados" e os conflitos de competência com o Judiciário:[337]

> O Sr. LUÍS DETSI – [...] Restabelecer o contencioso administrativo, como ele existe, por exemplo, na França, será, quando pouco, aumentar o papelório, esse regime das informações contínuas, que nunca chega a um termo. Demais, o contencioso administrativo oferece, em primeiro lugar, menores garantias aos lesados, porque é natural que as autoridades administrativas queiram nas suas informações sustentar os seus próprios atos, ou os atos de seus subordinados. É uma questão de espírito de classe; é muito natural que assim seja. Além disso, os atritos com o Poder Judiciário serão contínuos quando a competência deste é manifesta, como se vê do art. 13 da citada lei n. 231 de 1894: "os juízes e Tribunais Federais processarão e julgarão as causas que se fundarem na lesão de direitos individuais por atos ou decisões das autoridades administrativas da União".

O relator do parecer da Comissão de Constituição e Justiça, Deputado Luiz Domingues,[338] rebateu esses argumentos, explicando que a jurisdição do Tribunal de Contas era restrita às "contas dos exatores da Fazenda Pública":[339]

---

[335] Conforme parecer da Comissão de Orçamento, a liquidação das contas envolvia o exame da legitimidade das despesas realizadas, o que implicava o exame de regularidade da despesa pública para além dos aspectos da adequada contabilização e suporte documental: "É claro que, sem despesas realizadas, não há contas a liquidar. A menos que se pretenda ser impossível liquidar contas sem previamente indagar se elas foram feitas legitimamente [...]" (Câmara dos Deputados, *Annaes da Câmara dos Deputados*, 1896, p. 61).

[336] Câmara dos Deputados, *Annaes da Câmara dos Deputados*, 1896, p. 371.

[337] De fato, no século XXI, essas possibilidades se tornaram cada vez mais discutidas.

[338] Luís Antônio Domingues da Silva. Foi deputado federal pelo Estado do Maranhão (1892-1910) e presidente do mesmo estado (1910-1914) (Disponível em: fgv.br).

[339] Na verdade, a jurisdição era bem mais ampla quanto às pessoas (pagadores, tesoureiros, almoxarifes, comissionados), mas restrita ao objetivo: definir a situação perante a Fazenda Nacional. E seria ampliada após a Constituição de 1988.

> O Sr. LUIZ DOMINGUES – [...] A atribuição judiciária, que o projeto confere ao Tribunal, é simplesmente e unicamente para poder cumprir o fim constitucional, isto é, a liquidação de contas dos exatores da Fazenda. É um meio sem o qual o fim constitucional não seria satisfeito / é um Tribunal de Justiça com jurisdição limitada; *julga somente as contas dos exatores da Fazenda Pública*. [...] E não é só no art. 89 que está o contencioso administrativo assim entendido. Está no regime presidencialista. A comissão dá ao Supremo Tribunal Federal recurso de todas as decisões dos tribunais judiciários, sim, mas dos Tribunais de Justiça Ordinária, não de um Tribunal Administrativo [...] Desde o momento em que o nobre deputado desse de uma sentença do Tribunal Administrativo recurso para o Tribunal Judiciário, para o Supremo Tribunal Federal, negócios atinentes à liquidação de contas de exatores, as contas não seriam afinal liquidadas pelo poder administrativo, e sim pelo Poder Judiciário, por isso que a última palavra seria deste.[340] (Grifos nossos)

A Comissão de Orçamento manifestou-se sobre o projeto, elaborando parecer[341] contrário ao exame prévio do Tribunal de Contas sobre os atos do Poder Executivo, parecer que recebeu voto em separado,[342] vencido, dos deputados Augusto Montenegro,[343] Alberto Torres,[344] Serzedello Corrêa[345] e Lauro Muller. Seus argumentos em favor da instituição de um Tribunal de Contas, e de um Tribunal com competências mais fortes e amplas, constituem objeto de análise das próximas seções.

2.4.1.2 O Tribunal de Contas e os regimes de governo: parlamentarismo e presidencialismo

Para os parlamentares autores do voto em separado, no sistema presidencialista o Tribunal de Contas era um instituto fiscal de grande relevância para equilíbrio entre os Poderes Legislativo e Executivo:[346] [347]

> VOTO EM SEPARADO – [...] O nosso sistema político funda-se no equilíbrio dos poderes reconhecidos pela Constituição: um deles, o Legislativo, procura, pelo estabelecimento de um instituto fiscal, abrigar a atribuição principal que lhe foi outorgada pelo pacto fundamental e sem a qual ele inutiliza-se e torna-se um aparelho dispendioso e trabalhando no vácuo.

---

[340] Câmara dos Deputados (*Annaes da Câmara dos Deputados*, 1896, p. 374).

[341] Câmara dos Deputados (*Annaes da Câmara dos Deputados*, 1896, p. 61).

[342] Câmara dos Deputados (*Annaes da Câmara dos Deputados*, 1896, p. 65 e seguintes).

[343] Augusto Montenegro foi deputado federal pelo Estado do Pará (1892-1900) e governador do mesmo estado (1901-1909) (Disponível em: https://cpdoc.fgv.br/sites/default/files/verbetes/primeira-republica/MONTENEGRO,%20Augusto.pdf).

[344] Alberto Torres foi deputado federal pelo Estado do Rio de Janeiro (1893-1896), ministro da Justiça (1896-1897), presidente do Estado do Rio de Janeiro (1897-1900), ministro do Supremo Tribunal Federal (1901-1909). Estudou na Faculdade de Direito de São Paulo. "Tendo participado ativamente, no final da legislatura 1891-1893, da discussão do projeto de lei de organização do Tribunal de Contas da União, reelegeu-se em 1º de março de 1894 para a legislatura 1894-1896" (Disponível em: https://cpdoc.fgv.br/sites/default/files/verbetes/primeira-republica/TORRES,%20Alberto.pdf).

[345] Serzedello Corrêa foi militar, presidente do Estado do Paraná (1890), ministro da Fazenda (1892-1893), deputado federal pelo Estado do Pará (1895-1902), entre outros cargos. "À frente dos problemas da Fazenda, empreendeu a reforma bancária, com a fusão dos bancos da República e do Brasil. Posteriormente, iniciou sua campanha para a instalação do Tribunal de Contas" (Disponível em: https://cpdoc.fgv.br/sites/default/files/verbetes/primeira-republica/CORREIA,%20Serzedelo.pdf).

[346] Câmara dos Deputados (*Annaes da Câmara dos Deputados*, 1896, p. 65).

[347] Tribunal de Contas como elemento da estrutura da governança estatal.

> Considerando esse ponto de vista, o Tribunal de Contas reveste-se de grande importância: ele *impede a efetividade da supremacia do Poder Executivo*, já bastante favorecido nos países que adotam o regime presidencial.
> Ninguém ignora que nos países em que predomina o presidencialismo, o Poder Legislativo só indiretamente faz sentir sua ação na administração e governo, ação que no regime parlamentarista é constante e direta. Sendo assim, o Poder Legislativo deve acautelar, com cuidado extremo, as suas atribuições constitucionais. Pois bem, o Tribunal de Contas, com o exame prévio, é a garantia de suas importantes prerrogativas orçamentárias: sem o exame prévio, o mesmo tribunal converte-se em chancelaria de fatos consumados.

Diferentemente do que ocorre em um país parlamentarista, a responsabilidade orçamentária nos países presidencialistas não pode se assentar apenas na responsabilidade política.[348] Em outros termos, a expectativa de correção na execução do orçamento não era assegurada pela sua contraparte, a expectativa de responsabilização por crime de responsabilidade:[349]

> VOTO EM SEPARADO – [...] Nos países de constituição parlamentar, uma política orçamentária infeliz é facilmente modificada pela retirada de um ministério e pela correção imediata dos abusos incriminados: nos países, porém, de constituição presidencial, tornar-se-ia preciso por em movimento a pesada máquina da responsabilidade, com graves sobressaltos para a nação e sem resultado imediato apreciável.

2.4.1.2.1 Responsabilidade política como mecanismo de *enforcement*: um "espantalho"

O Deputado Alberto Torres,[350] membro da Comissão de Orçamento, via o Tribunal de Contas como uma necessidade ainda maior no regime presidencialista, porque o "regime parlamentar dá aos parlamentares todos os recursos de exame, faculta-lhes todos os processos, arma-os de todas as posições e de todos os castigos, inclusive o da supressão do governo que exorbita".[351]

Igualmente, com mais ênfase, seria a manifestação do Deputado Augusto Montenegro,[352] para quem a responsabilidade política era um "espantalho":

> O Sr. AUGUSTO MONTENEGRO – [...] supôs-se que o preceito constitucional determinando a responsabilidade direta dos representantes do Poder Executivo perante os órgãos de soberania nacional / bastaria para impedir o Executivo de desviar-se da estrada que lhe é aberta pelo Legislativo; [...]
> A responsabilidade dos agentes do Poder Executivo perante o Congresso pela boa e fiel execução das leis até hoje, em país algum, tem bastado não só para coibir os desvios políticos, como ainda os erros financeiros e orçamentários. / Isto é muito justificável pela

[348] Câmara dos Deputados (*Annaes da Câmara dos Deputados* 1896, p. 66).

[349] Câmara dos Deputados (*Annaes da Câmara dos Deputados*, 1896, p. 66).

[350] Câmara dos Deputados (*Annaes da Câmara dos Deputados*, 1896, p. 424).

[351] No regime parlamentar, o Parlamento pode destituir um Governo do qual discorda sobre a forma de conduzir o Orçamento, pelos meios próprios e céleres, o que num sistema presidencialista não é possível, dadas a inviabilidade política e as consequências gravosas de um processo de *impeachment*.

[352] Câmara dos Deputados (*Annaes da Câmara dos Deputados*, 1896, 354-355, grifos nossos).

própria natureza política dos agentes do Poder Executivo e pela própria natureza política do Tribunal que a Constituição dá o julgamento desses delitos. / *a responsabilidade política é um espantalho*[353] / é uma coisa ilusória, sem valor prático. / Por conseguinte, a responsabilidade dos agentes do Poder Executivo não constitui o remédio para tornar uma realidade as leis votadas pelo Congresso quanto à despesa e à receita.

2.4.1.3 O Tribunal de Contas como instituição necessária ao funcionamento do Parlamento no sistema financeiro, fiscal e orçamentário

Ao longo da história, os aparelhos de fiscalização desenvolveram-se na mesma medida em que os parlamentos iam ganhando poder e iam sendo estabelecidas modernas concepções de Orçamento. Um Tribunal de Contas, no Brasil, ao final do século XIX, era necessário para fortalecer o Poder Legislativo, para "por um pouco de ordem no caos do orçamento", e, mais ainda, para garantir que as despesas fossem feitas como determinado nas leis orçamentárias, elaboradas, modernamente, segundo o princípio da especialização e novas regras:[354]

> VOTO EM SEPARADO – [...] Não são somente as nossas palpitantes necessidades relativas à situação financeira, não é somente o acúmulo de tantos erros econômicos que pesam sobre o edifício da Administração Pública [...] que nos induzem a favorecer um instituto capaz de por um pouco de ordem no caos do orçamento [...] é *a própria ciência que nos proclama as vantagens da instituição* e que nos diz de organizá-la de acordo com os seus ditames e regras. A base científica dos orçamentos modernos é a especialização: esta é também a razão de ser do exame prévio. Não basta que as despesas feitas pela administração não ultrapassem o quantum votado pelo parlamento, é preciso também que elas sejam aplicadas na maneira por ele determinada. Esta conquista da liberdade é o resultado de uma longa e renhida luta: é, pois, natural que os aparelhos de fiscalização se fossem aperfeiçoando, à proporção que os parlamentos foram-se investindo de maior soma de poder.

Para o Deputado Augusto Montenegro, o poder de votar o orçamento "não seria de valor algum político" se o Legislativo não pudesse fiscalizar sua execução, fiscalização que se encerraria com a "liquidação das contas" e emissão de um *veredictum*, "no sentido de constatar a real e perfeita execução":[355] [356]

> O Sr. AUGUSTO MONTENEGRO [...] Findo o orçamento, decretado este, entra de novo em função o poder político destinado a executá-lo; mas o direito anterior de votá-lo não

---

[353] Um processo de crime de responsabilidade poderia, àquela época, tal como agora, resultar em sanções de natureza político-representativa-eleitoral (perda do cargo e inelegibilidade) para o Chefe do Poder Executivo. Por isso, a Constituição Federal reservava o julgamento desses crimes, com essa consequência político-eleitoral, a um tribunal de natureza política, ante as implicações políticas de sua decisão, ressalte-se. *Essa é uma das questões relevantes acerca do julgamento das contas de governo pelo Poder Legislativo, como se verá.*

[354] Câmara dos Deputados (*Annaes da Câmara dos Deputados* 1896, p. 66).

[355] Ideia central do sentido de haver contas de governo e emissão de parecer prévio.

[356] Segundo o Deputado Augusto Montenegro, "desde que entre nós se votou um orçamento regular [...] que as transgressões orçamentárias começaram, e desde este dia, são passados 60 anos, ainda o Congresso, *o Parlamento não pode exercer a sua função constitucional, da liquidação dos orçamentos*. Os nossos exercícios encerram-se todos constatando profundas divergências entre o que foi votado pelo Parlamento e o que foi feito pelo Executivo" (Câmara dos Deputados, *Annaes da Câmara dos Deputados*, 1896, p. 354) (Grifos nossos).

> seria de valor algum político se a este mesmo poder não competisse fiscalizar a execução de sua obra, levar a sua competência até o ponto de examinar o modo por que a sua vontade, o seu critério e as suas resoluções são tornadas realidades práticas pelo poder investido dessa função. [...].[357]
> É por isto que nenhum Parlamento abre mão da faculdade de fiscalizar a execução dos orçamentos, de liquidar, por fim, as contas dos exercícios encerrados e de sobre eles pronunciar veredictum[358] no sentido de constatar a real e perfeita execução de suas vontades por parte do poder político a quem isto incumbe.[359] [360]

2.4.1.4 O Tribunal de Contas como instituição necessária à confiabilidade do sistema de contabilidade pública e à honorabilidade financeira

Membro da Comissão de Orçamento, o Deputado Augusto Montenegro defendeu vigorosamente o exame prévio pelo Tribunal de Contas, enfrentando todas as questões de fundo opostas contra a instituição.

O Tribunal de Contas era um "complemento necessário ao edifício das finanças, que deviam ser restauradas", cabia em qualquer país, presidencialista ou parlamentarista, porque era "um sistema de contabilidade pública destinado a zelar pelo crédito do país e a sua honorabilidade financeira":[361]

> [...] O Governo Provisório perfeitamente compenetrado da forma política de que ia se revestir da nova República, profundamente certo de que ia-se transplantar para o Brasil a forma presidencial de governo, não hesitou um momento em considerar como complemento necessário ao edifício das finanças, que deviam ser restauradas. [...] O Tribunal de Contas cabe, portanto, em qualquer país, quer seja regido pelo sistema presidencial, quer pelo parlamentar; cabe tanto nas Repúblicas como nas monarquias, porque é um sistema

---

357 Serzedello Corrêa: "[...] Nesse regime, por conseguinte, em que o Executivo tem tão amplas atribuições, em que há absoluta separação de Poderes, mas em que o Executivo tem atribuições de administração e de caráter político as mais vastas; o que será do Parlamento, no dia em que ele não tiver meios de tornar a execução dos orçamentos uma realidade, *de fazer com que as verbas votadas não sejam ultrapassadas*, de fazer com que cesse esta escamoteação, que se fez sempre, em todas as épocas, de mandar pagar despesas, que deviam ser inscritas em uma verba que se acha esgotada ou que não foi votada, por uma outra verba para esgotar esta nova verba e mais tarde vir abrir o crédito suplementar que a lei geral autorizava? O que será do Parlamento no dia em que ele não tiver meio de tornar a execução dos orçamentos uma realidade? Ele estará [...] amesquinhado, anulado, ele virá a desaparecer como uma engrenagem inútil no mecanismo constitucional" (Câmara dos Deputados, *Annaes da Câmara dos Deputados*, 1896, p. 398) (Grifos nossos).

358 Deputado Alberto Torres: "[...] *A tomada de contas pelo Congresso é o que se chama em direito orçamentário a votação da lei de retificação dos orçamentos ou liquidação do orçamento*" (Câmara dos Deputados, *Annaes da Câmara dos Deputados*, 1896, p. 426) (Grifos nossos).

359 Essa é uma das proposições históricas para um julgamento de contas. A avaliação final do ciclo orçamentário, com o auxílio do Tribunal de Contas. Algo mais objetivo e mais essencial do que um exame geral e genérico de questões havidas na gestão governamental ao longo de um ano. É um processo essencialmente atinente à execução do orçamento e à fidedignidade dos balanços.

360 Deputado Alberto Torres: "Mas a questão capital para mim é esta: a história orçamentária do nosso país nos demonstra que todos os esforços dos nossos parlamentos têm sido ineficazes, infrutíferos, para obter que o Poder Executivo se mantenha nas linhas restritas das leis orçamentárias. No Império, estas queixas continuadas contra os abusos do Poder Executivo eram a exclamação diária de todos os homens públicos nesta Câmara. Os homens públicos saíam do Parlamento para infringir orçamentos e voltavam para o Parlamento para acusar os que se lhes sucediam. Na República, os nobres deputados que tem combatido a instituição Tribunal de Contas têm demonstrado com fatos que o Poder Executivo tende a prolongar continuamente esta área de invasão sobre as leis orçamentárias" (Câmara dos Deputados, *Annaes da Câmara dos Deputados*, 1896, p. 427).

361 Finalidade permanente. Décadas depois, buscada pelos trabalhos de auditoria financeira.

de contabilidade pública destinado a zelar pelo crédito do país e a sua honorabilidade financeira.[362]

2.4.1.5 O Tribunal de Contas como obstáculo às práticas administrativas costumeiras incompatíveis com as leis orçamentárias

Serzedello Corrêa, que bem conhecia como o Tribunal de Contas funcionara sob a regulamentação provisória, dizia que a instituição, em pouco tempo, já havia prestado relevantes serviços ao país e vinha sendo "um obstáculo moral a um sem número de despesas que se fariam fatalmente se não fosse o seu veto":

> Não precisa, para justificar a importância da criação do Tribunal de Contas, no ponto de vista que se colocou, mais do que os relatórios do próprio Tribunal. Poderia mostrar à Câmara, com o relatório de 1893, como afirmou, *que há uma grande tendência da parte dos Poderes Públicos para abusar*, para ultrapassar, para ir além das verbas orçamentárias, criar serviços novos e estabelecer despesas não autorizadas. Poderia citar ainda o relatório do Tribunal em 1893 e mostrar que há um sem número de despesas que foram solicitadas pelos diferentes ministérios, autorizadas por eles e que no entanto não se fizeram, devido ao princípio do exame prévio, ao veto do Tribunal: e com isso não sofreu nada o serviço público, e a prova é que não houve necessidade posterior dessas despesas. [...] Há milhares de contos em 1893 que deixaram de ser gastos conforme solicitações de diversos ministérios e que o não foram porque o Tribunal de Contas opôs-lhes o veto porque pelo exame prévio demonstrou-se a ilegalidade de tais despesas. Poderia citar ainda, o relatório de 1894 onde há perto de 29.000:000$de créditos extraordinários que não foram despendidos, porque o Tribunal de Contas ainda estabeleceu o seu exame prévio, o seu veto impeditivo.[363]

As dificuldades do Poder Executivo com o Tribunal de Contas, segundo sua experiência, começaram "na ocasião em que se começou a tentar fazer umas tantas coisas" que "por lei do país não são possíveis", não por abuso, mas pelo costume que há entre nós de que é possível "praticar certas coisas ainda mesmo que não pareçam muito dentro das leis orçamentárias". Nessa ocasião, as dificuldades tornaram-se inevitáveis e começou-se, então, a propalar que o Tribunal era um empecilho para a administração:

> O Sr. SERZEDELLO CORRÊA – [...] Durante o tempo em que foi ministro não encontrou no Tribunal, mesmo com veto absoluto, a menor dificuldade. [...] No sistema de administração que temos, o ministro fica entregue ao pessoal de sua secretaria, por onde correm os serviços mais variados, e é conhecida a tendência que há sempre para orientar a opinião do ministro no sentido de praticar certos atos que por lei do país não são possíveis.
> De modo que os atritos do Tribunal de Contas começaram na ocasião em que se começou a tentar a fazer umas tantas coisas impossíveis; e como havia o desejo claro de fazê-las e praticá-las, e não quer dizer que fosse por tendências para o abuso, mas pelo hábito, pelo costume tradicional entre nós, desde o mais remoto passado até o presente, de supor possível praticar certas coisas ainda mesmo quando não pareçam muito dentro das leis orçamentárias, elas tornaram-se inevitáveis.

---

[362] Câmara dos Deputados (*Annaes da Câmara dos Deputados*, 1896, p. 359-360).

[363] Câmara dos Deputados (*Annaes da Câmara dos Deputados*, 1896, p. 395, grifos nossos).

Começaram então a dificuldades e objeções, começou-se a acreditar, a propalar e a assoalhar *que o Tribunal era um empecilho para a administração e uma dificuldade para a boa marcha do serviço público;*[364] que ele impedia um certo número de despesas necessárias e urgentes e que no entretanto se não podiam praticar, de modo que o serviço público sofria. [...].[365] [366]

2.4.2 Os modelos de EFS

Modelos de diferentes países foram mencionados e avaliados como referências para elaboração da primeira Lei Orgânica.

2.4.2.1 Condições culturais: o afastamento do modelo inglês

A discussão centrava-se em saber como o Legislativo exerceria a fiscalização, "sem a qual a função de decretação do orçamento torna-se de nenhum valor, torna-se completamente anulada pela faculdade posterior do Executivo", e de que modo seu aparelho fiscalizador deveria ser estruturado. Embora a Inglaterra tivesse o modelo que reputava mais evoluído,[367] não era a ele que se deveria recorrer, dadas as diferenças culturais:

---

[364] Desde a origem, estavam presentes discussões sobre a intensidade da atuação da EFS e a "boa marcha do serviço público", bem como sobre o modelo burocrático-legal em que atua a Administração.

[365] Câmara dos Deputados (*Annaes da Câmara dos Deputados*, 1896, p. 394).

[366] *Vide* a respeito, também, Silva (*O controle democrático do governo e a ação punitiva do Tribunal de Contas da* União, 1981, p. 199-200): "Na prática, a administração tende a orientar-se segundo os critérios de seus executivos, e, na medida em que estes são pressionados, por instâncias superiores, a assumirem um comportamento formal-burocrático, por exemplo, passam a ser submetidos a um *sistema de pressões conflitantes*. De um lado as normas, regras e seus executores e, de outro, as responsabilidades substantivas. A solução do conflito e muito particular, dependendo de como cada um avalia as consequências da transgressão. A acentuada tendência, na Administração Pública Federal, para a ampliação do controle puramente legal, tem condicionado os administradores a assumirem um comportamento estritamente formal, em detrimento da atividade-fim, fazendo com que aceitem como válida uma definição legalística e convencional de seus cargos. No entender de Schwartzman: 'O administrador de nível médio, cuja posição não é definida de forma explícita e inequívoca como política, está muitas vezes submetido a um sistema de pressões conflitantes. De um lado ele enfrenta um conjunto de normas claras e detalhadas, que definem a sua área de atuação e que podem eventualmente voltar-se contra ele no caso de transgressão. Por outro lado, ele também tem uma clara noção de suas atividades e uma percepção igualmente clara de que as normas, que definem suas funções, não lhe permitem alcançar seus objetivos. Ele tem que optar, assim, entre aceitar as normas e abandonar seus objetivos ou assumir estes, em detrimento daquelas. Embora comum, é incorreto pensar que esse dilema do administrador seja algo fortuito, devido a 'normas inadequadas', que deveriam ser reajustadas e redefinidas para se ajustar à realidade'. [...] A persistir o tipo de controle que vem sendo exercido, não deve constituir surpresa a vinculação, cada vez mais efetiva, dos administradores públicos aos aspectos formais, visto que estão sendo desestimulados a adotarem um comportamento dinâmico orientado para as realizações e, ao mesmo tempo, induzidos a assumirem um comportamento burocrático" (Grifos nossos).

[367] "Os ingleses, apesar da onipotência do seu Parlamento, apesar da grande estima que têm ao regime de gabinete que os governa, estão convencidos de que o *edifício das finanças cairia por terra como um castelo de cartas se eles o entregassem aos vai-vens da política dominante* e aos caprichos muitas vezes fatais do Parlamento e do Poder Executivo. Eles instituíram um aparelho fiscalizador de uma simplicidade tal que o torna por assim dizer, quase que inaplicável às mais nações cultas [...] Na Inglaterra não existe Tribunal; os ingleses acham-se em condições de dispensar um aparelho tão dispendioso; só existe um funcionário nomeado pela rainha, que pode ser demitido pela rainha por proposta do Parlamento, e que tem por atribuição visar todas as ordens de pagamento. Não há ordem de pagamento, partindo mesmo do 1º lord da tesouraria ou chanceler do Echequer que possa ter realidade prática sem assinatura do *auditor-controller-general*" (Câmara dos Deputados, *Annaes da Câmara dos Deputados*, 1896, p. 355, grifos nossos).

> O Sr. AUGUSTO MONTENEGRO – [...] Os aparelhos fiscalizadores criados no sentido de zelar pela fiel execução dos orçamentos, tiveram com o próprio direito de votá-los, uma marcha lenta e demorada. [...] A Inglaterra pratica como geralmente é reconhecida por todos aqueles que estudam a fundo a sua organização política, ainda o é mais em questão de finanças, possuindo um sistema o mais perfeito, como de fiscalização orçamentária. [...] Não é no sistema inglês que devemos procurar lições; nós, povo de raça latina, e que tememos sempre criar autoridades públicas com uma semelhante extensão de poderes; devemos procurar um aparelho fiscalizador que em nosso país possa tornar uma realidade prática os orçamentos; em países habitados por povos da nossa raça; é aí que nós devemos procurar exemplo e tomar lições.[368]

2.4.2.2 Condições institucionais: o afastamento do modelo francês

Também não poderia ser fonte inspiradora a Cour des Comptes da França,[369] que adotava o modelo de fiscalização *a posteriori* e que não tinha "servido para impedir os governos de transgredir as leis do orçamento":[370]

> O Sr. AUGUSTO MONTENEGRO – [...] Apesar da alta situação da *Cour des Comptes* em França, apesar da sua grande autoridade, ela não tem servido para impedir os governos de transgredir as leis do orçamento, transgressões das quais não se seguem as consequências naturais e lógicas de semelhante ato. Stourm resume as bases em que se assenta a *Cour des Comptes* francesa, desta maneira: "Ele não constitui um ramo da administração: é um corpo judiciário independente. Ela não muda de sede, julga exclusivamente diante de documentos em sua sede central. Ela não exerce fiscalização preventiva, no curso da execução do orçamento: julga somente a posteriori os exercícios encerrados. Enfim, ela espera para afirmar a exatidão das contas ministeriais que os resultados de sua verificação das contas individuais dos exatores lhe tenham fornecido algarismos exatos em vez de se contentar com uma fiscalização provisória menos precisa, mas mais rápida".[371]

[368] Câmara dos Deputados (*Annaes da Câmara dos Deputados*, 1896, p. 355-356).

[369] Conforme o parlamentar, "aproveitando-se do formidável aparelho criado pelo gênio de Napoleão, a Restauração, depois de grandes lutas e extraordinárias vicissitudes, ampliou as atribuições da *Cours des Comptes*, dando-lhe o direito de constatar e de certificar às Câmaras, segundo o apanhado das contas individuais, a exatidão das contas gerais publicadas pelo ministro das finanças e por cada ministro ordenador, De modo que a *Cours des Comptes* francesa ficou com estas duas atribuições: a de *Tribunal Judiciário destinado a verificar todas as contas dos responsáveis, e a de, por meio de um relatório, durante a liquidação do exercício transmitir ao parlamento* as dúvidas, as transgressões da lei que porventura se tivessem dado durante o correr do exercício em que orçamento estudado tinha sido aplicado" (Câmara dos Deputados, *Annaes da Câmara dos Deputados*, 1896, p. 357) (Grifos nossos).

[370] O parlamentar relembra que em 1845 havia sido apresentado o "projeto Alves Branco", "imbuído das ideias francesas", ou seja, "um Tribunal de Contas incumbido da tomada de contas dos responsáveis e apresentação de observações, dúvidas a respeito da execução dos orçamentos", conforme diz no seu art. 17: "O Tribunal apresentará todos os anos, dentro do primeiro mês da sessão legislativa a S.M.I. e ao corpo Legislativo um relatório, no qual não só confira o balanço apresentado pelo governo no ano anterior, com as contas tomadas, a ele relativas, justificando-as umas pelas outras, como também se apresentem todas as irregularidades, omissões e abuso, que tiver encontrado na arrecadação, fiscalização e distribuição dos dinheiros públicos e os defeitos das leis e regulamentos que parecerem necessitar de reforma". O Deputado Augusto Montenegro criticava esse modelo, haja vista a realidade vivida: "É um fato conhecido, o último balanço que possuímos é o de 1892; estamos em 1896, tempo suficiente para passarem ao domínio da história Congresso, Poder Executivo e todos aqueles que têm uma responsabilidade, por mínima que seja na decretação, votação e execução do orçamento" (Câmara dos Deputados, *Annaes da Câmara dos Deputados*, 1896, p. 358).

[371] Esclarece o parlamentar: "os inconvenientes da *Cour des Comptes* francesa tem preocupado aos próprios homens públicos da França / Todos eles são acordes em afirmar a insuficiência de semelhante fiscalização / e já por diversas vezes naquele país se tem proposto o estabelecimento de outra espécie de fiscalização" (Câmara dos Deputados, *Annaes da Câmara dos Deputados*, 1896, p. 357).

2.4.2.3 O Tribunal de Contas como instrumento de controle fiscal e a escolha do modelo belga-italiano

O sistema que melhor serviria à realidade do país seria, em contraponto ao modelo francês, o de exame prévio e de veto absoluto da Itália, onde o Tribunal de Contas havia sido "uma parte importante e muito digna na reabilitação" das finanças públicas, vigente sob o regulamento de 1892, ou o da Bélgica, de veto suspensivo, sistema que foi adotado no decreto de 1896, primeira lei orgânica do Tribunal de Contas:

> O Sr. AUGUSTO MONTENEGRO – [...] A Bélgica introduziu no sistema francês o exame prévio sobre as ordens de pagamento, exame prévio que naquele país, apresar da grande discussão que deu lugar a seu estabelecimento, foi considerada como o único remédio para a desordem financeira, remédio que de modo algum tolhia os governos honestos e dignos no uso de suas principais atribuições de administração. [...]
> A lei de 1864 introduziu na Itália o sistema belga, porém mais tarde julgou-se ainda frouxo o princípio em que o sistema belga assentava e chegou-se até ao veto absoluto. Na Itália todo ato que emana do poder real tem de passar pelo Tribunal de Contas [...] e todos os estadistas daquele país são acordes em sustentar que o Tribunal de Contas teve uma parte importante e muito digna na reabilitação das finanças italianas.[372]

Serzedello Corrêa, que havia sido ministro da Fazenda, agora deputado federal, defendeu a necessidade de um Tribunal de Contas, um aparelho fiscal, atuando segundo o sistema de exame prévio com veto, como instrumento de enfrentamento dos problemas fiscais e controle da despesa:

> [...] ora se é exato que a questão econômica é importante para todas as nações; o que não diremos nós para nossa República, para o nosso país, assoberbado de um enorme *déficit* [...] Se a questão econômica [...] é a questão mais importante da época atual, como torná-la digna de solução, como vencê-la, como equilibrar os orçamentos, como fazer com que eles sejam uma realidade, como fazer com que os orçamentos votados sejam executados com lealdade, sem esse aparelho fiscal que na Bélgica e na Itália têm produzido os melhores resultados e que entre nós já produziu enormes frutos, evitando um sem número de despesas?[373]

---

372 Acrescentava em sua narrativa histórica: "Os próprios ministros daquele país sustentavam que era no Tribunal de Contas que encontravam um dique suficiente às exigências inúmeras que se lhes antolhava e que a barreira de um *Tribunal sereno, calmo, fora das paixões, das lutas políticas e de suas conveniências por vezes desarrazoadas* é que dava ao governo força e vigor bastantes para lutar contra as inúmeras tentativas de transgressões da lei de finanças. [...] Dizia em 1862 o ministro de finanças da Itália: 'Se há coisa que contenha os administradores no declive de atos arbitrários, se há coisa que nos iniba de ceder a postulantes importunos, à gente cujas pretensões não cessam de acarretar novas despesas e transbordar os recursos facultados pelo orçamento é o *espectro do Tribunal de Contas*. Todo o dia, a toda a hora, muitas vezes na mesma hora, um ministro, um secretário geral, todos os que têm relações com a administração afluem a solicitar novas despesas. Não é fácil resistir! Muitas vezes os pretendentes mesmos não creem na utilidade delas e apenas as propõem impelidos por outros que os seguem, mas, dada a força da autoridade aos intercessores, a consequência é que, resistindo-se-lhes uma ou duas vezes, há de acabar-se por ceder" (Câmara dos Deputados, *Annaes da Câmara dos Deputados*, 1896, p. 358).

373 Continua: "Hoje é necessário mesmo o homem público revestir-se de uma grande energia para lutar com a onda crescente crida pela politicagem e pelos interesses bastardos. Dizia Nouvicow que, exatamente, como nos organismos biológicos, cada célula procurar tornar-se a todo momento parasitária, procura viver da seiva das outras, assim também na sociedade cada indivíduo procura tornar-se parasita, vivendo à custa do Estado. Os fatos estão aí, são da época presente" (Câmara dos Deputados, *Annaes da Câmara dos Deputados*, 1896, p. 397).

2.4.3 O Tribunal de Contas e a separação de poderes

Já em 1896 antecipava-se discussão doutrinária ainda acesa no século XXI: a posição dos Tribunal de Contas no ordenamento constitucional, à luz da separação de poderes, questão discutida pelo Deputado Alberto Torres,[374] que criticou a tentativa de ver a separação de poderes como algo imutável:

> [...] Ora, se os poderes políticos são estes três corpos inteiriços e isolados; si eles se relacionam intimamente, se adaptam, começa por deixar de ter valimento a pergunta feita, nesta Câmara, [...] qual a classificação do Tribunal de Contas nos poderes políticos da República. Mas que classificação, pergunta o orador? Que é que Sua Excelência deseja que se lhe responda? Onde se capítula no estudo do direito público a instituição Tribunal de Contas? Se é o capítulo que descreve o Poder Executivo que deve descrevê-la? Se é o capítulo que estuda o Poder Judiciário, que deve contê-la? Se é o que trata do Poder Legislativo?
> Se assim é, entra-se em uma série contínua de divagações a propósito de todas as instituições políticas da República. *Não é possível submeter cada instituição política a esta classificação sistemática* / O que é o Ministério Público? [...] o Juri composto de dois corpos, o magistrado togado / e o magistrado de fato. [...]
> Não há, portanto, no direito público de todos os povos, nem mesmo na nossa Constituição, a classificação lógica e rija que o nobre deputado quer fazer neste momento.[375] (Grifos nossos)

2.4.4 A origem do Tribunal de Contas: a luta histórica pelo controle republicano da receita e despesa públicas

Contestando novamente a ideia de que o Tribunal de Contas faria sentido apenas em regime parlamentarista e que seu pertencimento a esse sistema seria sua razão de ser, Alberto Torres sustentou que a origem do Tribunal de Contas não era essa. Era a campanha histórica pela legalidade da arrecadação dos impostos e da distribuição da despesa que "inspirava a necessidade de um órgão fiscal de exação das leis do orçamento":

> [...] Ora, assim sendo, por que não se compadece o sistema presidencialista com o Tribunal de Contas?
> Disseram os nobres deputados adversários do exame prévio [...] porque o Tribunal de Contas é uma instituição de um regime parlamentar. O Tribunal de Contas existe porque o Congresso dos países de organização parlamentar, porque o Legislativo sente a necessidade de fiscalizar a atribuição que dá ao gabinete de despender e arrecadar a receita e o Congresso delega então em uma corporação, que é o Tribunal de Contas, o exercício dessa função.

---

[374] Câmara dos Deputados (*Annaes da Câmara dos Deputados*, 1896, p. 420).

[375] O Sr. Alberto Torres: "[...] O Tribunal, dizem, com o exame prévio ofende diretamente o espírito da Constituição da República, opondo-se ao princípio da separação de poderes / uma dessas preocupações restritas de teorismo político, que concebem as instituições como aparelhos mecânicos, como máquinas metálicas feitas de peças inteiriças, inamoldáveis, fixas, sem elasticidades / como três colunas independentes, desembaraçadas, soltas, agindo cada uma em uma esfera de todo autônoma, sem que haja em torno dos três corpos uma atmosfera de relações [...] Entretanto, a própria Constituição, na sua letra, se opõe a essa interpretação rigorosa, a essa interpretação estrita. Ali está o artigo: três poderes independentes e harmônicos, coexistindo simultaneamente / sujeitos a um conjunto de relações, para a qual, na linguagem técnica do constitucionalismo norte-americano, se criou a denominação de freios e balanças, exatamente destinada a definir os pontos de contato, os pontos de conjunção, os pontos de conflito, os pontos de separação entre os poderes políticos. Ora, se os poderes políticos não são estes três corpos inteiriços, isolados; se eles se relacionam intimamente, se adaptam, começa por deixar de ter valimento a pergunta feita [...]" (Câmara dos Deputados, *Annaes da Câmara dos Deputados*, 1896, p. 420).

> *A origem do Tribunal de Contas não é essa*: a origem do Tribunal de Contas não é outra senão o prolongamento dessa velha campanha humana, dessa tradicional luta do indivíduo contra o Estado, que faz o fundo da evolução política de todas as nações, o zelo pela legalidade da arrecadação do imposto e pela legalidade da distribuição da despesa. / antes da formação do regime parlamentar na própria Inglaterra, esta questão prática / do povo inglês lutando, antes de lutar pela liberdade individual, lutando pela boa aplicação dos dinheiros que contribuíam para o subsídio do rei. A carta de João Sem Terra foi / uma garantia contra a extorsão das contribuições para o subsídio do rei. [...]
> É essa necessidade que se tem vindo desenvolvendo à proporção que a civilização marcha: é essa campanha que exigiu primeiramente a soberania de uma corporação para votar impostos e despesas, que depois formulou o processo de elaboração orçamentária, que chegou à doutrina de especialização da despesa. É essa campanha que inspira todos os povos, aos povos parlamentares como nos presidenciais, a necessidade de um órgão fiscal da exação das leis do orçamento.[376]

2.4.5 Uma digressão relevante: a semelhança do recurso de revisão entre a primeira e a mais recente Lei Orgânica e as contradições que isso indica

O processo, como regulado pelo Decreto nº 1.166/1892, admitia o recurso de embargos e o recurso de revisão, destinado a "rever as contas dos responsáveis", que somente poderia ser interposto nos seguintes casos:

a) omissão, duplicata ou errada classificação de qualquer verba de débito ou crédito;
b) erro de cálculo;
c) falsidade de documento em que se tenha baseado a decisão; ou
d) superveniência de novos documentos com eficácia sobre a prova produzida.[377]

Em 1992, um século depois, quando o processo de contas já se distinguira muito daquele regulado no final do século XIX, a Lei nº 8.443/1992,[378] mais recente Lei Orgânica

---

[376] Câmara dos Deputados (*Annaes da Câmara dos Deputados*, 1896, p. 421, grifos nossos).

[377] *Decreto nº 1.166/1892*: "Art. 85: O recurso de revisão, interposto perante o mesmo Tribunal, só terá lugar nos seguintes casos: 1º Omissão, duplicata ou errada classificação de qualquer verba de débito ou crédito; 2º Erro de cálculo; 3º Falsidade de documento em que se tenha baseado a decisão; 4º Superveniência de novos documentos com eficácia sobre a prova produzida. §1º Este recurso poderá ser interposto: 1º Pela parte interessada, enquanto não ficar prescrito o seu direito contra a República, nos termos do decreto. n. 857 de 12 de novembro de 1851; 2º Pela Fazenda Pública, enquanto não prescrever o seu direito contra o responsável, nos termos do art. 9º do mesmo decreto. / §3º O recurso de revisão poderá ser interposto dentro de cinco anos, contados da decisão recorrida, no caso de ter sido o julgamento da conta baseado em documentos reconhecidos como viciados de falsidade. [...]".

[378] *Vide* também os seguintes artigos da LOTCU-1992: "Art. 31. Em todas as etapas do processo de julgamento de contas será assegurado ao responsável ou interessado ampla defesa. Art. 32. De decisão proferida em processo de tomada ou prestação de contas cabem recursos de: I – reconsideração; II – embargos de declaração; III – revisão. / Art. 33. O recurso de reconsideração, que terá efeito suspensivo, será apreciado por quem houver proferido a decisão recorrida, na forma estabelecida no Regimento Interno, e poderá ser formulado por escrito uma só vez, pelo responsável ou interessado, ou pelo Ministério Público junto ao Tribunal, dentro do prazo de quinze dias, contados na forma prevista no art. 30 desta Lei. [...]. Art. 48. De decisão proferida em processos concernentes às matérias de que tratam as Seções III [atos sujeitos a registro] e IV [fiscalização de atos e contratos] deste capítulo caberá pedido de reexame, que terá efeito suspensivo. Parágrafo único. O pedido de reexame reger-se-á pelo disposto no parágrafo único do art. 32 e no art. 33 desta Lei".

do TCU (LOTCU-1992), prescreveu as mesmas exigências para interposição de recurso de revisão:[379]

> Art. 35. De decisão definitiva caberá recurso de revisão ao Plenário, sem efeito suspensivo, interposto por escrito, uma só vez, pelo responsável, seus sucessores, ou pelo Ministério Público junto ao Tribunal, dentro do prazo de cinco anos, contados na forma prevista no inciso III do art. 30 desta Lei, e fundar-se-á: I – em erro de cálculo nas contas; II – em falsidade ou insuficiência de documentos em que se tenha fundamentado a decisão recorrida; III – na superveniência de documentos novos com eficácia sobre a prova produzida.

Essa constatação indica que a LOTCU-1992, ao mesmo tempo em que introduziu elementos modernos de auditoria no processo anual de contas,[380] manteve na processualística do Tribunal de Contas da União a perspectiva histórica, voltada, na essência, ao específico exame das responsabilidades[381] por dispêndios, pagamentos, recebimentos, bens e valores públicos (controladas por contas contábeis) e a subsequente definição da situação do responsável perante a Fazenda Pública,[382] em que o Tribunal exerce uma jurisdição especial.

Essa forma de controle de responsabilidades financeiras e patrimoniais é desempenhada por outras Cortes de Contas. No sistema vigente na Itália, por exemplo, é denominada de *conti giudiziali* (contas judiciais), em que certos agentes públicos estão obrigados a prestar contas sob uma jurisdição judicial (*rendiconto judiciale*), exercida pela Corte dei Conti, qualificada como jurisdição contábil (*giustizia contabile*),[383] como veremos no Capítulo 6.

---

[379] Essa constatação permite avançar questionamentos sobre se os requisitos de admissibilidade de recurso de revisão prescritos na atual Lei Orgânica do TCU guardam pertinência com a natureza e o tipo de discussão que efetivamente ocorre nos processos que vão a julgamento modernamente, em especial os processos de contas anuais e de tomada de contas especial, na medida em que essas exigências foram instituídas à luz de um certo exame de contas que então se procedia, na forma como atuava a Administração Pública, mas que em 1992, quando foi editada a mais recente LOTCU, já não se procedia mais.

[380] *Vide*, como exemplo, o art. 9º ("integrarão a tomada ou prestação de contas, inclusive a tomada de contas especial, o relatório de gestão; o relatório do tomador de contas, quando couber; relatório e certificado de auditoria, que consignará qualquer irregularidade ou ilegalidade constatada, indicando as medidas adotadas para corrigir as faltas encontradas") e o inc. I do art. 16 ("as contas serão julgadas quando expressarem, de forma clara e objetiva, a exatidão dos demonstrativos contábeis, a legalidade, a legitimidade e a economicidade dos atos de gestão do responsável").

[381] Uma perspectiva completamente diferente da ideia de julgamento de contas como emissão de um juízo (regularidade/irregularidade – aprovação/rejeição) sobre um conjunto de atos de gestão e demonstrativos contábeis, denominado contas. *Vide* art. 16 da LOTCU-1992: "Art. 16. As contas serão julgadas: I – regulares, quando expressarem, de forma clara e objetiva, a exatidão dos demonstrativos contábeis, a legalidade, a legitimidade e a economicidade dos atos de gestão do responsável; II – regulares com ressalva, quando evidenciarem impropriedade ou qualquer outra falta de natureza formal de que não resulte dano ao Erário; III – irregulares, quando comprovada qualquer das seguintes ocorrências: a) omissão no dever de prestar contas; b) prática de ato de gestão ilegal, ilegítimo, antieconômico, ou infração à norma legal ou regulamentar de natureza contábil, financeira, orçamentária, operacional ou patrimonial; c) dano ao Erário decorrente de ato de gestão ilegítimo ao antieconômico; d) desfalque ou desvio de dinheiros, bens ou valores públicos".

[382] Ao longo da história, a legislação ora atribuía natureza judicial às decisões do Tribunal de Contas sobre a situação do responsável perante a Fazenda Pública, resultantes do exame e julgamento das contas, ora era omissa.

[383] Sobre a prestação de contas judicial na Itália, *vide*, desde já, a exposição do então presidente da Corte dei Conti, Francesco Staderini, no Foro Internacional sobre la Fiscalización Superior en México y el Mundo 2005: "Entra en la jurisdicción de la Corte, por antigua disposición emanada de la ley institutiva, el juicio sobre la responsabilidad de los agentes contables. La así llamada responsabilidad de cuentas es la responsabilidad de aquellos sujetos (agentes contables) que han recibido en consignación (bajo diferentes contratos) dinero, bienes u otros valores

2.5 Síntese

O fundamento racional que justifica a existência do Tribunal de Contas pode ser "reconduzido a um princípio geral do Direito" que poderia "validamente enunciarse como aquele que impõe a todo administrador de bens alheios a prestação de contas de sua gestão".

> Se não se impusesse a obrigação de prestar contas, a administração de bens alheios se tornaria praticamente impossível, pois, na prática, a titularidade dos bens seria invertida, ao se conceder a mais ampla liberdade de ação ao gestor e transformar o proprietário em um simples espectador de sua própria espoliação.[384]

Por outro lado, ainda segundo Allende,

> na comunidade política, difusa, não seria viável que a Administração Pública, encarregada de manejar interesses e recursos que não são seus, preste contas de sua gestão diretamente ao povo, de quem procede aqueles recursos. Entre gestores e cidadãos se interpolam sempre, por exigências não apenas racionais, mas empíricas e pragmáticas, certas estruturas representativas.

A ideia de um tribunal de revisão de contas lançada em 1826, vista como a concepção inicial do Tribunal de Contas instituído em 1890, representava, de um lado,

---

públicos o que en alguna otra forma han tenido la disponibilidad material de esos bienes o valores, y que no han cumplido con la obligación de la restitución que les incumbe. Las normas de contabilidad general del Estado distinguen las siguientes figuras: Agentes de la recaudación (aquellos que están encargados de la recaudación de los ingresos); Agentes de tesorería (que administran los recursos financieros públicos y efectúan pagos a cuenta de la Administración); Agentes consignatarios (aquellos que custodian objetos o material de la administración pública). El Juicio de Cuenta tiene por objeto la verificación de la regularidad de la *cuenta judicial, correspondiente a los agentes contables*. Todos estos agentes deben presentar la cuenta judicial sobre modelos predeterminados, y deberán evidenciar la consistencia inicial, el movimiento de los ingresos y egresos (y de sus contrapartidas de bienes) en el curso de su ejercicio presupuestario y el remanente final. La responsabilidad contable se caracteriza por la presunción de culpa del agente, a quienes le incumbe demostrar, que los eventuales faltantes monetarios y/o de bienes o valores, se debe a causas de fuerza mayor o de algún siniestro natural, que cause el deterioro de los bienes, de lo contrario será condenado al pago de una suma equivalente al valor del faltante no justificado" (Staderini, 2005) (Grifos nossos).

384 Allende (*La funcion jurisdicional del Tribunal de cuentas*, 1983, p. 1320-1321): "El fundamento racional que justifica la existencia del Tribunal de Cuentas puede ser reconducido a un principio general del Derecho en el estricto sentido de la expresión, principio jurídico de carácter dogmático en la terminología de ESSER, inmanente a la naturaleza de la institución. Tal principio podría válidamente enunciarse como aquel que impone a todo administrador de bienes ajenos la rendición de cuentas de su gestión. Se trata también de un «Oberbegriff», del que existen numerosas polarizaciones fragmentarias en nuestro ordenamiento jurídico. El tutor, el mandatario, el comisionista mercantil, etc., se encuentran constreñidos a mostrar el resultado de su actividad gestora al titular de los bienes administrados o a las personas por quienes actúan. *No se trata de una desconfianza frente al administrador* (que si bien justificada muchas veces a posteriori, no debe ser establecida apriorísticamente), sino de crear un cauce para conservar la integridad del patrimonio administrado y encontrar un punto de equilibrio entre las facultades del titular y las de su agente, en beneficio de ambos. De no imponerse la obligación de rendir cuentas, se haría prácticamente imposible la administración de bienes ajenos, por invertirse de hecho su titularidad, al conceder la más amplia libertad de actuación al gestor y convertir al propietario en un simple espectador de su expoliación. [...] Por outra parte, en la comunidad política, de silueta difusa, no resulta viable que la Administración pública, encargada por definición de manejar intereses y caudales ajenos, rinda cuenta de su gestión directamente al pueblo, de quien proceden aquellos fondos. Entre gestores y ciudadanos se interpolan siempre, por exigencias no sólo racionales, sino empíricas y pragmáticas, ciertas estructuras representativas" (Grifos nossos).

uma evolução estrutural no "sistema de administração da fazenda" então vigente[385] e regulado pelo Alvará de 1808, baseado no Alvará de 1761, que já regulava o sistema no Brasil colonial; de outro, representava uma alteração radical nas relações entre o Executivo e o Legislativo, pois intencionava a redução do poder do ministro da Fazenda[386] e a constituição de um tribunal dele independente: um Tribunal de Revisão de Contas, não mais um Tribunal do Tesouro.[387]

Ao final do século XIX, o núcleo essencial de funções visto na Constituição de 1988 já estava presente na visão que se tinha do Tribunal de Contas naquele momento, no Decreto nº 392/1896, primeira lei orgânica do Tribunal de Contas da União, funções exercidas com a conformação adequada à época, havendo dois marcos históricos de alteração substancial: a supressão do registro prévio de atos e contratos na Constituição de 1967 e a instituição das auditorias operacionais na Constituição de 1988, evoluindo

[385] Tantos problemas não poderiam ser enfrentados pela proposição sintética de criação do cargo de administrador geral do Tesouro e de um Tribunal de Revisão de Contas, "composto de homens inteligentes, independentes e de reconhecida probidade", como o via o Senador Borges, coautor do projeto. No entanto, o que o Visconde de Barbacena tinha em mente era que se discutisse a "necessidade de um novo regime", e, por isso, era "indiferente a imediata apresentação do regimento", entendimento corroborado pelo senador Borges: com o novo sistema (descortinado nos debates), talvez "não se evitem todos os abusos, mas evitar-se-á, porém uma grande parte deles" e "se o novo sistema não satisfaz, a experiência já nos tem mostrado que muito menos o antigo" (Senado, *Annaes do Senado do Império do Brazil*, 1826b, p. 44-45). Sobre a necessidade de independência dos membros de uma instituição como o Tribunal de Revisão de Contas, *vide* o seguinte excerto da história da Corte dei Conti, da Itália: "La Corte dei conti fu istituita agli albori dello Stato unitario (legge 14 agosto 1862, n. 800), perché vigilasse sulle amministrazioni dello Stato, così da prevenire ed impedire sperperi e cattive gestioni. In questa funzione, la Corte dei conti assunse la veste di una 'magistratura', essendo emersa – secondo la storica affermazione di Camillo Benso conte di Cavour – la 'assoluta necessità di concentrare il controllo preventivo e consuntivo in un magistrato inamovibile'" (Corte dei Conti. Disponível em: https://www.corteconti.it/Home/ChiSiamo/Storia).

[386] Silva (*O Tribunal de Contas da União na História do Brasil*, 1999, p. 29): "No período regencial, mais especificamente na Regência Trina Permanente, foi aprovado o projeto, oriundo da iniciativa de Caldeira Brant, de criação do Tribunal do Tesouro Público Nacional, por força da Lei nº 657, sancionada em 4 de outubro de 1831, tendo sido extintos o Erário Régio e o Conselho da Fazenda criados em 1808, e organizadas as tesourarias das províncias. Nos regulamentos daquele tribunal foram detalhados os procedimentos acerca do que deveria ser feito para o levantamento e julgamento das contas dos responsáveis por dinheiros públicos, dentro ou fora do país. Compunha-se aquele órgão de quatro membros: o presidente, que era o ministro e secretário de Negócios da Fazenda – o único com direito a voto deliberativo, restando aos demais o voto consultivo –; o inspetor-geral, exercendo o papel de seu vice-presidente; e um terceiro, o contador-geral do Tesouro, todos nomeados pelo imperador. Integrava-o, ainda, um quarto membro, nomeado pelo próprio tribunal, por proposta do inspetor-geral, encarregado das funções de procurador-fiscal. A primeira sessão foi realizada em 9 de janeiro de 1832, presidida pelo ministro da Fazenda, Bernardo Pereira de Vasconcelos, e contou com as presenças do contador-geral, Manoel Alves Branco, e do procurador-fiscal, José Antônio da Silva Maya. *Havia no cenário político-administrativo uma preponderância do Ministério da Fazenda* sobre as demais pastas do governo. O ministro da Fazenda exercia um completo domínio sobre a distribuição dos créditos, a arrecadação dos impostos e dinheiros públicos, assim como a orientação acerca da aplicação e do emprego dos recursos, além da manutenção do equilíbrio orçamentário. Naturalmente, *essa dominação se estendia ao Tribunal*, subordinando-o à discricionariedade do regente, o que, sem dúvida alguma, retirava-lhe a independência".

[387] "Por meio do balanço dos temas abordados, é possível concluir que o Tribunal de Contas apoia-se em uma concepção liberal. Seu ineditismo torna inviável uma relação direta com qualquer instituição fiscal anterior, inclusive com o Conselho da Fazenda – ainda que esse fizesse as vezes de um tribunal que mantinha semelhanças estruturais e processuais com o tribunal criado por Rui Barbosa. Entretanto, a análise das diferentes formas de processamento das contas e da destinação dos recursos coloca em evidência a evolução das formas de tratar a cobrança dos impostos e a preocupação com a destinação, ao evitar os desvios aos cofres do governo. No eixo diacrônico, depreende-se que a *preocupação com a criação de mecanismos institucionais para efetuar o controle das contas públicas* era proporcional ao aumento da complexidade das relações de comércio existentes; estando igualmente vinculada às tentativas de estabilização da economia, mediante mecanismos de regulação das entradas e saídas dos cofres do Estado" (Pompeu e Costa, *Histórico do Controle de Contas em Portugal e no Brasil*, 2014, p. 126, grifos nossos).

as funções das EFS *pari passu* com a evolução das teorias e práticas de Administração Pública associadas aos novos modos de atuação do Estado.

Compreendidos os fundamentos e o ambiente histórico geral em que surgiu a instituição Tribunal de Contas, estruturada para ter atuação conjugada como fiscal da administração orçamentária, fiscal e patrimonial e tribunal judiciário que "julga contas", nos próximos capítulos discutiremos esse "julgar contas" e sua evolução histórica em contextos específicos, começando pelo julgamento das contas anuais.

CAPÍTULO 3

CONTAS ANUAIS

> *C'est ainsi que l'exprimait Jacques Magnet: "La raison même d'être du juge des comptes est de statuer sur la responsabilité des comptables. S'il ne s'agissait que de constater l'exécution ou l'inexécution des opérations financières ou même d'exprimer sur leur régularité ou leur irrégularité des avis sans force obligatoire, des commissaires aux comptes suffiraient" (Magnet J., "Que juge le juge des comptes", RFFP 1989, no 28, p. 119).* (Damarey, 2020)[388]

Este capítulo dedica-se a dois propósitos centrais, interligados.

O primeiro propósito é sistematizar a evolução normativa do exame e julgamento das contas dos responsáveis por dinheiros, valores e bens públicos pelo Tribunal de Contas da União, exercendo funções de auditoria e de responsabilização (jurisdicional-Intosai), com fundamento na Constituição Federal, em suas leis orgânicas, regimentos internos e demais atos normativos.[389]

O segundo, promover um escrutínio analítico da legislação que representa o modo como o Tribunal compreendeu, institucionalmente, ao longo do tempo, por meio de suas normas, o processo de julgamento das contas anuais, com a finalidade de esclarecer e entender a consistência interna desse processo e a coerência entre seus fundamentos e a natureza do juízo de contas emitido.

Além da legislação, foram examinados estudos e decisões do TCU e de outras instituições e autores, do Brasil e de outros países, como Portugal, Espanha, Itália e França.

Iniciamos pelas primeiras fontes normativas: a Constituição de 1891, o Decreto nº 392/1896, primeira Lei Orgânica do TCU[390] e o Decreto nº 2.409/1896, considerado seu primeiro regimento interno.[391]

---

[388] "A própria razão de ser do juiz de contas é decidir sobre a responsabilidade dos contadores públicos. Se se tratasse apenas de constatar a execução ou não execução das operações financeiras, ou mesmo de emitir opiniões sobre sua regularidade ou irregularidade sem força obrigatória, os auditores seriam suficientes" (Tradução livre).

[389] Adicionalmente, em atos equivalentes dos demais Tribunais de Contas subnacionais.

[390] LOTCU-1896.

[391] RITCU-1896.

3.1 Primeiro momento: as primeiras décadas

Ao longo da história do Tribunal, em razão de mudanças constitucionais, no funcionamento da Administração Pública e nas relações político-institucionais, novas leis orgânicas foram editadas: Lei nº 156, de 1935; Decreto-Lei nº 7, de 1937; Lei nº 830, de 1949; Decreto-Lei nº 199, de 1967 e Lei nº 8.443/1992, seguidas de alterações de seu regimento interno. A mudança expressiva viria a ocorrer com a Constituição de 1967[392] e a Emenda Constitucional nº 1/1969.[393]

A Constituição de 1891, no art. 89, instituiu "um Tribunal de Contas para liquidar as contas da receita e despesa e verificar a sua legalidade, antes de serem prestadas ao Congresso".[394] [395]

Sob essa fórmula finalística, a lei deveria desenvolver a estrutura, processos e competências para que o Tribunal verificasse a legalidade e liquidasse as contas da receita e da despesa.

Uma fórmula que, de um lado, dava-lhe, aparentemente, funções muito restritas, técnicas; tão restritas, sob certa interpretação, que delas derivaria a conclusão de ter sido irracional criar uma instituição especificamente para desempenhá-las, dar-lhe posição de relevo no ordenamento constitucional e instituir um procedimento de escolha de seus membros que passava pelas mais elevadas instâncias políticas e representativas do país – o Presidente da República e o Senado Federal –, o que investia o Tribunal de grande autoridade e legitimidade perante a Administração.

De outro lado, a fórmula era sintética e imprecisa o suficiente para permitir ao Congresso bastante espaço de desenvolvimento de competências associadas a ela, a ponto de suscitar, em interpretações mais extensivas, a violação do princípio da separação dos poderes: do Poder Executivo e do Poder Judiciário.[396]

---

392 Constituição da República Federativa do Brasil de 1967.

393 Emenda Constitucional nº 1, de 17 de outubro de 1969.

394 Como mencionado no capítulo anterior, esse artigo relaciona-se com o art. 34, 1º, que estabelecia competir privativamente ao Congresso Nacional "orçar a receita, fixar a despesa federal anualmente e tomar as contas de receita e despesa de cada exercício financeiro". *O procedimento de tomar as contas de receita e despesa constituía a manifestação final do Poder Legislativo sobre a execução do orçamento.* Mas, antes, cumpria ao Tribunal de Contas liquidar as contas de receita e despesa (um estágio inicial do que seria modernamente a auditoria financeira), contas que lhe seriam encaminhadas pelo ministro da Fazenda.

395 O art. 89, situado no Título V – Disposições Gerais, elevava o Tribunal de Contas à posição de instituição integrante da estrutura do Estado brasileiro, insuscetível de ser extinto por lei, como poderia ocorrer, uma vez que fora criado por decreto do "Marechal Manoel Deodoro da Fonseca, Chefe do Governo Provisório da República dos Estados Unidos do Brasil, constituído pelo Exército e Armada, em nome da Nação".

396 Esse foi o caso da discussão sobre o exame prévio com veto suspensivo havida nos debates sobre o projeto da primeira lei orgânica do Tribunal. *Vide* manifestações dos deputados Medeiros e Albuquerque e Luiz Domingues: "Sr. MEDEIROS e ALBURQUERQUE – Há ainda outros pontos sobre os quais o orador insiste fazendo ver principalmente que o projeto consigna um verdadeiro poder novo, espécie de Conselho de Estado ou de Poder Moderador, *usurpando funções do Executivo e funções do Judiciário.* Do Executivo, porque diminui de fato uma responsabilidade que a Constituição deixou inteira ao Presidente da República. Do Judiciário, porque o projeto copia disposições do regulamento italiano, sem notar que no nosso regime político *não há lugar para nenhuma jurisdição administrativa.* O Poder Judiciário é o único a quem incumbe distribuir justiça. [...] Sr. LUIZ DOMINGUES – Todo o povo sabe que a função principal do Congresso é orçar a receita e fixar a despesa; mas todo o povo vê que o Poder Executivo na execução das leis de orçamento faz o que quer [...]. A Constituição não podia prescrever que o exame fosse prévio ou *a posteriori*, o veto limitado ou absoluto, porque isto não é matéria constitucional; depende de circunstâncias, que variam, e só o legislador ordinário, consultando estas, pode resolver sobre o melhor processo e sistema a adotar [...]. Mas, *estas [atribuições judiciárias], estão no espírito e até na letra do art. 89 da Constituição.* Assim é que ao Tribunal compete liquidar as contas; a atribuição judiciária, que o projeto confere ao Tribunal, é simplesmente e unicamente para poder cumprir o fim constitucional, isto

A atribuição de função judiciária ao Tribunal de Contas[397] [398] foi defendida, conforme analisamos no capítulo anterior, como sendo corolário da missão constitucional de "liquidar as contas de receita e despesa", pois, se deixado ao Judiciário o contencioso sobre a situação do responsável por dinheiros, bens e valores públicos perante a Fazenda Federal, não seria mais o Tribunal de Contas quem liquidaria as contas de receita e despesa. No entanto, sua jurisdição, conforme justificara o Deputado Luiz Domingues, estaria limitada às "contas dos exatores da Fazenda Pública".[399]

Assim, num ambiente de debates acalorados na Câmara dos Deputados, de posições contrárias bem sustentadas, sobre questões constitucionais, políticas e hermenêuticas, foi aprovado o Projeto de Lei nº 43/1896,[400] convertido no Decreto nº 392/1896, que reorganizava o Tribunal de Contas,[401] especificando suas duas funções fundamentais

---

é, a liquidação de contas dos exatores da Fazenda. É *um meio sem o qual o fim constitucional não seria satisfeito"* (Câmara dos Deputados, 1896, *passim*, p. 371 e 374, grifos nossos).

397 Castro Nunes (*Teoria e Prática do Poder Judiciário*, 1943, p. 30, grifos nossos): "A jurisdição de contas é o juízo constitucional das contas. A função é privativa do Tribunal instituído pela Constituição para julgar das contas dos responsáveis por dinheiros ou bens públicos. O Judiciário não tem função no exame de tais contas, não tem autoridade para as rever, *para apurar o alcance dos responsáveis*, para os liberar. Essa função é 'própria e privativa' do Tribunal de Contas, diz o decreto orgânico em vigor, e os responsáveis sujeitos à tomada de contas 'só por ato do Tribunal podem ser liberados de sua responsabilidade' (dec.-lei n. 426, de 12 de maio de 1938, arts. 8.º e 19)". O processo de exame, revisão e julgamento de contas não representava o exercício de uma função contábil ou de auditoria em si mesma, destinado à emissão de opiniões sobre a regularidade das contas, mas *era parte necessária do processo de se chegar à decisão de natureza jurisdicional-judiciária especial*: definição objetiva da situação do agente perante a Fazenda Pública, o erário – em débito, em crédito ou quite –, como resultado da contabilização de valores a débito e a crédito numa conta corrente. A decisão do Tribunal de Contas poderia constituir o agente público em débito, cobrado judicialmente, ou exonerá-lo de responsabilidades financeiras. Essa responsabilidade era objetiva, daí o adágio "Tribunal julga as contas e não a pessoa". De fato, o Tribunal examinava a regularidade das operações (julgava as contas), sem aferir culpa, e imputava débito à pessoa, em responsabilidade objetiva. Ao Judiciário caberia julgar a pessoa por esse débito, em ação penal, se fosse o caso, mas não decidir sobre a ocorrência ou não do "alcance", a cargo do Tribunal de Contas, em jurisdição constitucional de contas. Ver nota de rodapé a seguir. Sobre a responsabilidade objetiva no julgamento das contas, *vide* Cunha (*Perspectiva geral sobre a natureza e a evolução da responsabilidade financeira*, 2017, p. 33-78), a respeito da atuação do Tribunal de Contas de Portugal: "A imputação de responsabilidade financeira dos alcances após a entrada em vigor da Lei n.º 2054, de 21 de maio de 1952 – Responsabilidade financeira por alcance, exceto no que diz respeito aos tesoureiros da Fazenda Pública, *deixou de ser objetiva*: o Tribunal passou a ter o poder de avaliar, em seu prudente arbítrio, o grau de culpa, de harmonia com as circunstâncias do caso [...]" (Grifos nossos).

398 Conforme art. 65 do Código de Contabilidade da União de 1922 (CCU-1922), instituído pelo Decreto nº 4.536/1922: "Sob responsabilidade estrita dos pagadores, nenhuma ordem de pagamento será cumprida sem haver sido previamente registrada pelo Tribunal de Contas ou por suas delegações. *Caso os pagadores efetuem qualquer pagamento sem o preenchimento dessa exigência, serão as importâncias pagas levadas à conta de alcance dos mesmos pagadores.* §1º O registro do Tribunal de Contas libera os pagadores de qualquer responsabilidade quanto ao aspecto legal da despesa; ficam, porém, responsáveis pela validade dos pagamentos que efetuarem diretamente ou por meio de fiéis e prepostos. §2º Verificada a nulidade do pagamento, por falta de idoneidade legal da pessoa que houver recebido, ou *inobservância de formalidades regulamentares*, os pagadores deverão entrar, dentro de oito dias, com a importância indevidamente paga, sob pena de suspensão e mais medidas acautelatórias dos direitos da Fazenda Nacional" (Grifos nossos). Os pagadores eram os agentes públicos sobre os quais incidia com maior facilidade de compreensão a noção de um julgamento de contas, naturalmente aplicável àqueles que manuseavam o dinheiro público. Observe-se, do art. 65, que os pagadores poderiam ser chamados a recolher à Fazenda Nacional (Erário) valores indevidamente pagos mesmo em casos sem conotação de locupletamento ou em que os pagamentos eram materialmente devidos, ou seja, situações em que a Administração pagou o que que lhe competia pagar. Poderiam ser responsabilizados pecuniariamente desde que tivessem efetuado pagamentos sem "observância das formalidades regulamentares", sem necessidade de caracterização de culpa ou dolo. Uma *responsabilização objetiva*, que propiciava a possibilidade de se falar de um julgamento de contas, e não de pessoas.

399 Na verdade, a jurisdição era, e seria, de fato, muito mais ampla.

400 Projeto nº 214/1895 do Senado.

401 Castro Nunes (*Teoria e Prática do Poder Judiciário*, 1943, p. 25): "No Brasil, o Tribunal de Contas não está e jamais esteve articulado com o Supremo Tribunal. É um instituto *sui generis*, posto de permeio entre os poderes políticos da Nação, o Legislativo e o Executivo, sem sujeição, porém, a qualquer deles".

(fiscal da administração financeira e Tribunal de Justiça, com jurisdição contenciosa e graciosa, cujas decisões teriam "força de sentença judicial"), às quais se vinculavam, e deveriam se vincular, as competências, atribuições, prerrogativas e obrigações previstas na lei orgânica e no regulamento.[402] [403]

No exercício da função fiscalizadora, caberia ao Tribunal, na forma do Decreto nº 392/1896, instituir "exame prévio[404] [405] sobre os atos que entendem com a receita e

---

[402] A comparação dessas funções e competências com as definidas modernamente na atual LOTCU, de 1992, e no RITCU, de 2012, mostra que, de certo modo, é incompatível uma regulação processual hodierna baseada na regulação procedida no século XIX para lidar com uma Administração Pública e necessidades de controle completamente distintas, discussão que será endereçada posteriormente.

[403] Outras leis e normas poderiam atribuir competências, atribuições e obrigações ao Tribunal, bem como especificar outras pessoas e situações sujeitas à sua jurisdição. Por exemplo, o art. 29, §3º, do Código de Contabilidade da União de 1922, que trata da responsabilidade dos "funcionários incumbidos da cobrança executiva dos créditos da União".

[404] *Vide* art. 65 do CCU-1922: "Sob responsabilidade estrita dos pagadores, nenhuma ordem de pagamento será cumprida sem haver sido previamente registrada pelo Tribunal de Contas ou por suas delegações. *Caso os pagadores efetuem qualquer pagamento sem o preenchimento dessa exigência, serão as importâncias pagas levadas à conta de alcance dos mesmos pagadores.* [...]" (Grifos nossos).

[405] Ver também o art. 66 do CCU-1922: "Embora registrada pelo Tribunal de Contas, subsiste inteira a responsabilidade dos Ministros e chefes de repartição e diretores de contabilidade, quanto à regularidade e conveniência da despesa que empenharem e do respectivo processo de liquidação. §1º Por ocasião da tomada de contas dos pagadores, o Tribunal de Contas responsabilizará os *ordenadores secundários* que houverem requisitado pagamentos ilegais não sujeitos a registro prévio. §2º É lícito aos Ministros sustarem o pagamento de despesa registrada pelo Tribunal de Contas, sem que assista qualquer direito de reclamação fundada no registro" (Grifos nossos). Os pagadores eram, portanto, considerados ordenadores primários, mas não eram responsáveis pela liquidação da despesa nem pela regularidade e conveniência da despesa em si, previamente empenhada. Os responsáveis pelo empenho e pela liquidação eram qualificados como ordenadores secundários, os quais, contudo, não passavam pelo processo de tomada de contas pelo qual passavam os ordenadores primários: os pagadores, emissores das ordens de pagamento. Essa distinção entre pagadores (ordenadores primários) e ordenadores secundários (dirigentes) conecta-se com a distinção fortemente estabelecida na França entre ordenadores de despesa (*ordonnateurs*) e contadores públicos (*comptables publics*), sob o histórico princípio da separação entre ordenador e contador, como será visto no Capítulo 5. *Vide* a respeito Le Clainche (*Responsabilité des comptables publics et management public*, 2017, p. 98): "Le système de responsabilité des comptables publics est l'un des dispositifs les plus anciens et les plus perfectionnés de «redevabilité» 1. La "redevabilité", ou obligation de rendre des comptes, est issue, d'une part de l'article 15 de la Déclaration des droits de l'Homme et du Citoyen et, d'autre part, du concept anglosaxon d'accountability. Au moment où cet objectif s'intègre dans les principes d'un management public de qualité, il peut être intéressant de se demander dans quelle mesure la responsabilité des comptables publics peut, elle aussi, participer à cette modernisation de la gestion publique. Or, bien qu'on puisse relever de nombreux liens, dans le secteur privé comme dans le secteur public, entre la comptabilité et le management, les deux disciplines sont fortement cloisonnées. L'expérience quotidienne de la vie administrative, comme l'enseignement ou la recherche ou l'histoire récente de la réforme de l'État confirment cette dichotomie. Cette séparation de la sphère des procédures financières de celle de la gestion publique est expliquée sans difficulté par les juristes qui se réfèrent au principe de base de la séparation des ordonnateurs et des comptables. Il a été posé à la Restauration lors de l'émergence du droit parlementaire et du droit de la comptabilité publique3 avec pourfinalité principale de protéger les ministres de la curiosité des parlementaires (Gloux, 2013). Il a été maintenu solidement au 20e siècle et confirmé avec quelques accommodements par le décret du 7 novembre 2012 sur la gestion budgétaire et comptable publique". Tradução livre: "O sistema de responsabilidade dos contadores públicos é um dos instrumentos mais antigos e bem elaborados de prestação de contas. *A obrigação de prestar contas encontra fundamento no artigo 15 da Declaração dos Direitos do Homem e do Cidadão e no conceito anglo-saxão de accountability*. À medida que esse objetivo se integra aos princípios de uma boa gestão pública, passa a ser válido questionar até que ponto o instituto da responsabilidade dos contadores públicos é relevante nesse processo de modernização da Administração Pública. No entanto, embora contabilidade e gestão sejam disciplinas inter-relacionadas, tanto no setor privado quanto no público, são fortemente compartimentalizadas, conforme o cotidiano da administração, bem como o ensino, a pesquisa e a história recente da reforma do Estado confirmam. A separação entre o campo dos procedimentos financeiros e o da gestão pública é explicada com naturalidade pelos juristas mediante o *princípio básico da separação entre ordenadores de despesas e contadores públicos. Este princípio foi estabelecido durante a Restauração*, com o surgimento do direito parlamentar e do direito da contabilidade pública, com a principal finalidade de proteger os ministros da "curiosidade" dos parlamentares (Gloux, 2013). Foi plenamente mantido no século XX e confirmado, com algumas adaptações, pelo decreto de 7 de novembro de 2012 sobre a gestão

despesa públicas" e "rever as contas ministeriais". A essa função estavam ligadas certas competências financeiras, contábeis, orçamentárias e patrimoniais, e certos modos de proceder:

a) "examinar e registrar os decretos e as instruções do Governo que tenham por fim regular a arrecadação dos impostos ou taxas mencionadas nas leis de meios";
b) "rever os balancetes mensais de todas as estações e repartições públicas que arrecadarem receita";
c) "confrontar todos os balancetes e o seu resultado com o balanço geral do exercício e as demonstrações da receita arrecadada, que o Ministério da Fazenda deverá enviar-lhe logo que esteja publicado";
d) "verificar e aprovar as *fianças e cauções que devem prestar todos* os que arrecadarem, aplicarem ou conservarem sob sua guarda e administração dinheiros, valores e bens pertencentes à República, seja qual for o ministério a que pertençam"[406] (grifos nossos);
e) "velar por que a aplicação dos dinheiros públicos se dê de conformidade com as leis do orçamento da despesa; e os créditos especiais e adicionais regularmente abertos";

---

orçamentária e contábil pública". Ver, também, Cour des Comptes (*Rapport public annuel* 2015, p. 26): "La gestion des administrations publiques repose en France sur le principe de séparation des ordonnateurs et des comptables. L'ordonnateur est en général le représentant légal de la collectivité ; il est, selon les cas, élu ou nommé : ministre ou préfet pour l'État, maire pour une commune, proviseur pour un lycée, président ou directeur pour un établissement public. Il dispose de pouvoirs en matière administrative et financière comme celui d'engager des dépenses ou d'ordonner le recouvrement de recettes, par exemple en recrutant des agents, en concluant des marchés ou des conventions présentant une incidence financière (subvention, bail, vente, etc.). Il agit, pour les actes les plus importants, avec l'autorisation de l'assemblée délibérante (conseil municipal, conseil d'administration, Parlement pour l'État). L'ordonnateur n'est pas habilité à payer les dépenses ni à encaisser les recettes de l'organisme public. Ces tâches sont confiées à un fonctionnaire, le comptable public, qui doit effectuer à cette occasion des contrôles de régularité de l'opération ordonnancée, en s'assurant notamment de la cohérence des pièces justificatives qui lui sont présentées. Le comptable n'est pas le subordonné de l'ordonnateur. Il s'agit, le plus souvent, d'un fonctionnaire de l'État, nommé par le ministre des finances et qui a suivi une formation en matière juridique, financière, budgétaire et comptable. La séparation des ordonnateurs et des comptables constitue à la fois le gage d'une gestion régulière des deniers publics et une contribution à la qualité de cette gestion". Tradução livre: "Na França, a gestão das administrações públicas baseia-se no princípio da separação entre ordenadores de despesas e contadores. Geralmente, o ordenador é o representante legal da coletividade [divisões administrativas com autonomia]; ele é eleito ou nomeado, conforme o caso: ministro ou prefeito regional pelo Estado [Governo Nacional]; prefeito municipal, pelos munícipes; diretor, para um colégio; presidente ou diretor, para um estabelecimento público. Ele dispõe de poderes em assuntos administrativos e financeiros, com competência para assumir obrigações financeiras [despesas] ou promover a arrecadação de receitas, por exemplo, ao contratar servidores, celebrar contratos ou ajustes com repercussão financeira (subsídios, locação, venda etc.). Atua, nos casos mais importantes, com a autorização do órgão deliberativo (conselho municipal, conselho de administração, Parlamento, no caso Estado). O ordenador não está autorizado a efetuar pagamentos ou arrecadar receitas. Essas são competências e responsabilidades atribuídas a outro agente público, o contador público, que deve estabelecer controles sobre a regularidade da despesa ordenada, garantindo, especialmente, a consistência dos documentos comprobatórios a ele apresentados. *O contador público não é subordinado ao ordenador*. Quase sempre, é um servidor público, nomeado pelo ministro das finanças, com formação jurídica, financeira, orçamentária e contábil. A separação entre ordenadores e contadores constituiu, ao mesmo tempo, uma garantia de regular aplicação dos recursos públicos e uma contribuição para a qualidade dessa gestão" (Grifos nossos). Veremos, no Capítulo 5, o regime de responsabilização dos *comptables publics* na França, agentes sujeitos ao julgamento de contas pela Cour des Comptes. Um modelo, reformado recentemente, que era completamente distinto da atual prática brasileira.

406 Segundo o art. 2º, §2º, 1, do Decreto nº 392/1896, "excetuam-se as cauções que as leis e regulamentos mandam tornar efetivas por meio de dedução dos vencimentos dos responsáveis, as quais continuarão a ser prestadas de conformidade com as mesmas leis e regulamentos".

f) "instituir exame sobre as distribuições dos créditos, os contratos que derem origem à despesa de qualquer natureza, os mandados e avisos de adiantamento a fazer a repartições, a empregados ou particulares que tiverem a seu cargo a execução de serviços previstos no orçamento";
g) "emitir parecer sobre a proposta para abertura de créditos suplementares e extraordinários, a qual o Governo deverá submeter previamente ao Tribunal, para o efeito de verificar este se é legal o uso desse expediente de contabilidade pública";
h) "verificar a regularidade de todas as ordens de pagamento expedidas pelos diferentes ministérios, inclusive as que o forem por telegramas para dentro ou fora do país";
i) "apurar a legalidade das aposentadorias, concessões de meio soldo e montepios militares e civis, e examinar se a fixação dos vencimentos de inatividade e a das pensões está de acordo com a lei";
j) "fazer o confronto dos balanços gerais dos exercícios com os resultados das contas dos responsáveis e com as autorizações legislativas";[407]
k) em relatório anual dirigido às Casas do Congresso: expor a situação da Fazenda Federal; propor as medidas tendentes à melhor arrecadação da receita e à fiscalização da despesa; emitir parecer sobre a expansão da despesa e suas causas, e fazer menção dos abusos e omissões praticados na execução das leis do orçamento e nas que entenderem com a administração fiscal.[408]

No exercício da jurisdição contenciosa, funcionando o Tribunal de Contas como tribunal de justiça, não integrante do Poder Judiciário, o decreto dava-lhe um rol de competências e poderes de caráter judiciário:[409] [410]

---

[407] Para maior facilidade de realização e alcance de exatidão deste confronto, o decreto prescrevia que "os balanços trarão em anexos uma classificação de despesa, segundo os responsáveis que as tiverem levado a efeito".

[408] *Vide* art. 24 do CCU-1922: "Examinadas pelo Tribunal de Contas, as contas do exercício financeiro serão enviadas ao Governo, para que este, no prazo fixado, as remeta ao Congresso, com o *projeto de liquidação definitiva do exercício*" (Grifos nossos). Previa-se a elaboração de um projeto de lei para liquidar as contas do exercício, de encerramento do ciclo orçamentário, à semelhança da *Loi de Règlement* francesa, instituto que será analisado no Capítulo 5. No sistema orçamentário brasileiro, não existe nada semelhante. Conforme definição do Institut National de la Statistique et des Études Économiques (Insee), "à chaque fin d'exercice budgétaire, la loi de règlement arrête le montant définitif des dépenses et des recettes de l'État, ratifie les opérations règlementaires ayant affecté l'exécution du budget, fixe le résultat budgétaire et décrit les opérations de trésorerie". Tradução livre: "Ao final de cada exercício orçamentário [financeiro], a *Loi de Règlement* [lei de encerramento do ciclo orçamentário] estabelece o montante final das despesas e receitas do Estado, ratifica as movimentações subjacentes à execução do orçamento, apura o resultado orçamentário e descreve as operações de tesouraria".

[409] O Tribunal de Contas, contudo, não era um tribunal do Poder Judiciário, conforme Castro Nunes (*Teoria e Prática do Poder Judiciário*, 1943, p. 24): "A locução 'tribunal de justiça', aliás não reproduzida na lei n. 156, de 24 de dezembro de 1935 e no dec.-lei n. 326 de 12 de maio de 1938, que reorganizaram o Tribunal sob as Constituições de 34 e a atual, parecia inculcá-lo como órgão judiciário, que ele não era e não é. [...] Os expositores dão notícia da controvérsia, concluindo com Ducroc, que a Corte de Contas não é órgão judiciário, mas jurisdição administrativa, dita judiciária, no tocante à tomada de contas, *apenas no sentido genérico de jurisdicional*. **O que se diz, com Orban, por exemplo, é que a jurisdição de contas é exercida pela Corte** *em caráter judiciário*, **o que não significa seja ela órgão judiciário**" (Negrito nosso; itálicos no original).

[410] Castro Nunes (*Teoria e Prática do Poder Judiciário*, 1943, p. 23) também sustentava que as "decisões proferidas na jurisdição constitucional de contas, que tem naquele Tribunal o seu órgão privativo, condicionam a instauração da ação penal, e não podem ser revistas, quer no juízo penal, que no juízo cível da execução [...] a instituição constitucional de **um juízo de contas importa em limitar a autonomia do Judiciário**, que *julga o acusado*, e pode absolvê-lo, mas *não julga a conta*, distinção básica que faremos linhas adiante" (Negrito nosso; itálicos no original).

a) processar, julgar, em única instância, e rever "as contas de todas as repartições,[411] empregados e quaisquer responsáveis que, singular ou coletivamente, houverem administrado, arrecadado e despendido dinheiros públicos ou valores de qualquer espécie, inclusive em material[412] pertencentes à República, ou por que esta seja responsável e estejam sob sua guarda; bem assim dos que deverem prestar ao Tribunal, seja qual for o Ministério a que pertencerem, em virtude de responsabilidade por contrato,[413] comissão ou adiantamento";[414] [415]
b) suspender "os responsáveis que não satisfizerem as prestações das contas, ou não entregarem os livros e documentos de sua gestão dentro dos prazos fixados nas leis e nos regulamentos ou quando, não havendo tais prazos, forem intimados para esse fim";

O Tribunal funcionaria como órgão que definia se o agente público sujeito à tomada de contas encontrava-se em débito perante a Fazenda Federal, sem perquirir sua culpabilidade penal pelo débito.

411 Essas contas eram denominadas contas de administração, e delas cuidaram os arts. 277 e 278 das Novas Instruções para o Processo de Tomada de Contas do Tribunal de Contas: "Art. 277. Pelas repartições públicas, prestarão contas perante o Tribunal, conforme o art. 1º destas instruções, os diretores, inspetores e administradores, *pelas despesas que ordenarem e pelos materiais, valores e efeitos pertencentes* à *Fazenda Nacional*, ou por que esta seja responsável, e que estiverem sob a guarda ou a administração das mesmas repartições. Art. 278. A tomada de contas, organizada na forma do artigo precedente, denominar-se-á – Conta de administração – e consistirá no exame moral unicamente, tendo por fim verificar se as despesas foram ordenadas dentro dos créditos distribuídos e da competência dos ordenadores; se os pagamentos foram efetuados nos termos da lei, em tempo e parcelas devidas; e se os chefes das repartições, em suas resoluções, usaram com critério e circunspecção das atribuições que lhes davam os regulamentos" (Grifos nossos). Essa publicação, oriunda de determinação do então presidente do Tribunal de Contas, Dídimo Agapito da Veiga, para melhor execução do serviço de tomada de contas, foi aprovada pela Portaria nº 11, de 12.9.1917, e será referida doravante pela sigla *RPTC-1917* (Regulamento do Processo de Tomada de Contas de 1917). Observe-se que o dirigente da repartição pública respondia pelas "despesas que ordenasse" (não eram pagadores) e pelos bens públicos sob administração da repartição que dirigia. Essas situações constituem "as contas", o objeto da prestação de contas da repartição, pela qual respondia o dirigente.

412 *Vide* art. 82 do CCU-1922: "Art. 82. Cada Ministério fará levantar, no mais breve prazo possível, o *inventário do material permanente ou de consumo* existente nas repartições que lhe forem subordinadas, determinando as providências necessárias para a escrituração regular desse material e das alterações que sofrerem por aquisição, consumo, inutilização ou venda, à vista de documentos hábeis à comprovação destes factos. §1º A escrituração será feita, em cada repartição, segundo modelos previamente organizados pela Diretoria Central de Contabilidade da República, com indicação da proveniência do material, a sua natureza, seu preço e seu destino. §2º À vista da escrituração, que será mensalmente conferida com os documentos de entrada e saída, e dos balanços semestralmente dados no material de cada repartição, serão *levantadas as contas dos responsáveis pelo material*, relativas a cada ano financeiro, as quais serão submetidas até 31 de março do ano seguinte, ao julgamento do Tribunal de Contas. §3º O Tribunal de Contas exercerá vigilância sobre a aquisição, a conservação e o emprego do material, indicando aos Ministérios ou ao Congresso as providências a esse fim convenientes. Para esse efeito e por funcionários que designar, poderá fazer inspeções salteadas na escrituração e assistir aos balanços semestrais" (Grifos nossos). Aqui se conhece *outra natureza de responsabilidade sujeita a tomada de contas*: a responsabilidade pela guarda e administração de bens, que deveria ser devidamente escriturada. Note-se, ainda, a presença de uma atribuição mais ativa dada ao Tribunal: realização de inspeções.

413 Art. 30, §3º, do CCU-1922: "O recolhimento de rendas cuja arrecadação houver sido confiada a particulares, far-se-á no prazo dos respectivos contratos". Particulares *contratados para arrecadar e recolher as rendas* também estavam sujeitos à tomada e julgamento de suas contas.

414 Art. 71 do CCU-1922: "Da aplicação dada aos adiantamentos prestarão os funcionários contas à repartição competente, dentro de 90 dias do recebimento, sob pena de multa de 1% ao mês, calculada sobre o total do adiantamento até à data da entrega da conta e restituição dos saldos, salvo caso de força maior. Parágrafo único. Se, além disso, os responsáveis não apresentarem as contas até 30 dias após o ano financeiro, o adiantamento será considerado alcance, anulando-se a escrituração da despesa e promovendo-se contra eles o executivo fiscal".

415 *Vide* art. 87 do CCU-1922: "Todos os responsáveis, de direito ou de fato, por dinheiros, valores e outros bens da União, ou pelos quais deva esta responder, ainda mesmo que residam fora do país, ficam sujeitos à jurisdição do Tribunal de Contas, que, de acordo com a lei, fixará a situação desses responsáveis para com a Fazenda Nacional, *exceptuados os ministros de Estado*" (Grifos nossos).

c) ordenar "a prisão dos responsáveis com *alcance julgado em sentença definitiva do Tribunal*, ou intimados para dizerem sobre o alcance verificado em processo corrente de tomada de contas, que procurarem ausentar-se furtivamente, ou abandonarem o emprego, a comissão ou o serviço de que se acharem encarregados ou houverem tomado por empreitada" (grifos nossos);
d) impor "multas aos responsáveis remissos ou omissos em fazerem a entrega dos livros e documentos para o ajuste de contas nas épocas marcadas nas leis, regulamentos, instruções e ordens relativos ao assunto ou nos prazos que lhes forem designados";
e) ordenar "o sequestro dos bens dos responsáveis ou seus fiadores, precisos para segurança da Fazenda";
f) fixar "à revelia o débito dos responsáveis que não apresentarem as suas contas, os livros e documentos de sua gestão";
g) mandar "passar quitação aos responsáveis correntes em suas contas";
h) julgar "extintas as cauções de qualquer natureza pela quitação dos responsáveis, livres os valores depositados e ordenando o levantamento do sequestro dos que declarar exonerados para com a Fazenda Pública";
i) apreciar "conforme as provas oferecidas, os casos de força maior alegados pelos responsáveis como escusas do extravio dos dinheiros públicos e valores a seu cargo para ordenar o trancamento das contas dos responsáveis quando, pelo mesmo motivo, se tornarem iliquidáveis";
j) julgar "os embargos opostos às sentenças por ele proferidas e admitindo a revisão do processo de tomada das contas em virtude de recurso de parte, ou do representante do Ministério Público".

O regulamento, Decreto nº 2.409/1896,[416] especificaria melhor as pessoas responsáveis perante o Tribunal,[417] sujeitas à sua jurisdição:[418]

a) de modo geral, "todos os responsáveis por dinheiro, valores e material pertencentes à República, ainda que residam fora do país";
b) o gestor de dinheiros públicos, pelo simples fato da gestão;
c) "todos os responsáveis por dinheiros,[419] valores e material pertencentes à República, ainda que residam fora do país";

[416] A previsão expressa de elaboração de regimento interno viria na Lei nº 156/1935: "Art. 24. Compete, ainda, ao Tribunal de Contas: 1º elaborar o seu Regimento Interno e organizar a sua Secretaria, e mais serviços auxiliares, expedindo os respectivos regimentos e propor ao Poder Legislativo a criação ou supressão de empregos e a fixação dos respectivos vencimentos".

[417] Arts. 59 a 66.

[418] Estavam também abrangidos pela jurisdição do tribunal (art. 66): "as viúvas, os herdeiros, os representantes e os fiadores dos responsáveis e todos aqueles que pelas pessoas ou pelos bens dos mesmos responsáveis hajam contraído qualquer ônus que os constitua na obrigação de garantir sua gestão". Ou seja, pessoas que, por alguma razão jurídica, se encontrassem em situação de garantir eventual responsabilidade financeira imputada ao responsável principal.

[419] Art. 32 do CCU-1922: "Os fiéis e prepostos dos responsáveis por dinheiros públicos entregarão, diariamente ou no dia do regresso de comissões externas, os saldos de suas caixas aos seus chefes, ficando estes responsáveis pelos alcances verificados nessas caixas, ainda que seja alegada força maior, se não houver sido observada esta disposição". Ver, também: "Art. 33. Os agentes responsáveis por dinheiros públicos não serão exonerados da responsabilidade de fundos perdidos ou furtados senão *mediante prova de força maior* e de haverem sido observadas todas as cautelas e prescrições regulamentares, excluindo culpa mesmo leve dos agentes. Parágrafo único. Sem prejuízo de ulterior decisão do Tribunal de Contas, as autoridades fiscais ordenarão o recolhimento provisório

d) "os funcionários que houverem recebido, em nome da República, depósitos de terceiros, pelos quais a República responda como obrigada", e caberia ao Tribunal julgar a responsabilidade pela subtração ou extravio de tais depósitos;
e) "todos quantos houverem tido sob sua guarda e administração valores e bens da República, por ato do Governo ou por contrato", estando estes responsáveis "adstritos à prestação de contas perante o Tribunal";
f) "para efeito de prestação de contas, todos os funcionários estipendiados pelos cofres da União, com exceção dos ministros do Presidente da República, que derem causa a perda de valores pertencente à União, ou pelos quais esta deva responder";
g) "aqueles que receberem dinheiros por antecipação ou adiantamento".[420]

A jurisdição contenciosa do Tribunal de Contas estava delimitada no nº 1 do art. 3º do Decreto nº 392/1896:[421] a) as contas dos "empregados e quaisquer responsáveis que, singular ou coletivamente, houverem administrado, arrecadado e despendido dinheiros públicos ou valores de qualquer espécie, inclusive em material, pertencentes à República, ou por que esta seja responsável e estejam sob sua guarda"; b) as contas dos "que deverem prestar ao Tribunal, seja qual for o Ministério a que pertencerem, em virtude de responsabilidade por contrato, comissão ou adiantamento".

Com a Constituição de 1934,[422] a função judiciária, antes definida expressamente apenas em lei, passou a ser atribuída ao Tribunal de Contas diretamente no texto constitucional:

> Art. 99 – É mantido o Tribunal de Contas, que, diretamente, ou por delegações organizadas de acordo com a lei, acompanhará a execução orçamentária e julgará as contas dos responsáveis por dinheiros ou bens públicos.

Alterada a Constituição, foi editada a segunda lei orgânica do Tribunal de Contas, a Lei nº 156/1935,[423] que dava nova redação às disposições sobre a função judiciária, sem, contudo, modificar o que já se tinha, a partir da primeira lei orgânica, do primeiro regimento interno e de outras prescrições legais (Código de Contabilidade da União[424] e Decreto nº 3.454/1918).

Em capítulo específico, a LOTCU-1935 tratava da "jurisdição e competência" do Tribunal.

---

das importâncias que suponham, com justas razões, desviadas dos cofres públicos, sob pena de juros da mora, suspensão de funções e cobrança executiva salvo deliberação em contrário do Ministro da Fazenda" (Grifos nossos).

420 Nos termos do art. 3º do Decreto nº 10.145/1889: "Os adiantamentos que se fizerem durante o exercício serão escriturados como despesa efetiva, abrindo-se conta aos responsáveis em livro especial".

421 A distinção entre as contas do agente público (pessoa física) e as contas do órgão público (pessoa jurídica) pode ser vista em Sanagustín (*Cuenta*, 2019, p. 76).

422 Constituição da República dos Estados Unidos do Brasil de 16 de julho de 1934 (CF-1934).

423 LOTCU-1935. Embora aprovada uma nova lei orgânica, o regulamento (regimento interno) de 1896 permaneceu inalterado.

424 CCU-1922. "Artigo 87: Todos os responsáveis, de direito ou de fato, por dinheiros, valores e outros bens da União, ou pelos quais deva esta responder, ainda mesmo que residam fora do país, ficam sujeitos à jurisdição do Tribunal de Contas, *que, de acordo com a lei, fixará a situação desses responsáveis para com a Fazenda Nacional*, exceptuados os ministros de Estado" (Grifos nossos).

Estavam sujeitas à jurisdição do Tribunal de Contas, própria e privativa, no exercício da função judiciária, da qual a lei tratava nas disposições sobre tomada de contas,[425]

> as pessoas e matérias sujeitas à sua competência, abrangendo todos os responsáveis por dinheiros, valores e material pertencentes a Nação, ou pelas quais esta responda, ainda mesmo que exerçam suas funções, ou residam, no exterior; bem como os herdeiros, fiadores e representantes dos ditos responsáveis.[426]

Distinguiam-se, de forma clara, *duas categorias de pessoas* abrangidas pela jurisdição, em razão da natureza da responsabilidade, sujeitas "à prestação de contas":

> Art. 22. Estão sujeitos à prestação de contas e só por ato do Tribunal de Contas podem ser liberados de sua responsabilidade:
> 1º, o gestor dos dinheiros públicos e todos quantos houverem arrecadado, despendido, recebido depósitos de terceiros ou tenham sob sua guarda e administração, dinheiros, valores e bens da União;
> 2º, todos os funcionários públicos civis e militares, ou qualquer pessoa ou entidade, estipendiados pelos cofres públicos, ou não, que derem causa a perda, extravio ou estrago de valores, ou de material da União, ou pelas quais seja esta responsável.

3.1.1 A função judiciária do Tribunal de Contas: Castro Nunes e Pontes de Miranda

O Tribunal de Contas, contudo, não era um tribunal do Poder Judiciário, conforme Castro Nunes:[427]

> A locução "tribunal de justiça", aliás não reproduzida na lei n. 156, de 24 de dezembro de 1935 e no dec.-lei n. 326 de 12 de maio de 1938, que reorganizaram o Tribunal sob as Constituições de 34 e a atual, parecia inculcá-lo como órgão *judiciário*, que ele não era e não é. [...] Os expositores dão notícia da controvérsia, concluindo com Ducroc, que a Corte de

[425] A lei fazia menção unicamente à função do Tribunal de Contas como "fiscal da administração financeira", diferentemente do que fizera o Decreto 392/1896 (LOTCU-1896), que declarava funcionar o Tribunal de duas formas: como fiscal da administração financeira e como "Tribunal de Justiça com jurisdição contenciosa e graciosa", jurisdição expressa na Constituição (atribuição de "julgar contas dos responsáveis por dinheiros e bens públicos"), a qual, contudo, continuava presente na lei, no art. 2º, §3º e seguintes: "§3º Compete-lhe quanto à tomada de contas: 1º, julgar originariamente ou em grau de recurso, conforme a alçada, e rever as contas de todas as repartições funcionários e quaisquer responsáveis, inclusive os agentes diplomáticos e consulares no exterior, que, singular ou coletivamente, houverem recebido, administrado, arrecadado e despendido dinheiros públicos, depósitos de terceiros ou valores e bens de qualquer espécie, inclusive em material, pertencente à União, ou por que esta seja responsável, ou esteja sob sua guarda; bem assim dos que as deverem prestar pela perda, extravio, subtração ou estrago de valores, bens e material da Republica e dos que devam dar contas, seja qual for o ministério a que pertençam em virtude de responsabilidade por contrato, comissão ou adiantamento; [...]". De certa forma, a menção somente à função de fiscal da administração financeira representava o entendimento de que a função judiciária específica e especializada era um corolário dela, como se discutira na Câmara dos Deputados em 1896, quando da apreciação do projeto de lei que levaria ao Decreto nº 392/1896, primeira Lei Orgânica do Tribunal de Contas da União.

[426] *Vide* art. 21 da LOTCU-1935: "O Tribunal de Contas tem jurisdição própria e privativa sobre as pessoas e matérias sujeitas á sua competência, abrangendo todos os responsáveis por dinheiro, valores e material pertencentes a Nação, ou pelas quais esta responda, ainda mesmo que exerçam suas funções, ou residam, no exterior; bem como os herdeiros, fiadores e representantes dos ditos responsáveis".

[427] Castro Nunes (*Teoria e Prática do Poder do Poder Judiciário*, 1943, p. 24).

> Contas não é órgão judiciário, mas jurisdição administrativa, dita judiciária, no tocante à tomada de contas, *apenas no sentido genérico de jurisdicional.* O que se diz, com Orban, por exemplo, é que **a jurisdição de contas é exercida pela Corte *em caráter judiciário*, o que não significa seja ela órgão judiciário.** (Negrito nosso, itálico no original)

Castro Nunes era, à época, ministro do Supremo Tribunal Federal, depois de ter sido ministro do Tribunal de Contas da União,[428] e fazia com clareza a distinção entre os diferentes tipos de responsabilidades e a natureza da atuação da Corte de Contas:[429]

> Como observa Bielsa, um mesmo fato pode determinar responsabilidades de ordem diversa – administrativa, penal e civil. A tomada de contas da gestão financeira do agente é de ordem administrativa, o que se **fixa é a responsabilidade do exator ou pagador no desempenho de sua função pública.** Quando se diz que essa responsabilidade é *civil,* como é de uso na linguagem corrente, o que se quer é apenas fixar a sua índole *civil* em contraposição à responsabilidade penal, que as cortes de contas não apuram porque não exercem jurisdição penal.
>
> Por isso mesmo conclui o douto expositor argentino que as cortes de contas não invadem nem a jurisdição civil nem a jurisdição penal, a cargo dos juízes comuns, quando fixam a responsabilidade do agente por *fatos ou atos* da sua gestão. E limita-se a essa verificação o julgamento da conta. É um juízo que se institui sobre operações administrativas, limitado aos atos ou fatos apurados, **seja para *liberar* o responsável, seja para o declarar alcançado em vista das irregularidades encontradas na sua gestão.**

Para ele, as decisões proferidas na jurisdição constitucional de contas, que tinha no Tribunal o seu órgão privativo, condicionavam a instauração da ação penal e não poderiam ser revistas no juízo penal, nem no cível da execução. Havia uma distinção básica a ser feita: "a instituição constitucional de um juízo de contas importa em limitar a autonomia do Judiciário, que *julga o acusado*, e pode absolvê-lo, mas *não julga a conta*".[430]

A função judiciária exercida (jurisdição de contas) dizia respeito ao processo de rever as contas (escrituração, contabilização e documentação pertinente), *determinar o "alcance" ou liberar o agente sujeito* à obrigação de prestar contas de qualquer imputação de responsabilidade financeira ou patrimonial. O Judiciário não tinha função nesse tipo de exame e, portanto, não tinha "autoridade para as rever, para apurar o alcance dos responsáveis, para os liberar", pois essa competência era "'própria e privativa' do Tribunal de Contas":

> A jurisdição de contas é o *juízo constitucional das contas*. A função é privativa do Tribunal instituído pela Constituição para julgar das contas dos responsáveis por dinheiros ou bens públicos.
>
> O Judiciário não tem função no exame de tais contas, não tem autoridade para as rever, *para apurar o alcance dos responsáveis, para os liberar*. Essa função é "própria e privativa" do Tribunal de Contas, diz o decreto orgânico em vigor, e os responsáveis sujeitos à tomada

---

[428] *Vide* biografia disponível em: https://www.stf.jus.br/arquivo/biblioteca/PastasMinistros/CastroNunes/CurriculoBiografia/004.pdf. Acesso em: 16 mar. 2024.

[429] Castro Nunes (*Teoria e Prática do Poder do Poder Judiciário*, 1943, p. 30, negrito nosso, itálico no original).

[430] Castro Nunes (*Teoria e Prática do Poder Judiciário*, 1943, p. 23).

de contas "só por ato do Tribunal podem ser liberados de sua responsabilidade" (dec.-lei n. 426, de 12 de maio de 1938, arts. 8.º e 19).[431] (Grifos nossos)

Assim, no exercício da jurisdição de contas, o Tribunal funcionava como instituição que definia se o agente público sujeito à tomada de contas encontrava-se em débito perante a Fazenda Federal, sem perquirir sua culpabilidade pelo débito, o que se faria no juízo penal do Poder Judiciário, se o fato também configurasse crime.

Pontes de Miranda, em seus *Comentários à Constituição de 1967*, examinou a função julgar contas nas Constituições de 1934, 1937 e 1946.

Igualmente, reconhecia ao Tribunal de Contas uma função judiciária:[432] a atribuição "que se lhe acrescentou em 1934 o fez órgão auxiliar do Poder Judiciário: julgava contas de funcionários e mais pessoas responsáveis por dinheiros e bens públicos". Era um órgão do Poder Judiciário, *sui generis*, e órgão, também *sui generis*, do Poder Legislativo.[433] Sendo uma "criação posterior à teoria da separação dos poderes e fruto da prática, destoava das linhas rígidas da tripartição": no plano material, era "corpo judiciário",[434] no plano formal, "corpo auxiliar do Congresso Nacional".

---

[431] Castro Nunes (*Teoria e Prática do Poder Judiciário*, 1943, p. 30).

[432] Pontes de Miranda (*Comentários à Constituição de 1967*, 2003, p. 31 e seguintes).

[433] Essa característica *sui generis* é inerente às EFS com função jurisdicional, ainda que com diferenciações importantes, como ocorre nos casos da Itália e França, examinados no Capítulo 5, e nos de Espanha e Portugal, também estudados, mas não reportados especificamente.

[434] O entendimento passado, representado por Castro Nunes, Pontes de Miranda e decisões do Supremo Tribunal Federal, bem como o preponderante, atualmente, igualmente sustentado por parte da doutrina e por decisões judiciais, é que as decisões condenatórias de ressarcimento ao erário do Tribunal de Contas não podem ser revistas pelo Judiciário quanto ao mérito. No entanto, os mesmos fatos podem ser apreciados pelo Poder Judiciário por meio das ações próprias. Uma das decisões mais antigas do STF citada com frequência é o voto do relator do *MS nº 6.960*, Ministro Ribeiro da Costa, decidido em 31.7.1959, na vigência da Constituição de 1946, que estabelecia, no art. 77, II, competir ao Tribunal de Contas "julgar as contas dos responsáveis por dinheiros e outros bens públicos, e as dos administradores das entidades autárquicas": "VOTO – A decisão sobre a tomada de contas de gastos de dinheiros públicos, constituindo ato específico do Tribunal de Contas da União, ex-vi do art. 77, II, da Constituição Federal, é insuscetível de impugnação pelo mandado de segurança, no concernente ao próprio mérito do alcance apurado contra o responsável, de vez que não cabe concluir, de plano, sobre a ilegalidade desse ato, salvo se formalmente eivado de nulidade substancial, o que, na espécie, não é objeto de controvérsia. Sob outra face, também se mostra incabível o remédio em apreço, pois a invocada decisão proferida no juízo criminal é restrita à irresponsabilidade penal do impetrante, o qual não obstante deve repor a parcela de numerário que sob sua guarda não se restituiu aos cofres públicos e conforme fora apurado na via administrativa contenciosa". Sobre a desconstituição de decisão do TCU que condena pessoas físicas ou jurídicas a ressarcirem o erário, ver a ementa de recente decisão do Superior Tribunal de Justiça proferida no AgInt no REsp nº 2.142.794/PB, Relator Ministro Herman Benjamin, em 19.8.2024, pela Segunda Turma: "[...] Acerca da matéria, o STJ entende que '*a atuação do Poder Judiciário, a respeito das decisões do Tribunal de Contas da União, limita-se ao campo da regularidade do procedimento*, bem como à legalidade do ato dele emanado, não sendo possível qualquer incursão no mérito administrativo' (AgInt no REsp nº 1.795.846, Rel. Min. Assusete Magalhães, Segunda Turma, DJe 14/02/2020). Nota-se que o acórdão de origem destoa da orientação do STJ, pois adentrou o mérito administrativo" (Grifos nossos). No caso, o recurso especial foi interposto contra decisão do tribunal de origem do Poder Judiciário que acolheu pedido formulado pelo espólio de ex-prefeito, em embargos de declaração à execução, no sentido da "desconstituição do débito declarado pelo Acórdão TCU nº 377/2017". Sobre a possibilidade de fatos já examinados pelo Tribunal de Contas serem examinados pelo Poder Judiciário, em ação civil pública por exemplo, ver decisão do STJ no REsp nº 403.153/SP, de 2003: "Ementa [...] O Ministério Público é parte legítima para propor Ação Civil Pública visando resguardar a integridade do patrimônio público (sociedade de economia mista) / 4. Contratos firmados, sem licitação / 5. Adequação de Ação Civil Pública para resguardar o patrimônio público, sem afastamento da ação popular. Objetivos diferentes. / 8. *O fato de o Tribunal de Contas ter apreciado os contratos administrativos não impede o exame dos mesmos em Sede de Ação Civil Pública pelo Poder Judiciário.* / 10. Atos administrativos declarados nulos por serem lesivos ao patrimônio público. Ressarcimento devido pelos causadores do dano. [...]".

3.1.1.1 O entendimento de Pontes de Miranda não se refere ao juízo de contas

Os estudos mais destacados sobre a "função jurisdicional" do Tribunal de Contas não deixam de citar essa célebre passagem dos *Comentários* de Pontes de Miranda:

> Desde 1934, a função de julgar as contas estava, claríssima, no texto constitucional. Não havíamos de interpretar que o Tribunal de Contas julgasse, e outro juiz as rejulgasse depois. Tratar-se-ia de absurdo *bis in idem*. Ou o Tribunal de Contas julgava, ou não julgava.[435]

Mas nem sempre a citação vem acompanhada do contexto, de maneira que o argumento é muitas vezes utilizado para sustentar o entendimento de que o Poder Judiciário não pode revisar o julgamento do Tribunal de Contas sobre as "contas" (aprovadas ou reprovadas, julgadas regulares ou irregulares).

Além desse tipo de juízo não constituir uma "decisão de mérito de contas", muito menos o exercício de uma função judiciária suportada pela Constituição de 1988 (art. 71, inc. I), não era disso que tratavam os *Comentários*.

Pontes de Miranda, na parte referente à Constituição de 1934, dizia: "o texto de 1934 conferiu, assim, a mais, a atribuição de 'julgar as contas dos responsáveis por dinheiros ou bens públicos'; *portanto, alcances e culpa dos depositários de dinheiros ou bens públicos*, em toda a sua extensão" (grifos nossos).[436]

Não era toda e qualquer decisão do Tribunal de Contas que teria o caráter judiciário, mas especificamente aquela que se prolatava num "julgamento de contas", como referida nos próprios *Comentários*: "a lei de 1918 ainda lhe conferiu tal caráter de Tribunal de Justiça para o fim de julgar as contas dos responsáveis, *estabelecendo a situação jurídica entre os mesmos e a Fazenda Pública*" (grifos nossos).[437]

Essa discussão ocorria, principalmente, mas não só, em torno da relação entre o juízo criminal e o juízo de contas. Em suas palavras:

> Depois [de 1934], o Tribunal de Contas julgava e estabelecia, por isso mesmo, a situação jurídica entre os responsáveis e a Fazenda Pública. Quanto aos crimes, o Tribunal de Contas continuava a não ter jurisdição. Mas julgava as contas, o que é da máxima importância.

Esse comentário seria mais bem compreendido combinadamente com a posição de Dídimo da Veiga, então ministro do Tribunal de Contas, reproduzida integralmente em nota de rodapé, assim sintetizada:[438]

---

435 Pontes de Miranda (*Comentários à Constituição de 1967*, 2003, p. 34).

436 Pontes de Miranda (*Comentários à Constituição de 1967*, 2003).

437 Pontes de Miranda (*Comentários à Constituição de 1967*, 2003, p. 32).

438 Pontes de Miranda (*Comentários à Constituição de 1967*, 2003, p. 33-34): "Desde 1896 que a regulamentação do Tribunal de Contas, conforme dissemos, lhe conferiu o julgamento das tomadas de contas dos responsáveis por dinheiros e bens públicos. Não estava isso, todavia, na Constituição, e o Supremo Tribunal Federal, que, a princípio, dava inteiro valor às regras da legislação ordinária, passou a criar óbices à aceitação do Tribunal de Contas como julgador. Já no ano de 1900, nas Apelações criminais n. 60 e n. 83, de 25 de agosto e de 31 de outubro, o Supremo Tribunal Federal vacilava em torno da missão julgadora do Tribunal de Contas. No relatório desse Tribunal, concernente ao ano de 1900, *dizia Dídimo da Veiga*, procurando marcar a linha divisória entre a função do Tribunal de Contas e a dos juízes federais: '... desde que no julgado do Tribunal de Contas fica estabelecida a

> Desde que só há *alcance* [débito perante a Fazenda Pública] por força de sentença do Tribunal de Contas e que tal alcance é elemento *material* do crime de peculato, o julgado penal que absolve por falta de fundamento *moral* [dolo] não afeta o julgado do processo das contas.

A sentença penal, o juízo criminal, não teria "autoridade para estabelecer a não-existência de alcance".

Em conclusão, apenas o Tribunal de Contas, com fundamento na Constituição, teria competência para definir a existência de "alcance", débito perante a Fazenda Pública, apurado no exame das contas que devem ser prestadas pelos responsáveis por bens e dinheiros públicos.

3.1.2 A finalidade do julgamento das contas: definir a situação do responsável perante a Fazenda Nacional

A compreensão da abrangência dessa jurisdição e do que nela se decidia requer o exame das prescrições normativas sobre como o Tribunal deveria proceder na revisão e julgamento das contas.

O Decreto nº 392/1896 era preciso a respeito (art. 4º): cabia ao Tribunal decidir sobre a situação do responsável perante a Fazenda e declará-lo quite, em crédito, casos em que ordenaria "a expedição de quitação", ou em débito, definindo, neste caso, a natureza de sua responsabilidade e condenando-o "ao pagamento do alcance" e "à entrega dos valores ou do material sob sua guarda e administração":

> Art. 4º As decisões do Tribunal sobre tomadas de contas dos responsáveis terão a forma de acórdãos, mencionarão o nome do responsável, o tempo e a natureza de sua responsabilidade, e o declararão quite, em crédito ou em débito:
> 1) No caso de estar o responsável quite ou em crédito para com a Fazenda, concluirá a sentença por ordenar a expedição de quitação, o levantamento da fiança ou caução prestada[439] e dos

---

responsabilidade do referido tesoureiro e fixa-se o alcance verificado, arredado o fato dirimente da força maior, a não-apropriação do dinheiro deve constar do processo para fundamentar a absolvição do tesoureiro, do crime de peculato. Apurada, porém, a existência do alcance, nenhum julgado do juízo criminal tem força para desobrigar o exator ou pagador da prestação da quantia e dos valores indevidamente retidos em seu poder; a razão capital está em que o juízo criminal não se institui como administrativo (civil) sobre provas documentais da gestão do agente fiscal, únicos instituidores da responsabilidade do mesmo. Desde que **só há alcance por força de sentença do Tribunal de Contas** e que tal alcance é elemento *material* do crime de peculato, o julgado penal que absolve por fundamento de falta de *elemento moral* não afeta o julgado do processo das contas; à sentença penal, carecendo, por outro lado, de autoridade para estabelecer a não-existência de alcance, não se pode dispensar a verificação prévia desse pela autoridade competente como elemento do julgado criminal'" (Itálicos no original; negritos nossos).

[439] Segundo o art. 2º, "d", do Decreto nº 392/1896, competia ao Tribunal "verificar e aprovar as fianças e cauções que devem prestar todos os que arrecadarem, aplicarem ou conservarem sob sua guarda e administração dinheiros, valores e bens pertencentes à República, seja qual for o ministério a que pertençam". *Vide* arts. 83 e 84 do CCU-1922: "Art. 83. *Os funcionários encarregados de pagamentos, arrecadação ou guarda de dinheiros públicos ou responsáveis por quaisquer bens da União, só entrarão em exercício após haverem prestado as cauções* fixadas em regulamentos, ou, em falta destes, em tabelas organizadas trienalmente pelos Ministérios e registradas pelo Tribunal de Contas [...]. §3º Será responsável solidariamente pelo alcance, até o limite da caução regulamentar, a autoridade que houver permitido o exercício de qualquer funcionário, independente de caução, salvo o caso de substituição necessária do responsável por falecimento ou falta imprevista deste. (Revogado pela Lei nº 6.322, de 1976). Art. 84. A caução a que se refere o artigo antecedente será sempre pignoratícia e constituída por apólices da dívida pública federal, cadernetas das caixas econômicas federais ou dinheiro, salvo: a) tratando-se de importância superior a 50:000$, em que é permitida a garantia hipotecária; b) quando inferior a 10:000$e o permitirem regulamentos especiais, caso em que poderá ser aceita a simples caução fidejussória, dada por associações de classe ou outras instituições

sequestros[440] que hajam tido lugar, e a entrega dos depósitos. Na hipótese de ser declarado o responsável em débito, a sentença fixará a importância do mesmo e condenará o devedor ao pagamento; [...].[441]

Veja-se também o disposto:

a) no regulamento do Tribunal, arts. 195, 202 e 203 do Decreto nº 2.409/1896:

Art. 195. Se dos exames a que se houver procedido concluir-se que o responsável está quite ou em crédito para com a Fazenda Federal, o Tribunal julgará as contas sem mais audiência ou citação do mesmo responsável. Na hipótese de apurar-se na liquidação das contas qualquer alcance, o diretor, antes de apresentá-las a julgamento, fará citar o responsável [..] para alegar o que for a bem de seu direito, produzir documentos, constituir procurador [...].

Art. 202. Terminada a discussão das contas em Tribunal e apurado o vencido, lavrará o relator o acórdão, declarando-se nele o nome do responsável, a natureza de sua responsabilidade, o tempo a que ela se refere e se está quite, em crédito ou em débito.
Art. 203. Quando o Tribunal julgar o responsável em débito, fixará em termos precisos no acordão a importância desse débito, e condenará o devedor ao pagamento.

b) na Lei nº 3.454/1918, que alterou a estrutura do Tribunal e deu nova redação às suas funções fundamentais: funcionar como "fiscal da administração financeira, para o efeito de apreciar a execução das leis da receita e da despesa pública", e como "tribunal de justiça, para o fim de julgar as contas dos responsáveis, estabelecendo a situação jurídica entre os mesmos e a Fazenda Pública";[442] [443]

---

de notória idoneidade, fiscalizadas pelo Governo, e cujo capital integral não seja inferior à metade do valor das fianças por elas prestadas" (Grifos nossos). Assim, à época, de modo geral, os agentes que estavam sujeitos à tomada e julgamento de contas eram também aqueles dos quais se exigia garantia contra eventuais prejuízos que pudessem causar, pois realizavam pagamentos, arrecadavam tributos e rendas diversas ou tinham sob sua responsabilidade alguma espécie de bem público. O julgamento das contas do agente, se não se encontrasse em situação de débito perante a Fazenda Federal, resultaria na liberação das garantias.

440 Nos termos do art. 3º, 4, do Decreto nº 392/1896, o Tribunal poderia ordenar "o sequestro dos bens dos responsáveis ou seus fiadores, precisos para a segurança da Fazenda".

441 *A execução da sentença era promovida pela Justiça Federal*, conforme §1º do mesmo art. 4º do Decreto nº 392/1896: "A execução da sentença definitiva sobre tomada de contas, na parte em que condenar o responsável ao pagamento do alcance e à entrega dos valores ou do material sob sua guarda e administração, será promovida no Juízo Federal de Secção pelo respectivo procurador, à vista da cópia autêntica da sentença, remetida pelo representante do Ministério Público perante o Tribunal de Contas".

442 *Vide* o art. 162: "Fica o Governo autorizado: XXVII – A consolidar as disposições legislativas concernentes ao Tribunal de Contas, reorganizando esse instituto sobre as seguintes bases: §2º Mantida a sua estrutura fundamental delineada nas leis ns. 392, de 8 de outubro de 1898, e 2.511, de 20 de dezembro de 1911, o Tribunal de Contas funcionará: 1º, como fiscal da administração financeira, para o efeito de apreciar a execução das leis da receita e da despesa pública; 2º, *como tribunal de justiça, para o fim de julgar as contas dos responsáveis, estabelecendo a situação jurídica entre os mesmos e a Fazenda Pública*" (Grifos nossos).

443 Essa lei orçamentária estabeleceu, também, no art. 162, XXVII, §2º, que o pessoal do Tribunal de Contas constituiria "quatro corpos distintos: o deliberativo, o especial, o instrutivo e o Ministério Público"; que o corpo deliberativo constituiria de "nove juízes com a denominação de ministros do Tribunal de Contas", criando mais cinco lugares, a serem "preenchidos por nomeação do Presidente da República"; que o Tribunal se dividiria em duas câmaras, incumbindo à primeira câmara a fiscalização da administração financeira e à segunda a tomada de contas; que *o corpo especial* constaria de oito auditores (denominados ministros-substitutos, atualmente), aos quais competiria relatar perante a segunda câmara os processos de tomada de contas e substituir os ministros de qualquer das câmaras nas suas faltas e impedimentos; e que os auditores "seriam nomeados pelo Presidente da República dentre bacharéis em direito, não podendo ser demitidos senão em virtude de sentença judicial".

c) nos arts. 87 e 97 do Decreto nº 4.536/1922 – Código de Contabilidade da União:

> Art. 87. Todos os responsáveis, de direito ou de fato, por dinheiros, valores e outros bens da União, ou pelos quais deva esta responder, ainda mesmo que residam fora do país, ficam sujeitos à jurisdição do Tribunal de Contas, que, de acordo com a lei, fixará a situação desses responsáveis para com a Fazenda Nacional, exceptuados os ministros de Estado. [...]
> Art. 97. Organizados os processos de tomada de contas, serão eles remetidos ao Tribunal de Contas para julgamento, *a fim de ser o responsável julgado quite, em crédito ou em débito* com a Fazenda Nacional. Neste último caso, não acudindo o responsável ou seus herdeiros ou fiadores, proceder-se-á à alienação administrativa da caução, prosseguindo-se na execução da sentença. (Grifos nossos).

A função judiciária – jurisdição contenciosa – era dada ao Tribunal de Contas, nos termos das leis (decretos), a partir da Constituição, para definir a situação das pessoas que, por alguma razão de fato ou de direito, fossem responsáveis por dinheiros, valores e outros bens da União, perante a Fazenda – quite, credor ou devedor –, condenando o responsável ao pagamento do alcance, se fosse o caso.

3.1.2.1 O que é alcance

No RPTC-1917[444] do Tribunal de Contas da União, procedia-se a esclarecimentos precisos sobre a finalidade das tomadas de contas:

> Art. 2º As tomadas de contas estabelecem a situação jurídica dos responsáveis: as sentenças condenatórias proferidas pelo Tribunal de Contas e verificadas nos acórdãos dos respectivos processos, predispõem a Fazenda Nacional entrar em juízo com a sua intenção fundada de fato e de direito, para o fim de promover a cobrança executiva das suas dívidas ativas *provenientes dos alcances* apurados e fixados por aquelas sentenças. (Grifos nossos)

Em seu art. 78, elencou *casos que deveriam ser considerados alcance* e, consequentemente, valores a serem pagos à Fazenda:[445]

a) os saldos em poder do responsável;

b) as rendas arrecadadas e não escrituradas convenientemente;

c) as despesas glosadas, por terem sido impugnadas;

d) as diferenças verificadas para menos nos livros da escrituração ou documentos da receita, e para mais nos da despesa;

e) o adiantamento cuja aplicação não tiver sido devidamente comprovada e for conservado em poder do responsável sem ordem expressa da autoridade competente;

---

[444] Regulamento das tomadas e prestações de contas.

[445] Outras situações qualificadas como alcance (débito) estão definidas no mesmo documento e em outros atos normativos, como exemplo, o art. 65 do CCU-1922, em que se reputa como alcance o pagamento efetuado pelo pagador com base em ordem de pagamento que não tivesse sido previamente registrada no Tribunal de Contas: "Art. 65. Sob responsabilidade estrita dos pagadores, nenhuma ordem de pagamento será cumprida sem haver sido previamente registrada pelo Tribunal de Contas ou por suas delegações. Caso os pagadores efetuem qualquer pagamento sem o preenchimento dessa exigência, serão as importâncias pagas levadas à conta de alcance dos mesmos pagadores".

f) as faltas verificadas em valores materiais ou efeitos de qualquer espécie, confiados à guarda do responsável;

g) as diferenças verificadas a favor da Fazenda Nacional nas operações de débito e crédito dos cofres especiais.

3.1.2.2 Os conceitos de "conta", "contas" e "alcance" no direito espanhol

Neste ponto, é preciso introduzir a doutrina *sobre o objeto de fiscalização e controle referido como contas*, a partir de Sanagustín.[446]

Para o autor espanhol, examinar o conceito "conta" é uma investigação de grande importância, porque consta no próprio nome da instituição que desde sua origem mais remota tem por finalidade a fiscalização das "contas".[447]

Mas o termo assume duas acepções, conforme se encontre no singular ou no plural.[448] Conta, no singular, "é a representação de uma operação financeira". No plural, contas corresponderiam "ao conjunto organizado das representações das diversas operações financeiras realizadas durante um período determinado, normalmente um ano, que permitem conhecer a situação financeira de um ente".

Sanagustín lembra que todo "ato que gere uma entrada de recursos ou um pagamento, que crie um direito ou uma obrigação", deve ser registrado na contabilidade, que reflete a atividade financeira dos órgãos e entidades do setor público. Essa atividade documentada e contabilizada corresponde às "contas" que devem ser prestadas ao TCu (Tribunal de Cuentas) e examinadas por ele.

Juntamente com as "contas" (contabilidade das receitas, despesas, direitos e obrigações), vem a exame a "conta individual", "a conta que deve apresentar quem tem a seu cargo recursos públicos ou bens públicos".[449]

---

446 Sanagustín (*Cuenta*, 2019, p. 76-77).

447 Sanagustín (*Cuenta*, 2019, p. 76): "Esta voz goza de gran importancia, lo que se constata porque figura en el nombre del propio Tribunal y porque a este se le encomienda desde el principio de su regulación la fiscalización de las cuentas".

448 Sanagustín (2019, p. 76): "Debemos señalar sin embargo que el término tiene un doble sentido, el individual «cuenta» y el plural «cuentas». La cuenta es la representación de una operación financiera. Mientras que las cuentas serían el conjunto organizado de las representaciones de las diversas operaciones financieras realizadas durante un periodo, ordinariamente un año, que permiten conocer la situación financiera de un ente. En principio la distinción acabada de hacer es clara y cuando la legislación del TCu habla de «cuenta» hace referencia a una operación financiera concreta y cuando dice «cuentas» se refiere al reflejo de la actividad anual de una entidad. Existen excepciones y así cuando se habla de la Cuenta General en realidad se trata de las cuentas anuales, no de la cuenta que refleje una operación concreta. La Ley establece que debe llevarse una contabilidad que refleje la actividad financiera de los entes integrantes del sector público. Que todo acto que genere un ingreso o un pago, que cree un derecho o una obligación ha de ser registrado en dicha contabilidad y que las cuentas han de ser rendidas al TCu y examinadas por este. La finalidad de la llevanza de contabilidad es mostrar la imagen fiel del patrimonio, de la situación financiera, de los resultados y de la ejecución del presupuesto de cada una de las entidades integrantes del mismo. Lo que se incardina directamente con la función que tiene el TCu de fiscalizar las cuentas y la gestión económica del sector público".

449 Sanagustín (*Cuenta*, 2019, p. 77): "2. CUENTA Y FUNCIÓN FISCALIZADORA DEL TRIBUNAL DE CUENTAS. Las cuentas son un instrumento clave que permite al Tribunal cumplir su función fiscalizadora. Dicha función no se limita a revisar las cuentas, dado que, según el artículo 11 de la LOTCU, también ha de fiscalizar los contratos celebrados por las Entidades del sector público, la situación y las variaciones del patrimonio de dichas Entidades y los créditos extraordinarios y suplementarios, así como las incorporaciones, ampliaciones, transferencias y demás modificaciones de los créditos presupuestarios iniciales. Sin embargo, lo primero que ha de hacer el TCu, la primera y principal actividad fiscalizadora es, según el artículo 10 de la LOTCU, el examen y comprobación de la Cuenta General del Estado dentro del plazo de seis meses. Pero junto a las cuentas, en plural, o cuenta general

O autor introduz o conceito de "cuentadante", qualidade atribuída àquele que deve apresentar a "conta individual" (as autoridades e funcionários que tenham a seu cargo a gestão de recursos financeiros e a realização de gastos) e àqueles que devem apresentar "as contas gerais da entidade sob sua responsabilidade".

O termo "cuentadante" pode ser associado, no Brasil, àqueles abrangidos pelo art. 71, II, da Constituição: "administradores e demais responsáveis por dinheiros, bens e valores públicos".

Sanagustín explica que a prestação de uma "conta individual" não tem, como evidente, objetivo de conhecer a atividade econômico-financeira (contas), mas, sim, o de exigir possíveis responsabilidades do administrador de recursos públicos, pois uma das funções do Tribunal de Cuentas da Espanha, a de julgamento, tem por finalidade a apuração da "responsabilidade contábil" em que pode incorrer quem manuseie ou tenha sob sua responsabilidade a gestão de recursos públicos.[450]

Em síntese, a prestação de conta individual (particular) serve à finalidade de expor a exame judicial, julgamento, "quem maneje recursos públicos".

Nesse exame, uma das situações suscetíveis de responsabilização é o denominado "alcance", definido na Lei de Funcionamento do Tribunal de Contas, como "o saldo devedor injustificado em uma conta que deve prestar que tenham a seu cargo o manejo de recursos públicos ou bens públicos, ostentem ou não a condição de 'cuentadante' perante o Tribunal".[451]

A falta de apresentação da conta individual[452] leva à presunção de alcance e à formação de ofício da conta atrasada, pelo próprio Tribunal,[453] sempre que existirem os

---

según se ha dicho, como instrumento que permite el control de la actividad económico-financiera pública, aparece la cuenta individual, la cuenta que debe presentar, rendir, quien tiene a su cargo caudales o efectos públicos".

450 Sanagustín (*Cuenta*, 2019, p. 78): "Este tipo de rendición no tiene por objeto conocer la actividad económico-financiera para poder fiscalizarla, sino exigir posibles responsabilidades al gestor de los fondos públicos. Téngase en cuenta que una de las funciones del TCu, la de enjuiciamiento, tiene por objeto la exigencia de la responsabilidad contable en que pueda incurrir el que maneje o tenga a su cargo caudales públicos y uno de los supuestos de responsabilidad contable, el más común en la práctica, es el «*alcance*», que es definido por el artículo 72 de la LFTCu como el «*saldo deudor injustificado en una cuenta .... que deban rendir las personas que tengan a su cargo el manejo de caudales o efectos públicos, ostenten o no la condición de cuentadantes ante el Tribunal de Cuentas*». Es decir, frente a las cuentas con carácter general, existe la cuenta particular que sirve para enjuiciar a quien maneja caudales públicos" (Grifos no original).

451 Abrange a parte final do art. 71, II, da CF-1988: "aqueles que derem causa a perda, extravio ou qualquer outra irregularidade de que resulte prejuízo ao erário público".

452 *Vide* análise realizada no Capítulo 6 sobre a tomada de contas referida no art. 84 do DL nº 200/1967 ("Art. 84. Quando se verificar que determinada conta não foi prestada, ou que ocorreu desfalque, desvio de bens ou outra irregularidade de que resulte prejuízo para a Fazenda Pública, as autoridades administrativas, sob pena de co-responsabilidade e sem embargo dos procedimentos disciplinares, deverão tomar imediatas providência para assegurar o respectivo ressarcimento e instaurar a tomada de contas, fazendo-se as comunicações a respeito ao Tribunal de Contas").

453 Sanagustín (*Cuenta*, 2019, p. 77): "En ese sentido es donde cobra lógica lo establecido en el artículo 42.3 a) de la LOTCu que, ante la falta de rendición de la cuenta prevé, entre otras medidas, «(l)a formación de oficio de la cuenta retrasada a costa del moroso, siempre que existieran los elementos suficientes para realizarlo sin su cooperación». Evidentemente esa cuenta formada de oficio por el propio Tribunal no sirve para comprobar la adecuada llevanza de la contabilidad, dado que la ha realizado el órgano fiscalizador, sino para determinar la existencia de un posible saldo deudor injustificado".

elementos suficientes para realizá-la sem a participação do omisso, para determinar a existência de "um possível saldo devedor injustificado" (alcance).[454] [455]

3.1.2.3 A conta, a contabilidade judiciária e o Tribunal de Contas em Portugal

Carmo[456] explica como se dava a apuração da situação do responsável perante o Estado, ao final do século XIX.

---

454 *Sobre o conceito de alcance no direito espanhol, vide*, ainda, Pérez (*Alcance*, 2019, p. 219): "Desde el punto de vista legal, el artículo 72 de la Ley 7/1988, de 5 de abril, de Funcionamiento del Tribunal de Cuentas, dispone en su apartado primero que «A efectos de esta Ley *se entenderá por alcance el saldo deudor injustificado de una cuenta* o, en términos generales, la ausencia de numerario o de justificación en las cuentas que deban rendir las personas que tengan a su cargo el manejo de caudales o efectos públicos, ostenten o no la condición de cuentadantes ante el Tribunal de Cuentas.» [...]. La existencia de un alcance contable no implica necesariamente que la causa del mismo haya sido la apropiación o sustracción de los fondos públicos por parte de la persona que los tenía a su cargo, sino que surge también cuando el que maneja los fondos públicos *no es capaz de explicar con la mínima e imprescindible actividad probatoria la inversión o empleo dado a los mismos.*» El alcance nace por tanto de un descubierto injustificado en una cuenta que deben rendir quienes tienen a su cargo el manejo de caudales públicos y puede originarse tanto en la ausencia de numerario como en la ausencia de justificación por falta de los necesarios soportes documentales. Para que pueda producirse un alcance es preciso la existencia de *una cuenta entendida en sentido amplio, como documento de naturaleza contable* que ha de ser rendido imperativamente por los que tengan a su cargo el manejo de caudales, aunque no ostenten la condición de cuentadantes ante el Tribunal de Cuentas. [...] *Este concepto aparece además unido al de la obligación de dar o rendir cuentas*; porque no rendir cuentas debiendo hacerlo por estar encargado de la custodia o manejo de los caudales públicos, no justificar el saldo negativo que estas arrojan, no efectuar los ingresos a que se está obligado por razón de percepción o tenencia de fondos públicos, sustraer o consentir que otro sustraiga, o dar ocasión a que un tercero realice la sustracción de caudales o efectos públicos que se tengan a cargo o aplicarlos a usos propios o ajenos etc., son todos ellos supuestos de alcance y como tales generadores de responsabilidad contable, si se dan todos los requisitos que la Ley establece" (Grifos nossos).

455 Compare-se o conceito do direito espanhol com as situações caracterizadas como alcance no art. 78 do RPTC-1917, transcrito anteriormente: "a) os saldos em poder do responsável; b) as rendas arrecadadas e não escrituradas convenientemente; c) as despesas glosadas, por terem sido impugnadas; d) as diferenças verificadas para menos nos livros da escrituração ou documentos da receita, e para mais nos da despesa; e) o adiantamento cuja aplicação não tiver sido devidamente comprovada e for conservado em poder do responsável sem ordem expressa da autoridade competente; f) as faltas verificadas em valores materiais ou efeitos de qualquer espécie, confiados à guarda do responsável; g) as diferenças verificadas a favor da Fazenda Nacional nas operações de débito e crédito dos cofres especiais". E o art. 65 do CCU-1922: "Art. 65. Sob responsabilidade estrita dos pagadores, nenhuma ordem de pagamento será cumprida sem haver sido previamente registrada pelo Tribunal de Contas ou por suas delegações. Caso os pagadores efetuem *qualquer pagamento sem o preenchimento dessa exigência* [registro prévio], *serão as importâncias pagas levadas à conta de alcance dos mesmos pagadores*".

456 Carmo (*Contribuição para o Estudo da Responsabilidade Financeira*, 1995, p. 88-89): "O Acto Adicional à Carta de 1852 consagra por fundamental a existência de um Tribunal de Contas (artigo 12º,3º), que havia sido criado (com esse nome) em 10 de Novembro de 1849, por Decreto da Rainha D. Maria II. Competia-lhe: – julgar as contas dos tesoureiros, recebedores, pagadores e quaisquer responsáveis pela administração, arrecadação e aplicação de fundos resultantes de créditos, contribuições ou liquidações fazendárias; – julgar as contas das municipalidades e estabelecimentos pios, cujo rendimento excedesse dois contos de reis; – julgar e desembaraçar os depósitos e extinção das fianças. – impor multas aos responsáveis que deixassem de apresentar atempadamente as suas contas. Em matéria de julgamento de contas e de imposição de multas o Tribunal de Contas é reconhecido como jurisdição própria e privativa, tendo os seus acórdãos o «carácter, autoridade, força e efeitos dos julgamentos e sentenças dos tribunais de justiça» Neste âmbito, como já assinalámos, o Tribunal desenvolve uma verdadeira *função judicial*. [...] III – Merece especial destaque, de entre a legislação financeira do final do século passado, o Regulamento Geral da Contabilidade Pública, de 31 de Agosto de 1881. Ali se distingue a Contabilidade legislativa, administrativa e judiciária (artigo 1º). Nos termos do artigo 2º desse Regulamento, a *Contabilidade judiciária é a que fixa, por sentenças proferidas pelo Tribunal de Contas, a responsabilidade individual de todos os gerentes de dinheiros públicos* e certifica, por meio de declarações autênticas do mesmo tribunal, toda a receita e despesa efectuadas; o artigo 290º precisa que «o julgamento anual das contas dos responsáveis à Fazenda constitui a contabilidade pública judiciária do Estado» (§único), e esse julgamento estava, precisamente, a cargo do Tribunal de Contas. Regras estritas disciplinam, no mesmo Regulamento, o pagamento das despesas públicas: «Nenhum crédito a cargo do Tesouro Público pode ser liquidado e pago, senão em virtude de título legal e por ordem do ministro competente ou dos seus delegados» (artigo 87º) Aos pagadores compete, em rigor, verificar a legalidade formal

A função judicial do Tribunal de Contas havia sido fixada no Acto Adicional à Carta de 1852, que lhe atribuía, entre outras competências, "julgar as contas dos tesoureiros, recebedores, pagadores e quaisquer responsáveis pela administração, arrecadação e aplicação de fundos resultantes de créditos, contribuições ou liquidações fazendárias". Nessa matéria, o Tribunal de Contas exercia "jurisdição própria e privativa" e aos seus acórdãos eram reconhecidos "carácter, autoridade, força e efeitos dos julgamentos e sentenças dos tribunais de justiça".

No Regulamento Geral da Contabilidade Pública, de 31.8.1881, distinguiam-se as contabilidades legislativa, administrativa e judiciária. A contabilidade judiciária era a que fixava "por sentenças proferidas pelo Tribunal de Contas, a responsabilidade individual de todos os gerentes de dinheiros públicos e certifica, por meio de declarações autênticas do mesmo tribunal, toda a receita e despesa efectuadas".

O mesmo regulamento estabelecia que: "Nenhum crédito a cargo do Tesouro Público pode ser liquidado e pago, senão em virtude de título legal e por ordem do ministro competente ou dos seus delegados", e que aos pagadores competia "verificar a legalidade formal das ordens de pagamento".

Ao final do exercício, os fundos destinados a despesas que não tivessem sido satisfeitas deveriam "ser repostos no último dia na parte correspondente às despesas não satisfeitas, sob responsabilidade de quem os tivesse recebido nos cofres do Estado", e os pagadores ou exactores poderiam responder pelas responsabilidades que lhes fossem imputadas com "as cauções que eram os mesmos legalmente obrigados a prestar".

O Regulamento de 1881 "mandava prestar as contas de responsabilidade individual em forma de conta-corrente". Assim, a apuração de "responsabilidade financeira resultava, por isso, da averiguação aritmética do manejo de dinheiros, terminando por enquadrar o responsável pela conta numa de três situações: credor, devedor, quite".

Concluída a apuração, o Tribunal de Contas,

> apreciando as contas assim espelhadas, julgava os responsáveis por elas *quites, credores* ou *devedores;* verificando-se esta última hipótese o responsável pela conta ficava constituído, precisamente, em responsabilidade financeira. A hipótese típica é a que resultava do *alcance* em processo de julgamento de contas.

das ordens de pagamento. Diz-se, por isso, que a sua responsabilidade é fundamentalmente extrínseca. No final do exercício, os fundos destinados a despesas que não tivessem sido satisfeitas, total ou parcialmente, deviam, segundo o artigo 100º, ser repostos no último dia na parte correspondente às despesas não satisfeitas, sob responsabilidade de quem os tivesse recebido nos cofres do Estado. Pelas responsabilidades eventualmente atribuídas aos pagadores ou exactores – se se quiser, agentes *contáveis*, no neologismo originado pela expressão «comptables publics» – respondiam as cauções que eram os mesmos legalmente obrigados a prestar. O apuramento dessas responsabilidades fazia-se por forma contabilística, a partir de um sistema de conta-corrente [*vide* nota de rodapé 137. Na verdade, o Regulamento de 1881 mandava prestar as contas de responsabilidade individual em forma de conta-corrente; o apuramento da responsabilidade financeira resultava, por isso, da averiguação aritmética do manejo de dinheiros, terminando por enquadrar o responsável pela conta numa de três situações: credor, devedor, quite. Na situação de devedor, haveria responsabilidade financeira, como lhe chamamos hoje. Quanto à obrigação de prestar caução, *vide, supra*, n. 131]. *Era o Tribunal de Contas que, apreciando as contas assim espelhadas, julgava os responsáveis por elas quites, credores ou devedores;* verificando-se esta última hipótese o responsável pela conta ficava constituído, precisamente, em responsabilidade financeira. A hipótese típica é a que resultava do *alcance* em processo de julgamento de contas" (Grifos nossos).

3.1.2.4 A conta, a contabilidade judiciária e a Corte dei Conti na Itália

Na Itália, desde a lei institutiva da Corte dei Conti, em 1862, compete-lhe o julgamento das contas de diferentes agentes públicos que tiveram sob sua responsabilidade dinheiros e bens públicos, os denominados "agentes contábeis", sujeitos à "responsabilidade por contas", conforme Staderini.[457]

Assim, já na origem da Corte, estavam sujeitos à responsabilidade por contas, como "agentes contábeis", os encarregados da arrecadação de receitas, os agentes de tesouraria (que administram os recursos financeiros e efetuam pagamento à conta dos cofres da Administração), os agentes consignatários (que custodiam bens da Administração), entre outros.

A jurisdição de contas, a contabilidade judiciária, tinha por finalidade a "verificação da conta judicial" dos agentes contábeis, que a apresentavam na forma de modelos predeterminados pela Corte, conforme a legislação.

Os agentes contábeis, por meio da "conta judicial", deviam demonstrar "o saldo inicial, o movimento de entradas e saídas (e das suas contrapartidas em bens) no curso do exercício financeiro e o saldo final".

A responsabilidade contábil, ou responsabilidade por contas, caracterizava-se pela presunção de culpa: cabia ao "agente contábil" o ônus de "demonstrar que eventual falta de dinheiro ou de bens se devia a causa de força maior ou de algum sinistro natural", caso contrário, seria "condenado a pagar a soma equivalente ao valor faltante não justificado".

No Capítulo 6 será abordada, em maior extensão, a competência jurisdicional da Corte dei Conti e a da Cour des Comptes, da França.

[457] Staderini (*El Modelo de Fiscalización de Italia*, 2005, p. 265-268): "Entra en la jurisdicción de la Corte, por antigua disposición emanada de la ley institutiva, *el juicio sobre la responsabilidad de los agentes contables. La así llamada responsabilidad de cuentas*, es la responsabilidad de aquellos sujetos (agentes contables) que han recibido en consignación (bajo diferentes contratos) dinero, bienes u otros valores públicos o que en alguna otra forma han tenido la disponibilidad material de esos bienes o valores, y que no han cumplido con la obligación de la restitución que les incumbe. Las normas de contabilidad general del Estado distinguen las siguientes figuras: – Agentes de la recaudación. (aquellos que están encargados de la recaudación de los ingresos); – Agentes de tesorería (que administran los recursos financieros públicos y efectúan pagos a cuenta de la Administración); – Agentes consignatarios (aquellos que custodian objetos o material de la administración pública). El Juicio de Cuenta tiene por objeto la verificación de la regularidad de la cuenta judicial, correspondiente a los agentes contables. Todos estos agentes deben presentar la cuenta judicial sobre modelos predeterminados, y deberán evidenciar la consistencia inicial, el movimiento de los ingresos y egresos (y de sus contrapartidas de bienes) en el curso de su ejercicio presupuestario y el remanente final. La responsabilidad contable se caracteriza por la *presunción de culpa del agente*, a quienes le incumbe demostrar, que los eventuales faltantes monetarios y/o de bienes o valores, se debe a causas de fuerza mayor o de algún siniestro natural, que cause el deterioro de los bienes, de lo contrario será condenado al pago de una suma equivalente al valor del faltante no justificado. *Esta función jurisdiccional, sujeta a una disciplina ya no tan funcional de acuerdo con las modernas exigencias* de la celeridad de los trámites y de garantía de los derechos del inculpado, deberá ser reconsiderada para luego evaluar la conveniencia de preservarla o derogarla" (Grifos nossos).

3.1.3 O processo de tomada de contas e seus resultados

No Brasil, as contas dos responsáveis seriam tomadas: por exercício,[458] como regra; por gestão;[459] [460] por execução de contrato; para liquidação de comissão; para comprovar a aplicação de adiantamento.

Entre a grande variedade de responsáveis[461] sujeitos à jurisdição do Tribunal de Contas em tomada de contas ou prestação de contas,[462] destacamos:

a) os responsáveis pela arrecadação da receita;[463]
b) os funcionários incumbidos da cobrança executiva dos créditos da União;[464]
c) os pagadores de despesa;[465]
d) os ordenadores secundários (ministros, chefes de repartição, diretores de contabilidade).[466]

---

458 CCU-1922: "Art. 89. A tomada de contas dos responsáveis será feita anualmente. A dos exactores e pagadores terá por base a escrituração, em livro de contas correntes, das operações da receita e despesa, constantes de balancetes organizados e liquidados mensalmente. §1º A tomada de contas deverá ter início, improrrogavelmente, no prazo de dois meses, após o termo da gestão dos responsáveis".

459 Sobre a tomada de contas por gestão, *vide* Cavalcanti (*Elementos de Finanças*, 1896, p. 190): "Sobre a prestação de contas, o Dr. Dídimo da Veiga, autor do Projeto de Código da Contabilidade, reconhecendo as dificuldades resultantes das mudanças de ministros, isto é, da instabilidade da administração, para a boa fiscalização do emprego dos dinheiros públicos e para a responsabilidade do ordenador de despesas ilegais, quase sempre já substituído ao ser apurado, encerrado e liquidado o exercício financeiro, – composto do ano financeiro e mais os períodos adicionais – lembrou, no projeto sujeito ao estudo de uma comissão especial da Câmara, a tomada de contas por gestão".

460 CCU-1922: "Art. 90, §1º. tomada de contas deverá ter início, improrrogavelmente, no prazo de dois meses, após o termo da gestão dos responsáveis".

461 RPTC-1917: "Art. 5º. À prestação de contas perante o Tribunal estão sujeitos os responsáveis, como: os tesoureiros, pagadores, fiéis de armazéns, administradores de mesas de rendas, de postos fiscais / os almoxarifes / os coletores / os agentes-compradores, os diretores de arsenais e hospitais [...]".

462 RPTC-1917: "Art. 3º. Aos responsáveis corre o imperioso dever de prestar as sus contas para com a Fazenda Nacional, em qualquer época, dentro da prescrição legal; não lhes aproveitando a demora ou o atraso que, porventura, houve na organização do processo, para o efeito de isentá-los das indenizações de quaisquer faltas ou alcance observados na liquidação de responsabilidades".

463 CCU-1922: "Art. 25. A arrecadação da receita federal orçada pelo Congresso Nacional far-se-á, em dinheiro, pelas repartições competentes, de acordo com os regulamentos expedidos e sob a imediata fiscalização dos respectivos chefes, sendo pessoalmente responsável o funcionário que der causa a extravio de rendas ou omissão de cobrança, por desleixo ou inexecução dos preceitos regulamentares, e os superiores, em ordem hierárquica, que deixarem de promover a efetiva responsabilidade dos seus subalternos".

464 CCU-1922: "*Art. 29.* Os funcionários encarregados da arrecadação ou cobrança de rendas da União serão responsáveis pela efetiva percepção das rendas que lhes competirem arrecadar. §1º Antes de obterem baixa das certidões ou títulos de arrecadação não realizadas, deverão provar que praticaram oportunamente todas as diligências necessárias para a cobrança. §2º No caso de apurar-se a negligência na falta de arrecadação de qualquer quantia, por parte dos recebedores ou dos funcionários incumbidos da fiscalização, serão eles solidariamente responsabilizados pelo Tribunal de Contas, a cuja jurisdição, neste particular, ficam sujeitos. [...] §3º Os funcionários incumbidos da cobrança executiva dos créditos da União devolverão às repartições competentes as certidões recebidas que não forem cobradas, no prazo de três anos a contar de 31 de dezembro do ano da remessa. Devidamente relacionadas, as certidões serão remetidas, até 31 de maio de cada ano, ao Tribunal de Contas, que verificará as diligências efetuadas e, no caso de omissão ou negligência, promoverá, de acordo com o §2º, a responsabilidade daqueles funcionários" (Grifos nossos).

465 CCU-1922: "*Art. 65.* Sob responsabilidade estrita dos pagadores, nenhuma ordem de pagamento será cumprida sem haver sido previamente registrada pelo Tribunal de Contas ou por suas delegações. Caso os pagadores efetuem qualquer pagamento sem o preenchimento dessa exigência, serão as importâncias pagas levadas à conta de alcance dos mesmos pagadores. §1º O registro do Tribunal de Contas libera os pagadores de qualquer responsabilidade quanto ao aspecto legal da despesa; ficam, porém, responsáveis pela validade dos pagamentos que efetuarem diretamente ou por meio de fiéis e prepostos. §2º Verificada a nulidade do pagamento, por falta de idoneidade legal da pessoa que houver recebido, ou inobservância de formalidades regulamentares, os pagadores deverão entrar, dentro de oito dias, com a importância indevidamente paga, sob pena de suspensão e mais medidas acautelatórias dos direitos da Fazenda Nacional" (Grifos nossos).

466 CCU-1922: "Art. 64. O Tesouro e as suas delegacias comunicarão mensalmente às Diretorias de Contabilidade dos Ministérios, um rol das requisições de pagamentos expedidas pelos ordenadores secundários, que forem

Nos termos do primeiro regimento interno (regulamento) do Tribunal de Contas, Decreto nº 2.409/1896,[467] o processo de tomada de contas poderia ser iniciado a pedido do responsável, por ato do Tribunal ou a requerimento do Ministério Público.

Cabia ao responsável apresentar "uma relação dos livros e documentos que comprovassem a sua gestão".[468]

Essa relação de livros e documentos necessários ao exame da situação do responsável perante a Fazenda *denominava-se contas, ou conta*, como se deduz de diversos dispositivos legais ou regulamentares, a exemplo do art. 187 do Decreto nº 2.409/1896:[469]

> Art. 187. Apresentada pelo responsável *a conta* ao subdiretor, ou a este remetida oficialmente, terá ela, em ato contínuo, entrada em protocolo especial, onde se fará menção da data da entrada, da data e procedência do aviso, ofício ou requerimento, do nome e qualidade do responsável, do período da conta e do seu destino ou distribuição, levando-se à casa das observações tudo quanto possa esclarecer. A conta tomará o número de ordem da entrada no protocolo [...]. (Grifos nossos)

O corpo instrutivo[470] do Tribunal de Contas examinava as contas (ou as tomava, revia, liquidava), segundo a forma prescrita pelas normas infralegais,[471] [472] e emitia um

---

mandados cumprir. [...] Art. 66. Embora registrada pelo Tribunal de Contas, subsiste inteira a responsabilidade dos Ministros e chefes de repartição e diretores de contabilidade, quanto à regularidade e conveniência da despesa que empenharem e do respectivo processo de liquidação. §1º Por ocasião da tomada de contas dos pagadores, o Tribunal de Contas responsabilizará os ordenadores secundários que houverem requisitado pagamentos ilegais não sujeitos a registro prévio".

467 Decreto nº 2.409, de 23.12.1896. Aprova o regulamento do Tribunal de Contas.

468 *Vide* art.s 182 e 183 do regulamento, Decreto nº 2.409/1896: "*Art. 182*. O processo da tomada das contas dos responsáveis inicia-se: a) a requerimento do responsável; b) *ex officio*, por ato da subdiretoria, e, no caso de omissão desta, por ordem do diretor; c) a requerimento do representante do ministério público nos seguintes casos: na hipótese de não ser iniciado, nos termos da letra b), passados sessenta dias das épocas fixadas em lei; quando o responsável deixa o lugar; si se verificarem administrativamente faltas de valores confiados a sua guarda e a autoridade administrativa levar o fato ao conhecimento do Tribunal para a tomada das contas. *Art. 183*. O responsável que requerer a tomada de suas contas apresentará uma relação dos livros e documentos que comprovem a sua gestão. O que não for funcionário público, além dos referidos livros e documentos, apresentará *conta corrente das operações* que tiver realizado" (Grifos nossos).

469 As leis orgânicas e os regimentos internos até aqui estudados não definiam o conceito de contas. Um termo multivalente, utilizado em contextos diversos, significando coisas muito distintas, desde um simples suprimento de fundos até o complexo universo dos balanços, orçamentos e operações fiscais da Administração, as contas de governo. *Vide* Sanagustín (*Cuenta*, 2019).

470 Ver art. 2º, §3º, da Lei nº 156/1935: "O corpo instrutivo é composto de uma Secretaria para os serviços de preparo, exame e instrução dos processos, expediente, comunicações e publicações, contabilidade e escrituração do Tribunal de Contas; de delegações do Tribunal, para os serviços relativos à fiscalização financeira e à tomada de contas junto às delegacias do Tesouro Nacional e outras repartições fiscais e pagadoras".

471 *Vide*, por exemplo, art. 189 do Regulamento de 1896, Decreto nº 2.409/1896: "No exame das contas que lhe forem distribuídas verificará o escriturário, quanto à receita: a) se a conta considerada aritmeticamente está certa ou tem algum erro; b) se considerada em relação às leis é ou não satisfatória, isto é, si a renda de que faz menção está ou não compreendida na lei do orçamento; c) se foi ou não arrecadada no tempo devido; d) se o responsável deteve-a indevidamente em seu poder, ou si a recolheu no prazo legal aos cofres públicos; e quanto à despesa: a) si considerada aritmeticamente está certa ou errada; b) se a ordem de despesa ou de pagamento está registrada pelo Tribunal de Contas; c) se a despesa foi feita em pagamento de ordem a que o Tribunal houvesse negado o registro, sem que se cumprissem os preceitos dos arts. 177 e 178 ou em quantitativo superior à registrada".

472 *Vide* arts. 21, 26, 27, 29, 30 do RPTC-1917: "*Art. 21*. Ao subdiretor compete: [...] d) dirigir os exames, não só aritmético ou material como moral ou legal, de todos os elementos em que têm assento as tomadas de contas; e) velar para que, nos relatórios dos escriturários, seja exposta com a máxima clareza a situação dos responsáveis e se assinalem todas as irregularidades e os defeitos e vícios encontrados na escrituração e nos documentos, assim como os abusos dos arrecadadores da receita e dos ordenadores pagadores da despesa; [...]. *Art. 26*. O exame aritmético consiste em verificar, na escrituração dos documentos, se a receita arrecadada e a despesa

parecer (ou relatório conclusivo), encaminhando a "conta" para julgamento do Tribunal, entendido em sentido estrito como o corpo deliberativo,[473] constituído pelos ministros, conforme, sinteticamente, os seguintes artigos do regulamento de 1896:

> Art. 193. Entregue a conta ao subdiretor, ordenará este as diligências precisas para a liquidação da mesma,[474] podendo solicitar, por intermédio do presidente do Tribunal, de qualquer repartição pública as informações e os documentos para elucidação da conta. Desde que entenda que esta se acha em condições de ser julgada, passa-la-á ao diretor com o seu parecer.
> Art. 194. O diretor, depois de examinada a conta, si a considerar preparada para ser julgada, apresenta-la-á ao Tribunal.

Por esse procedimento, apuravam-se, para a maior parte dos responsáveis sujeitos à jurisdição do Tribunal, *débitos e créditos numa conta*.[475]

O funcionário designado para examinar as contas deveria concluir a "liquidação das contas" com "um relatório circunstanciado dos seus exames, fazendo as seguintes declarações", conforme art. 61 do RPTC-1917:

---

realizada, estão certas, ou têm algum erro de cifras. *Art. 27. O exame moral* por fim apurar: *1º* quanto à conta: a) se foi apresentada no prazo marcado e, no caso contrário, qual a razão oferecida pelo responsável para justificar a demora; *2º*. quanto à receita: b) se a renda escriturada está ou não autorizada ou compreendida na lei do orçamento, e foi arrecadada de conformidade com os regulamentos e instruções expedidas para a arrecadação; c) se foi ou não arrecadada no tempo devido / d) se foi remetida ou recolhida efetivamente aos cofres públicos / *3º*. quanto à despesa: f) se foi autorizada em lei orçamentária com a necessária dotação e ordenada por autoridade competente; g) se os documentos estão revestidos dos requisitos legais, foram devidamente processados / h) se, tratando-se de pagamentos realizados pelo Tesouro Nacional / a despesa foi examinada e registrada pelo Tribunal; i) se a despesa oriunda de fornecimentos por contratos está de inteiro acordo com os preços estipulados no mesmo e dentro das forças do crédito votado; / se o pagamento de pessoal ativo foi efetuado à vista dos resumos dos pontos de frequência ou atestados de exercícios, e fizeram-se todos os descontos legais; / se os saldos de despesas foram recolhidos nos prazos marcados aos cofres das repartições a que o responsável está subordinado". [...] *Art. 29*. Além dos exames de que tratam os artigos precedentes, o escriturário ainda deverá verificar: / k) que é absolutamente proibido aceitar nas tomadas de contas qualquer despesa efetuada sem a existência de crédito previsto na lei do orçamento e registrado pelo Tribunal, ou por conta de saldo insuficiente ou de crédito esgotado [...]. Art. 30. No *exame moral* dos documentos da receita, o escriturário deverá ter em vista as leis e regulamentos sobre os direitos, impostos, taxas e multas, fazendo constar do seu relatório as falhas e a má interpretação dadas àquelas disposições pelo responsável" (Grifos nossos).

473 *Vide* art. 2º, §§2º e 3º, da LOTCU-1935: "§2º O corpo deliberativo compreende o Tribunal propriamente dito, com as funções de decidir e julgar. Compõe-se de sete juízes, com o tratamento de ministros. §3º O corpo especial destinado a relatar os processos de tomada de contas e a substituição dos Ministros é composto de quatro auditores [ministros-substitutos, atualmente]".

474 Essa liquidação, procedida pelo corpo administrativo, corresponderia ao "exame técnico". O julgamento correspondia à decisão do Tribunal, composto pelos ministros, como instituição decisória distinta da organização "Tribunal de Contas", que *sentenciava a situação do responsável perante a Fazenda Nacional, daí falar-se em julgamento, o exercício da função judiciária.*

475 A título de exemplo, o art. 50 do RPTC-1917: "A receita da conta corrente geral será formada elo [*sic*] todas das arrecadações classificadas pelos títulos e parágrafos do orçamento; e a despesa, com os totais dos pagamentos do pessoal e do material, efetuados por conta de cada uma das verbas dos ministérios". Formavam-se também contas-correntes especiais, demonstrativas do movimento de entradas e saídas, de recebimentos e de vendas dos diversos valores ou material em poder do responsável: "Art. 54. A receita das contas especiais formar-se-á debitando o responsável pelos valores, materiais ou efeitos [...] e pelas entradas de quaisquer procedências; e a despesa forma-se creditando o gestor pelas saídas dos mesmos valores, materiais ou efeitos [...], pelas importâncias dos que forem vendidos, pelos que forem devolvidos por inutilizados, pelos entregues ao sucessor, por meio de inventários, e pelas faltas que se verificarem".

> [...]
> j) se as responsabilidades ou alcances e os saldos ou créditos a favor do gestor pertencem a este ou ao seu escrivão;
> l) quais as irregularidades e os defeitos ou vícios encontrados na escrituração e nos documentos;
> m) se houve abusos da parte do responsável na arrecadação da receita e na efetuação da despesa a seu cargo;
> n) finalmente, qual a verdadeira situação do responsável perante a Fazenda Nacional, tendo em vista os exames feitos de conformidade com os arts. 26 a 31 destas instruções.

O processo de contas, ao ser submetido ao julgamento do Tribunal, estaria composto, entre outras peças, pelas seguintes: as contas correntes de receita e despesa de cada exercício, as contas correntes especiais, os *demonstrativos de alcances ou de saldos a favor dos responsáveis*, as informações ou alegações do responsável, as provas de recolhimento de alcances ou saldos em favor da Fazenda Nacional, o relatório de liquidação das contas.

O resultado das tomadas de contas dos responsáveis, como bem definido no art. 282 do RPTC-1917, deveria "consistir na exata apuração de toda a receita arrecadada e despesa efetuada, estabelecendo a verdadeira situação dos responsáveis, pelo confronto entre o seu débito e o seu crédito para com a Fazenda Nacional".[476]

Estando quite ou em crédito, o Tribunal ordenaria a "expedição de quitação, levantamento da fiança ou caução prestada e dos sequestros que hajam tido lugar, e a entrega de depósitos".[477]

A *expedição de quitação*[478] fazia-se necessária, tendo em vista que "os funcionários encarregados de pagamentos, arrecadação ou guarda de dinheiros públicos ou

---

[476] *Vide* Castro Nunes (*Teoria e Prática do Poder Judiciário*, 1943, p. 30): "Como observa Bielsa, um mesmo fato pode determinar responsabilidades de ordem diversa – administrativa, penal e civil. A tomada de contas da gestão financeira do agente é de ordem administrativa, o que se fixa é a responsabilidade do exator ou pagador no desempenho de sua função pública. Quando se diz que essa responsabilidade é civil, como é de uso na linguagem corrente, o que se quer é apenas fixar a sua, que as cortes de contas não apuram porque não exercem jurisdição penal. Por isso mesmo conclui o douto expositor argentino que as cortes de contas não invadem nem a jurisdição civil nem a jurisdição penal, a cargo dos juízes comuns, quando fixam a responsabilidade do agente por fatos ou atos da sua gestão. E limita-se a essa verificação o julgamento da conta. É um juízo que se institui sobre operações administrativas, limitado aos atos ou fatos apurados, seja para liberar o responsável, seja para o declarar alcançado em vista das irregularidades encontradas na sua gestão".

[477] Ver arts. 83 e 84 do CCU-1922: "Art. 83. Os funcionários encarregados de pagamentos, arrecadação ou guarda de dinheiros públicos ou responsáveis por quaisquer bens da União, só entrarão em exercício após *haverem prestado as cauções* fixadas em regulamentos, ou, em falta destes, em tabelas organizadas trienalmente pelos Ministérios e registradas pelo Tribunal de Contas. (*Revogado pela Lei nº 6.322, de 1976*) [...]. §3º Será *responsável solidariamente pelo alcance, até o limite da caução regulamentar*, a autoridade que houver permitido o exercício de qualquer funcionário, independente de caução, salvo o caso de substituição necessária do responsável por falecimento ou falta imprevista deste. (Revogado pela Lei nº 6.322, de 1976). Art. 84. A caução a que se refere o artigo antecedente será sempre pignoratícia e constituída por apólices da dívida pública federal, cadernetas das caixas econômicas federais ou dinheiro, salvo [...]" (Grifos nossos).

[478] Perceba-se, nos dispositivos a seguir, a permanência de conceitos e processos históricos na concepção da LOTCU-1992 (Lei nº 8.443/1992), indicando a ideia de continuar-se a assim proceder, muito embora a prática fosse outra, *tornando confusa a aplicação da ideia de "quitação" em outro contexto procedimental*: "Art. 17. Quando julgar as contas regulares, o Tribunal dará quitação plena ao responsável"; "Art. 18. Quando julgar as contas regulares com ressalva, o Tribunal dará quitação ao responsável e lhe determinará, ou a quem lhe haja sucedido, a adoção de medidas necessárias à correção das impropriedades ou faltas identificadas, de modo a prevenir a ocorrência de outras semelhantes"; "Art. 23. A decisão definitiva será formalizada nos termos estabelecidos no Regimento Interno, por acórdão, cuja publicação no Diário Oficial da União constituirá: I – no caso de contas regulares, certificado de quitação plena do responsável para com o Erário; II – no caso de contas regulares com

responsáveis por quaisquer bens da União, só entravam em exercício após haverem prestado as cauções fixadas em regulamentos", segundo estabelecido no art. 83 do Código de Contabilidade da União de 1922,[479] bem como se depreendia do Decreto nº 392/1896 (LOTCU-1896), na parte em que estabelecia competir ao Tribunal de Contas "verificar e aprovar as fianças e cauções que devem prestar todos os que arrecadarem, aplicarem ou conservarem sob sua guarda e administração dinheiros, valores e bens pertencentes à Republica, seja qual for o Ministério a que pertençam".[480]

3.1.4 O surgimento de uma jurisdição anômala

Retornamos às duas categorias de pessoas abrangidas pela jurisdição do Tribunal, em razão da natureza da responsabilidade, sujeitas "à prestação de contas", conforme a Lei nº 156/1935, para iniciar uma das discussões centrais desta tese:

> Art. 22. Estão sujeitos à prestação de contas e só por ato do Tribunal de Contas podem ser liberados de sua responsabilidade:
> 1º, o gestor dos dinheiros públicos e todos quantos houverem arrecadado, despendido, recebido depósitos de terceiros ou tenham sob sua guarda e administração, dinheiros, valores e bens da União;
> 2º, todos os funcionários públicos civis e militares, ou qualquer pessoa ou entidade, estipendiados pelos cofres públicos, *ou não*, que derem causa a perda, extravio ou estrago de valores, ou de material da União, ou pelas quais seja esta responsável. (Grifos nossos)

A segunda categoria, expressa no §2º do art. 22, abarcava pessoas que *não* eram responsáveis "por dinheiros ou bens públicos"; não eram pessoas, agentes públicos ou contratados que arrecadavam, despendiam ou administravam de qualquer modo dinheiros públicos, ou que mantinham ou administravam bens públicos.

Tratava-se de pessoas ou entidades (pessoas jurídicas) que dessem causa a alguma forma de perda patrimonial à União, fossem elas estipendiadas ou não pelos cofres públicos.

---

ressalva, certificado de quitação com determinação, nos termos do art. 18 desta Lei"; "Art. 27. Comprovado o recolhimento integral, o Tribunal expedirá quitação do débito ou da multa"; "Art. 93. A título de racionalização administrativa e economia processual, e com o objetivo de evitar que o custo da cobrança seja superior ao valor do ressarcimento, o Tribunal poderá determinar, desde logo, o arquivamento do processo, sem cancelamento do débito, a cujo pagamento continuará obrigado o devedor, para que lhe possa ser dada quitação".

[479] Ver também art. 856 do Decreto nº 15.783/1922 (Regulamento Geral de Contabilidade Pública de 1922 – RGCP-1922): "*As cauções de qualquer natureza só poderão ser levantadas depois de feita ou aprovada pelo Tribunal de Contas a tomada de contas dos responsáveis*, segundo o disposto no capítulo subsequente, expedida a necessária quitação e ordenado o levantamento e de ter sido este mandado cumprir pelos chefes das repartições a que estiverem subordinadas as tesourarias em que se tenha efetuado o depósito" (Grifos nossos). Decreto nº 15.783, de 8.11.1922. Aprova o regulamento para execução do Código de Contabilidade Pública.

[480] *Vide* art. 2º, §2º, 1, "d", do mesmo decreto, Decreto nº 392/1896: "verificar e aprovar as fianças e cauções que devem prestar todos os que arrecadarem, aplicarem ou conservarem sob sua guarda e administração dinheiros, valores e bens pertencentes à República, seja qual for o ministério a que pertençam. Exceptuam-se as cauções que as leis e regulamentos mandam tornar efetivas por meio de dedução dos vencimentos dos responsáveis, as quais continuarão a ser prestadas de conformidade com as mesmas leis e regulamentos".

Essa situação não constava do Decreto nº 392/1896, lei aprovada pelo Parlamento (LOTCU-1896),[481] mas havia sido prevista no Decreto nº 2.409/1896,[482] que o regulamentou.

A LOTCU-1935 conferira ao dispositivo constitucional (julgar as contas de responsáveis por bens e valores públicos) uma interpretação mais ampla.

A noção de prestação de contas era perfeitamente racionalizada como consequência da responsabilidade assumida pelo "gestor dos dinheiros públicos" e por "todos quantos houverem arrecadado, despendido, recebido depósitos de terceiros ou tenham sob sua guarda e administração, dinheiros, valores e bens da União", e deles exigível e submetida a alguma espécie de escrutínio.

Havia que se estabelecer em relação a elas um procedimento de accountability, do qual o exame e o julgamento das contas seriam parte.

No entanto, em relação às pessoas que a lei (não a Constituição) submetia à jurisdição do Tribunal unicamente por terem causado perda patrimonial à União, não se procedia segundo a mesma lógica, não havia um sentido de accountability. Seria uma questão de responsabilidade por ato ilícito.[483]

O Tribunal apuraria a responsabilidade dessas pessoas, para fins de obter a reparação do dano causado, mas não se estava procedendo a um julgamento de contas, tal como se procedia no caso dos gestores e demais responsáveis por dinheiros e bens públicos.

Criara-se uma situação ficta de prestação de contas a que se ligava um ficto julgamento de contas, quando se tratava de uma situação real de conduta ilícita submetida a um real julgamento de responsabilidade por dano ao patrimônio público (bens ou valores).[484]

---

[481] *Vide* o art. 3º da LOTCU-1896: "O Tribunal exercita a sua jurisdição contenciosa: 1) Processando, julgando, em única instância, e revendo as contas de todas as repartições, empregados e quaisquer responsáveis que, singular ou coletivamente, houverem administrado, arrecadado e despendido dinheiros públicos ou valores de qualquer espécie, inclusive em material, pertencentes à Republica, ou por que esta seja responsável e estejam sob sua guarda; bem assim dos que deverem prestar ao Tribunal, seja qual for o Ministério a que pertencerem, em virtude de responsabilidade por contrato, comissão ou adiantamento".

[482] *Vide* art. 64 e os artigos antecedentes: "*Art. 59.* O Tribunal de Contas tem jurisdição própria e privativa sobre as pessoas e as matérias sujeitas à sua competência. *Art. 60.* A essa jurisdição estão sujeitos todos os responsáveis por dinheiro, valores e material pertencentes à República, ainda que residam fora do país. *Art. 61.* O gestor de dinheiros públicos está sujeito à jurisdição do Tribunal de Contas pelo simples facto da gestão e só por ato do Tribunal pode ser liberado da sua responsabilidade. *Art. 62.* Todos quantos houverem tido sob sua guarda e administração valores e bens da República, por ato do Governo ou por contrato, estão adstritos à prestação de contas perante o Tribunal. *Art. 63.* Estão sujeitos à jurisdição do Tribunal de Contas os funcionários que houverem recebido, em nome da República, depósitos de terceiros, pelos quais a República responda como obrigada; se tais depósitos forem subtraídos ou extraviados, ao tribunal cabe julgar da responsabilidade pela subtração ou pelo extravio. *Art. 64.* Estão igualmente sujeitos à jurisdição do Tribunal, para o efeito de prestação de contas, todos os funcionários estipendiados pelos cofres da União, com excepção dos Ministros do Presidente da República, que derem causa a perda de valores pertencentes à União, ou pelos quais esta deva responder" (Grifos nossos).

[483] *Vide* art. 159 do Código Civil de 1916: "Aquele que, por ação ou omissão voluntária, negligência, ou imprudência, violar direito, ou causar prejuízo a outrem, fica obrigado a reparar o dano". *Vide*, também, os arts. 186 e 927 do Código Civil de 2002: "Art. 186. Aquele que, por ação ou omissão voluntária, negligência ou imprudência, violar direito e causar dano a outrem, ainda que exclusivamente moral, comete ato ilícito". "Art. 927. Aquele que, por ato ilícito [artigos 186 e 187], causar dano a outrem, fica obrigado a repará-lo. Parágrafo único. Haverá obrigação de reparar o dano, independentemente de culpa, nos casos especificados em lei, ou quando a atividade normalmente desenvolvida pelo autor do dano implicar, por sua natureza, risco para os direitos de outrem".

[484] Uma embrionária forma de competência jurisdicional, *semelhante à que era exercida pela Corte dei Conti da Itália, denominada de responsabilidade administrativa,* diferenciada da responsabilidade por contas dos "agentes contábeis". Segundo Staderini (*El Modelo de Fiscalización de Itália*, 2005, p. 265-268), o sistema jurídico italiano, no que toca à jurisdição da Corte dei Conti, faz distinção entre essas duas situações e as duas formas de exercício da função jurisdicional respectivas: o juízo sobre a responsabilidade dos agentes contábeis e o juízo de responsabilidade administrativa: "Pertenecen, en primer lugar a la jurisdicción del Tribunal de Cuentas, *los juicios de responsabilidade administrativa*. Con esta expresión se hace referencia a la responsabilidad en materia de contenido patrimonial,

A Lei nº 156/1935 incorporava à jurisdição contenciosa do Tribunal de Contas, como fizera antes o regulamento de 1896 (Decreto nº 2.409/1896),[485] a apuração de responsabilidades que se distanciavam daquelas relacionadas à administração financeira, sujeita à fiscalização do Tribunal e à sua atuação de caráter judiciário, como qualificou Castro Nunes.[486]

Dizer, portanto, que o Tribunal julgava as contas daqueles que "derem causa a perda, extravio ou estrago de valores, ou de material da União, ou pelas quais seja esta responsável" significava que esses casos estavam submetidos ao Tribunal para fins de apuração do prejuízo causado e, eventualmente, condenação à reparação, tal qual se submetiam os casos de real presença de uma obrigação de prestação de contas decorrente da responsabilidade por "dinheiros e bens públicos".

Mas era indevido positivar que "estavam sujeitos à prestação de contas e só por ato do Tribunal de Contas podem ser liberados de sua responsabilidade" quaisquer pessoas, físicas ou jurídicas, que dessem "causa a perda, extravio ou estrago de valores, ou de material da União, ou pelas quais a União fosse responsável".

Não havia, nesses casos, contas (no sentido que vem sendo trabalhado) a serem prestadas e um julgamento de contas a ser feito.

O que se tinha é que a Lei nº 156/1935 atribuía ao Tribunal de Contas tanto a competência judiciária para "julgar as contas dos responsáveis por dinheiros e bens públicos", com o objetivo de definir, conforme a lei, a situação deles perante a Fazenda, quanto uma diferenciada competência para julgar a responsabilidade de qualquer pessoa física ou jurídica por prejuízo patrimonial causado à União e a ela imputável.

Não sendo essa, contudo, uma competência de julgamento de contas, corolário da fiscalização da administração financeira, sua inclusão na jurisdição do Tribunal de

---

de los administradores y dependientes públicos por los daños causados a la Administración Pública y en el ejercicio de sus atribuciones. El deslinde de la responsabilidad implica la condena a resarcir los daños a favor del ente público perjudicado, en la medida en que ella sea determinada concretamente por el juicio contable; más en particular corresponde al juicio contable evaluar cuál parte del daño efectivamente causado, deberá aplicarse a cargo del autor del mismo, tomando en cuenta varios elementos, como la gravedad de la infracción (la culpa simple no implica responsabilidad), los precedentes de la carrera y las condiciones económicas del culpable, y las ventajas que resulten para la entidad dañada o para la comunidad administrada. Para entender la naturaleza y la función de la responsabilidad administrativa, es importante considerar en toda su complejidad, el sistema de las responsabilidades de los funcionarios y empleados públicos dentro del orden legal italiano. Al lado de la responsabilidad penal, que castiga las conductas más graves, y la responsabilidad civil (obligación de resarcimiento del daño), establecida para proteger a los terceros dañados, la ley ha previsto una forma particular de responsabilidad para enfrentar las conductas ilícitas que generen daño a la Administración Pública, atribuyendo la acción a un órgano tercero y neutral (el Ministerio Público Contable). El alcance de la responsabilidad es por lo tanto que previene comportamientos ilícitos (con la amenaza de la sanción) y reprimirlos donde se hayan verificado, condenando a los responsables, sobre la base de reglas de juicio particulares, diferentes de aquellas comunes, y para resarcir en forma personal, al menos en parte, el daño provocado. El Tribunal de Cuentas, enjuicia la responsabilidad de todos los administradores, dependientes públicos y sujetos que estén ligados con la Administración Pública ya sea en una relación de empleo o de otro tipo. Son enjuiciados, no únicamente, los empleados públicos sino también los titulares de ciertos cargos electivos (incluyendo a los ministros) o los de carácter honorario, es decir, funcionarios públicos que desarrollan funciones públicas sin legitimación electoral" (Grifos nossos).

485 Conforme anotara Pontes de Miranda (*Comentários à Constituição de 1967*, 2003, p. 33), apesar de a legislação, desde o decreto regulamentador de 1896, ter conferido ao Tribunal de Contas "o julgamento das tomadas de contas dos responsáveis por dinheiros e bens públicos", *isso não estava na Constituição*, e "*o Supremo Tribunal Federal, que, a princípio, dava inteiro valor* às *regras da legislação ordinária, passou a criar* óbices à *aceitação do Tribunal de Contas como julgador*" (Grifos nossos).

486 Castro Nunes (*Teoria e Prática do Poder* Judiciário, 1943, *passim*).

Contas, afastando-a do Poder Judiciário, não poderia ser feita por lei. Com esse caráter judiciário, somente a Constituição poderia dar essa atribuição ao Tribunal de Contas.[487]

O julgamento de responsabilidade por dano ao patrimônio público e o julgamento de contas de "responsáveis por dinheiros e bens públicos" são institutos diferentes, os fundamentos para serem atribuídos ao Tribunal de Contas não são os mesmos, e devem receber regulação distinta.

A discussão desse ponto continuará no Capítulo 7.

3.1.5 A consistência normativa e funcional das primeiras décadas: a precisa afirmação do julgamento de contas como função judiciária

Feita essa análise histórica, é possível estabelecer a conexão entre a finalidade da jurisdição constitucional de contas (definir a situação de certas pessoas perante a Fazenda),[488] as pessoas a ela submetidas (aquelas que por certas razões de fato ou de direito, não todas, pudessem se encontrar como devedoras ou credoras da Fazenda), a decisão a ser proferida (quite, em crédito ou em débito),[489] o procedimento para viabilizá-la

---

[487] A esse respeito, comentou Pontes de Miranda (*Comentários à Constituição de 1967*, 2003, p. 32-33): "O Tribunal de Contas é instituição de 1891, de 1934, de 1946 e de 1967. Cumpre, porém, atendermos a que instituição, que se mantém conforme a estrutura que lhe dão o todo da Constituição e as novas atribuições que lhe são conferidas. Ao tempo da Constituição de 1891, já se atribuía as delegações do Tribunal de Contas e a ele mesmo a tomada de contas; *foi a Constituição de 1934 que lhe deu caráter de corpo de julgamento, o que as leis ordinárias não podiam fazer*. O Decreto n. 392, de 8 de outubro de 1896, art. 2º, §1º, 2), entendia haver de funcionar o Tribunal de Contas como 'Tribunal de Justiça com jurisdição contenciosa e graciosa'; o art. 3º miudeava os casos. A lei orçamentária de 1918 ainda lhe conferiu tal caráter de Tribunal de Justiça para o fim de julgar as contas dos responsáveis, estabelecendo a situação jurídica entre os mesmos e a Fazenda Pública'. *Era, então, inconstitucional; e não no foi depois*. Depois, o Tribunal de Contas julgava e estabelecia, por isso mesmo, a situação jurídica entre os responsáveis e a Fazenda Pública. Quanto aos crimes, o Tribunal de Contas continuava a não ter jurisdição. Desde 1896 que a regulamentação do Tribunal de Contas, conforme dissemos, lhe conferiu o julgamento das tomadas de contas dos responsáveis por dinheiros e bens públicos. *Não estava isso, todavia, na Constituição*, e o Supremo Tribunal Federal, que, a princípio, dava inteiro valor às regras da legislação ordinária, passou a criar óbices à aceitação do Tribunal de Contas como julgador" (Grifos nossos).

[488] *Vide* também arts. 877 e 879 do Regulamento Geral de Contabilidade Pública (RGCP-1922), sobre a finalidade da tomada de contas.

[489] Tal como observamos a respeito do termo "quitação", perceba-se, nos dispositivos a seguir, a permanência de conceitos e concepções históricas na disciplina dos processos de contas anuais feita na LOTCU-1992 (Lei nº 8.443/1992). Ali manteve-se o termo "débito", associado a um modo bem definido, histórico, de apuração das responsabilidades dos responsáveis por dinheiros, bens e valores públicos, quando o que está sob exame, de fato, quase sempre, é a "existência de prejuízo ao erário", apurado de forma totalmente distinta daquela em que fazia sentido o termo "débito". *Vide* os seguintes dispositivos: "Art. 12. Verificada irregularidade nas contas, o Relator ou o Tribunal: I – definirá a responsabilidade individual ou solidária pelo ato de gestão inquinado; II – se houver débito [= dano ao erário a ser ressarcido], ordenará a citação do responsável para, no prazo estabelecido no Regimento Interno, apresentar defesa ou recolher a quantia devida; III – *se não houver débito* [= *dano ao erário a ser ressarcido*], determinará a audiência do responsável para, no prazo estabelecido no Regimento Interno, apresentar razões de justificativa [pela irregularidade que não deu causa a dano ao erário]; §2º Reconhecida pelo Tribunal a boa-fé, *a liquidação tempestiva do débito* [= *ressarcimento do dano*] atualizado monetariamente sanará o processo, se não houver sido observada outra irregularidade nas contas"; "Art. 19. Quando julgar as contas irregulares, *havendo débito* [= *dano ao erário*], o Tribunal condenará o responsável ao *pagamento da dívida* [= *ressarcimento ao erário*] atualizada monetariamente, acrescida dos juros de mora devidos, podendo, ainda, aplicar-lhe a multa prevista no art. 57 desta Lei, sendo o instrumento da decisão considerado título executivo para fundamentar a respectiva ação de execução"; "Art. 61. O Tribunal poderá, por intermédio do Ministério Público, solicitar à Advocacia-Geral da União ou, conforme o caso, aos dirigentes das entidades que lhe sejam jurisdicionadas, as medidas necessárias ao arresto dos bens dos responsáveis *julgados em débito* [= *condenados a ressarcir o erário*], devendo ser ouvido quanto à liberação dos bens arrestados e sua restituição".

(tomada de contas, anual[490] ou especial),[491] os objetos de apreciação nesse procedimento (a conta ou as contas = conjunto de documentos aptos a permitir a decisão do Tribunal).

A atribuição conjunta de funções de fiscalização e judiciária ao Tribunal de Contas encontrava fundamentos:

a) em processos e estruturas de controle das finanças existentes no Império, como o Erário Público e o Conselho de Fazenda, os quais, num sistema político-constitucional em que o Parlamento assumia responsabilidades e poderes financeiros antes inexistentes,[492] teriam que ser modificados, à semelhança do que se encontrava em Cortes de Contas de outras nações, como França e Itália;
b) na compreensão de ser a instituição que fiscalizava a administração financeira, que examinava a legalidade das contas de receita e despesa, como definido na Constituição de 1891, posta de permeio entre o Legislativo e o Executivo, a mesma instituição à qual caberia decidir sobre a situação daqueles que respondiam por essa administração (manejo de dinheiros, bens e valores públicos) perante a Fazenda Nacional.[493]

3.2 Segundo momento: a Constituição de 1967 e seu contexto

Após o período iniciado com o Decreto nº 1.166/1892 (dando sequência normativa à Constituição de 1891, com base no Decreto nº 966-A/1890) e concluído com a Primeira Lei Orgânica de 1896, o Decreto nº 392/1896, a maior mudança na forma de atuação do Tribunal de Contas, estrutural, viria a ocorrer na metade dos anos 1960, com o fim do modelo de controle baseado no registro prévio e a organização de um sistema de administração financeira e orçamentária.

São desse período a Lei nº 4.320/1964, a Constituição de 1967[494]/1969,[495] o Decreto-Lei nº 200/1967 e a LOTCU-1969 (Decreto-Lei nº 199/1967).

---

[490] Art. 38, §4º, da Lei nº 156/1935: "A tomada de contas anual dos responsáveis deverá estar terminada, em todas as secções de contabilidade e encaminhados os processos ao Tribunal de Contas, ou suas delegações, dentro de seis meses, contados do encerramento do exercício".

[491] Art. 38, §5º, da Lei nº 156/1935: "Nos casos de desfalque ou desvio de bens da União, falecimento de responsável, ou exoneração por qualquer motivo, a tomada de contas será iniciada imediatamente e levada a termo com a maior presteza".

[492] Castro Nunes (*Teoria e Prática do Poder Judiciário*, 1943, p. 26): "As cortes de contas não são delegações do Parlamento, são órgãos autônomos e independentes. *Mas existem em função da atribuição política dos parlamentos no exame das contas de cada exercício financeiro.* É esse, na teoria do instituto, o traço fundamental. Na sua função cotidiana, quer na fiscalização financeira, quer na tomada das contas dos responsáveis pelos dinheiros públicos, ela serve a esse objetivo que explica a destinação, como órgão *auxiliar* e *preparador* daquela função. Como observa Vitor Marcè e o repete E. Besson nas obras citadas – 'ce sont les deux parties d'un même tout: l'examen analytique et detaillé des gestions particulières comptables conduit à l'appreciation synthetique de la gestion des ministres'".

[493] Castro Nunes (*Teoria e Prática do Poder Judiciário*, 1943, p. 28): "Em que termos deve ser entendida a jurisdição de contas. Cumpre delimitar o que se compreende no âmbito estreito dessa jurisdição. É apenas a *conta*, como diz Edgar Allis: a *Corte julga a conta, e não o responsável*. A decisão que profere é sobre a regularidade intrínseca da conta, e não sobre a responsabilidade do exator ou pagador ou sobre a imputação dessa responsabilidade: 'Dire qui la Cour juge les comptes et ne juge pas les comptables c'est dire qui la Cour ne se prononce que sur la regularité intrinsèque du compte et non sur la responsabilité du comptable'. E linhas adiante: 'C'est en realité, le compte qui se trouve condamné plutôt qui le comptable'" (Grifos nossos).

[494] CF-1967.

[495] Emenda Constitucional nº 1, de 17.10.1969. Edita o novo texto da Constituição Federal de 24.1.1967 (EMC 1-1969).

3.2.1 O modelo dos anos 1930/1950

A Constituição de 1934[496] situou o Tribunal de Contas no Capítulo VI – Dos Órgãos de Cooperação nas Atividades Governamentais.

Elevou ao nível do texto constitucional a competência de "julgar as contas dos responsáveis por dinheiros e bens públicos", já explícita em leis, mas apenas inferida do art. 89 da Constituição de 1891, como vimos, e deu ao Tribunal a atribuição de acompanhar a execução orçamentária, diretamente ou por meio de delegações.[497]

Expressamente, abordou, pela primeira vez em nossas Constituições, o dever/obrigação/atribuição do Tribunal de Contas de dar parecer prévio, em 30 dias, sobre "as contas que o Presidente da República deve anualmente prestar à Câmara dos Deputados",[498] matéria que já vinha constando de leis.

Especificamente, conforme art. 604,[499] o Tribunal de Contas daria parecer sobre "o balanço definitivo da Receita e Despesa do último exercício"[500] e elaboraria um "minucioso relatório do exercício financeiro encerrado".

Com uma nova Constituição, foi editada uma nova lei orgânica do Tribunal de Contas: a Lei nº 156/1935 (LOTCU-1935).

Essa lei, diferentemente das anteriores (1896 e 1892), não categorizou as competências do Tribunal em duas funções, uma de fiscalização e outra judiciária.

---

[496] CF-1934: "*Art. 99*. É mantido o Tribunal de Contas, que, diretamente, ou por delegações organizadas de acordo com a lei, acompanhará a execução orçamentária e julgará as contas dos responsáveis por dinheiros ou bens públicos. *Art. 100*. Os Ministros do Tribunal de Contas serão nomeados pelo Presidente da República, com aprovação do Senado Federal, e terão as mesmas garantias dos Ministros da Corte Suprema. Parágrafo único – O Tribunal de Contas terá, quanto à organização do seu Regimento Interno e da sua Secretaria, as mesmas atribuições dos Tribunais Judiciários. *Art. 101*. Os contratos que, por qualquer modo, interessarem imediatamente à receita ou à despesa, só se reputarão perfeitos e acabados, quando registrados pelo Tribunal de Contas. A recusa do registro suspende a execução do contrato até ao pronunciamento do Poder Legislativo. §1º Será sujeito ao registro prévio do Tribunal de Contas qualquer ato de Administração Pública, de que resulte obrigação de pagamento pelo Tesouro Nacional, ou por conta deste. §2º Em todos os casos, a recusa do registro, por falta de saldo no crédito ou por imputação a crédito impróprio, tem caráter proibitivo; quando a recusa tiver outro fundamento, a despesa poderá efetuar-se após despacho do Presidente da República, registro sob reserva do Tribunal de Contas e recurso *ex officio* para a Câmara dos Deputados. §3º A fiscalização financeira dos serviços autônomos será feita pela forma prevista nas leis que os estabelecerem. *Art. 102*. O Tribunal de Contas dará parecer prévio, no prazo de trinta dias, sobre as contas que o Presidente da República deve anualmente prestar à Câmara dos Deputados. Se estas não lhe forem enviadas em tempo útil, comunicará o fato à Câmara dos Deputados, para os fins de direito, apresentando-lhe, num ou noutro caso, minucioso relatório do exercício financeiro terminado" (Grifos nossos).

[497] *Vide* arts. 16 e 17 da LOTCU-1935: "Art. 16. Para os fins do art. 99 da Constituição Federal, haverá, junto a cada uma das Delegacias do Tesouro Nacional uma delegação, permanente, do Tribunal de Contas, composta de um delegado e tantos assistentes quantos forem necessários, a juízo do Tribunal, sendo todos por este escolhidos dentre os funcionários da Secretaria do mesmo Tribunal. Art. 17. Além das delegações permanentes, aludidas no artigo anterior, poderá o Tribunal de Contas criar outras, com a mesma organização, junto as repartições arrecadadoras e pagadoras, no Distrito Federal, nos Estados, ou no estrangeiro, quando o movimento das repartições e o interesse da fiscalização justifiquem a criação".

[498] No art. 23, §5º, da LOTCU-1935, as contas que o Presidente deveria apresentar anualmente à Câmara dos Deputados eram denominadas de "contas anuais de gestão financeira".

[499] CF-1934: "Art. 60 – Além das atribuições que a lei ordinária fixar, competirá aos Ministros: Parágrafo único – Ao Ministro da Fazenda compete mais: 1º) organizar a proposta geral do orçamento da Receita e da Despesa, com os elementos de que dispuser e os fornecidos pelos outros Ministérios; e 2º) apresentar, anualmente, ao Presidente da República, para ser enviado à Câmara dos Deputados, com o parecer do Tribunal de Contas, o balanço definitivo da Receita e Despesa do último exercício".

[500] Embrionário trabalho de auditoria financeira.

Incluiu, sob uma única *função*, a de fiscal da administração financeira, a competência para julgar as contas, o acompanhamento da "execução do orçamento da Receita e Despesa públicas" e a revisão das "contas anuais da gestão financeira" (contas anuais do Presidente da República e emissão do parecer prévio):

> Art. 23. O Tribunal de Contas, *como fiscal da administração financeira*, exerce suas funções acompanhando diretamente, ou por suas delegações, a execução do orçamento da Receita e da Despesa Públicas e julgando as contas dos responsáveis por dinheiros, ou bens públicos; cabendo-lhe ainda rever as contas anuais da gestão financeira.
> CF- 1934: Artigo 99. É mantido o Tribunal de Contas, que, diretamente, ou por delegações organizadas de acordo com a lei, acompanhará a execução orçamentária e julgará as contas dos responsáveis por dinheiros ou bens públicos.

Depreende-se desse dispositivo, combinado com o art. 99 da Constituição de 1934, uma visão integrada da atuação do Tribunal de Contas dentro do sistema orçamentário-financeiro estatal: "acompanhamento da execução do orçamento da receita e da despesa/ tomada de contas anual[501] e julgamento/parecer nas contas anuais de gestão financeira (balanço definitivo da receita e da despesa)".

Na fase de acompanhamento dos orçamentos, atuava no modelo de registro prévio, já regulado na LOTCU-1896, mas agora na forma definida diretamente na Constituição:

> Art. 101 – Os contratos que, por qualquer modo, interessarem imediatamente à receita ou à despesa, só se reputarão perfeitos e acabados, quando registrados pelo Tribunal de Contas. A recusa do registro suspende a execução do contrato até o pronunciamento do Poder Legislativo.
> §1º – Será sujeito ao registro prévio do Tribunal de Contas qualquer ato de Administração Pública, de que resulte obrigação de pagamento pelo Tesouro Nacional, ou por conta deste.
> §2º – Em todos os casos, a recusa do registro, por falta de saldo no crédito ou por imputação a crédito impróprio, tem caráter proibitivo; quando a recusa tiver outro fundamento, a

---

[501] *Vide* o Capítulo X – Das Tomadas de Contas da LOTCU-1935, arts. 38 e 39: "*Art. 38.* Na organização dos processos a que estão sujeitos todos os responsáveis, serão observadas as seguintes normas: §1º Os balancetes mensais, a que estão obrigados todas as estações arrecadadoras e pagadoras e os exatores, na forma do §1º do art. 89 do Código de Contabilidade devem ser remetidos às secções de contabilidade de que dependem, até o dia quinze de cada mês. §2º A liquidação dos balancetes, à vista dos documentos da receita e despesa e dos termos de balanço que os acompanharem, será feita, impreterivelmente, até o fim do mês, concluindo-se por uma demonstração sumária da receita e despesa, sendo fixada a situação de cada responsável perante a fazenda pública. §3º A demonstração, assim organizada será sem demora lançada no livro de contas correntes dos responsáveis, que deve existir em todas as secções de contabilidade, a fim de que, oportunamente, seja levantada a tomada de contas anual, em face dos lançamentos mensais. §4º A tomada de contas anual dos responsáveis deverá estar terminada, em todas as secções de contabilidade e encaminhados os processos ao Tribunal de Contas, ou suas delegações, dentro de seis meses, contados do encerramento do exercício. No prazo de seis meses, o Tribunal de Contas, ou suas Delegações, proferirão o seu julgamento, depois de ter determinado, se necessária, qualquer diligência feita por funcionários seus no sentido de apurar, nas próprias repartições, as dúvidas suscitadas. §5º Nos casos de desfalque ou desvio de bens da União, falecimento de responsável, ou exoneração por qualquer motivo, a tomada de contas será iniciada imediatamente e levada a termo com a maior presteza. *Art. 39.* Os responsáveis, que deixarem de remeter, dentro do prazo marcado, o balancete mensal serão suspensos até que o façam, pagando os juros legais de mora pela retenção dos saldos e na reincidência, exonerados a bem do serviço público, mediante processo, na forma da lei. Parágrafo único. Para o fiel cumprimento deste preceito, cabe aos funcionários incumbidos da liquidação dos balancetes mensais e escrituração dos livros de contas correntes comunicar aos chefes dos serviços de contabilidade a falta de remessa do balancete no prazo legal" (Grifos nossos).

despesa poderá efetuar-se após despacho do Presidente da República, registro sob reserva do Tribunal de Contas e recurso *ex officio* para a Câmara dos Deputados.
§3º – A fiscalização financeira dos serviços autônomos será feita pela forma prevista nas leis que os estabelecerem.

No sistema de exame/registro prévio, a recusa por "falta de saldo no crédito ou imputação de crédito impróprio impedia a execução do ato ou contrato", mas a recusa por outro fundamento, não.

Nesse caso, por decisão do Presidente da República, a despesa poderia ser realizada, cabendo ao Tribunal registrar o ato "sob reserva" e levar o caso ao conhecimento da Câmara dos Deputados, mediante "recurso de ofício".

Conforme art. 28, §9º, da LOTCU-1935,[502] ao conhecer da recusa do registro, o Poder Legislativo poderia determinar o registro se reconhecesse "conveniente aos interesses da Nação relevar o fato determinante da recusa", sem prejuízo da responsabilidade dos funcionários por esse fato ilícito (impeditivo da concessão do registro).

Ou seja, recusando o Tribunal o registro a um contrato por outra razão que não fosse "falta de saldo no crédito ou imputação de crédito impróprio impedia a execução do ato ou contrato",[503] a execução do contrato ficaria suspensa até decisão posterior do Poder Legislativo.

---

502 LOTCU-1935: "Art. 23, §9º Ao conhecer da recusa do registro, não motivada por falta de saldo no crédito ou por imputação a crédito improprio, o Poder Legislativo determinará, o registro sempre que reconheça conveniente aos interesses da Nação relevar o facto determinante da recusa, sem prejuízo de responsabilidade dos funcionários que concorreram para esse mesmo fato".

503 Para melhor compreensão do sério problema da realização de despesa fora das autorizações ou sem suporte no montante autorizado, no Brasil e no mundo, reproduzimos a análise de Rui Barbosa na Exposição de Motivos do Decreto nº 966-A. O que não parece ser um problema com que se preocupar modernamente era um problema determinante na forma de atuação do Tribunal de Contas, bem como na do Congresso no encerramento do ciclo orçamentário, por meio do julgamento das contas, quando, à época, como veremos, seria chamado a convalidar "desvios orçamentários", que cabia ao Tribunal identificar em seu parecer prévio, como cabe até hoje. Exposição de motivos: "[...] Quando o Tribunal de Contas, na Itália, como na Bélgica, reconhece contrário às leis, ou aos regulamentos, um dos atos, ou decretos, que se lhe apresentam, recusa o seu visto, em deliberação motivada, que o presidente transmite ao ministro interessado. Se este persiste na sua resolução, cumpre-lhe apelar para o ministério em conselho. Se a deliberação deste se conforma com a do ministro, o tribunal procede a novo exame do assumpto, reunidas todas as seções; e, então, ou aceita a deliberação ministerial, reconhecendo-lhe a procedência, ou, quando não se conforme, ordena o registro, pondo ao ato o seu visto sob reserva (*il visto con riserva*) e comunicando o seu procedimento aos presidentes do senado e da câmara dos deputados. Essa comunicação, nos termos da lei de 1862, art. 18, efetuava-se anualmente em janeiro, época em que o tribunal havia de submeter às duas casas do parlamento a lista geral dos vistos sob reserva. *Mais tarde, porém, se entendeu que essa relação anual era demasiado serôdia, para a eficácia da ação parlamentar sob a responsabilidade ministerial*; e, em conseqüência, a lei de 15 de agosto de 1867 prescreveu que essas informações seriam apresentadas ás mesas das duas câmaras todas as quinzenas, afim de que o corpo legislativo pudesse sobrestar logo na execução dos decretos censurados pelo Tribunal de Contas, que em si contivessem realmente ilegalidade; ficando por essa lei estatuída a precaução, para obviar tardanças originadas na má vontade ministerial, de que essas comunicações se fariam diretamente entre o tribunal e as câmaras.[...] *O sistema da verificação preventiva decorre, segundo eles, dos direitos orgânicos do parlamento, que 'não deve descansar exclusivamente na fidelidade do ministério'* (Ugo: La Corte dei Conti, 1882, Tit. I, c. I, a 1.) [...] Stourm, o celebre professor de finanças, uma das mais solidas autoridades europeias, pugnando pela reforma do Tribunal de Contas francês no sentido do modelo italiano, adverte, como em relação a nós igualmente poderíamos fazer, que, si este sistema funcionasse em França, os frequentes excessos de créditos, ainda recentemente averiguados, não se teriam dado naquele país. 'O sistema preventivo', diz ele, 'teria, ao primeiro movimento, reprimido os ministros da guerra e da marinha na prática de encomendas excedentes à medida dos créditos legislativos, em que se firmavam' (Stourm: Le Budget, p. 601.) E rememora, em apoio da asserção, este fato eloquente: 'Aos 20 de janeiro de 1886, o ministro da marinha reduzira *propio motu*, por um simples aviso, três anos no limite de idade' para a aposentadoria do pessoal civil de sua repartição. O efeito imediato foi a aposentação prematura de 62 funcionários, pertencentes quase todos ao quadro superior, e cujas

A LOTCU-1896 prescrevia, no art. 2º, que o Tribunal levaria os casos de "registro sob protesto" (ou registro sob reserva) ao conhecimento do Congresso no relatório anual que lhe incumbia produzir e encaminhar às Casas do Congresso:

> Art. 2º [...] §1º Funciona o Tribunal de Contas: 1) Como fiscal da administração financeira; / 2) Cabe-lhe em referência à despesa: / g) expor em relatório anual dirigido às Casas do Congresso a situação da Fazenda Federal; propor as medidas tendentes à melhor arrecadação da receita e à fiscalização da despesa; emitir parecer sobre a expansão desta e suas causas, e fazer menção dos abusos e omissões praticados na execução das leis do orçamento e nas que entenderem com a administração fiscal. [...]
> §3º Se o Ministro ordenador julgar que a cobrança do imposto ou a despesa ordenada e não registrada deve ser executada, submeterá o caso ao Presidente da República, em exposição escrita / Se o presidente ordenar por despacho que os aludidos atos sejam praticados, o Tribunal os registrará sob protesto, dando de tudo conhecimento detalhado ao Congresso no relatório anual de que trata o n. 2 letra g do art. 2º.

Posteriormente, o Decreto nº 2.511/1911, que regulou "a tomada de contas ao Governo pelo Congresso Nacional", estabeleceu que a comunicação ao Congresso seria imediata:

> Art. 5º [...] O Presidente da República poderá usar da atribuição que lhe confere o art. 2º, §3º, alínea 2ª, do decreto n. 392, de 8 de outubro de 1896, quando o tribunal recusar registro ao contrato, observados para a comunicação ao Congresso os prazos já estabelecidos em o art. 3º ["dentro de 48 horas, si estiver o Congresso funcionando, e nos primeiros 15 dias de sua reunião, si o registro sob protesto se verificar no intervalo das sessões"].

Nesse sistema de atuação preventiva do Tribunal de Contas sobre os atos e contratos, o Poder Legislativo exercia a fiscalização parlamentar, por intermédio de uma instituição equidistante entre ele e a Administração e afastada das paixões políticas e disputas partidárias, reservando-lhe a Constituição, contudo, a palavra final sobre a execução de contratos que interessassem à receita e à despesa públicas na hipótese de serem mandados executar por ordem do Presidente da República, inobstante a

---

pensões levaram a despesa a ultrapassar os créditos legislativos. Posto que a câmara censurasse incidentemente a medida logo nos fins de 1886, o ministro nem por isso deixou de manter, até à sua exoneração, isto é, até julho de 1887, o ato irregular. Daí resultou, no crédito respectivo, um excesso de 547.516 francos, que um projeto de lei de créditos suplementares se propôs a cobrir no fim de 1888. As câmaras indignaram-se, a revelação dos fatos que motivavam esse suplemento de crédito. Não hesitaram em verberar energicamente o ministro, declarando, até, platonicamente, que a sua responsabilidade ficava empenhada. Mas daí não passaram. Já se achavam em presença de outro ministro; o mal estava consumado, e os aposentados aguardavam a liquidação de suas pensões. *Votaram-se, pois, os créditos suplementares. É sempre a solução inevitável.* [...] Outro fato, notável neste gênero, é o caso das torpedeiras, ocorrido há dois anos. O orçamento da despesa do Ministério da Marinha dotara a verba de compras de vasos à indústria particular e compras de torpedeiras, para o exercício de 1888, com um crédito de 6.800.000 frs. No fim do exercício, porém, se verificou que o Governo despendera, sob essas duas consignações, 15.040.000 frs., isto é, que se haviam excedido em 8.240.000 frs. os limites fixados na lei. Todas as opiniões a uma [*sic*] condenaram o procedimento do Ministério da Marinha. Houve, até, representantes da nação, que, apoiando-se na lei de 15 de maio de 1850, envidaram esforços em promover a responsabilidade pecuniária do Ministro. Mas nada contra ele se fez. Pelo contrário, *o abuso acabou por obter a sanção legislativa em um voto de créditos suplementares.* Excessos tais, entretanto, não seriam possíveis, naquele país, si o seu Tribunal de Contas exercesse a função preventiva do congênere no tipo belga-italiano" (TCU, *Exposição de Motivos*, 1999, *passim*, p. 258-260, grifos nossos).

recusa de registro pelo Tribunal, cabendo ao Congresso relevar o motivo da recusa se "conveniente aos interesses da Nação".

A esse respeito, vejamos o que disse Rui Barbosa na exposição de motivos do Decreto nº 966-A sobre o sistema de "registro prévio sob ressalva":

> A fiscalização parlamentar, aproximada assim dos fatos financeiros, é mais eficaz do que se se houvesse de aguardar a tomada de contas individual dos funcionários fiscais. (Marcé: La Cour Des Comptes Italienne. Ann. du l'Éc. Libre des Scien. Polit. Oct. 1890, p. 721). Por outro lado, o sistema do registro prévio sob ressalva *habilita o parlamento a resolver, em quinze dias, as divergências suscitadas entre o tribunal e o governo.*
>
> A raridade dos vistos sob reserva, de que em 1886-1887, por exemplo, houve apenas um caso, mostra a eficácia do freio preventivo e, ao mesmo tempo, a exageração de certas apreensões, manifestadas ainda o ano passado entre nós (relatório do Ministério da Fazenda, na quarta sessão da vigésima legislatura, p. 25), quanto ao perigo de conflitos, nesse tipo de organização, entre o governo e o tribunal.[504]

A visão normativa integrada (fiscalização, tomada-julgamento de contas, parecer sobre as contas anuais de gestão financeira) dava predomínio à interpretação da Corte de Contas como instituição fiscalizadora da administração financeira,[505] contábil e patrimonial.[506]

O julgamento das contas para estabelecer a situação do responsável perante a Fazenda Nacional, ou mesmo tão somente buscar a reparação de eventual dano ao patrimônio público, era uma parte conatural desse sistema.

Essa visão sinalizava também a evolução administrativa do país.

A Constituição de 1946 (CF-1946) estabeleceu, no art. 22, que "a administração financeira, especialmente a execução do orçamento, será fiscalizada na União pelo Congresso Nacional, com o auxílio do Tribunal de Contas, e nos Estados e Municípios pela forma que for estabelecida nas Constituições estaduais".

O Tribunal de Contas foi especificamente tratado na Seção VI – Do Orçamento, no Capítulo II – Do Poder Legislativo. Manteve-se a essência[507] da Constituição anterior e, tal como aquela, foram elevadas ao nível constitucional prescrições já existentes,

---

[504] TCU (*Exposição de Motivos*, 1999, *passim*, p. 260, grifos nossos).

[505] Entendam-se compreendidas nessa administração as matérias orçamentárias, financeira em sentido estrito: pagamentos, arrecadação, empréstimos.

[506] Bens e valores públicos.

[507] CF-1946: "Art. 77 – Compete ao Tribunal de Contas: I – acompanhar e fiscalizar diretamente, ou por delegações criadas em lei, a execução do orçamento; II – julgar as contas dos responsáveis por dinheiros e outros bens públicos, e as dos administradores das entidades autárquicas; III – julgar da legalidade dos contratos e das aposentadorias, reformas e pensões".

na LOTCU-1935, sobre o registro prévio,[508] [509] bem como a emissão do parecer prévio (conforme Decreto nº 2.511/1911).[510]

Competia ao Tribunal de Contas acompanhar *e, mais ainda, fiscalizar* a execução do orçamento; exercer o controle prévio dos atos e contratos; julgar as contas dos responsáveis por dinheiros e outros bens públicos dos administradores e das entidades autárquicas; julgar da legalidade dos contratos e das aposentadorias, reformas e pensões; dar parecer prévio sobre as contas que o Presidente da República deve prestar anualmente ao Congresso Nacional e, nesse parecer, incluir um "minucioso relatório do exercício financeiro encerrado".[511]

Do ponto de vista constitucional, *o Tribunal avançava para uma posição de atuação mais ativa, de fiscalização da execução do orçamento.*

A Lei nº 830/1949 (LOTCU-1949) dava melhor disciplina ao instituto do "registro"[512] e ampliava as possibilidades de registro *a posteriori*.[513] [514]

---

[508] LOTCU-1935: "Art. 77, §1º – Os contratos que, por qualquer modo, interessarem à receita ou à despesa só se reputarão perfeitos depois de registrados pelo Tribunal de Contas. A recusa do registro suspenderá a execução do contrato até que se pronuncie o Congresso Nacional. §2º – Será sujeito a registro no Tribunal de Contas, prévio ou posterior, conforme a lei o estabelecer, qualquer ato de Administração Pública de que resulte obrigação de pagamento pelo Tesouro nacional ou por conta deste. §3º – Em qualquer caso, a recusa do registro por falta de saldo no crédito ou por imputação a crédito impróprio terá caráter proibitivo. Quando a recusa tiver outro fundamento, a despesa poderá efetuar-se, após despacho do Presidente da República, registro sob reserva do Tribunal de Contas e recurso ex officio para o Congresso Nacional".

[509] Silva (*O Tribunal de Contas da União na História do Brasil*, 1999, p. 94): "5.3 *Começa a cair o registro prévio*. Outra modificação advinda da Constituição de 1946 e da nova lei orgânica do Tribunal referia-se ao sistema de registro prévio. O §2º do art. 77 da Carta estipulou que o registro seria prévio ou posterior, conforme a lei estabelecesse. Pela nova lei orgânica, a teor do disposto em seu art. 58, o registro seria prévio toda vez que a lei não determinasse outra forma. Era o marco inicial da extinção do registro prévio, já que o art. 67 da mesma lei dispunha os casos específicos em que deveria ocorrer o registro a posteriori. Aqueles casos seriam sucessivamente ampliados, de tal modo que no princípio da década de 60 o registro prévio recaía sobre menos de 2% do total da despesa do exercício, redução que culminou na supressão definitiva desse sistema pela Constituição de 1967" (Grifos nossos).

[510] Conforme Silva (*O Tribunal de Contas da União na História do Brasil*, 1999, p. 72): "Somente com a Constituição de 1934, portanto, iniciava-se efetivamente a rotina de encaminhamento das contas do presidente da República, acompanhadas de parecer prévio emitido pelo Tribunal. As contas do exercício de 1934, apresentadas em sessão de 30 de abril de 1935, foram as primeiras na história do Tribunal a serem examinadas por um ministro relator para esse fim designado – Augusto Tavares de Lyra –, encargo que desde a criação competia ao presidente da Casa".

[511] "LOTCU-1935: Art. 77, §4º – O Tribunal de Contas dará parecer prévio, no prazo de sessenta dias, sobre as contas que o Presidente da República deverá prestar anualmente ao Congresso Nacional. Se elas não lhe forem enviadas no prazo da lei, comunicará o fato ao Congresso Nacional para os fins de direito, apresentando-lhe, num e noutro caso, minucioso relatório de exercício financeiro encerrado".

[512] LOTCU-1949: "Art. 52. O registro consiste na inscrição do ato em livro próprio, com a especificação: da sua natureza, autoridade que o expediu ou subscreveu, sua importância, crédito a que deve ser imputado ou em que precise ser classificado, data da decisão e da inscrição. Art. 53. O registro é simples, sob-reserva, prévio ou a posteriori. §1º O registro é simples, quando a inscrição de que trata o artigo antecedente é feita sem que haja sido objeto de impugnação à legalidade do ato a registrar; é realizado sob-reserva, quando depois de recusada pelo Tribunal a inscrição do ato, por falta de requisitos legais, o Presidente da República ordenar, por despacho, que seja Ele executado. §2º O registro é prévio, quando se realiza antes da execução do ato proposto ao exame do Tribunal; a posteriori, se efetua depois de consumado o ato".

[513] LOTCU-1949: "Art. 67. São sujeitas ao registro *a posteriori* as despesas de: I – salário e salário família do pessoal extranumerário diarista e tarefeiro; II – gratificação de representação; III – gratificação de representação de gabinete; IV – ajuda de custo; V – diárias; [...]".

[514] LOTCU-1949: "Art. 30. Será permitido, como excepção ao registro prévio da despesa, o regime de adiantamentos, nos casos seguintes: 1) para pagamento de despesas extraordinárias e urgentes, que não permitam delongas na sua realização; 2) para pagamento de despesas que tenham de ser efetuadas em lugar distante de qualquer estação pagadora, ou no exterior; 3) para pagamento de despesas com a segurança pública, e em período de guerra, ou de estado de sitio; 4) para pagamento de despesas com a alimentação em estabelecimentos militares, de assistência, educação e penitenciários, quando as circunstancias não permitirem o regime comum de fornecimentos; 5)

A jurisdição contenciosa, funcionando o Tribunal de Contas como Tribunal de Justiça, estava disciplinada numa das três seções do Capítulo III – Atribuições. As demais seções destinavam-se à fiscalização da administração financeira e ao exame e registro.

Da disciplina da jurisdição contenciosa, seguindo a mesma linha das leis orgânicas anteriores, devem ser realçados os seguintes aspectos.

A lei explicitava a jurisdição própria e privativa, abrangendo "todos os responsáveis por dinheiro, valores e material pertencentes à Nação", ou pelos quais ela respondesse,[515] em consonância com o art. 77, II, da Constituição de 1946 ("julgar as contas dos responsáveis por dinheiros e outros bens públicos").

No exercício dessa jurisdição, ao final de um processo de tomada de contas anual, para cada responsável, iniciado pelas repartições competentes e remetido ao Tribunal para instrução e julgamento, os ministros definiriam, em acórdão, a situação do responsável perante a Fazenda Nacional: quite, em débito ou em crédito, mandando expedir quitação, se fosse o caso.[516]

A LOTCU-1949 deixava expresso que, no exercício da jurisdição contenciosa, as decisões definitivas do Tribunal de Contas teriam "força de sentença judicial", e em capítulo específico tratava da execução de suas sentenças.

Não havia nessa lei orgânica, assim como não havia nas anteriores, qualquer menção a uma atividade do Tribunal de Contas (como Tribunal de Justiça, exercendo jurisdição contenciosa) de dizer sobre a regularidade/irregularidade de contas (ou aprovação/reprovação).

O julgamento do Tribunal visava sentenciar se o responsável se encontrava em situação de débito, quite ou de crédito perante a Fazenda Nacional.

Todo o processo de tomada de contas estava estruturado nessa direção, desde o seu início na repartição competente, de forma que o responsável demonstrasse documentalmente sua situação, a unidade pertinente instruísse o processo – emitindo parecer conclusivo quanto à específica situação do responsável – e o Tribunal *stricto sensu*, o colegiado deliberativo, proferisse sentença fixando-a em definitivo: quite, em crédito ou em débito (alcance).

---

para pagamento de despesas normais nos navios de guerra e nos serviços militares que o exigirem, a juízo do Presidente da República; 6) para o pagamento de despesas com combustíveis e matéria prima para as oficinas e serviços industriais do Estado se as circunstancias assim o exigirem, a juízo do Presidente da República; 7) para ocorrer a despesas miúdas e de pronto pagamento e, nos demais casos previstos em lei".

515 LOTCU-1949: "Art. 39. O Tribunal de Contas tem jurisdição própria e privativa sobre as pessoas e matérias sujeitas à sua competência, a qual abrange todos os responsáveis por dinheiro, valores e material pertencentes à Nação, ou pelos quais esta responda, ainda quando exerçam eles suas funções ou residam no exterior, bem como os herdeiros, fiadores e representantes dos preditos responsáveis".

516 LOTCU (1935): "Art. 93. Na instrução e preparo dos processos para julgamento, pelo Tribunal, constituem trâmites e formalidades substanciais: I – o exame das contas pelo funcionário [...] no qual exporá em informação as conclusões a que chegou sobre a situação do responsável, e opinará pelas diligências que se fizerem mister; II – a citação do responsável ou do seu fiador, para alegar o que tiver quando o exame das contas revelar achar-se aquele em débito perante a Fazenda, Pública; III – o parecer do Diretor ou do Delegado do Tribunal sobre a situação do responsável, o qual *concluirá, pelo julgamento deste, quite, em débito, ou em crédito*; IV – o parecer do Ministério Público sobre a situação do responsável"; "Art. 70. Compete ao Tribunal de Contas / julgar originariamente ou em grau de recurso e rever as contas / fixar, à revelia, o débito dos responsáveis, que em tempo não houverem apresentado as suas contas nem devolvido os livros e documentos de sua gestão; / mandar expedir quitação aos responsáveis correntes em suas contas" (Grifos nossos).

O problema da emissão de um juízo de regularidade de contas em processos de tomada de contas anual surgiria com as mudanças procedidas na década de 1960, que "transformariam por completo o sistema de controle do país, exigindo do Tribunal de Contas profundos estudos com vistas a se adaptar e reformular os seus processos internos de trabalho", conforme Silva:[517]

> Relativamente ao controle das contas públicas, um dos últimos atos do governo João Goulart foi a edição da Lei nº 4.320, de 17 de março de 1964. [...]
> De marcante importância na estruturação do sistema de controle doravante implantado no país, a lei abrigou, no Título VIII – Do controle da execução orçamentária, nos artigos 75 a 82, as novas atribuições dos controles interno e externo. [...]
> Aquelas normas gerais, estabelecidas pela lei ordinária, viriam a ser recepcionadas pela Constituição de 1967 e transformariam por completo o sistema de controle do país,[518] exigindo do Tribunal de Contas profundos estudos com vistas a se adaptar e reformular os seus processos internos de trabalho.

3.2.2 O novo modelo de controle financeiro da Administração Pública

A Constituição de 1967[519] promoveu uma grande mudança na forma de atuação do Tribunal de Contas, nos fundamentos de sua existência e no sentido do "julgar contas".[520] A Emenda Constitucional nº 1, de 1969, editou o texto de 1967, mantendo

---

[517] Silva (*O Tribunal de Contas da União na História do Brasil*, 1999, p. 103).

[518] Na mesma linha, Speck (*Inovação e rotina no Tribunal de Contas*, 2000, p. 67-68): "O teor em relação às modificações, até a ditadura militar em 1964, era basicamente a implementação dos controles previstos em lei, bem como a adaptação e a ampliação das estruturas básicas de controle à nova configuração do Estado desenvolvimentista e prestador de serviços. Uma alteração mais profunda na sistemática do controle externo ocorreria nos anos 60, durante a ditadura militar. [...] Instituições como o Legislativo e o Judiciário, que no seu conjunto deveriam contribuir para a definição do bem comum, reduziram-se ao *status* de forças secundárias, fortalecendo o peso do Poder Executivo. Este, por sua vez, assegurou sua posição utilizando poderes excepcionais, como foi o caso do Ato Institucional nº 5. *A mesma deterioração institucional operada por intermédio de modificações institucionais específicas ocorreu em relação ao Tribunal de Contas*. Além do impacto técnico da reforma administrativo-financeira, essas modificações teriam uma influência decisiva sobre o trabalho do Tribunal de Contas nesse período" (Grifos nossos).

[519] A referência à Constituição de 1967 se faz ao texto resultante da Emenda Constitucional nº 1/1969, e não ao texto original (CF-1967/69).

[520] *Vide* art.s 70 e 72 da Seção Da Fiscalização Financeira e Orçamentária: "*Art. 70.* A fiscalização financeira e orçamentária da União será exercida pelo Congresso Nacional mediante controle externo e pelos sistemas de controle interno do Poder Executivo, instituídos por lei. §1º O controle externo do Congresso Nacional será exercido com o auxílio do Tribunal de Contas da União e compreenderá a apreciação das contas do Presidente da República, o desempenho das funções de auditoria financeira e orçamentária, bem como o julgamento das contas dos administradores e demais responsáveis por bens e valores públicos. §2º O Tribunal de Contas da União dará parecer prévio, em sessenta dias, sobre as contas que o Presidente da República prestar anualmente; não sendo estas enviadas dentro do prazo, o fato será comunicado ao Congresso Nacional, para os fins de direito, devendo aquele Tribunal, em qualquer caso, apresentar minucioso relatório do exercício financeiro encerrado. §3º A auditoria financeira e orçamentária será exercida sobre as contas das unidades administrativas dos três poderes da União, que, para esse fim, deverão remeter demonstrações contábeis ao Tribunal de Contas da União, a que caberá realizar as inspeções necessárias. §4º O julgamento da regularidade das contas dos administradores e demais responsáveis será baseado em levantamento contábeis, certificados de auditoria e pronunciamento das autoridades administrativas, sem prejuízo das inspeções mencionadas no parágrafo anterior. §5º As normas de fiscalização financeira e orçamentária estabelecidas nesta seção aplicar-se-ão às autarquias. [...] *Art. 72.* [...]. §4º No exercício de suas atribuições de controle da administração financeira e orçamentária, o Tribunal representará ao Poder Executivo e ao Congresso Nacional sobre irregularidades e abusos por ele verificados. §5º O Tribunal, de ofício ou mediante provocação do Ministério Público ou das auditorias financeiras e orçamentárias e demais órgãos auxiliares, se verificar a ilegalidade de qualquer despesa, inclusive as decorrentes de contratos, deverá:

integralmente as disposições sobre o Tribunal de Contas, passando a denominá-lo Tribunal de Contas da União.[521]

O controle externo exercido pelo Tribunal não compreenderia mais o exame prévio de atos e contratos, e *o julgamento das contas passaria a ficar envolto numa confusão de sentidos que não havia antes* – embora permanecesse, e permaneça, sua ontologia institucional histórica de estabelecer a situação do responsável perante a Fazenda Nacional –, implícitos, nas Constituições anteriores, e explícitos nas leis orgânicas e seus regulamentos, na substância das tomadas de contas anuais e na estrutura processual e decisória que conduzia à decisão sobre as contas.

A atuação do Tribunal de Contas da União passaria a compreender o desempenho das funções de auditoria financeira e orçamentária e o julgamento "da regularidade das contas", com base em "levantamentos contábeis, certificados de auditoria e pronunciamentos das autoridades administrativas". Suas atribuições, agora, seriam, na literalidade do texto constitucional, de "controle da administração financeira e orçamentária":

> Art. 71 – A fiscalização financeira e orçamentária da União será exercida pelo Congresso Nacional mediante controle externo e pelos sistemas de controle interno do Poder Executivo, instituídos por lei.
> §1º – O controle externo do Congresso Nacional será exercido com o auxílio do Tribunal de Contas e compreenderá a apreciação das contas do Presidente da República, o desempenho das *funções de auditoria financeira e orçamentária*, bem como o julgamento das contas dos administradores e demais responsáveis por bens e valores públicos. [...]
> §3º – A *auditoria financeira e orçamentária* será exercida sobre as contas das unidades administrativas dos três Poderes da União, que, para esse fim, deverão remeter demonstrações contábeis ao Tribunal de Contas, a que caberá realizar as inspeções que considerar necessárias.
> §4º – O *julgamento da regularidade* das contas dos administradores e demais responsáveis será baseado em levantamentos contábeis, certificados de auditoria e pronunciamentos das autoridades administrativas, sem prejuízo das inspeções referidas no parágrafo anterior. [...]
> Art. 73, §4º – No exercício de suas *atribuições de controle da administração financeira e orçamentária*, o Tribunal representará ao Poder Executivo e ao Congresso Nacional sobre irregularidades e abusos por ele verificados. (Grifos nossos)

---

a) assinar prazo razoável para que o órgão da Administração Pública adote as providências necessárias ao exato cumprimento da lei; b) sustar, se não atendido, a execução do ato impugnado, exceto em relação a contrato; c) solicitar ao Congresso Nacional, em caso de contrato, que determine a medida prevista na alínea anterior ou outras necessárias ao resguardo dos objetivos legais. §6º O Congresso Nacional deliberará sobre a solicitação de que cogita a alínea *c* do parágrafo anterior, no prazo de trinta dias, findo a qual, sem pronunciamento do Poder Legislativo, será considerada insubsistente a impugnação. §7º O Presidente da República poderá ordenar a execução do ato a que se refere a alínea *b* do §5º, *ad referendum* do Congresso Nacional. §8º O Tribunal de Contas da União julgará da legalidade das concessões iniciais de aposentadorias, reformas e pensões, não dependendo de sua decisão as melhorias posteriores" (Grifos nossos).

521 Foi essa emenda que introduziu, em 1969, o controverso dispositivo sobre a prevalência do parecer prévio emitido pelo Tribunal de Contas sobre as contas prestadas pelo prefeito municipal: "Art. 16. A fiscalização financeira e orçamentária dos municípios será exercida mediante controle externo da Câmara Municipal e controle interno do Executivo Municipal, instituídos por lei. §1º O controle externo da Câmara Municipal será exercido com o auxílio do Tribunal de Contas do Estado ou órgão estadual a que for atribuída essa incumbência. §2º Somente por decisão de dois terços dos membros da Câmara Municipal deixará de prevalecer o parecer prévio, emitido pelo Tribunal de Contas ou órgão estadual mencionado no §1º, sobre as contas que o Prefeito deve prestar anualmente".

3.2.2.1 O contexto e as razões da mudança, posições a favor e contra

Speck[522] explica essas mudanças como decorrentes do projeto de reforma econômica do governo militar para implementar os planos de desenvolvimento, do qual fazia parte uma reforma administrativa e financeira que introduziria um novo modelo de controle, baseado na extinção do registro prévio, na adoção de um sistema de controle interno no Poder Executivo e na fiscalização a *posteriori* do Tribunal de Contas da União, transformando o caráter de sua fiscalização, "que até então era quase-administrativa".[523]

A fiscalização da execução orçamentária *a posteriori* ocorreria mediante auditorias financeiras e orçamentárias exercidas "sobre as contas das unidades administrativas", com base em levantamentos contábeis, certificados de auditoria e pronunciamento das autoridades administrativas supervisoras dessas unidades, "tudo elaborado pelo controle interno", cabendo ao Tribunal realizar inspeções para obter o que entendesse necessário.[524]

A lógica não seria mais a de um "controle global de todas as despesas", mas a do controle seletivo, característico dos trabalhos de auditoria. Contudo, a mudança seria absorvida lentamente pela cultura administrativa do Tribunal e, "segundo alguns autores", mais de três décadas depois o TCU ainda não teria se livrado da "cultura do registro prévio".[525]

Mudanças ocorridas na Constituição de 1967 já estavam delineadas na Lei nº 4.320/1964 (Lei 4320), que dedicara um capítulo próprio ao controle interno, exercido pelo Poder Executivo, como parte do modelo de controle geral da execução orçamentária,[526] compartilhado com o controle externo, exercido pelo Poder Legislativo e pelo Tribunal de Contas.[527]

---

522 Speck (*Inovação e rotina no Tribunal de Contas da União*, 2000, p. 68).

523 Para Speck (*Inovação e rotina no Tribunal de Contas da União*, 2000, p. 69-70), a introdução de um sistema de controle interno, "vinda após o cancelamento da sistemática do registro prévio, confirma indiretamente o caráter semi-administrativo que esse instrumento possuía durante a sua vigência, desde a fundação do Tribunal. O controle sobre a legalidade dos atos e a adequação ao orçamento durante *o registro prévio protegia o governo de problemas* que poderiam ocorrer em função de ordenações de despesas sem controle. Agora, com a abolição do registro prévio, essa função tinha que ser desempenhada por outro arranjo institucional. O sistema de controle interno é introduzido com essa finalidade de fiscalizar as despesas dos administradores. [...] Esse sistema de controle interno será organizado por meio de inspetorias localizadas em cada ministério. As inspetorias, que posteriormente serão chamadas de 'CISETS', são as instâncias presentes em cada órgão público para organizar a prestação de contas e dar um parecer sobre a sua legalidade, antes que elas sejam encaminhadas para o Tribunal de Contas. [...] Ao mesmo tempo, essas inspetorias fiscalizam a implementação de programas governamentais, com a finalidade de aumentar a eficiência e eficácia da Administração Pública" (Grifos nossos).

524 Silva (*O Tribunal de Contas da União na História do Brasil*, 1999, p. 105-110). Ainda segundo o autor: "O Tribunal, utilizando-se de sua função normativa, previu regimentalmente o estabelecimento de um plano de inspeções, elaborado em bases anuais, composto das formas ordinária e extraordinária, envolvendo as áreas de arrecadação da receita e da realização da despesa. Estavam sujeitas à incidência daquela forma de controle a legalidade dos atos, os registros contábeis, a prestação de serviços, as licitações, enfim tudo que pudesse representar interesse na apuração da probidade do administrador na guarda e legal emprego dos dinheiros públicos".

525 Speck (*Inovação e rotina no Tribunal de Contas da União*, 2000, p. 69).

526 Conforme Castro (*Auditoria, contabilidade e controle interno no setor público*, 2015, p. 399): "A nova legislação citou, pela primeira vez, o tema 'controle interno' e sinalizou a importância do controle do orçamento exercido pela Contabilidade, bem como a estruturação das áreas de planejamento e orçamento. Foram alteradas atribuições dos controles internos, definindo que as unidades administrativas deveriam adotar práticas de controle em todos os estágios da gestão: prévio, concomitante e subsequente aos atos, utilizando-se das técnicas típicas de administração, contabilidade e auditoria".

527 Lei nº 4.320/1964, arts. 75 a 82: "*Art. 75.* O controle da execução orçamentária compreenderá: I – a legalidade dos atos de que resultem a arrecadação da receita ou a realização da despesa, o nascimento ou a extinção de direitos

O modelo construído pela Lei 4320 abrangia a legalidade dos atos de que resultassem a arrecadação da receita ou a realização da despesa; o nascimento ou a extinção de direitos e obrigações; a fidelidade funcional dos agentes da administração, responsáveis por bens e valores públicos; e o cumprimento do programa de trabalho expresso em termos monetários e em termos de realização de obras e prestação de serviços.

Caberia ao controle interno do Poder Executivo exercer os três tipos de controle, de forma prévia, concomitante e subsequente, "sem prejuízo das atribuições do Tribunal de Contas".

A lei prescrevia que o controle externo da execução orçamentária, "pelo Poder Legislativo", teria por objetivo "verificar a probidade da administração, a guarda e legal emprego dos dinheiros públicos e o cumprimento da Lei de Orçamento".

Com a Constituição de 1967, a instituição do sistema de controle interno[528] passara a ser um mandamento constitucional:[529]

---

e obrigações; II – a fidelidade funcional dos agentes da administração, responsáveis por bens e valores públicos; III – o cumprimento do programa de trabalho expresso em termos monetários e em termos de realização de obras e prestação de serviços. *Art. 76.* O Poder Executivo exercerá os três tipos de controle a que se refere o artigo 75, sem prejuízo das atribuições do Tribunal de Contas ou órgão equivalente. *Art. 77.* A verificação da legalidade dos atos de execução orçamentária será prévia, concomitante e subsequente. *Art. 78.* Além da prestação ou tomada de contas anual, quando instituída em lei, ou por fim de gestão, poderá haver, a qualquer tempo, levantamento, prestação ou tomada de contas de todos os responsáveis por bens ou valores públicos. *Art. 79.* Ao órgão incumbido da elaboração da proposta orçamentária ou a outro indicado na legislação, caberá o controle estabelecido no inciso III do artigo 75. Parágrafo único. Esse controle far-se-á, quando for o caso, em termos de unidades de medida, previamente estabelecidos para cada atividade. *Art. 80.* Compete aos serviços de contabilidade ou órgãos equivalentes verificar a exata observância dos limites das cotas trimestrais atribuídas a cada unidade orçamentária, dentro do sistema que for instituído para esse fim. *Art. 81.* O controle da execução orçamentária, pelo Poder Legislativo, terá por objetivo verificar a probidade da administração, a guarda e legal emprego dos dinheiros públicos e o cumprimento da Lei de Orçamento. *Art. 82.* O Poder Executivo, anualmente, prestará contas ao Poder Legislativo, no prazo estabelecido nas Constituições ou nas Leis Orgânicas dos Municípios. §1º As contas do Poder Executivo serão submetidas ao Poder Legislativo, com Parecer prévio do Tribunal de Contas ou órgão equivalente. §2º Quando, no Município não houver Tribunal de Contas ou órgão equivalente, a Câmara de Vereadores poderá designar peritos contadores para verificarem as contas do prefeito e sobre elas emitirem parecer" (Grifos nossos).

[528] Segundo Conti e Carvalho (*O Controle Interno na Administração Pública Brasileira*, 2011, p. 203), "a OCDE (Organisation for Economic Cooperation and Develoment), em estudo de 2005: 'entende a expressão 'controle' como sendo [...] o conjunto dos mecanismos que permitem normalmente assegurar a eficácia e a eficiência das atividades, a fiabilidade das informações produzidas e o respeito às leis e aos regulamentos aplicáveis. [...] Os controles internos são os métodos, as regras e as modalidades de organização da gestão que permitem aos dirigentes assegurar a legalidade, a eficiência, a relação custo-efetividade e a regularidade da ação conduzida'. 'Conforme se pode observar, o controle moderno envolve a questão de avaliação dos aspectos formais, mas também, e principalmente, da eficiência dos atos administrativos. E, mesmo nos países latinos, como o Brasil, a verificação dos atos tem evoluído para um controle com base na prevenção, orientação e correção. Outro aspecto é o fenômeno de aziendalizzazione da Administração Pública moderna, verificado, sobretudo, na Europa: há, realmente, novas concepções em gestão e programação da atividade governamental, com maior responsabilização dos dirigentes pela gestão da coisa pública. Assim, a função gerencial (*manageriale*) tem ganhado força dentro da Administração para melhores análises técnicas e econômicas da coisa pública. Esse avanço pôde ser observado no Brasil com a consagração do controle gerencial pela Lei nº 4.320, de 17 de março de 1964, e pela Lei Complementar nº 101, de 4 de maio de 2000".

[529] Para Speck (*Inovação e rotina no Tribunal de Contas da União*, 2000, p. 70): "Por um lado, a *Constituição limitava explicitamente o controle externo pelo Tribunal de Contas* aos critérios de lisura contábil e da legalidade das despesas. Por outro, ampliava os critérios do controle a serem aplicados por esses órgãos de supervisão interna da própria administração, incluindo aspectos de eficiência e eficácia. [...] Era de se supor que o sistema de controle interno estaria voltado para a tarefa de detectar possíveis falhas na implementação de programas governamentais. Aumentar a eficiência e a eficácia seria a principal finalidade desses mecanismos. Ao mesmo tempo, esse sistema estaria pautado pela preocupação em preservar os administradores de uma possível responsabilização posterior, através do controle da legalidade e regularidade dos gastos. O sistema de controle externo responsabilizaria

Art. 71. O Poder Executivo manterá sistema de controle interno, a fim de:
I – criar condições indispensáveis para assegurar eficácia ao controle externo[530] e regularidade à realização da receita e da despesa;
II – acompanhar a execução de programas de trabalho e a do orçamento; e
III – avaliar os resultados alcançados pelos administradores e verificar a execução dos contratos.

Historicamente, a criação do Tribunal de Contas fora mais uma reivindicação dos ministros das Finanças do que dos parlamentares, "para aumentar a racionalidade interna da Administração Pública". A perda de controle do Executivo sobre os sistemas de fiscalização por ele institucionalizados e o redirecionamento deles para o Legislativo ou para uma Corte de Contas, independente, ou outro tipo de entidade fiscalizadora superior era um fenômeno que se observava em vários países, "principalmente na passagem dos sistemas monárquicos para sistemas republicanos de modelo parlamentarista, onde o Legislativo sucessivamente tira poderes do Executivo". Com a Lei 4320, depois com a Constituição de 1967, "o Poder Executivo ganhou de volta um sistema de controle que ele havia preconizado, e sobre o qual ele tinha perdido sucessivamente o domínio" (de acordo com Speck).

A passagem do modelo de registro prévio para o sistema de auditoria *a posteriori* encontrou apoiadores e opositores.

Para alguns, havia aspectos positivos na mudança. Entre eles, o Ministro Victor Amaral Freire, do Tribunal de Contas da União, que, em declaração de voto proferida na sessão de 27.4.1967, dedicada à apreciação do relatório e parecer sobre as contas do presidente da República relativas ao exercício de 1966, diria que o sistema vigente "obrigava a uma constante paralisação de vastos setores da administração, ou seja, daqueles cujas despesas estão sujeitas a registro prévio no Tribunal", além do que "o registro prévio, com uma demora não pequena para a sua efetivação, determinava um stop nos serviços públicos".[531]

Para outros, como o Ministro Freitas Cavalcanti, em nota à imprensa em 9.12.1966, exprimindo o "sentimento vigente na Casa", o Tribunal perdia "por inteiro, o controle dos atos da gestão financeira, segundo os princípios consagrados no Direito Constitucional do país, com fundamento na jurisdição preventiva, na expressão de Rui Barbosa", e o Poder Executivo passava a "exercer as funções até então deferidas ao órgão de fiscalização e controle das finanças do Estado, erigindo-se, de instituição fiscalizada, em instituição fiscalizadora, através de controle interno".[532]

---

os agentes quando estes ultrapassassem explicitamente os limites legais impostos aos cargos que exercessem" (Grifos nossos).

[530] Castro (*Auditoria, contabilidade e controle interno no setor público*, 2015, p. 400) entende que essa função complementar, do controle interno administrativo como apoio técnico ao controle externo, foi instituída pela Constituição de 1967 "para compensar o fato de estar retirando do TCU o controle prévio dos contratos feitos pelo Poder Executivo".

[531] Silva (*O Tribunal de Contas da União na História do Brasil*, 1999, p. 105-110).

[532] Silva (*O Tribunal de Contas da União na História do Brasil*, 1999, p. 105-110).

A oposição ao sistema de controle encontrava respaldo na realidade prática de sua inviabilidade em um Estado que já havia ganhado novas dimensões.[533] Segundo Speck,[534] com o crescimento da Administração Pública,

> o Tribunal se veria forçado a se organizar internamente espelhando a estrutura da Administração Pública caso quisesse registrar as despesas de cada repartição previamente. O processo de registro, de um lado, emperrava a administração, porque atrasava a execução orçamentária. De outro lado, os prazos exíguos dados ao Tribunal para manifestação não permitiam uma efetiva verificação da legalidade e da regularidade dos atos como previsto.[535]

Castro[536] analisou a questão sob outra ótica. O sistema gerava o efeito adverso de não fomentar a melhor formação dos administradores públicos:

> Vê-se que até aqui que o nascimento do controle interno desenvolveu-se em duas direções bem definidas. Pelo lado do controle contábil, ficou concentrado na Ministério da Fazenda, enquanto o controle administrativo – e a autoridade dele derivada – esteve nas mãos do TCU. Com isso os administradores públicos, que deveriam ser os mais interessados e responsáveis pelo controle de seus atos, *se acomodaram com o controle interno exercido por terceiros*: contábil pelo Ministério da Fazenda e da legalidade pelo Tribunal de Contas. Devido a essa situação, os gestores não desenvolveram experiências administrativas típicas de qualquer administrador privado.

Assim, na segunda metade da década de 1960, "o país ajustaria a filosofia de controle", saindo do controle negativo, da cultura de "caça corrupto", para atuar como função da administração, "o chamado controle positivo, voltado para auxiliar o dirigente público na obtenção dos resultados planejados". Com essa mudança, o controle interno retomaria a função preconizada por diversos autores como Fayol, Taylor, Peter Drucker: "dar consistência às informações e garantia da segurança aos gestores, através do controle administrativo e contábil". Somada às demais, "o texto constitucional preparou o terreno para que fosse feita a grande reforma administrativa no Brasil, com o Decreto-Lei nº 200/67", que seria editado um mês depois, o "primeiro passo para uma administração gerencial na Administração Pública".[537]

Em sua análise histórica sobre os efeitos da Constituição de 1967, Silva[538] conclui que

---

[533] Nessa linha, Castro (*Auditoria, contabilidade e controle interno no setor público*, 2015, p. 398): "Todos os atos administrativos ficaram submetidos ao controle prévio do TCU [falando sobre o controle prévio na Constituição de 1946]. Os contratos e até as notas de empenho era submetidos à apreciação do Tribunal para terem efeito prático. O TCU foi ficando cada vez mais assoberbado tendo que liberar milhares de autorizações que se acumulavam em montanhas de papel. Essa situação comprometia o desempenho do órgão e atrapalhava as ações do Governo, gerando a cada dia mais reclamações e críticas. Para piorar o cenário, mesmo atuando de maneira antecipada aos pagamentos, a corrupção no Governo não diminuiu".

[534] Speck (*Inovação e rotina no Tribunal de Contas da União*, 2000, p. 67-70).

[535] Esse mesmo tipo de problema iria ocorrer quando o Tribunal passasse a ter que julgar contas de centenas de responsáveis. Embora não emperrasse a execução orçamentária, sua atuação certamente imporia ônus de produção de informações, às quais pouca utilidade seria dada ao final do processo.

[536] Castro (*Auditoria, contabilidade e controle interno no setor público*, 2015, p. 399).

[537] Castro (*Auditoria, contabilidade e controle interno no setor público*, 2015, p. 399-401).

[538] Silva (*O Tribunal de Contas da União na História do Brasil*, 1999, p. 110).

o estabelecimento da prerrogativa de realizar inspeções visando melhor instruir o exame das contas deve ser considerado como um grande avanço em matéria de ampliação das competências da Corte, posto que o controle deixou de ser exercido em caráter de exame meramente formal de documentos, passando a contar com a verificação *in loco*.

Essa prerrogativa havia sido, "sem dúvida alguma, uma grande conquista do Tribunal de Contas", como bem afirmara "o então procurador-geral, Ivan Luz, falando em nome do Ministério Público na sessão comemorativa dos 85 anos de instalação do Tribunal, ocorrida a 17 de janeiro de 1978":

> Se, sob alguns aspectos, como no que toca à eliminação do sistema de registro prévio, provocou divergências que ainda se manifestam vibrantes, todavia concedeu-lhe a competência para a realização das inspeções, com o que ultrapassou-se a fase do controle formal, desastrosamente ineficaz, dando-lhe suporte legal para promover o exame da substancialidade da gestão de bens e valores públicos, de tocar as realidades subjacentes às expressões da contabilidade.[539]

Analisando as mudanças da década de 1960 e a situação do Tribunal de Contas tempos depois, no final dos anos 1990, Speck[540] concluiu que o Tribunal ainda não havia avançado de "uma instituição programada por atribuições rotineiras para uma instituição de controle ativo e seletivo":[541]

> [...] o Tribunal de Contas não se livrou das atribuições semi-administrativas, como o registro das aposentadorias e a aprovação global de todas as contas, mesmo quando contra estas não houvesse qualquer suspeita de irregularidade.
> Ele não avançou de uma instituição programada por atribuições rotineiras para uma instituição de controle ativo e seletivo. Grande parte dos processos continuam baseados em documentação fornecida por outros órgãos (agora, inclusive, com parecer prévio do controle interno e resultam em um controle rotineiro e burocrático).

3.2.2.2 O que seriam o julgamento da regularidade das contas e o julgamento das contas?

No novo ambiente de reestruturação da Administração Pública, a reforma do sistema de controle, com ênfase em preceitos modernos de auditoria e controle interno, o que seria o "julgamento da regularidade das contas" introduzido no texto constitucional e na concepção das funções de Tribunal de Contas da União, uma entidade fiscalizadora superior?

Seria algo acrescido ao tradicional julgamento de contas, uma função judiciária, existente desde o final do século XIX, e que o Tribunal não deixaria de exercer.

O Texto Constitucional de 1969 estabelecia, no art. 72, que o controle externo compreendia a auditoria financeira e orçamentária e o "julgamento das contas" dos "administradores e demais responsáveis por bens e valores públicos", mencionava a

---

539 Silva (*O Tribunal de Contas da União na História do Brasil*, 1999, p. 111).

540 Speck (*Inovação e rotina no Tribunal de Contas da União*, 2000, p. 71).

541 Restrição de avanço para a qual iriam contribuir as inconsistências da nova concepção de "julgamento de contas".

realização de auditoria nas contas (§4º) e, por fim, especificava em que se basearia o "julgamento da regularidade das contas".

Naturalmente, surgiriam dúvidas fundamentais:

a) O "julgamento da regularidade das contas" e o "julgamento de contas" seriam partes de uma mesma atuação de controle externo, em que a primeira corresponderia a uma atuação de auditoria preliminar e procedimental, antecedente à segunda, o julgamento das contas, de natureza decisória e jurisdicional, na forma como sempre se fizera até então: a definição da situação do responsável perante a Fazenda Federal: débito, em crédito ou quite?
b) Ou deixara a Constituição de atribuir ao Tribunal de Contas o exercício da função jurisdicional de julgar as contas dos administradores e demais responsáveis por bens e valores públicos para passar a atribuir-lhe uma função mais ampla, de auditoria orçamentária e financeira, que denominava de "julgamento da regularidade das contas", em que se proferiria um juízo de auditoria?
c) Ou caberia ao Tribunal de Contas da União continuar a exercer a atividade jurisdicional de julgamento de contas dos administradores e demais responsáveis por bens e valores públicos, na forma como sempre fizera e, daí em diante, passar, também, a emitir um *juízo profissional de auditoria* orçamentária e financeira, uma nova atribuição, na forma de um "julgamento da regularidade de contas", que antes não existia, baseado em levantamentos contábeis, certificados de auditorias, pronunciamento das autoridades administrativas e em suas próprias inspeções de natureza financeira e orçamentária?
d) Ou o tradicional julgamento de contas passava a denominar-se "julgamento da regularidade das contas", em que o Tribunal continuaria a fazer o que sempre fizera, o exercício de uma função de características judiciais, acrescentando-se ao processo procedimentos de análise mais sofisticados, auditorias e inspeções, para além do que até então se fazia?[542]

Na concepção pouco clara vislumbrada no texto constitucional, antevia-se que o tribunal continuaria a exercer uma função judiciária, mas não mais na forma bem estabelecida de até então.

O que Tribunal até então fazia e o que passaria, de fato, a fazer no Novo Modelo de 1967/1969, base do sistema instituído com a Constituição de 1988 e a atual Lei Orgânica do TCU (LOTCU-1992), ligavam-se apenas pelo nome da atividade: julgamento de contas (= julgamento da regularidade das contas).

A esse título, um julgamento de contas anuais, como se verá, seria mais bem descrito como "julgamento de responsabilidades por irregularidades identificadas em trabalhos de auditoria e fiscalização conduzidos pelo sistema de controle interno".

Estava sendo modificada, em abstrato, a concepção histórica de um julgamento de contas como decisão do Tribunal de Contas sobre a situação do responsável perante a Fazenda Nacional, a partir de uma "contabilidade judiciária", da qual se retirava a equivalência de atuação com um Tribunal de Justiça, que podemos denominar, também, de "julgamento jurisdicional clássico", de simples compreensão (embora com discussões

---

[542] Essa foi a resposta adotada.

relevantes associadas) e surgindo outra forma de se proceder ao julgamento de contas, à responsabilização, obscura, a ser compreendida.

O julgamento de contas passava a associar-se a trabalhos de auditoria, agora, final dos anos 1960, de "auditoria financeira", e, no futuro, após a Constituição, a auditorias operacionais e à accountability de gestão, resultando dessa associação uma gama de problemas, em que o escrutínio do juízo de contas[543] é um elemento analítico central.

3.2.3 As três gerações de regimes de auditoria desempenhados pelas EFS e o contexto das mudanças

Posner e Shahan[544] avaliam que as instituições de auditoria expandiram suas funções em "três gerações de regimes de auditoria".

A primeira, denominada de "auditoria tradicional ou modelo transacional". A segunda teria sido a do regime "baseado em sistemas ou auditoria financeira". E a terceira corresponde ao regime de auditoria de desempenho.

No regime transacional, as EFS, no início de sua evolução, concentravam-se em examinar a regularidade e legalidade das transações financeiras, de todas as despesas e operações, um procedimento *ex ante* de revisão e aprovação.

O Government Accountability Office, por exemplo, criado em 1921, como agência nacional de auditoria do Congresso, com o nome *Government Accounting Office*, era responsável por rever e aprovar as transações de milhares de unidades pagadoras do governo e da documentação que dava suporte aos pagamentos.

Citam também o caso do Reino Unido, onde o atual National Audit Office, criado em 1866, "verificava cada transação realizada pelo governo e avaliava se estava de acordo com as normas financeiras".

Com o "crescimento exponencial da complexidade das transações e operações do Governo", tornou-se "quase impossível" a continuidade desse regime. O papel das EFS evoluiu, gradativamente, em diferentes ritmos, para a atuação de revisão *ex post* de demonstração financeira (contas) e controles.

Conforme os autores, "as EFS aceitaram devolver a aprovação das transações para os dirigentes das agências e auditores internos". Assim, "em vez de examinar cada transação, as EFS focavam em assegurar a confiabilidade dos sistemas de controle interno dentro da organização, os quais haviam sido estabelecidos para controlar o processamento das transações", testando o sistema por amostragem.

Nos Estados Unidos, o regime de auditoria "baseado em sistemas" (auditorias financeiras) foi "introduzido e exercido durante o período de 1945-1966".

O regime de auditoria de desempenho (operacional) surge no final dos anos 1960. À medida que as demandas do público sobre o governo cresciam, assim como as expectativas de atendimento, fomentava-se um ambiente de demanda por avaliações da eficiência e efetividade dos programas governamentais.

Esse processo foi liderado pelo GAO, que realizou sua primeira avaliação de programa em 1967.

---

543 Juízo sobre as contas: regulares (com ou sem ressalva) ou irregulares, aprovadas ou rejeitadas.

544 Posner e Shahan (*Audit Institutions*, 2014, p. 490 e seguintes).

A mudança de prioridades relativas, do "quase exclusivo foco em controles financeiros e compliance para o desempenho dos programas das agências", teve reflexos "na reforma no sistema administrativo e financeiro baseada na teoria da Nova Gestão Pública do final dos anos 1980" e esse movimento "redefiniu significativamente o movimento de accountability: do foco em processos e controle sobre *inputs* para a ênfase na eficiência e efetividade em atender as metas e objetivos dos programas".

Posner e Shaham enfatizam que "a relevância da auditoria de desempenho não significa necessariamente que os outros tipos de auditoria, como auditorias de conformidade e financeiras, tornaram-se irrelevantes" e que a "maior parte das EFS desempenha uma combinação dessas auditorias e que a evolução mostra principalmente uma mudança de ênfase".

Do mesmo modo, para Schiavo-Campo,[545] a auditoria governamental externa pode ter como prioridade a auditoria de desempenho, mas nunca pode esquecer que sua função essencial é verificar se os recursos públicos não estão sendo desviados ou utilizados fora das programações definidas pelo Poder Legislativo:

> SAIs podem realizar muitos tipos de auditorias, incluindo auditorias de conformidade, auditorias financeiras e *value-for-money* (eficiência) auditorias.
> A ênfase adequada de auditoria externa depende de circunstâncias particulares de cada país. Governança e *accountability* frágeis requerem ação concentrada em conformidade e auditoria financeira.
> Em países desenvolvidos, auditoria externa deve ter como foco questões de eficiência e efetividade, mas nunca perde de vista que a função essencial de verificar se o dinheiro público não está sendo desviado ou utilizado para outros propósitos que não aqueles aprovados pela Legislatura.

3.2.4 A Lei Orgânica de 1967 e a questão do exame da regularidade das contas

Nos termos dos arts. 28 e 31 do Decreto-Lei nº 199/1967, a LOTCU-1967, no exercício do controle externo, como órgão auxiliar do Congresso Nacional, a competência do TCU abrangia:

a) o desempenho das funções de auditoria financeira e orçamentária sobre as contas das unidades administrativas do três Poderes (auditoria financeira e orçamentaria da Administração Federal);[546]
b) o julgamento da regularidade das contas dos ordenadores de despesa;[547]

---

[545] Schiavo-Campo (*Running the Government*, 2019, p. 136): "SAIs may perform several types of audits, including audits of compliance with the regulations, financial audits, and 'value-for-money' (efficiency) audits. The appropriate emphasis of external audit depends on the particular circumstances of each country. Weak governance and accountability require a concentration on compliance and financial audit. In developed countries, external audit should look into efficiency and effectiveness issues, but never loosen up on the essential function to verify that public money has not been stolen or misallocated to purposes other than those approved by the legislature".

[546] Compare-se com a anterior lei orgânica, LOTCU-1949: "Art. 34. Compete ao Tribunal de Contas: I – acompanhar e fiscalizar, diretamente, ou por Delegações criadas em lei, a execução do orçamento [...]".

[547] *Vide* LOTCU-1949: "Art. 34. Compete ao Tribunal de Contas / II – julgar as contas dos responsáveis por dinheiro e outros bens públicos e as dos administradores das entidades autárquicas [...]". Não havia menção diferenciada a ordenadores de despesa.

c) o julgamento da regularidade das contas dos administradores;[548]
d) o julgamento da regularidade das contas dos demais responsáveis por bens e valores públicos;[549]
e) o julgamento da legalidade das concessões iniciais de aposentadorias, reformas e pensões.[550]

A jurisdição do Tribunal na LOTCU-1967 alcançava, em cláusula geral,[551] "todo aquele que arrecadasse ou gerisse dinheiros, valores e bens da União ou pelos quais ela respondesse", expressamente especificados os administradores das entidades da administração indireta ou de outras entidades, quando houvesse clara disposição legal, e os *ordenadores de despesa*.

Englobava, à semelhança das anteriores leis orgânicas, qualquer pessoa ou entidade que de algum modo causasse dano patrimonial à União: "todos os servidores públicos civis e militares ou qualquer pessoa ou entidade estipendiadas pelos cofres públicos ou não, que derem causa à perda, subtração, extravio ou estrago de valores, bens e material da União, ou pelos quais seja responsável".[552]

E, ainda, "todos quantos, por expressa disposição de lei", devessem prestar contas ao Tribunal.

O sentido de um "julgamento de regularidade de contas" haveria que ser examinado em cada caso.

A mudança na descrição da competência de "julgar contas" para "julgar da regularidade das contas" trazia implícita a associação do julgamento a um processo de auditoria financeira subjacente.

Essa era uma fórmula concebida para o exame das contas de uma entidade, um juízo de auditoria financeira, como veremos, mas não seria inteligível sua aplicação a situações como o exame de um caso de dano patrimonial à União provocado por quem não administra ou despende recursos públicos.

No art. 35,[553] a LOTCU-1967 esclarecia a finalidade da auditoria financeira e orçamentária, que se realizaria sobre "as contas das unidades administrativas": promover a "fiscalização das pessoas sujeitas à sua jurisdição" e o exame das contas dos responsáveis.

Ou seja, a "auditoria financeira" das contas das unidades não visava obter uma opinião sobre essas contas (balanços e demonstrativos financeiros).

De fato, a auditoria financeira e orçamentária de que se falava nos termos do art. 35 não era a auditoria financeira tal como conceituada nas normas internacionais.

---

[548] *Vide* LOTCU-1949: "Art. 34. Compete ao Tribunal de Contas. "II – julgar as contas / e as dos administradores das entidades autárquicas [...]". Diferenciava "contas de responsáveis" e "contas de administradores".

[549] LOTCU-1949: "Art. 34. Compete ao Tribunal de Contas / II – julgar as contas dos responsáveis por dinheiro e outros bens públicos [...]".

[550] LOTCU-1949: Art. 34. Compete ao Tribunal de Contas / III – julgar da legalidade dos contratos e das aposentadorias, reformas e pensões [...]".

[551] *Vide* também o postulado fundamental do uso de recursos públicos, no art. 93 do Decreto-Lei nº 200/1967: "Art. 93. Quem quer que utilize dinheiros públicos terá de justificar seu bom e regular emprego na conformidade das leis, regulamentos e normas emanadas das autoridades administrativas competentes".

[552] O que denominamos "jurisdição anômala".

[553] LOTCU-1967: "Art. 35. A auditoria financeira e orçamentária, que será exercida sobre as contas das unidades administrativas dos três Poderes da União, tem por fim a fiscalização das pessoas sujeitas à jurisdição do Tribunal de Contas, na forma do disposto nos arts. 33 e 34, e o exame das contas dos responsáveis".

Poderia assumir um sentido de fiscalização, um conceito mais abrangente sob o qual se poderia realizar qualquer tipo de procedimento de apuração/investigação visando obter esclarecimentos, informações etc.

Para realizar a auditoria, o Tribunal receberia da unidade administrativa um conjunto básico de documentos[554] que comporiam suas contas:[555] atos relativos à programação financeira; balancetes de receita e despesa; relatórios dos órgãos administrativos encarregados do controle financeiro e orçamentário interno; rol dos responsáveis.

A esses documentos se somariam aqueles que o Tribunal entendesse necessários solicitar em cada caso e os que derivassem das inspeções, bem como os que viesse a requerer fossem encaminhados ordinariamente, por meio de outros atos normativos,[556] como exemplo, a Resolução nº 113/1972, que requeria das inspetorias-gerais:

a) até sessenta dias após o encerramento do mês respectivo, balancetes setoriais (sistemas orçamentário, financeiro e patrimonial), acompanhados de demonstrativos da execução orçamentária da despesa;
b) relatório anual das auditorias realizadas, com indicação das irregularidades porventura verificadas e das providências adotadas para saná-las, até sessenta dias após o encerramento do exercício.

Assim, como regra, a "auditoria financeira e orçamentária" seria mais um trabalho de análise de documentos elaborados pelos órgãos auditados do que propriamente de auditoria, um trabalho meticuloso e regulado por normas profissionais,[557] em que se examinam também os documentos e demais elementos que deram suporte às "contas" encaminhadas.

Segundo o art. 39[558] da LOTCU-1967, "se o Tribunal, no exercício do "controle financeiro e orçamentário", encontrasse "irregularidade nas contas de dinheiros arrecadados ou despendidos *que configurasse alcance*", determinaria à autoridade administrativa a adoção de providências ou mandaria "proceder ao imediato levantamento das contas,

---

554 O Tribunal poderia disciplinar a remessa das contas, conforme art. 38 da LOTCU-1967: "O Tribunal de Contas, respeitados a organização e o funcionamento dos órgãos e entidades da Administração Federal e sem prejudicar as normas do controle financeiro e orçamentário interno, regulará a remessa dos informes que lhe sejam necessários para o exercício de suas funções".

555 LOTCU-1967: "Art. 36. Para o exercício da auditoria financeira e orçamentária o Tribunal de Contas: I – Tomará conhecimento, pela sua publicação no órgão oficial, da lei orçamentária anual, dos orçamentos plurianuais de investimentos, da abertura dos créditos adicionais e correspondentes atos complementares. II – Receberá uma via dos documentos a seguir enumerados: a) atos relativos à programação financeira de desembolso; b) balancetes de receita e despesa; c) relatórios dos órgãos administrativos encarregados do controle financeiro e orçamentário interno; d) rol dos responsáveis. III – Solicitará, a qualquer tempo, as informações relativas à administração dos créditos e outras que julgar imprescindíveis. IV – Procederá às inspeções que considerar necessárias".

556 *Resolução nº 113, de 16.3.1972*. Dispõe sobre a remessa obrigatória de documentos ao Tribunal de Contas da União, para o exercício da auditoria financeira e orçamentária.

557 Presume-se que as dificuldades de realizar auditorias eram conhecidas do legislador e que o Tribunal poderia não dispor de pessoal qualificado e treinado para realizar trabalhos que pudessem ser *verdadeiramente qualificados como auditorias* e alcançar os seus propósitos específicos, conforme se depreende do art. 36, §1º da lei, que autorizava a contratação de firmas e profissionais especializadas: "As inspeções serão realizadas por funcionários dos órgãos de auditoria financeira e orçamentária do Tribunal de Contas ou, mediante contrato, por firmas especializadas ou por especialistas em auditoria financeira".

558 LOTCU-1967: "Art. 39. Sempre que o Tribunal, no exercício do controle financeiro e orçamentário e em consequência de irregularidade nas contas de dinheiros arrecadados ou despendidos, verificar a configuração de alcance determinará à autoridade administrativa providências no sentido de saná-las, podendo também mandar proceder ao imediato levantamento das contas, para a apuração dos fatos e identificação dos responsáveis".

para a apuração dos fatos e identificação dos responsáveis", uma "tomada de contas especial".

Os órgãos de contabilidade levantariam e organizariam as tomadas de contas dos responsáveis.[559] As tomadas de contas[560] seriam certificadas pelos "órgãos de controle financeiro e orçamentária internos", e as autoridades administrativas competentes se pronunciariam sobre a regularidade delas, informando, quando fosse o caso, as providências que tomaram "para resguardar o interesse público e a probidade da aplicação dos dinheiros públicos".

O Tribunal decidiria sobre a regularidade das contas (regulares ou irregulares). No caso de decisão pela regularidade das contas, a autoridade administrativa seria comunicada para que cancelasse "o nome do responsável no respectivo registro".[561] No caso de irregularidade, o Tribunal fixaria prazo para que a autoridade administrativa adotasse providências para sanar as contas.[562]

Apesar de caber ao Tribunal de Contas "julgar da regularidade das contas", a LOTCU-1967 *não estabelecia* que haveria de ser prolatada uma decisão de auditoria: contas regulares, regulares com ressalva, irregulares.

O julgar da regularidade das contas poderia corresponder ao exame historicamente realizado para se chegar a uma decisão de natureza judiciária sobre responsabilidade financeira do prestador de contas (*cuentadante*, na Espanha, *agente contábil*, em Portugal, *comptable public*, na França, *agente contabile*, na Itália).

A Lei Orgânica não fornecia as balizas para se tomar a decisão sobre a regularidade das contas, mas estava claro, nos arts. 48 a 50, que haveria que ser tomada uma decisão

---

559 LOTCU-1967: "Art. 40. O Tribunal de Contas: I – Julgará da regularidade das contas das pessoas indicadas nos arts. 33 e 34, mediante tomadas de contas levantadas pelas autoridades administrativas [...] V – Ordenará sequestro dos bens dos responsáveis ou seus fiadores, em quantidade suficiente para segurança da Fazenda. VI – Mandará expedir quitação aos responsáveis correntes em suas contas. VII – Resolverá sobre o levantamento dos sequestros oriundos de decisão proferida pelo mesmo Tribunal e ordenará a liberação dos bens sequestrados e sua respectiva entrega".

560 No caso das entidades da administração indireta, o exame das contas dos administradores, conforme art. 42 da LOTCU-1967, seria feito "à base dos seguintes documentos", entregues pelos administradores: "a) o relatório anual e os balanços da entidade; b) o parecer dos órgãos internos que devam dar seu pronunciamento sobre as contas; c) o certificado de auditoria externa à entidade sobre a exatidão do balanço".

561 *Vide* art. 80 do Decreto-Lei nº 200/1967: "Art. 80. *Os* órgãos *de contabilidade inscreverão como responsável todo o ordenador da despesa*, o qual só poderá ser exonerado de sua responsabilidade após julgadas regulares suas contas pelo Tribunal de Contas. §1º Ordenador de despesas é toda e qualquer autoridade de cujos atos resultarem emissão de empenho, autorização de pagamento, suprimento ou dispêndio de recursos da União ou pela qual esta responda. §2º O ordenador de despesa, salvo conivência, não é responsável por prejuízos causados à Fazenda Nacional decorrentes de atos praticados por agente subordinado que exorbitar das ordens recebidas" (Grifos nossos).

562 *Vide* art. 41, parágrafo único, da LOTCU-1967: "A decisão do Tribunal será comunicada à autoridade administrativa competente para que, no caso de regularidade das contas, se cancele o nome do responsável no respectivo registro, ou no caso de irregularidade se adotem as providências destinadas a saná-las, dentro do prazo que o Tribunal fixar". Aqui estava implícito que a decisão pela irregularidade das contas seria adotada quando fossem identificadas nas "auditorias" e inspeções irregularidades que devessem ser sanadas. Essa avaliação parece resultar numa conclusão óbvia: as contas são julgadas irregulares quando forem constatadas irregularidades. Nesse caso, contudo, essa conclusão do Tribunal teria um sentido declaratório de ocorrência de irregularidades; *não teria nenhum valor de juízo de auditoria; e, muito menos, natureza judiciária.* Mas, no entanto, esse juízo ganhou desdobramentos normativos, grande relevância político-eleitoral e peso institucional suficiente para influenciar desenhos processuais. As razões do desenvolvimento desse fenômeno podem ser objeto de outras investigações acadêmicas.

sobre a situação do responsável perante a Fazenda, como sempre fora: quite, em débito ou em crédito.[563]

Mantinha-se o julgamento jurisdicional clássico, mas sob uma nova e lacunosa disciplina de "exame das contas", necessário à definição ou exoneração de responsabilidades financeiras.

O regimento interno do Tribunal de Contas da União de 1977 (RITCU-1977)[564] também nada prescrevia. Isso veio a ocorrer na LOTCU-1992 (Lei nº 8.443/1992).[565]

3.2.4.1 Certificados de auditoria: reais certificados de ocorrência ou não de irregularidades graves

No entanto, em razão da expressão do texto constitucional e da lei orgânica, o Tribunal, concretamente, emitia juízo de regularidade, dizendo as contas regulares ou irregulares, havendo, conforme a particularidade do caso, outras possibilidades.

No âmbito do controle interno do Poder Executivo, os certificados de "auditoria" seriam emitidos com parecer pleno, restritivo ou de irregularidade,[566] segundo se vê neste excerto da Resolução nº 165/1975 do TCU:[567]

> Art. 6º No exame das tomadas ou prestações de contas convenientemente formalizadas, adotar-se-á orientação seguinte:
> a) quando o certificado de auditoria for *restritivo*, ou de *irregularidade*, a Inspetoria de Controle Externo competente poderá solicitar ao Plenário a realização de inspeção "in loco", no prazo de trinta dias, contados da entrada das contas na referida unidade da Secretaria-Geral;

---

[563] O Tribunal poderia, também, julgar em débito o responsável e notificá-lo para "repor a importância do alcance", conforme arts. 48 a 50 da LOTCU-1967: "Art. 48. Decorrido o decêndio da notificação do responsável, expedirá o Tribunal de Contas a competente quitação se o responsável for *julgado quite com a Fazenda Nacional*, arquivando em seguida o processo. Art. 49. *Julgado em débito*, será o responsável notificado para, em 30 (trinta) dias, repor a *importância do alcance*, sob as penas do Regimento. Art. 50. O Tribunal, nos casos de não atendimento da notificação, poderá tomar as seguintes providências: a) ordenar a liquidação administrativa da fiança ou caução, se houver; b) determinar o desconto integral ou parcelado do débito nos vencimentos ou proventos do responsável; c) determinar a *cobrança judicial*, pela via executiva, nas Varas da Fazenda Federal, através dos Procuradores da República, que receberão a documentação e as instruções necessárias por intermédio do Ministério Público junto ao Tribunal de Contas" (Grifos nossos).

[564] *Resolução Administrativa nº 14/77, de 12.12.1977.* Aprova o Regimento Interno do Tribunal de Contas da União.

[565] *Vide* art. 16 da LOTCU-1992: "Art. 16. As contas serão julgadas: I – regulares, quando expressarem, de forma clara e objetiva, a exatidão dos demonstrativos contábeis, a legalidade, a legitimidade e a economicidade dos atos de gestão do responsável; II – regulares com ressalva, quando evidenciarem impropriedade ou qualquer outra falta de natureza formal de que não resulte dano ao Erário; III – irregulares, quando comprovada qualquer das seguintes ocorrências: a) omissão no dever de prestar contas; b) prática de ato de gestão ilegal, ilegítimo, antieconômico, ou infração à norma legal ou regulamentar de natureza contábil, financeira, orçamentária, operacional ou patrimonial; c) dano ao Erário decorrente de ato de gestão ilegítimo ao antieconômico; d) desfalque ou desvio de dinheiros, bens ou valores públicos. §1º O Tribunal poderá julgar irregulares as contas no caso de reincidência no descumprimento de determinação de que o responsável tenha tido ciência, feita em processo de tomada ou prestarão de contas. §2º Nas hipóteses do inciso III, alíneas c e d deste artigo, o Tribunal, ao julgar irregulares as contas, fixará a responsabilidade solidária: a) do agente público que praticou o ato irregular, e b) do terceiro que, como contratante ou parte interessada na prática do mesmo ato, de qualquer modo haja concorrido para o cometimento do dano apurado. §3º Verificada a ocorrência prevista no parágrafo anterior deste artigo, o Tribunal providenciará a imediata remessa de cópia da documentação pertinente ao Ministério Público da União, para ajuizamento das ações civis e penais cabíveis".

[566] Conforme Alencar e Sousa (*Quem está sujeito à jurisdição do Tribunal de Contas da União?*, 1977, p. 159).

[567] *Tribunal de Contas da União. Resolução TCU nº 165/1975.* Dispõe sobre o exame das tomadas de contas dos órgãos da administração direta e das prestações de contas das entidades da administração indireta, disciplina a execução da Lei nº 6.223, de 14.7.1975, e dá outras providências.

> b) quando for *pleno* o certificado, ou as restrições contidas no relatório e parecer do órgão de controle interno se originarem de falhas de natureza formal sem gravidade, e a Inspetoria de Controle Externo não formular outros reparos à vista da documentação apresentada, o processo ir a julgamento, com instrução sumária, da qual conste haver sido programada inspeção ordinária subsequente, quando considerada necessária.
> Parágrafo único. Ocorrendo a hipótese prevista na letra "b" deste artigo, a instrução do processo de tomada ou prestação de contas far-se-á com base principalmente no relatório que acompanha o certificado de auditoria.

Alencar e Sousa (1977) explicam os critérios então adotados pelo Poder Executivo:

> 18 – O certificado será pleno quando ficar evidenciado haver sido *regular o procedimento do responsável ou responsáveis* e os respectivos registros contábeis tenham sido processados de acordo com os princípios e normas vigentes.
> 19 – O certificado será restritivo quando houver ressalvas de fatos que não correspondam a irregularidade de atuação do responsável, ou responsáveis, mas signifiquem omissões ou impropriedade na escrituração ou outras quaisquer independentes de sua vontade, que não puderem ser sanadas em tempo hábil.
> 20 – O certificado de irregularidade será cabível quando *verificado desfalque, alcance,* desvio de bens ou outra impropriedade de procedimento do responsável e de que resulte prejuízo para a Fazenda Pública. (Grifos nossos)

Observa-se que o "certificado de auditoria" (pleno, restritivo ou de irregularidade) era um certificado com foco em regularidade de procedimentos e ocorrência de prejuízo à Fazenda Pública, bem assemelhado aos critérios de juízos de contas constantes do art. 16 da LOTCU-1992.

O certificado não explicitava o objeto sobre o qual se realizara a auditoria.

3.2.4.2 Certificados de contas e pareceres de auditoria externa independente

Esses tipos de certificados guardavam semelhança classificatória com os pareceres emitidos em auditoria externa dos balanços e demonstrações financeiras das empresas (parecer normal, parecer com ressalvas, parecer adverso), conforme Goldkorn.[568] Mas a substância não guardava a mesma semelhança.

Em um parecer normal ou regular, a opinião do auditor independente sobre o balanço patrimonial e a demonstração de resultado econômico era emitida nos seguintes termos, padronizados pelo Conselho Federal de Contabilidade (CFC), àquela época:

> Em nossa opinião, o balanço patrimonial e a demonstração do resultado econômico representam, adequadamente, a posição patrimonial e financeira da Empresa X, em.... e o resultado de suas operações correspondentes ao exercício findo naquela data, de acordo com os princípios de contabilidade geralmente aceitos, aplicados com uniformidade em relação ao exercício anterior.

---

[568] Goldkorn (*O que significa um parecer de auditoria*, 1976, p. 37-40).

Um parecer com ressalvas seria emitido quando o auditor fizesse restrições a um ou mais itens das demonstrações financeiras e desde que essas restrições pudessem ser quantificadas e não fossem "de tal monta a invalidarem as demonstrações no seu conjunto", devendo ser observadas as demais condições estabelecidas pelo CFC.

Num parecer adverso ou negativo, o auditor deveria declarar "expressamente que as demonstrações examinadas não refletem a posição que pretendiam demonstrar", e, normalmente, um parecer adverso somente seria emitido "nos casos em que as ressalvas ou restrições são de tal monta que invalidem as demonstrações, no seu conjunto".

O autor realça que "todo e qualquer relatório emitido por auditores independentes deve declarar, expressamente, de forma inequívoca, o serviço feito, a forma pela qual foi feito o serviço e a conclusão a que chegou o auditor".

Um parecer de auditoria independente não era emitido sobre as "contas das empresas", mas sobre algo específico (o balanço patrimonial), com objetivo preciso (dizer se o balanço representa a posição patrimonial da empresa na data X), com base em metodologia adequada à sustentação da opinião que se espera sobre aquele objeto específico para aquele objetivo preciso.

A continuidade da análise requer a exposição e evidenciação do que são os trabalhos de controle, externo e interno, denominados de auditoria: trabalhos conduzidos com rigor metodológico, auditores capacitados, treinados e competentes, objetivos claros, conclusões empiricamente embasadas e juízos assertivos precisos.

A prolação de juízo de valor (*não juízo de auditoria*) como manifestação conclusiva sobre certo objeto é incompatível com a atuação esperada de uma *supreme audit institution*, como é, e se compreende ser, o Tribunal de Contas da União, bem como os demais Tribunais de Contas no Brasil. Um juízo de valor sobre um objeto indefinido, como "contas", por exemplo, é ainda mais incompatível.

3.3 Aspectos teóricos e metodológicos da auditoria governamental

> Audits provide essential accountability and transparency over government programs. Given the current challenges facing governments and their programs, the oversight provided through auditing is more critical than ever. Government auditing provides the objective analysis and information needed to make the decisions necessary to help create a better future.[569]

3.3.1 Auditoria, um robusto processo sistematizado

Abordaremos o tema considerando a teorização e a dogmática do Tribunal de Contas da União em seus atos de normatização técnico-profissional dos trabalhos de auditoria, respaldadas em teorias e normas institucionais de peso nesse campo. O principal deles é o documento denominado "Normas de Auditoria do Tribunal de Contas da União" (NAT),[570] a partir do qual construímos o texto que segue.

---

[569] Government Accountability Office (GAO) (*"Yellow Book" Government Auditing Standards*, 2018, Revision, p. 1).

[570] *Portaria-TCU nº 185, de 30.11.2020*. Altera o Anexo da Portaria-TCU nº 280, de 8.12.2010, que dispõe sobre as Normas de Auditoria do Tribunal de Contas da União (NAT).

Preliminarmente, o TCU esclarece que a elaboração de um padrão normativo é necessária para: a) "dar credibilidade e assegurar qualidade às auditorias, segundo normas geralmente aceitas"; b) "salvaguardar a responsabilidade dos auditores quando executarem seus trabalhos de acordo com elas".[571]

Em seguida, ressalta que as NAT foram elaboradas com base nas melhores referências internacionais:

> [...] as ISSAI, da Intosai, bem como as normas das entidades de auditoria e controle governamental visitadas no âmbito do programa de benchmarking realizado pelo TCU, em 2004, dentre as quais o IFAC, o IIA, o GAO, o ANAO e as entidades de fiscalização superior da Alemanha, Itália, França, Espanha, Bélgica e Holanda.

A norma menciona os conceitos de auditoria da Intosai: "Auditoria é o exame das operações, atividades e sistemas de determinada entidade, com vista a verificar se são executados ou funcionam em conformidade com determinados objetivos, orçamentos, regras e normas".

E da International Federation of Accountants (IFAC): "Auditoria é uma verificação ou exame feito por um auditor dos documentos de prestação de contas com o objetivo de habilitá-lo a expressar uma opinião sobre os referidos documentos de modo a dar a eles maior credibilidade".

Com base nesses conceitos e na experiência acumulada da própria Corte de Contas, *formulou-se a seguinte definição*:

> Auditoria é o processo sistemático, documentado e independente de se avaliar objetivamente uma situação ou condição para determinar a extensão na qual critérios são atendidos, obter evidências quanto a esse atendimento e relatar os resultados dessa avaliação a um destinatário predeterminado.

Cada um dos componentes do conceito é esclarecido:

a) "Processo sistemático: a auditoria é um processo de *trabalho planejado e metódico*, pautado em avaliações e finalizado com a comunicação de seus resultados.
b) Processo documentado: o processo de auditoria deve ser fundado em documentos e padronizado por meio de procedimentos específicos, de modo a assegurar a sua revisão e a manutenção das evidências obtidas. Isso implica que a entidade de auditoria deve formalizar um método para executar suas auditorias, estabelecendo os padrões que elas deverão observar, incluindo regras claras quanto à documentação.
c) Processo independente: a auditoria deve ser realizada por pessoas com independência em relação às organizações, aos programas, aos processos, às

[571] Sobre padrões de auditoria, ver GAO (*Yellow Book" Government Auditing Standards*, 2018 Revision, 2018, p. 1): "The professional standards presented in this 2018 revision of Government Auditing Standards (known as the Yellow Book) provide a framework for performing high-quality audit work with competence, integrity, objectivity, and independence to provide accountability and to help improve government operations and services. These standards, commonly referred to as generally accepted government auditing standards (GAGAS), provide the foundation for government auditors to lead by example in the areas of independence, transparency, accountability, and quality through the audit process".

atividades, aos sistemas e aos objetos examinados para assegurar a *objetividade e a imparcialidade* dos julgamentos.

d) Avaliação objetiva: os fatos devem ser avaliados com a mente livre de vieses. A avaliação objetiva leva a julgamentos imparciais, estritamente adequados às circunstâncias, precisos, e refletem na confiança no trabalho do auditor.

e) Situação ou condição: o estado ou a situação existente do objeto da auditoria, encontrado pelo auditor durante a execução do trabalho de auditoria.

f) Critério: referencial a partir do qual o auditor faz seus julgamentos em relação à situação ou condição existente.

g) Evidências: elementos de comprovação da discrepância (ou não) entre a situação ou condição encontrada e o critério de auditoria. Relato de resultados: os resultados de uma avaliação de auditoria são relatados a um *destinatário predeterminado*, que normalmente não seja a parte responsável, por meio de um relatório, instrumento formal e técnico no qual o auditor comunica o objetivo, o escopo, a extensão e as limitações do trabalho, os achados de auditoria, as avaliações, opiniões e conclusões, conforme o caso, e encaminha suas propostas" (grifos nossos).

O planejamento dos trabalhos requer "uma avaliação preliminar de objetivos e riscos relevantes relacionados à atividade objeto da auditoria", como "exposições significativas a riscos, a probabilidade de erros, irregularidades e descumprimentos a princípios, normas legais e regulamentações", bem como a confiabilidade dos controles.

Em seguida, a norma aborda a definição do objetivo da auditoria, seu escopo e a metodologia a ser utilizada.

O objetivo deve ser expresso como uma declaração precisa daquilo que a auditoria se propõe a realizar. No escopo, faz-se a explicitação "da profundidade e da amplitude do trabalho para alcançar o objetivo da auditoria", o "detalhamento dos procedimentos, a delimitação do universo auditável (abrangência), a configuração da amostra (extensão) e a oportunidade dos exames".

Os exames de documentos e os demais procedimentos realizados conduzirão aos achados: "qualquer fato significativo, digno de relato pelo auditor, constituído de quatro atributos essenciais: situação encontrada (ou condição), critério, causa e efeito".

Uma situação será qualificada como um *achado* se atender aos seguintes requisitos: "ser relevante para os objetivos da auditoria para que mereça ser relatado; ser apresentado de forma objetiva e estar devidamente fundamentado em evidências; apresentar consistência de modo a mostrar-se convincente a quem não participou do trabalho".

O relato dos achados deve expor "a natureza e a extensão dos fatos e do trabalho realizado que resultou na conclusão" e explicitar "as situações encontradas em termos da população ou do número de casos examinados e quantificar os resultados", para que o leitor possa "avaliar a importância e as consequências" do que foi constatado.

Fazem parte do processo de auditoria a supervisão e a revisão dos trabalhos, para assegurar-se que "todas as avaliações e conclusões estejam solidamente baseadas e suportadas por suficientes, adequadas, relevantes e razoáveis evidências para fundamentar o relatório final da auditoria".

Na elaboração do relatório, deve-se cuidar para que seja estruturado e redigido de forma que seus usuários "possam entender o propósito da auditoria, a natureza e a extensão dos trabalhos de realizados, o contexto e perspectiva sobre o que é relatado, e todas as limitações significativas ao trabalho realizado".

Na conclusão, seção específica do relatório, serão descritas as "afirmações da equipe, deduzidas dos achados". Deve abranger "as respostas às questões formuladas para compor o escopo da auditoria" e mencionar, expressamente, a

> possibilidade, ou não, da generalização dos resultados obtidos na análise do conjunto de casos, transações ou processos examinados para todo o universo ou população, conforme tenha sido calculado o tamanho do conjunto analisado, bem como realizada a seleção de seus elementos constituintes.[572]

As NAT enfatizam que "a força das conclusões dos auditores depende da suficiência e da adequação das evidências que suportam os achados e da solidez da lógica utilizada para formulá-las".

Percebe-se, pelo rigor metodológico e analítico requerido, que *nem tudo que uma instituição de controle faz sob o título "auditoria" constituirá um trabalho dessa natureza*, de forma que se deve ter todo o cuidado quanto às conclusões assertivas que se fizer a respeito do objeto "auditado" como sendo decorrentes de uma auditoria.

Sob esse título, muitas vezes o que se faz são trabalhos de verificação específica de certos processos ou situações, enquadráveis na categoria geral "fiscalização", voltados à identificação de irregularidades, sem grandes preocupações metodológicas e pretensão de asserção de opinião fundamentada sobre um amplo conjunto de fatos e atos.

Castro[573] relata que, na criação da Secretaria Federal de Controle Interno, adotou "a separação entre auditoria e fiscalização" e que "essa medida foi tomada pelo fato de ter herdado um quadro de servidores sem qualificação técnica específica para realizar auditoria, inclusive contábil".[574]

A realização de auditoria requer treinamento e qualificação. As auditorias financeiras requerem treinamento e qualificação ainda mais especializados, pois envolvem nível de abordagem muito mais amplo e profundo do que as revisões e exames contábeis sintéticos que comumente são feitos, insuficientes para validar a emissão de parecer sobre a correção das demonstrações contábeis, financeiras e fiscais.

---

[572] Essa é uma questão relevante em um processo de "auditoria de contas". As NAT complementam essa recomendação: "Quando o cálculo do tamanho do conjunto analisado, bem como a seleção de seus elementos, tiver ocorrido de forma probabilística, seguindo os pressupostos necessários para a definição de uma amostra estatística, os resultados poderão ser generalizados, devendo-se consignar, no relatório, que as conclusões generalizadas necessariamente embutem um certo grau de incerteza inerente aos cálculos estatísticos, incerteza essa que deve ser calculada e informada no relatório".

[573] Castro (*Auditoria, contabilidade e controle interno no setor público*, 2015, p. 448).

[574] De outro lado, continua Castro, "os quase 1000 técnicos disponíveis poderiam auxiliar os trabalhos de pré-auditorias, efetuando fiscalizações físicas dos projetos", sendo essa alternativa referendada na Lei nº 10.180/2001, que, em sua síntese, estabeleceu: "a auditoria visa avaliar a gestão pública, pelos processos e resultados gerenciais e a fiscalização visa comprovar se o objeto dos programas de governo corresponde às especificações estabelecidas, se atende às necessidades para as quais foi definido, se guarda coerência com as condições e características pretendidas e se os mecanismo de controle são eficientes".

Somente na última década os Tribunais de Contas passaram a desenvolver programas mais robustos de qualificação de implementação da auditoria financeira, não obstante tenham sido demandados pela Constituição e leis orgânicas a trabalhar nesse sentido desde a década de 1960, quando surge a ideia de um "julgamento da regularidade das contas" e a atribuição expressa do exercício da "função de auditoria financeira e orçamentária".

Um juízo de regularidade de contas sob a ótica de um juízo emitido no desempenho da função de auditoria financeira e orçamentária, como um juízo profissional de auditoria, não pode ser prolatado sem que antes seja definido *o que é esse objeto "contas"*.

Não há possibilidade de formulação de um juízo de auditoria sobre um objeto indefinido. Juízos de valor não são juízos de auditorias, embora possam ser avaliações pessoais empregadas nas diversas instâncias analíticas e decisórias dos Tribunais de Contas.

3.3.2 Auditoria financeira e seus precisos objetivos e asserções

Esta seção representa a síntese da norma profissional ISSAI 200, editada pela Intosai em 2013,[575] quanto ao necessário e relevante para a explicitação do que é uma auditoria financeira e sua complexidade, acrescida de informações do *Manual de Auditoria Financeira* do Tribunal de Contas da União.[576]

Essas fontes, construídas a partir de doutrina e padrões definidos por entidades internacionais reconhecidas,[577] constituem *referencial teórico essencial*, mas não único, para as análises procedidas nesta tese sobre as possibilidades de interpretação do procedimento de julgamento de contas, sejam anuais, especiais ou contas de governo.

Um dos objetivos fundamentais da auditoria financeira é "aumentar o grau de confiança nas demonstrações por parte dos usuários" dessas informações, buscando-se determinar, "mediante a expressão de uma opinião sobre se as demonstrações financeiras foram elaboradas, em todos os aspectos relevantes, em conformidade com uma estrutura de relatório financeiro aplicável".[578]

Nessa modalidade de auditoria, os objetivos gerais do auditor são:

---

[575] Intosai (*ISSAI 200 – Princípios Fundamentais de Auditoria Financeira*, 2013).

[576] TCU (*Manual de Auditoria Financeira*, 2016).

[577] Conforme TCU (*Manual de Auditoria Financeira*, 2016, p. 12): "Este manual foi elaborado em conformidade com os padrões profissionais de auditoria financeira, estabelecidos pela INTOSAI e pela IFAC. Todavia, não reproduz o texto integral desses padrões, nem substitui a leitura deles. O manual visa à simplificação da aplicação dos padrões por meio de orientações teóricas e práticas. 8. A IFAC é a organização internacional de profissionais da contabilidade, que tem como um de seus objetivos o desenvolvimento de padrões profissionais internacionais de alta qualidade para a auditoria de demonstrações financeiras. Nesse intuito, a IFAC fornece atualmente 36 normas de auditoria financeira (ISA). Estes padrões totalizam mais de 500 requisitos que devem ser cumpridos por auditores de demonstrações financeiras, caso queiram ou necessitem fazer referência às ISA em seus relatórios. Assim, para mencionar as normas internacionais nos relatórios de auditoria financeira, é necessário verificar o cumprimento de cada um dos requisitos aplicáveis e obrigatórios".

[578] Intosai (*ISSAI 200 – Princípios Fundamentais de Auditoria Financeira*, 2013, *passim*).

a) "obter segurança razoável sobre se as demonstrações financeiras como um todo estão livres de distorção relevante,[579] [580] seja por fraude[581] ou erro, possibilitando, assim, o auditor expressar uma opinião sobre se as demonstrações financeiras foram elaboradas, em todos os aspectos relevantes, em conformidade com a estrutura de relatório financeiro aplicável";
b) "elaborar o relatório[582] sobre as demonstrações financeiras e comunicar o resultado da auditoria, de acordo com os achados do auditor".

No setor público, as auditorias financeiras podem ter outros objetivos além dos objetivos de uma auditoria de demonstrações financeiras. Incluem, por exemplo, a auditoria de contas de governo, da elaboração e execução dos orçamentos, e de "categorias de receitas ou despesas ou de ativos ou passivo".

No Tribunal de Contas da União,[583] a auditoria financeira é considerada "um importante instrumento de fiscalização para a verificação independente da confiabilidade das demonstrações financeiras divulgadas por órgãos e entidades públicos, na defesa dos princípios de transparência e prestação de contas", e "parte de amplo processo de *certificação*[584] *de contas anuais*, sejam elas de governo ou de gestão".[585]

---

[579] "Em auditoria financeira, distorção é a diferença entre o valor, a classificação, a apresentação ou a divulgação de um item informado nas demonstrações financeiras e o valor, a classificação, apresentação ou divulgação requerido(a) para que o item esteja de acordo com a estrutura de relatório financeiro aplicável. Distorção pode ser decorrente de erro ou fraude (ISSAI 1450; ISA/NBC TA 450)" (TCU, *Manual de Auditoria Financeira*, 2016, p. 20).

[580] "Quando o resultado da avaliação ou mensuração de um objeto mediante aplicação de critérios (informação do objeto) apresenta uma distorção (ou o conjunto de todas as distorções) significativa o bastante para mudar ou influenciar a decisão de uma pessoa bem-informada, uma distorção relevante ocorreu. Abaixo desse limite, a distorção é geralmente considerada como não relevante (IFAC, 2010)" (TCU, *Manual de Auditoria Financeira*, 2016, p. 20).

[581] "Muito embora a fraude constitua um conceito jurídico amplo, em auditoria financeira, o auditor está preocupado com a fraude que pode originar distorção relevante nas demonstrações financeiras. Portanto, apenas dois tipos de distorções decorrentes de fraudes interessam ao auditor: informações contábeis fraudulentas e apropriação indébita de ativos. Destaque-se que, no âmbito da auditoria de demonstrações financeiras, o auditor pode suspeitar ou, em raros casos, identificar a ocorrência de fraude, mas não lhe cabe estabelecer juridicamente se realmente ocorreu a fraude (ISSAI 1315; ISA/NBC TA 315)" (TCU, *Manual de Auditoria Financeira*, 2016, p. 88).

[582] "Relatório de auditoria, anteriormente denominado parecer de auditoria, é a nova expressão atribuída pelas normas internacionais de auditoria ao meio pelo qual o auditor apresenta a conclusão de sua auditoria, na forma de uma opinião (LONGO, 2011)" (TCU, *Manual de Auditoria Financeira*, 2016, p. 202).

[583] O Tribunal de Contas da União, em seu *Manual de Auditoria Financeira*, esclarece que, em seu âmbito, "a expressão auditoria financeira é utilizada como sinônimo de auditoria contábil ou de auditoria de demonstrações financeiras ou contábeis".

[584] "Nos trabalhos de certificação, a parte responsável é quem mensura o objeto de acordo com os critérios e apresenta a informação do objeto, sobre a qual o auditor então obtém evidência de auditoria suficiente e apropriada para proporcionar uma base razoável a fim de expressar uma conclusão [...] As auditorias financeiras são sempre trabalhos de certificação, uma vez que são baseadas em informações financeiras apresentadas pela parte responsável [...]" (TCU, *Manual de Auditoria Financeira*, 2016, p. 20-21).

[585] "Dado o amplo mandato para a realização de auditorias financeiras pelo TCU, na prática há pelo menos quatro níveis de aplicação para esse tipo de auditoria: a. auditorias anuais de demonstrações financeiras consolidadas do governo federal, mais conhecidas como Balanço Geral da União (art. 228 do RITCU); b. auditorias anuais de demonstrações financeiras consolidadas de ministérios; c. auditorias anuais de demonstrações financeiras individuais ou consolidadas de órgãos, fundos e entidades federais, *com o objetivo de expressar uma opinião sobre a adequação dos demonstrativos contábeis dos responsáveis por dinheiro, bens e valores federais* (art. 16 da LOTCU e art. 50 da Lei de Responsabilidade Fiscal); e d. auditorias específicas de contas contábeis de alto risco (Ex.: dívida pública, receita e previdência)" (TCU, *Manual de Auditoria Financeira*, 2016, p. 15, grifos nossos).

No caso das contas de gestão,

> o Tribunal faz o julgamento das contas anuais de gestão de órgãos, fundos e entidades públicos, de responsabilidade de seus administradores, em consonância com o *artigo 16 da LOTCU*,[586] que estabelece que *as contas serão julgadas regulares quando expressarem, de forma clara e objetiva, dentre outros elementos, a exatidão dos demonstrativos contábeis*.[587]

Auditorias de demonstrações financeiras são definidas como trabalhos de asseguração,[588] que envolvem pelo menos três partes: um auditor, uma parte responsável e os usuários previstos.

A parte responsável é quem responde pela informação do objeto (normalmente as próprias demonstrações financeiras) ou pelo próprio objeto (as atividades financeiras refletidas nas demonstrações).

O usuário previsto[589] é, principalmente, "o parlamento, que representa os cidadãos, tomando decisões e determinando as prioridades das finanças públicas, bem como a finalidade e destinação das receitas e despesas como parte de um processo democrático público".

Auditorias de demonstrações financeiras são trabalhos de asseguração razoável, o que significa "um nível alto de asseguração, mas não absoluto, dadas as limitações inerentes a uma auditoria".

Em geral, auditorias de asseguração razoável são desenvolvidas para resultar em uma conclusão expressa de uma forma positiva, tal como:

> "em nossa opinião, as demonstrações financeiras apresentam adequadamente (ou apresentam uma visão verdadeira e justa), em todos os aspectos relevantes, a posição financeira de... e de seu desempenho financeiro e fluxo de caixa..." ou, no caso de uma estrutura de conformidade, "em nossa opinião, as demonstrações financeiras foram elaboradas, em todos os aspectos relevantes, em conformidade com...".

---

586 LOTCU-1992: "Art. 16. As contas serão julgadas: I – regulares, quando expressarem, de forma clara e objetiva, a exatidão dos demonstrativos contábeis, a legalidade, a legitimidade e a economicidade dos atos de gestão do responsável [...]".

587 TCU (*Manual de Auditoria Financeira*, 2016, p. 15, grifos nossos). *Observe-se aqui que o Manual de Auditoria Financeira do TCU expressamente refere-se ao art. 16, I, da LOTCU como um dispositivo que trata de critério de opinião de auditoria financeira.*

588 "Um trabalho de asseguração oferece aos usuários segurança sobre o resultado da avaliação ou mensuração de um objeto (informação do objeto), que resulta da aplicação de critérios ao objeto, e pode ser, por exemplo, as demonstrações financeiras de uma entidade, uma afirmação acerca da eficácia do seu controle interno ou alguma característica de uma prestação de contas qualquer, seja ela composta apenas por informações financeiras ou por um conjunto completo de informações que retrate processos, produtos, desempenho e resultados da gestão da entidade que estiver prestando contas" (TCU, *Manual de Auditoria Financeira*, 2016, p. 20).

589 "Usuários previstos ou destinatários do trabalho de asseguração são as pessoas e/ou instituições que tem interesse nas informações divulgadas pelas entidades públicas, seja por exigência legal ou interesse econômico. São exemplos de interessados: cidadãos, Congresso Nacional, entes públicos subnacionais, investidores, mercado financeiro, órgãos de controle interno e externo, agências de classificação de risco e outras organizações internacionais, entre outros interessados" (TCU, *Manual de Auditoria Financeira*, 2016, p. 21).

Ao planejar, executar, concluir e relatar uma auditoria de demonstrações financeiras, o auditor deve desenvolver seu trabalho com ceticismo profissional,[590] "de modo a reduzir o risco de negligenciar circunstâncias suspeitas, de generalização excessiva ao tirar conclusões das observações de auditoria, de utilização de falsas premissas".[591]

Ao longo do processo (planejamento, execução, conclusão, relatório), o auditor exerce um *julgamento profissional*:

> a aplicação de treinamento, conhecimento e experiência relevantes, dentro do contexto fornecido pelas normas de auditoria, contabilidade e ética, na tomada de decisões informadas a respeito dos cursos de ação apropriados nas circunstâncias do trabalho da auditoria.[592]

O conceito de materialidade[593] deve ser aplicado em seus aspectos quantitativos e qualitativos,[594] de uma maneira apropriada.[595] No setor público, os aspectos qualitativos

---

[590] "O ceticismo profissional inclui estar alerta, por exemplo a: evidências de auditoria que contradigam outras evidências obtidas; informações que coloquem em dúvida a confiabilidade dos documentos e respostas a indagações a serem usadas como evidências de auditoria; condições que possam indicar possível fraude; e circunstâncias que sugiram a necessidade de procedimentos de auditoria além dos previstos nos padrões profissionais" (TCU, *Manual de Auditoria Financeira*, 2016, p. 28).

[591] "O propósito de uma auditoria de demonstrações financeiras é aumentar o grau de confiança dos usuários previstos, mediante a expressão de uma opinião (ISSAI 200). Para atingir esse propósito, as normas de auditoria estabelecem como objetivos gerais do auditor que este alcance segurança razoável de que as demonstrações financeiras estão livres de distorções relevantes, seja por fraude ou erro, obtendo evidências de auditoria suficientes e apropriadas para reduzir o risco de expressar uma opinião de auditoria inadequada a um nível aceitavelmente baixo (ISSAI 1200; ISA/NBC TA 200), ou seja, para minimizar o risco de expressar uma opinião afirmando que as demonstrações financeiras não apresentam distorções relevantes quando, na verdade, apresentam" (TCU, *Manual de Auditoria Financeira*, 2016, p. 42).

[592] "O exercício de julgamento profissional é necessário, em particular, nas decisões sobre: materialidade e risco de auditoria / avaliação sobre se foi obtida evidência de auditoria suficiente e apropriada, e se algo mais precisa ser feito para que sejam cumpridos os objetivos dos padrões profissionais / extração de conclusões baseadas nas evidências de auditoria obtidas [...]" (TCU, *Manual de Auditoria Financeira*, 2016, p. 29).

[593] "O conceito de materialidade é relacionado à expressão 'todos os aspectos relevantes' a que se referem as normas de auditoria mencionadas previamente. Expressa a relevância ou importância relativa de um assunto de auditoria. Em auditoria financeira, refere-se à relevância das distorções que podem estar presentes na apresentação, na divulgação ou nas afirmações que constam das demonstrações financeiras [...] A materialidade é definida como a maior distorção, dentro de uma população, que o auditor está disposto a aceitar (distorção tolerável), levando em conta as necessidades de informação dos usuários previstos. Representa, pois, a magnitude (ou o tamanho) de uma distorção, incluindo omissão, de um item (informação) em uma demonstração financeira que, à luz das circunstâncias, individualmente ou de maneira agregada, pode influenciar as decisões econômicas dos usuários das informações (GAO, 2008)" (TCU, *Manual de Auditoria Financeira*, 2016, p. 74).

[594] "Distorções podem envolver o valor monetário (materialidade quantitativa), a natureza do item e as circunstâncias específicas de sua omissão ou distorção (materialidade qualitativa). Como distorções não se restringem a aspectos monetários, a materialidade envolve tanto a perspectiva quantitativa como a qualitativa. Isso implica que o auditor, ao exercer julgamento profissional sobre a relevância das distorções em uma auditoria, deve levar em consideração não apenas o valor monetário, mas também a natureza do item (características inerentes) e o contexto em que ocorreu a transação que gerou a informação" (TCU, *Manual de Auditoria Financeira*, 2016, p. 76).

[595] "A perspectiva qualitativa, que também deve ser considerada pelos auditores na determinação da materialidade, decorre do fato de que, apesar de quantitativamente imaterial, certos tipos de distorções podem ter um impacto relevante sobre os relatórios financeiros e influenciar as decisões econômicas dos usuários das informações [...] A avaliação do que é relevante é sempre uma questão de julgamento profissional (IFAC, 2010). Assim, convém dividir a avaliação de relevância das distorções em dois tipos: a) Relevante por natureza – está relacionado às características inerentes, inclui qualquer suspeita de má gestão grave, fraude, ilegalidade ou irregularidade ou distorção intencional ou manipulação de resultados ou informações; b) Relevante pelo contexto – são relevantes por sua circunstância, mudam a impressão dada aos usuários. Inclui casos em que um pequeno erro pode ter um efeito significativo, por exemplo, classificação incorreta de despesas como receita, de modo que um déficit real é relatado como um excedente nas demonstrações financeiras (TCE, 2012)" (TCU, 2016, *Manual de Auditoria Financeira*, p. 77-78).

geralmente são mais relevantes do que no setor privado. A avaliação da materialidade e a consideração da sensibilidade e outros fatores qualitativos em uma auditoria particular são questões para o julgamento profissional do auditor.[596]

Os objetivos de uma auditoria financeira no setor público são normalmente mais amplos do que expressar uma opinião sobre as demonstrações financeiras. Podem incluir objetivos adicionais como responsabilidades relacionadas a achados de não conformidade com normas ou à eficácia de controles internos, pois pode haver expectativas do público em geral a respeito.

A opinião do auditor deve ser formada com base na avaliação das conclusões derivadas das evidências obtidas e manifestada por meio de um relatório[597] que descreva as bases da opinião.[598] [599]

O auditor deve expressar *uma opinião não modificada* "quando concluir que as demonstrações financeiras foram elaboradas, em todos os aspectos relevantes, de acordo com a estrutura de relatório financeiro aplicável".[600]

Se concluir que as demonstrações financeiras como um todo não estão livres de distorção relevante, ou se não conseguir obter evidência suficiente e apropriada para concluir que elas estão livres de distorção relevante, ele deve modificar a opinião no seu relatório de auditoria.

---

596 Julgamento profissional de auditoria é algo distinto do juízo que as instâncias do Tribunal de Contas fazem sobre a "regularidade das contas" (= gestão).

597 "O relatório do auditor independente deve incluir uma seção com o título 'Opinião'. Nesta seção, ao expressar uma opinião não modificada sobre as demonstrações financeiras elaboradas de acordo com uma estrutura de apresentação adequada, a opinião do auditor deve utilizar uma das seguintes frases, que são consideradas equivalentes: a) as demonstrações financeiras acima referidas apresentam adequadamente, em todos os aspectos relevantes, ... de acordo com (a estrutura de relatório financeiro aplicável); ou b) as demonstrações financeiras acima referidas apresentam uma visão correta e adequada ... de acordo com (a estrutura de relatório financeiro aplicável) [...] Ou, se as demonstrações financeiras foram elaboradas de acordo com a estrutura de conformidade, a opinião do auditor deve utilizar a seguinte frase: 'As demonstrações financeiras acima referidas foram elaboradas adequadamente, em todos os aspectos relevantes, de acordo com a estrutura de relatório financeiro aplicável'" (TCU, *Manual de Auditoria Financeira*, 2016, p. 220).

598 "Opinião é a conclusão apresentada no relatório de auditoria, que pode ser uma opinião não modificada (também referida como sem modificações ou 'opinião limpa') ou uma opinião modificada. A opinião não modificada é expressa pelo auditor quando ele conclui que as demonstrações financeiras foram elaboradas, em todos os aspectos relevantes, de acordo com a estrutura de relatório financeiro aplicável, enquanto a opinião modificada compreende a opinião com ressalva, adversa ou a abstenção de opinião (LONGO, 2011)" (TCU, *Manual de Auditoria Financeira*, 2016, p. 203).

599 *A emissão da opinião envolve os denominados riscos de auditoria*: "o risco de que o auditor expresse uma opinião de auditoria inadequada quando as demonstrações financeiras contiverem distorção relevante (ISSAI 1200; ISA/NBC TA 200), ou seja, é o risco de que o auditor possa inadvertidamente não modificar sua opinião sobre demonstrações financeiras que contêm distorções relevantes [...] É nesse contexto que a abordagem de auditoria baseada em risco orienta os auditores na coleta de evidências, de modo a permitir alcançar o desejado grau de segurança das conclusões do trabalho de auditoria, ou seja, reduzir o risco de emitir uma opinião inadequada sobre demonstrações financeiras que apresentam distorções relevantes" (TCU, *Manual de Auditoria Financeira*, 2016, p. 32).

600 "O auditor deve emitir um relatório de auditoria com opinião não modificada quando ele não tiver qualquer limitação no alcance de seu trabalho e puder concluir que as demonstrações financeiras foram elaboradas, em todos os aspectos relevantes, de acordo com a estrutura de relatório financeiro aplicável [...] Por conseguinte, o relatório de auditoria deve conter opinião modificada quando o auditor: a) não conseguir obter evidência de auditoria suficiente e apropriada para concluir se as demonstrações financeiras apresentam distorções relevantes; ou b) concluir, com base na evidência de auditoria obtida, que as demonstrações financeiras apresentam distorções relevantes" (TCU, *Manual de Auditoria Financeira*, 2016, p. 204).

Podem ser emitidos três tipos de opinião modificada: *opinião com ressalva, opinião adversa*[601] *ou abstenção de opinião.*

A decisão sobre qual tipo de opinião modificada é apropriada depende das razões e "do julgamento do auditor sobre a disseminação dos efeitos ou possíveis efeitos do assunto nas demonstrações financeiras".

Uma opinião com ressalva será pertinente quando: a) "tendo obtido evidência suficiente e apropriada o auditor concluir que as distorções, individualmente ou em conjunto, são relevantes, mas não generalizadas, nas demonstrações financeiras"; ou b) "se não conseguiu obter evidência suficiente e apropriada para suportar sua opinião, mas conclui que os efeitos nas demonstrações financeiras de quaisquer distorções não detectadas podem ser relevantes, mas não generalizados".[602]

A opinião será adversa quando, tendo obtido evidência de auditoria suficiente e apropriada, o auditor concluir que as distorções, individualmente ou em conjunto, são relevantes e generalizadas nas demonstrações financeiras.

Não conseguindo obter evidência de auditoria suficiente e apropriada para suportar sua opinião e concluir que os efeitos nas demonstrações financeiras de quaisquer distorções não detectadas podem ser relevantes e generalizados, o auditor deve *abster-se de expressar uma opinião.*

Apesar das semelhanças entre os tipos de auditorias, a auditoria financeira tem características específicas, como trabalhos de asseguração e certificação (assegurar a confiabilidade da informação ou a conformidade com leis e regulamentos):[603]

a) uso da abordagem baseada em risco, exigida pela grande quantidade de elementos a serem auditados e os prazos preestabelecidos, de tal modo que em pouco tempo seja possível testar tantos elementos quantos necessários para obter o nível de segurança requerido;
b) *amostragem estatística*, pois o auditor só poderá formar uma opinião sobre aqueles elementos que forem testados, e não seria possível obter segurança razoável sobre todo o conjunto de elementos auditados, sendo imprescindível a utilização de amostragem estatística para permitir a extrapolação dos resultados da auditoria para todo o conjunto de informações da entidade;

---

[601] "Quando o auditor expressa uma opinião adversa, ele deve especificar no parágrafo da opinião que, em sua opinião, por conta da relevância do(s) assunto (s) descrito(s) no parágrafo 'Base para opinião adversa': i. 'as demonstrações financeiras acima referidas não estão apresentadas adequadamente (ou não apresentam uma visão correta e adequada), de acordo com a estrutura de relatório financeiro aplicável', se as demonstrações financeiras foram elaboradas de acordo com uma estrutura que tem como objetivo a apresentação adequada; ou ii. 'as demonstrações financeiras acima referidas não foram elaboradas adequadamente, em todos os aspectos relevantes, de acordo com a estrutura de relatório financeiro aplicável', se as demonstrações financeiras foram elaboradas de acordo com uma estrutura de conformidade" (TCU, *Manual de Auditoria Financeira*, 2016, p. 220-221).

[602] "Entende-se por efeitos generalizados os efeitos disseminados das distorções sobre as demonstrações financeiras ou os possíveis efeitos de distorções sobre as demonstrações financeiras que não são detectados, se houver, pela impossibilidade de obter evidência de auditoria apropriada e suficiente. Efeitos generalizados sobre as demonstrações financeiras são aqueles que, no julgamento do auditor: a) não estão restritos aos elementos, contas ou itens específicos das demonstrações financeiras; b) se estiverem restritos, representam ou poderiam representar uma parcela substancial das demonstrações financeiras; ou c) em relação às divulgações, são fundamentais para o entendimento das demonstrações financeiras pelos usuários (ISSAI 1705; ISA/NBC TA 705)" (TCU, *Manual de Auditoria Financeira,* 2016, p. 207).

[603] TCU (*Manual de Auditoria Financeira,* 2016, p. 26-27).

c) *encaminhamento de possíveis fraudes ou irregularidades*, passíveis de responsabilização, à autoridade competente, de modo que a apuração e a eventual responsabilização sejam conduzidas em procedimento próprio, e não no próprio processo de auditoria financeira;
d) monitoramento das recomendações, que é realizado nos trabalhos de auditoria referentes aos exercícios seguintes, uma vez que geralmente são realizados em bases anuais.

No relatório em que se discutiu estratégia para "fortalecimento da auditoria financeira no TCU", foram registrados aspectos importantes sobre o julgamento da regularidade das contas relacionados à auditoria financeira e à atual Lei Orgânica:[604]

a) o art. 16, inc. I, da LOTCU-1992 estabelece que as contas serão julgadas regulares quando "expressarem, de forma clara e objetiva, a exatidão dos demonstrativos contábeis, a legalidade, a legitimidade e a economicidade dos atos de gestão do responsável";
b) o art. 9º da LOTCU-1992 exige que um certificado de auditoria e um parecer do controle interno devem integrar as contas ordinárias, de forma que é atribuída responsabilidade por certificar as contas ordinárias aos órgãos de controle interno, que abrange tanto a regularidade dos atos de gestão quanto a "exatidão dos demonstrativos contábeis".

O relatório ressalta:

> as demonstrações financeiras representam a prestação de contas sobre a gestão contábil, financeira, orçamentária e patrimonial. Em uma auditoria, as demonstrações financeiras representam o ponto de partida para que o auditor possa refazer o percurso que o gestor fez na alocação e utilização de recursos orçamentários e financeiros e de ativos e passivos patrimoniais.

Uma auditoria financeira conduzida sob as exigências das normas profissionais demanda tempo e pessoal qualificado. Os Tribunais de Contas e as auditorias internas da Administração Pública têm condições limitadas de auditar contas anuais segundo as normas profissionais de auditoria financeira.

Portanto, a prolação de juízo de contas que tenha por base auditorias financeiras escorreitas (e, também, auditorias de conformidade escorreitas, como se verá a seguir) *somente será possível em poucos casos*.

Prolatado em todos, é sinal de que não tem fundamento adequado. Incide-se em elevado risco de auditoria: afirmar o que não se pode afirmar por falta de evidências suficientes e apropriadas.

3.3.3 Auditoria de conformidade e suas possibilidades

Seguindo a linha de fundamentar esta tese em normas de auditoria emanadas da comunidade das entidades superiores de auditoria, estabelecidas segundo as melhores práticas profissionais internacionais e fundamentos teóricos, mediante processos

[604] Acórdão nº 3.608/2014-TCU-Plenário.

participativos, o texto que segue reflete os aspectos essenciais da ISSAI 400 – Princípios fundamentais de auditoria de conformidade.[605]

Segundo a Intosai, espera-se que a Administração e seus servidores sejam "transparentes quanto a suas ações e responsáveis perante os cidadãos pelos recursos que lhes são confiados" e exerçam a "boa governança desses recursos".

No desempenho de suas funções de auditoria e responsabilização, as entidades fiscalizadoras superiores realizam auditorias de conformidade, um processo sistemático para avaliar, com independência, "se atividades, transações financeiras e informações cumprem, em todos os aspectos relevantes, as normas que regem a entidade auditada", relacionadas com "a legalidade (aderência a critérios formais tais como leis, regulamentos e acordos aplicáveis) ou com a legitimidade (observância aos princípios gerais que regem a gestão financeira responsável e a conduta de agentes públicos)".[606]

A auditoria de conformidade:

a) promove a transparência, ao fornecer *relatórios confiáveis sobre a administração dos recursos públicos;*
b) promove a boa governança, ao identificar fragilidades e desvios de leis e regulamentos;
c) promove a accountability, "ao reportar desvios e violações a normas, de modo que ações corretivas possam ser tomadas e os responsáveis possam ser responsabilizados por suas ações", existindo, portanto, uma relação de complementariedade entre a auditoria de conformidade e a função responsabilizatória (jurisdicional) das EFS.

Essa modalidade de auditoria, entre outras possibilidades, pode ser realizada combinada com a auditoria de demonstrações financeiras "como parte do relatório sobre a execução dos orçamentos públicos", ou "separadamente da auditoria de demonstrações financeiras, ou em combinação com a auditoria operacional".

Geralmente, abrange a avaliação de conformidade com critérios formais (leis, regulamentos), mas pode, também, quando orientada para a legitimidade, examinar a conformidade com os princípios gerais que regem a gestão financeira responsável e a conduta de agentes públicos, melhores práticas nacionais ou internacionais, ou estarem baseados em princípios superiores de direito.

A determinação do objeto, do escopo e dos critérios é uma das primeiras etapas de uma auditoria de conformidade, que pode cobrir muitos tipos de objetos (como as matérias orçamentárias).[607]

---

[605] Intosai (*ISSAI 400-Princípios fundamentais de auditoria de conformidade*, 2013). Ver, também, Tribunal de Contas da União. *Padrões e Orientações de Auditoria de Conformidade.*

[606] *Esse é exatamente o caso da auditoria implícita no art. 16, inc. II*, da LOTCU-1992: "Art. 16. As contas serão julgadas: I – regulares, quando expressarem, de forma clara e objetiva, a exatidão dos demonstrativos contábeis, a legalidade, a legitimidade e a economicidade dos atos de gestão do responsável". Bem como no art. 28 da LOTCU-1967: "*Art. 28.* A competência do Tribunal de Contas decorre de sua condição de órgão auxiliar do Congresso Nacional para o exercício do controle externo, compreendendo a apreciação das contas do Presidente da República, o desempenho das funções de auditoria financeira e orçamentária sobre as contas das unidades administrativas dos três Poderes da União e o julgamento da regularidade das contas dos administradores e demais responsáveis por bens e valores públicos e da legalidade das concessões iniciais de aposentadorias, reformas e pensões".

[607] Ver, a respeito, Conti (*O planejamento orçamentário da Administração Pública no Brasil*, 2020, p. 126-127): "2.3.3 Leniência dos sistemas de fiscalização e inoperância dos mecanismos sancionatórios com relação ao planejamento – Os orçamentos públicos, como já dissemos, têm a relevante função de controlar as atividades financeiras

A norma da Intosai ressalta: "sem um quadro de referência fornecido por critérios adequados, qualquer conclusão fica sujeita a interpretações pessoais e a mal-entendidos".

O objeto deve ser identificável e avaliável em relação aos critérios adequados e deve permitir a obtenção de evidência de auditoria suficiente e apropriada para fundamentar o relatório, a conclusão ou a opinião de auditoria.

O escopo é uma declaração "clara do foco, da extensão e dos limites da auditoria em termos da conformidade do objeto com os critérios", considerados o risco e a materialidade.

A avaliação e determinação da materialidade requer um amplo julgamento profissional por parte do auditor. É essencial "considerar se existe uma expectativa razoável de que os casos relatados de conformidade ou não conformidade (potencial ou confirmada) possam influenciar as decisões dos usuários previstos".

Questões como fraude também podem ser consideradas materiais. A norma esclarece que, "embora a detecção de fraude[608] não seja o principal objetivo da auditoria de conformidade, os auditores devem incluir fatores de risco de fraude em suas avaliações de risco e manterem-se alertas para indícios de fraude na realização de seus trabalhos".

Pode-se buscar nessa auditoria dois níveis de asseguração:

a) "asseguração razoável, transmitindo que, na opinião do auditor, o objeto está ou não em conformidade, em todos os aspectos relevantes, com os critérios estabelecidos;
b) e asseguração limitada, transmitindo que nada veio ao conhecimento do auditor para fazê-lo acreditar que o objeto não está em conformidade com os critérios".

Na maioria dos casos, a auditoria "não cobrirá todos os elementos do objeto, mas se apoiará em algum grau de amostragem qualitativa ou quantitativa".

---

governamentais. As peças orçamentárias, anuais e plurianuais, devem ser dotadas de precisão e clareza em razão não apenas de conduzirem e orientarem corretamente a ação governamental, mas também de permitirem a fiscalização e o controle por parte do sistema formal previsto na Constituição para exercer essa missão, bem como dos mecanismos de controle social da atividade financeira do Estado. O conteúdo das leis orçamentárias, no caso brasileiro, em que as peças orçamentárias estão formalizadas em leis, com todas as suas especificidades, incluindo os demonstrativos nos quais estão consignadas as dotações em programas com objetivos, resultados, metas, descrição de atividades ou projetos, compõem a norma jurídica a ser cumprida e fiscalizada No entanto, não é a praxe que se tem observado no sistema formal de fiscalização financeira e orçamentária, e menos ainda nos mecanismos de controle social. Os órgãos de controle não são rigorosos com relação à aferição do cumprimento de metas, persecução de objetivos e alcance de resultados. Não obstante sejam realizadas auditorias em órgãos e acompanhamento de programas e políticas públicas, havendo eventualmente observações e recomendações, estas não resultam em reconhecimento de descumprimento do Plano Plurianual, da Lei de Diretrizes Orçamentárias e da Lei Orçamentária Anual. Mesmo porque há de se registrar a existência de programas vagos e imprecisos, capazes de abarcar ações e respectivos elementos de tal forma abrangentes, usualmente conhecidos como 'guarda-chuvas', que dificultam o exercício de uma fiscalização mais precisa e rigorosa. Regra geral são recomendações de aperfeiçoamento de programas ou itens em que se compõem, como indicadores inadequados, ou sugestões genéricas decorrentes das apurações dos dados coletados".

608 "Fraude em auditoria de conformidade diz respeito, principalmente, ao abuso de autoridade pública, mas também a informações fraudulentas em questões de conformidade. Casos de não conformidade com normas podem constituir abuso deliberado do poder público para benefício indevido. O exercício de funções públicas inclui decisões, não decisões, trabalhos preparatórios, conselhos, manuseio de informações e outros atos no serviço público. Benefícios indevidos são vantagens de natureza econômica ou não econômica, obtidas por meio de um ato intencional de um ou mais indivíduos da administração, dos responsáveis pela governança, dos empregados ou de terceiros" (Intosai, *ISSAI 400 – Princípios fundamentais de auditoria de conformidade,* p. 12).

O auditor deve reunir evidência de auditoria suficiente e apropriada para fornecer a base para a conclusão ou opinião.[609] Seu relatório conterá uma conclusão baseada no trabalho de auditoria realizado[610] e pode "fornecer recomendações construtivas e práticas para melhorias". Deve ser "completo, preciso, objetivo, convincente e tão claro e conciso quanto o objeto permitir".

A conclusão pode "tomar a forma de uma clara declaração escrita de opinião sobre a conformidade", bem como "ser expressa como uma resposta mais elaborada a questões de auditoria específicas".

3.4 Juízo de contas: juízo inespecífico, suas ilogicidades e os problemas anunciados de interpretação do novo modelo

Observa-se, na pesquisa histórica, que, inicialmente, do Novo Modelo de Controle de 1967 (NMC-1967), resultaram fórmulas de julgamento distintas para uma mesma substância decisória, conforme se pode ver nos extratos de atas de sessões do Tribunal de Contas da União reproduzidos a seguir.

Antes, julgava o Tribunal, por exemplo, *comprovada a aplicação dos recursos recebidos*:

Comprovação

– Relator Min. Iberê Gilson

O Tribunal julgou comprovada a aplicação dos adiantamentos recebidos por Teresinha Lina Rocha (P. 26 208), Elza Ramos Peixoto (P. 26 522), Cleomário Guerreiro de Almeida (P. 27 015).

Julgou comprovada a aplicação dos quantitativos recebidos pelo Ginásio Pedro Palácios, Cachoeiro do Itapemirim, ES, exº de 1965 (P. 29 461) e Escola Nossa Senhora do Bom Conselho, Iraí, RS., exº de 1964 (P. 29 364).

609 "Suficiência é uma medida da quantidade de evidência, enquanto adequação se relaciona com a qualidade da evidência – sua relevância, validade e confiabilidade. A quantidade de evidência requerida depende do risco de auditoria (quanto maior o risco, provavelmente mais evidência será requerida) e da qualidade de tais evidências (quanto maior a qualidade, menos evidência será requerida). Dessa forma, a suficiência e adequação da evidência estão inter-relacionadas" (Intosai, *ISSAI 400 – Princípios fundamentais de auditoria de conformidade*, p. 13).

610 "O princípio da completude requer que o auditor considere toda evidência de auditoria relevante antes de emitir um relatório. O princípio da objetividade requer que o auditor aplique julgamento e ceticismo profissionais para garantir que todos os fatos relatados estão corretos e que os achados ou conclusões são apresentados de uma maneira pertinente e equilibrada. O princípio da tempestividade implica a preparação do relatório no prazo devido. O princípio do contraditório implica verificar a precisão dos fatos junto às entidades auditadas e incorporar os esclarecimentos dos responsáveis quando apropriado. Tanto na forma quanto no conteúdo, um relatório de auditoria de conformidade deve estar de acordo com todos esses princípios" (Intosai, *ISSAI 400 – Princípios fundamentais de auditoria de conformidade*, p. 14).

Comprovação

– Relator Min. Iberê Gilson

O Tribunal julgou comprovada a aplicação dos adiantamentos recebidos por Teresinha Lina Rocha (P. 26 208), Elza Ramos Peixoto (P. 26 522), Cleomário Guerreiro de Almeida (P. 27 015).

Julgou comprovada a aplicação dos quantitativos recebidos pelo Ginásio Pedro Palácios, Cachoeiro do Itapemirin, ES, exº de 1965 (P. 29 461) e Escola Nossa Senhora do Bom Conselho, Iraí, RS., exº de 1964 (P. 29 364).

Após, julgava o Tribunal "regulares as contas", quando anteriormente julgaria "quite perante a Fazenda Nacional":

Tomada de contas

– Relator Min. Vergniaud Wanderley

O Tribunal julgou em crédito, lavrando-se os competentes acórdãos, os seguintes responsaveis: Fausto Benedito Ribeiro por NCr$... NCr$ 0,06 (P.29 629), José Carlos Muniz por NCr$ 1,99 (P.29 630).

Mandou arquivar o processo referente as contas de Adelaide Traco Padula (P.15 100).

– Relator Min. Iberê Gilson

O Tribunal mandou expedir a competente provisão de quitação, ante recolhimento do débito feito por Mariza Medeiros Campos (P. (P.1 794), Cláudio Nuclas Vilches (P. 16 540).

– Relator, Ministro Jurandyr Coelho

O Tribunal julgou regulares as contas do Sr. Raimundo Matias de Souza, Responsável pela Guarda do Material da Circunscrição Amazonas do ex-Departamento Nacional de Endemias Rurais (DNERu), do Ministério da Saúde, atinentes aos exercícios de 1968 (Proc. 142 387/74), 1969 (Proc. 142 395/74) e 1970 (Proc. 142 409/74), tendo determinado que se expedisse quitação, na forma regimental, àquele responsável, quanto aos exercícios indicados.

O Tribunal julgou regulares as contas de Wandelino Miranda Cunha, Armazenista da Divisão do Material do Departamento de Administração do Ministério dos Transportes, atinentes ao exercício de 1972, tendo determinado que se expedisse quitação àquele responsável, na forma regimental (Proc. 140 831/74).

O Tribunal julgou regulares as contas da Procuradoria da República no Estado de Minas Gerais, atinentes aos exercício de 1972, tendo determinado que se expedisse quitação ao responsável, Antonio Amaro Filho, na forma regimental (Proc. 139 513/ /74).

O exame de dois casos julgados pelo TCU em 1974 permitirá desenvolvermos com maior clareza a evidenciação empírico-analítica das perplexidades, contradições, ilogicidades processuais, institucionais e ontológicas geradas pela confusa aplicação do NMC-1967.

3.4.1 Os problemas hermenêuticos, processuais e institucionais anunciam-se a partir de casos singelos: os casos "agência postal dos Correios-1968"[611]

Os casos que serão discutidos aparentarão, à primeira vista, ser discussões de filigranas processuais e dogmáticas, mas não são. Representam uma discussão institucional de alta relevância, que iria presidir a processualística e a concepção de um processo de contas anuais dos administradores desde então.

Na sessão plenária do dia 8.8.1974, o Tribunal de Contas da União discutiu o seguinte caso.[612]

Estava em apreciação uma tomada de contas contra funcionário de uma agência postal dos Correios, ao qual havia sido imputado um débito de Cr$284,43,[613] por "renda retida". Na fase de instrução da tomada de contas, o funcionário "recolheu o alcance" (pagou a dívida).

Duas propostas de decisão foram postas em votação.

A primeira apenas ordenava "a expedição da competente provisão de quitação", *ante o recolhimento do débito.*

A segunda, vencedora, "julgava regulares, ante o recolhimento, ainda na fase de instrução do processo, do débito apurado" e determinava que "se expedisse quitação ao responsável".

A consequência das propostas era a mesma: dar quitação ao responsável. A divergência estava em saber se, quitado o débito, caberia ao Tribunal proferir um

[611] Tribunal de Contas da União. *Ata nº 59, de 8.8.1974.*

[612] Tribunal de Contas da União. *Processo nº 26.483/74.* Rel Min. Wilson de Souza Aguiar. Ata nº 59, de 8.8.1974.

[613] Equivalente a aproximadamente R$1.000,00 em julho/2023. Valor histórico atualizado pelo IPC-SP (FIPE) (Disponível em: https://www3.bcb.gov.br/CALCIDADAO/publico/corrigirPorIndice.do?method=corrigirPorIndice).

julgamento sobre a regularidade das contas tendo em vista a nova Constituição de 1967/1969 e a LOTCU-1967.

Anteriormente, no julgamento das contas, o Tribunal, como vimos, decidia a situação do responsável perante a Fazenda Nacional: quite, em crédito ou em débito.

Assim, no caso que estava em apreciação, não havendo mais débito, o Tribunal mandou expedir quitação.

No modelo anterior a 1967, a tomada de contas estaria decidida.

No posterior, de "julgamento da regularidade das contas", parte do Tribunal entendia que não. Discutia-se se, antes de dar quitação ao responsável, haveria que se proferir um juízo sobre a regularidade das contas: regulares ou irregulares.

O caso ilustra o *tipo de perplexidade que começou a surgir*, ainda nos anos 1970, bem antes da atual LOTCU, a respeito da competência "julgar da regularidade das contas".

3.4.1.1 Controvérsia e entendimento 1: por que julgar da regularidade das contas?

A decisão, por voto de desempate do presidente, foi pelo julgamento da regularidade das contas, fundamentado no parecer do Ministério Público, transcrito e comentado a seguir, para melhor evidenciação das questões de fundo:

> [...][614]
> 6. Na competência atribuída ao Tribunal de Contas, tanto em preceito de hierarquia constitucional[615] como na legislação ordinária específica, evidencia-se o imprescindível julgamento, em razão do que este será julgado quite, em crédito ou em débito.
> 7. O asserto que ora fazemos se ampara dos dispositivos constitucionais que – versam o controle externo, exercido pelo Congresso Nacional com o auxílio do Tribunal de Contas da União (cfr. §§1º e 4º do art. 70).

[614] Parte introdutória do parecer: "No levantamento das contas de [...], Tesoureiro da Agência Postal de [...] no período de 1º de janeiro a 31 de dezembro de 1968, foi apurado um débito na quantia de Cr$284,43, proveniente de renda retida. O alcance foi recolhido, em conformidade com o que se informa as fls. 18, e em face da citação promovida pela IRCE/BA. 2. Vem os autos com proposta de regularidade das contas em causa, dando-se quitação ao responsável (cfr. fls. 23). 3. Na sessão de 28-3.1974 (Ata nº 22/74 in D.O.de 24-5-74), a Egrégia Corte, *em caso idêntico* à espécie, houve por bem imprimir-lhe a orientação ditada no voto do Relator do feito (proc. TC 396.478/73), o eminente Ministro / Determinou, então, o Colendo Plenário que fosse expedida, na forma regimental, a competente provisão de quitação ao responsável, arquivando-se o processo. 4. No proposito, de si mesmo louvável, de distinguir as situações da gestão em que se consigna alguma ilegalidade ou impugnação, daqueloutra em que o responsável procede de forma plenamente satisfatória, *deixou o Tribunal de se manifestar quanto a regularidade das contas* que se lhe eram submetidas a julgamento. 5. Pede esta Procuradoria, com a maxima venia, o reexame da questionada orientação, pelas razões que expõe a seguir [...]" (Grifos nossos).

[615] *Vide* art. 70 da Emenda Constitucional nº 1/1969: "Art. 70. A fiscalização financeira e orçamentária da União será exercida pelo Congresso Nacional mediante controle externo e pelos sistemas de controle interno do Poder Executivo, instituídos por lei. §1º O controle externo do Congresso Nacional será exercido com o auxílio do Tribunal de Contas da União e compreenderá a apreciação das contas do Presidente da República, o desempenho das *funções de auditoria financeira e orçamentária*, bem como o julgamento das contas dos administradores e demais responsáveis por bens e valores públicos. [...] §3º A auditoria financeira e orçamentária será exercida sobre as contas das unidades administrativas dos três Poderes da União, que, para esse fim, deverão remeter demonstrações contábeis ao Tribunal de Contas da União, a que caberá realizar as inspeções necessárias. §4º O *julgamento da regularidade das contas* dos administradores e demais responsáveis será baseado em levantamento contábeis, certificados de auditoria e pronunciamento das autoridades administrativas, sem prejuízo das inspeções mencionadas no parágrafo anterior".

> 8. Assim e que já no parágrafo 1º, do art. 70, da Emenda Constitucional nº 1, de 1969, acentua-se, como uma das modalidades de exercício do referido controle externo, precisamente "o julgamento das contas dos administradores e demais responsáveis por bens e valores públicos", ao passo que o parágrafo 4º, citado, dispõe sobre a maneira pela qual se há de pautar o mesmo julgamento, o qual dirá da regularidade ou não das referidas contas.

Segundo o parecer, primeiramente, haveria o Tribunal que julgar da regularidade das contas: julgadas regulares, o responsável seria julgado quite; se julgadas irregulares, seria julgado em débito.

Haveria dois "julgamentos": o primeiro, sobre a regularidade das contas;[616] o segundo, sobre a situação do agente perante a Fazenda Pública: quite, em débito ou em crédito.

De certo modo, a decisão a ser tomada no primeiro implicava a decisão a ser tomada no segundo; a decisão do segundo julgamento estaria vinculada à decisão tomada no primeiro.[617]

A razão do entendimento, segundo o parecer, era normativa: a Constituição e a lei orgânica diziam caber ao Tribunal o julgamento da regularidade das contas.

As questões de fundo, contudo, eram de outra natureza: por que razão a Constituição prescreveu o "julgamento da regularidade das contas" e o que isso implicava para o Tribunal de Contas? Em que situações deveria o Tribunal julgar regulares as contas e em quais deveria julgar irregulares? O Tribunal julgaria regulares quando julgasse o responsável quite e julgaria irregulares quando julgasse o responsável em débito? O que caberia ao Tribunal de Contas mudar em seu modo de atuação em relação ao que fazia, dada essa nova prescrição?

Prosseguimos no exame do parecer.

> 9. Na atual Lei Orgânica do Tribunal de Contas consagra-se, como não poderia deixar de fazê-lo, em consonância com o preceito constitucional, o mesmo princípio de competência. É o que se infere do item 1, do art. 40, do Decreto-lei nº 199, de 25-2-1967: "Art. 40 – O Tribunal de Contas: I – Julgar da regularidade das contas das pessoas indicadas nos arts. 33 e 34, mediante tomadas de contas levantadas pelas autoridades administrativas".
> 10. Em consequência desse julgamento, o Tribunal mandará expedir quitação aos responsáveis correntes em suas contas, ou julgá-los-a em débito, conforme se revelem regulares ou não, respectivamente, aquelas contas. A presente ilação extraímos das normas contidas no item VI, do art. 40, e nos arts. 48 e 49, do Decreto-lei nº 199, citado.[618]

---

[616] Mas sem possibilidade de ser qualificado como juízo de auditoria. Seria aqui simples asserção de ocorrência de irregularidade.

[617] Essa perspectiva é dominante nas normas dos Tribunais de Contas, e dela resultam problemas relevantes, discutidos ao longo desta tese. O fato de uma decisão estar associada à outra e de, ao longo do tempo, a responsabilização somente ser procedida a partir de avaliações de culpabilidade, processualmente escorreita, garantidos o contraditório, a ampla defesa e a recorribilidade, leva a que o "julgamento sobre a regularidade das contas" ocorra muitos anos depois do encerramento exercício financeiro a que se referem as contas. A que finalidade serviria um juízo sobre as contas, qualquer que seja a finalidade de emissão desse juízo, muitos anos depois?

[618] LOTCU-1967: "Art. 40. O Tribunal de Contas / VI – Mandará expedir quitação aos responsáveis correntes em suas contas. [...] Art. 48. Decorrido o decêndio da notificação do responsável, expedirá o Tribunal de Contas a competente quitação se o responsável for julgado quite com a Fazenda Nacional, arquivando em seguida o

O parecer deixa mais clara sua compreensão: se as contas se revelarem regulares, se expedirá quitação; se se revelarem irregulares, julga-se em débito o responsável.

A questão, até aqui, é que a razão de as contas se revelarem regulares ou irregulares era a inexistência ou existência de débito perante a Fazenda Nacional. Não foram expostas outras razões.

O olhar final sobre as "contas" continuava o mesmo de antes da Constituição de 1967: saber se o responsável encontrava em situação de ser imputado em débito perante a Fazenda Nacional.

3.4.1.2 Controvérsia e entendimento 2: associação do recurso de revisão ao juízo sobre a regularidade das contas

> 11. À mesma interpretação nos conduz o preceituado nos art. 45 e 46, do DL 199, ao disporem sobre as *hipóteses de revisão dos julgados* deste Egr. Tribunal. De efeito, o legislador tornou evidente que tal recurso, conferido aos responsáveis jurisdicionados do Tribunal e ao representante deste Ministério Público, tem cabimento em relação as decisões atinentes a *regularidade das contas*.[619] (Grifos no original)
> 12. Dessarte, se o Tribunal não se pronuncia a respeito da questionada regularidade das contas, limitando-se a apreciar a situação do responsável, dando-lhe, por exemplo, simplesmente quitação, por *entender inoportuna a apreciação das contas*, torna, com essa orientação, problemática a interposição do recurso retromencionado, caso venha a ser ulteriormente apurada alguma irregularidade. Isto porque *a "revisão" tem por objeto especifico o reexame da exatidão das contas*, submetidas ao julgamento da Egrégia Corte. (Grifos nossos)

O parecer expressa novo entendimento, avaliando o caso sobre o prisma processual atinente à apresentação de recurso de revisão: a regularidade das contas estaria relacionada à "exatidão das contas".

No entanto, como vimos no capítulo anterior, os requisitos de interposição do recurso de revisão já haviam sido positivados em 1892, no decreto provisório:[620] recorria-se contra a decisão condenatória, que definia a situação devedora do agente perante a Fazenda Nacional. E, como consequência, seria necessário discutir as análises realizadas que conduziram à conclusão de existência de débito.

---

processo. Art. 49. Julgado em débito, será o responsável notificado para, em 30 (trinta) dias, repor a importância do alcance, sob as penas do Regimento".

[619] LOTCU-1967: "Art. 45. Das decisões sobre a regularidade das contas dos responsáveis poderão recorrer, para o próprio Tribunal e na forma do Regimento, os interessados ou o representante do Ministério Público, dentro de 30 (trinta) dias. Parágrafo único. Quando o recurso for interposto pelo responsável, sobre o mesmo se manifestará o Ministério Público. Art. 46. Dentro do prazo de 5 (cinco) anos da decisão definitiva sobre a regularidade das contas, e admissível pedido de revisão pelo Ministério Público, pelo responsável, seus herdeiros ou fiadores e se fundará: I – Em erro de cálculo nas contas. II – Em falsidade de documento em que se tenha baseado a decisão. III – Na superveniência de novos documentos com eficácia sobre a prova produzida".

[620] *Vide* o art. 85 do Decreto nº 1166/1892: "O recurso de revisão, interposto perante o mesmo Tribunal, só terá lugar nos seguintes casos: 1º. Omissão, duplicata ou errada classificação de qualquer verba de débito ou crédito; 2º Erro de cálculo; 3º. Falsidade de documento em que se tenha baseado a decisão; 4º. Superveniência de novos documentos com eficácia sobre a prova produzida. §1º Este recurso poderá ser interposto: 1º. Pela parte interessada, enquanto não ficar prescrito o seu direito contra a República, nos termos do decreto. n. 857 de 12 de novembro de 1851; 2º. Pela Fazenda Pública, enquanto não prescrever o seu direito contra o responsável, nos termos do art. 9º do mesmo decreto. / §3º. O recurso de revisão poderá ser interposto dentro de cinco anos, contados da decisão recorrida, no caso de ter sido o julgamento da conta baseado em documentos reconhecidos como viciados de falsidade. [...]".

A interposição do recurso de revisão fundada em "erro de cálculo nas contas" não visava obter uma suposta "correção formal das contas", mas a revisão do julgamento que considerou o responsável em débito, conclusão a que se chegava quando se ponderavam numa "conta" os registros que se podiam fazer como créditos e débitos do responsável perante a Fazenda Nacional, segundo a legislação e as situações específicas em exame. Por exemplo: pagamentos indevidos e "renda retida" seriam débitos.

O julgamento pela regularidade/irregularidade continuava indissociável do julgamento em débito/quite.

De outro lado, como veremos no exame de caso igual (TC 396.478/73), julgado anteriormente, na sessão de 24.6.1974, a decisão de, simplesmente, mandar expedir quitação não havia se baseado numa avaliação de oportunidade/inoportunidade de apreciação das contas.

3.4.1.3 Controvérsia e entendimento 3: julgar da regularidade das contas era um poder-dever

> 13. Da leitura de todos os dispositivos constitucionais, legais e regulamentares acerca da competência do Tribunal de Contas, fica-nos a convicção, no que tange ao aspecto singular dessa competência, de que a este venerando órgão incumbe o controle externo das contas da Administração Pública, a par da fiscalização das pessoas sujeitas a sua jurisdição. Não vemos, data maxima venia, como é possível abdicar de um desses poderes, ainda que motivado por razoes de decidir as mais compreensíveis, como aquelas expendidas no precedente por nos invocado, sem, com isso, deixar de frustrar expresso comando legal.

O parecer compreendia o julgamento da regularidade das contas como um poder-dever, em razão de assim o ordenamento estabelecer que devia o Tribunal proceder.

3.4.1.4 Controvérsia e entendimento 4: juízo sobre a regularidade das contas como juízo de valor sobre o "bom e regular emprego das contas"

> 14. Temos, com apoio na legislação vigente (cfr. art. 70, §§1º, 2º, 3º e 4º, da E. C. nº 1/69; arts. 35, 39, 40, I, 42, 43, 45 e 46 do DL nº 199/67; arts. 80, 82, 84 e 93 do DL nº 200/67), *que não basta apreciar-se a situação pessoal* (de quitação, crédito ou débito) de quantos devam prestar contas perante esta Colenda Corte, quer por sua condição de ordenador de despesas, quer por força de ter sob sua responsabilidade a guarda de dinheiros, valores e bens públicos: *impõe-se, ainda,* a formulação de um *juízo de valor sobre o bom e regular emprego destas mesmas contas.* (Grifos nossos)

Nesse ponto, o parecer exprime suas razões substantivas e mais controversas, que representam questões ainda em aberto cinco décadas depois.

Um juízo de quitação/débito, como historicamente se havia procedido, e ainda se procedia em 1974, era um juízo sobre a situação pessoal daqueles que devem prestar contas por terem responsabilidade por dinheiros, bens e valores públicos.

Um juízo de regularidade de contas, contudo, era, na visão do parecer e seria numa visão amplamente disseminada décadas depois,[621] *um juízo de valor "sobre o bom e regular emprego destas mesmas contas".*

Ou seja, da Constituição e da LOTCU se compreenderia que ao Tribunal, no desempenho das funções de auditoria financeira e orçamentária sobre as contas das unidades administrativas e julgamento da regularidade das contas dos administradores e demais responsáveis por bens e valores públicos,[622] competiria, primeiramente, apreciar a situação pessoal (de quitação, crédito ou débito) e, depois, formular um "juízo de valor sobre o bom e regular emprego destas mesmas contas [ordenação de despesas, guarda dos dinheiros, valores e bens públicos]".

A Constituição de 1967/1969 haveria instituído uma nova competência para o Tribunal de Contas da União: prolatar um *juízo de valor* sobre o bom e regular uso dos recursos públicos, muito embora não fosse ela expressa a respeito e tampouco fosse a emissão de juízos de valor uma forma de decisão do Tribunal de Contas compatível com a atribuição expressa que a Constituição lhe dava de conduzir *auditorias* financeiras e orçamentárias.

Essa compreensão iniciada há 50 anos viria a ser estendida, anos depois, como um efetivo "juízo de valor sobre a gestão dos administradores" envolvendo muito mais do que o conjunto dos atos de ordenação de despesas, pagamentos, gestão de receitas e do patrimônio público, sem base constitucional.

A Constituição de 1967/1969 manteve a competência judiciária de sempre ("julgar as contas") e atribuiu competência ao Tribunal para realizar auditorias *ex post* (julgar da regularidade das contas), mas de ambas não se retirava uma vontade constitucional de requerer do Tribunal de Contas emitir juízo de valor sobre condutas e sobre a gestão.

---

621 Essa ideia de "juízo sobre a regularidade das contas como juízo de valor sobre a gestão", que neste caso simples aparecia, à primeira vista, como uma discussão de filigranas processuais, era, na verdade, uma discussão institucional de alta relevância, que presidiria a processualística e a concepção de um processo de contas anuais dos administradores desde então, como expressa no relato de experiência profissional de Victer (*Prestação de contas ou auditoria de contas?*, 2016, p. 67; 69): "A construção do *juízo de valor sobre a regularidade da prestação de contas* se caracteriza por atividade de cognição, em que o OCE [órgão de controle externo], considerando os elementos de fato e de direito, julgam as contas. Esse juízo se materializa com o Acórdão, adotado entre os ministros participantes do julgamento. A cognição nos processos de prestação de contas é considerada ampla e irrestrita, quanto aos atos e fatos jurídicos sujeitos à apreciação pelo TCU (Acórdão 1.842/2008-Plenário), a significar que todos eles podem ser considerados sob todos os prismas referidos na legislação, i.e., pelo prisma da legalidade, legitimidade, economicidade, entre outros aspectos, para efeitos de construção do encaminhamento final a ser dado ao processo. A extensão e a profundidade da cognição se relacionam com as questões de fato e de direito que são levadas em consideração e podem influenciar o julgador no momento da formação de seu juízo sobre o que se está julgando. [...]. *Do ponto de vista processual, a finalidade do processo é produzir juízo de valor acerca da regularidade ou irregularidade das contas apresentadas*, juízo este calcado com base em informações produzidas basicamente pela organização pública cujas contas se julgam, pelo órgão de controle interno (OCI) obrigado a se manifestar no processo, e por outros agentes cuja manifestação também se reveste de obrigatoriedade, como o contador público sobre os balanços da organização" (Grifos nossos).

622 LOTCU-1967: "Art. 28. A competência do Tribunal de Contas decorre de sua condição de órgão auxiliar do Congresso Nacional para o exercício do controle externo, compreendendo a apreciação das contas do Presidente da República, o desempenho das funções de auditoria financeira e orçamentária sobre as contas das unidades administrativas dos três poderes da União e o julgamento da regularidade das contas dos administradores e demais responsáveis por bens e valores públicos e da legalidade das concessões iniciais de aposentadorias, reformas e pensões".

Esse juízo, autônomo, não era um juízo de auditoria e seria uma decisão que teria um valor intrínseco, um juízo "inespecífico", dissociado das decisões que imputavam débito ou aplicavam sanções.

A questão de fundo a ser enfrentada poderia ser assim formulada: *uma vez que*, desempenhando as funções de auditoria financeira e orçamentária, as conclusões do Tribunal, como entidade fiscalizadora superior, guiada por pressupostos de atuação profissional, técnica, imparcial, não poderiam ser alcançadas mediante juízo de valor, que critérios, que não fossem os de auditoria, poderiam balizar a emissão desse juízo?

A resposta a essa pergunta implicaria responder à que lhe estava subjacente: *por que razão*, com qual finalidade, o Tribunal de Contas haveria que emitir um juízo de valor sobre o "bom e regular emprego das contas" (ou, em outros termos, da gestão dos recursos públicos e da conduta dos responsáveis)?

E a pergunta não seria irrelevante, visto que havia uma controvérsia instalada a respeito, que perdura.

3.4.1.5 Controvérsia e entendimento 5: critério de julgamento e "falhas que tornam as contas insatisfatórias"

> 15. De um lado, se as contas apresentam falhas que as tornam insatisfatórias, deverão ser julgadas irregulares, do que resultará, para o responsável sub judice, de duas uma: ou a sua condenação em débito, ou a aplicação da penalidade cominada no art. 53, do DL nº 199/67[623] dependendo uma e outra hipótese da gravidade da falha apurada e da ocorrência, ou não, de locupletamento por parte do mesmo responsável, e, mais, lesão ao Erário.

O parecer acrescenta fundamento para julgamento das contas como irregulares: "falhas que as tornem insatisfatórias". Nesse ponto, o entendimento sobre a natureza do juízo sobre a regularidade das contas busca comunicar algo: "as contas são satisfatórias ou insatisfatórias" (regulares ou irregulares).

Caberia, contudo, saber: "satisfatórias ou insatisfatórias" em relação a que critérios e propósitos? Quando as contas deveriam ser avaliadas como "insatisfatórias"? Que falhas tornam as contas insatisfatórias? Havendo débito, as contas tornam-se insatisfatórias? Não havendo débito, ainda assim as contas poderiam ser consideradas insatisfatórias?

---

[623] LOTCU-1967: "Art. 53. As infrações das leis e regulamentos relativos à administração financeira, sujeitarão seus autores a multa não superior a 10 (dez) vezes o valor do maior salário-mínimo, independentemente das sanções disciplinares aplicáveis. Parágrafo único. A multa de que trata o presente artigo será, à vista da comunicação feita pelo Tribunal, imposta pela autoridade administrativa que, não atendendo a esta disposição, ficará sujeita às penas disciplinares e à multa referidas no parágrafo único do art. 51". "Art. 51. O Tribunal de Contas fixará prazo para conclusão dos expedientes necessários à aplicação das penas referidas no art. 49. Parágrafo único. Aos servidores que deixarem de observar ou prejudicarem a observância do disposto neste artigo, além das penas disciplinares aplicáveis pelas autoridades administrativas de que dependem, imporá o Tribunal de Contas multa de até 50% (cinquenta por cento) de seus vencimentos mensais".

3.4.1.6 Controvérsia e entendimento 6: há débito, as contas são irregulares; paga-se o débito, as contas tornam-se regulares

> 16. Por outro lado, se as contas se revelam regulares, ou regularizadas, mediante as medidas saneadoras do processo que precedem o seu julgamento, não atinamos com que não sejam as mesmas como tal consideradas pelo Tribunal.

O parecer introduz um novo conceito, para lidar com o caso concreto: *contas regularizadas*. Contas em algum momento irregulares que se tornam, posteriormente, regulares, mediante procedimento de regularização.

3.4.1.7 Controvérsia e entendimento 7: critério de julgamento e atendimento das normas de administração financeira

> 17. A distinção que a Lei impõe cinge-se a duas espécies de contas: as regulares e as irregulares, conforme o emprego dos dinheiros, valores e bens públicos, tenha, ou não, atendido às disposições pertinentes à administração financeira. Desde que as contas cheguem ao Colendo Plenário revestidas das formalidades legais, e nelas não *desponte qualquer débito,* reconhecimento de sua regularidade se torna irrecusável, em consonância com o que dispõe a lei.

Novamente, o parecer expõe entendimento sobre balizas de decisão para julgamento da regularidade das contas ("emprego dos dinheiros, valores e bens públicos em conformidade com as disposições pertinentes à administração financeira") que o aproximam do que se almeja em *trabalhos de auditoria, e não a juízos de valor sobre a gestão.*

Mas sua conclusão retorna à tautologia: se há débito, as contas são irregulares; se não há débito, "o reconhecimento de sua regularidade se torna irrecusável".

Essa tautologia e a presença de termos como "débito" remetem a uma concepção "tradicional" de exame das contas, e não a uma perspectiva, "moderna", de "auditoria financeira e orçamentária", um trabalho ativo de avaliação de um conjunto de atos "de emprego dos dinheiros, valores e bens públicos" em confronto com as "disposições pertinentes à administração financeira". As auditorias financeira e orçamentária servem a esse propósito.

A ideia de um juízo de "contas regulares ou irregulares" está associada a uma opinião de auditoria, objetiva, sobre objetos bem definidos, como a certificação dos demonstrativos contábeis e uma opinião sobre um conjunto de atos de gestão dos recursos públicos.

Essa era uma visão inexistente nos Tribunais de Contas, mas de alguma maneira vinha inexoravelmente à discussão, em razão da dissonância entre a descrição formal da atuação do Tribunal (julgar da regularidade das contas) e a forma como efetivamente atuava: na perspectiva exclusiva de exame da presença de elementos de definição da situação do responsável perante a Fazenda Nacional.[624]

---

[624] Note-se que a Constituição de 1967/1969 não destoava das Constituições de 1934, 1937 e 1946 quanto ao sentido subjacente de um julgamento de contas: uma função judiciária em que o Tribunal sentenciava a situação do agente público perante a Fazenda Nacional: quite ou em débito. Com esse caráter judiciário, o julgamento de contas precisava ser uma competência definida na própria Constituição. Na perspectiva de um "juízo de valor sobre

Nesse contexto, o que fazer da norma que prescreve o julgamento da regularidade se não se irão examinar os aspectos de auditoria envolvidos no processo? A noção de julgamento profissional de auditoria ainda era estranha à história, à tradição e à cultura do Tribunal como instituição que julga contas, atuando como Tribunal de Justiça, exercendo uma jurisdição especial.

3.4.1.8 Caso 1 e seu impasse cognitivo: débito pago, contas não podem ser julgadas irregulares

> 18. Pensando em ir ao encontro das razões que ditaram a v. decisão proferida no proc. TC-396.478/73 – precedente sobre o qual nos detemos nas presentes considerações-, acreditamos que a conveniência, ali ressaltada, de se diferençar a situação do responsável, cuja gestão foi plenamente satisfatória, daquela em que atribuído um débito ao responsável, na fase de instrução do processo, tenha sido o mesmo recolhido, de imediato – anteriormente ao julgamento das suas contas –, poder a ser, a nosso ver, resguardada (a conveniência em causa), desde que, na segunda das hipótese ora aventadas, se faça constar, expressamente, da decisão do-Tribunal a circunstância da previa indenização do Erário.
> 19. O que não nos parece adequado, com pedido reiterado de vênia, é omitir ao Tribunal o julgamento, que lhe compete, sobre o bom ou mau emprego das contas, afigurando-se, também a nós, *esdrúxulo considerar estas irregulares, com quitação ao responsável.*

O parecer estava diante de uma condição paradoxal: tendo sido constatada na atuação do responsável uma situação de "mau emprego das contas", um caso de renda retida, não haveria como dizer que as contas se revelavam regulares; por outro lado, tendo o responsável "recolhido o alcance", não se poderia julgá-lo em débito. Seria esdrúxulo, portanto, julgar irregulares as contas de quem nada devia à Fazenda Nacional e negar-lhe quitação.

O senso de "esdrúxulo" surgia exatamente da inexistência de clareza e lógica na regulação que se procedeu, da consequente dificuldade cognitiva de dissociar a dupla atuação do Tribunal de Contas no processo de tomada e julgamento de contas que se havia constituído e da vinculação inextricável que se fazia, e ainda se faz, entre a situação pessoal do responsável em débito e o julgamento de suas contas como irregulares, o que se tornava impossível desfazer quando se entendia que o juízo de regularidade de contas era um "juízo de valor sobre o bom e regular emprego das contas".

Precisando tirar um sentido da estranha situação a que se chegara em razão da redação da competência atribuída ao Tribunal, "julgar da regularidade das contas", e não apenas "julgar as contas", num contexto de auditorias *a posteriori*, e não mais de registro prévio, completamente diferentes, o parecer teve que proceder a uma *criação normativa com base numa ficção*: o recolhimento do alcance antes do julgamento levava ao julgamento das contas como regulares.

---

a gestão", não precisava nem seria compatível com as funções de uma entidade superior de auditoria. De fato, não apenas não precisava, como a Constituição de 1967/1969 não dava qualquer margem textual ou sinalizava qualquer razão de ser para que o Tribunal de Contas passasse a "avaliar a gestão dos administradores e demais responsáveis por bens e valores públicos", para fins de emissão de um juízo de aprovação (contas regulares) ou reprovação (contas irregulares), um juízo de valor.

Eliminou-se o senso de "esdrúxulo", à custa de uma nova concepção de julgamento da regularidade das contas: não era mais um juízo sobre as "contas", nem mesmo um "juízo de valor sobre o bom emprego das contas", era apenas a sobreposição de um juízo, de mesma essência, sobre o juízo da situação do responsável (quite ou em débito), sob outra expressão semântica: regularidade de contas.

> 20. Por derradeiro, cabe-nos, ainda, ponderar que a provisão de quitação e o documento cuja expedição e autorizada pelo Tribunal de Contas, após haver emitido o seu julgamento a respeito da regularidade das contas e haver, em decorrência, julgado quite o responsável, sendo ainda cabível, depois da condenação, uma vez ressarcida a Fazenda Nacional.
> 21. Com estas considerações, reportando-nos, especialmente, à sugestão contida no item 18 deste parecer, entendemos que o Colendo Plenário poderá julgar regulares as presentes contas, dando quitação ao responsável, por haver o mesmo saneado o processo, com o recolhimento do débito que lhe foi imputado, ainda na fase de instrução.

3.4.1.9 Caso 2 e seu impasse cognitivo: débito pago, mas as contas não podem ser julgadas regulares

Na discussão do caso anterior, fez-se a análise de caso igual, em que a decisão foi em outro sentido. Tratava-se de processo[625] relatado e discutido na sessão plenária de 28.3.1974.

Conforme o voto do relator, examinava-se tomada de contas de *tesoureira* de agência postal de diretoria regional da Empresa dos Correios e Telégrafos.

> Apurou-se, no levantamento realizado pelos Serviços Econômicos daquela Diretoria, o alcance de Cr$884,76 contra a Fazenda, proveniente de renda retida, sendo Cr$597,10 no exercício de 1967 e C$4287,66 no exercício de 1968. Regularmente citada pela ex-Delegação deste Tribunal no Estado da Bahia, recolheu a importância correspondente ao alcance, acrescida dos juros de mora devidos.
> Presente, agora, o processo a este Tribunal, com proposta de regularidade das contas, permito-me, na espécie, discordar dessa conclusão.
> A regularidade das contas implica no reconhecimento de que a gestão da responsável foi plenamente satisfatória, não se consignando qualquer ilegalidade ou impugnação, fato que efetivamente no ocorreu.

O voto expressava o sentido de um julgamento pela regularidade das contas: "reconhecimento de que a gestão da responsável foi plenamente satisfatória, não se consignando qualquer ilegalidade ou impugnação". Esse era um entendimento condizente com a realidade, expressava corretamente o que se fazia, e ainda se faz, embora ainda seja uma realidade incompatível com o que se declara fazer num processo de contas anuais (auditoria de contas).

O Tribunal julgaria as contas regulares quando não estivesse consignada qualquer ilegalidade ou impugnação. Um juízo de regularidade de contas comunicaria para fora que o Tribunal reconhecera como "plenamente satisfatória a gestão da responsável".

---

[625] Tribunal de Contas da União. *Processo nº 396.478/73*. Ata nº 20, de 28.3.1974. Processo nº 26.483/74.

Portanto, não seria possível, ante o recolhimento da "importância correspondente ao alcance", declarar como regulares as contas.

O argumento era consistente, mas implicava avançar outras questões: de que modo se deve proceder ao exame da "gestão de um responsável" para fins de emissão de juízo sobre ela como "plenamente satisfatória; satisfatória; insatisfatória"? O Tribunal pretenderia atuar para avaliar a gestão dos responsáveis e sobre elas emitir uma opinião (julgamento de auditoria) ou um juízo de valor? Mais uma vez, com que finalidade?

As inspeções que realizaria poderiam ter a finalidade de instrumentalizar o julgamento na direção de definir a situação do responsável perante a Fazenda Nacional ou outra completamente diferente, segundo uma outra perspectiva de atuação, baseada em auditorias, conduzidas com objetivos de macroavaliação e certificação.

A competência "julgamento da regularidade das contas" induziria a um novo sentido para a tomada e julgamento de contas, uma nova cultura de controle? Ou o exercício dessa antiga competência, como sempre se fez, sob uma nova "redação", uma nova expressão semântica, levaria a problemas hermenêuticos, que representavam problemas de fundo, e não meras filigranas decisórias processuais?

Continua o parecer. Quem está quite com a Fazenda está em situação regular; as contas não podem ser julgadas irregulares:

> Mas, poderá alguém arguir, se a responsável recolheu a importância do débito, sua situação perante a Fazenda Nacional é regular! Não digo o contrário. Parece-me, apenas, que a decisão a ser prolatada por este Plenário deverá distinguir situações que são diversas.

As dificuldades de dar sentido a esse emaranhado de expressões conduziam a entendimentos contraditórios. Nesse ponto, o voto associa o julgamento pela regularidade das contas com encontrar-se o responsável em situação "regular" perante a Fazenda Nacional, ou seja, "quite ou em crédito". Perdera-se o sentido anterior.

Portanto, seria contraditório julgar como irregulares as contas de quem se encontra em situação regular perante a Fazenda Nacional, pois nada lhe deve: o que devia foi quitado. O voto encontrava-se nessa situação contraditória porque associava regularidade/irregularidade de contas à situação regular (quite)/irregular (débito).

3.4.1.10 A saída do impasse

A solução adotada: não emitir juízo de regularidade de contas.

> In casu, buscando uma construção coerente, não darei como regulares as contas. Voto, sim, pela expedição da competente provisão de quitação, eis que a responsável não é devedora da Fazenda Nacional, arquivando-se o processo.

Não podendo dar as contas por regulares, uma vez que isso implicaria "o reconhecimento de que a gestão da responsável foi plenamente satisfatória, não se consignando qualquer ilegalidade ou impugnação, fato que efetivamente não ocorreu", e tampouco podendo dar as contas por irregulares, pois, "como alguém poderia arguir", a situação da responsável perante a Fazenda era "regular", haja vista o recolhimento do débito, *a solução era não emitir juízo.*

No caso, o voto não percebeu que a lógica que utilizou para negar a regularidade às contas não era a mesma que utilizou para afastar a irregularidade.

O Tribunal, considerando os argumentos do próprio voto, poderia julgar as contas irregulares, em razão da renda retida, e expedir quitação, em razão do pagamento.

Contudo, dado que a concepção do julgamento de contas continuava a ser a de estabelecer a situação do responsável perante a Fazenda (quite/débito), não fazia sentido para o relator julgar irregulares as contas, muito embora também não fizesse sentido reconhecer, por um lado, que há um juízo de contas a proferir e, por outro, que nessa situação não pode ser proferido.

3.4.1.11 Caso 3 e o seu não impasse cognitivo: julgamento em débito, sem prolação de juízo sobre regularidade das contas

Na mesma sessão de 28.3.1974, julgou-se uma tomada de contas em que se imputava débito ao tesoureiro de agência postal dos Correios, por "apropriação indébita de dinheiros públicos e espoliação de registrados". O Tribunal simplesmente julgou o responsável em débito, com subsequente notificação para pagamento.

Nada se disse a respeito de "julgamento da regularidade das contas" e não se sentiu falta desse juízo:

> O Tribunal, ao examinar o processo de tomada de contas de Reginaldo Fiorentino da Silva, Carteiro, na função de Tesoureiro, da Agencia Postal e Telegráfica de Cupira, PE, atinente ao período de 1º-05 a 02-10-1972, julgou em debito aquele responsável pela importância de C$6.810,98 (seis mil, oitocentos e dez cruzeiros e noventa e oito centavos), proveniente de apropriação indébita de dinheiros públicos e espoliação de registrados com valor declarado daquela Agencia, tendo aprovado o acordão, cuja redação fora apresentada em Plenário pelo Sr. Relator, na forma regimental (Proc. 425 435/73).

3.4.1.12 Considerações sobre os casos

No primeiro caso, entendeu a maioria do Plenário que se impunha a prolação de um juízo, mas que teria que ser pela regularidade das contas, ante a quitação, criando a figura da "regularização pelo pagamento do débito", muito embora não fizesse sentido reconhecer, por meio do juízo de regularidade de contas, "que a gestão do responsável foi plenamente satisfatória, não se consignando qualquer ilegalidade ou impugnação, fato que efetivamente não ocorreu".

No segundo caso, optou o Tribunal por dar quitação, mas não se manifestar sobre a "regularidade das contas", pois não iria afirmar como regular "contas" em que havia sido constatada ilegalidade.

Nos dois casos, a razão de fundo dessa confusão cognitiva era a assunção das seguintes premissas: julgar quite ou em crédito implica julgar as contas pela regularidade; julgar em débito implica julgar as contas irregulares.

A tomada de contas e o julgamento de contas continuavam com a mesma essência: decidir se alguém deveria ser julgado em débito, quite ou em crédito, expedindo-lhe ou não quitação. Nessa situação, *não se conseguia explicar por que proferir um julgamento de contas pela regularidade ou irregularidade.*

3.4.2 A expansão do problema: a Lei de Inelegibilidades e a LOTCU-1992

Essas contradições não gerariam problemas concretos e o Tribunal poderia conviver com elas sem chamar muita atenção para a necessidade de alterar a concepção de julgamento de contas para fazê-las deixarem de existir.

A Constituição de 1988 não expressou a competência do Tribunal de Contas da União de julgar contas como "julgamento da regularidade das contas". O problema poderia ter desaparecido, por esse motivo, mas a LOTCU-1992, que inspirou leis orgânicas dos demais tribunais de contas, manteve aquela formulação decisória (associada ao novo modelo de controle e ao desenvolvimento das auditorias de contas) e todos os seus problemas de fundo:

> Art. 16. As contas serão julgadas:
> I – regulares, quando expressarem, de forma clara e objetiva, a exatidão dos demonstrativos contábeis, a legalidade, a legitimidade e a economicidade dos atos de gestão do responsável;
> II – regulares com ressalva, quando evidenciarem impropriedade ou qualquer outra falta de natureza formal de que não resulte dano ao Erário;
> III – irregulares, quando comprovada qualquer das seguintes ocorrências:
> a) omissão no dever de prestar contas;
> b) prática de ato de gestão ilegal, ilegítimo, antieconômico, ou infração à norma legal ou regulamentar de natureza contábil, financeira, orçamentária, operacional ou patrimonial;
> c) dano ao Erário decorrente de ato de gestão ilegítimo ao antieconômico;
> d) desfalque ou desvio de dinheiros, bens ou valores públicos.

Com a Lei de Inelegibilidades de 1990 e seu Inciso I-G, o problema detectado em 1974 mudou de dimensão: a prolação do simples juízo de contas irregulares (contas rejeitadas por irregularidade insanável) conduziria ou poderia conduzir um agente público à inelegibilidade.

Se o caso relatado acima tivesse ocorrido após a edição dessa lei, e a decisão do Tribunal fosse julgar as contas irregulares, mesmo com a quitação do débito, uma vez que não se poderia negar que atos de gestão irregulares realmente ocorreram, a tesoureira poderia, hipoteticamente, ser julgada inelegível pela Justiça Eleitoral.

Um juízo desnecessário num contexto de efetiva cultura de auditoria como instrumento de julgamento de contas para fins de definir responsabilidades perante o erário, em que o Tribunal por décadas decidia se estava o responsável quite, em crédito ou em débito com a Fazenda, ganhou autonomia, descolou-se de seu contexto de auditoria, para se tornar um instrumento sancionatório-eleitoral, como "juízo de valor sobre o bom e regular emprego das contas [dinheiros, bens, valores públicos]", como o compreendeu o parecer do Ministério Público no caso examinado anteriormente. E decisões com essa característica tenderiam a conduzir à inelegibilidade de agentes públicos.

Essa problemática complexa relacionada à formulação de um juízo de reprovação/aprovação de contas, distinto do juízo de responsabilização (ressarcimento/sanção) e do juízo profissional de auditoria, cujos fundamentos teóricos ou finalísticos estão ainda por ser encontrados, continuará a ser discutida na próxima seção.

3.4.3 De um juízo judiciário a um juízo sobre a conduta e a gestão dos administradores: a institucionalização do axioma

Um juízo de valor, aparentemente uma simples questão dogmática, ganharia um valor irresistível de poder institucional que acabaria por obscurecer e transformar no período pós-Constituição de 1988 a própria essência da função "julgamento de contas", de histórica natureza jurisdicional-judiciária, razão de ser de sua incorporação ao Texto Constitucional.

Como exemplo dessa mudança, a manifestação integral de um servidor do Tribunal de Contas da União em entrevista reportada por Rosilho:[626]

> Um dos servidores do TCU que entrevistei dá depoimento interessante sobre a atribuição em comento, que, na sua avaliação, seria a grande responsável pelo fato de o TCU levar a palavra "tribunal" em seu nome. De acordo com o entrevistado, "julgar" teria sentido equivalente ao de "emitir juízo", sendo impertinente imaginar que a legislação teria lhe conferido essa atribuição para que resolvesse conflitos entre partes, ou, então, para que dissesse o Direito. Ainda na sua avaliação, o poder do Tribunal de julgar (leia-se, de emitir juízo impositivo a terceiros) teria sido bem delimitado pelo ordenamento, razão pela qual defende que seja interpretado e aplicado dentro desses limites. Confira-se excerto do seu depoimento, extraído de resposta a pergunta que lhe fiz sobre o papel do TCU no controle da Administração Pública contemporânea:
> *Entrevistado D*: "Costumo dizer o seguinte: a Constituição Federal, lá no art. 71, começa dizendo que ao Tribunal compete apreciar as contas do Presidente da República, mediante parecer prévio, etc. Até então, não é um Tribunal. No inciso II, que vai falar no julgamento de contas, ele "vira" um Tribunal. É esse dispositivo que dá o nome de "tribunal" ao TCU. Tratou-se de decisão do constituinte de delegar [aos tribunais de contas] a tarefa de julgar as contas de todos os administradores, exceto as do Presidente da República (que só poderiam ser apreciadas pelo TCU mediante parecer prévio).
> O único lugar onde aparece o verbo "julgar", seja na Constituição, seja na Lei Orgânica do Tribunal, é nos dispositivos que se referem a julgamento de contas. *Julgar contas é emitir um juízo sobre a gestão. Não é o sentido estrito da palavra "julgamento" (julgar conflitos, dizer sobre a razão ou Direito das partes,* etc.).
> Não é isso. Tanto é que respeitando essa questão, temos certo pudor em usar esse verbo. Só o usamos no julgamento de contas. Nos demais casos, o Tribunal só aprecia (aprecia a auditoria, aprecia a denúncia, etc.). *Quer dizer, o julgamento sobre o juízo da gestão é o único que nos é permitido fazer.*
> Acho que *a grande atribuição do Tribunal é essa* [o entrevistado usa a palavra "grande" para dar a ideia de "destaque"]: *emitir um juízo sobre a gestão dos recursos públicos, sobre a gestão feita pelos administradores públicos*" (entrevista realizada na sede do TCU, em Brasília, no dia 11.06.15). (Grifos nossos)

3.4.4 Síntese do caminho histórico até a LOTCU-1992

A Constituição Federal de 1988 atribui ao Tribunal de Contas da União a competência de "julgar as contas dos administradores e demais responsáveis por dinheiros, bens e valores públicos da administração direta e indireta", conforme art. 71, II.

[626] Rosilho (*Controle da Administração Pública pelo Tribunal de Contas da União*, 2016, p. 152).

Desse artigo, contudo, não se retira o que cabe ao Tribunal decidir ao julgar as contas. A compreensão é, sobretudo, decorrente da análise do desenvolvimento normativo infraconstitucional histórico, antecedente e subsequente à Constituição, associado às teorias sobre as funções de entidades fiscalizadoras superiores, de modo mais geral, das entidades fiscalizadoras superiores com função jurisdicional, de modo mais específico, e, particularmente, sobre as funções de um Tribunal de Contas na estrutura do Estado brasileiro.

A primeira Constituição da República, de 1891, não mencionava essa competência, mas o Tribunal de Contas, como Tribunal de Justiça Administrativo, conforme o Decreto nº 1.166/1892, procedia à "tomada das contas dos responsáveis por dinheiros e valores pertencentes à República" e julgava-lhes as contas, em única instância, declarando-os "quite, em crédito ou em débito para com a Fazenda Federal".[627]

A instituição prestação/exame/julgamento de contas era parte dos processos de *public accountability* historicamente desenvolvidos em países cujos sistemas de controle externo influenciaram o modelo brasileiro, como Portugal, Itália, França, Bélgica (Exposição de Motivos do Decreto nº 966-A).

Com a Constituição de 1934,[628] a competência de "julgar as contas dos responsáveis por dinheiros ou bens públicos" passou a ter assento constitucional expresso.[629] [630]

---

[627] Decreto nº 1.166/1892: "Art. 29. Compete ao Tribunal de Contas, como Tribunal de Justiça Administrativo: §1º O exame e revisão das contas ministeriais. §2º A tomada das contas dos responsáveis por dinheiros e valores pertencentes à República. [...] *Art. 31.* Compete ao Tribunal, na tomada de contas dos responsáveis por dinheiros e valores pertencentes à República: §1º Julgar, em única instancia, as contas de todas as repartições, empregados e quaisquer outros responsáveis que, singular ou coletivamente, tiverem administrado, arrecadado ou despendido dinheiros públicos ou valores pertencentes à República, ou por que esta seja responsável e estiverem sob sua guarda, e bem assim dos que, por qualquer motivo, as deverem prestar perante o mesmo Tribunal, seja qual for o Ministério a que pertencerem. [...] §5º Fixar e julgar, à revelia, o débito dos responsáveis, que deixarem de apresentar as contas ou os livros e documentos de sua gestão, por quaisquer outras contas e documentos que lhes fizerem carga. [...] *Art. 73.* Terminada a discussão das contas em Tribunal e apurado o vencimento, lavrar-se-á decisão, declarando-se o nome do responsável, a natureza de sua responsabilidade, o tempo a que respeita e quaisquer outras circunstâncias necessárias. §1º As decisões do Tribunal sobre a tomada das contas estabelecerão a situação do responsável, julgando-o quite, em crédito ou em débito para com a Fazenda Federal, fixando, neste último caso, o seu verdadeiro débito e condenando-o ao pagamento" (Grifos nossos).

[628] O Tribunal de Contas estava topologicamente situado no Capítulo VI, Dos Órgãos de Cooperação nas Atividades Governamentais, juntamente com o Ministério Público. Sobre a posição do Tribunal de Contas na Constituição de 1934 e a sua natureza *sui generis*, ver *Pontes de Miranda* (*Comentários* à *Constituição de 1967*, 2003, p. 32): "A que poder pertencia o Tribunal de Contas de 1934? Era órgão coordenador? Podia ter sido concebido como tal, porém não foi. Por outro lado, o Capítulo VI, em que se incluiu, diferenciava-se, explicitamente, do Capítulo V (da coordenação dos poderes). Era órgão do Poder Executivo? Não. Fiscalizava o Poder Executivo. Se admitirmos que cooperava com ele, seria exterior tal cooperação, delimitadora, cerceante, restringente. Cooperação de órgãos heterogêneos. Era órgão do Poder Judiciário? A composição dele era, não havia dúvida, a de órgão do Poder Judiciário (art. 100 e parágrafo único). Não estava, porém, compreendido na expressão 'tribunais federais' do art. 81, muito embora o estivesse na expressão 'tribunais federais' dos artigos 70, §§Iº e 2º, 76, I), *f*). Era órgão do Poder Legislativo? Em parte: as suas atribuições de 1891, que conservava, eram de órgão auxiliar do Poder Legislativo, especialmente da Câmara dos Deputados, a que incumbia a tomada de contas (art. 29, 56, 4º, e 57, *f*, *g* e *h*); mas a que se lhe acrescentou em 1934 o fez órgão auxiliar do Poder Judiciário: julgava contas de funcionários e mais pessoas responsáveis por dinheiros e bens públicos. *Em órgão do Poder Judiciário, sui generis;* órgão, *também, sui generis, do Poder Legislativo. Criação posterior* à *teoria da separação dos poderes e fruto da prática, destoava das linhas rígidas da tripartição.* O art. 101 viera acentuar o caráter fiscalizador do Tribunal de Contas e ao mesmo tempo afastar a hipótese de ser órgão do Poder Executivo. Órgão que obstasse seria figura absurda".

[629] CF-1934, art. 99: "É mantido o Tribunal de Contas, que, diretamente, ou por delegações organizadas de acordo com a lei, acompanhará a execução orçamentária e julgará as contas dos responsáveis por dinheiros ou bens públicos".

[630] Essa competência vinha associada ao acompanhamento da execução orçamentária: "Art. 99 – É mantido o Tribunal de Contas, que, diretamente, ou por delegações organizadas de acordo com a lei, acompanhará a execução

O modo de exercício dessa competência continuava o mesmo, mas regido, agora, pelo Decreto nº 392/1896,[631] primeira Lei Orgânica do TCU, agindo o Tribunal de Contas como "Tribunal de Justiça",[632] julgando as contas do responsável, mencionando "o tempo e a natureza de sua responsabilidade" e declarando-o "quite, em crédito ou em débito com a Fazenda".

Posteriormente, o Código de Contabilidade da União de 1922[633] ratificaria essa prescrição normativa sobre a decisão a ser tomada no julgamento das contas e, consequentemente, o objeto e o processo:

> Art. 97. Organizados os processos de tomada de contas, serão eles remetidos ao Tribunal de Contas para julgamento, a fim de ser o responsável julgado quite, em crédito ou em débito com a Fazenda Nacional. Neste último caso, não acudindo o responsável ou seus herdeiros ou fiadores, proceder-se-á à alienação administrativa da caução,[634] prosseguindo-se na execução da sentença.

A Constituição de 1937[635] manteve essa competência, que vinha disciplinada também na LOTCU-1935:[636] [637]

---

orçamentária e julgará as contas dos responsáveis por dinheiros ou bens públicos".

631 LOTCU-1896: "Art. 3º O Tribunal exercita a sua jurisdição contenciosa: 1) Processando, julgando, em única instancia, e revendo as contas de todas as repartições, empregados e quaisquer responsáveis que, singular ou coletivamente, houverem administrado, arrecadado e despendido dinheiros públicos ou valores de qualquer espécie, inclusive em material, pertencentes à Republica, ou por que esta seja responsável e estejam sob sua guarda; bem assim dos que deverem prestar ao Tribunal, seja qual for o Ministério a que pertencerem, em virtude de responsabilidade por contrato, comissão ou adiantamento. [...] Art. 4º As decisões do Tribunal sobre tomadas de contas dos responsáveis terão a forma de – acórdãos –, mencionarão o nome do responsável, o tempo e a natureza de sua responsabilidade, e o declararão quite, em crédito ou em débito: 1) No caso de estar o responsável quite ou em crédito para com a Fazenda, concluirá a sentença por ordenar a expedição de quitação, o levantamento da fiança ou caução prestada e dos sequestros que hajam tido lugar, e a entrega do depósito. Na hipótese de ser declarado o responsável em débito, a sentença fixará a importância do mesmo o condenará o devedor ao pagamento; [...]".

632 LOTCU-1896: "Art. 2º O Tribunal de Contas tem jurisdição própria e privativa sobre as pessoas e as matérias sujeitas à sua competência; abrange todos os responsáveis por dinheiros, valores e material pertencentes à República, ainda mesmo que residam fora do país. Agindo, como Tribunal da Justiça, as suas decisões definitivas têm força de sentença judicial. §1º Funciona o Tribunal de Contas: 1) Como fiscal da administração financeira; 2) Como Tribunal de Justiça com jurisdição contenciosa e graciosa".

633 Ver também CCU-1922: "Art. 87. Todos os responsáveis, de direito ou de facto, por dinheiros, valores e outros bens da União, ou pelos quais deva esta responder, ainda mesmo que residam fora do país, ficam sujeitos à jurisdição do Tribunal de Contas, que, de acordo com a lei, fixará a situação desses responsáveis para com a Fazenda Nacional, exceptuados os ministros de Estado. [...] Art. 89. A tomada de contas dos responsáveis será feita anualmente. A dos exactores e pagadores terá por base a escrituração, em livro de contas correntes, das operações da receita e despesa, constantes de balancetes organizados e liquidados mensalmente".

634 Ver *Lei nº 6.322/1976*: "Art. 1º É dispensada a prestação de fiança para o provimento e exercício de qualquer cargo, função ou emprego na Administração Federal. Parágrafo único – Independerá de tomada de contas o levantamento da fiança que tenha sido prestada pelo servidor em razão do cargo, emprego ou função. Art. 2º Esta Lei entrará em vigor na data de sua publicação, revogados os artigos 83 e 86 do Decreto Legislativo nº 4.536, de 28 de janeiro de 1922, o artigo 28 e seus parágrafos da Lei nº 1.711, de 28 de outubro de 1952, e demais disposições em contrário".

635 CF-1937: "Art. 114 – Para acompanhar, diretamente ou por delegações organizadas de acordo com a lei, a execução orçamentária, julgar das contas dos responsáveis por dinheiros ou bens públicos e da legalidade dos contratos celebrados pela União, é instituído um Tribunal de Contas, [...]". O Tribunal estava situado no capítulo do Poder Judiciário.

636 Lei nº 156/1935.

637 CF-1937, art. 114: "Para acompanhar, diretamente ou por delegações organizadas de acordo com a lei, a execução orçamentária, julgar das contas dos responsáveis por dinheiros ou bens públicos e da legalidade dos contratos

> Art. 23. O Tribunal de Contas, como fiscal da administração financeira, exerce suas funções acompanhando diretamente, ou por suas delegações, a execução do orçamento da Receita e da Despesa Públicas e julgando as contas dos responsáveis por dinheiros, ou bens públicos; cabendo-lhe ainda rever as contas anuais da gestão financeira.

Segundo a Lei Orgânica da época, o julgamento das contas[638] dos responsáveis por dinheiros ou bens públicos era uma competência exercida como componente da atuação do Tribunal como "fiscal da administração financeira", não mais como "Tribunal de Justiça", embora o modo de exercê-la continuasse o mesmo.

A Constituição de 1946[639] manteve essa competência e a ela adicionou o julgamento das contas "dos administradores das entidades autárquicas".

A LOTCU-1949 disciplinou o modo de exercê-la, mantendo a essência do que ela havia sido desde 1892, e voltou a distinguir as duas competências, ali denominadas de atribuições, essenciais: fiscalização da administração financeira e a jurisdição contenciosa, funcionando como "Tribunal de Justiça".[640]

A Constituição de 1967, como vimos, *supostamente, pretendeu mudar* a forma de o Tribunal de Contas atuar sobre as *contas*. Não seria mais apenas um julgamento de contas, judiciário, funcionando como Tribunal de Justiça (o que denominamos de *julgamento jurisdicional clássico*), conforme a LOTCU-1949, mas um julgamento da "regularidade das contas" (o que denominamos de *juízo de contas*, para assemelhá-lo a uma presumida opinião de auditoria), baseado em levantamentos contábeis, certificados de auditoria, pronunciamento das autoridades administrativas e inspeções, associado ao desempenho das funções de auditoria financeira e orçamentária.[641]

---

celebrados pela União, é instituído um Tribunal de Contas, cujos membros serão nomeados pelo Presidente da República, com a aprovação do Conselho Federal. Aos Ministros do Tribunal de Contas são asseguradas as mesmas garantias que aos Ministros do Supremo Tribunal Federal. Parágrafo único – A organização do Tribunal de Contas será regulada em lei".

638 LOTCU-1935: "Art. 23, §3º Compete-lhe quanto á tomada de contas: 1º, julgar originariamente ou em grão de recurso, conforme a alçada, e rever as contas de todas as repartições funcionários e quaisquer responsáveis, inclusive os agentes diplomáticos e consulares no exterior, que, singular ou coletivamente, houverem recebido, administrado, arrecadado e despendido dinheiros públicos, depósitos de terceiros ou valores e bens de qualquer espécie, inclusive em material, pertencente à União, ou por que esta seja responsável, ou esteja sob sua guarda; bem assim dos que as deverem prestar pela perda, extravio, subtração ou estrago de valores, bens e material da Republica e dos que devam dar contas, seja qual for o ministério a que pertençam em virtude de responsabilidade por contrato, comissão ou adiantamento; [...] 5º fixar à revelia, o debito dos responsáveis que em tempo não houverem apresentado as suas contas nem entregue os livros e documentos de sua gestão. [...] 7º, mandar expedir quitação aos responsáveis correntes em suas contas".

639 CF-1946: "Art. 77. Compete ao Tribunal de Contas: I – acompanhar e fiscalizar diretamente, ou por delegações criadas em lei, a execução do orçamento; II – julgar as contas dos responsáveis por dinheiros e outros bens públicos, e as dos administradores das entidades autárquicas; III – julgar da legalidade dos contratos e das aposentadorias, reformas e pensões". O Tribunal estava situado na seção Do Orçamento no capítulo Do Poder Legislativo.

640 LOTCU-1949: "Art. 70. Compete ao Tribunal de Contas, como Tribunal de Justiça: I – julgar originariamente ou em grau de recurso e rever as contas de todas as repartições, administradores das entidades autárquicas, funcionários e quaisquer responsáveis, incluído o pessoal diplomático e consular no exterior, os quais, singular ou coletivamente, houverem recebido, administrado, arrecadado e dispendido dinheiros públicos, depósitos de terceiros ou valores e bens de qualquer espécie, inclusive em material, pertencentes à União, ou pelos quais esta seja responsável, ou estejam eles sob sua guarda, bem assim dos que as deverem prestar e responder pela perda, extravio, subtração ou estrago de valores, bens e material, da República, ou de que devam dar conta seja qual for o Ministério ou órgão da Administração Pública a que pertençam, em virtude de responsabilidade por contrato, comissão ou adiantamento".

641 LOTCU-1949: "Art. 33. O Tribunal de Contas tem jurisdição própria e privativa sobre as pessoas e matérias sujeitas à sua competência, a qual abrange todo aquele que arrecadar ou gerir dinheiros, valores e bens da União ou pelos

Se o sistema anterior (CF-1946/LOTCU-1949) não estava sendo substituído, pelo menos um novo modo de examinar as contas estava sendo a ele adicionado. Caberia aguardar a nova lei orgânica.

A LOTCU-1967 manteve o modelo decisório anterior (julgamento jurisdicional clássico), em que o Tribunal decidia se o responsável se encontrava quite, em crédito ou em débito,[642] mas o situou dentro do que podemos chamar de *sistema de julgamento da regularidade das contas* (dos administradores e demais responsáveis), que abrangia uma auditoria financeira e orçamentária exercida "sobre as contas das unidades administrativas" com a finalidade de "fiscalização das pessoas sujeitas à jurisdição do Tribunal de Contas e o exame das contas dos responsáveis":

> Art. 31. Compete ao Tribunal de Contas: I – Exercer as funções de *auditoria financeira e orçamentária da Administração* Federal. [...] II – *Julgar da regularidade das contas* dos ordenadores de despesa, administradores e demais responsáveis por bens e valores públicos.
> Art. 35. A auditoria financeira e orçamentária, que será exercida sobre as contas das unidades administrativas dos três Poderes da União, *tem por fim a fiscalização das pessoas* sujeitas à jurisdição do Tribunal de Contas, na forma do disposto nos Arts. 33 e 34,[643] e o exame das contas dos responsáveis.
> Art. 40. O Tribunal de Contas: I – Julgará da regularidade das contas das pessoas indicadas nos arts. 33 e 34 mediante tomadas de contas levantadas pelas autoridades administrativas. [...]

---

quais esta responda, bem como, quando houver expressa disposição legal, os administradores das entidades da Administração Indireta ou de outras entidades. Parágrafo único. A jurisdição do Tribunal de Contas abrange, também, os herdeiros, fiadores e representantes dos responsáveis. / Art. 34. Estão sujeitos à tomada de contas e só por ato do Tribunal de Contas podem ser liberados de sua responsabilidade: I – Os ordenadores de despesa. II – As pessoas indicadas no Art. 33. III – Todos os servidores públicos civis e militares ou qualquer pessoa ou entidade estipendiadas pelos cofres públicos ou não, que derem causa à perda, subtração, extravio ou estrago de valores, bens e material da União, ou pelos quais seja responsável. IV – Todos quantos, por expressa disposição de lei, lhe devam prestar contas. [...] Título III – Da Auditoria Financeira e Orçamentária / Art. 35. A auditoria financeira e orçamentária, que será exercida sobre as contas das unidades administrativas dos três Poderes da União, tem por fim a fiscalização das pessoas sujeitas à jurisdição do Tribunal de Contas, na forma do disposto nos Arts. 33 e 34, e o exame das contas dos responsáveis. Título IV Do Julgamento – Art. 40. O Tribunal de Contas: I – Julgará da regularidade das contas das pessoas indicadas nos arts. 33 e 34 mediante tomadas de contas levantadas pelas autoridades administrativas. / Ordenará a prisão dos responsáveis que, *com alcance julgado em decisão definitiva do Tribunal*, ou intimados para dizerem sobre o alcance verificado em processo corrente de tomada de contas / Mandará expedir quitação aos responsáveis correntes em suas contas. Art. 41. As tomadas de contas serão: a) organizadas pelos órgãos de contabilidade; b) certificadas pelos órgãos de controle financeiro e orçamentário interno; c) acompanhadas de pronunciamento sobre a regularidade, por parte dos Chefes de órgãos [...]. Título V Dos Recursos e da Execução das Decisões – Art. 45. Das decisões sobre a regularidade das contas dos responsáveis poderão recorrer, para o próprio Tribunal e na forma do Regimento, os interessados ou o representante do Ministério Público, dentro de 30 (trinta) dias. Parágrafo único. Quando o recurso for interposto pelo responsável, sobre o mesmo se manifestará o Ministério Público. Art. 46. Dentro do prazo de 5 (cinco) anos da decisão definitiva sobre a regularidade das contas, e admissível pedido de revisão pelo Ministério Público, pelo responsável, seus herdeiros ou fiadores e se fundará: I – Em erro de cálculo nas contas. II – Em falsidade de documento em que se tenha baseado a decisão. III – Na superveniência de novos documentos com eficácia sobre a prova produzida. Art. 47. A decisão nos pedidos de revisão determinará a correção de todo e qualquer erro ou engano apurado".

642 LOTCU-1967: "Art. 48. Decorrido o decêndio da notificação do responsável, expedirá o Tribunal de Contas a competente quitação se o responsável for julgado quite com a Fazenda Nacional, arquivando em seguida o processo. Art. 49. Julgado em débito, será o responsável notificado para, em 30 (trinta) dias, repor a importância do alcance, sob as penas do Regimento".

643 Da própria finalidade declarada pela LOTCU para as atividades de auditoria financeira e orçamentária, constata-se que os trabalhos que seriam realizados a esse título não seriam, como regra, auditorias no sentido das normas técnico-profissionais, mas trabalhos de fiscalização, nominados "auditoria", mas sem pretensão e possibilidade de emitir opiniões de auditoria.

> Art. 41. As tomadas de contas serão: a) organizadas pelos órgãos de contabilidade; b) certificadas pelos órgãos de controle financeiro e orçamentário interno; c) acompanhadas de pronunciamento sobre a regularidade, por parte dos Chefes de órgãos [...].

A LOTCU-1967 não deixava claro se o Tribunal haveria que realizar dois julgamentos, e de que natureza. Em um deles, o clássico, julgaria/estabeleceria a situação do responsável perante a Fazenda Nacional (quite ou em débito), em atividade quase-judicial[644] (função responsabilizatória), conforme artigos a seguir:

> Art. 40. O Tribunal de Contas: [...] III – Ordenará a prisão dos responsáveis que, *com alcance julgado em decisão definitiva* do Tribunal, ou intimados para dizerem sobre o alcance verificado em processo corrente de tomada de contas, procurarem ausentar-se furtivamente [...] VI – Mandará expedir *quitação aos responsáveis correntes em suas contas*.
> Art. 48. Decorrido o decêndio da notificação do responsável, expedirá o Tribunal de Contas a competente quitação se o responsável for *julgado quite* com a Fazenda Nacional, arquivando em seguida o processo.
> Art. 49. *Julgado em débito*, será o responsável notificado para, em 30 (trinta) dias, repor a importância do alcance, sob as penas do Regimento. (Grifos nossos)

No outro, julgamento da regularidade das contas,[645] [646] exerceria, supostamente,[647] uma competência de auditoria (função de auditoria), emitindo, portanto, uma opinião de auditoria, um juízo de contas, de modo que esse julgamento poderia ser qualificado como *julgamento profissional de auditoria*, se fundado em real trabalho de auditoria, sem, contudo, ter o termo "julgamento", nesse contexto, conotação de atuação quase-judicial (judiciária),[648] porque incompatível com a natureza da função judiciária:

> Art. 40. O Tribunal de Contas: I – *Julgará da regularidade* das contas das pessoas indicadas nos arts. 33 e 34 mediante tomadas de contas levantadas pelas autoridades administrativas.
> Art. 41. As tomadas de contas serão: a) organizadas pelos órgãos de contabilidade; b) certificadas pelos órgãos de controle financeiro e orçamentário interno; c) acompanhadas de pronunciamento sobre a regularidade, por parte dos Chefes de órgãos [...]
> Parágrafo único. A decisão do Tribunal será comunicada à autoridade administrativa competente para que, *no caso de regularidade das contas*, se cancele o nome do responsável no respectivo registro, ou no caso de irregularidade se adotem as providências destinadas a saná-las, dentro do prazo que o Tribunal fixar.

---

644 Atividade não exercida por órgão da estrutura do Poder Judiciário. *Vide* seção 3.1.1 – *A função judiciária do Tribunal de Contas: Castro Nunes e Pontes de Miranda*, nota de rodapé 433.

645 Ver também LOTCU-1967, art. 42: "O *julgamento pelo Tribunal de Contas da regularidade* das contas dos administradores das entidades da Administração Indireta e das que, por força de lei, lhe devam prestar contas, será feito à base dos seguintes documentos que lhe deverão ser presentes pelos administradores: a) o relatório anual e os balanços da entidade; b) o parecer dos órgãos internos que devam dar seu pronunciamento sobre as contas; c) o certificado de auditoria externa à entidade sobre a exatidão do balanço. §1º *A decisão do Tribunal*, que poderá ser precedida de inspeção [...] será comunicada à entidade e à autoridade administrativa a que estiver vinculada" (Grifos nossos).

646 *Contas* seria um objeto a ser definido.

647 Vimos anteriormente as dificuldades de compreensão sobre o sentido, a finalidade, a natureza do *julgamento da regularidade das contas* e, consequentemente, de definição sobre o que deveria o Tribunal de Contas fazer para proceder a esse julgamento, o que deveria decidir e sob que condições, diretrizes e parâmetros.

648 No entanto, raramente, nos casos concretos, o juízo que se emite sobre a regularidade das contas pode ser qualificado como juízo de auditoria. Mas isso ocorre por falhas normativas e procedimentais.

> Art. 45. *Das decisões sobre a regularidade das contas* dos responsáveis poderão recorrer, para o próprio Tribunal e na forma do Regimento, os interessados ou o representante do Ministério Público [...]
> Art. 46. Dentro do prazo de 5 (cinco) anos da decisão definitiva sobre a regularidade das contas, é admissível pedido de revisão [...]. (Grifos nossos)

Se deveriam ser dois os julgamentos a serem feitos, a LOTCU-1967 não estabeleceu as condições necessárias para que o Tribunal proferisse um deles, o julgamento da regularidade das contas, nem sequer sobre o teor da decisão (contas regulares ou irregulares?).

A Constituição de 1988 atribui competência ao Tribunal de Contas da União para *julgar as contas* dos administradores e demais responsáveis. Afastando-se da ambiguidade do texto de 1967/1969,[649] nada dispôs sobre julgamento da regularidade das contas dos administradores e demais responsáveis, baseado em levantamentos contábeis, certificados de auditoria, pronunciamento das autoridades administrativas e inspeções.

Eliminava-se no texto constitucional essa "presumida dualidade"[650] (bem como a presunção de abandono do julgamento jurisdicional clássico). Retomava-se a tradicional ideia de julgamento de contas de natureza jurisdicional (função judiciária), histórica, clássica, em que a essência é a decisão condenatória ou sancionatória, e não uma manifestação sobre o "mérito" (regulares ou irregulares) das contas, que nunca havia sido, abandonando-se, na Constituição, qualquer menção a *julgamento de regularidade de contas*, para situar a função subjacente a esse *julgamento* apenas nas prescrições enfáticas sobre a competência para realização de *auditorias*, na maior extensão possível:

> Art. 71. O controle externo, a cargo do Congresso Nacional, será exercido com o auxílio do Tribunal de Contas da União, ao qual compete: [...]
> II – *julgar as contas* dos administradores e demais responsáveis por dinheiros, bens e valores públicos da administração direta e indireta, incluídas as fundações e sociedades instituídas e mantidas pelo Poder Público federal, e as contas daqueles que derem causa a perda, extravio ou outra irregularidade de que resulte prejuízo ao erário público; [...]
> V – realizar, por iniciativa própria, da Câmara dos Deputados, do Senado Federal, de Comissão técnica ou de inquérito, inspeções e *auditorias de natureza contábil, financeira, orçamentária, operacional e patrimonial*, nas unidades administrativas dos Poderes Legislativo, Executivo e Judiciário, e demais entidades referidas no inciso II; [...]. (Grifos nossos)

---

649 Julgamento de contas e julgamento da regularidade das contas, haja vista o disposto no art. 70 da CF-1967/69: "Art. 70. / §1º O controle externo do Congresso Nacional será exercido com o auxílio do Tribunal de Contas da União e compreenderá a apreciação das contas do Presidente da República, o desempenho das funções de auditoria financeira e orçamentária, *bem como o julgamento das contas dos administradores* e demais responsáveis por bens e valores públicos. [...] §3º A auditoria financeira e orçamentária será exercida sobre as contas das unidades administrativas dos três Poderes da União, que, para esse fim, deverão remeter demonstrações contábeis ao Tribunal de Contas da União, a que caberá realizar as inspeções necessárias. §4º *O julgamento da regularidade das contas dos administradores* e demais responsáveis será baseado em levantamento contábeis, certificados de auditoria e pronunciamento das autoridades administrativas, sem prejuízo das inspeções mencionadas no parágrafo anterior" (Grifos nossos).

650 Afastava-se também qualquer presunção de afastamento da competência jurisdicional clássica, em que o Tribunal atuava com poderes de condenação financeira, substituída exclusivamente por julgamento de auditorias (julgamento da regularidade das contas dos administradores), entendimento que, também, poderia derivar do texto do art. 70 da CF-1967/1969, reproduzido na nota anterior.

Seria nas auditorias que o Tribunal de Contas da União faria o que se imaginaria que a Constituição de 1967/1969 quisesse que a Corte fizesse em um julgamento da regularidade das contas.

Considerada essa mudança fundamental em relação a 1967/1969, a LOTCU1992 poderia ter disciplinado apenas um julgamento jurisdicional clássico, histórico, à semelhança das leis orgânicas anteriores, destinado a definir a situação do responsável perante a Fazenda Pública (quite, em débito, ou mesmo em crédito): um julgamento de natureza quase-judicial, procedido no exercício da função responsabilizatória (imputação de dano e obrigação de ressarcimento/aplicação de sanções, pecuniárias e de restrição de direitos).

No entanto, a primeira Lei Orgânica pós-1988, a LOTCU-1992, adotou a concepção da competência nominada na Constituição, literalmente, como "julgar contas",[651] como uma competência para "julgar a regularidade das contas",[652] mantendo o espírito confuso e problemático de 1967/1969, julgando-as, quanto ao "mérito",[653] se são regulares, regulares com ressalva ou irregulares, à semelhança de juízos de auditoria, não judiciais, nem mesmo quase judiciais.

Um modelo cujos problemas já se anunciavam desde o começo dos anos 1970, em casos muito singelos, conforme analisado, e que ainda guarda muitos pontos por esclarecer e muitos problemas a serem mais bem caracterizados, compreendidos e solucionados. Problemas que vêm sendo em parte percebidos e enfrentados, paulatinamente, como se verá.

Nesta seção, analisaremos o processo de organização, exame e julgamento das contas anuais dos administradores,[654] disciplinado na LOTCU-1992 e no Regimento Interno do

---

[651] A Constituição de 1967/1969 mencionava tanto o julgamento das contas quanto o julgamento da regularidade das contas, como expressões de mesmo sentido.

[652] Tribunais de Contas e outras entidades fiscalizadoras superiores examinam e *julgam contas* (demonstrações contábeis e financeiras, sobretudo) para fins de emissão de uma opinião de auditoria, em processos de auditoria, mas, nos casos pesquisados para elaboração desta tese (Portugal, França, Espanha, Itália, Estados Unidos e Inglaterra), não tratam esse processo como um julgamento jurisdicional de contas, função que, quando é exercida, o é no exercício de uma função responsabilizatória (jurisdicional-Intosai), sendo a EFS parte do sistema judiciário (ainda que não integrada à estrutura orgânica do Poder Judiciário). A ideia de julgamento de contas, no Brasil, evoluiu para um julgamento da *prestação de contas* dos administradores e para um julgamento da gestão do administrador, e em *um sentido tão amplo que torna impossível* qualquer tentativa de associá-lo ao exercício de uma função de auditoria em sentido estrito e o transforma em um processo de emissão de um "juízo de valor" sobre a gestão, como havia sido percebido nos debates havidos no Tribunal de Contas da União, em 1974, nos casos examinados anteriormente, com a agravante de que se estendeu para muito além da gestão financeira e orçamentária, alcançando a avaliação de desempenho administrativo e da implementação de projetos e programas governamentais. Essa "singela questão de aparência formal" (julgar contas ou julgar a regularidade das contas? Juízo judiciário ou juízo de auditoria?) levaria ao longo dos anos ao "esquecimento" do sentido do Tribunal de Contas *julgar contas de administradores e demais responsáveis por dinheiros, bens e valores públicos* e, em razão disso, ter sido concebido como uma instituição de feições análogas a de um tribunal do Poder Judiciário.

[653] *Vide* LOTCU-1992: "Art. 10. A decisão em processo de tomada ou prestação de contas pode ser preliminar, definitiva ou terminativa. §1º Preliminar é a decisão pela qual o Relator ou o Tribunal, antes de *pronunciar-se quanto ao mérito das contas* [...]. Art. 11. O Relator / após o que submeterá o feito ao Plenário ou à Câmara respectiva para decisão de mérito. Art. 16. As contas serão julgadas: I – regulares / II – regulares com ressalva / III – irregulares [...]. Art. 20. As contas serão consideradas iliquidáveis quando caso fortuito ou de força maior, comprovadamente alheio à vontade do responsável, tornar materialmente impossível o julgamento de mérito a que se refere o art. 16 desta Lei".

[654] Ver arts. 5º, 6º e 7º da LOTCU-1992: "*Art. 5º* A jurisdição do Tribunal abrange: I – qualquer pessoa física, órgão ou entidade a que se refere o inciso I do art. 1º desta Lei, que utilize, arrecade, guarde, gerencie ou administre dinheiros, bens e valores públicos ou pelos quais a União responda, ou que, em nome desta, assuma obrigações de natureza pecuniária; II – aqueles que derem causa a perda, extravio ou outra irregularidade de que resulte dano

Tribunal de Contas da União de 1993,[655] visando deduzir e analisar o modelo resultante das prescrições de juízos sobre a regularidade das contas estabelecido normativamente e identificar parte de seus problemas.[656]

Continuaremos a denominar esse modelo de "sistema de julgamento de contas", mas antes de passarmos à identificação das percepções iniciais sobre suas características, aprofundaremos a análise sobre os aspectos teórico-profissionais da auditoria de conformidade, que se somam ao referencial sobre auditoria financeira, formando um quadro comparativo do que deveria ser feito com o que, normativamente, está prescrito para se fazer.

3.5 Aspectos teóricos e normativos da auditoria de conformidade

Neste ponto, abordamos a auditoria de conformidade, um dos trabalhos mais realizados pelos Tribunais de Contas e pelos órgãos de controle interno nos processos de contas anuais de administradores.

3.5.1 Auditoria de conformidade e suas variantes: especificidades das EFS com função jurisdicional

Uma auditoria de conformidade, sob o ponto de vista funcional da atuação das EFS, é uma avaliação, independente, conduzida segundo um processo sistemático e normatizado de obtenção e avaliação de evidências que suportem uma conclusão fundamentada sobre o grau em que as atividades, as transações financeiras e as informações de uma entidade do setor público cumprem, em todos os aspectos relevantes, as normas que a regem identificadas como critérios avaliativos.[657]

As conclusões da auditoria podem ser expressas como: a) uma declaração escrita, simples e clara, de opinião sobre a conformidade; b) uma resposta mais elaborada a questões específicas de auditoria.[658]

---

ao Erário; III – os dirigentes ou liquidantes das empresas encampadas ou sob intervenção ou que de qualquer modo venham a integrar, provisória ou permanentemente, o patrimônio da União ou de outra entidade pública federal; IV – os responsáveis pelas contas nacionais das empresas supranacionais de cujo capital social a União participe, de forma direta ou indireta, nos termos do tratado constitutivo. V – os responsáveis por entidades dotadas de personalidade jurídica de direito privado que recebam contribuições parafiscais e prestem serviço de interesse público ou social; VI – todos aqueles que lhe devam prestar contas ou cujos atos estejam sujeitos à sua fiscalização por expressa disposição de Lei [...]. *Art. 6º* Estão sujeitas à tomada de contas e, ressalvado o disposto no inciso XXXV do art. 5º da Constituição Federal, só por decisão do Tribunal de Contas da União podem ser liberadas dessa responsabilidade as pessoas indicadas nos incisos I a VI do art. 5º desta Lei. Art. 7º As contas dos administradores e responsáveis a que se refere o artigo anterior serão anualmente submetidas a julgamento do Tribunal, sob forma de tomada ou prestação de contas, organizadas de acordo com normas estabelecidas em instrução normativa" (Grifos nossos).

[655] RITCU-1993.

[656] Deduz-se da LOTCU-1992 e das demais análises desta seção que o sistema normativo pretende, supostamente, constituir um modelo de julgamento de contas como prolação de juízos de auditoria, formulados ao final de um escorreito processo de auditoria, mas dele resultou, em sua aplicação, um confuso e complexo modelo de juízos de responsabilização associados a juízos de *avaliação de gestão* subsumidos a presumidos juízos de auditoria (contas regulares, regulares com ressalvas, irregulares).

[657] Intosai (*ISSAI 400 – Compliance audit principles*, 2013).

[658] Intosai (*ISSAI 400 – Compliance audit principles*, 2013, p. 2).

Para os fins desta tese, denominaremos de *auditoria de conformidade declaratória*[659] a auditoria que vise a uma declaração de opinião sobre a conformidade do objeto. Denominaremos de *auditoria de conformidade inquiritiva*[660] a auditoria que intenciona responder questões específicas.

Em entidades fiscalizadoras superiores com função jurisdicional (no sentido Intosai), que aqui denominamos função responsabilizatória (ou de responsabilização financeira), existe, conforme a ISSAI 400, "uma importante relação de complementariedade entre essa autoridade jurisdicional e a auditoria de conformidade", pois essa função "requer que a EFS garanta que quem quer que seja responsável pela governança sobre recursos públicos responda por eles e, nesse sentido, esteja sujeito à sua jurisdição".[661]

As Normas para Auditoria de Conformidade da Intosai, a ISSAI 4000, esclarecem que, "no caso de auditorias realizadas pelas EFS com poderes jurisdicionais, o(s) usuário(s) de relatórios de auditoria de conformidade incluem o ministério público ou aqueles responsáveis por lidar com questões de julgamento [responsabilização] na EFS".[662] Assim, segundo essa norma, uma auditoria de conformidade conduzida por uma EFS com poderes jurisdicionais pode concluir sobre a responsabilidade pessoal por atos de não conformidade, "já que decisões finais sobre a responsabilidade pessoal e as sanções são aplicadas em um processo jurisdicional" (responsabilização financeira):

> 223. As EFS com poderes jurisdicionais podem concluir sobre a isenção ou a responsabilidade pessoal por atos de não conformidade. Estas conclusões normalmente são propostas, já que decisões finais sobre a responsabilidade pessoal e as sanções são *aplicadas em um processo jurisdicional*. A responsabilidade pessoal pode ser medida pela extensão da participação da pessoa em uma transação não conforme (ilegal, desnecessária, excessiva, extravagante, desmedida), conforme indicado nos documentos de transações que ela assinou. (Grifos nossos)
> 224. No relatório, o auditor precisa explicar os métodos aplicados para determinar se cada pessoa responsável envolvida na administração, gerenciamento, uso ou controle de recursos ou bens públicos é ou não responsável pelos atos de não conformidade.[663]

O relatório de auditoria deverá, portanto, reportar, entre outros elementos:

> f) operações e procedimentos etc. que são afetados por atos de não conformidade e/ou dos possíveis atos ilícitos. Isto deve incluir, conforme o caso: a descrição do achado e sua causa; o ato jurídico que foi infringido (os critérios de auditoria); as consequências dos atos de não conformidade e/ou dos possíveis atos ilícitos;
> g) as pessoas responsáveis e suas explicações sobre seus atos de não conformidade e/ou possíveis atos ilícitos, quando apropriado;
> h) o julgamento profissional do auditor que determina se há responsabilidade pessoal pelos atos de não conformidade;
> i) o valor da perda, do mau uso ou do desperdício gerado e o montante a ser ressarcido devido à responsabilidade pessoal;

[659] Auditoria de conformidade declaratória (ACD).
[660] Auditoria de conformidade inquiritiva (ACI).
[661] Intosai (*ISSAI 400-Compliance Audit Principles*, 2013, p. 4).
[662] Intosai (*ISSAI 4000-Normas para Auditoria de Conformidade*, 2013, p. 30).
[663] Intosai (*ISSAI 4000-Normas para Auditoria de Conformidade*, 2013, p. 30).

j) quaisquer medidas tomadas por pessoas responsáveis, durante a auditoria, para reparar a perda, o mau uso ou desperdício gerados;
k) os argumentos da administração sobre os atos de não conformidade ou ilícitos.[664]

As auditorias de conformidade conduzidas pelos Tribunais de Contas no Brasil são sempre (ou quase sempre) *auditorias de conformidade inquiritivas*, o que se pode constatar da análise empírica e do documento intitulado *Orientações para Auditoria de Conformidade*,[665] um dos principais documentos normativos do Tribunal de Contas da União.

Nessa norma profissional, não há diretrizes acerca da emissão de uma opinião sobre o grau de conformidade do objeto. As orientações são direcionadas para a elaboração de questões de auditoria:

> I.2 Questões de auditoria.
> 12. O próximo passo é o detalhamento do objetivo da auditoria em questões a serem respondidas. [...] As questões de auditoria devem ser elaboradas de forma a estabelecer com clareza o *foco da investigação* e os limites e dimensões que devem ser observados durante a execução dos trabalhos. [...]
> Exemplos de questões de auditoria:
> • A movimentação dos recursos do convênio foi respaldada por documentos que comprovam a prestação dos serviços/entrega de materiais?
> • A contratação mediante dispensa de licitação se enquadra em uma das hipóteses do artigo 24 da Lei 8.666/93, estando devidamente caracterizada e justificada?
> • As alterações contratuais de objeto e valor guardam conformidade com as condições e limites estabelecidos pela legislação? (Grifos nossos)

Em uma auditoria de conformidade declaratória, conforme a ISSAI 4000,[666] uma opinião não modificada será apropriada "quando não forem identificadas ocorrências relevantes de não conformidade": "Em nossa opinião [o objeto da entidade auditada] está em conformidade, em todos os aspectos relevantes, com [os critérios aplicados]".

A constatação de ocorrências relevantes de não conformidade pode resultar, dependendo da "extensão da não conformidade", em opinião com ressalva ou opinião adversa:

> [...] i. uma opinião com ressalva (se os desvios de conformidade forem relevantes, mas não generalizados):[667]
> "Com base no trabalho de auditoria realizado, constatamos que, exceto por [descrever exceção], o objeto da entidade auditada está em conformidade, em todos os aspectos relevantes, com [os critérios aplicados].", ou ii. uma opinião adversa (se os desvios de conformidade forem relevantes e generalizados):

---

[664] Intosai (*ISSAI 4000-Normas para Auditoria de Conformidade*, 2013, p. 29-30).

[665] TCU (*Orientações para Auditorias de Conformidade*, 2010).

[666] Intosai (*ISSAI 4000-Normas para Auditoria de Conformidade*, 2013, p. 26).

[667] Ver Instrução Normativa-TCU nº 84/2020 (IN 84/2020): "*Efeitos generalizados:* são aqueles que no julgamento do auditor: a) não estão restritos a elementos, contas ou itens específicos das demonstrações contábeis; ou, b) se estiverem restritos, representam, ou poderiam representar, uma parcela substancial das demonstrações contábeis; ou, c) em relação às divulgações, são fundamentais para o entendimento das demonstrações contábeis" (Grifos no original).

"Em nossa opinião, [o objeto] não está em conformidade, em todos os aspectos relevantes, com [os critérios aplicados] ... e os desvios de conformidade são generalizados" [...].

Uma opinião com ressalva ou uma abstenção de opinião podem ser a conclusão de uma auditoria em que ocorreram limitação de escopo, dificuldades ou inviabilidade de obtenção de evidências apropriadas e suficientes:

b) Limitação de escopo. Dependendo da extensão da limitação, isso pode resultar em:
iii. uma opinião com ressalva (se o auditor não conseguir obter evidência de auditoria suficiente e apropriada e os possíveis efeitos são relevantes, mas não generalizados):
"Em nossa opinião, exceto por [descrever exceção], o auditor não conseguiu obter evidência de auditoria suficiente e apropriada e os possíveis efeitos são relevantes, mas não generalizados"., ou
iv. uma abstenção de opinião (se o auditor não conseguir obter evidência de auditoria suficiente e apropriada sobre a conformidade com normas e os possíveis efeitos são relevantes e generalizados):
"Não expressamos uma opinião sobre o objeto. Não conseguimos obter evidência de auditoria suficiente e apropriada para fornecer uma base para uma opinião...".

3.5.2 Auditoria de conformidade como trabalho híbrido de auditoria e responsabilização

A norma da Intosai menciona que decisões finais sobre a responsabilidade pessoal e aplicação de sanções são tomadas em *um processo jurisdicional*, ou seja, um processo distinto do processo de auditoria, que, embora identifique, de forma fundamentada, as pessoas responsáveis por atos não conformes, não é um trabalho destinado à apuração das responsabilidades para fins sancionatórios ou ressarcitórios, o que ocorrerá em outro processo.

Dessa forma, as auditorias de conformidade assumem características ainda mais peculiares.

No Tribunal de Contas de União, as auditorias de conformidade são, normalmente, *auditorias inquiritivas* e, dada a sua estruturação interna, constituem parte de um trabalho de controle externo inominado *sui generis*, de auditoria e responsabilização, que aqui denominaremos de *trabalho híbrido de auditoria e responsabilização* (THAR).

O processo de responsabilização é, em regra, um prolongamento do processo de auditoria,[668] ambos conduzidos pela mesma unidade.

[668] Ver LOTCU-1992: "*Art. 43*. Ao proceder à fiscalização de que trata este capítulo, o Relator ou o Tribunal: / II – se verificar a ocorrência de irregularidade quanto à legitimidade ou economicidade, determinará a audiência do responsável para, no prazo estabelecido no Regimento Interno, apresentar razões de justificativa. Parágrafo único. Não elidido o fundamento da impugnação, o Tribunal aplicará ao responsável a multa prevista no inciso III do art. 58 desta Lei / *Art. 47*. Ao exercer a fiscalização, se configurada a ocorrência de desfalque, desvio de bens ou outra irregularidade de que resulte dano ao Erário, o Tribunal ordenará, desde logo, a conversão do processo em tomada de contas especial, salvo a hipótese prevista no art. 93 desta Lei. Parágrafo único. O processo de tomada de contas especial a que se refere este artigo tramitará em separado das respectivas contas anuais" (Grifos nossos).

Em outros países, como Portugal e Itália,[669] a responsabilização é conduzida pelo Ministério Público junto à Corte de Contas, e não pela unidade de auditoria.

Essa característica é bem evidenciada na norma *Orientação para Auditoria de Conformidade* e em outro documento relevante do Tribunal, denominado *Padrões de Auditoria de Conformidade*,[670] conforme se vê nos seguintes excertos:

> 21. Para os achados que resultem em propostas de audiência ou conversão em tomada de contas especial para fins de citação, é necessário o preenchimento da *Matriz de Responsabilização* [...].
> 44. [...] *A avaliação de culpabilidade e, se for o caso, considerações acerca da punibilidade* (circunstâncias atenuantes ou agravantes e eventual morte do agente, fato este que impossibilita a aplicação de multa) devem ser redigidas com base na Matriz de Responsabilização (Anexo III). [...]
> 53. Na proposta de encaminhamento, quando for aplicável, devem ser formuladas proposições de medidas saneadoras (audiência, citação) e/ou cautelares (afastamento temporário do responsável, indisponibilidade de bens do responsável, arresto de bens do responsável, suspensão de ato ou procedimento) para cada achado de auditoria, decorrentes ou não da investigação de questões de auditoria. (Grifos nossos)

Um caso concreto servirá para evidenciar um THAR.

No Acórdão nº 592/2019-TCU-Plenário, o Tribunal de Contas da União deliberou sobre uma auditoria de conformidade. A auditoria teve por objetivo "fiscalizar a conformidade da cessão, permissão e locação de uso de áreas sob a gestão patrimonial" de uma universidade federal.

Era uma *auditoria de conformidade inquiritiva*, em nossa classificação, realizada para responder às seguintes perguntas principais:

> Há procedimentos na [Universidade] para a outorga de área localizada em bem imóvel sob a sua gestão patrimonial, mediante permissão, cessão ou concessão e esses procedimentos

---

669 *Vide* Itália. Corte dei Conti (*La Corte dei Conti, Uno strumento di difesa insostituibile per i cittaidni*, [s.d.], p. 37): "*Come si svolge il processo di responsabilità? Il processo contabile è un processo di parti (P.M. attore e convenuto/i)* che si svolge innanzi a un giudice terzo e imparziale sulla base dei principi costituzionali che regolano il giusto processo (art. 111 della Costituzione novellato). Compito del giudice è pronunciarsi, al termine del processo, sulla base della domanda del P.M. (citazione in giudizio), per stabilire se sussistano o meno i presupposti per poter pronunciare una sentenza di condanna al risarcimento del danno nei confronti dei convenuti in giudizio. Il processo, che consta di una fase introduttiva scritta e di una fase orale (udienza dibattimentale), è regolato dal principio del contraddittorio, nel senso che ognuna dele parti può svolgere le proprie difese e produrre i mezzi di prova che ritenga opportuni. Il processo in materia di responsabilità amministrativa è disciplinato dal codice di procedura civile, in quanto compatibile, in virtù del rinvio operato dall'art. 26 del r.d. 1214 del 1934" (Grifos nossos). Tradução parafraseada livre: Como se desenvolve o processo de responsabilidade? O processo de responsabilização é um processo entre o Ministério Público (autor) e certos agentes (réus) que se desenvolve perante um juiz, com base nos princípios constitucionais que regem o devido processo legal (art. 111 da Constituição). Cabe ao juiz pronunciar-se, ao final do processo, com base no pedido do Ministério Público, determinar se existem ou não os pressupostos para proferir uma sentença condenatória de indenização contra os réus. O processo, que consiste em uma fase introdutória escrita e uma fase oral (audiência de julgamento), é regulado pelo princípio do contraditório, no sentido de que cada uma das partes pode apresentar suas defesas e produzir os meios de prova que considerar apropriados. Na Itália, a Corte dei Conti é uma jurisdição judiciária especial, mas não é uma organização integrante da estrutura orgânica do Poder Judiciário. O processo de responsabilização se desenvolve como um processo judicial, uma lide, entre o Ministério Público e os agentes públicos passíveis de responsabilização perante a Corte dei Conti.

670 Tribunal de Contas da União. *Padrões de Auditoria de Conformidade*, 2009.

> estão em conformidade com os normativos internos da Universidade e com as normas e jurisprudência que regulam a matéria?
> Há indícios de ocorrência de irregularidades ou práticas antieconômicas na condução dos processos administrativos de outorga de área localizada em bem imóvel sob a gestão patrimonial [...].
> Os recursos arrecadados com as outorgas de áreas localizadas em bens imóveis sob gestão patrimonial da [Universidade], por meio de permissão, cessão ou concessão são contabilizados e aplicados conforme as normas vigestes aplicáveis à espécie?

Ao final, foram reportados dez achados (respostas às questões, ou não), destacados os seguintes:

> Inexistência de normativos internos no âmbito da Pró-Reitoria de Gestão e Governança para regulamentar a outorga de áreas localizadas em imóveis sob a sua gestão patrimonial mediante cessão ou concessão; [...]
> Existência de cessões e permissões [...] realizadas de forma graciosa, sem amparo na legislação ou com valores abaixo dos preços de mercado;
> 7) Existência no Centro de Ciências da Saúde de 35 permissões não supervisionadas pela Divisão de Gestão Patrimonial cujas arrecadações estão sendo efetuadas por fundação privada sem qualificação de fundação de apoio reconhecida pelo MEC; [...].

A equipe de auditoria fez propostas de determinação para correção dos problemas, de recomendação para aprimoramento dos processos[671] e de início de um processo de responsabilização de um agente público, acolhidas pelo Plenário, nos seguintes termos:

> Realizar *audiência*[672] de [agente público], na condição de Superintendente Acadêmica do Centro de Ciências da Saúde [...] para que apresente razões de justificativa para a realização do convênio com a [entidade] cujo objetivo era realizar a arrecadação das taxas de ocupação das áreas situadas em imóveis sobre a gestão do CCS, o que contraria o disposto no art. 1º do Decreto 4.950/2004, pois tais receitas deveriam ser recolhidas por meio do Sistema de Administração Financeira do Governo Federal (Siafi).[673] (Grifos nossos)

O processo de contas anuais é, na essência, um THAR mais complexo, no qual, ao final, o Tribunal, em acórdão, emite um "juízo de regularidade de contas", como

[671] *Acórdão nº 592/2019-TCU-Plenário*: "ACORDAM os Ministros do Tribunal de Contas da União / 9.2. determinar à Universidade / 9.2.1. rever normas internas referentes à gestão de imóveis sob o gerenciamento patrimonial / 9.2.3. adequar os instrumentos legais utilizados para delegar a terceiros a utilização de bens imóveis sob a guarda da Universidade; 9.2.4. buscar o ressarcimento das taxas de ocupação porventura não pagas / 9.3. Recomendar à Universidade / que avalie a conveniência e a oportunidade de: 9.3.2. rever a obrigação de a Divisão de Gestão Patrimonial da Pró-Reitoria de Gestão e Governança monitorar a execução operacional dos contratos de concessão e permissão, transferindo-a para as unidades da Universidade que requisitaram a instalação de serviços prestados por terceiro mediante ocupação de espaço em imóvel da Universidade, com vistas à melhoria da eficiência e eficácia desse monitoramento; [...]".

[672] No Tribunal de Contas da União, audiência é o nome dado ao procedimento de chamamento do agente público ao processo para apresentar "razões de justificativa" (nomenclatura adotada para uma manifestação que pode ser denominada mais amplamente de "defesa") a respeito da imputação de cometimento de infrações que lhe é feita. Isso decorre de decisão do relator do processo ou de um dos colegiados.

[673] Ao final do procedimento de responsabilização, as razões de justificativa do agente público foram acatadas. O Tribunal não o sancionou (Acórdão nº 4.038/2020-TCU-Plenário).

se vê neste excerto do Acórdão nº 2.788/2022-TCU-2ª Câmara, em "processo de contas anuais" de uma empresa pública:

> ACORDAM os Ministros do Tribunal de Contas da União / em:
> 9.6. julgar, com fundamento / irregulares as contas do Sr. *omissis* Diretor-Presidente da empresa, e do Sr. *omissis* Diretor Administrativo e Gerente Jurídico da empresa, no exercício em exame;
> 9.7. aplicar ao Sr. ao Sr., individualmente, a multa prevista no art. 58, incisos I e II, da Lei 8.443/1992 / no valor de R$10.000,00 (dez mil reais), fixando-lhes o prazo de [...].

O processo de contas anuais (julgamento de contas como exercício da função de responsabilização financeira) tornou-se um complexo trabalho híbrido de auditoria e responsabilização. Mas, diferentemente do que ocorre em um processo de auditoria, é voltado precipuamente à emissão de um "juízo de contas" (em vez de opiniões de auditoria), com muitos problemas de coerência e consistência.

Em síntese: o processo anual de contas é um *processo multifuncional*: auditoria, responsabilização e emissão de "juízo de contas sobre a gestão".[674]

Mas nesse processo, precisamente por essas características:

a) quase nunca está presente um trabalho de auditoria apto à emissão de julgamento profissional de auditoria sobre um objeto amplo, razão pela qual não podem ser emitidos juízos dessa qualidade (opiniões de auditoria);
b) quase nunca estão presentes elementos para caracterização da finalidade de um juízo sobre um objeto amplo e não definido intitulado "gestão", razão pela qual se trata de um juízo de valoração pessoal;
c) quase sempre o que discute concretamente é a existência de uma ou mais irregularidades passíveis de sancionamento ou condenação de ressarcimento ao erário, e a isso se acopla um juízo de contas, pela regularidade ou irregularidade das contas, nesse caso, um juízo de "gestão maculada", um juízo de reprovação.

No período pós-Constituição-1988, já bem desenvolvido o movimento da Nova Gestão Pública e chegando ao Brasil as ideias de auditoria de desempenho e accountability pública, inicia-se e se desenvolve aos poucos a concepção do "julgamento de contas" como um processo de accountability muito mais amplo do que o de accountability financeira, associando-se a ele o juízo de contas, um juízo de valor agora mais qualificado e que teria seu valor político-institucional potencializado pelo Inciso I-G da Lei de Inelegibilidades.

Nos anos 2000, o processo ficaria mais complexo. O Tribunal de Contas passaria a ver o processo de contas anuais como um lócus adequado de ampliação da accountability e do sentido de "prestação de contas anual".

---

674 *Vide*, como exemplo de dezenas de casos semelhantes, os seguintes *enunciados da jurisprudência selecionada do Tribunal de Contas da União* (grifos nossos): "A constatação de que o conjunto de ocorrências que motivaram a aplicação de multa em processo de fiscalização é suficiente grave para *macular toda a gestão* do dirigente implica o julgamento pela irregularidade de suas contas ordinárias do exercício correlato". "A aplicação de multa em processo de fiscalização não implica prejulgamento das contas ordinárias, devendo o fato ser considerado no contexto dos *demais atos de gestão* do período envolvido. O Tribunal, verificando que as ocorrências apuradas no processo de fiscalização não se revestem de gravidade suficiente *para macular a gestão* do exercício examinado, julga regulares com ressalva as contas do responsável".

3.6 Aspectos teóricos das entidades fiscalizadoras superiores como integrantes de estruturas, mecanismos e processos de accountability

Accountability é a "palavra da moda da governança moderna". O grande interesse pelo conceito surge no final dos anos 1960 concomitante com a crescente complexidade do governo, em termos organizacionais e de relações com a sociedade, e do conceito de governança, ao qual está associado.[675]

O tema tem sido estudado em vários campos, como ciência política, relações internacionais, psicologia social, direito constitucional, administração geral e Administração Pública, recebendo diferentes abordagens.

Um "consenso conceitual mínimo" compreende que, antes de tudo, accountability tem a ver com "dar respostas" a quem está em posição legítima de demandar explicações, esclarecimentos, justificativas, informações, relatos e demonstrações de cumprimento de responsabilidades, obrigações e deveres.[676] Accountability é, portanto, um conceito relacional, entre quem deve uma resposta e aquele a quem ela deve ser dada.

Assim, accountability pública é concernente a assuntos de interesse público, como o uso de recursos públicos, o exercício dos poderes públicos e a conduta das instituições públicas. Nesse campo, accountability é conceituada como um arranjo institucional que mantém um agente em posição de responder (*accountable*) perante outro agente ou instituição sobre questões e assuntos acerca dos quais possa ser demandado.

Instituições e atores públicos, numa democracia constitucional, podem ser requeridos a dar respostas, prestar contas, a vários fóruns (outros atores e instituições), por diferentes formas e critérios de avaliação, sob, portanto, distintos tipos de accountability, como exemplo: accountabilities política, burocrática (gerencial ou hierárquica) e administrativa.

Na accountability política, as respostas são exigíveis por fóruns políticos: eleitores, membros do Parlamento, partidos políticos. Na accountability gerencial, os fóruns são os escalões hierárquicos e funcionais da organização. A accountability administrativa envolve a relação com outras organizações, como instituições de auditoria, *ombudsman*, inspetorias e agências regulatórias.[677]

---

675 O texto subsequente é derivado dos mesmos autores: Bovens, Schillemans e Goodin (*Proliferation and Fragmentation*, 2014, p. 110).

676 Prestar contas em sentido amplo, dar satisfações.

677 Bovens, Schillemans e Goodin (*Proliferation and Fragmentation*, 2014, *passim*): "The idea of accountability is historically rooted in the practice of book-keeping and in the discipline of accounting (see Bovens 2005; Hayne and Salterio in this volume). Accounting always has a dual meaning: it is about listing and counting important 'things'–possessions, debts, agreements, promises–and about providing an account concerning this count'. [...] The etymological roots of the English concept of 'accountability' stem from the Middle Ages when, as Dubnick (2007) points out, it was first used in its current connotation in the Domesday books by William I in 1085, as a translation for the French expression 'comptes a rendre'. The Domesday books held very accurate accounts of all the possessions of the king, which is to say, everything in his realm. In roughly the same vein, the 13th century French Archbishop of Rouen, Eudes de Rigaud, visited all the religious houses in his jurisdiction and made detailed notes of his findings (Dunbabin 2007; Vincent 2007). In both medieval examples, accountability refers to the counting of possessions and classifying information on the basis of implicit or explicit norms and conventions. In both instances, also, agents were obliged to provide answers to the questions posed to them by the accountants on behalf of their master, be it William I or Eudes de Rigaud. Accountability thus has a relational core to it; it refers to the obligation to provide an account to, usually, a superior or at least someone with a legitimate stake. [...]. The minimal conceptual consensus entails, first of all, that accountability is about providing answers; is about answerability towards others with a legitimate claim to demand an account. Accountability is then a relational concept, linking those who owe an account and those to whom it is owed. Accountability is a relational concept in another sense as well, linking agents and others for whom they perform tasks or who are affected by

Uma relação de accountability nessa perspectiva, como mecanismo social, político e administrativo, compreenderá três condições, também qualificáveis como etapas do processo.

É essencial que o agente esteja obrigado a responder ao fórum sobre sua conduta, provendo informações sobre o desempenho de suas atividades, sobre resultados e procedimentos; o fórum deve ser capaz de questionar o agente sobre a adequação das justificativas e da legitimidade da conduta; e o fórum deve poder emitir um julgamento, como "aprovar uma conta, criticar uma política, ou condenar publicamente o comportamento de uma autoridade ou instituição pública".

Ao emitir uma avaliação negativa, o fórum "frequentemente impõe sanções de alguma espécie sobre o agente.[678] No caso de uma avaliação positiva, o fórum pode elogiar ou premiar o agente".

---

the tasks they perform. This relation is most commonly described in the current literature in terms of agents and principals, although some also speak about accountors and accountees, actors and forums, or agents and audiences. [...] Accountability is furthermore a retrospective–ex post–activity. Finally, accountability is a consequential activity as anyone who is being held accountable may testify–as Behn (2001) says, only a little hyperbolically, 'accountability means punishment'. [...]. Public accountability mainly regards matters of public concern, such as the spending of public funds, the exercise of public powers, or the conduct of public institutions. [...] Thirdly, 'public' can refer to the accounting perspective and standards. Public accountability implies the rendering of account for matters of public interest, i.e. an accounting that is performed with a view to the public interest or to public responsibilities. In this usage, accountability is conceptualized as an institutional relation or arrangement in which an agent can be held to account by another agent or institution [...] When discussing accountability as a social or political mechanism, some further analytical distinctions may be helpful. Account-giving usually consists of at least three elements or stages. First of all, for a relationship to qualify as account-giving, it is crucial that the actor is obliged to inform the forum about his or her conduct, by providing various sorts of information about the performance of tasks, about outcomes, or about procedures. Often (particularly with failures), this also involves the provision of explanations and justifications. Secondly, there needs to be a possibility for the forum to interrogate the actor held to account ex post facto by accountability forums to interrogate the actor and to question the adequacy of the explanation or the legitimacy of the conduct–hence, the close semantic connection between 'accountability' and 'answerability'. Thirdly, the forum may pass judgment on the conduct of the actor. It may approve an annual account, denounce a policy, or publicly condemn the behavior of an official or an agency. In passing a negative judgment, the forum frequently imposes sanctions of some kind on the actor. In case of a positive judgment, the forum may commend or even reward the actor. [...] Public accountability comes in many guises. Public institutions and actors are required to account for their conduct to various forums and in a variety of ways. These dimensions revolve around essential questions to be asked about accountability: who is accountable to whom, for what, by which standards, and why? [...] Public organizations and officials operating in a constitutional democracy find themselves confronting different types of forums and hence different kinds of accountability. These forums generally demand different sorts of information and apply different criteria in assessing what constitutes responsible conduct. [...] When we focus on political accountability, for instance, the account is given in political forums, to voters, members of Parliament and other political representatives, ministers, or political parties. The next type that may be distinguished is bureaucratic or managerial accountability, in which the forum is part of the chain of command within a bureaucratic organization. This is sometimes also called hierarchical accountability. Here the forums involve organizational superiors, all the way up to the management board, the CEO, or the minister. Then there is administrative accountability, where the forums are administrative bodies and regulators, involving courts of audit, ombudsmen, inspectorates, and regulatory agencies. [...] The fourth question regards the standards by which the conduct of the actor is to be judged by the forum. Which substantive standards apply when assessing whether the actor has acted in an acceptable manner? As we have already seen, a large variety of standards is available, depending on role, context, and the nature of the forum. [...] The fifth question is why the actor feels (or indeed is) compelled to render an account. This relates largely to the nature of the relationship between the actor and the forum. Mandatory accountability arises where the forum formally wields power over the actor, perhaps due to a hierarchical relationship between actor and forum. [...] In most cases of legal accountability too, the forum has the formal authority to compel the actor to give account, although based in that case not on a principal–agent (PA) relationship but rather on laws and regulations. [...]".

[678] Um juízo de contas irregulares, por exemplo. Nessa utilização, não há relação com a competência "julgar contas" (responsabilização financeira), autorizada no art. 71, II, da Constituição de 1988.

Posner e Shahan[679] veem as entidades fiscalizadoras superiores como instituições que fazem parte de um sistema de accountability pública. Um sistema que procura assegurar que o governo atenda às expectativas do público quanto a três principais objetivos: que a condução dos programas governamentais observe a legislação aplicável e os valores públicos, assim como a Administração (accountability legal); que os programas governamentais cumpram suas finalidades da forma mais eficiente e efetiva (accountability de desempenho); e que as informações sobre o uso dos recursos públicos sejam prestadas fidedignamente (accountability financeira).

Esses três tipos de accountability – legal, financeira e de desempenho – tornaram-se pontos-chave da administração para gestores e auditores.

Bovens, Goodin e Schillemans[680] ressaltam as diferentes preocupações suscitadas na accountability pública. No campo jurídico, são preocupações sobre a adequação de "um particular mecanismo ou de um específico e concreto processo", a partir das seguintes questões: o fórum é suficientemente independente do agente? Ele tem verdadeiros poderes de inquirição e sanção? O fórum é imparcial e assegura o devido processo?

No campo da ciência política e da Administração Pública, as preocupações concernem aos efeitos que os arranjos de accountability têm no modo como os agentes operam: esses mecanismos aprimoram o controle democrático sobre o Executivo? Eles contribuem para o mecanismo de "freios e contrapesos"? Eles induzem as organizações públicas a melhorarem seu desempenho?

Essas são questões que perpassam as próximas análises.

3.7 LOTCU-1992, processo de contas e os juízos de contas: parte I

No julgamento das contas, conforme a Lei Orgânica, a decisão de mérito é a decisão sobre a regularidade das contas (no caso anteriormente exposto, irregulares), da qual

---

679 Posner e Shahan (*Audit Institutions*, 2014, p. 388): "Audit institutions can be critical to the ability of government and elected officials to gain the confidence and trust of the many publics who look to government to answer numerous needs and demands. These institutions have become even more important as the programs and commitments of government have become more complex and specialized, making it more difficult for media, citizen groups, and elected officials to oversee government without the input of sophisticated audit and other accountability professionals. These agencies are part of a broader set of accountability institutions and actors both within and outside of government that seeks to ensure that government meets the expectations placed on it for three major goals: to ensure that governmental programs and officials comply with applicable laws and values; to provide that government accurately accounts for spending public funds; to guarantee that programs achieve their goals in the most effective and efficient manner. These three types of accountability–legal, financial, and performance–have become the keystones for managers and auditors alike".

680 Bovens, Goodin e Schillemans (*Proliferation and Fragmentation*, 2014, *passim* p. 6-10): "Legal scholars, for example, are interested in the propriety of a particular accountability mechanism or a specific, concrete accountability process: is the forum sufficently independent from the actor? Does it have serious inquisitorial and sanctioning powers? Is the forum impartial, and does it provide due process? [...] Political scientists and public management scholars are more interested in the effects these arrangements have on the way public actors operate. Do they enhance democratic control of the executive? Do they provide for checks and balances? Do they induce public organizations to improve their performance?".

se segue uma decisão sobre a responsabilização do agente cujas contas foram julgadas irregulares (no caso referido, apenação pecuniária).[681] [682]

Segundo a LOTCU-1992, as contas dos administradores (e demais responsáveis)[683] serão submetidas anualmente a julgamento do Tribunal.[684] Para essa finalidade, as unidades administrativas a que se vinculam devem constituir processos, denominados processos de contas, como a tomada de contas (administradores da administração direta) e a prestação de contas (administradores da administração indireta).[685]

Integram o processo de contas anual, como componentes substantivos essenciais, o relatório de gestão e o relatório/certificado de auditoria, "que consignará qualquer irregularidade ou ilegalidade constatada, indicando as medidas adotadas para corrigir as faltas encontradas".[686] [687]

De acordo com a norma e a prática, o processo de exame das contas anuais dos administradores envolve a realização de auditorias (financeira, de conformidade e, também, muitas vezes, operacional) e o exame de um relatório de gestão.

O *sistema de julgamento de contas* é, portanto, bem mais do que um processo de apuração de irregularidades e aplicação de sanções/imputação de débito.

3.7.1 A dissonância lógica entre o ART 16-I e o ART 16-III

Um dos principais aspectos críticos do juízo de contas é a incoerência normativa observada na definição dos critérios.

---

681 *Vide* LOTCU-1992, art. 12: " Verificada irregularidade nas contas, o Relator ou o Tribunal: I – definirá a responsabilidade individual ou solidária pelo ato de gestão inquinado; II – se houver débito, ordenará a citação do responsável para, no prazo estabelecido no Regimento Interno, apresentar defesa ou recolher a quantia devida; III – se não houver débito, determinará a audiência do responsável para, no prazo estabelecido no Regimento Interno, apresentar razões de justificativa; IV – adotará outras medidas cabíveis".

682 A ideia, a concepção histórica, de *julgamento de contas anuais como uma função judiciária*, ou quase-judicial, em que a decisão final de mérito esperada é a definição da situação do agente responsável (tal como qualificado na lei) perante o erário (fazenda pública), quite, em débito ou em crédito, foi perdida.

683 Discutiremos apenas as contas dos administradores, o objeto central do julgamento de contas anual. Não discutiremos aspectos relacionados às "contas dos demais responsáveis" por dinheiros, bens e valores públicos.

684 LOTCU-1992: "Art. 7º As contas dos administradores e responsáveis a que se refere o artigo anterior serão anualmente submetidas a julgamento do Tribunal, sob forma de tomada ou prestação de contas, organizadas de acordo com normas estabelecidas em instrução normativa".

685 Diferenciação que o Tribunal de Contas da União deixou de fazer, a partir de 2020, com a edição da Instrução Normativa nº 84/2020.

686 LOTCU-1992: "Art. 9º Integrarão a tomada ou prestação de contas, inclusive a tomada de contas especial, dentre outros elementos estabelecidos no Regimento Interno, os seguintes: I – relatório de gestão; II – relatório do tomador de contas, quando couber; III – relatório e certificado de auditoria, com o parecer do dirigente do órgão de controle interno, que consignará qualquer irregularidade ou ilegalidade constatada, indicando as medidas adotadas para corrigir as faltas encontradas [...]".

687 Na verdade, a composição das contas anuais (ou prestação de contas, um conceito diferente, mais amplo) é definida e redefinida periodicamente.

3.7.1.1 ART 16-I: o juízo de contas regulares é um juízo de auditoria em um processo de accountability e encerramento do ciclo orçamentário

Conforme o disposto no inc. I do art. 16 da LOTCU-1992,[688] as contas serão julgadas regulares quando expressarem: a) a exatidão dos demonstrativos contábeis,[689] de forma clara e objetiva; e b) a legalidade, a legitimidade e a economicidade dos atos de gestão do responsável.

Para que se possa *emitir um juízo* sobre a regularidade das contas (juízo de contas, o julgar as contas) segundo as perspectivas da "exatidão dos demonstrativos contábeis" e da "legalidade, legitimidade e economicidade dos atos de gestão dos responsáveis", hão que se realizar *auditorias reais*. O Tribunal poderá realizá-las ou valer-se de auditorias realizadas pelo órgão de controle interno (o que é a regra).

O escopo da auditoria de contas[690] deve ser adequado à emissão do juízo requerido pela LOTCU e, portanto, devem ser realizadas auditorias financeira e de conformidade (e, algumas vezes, operacionais), combinadas ou isoladas.

Constituem, portanto, objeto da auditoria de contas anuais (auditoria pertinente às *contas dos administradores*) as demonstrações contábeis e os atos de gestão do administrador, examinados quanto aos aspectos de legalidade, legitimidade e economicidade.

As contas dos administradores[691] são apresentadas anualmente, organizadas de acordo com normas estabelecidas em instrução normativa do Tribunal,[692] e devem abranger "todos os recursos orçamentários e extra-orçamentários". O julgamento das "tomadas ou prestações de contas"[693] deve ocorrer "até o término do exercício seguinte àquele em que tiverem sido apresentadas".

O período abrangido pela auditoria (o exercício financeiro) e a definição de prazos tempestivos de apresentação do processo de contas e de julgamento[694] indicam que subjacente a essa normatização está *a ideia de encerramento do ciclo orçamentário e a perspectiva de accountability*.

A LOTCU-1992 estabelece que a decisão sobre a regularidade das contas (demonstrativos contábeis e atos de gestão) seja coetânea à gestão, e isso deve ter alguma razão forte. E há.

---

[688] Esse dispositivo será referenciado, também, como *ART 16-I*.

[689] Ver Anexo I da IN 84/2020: "*Exatidão das demonstrações contábeis:* representa a confiabilidade das demonstrações contábeis, em seus aspectos materialmente relevantes, de acordo com as normas e os padrões contábeis aplicáveis" (Grifos no original).

[690] Também referida nas normas como "auditoria anual de contas", "auditoria nas contas", "auditoria de contas anuais".

[691] Considerando as análises que são essenciais a esta tese, examinaremos apenas os aspectos atinentes às contas de administradores de unidades da administração direta. Não discutiremos aspectos relacionados a outras categorias de responsáveis por dinheiros, bens e valores públicos.

[692] LOTCU-1992: "Art. 7º As contas dos administradores e responsáveis a que se refere o artigo anterior serão *anualmente* submetidas a julgamento do Tribunal, sob forma de tomada ou prestação de contas, organizadas de acordo com normas estabelecidas em instrução normativa. Parágrafo único. Nas tomadas ou prestações de contas a que alude este artigo devem ser incluídos todos os recursos, orçamentários e extra-orçamentários, geridos ou não pela unidade ou entidade" (Grifos nossos).

[693] A referência, nesse dispositivo, é a "julgamento de tomada ou prestações de contas": julgamento de um processo, não a julgamento de um objeto (contas).

[694] LOTCU-1992: "Art. 14. O Tribunal julgará as tomadas ou prestações de contas até o término do exercício seguinte àquele em que estas lhes tiverem sido apresentadas".

Há aqui pressupostos de accountability dos administradores por seus atos de gestão e pelo reporte adequado da situação financeira-patrimonial da entidade que administram, nos termos do ART 16-I.

O bom funcionamento dos mecanismos de verificação da regular administração dos recursos e do patrimônio públicos[695] (prestação de contas em sentido amplo) depende da tempestividade das auditorias e da apreciação de seus achados e conclusões, uma vez que uma auditoria tem por finalidade produzir informações para diversos públicos,[696] [697] induzir melhorias na gestão e, também, mas não apenas, evidenciar fraudes e ilícitos a serem investigados pelo próprio Tribunal de Contas ou outras instituições, prontamente.[698] [699]

---

[695] Ver TCU (*Novo Modelo de Tomada e Prestação de Contas*, 2019, p. 3; 61): "O processo de prestação de contas anual, constitucionalmente definido, é *um dos principais instrumentos de transparência e accountability da Administração Pública brasileira*, sendo uma das razões de ser do próprio Tribunal. [...] 6. A prestação de contas dos gestores perante o TCU é um instrumento de accountability, avaliação e responsabilização dos agentes públicos pelo uso do poder que lhes é concedido para gerir recursos públicos com o fim de gerar valor público. 7. A prestação de contas tem por objetivo evidenciar a boa e regular aplicação dos recursos públicos federais, bem como o resultado das ações empreendidas pelo gestor para cumprir os objetivos organizações públicas que dirigem, além de propiciar o monitoramento e o controle sobre os atos de gestão dos responsáveis que utilizem, arrecadem, guardem, gerenciem ou administrem dinheiros, bens e valores públicos ou pelos quais a União responda, ou que, em nome desta, assumam obrigações de natureza pecuniária, nos termos do §único do art. 70 da CF/88 c/c art. 16, inciso I, da Lei 8.443/92 e art. 194 do Regimento Interno do TCU" (Grifos nossos). Relatório Novo Modelo de Tomada e Prestação de Contas (NMPC-IN 84).

[696] Conforme Gramling, Rittenberg e Johnstone (*Auditoria*, 2012, p. 6): "A auditoria é frequentemente vista como o exame das demonstrações financeiras de uma empresa. Entretanto, também é um processo que pode ser aplicado em muitas situações distintas, incluindo a avalição da eficiência e eficácia de um processo ou de um departamento, os relatórios financeiros de um órgão público, ou a obediência a normas operacionais de uma empresa ou à regulamentação governamental".

[697] Ver Gramling, Rittenberg e Johnstone (*Auditoria*, 2012, p. 7): "Em termos gerais, a auditoria é um processo de (1) coleta de evidências para comprovar afirmações (geralmente feitas pelos administradores, mas também por outras partes), (2) avaliação dessas afirmações em confronto com critérios objetivos (por exemplo, padrões de controle interno, princípios contábeis aceitos, ou padrões internacionais de divulgação financeira), e (3) comunicação das conclusões da auditoria a partes interessadas (geralmente usuários externos, mas também à administração e a agentes reguladores)".

[698] A demora na emissão do juízo sobre a regularidade das contas corrobora a visão de que esse juízo tem, concretamente, uma natureza de responsabilização, o próprio juízo em si, o de irregularidade, sendo percebido como sanção, censura, juízo de valor negativo da conduta do administrador, com repercussões sobre sua reputação profissional e condições político-eleitorais. Essa é uma *provável razão explicativa* da força que a ideia do julgamento de contas como emissão de um juízo de aprovação (contas regulares) ou rejeição (contas irregulares) ganhou no âmbito dos Tribunais de Contas.

[699] O Regimento Interno do Tribunal de Contas da União prevê a possibilidade de "reabertura das contas" para avaliação da alteração de um juízo de regularidade para um juízo de irregularidade, em razão da constatação de uma ocorrência adversa que não havia sido analisada no momento do julgamento original. *Vide* arts. 206 e 288 do RITCU-2012: "Art. 206. A decisão definitiva em processo de tomada ou prestação de contas ordinária não constituirá fato impeditivo da aplicação de multa ou imputação de débito em outros processos, salvo se a matéria tiver sido examinada de forma expressa e conclusiva, hipótese na qual o seu exame dependerá do conhecimento de eventual recurso interposto pelo Ministério Público. [...] Art. 288. De decisão definitiva em processo de prestação ou tomada de contas, inclusive especial, cabe recurso de revisão ao Plenário [...] dentro do prazo de cinco anos, [...] §2º Em face de indícios de elementos eventualmente não examinados pelo Tribunal, o Ministério Público poderá interpor recurso de revisão, compreendendo *o pedido de reabertura das contas* e o pedido de mérito. §3º Admitido o pedido de reabertura das contas pelo relator sorteado para o recurso de revisão, este ordenará, por despacho, sua instrução pela unidade técnica competente e a conseguinte instauração de contraditório, se apurados elementos que conduzam ao agravamento da situação do responsável ou à inclusão de novos responsáveis. [...]. §6º Se os elementos que deram ensejo ao recurso de revisão *referirem-se a mais de um exercício, os respectivos processos serão conduzidos por um único relator*, sorteado para o recurso". Ou seja, muito embora a ocorrência pudesse ser apurada em processo específico, para fins de eventual responsabilização, a reabertura das contas para que seja apreciada no processo de contas referente ao exercício em que ocorreu serve ao propósito

As auditorias são partes essenciais do *sistema de julgamento de contas* e, retomando a lógica do ART 16-I, *se* elas levarem à conclusão de que se pode afirmar, com razoável segurança, que está demonstrada, "de forma clara e objetiva", a "exatidão dos demonstrativos", assim como "a legalidade, a legitimidade e a economicidade dos atos de gestão examinados", *então* as contas são julgadas regulares[700] (expressão de uma opinião de auditoria não modificada).

Apenas sob essa condição é cabível emitir juízo de "contas regulares" como um "juízo de auditoria", e observando-se o critério definido na LOTCU.

Considerando o ART 16-I, o juízo sobre a regularidade das contas deve ser visto, portanto, como uma opinião (juízo) de auditoria, uma manifestação sobre um universo de atos e fatos, apreendido por um trabalho desenvolvido com método, com uma finalidade clara e preestabelecida: um real trabalho de auditoria.

Nos termos do ART 16-I, esse não é um juízo sobre a legalidade ou legitimidade de um ato isolado. Não é um juízo de culpabilidade. Não é um juízo de valor: se algo é certo ou errado, se é bom ou ruim, se é muito ou pouco, aprovável ou reprovável, conforme parâmetros definidos pelo decisor no momento da emissão de seu juízo.

3.7.1.2 ART 16-III: o juízo de contas irregulares não é um juízo de auditoria em um processo de accountability e encerramento do ciclo orçamentário

A natureza do juízo pela irregularidade das contas, visto isoladamente, é uma incógnita.

Conforme o inc. III do art. 16 da LOTCU,[701] o julgamento pela irregularidade será prolatado quando comprovada a ocorrência de

> ato de gestão ilegal, ilegítimo, antieconômico, ou infração à norma legal ou regulamentar de natureza contábil, financeira, orçamentária, operacional ou patrimonial, por dano ao erário decorrente de ato de gestão ilegítimo ao antieconômico; ou por desfalque ou desvio de dinheiros, bens ou valores públicos.[702]

Sinteticamente, pode-se dizer que o critério de decisão por esse juízo é a ocorrência comprovada de ato irregular,[703] danoso ou não ao erário.

---

de, havendo responsabilização, "julgar irregulares as contas" do responsável. E se a ocorrência tiver repercussão em mais de um exercício financeiro, outras contas serão reabertas e, nesse caso, o processo se complica muito.

[700] Na maior parte das vezes, contudo, o julgamento das contas como regulares ou regulares com ressalva é um julgamento por exclusão: se não se pode julgar irregulares, então se julga como regulares ou regulares com ressalva. Isso ocorre porque o sistema funciona voltado a identificar em contextos selecionados se ocorreram irregularidades e se há irregularidade grave o suficiente para "macular as contas" e conduzir a um julgamento pela irregularidade. Decidir sobre a emissão de um juízo de irregularidade é, na prática, o objetivo final. *O objetivo final induz à estruturação e ao desenvolvimento do processo que antecede a decisão.*

[701] Dispositivo também referenciado como ART 16-III.

[702] Essas situações podem corresponder ao que podemos denominar de "ocorrências adversas".

[703] Ato irregular, ilícito, como categoria que abrange ato de gestão ilegal, ilegítimo, antieconômico; ato qualificado como infração a norma legal ou regulamentar de natureza contábil, financeira, orçamentária, operacional ou patrimonial; ato ilegítimo ou antieconômico de que resulte dano ao erário; desfalque e desvio de dinheiros, bens ou valores públicos.

Da ilicitude de um único ato, como regra, não pode derivar, em trabalhos de auditoria, um juízo sobre um conjunto de atos do qual o ato ilícito é parte.

De uma auditoria sobre um conjunto de elementos (atos de gestão financeira, por exemplo), espera-se uma manifestação fundamentada sobre a extensão da ocorrência de irregularidades, sobre a natureza e materialidade do que se encontrou de irregular, seguida da identificação de possíveis causas e recomendações corretivas e preventivas.[704]

Um juízo dessa natureza deve ser emitido segundo os padrões e normas de auditoria, em condições preestabelecidas em cada contexto específico do ambiente e do objeto auditado. Não deve ser um juízo *ad hoc*.[705]

O critério para prolação do juízo de irregularidade do ART 16-III não corresponde a um juízo que decorre do resultado de um exame abrangente de um objeto complexo (demonstrações financeiras, conjunto dos atos de gestão do administrador, atos de ordenação de despesa etc.).

Lido textualmente, o ART 16-III não expressa um juízo de culpabilidade.

Assemelha-se a um ilógico juízo de valor sobre o todo (irregular, reprovável) a partir da qualidade negativa atribuída a apenas um ou mais de seus elementos.[706]

Considerando o ART 16-I, o julgamento das contas deveria ser, presumidamente, em todas as possibilidades de juízo formal (regulares, regulares com ressalvas, irregulares),[707] um julgamento de auditoria, mas, *normativamente, não* é.

Se a LOTCU definiu claramente no ART 16-I o objeto a ser examinado para fins de prolação de um juízo de regularidade (demonstrações contábeis e atos de gestão), os juízos de regularidade e irregularidade (e o de regularidade com ressalva)[708] deveriam se referir ao mesmo objeto e, também, ser juízos de auditoria sobre a regularidade das contas.

---

[704] Intosai (2013, p. 3): "Em geral, a auditoria do setor público pode ser descrita como um processo sistemático de obter e avaliar objetivamente evidências para determinar se as informações ou as condições reais de um objeto estão de acordo com critérios aplicáveis. A auditoria do setor público é essencial, pois fornece aos órgãos legislativos e de controle, bem como aos responsáveis pela governança e ao público em geral, informações e avaliações independentes e objetivas acerca da gestão e do desempenho de políticas, programas e operações governamentais".

[705] *Vide* sobre a finalidade e a emissão de um juízo de auditoria TCU (2020, p. 11): "O conceito de auditoria não tem sido unânime ou estático no decorrer do tempo, embora algumas definições conhecidas tenham uma aceitação relativamente generalizada. Esse conceito tem evoluído, refletindo não só as mutações ocorridas no desenvolvimento das organizações e na ponderação dos interesses de partes envolvidas, mas também nos objetivos cada vez mais amplos que têm sido estabelecidos para os trabalhos de auditoria. [...] Um conceito de auditoria geralmente aceito, devido à sua amplitude, é o que a define como o exame independente e objetivo de uma situação ou condição, em confronto com um critério ou padrão preestabelecido, para que se possa opinar ou comentar a respeito para um destinatário predeterminado".

[706] *Vide* manifestação do Ministério Público no caso da agência postal, referida anteriormente: "14. Temos [...] *que não basta apreciar-se a situação pessoal* (de quitação, crédito ou débito) de quantos devam prestar contas perante esta Colenda Corte, quer por sua condição de ordenador de despesas, quer por força de ter sob sua responsabilidade a guarda de dinheiros, valores e bens públicos: *impõe-se, ainda*, a formulação de um *juízo de valor sobre o bom e regular emprego destas mesmas contas*" (Grifos nossos).

[707] Não se retira da LOTCU-1992 que o juízo de regularidade das contas é um juízo que define juridicamente a situação do responsável perante a Fazenda Nacional – em débito, quite, em crédito –, como era no período anterior à Constituição de 1967 (Pré-1967), um juízo proferido num julgamento jurisdicional clássico.

[708] LOTCU-1992: "Art. 16. As contas serão julgadas: [...] II – regulares com ressalva, quando evidenciarem impropriedade ou qualquer outra falta de natureza formal de que não resulte dano ao Erário [...]".

3.7.2 As inconsistências normativas, lógicas e conceituais, a mistura de conceitos e procedimentos e as dificuldades de compreensão[709]

Em várias passagens da Lei Orgânica, do Regimento Interno e outros normativos do Tribunal de Contas da União, podem ser observados usos inconsistentes do juízo sobre regularidade de contas (juízo de contas), o que não deveria ocorrer.

A LOTCU-1992 mistura conceitos e procedimentos de processos distintos dentro da ideia geral de "julgar contas": um julgamento jurisdicional e um julgamento de auditoria.[710]

3.7.2.1 A associação do juízo de contas à quitação do débito e à boa-fé

Uma das inconsistências é a continuidade de uma distorção histórica do uso do juízo de contas: sua associação à quitação do débito e à boa-fé.

O julgamento de contas é, sob outros dispositivos da LOTCU-1992, a expressão de um juízo dependente da avaliação de culpabilidade pela ocorrência de irregularidades e do pagamento/não pagamento do débito.

Se constatada uma irregularidade relevante nas "auditorias" realizadas, o juízo sobre a regularidade das contas será proferido após a apuração de responsabilidades.

---

[709] Bittencourt (*Notas sobre o Tribunal de Contas da União*. Ensaios de Administração, [s.d.], p. 89), falando sobre a Lei nº 830, de 1949 (LOTCU-1949), apontava, há algumas décadas, tal como se aponta nesta tese, as deficiências e a necessidade de revisão da lei orgânica: "*Urge uma revisão legislativa sobre a matéria*. Ao mesmo tempo, que se promova o fortalecimento da instituição [Tribunal de Contas], aparelhando-a melhor, a fim de fazê-la sintonizar com o mundo que a envolve. Aparelhá-la melhor significa, aqui, não propriamente dotá-la de mais perfeita instrumentalidade material, nem ampliar-lhe o número de ministros ou auditores, o chamado ministério público ou o corpo instrutivo – queremos dizer que urge, com a atualização do nosso Direito Financeiro, *o reexame da legislação orgânica do Tribunal de Contas*, a fim de expungi-la de impropriedades ou excrescências que a enfeiam e que comprometem a sua eficácia; a fim completá-la; a fim de apresentá-la segundo melhor sistemática e maior rigor terminológico; a fim de conferir-lhe maior solidez jurídica. Confessamos que nos alarma o relativo silêncio em que se vai deixando descansar a atual Lei Orgânica do Tribunal de Contas da União, em seu conjunto, especialmente após a jurisprudência restritiva que a vem afetando".

[710] Sobre os problemas de consistência na LOTCU, *vide* a análise de Rosilho (*Controle da Administração Pública pelo Tribunal de Contas da União*, 2016, p. 106): "As atuais competências da Corte de Contas foram fruto de um processo incremental. O constituinte, calcado em projeto encaminhado pelo próprio Tribunal, usou a base normativa da Constituição de 1967 (relativa ao TCU, evidentemente) para sobre ela fazer ajustes e modificações mais ou menos pontuais. *Criou-se, por conseguinte, um conjunto de normas de diferentes eras*, com características e finalidades distintas, tudo isso sem se aferir se seriam ou não harmônicas entre si e se, no todo, realmente fariam sentido. Muito provavelmente daí advenha a dificuldade de alguns dos servidores do TCU que entrevistei para apontar qual teria sido, na avaliação deles, o projeto do legislador para o TCU. É que aparentemente não houve projeto algum. O órgão foi moldado a partir de retalhos de normas, à luz de problemas e desafios do controle da Administração Pública muito específicos e pontuais, sem uma visão de conjunto ou de contexto. Qual é o risco inerente a essa 'estratégia' de reforma? Principalmente o de falta de sistematicidade, ao qual se seguem o risco de conflitos e de incremento da insegurança jurídica – haja vista a possível falta de clareza das normas e a consequente dificuldade de se compreender o que elas efetivamente pretenderam e o que concretamente autorizam ou proíbem. As perguntas centrais que motivam o presente trabalho ('Quais competências a legislação teria previsto para o TCU?' e 'Quais seriam seus limites?') ganham relevo especial à luz do contexto no qual as normas foram editadas. [...]" (Grifos nossos).

Antes da emissão de um juízo de contas, dá-se início a um procedimento de apuração de responsabilidades, mediante citação ou audiência dos responsáveis,[711] conforme art. 12 da LOTCU:[712]

> Art. 12. Verificada irregularidade nas contas, o Relator ou o Tribunal:
> I – definirá a responsabilidade individual ou solidária pelo ato de gestão inquinado;
> II – se houver débito, ordenará a citação do responsável para, no prazo estabelecido no Regimento Interno, apresentar defesa ou recolher a quantia devida;
> III – se não houver débito, determinará a audiência do responsável para, no prazo estabelecido no Regimento Interno, apresentar razões de justificativa;
> IV – adotará outras medidas cabíveis.

Se rejeitada a defesa, sendo o débito recolhido, não observada outra irregularidade nas contas e reconhecida a boa-fé,[713] o processo estará sanado e, consequentemente, *as contas serão julgadas regulares com ressalva*, conforme o art. 153, §§4º e 5º do Regimento Interno do TCU de 1993 (RITCU-1993):[714]

> Art. 153. Verificada irregularidade nas contas, o Relator ou o Tribunal [...]
> §4º Reconhecida pelo Tribunal a boa-fé, a liquidação tempestiva do débito atualizado monetariamente sanará o processo, se não houver sido observada outra irregularidade nas contas.
> §5º Ocorrendo a situação prevista no parágrafo anterior, o Tribunal julgará as contas regulares com ressalva, dando quitação ao responsável.

Se o débito não for recolhido ou, se recolhido, não for reconhecida a boa-fé, ou, se reconhecida a boa-fé quanto ao débito recolhido, ainda houver irregularidade nas

[711] No âmbito do Tribunal de Contas da União, *citação* e *audiência* são nomes dados aos atos processuais de intimação do responsável para comparecer ao processo e defender-se das imputações gravosas que lhes são feitas. Citação é o nome dado a esse ato quando o responsável é chamado a pagar o "débito" que lhe é imputado ou defender-se da imputação de ter dado causa a dano ao erário, apresentando "alegações de defesa". Audiência refere-se ao chamamento do responsável para defender-se da imputação de cometimento ou envolvimento em irregularidades que não causaram dano ao erário ou que não resultem em imputação de débito, mediante apresentação de "razões de justificativa". O responsável ouvido em audiência pode vir a ser sancionado pecuniariamente ou por meio de restrição de direitos (inabilitação para o exercício de cargos e funções de confiança na Administração Pública Federal).

[712] LOTCU-1992: "Art. 12. Verificada irregularidade nas contas, o Relator ou o Tribunal: I – definirá a responsabilidade individual ou solidária pelo ato de gestão inquinado; II – se houver débito, ordenará a citação do responsável para, no prazo estabelecido no Regimento Interno, apresentar defesa ou recolher a quantia devida; III – se não houver débito, determinará a audiência do responsável para, no prazo estabelecido no Regimento Interno, apresentar razões de justificativa; IV – adotará outras medidas cabíveis. §1º O responsável cuja defesa for rejeitada pelo Tribunal será cientificado para, em novo e improrrogável prazo estabelecido no Regimento Interno, recolher a importância devida. §2º Reconhecida pelo Tribunal a boa-fé, a liquidação tempestiva do débito atualizado monetariamente sanará o processo, se não houver sido observada outra irregularidade nas contas. §3º O responsável que não atender à citação ou à audiência será considerado revel pelo Tribunal, para todos os efeitos, dando-se prosseguimento ao processo".

[713] Outro ponto controverso na processualística do Tribunal de Contas. Pode-se associar o reconhecimento da boa-fé ao reconhecimento da inocorrência de culpa/negligência grave ou erro grosseiro.

[714] Ver art. 153, §§4º e 5º, do Regimento Interno do TCU de 1993 (RITCU-1993): "Art. 153. Verificada irregularidade nas contas, o Relator ou o Tribunal [...] §4º Reconhecida pelo Tribunal a boa-fé, a liquidação tempestiva do débito atualizado monetariamente sanará o processo, se não houver sido observada outra irregularidade nas contas. §5º Ocorrendo a situação prevista no parágrafo anterior, o Tribunal julgará as contas regulares com ressalva, dando quitação ao responsável".

contas; o juízo a ser proferido deverá ser pela irregularidade, uma vez não configurada hipótese de juízo pela regularidade com ressalva.

3.7.2.2 A associação de um juízo presumidamente de auditoria a um julgamento de contas jurisdicional clássico

A Lei Orgânica, ao utilizar termos como "débito", "citação", "saneamento do processo", aborda o julgamento das contas sob a perspectiva histórica, não abandonada pela Constituição de 1988, ao contrário, em que o Tribunal examinava as "contas" do responsável para definir sua situação perante a Fazenda Pública (em débito ou quite),[715] mas adicionava nesse processo a emissão de um juízo sobre regularidade de contas que *não se liga a qualquer fundamento de auditoria.*

3.7.2.3 Uso do juízo de contas irregulares como instrumento de *enforcement* e sancionamento moral

Essa *distorção* verifica-se, entre outros dispositivos, no art. 16, §1º, da LOTCU-1992, quando estabelece que o "Tribunal poderá julgar irregulares as contas no caso de reincidência no descumprimento de determinação de que o responsável tenha tido ciência, feita em processo de tomada ou prestarão de contas".

Um julgamento pela irregularidade das contas sem qualquer vínculo com trabalhos de auditoria. Uma perspectiva de uso do juízo como uma forma de indução ao cumprimento de decisões, com características finalísticas de coerção.

3.7.2.4 A decisão de responsabilização define o juízo de contas

O juízo de responsabilização define o juízo de regularidade de contas: responsabilização efetivada = contas irregulares.

A disciplina da apreciação do processo de contas anuais[716] prescreve que, comprovada uma ou mais irregularidades, o processo de contas prosseguirá com a apuração e definição de responsabilidades, para, depois, definir-se o juízo sobre a regularidade das contas.

A funcionalidade lógica do processo não corresponde à ordem decisória deduzida, à primeira leitura, do disposto no art. 19 da LOTCU-1992:[717]

> Art. 19. *Quando julgar as contas irregulares*, havendo débito, o Tribunal condenará o responsável ao pagamento da dívida atualizada monetariamente, acrescida dos juros de mora devidos, podendo, ainda, aplicar-lhe a multa prevista no art. 57 desta Lei, sendo o instrumento da decisão considerado título executivo para fundamentar a respectiva ação de execução. (Grifos nossos).

---

[715] *Vide* art. 18 da LOTCU-1992: "Quando julgar as contas regulares com ressalva, o Tribunal dará *quitação* ao responsável e lhe determinará, ou a quem lhe haja sucedido, a adoção de medidas necessárias à correção das impropriedades ou faltas identificadas, de modo a prevenir a ocorrência de outras semelhantes" (Grifos nossos).

[716] Processo de contas anuais (PCA).

[717] Decide-se sobre a regularidade das contas (presumido juízo de auditoria, embora não seja); depois, decide-se sobre responsabilização dos agentes públicos.

Parágrafo único. Não havendo débito, mas comprovada qualquer das ocorrências previstas nas alíneas a, b e c do inciso III, do art. 16, o Tribunal aplicará ao responsável a multa prevista no inciso I do art. 58, desta Lei.

O juízo de irregularidade de contas[718] (que não é juízo de auditoria) requer a comprovação de ocorrência de uma ou mais irregularidades. A expressão usada pela lei é "comprovação".[719]

O julgamento das contas anuais toma por base fundamental os trabalhos de auditoria realizados pelo órgão de controle interno, que devem produzir evidências

---

718 Cujas hipóteses de emissão não o caracterizam como juízo de auditoria, mas, antes, como uma espécie de juízo declaratório de ocorrência de situações qualificáveis como "prática de ato de gestão ilegal, ilegítimo, antieconômico, ou infração à norma legal ou regulamentar de natureza contábil, financeira, orçamentária, operacional ou patrimonial".

719 Para que um juízo de contas possa ser emitido baseado na ocorrência de irregularidade, tendo por fundamento preponderante o relatório de auditoria, o órgão de controle interno que a realiza deve reportar irregularidades e ilegalidades comprovadas, e não apenas indícios que demandem apurações específicas. Numa auditoria há, e deve haver, dialética sobre os fatos. Contudo, uma auditoria concebida para emitir-se uma opinião sobre um objeto amplo (auditoria financeira ou auditoria de conformidade declaratória) não incursiona na identificação precisa dos responsáveis e muito menos na obtenção de elementos de prova da culpabilidade (culpa ou dolo), para fins de responsabilização subjetiva. Se, de um lado, numa auditoria realizada com propósito mencionado, não se investiga a culpabilidade no grau necessário para imposição de sanções ao administrador, ou condená-lo a ressarcir prejuízos à Administração, de outro, não se pode promover responsabilização objetiva pelos atos ilícitos e fatos danosos ao erário constatados. Isso se faz em processo voltado à específica apuração dos fatos e responsabilidades, em *outra dinâmica e tempos decisórios* compatíveis com essa finalidade, balizados por institutos processuais, como o princípio do contraditório e da ampla defesa, e as correspectivas fases recursais; a prescrição; e a duração razoável do processo. Desse modo, realizada uma auditoria com o objetivo de emitir opinião (como uma auditoria financeira ou uma ACD), haveria suporte para emissão de um juízo sobre regularidade de contas como um juízo de auditoria, considerados objetivamente os fatos, mas não haveria para emissão de um juízo de responsabilização, que serve a outras finalidades, emitido ao final de um processo que se desenvolve segundo balizas processuais que protegem os direitos individuais. Há trabalhos de auditoria destinados a produzir provas dos fatos e da culpabilidade perante os tribunais: as auditorias forenses (*forensic* auditing) direcionadas a investigações. Segundo Almeida e Taborda (*A auditoria forense*, 2004, p. 3), "está estabelecido que o auditor externo tem por missão fazer uma avaliação de acordo com princípios de auditoria geralmente aceitos, de modo a emitir uma opinião sobre se as demonstrações financeiras foram preparadas de forma consistente com os princípios contabilísticos geralmente aceites. Por seu turno, o auditor forense faz uma abordagem mais pró-activa e céptica no exame dos documentos da empresa. Não faz qualquer assunção relativamente à integridade dos órgãos de gestão e concentra-se na exposição da organização à fraude. Alia conhecimentos de contabilidade, direito, informática, ética e criminologia. [...] A sua função [auditoria forense] é a de *descobrir indícios de fraude e proceder a uma investigação, de forma a apresentar provas em tribunal*. O auditor forense sabe como olhar por detrás das demonstrações financeiras, descobrir irregularidades e analisar a realidade do negócio da empresa investigada" (Grifos nossos). O Government Accontability Office (GAO), dos Estados Unidos, adota o termo "forensic auditing" (auditoria forense) numa acepção de investigação sistêmica: "We define a forensic audit as a systematic evaluation of the effectiveness of internal controls over a program, process, or policies and procedures. Forensic audits identify ineffective controls and vulnerabilities and use data mining and investigations to expose areas of fraud, waste, abuse, and security vulnerabilities to show the effect of inadequate controls". Uma de suas unidades realiza esse tipo de auditoria, também realizada para investigações especiais: "[...] the Forensic Audits and Investigative Service (FAIS) team, which focuses on the identification and prevention of fraud, waste, and abuse across the federal government. FAIS is unique within GAO because in addition to auditors and analysts, it includes a team of criminal investigators that perform special investigations and security assessments. FAIS also maintains FraudNet, an online system where federal employees, contractors, and members of the general public can report allegations of fraud, waste, abuse, or mismanagement of federal funds. Reports FAIS's work includes three main types of assessments" (GAO, *GAO's Forensic Audits and Investigative Service Team*, 2014). As auditorias de contas, ou auditorias de gestão, como já foram nominadas, não eram auditorias financeiras nem auditorias de conformidade declaratória, destinadas à emissão de opiniões de auditoria. Tampouco podiam e podem ser qualificadas como auditorias forenses, investigativas. A maior parte de uma auditoria das contas pode ser descrita como um conjunto de auditorias de conformidade inquiritivas voltadas, também, a verificar se há irregularidades no objeto escolhido para exame e identificação dos responsáveis. Muitas vezes, o que se faz são simples averiguações, que não poderiam ser nominadas de auditorias.

sobre ocorrência de irregularidades e identificar os responsáveis;[720] [721] trabalhos que podem ser complementados por inspeções e diligências do Tribunal.

Em casos de constatação de irregularidade nas contas, previamente ao julgamento do processo, a LOTCU demanda a citação ou audiência do administrador e eventuais outros agentes, e, assim, insere no processo de contas, que até esse ponto era um presumido processo de auditoria, um processo de responsabilização.

O processo de contas torna-se um processo híbrido de auditoria e de responsabilização[722] e, também, dada a percepção que se tem sobre o administrador cujas contas são reprovadas (julgadas irregulares), um processo de sancionamento moral, com repercussões político-eleitorais (Inciso I-G da Lei de Inelegibilidade) e profissionais (eventual proibição de assunção de funções e cargos comissionados).

A citação e a audiência não são chamamentos de auditoria, para esclarecimento de fatos e complementação de evidências. São instrumentos processuais movimentados visando à responsabilização de agentes públicos, essencialmente.

Nesse processo de responsabilização, a defesa apresentada pelo administrador pode ser acatada, se conseguir infirmar a própria constatação de ocorrência ilícita ou a culpa que lhe foi atribuída.

Dessa forma, é a decisão que será tomada sobre a responsabilização do administrador por uma ou mais irregularidades que definirá o juízo de regularidade sobre as contas:[723]

a) se rejeitada a defesa sobre uma imputação de dano ao erário, por exemplo, a consequência será a condenação do responsável a ressarcir o erário[724] e o

---

[720] LOTCU-1992: "Art. 9º [...] II – relatório e certificado de auditoria, com o parecer do dirigente do órgão de controle interno, que consignará qualquer irregularidade ou ilegalidade constatada, indicando as medidas adotadas para corrigir as faltas encontradas [...]".

[721] Ver IN 63/2010: "Art. 13. [...] §3º Os relatórios de auditoria de gestão emitidos pelos órgãos de controle interno devem ser compostos dos achados devidamente caracterizados pela indicação da situação encontrada e do critério adotado e suportados por papéis de trabalho, mantidos em arquivos à disposição do Tribunal. §4º Os documentos a que se referem os incisos V, VI e VII deste artigo, se opinarem pela regularidade com ressalvas e irregularidade das contas dos responsáveis, devem indicar os fatores motivadores para cada responsável".

[722] Ver relatório NMPC-IN 84: "26. O processo de prestação de contas anuais é sui generis. Apesar de herdado da cultura portuguesa e francesa, com o passar dos anos, houve um distanciamento de tal modo que *não há informação sobre um modelo idêntico ao brasileiro*, sendo necessário esclarecer as três etapas do processo" (TCU, *Novo Modelo de Tomada e Prestação de Contas*, 2019, p. 11; 61).

[723] Nesse ponto, é preciso destacar que o objeto "contas" sobre o qual se emite um juízo de regularidade, regularidade com ressalva ou irregularidade é algo que deve ser identificado em cada caso. Embora materialmente constituída por um conjunto de "peças", como um relatório de gestão e um relatório de auditoria, as "contas", sujeitas à emissão de um juízo de regularidade, não são essas peças processuais. O juízo sobre a regularidade das contas é um juízo emitido acerca dos objetos auditados que compõem a auditoria das contas anuais: as demonstrações financeiras, os atos de gestão do administrador (quanto à legalidade, legitimidade e economicidade), os processos licitatórios, os processos e transferências de recursos, entre tantos outros, como será visto. A maior parte de uma auditoria das contas, como dissemos, pode ser descrita como um conjunto de auditorias de conformidade inquiritivas voltadas, também, a verificar se há irregularidades no objeto escolhido para verificação e quem são os responsáveis. Veremos que o processo de contas foi incorporando uma miríade de questões sujeitas a aprofundamento, com perda de foco, *tornando quase impossível o claro entendimento sobre o que se estava decidindo* para fins de um julgamento de regularidade de contas, de forma que o que realmente se fazia, com clareza, era definir a responsabilização, anos depois do exercício financeiro de referência, e juntar a ela um juízo de regularidade com ressalva, se responsabilização não houvesse, ou de irregularidade, se fosse imputado dano ao erário ou aplicada multa ao administrador.

[724] Expressões usadas pela LOTCU como "havendo débito" e condenação ao "pagamento da dívida" são mais afeitas ao que se fazia no período Pré-1967: apurar a situação do responsável perante a Fazenda Nacional (quite, em débito ou em crédito), mediante um processo de qualificação de certos atos e situações como créditos e débitos que pagadores, ordenadores de despesas, arrecadadores, entre outros responsáveis, teriam perante a Fazenda. Como se vê no art. 16, III, da LOTCU, o que leva à irregularidade de contas são ocorrências de dano ao erário, de

subsequente juízo de "contas irregulares", como "juízo sobre a regularidade das contas";

b) se acatada a defesa apresentada, no que respeita aos fatos, à culpa ou a ambos, não havendo aplicação de sanção, o juízo será de "contas regulares com ressalva", como regra.

Em uma situação de emissão de uma opinião de auditoria, um juízo seria emitido não em razão da culpabilidade do administrador, mas da relevância e da materialidade dos achados, conforme o planejamento da auditoria. A esse respeito, veja-se, novamente, o propósito da auditoria formulado na Declaração de Lima:[725]

> A auditoria não é um fim em si, e sim um elemento indispensável de um sistema regulatório cujo objetivo é revelar desvios das normas e violações dos princípios da legalidade, eficiência, eficácia e economia na gestão financeira com a tempestividade necessária para que medidas corretivas possam ter tomadas em casos individuais, para fazer com que os responsáveis por esses desvios assumam a responsabilidade por eles, para obter o devido ressarcimento ou para tomar medidas para impedir – ou pelo menos dificultar – a ocorrência dessas violações.

Realizada a primeira aproximação do tema, passamos à evolução das normas mais específicas.

3.8 O sistema de contas: fases 1 e 2

Conforme o art. 9º da LOTCU-1992, os elementos das tomadas ou prestações de contas anuais dos administradores e demais responsáveis, além dos estabelecidos nela própria, serão definidos no regimento interno do Tribunal. No RITCU-1993,[726] a organização dos processos de contas foi remetida a instruções normativas (IN).[727]

Desde então, foram editados vários atos dessa natureza. As mais relevantes instruções normativas são: IN-TCU nº 6/1994, IN-TCU nº 12/1996, IN-TCU nº 47/2004, IN-TCU nº 57/2008, IN-TCU nº 63/2010 e a IN-TCU nº 84/2020, que será objeto de análise específica,[728] na seção Sistema de Contas – Fase 3.

---

forma que a expressão mais consentânea seria "condenar o responsável a ressarcir o erário". Isso apenas revela as contradições e incoerências resultante de uma normatização que sob a ideia de "julgamento de contas" reuniu processos de natureza muito distintas: auditorias, responsabilização por infrações gerais, julgamento de contas estrito senso (apuração de débitos e créditos em face da Fazenda Pública) e avaliação de gestão, ao final dos quais se prolata um juízo de regularidade de contas *cujo significado já não se consegue mais compreender*, para além de uma formula linguística pela qual se expressa que uma ou mais irregularidades graves foram constatadas na gestão. Uma fórmula que não deveria ter valor jurídico por si mesma.

725 Intosai (*40 years of Lima Declaration of INTOSAI*, 2017). E, ainda, Intosai (*Declaração de Lima sobre Diretrizes para Preceitos de Auditoria*, 1977).

726 "Art. 144. As contas dos administradores e responsáveis a se refere o artigo anterior serão submetidas a julgamento do Tribunal, sob a forma de tomada ou prestação de contas, organizadas de acordo com normas estabelecidas em instrução normativa" (Tribunal de Contas da União. *Regimento Interno do Tribunal de Contas da União*. Aprovado pela Resolução Administrativa nº 15, de 15 de junho de 1993).

727 Ato normativo do Tribunal que disciplina "matéria que envolva pessoa física, órgão ou entidade sujeita" à sua jurisdição (RITCU-1993, art. 80, I).

728 Por simplificação e para evitar muitas repetições, essas instruções serão referidas como IN 6/1994, IN 12/1996, IN 47/2004, IN 57/2008, IN 63/2010 e IN 84/2020, ou apenas IN 6, IN 12 etc.

Normalmente, as instruções normativas contêm disposições sobre prazos[729] de apresentação dos processos de contas, rol dos responsáveis cujas contas estariam sob exame e futuro julgamento e rol dos elementos que devem, nos termos do art. 9º da LOTCU-1992, integrar os processos de tomada e prestação de contas: o relatório de gestão e o relatório de auditoria (auditoria de gestão), principalmente.

Esses conceitos vêm sendo definidos e redefinidos nas sucessivas instruções normativas, como pode ser visto na IN 47/2004:

a) processo de contas: processo de trabalho do controle externo destinado a *avaliar a conformidade e o desempenho da gestão* dos administradores e demais responsáveis com base em um conjunto de documentos, informações e demonstrativos de natureza contábil, financeira, orçamentária, operacional ou patrimonial (DCFOP),[730] obtidos direta ou indiretamente;[731]

---

[729] Na primeira instrução normativa estudada, a IN 6/1994, o prazo para apresentação dos processos de contas foi fixado em 120 dias após o final do exercício: "Art. 2º Salvo disposição legal ou regulamentar do Tribunal em contrário, os processos de tomada e prestação de contas deverão ser apresentados ao Tribunal no prazo máximo de cento e vinte dias, contados da data do encerramento do correspondente exercício financeiro, exceto quanto às entidades da administração indireta, incluídas as fundações e sociedades instituídas e mantidas pelo Poder Público Federal, que disporão de até cento e cinquenta dias para a apresentação de suas contas. [...] Art. 7º O Tribunal julgará as tomadas e prestações de contas até o término do exercício seguinte àquele em que estas lhe tiverem sido apresentadas. Parágrafo único. *Suspende-se o prazo* estipulado no "caput" deste artigo se configurada qualquer uma das seguintes situações: I – quando do exame do processo resultar inspeção; II – *quando se encontrar tramitando no Tribunal processo* de denúncia, representação, inquérito, inspeção, auditoria e outros *cuja decisão a ser proferida possa vir a afetar o julgamento de mérito das respectivas contas*; III – quando o Tribunal entender necessário sobrestar no julgamento o processo de tomada e prestação de contas" (Grifos nossos). No Tribunal de Contas da União, é muito comum o sobrestamento da instrução e a apreciação dos processos de contas anuais enquanto se aguarda uma decisão sobre apuração de irregularidades em andamento em outros processos, pois uma decisão no sentido de imputar responsabilidade a alguma pessoa incluída no rol de responsáveis das contas anuais pode vir a influenciar o juízo sobre a regularidade das contas. Essa é uma demonstração normativa de que o juízo de regularidade de contas ganhou autonomia: independentemente de qualquer manifestação de auditoria já proferida no processo, de já se ter promovido responsabilização por irregularidades, em outros processos, ainda haveria que se considerar as já apuradas, trazendo-as para o processo de contas, de forma a decidir o "mérito das contas": regulares ou irregulares, que, efetivamente, sob essas formulações, correspondem a "juízos de valor sobre a gestão" ou, na maior parte dos casos, a "juízos de valor sobre a conduta individual". *Vide*, como exemplo da autonomia desse juízo, o art. 12, parágrafo único, da Resolução-TCU nº 344, de 11.10.2022, que regulamenta, no âmbito do Tribunal de Contas da União, a prescrição para o exercício das pretensões punitiva e de ressarcimento: "Art. 12. *O reconhecimento da prescrição* da pretensão punitiva e da pretensão ressarcitória, a despeito de obstar a imposição de sanção e de reparação do dano, *não impede o julgamento das contas*, a adoção de determinações, recomendações ou outras providências motivadas por esses fatos, destinadas a reorientar a atuação administrativa. Parágrafo único. O julgamento das contas na hipótese do caput deste artigo somente ocorrerá quando o colegiado competente reconhecer a relevância da matéria tratada, a materialidade exceder em 100 vezes o valor mínimo para a instauração de Tomada de Contas Especial e já tiver sido realizada a citação ou audiência". Segundo essa norma, ainda que não seja possível dar prosseguimento ao processo de contas anuais ou de tomada de contas especial com o objetivo de promover qualquer responsabilização financeira, ressarcitória ou sancionatória, o processo prosseguiria para o "julgamento das contas". Evidência maior de como o "juízo de contas" ganhou autonomia, como um juízo de valor moral e declaratório de ocorrência de irregularidade relevante, "capaz de macular as contas", identificada no conjunto de coisas que foi examinado. *Uma grande distorção* do sentido do "julgar contas" como função judiciária, surgida 50 anos antes, como se viu, e ainda presente no modo de atuar dos tribunais de contas em todo o país.

[730] Mencionados doravante, também, pela sigla DCFOP.

[731] Esse conceito foi alterado pela IN 63/2010: "Art. 1º [...] I. processo de contas: processo de trabalho do controle externo, destinado a avaliar e *julgar o desempenho* e a conformidade da gestão das pessoas abrangidas pelos incisos I, III, IV, V e VI do art. 5º da Lei nº 8.443/92, com base em documentos, informações e demonstrativos de natureza contábil, financeira, orçamentária, operacional ou patrimonial, obtidos direta ou indiretamente" (Grifos nossos).

b) processo de contas ordinárias (PCO):[732] [733] processo de tomada ou prestação de contas organizado anualmente pelas unidades jurisdicionadas cujos responsáveis estão sujeitos à obrigação prevista no art. 70, parágrafo único, da Constituição Federal;[734]
c) processo de tomada de contas: processo de contas relativo à gestão dos responsáveis por unidades jurisdicionadas da administração federal direta;
d) processo de prestação de contas: processo de contas relativo à gestão dos responsáveis por unidades jurisdicionadas da administração federal indireta e daquelas não classificadas como integrantes da administração direta federal.

O relatório de gestão foi conceituado pela IN 58/2007:[735]

> Conjunto de documentos, informações e demonstrativos de natureza contábil, financeira, orçamentária, operacional ou patrimonial relativos à gestão dos responsáveis por uma ou mais unidades jurisdicionadas, organizado de forma a possibilitar a visão sistêmica da conformidade e do desempenho desta gestão.[736]

O conceito de auditoria anual de gestão pode ser encontrado no *Manual de Auditoria Anual de Contas*, do Ministério da Transparência e Controladoria-Geral da União:

> Uma auditoria anual de contas é uma "auditoria de caráter anual que tem por objetivos: *avaliar os principais resultados alcançados*, com ênfase na eficácia, eficiência e economicidade da gestão dos programas de governo (ou equivalentes) pela unidade auditada; informar e destacar as boas práticas administrativas e seus impactos no desempenho da unidade e destacar as falhas que impactaram o atingimento dos resultados, informando as providências corretivas necessárias, as que estão em andamento e/ou previstas". (Grifos nossos)

3.8.1 Duas abordagens iniciais relevantes

No processo de contas anuais, dois elementos são fundamentais: quem deverá apresentar contas e o que deverá ser apresentado.

3.8.1.1 O rol de responsáveis: inviabilidade de um rol extenso

Na primeira instrução normativa, IN 6/1994, foram arrolados como responsáveis apenas o *dirigente máximo* da unidade gestora e o responsável por atos de admissão de pessoal e de concessões de aposentadorias, reformas e pensões.[737]

---

[732] Conceito alterado pela IN 63/2010: "processo de contas ordinárias: processo de contas referente a exercício financeiro determinado, constituído pelo Tribunal segundo critérios de risco, materialidade e relevância".

[733] Utilizaremos também o termo "processo de contas anuais" (PCA).

[734] "Art. 70 [...] Parágrafo único. Prestará contas qualquer pessoa física ou jurídica, pública ou privada, que utilize, arrecade, guarde, gerencie ou administre dinheiros, bens e valores públicos ou pelos quais a União responda, ou que, em nome desta, assuma obrigações de natureza pecuniária".

[735] No inc. IV do art. 1º.

[736] O relatório de gestão evolui para o relatório integrado.

[737] Ver IN 6/1994: "Art. 10. Serão arrolados como responsáveis no referido sistema: I – o titular de unidade gestora em cada um dos Poderes da União; II – o dirigente máximo de autarquia, de sociedade e fundação instituída e mantida pelo Poder Público Federal e respectivos membros da diretoria e do conselho deliberativo; III – o dirigente máximo de empresa pública, sociedade de economia mista, empresa controlada direta ou indiretamente pela

Esse rol seria bastante ampliado na instrução normativa seguinte, a IN 12/1996,[738] indicando a intenção do Tribunal de estender a abrangência de seu exame e julgamento de contas a responsáveis historicamente sujeitos a um julgamento jurisdicional clássico, como exemplo: o ordenador de despesas; o ordenador de restituição de receitas; o encarregado do setor financeiro ou outro corresponsável por atos de gestão; o encarregado do almoxarifado ou do material em estoque; o encarregado do depósito de mercadorias e bens apreendidos.

A *IN 47/2004* ampliou um pouco mais o rol de responsáveis, para abranger um espectro maior de reponsabilidades por dinheiros, bens e valores públicos.[739] No art. 12,[740] especificou as pessoas a serem arroladas nos processos de contas, segundo a natureza de suas responsabilidades, um rol bem mais extenso do que aquele da instrução normativa de 1994. Destacamos as principais inclusões:

a) dirigente de unidade administrativa ou gerente responsável pela gestão de programa governamental;
b) dirigente de unidade administrativa ou gerente responsável pela gestão patrimonial;
c) dirigente de unidade administrativa ou gerente responsável pela gestão de valores mobiliários da União;
d) responsável pela definição de critérios de distribuição, pela aprovação de plano de trabalho e pela aprovação das prestações de contas de recursos concedidos

União e respectivos membros da Diretoria, do Conselho de Administração e do Conselho Fiscal, quando houver; IV – dirigentes nacional e regional dos Serviços Sociais Autônomos; V – dirigentes máximos das entidades federal e regional de fiscalização do exercício das profissões liberais; VI – o responsável por atos de admissão de pessoal e de concessões de aposentadorias, reformas e pensões [...]".

738 IN 12/1996: "Art. 10. Serão arrolados como responsáveis no sistema previsto no artigo anterior, quando cabíveis: I – o ordenador de despesas; II – o ordenador de restituição de receitas; III – o dirigente máximo; IV- o dirigente máximo do órgão ou entidade supervisora; V – o dirigente máximo do banco operador; VI – os membros da diretoria; VII – os membros dos órgãos colegiados responsáveis por atos de gestão, definidos em lei, regulamento ou estatuto; VIII – os membros dos conselhos de administração, deliberativo ou curador e fiscal; IX – o encarregado do setor financeiro ou outro co-responsável por atos de gestão; X – o encarregado do almoxarifado ou do material em estoque; XI – o encarregado do depósito de mercadorias e bens apreendidos; XII – os membros dos colegiados do órgão ou entidade gestora [...]".

739 Para que todo o processo fosse consistente, da elaboração das peças ao julgamento segundo os critérios do art. 16 da LOTCU-1992, as auditorias de contas teriam que abranger muito mais objetos, e a instrução processual no Tribunal de Contas da União haveria que ser racionalizada, processada em partes.

740 IN 47/2004: "Art. 12. Serão arrolados nos processos de contas os titulares e seus substitutos que desempenharem, durante a gestão de que trata as contas, as seguintes naturezas de responsabilidade, se houver: I – dirigente máximo da unidade jurisdicionada de que trata as contas; II – dirigente máximo de unidade administrativa consolidada ou agregada às contas; III – dirigente máximo de órgão ou entidade supervisora ou gestora; IV – dirigente máximo de banco operador; V – membro de diretoria; VI – membro de órgão colegiado, que por definição legal, regimental ou estatutária, seja responsável por atos de gestão; VII – membro de conselho de administração, deliberativo, curador ou fiscal; VIII – membro de colegiado de órgão ou entidade supervisora ou gestora; IX – dirigente de unidade administrativa ou gerente responsável pela gestão de programa governamental definido no Plano Plurianual ou na Lei Orçamentária Anual; X – responsável pela definição de critérios de distribuição, pela aprovação de plano de trabalho e pela aprovação das prestações de contas de recursos concedidos mediante convênio, acordo, ajuste, termo de parceria ou outro instrumento de execução indireta ou descentralizada; XI – dirigente de unidade administrativa ou gerente responsável pela gestão patrimonial; XII – dirigente de unidade administrativa ou gerente responsável pela gestão de valores mobiliários da União; XIII – ordenador de despesas; XIV – ordenador de restituição de receitas; XV – encarregado pelo controle de operações de crédito, avais, garantias e direitos da União; XVI – encarregado da gestão orçamentária e financeira ou outro co-responsável por atos de gestão; XVII – encarregado de arrecadação de receitas; XVIII – encarregado de almoxarifado ou de material em estoque; e XIX – encarregado de depósito de mercadorias e de bens apreendidos".

mediante convênio, acordo, ajuste, termo de parceria ou outro instrumento de execução indireta ou descentralizada;

e) encarregado pelo controle de operações de crédito, avais, garantias e direitos da União;

f) encarregado de arrecadação de receitas;

g) encarregado de depósito de mercadorias e de bens apreendidos.

Embora essas instruções normativas intencionassem, de fato, colocar sob o escrutínio anual do TCU agentes públicos que, nos termos da Constituição de 1988, fossem os mais relevantes do conjunto dos "administradores e demais responsáveis por dinheiros, bens e valores públicos", pode-se dizer que:

a) seria impossível examinar o conjunto de atos atribuíveis a cada um deles, em cada unidade administrativa, com vistas a avaliar a regularidade/irregularidade, e, consequentemente, num juízo jurisprudencial clássico, apontar a existência de débito ou necessidade de sancionamento;

b) para muitos deles, não faria muito sentido realizar auditorias para fins de emissão de um juízo de auditorias (encarregado de depósito de mercadorias).

No entanto, *a emissão de um juízo valorativo sobre a gestão,*[741] a partir da identificação de irregularidades atribuíveis a um ou mais responsáveis,[742] *seria algo plausível* e não tão difícil de se fazer a título de julgamento de contas, com base no art. 16, III, "b" (prática de ato de gestão ilegal, ilegítimo, antieconômico, ou infração à norma legal ou regulamentar de natureza contábil, financeira, orçamentária, operacional ou patrimonial), principalmente, e "c" (dano ao erário decorrente de ato de gestão ilegítimo ou antieconômico).

O rol de responsáveis voltaria a ser reduzido com a *IN 57/2008*:

> Art. 10. Serão considerados responsáveis pela gestão os titulares e seus substitutos que desempenharem, durante o período de que tratam os relatórios de gestão e os processos de contas ordinárias, as seguintes naturezas de responsabilidade, se houver:
> I. *dirigente máximo da unidade jurisdicionada que apresenta as contas* ao Tribunal;
> II. membro de diretoria;
> III. membro de órgão colegiado que, por definição legal, regimental ou estatutária, seja responsável por atos de gestão.

---

[741] Relembre-se a finalidade institucional declarada para um processo de contas: "processo de contas: processo de trabalho do controle externo destinado a *avaliar a conformidade e o desempenho da gestão dos administradores* e demais responsáveis com base em um conjunto de documentos, informações e demonstrativos de natureza contábil, financeira, orçamentária, operacional ou patrimonial" (Grifos nossos).

[742] Veja-se, como corroboração dessa análise, a orientação expedida no art. 13 da IN 47/2004 à CGU sobre o conteúdo do relatório de auditoria de gestão: "Art. 13 [...] §3º Os relatórios de auditoria de gestão emitidos pelos órgãos de controle interno devem ser compostos dos achados devidamente caracterizados pela indicação da situação encontrada e do critério adotado e suportados por papéis de trabalho [...] §4º. Os documentos a que se referem os incisos V, VI e VII deste artigo [certificado e parecer de auditoria], *se opinarem pela regularidade com ressalvas e irregularidade das contas dos responsáveis, devem indicar os fatores motivadores para cada responsável*".

3.8.1.2 O juízo de contas como um juízo sobre a gestão: a visão do processo de contas como um processo de avaliação do desempenho da gestão dos dirigentes

Nesse caso, a visão do Tribunal sobre o agente público que deveria ser o responsável primário de um exame de contas anuais mudava completamente, aproximando o julgamento das contas de um processo de auditoria de gestão: apenas os responsáveis máximos pela gestão da unidade administrativa.[743]

Se, por um lado, essa mudança se mostrasse necessária para viabilizar reais processos analíticos de exame e julgamento de contas (qualquer que fosse o tipo de trabalho que se realizasse a esse título sob pretensão de conduzir a um julgamento de contas na forma do art. 16 da LOTCU-1992), por outro, ela retirava desse processo aqueles que lidavam mais de perto com a saída e a entrada de recursos públicos nos cofres governamentais e com a guarda de bens e valores públicos, aos quais melhor se aplicava um julgamento jurisdicional clássico (que se vê em países como Itália e França, além de Portugal e Espanha).

Subjacente à mudança, *uma concepção de processo de contas anuais mais focado na avaliação da gestão*[744] *e, portanto, no corpo dirigente.*

Essa mudança, contudo, somente era viável porque a ideia do que era um "julgamento de contas" havia se transformado: de uma decisão judiciária sobre a situação do responsável perante o erário (quite ou em débito) para o proferimento de um "juízo sobre a gestão",[745] sob a forma de juízo de "contas regulares ou contas irregulares", contas "não maculadas" e "contas maculadas".

Se cabia fazer um "juízo sobre a gestão", cabia estruturar um processo de contas voltado ao exame da gestão, na forma definida na IN 47/2004: processo de contas como um processo de trabalho do controle externo destinado a *avaliar a conformidade e o desempenho da gestão.*

Como essa nova visão poderia ser compatível com um modelo de julgamento de contas calcado na emissão de juízo segundo os critérios do ART 16-III (irregularidade de contas), seria algo a se observar.

---

743 O que não quereria dizer que outros agentes públicos não pudessem vir a responder por irregularidades constatadas na "gestão da entidade".

744 O TCU poderia realizar avaliações de gestão, em auditorias operacionais, não sendo necessário fazê-lo no mesmo processo destinado ao "julgamento de contas", com caráter judiciário, objeto da primeira parte do art. 71, II, da Constituição.

745 A esse respeito do "juízo de contas" como um "juízo de valor", ver o relato de experiência profissional feito por Victer (*Prestação de contas ou auditoria de contas?*, 2016, p. 67; 69): "A construção do *juízo de valor sobre a regularidade da prestação de contas* se caracteriza por atividade de cognição, em que o OCE, considerando os elementos de fato e de direito, julgam as contas. Esse juízo se materializa com o Acórdão, adotado entre os ministros participantes do julgamento. A cognição nos processos de prestação de contas é considerada ampla e irrestrita, quanto aos atos e fatos jurídicos sujeitos à apreciação pelo TCU (Acórdão 1.842/2008-Plenário), a significar que todos eles podem ser considerados sob todos os prismas referidos na legislação, i.e., pelo prisma da legalidade, legitimidade, economicidade, entre outros aspectos, para efeitos de construção do encaminhamento final a ser dado ao processo. A extensão e a profundidade da cognição se relacionam com as questões de fato e de direito que são levadas em consideração e podem influenciar o julgador no momento da formação de seu juízo sobre o que se está julgando. [...]. *Do ponto de vista processual, a finalidade do processo é produzir juízo de valor acerca da regularidade ou irregularidade das contas apresentadas*, juízo este calcado com base em informações produzidas basicamente pela organização pública cujas contas se julgam, pelo órgão de controle interno (OCI) obrigado a se manifestar no processo, e por outros agentes cuja manifestação também se reveste de obrigatoriedade, como o contador público sobre os balanços da organização" (Grifos nossos).

3.8.2 A primeira fase: 1994 a 2004

A primeira instrução normativa posterior à LOTCU-1992, a IN 6/1994, estabeleceu as peças que comporiam o processo de contas da administração direta do Poder Executivo, em linha com a Lei Orgânica:[746]

a) a relação dos responsáveis;
b) relatório de gestão do titular da Diretoria-Geral de Administração ou unidade equivalente;
c) relatório e certificado de auditoria emitido pelo órgão setorial de controle interno competente;
d) os balanços orçamentário, financeiro, patrimonial e a demonstração das variações patrimoniais.

Já se dava início ao processo de customização do relatório de gestão, modo de atuar em que o Tribunal define previamente parte do conteúdo do relatório:

> Art. 14. As unidades integrantes do Poder Executivo remeterão ao Tribunal processos de tomada de contas, que serão compostos das seguintes peças: [...] II – Relatório de Gestão destacando, dentre outros elementos
> a) a execução dos programas de governo, com esclarecimentos se for o caso, sobre as causas que inviabilizaram o pleno cumprimento das metas fixadas;
> b) a observância da legislação pertinente, em especial, quanto ao plano plurianual, às diretrizes orçamentárias e ao orçamento anual;
> c) indicadores de gestão que permitam aferir a eficiência, eficácia e economicidade da ação administrativa, levando-se em conta os resultados quantitativos e qualitativos alcançados pela unidade;

[746] "Art. 14. As unidades integrantes do Poder Executivo remeterão ao Tribunal processos de tomada de contas, que serão compostos das seguintes peças: I – Relação dos responsáveis; II – *Relatório de Gestão* destacando, dentre outros elementos: a) a execução dos programas de governo, com esclarecimentos se for o caso, sobre as causas que inviabilizaram o pleno cumprimento das metas fixadas; b) a observância da legislação pertinente, em especial, quanto ao plano plurianual, às diretrizes orçamentárias e ao orçamento anual; c) indicadores de gestão que permitam aferir a eficiência, eficácia e economicidade da ação administrativa, levando-se em conta os resultados quantitativos e qualitativos alcançados pela unidade; d) as medidas implementadas com vistas ao saneamento de eventuais disfunções estruturais que prejudicaram ou inviabilizaram o alcance dos objetivos colimados; III – *Certificado de Auditoria* emitido pelo órgão setorial de controle interno competente acompanhado do respectivo *Relatório*, que conterá, em títulos específicos, informações relativas a: a) falhas, irregularidades ou ilegalidades constatadas, indicando as providências adotadas; b) irregularidades ou ilegalidades que resultaram em prejuízo ao Erário, indicando as medidas implementadas com vistas ao pronto ressarcimento; c) atos de gestão ilegítimos ou antieconômicos que resultaram dano ao Erário ou prejudicaram o desempenho da unidade no cumprimento dos programas de trabalho, indicando as providências adotadas; d) transferências de recursos mediante convênio, acordo ajuste ou outros instrumentos congêneres, bem como a título de subvenção, auxílio ou contribuição, destacando, dentre outros aspectos, a observância às normas legais e regulamentares pertinentes a correta aplicação dos recursos e o atingimento dos objetivos colimados; e) regularidade dos processos licitatórios, dos atos relativos a dispensa e inexigibilidade de licitação, bem como dos contratos; f) política de recursos humanos, destacando a força de trabalho existente e a observância à legislação aplicável à remuneração, cessão e requisição de pessoal; g) execução dos projetos e programas financiados com recursos externos contratados pelo órgão com organismos internacionais, quanto aos aspectos de legalidade, regularidade, economicidade, eficiência e eficácia, com esclarecimentos, se for o caso, sobre os motivos que impediram ou inviabilizaram a plena conclusão de etapa ou da totalidade de cada projeto ou programa, indicando as providências adotadas; IV – Balanço Orçamentário; V – Balanço Financeiro; VI – Balanço Patrimonial; VII – Demonstração das Variações Patrimoniais; VIII – Parecer do dirigente do Órgão Setorial de Controle Interno; IX – Pronunciamento do Ministro de Estado ou autoridade de nível hierárquico *equivalente sobre as contas e sobre o parecer do* órgão *setorial de controle interno, aprovando, ressalvando ou rejeitando-as*" (Grifos nossos).

d) as medidas implementadas com vistas ao saneamento de eventuais disfunções estruturais que prejudicaram ou inviabilizaram o alcance dos objetivos colimados;

3.8.2.1 Prestação de contas em sentido amplo de accountability e prestação de contas em sentido bem estrito, para julgamento judiciário: perspectivas distintas

O relatório de gestão, que evoluiria ao final dos anos 2010 para o relatório integrado,[747] prestar-se-ia muito mais ao cumprimento de um dever mais amplo de prestação de contas e transparência do que a um trabalho de auditoria visando avaliar a regularidade dos atos de gestão financeira e da integridade dos demonstrativos contábeis, financeiros e fiscais.

Um exemplo do que constituiria a customização do relatório de gestão pode ser visto na Decisão Normativa nº 62/2004, que atendia ao que prescrevia a IN 47 para os processos de contas referentes ao exercício financeiro de 2004, definindo o conteúdo geral de todos os relatórios de gestão e conteúdos customizados para determinadas unidades jurisdicionadas. Dele, podemos destacar:[748]

a) descrição dos objetivos e metas pactuados nos programas sob gestão da unidade, previstos na lei orçamentária anual, e das ações administrativas (projetos e atividades);
b) descrição dos indicadores e outros parâmetros utilizados para gerenciar a conformidade e o desempenho dos programas governamentais e as ações administrativas;
c) avaliação dos resultados da execução dos programas governamentais e ações administrativas, com esclarecimentos sobre as causas que inviabilizaram o pleno cumprimento;
d) discriminação das transferências e recebimentos de recursos mediante convênio e instrumentos congêneres, destacando a correta aplicação dos recursos repassados, o atingimento dos objetivos e metas e as providências adotadas para regularização das irregularidades;

---

[747] *Vide* a definição no Anexo I à IN 84/2020: "*Relato integrado*: o Relato Integrado é uma nova abordagem para o processo de relatar. O produto desse processo será um relatório integrado, cujo objetivo é integrar informação financeira e não financeira. Esta informação deve ser concisa e abrangente, e compreender a estratégia, a governança, o desempenho e as perspectivas das organizações".

[748] Ver Anexo II – Conteúdo do Relatório de Gestão: "[...] 02 – Descrição dos objetivos e metas (físicas e financeiras) pactuados nos programas sob sua gerência, previstos na Lei Orçamentária Anual, e das ações administrativas (projetos e atividades) contidas no seu plano de ação; 03 – Descrição dos indicadores e outros parâmetros utilizados para gerenciar a conformidade e o desempenho dos programas governamentais e/ou das ações administrativas; 04 – Avaliação dos resultados da execução dos programas governamentais e/ou das ações administrativas, levando-se em conta os resultados quantitativos e qualitativos alcançados e a eficácia, eficiência e efetividade no cumprimento dos objetivos e metas estabelecidos, com esclarecimentos, se for o caso, sobre as causas que inviabilizaram o pleno cumprimento; [...] 05 – Discriminação das transferências e recebimentos de recursos mediante convênio, acordo, ajuste, termo de parceria ou outros instrumentos congêneres, bem como a título de subvenção, auxílio ou contribuição, destacando, dentre outros aspectos, a correta aplicação dos recursos repassados ou recebidos e o atingimento dos objetivos e metas colimados, parciais e/ou totais, sendo que, nas hipóteses do art. 8º da Lei nº 8.443/92, deverão constar, ainda, informações sobre as providências adotadas para a devida regularização de cada caso, inclusive sobre a instauração da correspondente Tomada de Contas Especial; [...] 09 – Resultados do acompanhamento, fiscalização e avaliação dos projetos e instituições beneficiadas por renúncia de receita pública federal, bem como o impacto sócio-econômico gerado por essas atividades, apresentando, ainda, demonstrativos que expressem a situação atual destes projetos e instituições [...]".

e) resultados do acompanhamento, fiscalização e avaliação dos projetos e instituições beneficiadas por renúncia de receita pública federal.

Como conteúdos customizados, por exemplo, a DN determinava que as instituições federais de ensino superior incluíssem nos relatórios de gestão:

> Indicadores de desempenho calculados de acordo com o documento de orientação específico:
> I. Custo Corrente / Aluno Equivalente;
> II. Aluno Tempo Integral / Professor;
> III. Aluno Tempo Integral / Funcionário;
> IV. Funcionário / Professor;
> V. Grau de Participação Estudantil;
> VI. Grau de Envolvimento com Pós-Graduação;
> VII. Conceito CAPES/MEC para a Pós-Graduação;
> VIII. Índice de Qualificação do Corpo Docente;
> IX. Taxa de Sucesso na Graduação.

Do Instituto Brasileiro do Meio Ambiente e dos Recursos Naturais (Ibama), demandava, especificamente:

> Número de licenças ambientais concedidas após o prazo máximo destinado à sua análise, em desacordo com a determinação legal.
> Número de empreendimentos licenciados pelo Ibama anualmente.
> Empreendimentos vinculados à órgãos e entidades federais que foram sujeitos a multas, autos de infração, embargos e outras punições aplicadas pelo Ibama decorrentes de descumprimento das normas de licenciamento ambiental, discriminando o tipo da penalidade, bem como o valor total relativo às multas.

A IN 6/1994 também estabelecia conteúdo para o relatório de auditoria de gestão:[749]

> Art. 14. As unidades integrantes do Poder Executivo remeterão ao Tribunal processos de tomada de contas, que serão compostos das seguintes peças [...] – *Certificado de Auditoria* emitido pelo órgão setorial de controle interno competente acompanhado do respectivo *Relatório*, que conterá, em títulos específicos, informações relativas a:
> a) falhas, irregularidades ou ilegalidades constatadas, indicando as providências adotadas;
> b) irregularidades ou ilegalidades que resultaram em prejuízo ao Erário, indicando as medidas implementadas com vistas ao pronto ressarcimento;
> c) atos de gestão ilegítimos ou antieconômicos que resultaram dano ao Erário ou prejudicaram o desempenho da unidade no cumprimento dos programas de trabalho, indicando as providências adotadas;
> d) transferências de recursos mediante convênio, acordo ajuste ou outros instrumentos congêneres, bem como a título de subvenção, auxílio ou contribuição, destacando, dentre outros aspectos, a observância às normas legais e regulamentares pertinentes a correta aplicação dos recursos e o atingimento dos objetivos colimados;
> e) regularidade dos processos licitatórios, dos atos relativos a dispensa e inexigibilidade de licitação, bem como dos contratos;

[749] Nomenclatura utilizada a partir da IN 47/2004. Também denominado de relatório de auditoria anual de contas.

> f) política de recursos humanos, destacando a força de trabalho existente e a observância à legislação aplicável à remuneração, cessão e requisição de pessoal;
> g) execução dos projetos e programas financiados com recursos externos contratados pelo órgão com organismos internacionais, quanto aos aspectos de legalidade, regularidade, economicidade, eficiência e eficácia, com esclarecimentos, se for o caso, sobre os motivos que impediram ou inviabilizaram a plena conclusão de etapa ou da totalidade de cada projeto ou programa, indicando as providências adotadas; [...].

Sintomaticamente, *a auditoria anual de contas*[750] *não se destinava* a examinar os atos do ordenador de despesa nem a promover um exame mais amplo e profundo da execução orçamentária, objetos necessários a qualquer pretensão de um julgamento de contas de administradores e demais responsáveis por bens, dinheiros e valores públicos, seja na perspectiva de julgamento jurisdicional clássico, seja na de emissão de opiniões (juízos de auditorias) relacionadas a esses temas centrais da atuação de uma Corte de Contas como "julgadora de contas".

Demandava-se que o controle interno reportasse, no relatório de auditoria, tal como preconizado na LOTCU-1992, as falhas, irregularidades ou ilegalidades constatadas, indicando as providências adotadas; as irregularidades ou ilegalidades que resultaram em prejuízo, indicando as medidas implementadas com vistas ao pronto ressarcimento; os atos de gestão ilegítimos ou antieconômicos que resultaram em dano à entidade ou prejudicaram o desempenho da ação administrativa no cumprimento dos programas de trabalho, indicando as providências adotadas.

Dessa abordagem inicial, a partir da IN 6/1994,[751] constatam-se algumas características do método de trabalho de constituição, auditoria e exame das contas.

3.8.2.2 O que eram e não eram "as contas" e a "auditoria de contas"

As contas não constituíam um objeto único, *preciso, bem individualizado*, mas um conjunto de objetos de cujo exame poderia resultar a constatação de irregularidades, a serem especificamente reportadas no relatório de auditoria.

As contas representavam um conjunto de informações sobre a entidade (DCFOP) e o que nela se desenvolvia (transferências de recursos, licitações etc.), e não um conjunto específico de informações sobre atos do administrador (dirigente máximo) e dos demais

[750] Auditoria anual de contas (AAC).

[751] Observa-se que a instrução normativa de 1994 ora se referia à prestação de contas (ou simplesmente contas) dos administradores (pessoa física), ora prestação de contas da entidade do setor público (pessoa jurídica), demonstrando as dificuldades naturais de compreensão do complexo de normas e conceitos desarmonizados em torno do "julgamento das contas" (De quem? De pessoas ou da entidade? Ou de ambas?). "Art. 1º As tomadas e prestações de *contas dos administradores* e demais responsáveis referidos no art. 6º da Lei nº 8.443/92 / Art. 15. Os processos de prestação de contas dos administradores das autarquias e, no que couber, das fundações / Art. 16. Os processos de prestação de contas dos administradores das empresas públicas, sociedades de economia mista / Art. 14. As unidades integrantes do Poder Executivo remeterão ao Tribunal processos de tomada de contas / Art. 17. A *prestação de contas dos* órgãos e entidades dotadas de personalidade jurídica de direito privado que arrecadam ou gerenciam contribuições parafiscais / Art. 18. As contas dos Fundos Constitucionais (Lei nº 7.827/89) e as dos Fundos de Investimentos (Decreto-lei nº 1.376/74) serão prestadas pelos respectivos órgãos ou entidades supervisores, em processos autônomos / Art. 25. *As contas de* órgão ou entidade administrativa sob contrato de gestão deverão conter / Art. 27. Os processos de tomada e prestação de contas do Poder Executivo e dos órgãos que arrecadam e gerenciam contribuições parafiscais [...]".

responsáveis – no caso da IN 6, apenas o responsável por atos de admissão de pessoal e de concessões de aposentadorias, reformas e pensões.

Naquela instrução normativa, de 1994, já se observava que a auditoria anual de contas, a ser realizada pelo órgão de controle interno, *não seria* uma auditoria de conformidade voltada à avaliação dos atos de gestão dos administradores quanto à legalidade, legitimidade e economicidade, tampouco uma auditoria financeira[752] destinada a comprovar de forma clara e objetiva a exatidão das demonstrações contábeis, necessárias ao julgamento da regularidade das contas, segundo o critério definido no art. 16, I, da LOTCU-1992.[753]

De fato, conforme o *Manual de Auditoria Anual de Contas* da ControladoriaGeral da União, uma auditoria anual de contas era uma auditoria de caráter anual que tinha por objetivos:

a) "avaliar os principais resultados alcançados, com ênfase na eficácia, eficiência e economicidade da gestão dos programas de governo (ou equivalentes) pela unidade auditada";
b) "informar e destacar as boas práticas administrativas e seus impactos no desempenho da unidade e destacar as falhas que impactaram o atingimento dos resultados, informando as providências corretivas necessárias, as que estão em andamento e/ou previstas".[754]

A auditoria anual de contas abrangeria um conjunto de auditorias[755] específicas, parciais, partes de uma auditoria mais geral, sobre objetos definidos pelo próprio órgão de controle interno e objetos definidos pelo Tribunal, na própria instrução normativa, e, eventualmente, em outros momentos e por outras formas. Objetos de auditoria como

---

[752] Ver art. 16, I, da LOTCU-1992: "Art. 16. As contas serão julgadas: I – regulares, quando expressarem, de forma clara e objetiva, a exatidão dos demonstrativos contábeis, a legalidade, a legitimidade e a economicidade dos atos de gestão do responsável".

[753] A respeito do papel da auditoria da CGU no processo de contas anuais, ver Victer (*Prestação de contas ou auditoria de contas? A busca por uma significação*, p. 22): "No âmbito dos processos de julgamentos de contas há previsão de auditoria de gestão por parte do órgão de controle interno, porém não há normativo que esclareça que as Normas de Auditoria do TCU devem ser aplicadas aos processos de contas; considera-se, assim, que a auditoria a cargo da CGU seja apenas mais um elemento do processo de julgamento de contas, estando em nível diferente, não *fazendo do processo como um todo processo de auditoria*, ou tendo sido conduzido pelos preceitos da auditoria" (Grifos nossos).

[754] Ver relatório NMPC-IN 84: "14. O conjunto de relatório, voto e acórdão julgador do processo de contas, constitui-se no resultado final do processo de tomada e prestação de contas. *A despeito dos vários escândalos*, indiciamentos e condenações ocorridos nos últimos anos [2016 a 2019], apenas em 14 processos, conforme estudo constante do apêndice B deste relatório, houve alguma condenação nos últimos exercícios" (Grifos nossos). Bem compreendido o papel da auditoria anual de contas, não se deveria esperar que um processo de contas resultasse em responsabilização e em condenações associadas a grandes escândalos. Essa avaliação é reveladora das errôneas expectativas lançadas pela ideia equivocada sobre o que deveria ser um processo de "julgamento das contas dos administradores", visto e até divulgado como um instrumento destinado a combater a má-aplicação de recursos e a corrupção. O processo não é desenhado para essa finalidade mais complexa, mas, sim, conduzido, até mesmo inadvertidamente, para capturar irregularidades passíveis de serem consideradas graves o suficiente para a emissão de um juízo de "contas irregulares".

[755] Alguns desses trabalhos denominados auditoria poderiam não ser auditorias no sentido próprio, porque não eram estruturados para emitir conclusões sobre um conjunto de coisas ou responder a questões específicas. Seriam mais bem qualificados como inspeções: verificação, por exemplo, da conformidade de processos licitatórios, escolhidos por critérios amostrais, com certos aspectos da legislação, sem pretensão de extrapolação das conclusões para o conjunto de todos os processos licitatórios conduzidos no período de gestão do administrador, e sim tão somente identificar falhas e irregularidades nos processos de trabalho, passíveis de recomendações de aprimoramento, e ocorrências adversas passíveis de procedimento de responsabilização.

transferências de recursos mediante convênio; processos licitatórios e contratos; política de recursos humanos, força de trabalho e legislação aplicável à remuneração, cessão e requisição de pessoal.

Nessas auditorias parciais, o órgão de controle interno poderia detectar falhas e irregularidades, reportando-as em seu relatório,[756] e, conforme seu próprio juízo acerca da relevância delas, emitiria um certificado de auditoria sobre a regularidade das contas dos responsáveis relacionados às constatações: pela regularidade, regularidade com ressalva ou irregularidade. Juízos que não são juízos profissionais de auditoria, muito embora produzidos em trabalhos nominados de auditoria.

3.8.2.3 O processo de contas anual resultava no "julgamento de contas" de quem não era administrador ou responsável por dinheiros, bens e valores públicos

Nesse movimento, poderiam ser chamados a responder pelas irregularidades, no âmbito do Tribunal de Contas da União e no próprio processo de contas, todos os que estivessem numa relação causal com as irregularidades identificadas, fosse o dirigente máximo ou não, estivesse ou não relacionado no rol de responsáveis.

Seria normal, assim, um processo de contas abranger inúmeras pessoas (e também entidades e empresas envolvidas nas irregularidades), e todos que não fossem os originalmente arrolados no rol de responsáveis estariam, indevidamente, numa situação processual de "submetidos a um julgamento de contas", ao final do qual seria proferido em relação a eles um juízo de contas, quando efetivamente *eram tão somente* responsáveis "submetidos a um processo de apuração de responsabilidade", o que, num processo de outra natureza (representação, por exemplo, ou mesmo auditoria), não os submeteria a esse juízo, que, se fosse pela irregularidade, negativo, poderia macular seu conceito profissional com a pecha de "ficha suja".

O Tribunal percebeu o problema e na IN 63/2010 mitigou-o parcialmente:

> Art. 11. [...] §4º Os órgãos de controle interno podem propor a inclusão de responsáveis não relacionados no rol, se verificada a ocorrência de ato previsto nas alíneas b, c ou d do inciso III do art. 16 da Lei nº 8.443, de 1992,[757] que enseje a responsabilização em conjunto com agente integrante do rol conforme o art. 10.[758] *(NR) (Instrução Normativa-TCU nº 72, de 15/05/2013, DOU de 20/05/2013)*

---

[756] O relatório de auditoria era, essencialmente, o reporte dos achados e da dialética com os gestores, mas não propriamente um relatório conclusivo sobre o objeto da auditoria. No Tribunal, esse conjunto de informações seria analisado e dele se poderia concluir pela necessidade de apurar irregularidades, para fins de responsabilização e julgamento.

[757] "Art. 16. As contas serão julgadas: [...] III – irregulares, quando comprovada qualquer das seguintes ocorrências: a) omissão no dever de prestar contas; b) prática de ato de gestão ilegal, ilegítimo, antieconômico, ou infração à norma legal ou regulamentar de natureza contábil, financeira, orçamentária, operacional ou patrimonial; c) dano ao Erário decorrente de ato de gestão ilegítimo ao antieconômico; d) desfalque ou desvio de dinheiros, bens ou valores públicos".

[758] IN 63/2010: "Art. 10. Serão considerados responsáveis pela gestão os titulares e seus substitutos que desempenharem, durante o período a que se referirem as contas, as seguintes naturezas de responsabilidade, se houver: I. dirigente máximo da unidade jurisdicionada; II. membro de diretoria ou ocupante de cargo de direção no nível de hierarquia imediatamente inferior e sucessivo ao do dirigente de que trata o inciso anterior, com base na estrutura de cargos aprovada para a unidade jurisdicionada; III. membro de órgão colegiado que, por definição legal, regimental ou

§5º Se constatado ato classificável nas alíneas c e d do inciso III do art. 16 da Lei nº 8.443, de 1992, praticado por responsável não relacionado no rol e não sendo possível propor a responsabilização em conjunto nos termos do §4º deste artigo, o órgão de controle interno, sob pena de responsabilidade solidária, deverá recomendar a instauração de processo de tomada de contas especial, nos termos do art. 8º da Lei nº 8.443, de 1992. *(NR) (Instrução Normativa-TCU nº 72, de 15/05/2013, DOU de 20/05/2013)*

§6º Se constatado ato classificável na alínea b do inciso III do art. 16 da Lei nº 8.443, de 1992, praticado por responsável não relacionado no rol e não sendo possível propor a responsabilização em conjunto nos termos do §4º deste artigo, o órgão de controle interno deverá representar ao Tribunal nos termos do art. 237, inciso II, do Regimento Interno do Tribunal de Contas da União. *(NR) (Instrução Normativa-TCU nº 72, de 15/05/2013, DOU de 20/05/2013)*

Por essa regulação, no processo de contas seria promovida a responsabilização apenas das pessoas incluídas no rol de responsáveis e daquelas que, não incluídas ali, pudessem ser responsabilizadas conjuntamente a elas.

Não sendo o caso de responsabilização conjunta, a responsabilidade da pessoa não integrante do rol de responsáveis definido na IN seria apurada em processo de tomada de contas especial, em caso de dano ao erário, ou em processo de representação sobre irregularidades que não resultaram em dano, formulada pelo controle interno e dirigida ao Tribunal de Contas.

No modelo da IN 6/1994, "todas as unidades jurisdicionadas prestavam contas e tinham o correspondente processo de prestação de contas anual constituído e julgado".[759]

3.8.3 A segunda fase: 2008 a 2020

Em 2008, com a IN 57,[760] deu-se início a um novo modelo,[761] que perduraria, com ajustes, até a Instrução Normativa nº 84/2020, conforme bem explicado no relatório

---

estatutária, seja responsável por ato de gestão que possa causar impacto na economicidade, eficiência e eficácia da gestão da unidade".

[759] TCU (*Novo Modelo de Tomada e Prestação de Contas*, 2019, p. 27-61).

[760] IN 57/2008: "Art. 4º O Tribunal definirá anualmente em decisão normativa de natureza sigilosa as unidades jurisdicionadas cujos responsáveis apresentarão contas ordinárias para fins de julgamento, sob a forma de tomada ou prestação de contas, ficando os responsáveis pelas demais unidades jurisdicionadas dispensados de apresentarem as suas contas ao Tribunal, para essa finalidade, nos termos do art. 6º da Lei nº 8.443/92".

[761] Ver relatório "Novo Modelo de Tomada de Prestação de Contas – Proposta", que subsidiou a elaboração da IN 84/2020 (NMPC-IN 84, p. 27/61): "6. Sem voltar demais na linha do tempo, cabe destacar a evolução recente do processo de prestação de contas. De acordo com os arts. 3º e 4º da IN-TCU 57/2008, a prestação de contas foi dividida em duas etapas. A primeira, representada pelo envio dos relatórios de gestão por todas as unidades jurisdicionadas (UJ) ao Tribunal, configura o cumprimento da obrigação de prestar contas em sentido amplo estabelecida no art. 70 da Constituição Federal (CF). A segunda, à qual se submete somente uma parte das UJ obrigadas a entregar relatório de gestão, consubstancia-se na entrega de peças complementares para fins de constituição de processo de contas para julgamento do TCU, conforme competência estabelecida no inciso II do art. 71 da CF. Essa foi uma mudança significativa em relação à situação anterior na qual todas as UJ prestavam contas e tinham o correspondente processo de PCA constituído e julgado. 7. Dessa forma, com base em critérios de materialidade, risco e relevância, entre outros, o Tribunal passou a selecionar as UJ que teriam as contas julgadas a cada exercício, o que permitiu ao TCU gerir a prestação de contas das unidades da Administração Pública federal dentro de uma perspectiva estratégica. Essa sistemática de seleção das UJ para fins de constituição de processo de contas prevê ainda que, a cada período de quatro anos, todas as UJ tenham as contas de pelo menos um exercício, julgadas pelo TCU. Essa regra foi ajustada mais tarde para que as entidades do Sistema S fossem cobertas no período de seis anos. Com essa medida, o número de processos de PCA caiu de 1737 em 2007 para 587 em 2008".

intitulado Novo Modelo de Tomada e Prestação de Contas – Proposta[762] que subsidiou a elaboração da IN de 2020.[763]

A prestação de contas foi dividida em duas etapas. A primeira, abrangendo todas as unidades jurisdicionadas, relacionada ao cumprimento da obrigação de prestar contas em sentido amplo (CF, art. 70), correspondia à elaboração do relatório de gestão e seu encaminhamento ao Tribunal.

A segunda etapa abrangia somente uma parte das unidades jurisdicionais, sujeita à constituição de um processo de contas, submetido a julgamento pelo Tribunal, no exercício da competência "julgar contas" (CF, art. 71, II).

Dessa forma, conforme o relatório, "com base em critérios de materialidade, risco e relevância, entre outros, o Tribunal passou a selecionar as UJ[764] que teriam as contas julgadas a cada exercício, o que permitiu ao TCU gerir a prestação de contas das unidades da Administração Pública federal dentro de uma perspectiva estratégica", e, com essa medida, "o número de processos de prestação de contas anuais caiu de 1737 em 2007 para 587 em 2008".

Sinteticamente, na nova sistemática, todas as unidades jurisdicionadas apresentariam relatório de gestão, mas apenas algumas constituiriam processos de contas a cada ano, do qual faria parte aquele relatório, estando liberadas da obrigação de prestar contas as demais, nos termos do art. 6º da LOTCU-1992.[765]

O conteúdo do relatório de gestão, do relatório de auditoria anual, do certificado de auditoria, do parecer do dirigente do órgão de controle interno e dos "demonstrativos contábeis, exigidos pela legislação aplicável e necessários à gestão orçamentária, financeira e patrimonial" seria definido anualmente, por meio de outro ato, uma decisão normativa (DN), de acordo com as necessidades de "informação que permitam *examinar* a conformidade e o *desempenho da gestão dos responsáveis*, segundo a natureza da responsabilidade de cada um".[766]

---

[762] Novo Modelo de Tomada e Prestação de Contas – Proposta (NMPC-IN 84).

[763] *Vide*, também, Madela (*A prestação de contas perante o TCU*, 2019, p. 35): "Em 2007, a partir da necessidade de uma reflexão acerca da atuação do Tribunal de Contas da União e do desafio de cumprir da melhor forma sua missão de assegurar a efetiva e regular gestão dos recursos públicos em benefício da sociedade, foi instituído o Projeto Áquila. Essa iniciativa trouxe uma perspectiva ampla e gerou propostas classificadas como 'alavancadoras', estratégicas ou operacionais, divididas em agrupadores. As propostas alavancadoras estavam contidas em cinco agrupadores, dos quais o primeiro foi denominado 'reestruturação da sistemática de contas'. Esse agrupador continha seis propostas: [...] *Prestação de contas pelo gestor com foco prioritário em aspectos de gestão* / Escolha das contas a serem tomadas pelo TCU com base em aspectos de risco, relevância e seletividade. Trabalho de conformidade do Controle Interno e julgamento pelo TCU somente as tomadas de contas [...]" (Grifos nossos).

[764] UJ = Unidade jurisdicionada.

[765] "Art. 6º Estão sujeitas à tomada de contas e, ressalvado o disposto no inciso XXXV do art. 5º da Constituição Federal, só por decisão do Tribunal de Contas da União podem ser liberadas dessa responsabilidade as pessoas indicadas nos incisos I a VI do art. 5º desta Lei".

[766] IN 57/2008: "Art. 14. Os processos de contas serão compostos das seguintes peças: I – rol de responsáveis, observado o disposto no capítulo III do título II desta instrução normativa; II – relatório de gestão, emitido pelos responsáveis; III – demonstrativos contábeis, exigidos pela legislação aplicável e necessários à gestão orçamentária, financeira e patrimonial; IV – declaração expressa da respectiva unidade de pessoal de que os responsáveis a que se refere o inciso I estão em dia com a exigência de apresentação da declaração de bens e rendas de que trata a Lei nº 8.730, de 10 de novembro de 1993; V – relatórios e pareceres de órgãos e entidades que devam se pronunciar sobre as contas ou sobre a gestão da unidade jurisdicionada, consoante previsto em lei ou em seus atos constitutivos; VI – relatório de auditoria de gestão, emitido pelo órgão de controle interno competente; VII – certificado de auditoria, emitido pelo órgão de controle interno competente; VIII – parecer conclusivo do dirigente do órgão de controle interno competente; e IX – pronunciamento expresso do Ministro de Estado supervisor da unidade

3.8.3.1 A visão do processo de contas como um processo de accountability ampla: contradições e incompatibilidades com as premissas de um julgamento de contas como um processo quase-judicial de apuração de responsabilidades financeiras

De um lado, o Tribunal passava a adotar um modelo de seleção necessário para lidar com a impossibilidade fática de "julgar contas" de administradores e outros responsáveis de todas as unidades (seletividade), sem perder acesso a informações relevantes sobre a gestão, que poderiam subsidiar seus trabalhos de fiscalização e auditoria, e sem deixar de induzir a transparência das unidades que não constituiriam processo de contas anuais.

De outro lado, dava continuidade à abordagem do *sistema de julgamento de contas anuais* que incorporava uma ideia de prestação de contas em sentido amplo, aumentando a complexidade de *um sistema que já enfrentava problemas* de consistência entre o que se fazia necessário desenvolver para se chegar a um juízo de auditoria sobre as contas, em consonância com os critérios estabelecidos no art. 16 da LOTCU-1992, e o que realmente se produzia.

Um sistema que se deparava também com problemas processuais e finalísticos, evidenciados na normatização: muitos pontos de atenção, inúmeros responsáveis, possibilidades de múltiplas irregularidades envolvendo duas ou mais pessoas, *muita complexidade* para um processo que deveria ser focado e encerrado até o final do exercício seguinte ao de apresentação das contas, dada a sua teleologia, concluído com a prolação de um enigmático juízo de "mérito" (regularesaprovação/irregulares-reprovação) sobre esse conjunto de coisas.[767]

A IN 57/2008 dava continuidade à vontade institucional de "integrar, no exame e julgamento das tomadas e prestações de contas dos gestores, o controle da conformidade e do desempenho da gestão, a fim de contribuir para o aperfeiçoamento da Administração Pública", já presente na IN 47/2004, em sintonia com o desenvolvimento de auditorias

---

jurisdicionada ou da autoridade de nível hierárquico equivalente sobre as contas e o parecer do dirigente do órgão de controle interno competente, atestando haver tomado conhecimento das conclusões nele contidas. §1º O conteúdo das peças indicadas nos itens II a IX deste artigo será detalhado pelo Tribunal, por meio da decisão normativa prevista no art. 4º desta Instrução Normativa, de acordo com a natureza jurídica da unidade jurisdicionada e pelas necessidades de informação que permitam examinar a conformidade e o desempenho da gestão dos seus responsáveis, segundo a natureza da responsabilidade de cada um".

767 Sobre a dificuldade de emitir "juízo de contas" nesse contexto, ver Victer (*Prestação de contas ou auditoria de contas*, 2016, p. 68; 71): "A extensão e a profundidade da cognição se relacionam com as questões de fato e de direito que são levadas em consideração e podem influenciar o julgador no momento da formação de seu juízo sobre o que se está julgando. Normalmente, a cognição é analisada em dois planos, consoante explica Salustiano (2012): 'O primeiro, o chamado plano horizontal, representa a extensão ou a amplitude da cognição sobre o universo de questões afetas ao processo, se o conhecimento abarca total ou parcialmente as questões de fato e de direito, trazidas ao processo pelas partes ou levantadas pelo juiz, que podem ter reflexo no juízo de valor a ser estabelecido. O segundo, o plano vertical, representa a profundidade com que essas todas questões são efetivamente analisadas pelo juiz, a percuciência da análise empreendida pelo julgador' [...]. No caso das prestações de contas, apenas parte dos atos administrativos praticados pelos gestores são levados em consideração no julgamento, sendo impossível considera-los a todos, ante a enorme quantidade de atos anualmente praticados, bem como a enorme quantidade de órgãos que terão suas contas analisadas. [...]. Do ponto de vista da atuação da Unidade Técnica que produz a instrução de mérito do processo de contas, *o Auditor Federal de Controle Externo (AuFC) é colocado diante de desafio e tensão, quanto aos objetivos declarados dos processos de julgamento de prestação de contas.* A IN/TCU 63/2010 explicita que a análise a ser empreendida pressupõe o exame da conformidade e a do desempenho, nas dimensões da eficácia, eficiência, efetividade e economicidade da gestão, além de todo um julgamento sobre os controles internos" (Grifos nossos).

operacionais e o movimento da Nova Gestão Pública. Essa intenção estava consignada em seus considerandos:

> Considerando que compete ao Tribunal julgar as contas dos administradores e demais responsáveis por dinheiros, bens e valores públicos, nos termos da Constituição Federal, art. 71; da Lei nº 8.443, de 1992, arts. 1º, 6º, 7º, 8º e 9º; e do Regimento Interno, arts. 1º, 188, 189 e 197;
> Considerando que os processos de tomada e prestação de contas deverão conter elementos e demonstrativos que evidenciem a boa e regular aplicação dos recursos públicos, nos termos do caput do art. 194 do Regimento Interno do TCU;
> Considerando a necessidade de *integrar*, no exame e julgamento das tomadas e prestações de contas dos gestores, o controle da conformidade e do *desempenho da gestão*, a fim de contribuir para o aperfeiçoamento da Administração Pública; [...]. (Grifos nossos)

Nessa perspectiva, o relatório de gestão passava a constituir-se em instrumento cada vez mais relevante de transparência e conhecimento e permitia ao Tribunal orientar a atenção da Administração para os assuntos que considerasse relevantes.[768]

O relatório de gestão era, assim, sem dúvida, um mecanismo de accountability dos administradores perante o Tribunal e, também, outros atores, uma vez que eram disponibilizados em seu *site*.

No entanto, sob a perspectiva do *sistema de julgamento de contas*,[769] não era claro de que modo o exame desse relatório deveria ser procedido para fins de um julgamento de regularidade de contas, como juízos de auditoria, embora compusessem o processo de contas anuais (PCA).

O objeto "contas" já se tornara a essa altura do desenvolvimento institucional um *universo de objetos díspares*, ainda que complementares, envolvendo procedimentos de análise, exames instrutivos e juízos e conclusões típicos de auditoria financeira, operacional e de conformidade, somados a procedimentos e juízos de responsabilização, um complexo de informações improvável de ser processado com coerência, tempestivamente; improvável de ser captado cognitivamente como algo de sentido compreensível e passível de ser "julgado quanto à regularidade", segundo os critérios definidos em lei.

Um julgamento de contas como um juízo de auditoria, integrado a uma visão de accountability e ao efetivo alcance das finalidades dos trabalhos de auditoria, somente seria possível se direcionado aos aspectos tecnicamente e processualmente viáveis, deixando de ser um juízo de contas, do universo de coisas que o compõe, para ser um juízo sobre elementos desse universo, o que, contudo, não se faz, por falta de disciplina normativa apropriada.[770]

---

768 Ao longo dos anos seguintes, os colegiados do Tribunal passariam a determinar a inclusão de informações no relatório de gestão, de modo que as DNs anuais, em muitos casos, apenas consolidavam essas demandas.

769 Um julgamento, como vimos nos capítulos anteriores, historicamente orientado no período Pré1967 para a definição da situação do responsável perante a Fazenda Nacional (quite, em crédito, em débito), harmonizado com o modelo de controle baseado no registro prévio e na revisão das contas, e no período seguinte, Pós-1967, sob um modelo de auditoria financeira e orçamentária, orientado, também, para o "julgamento da regularidade das contas", que deveria ser combinado com um julgamento de responsabilização, num arranjo confuso e problemático.

770 A emissão de um juízo sobre as contas, esse universo amplo e diverso, nessa situação, seria verdadeiramente um juízo de valor de cada decisor, o que é *incompatível* com a natureza dos trabalhos e do modo de atuar inerente a uma

Esse universo de informações e análises relevantes prestadas anualmente poderia ser mais bem explorado em processos distintos, com finalidades e tempos decisórios diferentes, e não em um único processo, o de contas anuais, orientado pragmaticamente à finalidade de identificação e definição de responsabilidades por irregularidades, que perderia muito de sua utilidade,[771] o que é constatado na realidade empírica de processos de contas apreciados anos depois do exercício financeiro a que se referem.

Veja-se, a esse respeito, o relatório NMPC-IN 84:

> A instrução da unidade técnica do TCU encaminha ao ministro relator do processo de controle externo no TCU a proposta de julgamento das contas dos responsáveis constantes no rol para o exercício, nos termos do art. 16 da Lei Orgânica do Tribunal, possuindo um *tempo médio de 4 anos para indicar proposta de mérito* após o encerramento do exercício a que se refere.[772]
> Não obstante os esforços que vêm sendo empreendidos ao longo do tempo para aprimoramento da sistemática de prestação de contas, o diagnóstico elaborado pelo GT indicou que o rito de prestação e julgamento das contas ordinárias ainda se mostra caro e de baixa efetividade e eficácia, nos termos do que se apresenta a seguir.[773]

A IN 63/2010 promoveu mudanças em relação à IN 57/2008, mas manteve a essência do modelo.[774]

Seria a IN 84/2020, dez anos depois, o marco de mudança expressiva nesse sistema.

Antes de passar ao exame do novo modelo inaugurado por essa instrução, retoma-se a análise detalhada dos critérios de julgamento estabelecidos na LOTCU1992.

3.8.4 LOTCU-1992, processos de contas e juízos de contas: parte II

Nesta seção, retomamos o processo analítico de compreensão e discussão do sentido de um julgamento de regularidade das contas na forma como previsto no art. 16 da LOTCU-1992, no contexto das funções de auditoria e de responsabilização do Tribunal de Contas, agregando análises ao que foi examinado anteriormente.

---

entidade superior de auditoria, seja na função de auditoria governamental, seja na função jurisdicional-Intosai.

771 O problema da utilidade do processo de contas anuais era conhecido do Tribunal de Contas e referido nos considerandos da IN 84/2020: "Considerando o objetivo estratégico do TCU de *aumentar a transparência, a credibilidade e a utilidade* das contas públicas, bem como o desenvolvimento de sua função institucional de órgão responsável por garantir a transparência, a credibilidade e a utilidade das prestações de contas sobre a gestão orçamentária, financeira e patrimonial dos órgãos e entidades federais, conforme dispõe o Acórdão 3.608/2014-TCU-Plenário [...]. Fato é que a decisão final terá por embasamento as informações constantes do processo, abrindo margem para que se questione que outras informações poderiam ser consideradas na fase instrutória de forma a potencializar os resultados positivos advindos da atividade judicante" (Grifos nossos).

772 TCU (*Novo Modelo de Tomada e Prestação de Contas*, 2019, p. 9-61, grifos nossos).

773 TCU (*Acórdão nº 1004/2020-TCU-Plenário*, p. 3-29, grifos nossos).

774 Ver relatório NMPC-IN 84, p. 28-61: "9. A revisão da IN-TCU 57/2008 pela IN-TCU 63/2010 foi importante para pacificar as diferentes interpretações surgidas sobre o conteúdo da primeira, tanto pelas unidades técnicas do Tribunal, quanto pelos órgãos de controle interno e unidades jurisdicionadas e buscou a estabilidade desse normativo para os anos seguintes. 10. Entre as modificações inseridas, destacam-se a configuração dos relatórios de gestão como a materialização do dever de prestar contas prevista no art. 70 da Constituição Federal e a abolição da distinção terminológica entre tomada e prestação de contas, adotando o termo 'processo de contas 'ou 'prestação de contas' em sentido amplo. [...]".

Essa análise é necessária à melhor compreensão dos fundamentos do Novo Modelo de Contas instituído pela IN 84/2020. Começamos por tornar ao disposto no ART 16-I:

> Art. 16. As contas serão julgadas: I – regulares, quando expressarem, de forma clara e objetiva, a exatidão dos demonstrativos contábeis,
> a legalidade, a legitimidade e a economicidade dos atos de gestão do responsável; [...].

A definição de um critério para emissão de certo juízo de auditoria, como se fez nesse dispositivo da LOTCU-1992, tem como corolário o desenvolvimento de um processo consistente de análise do objeto sujeito a julgamento (as contas) que permita a emissão do juízo segundo o critério estabelecido.

Assim, se numa auditoria financeira espera-se que o auditor[775] emita uma opinião assertiva (conclusiva), exercendo um julgamento profissional sobre as demonstrações financeiras, o trabalho de auditoria deve constituir um processo planejado e controlável de obtenção de evidências que suportem a conclusão.[776]

Do ART 16-I, deduzem-se estas premissas:

a) o termo "contas" expressa o objeto submetido a exame e julgamento, mas o objeto que se submete a exame e julgamento a título de "contas" pode variar em substância e composição;
b) no caso da primeira parte do dispositivo, "as contas" representam materialmente um conjunto de documentos apto a ser submetido a um tipo de exame metodologicamente desenvolvido com a finalidade de se alcançar a comprovação, ou não, da "exatidão dos demonstrativos contábeis";[777]
c) no caso da segunda parte, o juízo de regularidade recai sobre um objeto também denominado "contas", mas diferente, agora caracterizado de outra forma, como um conjunto de documentos apto a ser submetido a um tipo de exame metodologicamente desenvolvido com a finalidade de se alcançar a comprovação, ou não, da "legalidade, legitimidade e economicidade dos atos de gestão do responsável";
d) em relação às contas da primeira parte, há que se realizar uma auditoria financeira/de conformidade sobre as demonstrações contábeis (de uma organização do setor público) para emissão de um juízo sobre as "contas da entidade", e não sobre as contas do administrador;
e) em relação à segunda parte, há que se realizar uma auditoria de conformidade *visando emitir uma opinião* sobre os atos de gestão de certa pessoa, entre muitas outras, com poderes de decisão dentro da organização, denominada como responsável, quanto aos aspectos de legalidade, legitimidade e economicidade, requerendo-se a definição de quais pessoas dentro da organização terão seus

---

[775] Entenda-se, aqui, por auditor, não o auditor pessoa física apenas, mas também qualquer pessoa ou colegiado com responsabilidade de emitir um juízo de auditoria, nos termos prescritos pelas normas que regem a realização de auditoria. O Tribunal atua como auditor quando profere acórdão certificando as contas, ou quando aprova a proposta de certificação formulada por sua unidade especializada.

[776] Opinião de auditoria não é juízo de valor sobre a gestão.

[777] A expressão técnica do que se queria fazer não foi adequadamente descrita, pois pretendia referirse a um juízo de auditoria sobre as demonstrações financeiras.

atos de gestão escrutinizados e quais de suas decisões devem ser qualificadas como atos de gestão[778] (financeira? Orçamentária? Patrimonial? Qualquer natureza?);

f) o ART 16-I trata de um julgamento de auditoria, um julgamento sobre a regularidade das contas, um julgamento sobre um conjunto de atos, buscando, na primeira parte, a certificação das contas da entidade, e, na segunda, uma opinião sobre a gestão do responsável (administrador), tomando por critérios a legalidade, a legitimidade e a economicidade de seus atos e decisões.

Considerando o disposto no ART 16-I, se na auditoria se alcançar opinião não modificada (positiva), será proferido um juízo de regularidade das contas *da entidade* (juízo de certificação). No caso de uma opinião com ressalva ou opinião adversa, consequentemente, deveria ser proferido um juízo de regularidade com ressalva ou de irregularidade, respectivamente.[779]

Quanto à auditoria de conformidade, o raciocínio é análogo, mas com uma diferença relevante: a *opinião* de auditoria e os juízos de regularidade de contas (regular, regular com ressalva, irregulares), em razão do disposto no ART 16-I, seria emitida sobre *os atos de gestão (contas) do administrador* (detentor de poder de decisão).

No entanto, a LOTCU-1992 não definiu critérios para emissão de juízos de regularidade com ressalva e irregularidade por oposição ao critério de regularidade, característica que se poderia deduzir e esperar que tivessem:

> Art. 16. As contas serão julgadas: [...]
> II – *regulares com ressalva*, quando evidenciarem impropriedade ou qualquer outra falta de natureza formal de que não resulte dano ao Erário;
> III – *irregulares*, quando comprovada qualquer das seguintes ocorrências:
> a) omissão no dever de prestar contas;
> b) prática de ato de gestão ilegal, ilegítimo, antieconômico, ou infração à norma legal ou regulamentar de natureza contábil, financeira, orçamentária, operacional ou patrimonial;
> c) dano ao Erário decorrente de ato de gestão ilegítimo ao antieconômico;
> d) desfalque ou desvio de dinheiros, bens ou valores públicos.

Do critério de irregularidade (ocorrência das situações descritas no ART 16III), deduz que as contas do administrador seriam julgadas regulares se a auditoria não detectasse essas ocorrências.

Portanto:

a) de um lado, as contas do administrador sob o critério do *ART 16-I* seriam julgadas regulares quando expressassem, "de forma clara e objetiva, a legalidade, a legitimidade e a economicidade dos atos de gestão do responsável";
b) de outro, as contas do administrador sob o critério implícito do *ART 16-III* seriam julgadas regulares quando não comprovada a ocorrência de ato de gestão ilegal, ilegítimo ou antieconômico; infração à norma legal ou regulamentar de natureza contábil, financeira, orçamentária, operacional ou patrimonial; dano

[778] Note-se que a lei não fez referência expressa a atos de ordenação de despesa.
[779] Ou considerar o juízo de auditoria como o próprio juízo de regularidade de contas.

ao erário decorrente de ato de gestão ilegítimo ou antieconômico; ou desfalque ou desvio de dinheiros, bens ou valores públicos.

Numa auditoria de conformidade realizada sobre um objeto composto por um vasto conjunto de atos de gestão, a detecção de um ato ilícito ou de vários atos formando um conjunto de valor inferior ao limite de materialidade definido[780] não conduziria a uma opinião de auditoria adversa sobre o conjunto dos atos examinados.

Mas, considerado o critério do ART. 16-III, aquele ato ou conjunto de atos, ainda que de valores inferiores ao limite de materialidade definido para emissão de opinião de auditoria, dariam ensejo a um juízo de contas irregulares.

A compatibilização dos critérios exigiria que o critério do ART 16-III, como critério de auditoria, fosse aplicado apenas a casos de valores superiores ao limite de materialidade previamente definido no planejamento da auditoria.

3.8.4.1 Como um sistema de julgamento de contas mais consistente poderia derivar da LOTCU-1992: breve aproximação

O *sistema de julgamento de contas*, cujas partes estamos esclarecendo e examinando, abrange: o trabalho de auditoria a ser realizado e o juízo de auditoria a ser proferido;[781] o objeto sobre o qual incide o juízo; o que se espera que seja comunicado aos usuários previstos com esse juízo; o processo analítico que deve ser desenvolvido para suportar esse juízo: auditoria de conformidade; e a razão de se ter um processo de trabalho ao final do qual um juízo de auditoria seja proferido.

É possível derivar da LOTCU-1992 a construção de um *sistema* coerente, capaz de compatibilizar os critérios discutidos. Mas isso:

a) requer a realização de auditoria de conformidade para que se possa atender ao disposto no ART 16-I, na parte que se refere aos "atos de gestão";
b) requer que o critério do ART 16-III, como critério de auditoria, seja aplicado apenas a casos de valores superiores ao limite de materialidade previamente definido no planejamento da auditoria;
c) requer, também, que o juízo de regularidade de contas pela regularidade com ressalva (ART 16-II) aplique-se a casos de irregularidades materialmente relevantes, que conduziriam a uma *opinião com ressalva*,[782] meio-termo entre os

---

[780] Por enquanto, estamos deixando à parte discussões sobre "materialidade qualitativa", para facilidade de compreensão das questões fundamentais: a necessária separação entre processo de auditoria e processo de responsabilização; a necessária separação entre o uso de trabalhos de auditoria no exame de atos para fins de apuração de responsabilidade financeira (julgamento de contas como exercício da função judiciária); e a realização de auditoria financeira e auditoria de conformidade declaratória no exercício da função de auditoria governamental.

[781] Intosai (*Norma para Auditoria de Conformidade, ISSAI 4000*, 2016, p. 25): "191. O auditor deve comunicar a conclusão em um relatório de auditoria. A conclusão pode ser expressa como opinião, conclusão, resposta a questões específicas de auditoria ou recomendações. 192. Uma opinião é uma declaração escrita clara do auditor, expressa em um formato padronizado, seja não modificada ou modificada. É declarado no relatório de auditoria se os casos de não conformidade são generalizados. Uma opinião é normalmente utilizada em trabalhos de certificação".

[782] Intosai (*ISSAI 4000 – Norma para Auditoria de Conformidade*, 2016, p. 26): "194. O auditor modifica sua opinião nos casos de: a) Ocorrências relevantes de não conformidade. Dependendo da extensão da não conformidade, isso pode resultar em: i. uma opinião com ressalva (se os desvios de conformidade forem relevantes, mas não generalizados): 'Com base no trabalho de auditoria realizado, constatamos que, exceto por [descrever exceção], o objeto da entidade auditada está em conformidade, em todos os aspectos relevantes, com [os critérios aplicados]' [...]".

casos materialmente irrelevantes ("impropriedade ou qualquer outra falta de natureza formal de que não resulte dano ao Erário") que não impedem uma *opinião não modificada*[783] de auditoria e os casos de materialidade significativamente relevante, que impõem uma *opinião adversa*[784] (juízo pela irregularidade);

d) o esclarecimento de que um juízo de contas como juízo de auditoria é algo distinto de um juízo sobre os fatos para fins de responsabilização.

Pesquisa que realizamos sobre o projeto de Lei Orgânica do Tribunal de Contas da União (PL nº 4.064/1989), elaborado pelo TCU e apresentado à Câmara dos Deputados em 1989, mostra que intencionava-se distinguir situações graves e não graves,[785] para fins de julgamento pela regularidade com ressalva e irregularidade:

> Art. 18. As contas serão julgadas:
> I – regulares, quando expressarem, de forma clara e objetiva, a exatidão dos demonstrativos contábeis, a legalidade, a legitimidade e a economicidade dos atos de gestão do responsável;
> II – regulares com ressalva, quando evidencia rem impropriedade ou qualquer outra falta de natureza formal, ou ainda a prática de ato de gestão ilegal, ilegítimo ou antieconômico *que não seja de natureza grave* e que não represente injustificado dano ao Erário;
> III – irregulares, quando comprovada qualquer das seguintes ocorrências: a) omissão no dever de prestar contas; b) *grave infração* a norma legal ou regulamentar de natureza contábil, financeira, orçamentária, operacional e patrimonial; c) injustificado dano ao Erário, decorrente de ato de gestão ilegítimo ou antieconômico; d) desfalque, desvio de dinheiros, bens ou valores públicos.

Os critérios de materialidade a serem utilizados na auditoria anual de contas, conduzida pelo órgão de controle interno, que emitirá certificado de auditoria (regular, regular com ressalva, irregular), devem ser previamente definidos, antes da realização da auditoria, pois são critérios que balizam o planejamento dos trabalhos, consentâneos com o objetivo da auditoria. Não são critérios de definição *ad hoc*, quando da emissão do voto ou do julgamento do processo, por exemplo. São critérios balizadores da formação de um juízo de auditoria sobre a conformidade geral de um conjunto de atos, segundo as prescrições das normas profissionais (e não de um ato específico), distintos de eventuais critérios de justificação de um juízo de valor sobre a gestão (contas) do responsável.

A qualificação da comprovação de ocorrência das situações mencionadas no ART 16-III como um achado de auditoria (situação materialmente relevante para fins de emissão de juízo de regularidade do objeto "contas") independe da demonstração de a

---

[783] Intosai (*ISSAI 4000 – Norma para Auditoria de Conformidade, ISSAI 4000*, p. 26): "193. Quando não forem identificadas ocorrências relevantes de não conformidade, a opinião será não modificada. Um exemplo da forma de opinião não modificada para um trabalho de asseguração razoável (em que a redação apropriada é inserida entre os colchetes, conforme aplicável) pode ser o seguinte: 'Em nossa opinião [o objeto da entidade auditada] está em conformidade, em todos os aspectos relevantes, com [os critérios aplicados]. 194. O auditor modifica sua opinião nos casos de: a) Ocorrências relevantes de não conformidade'. [...]".

[784] Intosai (*ISSAI 4000 – Norma para Auditoria de Conformidade*, p. 26): "194. O auditor modifica sua opinião nos casos de: a) Ocorrências relevantes de não conformidade. Dependendo da extensão da não conformidade, isso pode resultar em: [...] ou ii. uma opinião adversa (se os desvios de conformidade forem relevantes e generalizados): 'Em nossa opinião, [o objeto] não está em conformidade, em todos os aspectos relevantes, com [os critérios aplicados] ... e os desvios de conformidade são generalizados' [...]".

[785] Câmara dos Deputados. *Dossiê digitalizado do PL 4064/1989*, Volume II, p. 11; 565.

ocorrência ter decorrido de ato culposo ou doloso do responsável cujas "contas" estão sob exame, sujeitando-o à responsabilização ressarcitória ou sancionatória.[786]

3.8.4.2 Se não há trabalho de auditoria planejado e apto à emissão de opinião de auditoria sobre as contas, não há juízo sobre a regularidade das contas a ser proferido

Considerado esse contexto, se um trabalho de auditoria financeira e de conformidade visando à emissão de um juízo sobre as *contas da entidade* não foi realizado ou foi realizado inadequadamente; se um trabalho de auditoria de conformidade sobre o conjunto dos atos de gestão do administrador, quanto à legalidade, legitimidade e economicidade, não foi realizado ou foi inadequadamente realizado, cabe ao Auditor[787] abster-se de prolatar um juízo sobre a regularidade do objeto, as contas.[788]

Um juízo dessa natureza não tem sentido em si mesmo. Prolatado sem a base de auditoria apropriada e suficiente, é uma ficção, e uma instituição superior de auditoria não pode emitir juízos como se juízos de auditoria fossem, quando auditorias não são realizadas, ou cujo escopo não é consistente com o juízo que se pretende prolatar.

3.8.4.3 Evidência da necessidade de abstenção de emissão de juízo de contas

O exame de alguns relatórios de auditoria anual de contas produzidos pela Controladoria-Geral da União (CGU) revela situação que corrobora a análise anterior. Vejamos o relatório referente à Secretaria Executiva do Ministério do Meio Ambiente – Exercício: 2015.

Segundo o relatório, foram realizadas as seguintes análises:

> a) Avaliação da gestão do Cadastro Ambiental Rural e do Programa Bolsa Verde; Avaliação dos resultados da Secretaria de Mudanças Climáticas e Qualidade Ambiental; Avaliação da gestão do Planejamento Estratégico do MMA no exercício de 2015, considerando as três atividades desenvolvidas: revisão, execução e alinhamento do Plano Plurianual 2016-2019 ao Planejamento Estratégico.
> b) Avaliação da conformidade das peças de acordo com as normas e orientações que compõe o processo de prestação de contas.
> c) Avaliação, com base no acompanhamento de melhorias, sobre os indicadores com fraca completude identificados em auditorias anteriores.
> d) Verificação da continuidade das ações da SECEX na gestão de pessoal, focando no aspecto qualitativo da força de trabalho do Ministério do Meio Ambiente.

[786] Contudo, é relevante ressaltar, uma situação somente se qualifica como achado quando comprovada, o que demanda todos os cuidados necessários que permitam asseverar que algo irregular ocorreu. Se isso não é possível, embora suspeite-se da ocorrência de irregularidades materialmente relevantes (ou graves, em outra perspectiva), o auditor deve abster-se de emitir opinião, pois não foi possível reunir evidências suficientes e apropriadas para a conclusão.

[787] Auditor, com inicial maiúscula, como referência a auditor, equipe de auditoria e ao Colegiado do Tribunal de Contas que opina sobre as demonstrações contábeis (emite um juízo profissional de auditoria).

[788] Nessa perspectiva, dificilmente se poderia prolatar em um processo de contas anuais um juízo de contas como um juízo profissional de auditoria (uma opinião de auditoria).

e) Análises da gestão das transferências realizadas no âmbito do Fundo Nacional do Meio Ambiente e do Fundo Nacional sobre Mudança Climática.
f) Avaliação dos controles sobre o gerenciamento dos projetos de recursos externos.
g) Avaliação do atendimento das recomendações desta CGU e do TCU e do uso do Sistema CGU-PAD.

No que se referia à avaliação dos resultados quantitativos e qualitativos da gestão, o escopo da auditoria abrangeu:

> Gestão do Programa Bolsa Verde – PBV;
> Avaliação da implementação do Cadastro Ambiental Rural – CAR;
> Avaliação dos resultados da Secretaria de Mudanças Climáticas e Qualidade Ambiental – SMCQ;
> Avaliação da gestão do Planejamento Estratégico do MMA no exercício de 2015, considerando as três atividades desenvolvidas: revisão, execução e alinhamento do Plano Plurianual 2016-2019 ao Planejamento Estratégico

A auditoria não reportou a ocorrência de situações descritas no inc. III do art. 16 da LOTCU-1992.

O certificado de auditoria foi emitido nos seguintes termos:

> Em função dos exames realizados sobre o escopo selecionado, consubstanciados no Relatório de Auditoria Anual de Contas nº 201600658, proponho que o encaminhamento das contas dos integrantes do Rol de Responsáveis seja pela *regularidade*. (Grifos no original)

Percebe-se, pelo escopo e análises declarados, que não foi realizada uma auditoria sobre os "atos de gestão do responsável quanto à legalidade, legitimidade e economicidade".

O critério de regularidade utilizado pela CGU não era, naquele caso, o mesmo definido no art. 16, I, da LOTCU-1992.

Portanto, essa auditoria não deveria ser utilizada para os fins da emissão de um juízo sobre regularidade de contas, segundo o critério definido no art. ART 16I.[789] [790]

Em casos assim, inobstante o valor da auditoria realizada para outros propósitos, o Tribunal, se pretender prolatar juízo de contas como juízo de auditoria, deve *abster-se de emitir esse juízo*, sob o critério estabelecido na LOTCU, porque não há evidências de auditoria para tanto.

---

789 *Nenhum ato de ordenação de despesa foi analisado, por exemplo. E os atos de ordenação de despesa são atos primordiais sujeitos a exames para fins de julgamento de contas*, no exercício da função jurisdicional-Intosai, o julgamento jurisdicional clássico, implícito no art. 71, II, da Constituição Federal, e sua razão de ser.

790 Ver, a respeito da necessidade de coordenação dos trabalhos, o relatório NMPC-IN 84, p. 26; 61: "131. Quanto à fase de auditoria de contas, a certificação conjunta do controle interno e externo, em auditoria integrada financeira e de conformidade nas UPCs que representem os elementos significativos no BGU elimina trabalhos do controle interno com baixa relação custo-benefício e com alta ingerência por parte do TCU, possibilitando maior autonomia na execução dos planos de auditoria das unidades de controle e conferindo foco e sinergia entre o controle interno e o controle externo e entre o processo de contas das UPCs e o processo de elaboração do parecer de contas do governo, com potencial economia de até R$200 milhões anualmente".

3.8.4.4 A impossibilidade de emissão de juízos de contas como juízos de auditoria não impede a função jurisdicional-Intosai e a responsabilização dos agentes

A impossibilidade de emitir juízo de auditoria não significa impossibilidade de prosseguir na apuração de suspeitas de irregularidades (danosas ou não ao erário), levantadas no curso da auditoria, o que pode e deve ser feito em outro processo.[791]

Os critérios balizadores da emissão de juízos sobre regularidade de contas refletem as razões do *sistema de julgamento de contas*, na perspectiva do exercício da função de auditoria: qual é o objeto (contas), como deve ser definido, por que deve ser auditado, como deve ser auditado.

Descasado do contexto de auditoria, esse juízo não tem mais relação com a finalidade de um processo de contas anuais na perspectiva da função de auditoria governamental, não é mais um juízo de auditoria (que se depreende do ART16-I, do art. 9º e do art. 50, II, da LOTCU-1992, entre outros).

O descasamento do juízo sobre regularidade das contas de um processo de auditoria sobre os atos de gestão do responsável é observado, também, no processo de tomada de contas especial, que tem finalidade expressa de apuração de dano ao erário e nenhuma conexão com exame de um conjunto de atos de gestão decididos em determinado período, como se verá no Capítulo 7.[792]

3.9 O sistema de contas: fase 3

O modelo imediatamente anterior, inaugurado pelo IN 57/2008 (Fase 2), havia sido concebido sob duas premissas centrais: a) "integrar, no exame e julgamento das tomadas e prestações de contas dos gestores, o controle da conformidade e do desempenho da gestão, a fim de contribuir para o aperfeiçoamento da Administração Pública"; b)

---

[791] No entanto, a questão do julgamento de contas não é vista dessa maneira, como um julgamento de auditoria. O que domina o julgamento é a ocorrência de alguma das situações descritas no art. 16, III, da LOTCU-1992. Se o relatório de auditoria anual de contas da CGU não reportar constatações que possam ser qualificadas como alguma daquelas ocorrências, o processo tende a ser apreciado por relação, sem discussões, com emissão de juízo de "contas regulares", com fundamento no art. 16, I, ainda que o critério ali definido não seja aplicável haja vista que auditoria não deu suporte ao juízo proferido. Se o relatório de auditoria anual de contas da CGU reportar constatações que possam ser qualificadas, pelo TCU, como alguma das ocorrências que possam levar a um julgamento pela irregularidade, o Tribunal poderá aprofundar o exame, ainda que o certificado de auditoria da CGU seja pela regularidade ou regularidade com ressalva. Um julgamento de contas anuais, assim, passa a ser uma apreciação sobre a ocorrência de irregularidades danosas ou não ao erário e a responsabilização dos responsáveis, no qual o Tribunal, se concluir pela responsabilidade do responsável, emitirá um juízo de "contas irregulares", quando considerar a situação grave a ponto de macular a gestão do responsável, um efetivo juízo de valor sobre a gestão.

[792] LOTCU-1992: "Art. 8º Diante da omissão no dever de prestar contas, da não comprovação da aplicação dos recursos repassados pela União, na forma prevista no inciso VII do art. 5º desta Lei, da ocorrência de desfalque ou desvio de dinheiros, bens ou valores públicos, ou, ainda, da prática de qualquer ato ilegal, ilegítimo ou antieconômico de que resulte dano ao Erário, a autoridade administrativa competente, sob pena de responsabilidade solidária, deverá imediatamente adotar providências com vistas à instauração da tomada de contas especial para apuração dos fatos, identificação dos responsáveis e quantificação do dano". Ver também: Tribunal de Contas da União. *Instrução Normativa nº 71/2012*. Dispõe sobre a instauração, a organização e o encaminhamento ao Tribunal de Contas da União dos processos de tomada de contas especial (IN 71/2012): "Art. 2º Tomada de contas especial é um processo administrativo devidamente formalizado, com rito próprio, para apurar responsabilidade por ocorrência de dano à Administração Pública Federal, com apuração de fatos, quantificação do dano, identificação dos responsáveis e obter o respectivo ressarcimento".

constituir menor quantidade de processos de contas ordinárias (anuais), com base em critérios de seletividade.[793]

A ideia de integrar no julgamento[794] dos processos de contas anuais o controle da conformidade e do desempenho da gestão, para fins de contribuir para o aperfeiçoamento da Administração Pública, seria implementada pelo fortalecimento do relatório de gestão,[795] mediante amplificação e customização quase anual de seu conteúdo e forma de apresentação, por todas as unidades jurisdicionas, segundo a disciplina anualmente decidida pelo Tribunal, em decisões normativas e portarias.

A seletividade implicava que apenas um conjunto das unidades jurisdicionadas, anualmente definido em decisão normativa, constituiria processo de contas anuais (ordinárias),[796] destinado a "avaliar e julgar o desempenho e a conformidade da gestão", submetido a julgamento de mérito, após devidamente instruído, no sentido de serem as contas regulares, regulares com ressalva ou irregulares.[797]

Os dois elementos principais do processo de contas, entre outros "documentos e informações e demonstrativos de natureza contábil, financeira, orçamentária, operacional ou patrimonial, obtidos direta ou indiretamente", que poderiam compor as contas eram o relatório de gestão e o relatório de auditoria de gestão, conduzida pelo órgão de controle.

A auditoria de gestão tinha um escopo bem abrangente, e os achados que representassem irregularidades deveriam ser bem caracterizados:[798]

> Os exames do órgão de controle interno competente sobre a gestão dos responsáveis devem abranger todos os recursos, orçamentários e extra-orçamentários, utilizados, arrecadados, guardados ou geridos pelas unidades jurisdicionadas ou pelos quais elas respondam, incluídos os oriundos de fundos de natureza contábil recebidos de entes da Administração Pública federal ou descentralizados para execução indireta.
>
> Os relatórios de auditoria de gestão emitidos pelos órgãos de controle interno devem ser compostos dos achados devidamente caracterizados pela indicação da situação encontrada e do critério adotado e suportados por papéis de trabalho, mantidos em arquivos à disposição do Tribunal.

---

793 *Vide* considerandos da IN 57/2008: "Considerando a necessidade de integrar, no exame e julgamento das tomadas e prestações de contas dos gestores, o *controle da conformidade e do desempenho da gestão*, a fim de contribuir para o aperfeiçoamento da Administração Pública; e Considerando os princípios da racionalização e simplificação do exame e do julgamento das tomadas e prestações de contas e a *necessidade de estabelecer critérios de seletividade* para formalização e instrução desses processos [...]".

794 Esse modelo afastava-se de um julgamento jurisdicional clássico e, também, de um julgamento de auditoria.

795 Segundo o art. 1º, inc. IV, da IN 57/2008, o relatório era um "conjunto de documentos, informações e demonstrativos de natureza contábil, financeira, orçamentária, operacional ou patrimonial relativos à gestão dos responsáveis por uma ou mais unidades jurisdicionadas, organizado de forma a possibilitar a visão sistêmica da conformidade e do desempenho desta gestão".

796 *Vide* conceito dado pela IN 63/2010: "Art. 1º, parágrafo único, inciso III: processo de contas ordinárias: processo de contas referente a exercício financeiro determinado, constituído pelo Tribunal segundo critérios de risco, materialidade e relevância".

797 *Vide* o art. 1º, parágrafo único, inc. I, da IN 63/2010, que aperfeiçoou o conceito anterior, dado pela IN 57/2008: "processo de contas: processo de trabalho do controle externo, destinado a *avaliar e julgar o desempenho e a conformidade da gestão* das pessoas abrangidas pelos incisos I, III, IV, V e VI do art. 5º da Lei nº 8.443/92, com base em documentos, informações e demonstrativos de natureza contábil, financeira, orçamentária, operacional ou patrimonial, obtidos direta ou indiretamente" (Grifos nossos).

798 IN 63/2010, art. 13, §§2º e 3º.

Estava implícito nas instruções normativas (57/2008 e 63/2010) que no âmbito de um processo de contas anuais seriam realizados exames de conformidade e de desempenho, direta e ou indiretamente pelo Tribunal, a partir dos quais seria proferido o julgamento de "mérito das contas" (bem como expedidas recomendações e determinações e, se fosse o caso, iniciado um processo de responsabilização dentro do mesmo processo de contas). A finalidade desses exames estava assim definida na IN 63/2010:[799]

> exame da conformidade: análise da legalidade, legitimidade e economicidade da gestão, em relação a padrões normativos e operacionais, expressos nas normas e regulamentos aplicáveis, e da capacidade dos controles internos de identificar e corrigir falhas e irregularidades;
> exame do desempenho: análise da eficácia, eficiência, efetividade e economicidade da gestão em relação a padrões administrativos e gerenciais expressos em metas e resultados negociados com a administração superior ou definidos nas leis orçamentárias, e da capacidade dos controles internos de minimizar riscos e evitar falhas e irregularidades; [...].

Não obstante o modelo anterior buscasse dar ao processo de contas um presumido incremento de valor pelo acréscimo de informações e exames de desempenho, de forma a "contribuir para o aperfeiçoamento da Administração Pública", logo se revelariam as dificuldades de como alcançar esse objetivo no âmbito de processos de contas anuais, historicamente não concebidos para essa finalidade e cujo modelo processual decisório definido na LOTCU-1992 não era compatível com processos com esse objetivo: avaliar de forma ampla e complexa a gestão.

O modelo que perdurou entre 2008 e 2020 acelerou o processo que já vinha ocorrendo desde a Constituição de 1967, como vimos anteriormente: o julgamento de contas passou de um julgamento jurisdicional clássico para um julgamento de regularidade de contas presumidamente de auditoria e, na sequência histórica, para um juízo de avaliação da gestão.[800]

Compreendida essa realidade, *uma pergunta se impunha*: seria possível dizer que existia, num processo de tamanha complexidade, com objetivos díspares, objetos das mais variadas naturezas, um "mérito das contas" cognoscível sobre o qual possa o Tribunal se manifestar declarando as contas regulares, regulares com ressalva ou irregulares, seguindo os critérios de sua Lei Orgânica,[801] de forma coerente com o conjunto de coisas sob exame, uma declaração apta a fazer algum sentido, a comunicar alguma coisa clara ao Parlamento, à Administração, às pessoas interessadas sobre o amplo conjunto de atos de gestão, projetos, programas e situações que representa a gestão pública?[802]

---

[799] IN 63/2010, art. 1º, parágrafo único, incs. VIII e IX.

[800] Sob a roupagem de um juízo de contas.

[801] LOTCU-1992: "Art. 16. As contas serão julgadas: I – regulares, quando expressarem, de forma clara e objetiva, a exatidão dos demonstrativos contábeis, a legalidade, a legitimidade e a economicidade dos atos de gestão do responsável; II – regulares com ressalva, quando evidenciarem impropriedade ou qualquer outra falta de natureza formal de que não resulte dano ao Erário; III – irregulares, quando comprovada qualquer das seguintes ocorrências: a) omissão no dever de prestar contas; b) prática de ato de gestão ilegal, ilegítimo, antieconômico, ou infração à norma legal ou regulamentar de natureza contábil, financeira, orçamentária, operacional ou patrimonial; c) dano ao Erário decorrente de ato de gestão ilegítimo ao antieconômico; d) desfalque ou desvio de dinheiros, bens ou valores públicos".

[802] O julgamento de um processo de contas anuais é, na essência, uma decisão sobre se uma ou mais irregularidades encontradas na gestão da unidade no exercício financeiro devem ser consideradas graves o suficiente para um

3.9.1 O Novo Modelo de Contas

Em 2019, o Tribunal de Contas da União instituiu um grupo de trabalho para propor modificações substantivas no processo de contas anuais.

O grupo produziu o relatório denominado "Novo Modelo de Tomada e Prestação de Contas – Proposta",[803] que deu origem à Instrução Normativa nº 84/2020.

Para começarmos o exame do Novo Modelo de Contas e evidenciarmos como ele e as razões das mudanças estão associadas ao problema desta tese (o juízo de regularidade/irregularidade de contas), realçamos do relatório algumas de suas análises e conclusões-chave.

O relatório concluiu que faltavam diretrizes e parâmetros claros para a condução do processo:

> 113. Uma das formas de conferir eficácia e eficiência a um processo de trabalho é que ele possua parâmetros e diretrizes claros para sua realização.
> Na atual configuração, o processo de contas não se apresenta com diretrizes, tampouco com parâmetros claros no que concerne à instrução dos processos.
> Essa lacuna causa falta de padronização nas instruções e, potencialmente, diminui a qualidade desses trabalhos.[804]

De fato, não era fácil nem mesmo possível definir parâmetros claros para a instrução dos processos de contas quando não se tinha clareza sobre a própria concepção:

a) do que são "contas" e prestação de contas e de como esses conceitos se diferenciam e para que propósitos são utilizados;
b) do que significa um julgamento de contas (conforme o texto constitucional) e um julgamento da regularidade das contas (conforme LOTCU-1992), e de como se diferenciam esses processos e as decisões que neles são tomadas;
c) do que deveria o Tribunal fazer nesses processos e com que finalidades.

O grupo de trabalho elaborou propostas em consonância com os termos do ART 16-I:

> Art. 16. As contas serão julgadas:
> I – regulares, quando expressarem, de forma clara e objetiva, a exatidão dos demonstrativos contábeis, a legalidade, a legitimidade e a economicidade dos atos de gestão do responsável;
> [...].

Propôs que a nova instrução normativa, a IN 84/2020, deixasse claro que "o processo de contas é direcionado para a análise da exatidão das demonstrações contábeis e da existência de irregularidades nos atos de gestão".[805] Sugeriu que:[806]

---

julgamento pela irregularidade. Se sim, as contas serão julgadas irregulares; se não, as contas serão julgadas regulares ou regulares com ressalva. Esses dois critérios não se aplicam por eles mesmos, mas por exclusão; se algo não pode ser reputado como irregular, então deve ser reputado como regular com ressalva, ou mesmo regular.

[803] TCU (*Novo Modelo de Tomada e Prestação de Contas – Proposta. Processo 034.095/2019-5. Peça 11*). Esse relatório será referido como NMPC-IN 84.

[804] TCU (*Novo Modelo de Tomada e Prestação de Contas*, 2019, p. 24; 61).

[805] Na perspectiva da função de auditoria governamental, mas não na perspectiva da função jurisdicional-Intosai, *razão de ser da constitucionalização do "julgamento de contas"*.

[806] TCU (*Novo Modelo de Tomada e Prestação de Contas*, 2019, p. 24; 61).

o TCU julgue as contas dos responsáveis e administradores quanto à clareza, objetividade e exatidão dos demonstrativos contábeis[807]
e quanto à legalidade, legitimidade e economicidade de seus atos de gestão
pela integração do processo de contas com as fiscalizações do controle interno e externo, com a certificação conjunta e com a modernização tecnológica no acompanhamento das UPCs e da atuação de seus responsáveis.

O modelo vigente, que denominamos "modelo bipartido seletivo", baseado na ideia de prestação de contas em sentido amplo (relatório de gestão) e geral e tomadas de contas em sentido[808] estrito anuais (processo de contas) e seletivas seria profundamente alterado em sua concepção e operacionalização, e seria, enormemente, reduzido o número de processos de contas anuais submetidos a julgamento.[809]

O processo de contas anuais era um processo em que não se desenvolvia o que era necessário para uma verdadeira manifestação sobre a regularidade das contas em conformidade com o disposto na própria LOTCU-1992, no inc. I do art. 16: auditorias de conformidade e financeiras aptas à emissão de um juízo quanto a se as contas expressavam, primeiramente, "de forma clara e objetiva, a exatidão dos demonstrativos contábeis, a legalidade, a legitimidade e a economicidade dos atos de gestão do responsável".

O Novo Modelo de Contas é estruturalmente diferente, em busca de racionalidade e consistência normativa e funcional do sistema de contas anuais.

Na nova concepção, o foco do Tribunal no processo de contas anuais é a *certificação das contas*, o trabalho clássico de auditoria financeira integrada com auditoria de conformidade, conduzido por um auditor externo independente.

A estrutura do novo modelo está baseada numa distinção fundamental entre as unidades jurisdicionadas: unidade prestadora de contas e unidade prestadora de contas significativas do Balanço Geral da União.

Uma unidade prestadora de contas (UPC)[810] "é uma unidade ou arranjo de unidades da Administração Pública federal que possua comando e objetivos comuns

---

[807] Caberia definir para quais responsáveis e administradores, poucos, seria possível e necessário: (a) instituir um processo de contas anuais (PCA) com a finalidade de julgar as contas quanto à clareza, objetividade e exatidão dos demonstrativos contábeis e para quais, quase todos, seria viável e necessário instituir (b) um PCA quanto à legalidade, legitimidade e economicidade de seus atos de gestão.

[808] Processo de contas.

[809] Virtualmente, o Tribunal de Contas da União deixaria de julgar anualmente as contas dos administradores.

[810] IN 84/2020: "Art. 5º Unidade Prestadora de Contas (UPC) é uma unidade ou arranjo de unidades da Administração Pública federal que possua comando e objetivos comuns e que deverá observar o disposto no art. 1º, §1º, desta instrução normativa".

e que deverá" prestar contas de modo amplo, difuso, permanente e de fácil acesso,[811] denominado prestação de contas,[812] [813] na forma definida na IN 84.[814]

Unidade prestadora de contas significativas do balanço geral da União (UPCBGU) é a unidade prestadora de contas que passará por auditoria financeira visando à certificação das contas.[815]

---

[811] IN 84/2020: "Art. 9º A prestação de contas se fará mediante: I – a divulgação das *informações* dispostas no inciso I, art. 8º desta instrução normativa, durante o exercício financeiro; II – a publicação das *demonstrações contábeis e do relatório de gestão*, após o encerramento do exercício financeiro, nos termos do §4º do art. 8º desta instrução normativa. §1º As informações e o relatório de que trata o *caput* deverão ser publicados nos sítios oficiais das UPC, conforme o caso, em seção específica com chamada na página inicial sob o título 'Transparência e prestação de contas', na forma, conteúdo e prazos estabelecidos neste capítulo. §2º As informações divulgadas na seção específica de que trata o parágrafo anterior poderão ser providas mediante *links* e redirecionamento de páginas para outros portais oficiais que contenham as informações ou o seu detalhamento. §3º As informações divulgadas nos termos do inciso I deste artigo deverão ser atualizadas com periodicidade mínima de um ano a ser definida em decisão normativa do Tribunal".

[812] *Prestação de contas aqui tem um sentido de processo de accountability.* No sentido processual, um processo de prestação de contas tem outro sentido na própria instrução normativa.

[813] IN 84/2020: "Art. 8º Integram a prestação de contas das UPC: I – informações sobre: a) os objetivos, as metas, os indicadores de desempenho definidos para o exercício e os resultados por eles alcançados, sua vinculação aos objetivos estratégicos e à missão da UPC, e, se for o caso, ao Plano Plurianual, aos planos nacionais e setoriais do governo e dos órgãos de governança superior; b) o valor público em termos de produtos e resultados gerados, preservados ou entregues no exercício, e a capacidade de continuidade em exercícios futuros; c) as principais ações de supervisão, controle e de correição adotadas pela UPC para a garantia da legalidade, legitimidade, economicidade e transparência na aplicação dos recursos públicos; d) a estrutura organizacional, competências, legislação aplicável, principais cargos e seus ocupantes, endereço e telefones das unidades, horários de atendimento ao público; e) os programas, projetos, ações, obras e atividades, com indicação da unidade responsável, principais metas e resultados e, quando existentes, indicadores de resultado e impacto, com indicação dos valores alcançados no período e acumulado no exercício; f) os repasses ou as transferências de recursos financeiros; g) a execução orçamentária e financeira detalhada; h) as licitações realizadas e em andamento, por modalidade, com editais, anexos e resultados, além dos contratos firmados e notas de empenho emitidas; i) a remuneração e o subsídio recebidos por ocupante de cargo, posto, graduação, função e emprego público, incluídos os auxílios, as ajudas de custo, os jetons e outras vantagens pecuniárias, além dos proventos de aposentadoria e das pensões daqueles servidores e empregados públicos ativos, inativos e pensionistas, de maneira individualizada; e j) o contato da autoridade de monitoramento, designada nos termos do art. 40 da Lei 12.527, de 2011, e telefone e correio eletrônico do Serviço de Informações ao Cidadão (SIC); II- as demonstrações contábeis exigidas pelas normas aplicáveis à UPC, acompanhadas das respectivas notas explicativas, bem como dos documentos e informações de interesse coletivo ou gerais exigidos em normas legais específicas que regem sua atividade; III – o relatório de gestão, que deverá ser apresentado na forma de relato integrado da gestão da UPC, segundo orientações contidas em ato próprio do TCU; e IV – rol de responsáveis".

[814] IN 84/2020: "Art. 1º, §1º Prestação de contas é o instrumento de gestão pública mediante o qual os administradores e, quando apropriado, os responsáveis pela governança e pelos atos de gestão de órgãos, entidades ou fundos dos poderes da União apresentam e divulgam informações e análises quantitativas e qualitativas dos resultados da gestão orçamentária, financeira, operacional e patrimonial do exercício, com vistas ao controle social e ao controle institucional previsto nos artigos 70, 71 e 74 da Constituição Federal".

[815] Ver DN 198/2022: "Art. 22. Para certificação de contas tanto nas auditorias sob responsabilidade do TCU quanto nas realizadas pelos órgãos do sistema de controle interno, deve-se observar os seguintes níveis de materialidade: I – até 2% do referencial que melhor reflita o nível de atividade financeira da UPC para fins de planejamento da auditoria de contas e para emissão de opiniões sobre a confiabilidade das demonstrações contábeis e a conformidade das transações subjacentes; II – 50% do valor obtido no inciso I para determinação das áreas (saldos contábeis e classes de transações) que comporão o escopo do trabalho; e de 50% a 75% do mesmo valor para determinação da distorção tolerável, conforme maior ou menor, respectivamente, o risco de distorção avaliado das referidas áreas; e III – até 5% do valor obtido no inciso I para fins de determinação do limite para acumulação de distorções ou não conformidades, conforme maior ou menor, respectivamente, o risco de distorção ou não conformidade avaliado no nível das demonstrações contábeis. Parágrafo único. Os referenciais e os percentuais de materialidade adotados devem ser informados no certificado de auditoria".

Para as UPC qualificadas como UPC-BGU,[816] será constituído um processo de prestação de contas do exercício financeiro, para julgamento de contas[817] diferenciado, conforme art. 25 da instrução normativa.[818] Para as demais, não.

As contas dessas entidades serão submetidas a trabalhos de auditoria integrada financeira e de conformidade,[819] com o objetivo de certificação,[820] [821] [822] pelo órgão de controle interno ou pelo próprio TCU:[823]

[816] Ver Decisão Normativa nº 198/2022 (DN 198/2022): "Art. 12. Serão consideradas UPC significativas, para fins do previsto no inciso I do art. 2º da IN-TCU nº 84, de 2020: I – os Ministérios, enquanto órgãos supervisores, cujas despesas orçamentárias representem individualmente mais de 2% das despesas do Orçamento Fiscal e da Seguridade Social (OFSS) que, quando somadas, alcancem pelo menos 90% do total das despesas do OFSS, selecionados em ordem decrescente; II – o Fundo do Regime Geral de Previdência Social; III – as empresas estatais, dependentes ou independentes, cujas participações societárias somadas alcancem 90% das participações permanentes da União, selecionadas em ordem decrescente de participação; e IV – o Banco Central do Brasil, em razão de suas relações financeiras com a União, reguladas pela Lei nº 13.820, de 2 de maio de 2019".

[817] No âmbito do *sistema de contas anuais*, o conceito é praticamente impossível de ser definido, porque o termo é utilizado em diferentes contextos e normas com diferentes propósitos, sem rigor, ora para referir-se a certo conjunto de elementos, ora a outro, muito diferente. Essa avaliação é corroborada pelo fato de esse termo não estar incluído no Anexo I à IN 84/2020, um glossário: ou seja, a IN não conceitua o que são contas. Sobre o conceito de julgamento de contas, ver Anexo I à IN 84/2020. No entanto, o Anexo define o que é um "*Julgamento de contas*: ato pelo qual o Tribunal decide sobre a regularidade das contas e sobre as eventuais responsabilidades por irregularidades identificadas nos trabalhos de certificação de contas, bem como em investigações internas ou externas que envolvam a alta administração e os responsáveis pela governança, nos termos dos incisos I, II e III do art. 16 da Lei 8.443/1992".

[818] IN 84/2020: "*Art. 25.* O objetivo do julgamento em processo de contas do exercício financeiro é a decisão do TCU a respeito do enquadramento das contas dos responsáveis nos incisos I, II e III do art. 16 da Lei 8.443, de 1992, e, conforme a competência atribuída pelo inciso II do art. 71 da Constituição Federal, na apuração de responsabilidades por impropriedades ou irregularidades materialmente relevantes ou que apresentem risco de impacto relevante na gestão. [...] *Art. 28.* Os processos de prestação de contas serão julgados em conformidade com as disposições dos arts. 14 a 19 da Lei 8.443, de 1992. Parágrafo único. Os processos de tomada de contas já julgados pelo TCU que comprovem a ocorrência de irregularidades materialmente relevantes ou que apresentem risco de impacto relevante na gestão em UPC significativas do BGU, de responsabilidade de integrantes do rol de responsáveis, deverão ser juntados ao respectivo processo de prestação de contas da UPC e subsidiarão a emissão do relatório e do parecer prévio sobre as contas do Presidente da República. *Art. 29.* A opinião emitida na certificação de contas do exercício não vincula o julgamento pelo TCU" (Grifos nossos).

[819] IN 84/2020: "Art. 14. O TCU definirá em ato próprio a coordenação e a cooperação para os trabalhos de auditoria integrada financeira e de conformidade em UPC significativas do BGU e em empresas estatais, ouvidos os órgãos e as unidades do sistema de controle interno dos poderes da União e observadas sua independência e limitações em termos de disponibilidade de recursos, com vistas à integração das competências constitucional e legal de certificação das contas anuais e de governo".

[820] Ver DN 198/2022: "Art. 11. [...] §1º Para a auditoria das demonstrações contábeis, serão adotadas as Normas Brasileiras de Contabilidade sobre Técnicas de Auditoria de Informação Contábil Histórica Aplicável ao Setor Público (NBC TASP), equivalentes às ISSAI da série 2000, adotadas pela Organização Internacional das Entidades Fiscalizadoras Superiores (Intosai). §2º Para a auditoria de conformidade dos atos de gestão serão adotadas as NBASP 400 e 4000, equivalentes às ISSAI 400 e 4000 e, quando aplicável, as NBC TASP 240 e 250 (ISSAI 2240 e 2250). §3º Os certificados de auditoria devem seguir o formato previsto nas NBC TASP da série 700 (ISSAI 2700)".

[821] Ver conceito dado no Anexo I à IN 84/2020: "*Certificação de contas*: fiscalização contábil, financeira e orçamentária que assegura os níveis de confiabilidade das demonstrações contábeis divulgadas, a conformidade das transações subjacentes e dos atos de gestão relevantes dos responsáveis pela UPC".

[822] DN 198/2022: "*Art. 19.* Para UPC que integre o Orçamento Fiscal e da Seguridade Social, são fontes de critérios para certificação de conformidade dos atos de gestão: a Constituição Federal de 1988, a Lei Complementar nº 101/2000, a Lei nº 4.320/1964, o Decreto nº 93.872/1986, o Decreto-Lei nº 200/1967 e a legislação que rege o plano plurianual, as diretrizes orçamentárias e o orçamento anual. §1º A certificação da conformidade dos atos de gestão deve avaliar a legalidade dos atos de que resultem a arrecadação da receita ou a realização da despesa, o nascimento ou a extinção de direitos e obrigações, nos termos do inciso I do art. 75 da Lei nº 4.320/1964 e do art. 41 da Lei nº 8.443/1992. §2º A certificação da conformidade da despesa orçamentária abrange, no mínimo, o pagamento indevido decorrente de erro de valor e/ou de elegibilidade na verificação do art. 63 da Lei n º 4.320/1964; §3º A verificação de regras de elegibilidade e cálculo previstos no parágrafo anterior poderá abranger legislações específicas aplicáveis a cada tipo de despesa, em especial: I – benefícios previdenciários, assistenciais e trabalhistas; II – pagamento de pessoal ativo e inativo; III – pagamento de bens, obras e serviços contratados; IV – transferências obrigatórias e discricionárias; V – benefícios financeiros e creditícios; e VI – juros, amortização e refinanciamento de dívida" (ajustes feitos na denominação das leis).

[823] Ver DN 198/2022: "Art. 16. Deverão ser certificadas pelo Tribunal de Contas da União as contas das seguintes UPC significativas do BGU: I – Ministério da Economia, cuja certificação se fundamentará também nas conclusões ou opiniões de auditoria de transações e saldos vinculados aos seguintes elementos específicos: a) Dívida Pública Federal e transações relacionadas; b) Receitas e Créditos da Administração Tributária; e c) Haveres da União

> Art. 14. / §4º As certificações das contas anuais[824] das UPC / abrangendo os seguintes objetivos gerais de auditoria:
> I – confiabilidade das demonstrações contábeis:[825] assegurar que as demonstrações contábeis foram elaboradas e apresentadas de acordo com as normas contábeis e o marco regulatório aplicável e estão livres de distorções relevantes causadas por fraude ou erro;
> II – conformidade dos atos de gestão:[826] assegurar que as transações subjacentes às demonstrações contábeis e os atos de gestão relevantes dos responsáveis pela UPC estão de acordo com as leis e regulamentos aplicáveis e com os princípios de Administração Pública que regem a gestão financeira responsável e a conduta dos agentes públicos; [...].

Em segundo plano, o Novo Modelo de Contas criou um instituto (tomada de contas, um processo de responsabilização *ad hoc*) e deu-lhe uma denominação que era dada a outro (tomada de contas, um processo de contas ordinárias anuais), o qual abordaremos novamente mais à frente:

> Art. 1º [...] §2º Tomada de contas é o instrumento de controle externo mediante o qual o Tribunal de Contas da União apura a ocorrência de indícios de irregularidades ou conjunto de irregularidades materialmente relevantes ou que apresentem risco de impacto relevante na gestão, que não envolvam débito, com a finalidade de apurar os fatos e promover a responsabilização dos integrantes do rol de responsáveis ou do agente público que tenha concorrido para a ocorrência, definido nos termos desta instrução normativa.

Nesse novo modelo, o Tribunal, salvo exceção, "julgará" apenas processos de prestação de contas anuais[827] constituídos para "UPC significativas do Balanço Geral

---

e transações relacionadas. II – Ministério da Defesa; III – Fundo do Regime Geral da Previdência Social e o respectivo ministério supervisor; e IV – Banco Central do Brasil".

824 O termo "contas" na expressão "certificação de contas" deve corresponder ao que está sendo "certificado". No caso, as demonstrações contábeis do exercício financeiro e o conjunto dos "atos de gestão relevantes dos responsáveis" pela unidade prestadora de contas.

825 O termo demonstrações contábeis é tomado em sentido bem amplo. *Vide* Anexo I à IN 84/2020: "*Demonstrações contábeis* – representação estruturada de informações financeiras históricas, incluindo divulgações, com a finalidade de informar os recursos econômicos ou as obrigações da entidade em determinada data ou as mutações de tais recursos ou obrigações durante um período em conformidade com a estrutura de relatório financeiro. O termo "demonstrações contábeis" refere-se normalmente ao conjunto completo de demonstrações como determinado pela *estrutura de relatório financeiro aplicável*, mas também pode referir-se a quadros isolados das demonstrações contábeis (ISSAI 1200; ISA/NBCTA 200(R1))" (Grifos no original).

826 Sobre o conceito de atos de gestão, *vide* Anexo I à IN 84/2020: "*Ato de gestão:* espécie do gênero ato administrativo, tipicamente de administração dos bens e serviços públicos, bem como aqueles negociais com os particulares, que não exigem coerção sobre os interessados. Todo e qualquer ato administrativo que importe alteração de natureza orçamentária, financeira e patrimonial. São exemplos de atos de gestão: autorização para emissão de ordem bancária; incorporação e desfazimento de bens; assinatura de contratos, convênios e instrumentos congêneres; assinatura de ato de admissão e exoneração de servidor etc. Reflete conjunto de ações praticadas pelos agentes públicos no exercício de suas competências, ou por outros executadas em nome da Administração Pública, relacionadas a formulação, elaboração e implementação de estratégias, planos, processos e atividades, desenvolvidas para dar cumprimento aos objetivos estabelecidos para órgãos e entidades públicos".

827 IN 84/2020: "Art. 27. Integrarão os processos de prestação de contas, em conformidade com o art. 9º da Lei Orgânica do TCU: I – o relatório de gestão, composto pelas informações do *relato integrado* constantes na decisão normativa do TCU de que trata o §3º do art. 8º desta instrução normativa; II – o relatório de auditoria, que consignará os achados de auditoria relevantes, indicando as medidas adotadas para corrigir as falhas identificadas, e os certificados de auditoria com os pareceres do dirigente do órgão de controle interno; III – o pronunciamento do Ministro de Estado supervisor da área ou da autoridade de nível hierárquico equivalente, na forma do art. 52 da Lei Orgânica do TCU, no qual emitirá, sobre as contas e os pareceres do controle interno, expresso e indelegável pronunciamento, no qual atestará haver tomado conhecimento das conclusões neles contidas; e IV – rol de

da União", definidas anualmente.[828] Para essas unidades, o objetivo central da atuação do TCU é o de promover a certificação das contas (demonstrativos contábeis e atos de gestão relevantes dos responsáveis pela unidade),[829] conduzidos por meio de trabalhos de auditoria financeira combinada com auditoria de conformidade.

Em certificação de contas, trabalho de asseguração,[830] *não há emissão de juízos sobre a regularidade de contas na forma da LOTCU-1992,*[831] mas emissão de opiniões de auditoria,[832] como se verá.

---

responsáveis. §1º As informações disponibilizadas no sítio da UPC na internet serão consideradas na avaliação das contas, porém não deverão ser juntadas aos processos de prestação de contas, à exceção de informação ou dado que seja relevante para o julgamento das contas nas hipóteses descritas. §2º O relatório de gestão disponibilizado no sítio da internet poderá ser considerado, nos processos de tomada de contas do exercício financeiro, para fins de aferição do nível de materialidade das ocorrências descritas no processo ou do risco de impacto relevante na gestão. §3º O relatório de auditoria poderá ser emitido tanto por unidade técnica do TCU quanto por órgão ou entidade do sistema de controle interno dos poderes, ou ainda conjuntamente pelos controles externo e interno, conforme planejado pelas unidades responsáveis pela execução dos trabalhos necessários para sua emissão, em processos de prestação de contas com a certificação a que se refere o art. 14". Sobre relato integrado, *vide* o Anexo I à IN 84/2020: "*Relatório de Gestão:* documento elaborado pelos responsáveis pela UPC, que tem como objetivo principal oferecer uma visão clara para a sociedade sobre como a estratégia, a governança, o desempenho e as perspectivas da UPC, no contexto de seu ambiente externo, levam à geração de valor público em curto, médio e longo prazos, além de demonstrar e justificar os resultados alcançados em face dos objetivos estabelecidos. *Relato integrado*: o Relato Integrado é uma nova abordagem para o processo de relatar. O produto desse processo será um relatório integrado, cujo objetivo é integrar informação financeira e não financeira. Esta informação deve ser concisa e abrangente, e compreender a estratégia, a governança, o desempenho e as perspectivas das organizações" (Grifos no original).

[828] O objetivo dessa distinção é atender à seguinte lógica: em processos de contas anuais era esperado que houvesse um posicionamento de auditoria (certificação de contas) das unidades jurisdicionadas e que, ao final, quando da emissão do parecer prévio, a certificação das contas (BGU) prestadas pelo Presidente da República fosse compatível com o conjunto das certificações das contas das unidades mais significativas no BGU.

[829] Que será considerada no processo de prestação de contas anuais do Presidente da República, quando da emissão do parecer prévio.

[830] *Vide* Anexo I à IN 84/2020: "*Asseguração* – nível de segurança fornecido por uma auditoria ou outro trabalho de asseguração, mediante expressão de uma conclusão baseada em evidência suficiente e apropriada, de forma a aumentar o grau de confiança dos usuários previstos sobre o resultado da mensuração ou avaliação do objeto, de acordo com os critérios que sejam aplicáveis. São dois os tipos de asseguração: asseguração razoável e asseguração limitada (ISSAI 100; IFAC/NBCTA Estrutura Conceitual para trabalhos de asseguração). *Asseguração limitada* – nível de asseguração mais baixo do que o nível de asseguração razoável, embora, no julgamento profissional do auditor, espera-se que seja uma segurança significativa para os usuários previstos (ISSAI 100). *Asseguração razoável* – um nível de asseguração alto, mas não absoluto, uma vez que devido às limitações que lhes são inerentes, as auditorias e outros trabalhos de asseguração nunca poderão oferecer uma segurança absoluta (ISSAI 100)" (Grifos no original).

[831] LOTCU-1992: "Art. 16. As contas serão julgadas: I – regulares, quando expressarem, de forma clara e objetiva, a exatidão dos demonstrativos contábeis, a legalidade, a legitimidade e a economicidade dos atos de gestão do responsável; II – regulares com ressalva, quando evidenciarem impropriedade ou qualquer outra falta de natureza formal de que não resulte dano ao Erário; III – irregulares, quando comprovada qualquer das seguintes ocorrências: a) omissão no dever de prestar contas; b) prática de ato de gestão ilegal, ilegítimo, antieconômico, ou infração à norma legal ou regulamentar de natureza contábil, financeira, orçamentária, operacional ou patrimonial; c) dano ao Erário decorrente de ato de gestão ilegítimo ao antieconômico; d) desfalque ou desvio de dinheiros, bens ou valores públicos. §1º O Tribunal poderá julgar irregulares as contas no caso de reincidência no descumprimento de determinação de que o responsável tenha tido ciência, feita em processo de tomada ou prestarão de contas". Sobre a expressão "exatidão das demonstrações contábeis", *vide* Anexo I à IN 84/2020: "*Exatidão das demonstrações contábeis*: representa a confiabilidade das demonstrações contábeis, em seus aspectos materialmente relevantes, de acordo com as normas e os padrões contábeis aplicáveis" (Grifos no original).

[832] IN 84/2020: "Art. 20. Os certificados de auditoria devem expressar os seguintes tipos de opinião quanto à regularidade das contas anuais, conforme o caso: I – opinião sem ressalvas: quando se conclui, com base em evidência de auditoria apropriada e suficiente, que as demonstrações contábeis estão livres de distorções relevantes; ou não há desvios de conformidade relevantes nas operações, transações ou atos subjacentes; II – opinião com ressalvas: a) quando tendo obtido evidência de auditoria apropriada e suficiente se conclui que as distorções, individualmente ou em conjunto, são relevantes, mas não generalizadas nas demonstrações contábeis; ou foram identificados desvios relevantes de conformidade nas operações, transações ou atos subjacentes, mas não generalizados; ou

Se nesse processo de certificação fossem encontrados "indícios de irregularidades ou conjunto de irregularidades materialmente relevantes ou que apresentem risco de impacto relevante na gestão, que não envolvam débito", seria constituída uma tomada de contas.[833]

O Novo Modelo de Contas descarta a ideia de integração do exame da gestão "no exame e julgamento das tomadas e prestação de contas dos gestores, o controle da conformidade e do desempenho da gestão, a fim de contribuir para o aperfeiçoamento da Administração Pública", presente no anterior modelo de contas (Fase 2), período das IN 47/2004, IN 57/2008 e 63/2010.

Mas a concepção do Tribunal de Contas da União como garantidor da transparência e do princípio republicano da prestação de contas em seu sentido substantivo mais lato, e não sob a ótica de um processo *stricto sensu*, é realçada e mais bem efetivada. O termo "prestação de contas" ganha outra conotação:

> Art. 1º [...] §1º Prestação de contas[834] é o instrumento de gestão pública mediante o qual os administradores e, quando apropriado, os responsáveis pela governança e pelos atos de gestão de órgãos, entidades ou fundos dos poderes da União apresentam e divulgam informações e análises quantitativas e qualitativas dos resultados da gestão orçamentária,

---

b) quando não é possível obter evidência de auditoria suficiente e apropriada, mas se conclui que os possíveis efeitos das distorções não detectadas sobre as demonstrações contábeis ou dos desvios de conformidade nas operações, transações ou atos subjacentes, se houver, poderiam ser relevantes, mas não generalizados; III – opinião adversa: quando tendo obtido evidência de auditoria apropriada e suficiente se conclui que as demonstrações contábeis apresentam distorções relevantes e com efeitos generalizados; ou os desvios de conformidade nas operações, transações ou atos subjacentes são relevantes e generalizados; IV – abstenção de opinião: quando não é possível obter evidência de auditoria suficiente e apropriada e se conclui que os possíveis efeitos de distorções não detectadas sobre as demonstrações contábeis, se houver, poderiam ser relevantes e generalizados; ou os desvios de conformidade nas operações, transações ou atos subjacentes poderiam ser relevantes e com efeitos generalizados".

833 IN 84/2020: "Art. 27, §4º Nos processos de tomada de contas do exercício financeiro, o relatório de auditoria, os certificados de auditoria e os pareceres do dirigente do órgão de controle interno serão substituídos pelos expedientes emitidos pelo sistema de controle interno ou pelos relatos dos trabalhos de controle externo que tenham apontado a existência de indícios de irregularidades ou conjunto de irregularidades materialmente relevantes ou que apresentem risco de impacto relevante na gestão".

834 IN 84/2020: "Art. 3º A prestação de contas tem como finalidade demonstrar, de forma clara e objetiva, a boa e regular aplicação dos recursos públicos federais para atender às necessidades de informação dos cidadãos e seus representantes, dos usuários de serviços públicos e dos provedores de recursos, e dos órgãos do Poder Legislativo e de controle para fins de transparência, responsabilização e tomada de decisão, em especial para: I – facilitar e incentivar a atuação do controle social sobre a execução do orçamento federal e proteção do patrimônio da União, nos termos previstos no §2º do art. 74 da Constituição Federal; II – subsidiar as unidades do sistema de controle interno dos poderes da União para avaliar o cumprimento das metas previstas no Plano Plurianual, a execução dos programas de governo e dos orçamentos da União, bem como comprovar a legalidade e avaliar a eficácia, a eficiência e a efetividade da gestão orçamentária, financeira e patrimonial nos órgãos e entidades da administração federal, nos termos dos incisos I e II do art. 74 da Constituição Federal; III – subsidiar os Ministros de Estado com informações para o exercício da orientação, coordenação e supervisão dos órgãos e entidades da administração federal na área de sua competência, bem como apresentar ao Presidente da República relatório anual de sua gestão no Ministério, consoante estabelecido nos incisos I e III do parágrafo único do art. 87 da Constituição Federal; IV – contribuir para o acompanhamento e a fiscalização orçamentária pela comissão mista do Congresso Nacional de que trata o inciso II do §1º do art. 166 da Constituição Federal; e V – possibilitar ao Tribunal de Contas da União o julgamento das contas dos administradores e demais responsáveis, nos termos do inciso II do art. 71 da Constituição Federal, e dos arts. 6º a 35 da Lei 8.443, de 1992. Parágrafo único. As contas devem expressar, de forma clara e objetiva, a exatidão dos demonstrativos contábeis, a legalidade, a legitimidade e a economicidade dos atos de gestão dos responsáveis que utilizem, arrecadem, guardem, gerenciem ou administrem dinheiros, bens e valores públicos ou pelos quais a União responda, ou que, em nome desta, assumam obrigações de natureza pecuniária, nos termos do parágrafo único do art. 70 da Constituição Federal".

financeira, operacional e patrimonial do exercício, com vistas ao controle social e ao controle institucional previsto nos artigos 70, 71 e 74 da Constituição Federal.

A prestação de contas, como concretização do *dever de prestar contas*, substantiva, disponibilizada e divulgada na internet, torna-se mais sofisticada,[835] conforme princípios de elaboração e divulgação estabelecidos na IN:

a) foco estratégico e no cidadão: mais do que devem prestar contas da gestão, apresentar a direção estratégica da organização, explicando como ela se relaciona com a capacidade de gerar valor público e o uso que a unidade faz dos recursos, os produtos, os resultados e os impactos produzidos;
b) conectividade da informação: "visão integrada da inter-relação entre os resultados alcançados, a estratégia de alocação dos recursos e os objetivos estratégicos definidos para o exercício";
c) relações com as partes interessadas: dever ser apresentada "uma visão da natureza e da qualidade das relações que a UPC mantém com suas principais partes interessadas", esclarecendo como atende os seus legítimos interesses e necessidades;
d) materialidade / confiabilidade e completude, coerência e comparabilidade: informações tempestivas, significativas e séries históricas; textos coerentes, equilibrados, linguagem simples e uso de imagens.

[835] IN 84/2020: "Art. 4º São princípios para a elaboração e a divulgação da prestação de contas: I – foco estratégico e no cidadão: além de prestar contas sobre os fatos pretéritos, os responsáveis devem apresentar a direção estratégica da organização na busca de resultados para a sociedade, proporcionando uma visão de como a estratégia se relaciona com a capacidade de gerar valor público no curto, médio e longo prazos e demonstrar o uso que a UPC faz dos recursos, bem como os produtos, os resultados e os impactos produzidos; II – conectividade da informação: as informações devem mostrar uma visão integrada da inter-relação entre os resultados alcançados, a estratégia de alocação dos recursos e os objetivos estratégicos definidos para o exercício; e da inter-relação e da dependência entre os fatores que afetam a capacidade de a UPC alcançar os seus objetivos ao longo do tempo; III – relações com as partes interessadas: as informações devem prover uma visão da natureza e da qualidade das relações que a UPC mantém com suas principais partes interessadas, incluindo como e até que ponto a UPC entende, leva em conta e responde aos seus legítimos interesses e necessidades, considerando, inclusive, a articulação interinstitucional e a coordenação de processos para melhorar a integração entre os diferentes níveis e esferas do setor público, com vistas a gerar, preservar e entregar valor público; IV – materialidade: devem ser divulgadas informações sobre assuntos que afetam, de maneira significativa, a capacidade de a UPC alcançar seus objetivos de geração de valor público no curto, médio e longo prazos e com conteúdo relevante para a sociedade, em especial para os cidadãos e usuários de bens e serviços públicos, provedores de recursos, e seus representantes; V – concisão: os textos não devem ser mais extensos do que o necessário para transmitir a mensagem e fundamentar as conclusões; VI – confiabilidade e completude: devem ser abrangidos todos os temas materiais, positivos e negativos, de maneira equilibrada e isenta de erros significativos, de modo a evitar equívocos ou vieses no processo decisório dos usuários das informações; VII – coerência e comparabilidade: as informações devem ser apresentadas em bases coerentes ao longo do tempo, de maneira a permitir acompanhamento de séries históricas da UPC e comparação com outras unidades de natureza similar; VIII – clareza: deve ser utilizada linguagem simples e imagens visuais eficazes para transformar informações complexas em relatórios facilmente compreensíveis, além de fazer uma distinção inequívoca entre os problemas enfrentados e os resultados alcançados pela UPC no exercício e aqueles previstos para o futuro; IX – tempestividade: as informações devem estar disponíveis em tempo hábil para suportar os processos de transparência, responsabilização e tomada de decisão por parte dos cidadãos e seus representantes, dos usuários de serviços públicos e dos provedores de recursos, e dos órgãos do Poder Legislativo e de controle, incluindo as decisões relacionadas ao processo orçamentário e à situação fiscal, à alocação racional de recursos, à eficiência do gasto público e aos resultados para os cidadãos; e X – transparência: deve ser realizada a comunicação aberta, voluntária e transparente das atividades e dos resultados da organização e a divulgação de informações de interesse coletivo ou geral, independente de requerimento".

A auditoria anual de contas (auditoria nas contas) passa a ser uma auditoria financeira,[836] [837] e não mais uma "auditoria" que tem entre seus objetivos principais emitir um juízo de regularidade ou irregularidade de contas a partir das irregularidades constatadas:[838]

> Art. 13. A auditoria nas contas tem por finalidade assegurar que as prestações de contas tratadas no título II desta instrução normativa, expressem, de forma clara e objetiva, a exatidão dos demonstrativos contábeis, a legalidade, a legitimidade e a economicidade dos atos de gestão subjacentes, em todos os aspectos relevantes, de acordo com os critérios aplicáveis.

Os certificados de auditoria passam a emitir realmente opiniões "quanto à regularidade das contas anuais", juízos de auditoria financeira, e não mais parecer pela aprovação/rejeição (ou regularidade/irregularidade):[839]

> Art. 20. Os certificados de auditoria devem expressar os seguintes tipos de *opinião quanto à regularidade das contas anuais*, conforme o caso:

---

[836] IN 84/2020: "Art. 13. A auditoria nas contas tem por finalidade assegurar que as prestações de contas tratadas no título II desta instrução normativa, expressem, de forma clara e objetiva, a exatidão dos demonstrativos contábeis, a legalidade, a legitimidade e a economicidade dos atos de gestão subjacentes, em todos os aspectos relevantes, de acordo com os critérios aplicáveis. §1º Os trabalhos de auditoria nas contas devem ser realizados em conformidade com as normas e padrões nacionais e internacionais de auditoria do setor público. [...] §4º No planejamento da auditoria nas contas, o Tribunal, os órgãos de controle interno e as unidades de auditoria interna devem considerar a materialidade, os riscos e a sensibilidade das operações, transações e/ou atos de gestão subjacentes".

[837] No entanto, a auditoria nas contas não deixará de ter entre seus objetivos encontrar e reportar irregularidades relevantes. *Vide* IN 84/2020, art. 27, §5º, III: "5º Os relatórios de auditoria devem: I – orientar-se pelos requisitos de clareza, convicção, concisão, completude, exatidão, relevância, tempestividade e objetividade; II – detalhar a metodologia utilizada na definição do escopo, da natureza, época e extensão (tamanho das amostras) dos procedimentos de auditoria, utilizando, caso necessário, anexo para maior detalhamento da metodologia empregada; e III – estar suportados por evidência de auditoria suficiente e apropriada e conter informações e elementos que possam subsidiar a avaliação, pelo Tribunal, de eventual responsabilidade por irregularidades e para quantificação de danos causados por atos comissivos ou omissivos, inclusive quanto a aspectos de governança de competência da alta administração que possam implicar opinião com ressalva, adversa ou abstenção de opinião nos certificados de auditoria".

[838] IN 57/2008: "Art. 13. [...] §3º O relatório de auditoria de gestão emitido pelo órgão de controle interno deverá ser composto apenas de achados caracterizados, ao menos, pela indicação da situação encontrada e do critério adotado, evidenciados por papéis de trabalho que não comporão o referido relatório, mas que deverão ser mantidos em arquivo à disposição do Tribunal". IN 12/1996: "Art. 14. [...] III – Certificado de Auditoria emitido pelo Órgão de Controle Interno competente, acompanhado do respectivo Relatório, que conterá, em títulos específicos, análise e avaliação relativas aos seguintes aspectos: a) falhas, irregularidades ou ilegalidades constatadas, indicando as providências adotadas; b) *irregularidades ou ilegalidades* que resultaram em prejuízo ao Erário, indicando as medidas implementadas com vistas ao pronto ressarcimento; c) cumprimento das metas previstas no plano plurianual e na lei de diretrizes orçamentárias, bem como dos programas de governo e de trabalho, apontando os *atos de gestão ilegítimos ou antieconômicos* que resultaram em dano ao Erário ou prejudicaram o desempenho da ação administrativa e indicando as providências adotadas; [...] i) cumprimento, pelo órgão, das determinações expedidas por este Tribunal no exercício em referência; j) justificativas apresentadas pelo responsável sobre as irregularidades que forem apontadas".

[839] IN 63/2010: "Art. 13, §4º Os documentos a que se referem os incisos V [certificado de auditoria], VI parecer conclusivo dos dirigentes do órgão de controle interno competente] e VII [pronunciamento expresso do ministro de estado supervisor da unidade jurisdicionada] deste artigo, se *opinarem pela regularidade com ressalvas e irregularidade das contas dos responsáveis, devem indicar os fatores motivadores para cada responsável*" (Grifos nossos). IN 6/1994: "Art. 14, IX – Pronunciamento do Ministro de Estado ou autoridade de nível hierárquico equivalente sobre as contas e sobre o parecer do órgão setorial de controle interno, *aprovando, ressalvando ou rejeitando-as*" (Grifos nossos).

> I – *opinião sem ressalvas*: quando se conclui, com base em evidência de auditoria apropriada e suficiente, que as demonstrações contábeis estão livres de distorções relevantes; ou não há desvios de conformidade relevantes nas operações, transações ou atos subjacentes;
> II – *opinião com ressalvas*: a) quando tendo obtido evidência de auditoria apropriada e suficiente se conclui que as distorções, individualmente ou em conjunto, são relevantes, mas não generalizadas nas demonstrações contábeis; ou foram identificados desvios relevantes de conformidade nas operações, transações ou atos subjacentes, mas não generalizados; ou b) quando não é possível obter evidência de auditoria suficiente e apropriada, mas se conclui que os possíveis efeitos das distorções não detectadas sobre as demonstrações contábeis ou dos desvios de conformidade nas operações, transações ou atos subjacentes, se houver, poderiam ser relevantes, mas não generalizados;
> III – *opinião adversa*: quando tendo obtido evidência de auditoria apropriada e suficiente se conclui que as demonstrações contábeis apresentam distorções relevantes e com efeitos generalizados; ou os desvios de conformidade nas operações, transações ou atos subjacentes são relevantes e generalizados;
> IV – *abstenção de opinião*: quando não é possível obter evidência de auditoria suficiente e apropriada e se conclui que os possíveis efeitos de distorções não detectadas sobre as demonstrações contábeis, se houver, poderiam ser relevantes e generalizados; ou os desvios de conformidade nas operações, transações ou atos subjacentes poderiam ser relevantes e com efeitos generalizados. (Grifos nossos)

O órgão de controle interno continuava, no entanto, em cumprimento ao disposto na Constituição[840] e na LOTCU-1992,[841] obrigado a reportar ao Tribunal indícios de irregularidades, não mais em um processo de contas, mas à parte, *para instauração de um processo de tomada de contas* (na nova acepção):[842]

---

[840] CF-1988: "Art. 74, §1º Os responsáveis pelo controle interno, ao tomarem conhecimento de qualquer irregularidade ou ilegalidade, dela darão ciência ao Tribunal de Contas da União, sob pena de responsabilidade solidária".

[841] LOTCU-1992: "Art. 51. Os responsáveis pelo controle interno, ao tomarem conhecimento de qualquer irregularidade ou ilegalidade, dela darão ciência de imediato ao Tribunal de Contas da União, sob pena de responsabilidade solidária. §1º Na comunicação ao Tribunal, o dirigente do órgão competente indicará as providências adotadas para evitar ocorrências semelhantes. §2º Verificada em inspeção ou auditoria, ou no julgamento de contas, irregularidade ou ilegalidade que não tenha sido comunicada tempestivamente ao Tribunal, e provada a omissão, o dirigente do órgão de controle interno, na qualidade de responsável solidário, ficará sujeito às sanções previstas para a espécie nesta Lei. Art. 52. O Ministro de Estado supervisor da área ou a autoridade de nível hierárquico equivalente emitirá, sobre as contas e o parecer do controle interno, expresso e indelegável pronunciamento, no qual atestará haver tomado conhecimento das conclusões nele contidas".

[842] IN 84/2020: "Art. 21. Os órgãos e as unidades do sistema de controle interno remeterão ao Tribunal: I – o relatório e os certificados de auditoria, estes contendo os pareceres do dirigente do órgão de controle interno, relativamente às auditorias integradas financeiras e de conformidade em UPC significativas do BGU, tratadas no art. 14 e observado o parágrafo único do art. 18 desta instrução normativa; II – os resultados de eventuais auditorias realizadas nas contas de UPC que não tenham suas contas certificadas nos termos do capítulo II do título III desta instrução normativa; e III – *comunicação acerca de quaisquer indícios de irregularidades* que individualmente ou em conjunto sejam materialmente relevantes ou que apresentem risco de impacto relevante na gestão, decorrente de ato comissivo ou omissivo praticado por integrante do rol de responsáveis ou por eventual responsável não relacionado no rol, mas cuja eventual responsabilização em conjunto com aquele seja cabível. §1º A ausência da comunicação referida no inciso III, quando a irregularidade for do conhecimento do órgão ou entidade do sistema de controle interno, implicará a responsabilidade solidária do dirigente do órgão ou entidade do sistema de controle interno, nos termos do §1º do art. 74 da Constituição Federal e do art. 51 da Lei 8.443, de 1992. §2º Na comunicação referida no inciso III, o dirigente do órgão em que os indícios de irregularidade tenham sido detectados indicará as providências adotadas para evitar ocorrências semelhantes. §3º A comunicação a que se refere o inciso III deverá estar acompanhada de evidências e todos os elementos que possam subsidiar a avaliação, pelo Tribunal, de eventual responsabilidade por irregularidades, os quais deverão constar do relatório de auditoria do controle interno da seguinte forma: I – indício de irregularidade: descrição sucinta e objetiva do

Art. 23. A indicação da existência de indício de irregularidade ou conjunto de indícios de irregularidades materialmente relevantes ou que apresentem risco de impacto relevante na gestão, sem existência de débito, [...] exige a autuação de processo de tomada de contas referente ao exercício financeiro, observados os elementos de responsabilização descritos no §3º do art. 21.

3.9.2 O Novo Modelo de Julgamento de Contas

Há dois tipos de processos de contas submetidos a "julgamento":

a) o *processo de prestação de contas* de unidades de prestadora de contas (UPC) significativa do Balanço Geral da União (BGU);[843] e
b) o *processo de tomada de contas*[844] que eventualmente será instaurado em razão da materialidade dos indícios de irregularidades não danosas ao erário constatados no exercício financeiro (em auditoria de contas ou por outras razões).[845]

O processo de prestação de contas das UPC-BGU tem a natureza de um processo de contas constituído e submetido anualmente ao Tribunal, na forma prescrita no art. 9º da LOTCU-1992,[846] e nele o Tribunal se manifestará sobre a certificação das contas da UPC-BGU.[847]

---

ato não conforme praticado, com indicação da data ou período de ocorrência, bem como da norma possivelmente infringida; II – eventual responsável: indicação do nome e cargo/função, bem como número do CPF do eventual responsável integrante do rol ou não integrante do rol, mas que tenha agido em conluio com aquele integrante do rol, quando aplicável; III – conduta: descrição da ação ou a omissão praticada pelo eventual responsável, dolosa ou culposa, devidamente caracterizada e individualizada; IV – nexo de causalidade: descrição da relação de causa e efeito entre a conduta do eventual responsável e o resultado ilícito apontado como indício de irregularidade; e V – culpabilidade: avaliação sobre a reprovabilidade da conduta do eventual responsável, destacando situações atenuantes, como a adoção de medidas corretivas ou reparatórias adotadas, ou agravantes, como a existência de afirmações ou documentos falsos e a omissão proposital em tratar o indício de irregularidade apontado, além das circunstâncias práticas que houverem imposto, limitado ou condicionado a ação do agente, nos termos do art. 22 da Lei 13.655, de 2018".

843 IN 84/2020: "Art. 26. Para fins de julgamento pelo TCU, serão constituídos os seguintes tipos de processo de contas do exercício: I – processo de prestação de contas: para as situações previstas no capítulo II do título III desta instrução normativa, contemplando a prestação de contas referente ao exercício financeiro, os documentos e resultados dos trabalhos realizados para a emissão de opinião em processo de certificação para as UPC".

844 IN 84/2020: "Art. 22. A tomada de contas tem como finalidade promover a responsabilização dos integrantes do rol de responsáveis da UPC ou de agente público que tenha concorrido para a ocorrência de irregularidade ou conjunto de irregularidades materialmente relevantes ou que apresentem risco de impacto relevante na gestão, que cheguem ao conhecimento do Tribunal, de que não resulte dano ao erário".

845 Muito embora entenda-se, com base no art. 16 da LOTCU-1992, que, diante de um processo de tomada de contas, o Tribunal haverá sempre que se pronunciar sobre a regularidade das contas, não é certo que essa manifestação tenha um sentido e seja necessária, qualquer que seja o objeto que concretamente se esteja lhe apresentando a título de "contas" ou "prestação de contas" ou, ainda, "tomada de contas". Da Constituição não se retira esse entendimento. O julgar as contas dos administradores e demais responsáveis por dinheiros, bens e valores públicos está ali associado, historicamente, a um julgamento jurisdicional clássico, cujo resultado nunca foi um juízo de regularidade, regularidade com ressalva ou irregularidade emitido no exercício de uma função judiciária.

846 LOTCU-1992: "Art. 7º As contas dos administradores e responsáveis [...] serão anualmente submetidas a julgamento do Tribunal, sob forma de tomada ou prestação de contas [...] Art. 9º Integrarão a tomada ou prestação de contas [...] os seguintes: I – relatório de gestão; [...] III – relatório e certificado de auditoria, com o parecer do dirigente do órgão de controle interno, que consignará qualquer irregularidade ou ilegalidade constatada, indicando as medidas adotadas para corrigir as faltas encontradas; IV – pronunciamento do Ministro de Estado supervisor da área ou da autoridade de nível hierárquico equivalente [...]". Os processos de prestação de contas e de tomada de contas não representavam o que na IN 87/2020 representam os processos que recebem esses mesmos nomes. Observe-se, também, que a tomada de contas era, em 1992, um processo de contas da administração direta constituído e encaminhado anualmente ao TCU. A tomada de contas da IN 84/2020 (NMC), não.

847 O Tribunal de Contas da União criou uma unidade específica para certificar contas: a Unidade de Auditoria Especializada em Certificação de Contas (AudFinanceira).

Essa foi a primeira grande inovação nos processos de contas anuais, em relação ao modelo anterior.

Vejamos um exemplo de como isso se dá, por meio de excertos do Acórdão nº 1.417/2023-TCU-Plenário, sobre o relatório de auditoria financeira integrada com conformidade sobre as contas do Ministério da Economia realizada para verificar

> se as demonstrações contábeis de 2022 apresentam adequadamente a situação patrimonial, financeira e orçamentária, livres de distorções relevantes, de acordo com as normas contábeis aplicadas ao setor público e o marco regulatório aplicável, em subsídio ao julgamento das contas dos responsáveis daquela Unidade Prestadora de Contas e à emissão do parecer prévio sobre as Contas do Presidente da República.

Segundo a equipe de auditoria, o relatório subsidiaria a "formação da opinião sobre as demonstrações contábeis, financeiras e orçamentárias do ME, relativas ao exercício de 2022, que, por sua vez," subsidiaria "a instrução das contas dos responsáveis dessa unidade prestadora de contas, para fins de julgamento pelo TCU, assim como a formação de opinião de auditoria sobre o Balanço Geral da União (BGU) de 2022", a qual fundamentaria a "emissão do parecer prévio sobre as Contas do Presidente da República".

Ao deliberar sobre o relatório da auditoria, o Tribunal prolatou diversas recomendações e determinações e, o mais importante aqui, *aprovou o certificado de auditoria emitido por sua unidade especializada*:

> ACORDAM os Ministros do Tribunal de Contas da União, [...] em:
> [...] 9.6. *aprovar o certificado de auditoria* (em arquivo complementar a esta decisão) e autorizar a sua inserção juntamente com o correspondente relatório de auditoria no sistema e-Contas, para os fins previstos no art. 16 da Lei 8.443/1992;
> 9.7. encaminhar, via sistema e-Contas, o certificado e o relatório de auditoria ao extinto Ministério da Economia para subsidiar o pronunciamento do Ministro de Estado, nos termos do art. 9º, inciso IV, da Lei 8.443/1992;
> 9.8. autorizar a divulgação, nos sites do Ministério da Fazenda e do TCU, do certificado e do relatório de auditoria junto às demonstrações contábeis das contas anuais do extinto Ministério da Economia relativas ao exercício de 2022; [...].

O relatório de auditoria e o certificado de auditoria comporiam o processo de contas anuais dos responsáveis para fins de julgamento, conforme explicado no voto do relator:

> [...] Além disso, a fiscalização emite opinião sobre as demonstrações contábeis, financeiras e orçamentárias do ME daquele exercício, conforme consignado no Certificado de Auditoria acostado à peça 243, o qual subsidia o julgamento pelo TCU das contas dos responsáveis dessa unidade prestadora de contas. [...]
> Tais conclusões foram expressas no Certificado de Auditoria (peça 243) a ser considerado para fins do julgamento das contas anuais do Ministério da Economia relativas ao exercício de 2022, em atenção ao art. 16 da Lei 8.443/1993, com ajustes de forma pertinentes, conforme minuta anexa a este documento.

O certificado de auditoria foi emitido com as seguintes opiniões e seções complementares:[848] [849]

> Opinião com ressalva sobre as demonstrações contábeis
> Examinamos, ao amparo das competências estabelecidas no art. 71, incisos I, II e IV, da Constituição Federal, as Demonstrações Contábeis do Ministério da Economia, compreendendo os Balanços Patrimonial e Orçamentário em 31 de dezembro de 2022 e a respectiva Demonstração das Variações Patrimoniais para o exercício findo nessa data, bem como as correspondentes notas explicativas, incluindo o resumo das principais políticas contábeis.
> Em nossa opinião, exceto pelos efeitos dos assuntos descritos na seção a seguir, "Base para opinião com ressalva sobre as demonstrações contábeis", as demonstrações acima referidas *apresentam adequadamente, em todos os aspectos relevantes, a posição patrimonial e financeira* em 31 de dezembro de 2022 e a *execução orçamentária* do Ministério no exercício findo nessa data, de acordo com as práticas contábeis adotadas no Brasil aplicadas ao setor público. [...]
> **Opinião com ressalva sobre a conformidade das transações subjacentes**
> Concluímos que, exceto pelo assunto descrito na seção a seguir "Base para a conclusão com ressalva sobre a conformidade das transações subjacentes", as referidas transações relacionadas aos ciclos contábeis auditados das demonstrações contábeis acima citadas *estão em conformidade, em todos os aspectos relevantes, com as leis e regulamentos aplicáveis.* [...]
> **Bases para as opiniões** [...]
> Somos independentes em relação ao Ministério da Economia e à Secretaria do Tesouro Nacional, entidades responsáveis pela elaboração e divulgação das demonstrações, de acordo com os princípios éticos relevantes previstos nas Normas Internacionais das Instituições Superiores de Controle (ISSAI) e cumprimos com as demais responsabilidades éticas de acordo com essas normas. Acreditamos que a evidência de auditoria é suficiente e apropriada para fundamentar nossa opinião com ressalva. [...]
> **Outras informações que apresentam ou fazem referência** às **demonstrações contábeis**
> A administração do Ministério da Economia é responsável por essas outras informações que compreendem o Relatório de Gestão.
> Nossa opinião sobre as demonstrações contábeis e a conformidade das transações subjacentes *não abrange o Relatório de Gestão e não expressamos qualquer forma de conclusão de auditoria sobre esse relatório.* [...]
> **Principais assuntos de auditoria**
> Principais Assuntos de Auditoria (PAA) são aqueles que, *em nosso julgamento profissional*, foram os mais significativos em nossa auditoria do exercício corrente. Esses assuntos foram tratados no contexto de nossa auditoria das demonstrações contábeis e na formação de nossa

[848] Tribunal de Contas da União. Processo nº 016.822/2022-6, peça 243.

[849] É relevante também transcrever a seção "*Responsabilidades do auditor pela auditoria das demonstrações contábeis* – Nossos objetivos são obter segurança razoável de que as demonstrações contábeis, tomadas em conjunto, estão livres de distorção relevante, e que as transações subjacentes estão livres de não conformidades relevantes, independentemente se causadas por fraude ou erro, bem como emitir o certificado de auditoria contendo nossas opiniões acerca desses objetivos. Segurança razoável é um alto nível de segurança, mas não uma garantia de que a auditoria realizada de acordo com as normas brasileiras e internacionais de auditoria no setor público sempre detectam as eventuais distorções e não conformidades relevantes existentes. As distorções e não conformidades podem ser decorrentes de fraude ou erro e são consideradas relevantes quando, individualmente ou em conjunto, possam influenciar, dentro de uma perspectiva razoável, as decisões econômicas dos usuários tomadas com base nas referidas demonstrações contábeis".

> opinião sobre essas demonstrações e, portanto, não expressamos uma opinião separada sobre esses assuntos. (Itálicos nossos; negritos no original)

Quando do julgamento do processo de prestação de contas do Ministério da Economia referente ao exercício financeiro de 2022, o Tribunal deveria repetir sua manifestação sobre a "confiabilidade das demonstrações contábeis e a conformidade dos atos de gestão",[850] produzida no mencionado relatório de auditoria, ao aprovar o certificado de auditoria.

A IN 84/2020 dedica um capítulo para dispor sobre o julgamento dos processos de contas: a) processos de prestação de contas – UPC-BGU; b) processo de tomada de contas (irregularidades materialmente relevantes, sem dano ao erário).

3.9.3 As inconsistências latentes derivadas da manutenção de um juízo de contas e os dilemas de comunicação

No art. 25, muito relevante, a IN 84/2020 explicita, em redação pouco clara, que o *objetivo do julgamento em processo de contas do exercício financeiro*[851] é o enquadramento das contas dos responsáveis

> nos incisos I, II e III do art. 16[852] da Lei 8.443, de 1992, e conforme a competência atribuída pelo inciso II do art. 71 da Constituição Federal,[853] na apuração de responsabilidades por

---

850 IN 84/2020: "Art. 14. O TCU definirá em ato próprio a coordenação e a cooperação para os trabalhos de auditoria integrada financeira e de conformidade em UPC significativas do BGU e em empresas estatais, ouvidos os órgãos e as unidades do sistema de controle interno dos poderes da União e observadas sua independência e limitações em termos de disponibilidade de recursos, com vistas à *integração das competências constitucional e legal de certificação das contas anuais e de governo*. [...] §4º As certificações das contas anuais das UPC devem ser concluídas até a data de publicação do relatório de gestão estabelecida no §4º do art. 8º, com emissão dos certificados a que se refere o §2º do art. 13 desta instrução normativa, abrangendo os seguintes objetivos gerais de auditoria: I – *confiabilidade das demonstrações contábeis*: assegurar que as demonstrações contábeis foram elaboradas e apresentadas de acordo com as normas contábeis e o marco regulatório aplicável e estão livres de distorções relevantes causadas por fraude ou erro; II – *conformidade dos atos de gestão*: assegurar que as transações subjacentes às demonstrações contábeis e os atos de gestão relevantes dos responsáveis pela UPC estão de acordo com as leis e regulamentos aplicáveis e com os princípios de Administração Pública que regem a gestão financeira responsável e a conduta dos agentes públicos" (Grifos nossos).

851 IN 84/2020: "art. 25. O objetivo do julgamento em processo de contas do exercício financeiro é a decisão do TCU a respeito do enquadramento das contas dos responsáveis nos incisos I, II e III do art. 16 da Lei 8.443, de 1992, e, conforme a competência atribuída pelo inciso II do art. 71 da Constituição Federal, na apuração de responsabilidades por impropriedades ou irregularidades materialmente relevantes ou que apresentem risco de impacto relevante na gestão".

852 LOTCU-1992: "Art. 16. Art. 16. As contas serão julgadas: I – regulares, quando expressarem, de forma clara e objetiva, a exatidão dos demonstrativos contábeis, a legalidade, a legitimidade e a economicidade dos atos de gestão do responsável; II – regulares com ressalva, quando evidenciarem impropriedade ou qualquer outra falta de natureza formal de que não resulte dano ao Erário; III – irregulares, quando comprovada qualquer das seguintes ocorrências: a) omissão no dever de prestar contas; b) prática de ato de gestão ilegal, ilegítimo, antieconômico, ou infração à norma legal ou regulamentar de natureza contábil, financeira, orçamentária, operacional ou patrimonial; c) dano ao Erário decorrente de ato de gestão ilegítimo ao antieconômico; d) desfalque ou desvio de dinheiros, bens ou valores públicos. §1º O Tribunal poderá julgar irregulares as contas no caso de reincidência no descumprimento de determinação de que o responsável tenha tido ciência, feita em processo de tomada ou prestarão de contas".

853 CF-1988: "Art. 71. Art. 71. O controle externo, a cargo do Congresso Nacional, será exercido com o auxílio do Tribunal de Contas da União, ao qual compete: [...] II – *julgar as contas dos administradores e demais responsáveis por dinheiros, bens e valores públicos* da administração direta e indireta, incluídas as fundações e sociedades instituídas e mantidas pelo Poder Público federal, e as contas daqueles que derem causa a perda, extravio ou outra irregularidade de que resulte prejuízo ao erário público". Note-se, com vimos de afirmar, que a relação histórica

impropriedades ou irregularidades materialmente relevantes ou que apresentem risco de impacto relevante na gestão.

Em suma, o objetivo do julgamento em processos de contas seria enquadrar as "contas" (conceito não definido no glossário da IN) dos "administradores e demais responsáveis por dinheiros, bens e valores públicos" (art. 71, II, da CF) em um dos critérios de julgamento de contas estabelecidos no art. 16 da LOTCU-1992: regulares, regulares com ressalva, irregulares.

A inovação substantiva estava em que o Tribunal de Contas da União, nessa instrução normativa, estabelecia que, para fins do enquadramento que se buscava fazer, estariam em julgamento "responsabilidades por impropriedades e irregularidades materialmente relevantes ou que apresentem risco de impacto relevante na gestão".

Voltaremos a esse ponto fundamental.

A primeira das constatações muito importantes reveladas nesse dispositivo é que ele explicita que a razão para se proceder ao julgamento de contas a que se refere o art. 71, II, da Constituição Federal de 1988 no sentido de dizer se elas são regulares, regulares com ressalva ou irregulares é normativa: *a LOTCU-1992 assim prescreve.*

A segunda é que o dispositivo atribui, implicitamente, ao julgamento pela regularidade, regularidade com ressalva ou irregularidade, um sentido de avaliação da gestão ("irregularidades que apresentem risco de impacto relevante na gestão").

Revela também que em razão desse objetivo estruturam-se processos e normas infralegais em que se encontram inconsistências e incoerências que dificultam a processualística do Tribunal de Contas, o claro entendimento sobre o que se está fazendo e a elaboração de instruções processuais. Afinal, o que está sendo instruído: um processo de auditoria? Um processo de natureza quase jurisdicional de apuração de responsabilidades? Um processo de avaliação de gestão? Os três tipos de processos?

As ambiguidades, indefinições, inconsistências, incertezas, complexidades inerentes e desnecessárias que se observam no processo de julgamento das contas anuais a partir do exame de suas normas resultam, principalmente, da falta de sentido claro sobre o objetivo de se buscar uma manifestação do Tribunal pela regularidade, regularidade com ressalva ou irregularidade das contas no exercício de sua competência constitucional quase-judicial de julgar contas dos administradores e demais responsáveis por dinheiros, bens e valores públicos (julgar a responsabilidade pelo uso desses recursos públicos).

Essas ambiguidades, indefinições, inconsistências, incertezas e complexidades inerentes e desnecessárias eram potencializadas:

a) quando num único processo, sob o rótulo "contas", poderiam ser discutidos e contraditados fatos e condutas das mais diversas naturezas envolvendo agentes públicos (e privados) com diferentes responsabilidades administrativas e decisórias, todos com "contas" a serem julgadas;
b) quando se ampliava (em vontade legítima de incremento de transparência e valor, embora disfuncional) o escopo das contas anuais com a inclusão da

dessa competência é com um *julgamento jurisdicional clássico,* não com a emissão de um juízo de auditoria, e muito menos com a emissão de um juízo sobre a gestão dos administradores, que não encontra respaldo histórico, nem nos documentos da Intosai sobre a atividade jurisdicional das EFS.

possibilidade de um amplo exame da gestão (de processos organizacionais à implementação de programas e cumprimento de finalidades institucionais);

c) quando os contextos "a" e "b" se repetiam em dezenas de unidades jurisdicionais do Tribunal.

Ao longo de décadas, o Tribunal de Contas da União estudou e reformulou o processo de contas anuais, mas, sempre, sob uma finalidade definida na LOTCU1992: emitir um juízo sobre a regularidade das contas como uma manifestação de mérito, supostamente produzida como resultado do exercício de uma competência de julgamento de contas quase-judicial com assento constitucional.

As conclusões do grupo de trabalho do NMPC-IN 84, parte delas expressas anteriormente[854] e sintetizadas a seguir, eram reflexo dessa realidade:

a) um processo de trabalho precisa de diretrizes e parâmetros claros para ser realizado com eficiência e eficácia;
b) o processo de contas anuais não tinha diretrizes e parâmetros claros para que os auditores pudessem instruí-los adequadamente;
c) faltava padronização nas instruções;
d) a qualidade dos trabalhos estava diminuindo;
e) era necessário atentar para o fato de que o art. 16, I, da LOTCU-1992 estabelecia um critério de auditoria para o julgamento das contas como regulares;
f) era preciso deixar claro que "o processo de contas é direcionado para a análise da exatidão das demonstrações contábeis e da existência de irregularidades nos atos de gestão".

Atendo-se à natureza do julgamento sobre a regularidade das contas como uma apreciação de auditoria financeira, essencialmente, o grupo de trabalho abordou a necessidade de definição de critérios de materialidade para fins de um julgamento pela irregularidade:

> O art. 31 define que serão autuados processos de tomadas de contas em casos de ocorrências de *irregularidades materialmente relevantes*, passíveis de enquadramento no inc. III do art. 16 da Lei Orgânica do TCU,
> definidas em seu §2º como *aquela que irá influenciar significativamente* nas decisões dos usuários previstos, tendo em vista o poder legislativo, o interesse público ou as expectativas, as demandas e o financiamento público significativo, bem como a fraude e a corrupção, devendo a sua significância se basear na avaliação da natureza, contexto e valor da irregularidade em relação ao todo da gestão do responsável no exercício em questão. (Grifos nossos)[855]

---

[854] "Uma das formas de conferir eficácia e eficiência a um processo de trabalho é que ele possua parâmetros e diretrizes claros para sua realização. Na atual configuração, o processo de contas não se apresenta com diretrizes, tampouco com parâmetros claros no que concerne à instrução dos processos. Essa lacuna causa falta de padronização nas instruções e, potencialmente, diminui a qualidade desses trabalhos" (TCU, *Novo Modelo de Tomada e Prestação de Contas,* 2019, p. 24/61).

[855] TCU (*Novo Modelo de Tomada e Prestação de Contas*, 2019, p. 24; 61).

A IN estabelece critérios de materialidade, que deverão ser observados para fins de instauração de processos de tomada de contas:[856]

> Art. 22. [...] §1º Uma irregularidade ou um conjunto de irregularidades serão considerados materialmente relevantes, para fins de autuação de processo de tomada de contas, quando se enquadrarem nos limites estabelecidos no Anexo II a esta instrução normativa.
> [...] Anexo II

Orçamento da UPC (em reais)*	Materialidade para identificação de irregularidades ou conjunto de irregularidades como relevantes
Até 10 milhões	5% da despesa
Entre 10 milhões e 100 milhões	R$500 mil acrescidos de 2% da despesa que ultrapassar R$10 milhões
Acima de 100 milhões	R$2,3 milhões acrescidos de 0,25% da despesa que ultrapassar R$100 milhões

3.9.3.1 Os problemas de um juízo de contas sobreposto a opiniões de auditoria no processo de prestação de contas: exame de um caso concreto-hipotético

Voltando ao caso do processo de prestação de contas do Ministério da Economia, uma UPC-BGU. O Tribunal já aprovara o relatório e o certificado de auditoria financeira que ele mesmo conduzira, em processo específico.

Mas a prestação de contas do Ministério ainda seria apreciada.

Assim, se da auditoria nas contas conduzida pela CGU não resultasse o apontamento de uma situação de materialidade ou se por outras razões essa situação não viesse ao conhecimento do TCU para fins de inclusão na prestação de contas, o processo seria julgado enquadrando-se "as contas dos responsáveis" como regulares com ressalva, uma vez que o Tribunal certificara as contas do Ministério, emitindo certificado de auditoria, com base na auditoria conduzida por sua unidade especializada em auditoria financeira, em que emitira "opinião com ressalva sobre as demonstrações financeiras" e "opinião com ressalva sobre a conformidade das transações subjacentes".

A questão que se coloca: já tendo emitido juízos de auditoria sobre um objeto de auditoria, *a que finalidade serve adicionar um "juízo de regularidade de contas"* no processo de contas anuais? Não poderia ser um segundo juízo de auditoria.

Um juízo de regularidade com ressalva das contas é emitido, segundo o art. 16, II, da LOTCU-1992, "quando evidenciarem impropriedade ou qualquer outra falta de natureza formal de que não resulte dano ao Erário".

[856] IN 84/2020: "Art. 22, §2º O Tribunal poderá alterar mediante decisão normativa os níveis de materialidade previstos no Anexo II".

Se por qualquer razão[857] estivessem sendo examinadas no processo de contas irregularidades materialmente relevantes ou com risco de impacto relevante na gestão,[858] teria início um processo visando à apuração de responsabilidades – uma espécie de processo de tomada de contas dentro do processo de contas da UPCBGU (cuja instrução efetivamente já se iniciara com o relatório de auditoria financeira mencionado, mas em outro processo).

Dessa tomada de contas, poderia resultar a comprovação das irregularidades e a aplicação de sanções por irregularidades que não causaram dano ao erário e à condenação de ressarcimento dos danos derivados de outras irregularidades, o que levaria a um juízo de contas irregulares.

Disso resultaria uma situação aparentemente paradoxal. De um lado, em processo específico, o Tribunal certificaria as contas do Ministério e emitiria uma "opinião com ressalva sobre a conformidade das transações subjacentes":

> *Opinião com ressalva sobre a conformidade das transações subjacentes*
> Concluímos que, exceto pelo assunto descrito na seção a seguir "Base para a conclusão com ressalva sobre a conformidade das transações subjacentes", as referidas transações relacionadas aos ciclos contábeis auditados das demonstrações contábeis acima citadas *estão em conformidade, em todos os aspectos relevantes, com as leis e regulamentos aplicáveis*. (Grifos nossos)

A certificação da conformidade das operações subjacentes, considerando o disposto no art. 14, §4º, II, da IN 84/2020, abrange os atos de gestão relevantes dos responsáveis pela UPC:

> Art. 14. O TCU definirá em ato próprio a coordenação e a cooperação para os trabalhos de auditoria integrada financeira e de conformidade em UPC significativas do BGU [...] §4º As certificações das contas anuais das UPC devem ser concluídas até a data de publicação do relatório de gestão estabelecida no §4º do art. 8º, com emissão dos certificados a que se refere o §2º do art. 13 desta instrução normativa, abrangendo os seguintes objetivos gerais de auditoria: I – confiabilidade das demonstrações contábeis: assegurar que as demonstrações contábeis foram elaboradas e apresentadas de acordo com as normas contábeis e o marco regulatório aplicável e estão livres de distorções relevantes causadas por fraude ou erro; II – *conformidade dos atos de gestão* [conformidade das transações subjacentes]: assegurar

---

857 *Vide* art. 28, parágrafo único, da IN 84/2020: "Art. 28. Os processos de prestação de contas serão julgados em conformidade com as disposições dos arts. 14 a 19 da Lei 8.443, de 1992. Parágrafo único. *Os processos de tomada de contas já julgados pelo TCU que comprovem a ocorrência de irregularidades materialmente relevantes ou que apresentem risco de impacto relevante na gestão em UPC significativas do BGU*, de responsabilidade de integrantes do rol de responsáveis, deverão ser juntados ao respectivo processo de prestação de contas da UPC e subsidiarão a emissão do relatório e do parecer prévio sobre as contas do Presidente da República" (Grifos nossos).

858 Constatadas, eventualmente, na auditoria nas contas. *Vide* IN 84/2020: "Art. 13. A auditoria nas contas tem por finalidade assegurar que as prestações de contas tratadas no título II desta instrução normativa, expressem, de forma clara e objetiva, a exatidão dos demonstrativos contábeis, *a legalidade, a legitimidade e a economicidade dos atos de gestão subjacentes*, em todos os aspectos relevantes, de acordo com os critérios aplicáveis. 5º Os relatórios de auditoria devem [...] III – estar suportados por evidência de auditoria suficiente e apropriada e conter informações e elementos que possam *subsidiar a avaliação, pelo Tribunal, de eventual responsabilidade por irregularidades e para quantificação* de danos causados por atos comissivos ou omissivos, inclusive quanto a aspectos de governança de competência da alta administração que possam implicar opinião com ressalva, adversa ou abstenção de opinião nos certificados de auditoria" (Grifos nossos).

que as transações subjacentes às demonstrações contábeis e os *atos de gestão relevantes* dos responsáveis pela UPC estão de acordo com as leis e regulamentos aplicáveis e com os princípios de Administração Pública que regem a gestão financeira responsável e a conduta dos agentes públicos; [...]. (Grifos nossos)

De outro lado, depois de emitir opinião com ressalva sobre a conformidade das transações subjacentes (conformidade dos atos de gestão), emitiria um juízo de irregularidade de contas no processo de contas anuais dos responsáveis pela UPC.

A opinião com ressalva é um juízo profissional de auditoria. E o juízo de irregularidade de contas?

Esse juízo infirmaria o juízo profissional de auditoria?

Ou a certificação deveria ser revista pelo modo próprio das auditorias financeiras e de conformidade integradas a partir do que foi apreciado após ter sido emitida?

Ou não haveria paradoxo, mas apenas a constatação de que o objeto da certificação das contas não abrangia os fatos e situações a que se referem as irregularidades materialmente relevantes ou com impacto na gestão que deram ensejo ao juízo de irregularidade de contas?

Nesse caso, como a entidade fiscalizadora superior, parte de um sistema de accountability, explicaria a aparente contradição entre seu juízo profissional de auditoria e o juízo sobre a "regularidade das contas", que nessa situação se revelariam como juízos distintos, tal como está normativamente previsto no art. 29 da IN 84/2020:

> Art. 29. A opinião emitida na certificação de contas do exercício não vincula o julgamento pelo TCU.

A natureza das funções exercidas pelo Tribunal, entidade fiscalizadora superior, extraídas da sua história constitucional e legal, demanda a emissão de uma opinião (juízo = julgamento profissional) nos trabalhos de auditoria financeira que realizar (e as determinações e recomendações pertinentes) e a responsabilização sancionatória e reparatória nos casos previstos na Constituição e nas leis.

No hipotético caso, seria exatamente isso que ocorreria no mencionado processo: a certificação tempestiva das contas, já realizada no relatório de auditoria financeira, fora do processo de prestação de contas anuais, e a responsabilização dos responsáveis pela UPC: sancionatória e reparatória.

Não fosse a estranha prescrição normativa do inc. III do art. 16, comparativamente ao seu inc. II, da LOTCU-1992, nada mais precisaria fazer o Tribunal, e nada faltaria ser feito para cumprir suas funções.

A ideia de que é necessário emitir um juízo de irregularidade de contas, um juízo de valor ou simplesmente uma espécie de fórmula declaratória de ocorrência de irregularidades reputadas graves pelo Tribunal por serem materialmente relevantes e por terem, na avaliação do Tribunal, "impacto relevante" como condição indispensável para cumprimento do mandato constitucional de julgar contas *não é correta, gera paradoxos e inconsistências de toda ordem e deve ser repensada.*

Ainda no caso concreto-hipotético acima, outra relevante situação precisaria ser avaliada. No bojo do próprio processo de prestação de contas anuais do ministério, poder-se-ia dar início à apuração "de responsabilidades por impropriedades ou irregularidades materialmente relevantes ou que apresentem risco de impacto relevante na gestão",[859] haja vista a existência de indícios dessa natureza, requisito essencial para que se comece uma apuração de responsabilidades num processo de prestação de contas,[860] mas ao final poderia restar comprovado que a irregularidade ou o conjunto de irregularidades, embora graves o suficiente para que os autores sejam sancionados, não são mais materialmente relevantes, segundo o critério estabelecido na própria IN. O Tribunal prolatará um juízo de irregularidade ou regularidade com ressalva?

Nesse caso, embora a instrução normativa não seja clara, o esperado seria a emissão de um juízo de regularidade com ressalva.

Como vimos, na IN, o TCU tomou a decisão de apenas instaurar uma tomada de contas, relacionada a irregularidades havidas em determinado exercício financeiro, para fins de apuração e emissão de um juízo de regularidade de contas, o qual deveria se dar apenas em casos de irregularidades materialmente relevantes ou de risco de impacto relevante sobre a gestão.

Embutida nessa ideia, está a vontade de aproximação real do juízo de regularidade de contas a um juízo profissional de auditoria, que já são próximos do ponto de vista nominal. Assim, um juízo de irregularidade de contas, em tomada de contas, sem deixar de corresponder a um juízo de implicações morais, estaria carregado de um pouco mais de sentido, pois a ele está atrelada uma situação subjacente de materialidade e relevância.

Mas tal juízo não pode ser qualificado como juízo de auditoria, pois não representa o final de um processo de auditoria metodologicamente conduzido, mas tão somente *o juízo de regularidade de contas de sempre, ainda qualificado como um juízo sobre a gestão,* formulado num processo de apuração de irregularidades de maior relevância.

Desse modo, seria incoerente com essa ideia subjacente à criação do processo de tomada de contas emitir um juízo de irregularidade de contas quando ao final do processo somente restassem comprovadas irregularidades que não mais representassem a materialidade ou a relevância inicialmente indiciada (o mesmo tipo de problema tratado no Capítulo 7 referente à conversão de processos em tomada de contas especial e eventual reconversão de TCE para a natureza original).

No entanto, como dissemos, em casos como esse, estaria, mais uma vez, criada uma *dissonância cognitiva*: irregularidades graves (art. 58 da LOTCU-1992) foram comprovadas e sancionadas, mas as contas foram julgadas regulares com ressalva? (Retorno ao assunto "agência postal-Correios" discutido em 1974, quase 50 anos antes).

A dissonância é criada porque, sendo o juízo de contas percebido como juízo avaliativo sobre a gestão ou conduta individual (e assim divulgado), não sendo explicitado nem proferido como resultado de um processo de auditoria, é incompatível um juízo de regularidade (boa gestão, boa conduta) com a apenação.

Considerada a lógica da criação da tomada de contas, o juízo pela regularidade com ressalva seria o juízo correto a emitir, porque, no conjunto, não tem materialidade suficiente ou relevância para "macular a gestão", segundo os critérios de materialidade

[859] O "critério impacto relevante na gestão" invalida a ideia de definir um critério quantitativo de materialidade para fins de imputação de um juízo de irregularidade, pois, sem outras balizas, é um critério altamente subjetivo.

[860] Caso contrário, isso deveria ocorrer em processo próprio (representação) ou em tomada de contas especial.

estabelecidos na IN 84/2020 e segundo o nível de relevância que se presume que deva assumir o critério "impacto relevante na gestão" diante de sua associação com os critérios financeiros de materialidade.

Se, para evitar a dissonância cognitiva descrita, fosse emitido um juízo de irregularidade de contas, estaria infirmada a própria razão de ser da tomada de contas (na acepção atual), inexistente até então na processualística do Tribunal de Contas da União esclarecido no relatório do grupo de trabalho do Novo Modelo de Contas:[861]

> [...] tal dispositivo foi inserido na IN para *evitar o julgamento pela irregularidade das contas do exercício por falhas menores* que o responsável tenha incorrido em relação ao montante e a responsabilidade geridos no exercício, preocupação manifestada por representantes dos gestores, das unidades técnicas do TCU e do controle interno nos workshops promovidos.

Essa justificativa merece reflexões.

Uma opinião adversa de auditoria não é gerada por "falhas menores que o responsável tenha incorrido em relação ao montante e a responsabilidade geridos no exercício", mas um juízo pela irregularidade das contas (um juízo de repercussões sérias) pode ser proferido nessas situações, em decorrência do inc. III do art. 16 da LOTCU-1992, em que estão estabelecidos critérios dissociados dos objetivos e procedimentos de auditorias financeiras/de conformidade em que juízos (opiniões) nominalmente similares são proferidos.

Assim, para afastar-se dessa dissonância, o Tribunal teria que julgar as contas irregulares, infirmando a lógica da própria criação desse processo, em que se imagina proferir um juízo de valor qualificado, de força sancionatória moral, proporcional à relevância dos fatos irregulares.

Mas tal possibilidade gera outra dissonância cognitiva: *uma EFS não profere juízos de valor sobre a gestão e a conduta dos administradores.* Isso iria de encontro aos princípios fundadores dessas instituições: profissionalismo técnico, imparcialidade, isonomia, distanciamento político-partidário. São esses princípios que conduzem as EFS a atuarem mediante processos de auditoria, segundo padrões e normas profissionais, e a exercerem função judiciária em seus processos de responsabilização.

Por isso a necessidade, que se tem mostrado inviável de ser atendida, de vincular esses juízos a juízos de auditoria ou jurisdicionais, o que não são. E não sendo, são desnecessários.

Em outra perspectiva, sendo esse um processo associado ao julgamento de contas anuais de administradores integrantes do rol de responsáveis, razão pela qual se tem a preocupação de não julgar as contas irregulares por "falhas menores que o responsável tenha incorrido em relação ao montante e a responsabilidade geridos no exercício", não há sentido em proferir um julgamento de contas do agente público que tenha concorrido

---

[861] Existia um processo com o mesmo nome (tomada de contas), mas com outra finalidade, mencionada anteriormente, conforme IN 47/2004: "*processo de tomada de contas*: processo de contas relativo à gestão dos responsáveis por unidades jurisdicionadas da administração federal direta; processo de prestação de contas: processo de contas relativo à gestão dos responsáveis por unidades jurisdicionadas da administração federal indireta e daquelas não classificadas como integrantes da administração direta federal" (Grifos nossos).

para as irregularidades, mas isso também ocorre, maculando a correta aplicação dos conceitos e dos institutos de controle externo.

Outras incoerências se apresentam no sistema.

Uma irregularidade que deu ensejo a dano ao erário pode ser de valor bem abaixo do nível de materialidade que levaria à instauração de um processo de tomada de contas, em que seria proferido um juízo sobre a regularidade das contas, mas, em si mesma, suficientemente expressiva para instauração de um processo de tomada de contas especial, em que também será proferido um juízo de regularidade de contas, teleologicamente indevido, como veremos no capítulo próprio.

O administrador se afastaria da emissão de um juízo de irregularidade de contas em tomada de contas, mas seria por ele alcançado em tomada de contas especial. Os efeitos morais e político-eleitorais serão os mesmos.

Essa incoerência, segundo a lógica do Novo Modelo de Contas, somente seria eliminada se fosse transplantada, também, para o processo de tomada de contas especial.

É *plenamente possível* que o Tribunal de Contas opine sobre seus objetos de auditoria financeira com ressalva e, ao mesmo tempo, promova responsabilização daqueles que cometeram irregularidades, pois são resultados distintos esperados do adequado exercício de suas duas funções essenciais: auditoria e responsabilização (atividade jurisdicional típica em outros países).

Mas o exercício adicional de um juízo de valor sobre a gestão (irregularidade suficiente ou não para macular a gestão), ou sobre a conduta individual, sob a aparência de juízo de auditoria, complica o entendimento da atuação da Corte de Contas. *Como explicar o sentido de:*

a) Opinião com ressalva sobre as contas e, ao mesmo tempo, julgar as contas irregulares?
b) Opinião adversa com juízo de regularidade com ressalva?
c) Opinião com ressalva, aplicação de sanções por grave infração[862] e juízo de regularidade com ressalva (irregularidades materialmente não relevantes)?[863]

Embora seja uma consequência pouco perceptível,[864] *num processo de prestação de contas (UPC-BGU)*, o Tribunal de Contas da União estava abandonando pragmaticamente a problemática concepção do julgamento de contas como um processo que buscava ao final uma decisão de mérito sobre as contas (contas irregulares ou regulares) e uma decisão que se tornava vinculada à decisão de responsabilização que tivesse que ser tomada nos casos de ocorrências de irregularidades relevantes, concretizada ao final de muitos anos, pois esses processos tendem a ser processos centrados em trabalhos de auditoria visando à certificação das contas anuais.

---

[862] *Vide* LOTCU-1992: "Art. 58. O Tribunal poderá aplicar multa [...] aos responsáveis por: II – ato praticado com grave infração à norma legal ou regulamentar de natureza contábil, financeira, orçamentária, operacional e patrimonial; III – ato de gestão ilegítimo ou antieconômico de que resulte injustificado dano ao Erário [...]".

[863] A situação poderia ser contornada enquadrando-se a situação em um caso de irregularidade com "impacto relevante sobre a gestão", ainda que não materialmente relevante.

[864] Dado o emaranhado de conceitos, objetos de análise, finalidades, tipos de juízos e normas envolvidos no processo de contas anuais.

3.9.3.2 Inconsistências claras e latentes no julgamento do processo de tomada de contas: uma inovação problemática requerida pela manutenção do juízo de contas

O processo de tomada de contas é um processo que pode vir a ser constituído e não abrange manifestação de certificação de contas.

Essa foi outra inovação significativa,[865] mas, também, problemática, uma vez que se mantém a ideia de prolação de um juízo de mérito (pela regularidade, regularidade com ressalva ou irregularidade),[866] associado, agora, a uma nova interpretação da aplicação dos critérios estabelecidos no ART 16 da LOTCU-1992.

A abertura desse processo exige o atendimento de dois requisitos.[867] O primeiro é a caracterização de existência de indícios de ocorrência de irregularidade ou conjunto de irregularidades materialmente relevantes ou que apresentem risco de impacto relevante na gestão, que cheguem ao conhecimento do Tribunal, de que não resulte dano ao erário. O segundo é a caracterização adequada dos elementos de responsabilização, conforme §3º do art. 21 da IN:

> I – indício de irregularidade: descrição sucinta e objetiva do ato não conforme praticado, com indicação da data ou período de ocorrência, bem como da norma possivelmente infringida;
> II – eventual responsável: indicação do nome e cargo/função, bem como número do CPF do eventual responsável integrante do rol ou não integrante do rol, mas que tenha agido em conluio com aquele integrante do rol, quando aplicável;

---

865 IN 84/2020: "Art. 22. A tomada de contas tem como finalidade promover a responsabilização dos integrantes do rol de responsáveis da UPC ou de agente público que tenha concorrido para a ocorrência de irregularidade ou conjunto de irregularidades materialmente relevantes ou que apresentem risco de impacto relevante na gestão, que cheguem ao conhecimento do Tribunal, de que não resulte dano ao erário. §1º Uma irregularidade ou um conjunto de irregularidades serão considerados materialmente relevantes, para fins de autuação de processo de tomada de contas, quando se enquadrarem nos limites estabelecidos no Anexo II a esta instrução normativa. §2º O Tribunal poderá alterar mediante decisão normativa os níveis de materialidade previstos no Anexo II. Art. 23. A indicação da existência de indício de irregularidade ou conjunto de indícios de irregularidades materialmente relevantes ou que apresentem risco de impacto relevante na gestão, sem existência de débito, comunicada pelo sistema de controle interno ou identificada diretamente pelo controle externo, exige a autuação de processo de tomada de contas referente ao exercício financeiro, observados os elementos de responsabilização descritos no §3º do art. 21. §1º Caberá ao relator ou a colegiado avaliar a existência ou não de risco de impacto relevante na gestão para fins de prosseguimento do processo de tomada de contas, sem prejuízo de, na hipótese de não configurado o motivo da autuação, poder determinar a adoção das providências cabíveis. §2º As situações descritas no *caput* que apontarem a existência de débito ou a omissão no dever de prestar contas serão tratadas em processos de tomadas de contas especiais. §3º Quando a irregularidade ou conjunto de irregularidades não possuir materialidade suficiente, nos termos do §1º do art. 22, e desde que não apresentem risco de impacto relevante na gestão, a apuração ocorrerá em processo próprio, não autuado como tomada de contas do exercício financeiro. §4º As denúncias e as representações que atendam aos requisitos neste título serão convertidas em tomada de contas. §5º O Tribunal poderá, a qualquer tempo, autuar processo de tomada de contas referente ao exercício financeiro para um conjunto de irregularidades que isoladamente não forem materialmente relevantes, mas que identificadas ao longo do exercício financeiro e agrupadas superem os níveis a que se refere o §1º do art. 22 ou apresentem risco de impacto relevante na gestão".

866 Como não poderia deixar de ser, por enquanto, dada a prescrição legal.

867 IN 84/20220: "Art. 22. A tomada de contas tem como finalidade promover a responsabilização dos integrantes do rol de responsáveis da UPC ou de agente público que tenha concorrido para a ocorrência de irregularidade ou conjunto de irregularidades materialmente relevantes ou que apresentem risco de impacto relevante na gestão, que cheguem ao conhecimento do Tribunal, de que não resulte dano ao erário. §1º Uma irregularidade ou um conjunto de irregularidades serão considerados materialmente relevantes, para fins de autuação de processo de tomada de contas, quando se enquadrarem nos limites estabelecidos no Anexo II a esta instrução normativa. §2º O Tribunal poderá alterar mediante decisão normativa os níveis de materialidade previstos no Anexo II".

> III – conduta: descrição da ação ou a omissão praticada pelo eventual responsável, dolosa ou culposa, devidamente caracterizada e individualizada;
> IV – nexo de causalidade: descrição da relação de causa e efeito entre a conduta do eventual responsável e o resultado ilícito apontado como indício de irregularidade; e
> V – culpabilidade: avaliação sobre a reprovabilidade da conduta do eventual responsável, destacando situações atenuantes, como a adoção de medidas corretivas ou reparatórias adotadas, ou agravantes, como a existência de afirmações ou documentos falsos e a omissão proposital em tratar o indício de irregularidade apontado, além das circunstâncias práticas que houverem imposto, limitado ou condicionado a ação do agente, nos termos do art. 22 da Lei 13.655, de 2018.

A tomada de contas será submetida a julgamento do Tribunal, que poderá prolatar juízos de regularidade, regularidade com ressalva ou irregularidade:[868]

> Art. 30. O TCU julgará irregulares as tomadas de contas referentes ao exercício financeiro dos responsáveis quando comprovada prática de ato de gestão ilegal, ilegítimo, antieconômico, ou infração à norma legal ou regulamentar de natureza contábil, financeira, orçamentária, operacional ou patrimonial, de responsabilidade de um ou mais agentes integrantes do rol de responsáveis ou do agente público que tenha concorrido para a ocorrência, conforme elementos de responsabilização descritos no §3º do art. 21 desta instrução normativa.[869]

---

[868] IN 84/2020: "Art. 30. O *TCU julgará irregulares as tomadas de contas* referentes ao exercício financeiro dos responsáveis quando comprovada prática de ato de gestão ilegal, ilegítimo, antieconômico, ou infração à norma legal ou regulamentar de natureza contábil, financeira, orçamentária, operacional ou patrimonial, de responsabilidade de um ou mais agentes integrantes do rol de responsáveis ou do agente público que tenha concorrido para a ocorrência, conforme elementos de responsabilização descritos no §3º do art. 21 desta instrução normativa. §1º As contas serão julgadas regulares com ressalva quando, apesar de evidenciados os elementos de responsabilização descritos no §3º do art. 21 desta instrução normativa, o TCU conclua que a irregularidade apurada não se enquadra nas hipóteses previstas no art. 16, inciso III, da Lei 8.443, de 1992. §2º As contas serão julgadas regulares pelo TCU quando não restarem caracterizados os elementos de responsabilização descritos no §3º do art. 21 desta instrução normativa nem as irregularidades que ensejaram a autuação do processo de tomada de contas. §3º A existência de eventual julgamento das contas pela regularidade ou regularidade com ressalva não impede que o TCU apure a ocorrência de irregularidade em outros fatos noticiados em relação aos mesmos responsáveis referentes ao mesmo exercício financeiro. §4º Nas demais hipóteses, em especial naquela prevista no parágrafo único do art. 24 desta instrução normativa, o processo de tomada de contas referente ao exercício financeiro será encerrado sem julgamento de mérito, sem prejuízo da utilização das informações em outras ações de controle externo".

[869] IN 84/2020: "Art. 21. Os órgãos e as unidades do sistema de controle interno remeterão ao Tribunal: [...] III – comunicação acerca de quaisquer indícios de irregularidades que individualmente ou em conjunto sejam materialmente relevantes ou que apresentem risco de impacto relevante na gestão, decorrente de ato comissivo ou omissivo praticado por integrante do rol de responsáveis ou por eventual responsável não relacionado no rol, mas cuja eventual responsabilização em conjunto com aquele seja cabível. [...] §3º A comunicação a que se refere o inciso III deverá estar acompanhada de evidências e todos os elementos que possam subsidiar a avaliação, pelo Tribunal, de eventual responsabilidade por irregularidades, os quais deverão constar do relatório de auditoria do controle interno da seguinte forma: I – indício de irregularidade: descrição sucinta e objetiva do ato não conforme praticado, com indicação da data ou período de ocorrência, bem como da norma possivelmente infringida; II – eventual responsável: indicação do nome e cargo/função, bem como número do CPF do eventual responsável integrante do rol ou não integrante do rol, mas que tenha agido em conluio com aquele integrante do rol, quando aplicável; III – conduta: descrição da ação ou a omissão praticada pelo eventual responsável, dolosa ou culposa, devidamente caracterizada e individualizada; IV – nexo de causalidade: descrição da relação de causa e efeito entre a conduta do eventual responsável e o resultado ilícito apontado como indício de irregularidade; e V – culpabilidade: avaliação sobre a reprovabilidade da conduta do eventual responsável, destacando situações atenuantes, como a adoção de medidas corretivas ou reparatórias adotadas, ou agravantes, como a existência de afirmações ou documentos falsos e a omissão proposital em tratar o indício de irregularidade apontado, além das circunstâncias práticas que houverem imposto, limitado ou condicionado a ação do agente, nos termos do art. 22 da Lei 13.655, de 2018".

§1º As contas serão julgadas regulares com ressalva quando, apesar de evidenciados os elementos de responsabilização descritos no §3º do art. 21 desta instrução normativa, o TCU conclua que a irregularidade apurada não se enquadra nas hipóteses previstas no art. 16, inciso III, da Lei 8.443, de 1992.
§2º As contas serão julgadas regulares pelo TCU quando não restarem caracterizados os elementos de responsabilização descritos no §3º do art. 21 desta instrução normativa nem as irregularidades que ensejaram a autuação do processo de tomada de contas.

Apesar de a IN 84/2020 declarar no art. 22 que a tomada de contas tem como finalidade promover responsabilizações, na verdade, esse processo tem dois objetivos: um deles, a responsabilização; o outro, o principal, *sua razão de ser essencial*,[870] a emissão de um juízo de regularidade de contas.

A instrução normativa estabelece para a tomada de contas critérios de julgamentos de regularidade e de regularidade com ressalva próprios, distintos dos da LOTCU, por oposição ao critério de irregularidade definido no ART 16-III da LOTCU.[871]

São critérios dissociados de qualquer ideia de juízo de auditoria.

E dissociados de qualquer ideia de julgamento jurisdicional clássico de contas: definir a situação do agente público perante o erário.

Assume-se normativamente, portanto, que o processo de tomada de contas, aberto segundo requisitos de materialidade, visa à responsabilização por irregularidades qualificadas que não causaram dano ao erário, verificadas em um exercício financeiro específico. É um processo sem qualquer objetivo relacionado a trabalhos de auditoria: emissão de juízos de auditoria e formulação de recomendações.

Assume-se normativamente que os juízos de regularidade e regularidade com ressalva são juízos emitidos como oposição ao juízo de irregularidade:[872]

a) comprovada prática de ato de gestão ilegal, ilegítimo, antieconômico, ou infração à norma legal ou regulamentar de natureza contábil, financeira, orçamentária, operacional ou patrimonial, as contas são *julgadas irregulares*;

---

[870] A apuração de responsabilidade por irregularidades graves não danosas ao erário pode ser feita em processos de outra natureza, como representações e denúncias, como ocorre cotidianamente no Tribunal de Contas da União.

[871] O julgamento das contas dos responsáveis nada tem a ver com processo de auditoria. É simplesmente um processo de responsabilização autuado para apurar responsabilidades por irregularidades de maior relevância, mas no qual se pode proferir um "juízo de contas".

[872] "Art. 30. O TCU julgará irregulares as tomadas de contas referentes ao exercício financeiro dos responsáveis quando comprovada prática de ato de gestão ilegal, ilegítimo, antieconômico, ou infração à norma legal ou regulamentar de natureza contábil, financeira, orçamentária, operacional ou patrimonial, de responsabilidade de um ou mais agentes integrantes do rol de responsáveis ou do agente público que tenha concorrido para a ocorrência, conforme elementos de responsabilização descritos no §3º do art. 21 desta instrução normativa. §1º As contas serão julgadas regulares com ressalva quando, apesar de evidenciados os elementos de responsabilização descritos no §3º do art. 21 desta instrução normativa, o TCU conclua que a irregularidade apurada não se enquadra nas hipóteses previstas no art. 16, inciso III, da Lei 8.443, de 1992. ["contas regulares com ressalva" como "critério curinga", conforme será discutido no Capítulo 7] §2º As contas serão *julgadas regulares pelo TCU quando não restarem caracterizados os elementos de responsabilização* descritos no §3º do art. 21 desta instrução normativa nem as irregularidades que ensejaram a autuação do processo de tomada de contas. §3º A existência de eventual julgamento das contas pela regularidade ou regularidade com ressalva não impede que o TCU apure a ocorrência de irregularidade em outros fatos noticiados em relação aos mesmos responsáveis referentes ao mesmo exercício financeiro. §4º Nas demais hipóteses, em especial naquela prevista no parágrafo único do art. 24 desta instrução normativa, o processo de tomada de contas referente ao exercício financeiro será encerrado sem julgamento de mérito, sem prejuízo da utilização das informações em outras ações de controle externo".

b) não restando comprovadas as irregularidades que deram ensejo à instauração do processo nem os elementos de responsabilização, as contas serão *julgadas regulares*;
c) comprovado que há irregularidade e estão evidenciados os elementos de responsabilização, *mas* não se trata de irregularidade caracterizada como "ato de gestão ilegal, ilegítimo, antieconômico, ou infração à norma legal ou regulamentar de natureza contábil, financeira, orçamentária, operacional ou patrimonial", as contas serão *julgadas regulares com ressalva.*

Nota-se, nesse conjunto de critérios, que as contas serão julgadas irregulares mesmo que se comprove a ocorrência de irregularidades de que trate o ART 16-III, mas que não sejam materialmente relevantes no conjunto. Em outros termos, mesmo que infirmado o requisito de constituição do processo, ele prosseguirá para emissão de um juízo de irregularidade de contas.

3.10 Análises e considerações finais

Das discussões precedentes, dois aspectos devem ser ressaltados. O primeiro é a presença de elementos do julgamento jurisdicional clássico na LOTCU1992. O segundo é que o aumento de complexidade conceitual, processual e pragmática verificado no novo modelo só existe porque mantém-se a ideia de emissão de juízo de contas para além das opiniões de auditorias e a imputação de responsabilidades financeiras.

3.10.1 A presença do julgamento jurisdicional clássico na LOTCU-1992

O processo de prestação de contas anuais ao longo do período Pós-1967 agigantou-se em termos de objetivos, documentos e informações (integrando, "no exame e julgamento das tomadas e prestação de contas dos gestores, o controle da conformidade e do desempenho da gestão, a fim de contribuir para o aperfeiçoamento da Administração Pública"), de modo inconciliável com a concepção de julgamento de contas como emissão de juízo de mérito pela regularidade, regularidade com ressalvas ou irregularidade, em razão, também, de se ter pretendido concebê-lo como o processo de avaliação anual de gestão (tanto organizacional quanto de programas e políticas governamentais), o que era incompatível com a concepção histórica, mais "singela", mas essencial a um Tribunal de Contas com poderes quase judiciais: julgar a situação daqueles que administravam ou, de qualquer modo, eram responsáveis por dinheiros, bens e valores públicos (julgamento jurisdicional clássico) e definir sua situação perante a Fazenda Pública (erário): quite ou em débito.[873]

---

[873] Observem-se os termos utilizados na LOTCU-1992: "Art. 12. [...] II – se houver débito, ordenará a citação do responsável para, no prazo estabelecido no Regimento Interno, apresentar defesa ou recolher a quantia devida; III – se não houver *débito*, determinará a audiência do responsável para, no prazo estabelecido no Regimento Interno, apresentar razões de justificativa; [...] Art. 17. Quando julgar as contas regulares, o Tribunal *dará quitação plena* ao responsável. Art. 18. Quando julgar as contas regulares com ressalva, o Tribunal *dará quitação* ao responsável e lhe determinará, ou a quem lhe haja sucedido, a adoção de medidas necessárias à correção das impropriedades ou faltas identificadas, de modo a prevenir a ocorrência de outras semelhantes. [...] Art. 23. A decisão definitiva será formalizada nos termos estabelecidos no Regimento Interno, por acórdão, cuja publicação no Diário Oficial da União constituirá: I – no caso de contas regulares, *certificado de quitação plena do responsável para com o Erário*; II – no caso de contas regulares com ressalva, *certificado de quitação com determinação*, nos termos

A concepção do julgamento jurisdicional clássico está presente na própria LOTCU-1992, obscurecida, no entanto, pela noção de julgamento de contas como uma decisão de mérito sobre a "regularidade das contas":

a) quando verificada irregularidade nas contas, o relator ou o Tribunal: definirá a responsabilidade individual ou solidária pelo ato de gestão inquinado e, "se houver *débito*, ordenará a citação do responsável para [...] apresentar defesa ou recolher a quantia devida" (art. 12) (grifos nossos);
b) quando julgar as contas regulares, o Tribunal dará *quitação plena* ao responsável (art. 17);
c) quando julgar as contas regulares com ressalva, o Tribunal dará *quitação ao responsável e lhe determinará* a adoção de medidas necessárias à correção das impropriedades ou faltas identificadas, de modo a prevenir a ocorrência de outras semelhantes (art. 18);
d) a publicação de decisão definitiva no *Diário Oficial da União* constituirá, no caso de contas regulares, *certificado de quitação plena do responsável para com o erário*, e, no caso de contas regulares com ressalva, certificado de quitação com determinação (art. 23, I e II);
e) a publicação de decisão definitiva no *Diário Oficial da União* constituirá, no caso de contas irregulares (comprovação de existência de débito), obrigação de o responsável comprovar perante o Tribunal que recolheu aos cofres públicos a quantia correspondente ao *débito* que lhe tiver sido imputado, bem como título executivo bastante para cobrança judicial da dívida (art. 23, III).

Essa concepção deve ser revisitada na reformulação do sistema de julgamento de contas do Tribunal de Contas da União.

3.10.2 O Novo Modelo e a complexificação que deriva de um juízo de contas como um juízo sobre a gestão, não juízo de auditoria

O Novo Modelo de Contas, ao mesmo tempo em que busca auditar de verdade as contas das unidades jurisdicionadas significativas para o Balanço Geral da União, aumenta a complexidade processual.

Assim, por exemplo, analisemos o que pode ocorrer no caso de uma unidade jurisdicionada que não está sujeita à prestação de contas porque não é uma UPC significativa do BGU, situação da grande maioria.

Essas unidades jurisdicionadas, como regra, estarão sujeitas a um julgamento de contas extraordinariamente.

---

do art. 18 desta Lei; III – no caso de contas irregulares: a) obrigação de o responsável, no prazo estabelecido no Regimento Interno, comprovar perante o Tribunal que recolheu aos cofres públicos a *quantia correspondente ao débito* que lhe tiver sido imputado ou da multa cominada, na forma prevista nos arts. 19 e 57 desta Lei; b) título executivo bastante para cobrança judicial da dívida decorrente do débito ou da multa, se não recolhida no prazo pelo responsável; c) fundamento para que a autoridade competente proceda à efetivação das sanções previstas nos arts. 60 e 61 desta Lei. Art. 24. A decisão do Tribunal, de que *resulte imputação de débito* ou cominação de multa, torna a dívida líquida e certa e tem eficácia de título executivo, nos termos da alínea b do inciso III do art. 23 desta Lei. Art. 25. O responsável será notificado para, no prazo estabelecido no Regimento Interno, efetuar e comprovar o recolhimento da dívida a que se refere o art. 19 e seu parágrafo único desta Lei". Há precedentes, poucos, dada a excepcionalidade da situação, que reconhece a existência de crédito do agente público para com o erário.

Isso ocorreria na hipótese de chegar ao conhecimento do TCU notícias de ocorrência de irregularidades "materialmente relevantes ou que apresentem risco de impacto relevante na gestão de que não resulte dano ao erário ocorridas no exercício financeiro" (irregularidades não danosas muito relevantes).

Seria instaurado um processo denominado de tomada de contas e, ao final, se confirmadas, além das decisões condenatórias e sancionatórias, seria emitido um juízo de contas (contas irregulares).

Esse processo foi criado para apuração de "irregularidades não danosas muito relevantes", tão relevantes que a emissão de um juízo de contas irregulares atinente a esses fatos poderia se "aproximar" de um juízo de auditoria sobre a gestão daquele exercício financeiro, o qual não pode ser emitido porque a auditoria não foi realizada.

Se forem noticiadas irregularidades "danosas ao erário muito relevantes", não será instaurada uma tomada de contas, mas, sim, uma tomada de contas especial, ao final da qual será emitido um juízo de contas. Tema objeto do Capítulo 7.

Se forem irregularidades "danosas ao erário mas não muito relevantes", também será instaurada uma tomada de contas especial.

E, se forem irregularidades "não danosas ao erário e não muito relevantes", serão apuradas em um processo que não terá natureza nem de tomada de contas, nem de prestação de contas, nem de tomada de contas especial, e, portanto, nele não será emitido juízo de contas.

O que se observa é que a função de responsabilização financeira está sendo desenvolvida em três processos distintos. Um deles criado apenas para que se possa emitir um juízo de contas em casos sem dano ao erário, mas "muito relevantes".

Com isso, evita-se um juízo de contas irregulares envolvendo irregularidades não danosas ao erário que não sejam "muito relevantes". Evita-se o potencial problema relacionado ao Inciso I-G da Lei de Inelegibilidades. Evita-se emitir um juízo com características de um juízo sobre a gestão com base em irregularidades não relevantes, de tal modo que a pretensão de se ter no juízo de contas um valor técnico de um juízo sobre a gestão seja invalidada pela baixa relevância da situação específica em relação ao todo.

No entanto, nada disso seria necessário se não se entendesse que há que se emitir um autônomo "juízo de contas" (regulares ou irregulares) como um juízo sobre a gestão em processos que correspondam ao "julgamento de contas" de que trata o art. 71, II, da Constituição.

O julgamento de contas é uma função jurisdicional-Intosai, de responsabilização financeira. Julgamento de contas como emissão de opinião de auditoria financeira representa o exercício da função de auditoria do setor público. Julgamento de contas como emissão de um juízo de valor sobre a gestão não é nem uma coisa nem outra.

Esse juízo de contas, vinculado às conclusões sobre ocorrência do fato e da culpabilidade, não sendo juízo de auditoria, assume a característica de um juízo sobre a conduta do agente: uma espécie de censura (sanção) moral, profissional-gerencial, quando comunica ao público que o Tribunal julgou as contas irregulares; ou um juízo de boa conduta, quando o Tribunal diz que as contas são regulares.

A ideia de que esse tipo de juízo representa o exercício da competência constitucional de "julgar as contas dos administradores e demais responsáveis por bens e valores públicos" não encontra respaldo na origem e na evolução histórica do instituto, não encontra respaldo nas razões de ser mais gerais das entidades fiscalizadoras superiores, não encontra respaldo no direito comparado dos países cujas Cortes de Contas se assemelham à brasileira.

Nos processos de contas anuais, deixando de lado o controverso art. 16 da LOTCU-1992 e considerando as competências constitucionais, a história e a teleologia das entidades fiscalizadoras superiores, o Tribunal de Contas da União muito bem cumpriria suas atribuições emitindo juízos de auditoria profissional (opinião sem ressalvas, opinião com ressalvas, opinião adversa, abstenção de opinião), como faz nas prestações de contas das UPC-BGU, e promovendo a responsabilização devida e as recomendações e determinações pertinentes, como pode fazer em qualquer tipo de processo: prestação de contas, tomada de contas, tomada de contas especial, representação, denúncia, auditoria, entre outros.

Da ideia de que é essencial a emissão de um "não-juízo de auditoria" e de uma "não-responsabilização jurisdicional", denominado de "juízo sobre a regularidade das contas" e percebido como juízo sobre a gestão, resultam problemas que de outro modo não existiriam.

CONTAS APRESENTADAS PELO CHEFE DO PODER EXECUTIVO E PARECER PRÉVIO DO TRIBUNAL DE CONTAS

É da competência exclusiva do Congresso Nacional julgar anualmente as contas prestadas pelo Presidente da República.[874]

O controle externo, a cargo do Congresso Nacional, será exercido com o auxílio do Tribunal de Contas da União, ao qual compete apreciar as contas prestadas anualmente pelo Presidente da República, mediante parecer prévio.[875]

TCU rejeita as contas da presidente Dilma de 2014.[876]

Senador pede que TCU rejeite prestação de contas de Bolsonaro.[877] [878]

Tribunal aprova contas do presidente com 14 ressalvas.[879] [880]

Com ressalvas e recomendações, TCE-MS aprova as contas do Governo do Estado de 2021.[881]

TCE-PB reprova contas da gestão do governador João Azevêdo, referentes a 2019.[882]

---

874 Constituição da República Federativa do Brasil de 1988, art. 49, IX.

875 Constituição da República Federativa do Brasil de 1988, art. 71, I.

876 *TCU rejeita as contas da presidente Dilma de 2014*, O Globo, 07 out. 2015: "Ministros entenderam haver irregulares nos gastos; parecer segue para o Congresso".

877 *Senador pede que TCU rejeite prestação de contas de Bolsonaro*, Correio Brasiliense, 07 dez. 2022: "Caso a representação seja acatada pelo TCU, o atual presidente pode ficar inelegível. / A justificativa do senador / foram os cortes nos recursos destinados ao INSS e à Capes / 'É imperativo que haja uma atuação institucional desse nobre Tribunal, na boa tutela de todos os direitos difusos e coletivos da nossa sociedade à moralidade pública e à tutela do patrimônio e do orçamento público', destacou a ação protocolada. / Para o senador, Bolsonaro agiu intencionalmente para colapsar as contas públicas. 'Foi um calote estratégico para favorecer os cúmplices. O governo sabia que não havia espaço para o orçamento secreto, mas incluiu mesmo consciente de que isso afetaria o pagamento de despesas obrigatórias essenciais', frisou".

878 *PT Pede ao TCU rejeição de contas de Bolsonaro*, O Globo, 24 mar. 2021: "[...] o partido alega que o governo 'não cumpre os critérios de legalidade, economicidade e eficiência na aplicação de recursos públicos destinados ao enfrentamento da Covid-19'".

879 *Tribunal aprova contas do presidente com 14 ressalvas*, Tribunal de Contas da União, Brasília, 29 jun. 2022: "O parecer prévio traz dez recomendações e cinco alertas ao governo. Também foram apontadas três irregularidades e três impropriedades no relatório sobre a execução dos orçamentos da União, além de oito distorções no Balanço Geral".

880 *TCU aprova contas do governo federal de 2021 com ressalvas*, Agência Brasil, 29 jun. 2022: "Relator endossou conclusões da equipe técnica do tribunal".

881 *Com ressalvas e recomendações, TCE-MS aprova as contas do Governo do Estado de 2021*, Tribunal de Contas do Estado do Mato Grosso do Sul, 18 maio 2022.

882 *TCE-PB reprova contas da gestão do governador João Azevêdo, referentes a 2019*, O Globo, Rio de Janeiro, 02 maio 2022: "Caso foi analisado em sessão extraordinária, realizada nesta segunda-feira, com relatoria do conselheiro [...]".

TCE rejeita recurso de João Azevêdo e mantém reprovação das contas de 2019.[883]
TCM adia decisão sobre rejeição de contas do prefeito de Salvador.[884]
TCE-MT aponta 27 irregularidades e aprova contas de 2018 de Pedro Taques.[885]
TCE-RJ rejeita contas de 2020 do Governo do Estado.[886]
TCE-SP aprova com ressalvas e recomendações as Contas do Governo de São Paulo em 2022 – MPC manteve opinião pela rejeição.[887] [888]
TCE rejeita pela primeira vez contas de Marconi e José Eliton.[889] [890]

---

[883] *TCE rejeita recurso de João Azevêdo e mantém reprovação das contas de 2019*, Jornal da Paraíba, 25 ago. 2022: "O pedido tentava reverter a decisão que reprovou a prestação de contas do Governo de 2019 pelo descumprimento de índice constitucional e excesso de servidores sem vínculos públicos, pagos a título de codificados".

[884] *TCM adia decisão sobre rejeição de contas do prefeito de Salvador*, Vermelho, 16 mar. 2021: "Nesta terça-feira (15/3), o Tribunal de Contas dos Municípios (TCM) da Bahia adiou o julgamento do pedido de reconsideração da rejeição das contas da prefeitura de Salvador, feito pelo prefeito João Henrique (PP)".

[885] *TCE-MT aponta 27 irregularidades e aprova contas de 2018 de Pedro Taques*, O Globo, 07 ago. 2019: "[...] Das irregularidades apontadas duas foram consideradas graves e cinco gravíssimas. / Mesmo apontando 27 irregularidades, o Tribunal de Contas de Mato Grosso / aprovou as contas do ex-governador / Do orçamento, 70,4% foram usados para pagas gastos com pessoal e encargos. Só 5,22% foram destinados a investimentos. Do orçamento, 70,4% foram usados para pagas gastos com pessoal e encargos. Só 5,22% foram destinados a investimentos. O ex-governador, que é advogado, fez a própria defesa. Ele reconheceu os erros e diz que a 'a história tem que ser interpretada, de acordo, com o momento histórico levando-se em conta as dificuldades do gestor. 'A verdade aparece. A votação mostra que tivemos dificuldades, mas que fizemos o que foi possível naquele momento' / Apesar dos apontamentos, as contas foram aprovadas com 33 recomendações".

[886] *TCE-RJ rejeita contas de 2020 do Governo do Estado*, O Globo, 01 jun. 2021: "Decisão tem efeito prévio e será submetida ao plenário da Alerj; governador ainda não se manifestou sobre a decisão".

[887] *TCE-SP aprova com ressalvas e recomendações as Contas do Governo de São Paulo em 2022* – MPC manteve opinião pela rejeição, Ministério Público de Contas do Estado de São Paulo, 28 jun. 2023: "'No entender do MPC a documentação acrescida não afasta as irregularidades apontadas em manifestação pretérita deste órgão. / a Administração Estadual mais uma vez deixou de apresentar casos concretos nos quais seria cabível a aplicação do sigilo fiscal. / Além disso, criticável a não apresentação de informações detalhadas sobre a renúncia total estimada ou fruída por beneficiário, especialmente para as pessoas jurídicas, o que pode indicar a insistência na manutenção de indevido sigilo ou (cenário ainda mais grave) a falta de conhecimento por parte da Secretaria da Fazenda e Planejamento sobre o montante exato das renúncias', ressaltou a representante ministerial".

[888] Órgão *de contas pede reprovação de gastos de Alckmin e França em 2018*, GZH Política, 22 maio 2019: "É a primeira vez que parecer, que será julgado pelo TCE, rejeita prestação de governadores de SP".

[889] *TCE rejeita pela primeira vez contas de Marconi e José Eliton*, Poder Goiás, 5 jun. 2019: "[...] Por 3 votos a 2, o Tribunal deu parecer pela reprovação e encaminhou os documentos para apreciação da Assembleia Legislativa, que fará o julgamento final. Ao anotar o voto de desempate, o presidente do TCE / analisou que 'não cabe ao órgão controlador desconhecer a realização de despesa pública sem prévio empenho e que os autos evidenciam a falta de esforço dos governantes em dar solução aos problemas que redundam na situação caótica em que se encontra a administração estadual'. O voto do presidente do TCE acompanhou o relator das contas da gestão estadual de 2015/2018, Saulo Marques Mesquita, que havia dado parecer pela reprovação. O conselheiro Sebastião Tejota, pai do vice-governador Lincoln Tejota, também foi contrário à aprovação das contas. O relator explicou, porém, que o julgamento das contas cabe ao Poder Legislativo, cabendo ao TCE um parecer técnico. Os conselheiros Kennedy Trindade e Helder Valin divergiram do relator e votaram pela aprovação com ressalvas das contas dos ex-governadores tucanos. Os conselheiros Edson Ferrari e Carla Santillo se declararam impedidos e não votaram".

[890] *TCE dá parecer pela rejeição das Contas do Governador exercício 2018*, Tribunal de Contas do Estado de Goiás, 2019: "O Tribunal de Contas do Estado de Goiás / opinou à Assembleia Legislativa que as reprove. É a segunda vez que isso acontece nos 67 anos de instalação do TCE-GO. A primeira foi em 2010, último ano da gestão do governador Alcides Rodrigues. [...] Em sua análise, o relator evidenciou, preliminarmente, que o julgamento das contas é da estrita competência do Parlamento, explicando que cabe ao Tribunal de Contas fazer uma análise técnica. Durante a votação o procurador de contas / levantou preliminar pela abertura de contraditório aos dois ex-governadores, contudo, à observação do relator de que o representante do Ministério Público estava se posicionando como advogado de defesa dos dois gestores, o Plenário rejeitou a tese. Superada a preliminar, o conselheiro Sebastião Tejota votou com o relator; o conselheiro Kennedy Trindade proferiu voto divergente, ao entendimento de que o Parecer deveria ser pela aprovação com as recomendações apresentadas pelo relator. Ele foi acompanhado pelo conselheiro Helder Valin. Com a declaração de suspeição feita pela conselheira Carla Santillo e o impedimento declarado pelo conselheiro Edson Ferrari a votação ficou empatada em dois a dois. [...]".

4.1 A percepção de politização

Essa é uma das notórias questões envolvendo os Tribunais de Contas no Brasil. A ela se relacionam decisões em processos de contas que transmitem a ideia de juízos de valor, cambiáveis, pouco controláveis, qualificados como "políticos", como percebem atores políticos e das elites institucionais e sociais que participaram de uma importante pesquisa discutida a seguir.

4.1.1 Afinal, quem julga, de fato, as contas do Chefe do Poder Executivo dos entes federados?

Contrariamente à Constituição ("é da competência exclusiva do Congresso Nacional julgar anualmente as contas prestadas pelo Presidente da República"), a percepção e a compreensão da opinião pública, expressas no noticiário, são as de que os Tribunais de Contas, de fato, julgam, também.

Disso decorrem consequências teoricamente indesejáveis para uma entidade fiscalizadora superior: os tribunais são vistos como atores políticos, instituições que fazem juízos de valor sobre os governos de prefeitos, de governadores e do presidente da República, ao aprovarem ou reprovarem "suas contas", muitas vezes com propósitos político-partidários.

Deve o Tribunal de Contas, entidade fiscalizadora superior, ter essa espécie de exposição e protagonismo político na emissão do parecer prévio? Seria essa sua função no cumprimento do mandamento constitucional?[891]

Que fatores dão ensejo a esse protagonismo político controverso? Uma resposta, entre muitas, é o entendimento de que um parecer prévio deve ser conclusivo no sentido de recomendar a aprovação ou reprovação das contas prestadas pelo Chefe do Poder Executivo, as "contas de governo", transcendendo a emissão de opiniões de auditoria sobre os balanços e a execução orçamentária e outras conclusões sobre o que mais se colocar sob esse tipo de exame. Um juízo semelhante ao juízo de aprovação ou reprovação que os Tribunais de Contas prolatam no exame de "contas de gestão", processo de contas anuais dos administradores, no âmbito do TCU, conforme analisado no capítulo anterior.

Queira-se ou não, uma "recomendação" de aprovação ou reprovação das "contas", confundidas semanticamente com a "gestão do Poder Executivo", contém uma alta carga de valoração positiva ou negativa do "Governo" e da figura do Chefe do Poder Executivo, o que confere elevada sensibilidade política a um parecer prévio proferido dessa forma.

A forma de manifestação importa. A forma traduz a finalidade substantiva. A finalidade determina a lógica da estruturação do processo. E o que se fará no processo precisa corresponder à finalidade da atuação das Cortes de Contas no processo mais amplo de "julgamento anual das contas prestadas pelo Presidente da República [governadores e prefeitos]".

---

[891] CF-1988: "Art. 71. O controle externo, a cargo do Congresso Nacional, será exercido com o auxílio do Tribunal de Contas da União, ao qual compete / apreciar as contas prestadas anualmente pelo Presidente da República, mediante parecer prévio que deverá ser elaborado em sessenta dias a contar de seu recebimento [...]".

Este capítulo é dedicado à compreensão mais profunda desse processo, tendo por fio condutor da investigação a hipótese de que uma manifestação do Tribunal de Contas que contenha qualquer ideia de aprovação/reprovação de "contas" é incompatível com sua função de auxílio ao Poder Legislativo, com as características fundamentais de uma entidade fiscalizadora superior e com a razão de ser de sua atuação específica, o que termina por desvirtuá-la e atribuir-lhe indevido sentido político.

4.1.2 A percepção de politização e sua relação com o juízo de contas: resultados de uma pesquisa com as elites institucionais e sociais

A percepção de politização dos Tribunais de Contas é um fato.[892]

Pesquisa conduzida por Arantes, Abrucio e Teixeira[893] reporta que os "Tribunais de Contas recebem, no geral, boa avaliação de suas capacidades administrativas" e que "as elites institucionais e sociais emitiram opiniões que podem ser interpretadas como aprovação das capacidades administrativas dos TCS", os quais teriam "as condições básicas para exercer bem as funções de controle". Porém, segundo os autores, "aqui está o calcanhar de Aquiles dos Tribunais de Contas":

> Se a capacidade institucional básica existe, as críticas dirigem-se fortemente ao mérito de suas decisões.[894] Essa questão pode ser aferida pela contraposição entre a independência da instituição e a politização de sua estrutura decisória.[895] [...] enquanto 2/3 dos entrevistados disseram que há predominância de critérios políticos ou de injunções políticas nas decisões dos TCs subnacionais, apenas 1/3 apontou o predomínio da variável técnica.

Analisando as respostas à questão "atividades que o Tribunal de Contas realiza e não deveria realizar", registraram: "mais do que citar funções supérfluas ou desnecessárias, uma grande parcela dos atores fez aqui forte crítica ao desvio político que afirmam ocorrer nos tribunais subnacionais" e concentraram suas críticas na politização indevida e na falta de isenção, de neutralidade e de imparcialidade de suas ações. O quadro a seguir, por eles elaborado, sintetiza as críticas, especialmente concentradas na apreciação das contas com viés político:

---

[892] *Vide*, entre outras, as seguintes teses e dissertações que abordaram a questão, como tema central ou a ele ligado: Miranda (*Desenho institucional do Tribunal de Contas no Brasil (1890 a 2013)*, 2013); Willeman (*O desenho institucional dos Tribunais de Contas e sua vocação para a tutela da accountability democrática*, 2016); Duque (*Isenção ou influência política no processo decisório dos Tribunais de Contas: um estudo do Tribunal de Contas de Minas Gerais*, 2017); Sousa (*Politização nos Tribunais de Contas: o caso do Estado de São Paulo*, 2019).

[893] Arantes, Abrucio e Teixeira (*A imagem dos Tribunais de Contas Subnacionais*, 2006).

[894] Mérito das decisões dos Tribunais de Contas sendo, aqui, como em tantos outros casos, referenciado como a decisão que aprova ou reprova "as contas".

[895] *Vide* também Iocken (*Controle compartilhado das políticas públicas*, 2018, p. 185-186): "3.2.2. Disfuncionalidade do sistema contramajoritário do controle do orçamento – Notícias constantes de corrupção, o mau funcionamento das atividades executivas e as crises financeiras pelas quais atravessam muitos Estados são alguns exemplos em decorrência dos quais se levanta o debate sobre a estrutura e a competência dos órgãos de controle. Ainda que se possa considerar a existência de avanços significativos nesse sistema, é certo que persistem fragilidades estruturais nas instituições superiores de controle no Brasil, como aponta Willeman, as quais abalam a confiança no sistema de controle e o desempenho de sua função contramajoritária. [...] As distorções verificadas pela contaminação política dos julgados têm conduzido ao debate sobre os critérios de escolha de seus membros, como acentua Willeman [...]".

Quadro 2: Frases de parlamentares, gestores e técnicos do Executivo e de membros do Ministério Público sobre a questão "atividades que o TC realiza e não deveria realizar"

	Politização indevida do Tribunal de Contas
Legislativo	Apreciar contas do poder público sobre o prisma político.
	Envolve-se muito em política.
	Interferir politicamente nos bastidores das decisões políticas.
Gestores e técnicos do Executivo	Age politicamente na apreciação de contas.
	Ignorar a legalidade, imparcialidade.
	Deixar de agir politiqueiramente.
Ministério Público	Julgamento político de contas governamentais.
	Ingerência nos órgãos para atender um reclamo político.
	Perseguir os inimigos políticos e deixar seus amigos sem punição.

Em outra parte da pesquisa, os entrevistados foram "instados a propor e/ou analisar aspectos que poderiam melhorar a qualidade e o desempenho dos TCs subnacionais". Uma preocupação comum a todos os atores surgiu: "a padronização de decisões (julgar de maneira uniforme independente de quem seja o gestor)".

As manifestações foram sintetizadas num quadro expositivo das cinco principais respostas para a questão "Como deveria ser o Tribunal de Contas", sobressaindo a vontade de que essas instituições tivessem "independência institucional, composição e desempenho apolíticos":

Quadro 3: Como deveria ser o Tribunal de Contas: cinco principais aspectos

1º lugar – Independência institucional, composição e desempenho apolíticos
2º lugar – Transparência, principalmente com relação à sociedade
3º lugar – Agilidade
4º lugar – Orientação, auxílio, educação e prevenção
5º lugar – Perseguir seu papel institucional, melhorando a efetividade de suas ações administrativas

Arantes, Abrucio e Teixeira encerraram o relato da pesquisa, concluindo:

> Como esperado pelas hipóteses iniciais, o grande problema dos Tribunais de Contas subnacionais é a imagem de instituição extremamente politizada. Sua reformulação passa necessariamente por esse ponto, até porque se constatou que a função fiscalizadora é muito valorizada pela sociedade e pelos poderes públicos, fato que justifica a existência dos TCs, mas, sozinho, não os sustenta. Os TCs precisam fazer das críticas efetuadas pelas elites sociais e institucionais um mapa que seja o guia de sua transformação e de seu revigoramento.

A politização se dá à percepção nos juízos de reprovação/aprovação de contas e suas repercussões político-eleitorais, conforme quadro acima:

a) "Apreciar contas do poder público sobre [*sic*] o prisma político" (Legislativo);
b) "Age politicamente na apreciação das contas" (gestores e técnicos);
c) "Julgamento político de contas governamentais" (Ministério Público).

A emissão de um sintético juízo de contas (aprova/reprova), um concreto juízo de valor, descasado da condução de um claro e metódico trabalho de auditoria[896] destinado a emitir uma *opinião de auditoria sobre um conjunto de coisas* a que se denomina genericamente "contas", possibilita e facilita a politização.[897] [898]

Assim, se de um lado não se cogite da emissão de um juízo de reprovação das contas quando nenhuma irregularidade foi constatada, por absoluta impossibilidade lógica, de outro, a constatação de uma ou mais irregularidades não determina a emissão de juízo de reprovação.

Entre esses extremos, esse juízo exprime-se como juízo de valor quando corresponde a uma avaliação pessoal[899] sobre a relevância do que se apurou de irregular e a conveniência de se proferir um juízo (recomendação) de aprovação ou reprovação, como exemplificam dois dos casos referidos anteriormente, em notas de rodapé:

> TCE rejeita pela primeira vez contas de "[...] Por 3 votos a 2, o Tribunal deu parecer pela reprovação / Ao anotar o voto de desempate, o presidente do TCE / analisou que "não cabe ao órgão controlador desconhecer a realização de despesa pública sem prévio empenho e que os autos evidenciam a *falta de esforço* dos governantes em dar solução aos problemas que redundam na situação caótica em que se encontra a administração estadual". / Os conselheiros [...] divergiram do relator e votaram pela aprovação com ressalvas das contas dos ex-governadores tucanos. [...]".
> TCE-MT aponta 27 irregularidades e aprova contas de 2018 de "[...] Das irregularidades apontadas duas foram consideradas graves e cinco gravíssimas. / Mesmo apontando 27

---

896 Muito embora assim não seja, um trabalho sério de auditoria pode ser considerado enfadonho por quem seja mais afeito à dialética discursiva retórica. Sobre a falta de *glamour* das auditorias, de um lado, e seu papel fundamental na vida social, de outro, ver Power (*The Audit Society*, 1997, pos. 94/4404): "Books on auditing are generally intended to help the reader either to conduct an audit or to pass a professional examination on the subject (the two tasks are only loosely related). This means that auditing texts tend to be technical and that the field as a whole is distinctly unglamorous. When I mention that I am interested in auditing, academic colleagues smile politely and wonder how it could be intellectually engaging. This image of auditing as a dull field of work scarcely worthy of research is often reinforced by audit practitioners themselves. In the large firms, financial auditing has for many years functioned as a training ground in which the brightest and most ambitious are quick to move on to other things. Indeed, to be a pure audit enthusiast in a firm of accountants is to be viewed with some suspicion, if not ridicule. And yet one should not take this inferiority complex at face value. The French thinker Michel Foucault reminds us that the most boring practices often play an unacknowleged but fundamental role in social life. This book shows how this is undoubtedly true of auditing".

897 Emitir juízo de valor não corresponde ao que deve fazer uma EFS/SAI, da qual se espera emissão de juízos profissionais de auditoria (imparciais, independentes, embasados em evidências e metodologicamente conduzidos segundo padrões bem estabelecidos) quando se pretende dizer algo claro a respeito de um conjunto de coisas (como é a natureza das contas de governo), com propósitos de gerar valor para o processo de accountability pública e subsídios para o aprimoramento da Administração, objetivos que demandam um trabalho de auditoria.

898 O poder de emitir juízos de valor (bom/ruim, regular/irregular, grave/leve, aprovado/reprovado, impacta/não impacta a gestão; macula/não macula as contas), pouco controláveis, de alta repercussão política, é mais fácil de ser exercido do que o poder de emitir juízos de auditoria, juízos por natureza submetidos a processos de controle padronizados e ao crivo da comunidade profissional.

899 Nos Tribunais de Contas, essa avaliação pessoal, subjetiva, é feita em todas as instâncias (unidade instrutiva, Ministério Público de Contas, conselheiros/conselheiros-substitutos e ministros/ministros-substitutos), e não apenas pelos membros participantes das decisões colegiadas.

irregularidades, o Tribunal de Contas de Mato Grosso / aprovou as contas do ex-governador [...]".

4.2 Evolução histórica da apreciação das contas apresentadas pelo presidente da República mediante parecer prévio

Todos os anos, quando da apreciação da prestação de contas apresentada anualmente pelo presidente da República, mediante parecer prévio, o ministro-relator inicia seu voto enaltecendo a alta relevância da função que a Constituição atribuiu ao Tribunal de Contas da União, "o trabalho mais importante", a "primeira de suas competências", "a mais nobre, complexa e abrangente tarefa", a exemplo das manifestações proferidas em 1998 e 2020:

> Este é o 65º Parecer que o Tribunal profere sobre as Contas do Governo. Missão Constitucional que demanda atenção especial e redobrado empenho da Corte de Contas para a sua consecução, a análise das Contas do Governo constitui o trabalho mais importante dentre as competências do Tribunal de Contas da União, fornecendo ao Congresso Nacional os elementos de que necessita para atender a sociedade no seu justo anseio por transparência na gestão dos recursos públicos.[900]
> Pela 86ª vez, o Tribunal de Contas da União desempenha a primeira das competências que lhe são atribuídas pela Constituição Federal: apreciar e emitir parecer prévio sobre as contas prestadas pelo Presidente da República. A análise realizada pelo Tribunal subsidia o órgão de cúpula do Poder Legislativo com elementos técnicos para emitir seu julgamento e, assim, atender a sociedade, no seu justo anseio por transparência e correção na gestão dos recursos públicos [...] O exame das contas do Presidente da República constitui a mais nobre, complexa e abrangente tarefa atribuída a esta Corte pela Constituição Federal e legislação correlata, seja por sua singular relevância, por permitir à sociedade o conhecimento do resultado da atividade do governo federal, seja pela amplitude dos temas tratados e profundidade das análises realizadas por este Tribunal.[901]

4.2.1 Tribunal de Contas como instituição necessária à fiscalização do cumprimento do orçamento e ao exame final das contas anuais prestadas pelo Chefe do Poder Executivo ao Parlamento

Para Castro Nunes, as Cortes de Contas existiam em função da "atribuição política dos parlamentos no exame das contas de cada exercício financeiro":[902]

> As cortes de contas não são delegações do Parlamento, são órgãos autônomos e independentes. Mas existem em função da atribuição política dos parlamentos no exame das contas de cada exercício financeiro. É esse, *na teoria do instituto,* o traço fundamental. Na sua função cotidiana, quer na fiscalização financeira, quer na tomada das contas dos responsáveis pelos dinheiros públicos, ela serve a esse objetivo que lhe explica a destinação, como órgão auxiliar e preparador daquela função. (Grifos nossos)

---

900 TCU (*Relatório e Parecer Prévio sobre as Contas do Governo da República Exercício de 1999*, 2000).

901 TCU (*Relatório e Parecer Prévio sobre as Contas do Governo da República Exercício de 2020*, 2021).

902 Castro Nunes (*Teoria e Prática do Poder Judiciário*, 1943, p. 26).

Auxiliar o Parlamento no exame das contas de cada exercício continua a ser uma das funções mais nobres do Tribunal de Contas, mas não é, contudo, essa função específica, num sentido estrito, o "traço fundamental [...] que lhe explica a destinação",[903] como se viu nos capítulos antecedentes, que reportam discussões históricas sobre a instituição de um órgão dessa natureza em nosso sistema políticoconstitucional do século XIX.

A necessidade de criação de um Tribunal de Contas, segundo Baleeiro,[904] estava intrinsicamente vinculada à evolução histórica do Parlamento e de suas funções na tributação e na destinação dos recursos:

> Ora, quem tem o poder de selecionar os serviços públicos que lhe interessam e o de autorizar os impostos para esse fim restrito, será burlado se não tiver outro direito eficazmente assegurado por um meio técnico idôneo – o de verificar se o dinheiro foi gasto realmente para o fim especificamente designado. Evidentemente, com o desdobramento das funções governamentais, não há Câmara que possa fiscalizar cada uma das parcelas da despesa e apurar se o dinheiro foi gasto para o fim estritamente alegado e autorizado ou se o Executivo o desviou para fim diverso. Surgiu a necessidade de um órgão para *controlar a execução do orçamento* de sorte que o Legislativo não seja ludibriado pelo Executivo.[905] (Grifos nossos)

Rui Barbosa, na exposição de motivos do Decreto nº 966-A/1890,[906] sustentando a função preventiva do Tribunal de Contas, por meio do registro prévio, citou Rene Stourm[907] sobre a necessidade, na França, ao final do século XIX, de uma instituição como a Corte de Contas para "esclarecer o parlamento do modo mais imediato e incessante acerca da execução de sua vontade [orçamento votado]":

> As barreiras longínquas da contrasteação a posteriori, portanto, já não são suficientes. Sob a acumulação, crescente sempre, das operações de receita e despesa e a constante mobilidade dos titulares das pastas ministeriais, as verificações, para ser eficazes, carecem de penetrar até ao íntimo dos fatos contemporâneos. Cumpre estreitar nas formalidades mais prontas

---

903 Câmara dos Deputados (*Annaes da Câmara dos Deputados*, 1896, p. 59): "O Tribunal de Contas é instituído como a melhor garantia da observância destas leis [leis do orçamento], como a mais segura providência contra os abusos do Executivo e o elemento mais poderoso de separação entre o poder que decreta os orçamentos e o poder que os executa" (Parecer da Comissão de Constituição, Legislação e Justiça sobre o Projeto nº 214/1895 do Senado, que reorganiza o Tribunal de Contas)".

904 Baleeiro (*O Tribunal de Contas e o controle da execução orçamentária*, 1953, p. 12).

905 Câmara dos Deputados (*Annaes da Câmara dos Deputados*, 1896, p. 359): "SR. AUGUSTO MONTENEGRO – A independência dos poderes não traz como corolário a soberania dos mesmos, e é preciso que os dois, na esfera de suas atribuições, encontrem aparelhos que salvaguardem as suas funções, e o Tribunal é neste caso o amparo das funções do Legislativo, de decretar a despesa pública. Ai de nós se o Poder Executivo em sua independência pudesse executar os orçamentos como bem entendesse e só fosse ameaçado pela responsabilidade que só poderia vir depois de quatro anos, quando os funcionários que então exerciam o poder não pertencessem mais à administração do Estado. Não, quem quer zelar as atribuições do Poder Legislativo precisa de um aparelho destinado a *examinar constantemente se os orçamentos são perfeitamente cumpridos*, dentro dos intuitos manifestados pelos órgãos constitucionais, incumbidos de sua votação" (Grifos nossos).

906 TCU (*Exposição de Motivos de Rui Barbosa sobre a criação do TCU*, Revista do Tribunal de Contas da União, 1999).

907 Stourm (*Le Budget: Son Histoire Et Son Mecanisme*, 1889, p. 606): "Au milieu de la masse toujours croissante des opérations de recettes et dépenses et de la constante mobilité des titulaires des départements ministériels, les vérifications, pour demeurer efficaces, ont besoin de pénétrer au sein même des faits contemporains, Il faut enserer, dans des formalités plus rapprochées, la responsabilité des ministres ordonnateurs; il faut éclairer le Parlement, d`une manière plus immédiate et plus incessante, sur l`exécution de ses volontés. Or, aucune autorité, nous l`avons dit, en dehors de la Cour des comptes, ne peut remplir, en France, cette mission devenue essentielle, à moins de l`atribuer au Parlement luimême, ce qui serait un grand malheur".

a responsabilidade dos Ministros; cumpre esclarecer o parlamento do modo mais imediato e incessante acerca da execução de sua vontade. Ora, nenhuma autoridade, a não ser o Tribunal de Contas, pode exercer essa missão, hoje essencial, salvo si a quiserem atribuir ao parlamento, o que seria grande calamidade.

4.2.2 A expectativa de uma lei de aprovação das contas na Constituição de 1824 e a ideia de uma conta geral do Estado em 1808

Em nosso país, a ideia de o Poder Legislativo examinar "as contas de cada exercício" surge já na Constituição de 1824, nos arts. 37 e 172, combinados:

> Art. 37. Também principiarão na Câmara dos Deputados: I. O Exame da administração passada, e reforma dos abusos nela introduzidos. [...]
> Art. 172. O Ministro de Estado da Fazenda, havendo recebido dos outros Ministros os orçamentos relativos às despesas das suas Repartições, apresentará na Câmara dos Deputados anualmente, logo que esta estiver reunida, um Balanço geral da receita e despesa do Tesouro Nacional do ano antecedente, e igualmente o orçamento geral de todas as despesas públicas do ano futuro, e da importância de todas as contribuições, e rendas públicas.

Competia à Câmara dos Deputados, a cada ano, o "exame da administração passada e reforma dos abusos[908] nela introduzidos", bem como do "balanço geral da receita e despesa do Tesouro Nacional do ano antecedente", que se faziam conjuntamente, com a discussão do "orçamento geral de todas as despesas públicas do ano futuro".[909]

---

[908] Sobre abusos na Administração, *vide* Coelho (*Tribunal de Contas como Tribunal de Justiça*, 1957): "Constituindo-se através desses dispositivos [Erário Régio e Conselho de Fazenda] um meio pelo qual se permitiam, em parte, o exercício e a função de controle do Poder Moderador, delineavam-se tão somente, ali, os primeiros indícios de um sistema de fiscalização dos gastos públicos, que só viria à luz muito tempo depois. Mesmo porque naquela época, ante o tremendo descalabro financeiro dominante, as normas contidas naquele Alvará não tinham força, por si mesmas, para o seu exato cumprimento. Com efeito, a anarquia chegara a tal ponto que o Barão do Rio Seco, conforme depoimento contido em uma missiva datada de 1812, adiantava, em razão da escassez de pagamento às diferentes repartições, o dinheiro necessário para tal fim. A Corte era, por isso mesmo, como afirma Oliveira Viana, o cancro roedor da nossa vitalidade econômica. Sobressai ainda mais essa particularidade quando se atenta no fato de que – considerando apenas temporária a sua permanência no Brasil – se dispunham os nobres a enriquecer à custa do Estado. Talvez, por esses aspectos contristadores de tremenda desorganização é que não houvesse elementos para calcular a receita do país, justificando-se a falta do orçamento da despesa, com exceção da Marinha, e, também, as contas nas diferentes repartições. Por outro lado, em consequência da falta de fiscalização, mostrava-se no país um 'déficit' que cada vez mais se avolumava. Já não se pagavam em dia aos empregados públicos, nem os juros dos empréstimos e das letras lançadas em circulação. O orçamento, então, baseava-se no dizer de Pereira Silva 'no método imoral e funestíssimo de gastar o que bem apetecia sem que se procurasse conhecer com antecedência se lhe sobravam fundos para o pagamento'. Ante o exposto, lógico seria que aquele dispositivo retro citado se destinasse a ser letra morta e apenas, formalmente, desse uma cobertura de aparência legal para justificar os saques que, então, eram feitas ao Erário Régio".

[909] Regras de prestação de contas e de elaboração dos balanços da receita e da despesa foram definidas na Lei de 15 de dezembro de 1830, que orçou a receita e fixou a despesa para o ano financeiro de 1831-1832, nos arts. 32 e seguintes: "*Art. 32.* O balanço geral da receita será de ora em diante apresentado pela maneira seguinte: A 1ª coluna designará a contribuição ou renda pública. A 2ª A Lei, ou Ordem que a criou. A 3ª A sua importância orçada. A 4ª A sua importância arrecadada. A 5ª Quanto se deixou de arrecadar. A 6ª Conterá as observações que o Ministro da Fazenda houver de fazer, sobre o estado da cobrança, ou outras quaisquer. / *Art. 36.* Todas as Repartições, por onde se arrecadam, e despendem dinheiros nacionais, prestarão contas no Tesouro, as quais farão parte das que deve apresentar o Ministro da Fazenda com o orçamento geral [...] *Art. 38.* Cada uma das Câmaras poderá instituir Comissões de exame de quaisquer Repartições públicas, para obter os conhecimentos indispensáveis ao desempenho de suas augustas funções, e as nomeará dentre os seus membros por escrutínio secreto. / *Art. 39.* Os balanços da despesa serão de ora em diante apresentados pela maneira seguinte: A 1ª coluna designará o emprego, ou objeto da despesa. A 2ª A Lei, ou ordem, que o autorizou. A 3ª O quantitativo pago, ou

Coelho (1957) via no art. 172 da Constituição de 1824 a obrigatoriedade de aprovação de uma "lei de tomada de contas":

> Vindo a lume a Constituição outorgada pelo Imperador em 1824, foram determinados no Capítulo III, Título IV, artigos 170 e 172, os princípios orientadores que presidiram à administração da Fazenda Nacional pela instalação de um Tribunal sob o nome de Tesouro Nacional, encarregado da Receita e da Despesa da Nação, e pela obrigatoriedade estabelecida da votação anual do orçamente e *da lei de tomada de contas*, como segue [...].

Posteriormente, o Decreto nº 313, de *1843*,[910] deu, expressamente, funcionalidade ao disposto nos arts. 37 e 172 da Constituição de 1824, ao determinar ao Ministério da Fazenda que, conjuntamente com o "balanço definitivo de cada exercício", apresentasse uma "proposta de lei para aprovação das contas", que deveria vir acompanhada de justificativas de "todos os excessos de despesa":

> Art. 5º Na mesa ocasião em que o Ministério da Fazenda apresentar o balanço definitivo de cada exercício, oferecerá também uma *proposta de lei para aprovação das contas* desse exercício, fixando definitivamente tanto a receita e despesa a ele pertencentes, como aos anteriores.
> Art. 6º Nas contas que acompanharem a referida proposta, o Governo não só justificará todos os excessos de despesa que houver em cada artigo da lei respectiva, para que não tenha sido suficiente o crédito votado, mas também dará as razões por que não foram despendidas somas concedidas para serviços, que se não tenham realizado. (Grifos nossos)[911]

4.2.2.1 A conta geral do Estado, o balanço definitivo de cada exercício, e seu conteúdo

O "balanço definitivo de cada exercício", referido naquele decreto, ou o "balanço geral da receita e da despesa do Tesouro Nacional do ano antecedente", objeto do art. 172 da Constituição, representava a "conta geral do Estado" de que tratava o Alvará de 28 de junho de 1808,[912] conforme descreveu De Roure,[913] equivalente às "contas do Presidente da República" na atualidade:[914]

---

comprado. A 4ª Quanto ficou restando o Tesouro Público. A 5ª O aumento da despesa. A 6ª A sua diminuição. A 7ª As observações convenientes" (Grifos nossos).

910 O decreto era um ato orçamentário, que abria ao Governo crédito para "pagamento da dívida de exercícios findos". Decreto nº 313/1943: "Art. 5º Na mesma ocasião, em que o Ministério da Fazenda apresenta o Balanço definitivo de cada Exercício, oferecerá também uma Proposta de Lei para a aprovação das contas desse Exercício, *fixando definitivamente* tanto a Receita e Despesa a ele pertencentes, como aos anteriores" (Grifos nossos).

911 Naquela época, atos irregulares praticados na execução do Orçamento poderiam ser tacitamente desconsiderados pelo Parlamento no momento do exame do Balanço Geral da Receita e da Despesa (a prestação de contas de então), deixando de intentar qualquer forma de responsabilização, ou, como se anunciava, convalidados por meio de uma lei de aprovação de contas.

912 Ato de D. João VI que criou o Erário Régio e o Conselho da Fazenda.

913 De Roure (*Formação do Direito Orçamentário Brazileiro*, 1916, p. 15).

914 *Vide* parágrafo único do art. 36 da LOTCU-1992: "Ao Tribunal de Contas da União compete, na forma estabelecida no Regimento Interno, apreciar as contas prestadas anualmente pelo Presidente da República, mediante parecer prévio a ser elaborado em sessenta dias a contar de seu recebimento. Parágrafo único. As contas consistirão nos balanços gerais da União e no relatório do órgão central do sistema de controle interno do Poder Executivo sobre a execução dos orçamentos de que trata o §5º do art. 165 da Constituição Federal".

> Quanto à despesa, começando pela da sua Real Casa, D. João VI determinou que fosse escriturada num livro – de um lado, o esquerdo, o dinheiro recebido do Erário; e de outro, o direito, a soma de cada artigo de despesa que houvesse sido paga em virtude da folha pelo rei assinada e mandada pagar. [...]
> Um balanço semestral devia ser feito no Erário; e, no fim de cada ano, o Rei devia receber *"a conta geral do Estado*, em forma de tabela, de toda a receita e despesa, em que resumidamente se declarasse, na receita, com distinção de cada um dos seus artigos, a importância anual dela, a soma do que entrasse por cada artigo naquele ano e o que ficasse em dívida de cada um; e na despesa, o orçamento de importância anual de cada artigo distintamente, quanto se pagasse no dito ano por cada artigo e quanto se ficasse devendo. Para que esta conta geral do ano fosse feita, as estações arrecadadoras deviam remeter balanços gerais nos primeiros quinze dias de janeiro. (Grifos nossos)

4.2.2.2 A decisão sobre uma proposta de lei de aprovação de contas era uma decisão política

Em decorrência do disposto no Decreto nº 313/1843, o Poder Legislativo, ao apreciar a proposta de lei de aprovação das contas, se a aprovasse, aprovaria especificamente os "excessos de despesa" em relação aos créditos votados, ou seja, a realização de despesas sem crédito orçamentário suficiente, bem como discutiria as razões da não realização de serviços para os quais havia crédito votado.

A decisão sobre o projeto de aprovação das contas era uma *decisão política*, assim como é a decisão, hoje, do Congresso Nacional: parlamentares poderiam votar contra a aprovação do projeto por convicção pessoal ou motivados por contingências político-partidárias, resultando dessa desaprovação constrangimentos para o Governo.

A "lei de aprovação de contas", ou procedimento semelhante, era essencialmente um instrumento de controle político do Parlamento sobre o Poder Executivo, que não deixava de ser um meio de exercício da necessária fiscalização da execução do orçamento – "excessos de despesa" – e do bom funcionamento da Administração ("por que não foram despendidas somas concedidas para serviços, que se não tenham realizado").[915]

4.2.3 O parecer prévio como abrangente instrumento analítico: a nobre função auxiliar do Tribunal de Contas perante o Congresso Nacional

Posteriormente, em 1845, o então Ministro da Fazenda Manoel Alves Branco apresentou uma proposta legislativa de criação do Tribunal do Tesouro Público. No art. 17, propunha:

> O tribunal apresentará todos os anos, dentro do primeiro mês da sessão legislativa, a S. M. Imperial, e ao corpo legislativo um relatório, no qual não só confira o balanço apresentado pelo governo no ano anterior com as contas tomadas a ele relativas, justificando-as uma pelas outras, como também apresentem todas as irregularidades, omissões e abusos que

[915] *Vide*, no Capítulo 4, sobre a *Loi de Règlement* francesa, instituto já existente à época, que desempenha esse mesmo papel de aprovação definitiva da execução orçamentária.

tiver encontrado na arrecadação, fiscalização e distribuição dos dinheiros públicos, e os defeitos das leis e regulamentos que parecerem necessitar de reformas.

Ao final do século XIX, após sua criação em 1890 e instalação em 1893, o Decreto nº 392/1896,[916] sua primeira lei orgânica, deu ao Tribunal de Contas, na função de fiscal da administração financeira, a atribuição de elaborar um relatório anual dirigido às Casas do Congresso, em que deveria:

a) "expor a situação da Fazenda Federal;
b) propor as medidas tendentes à melhor arrecadação da receita e à fiscalização da despesa;
c) emitir parecer sobre a expansão desta [despesa] e suas causas, e fazer menção dos abusos e omissões praticados na execução das leis do orçamento e nas que entenderem com a administração fiscal".

Era um nobilíssima função analítica fiscal-orçamentária, integrando fiscalização, estudos, diagnósticos e proposições.

Essa forma de atuação corresponde ao ponto inicial do que seria na Constituição de 1988 a emissão do parecer prévio sobre as contas prestadas anualmente pelo presidente da República e será examinada adiante.

Barbalho,[917] [918] comentando o art. 34 da Constituição de 1891, via o relatório produzido pelo Tribunal de Contas como instrumento técnico de que devia se valer o Congresso para promover melhorias institucionais e correção de abusos, um relatório a ser examinado e estudado, e já antevia o risco de que se reduzissem "a letra morta tão salutares determinações" e de que "os representantes da nação" deixassem de considerar o exame das contas como "um de seus principais deveres":[919]

---

[916] LOTCU-1896.

[917] João Barbalho Uchôa Cavalcanti. Foi deputado constituinte, ministro das pastas do Interior e da Instrução Pública e ministro do Supremo Tribunal Federal.

[918] Barbalho (*Constituição Federal Brazileira: Comentários*, 1902, p. 105).

[919] *Vide*, a respeito, Oliveira (*Precisamos falar sobre contas*, 2018): "A prestação de contas visa, entre outros fins que não se revelam expressamente nas normas, mas se percebem da análise finalística e funcional do sistema: fornecer ao Congresso Nacional (que exerce controle externo sobre a Administração Pública) relatórios e exames substantivos sobre a execução dos orçamentos, dos programas governamentais, das contas públicas em sentido estrito (patrimônio público, situação fiscal de curto, médio e longo prazos), em tempo hábil para serem utilizados na apreciação da proposta orçamentária do exercício seguinte. Colhe-se a corroboração dessa compreensão no art. 90, §3º, c, do Regimento Comum do Congresso Nacional sobre a participação das comissões permanentes de suas casas legislativas na apreciação do projeto de lei orçamentária anual: 'Art. 90. O projeto de lei orçamentária será apreciado por uma Comissão Mista que contará com a colaboração das Comissões Permanentes da Câmara dos Deputados e do Senado Federal. §3º A participação das Comissões Permanentes, no estudo da matéria orçamentária, obedecerá às seguintes normas: a) as Comissões Permanentes interessadas, uma vez constituída a Comissão Mista, deverão solicitar ao Presidente desta lhe seja remetido o texto do projeto de lei orçamentária; b) a Comissão Mista, ao encaminhar o projeto à solicitante, estabelecerá prazos e normas a serem obedecidos na elaboração de seu parecer, o qual deverá abranger, exclusivamente, as partes que versarem sobre a matéria de sua competência específica; c) a Comissão Permanente emitirá parecer circunstanciado sobre o anexo que lhe for distribuído e elaborará *estudo comparativo dos programas e dotações propostas com a prestação de contas do exercício anterior* e, sempre que possível, com a execução da lei orçamentária em vigor;. Seguindo essa lógica substantiva e temporal, a Resolução nº 1/2006 do Congresso Nacional determina que a Comissão Mista de Orçamento realize audiência pública com o ministro relator do Tribunal de Contas da União, para exposição e debate do parecer prévio, logo no início dos trabalhos do segundo período da sessão legislativa, que começa em 1º de agosto. Ou seja, observado esse procedimento, o parecer do TCU já teria sido debatido na CMO quando o Congresso recebesse do Presidente da República a proposta orçamentária para o ano seguinte, em 31 de agosto. O prazo determinado para a apresentação das contas pelo Presidente, 60 (sessenta) dias após a abertura da sessão legislativa, e o fixado para o Tribunal de Contas da União emitir o parecer prévio e devolver as contas ao Congresso, 60 (sessenta dias) após o recebimento, corroboram a força dessa análise. São prazos curtos e peremptórios, exatamente para possibilitar o uso das análises nas discussões orçamentárias, que se processam no segundo semestre".

Em relatório anual o tribunal expõe às duas casas do congresso a situação da fazenda nacional e faz menção aos abusos e omissões praticados na execução das leis de orçamento e nas questões que entendem com a administração fiscal (lei n. 392, de 8 de outubro de 1896). Destarte, fica o parlamento habilitado a conhecer da regularidade e legalidade dos atos da administração em matéria fiscal, para serem corrigidos os abusos e punidos, quando criminosos.

Além disso, o regimento de cada uma das casas do Congresso incumbe às suas comissões de finanças e contas, o exame e estudo dos relatórios e documentos apresentados pelo Tribunal de Contas, para regulamento definitivo delas quanto a cada exercício devidamente liquidado e encerrado; e tais comissões podem proceder a inquéritos, exigir informações e documentos e praticar outras diligências para desempenho dessa tarefa.

Cumpre que não se reduzam a letra morta tão salutares determinações e que os representantes da nação jamais deixem de considerar como um de seus principais deveres tão grandiosa incumbência. Do contrário, traem aos seus comitentes, abandonando-os às extorsões, aos desperdícios e a graves prejuízos pessoais e nacionais, oriundos da má gestão dos negócios financeiros.

4.2.4 A razão de ser, a história e a normatividade[920] esquecidas: o projeto de aprovação das contas como encerramento do ciclo orçamentário[921]

A apreciação de um projeto de aprovação das contas (julgamento de contas), antevista em 1824 e prevista em 1843, encerraria o ciclo orçamentário, composto das seguintes fases, conforme Baleeiro:[922]

> As fases do ciclo orçamentário são em decorrência, as seguintes:
> 1) Proposta do Executivo sob a supervisão política do Presidente da República e assistência de seus órgãos técnicos.
> 2) Discussão e aprovação dessa proposta pelo Congresso.
> 3) Sanção e execução do Presidente da República e Ministros.

---

920 *Vide* art. 36, parágrafo único, de Lei Orgânica do Tribunal de Contas da União: "Ao Tribunal de Contas da União compete, na forma estabelecida no Regimento Interno, apreciar as contas prestadas anualmente pelo Presidente da República, mediante parecer prévio a ser elaborado em sessenta dias a contar de seu recebimento. Parágrafo único. As contas consistirão nos balanços gerais da União e no relatório do órgão central do sistema de controle interno do Poder Executivo sobre a execução dos orçamentos de que trata o §5º do art. 165 da Constituição Federal".

921 Sobre o ciclo orçamentário, ver Catarino (*Finanças Públicas e Direito Financeiro*, 2019, p. 82-83), a respeito do ciclo de decisões financeiras de que participa o Tribunal de Contas com seu parecer sobre a Conta do Estado: "Já referimos que o modelo de Estado financeiro é profundamente influenciado pelas doutrinas políticas e económicas do seu tempo. Foram as doutrinas dominantes do seu tempo que influenciaram o Estado patrimonial, colocando no seu âmago a posse de propriedades, de empreendimentos e de negócios capazes de gerar financiamento público, e foram-no também outras doutrinas que libertaram o Estado liberal deste arquétipo, despindo-o dos excessos patrimoniais, criando receitas de outra fonte, centrando-o num modelo de imposto que foi centralizado, generalizado e aplicado sem exceção em nome de um ideal de justiça distributiva e universal. Hoje, para além dessas conceções, é possível diferenciar o nível da atividade financeira que decorre nos órgãos de soberania daquele outro que é levado a efeito pela Administração Pública financeira. No primeiro, pontificam órgãos como o Governo, a Assembleia da República e o Tribunal de Contas. Por exemplo, cabe ao Governo a *definição das políticas financeiras* do Estado, dentro do programa de Governo aprovado primeiramente em Conselho de Ministros e depois na Assembleia da República. Cabe ainda ao Governo em matéria financeira: *Elaborar o Orçamento do Estado*, bem como os *orçamentos retificativos*, nas condições previstas nas leis financeiras, sobretudo na Lei de Enquadramento Orçamental (LEO) – Lei nº 91/2001, de 2008 e alterações posteriores e apresentá-los à Assembleia da República para discussão e aprovação (artigo 161º al. g) da CRP); *Elaborar a Conta do Estado* e apresenta-la à Assembleia da República para aprovação, *precedendo Parecer do Tribunal de Contas* (artigo 162º da CRP); Elaborar os planos financeiros e as grandes opções do plano e apresenta-los à Assembleia da República para aprovação (artigo 161º al. g) da CRP); Executar a política financeira do Estado (artigos 200º e 201º da CRP), como tal definida no programa do Governo, sendo que, para o efeito, o Governo é o órgão de condução da política geral do país e o órgão superior da Administração Pública (artigo 182º da CRP)" (Grifos nossos).

922 Baleeiro (*O Tribunal de Contas e o controle da execução orçamentária*, 1953, p. 13).

> 4) Controle da execução do orçamento e parecer final sobre as contas por parte do Tribunal de Contas.
> 5) Julgamento das contas pelo Congresso, que tem competência para recusá-las e submeter o Presidente e Ministros a *impeachment* em caso de atentados à probidade da Administração à lei orçamentária, à guarda e legal emprego dos dinheiros públicos. (Grifos nossos)

Baleeiro incluía o parecer do Tribunal de Contas como parte do processo de controle da execução do orçamento: para emitir o parecer era preciso, antes, acompanhar e fiscalizar a execução orçamentária. E, como poucos autores fazem, explicitava o julgamento das contas como fase final do ciclo orçamentário, origem histórica do instituto, bem como o que caberia ao Congresso fazer se recusasse as contas: "submeter o Presidente e Ministros a impeachment em caso de atentados à probidade da Administração à lei orçamentária, à guarda e legal emprego dos dinheiros públicos".

A visão do julgamento das contas anuais ("balanços gerais") como fase final do ciclo orçamentário era o entendimento no Parlamento e na doutrina do final do século XIX, e, normativamente, não deixou de ser ainda hoje, como se vê no art. 36 da LOTCU-1992:

> As contas consistirão nos balanços gerais da União e no relatório do órgão central do sistema de controle interno do Poder Executivo sobre a execução dos orçamentos de que trata o §5º do art. 165 da Constituição Federal.

Recordemos a manifestação do Deputado Augusto Montenegro, quando do debate sobre o projeto de reorganização do Tribunal de Contas, na Câmara dos Deputados, em 1896:[923]

> Sr. AUGUSTO MONTENEGRO: "Findo o orçamento, decretado este, entra de novo em função o poder político destinado a executá-lo; mas o direito anterior de votá-lo não seria de valor algum político se a este mesmo poder não competisse fiscalizar a execução de sua obra,[924] levar a sua competência até o ponto de examinar o modo por que a sua vontade, o seu critério e as suas resoluções são tornadas realidades práticas pelo poder investido desta função.
> É por isto que os parlamentos bem cedo entenderam que havia inanidade de seu direito de votar, de decretar tributos, se com esta decretação desaparecesse toda e qualquer outra sua competência para intervir no seguimento natural e normal de sua obra.
> É por isto Sr. Presidente, que nenhum Parlamento abre mão da faculdade de fiscalizar a execução dos orçamentos, de liquidar, por fim, as contas de exercícios encerrados e de

---

923 Câmara dos Deputados (*Annaes da Câmara dos Deputados*, 1896, p. 354).

924 Acerca da capacidade fiscalizadora do Poder Legislativo, *vide* Coelho (*Tribunal de Contas como Tribunal de Justiça*, 1957): "Sobre o controle legislativo é conceito quase que unânime que se apresenta de uma ineficácia a toda prova. A fiscalização dos gastos públicos, já asseverava Veiga Filho, é um dos problemas em que falha a intervenção legislativa, por isso que governo e parlamento se sustentam mutuamente, como dois siameses que se não podem desunir. Em verdade, a atribuição de fiscalizar os gastos públicos trai na sua origem uma exigência de ordem legislativa. Seria uma tarefa que deveria competir ao Poder Legislativo, mas devido a inúmeros fatores, não pode ele exercê-la com a eficiência que se devia esperar, chegando mesmo Alix a afirmar que ao Parlamento faltam essencialmente a competência e a imparcialidade política, necessárias ao desempenho daquela tarefa. Postulando tais considerações – a que se alia a observação de Berthelémy – de que o controle legislativo é mais teoria do que realidade – tornou-se necessário que tal competência fosse delegada a órgãos específicos que garantissem a moralidade e a legalidade daquela fiscalização e pudessem, como algures se afirmou, 'tornar o orçamento uma instituição inviolável e soberana, em sua missão de prover às necessidades públicas, com o menor sacrifício dos contribuintes'. Por este motivo, ressalta Salandra ser dentre as funções conferidas ao Tribunal de Contas a de maior importância aquela referente ao controle financeiro".

sobre eles pronunciar *veredictum*, no sentido de constatar a real e perfeita execução de suas vontades por parte do poder político a quem isto incumbe.[925]

4.2.4.1 Prestação de contas: pressuposto dogmático da administração e indeclinável exigência do sistema político republicano[926]

Para Barbalho, em comentário ao art. 34 da CF-1891,[927] a prestação e tomada de contas era "uma indeclinável exigência do sistema político", e o Tribunal de Contas,[928] que participava desse processo, "uma das grandes e indeclináveis molas do mecanismo governamental":

> Bem pouco valeria ser orçada a receita e fixada a despesa, se da cobrança do imposto e do emprego de seu produto não fossem prestadas contas ao parlamento. O governo não teria peias no gastar, e abusos em matéria que tão grandemente interessa aos cidadãos fraudariam facilmente as leis orçamentárias. Seria isso o malogro do regime representativo sob mera aparência de sua realidade.
> E não só é a prestação e tomada de contas uma indeclinável exigência do sistema político, quanto é condição essencial da regularidade do serviço financeiro. "Não pode haver administração que mereça este nome, sem contas", dizia o Visconde do Uruguay, exprimindo assim em forma aforística, o que na ordem política e financial é por todos reconhecido como dogma [...]
> Para liquidar essas contas e verificá-las quanto à legalidade das despesas e medidas financeiras – antes de serem apresentadas ao parlamento – a Constituição criou, como uma das grandes e indeclináveis molas do mecanismo governamental, o Tribunal de Contas [...].

4.2.5 A regulação da tomada de contas ao Governo pelo Congresso Nacional em 1911

Somente em 1911 o procedimento de "tomada de contas ao Governo pelo Congresso Nacional"[929] foi regulamentado, por ato votado pelo Parlamento, o Decreto nº 2.51. Essa norma estabelecia:

---

925 Os Tribunais de Contas seriam "aparelhos fiscalizadores criados no sentido de zelar pela fiel execução dos orçamentos" e tiveram "como o próprio direito de votá-los, uma marcha lenta e demorada".

926 *Vide Declaração dos Direitos do Homem e do Cidadão*: "*Art. 13.º* – Para a manutenção da força pública e para as despesas de administração é indispensável uma contribuição comum que deve ser dividida entre os cidadãos de acordo com suas possibilidades. *Art. 14.º* – Todos os cidadãos têm direito de verificar, por si mesmos ou pelos seus representantes, a necessidade da contribuição pública, de consenti-la livremente, de observar o seu emprego e de lhe fixar a repartição, a coleta, a cobrança e a duração. *Art. 15.º* – A sociedade tem o direito de pedir contas a todo agente público pela sua administração" (Grifos nossos).

927 Barbalho (*Constituição Federal Brazileira: Comentários*, 1902, p. 104-105).

928 Sobre a inserção do Tribunal de Contas na Constituição de 1891, não obstante já tivesse sido instituído pelo Decreto nº 966-A, de 1890, Silva (*O Tribunal de Contas da União na História do Brasil: Evolução histórica, política e administrativa (1890-1998)*, 1998, p. 39) expõe a explicação de João Barbalho: "O parlamento imperial nunca quis que existisse esse fiscal esmerilhador, indiscreto, incompatível com as facilidades dos ministros e exigências dos deputados. E na República, algum presidente poderia contrariar-se com esse obstáculo às suas facilidades no modo de empregar os dinheiros públicos; isto traria sério perigo à instituição. Criada por lei ordinária, ficaria às legislaturas inutilizá-la, ou suprimi-la, até sob alegação de economia".

929 Cavalcanti (*Elementos de Finanças*, 1896, p. 580-581) explica *como caberia ao Congresso Nacional proceder nessa função*, por ele qualificada como contabilidade legislativa: "A Constituição Federal (art. 34, §1º) conferiu ao Congresso Nacional o direito e o dever de tomar as contas da receita e despesa de cada exercício; e, em verdade, há na Câmara dos Deputados uma comissão intitulada – Comissão de contas e pensões. Não consta, porém, que o

a) que o presidente da República enviaria, "até o dia 15 de maio, as contas da gestão financeira durante o *penúltimo* exercício encerrado";[930]
b) o conteúdo das contas, quanto à receita,[931] à despesa[932] e às operações de tesouraria;[933]
c) o que a conta deveria indicar, em tabela resumida, "com clareza e discriminação minuciosa": a situação do exercício encerrado; a situação provisória do exercício corrente; o confronto da receita arrecadada com a despesa efetuada; créditos extraordinários abertos no decurso do exercício e dos que, abertos em exercícios anteriores, nele vigorarem;
d) que as contas, "antes de presentes ao Congresso para julgamento", passariam pelo "exame do Tribunal de Contas, que emitirá parecer sobre a regularidade e exatidão das mesmas,[934] assinalando [exames típicos de auditoria financeira], na execução do orçamento, agiu o Poder Executivo com inteira observância

---

disposto no artigo constitucional tivesse até agora, ao menos, um começo de execução. Conforme a prática seguida na contabilidade de outros Estados, a tomada de contas pela Representação Nacional *constitui matéria para um projeto de lei* (pag. 573), e no seu exame e parecer sobre o mesmo, a comissão deve verificar: 1) Se a receita e a despesa das diversas verbas do balanço definitivo conferem com as previstas e autorizadas nas leis do orçamento e demais atos, porventura expedidos, abrindo créditos adicionais; 2) Se a arrecadação das *rendas* e impostos foi feita de conformidade com as leis que as autorizavam, e regulavam as suas espécies; 3) Se na efetuação das despesas guardou-se o disposto nas leis e regulamentos; 4) Se os calculas aritméticos estão exatos e conferem, separada e comparativamente. Para bem fundamentar o seu parecer, além dos relatórios dos Ministros e do Tribunal de Contas, a comissão procederá aos exames e informações que julgar convenientes. E somente depois de colhidos e revistos todos estes e outros elementos, é, – que o Congresso Nacional deverá dar o seu voto de *aprovação definitiva das contas do exercício*. É escusado dizer que dos artigos da lei dessa aprovação também devem constar disposições, tendo por fim regular os direitos e obrigações, *pró* e *contra* a Fazenda Nacional, que tiveram origem ou resultaram das operações do exercício financeiro, de que se tratar. Nada disso se tem feito entre nós. Entretanto, não é mister insistir na necessidade do cumprimento de tão importante prerrogativa parlamentar. Sem ele, o poder que autorizou os serviços públicos e os meios, votando as leis orçamentarias, ficará na ignorância acerca do modo e condições, pelas quais foi executada a sua vontade soberana. Sem ele, a fiscalização, que lhe compete sobre os dinheiros públicos e quaisquer outros bens ou valores da Nação, deixará de ter a devida eficácia. É intuitivo: quem ordena e não se dá ao trabalho de verificar se as suas ordens foram ou não satisfeitas, na maioria dos casos não será obedecido, ou quando menos, não o será com inteira conveniência, nem conforme ao pensamento do ordenador".

930 *Vide* Título II, Capítulo IV – Contas da gestão financeira e patrimonial, do Regulamento Geral de Contabilidade Pública de 1922. Segundo o art. 100, o Governo deveria enviar as "contas de gestão financeira e patrimonial do penúltimo exercício encerrado" ao Congresso, anualmente, até o dia 31 de maio. No art. 102, prescrevia-se o que era o sentido geral da prestação de contas: "a prestação de contas se fará em duas partes distintas. Na primeira se demonstra como foi executado o orçamento e como se movimentaram os caixas gerais do Estado. Na segunda, prestam-se contas das variações ocorridas na substância patrimonial da União e de sua situação no fim de cada exercício".

931 Decreto nº 2.511/1911: Art. 1º, §1º: "I. Quanto á receita: a) impostos votados, taxas e contribuições arrecadadas, renda patrimonial e industrial estimada e consignada às despesas da República; b) arrecadação realizada nessas fontes de receita; c) receita a arrecadar; d) direitos, impostos e quaisquer contribuições cuja cobrança não tenha sido autorizada pelo Congresso, e bem assim aqueles que tenham sido cobrados com taxas inferiores às determinadas em lei, com indicação, em um e outro caso, do nome dos agentes responsáveis".

932 Decreto nº 2.511/1911: Art. 1º, §1º: "II. Quanto à despesa: a) direitos creditórios reconhecidos contra o Tesouro, tendo como fundamento serviços prestados durante o ano; b) pagamentos realizados; c) despesas por pagar".

933 Decreto nº 2.511/1911: Art. 1º, §1º: "III. Em relação às operações da tesouraria: a) os movimentos de fundos entre as estações fiscais e o Tesouro, entre este e os estabelecimentos bancários ou estrangeiros e de uns e outros entre si e com os correspondentes no estrangeiro; b) emissão e resgate de letras do Tesouro; c) saldos das operações de crédito; d) saldos ou deficiências da arrecadação, situação do ativo e passivo da administração das finanças e do estado da dívida flutuante no fim do ano financeiro".

934 *Vide* art. 128 do Regulamento Geral de Contabilidade Pública de 1922: "O exame do Tribunal de Contas será feito, em face de sua escrituração e das demonstrações que lhe forem apresentadas, e *concluirá por um parecer sobre a regularidade e exatidão das contas da gestão financeira* [...]".

das autorizações legislativas e conforme os preceitos da contabilidade pública [exames típicos de auditoria de conformidade]";[935]

e) que caberia à Comissão de Tomada de Contas da Câmara dos Deputados instituir "o quanto antes o exame das contas do exercício" e dar um "parecer fundamentado, que deverá concluir por um projeto de lei aprovando-as ou não";[936]

f) que, por fim, "*não sendo aprovadas as contas pelo Congresso, terá lugar o processo de responsabilidade*[937] de que trata o decreto n. 27, de 7 de janeiro de 1892".[938]

4.2.5.1 O objeto preciso do parecer do Tribunal de Contas: não cabia manifestação por aprovação ou reprovação

Relevantes entendimentos sobressaem da disciplina do processo feita pelo Congresso. Primeiramente, a lei de 1911[939] definia objetivamente o que caberia ao Tribunal de Contas fazer no exame prévio das contas: emitir parecer sobre a regularidade e exatidão das contas e dizer se "agiu o Poder Executivo com inteira observância das autorizações legislativas e conforme os preceitos da contabilidade pública".[940]

---

[935] O Código de Contabilidade da União, de 1922, daria, no art. 24, processamento distinto: "Examinadas pelo Tribunal de Contas, as contas do exercício financeiro serão enviadas ao Governo, para que este, no prazo fixado, as remeta ao Congresso, com o projeto de liquidação definitiva do exercício".

[936] *Vide* art. 131 do Regulamento Geral de Contabilidade Pública de 1922: "O balanço definitivo do exercício, uma vez encerrado e aprovado pelo Congresso, é intangível, não podendo ser modificado em nenhuma de suas partes". Fazia sentido essa norma porque, havendo irregularidades levadas ao conhecimento do Congresso, sua decisão a respeito decidiria questões relevantes que afetariam os números do balanço.

[937] Esse decreto legislativo regulava o processo e julgamento do presidente da República e dos ministros de Estado nos crimes comuns. A Constituição então em vigor estabelecia, no art. 54, os crimes de responsabilidade do presidente: atos que atentarem contra a existência política da União, a Constituição e a forma do Governo federal, o livre exercício dos poderes políticos, o gozo, e exercício legal dos direitos políticos ou individuais, a segurança interna do país, a probidade da administração, a guarda e emprego constitucional dos dinheiros públicos, as leis orçamentárias votadas pelo Congresso. Caberia a uma lei especial definir esses delitos e, à outra lei, regular a acusação, o processo e o julgamento. O Decreto nº 2.511/1911 regulava o processo, mas não definia os delitos. Somente na vigência da Constituição de 1946 foi aprovada lei definindo os crimes de responsabilidade do Presidente da República, que também regulava o processo: a Lei nº 10.179, de 10.4.1950, ainda em vigor.

[938] O que daria lugar a um processo de crime de responsabilidade seria a tipificação de irregularidades, ilegalidades e abusos como crime de responsabilidade, e não a mera decisão de rejeição das contas. A esse respeito, *vide* Oliveira (*Precisamos falar sobre contas*, 2018, p. 71): "As contas de 2014 ainda não foram apreciadas pelo Congresso Nacional e, quando vierem a ser, não fará nenhuma diferença jurídica o tipo de juízo (pela aprovação ou reprovação). A responsabilização política do Presidente decorre de um processo específico para apuração de crimes de responsabilidade previsto na Constituição e na lei, e não de um juízo de reprovação das contas prestadas anualmente pelo Presidente".

[939] Segundo informação constante do sítio da Câmara dos Deputados, não consta revogação expressa do Decreto nº 2.511/1911.

[940] Nos termos do art. 247 do Decreto nº 2.409/1896, regulamento, o Tribunal apresentava anualmente ao Congresso um relatório, oferecendo informações sobre: "1) a situação da Fazenda Pública Federal, no dia 31 de março do ano corrente; 2) as omissões, os abusos e as violações da lei, praticados na execução do orçamento em todas as suas partes e disposições; 3) as reformas necessárias para que a contabilidade pública ofereça garantias de exatidão na administração do patrimônio nacional, na arrecadação da receita orçada, na distribuição e aplicação da mesma as despesas fixadas, com fiel e severa observância da lei do orçamento, em suas secções, capítulos e artigos de despesa, compreendidas nestes todas as discriminações feitas nas tabelas explicativas das propostas; 4) o número, a natureza e a importância dos créditos adicionais abertos pelo Poder Executivo, no intervalo das sessões do Congresso Nacional, a conformidade de tais créditos com os preceitos da legislação que regulam o seu uso, os que tiverem sido registrados e aqueles a que o Tribunal houver negado o registro, e os fundamentos dessa negativa; 5) o resultado, em quadros resumidos, do exame das contas dos responsáveis para com a Fazenda Pública e dos julgamentos sobre elas proferidos; 6) as operações de credito a que se refere o art. 2º §6º letra C do decreto legislativo n. 392 de 8 de outubro de 1896; 7) os contratos que houverem sido registrados, ou não, pelo

A manifestação demandada (parecer) correspondia a conclusões fundamentadas decorrentes dos exames procedidos sobre a regularidade e exatidão das contas (parecer típico de auditoria financeira, modernamente)[941] e à "observância das autorizações legislativa e os preceitos de contabilidade públicas" (exames típicos de uma auditoria integrada, financeira e de conformidade).

A lei não prescrevia ao Tribunal de Contas a emissão de parecer (opinião) pela aprovação ou rejeição das contas.[942] [943]

Uma manifestação de aprovação/reprovação de contas seria potencialmente perturbadora da competência exclusiva do Congresso Nacional[944] de se manifestar politicamente sobre a matéria e contraproducente para a harmonia das instituições envolvidas, uma delas, o Tribunal de Contas, funcionando como auxiliar da outra, o Poder Legislativo.

A questão da possibilidade de emissão de um juízo/recomendação de aprovação/reprovação das contas não era uma mera questão de previsão normativa, tampouco envolvia uma mera opinião do Tribunal de Contas, sem muita relevância.[945]

A questão era, e é, de alta importância. *A resposta reflete o entendimento da essência do instituto*, a que finalidades serve e o que deveria fazer o Tribunal de Contas para manifestar-se em consonância com essas finalidades. A resposta implicará o desenvolvimento de um processo de trabalho orientado a um entendimento, e não a outro.

Qual seria o significado de um juízo de aprovação de contas prolatado pelo Tribunal? Qual seria o significado de um juízo seu de reprovação?

Tribunal; 8) os registros sob protesto das ordens de pagamento e os fundamentos das recusas de registro que deram causa aos mesmos".

941 Os exames buscariam avaliar questões como essas: os valores registrados nos demonstrativos financeiros estavam corretos? A contabilização foi procedida em consonância com as normas e padrões profissionais? As transações subjacentes à contabilização eram regulares, consideradas a legislação, como a lei orçamentária, os fatos e a documentação pertinente?

942 É muito importante ressaltar que, no caso da emissão de parecer prévio sobre as contas dos municípios, nem a Constituição de 1967, que primeiro fez referência a esse ponto a partir da Emenda Constitucional nº 1, de 1969, nem a atual Constituição prescrevem que o parecer a ser emitido pelo Tribunal de Contas deve ser pela aprovação ou rejeição das contas. CF-1967/69: "Art. 16. A fiscalização financeira e orçamentária dos municípios será exercida mediante controle externo da Câmara Municipal e controle interno do Executivo Municipal, instituídos por lei. §1º O controle externo da Câmara Municipal será exercido com o auxílio do Tribunal de Contas do Estado ou órgão estadual a que for atribuída essa incumbência. §2º Somente por decisão de dois terços dos membros da Câmara Municipal deixará de prevalecer o *parecer prévio*, emitido pelo Tribunal de Contas ou órgão estadual mencionado no §1º, sobre as contas que o Prefeito deve prestar anualmente. [...]". CF-1988: "Art. 31. A fiscalização do Município será exercida pelo Poder Legislativo Municipal, mediante controle externo, e pelos sistemas de controle interno do Poder Executivo Municipal, na forma da lei. §1º O controle externo da Câmara Municipal será exercido com o auxílio dos Tribunais de Contas dos Estados ou do Município ou dos Conselhos ou Tribunais de Contas dos Municípios, onde houver. §2º O *parecer prévio*, emitido pelo órgão competente sobre as contas que o Prefeito deve anualmente prestar, só deixará de prevalecer por decisão de dois terços dos membros da Câmara Municipal. §3º *As contas dos Municípios* ficarão, durante sessenta dias, anualmente, à disposição de qualquer contribuinte, para exame e apreciação, o qual poderá questionar-lhes a legitimidade, nos termos da lei. [...]".

943 Nenhuma lei orgânica do Tribunal de Contas da União chegou a fazer essa prescrição, assim como a quase totalidade das leis orgânicas dos demais Tribunais de Contas não fazem.

944 Aprovação/reprovação era um juízo político, de conveniência e oportunidade político-partidária, com possíveis consequências de responsabilização político-administrativa do presidente da República e dos ministros de Estado, reservado pela lei à Comissão de Tomada de Contas da Câmara dos Deputados e ao Congresso Nacional.

945 Se essa manifestação fosse tratada como uma mera opinião do Tribunal, sem muito valor, um parecer, não um "julgamento", sua razão de ser seria mais frágil ainda. De uma entidade fiscalizadora superior não se espera manifestações insuficientemente fundamentadas, desprovidas de sentido claro ou destituídas de finalidades precisas.

Sem critérios racionais ligados ao significado que se pretenderia dar à emissão desses juízos, um parecer pela aprovação/reprovação das "contas como um todo" seria um juízo de valor: reprovo (recomendo a reprovação) as contas quando considero que as irregularidades identificadas são graves; aprovo (recomendo a aprovação) as contas quando considero que as irregularidades identificadas não são graves.[946]

Em nenhum dos países estudados para elaboração desta tese as entidades fiscalizadoras superiores procedem dessa maneira.

4.2.5.2 No exame das contas, o Congresso decide sobre o projeto de aprovação das contas e eventual instauração de processo de crime de responsabilidade

A lei de 1911 disciplinava o que cabia ao Congresso fazer a respeito das contas: aprová-las ou rejeitá-las, mediante projeto de lei; em caso de rejeição, dar início a um processo de crime de responsabilidade, consequência drástica.

Todavia, "essa determinação legal não passou de letra morta por longos 23 anos, só vindo a se tornar efetiva quando recepcionada pela Constituição de 1934".[947] E não por muito tempo, pois a Constituição de 1937

> omitiu qualquer referência acerca da emissão do parecer prévio, pelo Tribunal de Contas, sobre as contas prestadas pelo presidente da República. Nesse novo cenário político vigente no país, as contas do governo passaram a ser objeto de Parecer-Relatório, com aprovação por meio de decreto-lei do próprio presidente da República.[948] [949]

Em três momentos da história do país a apreciação das contas do presidente da República gerou complicações institucionais.

Em 1937, quando da emissão do parecer prévio sobre as contas relativas ao exercício de 1936, ocasião reiterada e equivocadamente mencionada como a primeira manifestação do TCU pela reprovação das contas; em 1993, quando da apreciação das contas prestadas pelo Presidente Fernando Collor de Melo, imersa num conturbado ambiente político de denúncias de corrupção, investigações do Congresso em comissão parlamentar de inquérito e processo de *impeachment*; e em 2015, contas prestadas pela Presidente Dilma Rousseff, a ocasião mais polêmica, em contexto de disputas políticas acirradas e dificuldades fiscais.

---

946 Por que razões uma entidade fiscalizadora superior, que não deve atuar segundo valorações políticas, deveria, além de manifestar-se conclusivamente sobre a ocorrência de irregularidades, reportando-as fundamentadamente, proferir um juízo de aprovação/reprovação de contas com características de juízo de valor?

947 CF-1934: "Art. 102. O Tribunal de Contas dará parecer prévio, no prazo de trinta dias, sobre as contas que o Presidente da República deve anualmente prestar à Câmara dos Deputados. Se estas não lhe forem enviadas em tempo útil, comunicará o fato à Câmara dos Deputados, para os fins de direito, apresentando-lhe, num ou noutro caso, *minucioso relatório do exercício financeiro terminado*" (Grifos nossos). Note-se que a Constituição determinava que o Tribunal de Contas apresentasse um "minucioso relatório do exercício financeiro".

948 Silva (*O Tribunal de Contas da União na História do Brasil: Evolução histórica, política e administrativa*, 1999, p. 55; 75).

949 Atualmente, a regulação do processo legislativo de exame das contas prestadas pelo Presidente da República é procedida por resoluções do Congresso Nacional. A composição das contas está definida, de forma sintética, no art. 36, parágrafo único, da LOTCU: "As contas consistirão nos balanços gerais da União e no relatório do órgão central do sistema de controle interno do Poder Executivo sobre a execução dos orçamentos de que trata o §5º do art. 165 da Constituição Federal". Conteúdo em tudo semelhante à regulação dos primeiros anos da República.

Oliveira ressalta que o processo de *impeachment* da Presidente da República Dilma Rousseff deu ensejo à abertura de discussões que há muito tempo deveriam ter sido enfrentadas pelo Congresso Nacional:

> "do que trata a prestação de contas que o Presidente da República deve apresentar anualmente ao Congresso Nacional? O que se põe ao exame do Parlamento Nacional e com que finalidade? Como deve o Poder Legislativo se manifestar sobre o seu conteúdo, o que deve fazer a respeito e quais são as consequências jurídicas de sua manifestação?" E acrescenta: "Se tais questões ainda não se fizeram ver como relevantes é porque a apreciação da prestação de contas do Chefe do Poder Executivo, precedida de parecer prévio do Tribunal de Contas, tem sido um ritual de mínima relevância política; um ritual tardiamente finalizado e de nenhuma consequência prática".[950]

4.2.6 A questão da conclusividade do parecer prévio

Ao longo de vários anos, discutiu-se no Tribunal seu modo de manifestação na emissão do parecer prévio, entre posições por um parecer "conclusivo" ou por um parecer "enunciativo", como reportou Silva:[951]

> Relativamente à apreciação das contas do presidente da República, a Constituição [1967] não inovou em relação ao constante do §4º do artigo 77 da Constituição de 1946, mantendo o prazo de sessenta dias para a emissão do parecer prévio sobre as contas prestadas. Houve, entretanto, uma *alteração trazida pelo Decreto-lei nº 199/67, no sentido de que o parecer sobre as contas fosse conclusivo.*
>
> O Tribunal já vinha desde o ano de 1952 debatendo em Plenário a controvérsia sobre se o parecer deveria ser conclusivo ou simplesmente enunciativo. Ano após ano dividiram-se as opiniões dos ministros, posicionando-se de um lado Silvestre Péricles de Góes Monteiro (1952) e Joaquim Henrique Coutinho (1956), defensores do parecer conclusivo, e de outro os ministros Ruben Rosa (1947), Vergniaud Wanderley (1953), Antônio Brochado da Rocha (1954) e Etelvino Lins (1955), entre outros, pelo parecer enunciativo. Com a nova lei orgânica encerrou-se a polêmica e o Tribunal passou, já nas contas relativas a 1966, cujo relator foi

---

950 *Vide* em maior extensão a crítica de Oliveira (*Precisamos falar sobre contas*, 2018, p. 70; 74) à perspectiva sancionatória que se tem dado à apreciação das contas de governo: "a manutenção do foco das expectativas no juízo 'reprovação/aprovação' que será emitido no parecer prévio do Tribunal de Contas da União e, depois, no Congresso Nacional sobre as 'Contas do Governo da República' tem contribuído enormemente para obscurecer as finalidades de uma apresentação de contas anuais pelo Presidente e o sentido do 'julgar as contas' pelo Poder Legislativo Federal. [...] A prestação de contas visa, entre outros fins que não se revelam expressamente nas normas, mas se percebem da análise finalística e funcional do sistema: fornecer ao Congresso Nacional (que exerce controle externo sobre a Administração Pública) relatórios e exames substantivos sobre a execução dos orçamentos, dos programas governamentais, das contas públicas em sentido estrito (patrimônio público, situação fiscal de curto, médio e longo prazos), em tempo hábil para serem utilizados na apreciação da proposta orçamentária do exercício seguinte. [...] Se não for para subsidiar debates sobre a situação das finanças públicas, a dívida pública, a contabilidade da União, a execução da lei orçamentária precedente, o desempenho dos programas de governo, a regularidade da utilização de recursos públicos no ano anterior, a elaboração do orçamento para o ano exercício seguinte (tomando os resultados do anterior como base comparativa), providências tendentes a solucionar problemas, inibir recorrência de irregularidades, aprimorar o controle da execução orçamentária, aperfeiçoar políticas públicas, buscar responsabilizações pessoais tempestivas em outros instâncias, entre outras possibilidades, a apreciação da contas anuais do Presidente da República, do Governo da República, do Governo Federal, qualquer que seja a acepção que se lhes der, perde sua razão de ser".

951 Silva (*O Tribunal de Contas da União na História do Brasil: Evolução histórica, política e administrativa (1890-1998)*, 1999, p. 108).

o ministro Iberê Gilson, a distinguir o relatório do parecer prévio, antes abrigados em um único documento, devendo o parecer mencionar expressamente se as contas mereciam ou não aprovação, critérios preservados até os dias atuais. (Grifos nossos)

A LOTCU-1967, mencionada acima, assim se referia à emissão do parecer prévio:

Art. 29. O Tribunal dará parecer prévio, em 60 (sessenta) dias, contados da data da entrega, sobre as contas que o Presidente da República, no prazo constitucional, deverá prestar anualmente ao Congresso Nacional.
§1º As contas do Presidente da República deverão ser entregues ao Congresso Nacional, até o dia 30 de abril do ano seguinte, devendo o Tribunal de Contas ser informado do cumprimento ou não dessa determinação constitucional.
§2º As contas consistirão dos balanços gerais da União e do Relatório da Inspetoria-Geral de Finanças do Ministério da Fazenda sobre a execução do orçamento e a situação da administração financeira federal.
§3º *O Tribunal deverá apresentar minucioso relatório conclusivo sobre os resultados do exercício financeiro* louvando-se, no caso de não apresentação das contas no prazo constitucional, nos elementos colhidos ao exercer a auditoria financeira e orçamentária. (Grifos nossos)

Cabia ao Tribunal apresentar "minucioso relatório conclusivo sobre os resultados do exercício financeiro".

A expressão "relatório conclusivo" poderia ser interpretada no sentido de não ser um relatório analítico, sem conclusões específicas acerca dos assuntos sobre os quais o Tribunal deveria se manifestar.

A prescrição de dever o Tribunal apresentar "minucioso relatório conclusivo" não significava, no texto legal, prescrição para que se manifestasse pela aprovação/reprovação das contas que o presidente deveria prestar anualmente ao Congresso Nacional.

Não é razoável conceber que uma prescrição dessas pudesse constar, expressa ou implicitamente, em um decreto-lei editado no ambiente políticoinstitucional do final dos anos 1960, baixado pelo presidente da República no uso de atribuições conferidas pelo art. 9º, §2º, do Ato Institucional nº 4/1966.[952]

Havia, e há, outras formas de manifestação conclusiva, como as emitidas em juízos de auditoria financeira/de conformidade realizadas sobre os balanços e a execução orçamentária, como veremos: opinião sem ressalvas, opinião com ressalvas, opinião adversa, abstenção de opinião; e como os relatos de achados de auditoria, que afirmam, com base em evidências, a ocorrência de ilegalidades, irregularidades, ineficiências, atos antieconômicos, inobservância de princípios da Administração Pública.

É clara essa possibilidade, *expressamente enunciada no art. 228* do atual Regimento Interno do TCU[953] (RITCU):

952 Ato Institucional nº 4/1966: "Art. 9º – O Presidente da República, na forma do art. 30 do Ato institucional nº 2, de 27 de outubro de 1965, poderá baixar Atos Complementares, bem como decretos-leis sobre matéria de segurança nacional até 15 de março de 1967. §1º – Durante o período de convocação extraordinária, o Presidente da República também poderá baixar decretos-leis sobre matéria financeira. §2º – Finda a convocação extraordinária e até a reunião ordinária do Congresso Nacional, o Presidente da República poderá expedir decretos com força de lei sobre matéria administrativa e financeira".

953 RITCU-2012 ou RITCU.

> O parecer prévio a que se refere o caput do art. 221 será conclusivo no sentido de exprimir se as contas prestadas pelo Presidente da República representam adequadamente as posições financeira, orçamentária, contábil e patrimonial, em 31 de dezembro, bem como sobre a observância dos princípios constitucionais e legais que regem a Administração Pública federal.

Portanto, a LOTCU-1967 não previu, assim como nenhuma outra lei orgânica, inclusive a atual Lei Orgânica, uma manifestação do Tribunal no sentido de aprovar/rejeitar as contas anualmente prestadas pelo presidente da República, ou de sentido equivalente, como "recomendar a aprovação/rejeição" e afirmar que "estão em condições de serem aprovadas/não estão em condições de serem aprovadas".

4.2.6.1 A posição de Ruben Rosa:[954] "o parecer do Tribunal não é conclusivo quanto à aprovação ou não das contas do exercício financeiro"

Ruben Rosa, então ministro do Tribunal de Contas, em obra de 1940, discutiu a competência do Tribunal "definida em lei quanto às contas da gestão financeira".[955]

Para ele, em conformidade com a análise histórica que procedemos na seção anterior, o "exame político" das despesas e receitas públicas era um ato de soberania, e "em nenhum regime, em todos os tempos, a aprovação competiu ao Tribunal de Contas". Citando, entre outros fundamentos, doutrina italiana, concluía que "o parecer do Tribunal não é conclusivo quanto à aprovação ou não das contas do exercício financeiro".

Por ser uma das análises históricas mais relevantes sobre a manifestação do Tribunal de Contas na emissão do parecer prévio, transcrevemos excertos em maior extensão:

> Qual a *competência* do Tribunal definida em lei quanto às contas da gestão financeira?
> "Compete-lhe...*rever* e *emitir parecer prévio,* no prazo de trinta dias, sobre as contas do Presidente da República..." (art. 20§5; 54 §único). [...].
> Em nenhum regime, em todos os tempos, a aprovação competiu ao Tribunal de Contas. O "exame político" das *despesas* e *receitas* públicas é *ato de soberania.*
> O órgão tomador da deliberação adota *princípios e critérios* que forçosamente não podem ser os de "direito escrito", – único sistema disciplinador das Cortes de Contas na atualidade. A *norma jurídica* consagra um limite, uma prática, ou uma tradição *(esfera do Tribunal de* Contas).
> *O exame político* do ato governamental, em face de "razões de Estado" (*competência parlamentar*), "quale giudizio finale": "*nessum vincolo di carattere politico deriva tuttavia alla Corte* nell'esplicazione delle sue funzioni, *dirette a garantire e certificare la legalità dell'azione amministrativa"*. [citando Giuseppe Moffa. *Il controllo della Corte dei Conti sulla gestione finanziaria dello Stato,* in Rivista di Diritto Pubblico, 1938, p. 383]. [...]
> Aliás, na própria elaboração legislativa da "lei de meios" predominam os "problemas políticos" da determinação das necessidades públicas que satisfazer, bem como os da sua extensão, ao invés dos de "técnica financeira".
> Eis, porque o *parecer do Tribunal* ***não*** é ***conclusivo quanto*** à ***aprovação ou não das contas do exercício financeiro***.

---

[954] Ruben Machado Rosa. Foi ministro do TCU, nomeado em 1934, permanecendo 33 anos no Tribunal, até 1967, sendo considerado um dos ministros mais importantes de sua história.

[955] Rosa (*Direito e Administração*, 1940, p. 25-27).

> Para evitar dúvidas, a lei, de modo claro, acentuou tratar-se duma "apreciação geral" sobre o balanço do exercício; assinalando se na execução o Executivo agiu na conformidade das autorizações legislativas e das regras de contabilidade pública. (Itálicos no original, negritos nossos)

Sobre a natureza política da aprovação/reprovação das contas prestadas anualmente pelo presidente da República, equivalente à Conta Geral do Estado em Portugal, Catarino aborda a "supremacia da decisão financeira" atribuída pela Constituição portuguesa à Assembleia da República:[956]

> 3. Os órgãos superiores da decisão financeira: a Assembleia da República e o Governo. Os órgãos da decisão financeira são aqueles a quem está confiada a competência ligada à ação no domínio financeiro público. O nível mais elevado da decisão financeira é o nível dos órgãos de soberania. Não podemos, neste curso, focar com a profundidade desejável, todos os órgãos relevantes na decisão financeira, pelo que se focarão apenas os mais relevantes. *A Constituição política portuguesa atribui a supremacia da decisão financeira* à *Assembleia da República*, o órgão a quem estão entregues as competências para a tomada das mais relevantes decisões financeiras, tais como: A aprovação do Orçamento do Estado, dos planos nacionais e da Lei das Grandes Opções [...];
> A autorização para contrair e conceder empréstimos e o estabelecimento do limite máximo dos avales a conceder em cada ano pelo Governo / *A tomada das Contas do Estado* / d); A adoção do regime geral que estabeleça as regras a que deve obedecer a elaboração de Orçamentos do Estado (Lei de Enquadramento Orçamental) [...]. (Grifos nossos)

Retornaremos a esse tema. Antes, passamos ao exame histórico do surgimento da ideia que associa a "rejeição das contas" daqueles que exerceram cargos ou funções públicas a uma situação de inelegibilidade.

4.3 O surgimento da conexão inelegibilidade/rejeição de contas: o processo legislativo do Projeto da Lei de Inelegibilidades

Essa conexão foi feita na Lei Complementar nº 64/1990,[957] que estabeleceu casos de inelegibilidade, prevista na Constituição Federal de 1988.[958] A Lei Complementar nº 5/1970, que disciplinava esses casos, com fundamento no art. 151 da Emenda Constitucional nº 1/1969, foi revogada.

No §3º do art. 14, a Constituição de 1988 estabelecera as condições de elegibilidade: a nacionalidade brasileira, o pleno exercício dos direitos políticos, o alistamento eleitoral, o domicílio eleitoral na circunscrição, a filiação partidária e requisitos de idade mínima.

---

956 Catarino (*Finanças Públicas e Direito Financeiro*, 2019, p. 143).

957 LC 64/1990, ou Lei complementar nº 64/1990, ou Lei de Inelegibilidades.

958 CF-1988: "Art. 14. [...] §9º Lei complementar estabelecerá outros casos de inelegibilidade e os prazos de sua cessação, a fim de proteger a probidade administrativa, a moralidade para exercício de mandato considerada vida pregressa do candidato, e a normalidade e legitimidade das eleições contra a influência do poder econômico ou o abuso do exercício de função, cargo ou emprego na administração direta ou indireta. (Redação dada pela Emenda Constitucional de Revisão nº 4, de 1994)".

No §9º do mesmo artigo, dispôs que lei complementar estabeleceria outros casos de inelegibilidade, a fim de proteger:

a) a probidade administrativa;
b) a moralidade para exercício de mandato considerada a vida pregressa do candidato;
c) a normalidade e legitimidade das eleições contra a influência do poder econômico ou o abuso do exercício de função, cargo ou emprego na administração direta ou indireta.

4.3.1 Pontos relevantes da tramitação legislativa

4.3.1.1 O projeto de lei original não continha a proposição do Inciso I-G

A LC 64/1990 teve origem no Projeto de Lei Complementar nº 149/1989,[959] apresentado à Câmara dos Deputados pelo Deputado Ney Lopes,[960] em cuja justificativa consignou:

> Uma das mais importantes providências relativas à modificação da legislação eleitoral é a que respeita à necessidade de alteração da legislação complementar sobre a questão da inelegibilidade.
> Em primeiro lugar, face à nova Constituição Federal promulgada em 5 de outubro último, era preciso revogar a Lei Complementar nº 5, de 29 de julho de 1971 [*sic*], votada por um Congresso controlado pelo Poder Executivo, e num dos períodos mais negros do regime autoritário.

Segundo o parlamentar,[961] no ano de 1989, a Comissão de Constituição de Justiça e Redação da Câmara dos Deputados constituiu um grupo de trabalho, coordenado por ele, do qual participaram "professores da UnB, técnicos da Justiça Eleitoral, assessores da Consultoria Geral da República e do Ministério da Justiça" e parlamentares.

Desse grupo de trabalho, nasceu o PLC 149/1989, que nada dispôs sobre inelegibilidade por rejeição de contas relativas ao "exercício de cargos ou funções públicas".

4.3.1.2 A proposição rejeição de contas/inelegibilidade surge no substitutivo

Ao projeto inicial, foi apresentado substitutivo pelo Deputado Genebaldo Correia, relator, que, conforme a justificativa, norteou suas alterações "pela finalidade de proteger o processo eleitoral e a livre manifestação da vontade popular contra a influência do poder econômico ou o abuso de função, cargo ou emprego na Administração Pública direta ou indireta".[962]

---

[959] PLC 146/1989.

[960] Câmara dos Deputados (*Dossiê do PLC 149, de 1989*, p. 22; 359).

[961] Câmara dos Deputados (*Diário do Congresso Nacional*, Seção I, 14 mar. 1990, p. 1342).

[962] Câmara dos Deputados (*Dossiê do PLC 149, de 1989*, p. 43; 359).

Foi o substitutivo que introduziu nos debates parlamentares a questão da inelegibilidade por rejeição de contas:[963]

> Art. 1º São inelegíveis: I – para qualquer cargo [...] g) os que tiverem suas contas relativas ao exercício de cargos ou funções públicas, rejeitadas por irregularidade insanável e por decisão irrecorrível do órgão competente, para as eleições que se realizarem nos 3 (três) anos seguintes.

4.3.2 As percepções errôneas e os problemas antevistos

4.3.2.1 Associação da rejeição de contas com desvio de recursos e corrupção

O Deputado Gerson Peres propôs essa inclusão,[964] durante o debate do projeto em sessão única, em 14.3.1990, que tramitou em regime de urgência. O parlamentar explicou o contexto em que o fazia:

> Há algumas inovações válidas e dignas de aplausos [no projeto de lei], porque temos de fortalecer os organismos constitucionais vigentes, vivos, para que eles possam ter ânimo para impedir o *volume exagerado de corrupção* no seio da vida pública brasileira [...] Corrupção vem de cima para baixo, sobretudo de cima, na cúpula do poder central. A corrupção campeia na cúpula, e os que estão lá embaixo, nos Municípios e nos Estados, com esse exemplo, se contaminam a ponto de hoje roubar dos orçamentos públicos mais de 60%, quando antes a corrupção atingia o patamar de 10%, sobretudo no que diz respeito às construções feitas pelos Estados, Municípios e União. Hoje, constroem-se obras onde o desvio alcança o patamar de 60% para beneficiar terceiros e terceiros. (Grifos nossos)

Explicado o contexto (corrupção), formulou a justificativa de sua proposição:

> De forma que o legislador tem que se preocupar em cercar da melhor maneira possível, constitucionalmente, aproveitando todas as oportunidades para impedir que aqueles que estão sendo apanhados em desvios e irregularidades não possam participar das atividades públicas. Isto em nada fere o direito da cidadania ou o direito político. O acusado tem de provar a sua inocência para poder obter o prêmio de representar a sociedade no Congresso Nacional, nas Assembleias Legislativas ou nas Câmaras Municipais.

O parlamentar intuía que sua proposição destoava da regra da inelegibilidade associada à condenação transitada em julgado:

> Louvo um dispositivo desse tipo. Sei que poderão argui-lo de inconstitucional. Vão querer que só possam ser impedidas de se candidatar a postos eletivos aqueles que tenham a condenação transitada em julgado. Contudo, isto é discutível quanto à interpretação da Constituição, pois estarão fazendo uma lei complementar, justamente aquela que amplia o conceito de defesa, do Estado e o conceito do que está escrito na norma.

---

[963] Câmara dos Deputados (*Dossiê do PLC 149, de 1989*, p. 29; 359).

[964] Câmara dos Deputados (*Diário do Congresso Nacional*, Seção I, 14 mar. 1990, p. 1345).

A lógica de sua emenda era que o cidadão que tivesse exercido "os cargos de prefeito, Governador de Estado ou Presidente da República" e não tivesse suas contas aprovadas seria proibido de ser candidato. O conjunto dos agentes públicos alcançados parecia ser restrito:

> Então, vamos estabelecer – como foi sugerido muito oportunamente – a proibição de ser candidato para todo cidadão que tenha exercido cargos públicos de Prefeito, Governador de Estado ou Presidente da República, e que não tenha as suas contas aprovadas pelas Cortes de Contas. Ele não poderá ser candidato naquele pleito, até que provem sua inocência. Se permitirmos o registro dessas pessoas, elas vão buscar na imunidade a proteção futura dos vícios praticados no decurso das suas administrações.

Mas imaginava, como mostra o excerto acima, que os candidatos proibidos de se candidatarem em razão da não aprovação de suas contas relativas aos cargos de Chefe do Poder Executivo que ocuparam poderiam provar sua "inocência" (a improcedência dos fundamentos da não aprovação, presumimos).

Entendia que era necessário prevenir e impedir de imediato a candidatura dessas pessoas, "a fim de que todos os que queiram prosseguir na vida pública saibam que não podem alcançar o mandato popular, dado pela sociedade, quando há desconfiança sobre as suas atividades administrativas".

Percebia, portanto, a não aprovação de contas (rejeição) como uma declaração de suspeição sobre o agente público:[965]

> Por isso, é melhor prevenir, impedir de imediato a sua candidatura, a fim de que todos os que queiram prosseguir na vida pública saibam que não podem alcançar o mandato popular, dado pela sociedade, quando há desconfiança sobre as suas atividades administrativas. A letra g art. 1. do substitutivo do Relator diz serem também inelegíveis: "os que tiverem suas contas relativas ao exercício de cargos ou funções públicas, rejeitadas por irregularidade insanável e por decisão irrecorrível do órgão competente, para as eleições que se realizarem nos 3 (três) anos seguinte [...]".

A inelegibilidade resultante da não aprovação das contas, que lançava suspeitas sobre o agente público, teria um caráter preliminar, passível de ser afastada se o agente provasse sua inocência, possivelmente, no Poder Judiciário.

Sob essa argumentação, pediu a inclusão da inelegibilidade decorrente da rejeição de contas e foi atendido.

Ao substitutivo foram apresentadas duas emendas relacionadas ao tema. Uma delas, do Deputado Arnaldo Moraes, deixava implícito o tipo de irregularidade (desvio de recursos públicos) que se imaginava levaria à rejeição de contas e à inelegibilidade:[966]

---

[965] O parlamentar justificava sua proposta, também, como meio de mitigar o risco de aquelas pessoas valerem-se da ocupação de novos cargos eletivos como estratégia de impunidade: "Se permitirmos o registro dessas pessoas, elas vão buscar na imunidade a proteção futura dos vícios praticados no decurso das suas administrações".

[966] Câmara dos Deputados (*Dossiê do PLC 149*, 1989, p. 135; 359).

> Art. 1º [...] "g" – os que tiverem suas contas relativas ao exercício de cargo ou função públicos ou emprego de dinheiros públicos rejeitadas por irregularidade insanável, em decisão irrecorrível dos Tribunais de Contas ou outros órgãos competentes, para as eleições a se realizarem no ano da decisão e nos 5 (cinco) anos civis seguintes, ainda que tenham devolvido o dinheiro referente à irregularidade ou tenham sido absolvidos de ação penal relativa a mencionada irregularidade".
> Justificativa [...] 4º – esclarecer que se os *dinheiros desviados* ou que estiverem envolvidos na irregularidade das contas venham a ser devolvidos, isso não desfigura a inelegibilidade, que continuará ainda, também, que haja absolvição do responsável em ação penal. (Grifos nossos)

4.3.2.2 O risco da rejeição de contas por motivação política antevisto por senadores e o recurso ao Judiciário como remédio

Aprovado na Câmara dos Deputados, o projeto foi encaminhado ao Senado Federal, em abril de 1990,[967] com a seguinte redação para o Inciso I-G:[968]

> g) os que tiverem suas contas relativas ao exercício de cargos ou funções públicas rejeitadas por irregularidade insanável e por decisão irrecorrível do órgão competente *ou judicial*, para as eleições que se realizarem nos 5 (cinco) anos seguintes, contados a partir da data da decisão; [...]. (Grifos nossos)

No Senado, o Senador Jutahy Magalhães apresentou emenda de alteração à redação do Inciso I-G do substitutivo apresentado pelo Senador Francisco Rolemberg ao projeto que veio da Câmara dos Deputados, propondo que a inelegibilidade por rejeição de contas passasse a depender de decisão irrecorrível de órgão *judicial*, eliminando o risco de decisões políticas irreversíveis:

> Art. 1º [...] g) os que tiverem suas contas relativas ao exercício de cargos ou funções públicas rejeitadas por irregularidade insanável e por decisão irrecorrível do órgão judicial, para as eleições que se realizarem nos 5 (cinco) anos seguintes, contados a partir da data da decisão.
> Justificação: a redação que propomos para o dispositivo supra torna-o consentâneo com disposição constitucional que assegura o recurso ao Poder Judiciário em qualquer hipótese de lesão ou ameaça a direito, *eliminando, também, a possibilidade de decisões políticas tornarem-se irreversíveis*. (Grifos nossos)[969]

Percebe-se a compreensão do senador de que a reprovação das contas – e, consequentemente, a inelegibilidade – era uma decisão política e de que alguma lesão ou ameaça a direito a ocupantes ou ex-ocupantes de cargos ou funções públicas estaria envolvida nessa decisão, ameaça a ser eliminada pelo Poder Judiciário.

O Senador Marcondes Gadelha apoiou a emenda, como solução para decisões apressadas e casuísticas tomadas no "fogo das paixões políticas":

---

967 Câmara dos Deputados (*Dossiê do PLC 149*, 1989, p. 239; 359).

968 Câmara dos Deputados (*Dossiê do PLC 149*, 1989, p. 243; 359).

969 Câmara dos Deputados (*Dossiê do PLC 149*, 1989, p. 282; 359).

> Tenho a impressão de que a intenção do nobre Senador Jutahy Magalhães foi preservar direito, foi evitar que, no *fogo das paixões políticas*, em razão de decisões apressadas, e muitas vezes tomadas *casuisticamente*, venha a esvair-se aquilo que procuramos preservar com todo cuidado, com todo zelo no curso dos trabalhos da Assembleia Nacional Constituinte: o direito sagrado [ilegível] ação judicial plena de todos os atos até a última instância, até a irrecorribilidade, até o trânsito em julgado e, mais do que isso, pela autoridade judicial [...]. (Grifos nossos)

Essa questão voltou a ser debatida quando o Senador Francisco Rolemberg apresentou a versão final, de última hora, de seu substitutivo:[970]

> O Sr. Francisco Rolemberg – Sr. Presidente, a nossa modificação foi feita quando já havíamos chegado ao plenário, acrescentamos de próprio punho, daí por que o parecer válido é este que temos em mãos do qual não tiramos nenhuma cópia, nenhuma xerox, não distribuímos. Fizemos apenas pequenas modificações. Atendendo à solicitação do Sr. Presidente, vou ler a letra g do parecer:
> "Os que tiverem suas contas relativas ao exercício de cargos ou funções públicas rejeitadas por irregularidade insanável e Por decisão irrecorrível do órgão competente, salvo se a questão – aí, vem o acréscimo-feito em plenário – *houver sido, ou estiver sendo submetida* à *apreciação do Poder Judiciário* [...]".

O Senador Fernando Henrique Cardoso, em debate com outros senadores, explicou que a intenção do relator era evitar que um Tribunal de Contas, por razões de política local, "impeça alguém de ser candidato", e, portanto, o recurso ao Judiciário seria um instrumento de defesa:

> O Sr. Fernando Henrique Cardoso – Em tese isso é possível, mas a intenção do Senador Francisco Rolemberg, ao acolher sugestões de outros companheiros aqui do Senado e da Câmara, foi a de evitar, como chamou a atenção V. Exª, que *por um ato,* às *vezes, de política local, um Tribunal de Contas ou um Conselho de Contas impeça alguém de ser candidato.*
> Então, se essa pessoa recorrer ao Judiciário de alguma maneira ela já se torna elegível porque está sub judice. (Grifos nossos)

O Senador Jarbas Passarinho expressou o mesmo entendimento: o recurso ao Judiciário seria o meio de proteção da pessoa que se sentisse "vítima de uma injunção política num Tribunal de Contas":

> O Sr. Jarbas Passarinho – Deixe-me completar para que V. Exª possa ter mais facilidade em derrubar meu argumento. O problema é que, no momento em que uma pessoa se sentir vítima de uma injunção política num Tribunal de Contas, num Conselho de Contas Estadual ou municipal ela já tem o recurso claro na Lei. Ela rapidamente recorre à Justiça. Então, como disse o Senador Fernando Henrique Cardoso, estando sub judice automaticamente ele não é inelegível.

[970] Senado Federal (*Diário do Congresso Nacional*, Seção II, 27 abr. 1990, p. 1559-1560).

4.3.2.3 A discussão apressada de uma proposição cujos fundamentos eram irreais

O projeto de lei complementar tramitou em regime de urgência. As intervenções parlamentares sobre a questão rejeição de contas/inelegibilidade foram escassas, reproduzidas nesta seção, mas foram suficientes para realçar dois aspectos debatidos nesta tese:

a) a rejeição de contas que levaria à inelegibilidade teria por fundamento situações graves, como desvio de recursos, ou uma gestão com muitos vícios;
b) o poder político dos Tribunais de Contas seria aumentado, essa instituição poderia sofrer injunções políticas, e, como resultado, era preciso conter esse poder e prever mecanismo de proteção, mediante o recurso ao Poder Judiciário.

Esse poder de interferência na política local e nos direitos eleitorais de administradores públicos derivava da possibilidade de emitir juízo de aprovação ou rejeição de contas, um juízo com fortes características de juízo de valor e fortes riscos de serem casuísticos.

A tramitação célere deu pouco tempo ao debate e às reflexões, conforme fez questão de registrar o presidente da sessão, Senador Nelson Carneiro:

> A solicitação da Mesa foi esclarecida. A pessoa que, por acaso, tenha a sua conta rejeitada, pode iniciar, no dia seguinte, perante o Poder Judiciário, a prova de que essas contas não [*sic*] são válidas. Desde que ele tenha tido essa iniciativa, passa a ser elegível, enquanto dura a decisão. De modo que a Mesa queria informar, devidamente, ao Plenário sobre esta dúvida, já que *não houve tempo maior para o exame da proposição*. (Grifos nossos)

Presumia-se que um juízo de rejeição estaria associado a coisas graves.[971] Deduzia-se que os Tribunais de Contas poderiam sofrer injunções da política local e tomar decisões apressadas, casuísticas, sob o "fogo das paixões políticas".

Mas nenhuma discussão ocorrera sobre como os Tribunais atuam, que balizas haveriam de seguir para prolatar juízo sobre contas, que situações subjacentes a esses juízos de contas seriam condizentes com a declaração de inelegibilidade e se, realmente, o juízo de contas que os Tribunais de Contas prolatavam tinha a ver com condutas corruptas, graves desvios de recursos, administração eivada de vícios ou outras realidades graves – graves o suficiente para serem equiparáveis às condenações criminais que no restante da lei conduziam à inelegibilidade.

A incoerência entre o fato de que diversas disposições da lei associavam a inelegibilidade a condenações criminais e o fato de uma outra disposição associá-la a um vago critério de "rejeição de contas por irregularidade insanável" foi vislumbrada pelo Deputado Gerson Peres, que, na justificativa de sua proposição, antecipadamente, procurou defendê-la de uma possível arguição de inconstitucionalidade:

---

[971] Sobre os tipos de irregularidades constatadas pelos Tribunais de Contas subnacionais nos municípios, *vide*, entre outros relevantes trabalhos de pesquisa: Oliveira (*Dissecando os relatórios do TCE-PE de avaliação das prestações de contas dos municípios pernambucanos*, 2017); Soares (*Taxonomia das irregularidades detectadas no processo de auditoria das prefeituras*, 2018).

Louvo um dispositivo desse tipo. Sei que poderão argui-lo de inconstitucional. Vão querer que só possam ser impedidas de se candidatar a postos eletivos aqueles que tenham a condenação transitada em julgado. Contudo, isto é discutível quanto à interpretação da Constituição, pois estarão fazendo uma lei complementar, justamente aquela que amplia o conceito de defesa, do Estado e o conceito do que está escrito na norma.

4.3.3 A antevisão da influência do Inciso I-G na compreensão do art. 71, I, da Constituição de 1988

A partir daí, pode-se imaginar a enorme influência que o Inciso I-G teria para consolidar e dar força ao entendimento de que a competência constitucional de "julgar as contas dos administradores e demais responsáveis por dinheiros, bens e valores públicos" seria exercida pelos Tribunais de Contas proferindo juízos de mérito no sentido de rejeição/aprovação, regularidade/irregularidade de contas.[972]

Esse entendimento e suas possibilidades de dar às Cortes de Contas protagonismo político e ampliar sua influência no sistema de governança estatal estenderam-se para a emissão do parecer prévio sobre as contas de prefeitos, governadores e do presidente da República, com repercussões mais sérias na esfera municipal.[973]

---

[972] Esse entendimento é exposto em teses e dissertações, como expressão do entendimento corrente. *Vide*, como exemplo, Busquets (*A configuração jurídica do Tribunal de Contas: o processo e o tempo*, 2010, p. 145; 149): "No centro da divergência, a competência atribuída pela Constituição Federal aos Tribunais de Contas para julgar os responsáveis, direta ou indiretamente, por bens e valores públicos (art. 71, II, CF) [...] A Constituição Federal confere aos Tribunais de Contas, observadas as peculiaridades de cada órgão, as mesmas atribuições reservadas aos tribunais judiciários, conforme o disposto no artigo 73: 'O Tribunal de Contas da União, integrado por nove Ministros, tem sede no Distrito Federal, quadro próprio de pessoal e jurisdição em todo o território nacional, exercendo, no que couber, as atribuições previstas no art. 96'. Nesse caso, pode-se dizer que o próprio sistema normativo deferiu ao Tribunal de Contas poder jurisdicional, com apuração de fatos, *julgamento com aplicação do direito (regularidade e/ou irregularidade)* e irretratabilidade de efeitos (coisa julgada)" (Grifos nossos). E, também, Moutinho (*Contas dos Governantes*, 2020, p. 157; 160-161): "Com atenção à ressalva, pode-se afirmar que a função judicante é exercida pelas cortes de contas com alicerce na competência atribuída pelo artigo 71, inciso II, da CRFB/1988. A competência para os tribunais de contas julgarem, prevista no dispositivo, pode ser dividida em ordinária e especial. [...] Tanto no caso das prestações ou tomadas de contas anuais, ordinárias, como no caso das tomadas de contas especiais, considerando a redação do inciso II do artigo 71 da CRFB/1988, pode-se dizer que os tribunais de contas julgam – não no sentido jurisdicional, como já destacado – as contas, não os responsáveis pela sua apresentação. [...] Deve-se ter em mente que *o julgamento pela irregularidade, rejeição ou reprovação das contas*, como demonstra a subseção 2.6.5 (p. 140), não é sanção jurídica. [...]. Independentemente das sanções que possam o acompanhar, o juízo negativo sobre as contas produz efeitos sobre accountability financeira e orçamentária da Administração, na medida em que comunica claramente a outros agentes de accountability, a existência de problemas na gestão financeira e orçamentária a cargo de seu responsável. Assim, no âmbito da accountability vertical, *os resultados de julgamentos de contas podem influenciar as decisões dos eleitores, nas próximas eleições, sobre em quem depositar o seu voto.* No âmbito da accountability horizontal, por sua vez, o *julgamento pela irregularidade das contas* de determinado agente público, a depender da situação que a ocasionou, pode resultar, por exemplo: na instituição de comissão parlamentar de inquérito, pela casa legislativa respectiva; na propositura de ação de improbidade administrativa, pelo ministério público competente; ou na ação de impugnação de registro de candidatura, por candidato, partido político, coligação ou pelo ministério público eleitoral competente" (Grifos nossos).

[973] Em razão do disposto no art. 31, §2º, da Constituição: "Art. 31. A fiscalização do Município será exercida pelo Poder Legislativo Municipal, mediante controle externo, e pelos sistemas de controle interno do Poder Executivo Municipal, na forma da lei. §1º O controle externo da Câmara Municipal será exercido com o auxílio dos Tribunais de Contas dos Estados ou do Município ou dos Conselhos ou Tribunais de Contas dos Municípios, onde houver. §2º O parecer prévio, emitido pelo órgão competente sobre as contas que o Prefeito deve anualmente prestar, só deixará de prevalecer por decisão de dois terços dos membros da Câmara Municipal. §3º As contas dos Municípios ficarão, durante sessenta dias, anualmente, à disposição de qualquer contribuinte, para exame e apreciação, o qual poderá questionar-lhes a legitimidade, nos termos da lei" (Grifos nossos).

Somente décadas depois, principalmente após a ampliação de seu conhecimento sobre o que faziam as entidades fiscalizadores superiores em outros países no exame das demonstrações financeiras consolidadas do Governo, *o Tribunal de Contas da União começou a rever profundamente sua atuação* no exame das contas prestadas pelo presidente da República, e as inconsistências latentes num equivocado e inconsistente modelo lógico-processual que buscava ao final emitir um parecer de recomendação de aprovação/rejeição das contas, observado em todo o país, começaram a ser mais bem reveladas e corrigidas, revisitando-se a leitura da própria legislação já existente.

4.4 O parecer prévio como emissão de opiniões de auditoria financeira e de conformidade: a evolução do Tribunal de Contas da União

Em 2009,[974] a pedido do Ministério do Planejamento, Orçamento e Gestão, o Banco Mundial conduziu uma avaliação "do desempenho da gestão financeira pública (GFP) no nível federal e sistemas de informação relacionados e eficiência da gestão do investimento",[975] por meio do programa internacional PEFA (*Public Expenditure and Financial Accountability*),[976] metodologia que avalia todas as etapas do ciclo orçamentário, verificando-se "o atendimento de princípios gerais de gestão e controle das finanças públicas, em especial: a transparência, a accountability, a credibilidade, a previsibilidade, a eficiência e a sustentabilidade".[977]

Essa iniciativa gerou o relatório "Desempenho da gestão financeira pública federal baseado na metodologia PEFA".[978]

No indicador "26 Escopo, natureza, e acompanhamento da auditoria externa", o Brasil obteve uma avaliação negativa (nota C+, em uma escala em que A é a melhor e D é a pior), um dos piores indicadores da avaliação, na qual o país obteve dezessete notas máximas.[979]

Segundo o relatório, ao final da década de 2000, o Tribunal de Contas da União não emitia "um parecer de auditoria sobre as demonstrações financeiras" e não realizava auditoria financeira sobre "as demonstrações financeiras consolidadas do Governo" (contas prestadas anualmente pelo presidente da República):[980]

> [...] No entanto, atualmente, o TCU não emite um parecer de auditoria sobre as demonstrações financeiras consolidadas do Governo para determinar se as demonstrações financeiras

---

974 Esse ano, 2009, pode ser considerado um marco histórico, a partir do qual a auditoria financeira passa a ser vista como processo essencial para o Tribunal de Contas da União cumprir a missão constitucional e o mandato legal na emissão do parecer prévio.

975 Relatório que será referido também como PEFA-2009.

976 PEFA ([s.d.]): "PEFA is a partnership program, initiated and managed by nine international development partners: the European Commission, International Monetary Fund, the World Bank, French Ministry of Foreign Affairs and Development Agency (AFD), Norwegian Ministry of Foreign Affairs, Swiss State Secretariat for Economic Affairs, the Foreign Commonwealth & Development Office (FCDO), The Ministry of Finance of The Slovak Republic and The Ministry of Finance of the Grand-Duchy of Luxembourg".

977 Acórdão nº 3.608/2014-TCU-Plenário, que será referido como AC 3608.

978 Banco Mundial (*Desempenho da gestão financeira pública federal baseado na metodologia PEFA*, 2009, p. 9).

979 TCU (AC 3608, 2014, p. 2).

980 Banco Mundial (*Desempenho da gestão financeira pública federal baseado na metodologia PEFA*, 2009, p. 60).

apresentam uma imagem verdadeira e fiel de acontecimentos financeiros no período em análise.
Para emitir este parecer, o TCU teria que ir além da prática atual de um exame legalista das demonstrações e relatórios (e um resumo dos documentos que respaldam estas demonstrações), além de mudar para um foco sobre a confiabilidade dos sistemas e gestão de controles subjacentes às demonstrações e relatórios.

Àquela época, já era "consenso no mundo que as EFS devem atuar como guardiãs da confiança pública, em razão da independência institucional e da competência técnica que gozam para fornecer certificados de qualidade às prestações de contas dos governos".[981]

A importância da auditoria financeira anual para a accountability governamental, como instrumento adequado para assegurar que os "números sejam verdadeiros e, portanto, que a prestação de contas seja completa, confiável, tempestiva e útil", era enfatizada pela Intosai, pelo "FMI, no Manual de Transparência Fiscal, a OCDE, em seu Manual de Boas Práticas em Transparência Orçamentária e o Banco Mundial, nas avaliações PEFA e CFAA e nos Relatórios ROSC".[982]

4.4.1 A auditoria financeira como processo essencial para o TCU cumprir a missão constitucional e o mandato legal na emissão do parecer prévio

Assim, após aquele diagnóstico bastante negativo, o Tribunal de Contas da União deu início a uma estratégia de revisão do seu processo de auditoria das contas anualmente prestadas pelo Presidente da República (CPR), "visando ao cumprimento efetivo do art. 71, incisos I, II e IV, da Constituição Federal de 1988, do art. 16 da Lei 8.443/1992 e do art. 228 do Regimento Interno".[983] [984]

---

981 TCU (AC 3608, 2014, p. 2; 34).

982 TCU (AC 3608, 2014, p. 1-2; 34).

983 TCU (AC 3608, 2014, p. 33-34).

984 Ver arts. 16 e 36 da LOTCU-1992: "Art. 16. As contas serão julgadas: I – regulares, quando expressarem, de forma clara e objetiva, a exatidão dos demonstrativos contábeis, a legalidade, a legitimidade e a economicidade dos atos de gestão do responsável [...] Art. 36. Ao Tribunal de Contas da União compete, na forma estabelecida no Regimento Interno, apreciar as contas prestadas anualmente pelo Presidente da República, mediante parecer prévio a ser elaborado em sessenta dias a contar de seu recebimento. Parágrafo único. As contas consistirão nos balanços gerais da União e no relatório do órgão central do sistema de controle interno do Poder Executivo sobre a execução dos orçamentos de que trata o §5º do art. 165 da Constituição Federal". Ver também art. 228 do RITCU-2012: "O parecer prévio a que se refere o caput do art. 221 *será conclusivo no sentido de exprimir se as contas* prestadas pelo Presidente da República representam adequadamente as posições financeira, orçamentária, contábil e patrimonial, em 31 de dezembro, bem como sobre a observância dos princípios constitucionais e legais que regem a Administração Pública federal. §1º O parecer prévio conterá registros sobre a observância às normas constitucionais, legais e regulamentares na execução dos orçamentos da União e nas demais operações realizadas com recursos públicos federais, em especial quanto ao que estabelece a lei orçamentária anual. §2º O relatório, que acompanhará o parecer prévio, conterá informações sobre: I – o cumprimento dos programas previstos na lei orçamentária anual quanto à legitimidade, eficiência e economicidade, bem como o atingimento de metas e a consonância destes com o plano plurianual e com a lei de diretrizes orçamentárias; II – o reflexo da administração financeira e orçamentária federal no desenvolvimento econômico e social do País. III – o cumprimento dos limites e parâmetros estabelecidos pela Lei Complementar nº 101, de 4/5/2000 – Lei de Responsabilidade Fiscal" (Grifos nossos).

Em 2011, o TCU celebrou acordo com o Banco Mundial para financiamento de um projeto de fortalecimento da auditoria financeira, e três anos depois aprovou a proposta de estratégia de fortalecimento da auditoria financeira.[985] [986]

Posteriormente, foi realizado um trabalho de *peer review* com a Organização para a Cooperação e Desenvolvimento Econômico (OCDE) sobre seu processo de emissão do parecer prévio.

As análises a seguir ampliam e informam a compreensão sobre o papel de uma entidade fiscalizadora superior de auxílio ao Parlamento no exame das "contas de governo", bem como sobre como esse processo deve funcionar como um bom instrumento de accountability, e fundamentam a crítica à ideia de emissão de parecer prévio pela "aprovação/rejeição das contas".

4.4.1.1 O ordenamento jurídico requer a realização de auditoria financeira para emissão do parecer prévio

O relatório do AC 3608 reafirmava que a função auditoria financeira no Tribunal estava bem evidenciada na Constituição Federal, na LOTCU e no RITCU. O ordenamento jurídico requeria da instituição, uma entidade superior de auditoria do setor público, a realização de auditorias financeiras para emissão de parecer prévio e julgamento de contas de administradores:

> 2.2.2 A CF/88 atribuiu ao TCU a missão institucional de guardião da confiança pública, ao garantir independência necessária para certificar a credibilidade dos números do governo e as competências para a realização de auditoria de demonstrações financeiras no âmbito federal em três incisos do art. 71.[987] [...]
> 2.2.3 [...] o art. 36 da Lei Orgânica do TCU (LOTCU) delegou ao Regimento Interno do TCU (RITCU)[988] as regras sobre a apreciação das contas e o parecer prévio, estabelecendo apenas os documentos que devem compor a prestação de contas: um relatório sobre a execução do orçamento e o Balanço Geral da União. Coube ao RITCU definir o objetivo da apreciação das contas de governo e do parecer prévio.
> 2.2.4 Em relação ao inciso II do art. 71 da CF/88, na LOTCU é possível verificar a relação entre julgamento de contas ordinárias e auditoria financeira. *O art. 16, inciso I,* da LOTCU estabelece que as contas serão julgadas regulares quando "expressarem, de forma clara e objetiva, a

---

[985] Mediante acordo institucional.

[986] O projeto, de longo prazo, teve início em 2014, com a visita de um dos magistrados da Corte de Contas da França "para debater com os Ministros e demais autoridades do TCU e gestores da Segecex os desafios para o fortalecimento da auditoria financeira" e, consequentemente, do parecer prévio, tal como demandado historicamente pelas LOTCU (TCU, AC 3608, 2014, p. 2; 34).

[987] CF-1988: "Art. 71. [...] I – apreciar as contas prestadas anualmente pelo Presidente da República, mediante parecer prévio que deverá ser elaborado em sessenta dias a contar de seu recebimento; II – julgar as contas dos administradores e demais responsáveis por dinheiros, bens e valores públicos da administração direta e indireta, incluídas as fundações e sociedades instituídas e mantidas pelo Poder Público federal / IV – realizar / inspeções e auditorias de natureza contábil, financeira, orçamentária, operacional e patrimonial, nas unidades administrativas dos Poderes Legislativo, Executivo e Judiciário, e demais entidades referidas no inciso II".

[988] "De acordo com art. 228: 'o parecer prévio será conclusivo no sentido de exprimir se as contas prestadas pelo Presidente da República representam adequadamente as posições financeira, orçamentária, contábil e patrimonial, em 31 de dezembro, bem como a observância dos princípios constitucionais e legais que regem a Administração Pública federal'. Portanto, a auditoria do BGU tem por objetivo verificar a confiabilidade das informações financeiras, orçamentárias e patrimoniais do governo federal" (TCU, AC 3608, 2014, p. 8; 34).

exatidão dos demonstrativos contábeis, a legalidade, a legitimidade e a economicidade dos atos de gestão do responsável". Além disso, o art. 9º da LOTCU exige que um certificado de auditoria e um parecer do controle interno devem integrar as contas ordinárias.[989] [...].[990]

O ministro relator da proposta de fortalecimento da auditoria financeira no TCU deu a dimensão da relevância da estratégia:

> Nesse diapasão, chega-se ao produto principal do projeto de robustecimento da auditoria financeira, isto é, uma estratégia e um plano de ação para viabilizar que o TCU cumpra sua competência constitucional e legal para auditar o BGU, e o faça em um *padrão de qualidade com reconhecimento* nacional e internacional.[991] (Grifos nossos)

O Plenário do TCU corroborou o entendimento do relator e consignou no acórdão a visão colegiada do fortalecimento da auditoria financeira, no âmbito do parecer prévio e das contas anuais dos administradores, como estratégia institucional necessária para o cumprimento efetivo dos mandamentos constitucionais e legais da Corte de Contas:

> ACORDAM os Ministros do Tribunal de Contas da União [...]:
> 9.1. *Visando ao cumprimento efetivo* do art. 71, incisos I, II e IV, da Constituição Federal de 1988, do art. 16 da Lei 8.443/1992 e do art. 228 do Regimento Interno do TCU, aprovar:
> 9.1.1. o objetivo estratégico de aumentar a transparência, a credibilidade e a utilidade das contas públicas;
> 9.1.2. a estratégia de garantir um alto nível de segurança na emissão de opinião de auditoria sobre a credibilidade do Balanço Geral da União por meio da integração das competências constitucional e legal de certificação das contas ordinárias e de governo e da ampliação gradual da quantidade de demonstrações financeiras auditadas.[992] [...]
> 9.2.2. desenvolver a competência constitucional e legal na função auditoria financeira [...].[993] (Grifos nossos)

4.4.1.2 Nenhuma EFS emite parecer pela aprovação/rejeição no exame das "contas de governo"

A estratégia envolvia parcerias com a OCDE e o Banco Mundial e resultou em dois relatórios essenciais à discussão sobre o que está sob análise no parecer prévio e o que

---

[989] "Dessa forma, a LOTCU atribuiu a responsabilidade por certificar as contas ordinárias aos órgãos de controle interno (OCIs), o que abrange tanto a regularidade dos atos de gestão quanto a 'exatidão dos demonstrativos contábeis'" (TCU, AC 3608, 2014, p. 8; 34).

[990] TCU (AC 3608, 2014, p. 8; 34, grifos nossos).

[991] TCU (AC 3608, 2014, p. 29; 34, item 11 do voto). *Vide* também: "12.3. Por seu turno, observa-se no TCU razoável escassez de capital humano com as habilidades requeridas para o desempenho de auditorias financeiras. Entretanto, por meio da criação de núcleos especializados – inspirados nos Núcleos de Fiscalização de Aquisições Logísticas –, do mapeamento de competências e de um programa de treinamento e de certificação profissional, o Tribunal é capaz de adequar marginalmente sua estrutura e mudar rapidamente esse cenário".

[992] "9.2.1. desenvolver a função institucional do TCU como guardião da confiança pública e órgão responsável por garantir a transparência, a credibilidade e a utilidade das prestações de contas sobre a gestão orçamentária, financeira e patrimonial dos órgãos e entidades federais, dos ministérios supervisores e do Governo Federal como um todo, buscando permitir a identificação da responsabilidade institucional por alcançar objetivos, mitigar riscos e estabelecer controles nos principais níveis decisórios".

[993] TCU (AC 3608, 2014, p. 33-34).

deve fazer o Tribunal de Contas, como entidade fiscalizadora superior, em consonância com o que fazem as mais tradicionais EFS do mundo:

a) relatório "Avaliações da OCDE sobre Governança Pública-Brasil-Tribunal de Contas da União-Parecer prévio e relatório sobre as contas do Presidente da República: Avaliação e recomendações";[994] [995]
b) relatório "Boas Práticas Internacionais de Auditoria Financeira no Setor Público/ Comparação entre TCU e outras Entidades de Fiscalização Superior".[996] [997]

Esses relatórios reportam-se à atuação do TCU na emissão do parecer prévio como um trabalho de auditoria financeira, isolada ou combinadamente com auditoria de conformidade.

A revisão de pares da OCDE abrangeu 17 países: Austrália, Bélgica, Canadá, Chile, China, Finlândia, França, Alemanha, México, Holanda, Polônia, Portugal, África do Sul, Espanha, Suíça, Reino Unido e Estados Unidos.

O estudo comparativo realizado sob o acordo institucional com o Banco Mundial pesquisou informações de 32 EFS, sendo 12 do "modelo de Tribunal e os demais do modelo Westminster/Parlamentar ou o Conselho/modelo Colegiado".[998]

Nos dois estudos, não se faz referência à atuação de qualquer EFS estudada (tribunal de contas ou não) sobre as demonstrações financeiras consolidadas e a execução orçamentária do Governo Central como uma atuação que tenha por finalidade última a prolação de um parecer pela aprovação/reprovação das "contas"[999] de modo global.[1000]

---

994 *Vide* versão em inglês: OECD Public Governance Reviews, OECD Publishing, *Brazil's Supreme Audit Institution: The Audit of the Consolidated Year-end Government Report*, 2012. Esse relatório será referido como *Parecer Prévio e Contas do Presidente.*

995 OCDE (*Parecer Prévio e Contas do Presidente*, 2012, p. 5; 47): "[...] Valiosas contribuições foram fornecidas por altos funcionários das Entidades Fiscalizadoras Superiores, autoridades de orçamento central e escritórios parlamentaras de orçamento em 17 países – Austrália, Bélgica, Canadá, Chile, China, Finlândia, França, Alemanha, México, Holanda, Polônia, Portugal, África do Sul, Espanha, Suíça, Reino Unido e Estados Unidos. Contribuições também foram feitas pela equipe da Divisão de Despesas Públicas e Orçamento da OCDE, da Divisão de Reforma do Setor Público e do Programa SIGMA da Comissão Europeia e da OCDE (Apoio para Melhoria em Governança e Gestão) [...]".

996 Esse relatório, citado muitas vezes, será referido como *Auditoria Financeira-Comparação Internacional.*

997 TCU (*Auditoria Financeira-Comparação Internacional*, 2013, p. 10).

998 TCU (*Auditoria Financeira-Comparação Internacional*, 2013, p. 14-15): "Para a elaboração do Produto 3, foram obtidas informações por meio de questionário aplicado em Entidades de Fiscalização Superior (EFS) de países desenvolvidos, bem como mediante pesquisa em websites de EFS selecionadas para a realização do estudo. As EFS selecionadas para participar da pesquisa foram reduzidas a incluir apenas os países desenvolvidos que integram a OCDE. A determinação dos países que foram considerados desenvolvidos foi baseada em sua posição PIB. O mapa abaixo identifica os países que receberam a pesquisa e aqueles que responderam. É animador descobrir que a taxa de resposta para a pesquisa foi de 56%. É possível constatar que a maioria dos países selecionados é da Europa. E dos 32 selecionados EFS, 12 (quase 37,5%) são do modelo de Tribunal e os demais são do Westminster/ Parlamentar ou o Conselho/modelo Colegiada".

999 Ou recomendação de aprovação/reprovação, ou de fórmulas como: "estão as contas em condições de serem aprovadas/não estão as contas em condições de serem aprovadas".

1000 De fato, isso não é possível. Somente se realizam auditorias sobre objetos auditáveis, acerca dos quais possa ser emitida uma opinião, com base em coleta de evidências. Um objeto denominado "contas", indefinido, não pode ser auditado, por ser indefinido. Se esse objeto for particularizado, dando-se a ele contornos precisos, como balanço patrimonial, e um objetivo claro da opinião a ser emitida sobre ele, um trabalho de auditoria poderá ser realizado. De outro lado, para que se pudesse emitir um parecer recomendando aprovação/reprovação das contas, objeto agora definido como sendo as demonstrações financeiras consolidadas, seria necessário estabelecer os critérios que governariam um parecer de recomendação de aprovação ou de reprovação. Se esse critério estiver atrelado à opinião de auditoria, o parecer prévio será: a) pela recomendação de aprovação, se a opinião de auditoria for limpa ou não modificada, ou modificada com ressalva; e b) pela reprovação, se a opinião de auditoria for uma

4.4.2 O diagnóstico feito no âmbito do acordo institucional com o Banco Mundial

A auditoria financeira[1001] tem por objetivos "obter segurança razoável sobre se as demonstrações financeiras como um todo estão livres de erros materialmente relevantes/ apresentadas de forma justa e verdadeira e se as transações subjacentes estão em conformidade com leis e regulamentos".[1002]

Além dessas finalidades, a auditoria financeira alcança outros objetivos. O relatório registra que "todos os entrevistados (100%) indicaram que a sua função de auditoria financeira":[1003] reforça a governança pública; reforça a responsabilidade, integridade e transparência na informação financeira governamental; e melhora os controles internos do setor público.

O relatório lista outros benefícios, em ordem de indicação: melhorias na gestão administrativa e financeira nos entes governamentais; melhorias no atingimento dos objetivos e no cumprimento das competências da EFS; identificação de áreas onde outros tipos de auditorias são necessários;[1004] e promoção de uma cultura de competição saudável entre os órgãos e entidades governamentais.

As auditorias das CPR[1005] e de objetos equivalentes, como a Conta Geral do Estado, em Portugal, e as *Comptes de l'État*, na França, são trabalhos metodologicamente sofisticados: para certificar a qualidade das demonstrações financeiras, "é necessário que a metodologia e os procedimentos utilizados tenham credibilidade e sejam reconhecidos como sendo de alto padrão de qualidade[1006] e de isenção profissional. Isso fornece autoridade e reputação institucional".[1007] [1008]

Sobre o rigor metodológico requerido em auditoria financeira, veja-se, por exemplo, o relatório do AC 3608:[1009]

---

opinião modificada adversa. Nessa situação, se o parecer de recomendação é tão somente uma fórmula expletiva da opinião de auditoria, a que propósito serviria?

1001 "A auditoria financeira das EFS abrange a conformidade com leis e regulamentos, controles internos e o fortalecimento da gestão financeira e da governança pública" (TCU, *Auditoria Financeira-Comparação Internacional*, 2013, p. 33).

1002 TCU (*Auditoria Financeira-Comparação Internacional*, 2013, p. 46).

1003 TCU (*Auditoria Financeira-Comparação Internacional*, 2013, p. 112).

1004 "As demonstrações financeiras representam a prestação de contas sobre a gestão contábil, financeira, orçamentária e patrimonial. Em uma auditoria financeira, essas demonstrações constituem o ponto de partida para que o auditor possa refazer o percurso que o gestor fez na alocação e utilização de recursos orçamentários e financeiros e de ativos e passivos patrimoniais" (TCU, 2014, AC 3608, p. 8; 34).

1005 Contas prestadas anualmente pelo presidente da República.

1006 TCU (2014, AC 3608, p. 20; 34).

1007 "As opiniões de auditoria devem ser publicadas o mais próximo possível do encerramento do exercício. Segundo as boas práticas da OCDE, o prazo ideal é inferior a seis meses" (TCU, *Auditoria Financeira-Comparação Internacional*, 2013, p. 92).

1008 TCU (*Auditoria Financeira-Comparação Internacional*, 2013, p. 23).

1009 TCU (AC 3608, 2014, p. 20; 34): "2.2.17 O Tribunal tem emitido todos os anos um certificado de qualidade para o BGU, porém, por mais técnica que seja a auditoria do BGU, para que ela seja viável, é necessário concentrar esforços em contas de altíssima materialidade, que somam centenas de bilhões e até de trilhões de reais. Assim, apenas erros nessa magnitude e relativamente evidentes são constatados. É possível haver muitos erros nas demonstrações financeiras de órgãos e entidades e nas demonstrações consolidadas dos ministérios, sem que a auditoria do BGU seja capaz de detectar".

> 2.4.5 Nesse sentido, alguns procedimentos são fundamentais para fornecer segurança ao auditor para o exercício do ceticismo e do julgamento profissional necessários para certificar em um curto espaço de tempo um universo completo de registros contábeis e de transações financeiras a partir de testes apenas em uma amostra.
> Os três principais mecanismos utilizados são: a) *a abordagem baseada em risco; b) o corte de materialidade; e c) a amostragem estatística*. Na pesquisa com as 21 EFSs de países desenvolvidos [...], constatou-se a ampla utilização desses procedimentos como forma de aumentar a segurança do auditor ao opinar sobre um conjunto completo de transações financeiras, tendo testado apenas uma amostra.
> 2.4.6 Quanto aos padrões de relatório de auditoria financeira [...] Para que essa opinião tenha impacto, ela precisa ser relevante, confiável, comparável e tempestiva. A relevância depende significativamente do foco em áreas de alto risco nas etapas de planejamento e de execução. A confiabilidade e a comparabilidade são obtidas ao se utilizar os padrões internacionais de auditoria financeira. Para que a opinião seja tempestiva, é necessário que seja emitida o mais próximo da data de divulgação das demonstrações financeiras a que se refere [...].[1010]

Em 2014, o levantamento conduzido para traçar a estratégia de fortalecimento da auditoria financeira e do parecer prévio registrou que o "trabalho do TCU não era suficiente para obter um alto nível de segurança sobre a credibilidade" dos demonstrativos financeiros e que, portanto, o Tribunal ainda não atendia "plenamente a essa competência constitucional e legal".[1011]

A consultoria conduzida no âmbito do acordo TCU-Banco Mundial (*Auditoria Financeira-Comparação Internacional*) concluiu, com base em entrevistas e análise documental, que o nível de conhecimento e institucionalização da função de auditoria financeira tanto no Tribunal quanto na CGU era baixo.[1012] [1013]

1010 TCU (AC 3608, 2014, p. 20; 34, grifos nossos).

1011 TCU (AC 3608, 2014, p. 9; 34): "2.2.15 Nos diagnósticos realizados no âmbito do acordo com o Banco Mundial, buscou-se identificar outros trabalhos de auditoria financeira tanto na CGU quanto no TCU, visando aproveitar iniciativas já em andamento. Porém, apesar do amplo mandato de auditoria financeira no setor público brasileiro, como regra, tanto os ministérios quanto os órgãos e entidades federais não têm suas demonstrações financeiras auditadas. Essa também foi a conclusão do relatório de avaliação no TCU sobre o nível de aderência aos padrões da Intosai, na metodologia SAI PMF / O relatório informa o nível incipiente da auditoria financeira no TCU e destaca que: 'A dimensão i (Cobertura da Auditoria Financeira) obteve pontuação 0 (zero), pois o TCU realiza não mais do que duas auditorias financeiras por ano (uma nas Contas de Governo, outra no Banco Central). Para que o escore fosse 1 (um), o TCU deveria auditar pelo menos 25% dos demonstrativos recebidos anualmente, nos processos de prestação de contas [...]".

1012 TCU (*Auditoria Financeira-Comparação Internacional*, 2013, p. 86).

1013 TCU (AC 3608, 2014, p. 24; 34): "3.1.3 A competência constitucional e legal do TCU para realizar auditorias financeiras é ampla e alinhada aos padrões e boas práticas internacionais. Porém, é uma competência pouco desenvolvida, conforme diversos diagnósticos. No mais recente deles, a autoavaliação pelo SAI PMF, a auditoria financeira teve a pior avaliação dentre os tipos de auditoria realizados pelo Tribunal. A principal razão se deve à baixa abrangência dessa função. De um total de mais quatrocentas demonstrações financeiras dos órgãos e entidades federais, apenas duas se submetem a auditorias do TCU. A proposta para reverter esse cenário é a de ampliar gradualmente o número de demonstrações financeiras de órgãos e entidades federais auditadas, utilizando a estrutura dos órgãos de controle interno para construir um modelo integrado de certificação da confiabilidade de contas públicas. A meta para 2016 é realizar auditorias financeiras das contas ordinárias de alto risco fiscal, vinculadas aos Ministérios da Fazenda e da Previdência. Há também metas de demonstrações auditadas no médio prazo (25% até 2020) e no longo prazo (100% até 2026)".

A quantidade de auditores era ínfima, os perfis profissionais dos auditores eram genéricos e a auditoria financeira não tinha uma identidade organizacional.[1014] [1015] [1016] [1017] [1018]

Desse modo, afirmava o relatório, apesar de a lei e a Constituição preverem a "realização de auditorias financeiras há muitos anos", a função era "limitada pela quantidade de esforço que o pequeno número de auditores alocados à função de auditoria financeira pode realizar no período de tempo disponível".[1019]

Muito embora a função de auditoria financeira viesse evoluindo no TCU, ela era um processo "substancialmente diferente do realizado em outras EFS", não era uma auditoria metodologicamente bem desenvolvida:[1020]

> Por exemplo, o procedimento de auditoria de reunir evidência de auditoria suficiente e apropriada para todas as transações e contas materiais não é seguido pelo TCU. Além disso, os procedimentos de amostragem e de análise de transações e controles não são realizados enquanto as EFS dos países desenvolvidos estão realizando essas tarefas.[1021]

No mesmo sentido, o relatório da revisão de pares conduzida pela OCDE: "A introdução de um processo mais estruturado de planejamento de auditoria ajudará a refinar a estratégia do TCU para produzir achados de maior qualidade e mais propositivos, de uma forma mais efetiva e eficiente".[1022]

O relatório realçava a necessidade de melhorar o planejamento para "definir melhor a extensão e o escopo dos testes de auditoria necessários para fornecer evidências suficientes, relevantes e razoáveis e apoiar os principais achados" e sugeria que o

---

[1014] TCU (*Auditoria Financeira-Comparação Internacional*, 2013, p. 26).

[1015] Considerado esse contexto, o TCU estruturava o processo de emissão de parecer prévio sobre as CPR, o relatório e a própria forma de expressão de seu parecer *stricto sensu* segundo as limitações institucionais.

[1016] Questiona-se se as limitações institucionais não decorriam da compreensão de que o papel do Tribunal era fundamentalmente emitir um parecer que visava dizer se "as contas estavam em condições de serem aprovadas ou não". Um parecer que, não sendo regido por balizas metodológicas rigorosas como as que se exigem de uma opinião de auditoria financeira, não precisaria estar respaldado por reais auditorias financeiras, mas tão somente por exames analíticos sem poder de asseguração, mas evidenciadores de irregularidades, de gravidade contextual dependente do juízo de cada membro do colegiado.

[1017] O aumento do número de horas-homem era visto como um fator necessário para enfrentar o imenso escopo e a amplitude de objetivos da auditoria do BGU (TCU, *Auditoria Financeira-Comparação Internacional*, 2013, p. 56).

[1018] Comparativamente, o TCU alocava menos de 0,01% de seus auditores na função de auditoria financeira, enquanto o percentual médio das EFS abrangidas pela pesquisa era de 43% (TCU, *Auditoria Financeira-Comparação Internacional*, 2013, p. 58).

[1019] "No entanto, é fato que recentemente tem havido um crescimento significativo no montante de recursos alocados ao processo de auditoria do BGU. Em cada um dos dois últimos anos, tem havido uma duplicação da quantidade de horas de trabalho atribuído a esta função. Em 2012, um total de 1.680 horas-homem foram dedicados à auditoria (ver abaixo). Com o foco recente ao longo dos últimos anos para reforçar o processo de auditoria financeira no TCU, esse crescimento em horas-homem é visto como um fator necessário para enfrentar o imenso escopo e a amplitude de objetivos da auditoria do BGU" (TCU, *Auditoria Financeira-Comparação Internacional*, 2013, p. 56).

[1020] TCU (*Auditoria Financeira-Comparação Internacional*, 2013, p. 58).

[1021] "RECOMENDAÇÃO C.3.2 – GARANTIR QUE TODAS AS AFIRMAÇÕES DE AUDITORIA ESTÃO SENDO CONSIDERADAS: Recomenda-se que o TCU melhore o processo de coleta de evidências de auditoria documental de apoio para todas as conclusões da auditoria que está sendo feita. Procedimentos poderiam ser implementados que documentam uma estratégia de teste para toda afirmação de auditoria aplicável a elementos materiais da auditoria financeira. A estratégia de ensaio poderia incorporar a resposta de risco aplicável para cada elemento de auditoria" (TCU, *Auditoria financeira-Comparação Internacional*, 2013, p. 96).

[1022] OCDE (*Parecer Prévio e Contas do Presidente*, 2012, p. 12).

planejamento dos trabalhos da auditoria da CPR poderia se "beneficiar de uma vinculação mais direta com os objetivos da auditoria definidos no Regimento Interno do TCU".[1023]

4.4.2.1 A desconexão entre a LOTCU-1992 e a prática: "uma lei impraticável"

Segundo o REL-AUDFIN, uma das questões importantes discutidas com unidades técnicas do TCU que exerciam uma função de supervisão do processo de auditoria foi a desconexão entre a lei e a prática do processo de auditoria, necessária a um processo de julgamento de contas, conforme art. 16, I, da LOTCU:

> [...] Há uma desconexão entre o que a lei estabelece e o que é posto em prática no processo de auditoria. Em outras palavras, a lei 8.443/92, cap. II, art. 16 (1) *determina a necessidade de verificação da exatidão de demonstrativos contábeis, o que, na prática, não existe.*
> Estimativas e testes de alcance limitado são técnicas de auditoria necessárias, a fim de realizar efetivamente muitas auditorias realizadas pelo TCU. No entanto, estas técnicas de auditoria vão contra a intenção da lei descrita acima. *A lei é vista como impraticável e, como resultado, desatualizada.*[1024] (Grifos nossos)

4.4.2.2 Lacuna de expectativa e risco de um juízo de regularidade e de um parecer que recomenda a aprovação das contas: o Tribunal não fez o que deu a entender que fez

O relatório *Auditoria financeira-Comparação Internacional* reportava outra preocupação significativa: o problema da lacuna de expectativa e o risco de o Tribunal comunicar algo que não corresponde à realidade, quebrando a consistência do processo de accountability. "Quando o TCU julga uma conta, é presumido por usuários do relatório, que a análise e o escopo da auditoria são maiores do que é na realidade":

> Há uma *lacuna de expectativa* com os usuários dos relatórios de auditoria emitidos pelo TCU. Quando o TCU julga uma conta, é presumido por usuários do relatório, que a análise e o escopo da auditoria são maiores do que é na realidade. Acredita-se que os usuários dos relatórios de auditoria presumem que o TCU viu 100% de uma conta quando ela é auditada, quando na verdade, na maioria das vezes, isso é impossível.[1025]

Segundo o relatório, o conceito de lacuna de expectativa "é um conceito geral de auditoria aceito que descreve a diferença entre o que os usuários do relatório de auditoria esperam que tenha sido feito pelos auditores vs. o que realmente foi feito", e existe uma substancial documentação de padrões internacionais relacionada ao "princípio geral de coerência, comparabilidade e relevância na função de auditoria" que busca:

a) "assegurar a comunicação do trabalho de auditoria abordando toda e qualquer 'lacuna de expectativa(s)'"; e
b) garantir que "a comunicação do relatório de auditoria é clara, compreensível e relevante para os usuários".[1026]

[1023] OCDE (*Parecer Prévio e Contas do Presidente*, 2012, p. 12).
[1024] TCU (*Auditoria financeira-Comparação Internacional*, 2013, p. 20).
[1025] TCU (*Auditoria financeira-Comparação Internacional*, 2013, p. 20; 125, grifos nossos).
[1026] TCU (*Auditoria financeira-Comparação Internacional*, 2013, p. 101; 125).

4.4.3 O diagnóstico da revisão de pares conduzida pela OCDE[1027]

O termo "parecer prévio" pode ser tomado em sentido amplo, abrangendo o relatório de auditoria e o parecer prévio em sentido estrito: o documento em que o Tribunal expressa seu *parecer de auditoria* sobre as contas prestadas pelo presidente da República (CPR).

A revisão de pares da OCDE é assertiva: o relatório e parecer prévio atinentes às CPR são relatório e parecer de auditoria.

Para melhor entender as críticas e considerações da OCDE sobre o parecer prévio, como um todo, e sobre o parecer prévio em sentido estrito, transcrevemos o modelo de parecer que o TCU adotava quando da realização do estudo comparativo:

> PROJETO DE PARECER PRÉVIO SOBRE AS CONTAS DO PODER EXECUTIVO[1028]
> O TRIBUNAL DE CONTAS DA UNIÃO, ante o disposto no inciso I do art. 71 da Constituição Federal; e
> CONSIDERANDO que as Contas do Poder Executivo atinentes ao exercício financeiro de 2010, foram prestadas pelo Presidente da República ao Congresso Nacional no prazo previsto no inciso XXIV do art. 84 da Constituição Federal;
> CONSIDERANDO a análise efetuada do relatório do órgão central do Sistema de Controle Interno do Poder Executivo e do Balanço Geral da União, constituído de Balanços e Demonstrativos dos Orçamentos Fiscal, da Seguridade Social e de Investimento das Empresas em que a União, direta ou indiretamente, detenha a maioria do capital social com direito a voto;

[1027] Ver notícia da OCDE: "Brazil's Supreme Audit Institution –The Audit of the Consolidated Year-end Government Report – Supreme audit institutions have a distinct role in supporting the development of a more strategic and forward looking state. This report assesses the role of Brazil's SAI – the Federal Court of Accounts (Tribunal de Contas da União or TCU) – in enhancing accountability and informing decision making within the federal government. The review focuses specifically on the audit of the Consolidated Year end Government Report (Prestação de Contas da Presidenta de República or PCPR). Although the TCU is a well respected independent government institution and completes the audit of the PCPR in line with constitutional provisions and international best practice, several challenges remain. Deepening TCU understanding of challenges and barriers affecting the use of its audit – especially by the legislature – is critical for enhancing accountability and informing decision making. Moreover, framing clearly and concisely the main findings will make the TCU work audit more accessible and elevate the imperative for action. Creating a more explicit and co-ordinated TCU communication strategy will also improve the value and benefit of the audit findings. KEY FINDINGS – 04/12/2012: Brazil's supreme audit institution – the Federal Court of Accounts (TCU) – has begun a process to reform its audit of the Accounts of the President of the Republic to enhance transparency and accountability of federal budget execution. 'By explaining the significance and benefits of its audit results and recommendations, Brazil's Federal Court of Accounts will better mobilise the Congress and citizens to demand improvements in the integrity of government reporting' said Janos Bertok, Head of the Public Sector Integrity Division of the OECD. 'Integrity in government reporting is a necessary precondition for enhancing accountability and informed government decision making'. Aligning the audit opinion on the Accounts of the President of the Republic with international audit standards of clarity and readability, as well as highlighting the benefits of action – and consequences of inaction – will help the federal executive decide which reforms to target. It will also equip the National Congress and citizens to monitor improvments in the government accounts. Redesigning the TCU audit report focus on evidence underpinning the main findings and how these findings were reached will support discussions on government accountability. The link between the TCU report and its main findings is relatively low. This situation risks that the TCU diverts attention from its main findings (Figure 1). An explicit communication strategy for this audit will help the TCU to define primary target audiences as well as to identify communication objectives, refine key messages and select an appropriate communications mix for each of these audiences. Attention should focus specifically on the National Congress which only begins to review the Accounts of the President more than two years after the completion of the TCU audit (Figure 2). The Public Governance Review of Brazil's Supreme Audit Institution has been developed through a year-long dialogue with the TCU and senior officials from SAIs, the executive and legislature in other OECD countries".

[1028] TCU (*Relatório e Parecer Prévio sobre as Contas do Governo da República do Exercício de 2010*, 2011). Esse relatório também será referido pela sigla RPPCG.

> CONSIDERANDO que o Relatório que acompanha este Parecer Prévio, nos termos do art. 228 do Regimento Interno deste Tribunal e seus parágrafos, contém informações sobre: a) a observância das normas constitucionais, legais e regulamentares na execução dos orçamentos da União e nas demais operações realizadas com recursos públicos federais; b) o cumprimento dos programas previstos na lei orçamentária anual quanto legitimidade, eficiência, economicidade, alcance de metas e consonância destas com o plano plurianual e com a lei de diretrizes orçamentárias; e c) o reflexo da administração financeira e orçamentária federal sobre desenvolvimento econômico e social do País;
> CONSIDERANDO que o Balanço Geral da União, retratado nos Balanços Orçamentário, Financeiro e Patrimonial e nos Demonstrativos das Variações Patrimoniais, está escriturado conforme preceitos de contabilidade pública e expressa os resultados da gestão orçamentária, financeira e patrimonial dos órgãos e entidades dos Poderes Legislativo, Executivo e Judiciário, além dos órgãos vinculados às Funções Essenciais à Justiça;
> CONSIDERANDO que as ressalvas indicadas na conclusão do Relatório, embora não impeçam a aprovação das Contas relativas ao exercício de 2010, requerem a adoção das medidas saneadoras pertinentes;
> CONSIDERANDO que a análise técnica efetuada sobre as Contas concernentes a 2010 prestadas pelo Presidente da República, bem como a emissão deste Parecer Prévio, não interferem nem condicionam o posterior julgamento, por este Tribunal, das contas dos administradores e demais responsáveis por dinheiros, bens e valores da Administração Pública direta, indireta e fundacional de qualquer dos Poderes da União, assim como dos que derem causa a perda, extravio ou outra irregularidade de que resulte prejuízo ao Erário, nos termos do inciso II do art. 71 da Constituição Federal;
> É DE PARECER que o Balanço Geral da União representa adequadamente a posição financeira, orçamentária e patrimonial em 31 de dezembro de 2010, bem como o resultado das operações, de acordo com os princípios fundamentais de contabilidade aplicados à Administração Pública Federal, razão pela qual as Contas do Poder Executivo atinentes ao exercício financeiro de 2010, de responsabilidade do Excelentíssimo Senhor Presidente da República Luiz Inácio Lula da Silva, estão em condições de serem aprovadas, com ressalvas, pelo Congresso Nacional. Sala das Sessões, em 1º de junho de 2011.

A OCDE formulou recomendações quanto aos objetivos e ao formato do relatório da auditoria, e delas são revelados os problemas subjacentes apontados.

4.4.3.1 O parecer não estava alinhado aos padrões internacionais de auditoria

O parecer prévio não estava alinhado aos padrões internacionais de auditoria. Esse alinhamento era necessário "para melhorar a compreensão, pelo seu público-alvo, de sua importância para a integridade da prestação de contas governamental".

Segundo o relatório *Parecer Prévio e Contas do Presidente*, "o parecer de uma auditoria [opinião de auditoria] normalmente possui um formato padrão, dispensando apresentação detalhada dos achados de todos os testes da auditoria, porém que transmite uma mensagem em um contexto geralmente compreensível".[1029] [1030]

[1029] "O parecer da auditoria do TCU sobre as CPR pode aumentar sua aderência aos elementos definidos no International Standards of Supreme Audit Institutions (ISSAI) 400: 'Normas para Elaboração de Relatórios de Auditoria Governamental" (INTOSAI, 2001b) e que estão incluídos nos pareceres de outras EFS (Tabela 0.9)'" (OCDE, *Parecer Prévio e Contas do Presidente*, 2012, p. 29).

[1030] "Por exemplo, o parecer do TCU *pode identificar claramente o objeto ao qual se refere*, isto é, o título do documento ao qual o parecer está relacionado. O parecer prévio não menciona o título preciso das CPR conforme apresentada

No entanto, o formato "aprovado com ressalvas" do parecer sobre as CPR emitido na década de 2000 não estava "em conformidade com o formato das auditorias de outras contas que podem ser julgadas como 'regulares', 'regulares com ressalvas', 'irregulares' ou 'iliquidáveis'".[1031]

De fato, não havia na LOTCU nem no RITCU previsão de emissão de parecer no sentido de recomendação de aprovação ou rejeição das CPR, ou em termos levemente diferentes:

> O TRIBUNAL DE CONTAS DA UNIÃO [...] É DE PARECER que as Contas do Poder Executivo, atinentes ao exercício financeiro de 2011, de responsabilidade da Excelentíssima Senhora Presidente da República, Dilma Vana Rousseff, *estão em condições de serem aprovadas, com ressalvas*, pelo Congresso Nacional, tendo em vista que [...].[1032] (Grifos nossos)
> O Tribunal de Contas da União é de parecer que as Contas atinentes ao exercício financeiro de 2014, apresentadas pela Excelentíssima Senhora Presidente da República, Dilma Vana Rousseff [...] razão pela qual as Contas *não estão em condições de serem aprovadas, recomendando-se a sua rejeição* pelo Congresso Nacional.[1033]

Segundo a OCDE, a explicação do TCU para esse formato diferente era que o parecer prévio sobre as CPR refletia "um escopo mais amplo desta auditoria".

4.4.3.2 Sendo múltiplos os objetos, devem ser múltiplos os pareceres: é inadequado um parecer sobre o conjunto de objetos

Essa explicação foi avaliada e no relatório da OCDE foram consignadas análises de muita relevância para o processo atinente à emissão dessa forma de parecer (opinião de auditoria).

O parecer de uma auditoria pode abranger um conjunto de objetos mais amplo do que a "prestação de contas financeiras"[1034] (*financial accountability*).[1035] As normas constitucionais e legais podem requerer que uma EFS se manifeste sobre outros objetos, como a execução orçamentária, que é o caso do TCU.[1036]

Sendo múltiplos os objetos, devem ser múltiplos os pareceres, e não um parecer sobre o conjunto de objetos:

---

ao Congresso Nacional pelo Presidente da República – por exemplo, CPR do exercício de 20XX; apenas faz referência às 'Contas do Poder Executivo' e à base constitucional das CPR. O parecer prévio especifica que está baseado na análise do BGU e no relatório da CGU, mas não explica a relação destes documentos com as CPR, que, na verdade, constituem as CPR. Uma identificação clara do objeto tratado é particularmente importante, pois o parecer do TCU sobre as CPR não é caracterizado pela 'completude' – isto é, não está integrado ao documento ao qual está relacionado" (OCDE, *Parecer Prévio e Contas do Presidente*, 2012, p. 29, grifos nossos).

[1031] Enquanto o formato regulares/regulares com ressalva/irregulares para as contas dos administradores encontrava balizas na LOTCU, ainda que confusas, o formato recomendação de aprovação/reprovação para as CPR não encontrava referências nem na LOTCU nem no RITCU.

[1032] TCU (*Relatório e Parecer Prévio das Contas de Governo 2011*, 2012, p. 512-514).

[1033] TCU (*Relatório e Parecer Prévio das Contas de Governo 2014*, 2015, p. 22; 924, grifos nossos).

[1034] "O parecer de uma auditoria não precisa estar limitado simplesmente à comprovação da prestação de contas financeiras. As obrigações constitucionais ou estatutárias podem exigir que uma EFS reporte especificamente sobre a execução das leis orçamentárias, reconciliação de estimativas e autorização orçamentárias com os resultados apresentados nas declarações financeiras (INTOSAI, 2001b)" (OCDE, *Parecer Prévio e Contas do Presidente*, 2012, p. 29).

[1035] Expressão da versão em inglês (OCDE, *Parecer Prévio e Contas do Presidente*, 2012, p. 30).

[1036] OCDE (*Parecer Prévio e Contas do Presidente*, 2012, p. 29).

> Se considerados necessários, múltiplos pareceres da auditoria podem ser emitidos endereçados individualmente:
> i) conformidade orçamentária com as normas constitucionais, legais e regulamentares;
> ii) regularidade do BGU;
> iii) funcionamento dos sistemas de controle interno relevantes;
> iv) conformidade com os limites fiscais estabelecidos na Lei de Responsabilidade Fiscal.
> O TCU pode incluir um parecer sobre a confiabilidade das informações não financeiras reportadas nas CPR, seguindo as boas práticas emergentes das EFS.

Era necessário deixar claro sobre o que se estava emitindo um parecer, de que forma deveria ser redigido, o que deveria expressar, as razões e as evidências que suportam a conclusão e o que se deveria comunicar com a conclusão do parecer.

4.4.3.3 As ressalvas e recomendações não eram adequadamente estruturadas

A forma como as ressalvas e as recomendações da auditoria estavam estruturadas dificultava a "compreensão do público-alvo sobre o significado delas para a accountability e o desempenho do governo".

Segundo o relatório, "ao lado do parecer da auditoria, as ressalvas e as recomendações constituem os principais achados da auditoria das CPR". As ressalvas referiam-se "a pontos fracos relevantes identificados pelo TCU em sua auditoria das CPR", e as recomendações "são sugestões do TCU aos gestores públicos para melhorar os processos e aumentar o desempenho".

As ressalvas e as recomendações tendiam a ser "técnicas e apresentadas de maneira abstrata". O TCU não explicava por que as ressalvas eram importantes para os objetivos da auditoria:[1037]

> O TCU não explica por que as ressalvas são importantes para os objetivos e escopo da auditoria, ou como discutir as ressalvas e as recomendações vai contribuir para um parecer "mais limpo" e para aperfeiçoar o desempenho e a accountability governamental.
> A explicação clara da importância das ressalvas e/ou da lógica de implementação das recomendações pode dar ferramentas ao público-alvo do relatório para melhor cobrar os resultados das ações governamentais.

De modo geral, os capítulos do relatório de auditoria tendiam a "fornecer somente uma narrativa independente da execução orçamentária e do desempenho". Isso ocorria inclusive com o capítulo do relatório que tratava das demonstrações contábeis, que deveria ter como objetivo "fornecer apenas as informações que comprovam as ressalvas e recomendações relacionados ao BGU".[1038]

[1037] OCDE (*Parecer Prévio e Contas do Presidente*, 2012, p. 29).

[1038] OCDE (*Parecer Prévio e Contas do Presidente*, 2012, p. 29). O que começara a ocorrer no relatório de auditoria sobre as CPR do exercício de 2011, já no curso da "revisão entre pares". Nesse relatório de auditoria, "as ressalvas e as recomendações do relatório da auditoria incluíram, pela primeira vez, referências explícitas ao capítulo e à seção em que as evidências estavam contidas".

A revisão de pares sugeria que o TCU "questionasse o papel do relatório da auditoria para fornecer uma narrativa do desempenho do governo e para promover a visibilidade de seus outros processos de controle e fiscalização".

A compreensão do estudo era a de que o

> relatório da auditoria surgia como uma *narrativa paralela* do desempenho do poder executivo no último exercício, e não como um enfoque nas preocupações significativas sobre o conteúdo apresentado nas CPR ou nos grandes desafios e riscos ao desempenho governamental e à accountability. (Grifos nossos)

De fato, como se pode observar nos relatórios sobre as Contas do Governo da República dos exercícios de 2010 e 2011, a maior parte estava dedicada à narrativa sobre a "ação setorial do Governo" e aos trabalhos conduzidos no ano anterior pelo Tribunal em áreas temáticas relevantes.

Na visão do estudo da OCDE, o fraco vínculo entre o relatório e os principais achados, a perspectiva de narrativa independente, poderia "refletir preocupações passadas sobre a confiabilidade e a transparência efetiva das CPR e os desafios encontrados na comunicação externa do TCU" ou, ainda, "refletir uma ênfase exagerada do TCU no fornecimento de informações independentes e intensificar o seu relatório como um instrumento de comunicação". No entanto, "os fatores subjacentes que podem ter levado a esta situação são discutivelmente menos relevantes hoje", de forma que o relatório sobre as CPR poderia ater-se ao escopo da auditoria.

4.4.3.4 A vinculação entre o relatório de auditoria e os principais achados era frágil[1039]

A vinculação entre o relatório de auditoria e os principais achados (parecer prévio, ressalvas e recomendações) era relativamente fraca,[1040] sendo necessário concentrar "a atenção do público-alvo em como o julgamento e os achados foram obtidos".

Essa fragilidade acentuava a preocupação de que "as evidências da auditoria podem ser ofuscadas por outras informações, ou pior, que estas informações podem confundir o objetivo e o enfoque do relatório da auditoria".

[1039] TCU (AC 3608, 2014, p. 21): "Situação encontrada – 2.4.13 A visão estratégica do TCU é a de 'ser reconhecido como instituição de excelência no controle e no aperfeiçoamento da Administração Pública'. Essa visão demonstra o compromisso do TCU com a qualidade. Porém, há oportunidades de melhoria para a consolidação da cultura de qualidade e das políticas internas voltadas para resultados. 2.4.14 No que se refere aos regulamentos, o TCU possui uma estrutura robusta de normas que orientam os processos de auditoria e de contas. Mas há elementos dos normativos que estão defasados em relação às novas normas da Intosai, em especial as diretrizes de auditoria financeira (Issais 1000-1800) emitidas em 2010 e os princípios fundamentais de auditoria governamental aprovados em 2013 (Issais 100-400). Os principais elementos que podem afetar a qualidade das auditorias são: definição de seus objetivos e objetos, dimensionamento de unidades jurisdicionadas, ritos processuais e formato das deliberações. 2.4.15 Em relação ao objetivo e objeto das auditorias, a CF/88 e a LOTCU não detalharam a expectativa da sociedade em termos de resultados das auditorias, i.e., quais seriam os seus objetivos. Estabeleceram apenas os objetos passíveis de serem auditados: contabilidade, orçamento, tesouraria, patrimônio e operações. Coube ao RITCU definir os objetivos das auditorias (art. 239). Devido à ainda recente função auditoria financeira no TCU, mesmo com a atualização do regimento em 2012, não foi incorporada a 'verificação da confiabilidade das demonstrações financeiras' como um dos objetivos das auditorias realizadas pelo Tribunal".

[1040] "Este vínculo melhorou nas auditorias das CPR dos exercícios de 2004, 2005 e 2006, quando o TCU buscou, de forma proativa, reduzir o tamanho do relatório da auditoria, o que não foi visto posteriormente (Figura 0.4)".

A prática do TCU se distanciava das normas prescritas na ISSAI 400: o relatório da auditoria deve

> [Apresentar] os achados de maneira apropriada; seu conteúdo deve ser de fácil compreensão e sem pontos vagos ou ambíguos, incluir apenas informações que se baseiam em evidências da auditoria competentes e relevantes e serem independentes, objetivos, justos e construtivos.

O relatório da OCDE realçava que

> uma boa prática para auditorias de regularidade é que estas sejam acompanhadas por um relatório sobre os testes de auditoria realizados, incluindo uma declaração de "asseguração razoável" sobre os itens testados quanto à conformidade e uma declaração de "asseguração limitada" sobre os itens não testados.

Sugeria que outras informações fossem "incorporadas à matriz de planejamento para ajudar na formulação de uma estratégia de auditoria mais eficaz para as CPR e ajudar o TCU a alinhar suas práticas à ISSAI 300: 'Normas de Procedimento de Auditoria Governamental'", que "enfatiza que os achados de auditoria devem ser baseados em evidências suficientes, relevantes e razoáveis referentes ao assunto da auditoria".

Para melhor determinar o escopo do trabalho de auditoria, a matriz deveria incluir, também, "informações sobre o assunto e os critérios da auditoria para estruturar a coleta de evidências suficientes, relevantes e razoáveis que apoiem o julgamento e os achados", bem como "sobre as ressalvas de auditorias das CPR de anos anteriores e outras deficiências no controle interno".

A matriz de planejamento das CPR podia ser "intensificada para claramente vincular as questões da auditoria aos objetivos da auditoria definidos nos regimentos internos do TCU", transcritos a seguir:

> O parecer prévio conterá registros sobre a observância às normas constitucionais, legais e regulamentares na execução dos orçamentos da União e nas demais operações realizadas com recursos públicos federais, em especial quanto ao que estabelece a lei orçamentária anual.
> O parecer prévio será conclusivo no sentido de exprimir se as contas prestadas pelo Presidente da República representam adequadamente as posições financeira, orçamentária, contábil e patrimonial, em 31 de dezembro,
> O parecer prévio será conclusivo, também, sobre a observância dos princípios constitucionais e legais que regem a Administração Pública federal.
> O relatório, que acompanhará o parecer prévio, conterá informações sobre:
> I – o cumprimento dos programas previstos na lei orçamentária anual quanto à legitimidade, eficiência e economicidade, bem como o atingimento de metas e a consonância destes com o plano plurianual e com a lei de diretrizes orçamentárias;
> II – o reflexo da administração financeira e orçamentária federal no desenvolvimento econômico e social do País;
> III – o cumprimento dos limites e parâmetros estabelecidos pela Lei Complementar nº 101, de 4/5/2000 – Lei de Responsabilidade Fiscal.

4.4.3.5 O impacto do relatório de auditoria era baixo

A OCDE recomendava que o TCU avaliasse "se a liberação do conteúdo do relatório da auditoria em diferentes momentos dos processos de accountability e de tomada de decisão" poderia aumentar o seu impacto.[1041]

Muito embora o Tribunal emitisse o parecer prévio no prazo definido, não considerava "explicitamente o impacto do conteúdo de seu relatório de auditoria nos diferentes momentos dos processos de accountability e de tomada de decisão do governo federal".

As análises que produzia sobre a dívida pública, o superávit primário e a conformidade com as metas estabelecidas na Lei de Responsabilidade Fiscal poderiam, por exemplo, "moldar as deliberações do Congresso sobre a estrutura macrofiscal do orçamento anual, especificamente a Lei de Diretrizes Orçamentárias (LDO)". Contudo, o relatório sobre as CPR é recebido pelo Congresso "relativamente tarde para a discussão da LDO – reduzindo o possível impacto da análise do TCU em subsidiar a tomada de decisão do governo".[1042]

4.4.3.6 Os problemas que impediam a análise tempestiva do parecer prévio pelo Congresso não eram compreendidos[1043]

Segundo o relatório, o TCU não compreendia "os principais obstáculos e restrições que atrapalham a análise das CPR por parte do Congresso Nacional", e entendê-los seria fundamental para que o parecer prévio (em sentido amplo) pudesse ser um instrumento mais efetivo para melhorar a accountability[1044] governamental, subsidiar a tomada de decisão, associar melhor os controles em todo o ciclo orçamentário e guiar o entendimento do público-alvo sobre o significado dos achados:[1045] [1046]

> Um melhor entendimento destes obstáculos e restrições pode ajudar o TCU a trabalhar juntamente com o Congresso Nacional, para melhorar a accountability do setor público e subsidiar a tomada de decisões, associando os controles orçamentários ex post e ex ante.

1041 OCDE (*Parecer Prévio e Contas do Presidente*, 2012, p. 12).

1042 OCDE (*Parecer Prévio e Contas do Presidente*, 2012, p. 33).

1043 Na verdade, não apenas o TCU, mas, de forma geral, os Tribunais de Contas não têm essa questão como uma preocupação prioritária.

1044 Sobre o funcionamento do processo de emissão de parecer prévio/julgamento de contas como um mecanismo de accountability, ver as seguintes pesquisas acadêmicas, entre outras: Rocha (*Realização do potencial de accountability dos pareceres prévios do Tribunal de Contas do Estado de Santa Catarina*, 2011); Castro (*Accountability de governos subnacionais: Aspectos do relacionamento entre Tribunal de Contas, Assembleia Legislativa e o Executivo no Estado do Pará*, 2015); Chamoun (*Parecer prévio sobre as contas de governo como instrumento de enforcement do equilíbrio fiscal dos municípios: uma análise da atuação do Tribunal de Contas do Estado do Espírito Santo*, 2017).

1045 Como se vê nesse excerto, os objetivos do parecer prévio são muito mais substantivos e informacionais do que o de prolatar um juízo de valor de aprovação/rejeição de contas. Um juízo que transforma o processo de emissão de parecer prévio num real processo de apuração de irregularidades, mediante contraditório, em que se busca decidir sobre a ocorrência de irregularidades e o modo como elas serão consideradas para emissão de um parecer de aprovação/rejeição, como se essa fosse a finalidade essencial dessa competência, obscurecendo sua vertente analítica, comunicativa, informacional e subsidiadora de decisões do Parlamento e do Poder Executivo, historicamente estabelecida.

1046 OCDE (*Parecer Prévio e Contas do Presidente*, 2012, p. 39).

Além disso, uma estratégia de comunicação coordenada e explícita pode ajudar a resolver a falta de vínculo atual entre o conteúdo do relatório da auditoria e os principais achados da auditoria, além de formatar estes achados para guiar o entendimento que o público-alvo tem do seu significado.[1047]

4.4.4 Visão holística das contas governamentais

O processo de auditoria das contas prestadas pelo presidente da República não é um processo isolado.[1048] Deveria haver integração com as auditorias das contas anuais dos administradores:[1049]

> Há uma grande quantidade de trabalhos, um baixo nível de integração e uma ótima oportunidade de redesenho de processos para ser mais eficaz e eficiente. Atualmente os trabalhos de auditoria das Contas Ordinárias não subsidiam os trabalhos de auditoria das Contas de Governo. Os pareceres dos órgãos de controle interno podem servir de orientação para determinar as conclusões na auditoria das Contas de Governo. (TCU, REL-AUDFIN, 2013, p. 48). [...]
> Uma maioria significativa de EFS pesquisadas indicam que a auditoria das demonstrações consolidadas é a consolidação das auditorias das demonstrações financeiras individuais dos órgãos e entidades. (TCU, REL-AUDFIN, 2013, p. 52).[1050] [...]

1047 Sobre a relação do parecer prévio sobre as CPR e seus públicos-alvo, *vide* os seguintes excertos do relatório *Auditoria Financeira-Comparação Internacional*: "Recomenda-se ajustar a comunicação do parecer para incorporar as normas internacionais, e ao mesmo tempo incorporar elementos de comunicação já existentes pelo TCU em outros compromissos, tais como o parecer de auditoria atual sobre o BGU. Quando o relatório aborda as deficiências encontradas, que dão origem a uma qualificação de auditoria, o foco do relatório deve ser no desenvolvimento de mensagens facilmente compreensíveis que sejam significativas para os usuários do relatório. Como mencionado em estudos anteriores, esta comunicação deve incluir, no mesmo relatório, todos os aspectos principais da auditoria, incluindo: demonstrações financeiras; natureza e extensão dos trabalhos de auditoria realizados; ϖ padrões utilizados; responsabilidades claramente descritas; ϖ deficiências e controles internos; resultados, e; resultados de conclusões e recomendações para melhoria. Com a implementação dos itens acima, os usuários devem achar a comunicação mais útil e significativa" (TCU, *Auditoria Financeira-Comparação Internacional*, 2013, p. 104). "Um bom exemplo de customização pode ser observado no modelo francês. Há publicações' voltadas para a mídia, para os cidadãos franceses e para a comunidade internacional (em inglês)" (TCU, *Auditoria Financeira-Comparação Internacional*, 2013, p. 107).

1048 "Estruturar o planejamento em torno de objetivos de auditoria e dos conhecimentos do TCU sobre riscos materiais pode melhorar a qualidade e o propósito dos achados da auditoria. O TCU tem tomado uma série de ações para melhorar o planejamento e a implementação de sua análise das Contas do Presidente da República paralelamente a esta revisão entre pares. A introdução de um processo mais estruturado de planejamento de auditoria ajudará a refinar a estratégia do TCU para produzir achados de maior qualidade e mais propositivos, de uma forma mais efetiva e eficiente. Ações que também estão em andamento para mapear os macroprocessos de contabilidade na preparação das CPR e para analisar as práticas de auditoria financeira do TCU, de acordo com as Diretrizes de Auditoria Financeira da INTOSAI, são primeiros passos críticos. No entanto, o planejamento pode ainda se beneficiar de uma vinculação mais direta com os objetivos da auditoria definidos no Regimento Interno do TCU e alavancar conhecimento institucional dos riscos materiais para a integridade da prestação de contas do governo. Isso pode ajudar a definir melhor a extensão e o escopo dos testes de auditoria necessários para fornecer evidências suficientes, relevantes e razoáveis e apoiar os principais achados" (OCDE, *Parecer Prévio e Contas do Presidente*, 2012, p. 12).

1049 "Recomenda-se que o TCU comprometa-se a realizar auditorias financeiras em órgãos e entidades materialmente relevantes. Isso inclui a realização de funções de auditoria, conforme descrito ao longo deste relatório, a fim de emitir uma opinião sobre as demonstrações financeiras do órgão ou entidade. Qualquer qualificação para o relatório de auditoria deve ser claramente comunicada, de forma a auxiliar na condução de melhorias da gestão financeira nos órgãos e entidades" (TCU, *Auditoria Financeira-Comparação Internacional*, 2013, p. 46).

1050 *Como era na origem.*

> Logo, a boa prática internacional é tanto a de prestar contas em três níveis de responsabilidade político-administrativa (governo, ministério e Unidade), como também certificar a confiabilidade das prestações de contas nesses três níveis. (TCU, REL-AC 3608, 2014, p. 9).

Na visão da OCDE, o Tribunal de Contas da União poderia "melhorar o conhecimento gerado de seus outros processos de controle e fiscalização para ajudar na auditoria das CPR", usando as "auditorias das contas de gestores públicos para identificar riscos mais sistemáticos que afetam a regularidade do relatório das CPR e o desempenho do governo reportado nas CPR".

O diagnóstico daquele momento era "que não havia conexão entre o trabalho das auditorias das CPR e as contas dos gestores públicos".[1051] Os gestores do TCU não viam "uma associação entre as auditorias das CPR e os relatórios de entidades, como no caso de muitas outras EFS (por ex., da Austrália, Holanda, Espanha e dos Estados Unidos, entre outros países)".[1052]

O TCU deveria também "usar as melhorias na estratégia da auditoria para direcionar a atenção em como aperfeiçoar a prestação de contas governamental, e não apenas o relatório de auditoria e o parecer prévio".

O Tribunal caminhou nesse sentido com a IN 84/2020, sobre as contas anuais dos administradores, bem como com a Resolução nº 291, de 2017.

4.4.4.1 A integração de auditorias a partir da auditoria financeira

Em muitas EFS, as auditorias financeiras abrangem a análise e avaliação da execução do orçamento, o que resulta no exame das transações em confronto com o orçamento para fins de avaliação de aspectos de conformidade e regularidade.[1053]

Segundo o REL-AUDFIN,[1054] na grande maioria dos países desenvolvidos, observando-se as melhores práticas internacionais, as auditorias financeiras incluem testes de verificação do cumprimento das leis e regulamentos, o que substitui a necessidade de uma auditoria de conformidade orçamentária específica.

O relatório cita trecho da opinião de auditoria sobre Relatório Financeiro Anual do Estado emitido pela Cour des Comptes na França:

> A cada ano a Cour des Comptes [Tribunal de Contas] publica uma opinião de auditoria sobre o Relatório de Auditoria Financeira do Estado. A opinião de auditoria ... expressa determinações do Tribunal quanto à regularidade, a verdade e a exatidão do Relatório Financeiro do Estado. Isso acontece por meio da aplicação de sua missão constitucional de auxiliar o Parlamento e o governo em fiscalizar a execução das leis orçamentárias, e, mais

[1051] "A auditoria das CPR deve ser concluída em até 5 meses após o encerramento do exercício, mas a Lei Orgânica do TCU estipula que o julgamento das contas anuais de gestores públicos seja realizado em até 24 meses após o fim do exercício. Na prática, o TCU não começa a auditar nem mesmo as contas anuais mais significativas de gestores públicos antes do oitavo ou nono mês após o fim do exercício".

[1052] OCDE (*Parecer Prévio e Contas do Presidente*, 2012, p. 35).

[1053] As auditorias financeiras a serem conduzidas pelo Tribunal de Contas têm no Brasil essa característica, o que se conclui do disposto nos arts. 16, I, e 36 da LOTCU, pois os atos de gestão dos administradores abrangem a gestão do orçamento que lhes incumbe executar.

[1054] TCU (*Auditoria Financeira-Comparação Internacional*, 2013, p. 48).

especificamente, as disposições (parágrafo 5º do artigo 58) do Estatuto Constitucional sobre os Atos de Orçamento.

Faz referência, também, a aspectos de conformidade "em auditorias financeiras do Reino Unido no Relatório de Auditoria Anual do Escritório Nacional de Auditoria do Reino Unido de 2012-13":

> Auditoria Financeira – nós fornecemos serviços de alta qualidade de auditoria financeira para todos os departamentos governamentais, bem como agências não departamentais e outros organismos públicos. Damos garantia ao Parlamento que todas as demonstrações financeiras foram devidamente preparadas em uma visão verdadeira e justa, e que os recursos públicos foram gastos em *fins aprovados pelo Parlamento*. (Grifos no original)

O relatório *Auditoria Financeira-Comparação Internacional* sugeriu que o TCU passasse a realizar auditorias financeiras,[1055] [1056] nas quais objetivos de auditoria de conformidade inter-relacionados também estariam incluídos:

> Quando realizado em conexão com a auditoria das demonstrações financeiras, o assunto de uma auditoria de conformidade é geralmente decisões e gestão financeira em relação ao uso de recursos orçamentários e da execução do orçamento.
> Tal auditoria de conformidade é constituída por:
> a) Se a avaliação das atividades, operações financeiras e informações refletidas nas demonstrações financeiras estão de acordo com as autoridades que as governam, e;
> b) Se as receitas e despesas da entidade foram aplicados para os fins pretendidos pelo legislador e os objetivos da entidade.[1057]

A ideia de integração entre uma auditoria financeira relacionada às demonstrações financeiras e uma auditoria de conformidade relacionada à execução do orçamento e aos atos de gestão a ele relacionados está bem associada à composição das contas a serem prestadas pelo presidente da República (balanços gerais e relatório da execução

---

1055 "A.1) AJUSTAR OS ARRANJOS INSTITUCIONAIS PARA CUMPRIR O MANDATO LEGAL DE AUDITORIA FINANCEIRA – SITUAÇÃO ATUAL – A Constituição Federal de 1988, a Lei Orgânica do TCU e o Regimento Interno do Tribunal estabelecem a contabilidade e o patrimônio como objetos de auditoria do TCU. Porém, não há referência ao conceito e ao objetivo da auditoria financeira no Regimento Interno, qual seja a avaliação da confiabilidade das informações: contábeis, financeiras, orçamentárias e patrimoniais. O Regimento Interno é o instituto atualmente competente para tal explicação. [...] Como resultado, a função de auditoria financeira do TCU atualmente é utilizada apenas para emitir opiniões sobre a confiabilidade das demonstrações financeiras, especificamente do BGU e do Banco Central. Além disso, dentro do atual mandato no TCU, não há interação com outros mandatos de asseguração (por exemplo, auditoria de conformidade)" (TCU, *Auditoria Financeira-Comparação Internacional*, 2013, p. 29).

1056 "2.2.25 Nos Estados Unidos, em obediência ao CFO Act de 1990, todos os órgãos e entidades federais devem ter suas demonstrações financeiras auditadas. Porém, o CFO Act atribuiu a responsabilidade primária pela auditoria das demonstrações financeiras de órgãos e entidades federais e das demonstrações consolidadas dos Departamentos de Estado aos seus respectivos Offices of Inspetor General (OIGs), órgãos que se aproximariam dos órgãos de controle interno no Brasil. A EFS dos Estados Unidos, o GAO (Government Accountability Office), audita apenas as demonstrações consolidadas e contas de alto risco, ressaltando, contudo, que o GAO pode avocar sempre que considerar necessário auditorias de demonstrações financeiras específicas" (TCU, AC 3608, 2014, p. 11; 34).

1057 TCU (*Auditoria Financeira-Comparação Internacional*, 2013, p. 53).

dos orçamentos), estabelecidos no *art. 36 da LOTCU1992*, e ao critério de julgamento das contas pela regularidade, estabelecido no art. 16, II, da mesma lei:

> Art. 36. Ao Tribunal de Contas da União compete, na forma estabelecida no Regimento Interno, apreciar as contas prestadas anualmente pelo Presidente da República, mediante parecer prévio a ser elaborado em sessenta dias a contar de seu recebimento. Parágrafo único. As contas consistirão nos balanços gerais da União e no relatório do órgão central do sistema de controle interno do Poder Executivo sobre a execução dos orçamentos de que trata o §5º do art. 165 da Constituição Federal.
> Art. 16. As contas serão julgadas: I – regulares, quando expressarem, de forma clara e objetiva, a exatidão dos demonstrativos contábeis, a legalidade, a legitimidade e a economicidade dos atos de gestão do responsável; [...].

As auditorias financeiras interagem também com auditorias operacionais. Podem fornecer subsídios para exame de processos de gestão, projetos, programas e aspectos de políticas públicas por meio de auditorias operacionais,[1058] e delas o Tribunal recolherá subsídios para planejar as auditorias financeiras:[1059]

> O TCU poderia usar o trabalho de auditorias financeiras como um meio de identificação e determinação da necessidade de investigação e auditorias de desempenho. Em outras palavras, os resultados e conclusões de auditorias financeiras podem efetivamente identificar as áreas onde serviços de asseguração são necessários.
> As ferramentas e processos utilizados na auditoria financeira, especificamente a parte de identificação de riscos, são excelentes para ajudar a identificar a necessidade de uma auditoria de desempenho, quer no período corrente ou em períodos subseqüentes. Conseqüentemente, auditorias de desempenho pode ajudar durante a fase de avaliação de risco no planejamento da auditoria financeira. Resultados de auditorias de desempenho podem efetivamente identificar áreas de interesse ou áreas de alto risco de distorção relevante(s).

4.4.4.2 Uma questão fundamental: a auditoria financeira e a responsabilização devem ser conduzidas em processos distintos

No AC 3608[1060] foi bem expressada a função institucional desempenhada pelo TCU na auditoria das demonstrações financeiras:

> 3.1.1 Após mais de três anos de diagnósticos, pesquisas e comparações, a principal conclusão é que a prestação de contas aumenta o poder da informação para a sociedade. Isto é, uma

[1058] "O Tribunal de Contas da União (TCU) tem um importante papel em fomentar um Estado mais estratégico e inovador A credibilidade das políticas públicas e uma administração austera são fatores cruciais para atingir o desenvolvimento sustentável e inclusivo, e para manter a confiança no governo. O TCU é um ator chave independente que apoia a boa governança pública no âmbito do governo federal do Brasil. Ele ajuda a garantir que o governo é responsabilizado pela sua gestão dos recursos públicos e que o dinheiro dos contribuintes é utilizado para os fins pretendidos, de forma econômica, eficiente e efetiva. O trabalho do TCU também tem um efeito preventivo: funcionários públicos se comportam de maneira diferente se sabem que suas ações podem ser avaliadas externamente por uma instituição independente e competente. Esses papéis são particularmente importantes no Brasil, devido a preocupações com a eficiência dos gastos e a corrupção no setor público" (OCDE, *Parecer Prévio e Contas do Presidente*, 2012, p. 11; 47).

[1059] TCU (*Auditoria Financeira-Comparação Internacional*, 2013, p. 54).

[1060] TCU (AC 3608, 2014, p. 24; 34, grifos nossos).

> sociedade bem informada é capaz de atribuir responsabilidades aos governos, às suas instituições e aos seus governantes e gestores.
> 3.1.2 A função institucional do TCU é a de garantir a credibilidade e a utilidade das prestações de contas pelo uso de recursos e de ativos federais. O Tribunal é hoje uma das instituições mais respeitadas na sociedade brasileira, com reputação construída ao longo de 124 anos de história. Por isso, tem a autoridade necessária para ser reconhecido como guardião da confiança pública. O primeiro passo para obter esse reconhecimento é exigir a divulgação das demonstrações financeiras consolidadas dos ministérios e individuais dos órgãos e entidades federais. O passo seguinte é garantir que essas demonstrações sejam auditáveis e que, ao compor as prestações de contas, sejam capazes de *fomentar a responsabilização institucional* por meio do controle externo político exercido pelo Congresso Nacional e pelo controle social.

O relatório *Auditoria Financeira-Comparação Internacional* enfatizou que

> a auditoria financeira está focada na emissão de um parecer, não em multas ou julgamentos. Como tal, a natureza do trabalho é aquela em que a cooperação com os órgãos governamentais a serem auditados é incentivada e progride. Esta cooperação leva a melhorias na gestão financeira dentro do governo.[1061]

Em consonância com essas abordagens, o relatório do AC 3608[1062] acentua que, caso se verifique a necessidade de responsabilização administrativa/financeira, isso deve ocorrer em outro processo:

> 2.4.17 Sobre os ritos processuais, para que seja efetiva, a auditoria financeira precisa ser tempestiva.
> A auditoria financeira não possui efeitos jurídicos imediatos, tais como interpretação de legislação, determinações para cumprimento de lei/regulamento ou responsabilização financeira/administrativa.
> Caso se verifique a necessidade desses encaminhamentos, outro processo deve ser aberto.

4.4.5 Auditoria nas CPR como processo de accountability e tomada de decisão: a necessária interação do TCU com o Congresso

O relatório de revisão de pares da OCDE ressaltava que as entidades fiscalizadoras superiores vinham dedicando maior atenção aos "processos de accountability e tomada de decisão, principalmente em relação à auditoria dos relatórios consolidados de contas de governo, conhecida como Contas do Presidente da República do Brasil". No entanto, "o TCU – assim como as EFS de uma forma geral – não pode agir sozinho e precisa ser efetivamente apoiado pelo legislativo". O Tribunal, nesse intuito, deveria priorizar a clareza da comunicação, elaborar o relatório e fundamentar seus achados de forma "a fomentar a ação do Poder Executivo, as demandas do legislativo, e o apoio da sociedade civil".[1063]

[1061] TCU (*Auditoria Financeira-Comparação Internacional*, 2013, p. 103).

[1062] TCU (AC 3608, 2014, p. 21; 34).

[1063] OCDE (*Parecer Prévio e Contas do Presidente*, 2012, p. 5; 47).

A parceria com o Congresso Nacional precisaria ser fortalecida, de modo a "ajudar os membros do Congresso a entender melhor as principais conclusões da auditoria e como tomar ações apropriadas":

> Fortalecer a parceria com o Congresso Nacional, preservando a independência do TCU, pode aumentar o impacto da auditoria.
> O TCU disponibiliza ao público gratuitamente, inclusive na Internet, sua auditoria das Contas do Presidente da República (CPR), em aproximadamente cinco meses após o fim do exercício – de acordo com os prazos constitucionalmente estabelecidos e com as boas práticas internacionais. Ações também vêm sendo tomadas para melhorar a compreensão dessa auditoria e a comunicação dos principais achados com o executivo federal e o público em geral.
> No entanto, a apreciação legislativa das CPR utilizando os resultados da auditoria está sujeita a anos de atraso.
> A revisão ajuda o TCU a entender melhor as barreiras e obstáculos que afetam o uso de seus principais achados para uma apreciação legislativa mais efetiva. A parceria com o Congresso Nacional não significa a diminuir a independência do TCU. Ao contrário, pode ajudar os membros do Congresso a entender melhor as principais conclusões da auditoria e como tomar ações apropriadas.[1064]

A OCDE ressalta que, muito embora o trabalho do TCU sobre as CPR seja concluído em tempo adequado, "a análise legislativa pode envolver grandes atrasos" ("a CMO leva, em média, dois anos e meio para iniciar sua revisão das CPR após receber o parecer da auditoria").

O TCU deveria "procurar entender os principais obstáculos e impedimentos para a análise das Contas do Presidente da República por parte do Congresso Nacional", o que poderia "ajudar o Tribunal a trabalhar junto com o Congresso Nacional e melhorar a accountability do setor público e fornecer informações para a tomada de decisão, vinculando os controles orçamentários ex post e ex ante".[1065]

4.4.6 Marco histórico: a Resolução nº 291/2017

Em razão da estratégia de fortalecimento da auditoria financeira, da revisão do processo de emissão do parecer prévio que estava em andamento e do contexto conturbado de apreciação das contas referentes ao exercício de 2014 prestadas pela Presidente Dilma Rousseff, em 2017 o Tribunal de Contas da União[1066] editou uma resolução específica, a Resolução nº 291,[1067] para disciplinar "o processo de apreciação

---

[1064] OCDE (*Parecer Prévio e Contas do Presidente*, 2012, p. 11; 47).
[1065] OCDE (*Parecer Prévio e Contas do Presidente*, 2012, p. 26; 47).
[1066] Acórdão nº 2.663/2017-TCU-Plenário.
[1067] RES 291/2017.

das contas do Presidente da República, visando à emissão do parecer prévio conclusivo para fins de julgamento das referidas contas pelo Congresso Nacional".[1068] [1069] [1070]

Segundo o inc. II do art. 2º dessa resolução, o "processo de apreciação das contas do Presidente da República" é um

> processo típico de controle externo destinado a apreciar, mediante parecer prévio conclusivo, a conformidade da gestão governamental, bem como a confiabilidade e a fidedignidade das informações prestadas pelo Presidente da República no exercício da direção superior da Administração Federal, nos termos do art. 84, incisos II e XXIV, da Constituição Federal.[1071]

1068 *Vide* arts. 1º e 2º, I, da RES 291/2017: "Art. 1º Esta Resolução disciplina o processo de apreciação das contas do Presidente da República, visando à emissão do parecer prévio conclusivo pelo Tribunal de Contas da União para fins de julgamento das referidas contas pelo Congresso Nacional, nos termos dos arts. 49, inciso IX, e 71, inciso I da Constituição Federal. Art. 2º Para os fins desta resolução, entende-se por: I – processo de apreciação das contas do Presidente da República: processo típico de controle externo destinado a apreciar, mediante parecer prévio conclusivo, a conformidade da gestão governamental, bem como a confiabilidade e a fidedignidade das informações prestadas pelo Presidente da República no exercício da direção superior da Administração Federal, nos termos do art. 84, incisos II e XXIV, da Constituição Federal [...]".

1069 Ver RES 291/2017, art. 8º: "Além dos elementos contidos na prestação de contas do Presidente da República, o relator poderá solicitar esclarecimentos adicionais e determinar a realização de diligências e fiscalizações que entenda necessárias. Parágrafo único. As fiscalizações voltadas à instrução do processo de apreciação das contas do Presidente da República observarão os padrões profissionais de auditoria do setor público, assim como as diretrizes aprovadas pelo Tribunal e o Plano de Controle Externo".

1070 Ver também as seguintes definições relevantes para a apreciação das CPR dadas no art. 2º da RES 291/2017: "II – padrões profissionais de auditoria do setor público: padrões de auditoria estabelecidos por entidades técnicas nacionais e internacionais, como *International Organisation of Supreme Audit Institutions* – INTOSAI (Organização Internacional de Entidades de Fiscalização Superior) e a *International Federation of Accountants* – IFAC (Federação Internacional de Contadores), que definem e descrevem os objetivos, os elementos e os procedimentos de auditoria do setor público; III – materialidade: aspecto utilizado para determinar a importância relativa de uma irregularidade na execução dos orçamentos da União e nas demais operações realizadas com recursos públicos federais ou de uma distorção contábil, podendo ser: a) qualitativa, baseado na sua natureza; ou, b) quantitativa, considerando sua magnitude, obtida por meio de critérios econômicos, de análises estatísticas ou da aplicação de uma porcentagem sobre um referencial das demonstrações financeiras ou do relatório sobre a execução do orçamento; IV – irregularidade: ato, comissivo ou omissivo, que caracterize ilegalidade, ilegitimidade, antieconomicidade ou qualquer infração a norma constitucional ou infraconstitucional de natureza contábil, financeira, orçamentária, operacional ou patrimonial, bem como aos princípios da Administração Pública; V – impropriedade: falha de natureza formal que não caracterize inobservância de princípios e normas constitucionais e legais que regem a Administração Pública Federal na execução dos orçamentos da União e nas demais operações realizadas com recursos públicos federais; VI – distorção: diferença entre a informação contábil declarada e a informação contábil requerida, considerando a estrutura de relatório financeiro aplicável, no que concerne ao valor, à classificação, à apresentação ou à divulgação de um item das demonstrações financeiras; VII – efeitos generalizados: a) os que não estão restritos a elementos, contas ou itens específicos das demonstrações financeiras ou a operações isoladas da execução orçamentária e gestão dos recursos públicos; ou, b) se estiverem restritos, representam, ou poderiam representar, uma parcela substancial das demonstrações financeiras ou da execução orçamentária e gestão dos recursos públicos; ou, c) são fundamentais para o entendimento das demonstrações financeiras ou da execução orçamentária e gestão dos recursos públicos; VIII – adequação da evidência de auditoria: medida da qualidade da evidência, isto é, a sua relevância e confiabilidade para fundamentar as conclusões em que se baseia o parecer prévio; IX – suficiência da evidência de auditoria: medida da quantidade da evidência, que é afetada pela avaliação dos riscos de distorção ou de irregularidade relevante, e também da qualidade da evidência de auditoria. Parágrafo único. A porcentagem a que se refere o inciso III será estabelecida com base em metodologia e margem definida em ato normativo específico" (Grifos no original).

1071 CF-1988: "Art. 84. Compete privativamente ao Presidente da República: [...] II – exercer, com o auxílio dos Ministros de Estado, a direção superior da administração federal; [...] XXIV – prestar, anualmente, ao Congresso Nacional, dentro de sessenta dias após a abertura da sessão legislativa, as contas referentes ao exercício anterior".

A resolução estabelece que o parecer prévio será conclusivo no sentido de

> exprimir se as contas[1072] representam adequadamente as posições financeira, orçamentária, contábil e patrimonial, em 31 de dezembro, bem como sobre a observância dos princípios e normas constitucionais e legais que regem a Administração Pública Federal na execução dos orçamentos da União e nas demais operações realizadas com recursos públicos federais, em especial quanto ao que estabelece a lei orçamentária anual.[1073]

4.4.6.1 A dificuldade de disciplinar o processo gerada pela ideia de "juízo de aprovação/reprovação"

Observa-se que a resolução descreve de forma desarmônica:

a) Os aspectos e os objetos do "processo de apreciação das contas do Presidente da República", do qual resultará a emissão de parecer prévio conclusivo: "a conformidade da *gestão governamental*" e "a confiabilidade e fidedignidade das *informações prestadas*":

> Art. 2º [...] I – processo de apreciação das contas do Presidente da República: processo típico de controle externo destinado a apreciar, mediante parecer prévio conclusivo, a conformidade da gestão governamental, bem como a confiabilidade e a fidedignidade das informações prestadas pelo Presidente da República [...].

b) Os aspectos e objetos sobre os quais manifestará conclusões no parecer prévio: as posições financeira, contábil, orçamentária e patrimonial expressas nas *contas* e a conformidade da *execução dos orçamentos da União e demais operações realizadas com recursos públicos federais* com os princípios e normas legais, em especial a lei orçamentária, que regem a Administração Pública Federal:

> Art. 10. O parecer prévio sobre as contas prestadas pelo Presidente da República será conclusivo, nos termos do art. 57 da Lei Complementar nº 101, de 2000, no sentido de exprimir se as contas representam adequadamente as posições financeira, orçamentária, contábil e patrimonial, em 31 de dezembro, bem como sobre a observância dos princípios e normas constitucionais e legais que regem a Administração Pública Federal na execução

[1072] O termo "contas" pode ser entendido, segundo o art. 14 da IN 84/2020, como as "contas consolidadas de governo" (os balanços gerais de que trata o parágrafo único do art. 36 da LOTCU-1992): "Art. 14. O TCU definirá em ato próprio a coordenação e a cooperação para os trabalhos de auditoria integrada financeira e de conformidade em UPC significativas do BGU e em empresas estatais, ouvidos os órgãos e as unidades do sistema de controle interno dos poderes da União e observadas sua independência e limitações em termos de disponibilidade de recursos, com vistas à integração das competências constitucional e legal de certificação das contas anuais e de governo. §1º A certificação das UPC significativas do BGU deverá ser planejada de modo a subsidiar a emissão do parecer prévio pelo TCU sobre *as contas consolidadas de governo* prestadas anualmente pelo Presidente da República para fins de julgamento pelo Congresso Nacional, nos termos do inciso I do art. 71 e do inciso IX do art. 49 da Constituição Federal" (Grifos nossos).

[1073] Resolução nº 291/2017: "Art. 10. O parecer prévio sobre as contas prestadas pelo Presidente da República será conclusivo, nos termos do art. 57 da Lei Complementar nº 101, de 2000, no sentido de exprimir se as contas representam adequadamente as posições financeira, orçamentária, contábil e patrimonial, em 31 de dezembro, bem como sobre a observância dos princípios e normas constitucionais e legais que regem a Administração Pública Federal na execução dos orçamentos da União e nas demais operações realizadas com recursos públicos federais, em especial quanto ao que estabelece a lei orçamentária anual".

dos orçamentos da União e nas demais operações realizadas com recursos públicos federais, em especial quanto ao que estabelece a lei orçamentária anual.

c) Os aspectos e objetos sobre os quais deverão ser emitidas opiniões de auditoria: os *balanços gerais* da União e a *execução orçamentária e a gestão dos recursos públicos federais*:

Art. 12. Para a emissão da conclusão do parecer prévio sobre as contas prestadas pelo Presidente da República serão consideradas as *opiniões* sobre:
I – os balanços gerais da União;
II – a execução orçamentária e a gestão dos recursos públicos federais. (Grifos nossos)

O trabalho de apreciar a "conformidade da gestão governamental" seria mais amplo do que o de apreciar a "conformidade da execução dos orçamentos da União e demais operações realizadas com recursos federais", e este seria menos amplo do que o de avaliar a conformidade da "execução orçamentária e da gestão dos recursos públicos federais" quanto à observância dos princípios e normas constitucionais e legais que regem a Administração Pública Federal.

E opinar "se as informações prestadas pelo Presidente da República são confiáveis e fidedignas" é um trabalho definido de forma menos precisa do que o de opinar "se as contas representam adequadamente as posições financeira, orçamentária, contábil e patrimonial, em 31 de dezembro", o qual, em tese, seria menos amplo do que emitir uma opinião sobre os "balanços gerais da União".

Essa dificuldade de definição dos objetos e respectivos aspectos sujeitos ao exame e à emissão de juízos de auditoria deriva da dificuldade de entendimento e definição do que deve fazer o Tribunal no processo de apreciação das contas do presidente da República para fins de emissão de parecer prévio, amplificada pelo entendimento de que sua manifestação final, essencial, é a de *recomendar/indicar a aprovação ou rejeição das "contas"*, uma forma de emissão de conclusão incompatível com a natureza dos trabalhos realizados para emissão de opiniões sobre os balanços gerais e a execução dos orçamentos: auditorias financeira e de conformidade:

Art. 13. *A opinião do Tribunal sobre os balanços gerais da União* poderá ser sem ressalvas, com ressalvas ou adversa, considerando, em conjunto, os achados decorrentes da análise e das auditorias realizadas.[1074] Art. 14. *A opinião do Tribunal sobre a execução orçamentária e a gestão dos*

[1074] *Vide* o inteiro teor do art. 13 da Resolução nº 291/2017: "Art. 13. A opinião do Tribunal sobre os balanços gerais da União poderá ser sem ressalvas, com ressalvas ou adversa, considerando, em conjunto, os achados decorrentes da análise e das auditorias realizadas. §1º A opinião sobre os balanços gerais da União será com ressalva quando: I – tendo sido obtida evidência de auditoria adequada e suficiente, as distorções nas demonstrações financeiras, individualmente ou em conjunto, sejam materialmente relevantes, mas não generalizadas; ou II – não tendo sido obtida evidência adequada e suficiente de auditoria sobre itens específicos, os possíveis efeitos de distorções não detectadas sobre as demonstrações financeiras possam ser materialmente relevantes, mas não generalizados. §2º A opinião sobre os balanços gerais da União será adversa quando, tendo sido obtida evidência de auditoria adequada e suficiente, as distorções, individualmente ou em conjunto, sejam materialmente relevantes e de efeitos generalizados. §3º O Tribunal ficará impossibilitado de emitir opinião sobre os balanços gerais da União quando houver limitação na extensão dos exames causada por motivos alheios à atuação do Tribunal que impossibilite a obtenção de evidências adequadas e suficientes que fundamentem a opinião; e os possíveis efeitos de distorções não detectadas sobre as demonstrações contábeis possam ser materialmente relevantes e generalizados. §4º

> *recursos públicos federais* poderá ser sem ressalvas, com ressalvas ou adversa, considerando, em conjunto, os achados decorrentes da análise e das auditorias realizadas quanto à observância dos princípios e normas constitucionais e legais que regem a Administração Pública Federal na execução dos orçamentos da União e nas demais operações realizadas com recursos públicos federais, em especial quanto ao que estabelece a lei orçamentária anual.[1075] (Grifos nossos)

A resolução prescreve que as fiscalizações (auditorias e inspeções) sejam realizadas segundo padrões (de auditoria) estabelecidos por entidades nacionais e internacionais renomadas, como a Intosai e a IFAC (*International Federation of Accountants*), conforme arts. 8º e 2º, II:

> Art. 8º Além dos elementos contidos na prestação de contas do Presidente da República, o relator poderá solicitar esclarecimentos adicionais e determinar a realização de diligências e fiscalizações que entenda necessárias.
> Parágrafo único. As fiscalizações voltadas à instrução do processo de apreciação das contas do Presidente da República *observarão os padrões profissionais de auditoria do setor público*, assim como as diretrizes aprovadas pelo Tribunal e o Plano de Controle Externo. (Grifos nossos)
> Art. 2º Para os fins desta resolução, entende-se por: [...] II – padrões profissionais de auditoria do setor público: padrões de auditoria estabelecidos por entidades técnicas nacionais e internacionais, como *International Organisation of Supreme Audit Institutions* – INTOSAI (Organização Internacional de Entidades de Fiscalização Superior) e a *International Federation of Accountants* – IFAC (Federação Internacional de Contadores), que definem e descrevem

A opinião de auditoria dos balanços gerais da União levará em consideração, quando houver, as opiniões de auditoria das demonstrações financeiras de ministérios, órgãos, entidades e fundos federais materialmente relevantes. §5º Para os fins do disposto no parágrafo anterior, as auditorias das demonstrações financeiras de ministérios, órgãos, entidades e fundos federais devem ser concluídas pela Unidade Técnica responsável até o final de março do exercício seguinte a que se referem as demonstrações financeiras auditadas".

1075 *Vide* inteiro teor do art. 14 da Resolução nº 291/2017: "Art. 14. A opinião do Tribunal sobre a execução orçamentária e a gestão dos recursos públicos federais poderá ser sem ressalvas, com ressalvas ou adversa, considerando, em conjunto, os achados decorrentes da análise e das auditorias realizadas quanto à observância dos princípios e normas constitucionais e legais que regem a Administração Pública Federal na execução dos orçamentos da União e nas demais operações realizadas com recursos públicos federais, em especial quanto ao que estabelece a lei orçamentária anual. §1º A opinião sobre a execução dos orçamentos será com ressalvas quando forem detectadas: I – impropriedades; II – irregularidades que, pela materialidade e gravidade, não impliquem em opinião adversa; III – distorção materialmente relevante com efeito não generalizado sobre as informações de desempenho orçamentário ou da política fiscal. §2º A opinião sobre a execução dos orçamentos poderá ser adversa quando houver: I – inobservância de princípio ou norma constitucional ou legal que rege a Administração Pública Federal, em especial quanto ao que estabelece a lei orçamentária anual; II – prática de ato que atente contra a probidade da Administração ou a lei orçamentária anual, conforme previsto no art. 85, incisos V e VI, da Constituição Federal; III – distorções materialmente relevantes, que, individualmente ou em conjunto, tenham efeitos generalizados sobre as informações de desempenho orçamentário ou da política fiscal; IV – aplicações em ações e serviços públicos de saúde, em manutenção e desenvolvimento do ensino ou em irrigação inferiores aos percentuais ou valores mínimos estabelecidos, respectivamente, nos arts. 198, §2º, e 212 da Constituição Federal e 42 do Ato das Disposições Constitucionais Transitórias (ADCT), bem como nas demais normas correlatas; V – execução orçamentária e financeira das ações decorrentes de emendas parlamentares individuais em montante inferior ao valor ou percentual mínimo obrigatório previsto no art. 166, §11, da Constituição Federal; VI – inobservância dos princípios e regras constitucionais e infraconstitucionais relativos à gestão fiscal responsável, em especial quanto: a) os limites ou condições para inscrição em restos a pagar, dívida pública, operação de crédito, concessão de garantias e despesas com pessoal fixados pelas normas de finanças públicas e pelas resoluções do Senado Federal; b) ao atingimento das metas fiscais estabelecidas na lei de diretrizes orçamentárias, observado o disposto nos arts. 4º, 8º, 9º, 13 e 59 da Lei Complementar nº 101, de 2000; c) ao limite de gastos estabelecido pela Emenda Constitucional 95/2016, que instituiu o Novo Regime Fiscal; VII – outras ocorrências que, pela materialidade e gravidade, tenham repercussão negativa sobre a gestão".

os objetivos, os elementos e os procedimentos de auditoria do setor público; [...]. (Grifos no original)

Posteriormente, como discutido no capítulo anterior, o entendimento de que o "juízo de regularidade de contas"[1076] e o parecer prévio conclusivo sobre os balanços gerais e a execução dos orçamentos representam manifestações de auditoria ficaria plenamente assentado na IN 84/2020, conforme se vê em seu Título III – Da Auditoria e Certificação de Contas, sinteticamente:

> Art. 12. A atuação dos órgãos e unidades do sistema de controle interno nos trabalhos de asseguração relacionados às prestações de contas dos responsáveis abrange: [...]
> II – a certificação / realizada de acordo com as normas técnicas de auditoria, mediante auditoria integrada financeira e de conformidade nas UPC, unidades, contas contábeis ou ciclos de transações relacionados ao BGU [...].[1077]
> Art. 13. A auditoria nas contas tem por finalidade assegurar que as prestações de contas / expressem, de forma clara e objetiva, a exatidão dos demonstrativos contábeis, a legalidade, a legitimidade e a economicidade dos atos de gestão subjacentes, em todos os aspectos relevantes, de acordo com os critérios aplicáveis.[1078]

[1076] *Vide* art. 20 da IN 84/2020: "Art. 20. Os certificados de auditoria devem expressar os seguintes tipos de opinião quanto à *regularidade das contas* anuais, conforme o caso: I – *opinião sem ressalvas*: quando se conclui, com base em evidência de auditoria apropriada e suficiente, que as demonstrações contábeis estão livres de distorções relevantes; ou não há desvios de conformidade relevantes nas operações, transações ou atos subjacentes; II – *opinião com ressalvas*: a) quando tendo obtido evidência de auditoria apropriada e suficiente se conclui que as distorções, individualmente ou em conjunto, são relevantes, mas não generalizadas nas demonstrações contábeis; ou foram identificados desvios relevantes de conformidade nas operações, transações ou atos subjacentes, mas não generalizados; ou b) quando não é possível obter evidência de auditoria suficiente e apropriada, mas se conclui que os possíveis efeitos das distorções não detectadas sobre as demonstrações contábeis ou dos desvios de conformidade nas operações, transações ou atos subjacentes, se houver, poderiam ser relevantes, mas não generalizados; III – *opinião adversa*: quando tendo obtido evidência de auditoria apropriada e suficiente se conclui que as demonstrações contábeis apresentam distorções relevantes e com efeitos generalizados; ou os desvios de conformidade nas operações, transações ou atos subjacentes são relevantes e generalizados; IV – *abstenção de opinião*: quando não é possível obter evidência de auditoria suficiente e apropriada e se conclui que os possíveis efeitos de distorções não detectadas sobre as demonstrações contábeis, se houver, poderiam ser relevantes e generalizados; ou os desvios de conformidade nas operações, transações ou atos subjacentes poderiam ser relevantes e com efeitos generalizados" (Grifos nossos).

[1077] *Vide* inteiro teor do art. 12 da IN 84/2020: "Art. 12. A atuação dos órgãos e unidades do sistema de controle interno nos trabalhos de asseguração relacionados às prestações de contas dos responsáveis abrange: I – a avaliação do cumprimento da obrigação de prestar contas, no atendimento das finalidades previstas no art. 3º e dos critérios estabelecidos nos arts. 4º, 8º e 9º desta instrução normativa; II – a certificação, consoante o disposto no inciso IV do art. 74 da Constituição Federal e no art. 50 da Lei 8.443, de 1992, realizada de acordo com as normas técnicas de auditoria, *mediante auditoria integrada financeira e de conformidade nas UPC, unidades, contas contábeis ou ciclos de transações relacionados ao BGU*, conforme planejamento integrado descrito no art. 14 e observado o parágrafo único do art. 18 desta instrução normativa; e III os demais trabalhos de avaliação e de outras naturezas, constantes nos planos anuais de atividades de auditoria interna ou de fiscalização dos órgãos de controle interno, nos termos dos incisos I a III do art. 74 da Constituição Federal" (Grifos nossos).

[1078] *Vide* inteiro teor do art. 13 da IN 84/2020: "Art. 13. *A auditoria nas contas tem por finalidade* assegurar que as prestações de contas tratadas no título II desta instrução normativa, expressem, de forma clara e objetiva, a exatidão dos demonstrativos contábeis, a legalidade, a legitimidade e a economicidade dos atos de gestão subjacentes, em todos os aspectos relevantes, de acordo com os critérios aplicáveis. §1º Os trabalhos de auditoria nas contas devem ser realizados em conformidade com as normas e padrões nacionais e internacionais de auditoria do setor público. §2º Ao realizar auditorias nas contas dos responsáveis sob seu controle, os órgãos integrantes do sistema de controle interno deverão *emitir relatório de auditoria e certificados de auditoria*, estes contendo os pareceres do dirigente do órgão de controle interno responsável técnico pela condução da auditoria, nos termos do inciso III do art. 9º e do inciso II do art. 50 da Lei 8.443, de 1992, observado o parágrafo único do art. 18 desta instrução normativa. §3º O TCU deve manter comunicação constante com os responsáveis pelos órgãos e unidades que compõem o sistema

> Art. 14. [...] §1º A certificação das UPC significativas do BGU deverá ser planejada de modo a subsidiar a emissão do parecer prévio pelo TCU sobre as contas consolidadas de governo prestadas anualmente pelo Presidente da República [...].
> §4º As certificações das contas anuais das UPC devem ser concluídas / abrangendo os seguintes objetivos gerais de auditoria:
> I – confiabilidade das demonstrações contábeis: assegurar que as demonstrações contábeis foram elaboradas e apresentadas de acordo com as normas contábeis e o marco regulatório aplicável e estão livres de distorções relevantes causadas por fraude ou erro;
> II – conformidade dos atos de gestão: assegurar que as transações subjacentes às demonstrações contábeis e os atos de gestão relevantes dos responsáveis pela UPC estão de acordo com as leis e regulamentos aplicáveis e com os princípios de Administração Pública que regem a gestão financeira responsável e a conduta dos agentes públicos; e [...]
> §7º As opiniões de auditoria expressas nos certificados de auditoria observarão as normas técnicas de auditoria aplicáveis, nacional e internacionalmente aceitas.[1079]

---

de controle interno dos poderes da União, visando o aprimoramento de suas atuações relativamente às auditorias de contas. §4º *No planejamento da auditoria nas contas, o Tribunal,* os órgãos de controle interno e as unidades de auditoria interna devem considerar a materialidade, os riscos e a sensibilidade das operações, transações e/ou atos de gestão subjacentes. §5º *Os relatórios de auditoria* devem: I – orientar-se pelos requisitos de clareza, convicção, concisão, completude, exatidão, relevância, tempestividade e objetividade; II – detalhar a metodologia utilizada na definição do escopo, da natureza, época e extensão (tamanho das amostras) dos procedimentos de auditoria, utilizando, caso necessário, anexo para maior detalhamento da metodologia empregada; e III – estar suportados por evidência de auditoria suficiente e apropriada e conter informações e elementos que possam subsidiar a avaliação, pelo Tribunal, de eventual responsabilidade por irregularidades e para quantificação de danos causados por atos comissivos ou omissivos, inclusive quanto a aspectos de governança de competência da alta administração que possam implicar opinião com ressalva, adversa ou abstenção de opinião nos certificados de auditoria. §6º Os órgãos dos Poderes Legislativo e Judiciário e do Ministério Público incluirão, na prestação de contas anual a ser publicada conforme o §2º do art. 8º e o §1º do art. 9º desta instrução normativa, os certificados de auditoria emitidos nos termos do §2º do *caput*" (Grifos nossos).

1079 *Vide* inteiro teor dos arts. 14 a 20 da IN 84/2020: "Art. 14. O TCU definirá em ato próprio a coordenação e a cooperação para os trabalhos de *auditoria integrada financeira e de conformidade em UPC significativas do BGU* e em empresas estatais, ouvidos os órgãos e as unidades do sistema de controle interno dos poderes da União e observadas sua independência e limitações em termos de disponibilidade de recursos, com vistas à integração das competências constitucional e legal de certificação das contas anuais e de governo. §1º A certificação das UPC significativas do BGU deverá ser planejada de modo a *subsidiar a emissão do parecer prévio pelo TCU* sobre as contas consolidadas de governo prestadas anualmente pelo Presidente da República para fins de julgamento pelo Congresso Nacional, nos termos do inciso I do art. 71 e do inciso IX do art. 49 da Constituição Federal. §2º Os trabalhos de certificação de contas abrangerão empresas estatais, dependentes ou independentes, selecionadas conforme a correspondente materialidade da participação acionária da União, apurada pelo método da equivalência patrimonial e registrada no BGU. §3º O Tribunal pode avocar a realização da certificação de contas de qualquer órgão, entidade, fundo, unidade, conta contábil ou ciclo de transações caso avalie alguma restrição à independência ou a ausência das condições previstas nos §§1º, 3º ou 5º do art. 13 desta instrução normativa. §4º As certificações das contas anuais das UPC devem ser concluídas até a data de publicação do relatório de gestão estabelecida no §4º do art. 8º, com emissão dos certificados a que se refere o §2º do art. 13 desta instrução normativa, abrangendo os seguintes *objetivos gerais de auditoria*: I – confiabilidade das demonstrações contábeis: assegurar que as demonstrações contábeis foram elaboradas e apresentadas de acordo com as normas contábeis e o marco regulatório aplicável e estão livres de distorções relevantes causadas por fraude ou erro; II – conformidade dos atos de gestão: assegurar que as transações subjacentes às demonstrações contábeis e os atos de gestão relevantes dos responsáveis pela UPC estão de acordo com as leis e regulamentos aplicáveis e com os princípios de Administração Pública que regem a gestão financeira responsável e a conduta dos agentes públicos; e §5º As conclusões de auditoria relativamente aos objetivos gerais acima constarão dos relatórios das auditorias individuais que compuserem o escopo da auditoria nas contas anuais. §6º As opiniões de auditoria constarão de parecer do dirigente do órgão de controle interno, nos termos do §2º do art. 13 desta instrução normativa. §7º As opiniões de auditoria expressas nos certificados de auditoria observarão as *normas técnicas de auditoria aplicáveis, nacional e internacionalmente aceitas*. §8º Na formação da opinião a ser expressa como parecer nos certificados de auditoria, o órgão de controle interno deve considerar a relevância dos achados e conclusões do relatório de auditoria acerca de eventuais distorções ou desvios de conformidade, individualmente ou em conjunto, em relação ao todo da gestão da UPC, observado o parágrafo único do art. 18 desta instrução normativa. Art. 15. Em razão da natureza jurídica e econômica das UPC, o arranjo institucional e a distribuição de competências para a certificação de

A resolução, seguindo recomendações da revisão de pares conduzida pela OCDE, definiu uma estrutura de relatório de auditora das contas prestadas pelo presidente da República mais consentânea com os objetivos essenciais da emissão do parecer prévio, mantendo o foco naquilo que fundamentalmente deve o Tribunal fazer a partir do art. 36 da LOTCU: a emissão de opinião de auditoria sobre os balanços gerais da União (contas consolidadas de governo) e de opinião sobre a execução orçamentária e gestão dos recursos públicos federais:

> Art. 7º Sem prejuízo da análise de outros temas relevantes para subsidiar o julgamento das contas do Presidente da República pelo Congresso Nacional, o relatório que acompanha o parecer prévio conterá as informações relacionadas no Regimento Interno do TCU e em dispositivos legais específicos, e será estruturado nas seguintes seções:
> I – conjuntura econômica, orçamentária e financeira;
> II – resultados da atuação governamental;[1080]
> III – embasamento para a opinião sobre a execução orçamentária e gestão dos recursos públicos federais;
> IV – embasamento para a opinião sobre os balanços gerais da União;
> V – monitoramento das deliberações constantes dos pareceres prévios de exercícios anteriores.

---

contas devem considerar as atribuições constitucionais e legais de cada instituição certificadora. Art. 16. Os órgãos e as unidades do sistema de controle interno dos poderes da União poderão utilizar o trabalho das auditorias internas ou de outros auditores em seus trabalhos de certificação, observadas as disposições das normas técnicas e profissionais de auditoria pertinentes. Art. 17. A certificação da confiabilidade das demonstrações contábeis, no caso *das empresas estatais*, e nos termos do art. 7º da Lei 13.303, de 30 de junho de 2016, compete aos auditores independentes registrados na Comissão de Valores Mobiliários. Art. 18. As instituições certificadoras devem atender à regulação e às orientações dos órgãos reguladores e supervisores do Sistema Financeiro Nacional e dos órgãos de regulamentação técnico-profissional, bem como, no caso de auditorias de grupos realizadas segundo as normas técnicas de auditoria específicas, à supervisão do trabalho de auditoria do grupo BGU pelo Tribunal, com o intuito de garantir a qualidade, a independência e a padronização mínima necessária. Parágrafo único. Os trabalhos produzidos por auditoria independente, em órgãos, entidades e fundos, elaborados por iniciativa institucional ou por demanda regulatória, poderão atender à certificação da confiabilidade das demonstrações contábeis, caso cumpram os requisitos estabelecidos nesta instrução normativa. Art. 19. Na hipótese da utilização do trabalho da auditoria interna ou de outros auditores pelo órgão de controle, o relatório de auditoria nas contas deverá mencionar o tipo e a extensão do trabalho executado pelas unidades de auditoria interna ou por outros auditores. Art. 20. Os certificados de auditoria devem expressar *os seguintes tipos de opinião* quanto à regularidade das contas anuais, conforme o caso: I – opinião sem ressalvas: quando se conclui, com base em evidência de auditoria apropriada e suficiente, que as demonstrações contábeis estão livres de distorções relevantes; ou não há desvios de conformidade relevantes nas operações, transações ou atos subjacentes; II – opinião com ressalvas: a) quando tendo obtido evidência de auditoria apropriada e suficiente se conclui que as distorções, individualmente ou em conjunto, são relevantes, mas não generalizadas nas demonstrações contábeis; ou foram identificados desvios relevantes de conformidade nas operações, transações ou atos subjacentes, mas não generalizados; ou b) quando não é possível obter evidência de auditoria suficiente e apropriada, mas se conclui que os possíveis efeitos das distorções não detectadas sobre as demonstrações contábeis ou dos desvios de conformidade nas operações, transações ou atos subjacentes, se houver, poderiam ser relevantes, mas não generalizados; III – opinião adversa: quando tendo obtido evidência de auditoria apropriada e suficiente se conclui que as demonstrações contábeis apresentam distorções relevantes e com efeitos generalizados; ou os desvios de conformidade nas operações, transações ou atos subjacentes são relevantes e generalizados; IV – abstenção de opinião: quando não é possível obter evidência de auditoria suficiente e apropriada e se conclui que os possíveis efeitos de distorções não detectadas sobre as demonstrações contábeis, se houver, poderiam ser relevantes e generalizados; ou os desvios de conformidade nas operações, transações ou atos subjacentes poderiam ser relevantes e com efeitos generalizados" (Grifos nossos).

[1080] Não há previsão de emissão de opinião sobre a "conformidade da gestão governamental", mas apenas reporte e análise dos "resultados da atuação governamental", o que já é uma atuação relevante da Corte de Contas, um espaço de desenvolvimento de suas considerações técnico-jurídicas específicas, fundamentadas.

4.4.6.2 Distorções que ocorrem em razão da ideia "juízo de aprovação/reprovação"

A resolução teve a finalidade, também, de disciplinar o modo processual de o Tribunal lidar com a situação de "indicação de rejeição das contas", algo que ocorreu pela primeira vez na história em 2015, na apreciação das CPR de 2014:

> Art. 4º Identificados no relatório preliminar distorções ou indícios de irregularidades que possam ensejar a indicação pela rejeição das contas, o Tribunal poderá conceder prazo de até 15 (quinze) dias para a *oitiva do Presidente da República*, com vistas a apresentar contrarrazões.
> §1º Na hipótese prevista no *caput*, o Tribunal deverá comunicar ao Congresso Nacional que as contas do Presidente da República não estão em condições de serem apreciadas no prazo estabelecido no art. 36 da Lei nº 8443/92.
> §2º O Ministério Público junto ao Tribunal de Contas da União poderá se pronunciar por escrito, nos autos, no prazo de 5 (cinco) dias, com relação às distorções ou aos indícios de irregularidades mencionados no *caput*, inclusive para solicitar a inclusão de informações ou questionamentos para eventual manifestação do Presidente da República. (Grifos nossos)

Vê-se aqui que a prática de a Corte de Contas se manifestar pela aprovação ou rejeição das contas prestadas pelo presidente da República começou a produzir consequências políticas, processuais, institucionais e distorções no exercício da competência de emissão do parecer prévio que não ocorreriam, ou ocorreriam em contexto de auditoria, se esse juízo de "recomendação de aprovação/reprovação" não fosse emitido.

O Tribunal de Contas passaria a questionar diretamente o presidente da República.

A emissão do parecer prévio assumiria concretamente características de *accountability* pessoal do presidente da República perante o Tribunal, chamado a defender sua administração contra achados de auditoria considerados graves e passíveis de indicação de rejeição das contas que prestou.

A previsão de oitiva do presidente da República, quando existente a possibilidade de indicação de rejeição das contas, demonstra o caráter de "reprovação da Presidência" e o peso político presente nessa manifestação, que não encontra fundamento em lei, no contexto histórico, na comparação com outras EFS e nas prescrições da Constituição sobre as contas prestadas pelo presidente da República anualmente ao Congresso Nacional.

A presença dessa ideia levou a contradições na definição dos critérios para emissão dos juízos de auditoria, bem evidenciadas quando se comparam esses critérios com os definidos no IN 84/2020 para as contas anuais prestadas pelos dirigentes das unidades da Administração Pública federal sujeitas à auditoria e certificação de contas.

A resolução, seguindo a tradição normativa histórica,[1081] definiu no art. 10, em consonância com a função de auditoria de uma entidade fiscalizadora superior que o Tribunal de Contas desempenha desde sua criação, a matéria e a forma como o parecer deverá ser conclusivo:

[1081] Nenhuma lei orgânica do TCU previu que na emissão do parecer prévio deveria o Tribunal indicar ao Congresso Nacional a aprovação ou a rejeição das contas prestadas pelo Presidente da República. Nenhum regimento interno também havia previsto tal possibilidade.

> Art. 10. O parecer prévio sobre as contas prestadas pelo Presidente da República será conclusivo, nos termos do art. 57 da Lei Complementar nº 101, de 2000, no sentido de exprimir se as contas representam adequadamente as posições financeira, orçamentária, contábil e patrimonial, em 31 de dezembro, bem como sobre a observância dos princípios e normas constitucionais e legais que regem a Administração Pública Federal na execução dos orçamentos da União e nas demais operações realizadas com recursos públicos federais, em especial quanto ao que estabelece a lei orçamentária anual. [...]
> Art. 12. Para a emissão da conclusão do parecer prévio sobre as contas prestadas pelo Presidente da República serão consideradas as opiniões sobre:
> I – os balanços gerais da União;
> II – a execução orçamentária e a gestão dos recursos públicos federais.

O Tribunal emitiria duas conclusões de auditoria:

a) a primeira, sobre se "as contas (balanços gerais ou contas consolidadas do governo) representam adequadamente as posições financeira, orçamentária, contábil e patrimonial, em 31 de dezembro";
b) a segunda, sobre "a observância dos princípios e normas constitucionais e legais que regem a Administração Pública Federal na execução dos orçamentos da União e nas demais operações realizadas com recursos públicos federais, em especial quanto ao que estabelece a lei orçamentária anual".

Os critérios e a forma de emissão dessas opiniões[1082] foram definidos buscando-se aderência aos juízos de auditorias financeiras.

Quanto à opinião sobre os balanços gerais, foram definidos critérios buscando-se aderência aos padrões definidos para as auditorias financeiras:

> Art. 13. A opinião do Tribunal sobre os balanços gerais da União poderá ser sem ressalvas, com ressalvas ou adversa, considerando, em conjunto, os achados decorrentes da análise e das auditorias realizadas.

[1082] A Resolução nº 291/2017 define conceitos necessários à compreensão do sentido das opiniões de auditorias: "Art. 2º [...] III – materialidade: aspecto utilizado para determinar a importância relativa de uma irregularidade na execução dos orçamentos da União e nas demais operações realizadas com recursos públicos federais ou de uma distorção contábil, podendo ser: a) qualitativa, baseado na sua natureza; ou, b) quantitativa, considerando sua magnitude, obtida por meio de critérios econômicos, de análises estatísticas ou da aplicação de uma porcentagem sobre um referencial das demonstrações financeiras ou do relatório sobre a execução do orçamento; IV – irregularidade: ato, comissivo ou omissivo, que caracterize ilegalidade, ilegitimidade, antieconomicidade ou qualquer infração a norma constitucional ou infraconstitucional de natureza contábil, financeira, orçamentária, operacional ou patrimonial, bem como aos princípios da Administração Pública; V – impropriedade: falha de natureza formal que não caracterize inobservância de princípios e normas constitucionais e legais que regem a Administração Pública Federal na execução dos orçamentos da União e nas demais operações realizadas com recursos públicos federais; VI – distorção: diferença entre a informação contábil declarada e a informação contábil requerida, considerando a estrutura de relatório financeiro aplicável, no que concerne ao valor, à classificação, à apresentação ou à divulgação de um item das demonstrações financeiras; VII – efeitos generalizados: a) os que não estão restritos a elementos, contas ou itens específicos das demonstrações financeiras ou a operações isoladas da execução orçamentária e gestão dos recursos públicos; ou, b) se estiverem restritos, representam, ou poderiam representar, uma parcela substancial das demonstrações financeiras ou da execução orçamentária e gestão dos recursos públicos; ou, c) são fundamentais para o entendimento das demonstrações financeiras ou da execução orçamentária e gestão dos recursos públicos; VIII – adequação da evidência de auditoria: medida da qualidade da evidência, isto é, a sua relevância e confiabilidade para fundamentar as conclusões em que se baseia o parecer prévio; IX – suficiência da evidência de auditoria: medida da quantidade da evidência, que é afetada pela avaliação dos riscos de distorção ou de irregularidade relevante, e também da qualidade da evidência de auditoria. Parágrafo único. A porcentagem a que se refere o inciso III será estabelecida com base em metodologia e margem definida em ato normativo específico".

> §1º A opinião sobre os balanços gerais da União será com ressalva quando:
> I – tendo sido obtida evidência de auditoria adequada e suficiente, as distorções nas demonstrações financeiras, individualmente ou em conjunto, sejam materialmente relevantes, mas não generalizadas; ou
> II – não tendo sido obtida evidência adequada e suficiente de auditoria sobre itens específicos, os possíveis efeitos de distorções não detectadas sobre as demonstrações financeiras possam ser materialmente relevantes, mas não generalizados.
> §2º A opinião sobre os balanços gerais da União será adversa quando, tendo sido obtida evidência de auditoria adequada e suficiente, as distorções, individualmente ou em conjunto, sejam materialmente relevantes e de efeitos generalizados.
> §3º O Tribunal ficará impossibilitado de emitir opinião sobre os balanços gerais da União quando houver limitação na extensão dos exames causada por motivos alheios à atuação do Tribunal que impossibilite a obtenção de evidências adequadas e suficientes que fundamentem a opinião; e os possíveis efeitos de distorções não detectadas sobre as demonstrações contábeis possam ser materialmente relevantes e generalizados.

No caso da opinião sobre a execução dos orçamentos, essa aderência não foi observada:

> Art. 14. A opinião do Tribunal sobre a execução orçamentária e a gestão dos recursos públicos federais poderá ser sem ressalvas, com ressalvas ou adversa, considerando, *em conjunto*, os achados decorrentes da análise e das auditorias realizadas quanto à observância dos princípios e normas constitucionais e legais que regem a Administração Pública Federal na execução dos orçamentos da União e nas demais operações realizadas com recursos públicos federais, em especial quanto ao que estabelece a lei orçamentária anual.
> §1º *A opinião sobre a execução dos orçamentos será com ressalvas* quando forem detectadas:
> I – impropriedades;
> II – irregularidades que, pela materialidade e gravidade, não impliquem em opinião adversa;
> III – distorção materialmente relevante com efeito não generalizado sobre as informações de desempenho orçamentário ou da política fiscal.
> §2º A *opinião sobre a execução dos orçamentos poderá ser adversa* quando houver:
> *I* – inobservância de princípio ou norma constitucional ou legal que rege a Administração Pública Federal, em especial quanto ao que estabelece a lei orçamentária anual;
> *II* – prática de ato que atente contra a probidade da Administração ou a lei orçamentária anual, [...];
> III – distorções materialmente relevantes, que, individualmente ou em conjunto, tenham efeitos generalizados sobre as informações de desempenho orçamentário ou da política fiscal;
> *IV* – aplicações em ações e serviços públicos de saúde, em manutenção e desenvolvimento do ensino ou em irrigação inferiores aos percentuais ou valores mínimos estabelecidos, respectivamente, nos arts. 198, §2º, e 212 da Constituição Federal e 42 do Ato das Disposições Constitucionais Transitórias (ADCT), bem como nas demais normas correlatas;
> *V* – execução orçamentária e financeira das ações decorrentes de emendas parlamentares individuais em montante inferior ao valor ou percentual mínimo obrigatório previsto no art. 166, §11, da Constituição Federal;
> *VI* – inobservância dos princípios e regras constitucionais e infraconstitucionais relativos à gestão fiscal responsável, em especial quanto: a) aos limites ou condições para inscrição em restos a pagar, dívida pública, operação de crédito, concessão de garantias e despesas com pessoal fixados pelas normas de finanças públicas e pelas resoluções do Senado Federal; b)

ao atingimento das metas fiscais estabelecidas na lei de diretrizes orçamentárias, observado o disposto nos arts. 4º, 8º, 9º, 13 e 59 da Lei Complementar nº 101, de 2000; c) ao limite de gastos estabelecido pela Emenda Constitucional 95/2016, que instituiu o Novo Regime Fiscal; *VII* – outras ocorrências que, pela materialidade e gravidade, tenham repercussão negativa sobre a gestão. (Grifos nossos)

Preservou-se um espaço amplo de subjetividade para emissão de opinião adversa (incisos grifados), necessário à fundamentação de eventual indicação de rejeição de contas, "considerando a materialidade, a gravidade e a repercussão negativa sobre a gestão governamental associadas às irregularidades ou distorções detectadas",[1083] amplitude incoerente com as finalidades de emissão de juízos de auditoria sobre um conjunto amplo de transações.

A IN 84/2020 prescreveu a emissão de certificados de auditoria abrangendo os seguintes objetivos gerais de auditoria:[1084]

> Confiabilidade das demonstrações contábeis: assegurar que as demonstrações contábeis foram elaboradas e apresentadas de acordo com as normas contábeis e o marco regulatório aplicável e estão livres de distorções relevantes causadas por fraude ou erro;
> Conformidade dos atos de gestão: assegurar que as transações subjacentes às demonstrações contábeis e os atos de gestão relevantes dos responsáveis pela UPC estão de acordo com as leis e regulamentos aplicáveis e com os princípios de Administração Pública que regem a gestão financeira responsável e a conduta dos agentes públicos.

E definiu critérios para emissão das opiniões a serem consignadas nos certificados de auditoria consentâneos com os objetivos das auditorias financeiras, relacionados com a obtenção de evidências apropriadas e suficientes sobre a ocorrência de um conjunto de transações irregulares (ilegais, ilícitas, antieconômicas) relevantes e generalizadas, indicativo de problemas de natureza sistêmica na execução do orçamento e na aplicação de recursos, constituindo, por isso mesmo, um estado de coisas que demanda atenção governamental profunda:[1085]

[1083] Art. 11 da Resolução nº 291/2017: "Art. 11. A conclusão do parecer prévio a ser emitido pelo Tribunal conterá indicação pela aprovação ou pela rejeição das contas prestadas pelo Presidente da República, considerando a materialidade, a gravidade e a repercussão negativa sobre a gestão governamental associadas às irregularidades ou distorções detectadas e, quando for o caso, a manifestação prevista no art. 4º desta resolução".

[1084] Art. 14 da Instrução Normativa nº 84/2020: "Art. 14. [...] §4º As certificações das contas anuais das UPC devem ser concluídas até a data de publicação do relatório de gestão estabelecida no §4º do art. 8º, com emissão dos certificados a que se refere o §2º do art. 13 desta instrução normativa, abrangendo os seguintes objetivos gerais de auditoria: I – confiabilidade das demonstrações contábeis: assegurar que as demonstrações contábeis foram elaboradas e apresentadas de acordo com as normas contábeis e o marco regulatório aplicável e estão livres de distorções relevantes causadas por fraude ou erro; II – conformidade dos atos de gestão: assegurar que as transações subjacentes às demonstrações contábeis e os atos de gestão relevantes dos responsáveis pela UPC estão de acordo com as leis e regulamentos aplicáveis e com os princípios de Administração Pública que regem a gestão financeira responsável e a conduta dos agentes públicos [...]".

[1085] Vejam-se as seguintes definições do art. 2º da Resolução nº 291/2017: "Art. 2º Para os fins desta resolução, entende-se por: [...] III – materialidade: aspecto utilizado para determinar a importância relativa de uma irregularidade na execução dos orçamentos da União e nas demais operações realizadas com recursos públicos federais ou de uma distorção contábil, podendo ser: qualitativa, baseado na sua natureza; ou, quantitativa, considerando sua magnitude, obtida por meio de critérios econômicos, de análises estatísticas ou da aplicação de uma porcentagem sobre um referencial das demonstrações financeiras ou do relatório sobre a execução do orçamento; IV – irregularidade: ato, comissivo ou omissivo, que caracterize ilegalidade, ilegitimidade,

> Art. 20. Os certificados de auditoria devem expressar os seguintes tipos de opinião quanto à regularidade das contas anuais [...]:
> I – opinião sem ressalvas: quando se conclui, com base em evidência de auditoria apropriada e suficiente, que as demonstrações contábeis estão livres de distorções relevantes; ou *não há desvios de conformidade relevantes nas operações, transações ou atos subjacentes;*
> II – opinião com ressalvas: a) quando tendo obtido evidência de auditoria apropriada e suficiente se conclui que as distorções, individualmente ou em conjunto, são relevantes, mas não generalizadas nas demonstrações contábeis; ou foram *identificados desvios relevantes de conformidade nas operações, transações ou atos subjacentes, mas não generalizados;* ou
> b) quando não é possível obter evidência de auditoria suficiente e apropriada, mas se conclui que os possíveis efeitos das distorções não detectadas sobre as demonstrações contábeis ou dos desvios de conformidade nas operações, transações ou atos subjacentes, se houver, poderiam ser relevantes, mas não generalizados;
> III – opinião adversa: quando tendo obtido evidência de auditoria apropriada e suficiente se conclui que as demonstrações contábeis apresentam distorções relevantes e com efeitos generalizados; ou os *desvios de conformidade nas operações, transações ou atos subjacentes são relevantes e generalizados;*
> IV – abstenção de opinião: quando não é possível obter evidência de auditoria suficiente e apropriada e se conclui que os possíveis efeitos de distorções não detectadas sobre as demonstrações contábeis, se houver, poderiam ser relevantes e generalizados; ou os desvios de conformidade nas operações, transações ou atos subjacentes poderiam ser relevantes e com efeitos generalizados. (Grifos nossos)

Irregularidades graves podem ser constatadas em auditorias. Elas podem ser consideradas graves o suficiente para que se dê encaminhamento a ações de responsabilização, mas, para os fins de uma auditoria financeira, podem não resultar na emissão de uma opinião adversa sobre a "execução do orçamento", seja em decorrência da materialidade, seja por corresponder a um evento isolado, por exemplo.

Uma auditoria financeira não é um processo voltado ao objetivo de identificação, ou não, de ocorrência de irregularidades graves para fins de emissão de indicação (recomendação ou parecer) de rejeição ou aprovação de contas. No entanto, sendo essa uma finalidade do processo, ele será desenvolvido, também, com esse propósito.

---

antieconomicidade ou qualquer infração a norma constitucional ou infraconstitucional de natureza contábil, financeira, orçamentária, operacional ou patrimonial, bem como aos princípios da Administração Pública; [...] VI – distorção: diferença entre a informação contábil declarada e a informação contábil requerida, considerando a estrutura de relatório financeiro aplicável, no que concerne ao valor, à classificação, à apresentação ou à divulgação de um item das demonstrações financeiras; VII – efeitos generalizados: a) os que não estão restritos a elementos, contas ou itens específicos das demonstrações financeiras ou a operações isoladas da execução orçamentária e gestão dos recursos públicos; ou, b) se estiverem restritos, representam, ou poderiam representar, uma parcela substancial das demonstrações financeiras ou da execução orçamentária e gestão dos recursos públicos; ou, c) são fundamentais para o entendimento das demonstrações financeiras ou da execução orçamentária e gestão dos recursos públicos; VIII – adequação da evidência de auditoria: medida da qualidade da evidência, isto é, a sua relevância e confiabilidade para fundamentar as conclusões em que se baseia o parecer prévio; IX – suficiência da evidência de auditoria: medida da quantidade da evidência, que é afetada pela avaliação dos riscos de distorção ou de irregularidade relevante, e também da qualidade da evidência de auditoria".

4.4.6.2.1 A indicação de rejeição ou aprovação de contas é um juízo que se sobrepõe às opiniões de auditoria e que pode levar a duas situações ilógicas

A indicação de rejeição ou aprovação de contas é um juízo que se sobrepõe às opiniões de auditoria e que pode levar a duas situações ilógicas.

Na primeira delas, por exemplo, o Tribunal constata o que considera ser uma irregularidade grave e indica ao Congresso a rejeição das contas, mas essa irregularidade, considerados os critérios de materialidade e relevância pertinentes aos propósitos de uma auditoria financeira/conformidade, segundo "as normas técnicas de auditoria aplicáveis, nacional e internacionalmente aceitas",[1086] não conduz à emissão de uma opinião adversa. Assim, a Corte de Contas não emite uma opinião de auditoria adversa sobre os balanços ou sobre a execução do orçamento, mas indica a rejeição das contas.

O que os públicos destinatários das publicações do Tribunal devem entender numa situação como essa?

Na segunda situação, o Tribunal, buscando coerência, mitiga, *a posteriori*, os critérios de materialidade e relevância da auditoria (definidos segundo padrões de auditoria financeira), de modo a viabilizar a emissão de opinião adversa concomitante com indicação de rejeição de contas. No entanto, procedendo assim, distorce a função das auditorias, ao mesmo tempo em que se torna claramente sem sentido a indicação de rejeição de contas, pois essa seria uma manifestação que ocorreria sempre que fosse emitida uma opinião adversa. O que se desejaria comunicar com uma opinião de auditoria assim balizada e o que se deseja comunicar, adicionalmente, com uma indicação de rejeição de contas?

Onde está a substância desse problema?

Uma opinião de auditoria sobre balanços ou execução do orçamento não pode destoar dos padrões técnico-profissionais para ter o valor pretendido e não soar como um juízo de valor político sobre a gestão do presidente da República, tampouco se espera isso de uma entidade fiscalizadora superior segundo os fundamentos que sustentam a existência dessas instituições.

4.4.6.2.2 A indicação de aprovação ou rejeição de contas carrega um valor político e de juízo sobre a condução do Governo

Se o Congresso Nacional não emite opinião de auditoria, porque essa é uma atividade incompatível com a natureza do Parlamento, cabendo-lhe decidir politicamente pela aprovação ou rejeição das contas prestadas pelo presidente da República, valendo-se do relatório de auditoria sobre as CPR, mas não apenas dele, ao Tribunal de Contas, como auxiliar no Poder Legislativo nessa matéria, não cabe fazer-lhe indicações sobre o juízo político a adotar, mas apresentar-lhe, de forma compreensível, fundamentada, isenta, seus achados e opiniões de auditoria, em vez de trazer para si a discussão política sobre a condução do Governo, implícita nos juízos de aprovação/reprovação.

[1086] *Vide* art. 14, §7º, da Instrução Normativa nº 84/2020: "As opiniões de auditoria expressas nos certificados de auditoria observarão as normas técnicas de auditoria aplicáveis, nacional e internacionalmente aceitas".

Indicações de aprovação ou reprovação de contas adicionais às opiniões de auditoria não sendo, evidentemente, manifestações de auditoria, como a própria resolução deixa bem entendido, assumem a natureza de indicações de juízo político ao Parlamento, e não há fundamento normativo, finalístico ou pragmático para ser formulado,[1087] nem se encontra semelhante procedimento em países como Portugal, Espanha, Itália, França, Estados Unidos e Inglaterra.

A manutenção da ideia de caber ao Tribunal fazer indicação de aprovação/rejeição de contas resulta na produção de normas com lacunas e inconsistências,[1088] uma vez que é preciso nelas disciplinar espaços de subjetividade para prolação dessa manifestação, incompatível com normas voltadas exclusivamente a opiniões de auditoria.

Enquanto a norma, de um lado, procura definir com a melhor precisão o objeto das opiniões de auditoria, com dificuldades; de outro, permite a emissão de uma indicação de rejeição/aprovação de um objeto indefinido: contas.

Afinal, que finalidade um Tribunal de Contas pretenderia alcançar com a emissão desse juízo que já não tivesse alcançado com a divulgação de seus achados (baseados na coleta de evidências adequadas e suficientes)[1089] e em suas opiniões de auditorias sobre os balanços gerais da União e a execução dos orçamentos (formuladas segundo os padrões mais elevados de auditoria)?

A norma não prevê a emissão de opinião de auditoria sobre o objeto "contas", porque não se pode emitir opinião de auditoria sobre algo que não esteja bem definido. O julgamento das contas pelo Congresso Nacional, pelo Parlamento, não correspondendo à emissão de um juízo profissional de auditoria, qualifica-se como um julgamento político do governo: quem aprova as contas, aprova o Governo; quem as reprova, reprova o Governo e deseja produzir consequências políticas, que, em países parlamentaristas,

---

[1087] A emissão dessas opiniões já envolve dificuldades demais para se tornarem ainda mais complexas com a indicação de rejeição ou aprovação das "contas". Ao atuar no sentido de fazer ou não fazer indicação de rejeição de contas, que tem por fundamento um juízo de valor do Tribunal sobre a materialidade, a gravidade e a repercussão negativa sobre a gestão governamental, uma atuação que nada agrega às opiniões de auditoria, que têm balizamentos técnico-profissionais mais bem estabelecidos, embora nem tanto na resolução, o Tribunal de Contas, concretamente, emite um juízo de valor sobre a gestão do Presidente da República, a título de fazê-lo sobre as contas que presta anualmente; juízo desnecessário e do qual o Congresso Nacional não necessita para fazer seu próprio julgamento, baseado nos achados e opiniões de auditoria e segundo a natureza política de suas manifestações.

[1088] Dificuldades dessa natureza estão patentes na resolução. No art. 2º, I, diz-se que a finalidade do processo de apreciação das contas do presidente da República é de apreciar: a) a conformidade da gestão governamental; b) a confiabilidade e a fidedignidade das informações prestadas pelo presidente da República no exercício da direção superior da Administração Federal. No art. 7º, sobre as seções do relatório, diz-se que uma das seções deve dedicar-se a produzir o embasamento para a opinião sobre a "execução orçamentária e gestão dos recursos públicos federais" e que outra deverá ser dedicada à opinião sobre "os balanços gerais da União". Apreciar a "conformidade da gestão governamental" é algo bem mais amplo do que "apreciar a execução orçamentária e gestão dos recursos públicos federais", e no art. 14, §1º, estão estabelecidos critérios para emissão de opinião de auditorias sobre a "execução dos orçamentos", não sobre a "gestão governamental". Opinião sobre os balanços gerais da União não é o mesmo que uma "opinião sobre a confiabilidade e a fidedignidade das informações prestadas pelo Presidente da República". No art. 10, menciona-se que o parecer prévio deverá ser conclusivo no sentido de exprimir "se as contas representam adequadamente as posições financeira, orçamentária, contábil e patrimonial, em 31 de dezembro". No art. 13, reproduzido anteriormente, que estabelece as opiniões a serem emitidas sobre os balanços gerais, não há prescrição de que as opiniões sejam nesse sentido.

[1089] *Vide* art. 2º da Resolução nº 291/2017: "Art. 2º [...] "VIII – adequação da evidência de auditoria: medida da qualidade da evidência, isto é, a sua relevância e confiabilidade para fundamentar as conclusões em que se baseia o parecer prévio; IX – suficiência da evidência de auditoria: medida da quantidade da evidência, que é afetada pela avaliação dos riscos de distorção ou de irregularidade relevante, e também da qualidade da evidência de auditoria".

podem ser a dissolução do Governo e, em países presidencialistas, o início de um processo de *impeachment*.

No próximo capítulo, veremos a teorização e a prática do encerramento do ciclo orçamentário na União Europeia, que se inicia com a apresentação das contas consolidadas de governo de final de exercício e se encerra com a decisão sobre elas pelo Parlamento, passando pela emissão de opiniões e análises do Tribunal de Contas Europeu, a *European Court of Accounts* (Corte Europeia de Auditores), em processo em que os papéis do Tribunal, técnico, e do Parlamento, político, estão bem demarcados.

4.5 Síntese analítica

Uma auditoria sobre um objeto tão amplo como as CPR, ou mesmo as contas anuais dos administradores ou "contas de governo" nos demais entes federativos, não é qualquer trabalho de verificação de cumprimento de aspectos específicos da legislação em um número restrito de casos, escolhidos segundo alguns critérios, e desenvolvido com algum método, a partir do qual uma EFS pretenda expressar uma opinião fundamentada sobre o cumprimento amplo da legislação no universo de casos situados dentro do objeto "auditado".

Um trabalho dessa natureza, conduzido sem o rigor metodológico prescrito pelas normas profissionais de auditoria do setor público, não fundamenta uma opinião de auditoria sobre objetos complexos como esses.

Nesses casos, a emissão de um juízo de aprovação/reprovação, de regularidade/irregularidade, de recomendação de aprovação/rejeição não é um juízo de auditoria. É um juízo subjetivo baseado em um conjunto de elementos, mas não é um juízo de auditoria sobre as demonstrações contábeis e suas operações subjacentes, ou sobre atos de gestão, principalmente quando se afirmar a regularidade ou se recomendar a aprovação das "contas".

Um trabalho de auditoria de "contas de governo" conduzido por um Tribunal de Contas, compreendido como uma entidade superior de auditoria do setor público, não é, não deve e não pode ser um trabalho que busque coleta de elementos para sustentar um parecer de recomendação de aprovação ou reprovação de "contas" que represente, na verdade, um juízo de valor sobre a administração ("as contas") do agente político.[1090]

[1090] Esse juízo não é, como muitas vezes se diz, um simples "juízo técnico" vinculado à constatação de ocorrência de irregularidades. O pressuposto para emissão de um juízo de reprovação/rejeição/irregularidade de contas é, evidentemente, a comprovação de alguma irregularidade, mas a comprovação de uma ou mais irregularidades não implica a emissão de um juízo de reprovação/rejeição/irregularidade. O membro julgador do Tribunal de Conta poderá considerar outros elementos de sua escolha (contexto, antecedentes, reputação, materialidade, repercussões, consequências etc.) e, em avaliação altamente subjetiva, e mesmo diante de várias irregularidades tidas como graves por outros membros, poderá aprovar as contas/julgá-las regulares com ressalvas. A que finalidades relacionadas à razão de ser de uma entidade fiscalizadoras superior serve esse tipo de juízo?

4.6 Juízos de aprovação/rejeição e suas implicações nos casos controversos de 1936, 1992 e 2015

4.6.1 O parecer sobre as contas apresentadas pelo Presidente da República referentes ao ano de 1936: Tribunal de Contas não rejeitou as contas

Em 1937,[1091] o Tribunal de Contas emitiu parecer prévio sobre "o balanço das contas do Governo do exercício de 1936", elaborado pelo Ministro Francisco Thompson Flores.

Como conclusão dos exames que procedeu, o ministro relator propôs, e o Tribunal concordou, *informar* à Câmara dos Deputados o seguinte:

> Parecer
> Penso eu este Tribunal deverá informar à egrégia Câmara dos Deputados o seguinte:
> 1º. Que *as despesas* processadas e pagas irregularmente sem o seu registro e sem o cumprimento das leis de contabilidade pública e da Constituição Federal indicadas neste parecer, *não estão em condições de serem aprovadas*.
> 2º. Que tais despesas, figurando no balanço da Receita e da Despesa, classificadas na conta do orçamento, como se tivessem sido regularmente processadas e pagas, deverão ser estornadas dessa conta e classificadas no título "Diversos responsáveis" com a indicação nominal dos responsáveis, quer sejam exatores, pagadores ou ordenadores de despesas ilegais, tudo como manda a citada legislação. [...].
> 3º. Que não figuram no balanço remetido pela Contadoria Central as contas originais do Tesouro com o Banco do Brasil e outros bancos, por eles devidamente autenticadas, comprovando a exatidão do saldo a favor do Tesouro e neles depositado, exigência essa determinada pelo art. 722 do Regulamento Geral de Contabilidade Pública. (Grifos nossos)

Essa decisão foi repetidamente referida como sendo a primeira vez em que o Tribunal de Contas da União *não aprovou* as contas do presidente da República.[1092]

Mas o que se observa na análise do parecer de 1937 é que o Tribunal não se manifestou por recomendar ou indicar a aprovação ou rejeição de contas, como um todo, como passaria a fazer algumas décadas depois.

[1091] *Diário Oficial*, 22 jun. 1937, p. 13.548 e seguintes. Transcrição da Ata nº 49 do Tribunal de Contas, sessão ordinária de 26.4.1937.

[1092] *Antes de Dilma, só Getúlio Vargas teve as contas de governo rejeitadas pelo TCU.* O Globo, 8 jul. 2016: "[...] Segundo reportagem do GLOBO, um 'longo e minucioso relatório' sobre a gestão financeira do ano de 1936 apontava o pagamento de despesas sem aprovação prévia. 'Tem se tornado um uso, e actualmente um abuso, os pagamentos por conta do crédito do Thesouro, no Banco do Brasil, pela expedição de um simples cheque do Ministério da Fazenda', dizia o documento. A atuação independente do ministro ocorreu às vésperas da implantação da ditadura do Estado Novo (1937-45), iniciado com a quarta Constituição brasileira, apelidada de 'Polaca' e outorgada em novembro daquele ano. Vargas só voltaria ao posto em um governo democrático no ano de 1951. Ainda assim, *a rejeição das contas* e o parecer do ministro do TCU Thompson Flores não passaram despercebidos. Ainda no Estado Novo, em 26 de abril de 1945, um decreto presidencial de Vargas o colocou em disponibilidade, o que significou seu afastamento do cargo público. [...]" (Grifos nossos). *Vide*, também, TCU (*As Contas do Governo*, [s.d.]): "[...] Durante a República Velha, a emissão de parecer prévio do Tribunal sobre as contas do governo durou até 1929. Com a Constituição de 1934, o Tribunal de Contas passou a emitir parecer prévio, apresentado anualmente à Câmara dos Deputados. Antes daquela Constituição, as contas eram aprovadas pelo Congresso Nacional sem o parecer técnico do Tribunal. Nesse período, no ano de 1937, um fato chamou atenção, pertinente à independência do Tribunal: *pela primeira vez, as contas anuais do governo não foram aprovadas pela Corte.* O Ministro Thompson Flores manifestou parecer contrário à aprovação das contas do governo Vargas, relativas ao exercício de 1936. No entanto, opondo-se ao parecer técnico do Tribunal, a Câmara dos Deputados aprovou as contas daquele exercício [...]" (Grifos nossos).

Não havia na Constituição de 1934, tampouco na lei orgânica do Tribunal vigente à época, a Lei nº 156/1935, a LOTCU-1935, previsão para tal manifestação, assim como nenhuma outra Lei Orgânica do Tribunal de Contas estabeleceu que se fizesse recomendação ou indicação de aprovação/rejeição das contas ao Congresso Nacional.

A emissão do parecer prévio estava regulada no art. 43 daquela lei:

> Art. 43. [...] §1º O parecer do Tribunal deverá conter, além de uma apreciação geral sobre a execução do orçamento, o confronto das cifras constantes do balanço e as, consignações na sua escrituração, apontando as divergências entre uma e outras.
> Assinalará especialmente, quanto á Receita, as omissões relativas a operações de crédito e aplicação das rendas especificadas; quanto à Despesa, *os pagamentos acaso feitos* à *revelia do Tribunal de Contas.* [...]
> §3º Caso tenham sido presentes ao Tribunal, dentro do prazo, as contas de administração financeira, ao parecer do Tribunal acompanhará o relatório do Presidente, em que apontará especialmente as deficiências das leis fiscais e as reformas que se imponham. (Grifos nossos)

No parecer, o Ministro Thompson Flores apontou a existência de "despesas processadas e pagas irregularmente, sem o seu registro e sem o cumprimento das leis de contabilidade pública e da Constituição Federal", e propôs que o Tribunal informasse a Câmara dos Deputados a respeito: "Dessa maneira ficará a egrégia Câmara dos Deputados bem-informada, e poderá determinar as 'providências para punição dos que forem achados em culpa' (art. 29 e seu parágrafo único da Constituição Federal)".[1093]

O ordenamento constitucional vigente previa que "qualquer ato de Administração Pública de que resultasse obrigação de pagamento pelo Tesouro Nacional", ou por sua conta, estava sujeito ao registro prévio do Tribunal de Contas.

Se houvesse recusa do registro "por falta de saldo no crédito ou por imputação a crédito impróprio", a despesa não poderia ser realizada. No entanto, se a recusa se desse por outro fundamento, a despesa poderia ser efetuada "após despacho do Presidente da República, registro sob reserva do Tribunal de Contas e recurso ex officio para a Câmara dos Deputados", a quem competiria tomar as providências a respeito.[1094]

No caso, não se tratava de recusa de registro, mas de atos que não foram submetidos ao registro prévio e dos quais, portanto, resultaram pagamentos à revelia do Tribunal de Contas.

O Ministro Thompson Flores registrou, em seu parecer, que a fiscalização do Poder Legislativo na forma de julgamento das contas do Poder Executivo constituía "um

---

[1093] CF-1934: "Art. 29. Inaugurada a Câmara dos Deputados, passará ao exame e julgamento das contas do Presidente da República, relativas ao exercício anterior. Parágrafo único – Se o Presidente da República não as prestar, a Câmara dos Deputados elegerá uma Comissão para organizá-las; e, conforme o resultado, determinará as providências para a punição dos que forem achados em culpa".

[1094] CF-1934: "Art. 101. Os contratos que, por qualquer modo, interessarem imediatamente à receita ou à despesa, só se reputarão perfeitos e acabados, quando registrados pelo Tribunal de Contas. A recusa do registro suspende a execução do contrato até ao pronunciamento do Poder Legislativo. §1.º Será sujeito ao registro prévio do Tribunal de Contas qualquer ato de Administração Pública, de que resulte obrigação de pagamento pelo Tesouro Nacional, ou por conta deste. §2.º Em todos os casos, a recusa do registro, por falta de saldo no crédito ou por imputação a crédito impróprio, tem caráter proibitivo; quando a recusa tiver outro fundamento, a despesa poderá efetuar-se após despacho do Presidente da República, registro sob reserva do Tribunal de Contas e recurso *ex officio* para a Câmara dos Deputados".

segundo exame do orçamento, no qual a realidade é posta em presença das promessas para os fatos julguem as previsões (Molien)", explicando que na fiscalização parlamentar da execução do orçamento colaborava o Tribunal de Contas na forma indicada no art. 102 da Constituição Federal:

> O Tribunal de Contas dará parecer prévio, no prazo de trinta dias sobre as contas que o Presidente da República deve anualmente prestar à Câmara dos Deputados. Se estas não forem enviadas em tempo útil, comunicará o fato à Câmara dos Deputados, para os fins de direito, apresentando-lhe, num ou noutro caso, *minucioso relatório do exercício financeiro terminado*. (Grifos nossos)

Cumprindo o mandamento constitucional, ao Tribunal competia, conforme art. 23, *in fine*, da Lei nº 156/1935, "rever as contas anuais da gestão financeira do país":

> Art. 23. O Tribunal de Contas, como fiscal da administração financeira, exerce suas funções acompanhando diretamente, ou por suas delegações, a execução do orçamento da Receita e da Despesa Públicas e julgando as contas dos responsáveis por dinheiros, ou bens públicos; cabendo-lhe ainda *rever as contas anuais da gestão financeira*. (Grifos nossos)

E, considerando o disposto no art. 43, §1º, da LOTCU-1935, o parecer prévio deveria conter uma "apreciação geral sobre a execução do orçamento" e apontar "os pagamentos acaso feitos à revelia do Tribunal":

> Art. 43. Os balanços financeiros do último exercício encerrado e sobre os quais o Tribunal de Contas terá de dar parecer, nos termos do art. 102 da Constituição, serão organizados pela *Contadoria Central da República* e deles deverá constar, qualquer que seja a sua organização, o seguinte: [...]
> §1º O parecer do Tribunal deverá conter, além de uma apreciação geral sobre a execução do orçamento, o confronto das cifras constantes do balanço e as, consignações na sua escrituração, apontando as divergências entre uma e outras.
> Assinalará especialmente, quanto á Receita, as omissões relativas a operações de credito e aplicação das rendas especificadas; quanto á Despesa, *os pagamentos acaso feitos* à *revelia do Tribunal de Contas*. (Grifos nossos)

Portanto, observada a legislação de regência, deveria o Tribunal, em seu parecer sobre as contas apresentadas pelo presidente da República, elaborar um minucioso relatório, revisar as contas (balanços), elaborar uma apreciação geral da execução do orçamento e apontar os pagamentos feitos à sua revelia, e assim havia procedido o Ministro Thompson Flores. Não lhe cabia formular qualquer juízo de aprovação ou rejeição de contas.

O parecer apontava que a Contadoria Central da República havia cometido uma grande falha:

> Ora, a Contadoria Central não deu cumprimento a esses disposições legais de vez que lançou no balanço financeiro de 1936, levantado em face de sua escrituração, e na conta do orçamento, despesas irregularmente processadas e pagas sem o registro do Tribunal de

> Contas, quando tais despesas deveriam ser levadas à conta de alcance dos pagadores e, em consequência, lançadas no citado balanço financeiro no título – Diversos responsáveis – uma vez que, os alcances dos pagadores são considerados saldo em seu poder, conforme prescreve o artigo 724, letra B, do Regulamento Geral de Contabilidade Pública.
> Essa grande falha explica o projeto que faço juntar a este parecer, como um brado e patriotismo de um ilustre membro do Parlamento.

Entre os quadros demonstrativos que acompanhavam o parecer, dois evidenciariam as falhas: (i) um sobre as "despesas pagas sem autorização orçamentária – agentes pagadores – contas a regularizar – que entretanto foram computadas no balanço financeiro como legalmente processadas e pagar"; e o outro (ii) sobre as "despesas pagas além das verbas próprias dos ministérios e computadas no balanço como legalmente pagas".

No seu parecer, informava o ministro, a respeito do "exato cumprimento da lei orçamentária", que:

> Se tivesse sido possível o cumprimento exato da lei orçamentária e das leis de contabilidade pública, com o pagamento apenas das despesas legalmente processadas e registradas pelo Tribunal de Contas, ao envez do "déficit" de 98.617:984$400, teria havido um saldo orçamentário total de réis 470.174:247$977, demonstrado no mapa junto.

E, ainda, que na conta Diversos Responsáveis havia sido "lançada no balanço definitivo da receita e despesa apenas a parcela de 33.549:363$900", quando sob esse título deveriam ter sido lançadas as "importâncias, processadas e pagas irregularmente, sem o registro do Tribunal de Contas":

> Agentes pagadores 99.106:597$600
> Despesas pagas além das verbas 130.520.859$300
> De créditos suplementares não registrados no Tribunal de Contas 1.956.972$400

Assim, consideradas essas grandes falhas, caberia, em seu entendimento, à Câmara dos Deputados determinar providências para punição dos culpados pelas violações às normas financeiras:

> Todas essas despesas decorrem de ordens processadas e pagas sem obediência à Constituição e às leis de contabilidade pública e tem de haver responsáveis pela sua execução, responsáveis cujos nomes deveriam constar do balanço sintético e definitivo da receita e da despesa na forma da lei (art. 105 n. VI e 119 do Re. G. de Cont. Pub., acima transcritos).
> De outra forma não será possível a apuração de responsabilidade provenientes de irregularidades ocorridas na execução do orçamento, porque em matéria de despesa pública o Tribunal de Contas exerce a fiscalização financeira com o exame prévio dos atos, e como as despesas foram feitas à sua revelia, dela só tem conhecimento pelo exame do balanço definitivo, em confronto com a sua escrituração, não podendo assim individualizar responsabilidades, enquanto não tiver cumprimento o estatuído na legislação citada.
> À egrégia Câmara dos Deputados, me parece, cumpre julgar as violações das normas reguladoras da execução do orçamento, que deveria ser inviolável na sua missão soberana de prover às necessidades da Administração Pública.

> O Tribunal de Contas não pode pronunciar-se sobre a moralidade das contas de gestão financeira do país. A sua fiscalização se limita à legalidade dos atos referentes à receita e despesa públicas, quando são submetidos ao seu prévio exame.
> De referência às contas em estudo, ao Tribunal de Contas só cabe fazer a revisão e dar o seu parecer para deliberação da egrégia Câmara dos Deputados. Feita como foi a revisão das contas, com a minúcia possível, em face do exíguo prazo concedido pela lei, é o seguinte o meu parecer.

O ministro fundamentava sua proposição no art. 29, parágrafo único, da Constituição de 1934:

> Art. 29. Inaugurada a Câmara dos Deputados, passará ao exame e julgamento das contas do Presidente da República, relativas ao exercício anterior.
> Parágrafo único – Se o Presidente da República não as prestar, a Câmara dos Deputados elegerá uma Comissão para organizá-las; e, conforme o resultado, *determinará as providências para a punição dos que forem achados em culpa*. (Grifos nossos)

4.6.1.1 Tribunal não aprovou um conjunto específico de despesas, mas não rejeitou "as contas"

Portanto, o que recebeu do Tribunal de Contas, expressamente, uma manifestação de não aprovação foi um conjunto de despesas comprovadamente ilegais. A forma como a Corte de Contas chegara a essa conclusão decorria do esperado exercício de sua função de rever as contas anuais da gestão financeira, embrião das sofisticadas auditorias financeiras atualmente realizadas pelo TCU e pelas EFS de muitos países.

Àquela época, estava em vigor o Decreto nº 2.511, de 20.12.1911, que regulava a "tomada de contas ao Governo pelo Congresso Nacional".

O decreto estabelecia, no art. 2º, §1º, que, "não sendo aprovadas as contas pelo Congresso, terá lugar o processo de responsabilidade de que trata o decreto n. 27, de 7 de janeiro de 1892", que regulava o processo e julgamento do presidente da República e dos ministros de Estado por crimes comuns e de responsabilidade.

A Constituição de 1934 previa como crime de responsabilidade do presidente da República, entre outras hipóteses, os atos que atentassem contra as leis orçamentárias e a guarda ou emprego legal dos dinheiros públicos.

Desse modo, o relato de ilegalidades concernentes à execução do orçamento, bem como à observância das regras constitucionais e legais do registro prévio da despesa, apuradas com base em seu trabalho de revisão das contas prestadas pelo presidente da República e necessariamente comunicadas pelo Tribunal de Contas à Câmara dos Deputados, daria ensejo a sensíveis discussões de responsabilização política (especialmente quando o parecer fosse claro e contundente a respeito das ilegalidades, como foi o caso de 1937), indesejadas pelo Poder Executivo, ainda mais por um presidente que intencionasse governar sem questionamentos do Poder Legislativo e, muito menos, do Tribunal de Contas.[1095]

[1095] *Vide* Silva (*O Tribunal de Contas da União na História do Brasil: Evolução histórica, política e administrativa (1890-1998)*, 1999, p. 74): "*4. A Constituição do Estado Novo de 1937* – A democracia instalada no país com a promulgação da

A relevância do parecer prévio estava na *força das análises produzidas* e na fundamentação das ilegalidades relatadas.

A franqueza, assertividade e a consistência do parecer do Ministro Thompson Flores custaram-lhe o cargo: foi aposentado pelo "Decreto de 31 de dezembro de 1937".[1096]

4.6.2 O juízo de aprovação/reprovação conduziu a sensíveis e complicadas ambiguidades no Caso Collor

Em 1993, quando da emissão do parecer prévio sobre as contas apresentadas pelo Presidente da República Fernando Collor de Mello, relativas ao ano de 1992, o Tribunal de Contas da União enfrentaria uma situação incômoda, gerada pela forma como se manifestava àquela época: recomendando a aprovação ou reprovação das contas.

Como poderia o Tribunal "aprovar" (recomendar a aprovação) as contas de um presidente da República que havia passado por um processo de *impeachment* e sido condenado pelo Senado Federal por crime de responsabilidade?

Essa pergunta incômoda talvez nem mesmo fosse cogitada se fosse bem compreendido que o papel do Tribunal de Contas na emissão do parecer prévio não é o de colocar sob exame a condução do Governo, muito menos a atuação específica do presidente da República (Chefe do Poder Executivo).

No entanto, ao se manifestarem, sob qualquer forma, quanto à aprovação/reprovação das contas anualmente apresentadas ao Poder Legislativo pelo Chefe do Poder Executivo, fora do âmbito da emissão de opiniões de auditoria externa, os Tribunais de Contas se posicionam perante a opinião pública como aprovadores/reprovadores da atuação do Poder Executivo.

Constituição de 1934 viria a se revelar apenas aparente. Havia no governo uma tendência ao autoritarismo que se denunciaria no golpe do Estado Novo. O Tribunal de Contas sentiu o peso do autoritarismo de Vargas antes mesmo da implantação do novo regime. As contas do exercício de 1936 – cujo Relator foi o ministro Francisco Thompson Flores – mereceram parecer contrário à aprovação, acolhido pelo Plenário da Corte em sessão de 26 de abril de 1937. Foi aquela a primeira e única vez em que tal fato ocorreu. A Câmara dos Deputados, entretanto, por força do Decreto Legislativo nº 101, de 25 de agosto seguinte, acolhendo Mensagem do presidente da República a ela encaminhada em 15 de maio pelo ministro da Fazenda, declarou-as aprovadas. A atitude, adotada com amparo em critérios estritamente técnicos, custaria caro ao ministro Thompson Flores. Por ato do governo foi ele posto em disponibilidade, não mais regressando ao Tribunal, vindo a ser aposentado anos depois, em 30 de outubro de 1950. A Constituição Federal de 1934 vigorou somente até 10 de novembro de 1937, quando Getúlio Vargas, em plena campanha eleitoral pela sua sucessão, promoveu o golpe e instituiu o Estado Novo, outorgando ao país a Constituição de 1937, cujo texto foi elaborado pelo jurista Francisco Campos a partir das concepções autoritárias e centralistas dos regimes fascistas europeus, notadamente o modelo polonês, com forte preponderância do Poder Executivo sobre os demais poderes. O Tribunal de Contas perdeu força, juntamente com o Congresso Nacional, fechado por Getúlio Vargas. Em mensagem lida ao povo brasileiro, assim se referiu o presidente ao Poder Legislativo: 'A manutenção desse aparelho inadequado e dispendioso era de todo desaconselhável. Conservá-lo seria evidentemente obra de espírito acomodatício e displicente, mais interessado pelas acomodações da clientela política do que pelo sentimento das responsabilidades assumidas'. A Carta era absolutamente ditatorial e o poder era extremamente centralizado, política e administrativamente. O Poder Legislativo nunca chegou a ser instala do no período compreendido entre 10 de novembro de 1937 e 28 de fevereiro de 1945 e a Constituição na prática não vigorou, pois Getúlio Vargas governava pela via dos decretos-leis" (Grifos nossos).

[1096] *Vide* Decreto-Lei nº 7.491, de 26.4.1945: "O Presidente da República, usando da atribuição que lhe confere o artigo 180 da Constituição. Decreta: Art. 1º Fica considerado em disponibilidade, com os vencimentos integrais do seu cargo, sem direito a quaisquer ressarcimentos, o bacharel Francisco Thompson Flores, Ministro do Tribunal de Contas, aposentado por Decreto de 31 de dezembro de 1937. Art. 2º O presente Decreto-lei entrará em vigor na data de sua publicação. Art. 3º Revogam-se as disposições em contrário. Rio de Janeiro, 26 de abril de 1945, 124º da Independência e 57º da República. Getulio Vargas / A. de Souza Costa".

Assim, os ministros do Tribunal de Contas da União, se votassem um parecer prévio indicando/recomendando ao Congresso Nacional a aprovação das contas do então Presidente Fernando Collor de Melo, teriam que buscar, de um lado, afastar qualquer entendimento de que sua manifestação significava "aprovação" do Governo e, de outro lado, explicar do que se tratava, então, a recomendação de aprovação. Não seria um momento fácil, como se verá.

Essa discussão começara antes, em 1992, quando o ministro-relator das contas relativas ao ano de 1991 suscitou uma mudança na forma como o TCU até então se manifestava no parecer prévio.

Desde o começo daquele ano, as denúncias de corrupção envolvendo o governo do presidente haviam ganhado o noticiário,[1097] e, no começo de junho, se instalara a "Comissão Parlamentar Mista de Inquérito para apurar fatos contidos nas denúncias do Sr. Pedro Collor de Mello referentes às atividades do Sr. Paulo César Cavalcante Farias, capazes de configurar ilicitude penal, mais conhecida como a CPMI – Esquema PC Farias".[1098]

[1097] *Impeachment de Collor*, O Globo, 28 out. 2021: "[...] Três meses depois da posse de Fernando Collor, em junho de 1990, surgiram as primeiras denúncias de corrupção no governo, atingindo, naquele momento, apenas o segundo escalão. Em outubro, as acusações passaram a envolver pessoas próximas ao presidente, como PC Farias, o ex-tesoureiro da campanha de Collor, que agiria como intermediário de negócios entre o empresariado e o governo. A partir daí, os escândalos e as denúncias se sucederam e, a cada mês, novos nomes eram apontados. No dia 24 de maio de 1992 as denúncias atingiram diretamente o presidente da República. Numa entrevista à revista Veja, Pedro Collor acusou o irmão de manter uma sociedade com PC Farias, que seria seu testa-de-ferro nos negócios".

[1098] *20 anos do Impeachment de Collor*, Câmara dos Deputados, ([s.d.]): "[...] III- LINHA DO TEMPO DO PROCESSO DE IMPEACHMENT – O primeiro Presidente da República civil eleito por voto direto desde 1960, Fernando Affonso Collor de Mello foi escolhido de acordo com as regras da Constituição de 1988, com plena liberdade partidária e eleição em dois turnos. O seu mandato presidencial teve curta duração: de 15 de março de 1990 a 2 de outubro de 1992, quando foi afastado da Presidência da República para responder ao processo de impeachment. O processo político do Presidente Fernando Collor de Mello estendeu-se por sete meses, no período de 1º de junho à 29 de dezembro de 1992, havendo interferência do Congresso Nacional, com a instalação da Comissão Parlamentar Mista de Inquérito para apurar fatos contidos nas denúncias do Sr. Pedro Collor de Mello referentes às atividades do Sr. Paulo César Cavalcante Farias, capazes de configurar ilicitude penal, mais conhecida como a CPMI – Esquema PC Farias, e da Câmara dos Deputados, com a instalação da Comissão Especial destinada a dar parecer sobre Denúncia contra o Presidente da República de crime de responsabilidade oferecida pelos Srs. Barbosa Lima Sobrinho e Marcelo Lavenère. A seguir, breve relatos da sucessão de eventos que culminaram com a renúncia do Presidente Fernando Collor: 15 de março de 1990 – Fernando Collor de Mello toma posse como Presidente da República eleito com 35 milhões. *Maio de 1992* – O irmão de Fernando Collor, Pedro Collor, acusa PC Farias de ser o 'testa-de-ferro' do Presidente. *1º de junho de 1992* – O Congresso Nacional instala uma Comissão Parlamentar Mista de Inquérito (CPMI) para apurar os negócios de PC Farias no Governo Collor, tendo como Presidente, Deputado Benito Gama, e Relator, Senador Amir Lando. Tramitação da CPMI. Arquivo em PDF. 4 de junho de 1992 – Pedro Collor, irmão do Presidente Collor, depõe na CPMI e acusa PC Farias de montar uma rede de tráfico de influência no Governo, com a conivência do Presidente; Julho de 1992 – O motorista do Presidente Collor, Eriberto França, vai ao Congresso Nacional para depor na CPMI e confirma os depósitos de PC Farias para a Secretária do Presidente, Ana Acioli. 21 de agosto de 1992 – A CPMI confirma que a reforma na Casa da Dinda foi paga pela Brasil Jet. Cerca de 40 mil estudantes cariocas, convocados pela UNE, pediram o impeachment de Collor. 26 de agosto de 1992 – Depois de 85 dias de trabalho da CPMI, o Senador Amir Lando conclui seu relatório, que incrimina o Presidente Collor. O texto é aprovado na Comissão por 16 a favor e 5 contra. Relatório Final da CPMI, publicado no DCD 16/09/1992. 1º de setembro de 1992 – Em meio a uma onda de manifestações por todo o país, os Presidentes da ABI, Barbosa Lima Sobrinho, e da OAB, Marcelo Lavenère, apresentam à Câmara dos Deputados o pedido de impeachment do Presidente Collor. [...]".

4.6.2.1 O ambiente, os debates e a revisitação do sentido do parecer prévio

Em 25.6.1992, foi realizada sessão do Plenário do TCU[1099] para "apresentação do Relatório sobre o exercício financeiro de 1991 e a emissão do Parecer Prévio sobre as Contas do Governo".[1100]

O ministro-relator das contas de governo daquele ano, logo no início de seu voto,[1101] esclareceu sua intenção de modificar a forma como o Tribunal vinha se manifestando no parecer prévio: "Desejo examinar, contudo, o novo conceito da prestação de contas do Presidente da República, sugerindo que se faça sob outro ângulo, não o tradicionalmente adotado pelo Tribunal, isto é, como o prestador de contas de um gestor de recursos públicos".[1102]

Em "contas de governo", não cabia ao Tribunal procurar, "nas entrelinhas, falhas, equívocos, erros e irregularidades" e fiscalizar "isoladamente aspectos contábeis, financeiros, orçamentários, operacionais e patrimoniais do Governo Federal, mas o universo em que atua e se desenvolve a ação do Presidente da República":[1103]

> Em verdade, o Tribunal de Contas da União, no exame dessa prestação, não está fiscalizando isoladamente aspectos contábeis, financeiros, orçamentários, operacionais e patrimoniais do

---

[1099] TCU (1992, ATA 31/1992).

[1100] TCU (1992, ATA 31/1992, p. 2; 479).

[1101] As partes citadas reproduzem textos contidos nas páginas 15-19/479 da ATA 31/1992.

[1102] TCU (1992, ATA 31/1992, p. 15; 479): "[...] A nova Constituição da República Federativa do Brasil ampliou de forma significativa a competência do Tribunal de Contas da União, imprimindo-lhe, inclusive, novos princípios e conceitos. Esta matéria temática, aliás, tem sido objeto de esclarecedores debates e aprofundados estudos por parte de ilustres Ministros desta Corte, tornando-se desnecessário que seja repisada nesta oportunidade. Desejo examinar, contudo, o novo conceito da prestação de contas do Presidente da República, sugerindo que se faça sob outro ângulo, não o tradicionalmente adotado pelo Tribunal, isto é, como o prestador de contas de um gestor de recursos públicos. [...]".

[1103] TCU (1992, ATA 31/1992, p. 15-16; 479): "[...] Assim, considero que a Carta Magna, ao determinar que 'compete ao Presidente da República prestar, anualmente, ao Congresso Nacional, dentro do prazo de sessenta dias após a abertura da Sessão Legislativa, as contas referentes ao exercício anterior' (CF., art. 84, XXIV), dá a esse substantivo um sentido genérico e amplo. Isto é, deve prestar contas de como se houve no Governo, de como executou o orçamento, nos aspectos econômico e financeiro. Prestará contas de como se houve na Administração Pública, como foram cumpridas suas determinações, qual o seu desempenho em termos da educação e da seguridade social nos três aspectos de que fala o texto constitucional: saúde, previdência e assistência social. Portanto, é prestar contas da coisa pela qual se é responsável, da qual se tornou, em nome do povo, um guardião e um administrador. [...] Não é o Presidente o gestor dos dinheiros públicos ou o seu aplicador, tarefas atribuídas aos chamados Ordenadores de Despesa, investidos do dever constitucional e legal de anualmente ou quando solicitados, apresentarem as suas prestações de contas, com a comprovação do correto emprego dos recursos públicos e, em caso da má aplicação, sob as sanções previstas na lei (CF., art. 70, parágrafo único e art. 71,VIII). Por tais razões, a ação do Estado se exerce sob o amparo de três diplomas fundamentais, a saber: plano plurianual, diretrizes orçamentárias e orçamento anual. São instrumentos interligados que oferecem a exata compreensão de como se desenvolve e se exerce a Administração Pública. Traçam a política administrativa, financeira e desenvolvimentista do País. O orçamento anual é o instrumento de execução mais adequado para se atingir esse objetivo. [...] A prestação de contas deve espelhar, com fidelidade, o pensamento do Presidente da República exposto na Mensagem anual encaminhada ao Congresso Nacional, juntamente com o plano de Governo (CF., art. 84, XI). Enquanto este apresenta as propostas da Administração Federal para o futuro, aquela examina os meios que viabilizaram a concretização das referidas propostas e como foram implantadas em benefício do País. São documentos que se complementam, pois devem ter uma perfeita integração. Diante disso, creio que a expressão prestação de contas não reflete o real significado do termo, razão pela qual deveria ser substituída por outra que, somando-se à Mensagem anual do Presidente da República como uma conseqüência fundamental, viesse indicar de forma precisa e abrangente seu verdadeiro sentido. É uma expressão tradicional que vem se repetindo em todas as Constituições brasileiras. Mas a tradição só deve se perpetuar quando traz em seu bojo o verdadeiro conceito de desenvolvimento para o País, a melhor qualidade de vida e o bem estar para o povo. [...]".

> Governo Federal, mas, sim, o universo em que atua e se desenvolve a ação do Presidente da República dentro de suas atribuições constitucionais. [...]
> É exatamente sob este aspecto que pretendo examinar as contas prestadas pelo Presidente da República referentes ao exercício de 1991, bem assim os Balanços Gerais da União nos aspectos técnico e formal, face o que dispõe a Lei nº 4.320, de 17 de março de 1964, e não procurando, nas entrelinhas, falhas, equívocos, erros e irregularidades, aspectos estes que o Tribunal, por força constitucional, é obrigado a examinar cotidiana e diuturnamente quando aprecia as prestações de contas dos gestores e administradores.

O ministro-relator procurava deixar claro que denúncias de mau uso dos recursos, embora não fossem objeto do exame procedido em contas de governo, não deixariam de ser apuradas, por meio de outros instrumentos de fiscalização:

> Mas a Corte não fica só aí, uma vez que por ação própria, ou por solicitação do Congresso Nacional, ou até mesmo por esse novo instrumento instituído pela Carta Magna, a denúncia, o Tribunal exerce sua competência.
> Esteja certo o povo brasileiro que esta Corte evita e frustra deslizes e mau emprego dos dinheiros públicos, não deixando de atender, na sua rotina ou fora dela, os pedidos legais que se vinculem às pessoas físicas ou entidades públicas que utilizem, arrecadem, guardem, gerenciem ou administrem dinheiros, bens e valores públicos, pelos quais e por cujo emprego são responsáveis (CF., art. 70, parágrafo único).

4.6.2.1.1 Seria preciso inovar

O trabalho fundamental a ser feito pelo Tribunal nas contas de governo seria "o exame crítico dessas contas sob os aspectos econômico, financeiro e orçamentário".[1104] Seu papel na emissão do parecer prévio era o de apresentar ao Parlamento os resultados de suas análises das contas para "o julgamento definitivo, conclusivo, que não competia ao Tribunal, mas, sim, ao Congresso Nacional".

Devia-se, pois, inovar em relação à tradição e à doutrina,[1105] que não poderiam ser consideradas imutáveis, e *deixar de "aprovar ou rejeitar as contas* do Presidente da

[1104] TCU (1992, ATA 31/1992, p. 17; 479): "[...] É do conhecimento de todo o País que o Tribunal de Contas da União vem procurando modernizar os seus mecanismos administrativos para bem poder exercer as suas atribuições constitucionais, quer através de uma nova Lei Orgânica, quer através da reforma de sua estrutura. Ainda recentemente, criou a Secretaria de Contas do Governo e Transferências Constitucionais, que tem como cerne de sua atividade acompanhar, no âmbito dos Poderes Executivo e Legislativo, a elaboração e aprovação dos projetos da Lei do Plano Plurianual, da Lei de Diretrizes Orçamentárias e da Lei Orçamentária Anual, bem assim a execução desses diplomas legais durante a sua vigência (Resolução Administrativa nº 123, de 1992). É um trabalho permanente, inclusive didático, a fim de assistir aos eminentes Ministros desta Corte, a qualquer momento, quando solicitado, bem assim ao Congresso Nacional em seus requerimentos de informações e esclarecimentos. Os frutos dessas inovações já se fazem sentir. Na prestação de contas do Presidente da República referente ao exercício de 1991, o Departamento do Tesouro Nacional, responsável pela sua elaboração, apresentou os resultados discriminados por setores, de tal forma que ficará muito mais nítido o exame dos interessados quanto à correta aplicação dos recursos por parte dos Poderes da União e o seu alcance político e administrativo. [...]".

[1105] TCU (1992, ATA 31/1992, p. 477-479): "Sr. Presidente, eu considero a Sessão de hoje marcante para o Tribunal. Creio que a partir deste momento se formará uma nova tradição e igualmente uma nova doutrina, porque o direito é acima de tudo vivo; retrata a época de um país e o momento de um povo. Não seria possível, creio eu, Sr. Presidente, que proclamássemos tradição e doutrina como imutáveis, apesar do respeito que merecem mas que, por vezes, sofrem críticas e discordâncias. Assim, faço votos que esta nossa Sessão se constitua num marco em relação às Contas prestadas pelo Presidente da República. No voto, destaquei bem, que essas Contas devem

República, para considerá-las em condições ou não de serem julgadas pelo Congresso Nacional":[1106] [1107]

> O trabalho que se apresenta é um exame crítico dessas contas sob os aspectos econômico, financeiro e orçamentário e, dentro desse enfoque, verificar como se houve a Administração Pública nas diversas áreas: econômica, financeira, orçamentária, administrativa e outras. Em razão do que foi dito, inova-se também a forma conclusiva de apresentação do parecer prévio. Isto é, deixa-se de aprovar ou rejeitar as contas do Presidente da República, para considerá-las em condições ou não de serem julgadas pelo Congresso Nacional, cumprindo, assim, a competência do Tribunal de Contas da União, nos termos da Constituição Federal. [...] Quem julga as contas é o Congresso Nacional no seu relevante papel político de representante do povo brasileiro, mediante controle externo (CF., art. 49, IX e art. 70). É uma competência exclusiva da qual não poderá dispor. Ao julgar as contas do Presidente da República, decide como juiz (Aurélio Buarque de Holanda). Ao Tribunal de Contas da União caberá o importante papel de, através de parecer prévio, apresentar ao Poder Legislativo o resultado da análise das contas para julgamento. Parecer é opinião, conceito, e deverá ser prévio, nos termos constitucionais. O julgamento definitivo, conclusivo, não compete ao Tribunal, mas, sim, ao Congresso Nacional. (Grifos nossos)

O ministro-relator apresentou seu projeto de parecer, inovador na parte final, nos seguintes termos:

> *PROJETO DE PARECER*
> O TRIBUNAL DE CONTAS DA UNIÃO, tendo em vista o disposto no inciso I, do art. 71, da Constituição Federal e,
> CONSIDERANDO que as Contas do Governo, atinentes ao exercício de 1991, foram prestadas pelo Presidente da República ao Congresso Nacional no prazo constitucional (C. F. art. 84, inciso XXIV);
> CONSIDERANDO que é da competência exclusiva do Congresso Nacional julgar as Contas anuais apresentadas pelo Presidente da República (C. F. art. 49, inciso IX);

---

refletir o que Sua Excelência propõe na mensagem anual ao Congresso Nacional, isto é, mostrar ao País como pretende agir dentro daquele exercício financeiro e orçamentário. [...]".

1106 Nas entrelinhas dessa parte do voto, percebe-se a compreensão do ministro-relator das contas de governo de que a manifestação do TCU como vinha sendo feita, recomendação de aprovação/reprovação, representava, de fato, um juízo de aprovação/rejeição, um julgamento preliminar, conclusivo, que não deveria ser feito, pois esse era um juízo exclusivo do Congresso Nacional, no "desempenho de seu papel político de representante do povo brasileiro".

1107 TCU (1992, ATA 31/1992, p. 17; 479): "[...] A Lei Maior determina expressamente que compete ao Tribunal de Contas da União apreciar as contas prestadas anualmente pelo Presidente da República mediante parecer prévio (CF., 71, inciso I). É a competência primeira e a maior da Corte. Por outro lado, determina que se julguem as contas dos administradores e demais responsáveis por dinheiros, bens e valores públicos da administração direta e indireta, incluídas as fundações e sociedades instituídas e mantidas pelo Poder Público Federal (CF., art. 71, II). Assim, cabe ao Tribunal apreciar as contas prestadas pelo Presidente da República, isto é, examinar e avaliar essas mesmas contas. Seguindo essa linha de raciocínio, entendo que não será oportuno incluir nesse documento qualquer recomendação ou determinação mas tão somente sugestões que poderão ser acolhidas pelo Congresso Nacional quando do julgamento destas contas. Caso o Tribunal entenda que alguma matéria deva merecer estudo mais aprofundado e ser objeto de imediata recomendação ou determinação do Poder Executivo, poderá fazê-lo em processo específico a ser examinado em Sessão Ordinária e enviado diretamente ao Presidente da República. [...]".

CONSIDERANDO que ao Tribunal de Contas da União compete apreciar referidas contas, mediante parecer prévio elaborado em sessenta dias a contar do seu recebimento (C. F. art. 71, inciso I);
CONSIDERANDO que os Balanços Gerais da União, que compõem as Contas do Governo Federal, foram elaborados de conformidade com as disposições estabelecidas na Lei nº 4.320, de 17 de março de 1964, e legislação superveniente;
CONSIDERANDO que os Balanços Gerais da União e o Relatório do Departamento do Tesouro Nacional traduzem a execução dos Orçamentos Fiscal, da Seguridade Social e de Investimento das Empresas Estatais bem como o comportamento das Receitas e das Despesas dos diversos órgãos e entidades dos Poderes Legislativo, Executivo e Judiciário;
CONSIDERANDO que o Relatório do Poder Executivo, que acompanha as Contas do Governo, contém detalhadas e minuciosas informações sobre a execução dos programas incluídos no orçamento anual e sobre a execução da programação financeira de desembolso;
CONSIDERANDO que no Relatório ora apresentado pelo Ministro-Relator ao Plenário do Tribunal de Contas da União estão registrados e analisados os atos e fatos contábeis, econômicos, financeiros, orçamentários e patrimoniais realizados pelo Governo no exercício de 1991;
CONSIDERANDO que este Relatório sobre as Contas do Governo contém as informações necessárias para que o Congresso Nacional possa apreciar os reflexos da administração financeira e orçamentária federal sobre o desenvolvimento econômico e social do país;
CONSIDERANDO que os atos de gestão e as responsabilidades dos Dirigentes e Ordenadores de Despesas dos órgãos e entidades da Administração Pública Federal serão objeto de exame e julgamento desta Corte, nos respectivos processos de tomadas e prestações de Contas;
É DE PARECER que as Contas do Governo, relativas ao exercício de 1991, após exame e avaliação em seus aspectos legais, contábeis, financeiros, orçamentários, operacionais e patrimoniais, *estão em condição de serem julgadas pelo Congresso Nacional*. (Grifos nossos)

4.6.2.1.2 Fundamento para um parecer ter que ser conclusivo pela aprovação/ rejeição: essa é a finalidade de um parecer do TCU, na função opinativa, segundo a doutrina jurídica

A inovação foi questionada por um dos ministros,[1108] suscitando uma questão preliminar, para que o Tribunal mantivesse a tradição. Argumentava que no parecer prévio

[1108] TCU (1992, ATA 31/1992, p. 442-444; 479): "[...] Este é o 57º Parecer Prévio que o Tribunal emitirá sobre as contas do governo e, em todos os anteriores, opinou sobre se a contas mereciam ou não ser aprovadas pelo Congresso. O Tribunal não aprovou nenhuma dessas contas, nem tampouco as rejeitou, porque essa tarefa é exclusiva do Congresso Nacional, mas, em todas elas, de forma correta, opinou sobre a aprovação ou não. [...] É de se assinalar a classificação das atribuições constitucionais do Tribunal de Contas da União, no entender de renomados mestres como Hely Lopes Meirelles, Eduardo Lobo Botelho Gualazzi, Marcelo Caetano e João Melo Franco. A primeira da série de atribuições conferidas pela Carta Magna ao Egrégio Tribunal, de acordo com esses tratadistas, insere-se dentre *as funções opinativas ou consultivas*. Buscando apoio na Semântica para aclarar a intenção do Legislador, vimos que Aurélio Buarque de Holanda Ferreira dá como sinônimo de apreciar a palavra avaliar. Ainda mais elucidativo é o jurista Plácido e Silva que, em seu 'Vocabulário Jurídico', *assim conceitua a expressão parecer*: 'Em sentido geral, quer significar o vocábulo a opinião escrita, ou mesmo verbal, dada por uma pessoa acerca de determinado negócio, mostrando as razões justas ou injustas, que possam determinar sua realização ou não. E, nesta acepção, o parecer, na maioria dos casos, culmina em ser tomado como um voto dado a favor ou contra o mesmo negócio. Parecer, pois, é a manifestação ou a declaração de uma opinião, ou modo de pensar, acerca de fato ou negócio. E, segundo as circunstâncias, tanto pode ser favorável ou contrário a ele. Em sentido mais estrito, assim se entende a opinião de um jurisconsulto a respeito de uma questão jurídica, a qual, fundada em razões de ordem doutrinária e legal, conclui por uma solução, que deve, a seu pensamento, ser aplicada ao caso em espécie'. João Melo Franco, outrossim, considera parecer como 'a proposta de resolução

o TCU exercia uma função de auditoria, e não uma função judicante, e, fundamentado exclusivamente em doutrina jurídica, um parecer havia que ser conclusivo. O parecer prévio, portanto, havia que ser conclusivo pela aprovação ou rejeição das contas:

> Quando a Corte se reúne para exercer essa atribuição, como é óbvio, não está a exercer uma função judicante, mas de *auditoria*. Deverá, isso sim, emitir um parecer prévio, para que as contas sejam submetidas ao *julgamento político* do Congresso Nacional. [...]
> Da mesma forma, este Tribunal, ao emitir o Parecer Prévio sobre as contas do governo, para embasar o julgamento a cargo do Congresso Nacional, deve dizer se as contas merecem ou não ser aprovadas. De outro modo, seria levar a Corte ao esvaziamento que tanto combatemos, seria uma atitude inócua, porque não teria cumprido sua missão constitucional. [...]
> O parecer, prévio e obrigatório, deve conter expressão no sentido de as contas serem aprovadas ou rejeitadas.

De fato, como se esclarecia na questão preliminar suscitada, no exame das contas de governo o TCU exerce uma função de *auditoria*, e não uma função judicante.[1109]

Mas, nesse caso, *o parecer prévio não se confunde com um parecer jurídico*, emitido sobre questão específica.

O parecer prévio sobre as contas (balanços gerais e relatório da execução orçamentária) representa a emissão de opiniões de auditoria, formuladas com base em normas

de um processo administrativo formulada, sobre o seu estudo fundamentado, por um colégio consultivo ou por consultor singular perito na matéria a decidir. Os pareceres podem ser facultativos ou obrigatórios...'. Vale também registrar a manifestação do insigne Oswaldo Aranha Bandeira de Mello, in 'Princípios Gerais de Direito Administrativo': '*Parecer é o ato administrativo unilateral* pelo qual se manifesta opinião acerca de questão submetida para pronunciamento. Diz respeito a problema jurídico, técnico ou administrativo. Os órgãos que emitem pareceres são denominados consultivos e emitem suas opiniões para esclarecer, como elemento auxiliar e preparatório, os órgãos ativos, ou de controle, na consecução dos seus cometimentos. Embora o parecer se distinga do ato praticado pelos órgãos ativos ou de controle, e em si não participe destes, que têm vida autônoma, os integra no procedimento administrativo, e mesmo afeta o ato conclusivo, se levado a efeito nos seus termos. Por vezes, o ato ativo ou de controle se reporta a ele. Então, as conclusões do parecer e até os seus fundamentos se relacionam com o ato do órgão ativo ou de controle...'. A Enciclopédia Saraiva do Direito, por sua vez, cita Landi e Potenza que escrevem: 'O parecer é ato típico de administração consultiva, consistindo em juízo ou opinião jurídica, administrativa ou técnica...'. Quanto ao já mencionado Hely Lopes Meirelles, ao referir-se ao 'caráter meramente opinativo' do parecer, acrescenta: '... embora contenha um enunciado opinativo, pode ser de existência obrigatória no procedimento administrativo, e dar ensejo à nulidade do ato final, se não constar do processo respectivo, como ocorre, por exemplo, nos casos em que a lei exige a prévia audiência de um órgão consultivo, antes da decisão terminativa da Administração'. Portanto, qualquer digressão em torno do texto constitucional é vã. A interpretação que cabe se restringe aos exatos termos da Lei Maior. Daí, impõe-se avaliar, opinar, declarar a conclusão, ou seja, como diz o inciso I, do art. 71, apreciar, elaborar parecer. É bom que, além das conclusões, sejam também observados o espírito e a intenção daqueles que passaram e ilustraram esta Corte. O hoje Ministro do Supremo Tribunal Federal, Luiz Octávio Gallotti, quando Procurador Geral e em razão de brilhante Parecer do Ministro Victor Amaral Freire, sobre as contas do governo, em outubro de 1968, felicitava o Relator pela posição dinâmica e atuante ao requisitar os dados necessários à formação do JUÍZO do Tribunal e do Congresso. Já se entendia que o Tribunal deveria formar um juízo para emitir uma opinião conclusiva. É tão meridianamente claro o raciocínio, que podemos adotar um exemplo: o Ministério Público não tem atribuições legais para julgar contas. Mas, ao emitir seu Parecer, não diz que o processo pode ser julgado pelo Tribunal. Ele opina conclusivamente se o julgamento deve ser pela irregularidade ou regularidade, se a concessão é legal ou ilegal e se o responsável deve ou não ser condenado. E, com isso, não está julgando, apenas dando um Parecer. [...]" (Grifos nossos).

[1109] Função que também não exerce o Congresso Nacional. O julgar as contas anualmente prestadas pelo presidente da República não é uma atividade de natureza quase judicial, que vise sancioná-lo com perda ou restrição de direitos, como é o julgamento do presidente da República por crime de responsabilidade. O verbo "julgar" não transforma a atividade política de examinar as contas em uma atividade de julgar o presidente da República.

e padrões de auditoria, sobre objetos bem definidos, o que não era o caso de um objeto indefinido denominado "contas".

A fundamentação da defesa do parecer conclusivo pela aprovação/rejeição das contas não o compreendeu como uma opinião de auditoria, que se havia reconhecido como sendo a função desempenhada pelo Tribunal no exame das contas de governo mediante parecer prévio.

Essas opiniões estavam emitidas nos considerandos[1110] do projeto de parecer apresentado pelo ministro-relator das contas, ainda que de forma não escorreita.

A tradicional manifestação sobre "as contas" na forma de recomendação (opinião) de aprovação/rejeição se fazia sem base em diretrizes, padrões ou normas técnicas bem estabelecidas. Eram juízos de valor. A fundamentação da preliminar suscitada também não apresentava as balizas que deveriam guiar a emissão de um parecer na linha aprovação/reprovação.

4.6.2.1.3 O juízo de aprovação/reprovação e os constrangimentos políticos

A preliminar foi rejeitada e o parecer foi emitido na forma proposta pelo ministro-relator.

Dessa forma, o Tribunal *evitava o constrangimento de "aprovar"*, em juízo opinativo, as contas apresentadas por um presidente da República cujo governo vinha sendo reiteradamente acusado de corrupção.

No voto quanto ao mérito,[1111] embora reiterasse sua posição, o ministro que suscitara a discussão preliminar, inobstante reconhecesse que não haveria razões para a rejeição

---

[1110] *Vide* considerandos destacados anteriormente.

[1111] TCU (1992, ATA 31/1992, p. 452-453; 479): "DECLARAÇÃO DE VOTO. Constituição brasileira ao definir as atribuições do Tribunal de Contas da União, no artigo 71, dispõe, logo no inciso I, que a ele compete apreciar as contas prestadas anualmente pelo Presidente da República, mediante parecer prévio. 2. É esta alta atribuição que exercitaremos nesta assentada ao analisarmos o substancioso Relatório apresentado pelo eminente Ministro Paulo Affonso Martins de Oliveira. 3. As contas são submetidas a exame de forma global, contemplando todo o universo da máquina estatal, no que concerne a execução orçamentária-financeira-patrimonial. Isto envolve todos os programas de governo, além dos resultados de ações administrativas desenvolvidas por centenas de Unidades Gestoras e seus desdobramentos. 4. Por isso, há que se exalçar essa missão da Corte de Contas. É ingente a tarefa de vislumbrar o real sentido sócio-econômico-político no comportamento frio de cifras e valores. [...] 16. Pulverizam-se os recursos já na fase de destinação. Quando da sua utilização o fenômeno reaparece, com a dilapidação dos recursos em proveito próprio, como temos constatado, em diversos processos de auditoria e contas, com uma freqüência muito além da desejada. 17. O exercício de 1991 foi pródigo em casos assim. Foi necessária a ação vigorosa deste Tribunal para inibir, por exemplo, contratações no âmbito do Exército a preços irreais, que, felizmente, foram superadas de acordo com a lei; a compra de merenda escolar praticada pela FAE, que se submetia a uma espécie de cartel de empresas do ramo; diversas aquisições no âmbito do Ministério da Saúde, com evidentes sinais de corrupção generalizada; dentre outros inúmeros casos que pululam no universo da Administração Pública, com enorme parcela de culpa dos administradores privados, vez que não pode haver corrompido sem o correspondente corruptor. 18. O Tribunal, sempre atento, não mede esforços para combater estas ações prejudiciais ao país e determinar medidas de correção compatíveis com a boa gestão pública, mas entendeu sempre e não apenas agora, que os fatos individualizados, praticados por dirigentes, com atribuições legais de gerir unidades específicas do organismo governamental, não contaminam a gestão do Poder Executivo como um todo, cujas contas estão sendo examinadas de forma global e panorâmica. 19. A realização da despesa, de per si, é julgada ao longo do exercício por esta Corte, nos processos de tomadas e prestações de contas das diversas unidades gestoras da Administração Pública. Aí se dá a oportunidade de julgar a boa e regular aplicação dos recursos públicos e condenar, se for o caso, os maus gestores e administradores públicos. 20. Também outros instrumentos são utilizados pelo Tribunal, como levantamentos de auditoria e inspeções, para inibir desmandos e evitar desperdícios ao longo do exercício. Outro mecanismo da maior relevância, a auditoria operacional, vem sendo posto em prática, para se obter uma visão mais aprofundada de como e por que agem os diversos entes estatais, para melhor vislumbrar o acerto na execução da despesa pública. [...]. 24. Quando o

das contas, optou por abster-se de votar, em vez de manifestar-se pela aprovação,[1112] o que revelava como a manifestação tradicional era potencialmente causadora de constrangimentos políticos ao Tribunal:[1113]

Tribunal julga irregulares as contas de determinada repartição pública e, por exemplo, condena o seu dirigente ao pagamento de multa, não pode estender a apenação ou a mácula dessa má gestão, às contas gerais que o Presidente da República apresenta à Nação através do Congresso Nacional. 25. Cada uma dessas Unidades tem um corpo dirigente, legalmente autorizado para agir como Ordenador de Despesa e, nessa condição, tem os seus atos de gestão submetidos ao Controle Interno, que os examina para auxiliar a supervisão ministerial e criar condições para o exercício do Controle Externo. A nível de Controle Externo, esses atos são julgados em instância terminativa pelo Tribunal de Contas da União. 26. Por isso, esta Colenda Corte, ao emitir o parecer prévio para embasar o julgamento que o Congresso Nacional fará das Contas do Presidente da República, não pode nele inserir as diversas irregularidades cometidas pelos ordenadores de despesas que por ela são julgados ao longo do exercício. 27. Sobre tais contas, a competência do Tribunal é definida como a de apreciá-las emitindo um Parecer Prévio. Essa é uma função de auditoria considerada por tratadistas jurídicos como de caráter opinativo ou consultivo. 28. Deve o Tribunal analisar, no universo em que se insere as ações globais do governo, como se comportaram os procedimentos de arrecadação e aplicação dos recursos públicos federais e opinar, de forma conclusiva, sobre as contas, dizendo ao Congresso Nacional, a quem cabe julgá-las, se elas merecem ser por ele aprovadas ou rejeitadas".

1112 É relevante registrar passagens do voto de outro ministro em que deixa clara a natureza de controle político presente no julgamento das contas pelo Congresso Nacional e recupera a história da posição, vacilante, do Tribunal de Contas, sobre a forma de manifestação no parecer prévio, conforme TCU (1992, ATA 31/1992, p. 469-470): "Gostaria primeiro de ressaltar que, já nas Contas de 1990, procurei deixar consignado que, efetivamente, ao Congresso Nacional é atribuída a competência exclusiva para julgar as contas anuais do Presidente da República. Julgamento esse que configuraria muito mais um CONTROLE POLÍTICO da Administração e das Finanças Públicas do País, do que, rigorosamente, a verificação da legalidade, legitimidade e economicidade na aplicação e gerenciamento dos dinheiros, bens e valores públicos, porquanto a questão da regularidade das Contas dos Administradores Públicos e demais Responsáveis é verificada permanentemente pelo TCU, mediante, aí sim, por tomadas e prestações de contas dos ORDENADORES DE DESPESAS. [...] Por último, deixei para comentar o encaminhamento que faz o Relator quanto ao elemento conclusivo do Parecer Prévio. Entende S.Exa. que tal peça produzida pelo TCU não precisa emitir juízo favorável à aprovação ou rejeição das Contas do Presidente da República, podendo considerá-las, apenas, em condições de serem julgadas pelo Congresso Nacional. Relembro, por oportuno, que, no sistema constitucional anterior, os pareceres, então emitidos, de um modo geral, continham a conclusão expressa na seguinte fórmula: '*que sejam aprovadas as contas*'. Uma exceção ocorreu 1987, quando o Eminente Ministro CARLOS ÁTILA ÁLVARES DA SILVA, então Relator das Contas de 1986, e atual Presidente desta Corte, com o seu espírito inovador e seu alto descortino de homem adentrado em matéria administrativa, jurídica e econômico-financeira, propôs, e o Tribunal acolheu, a expressão: '*o Congresso Nacional poderá aprovar as contas*'. Nova mudança só viria a ocorrer sob os auspícios da recente ordem jurídico-constitucional, com as conclusões que passaram a ser postas nas sucessivas Contas: 1988 (Rel. Min. ÉLVIA LORDELLO CASTELLO BRANCO): '*merecem ser aprovadas* pelo Congresso Nacional'; 1989 (Rel. Min. MARCOS VINICIOS VILLAÇA): '*estão em condições de ser aprovadas*'; e 1990 (de minha relatoria): 'estão em condições de ser aprovadas, com as sugestões e determinações contidas na conclusão do voto do Relator'. Sem dúvida alguma, como assinalado em rápidas e modestas linhas que atrás ficaram, não se pode negar que tais contas deverão ser julgadas pelo Congresso Nacional, ao qual incumbe, em competência única e exclusiva, APROVÁ-LAS ou REJEITÁ-LAS, não competindo, obviamente, ao Tribunal a aprovação ou não das contas. Seu PARECER PRÉVIO, contudo, constitui uma apreciação de ordem técnico-jurídica das receitas e despesas públicas, e deverá sempre ser conclusivo, consoante estabelece o art. 85 do Regimento Interno do TCU e o parágrafo 3 2 do art. 28, do Decreto-lei n2 199, de 25.02.67 (Lei Orgânica do TCU), nesse particular ainda vigente, assim redigido: 'O Tribunal deverá apresentar minucioso relatório conclusivo sobre os resultados do exercício financeiro louvando-se, no caso de não apresentação das contas no prazo constitucional, nos elementos colhidos ao exercer a auditoria financeira e orçamentária'. É certo que a matéria, por esse prisma, voltará a ser alvo de reflexão mais aprofundada, porquanto, nas palavras do Emérito Ministro EWALD PINHEIRO, 'O dispositivo constitucional que estabelece o Parecer não traça, de modo expresso, o seu perfil jurídico, nem delimita o seu conteúdo ou lhe demarca as fronteiras. A legislação ordinária, por seu turno, pouco acresce ou adita a esse respeito' (cf. 'Relatório e Parecer Prévio das Contas de 1972', p. 16). Reconheço, no entanto, que, no mérito, o nobre Relator apresentou sua *abalizada opinião pessoal* e conclusiva sobre todos os aspectos e questões suscitadas. [...]" (Grifos nossos).

1113 Outro membro do colegiado também não aderia à parte final do parecer prévio, mas aderia aos considerandos: "15. Por último, mais relevante, é a inovação que apresenta na forma do Parecer Prévio, que não indica quer a aprovação, quer a desaprovação das contas. Pelas razões que apresentei quando da votação da questão preliminar, não posso aderir ao parecer prévio submetido a julgamento do Tribunal, por inconcluso, mas ponho-me de acordo com a lúcida análise, o brilhante estudo e as conclusões a que chega o ministro nos 'considerandos' que antecedem o Parecer Prévio" (TCU, 1992, ATA 31/1992, p. 464; 479).

28. [...] esta Colenda Corte, ao emitir o parecer prévio para embasar o julgamento que o Congresso Nacional fará das Contas do Presidente da República não pode nele inserir as diversas, irregularidades cometidas pelos ordenadores de despesas que por ela são julgados ao longo do exercício.
29. As presentes contas, como assinala o Relator, apresentam Balanços e demonstrações elaboradas de acordo com a lei. As ações de governo, mesmo com várias metas e programas não realizados plenamente, foram executadas setorialmente em 85,2% da previsão e não evidenciam distorções ou ilegalidades que possam aconselhar a sua rejeição pelo Congresso Nacional.
30. *Tecnicamente, a rejeição das contas só seria viável se irregularidades muito graves tivessem ocorrido na execução dos três diplomas fundamentais sobre os quais se exercem a ação do Estado, quais sejam o plano plurianual, as diretrizes orçamentárias e o orçamento anual.*[1114]
31. Segundo a análise técnica da Secretaria de Contas do Governo e Transferências Governamentais, bem como do próprio Relator, a política administrativa e financeira do governo desenvolveu-se dentro da normalidade legal nada havendo a inquinar ao Sr. Presidente da República. Se houvesse, caberia ao Tribunal representar ao poder competente para julgamento de responsabilidade.
32. Opinar pela aprovação das presentes contas, contudo, é bom que se deixe claro, não significa julgar regular a gestão econômico-financeira dos agentes públicos, que ao Controle Externo se submetem e só por decisão do Tribunal podem receber quitação.
33. Sabemos, pelo trabalho diuturno do Tribunal, que uma onda de irregularidades administrativas, assolou as repartições governamentais durante o exercício de 1991, causando prejuízos ao Erário e à Sociedade, pelo não atingimento de metas essenciais ao bem-estar da população, mas reconhecemos que estas ações individualizadas serão, como já estão sendo, julgadas e coibidas por esta Corte, em processos específicos.
Nesta assentada, embora tenha analisado as presentes contas e esteja em condições de opinar sobre o seu mérito, abstenho-me de votar porque entendo que o Projeto de Parecer de PARECER apresentado pelo nobre Relator, não é conclusivo nos termos regimentais e na forma da Preliminar por mim suscitada.

4.6.2.2 A segunda fase do Caso Collor: impeachment e dois presidentes no mesmo ano

Em 1993,[1115] na apreciação do parecer prévio sobre as contas de governo relativas ao ano de 1992, voltaria à discussão a forma de manifestação do TCU, agora num clima político agravado pelo *impeachment* do presidente e pela ocorrência de "dois governos" no ano de 1992: o do Ex-Presidente Fernando Collor de Mello e o do presidente sucessor, Itamar Franco.

O ministro-relator, retomando a fórmula tradicional, votou pela emissão de um parecer prévio nos seguintes termos:

[1114] Aqui mais uma vez evidenciadas a falta de balizas e a qualidade de juízo de valor do parecer prévio opinativo-conclusivo. Cada ministro poderia votar por um parecer opinando pela rejeição/aprovação, conforme considerasse ou não muito graves as irregularidades constatadas na "execução" do PPA, da LDO e da LOA.

[1115] TCU (1993, ATA 23/1993).

PROJETO DE PARECER PRÉVIO
O TRIBUNAL DE CONTAS DA UNIÃO, à vista da disposição contida no art. 71, inciso I, da Constituição Federal; e
CONSIDERANDO que os Balanços Gerais da União e respectivas demonstrações contábeis, bem como o Relatório da Secretaria do Tesouro Nacional (STN), espelham adequadamente as operações orçamentárias, financeiras e patrimoniais ocorridas no exercício de 1992;
CONSIDERANDO que as despesas foram realizadas pelos órgãos e entidades da Administração Pública nos limites das autorizações legais;
CONSIDERANDO que o Patrimônio da Administração Pública, Direta e Indireta, está adequadamente expresso nos respectivos Balanços Patrimoniais;
CONSIDERANDO que no exame das contas não restaram evidenciadas falhas ou irregularidades de gestão administrativa, as quais, se ocorreram no exercício, serão objeto de exame e julgamento por esta Corte, nos termos constitucionais, legais e regulamentares;
É DE PARECER que as Contas do Governo, relativas ao exercício de 1992, em seus aspectos orçamentários, financeiros, contábeis, patrimoniais e legais, adequadamente demonstrados nos Balanços Gerais da União estão em condições de ser aprovadas pelo Congresso Nacional, ressalvados os atos porventura controversos ou irregularidades de gestão administrativa ocorridos no período, os quais serão processados e julgados, isoladamente, na forma da Lei. (Grifos nossos)[1116]

O ministro-relator tomava o cuidado de esclarecer o tipo de exame que cabia ao Tribunal conduzir, o qual não era apto a discutir atos de gestão de recursos públicos. Sua apreciação das contas se daria "sob o enfoque de sua exatidão contábil e do reflexo da ação de governo, decorrente da execução dos orçamentos público, sobre a situação

[1116] Um dos ministros discordaria dessa formulação: "Ao relatar no ano passado as Contas Prestadas pelo Presidente da República, referentes ao exercício de 1991, tive oportunidade de destacar a importância desse ato, de imperativo constitucional, onde participam o Presidente da República, como seu autor, o Tribunal de Contas da União, mediante Parecer Prévio, no qual analisa em profundidade as referidas contas, e o Congresso Nacional, como seu julgador. Em razão desse fato, propus, e tive a honra de ser acompanhado pela maioria dos Srs. Ministros, que o Tribunal realizasse exame prévio, sem um julgamento definitivo, deixando ao Poder Legislativo tal procedimento, como determina a Constituição Federal (CF., art. 49, inciso IX). A fim de tornar bastante claro o entendimento a respeito dessa relevante matéria, o novo Regimento Interno, face ao que estabelece a Lei nº 8.443, de 16 de julho de 1992, cuja Redação Final foi aprovada em Sessão Plenária, ontem, estabelece em seu art. 175, *verbis*: 'O Parecer Prévio a que se refere o caput do art. 166 deste Regimento será conclusivo no sentido de manifestar-se sobre se os Balanços Gerais da União representam adequadamente a posição *financeira*, *orçamentária* e *patrimonial* da União em 31 de dezembro, bem como o resultado das operações, de acordo com os princípios fundamentais de contabilidade aplicados à Administração Pública federal' (Grifos nossos). De igual modo, considero que no Parecer Prévio a ser emitido pelo Tribunal, as contas prestadas pelo Chefe do Poder Executivo devem sofrer análise crítica de forma ampla e aprofundada, tanto quanto possível, em confronto com as propostas encaminhadas pelo Presidente da República quando da Mensagem anual ao Congresso Nacional. O Eminente Relator concluiu o seu Parecer Prévio sob dois ângulos: um é no sentido de que as Contas do Governo, relativas ao exercício de 1992, *podem ser aprovadas* sob os aspectos *orçamentários*, *financeiros*, contábeis, *patrimoniais* e legais; o outro, ressalva 'os possíveis atos controversos ou irregularidades da gestão administrativa ocorridos no período, os quais serão processados e julgados, isoladamente, na forma da Lei'. Cabem, ainda, sobre esse destacado assunto, duas considerações: a primeira refere-se a *impropriedades* na aplicação do texto regimental, pois o mesmo declara que o Parecer Prévio deve ser conclusivo no sentido de que os 'Balanços Gerais da União *representam adequadamente* a posição financeira, orçamentária e patrimonial da União em 31 de dezembro', e não determina a sua aprovação ou rejeição; a segunda, diz respeito à ressalva, tendo em vista que o Presidente da República não é gestor de recursos públicos e, em razão disso, não apresenta ao Tribunal de Contas da União, em qualquer momento do exercício do seu mandato, prestação de contas separadamente da que oferece anualmente ao exame do Poder Legislativo. Assim, Sr. Presidente, cumprimentando o Ilustre Relator pelo bem articulado trabalho e, com profundo lamento, acompanho Sua Excelência parcialmente quanto ao Projeto de Parecer e, na conclusão só quanto à primeira parte, pelas razões expostas" (TCU, 1993, ATA 23/1993, p. 59-60/331) (Grifos no original).

patrimonial e financeira da União no exercício de 1992".[1117] Na conclusão de seu voto,[1118] seria mais assertivo a respeito:

> O Relatório sobre as Contas do Governo, referentes ao exercício de 1992, objeto do TC 005.836/93-0, cuja síntese acabo de ler, e que ora submeto à alta consideração deste Egrégio Plenário, foi elaborado, *rigorosamente, com base nos Balanços Gerais da União e no Relatório da Secretaria do Tesouro Nacional* que os acompanha, bem como nas indispensáveis e valiosas informações produzidas pela Secretaria de Contas do Governo desta Casa.
> A análise procedida na mencionada documentação permite-me concluir que, sob o ponto de vista *ORÇAMENTÁRIO, FINANCEIRO, LEGAL E CONTÁBIL*, as contas prestadas pelo Presidente da República, relativas ao exercício de 1992, estão em condições de ser aprovadas pelo Congresso Nacional.
> Ressalto que os atos ESPECÍFICOS de Gestão Administrativa que antecederam ou se seguiram ao processo de execução orçamentária, praticados pelos agentes da Administração, não estão em julgamento nesta assentada. Não faltará, nos termos constitucionais, legais e regulamentares, oportunidade para tal julgamento, como já me referi.
> O que importa destacar, agora, para dizer ao Congresso Nacional e à sociedade brasileira, é que a realização da receita e da despesa, no exercício, se conformou aos limites das autorizações legais. O fluxo de caixa da União, registrado nos Balanços Financeiros, expressa a realidade vivida no período. A situação patrimonial da União e de seus entes da Administração Indireta foi adequadamente configurada nos respectivos Balanços Patrimoniais.[1119]

[1117] TCU (1993, ATA 23/1993, p. 5-6; 331): "SÍNTESE DO RELATÓRIO [...] A prestação de contas do exercício de 1992 engloba dois períodos de gestão, correspondendo o primeiro ao que vai de 12 de janeiro a 29 de setembro e o segundo entre 30 de setembro a 31 de dezembro. Não obstante, não se pode e nem se deve estabelecer qualquer marco divisório entre eles, vez que as virtudes nominadas ou os defeitos identificados se constituíram em um 'continuum', sem que se possa precisar uma demarcação de quando tiveram início ou fim. Na realidade, pode-se afirmar que a maioria dos grandes problemas que afligem hoje a sociedade e a Administração Pública brasileiras têm raízes em passado não muito próximo. Destaco, de início, que esta prestação de contas não é da mesma natureza daquelas a que estão obrigados os agentes ou entidades que utilizem, arrecadem, guardem, gerenciem ou administrem dinheiros, bens e valores públicos ou pelos quais a União responda, ou que, em nome desta, assumam obrigações de natureza pecuniária, nos termos do disposto no parágrafo único do artigo 70 da Constituição Federal. O Presidente da República, conquanto seja o responsável maior pela política econômica e social que disciplina a chamada 'ação de governo', não autoriza, expressamente, a execução da despesa ou a arrecadação da receita, que viabilizam a realização dos programas decorrentes dessa política. A prestação de contas do Presidente da República não é, pois, uma justaposição ou agregado de contas de agentes públicos específicos. Constitui-se, isto sim, em uma avaliação global do desempenho do Governo, cujos parâmetros são os objetivos e metas fixadas no Plano Plurianual, na Lei de Diretrizes Orçamentárias (LDO) e na Lei Orçamentária anual. Não se trata, pois, de apreciação de contas do Presidente da República, nos termos da legislação ordinária que rege o comportamento dos agentes públicos a que acima me referi. Não obstante, deve refletir com exatidão a situação patrimonial, econômica, financeira e contábil da União. Examino, portanto, as presentes contas sob o enfoque de sua exatidão contábil e do reflexo da ação de governo, decorrente da execução dos orçamentos público, sobre a situação patrimonial e financeira da União no exercício de 1992. [...]."

[1118] TCU (1993, ATA 23/1993, p. 39; 331).

[1119] Outros ministros acompanharam esse raciocínio (TCU, 1993, ATA 23/1993, p. 64; 331): "[...] Os resultados da atuação financeira e orçamentária da União, analisados e expostos com tanta argúcia e objetividade pelo Ministro Olavo Drummond, mostram que a situação não é das melhores, ainda faltando muito a ser feito para ser atingido o ponto ideal do equilíbrio e da adequação das despesas às receitas efetivamente disponíveis. Entretanto, como se depreende das conclusões do eminente Ministro-Relator, no exercício financeiro de 1992 foram observadas as disposições legais pertinentes, os programas previstos no orçamento foram cumpridos em consonância com o Plano Plurianual e em respeito à Lei de Diretrizes Orçamentárias, assim como os Balanços Gerais da União representam adequadamente a posição financeira, orçamentária e patrimonial do Governo da República, aí incluídos o Legislativo, o Executivo e o Judiciário. [...]". TCU (1993, ATA 23/1993, p. 65-66; 331): "[...] Assinala o Relator que 'não se pode e nem se deve estabelecer qualquer marco divisório' entre os dois períodos de gestão abrangidos pela Prestação de Contas do Governo, exercício de 1992, porquanto 'as virtudes nominadas ou os

> Não obstante, registrei neste Relatório um conturbado desempenho gerencial do Governo durante o exercício de 1992, com penosos reflexos na economia brasileira. Não há, porém, evidência de vício nas contas examinadas que pudesse ou devesse levar esta Corte a recomendar ao Congresso Nacional não aprová-las.
> Assim, nos termos do artigo 90 do Regimento Interno, entendo por bem concluir o presente exame apresentando *parecer conclusivo pela aprovação das contas* pertinentes ao exercício de 1992. (Grifos nossos)

O relator buscava amparo numa análise sobre um objeto mais preciso ("rigorosamente, com base nos Balanços Gerais da União e no Relatório da Secretaria do Tesouro Nacional"), deixando de lado apreciação sobre "atos específicos de gestão administrativa" para poder chegar a um parecer pela aprovação das contas, diminuindo a margem de subjetividade presente na manifestação tradicional do Tribunal, que estava sendo retomada.

Essa visão era corroborada por outro ministro, que propugnou um exame a partir da "análise dos números frios":[1120]

> É necessário ressaltar que o que está sendo examinado é o Relatório da Secretaria do Tesouro Nacional; os Balanços e as Demonstrações Financeiras referentes à Administração Direta; os Balanços da Administração Indireta e o Orçamento de Investimentos das Empresas Estatais, apresentados ao Congresso Nacional pelo Presidente da República e por aquele, encaminhados a esta Corte de Contas, no último dia 20 de abril. [...]
> Trata-se, nesta oportunidade, portanto, do exame legal e contábil dos Balanços Gerais da União e do Relatório da Secretaria do Tesouro Nacional.
> Da minuciosa análise dos números frios que compõem esses balanços, não se vislumbra a má aplicação ou a malversação dos bens e dinheiros públicos, razão pela qual o ilustre relator chegou à conclusão de que [...].[1121]

---

defeitos identificados se constituíram em um *continuum*, sem que se possa precisar uma demarcação de quando tiveram início ou fim'. De igual modo, não vejo como analisar separadamente cada um dos aludidos períodos de gestão, haja vista que uma das peças básicas em que consistem as presentes Contas, isto é, os Balanços Gerais da União, tem a sua periodicidade *anual* fixada em preceito da Constituição da República (§5º do art. 165). A propósito, considero despicienda a referida separação, por se tratar, na espécie, das *Contas da União*, as quais englobam a execução dos programas incluídos no orçamento anual a cargo não apenas do Executivo, assim também do Legislativo e do Judiciário. Destarte, o que ora se aprecia – em cumprimento ao preceito da Lei Maior que impõe a este Tribunal dar parecer prévio sobre as contas do Governo – é, precipuamente, o comportamento da receita e da despesa da *União*, em seus aspectos contábil, financeiro, orçamentário, operacional e patrimonial, considerado, porém, esse comportamento em seu conjunto. Tal atribuição, aliás, muito difere daquela consistente no julgamento de contas, conforme sobejamente demonstrou o Relator. [...] E, não obstante assinale o Relator 'um conturbado desempenho gerencial do Governo, durante o exercício de 1992, com penosos reflexos na economia brasileira', logo a seguir acrescenta S. Exª que 'nada, porém, evidenciou vício nas contas examinadas que pudesse ou devesse levar esta Corte a recomendar ao Congresso Nacional a não aprovação das mencionadas Contas'. Com estes ligeiros comentários – e considerando a conclusão do Relator de que os Balanços Gerais da União representam adequadamente a posição financeira, orçamentária e patrimonial da União em 31 de dezembro de 1992, bem como o resultado das operações, de acordo com os princípios fundamentais de contabilidade aplicados à Administração Pública federal [...] voto pela aprovação do Projeto de Parecer Prévio, ora submetido à apreciação deste Plenário" (Grifos no original).

1120 TCU (1993, ATA 23/1993, p. 53; 331).

1121 TCU (1993, ATA 23/1993, p. 53; 331): "[...] Trata-se, nesta oportunidade, portanto, do exame legal e contábil dos Balanços Gerais da União e do Relatório da Secretaria do Tesouro Nacional. Da minuciosa análise dos números frios que compõem esses balanços, não se vislumbra a má aplicação ou a malversação dos bens e dinheiros públicos, razão pela qual o ilustre Relator chegou a conclusão de que: – os Balanços Gerais da União e respectivas demonstrações contábeis, bem como o Relatório da Secretaria do Tesouro Nacional, espelham adequadamente as

No julgamento de política geral, a cargo do Congresso Nacional, certamente serão levados em consideração outros elementos norteadores do desempenho da economia brasileira.

Um dos ministros, no entanto, não via a situação da mesma maneira e buscava estender o objeto sobre o qual deveria ser emitido o parecer prévio, para considerar no juízo sobre as contas os fatos apurados no processo de *impeachment* do ex-presidente da República:

> O julgamento político a cargo do Congresso Nacional e que se dará após a emissão do Parecer Prévio deste TCU, já se debruçou sobre diversos fatos desse Governo, considerando-os tão irregulares que ensejaram o afastamento definitivo do Presidente da República por envolvimento em corrupção. [...]
> A análise do ponto de vista administrativo-fiscal, executada sobre a gestão dos recursos públicos, cuja apreciação está a cargo deste TCU e que se processa na forma de Parecer conclusivo para embasar o julgamento por parte do Congresso Nacional, não pode se afastar dos diversos fatos já apurados, embora seja uma instância independente.
> O julgamento político ou criminal não tem interferência direta no julgamento das contas, quando se pode isolar o fato gerador específico. Mas quando as razões de julgar são interligadas, não há como deles se afastar, mesmo porque o julgamento das contas pode ter claros reflexos sobre as outras espécies de responsabilidade.
> No presente caso, na gestão que se estende de 01.01 a 29.09, temos uma clara demonstração de incompetência administrativa no descumprimento das metas e planos de governo, onde se percebe que a gestão dos recursos públicos não se dirigiu ao engrandecimento do País e à cura dos seus males crônicos, servindo mais para o jogo de interesses de determinado grupo que se acercou do então Chefe de Governo, com todos os indícios de que essa era a sua vontade deliberada, cometendo, estimulando ou deixando acontecer, fatos nocivos ao Erário e à dilapidação dos recursos públicos.

Havia que se considerar, no exame das contas, atos de gestão irregulares e ilícitos vinculados direta ou indiretamente ao presidente:[1122]

> Sabemos que emitir um Parecer é formular opinião fundamentada sobre o assunto. E que, nos termos da lei, o controle da execução orçamentária pelo Poder Legislativo tem por

---

operações financeiras e patrimoniais ocorridas no exercício de 1992; – as despesas foram realizadas pelos órgãos e entidades da Administração Pública nos limites das autorizações legais; – o Patrimônio da Administração Pública está adequadamente expresso nos respectivos balanços patrimoniais; – não restaram evidenciadas falhas ou irregularidades de gestão administrativa, as quais, se ocorreram no exercício, serão objeto de posterior exame e julgamento por este Tribunal. [...]". Implícito nessa manifestação, o entendimento de que o exame de falhas ou irregularidades de gestão administrativa não fazem parte do escopo desse processo, de modo que aquilo que vier a ser identificado, ou já tiver sido, será apurado em processos específicos, com finalidades próprias.

1122 TCU (1993, ATA 23/1993, p. 51; 331): "[...] Não se pode excluir da gestão, por exemplo, a realização de gastos com segurança, transporte e alimentação, custeados com recursos da Presidência da República em benefício de indivíduos que sequer pertenciam ao serviço público, como prova o ofício do Chefe da Divisão de Proteção de Instalações, visando 'dar cumprimento à ordem do Exmº Sr. Presidente da República, no que tange à proteção da referida autoridade'. Tal ofício determinou providências para fornecer viatura descaracterizada para transporte de pessoal e de alimentação de elementos do serviço de segurança da PR, que prestavam serviços na residência de Paulo César Farias, então tratado como autoridade. Se o Tribunal não considera isto um ato de gestão irregular ou diz que não pode ser atribuído ao gestor destas contas, melhor seria não apreciá-las, como manda a Constituição. [...]".

> objetivo, verificar a probidade da administração, a guarda e o legal emprego dos dinheiros públicos (art. 81, Lei 4.320/64).
> Ora, quando se prova a expressa permissão de tráfico de influência, a existência de contas bancárias fantasmas, para usufruto do então titular da PR e de seus amigos, *não se pode deixar de entender que nessa administração reinou a improbidade administrativa.*
> O controle externo, que tem como um de seus objetivos legais verificar essa probidade, não deve deixar de recomendar a desaprovação ou a rejeição das contas. *Se há improbidade administrativa a gestão foi patentemente irregular.* [...]
> Não pode o TCU, simplesmente ignorar tais fatos e opinar conclusivamente pela aprovação das contas. Seria como se não lhe coubesse opinar sobre a regularidade dos atos que constituem a execução orçamentário-financeira dos planos de governo. Na prática tornaria inócua a apreciação conclusiva para embasar o julgamento do Congresso Nacional, como expressamente determinado na Constituição Federal. [...]
> Analisando os fatos à luz do novo Regimento Interno do Tribunal o Relatório aponta a falta de observância às normas constitucionais e legais na execução dos orçamentos (inciso I, art. 175), a ausência do atingimento de metas e a falta de economicidade da gestão governamental (inciso II, art. 175) e os reflexos negativos da gestão no desenvolvimento social do País (inciso III, art. 175). Se tudo isto houve, além da improbidade administrativa demonstrada (art. 81, L. 4.320/64), *não vejo como opinar no sentido da aprovação das contas.* (Grifos nossos)

Um terceiro entendimento foi defendido. Compreendia outro ministro[1123] que as chamadas "contas de governo" não servem ao "propósito de apurar responsabilidade, alcance, desvio, corrupção ou malversação de recursos públicos", pois o exame do Tribunal, neste caso, constituía, "em essência, numa avaliação global dos gastos públicos e numa apreciação do desempenho da máquina administrativa".

No entanto, estaria inclinado a se manifestar pela rejeição das contas, dado que o julgamento "político, moral e ético do desempenho do Governo Collor" já havia sido feito pelo Congresso Nacional, mas não o faria porque isso significaria a rejeição das contas do exercício financeiro como um todo, o que abarcaria uma manifestação de rejeição das contas do então Presidente Itamar Franco.

Portanto, propunha que o Tribunal proferisse um parecer conclusivo apenas quanto aos balanços gerais, e quanto ao restante se adotasse a fórmula do ano anterior:

1123 TCU (1993, ATA 23/1993, p. 57-58; 331): "[...] Na verdade, ao examinar, a cada ano, as Contas Anuais do Presidente da República, o Tribunal se obriga a oferecer um PARECER e um RELATÓRIO com o elevado objetivo de retratar e levar, ao conhecimento do Poder Legislativo, a situação das FINANÇAS NACIONAIS. Nesse sentido, as chamadas Contas do Governo, efetivamente, não podem ser apreciadas com o propósito de apurar responsabilidade, alcance, desvio, corrupção ou malversação dos recursos públicos. Seu exame, por parte do TCU, e seu julgamento, a cargo do Legislativo, constituem-se, em essência, numa avaliação global dos gastos públicos e numa apreciação do desempenho da máquina administrativa.[...] Como se sabe, o julgamento político, moral e ético do desempenho do Governo Collor já foi feito pelo Congresso Nacional, razão pela qual estaria decidido a manifestar-me pela rejeição de tais Contas se o período examinado fosse da responsabilidade exclusiva do então Presidente.[...] Acontece que as presentes demonstrações da EXECUÇÃO FINANCEIRA E ORÇAMENTÁRIA DA UNIÃO, relativamente ao exercício de 1992, compreendendo não somente os atos praticados pelo Poder Executivo, como também os praticados pelos Poderes Legislativo e Judiciário, abrangem fases e responsabilidades distintas: de 1º de janeiro a 29 de setembro (Governo Collor) e de 30 de setembro a 31 de dezembro (gestão do atual Presidente da República, Doutor ITAMAR FRANCO). Aliás, como assinalado pelo próprio Relator, tal Prestação de Contas engloba justamente esses dois períodos de gestão numa única realidade: CONTAS DO GOVERNO DA REPÚBLICA REFERENTES AO EXERCÍCIO DE 1992. Por essas razões, não posso colocar-me pela rejeição pura e simples das presentes Contas, porque não se referem apenas ao Governo Collor. Caso assim procedesse, estaria também rejeitando a parte do Governo Itamar com a parte do Judiciário e Legislativo. [...]".

> Minha opinião é a de que o Parecer do Tribunal deveria ser conclusivo tão somente, "no sentido de manifestar-se sobre se os Balanços Gerais da União representam adequadamente a posição financeira, orçamentária e patrimonial da União em 31 de dezembro" (cf. art. 175 do novo Regimento Interno).
> Quanto aos demais aspectos e sob o ângulo específico do planejamento e desempenho legal, econômico e operacional do Estado, estou convencido de que a melhor fórmula seria a que foi utilizada e aprovada, por este mesmo Plenário, nas Contas de 1991 – Rel. Min. PAULO AFFONSO "estão em condição de serem julgadas pelo Congresso Nacional". [...]
> Traçados esses comentários, manifesto-me, inteiramente, de acordo com as proposições constantes da conclusão do Relatório sobre os Balanços Gerais da União. Com relação ao projeto de Parecer submetido ao Plenário, para encaminhamento ao Congresso Nacional, entendo deva ficar expresso que o TCU é de PARECER que as Contas, relativas ao exercício de 1992, *estão em condições de ser julgadas* pelo Congresso Nacional, uma vez que os referidos Balanços Gerais representam, adequadamente, a posição financeira, orçamentária e patrimonial da União, em 31 de dezembro do referido exercício. (Grifos nossos)

Além dessas três posições, havia também o entendimento do ministro-relator das contas do ano anterior, no sentido de não caber ao Tribunal qualquer manifestação de aprovação ou rejeição de contas, por falta de amparo normativo:

> [...] o novo Regimento Interno [...] estabelece em seu art. 175, *verbis*: "O Parecer Prévio a que se refere o caput do art. 166 deste Regimento será conclusivo no sentido de manifestar-se sobre se os Balanços Gerais da União representam adequadamente a posição financeira, orçamentária e patrimonial da União em 31 de dezembro, bem como o resultado das operações, de acordo com os princípios fundamentais de contabilidade aplicados à Administração Pública federal". [...].
> O Eminente Relator concluiu o seu Parecer Prévio sob dois ângulos: um é no sentido de que as Contas do Governo, relativas ao exercício de 1992, podem ser aprovadas sob os aspectos orçamentários, financeiros, contábeis, patrimoniais e legais; o outro, ressalva "os possíveis atos controversos ou irregularidades da gestão administrativa ocorridos no período, os quais serão processados e julgados, isoladamente, na forma da Lei".
> Cabem [...] duas considerações: a primeira refere-se a impropriedades na aplicação do texto regimental, pois o mesmo declara que o Parecer Prévio deve ser conclusivo no sentido de que os "Balanços Gerais da União representam adequadamente a posição financeira, orçamentária e patrimonial da União em 31 de dezembro", e *não determina a sua aprovação ou rejeição*; a segunda, diz respeito à ressalva, tendo em vista que o Presidente da República não é gestor de recursos públicos e, em razão disso, não apresenta ao Tribunal de Contas da União, em qualquer momento do exercício do seu mandato, prestação de contas separadamente da que oferece anualmente ao exame do Poder Legislativo

4.6.2.2.1 O grande dilema

Estava-se diante, portanto, novamente, de visões opostas sobre o papel do Tribunal no exame das contas e na emissão do parecer prévio, agora já na vigência da nova Lei Orgânica, a LOTCU-1992, e de um novo regimento interno.

A divergência era alimentada pelo entendimento de que a "opinião" a ser emitida no parecer prévio deveria ser, obrigatoriamente, pela aprovação/reprovação, opinião que não tinha qualquer valor de opinião de auditoria adicional aos "considerandos" que expressavam essa qualidade.

E essa visão, que havia sido temporariamente ultrapassada no ano anterior, voltava a vigorar, inobstante o art. 181 do Regimento Interno fosse claro sobre o que deveria ser conclusivo no parecer prévio, considerando que a função desempenhada pelo Tribunal era uma função de auditoria:

> O Parecer Prévio [...] será conclusivo no sentido de manifestar-se sobre se os Balanços Gerais da União representam adequadamente a posição financeira, orçamentária e patrimonial da União em 31 de dezembro, bem como o resultado das operações, de acordo com os princípios fundamentais aplicados à Administração Pública federal.

Para aprovar "as contas" de um Governo acusado de corrupção, cujo presidente havia renunciado para não ser destituído da função pelo Congresso, haveria que deixar claro que o objeto eram os balanços gerais e aspectos gerais do orçamento; para "rejeitá-las", era preciso incorporar ao exame os atos reprováveis conhecidos e afastar o exame do Tribunal dos aspectos de auditoria.

O Tribunal, ao final, como no ano anterior, evitou opinar pela aprovação geral das contas do então presidente da República, reconhecendo que tal manifestação carrega um juízo de valor, de aprovação/reprovação da condução do governo, que não se podia conceder ao Governo destituído, mantendo-se dentro do escopo de um exame de auditoria financeira, apesar de, àquela época, não haver perfeito entendimento do que se requeria para fins de emissão de opiniões de auditoria.

Dessa forma, o TCU incidia em grandes riscos de auditoria ao fazer afirmações sobre os balanços e a execução orçamentária que não poderia fazer segundo as normas e os padrões internacionais de auditoria.

As dificuldades patentes para emissão desses juízos estavam reconhecidas no voto de um dos ministros:

> Essas considerações preliminares estariam incompletas, caso nelas não se estabelecesse a vinculação imprescindível com os Pareceres de 1990 e 1991, os quais refletem as insuficiências que já vinham sendo constatadas desde o início do Governo Collor.
>
> Nas contas de 1990, foram suscitadas tantas impropriedades – prática generalizada de não se proceder a LICITAÇÕES, descontrole dos gastos e orçamentos das EMPRESAS ESTATAIS, excessivas contribuições feitas pelas Estatais em PREVIDÊNCIA PRIVADA – que cheguei mesmo a concluir que aquelas Contas só poderiam ser aprovadas pelo Congresso Nacional com o acolhimento das inúmeras *sugestões, recomendações* e *determinações* que, naquela oportunidade, achei por bem fazer.
>
> Tais questões conduzem, na linguagem usual dos processos e prestações de contas e na expressão adotada pelas auditorias independentes, ao PARECER "com ressalvas", ante as falhas e irregularidades constatadas, acarretando prejuízos às Finanças Públicas e comprometendo a Probidade Administrativa.
>
> A realidade é que cada Relator, em cada ano, vem se deparando com dificuldades e deficiências geradoras de perplexidades e embaraços, uma vez que tais Contas Anuais nunca vêm apoiadas em informações amplas, relatórios circunstanciados, estatísticas e balanços

> de resultados dos programas e outros elementos capazes de indicar como se processaram os gastos e a administração dos dinheiros públicos.
> Nessas condições, requeiro, como já o fizeram diversos outros Relatores, que, nas futuras Contas, sejam enviados pelo Executivo esclarecimentos complementares, para que o TCU possa oferecer ao Congresso Nacional uma radiografia completa e verdadeira das realizações governamentais. (Grifos no original)

A predominância da ideia de a essência do parecer prévio ser a emissão de uma opinião de aprovação/rejeição de contas, juízo de valor, e não a emissão de juízos profissionais de auditoria financeira/de conformidade escorreitos *atrasava a evolução do processo* e obscurecia a importância de produzir análises de maior poder de compreensão das finanças públicas e da execução do orçamento.

4.6.2.3 O Caso Collor no Congresso e as críticas ao TCU por ter "aprovado" as contas

No Congresso Nacional, o Caso Collor continuaria controverso. Em boa parte, porque o parecer prévio sobre as Contas do Governo-1992 vinha do TCU com uma manifestação de "aprovação de contas", e contra ela deveria se opor o Parlamento, se entendesse por reprová-las.

O caso evidencia outro problema: um parecer prévio que emita recomendação de aprovação ou reprovação das contas (em vez de somente opiniões de auditoria), à semelhança do que faz o Congresso Nacional no julgamento das contas, suscita um confronto entre o Poder Legislativo e a instituição técnica que o auxilia e que deveria estar afastada de avaliações e juízos sobre a condução do Governo e a conduta pessoal do Chefe do Poder Executivo.[1124]

Um envolvimento dessa natureza resulta em inevitável atuação de repercussão política, elevada ao máximo quando o Tribunal de Contas da União recomendou ao Congresso Nacional a rejeição das contas da Presidente da República Dilma Rousseff.[1125]

1124 "O Congresso Nacional, ao qual compete fazer um julgamento político, sob o prisma das regras constitucionais, do conjunto da gestão e do comportamento do supremo mandatário deve levar em consideração esses e quaisquer outros elementos de informação de que disponha. Portanto, ao tempo em que ambos devem se pronunciar sobre aspectos completamente diversos da gestão Presidencial é absolutamente natural que em determinadas circunstâncias a apreciação do Tribunal seja diferente do julgamento do Congresso. *A opinião de um não pode e não deve condicionar nem pré-estabelecer a conclusão do outro, sob pena de comprometer a desejada autonomia e imparcialidade do Tribunal ou a própria independência do Congresso Nacional.* Por isso, não deve causar qualquer estranheza a circunstância do TCU, levando em conta apenas a Prestação de Contas formal, composta pelo Balanço Geral da União e demonstrativos da execução orçamentária, recomendar a aprovação ou rejeição das Contas do Presidente e o Congresso, levando em consideração essa apreciação, mas, levando em conta também muitos outros elementos de avaliação no seu julgamento, decidir em sentido contrário" (Grifos no original).

1125 TCU (*Relatório e Parecer Prévio sobre as Contas de Governo de 2014*, 2015, p. 22; 924): "1.1.5 Parecer Prévio – O Tribunal de Contas da União é de parecer que as Contas atinentes ao exercício financeiro de 2014, apresentadas pela Excelentíssima Senhora Presidente da República, Dilma Vana Rousseff, exceto pelos possíveis efeitos dos achados de auditoria referentes às demonstrações contábeis da União, consignados no relatório, representam adequadamente as posições financeira, orçamentária, contábil e patrimonial, em 31 de dezembro de 2014; contudo, devido à relevância dos efeitos das irregularidades relacionadas à execução dos orçamentos, não elididas pelas contrarrazões apresentadas por Sua Excelência, não houve observância plena aos princípios constitucionais e legais que regem a Administração Pública federal, às normas constitucionais, legais e regulamentares na execução dos orçamentos da União e nas demais operações realizadas com recursos públicos federais, conforme estabelece a lei orçamentária anual, razão pela qual as Contas não estão em condições de serem aprovadas, *recomendando-se a sua rejeição pelo Congresso Nacional*" (Grifos nossos).

Na Comissão Mista de Planos, Orçamentos Públicos e Fiscalização Financeira,[1126] três questões iriam pautar a forma de abordagem das "Contas do Governo Federal relativas ao exercício financeiro de 1992"[1127] (Contas do Governo) e a formulação de concepções *ad hoc*[1128] sobre o sentido das contas prestadas anualmente pelo presidente da República ao Poder Legislativo.[1129]

A primeira era o *impeachment* do Presidente Fernando Collor de Melo. A segunda, que o ano de 1992 compreendia dois períodos de exercício da Presidência da República, por presidentes distintos.

Havia um sentimento, já expressado nos debates ocorridos no TCU, de que um deles não poderia ter suas contas aprovadas, Fernando Collor de Mello (1º de janeiro a 29 de setembro de 1992), acusado de corrupção; e o outro não poderia ter suas contas reprovadas, Itamar Franco (30 de setembro a 31 de dezembro de 1992),[1130] considerado um homem probo.[1131]

No entanto, as Contas do Governo consistiam nos balanços gerais e no relatório da execução dos orçamentos referentes ao exercício financeiro. Não havia um conjunto "balanços gerais/relatório de execução orçamentária" para cada período presidencial passível de apreciação separada, como decidira o TCU.[1132]

Na Comissão Mista de Orçamento, desejava-se fazer do exame e do julgamento um escrutínio e um juízo sobre a condução do Governo e a conduta pessoal de cada

---

1126 Comissão que recebeu da Constituição competência para examinar e emitir parecer sobre as contas apresentadas anualmente pelo presidente da República: "Art. 166. [...] §1º Caberá a uma Comissão mista permanente de Senadores e Deputados: I – examinar e emitir parecer sobre os projetos referidos neste artigo e sobre as contas apresentadas anualmente pelo Presidente da República [...]". Também referida como Comissão Mista de Orçamento (CMO).

1127 Senado (1996, DCN 44/1996, *Relatório e Voto do Relator*, p. 840; 964).

1128 Sobre a inexistência de regras, *vide* Senado (1996, DCN 44/1996, Parecer do Vencido, p. 824; 964): "Preliminarmente, ressalte-se que, em nenhum momento, a Constituição explicita o conteúdo ou mesmo a natureza das Contas do Presidente da República, nem no que consiste a "apreciação" dessas contas pelo Tribunal de Contas da União, nem no que consiste o julgamento" dessas contas pelo Congresso Nacional".

1129 Senado (1996, DCN 44/1996, *Relatório e Voto do Relator*, p. 847; 964): "O julgamento das contas de 1992 tem característica especial, pois naquele ano o País passou por uma grande perturbação institucional, ensejando a existência num mesmo período, em caráter excepcional, de dois Presidentes da República no exercício da função. Este fato e as razões que o motivaram têm reflexos no exame e julgamento das contas [...]".

1130 Na verdade, não estão em discussão "contas de mandato", mas o exame dos balanços e da execução orçamentária, num processo, como já se discutiu, que tem a ver, histórica e teoricamente, com o encerramento do ciclo orçamentário. Contas do Governo não são um processo de apuração de responsabilidades presidenciais de natureza pessoal. Para isso existe o processo de *impeachment*.

1131 TCU (1993, Ata 23/1993, p. 56): "Acontece que as presentes demonstrações da EXECUÇÃO FINANCEIRA E ORÇAMENTÁRIA DA UNIÃO, relativamente ao exercício de 1992, compreendendo não somente os atos praticados pelo Poder Executivo, como também os praticados pelos Poderes Legislativo e Judiciário, abrangem fases e responsabilidades distintas: de 1º de janeiro a 29 de setembro (Governo Collor) e de 30 de setembro a 31 de dezembro (gestão do atual Presidente da República, Doutor ITAMAR FRANCO). Aliás, como assinalado pelo próprio Relator, tal Prestação de Contas engloba justamente esses dois períodos de gestão numa única realidade: CONTAS DO GOVERNO DA REPÚBLICA REFERENTES AO EXERCÍCIO DE 1992. Por essas razões, não posso colocar-me pela rejeição pura e simples das presentes Contas, porque não se referem apenas ao Governo Collor. Caso assim procedesse, estaria também rejeitando a parte do Governo Itamar com a parte do Judiciário e Legislativo" (Maiúsculas no original).

1132 Um trabalho de auditoria financeira/de conformidade poderia ser desenhado para auditar conjuntos de transações em períodos determinados, com fins estatísticos, com o objetivo de avaliar a existência de irregularidades/distorções em patamares diferentes nesses períodos.

presidente da República.[1133] Era, portanto, necessário distinguir os períodos e formular uma concepção das CPR que sustentasse essa distinção.

4.6.2.3.1 Juízo de aprovação/reprovação e as perguntas que não precisariam ser feitas

A terceira questão estava expressa na dúvida que o relator das contas lançara como ponto de partida do raciocínio condutor de seu voto: "Surge então uma questão pertinente: podem receber julgamento favorável as contas de um Presidente da República julgado culpado por crimes de responsabilidade?".[1134]

A resposta sugerida pelo relator, transcrita a seguir, seria, na essência, a que o TCU tivera que dar à mesma questão, implícita na discussão sobre o modo de expressão de seu parecer prévio:

> A resposta é: sim, sem dúvida essas contas podem ser julgadas regulares, desde que as contas sejam entendidas apenas como o Balanço Geral da União e as peças que o compõem. Por exemplo, é possível, em tese, "atentar contra a existência da União" através de atos sem qualquer conexão com finanças públicas e com atos administrativos de gestão orçamentária e patrimonial.

O Tribunal de Contas da União, afastando-se da tradição de manifestar-se pela aprovação/reprovação das "contas", formulou um parecer prévio que delimitava o seu objeto (aspectos orçamentários, financeiros, contábeis e legais) e explicitava que não abrangia "possíveis atos controversos ou irregularidades de gestão administrativa ocorridas no período, os quais estão processados e julgados, isoladamente, na forma da Lei".

[1133] Senado (1995, DCN 44/1995, *Parecer do Vencido*, p. 825; 964): "Ora, se o julgamento político das contas do Presidente da República vai muito além do mero julgamento da correção técnica da execução orçamentária e do Balanço Geral da União, podemos concluir que esse julgamento naturalmente inclui este aspecto, mas não se limita a ele, devendo se estender a todos os aspectos constitucionais aqui abordados. Por isso mesmo, esse julgamento deverá ser em parte objetivo e em parte puramente político e, portanto, em muitas circunstâncias, será necessariamente subjetivo. Necessário é, no entanto, ressaltar que o julgamento político que aqui mencionamos não tem caráter político-partidário nem ideológico, mas sim, o sentido político de *avaliação da conduta institucional de pessoas, às quais, por ocuparem altos cargos e funções da República*, podem e devem ser cobradas de forma ainda mais severa por todos os seus atos no desempenho de suas funções e pela observância de seus compromissos constitucionais. Podemos afirmar que os compromissos do Presidente da República com o país são os compromissos assumidos ao ser investido no cargo e que estão gravados na Constituição, uma vez que: a) o juramento que presta está no artigo 78: 'Art. 78. O Presidente e o Vice-Presidente da República tomarão posse em sessão do Congresso Nacional, prestando o compromisso de manter, defender e cumprir a Constituição, observar as leis, promover o bem geral do povo brasileiro, sustentar a união, a integridade e a independência do país'. Portanto, um julgamento político das contas do Presidente deve concluir pelo reconhecimento de que esses compromissos foram cumpridos. É necessário observar que avaliar os aspectos citados nesse artigo envolve um juízo que cada cidadão brasileiro teria sobre seu Presidente, ' sobre cada um desses aspectos. Esse juízo de valor deve ser feito por cada membro do Congresso, representando o povo brasileiro, e, portanto, integra o julgamento das contas do Presidente [...]. O julgamento que deve ser feito do comportamento do Presidente frente a esses itens é, em grande medida, análogo ao julgamento que se faz dos compromissos a que se refere o artigo 78. *É evidente que o Congresso ao aprovar as contas do Presidente deve também atestar para a população, a quem representa, que não há indícios de que o Presidente infringiu esses compromissos*" (Grifos nossos).

[1134] Cabe uma pergunta reversa: podem as contas prestadas pelo presidente da República (ou chefe de Poder Executivo) ser apreciadas pelo Tribunal de Contas no sentido de apurar irregularidades e emitir um juízo de aprovação/recomendação, em vez de opiniões de auditoria?

Não seria necessário esse cuidado redacional para mitigar os efeitos políticos de sua recomendação de aprovação se o Tribunal, como entidade fiscalizadora superior exercendo uma função de auditoria, se manifestasse conclusivamente somente por meio de opiniões de auditoria.

Um trabalho de auditoria não se prestava a emitir recomendações de aprovação/reprovação de um objeto indefinido, "As Contas", mas, mesmo assim, eram feitas e terminavam por ser recebidas como uma avaliação da condução da Administração Pública, politicamente sensível.

O Tribunal sabia que sua recomendação de aprovação das contas recebia essa conotação e sabia que não poderia permitir que sua manifestação no parecer prévio sobre as contas de um ex-presidente rejeitado pela opinião pública e condenado pelo Senado por crimes de responsabilidade ganhasse a conotação de aprovação de seu Governo. Isso macularia sua imagem.

O parecer prévio sobre as Contas de Governo-1992 arrastava o Tribunal para a esfera política, mas a maioria de seus membros resistiu a esse movimento, buscando guarida na adoção de uma concepção restrita do sentido das contas prestadas anualmente pelo presidente da República, na coerência técnica exigida de uma EFS e na impossibilidade lógica de recomendar a rejeição das contas segundo a concepção que dera, seguindo a legislação, e o que tinha em mãos.

No Caso Dilma, analisado na próxima seção, o problema seria inverso.

O Tribunal apurava em outros processos várias irregularidades consideradas graves.[1135] Os resultados dessas apurações vinham sendo intensamente divulgados pelo próprio Tribunal e repercutidos amplamente pela mídia, e havia insatisfação política e na opinião pública com o Governo. Nesse ambiente, perguntava-se: criado esse clima negativo, poderia o Tribunal "aprovar as Contas do Governo"?

Novamente, essa pergunta não se colocaria se o Tribunal se manifestasse como as EFS de todos os países pesquisados se manifestam: opiniões de auditoria, ou sem emitir juízo e recomendação de aprovação/reprovação de um conjunto indefinido de coisas (objetos de auditoria, condições e condutas), denominado "As Contas".

[1135] Mafei (*Como remover um presidente*, 2021, p. 218-219): "Um último organismo da teia de accountability que cercou as pedaladas foi o TCU. Em abril de 2015, julgando uma representação do Ministério Público [...], baseada em relatório de auditoria iniciada no final do ano anterior, o TCU considerou que as pedaladas eram ilegais. Relatado pelo ministro [...], o acórdão no 825/2015 determinou uma série de medidas em resposta à representação do Ministério Público junto ao Tribunal de Contas: ao Banco Central, foi determinado que passasse a registrar todos os débitos em aberto; aos ministérios, o TCU mandou que pagassem o que deviam aos bancos públicos; e ao Tesouro Nacional, ordenou que repassasse o que era devido aos ministérios, para que eles pudessem quitar seus atrasos com as instituições financeiras. A decisão dispôs também que um conjunto seleto de autoridades, que incluía Guido Mantega, Arno Augustin e o agora ex-presidente da Caixa Jorge Hereda, justificasse as operações de suas respectivas instituições, sob ameaça de penas que poderiam levá-los até mesmo à inabilitação para o exercício de funções públicas. O acórdão também determinou que o Ministério Público fosse oficiado, para que tomasse as medidas que julgasse cabíveis. O saldo mais impactante do julgamento do TCU foi a conclusão de que os aproximadamente 40 bilhões de reais até então retidos pelo Tesouro em prejuízo dos bancos públicos federais implicavam 'assunção de compromisso financeiro' sem a devida previsão, e, por conseguinte, violação à Lei de Responsabilidade Fiscal. A decisão chamou atenção pelo fato de que o artigo 73 da Lei de Responsabilidade Fiscal estabelece que as infrações aos dispositivos da lei podem ser consideradas ilícitas à luz da Lei do Impeachment, que se aplica tanto a presidentes quanto a ministros de Estado. No dia seguinte ao julgamento, órgãos de imprensa reportaram que o TCU havia decidido que 'as pedaladas foram crime de responsabilidade', muito embora nenhuma afirmação específica nesse sentido tenha constado da versão final do acórdão no 825/2015".

Mas, desta vez, o Tribunal foi alçado ou alçou-se à arena política, posicionando-se e sendo percebido como um *fórum de accountability e responsabilização política do Governo*.

Podendo restringir-se a emitir opiniões de auditoria, menos politizáveis, a Corte de Contas, imersa num clima muito desfavorável ao Governo, diferentemente de 1993, aumentou o potencial de politização ao adotar uma concepção mais ampla sobre seu papel no exame das CPR e inovar a processualística do parecer prévio mediante contraditório de apuração de irregularidades diretamente com o presidente da República e ao manter a tradição de formular recomendação ao Congresso quanto ao juízo a ser proferido sobre "As Contas": rejeição das "Contas atinentes ao exercício financeiro de 2014, apresentadas pela Excelentíssima Senhora Presidente da República, Dilma Vana Rousseff".[1136]

Retomando o Caso Collor.

Na Comissão Mista de Orçamento,[1137] o deputado relator das Contas do Governo de 1992 conduziu o voto segundo a ideia da separação de contas e a visão do processo, no Congresso Nacional, como um exame, principalmente, de condutas, construindo uma concepção *ad hoc* sobre "as contas prestadas pelo Presidente da República" e os aspectos de condução do Governo e de conduta pessoal que deveriam ser avaliados pelo Congresso.

Haveria dois julgamentos a fazer.[1138] Um de contas propriamente dito (os balanços gerais e o relatório da execução orçamentária no exercício, já realizado de certo modo pelo TCU; e outro sobre a avaliação das condutas dos presidentes.[1139]

Assim, as contas prestadas pelo presidente, como mencionado na Constituição, segundo o relator, *tinham que ter um caráter pessoal, "as contas eram do Presidente da República"*. Deveriam ser avaliadas pelo Congresso em "julgamento político do conjunto da gestão e do comportamento do supremo mandatário".

A concepção que desenvolvera considerava que as contas anualmente prestadas pelo presidente da República[1140] eram mais do que um conjunto de demonstrativos financeiros

---

[1136] TCU (*Relatório e Parecer Prévio sobre as Contas de Governo de 2014*, 2015, p. 22; 924).

[1137] Essa publicação será citada como Senado (1996, DCN 44/1996).

[1138] *Vide* também Senado (1995, DCN 44/1995, *Parecer do Vencido*, p. 830; 964): "Esta discussão foi ponderada pelos parlamentares integrantes desta Comissão, levando os a compreender que: 1º) a Prestação de Contas do Presidente da República inclui mas não se limita ao Balanço Geral da União e aos demais demonstrativos sobre a execução orçamentária; e 2º) que o julgamento do Congresso da Prestação de Contas do Presidente da República engloba uma avaliação de TODOS os atos de gestão do Presidente no exercício".

[1139] Senado (1995, DCN 44/1995, *Relatório e Voto do Relator*, p. 843-844; 964): "[...] O advento da República deu impulso a essa tendência histórica e inclui a exigência ao Chefe do Poder Executivo de prestar contas dos seus atos na gestão dos negócios públicos. [...] o julgamento das contas do Presidente da República deve incluir os demonstrativos da execução orçamentária e os demonstrativos dela resultantes. Ocorre, porém, que as ações do Presidente da República, suas obrigações e os parâmetros que balizam suas ações não se limitam nem se esgotam na execução do orçamento. A natureza das contas está também vinculada aos compromissos políticos que o Presidente da República assumiu com o País, compromissos inscritos na Constituição – o grande pacto político entre o Estado e a Sociedade – e também no plano de governo defendido na campanha eleitoral".

[1140] *Vide* como a Constituição Federal de 1988 menciona esse tema: "Art. 84. Compete privativamente ao Presidente da República: *prestar*, anualmente, ao Congresso Nacional, dentro de sessenta dias após a abertura da sessão legislativa, *as contas referentes ao exercício anterior* [...]"; "Art. 49. É da competência exclusiva do Congresso Nacional: julgar anualmente as contas prestadas pelo Presidente da República e apreciar os relatórios sobre a execução dos planos de governo [...]"; "Art. 71. O controle externo, a cargo do Congresso Nacional, será exercido com o auxílio do Tribunal de Contas da União, ao qual compete: I – apreciar as *contas prestadas anualmente pelo Presidente da República*, mediante parecer prévio que deverá ser elaborado em sessenta dias a contar de seu recebimento [...]"; "Art. 166. [...] §1º Caberá a uma Comissão mista permanente de Senadores e Deputados: I – examinar e

e relatórios de execução orçamentária constitutivo do que se poderia denominar, como então se denominava em 1992, Contas do Governo Federal,[1141] e seria denominado, em 2014, Contas do Governo da República, de modo similar ao que são denominadas em outros países coisas equivalentes:

a) em Portugal, a Conta Geral do Estado, auditada pelo Tribunal de Contas;
b) na Espanha, a Conta Geral do Estado (*La Cuenta General del Estado*), auditada pelo *Tribunal de Cuentas*;
c) na França, as Contas do Estado (*Comptes de Le'État*), auditadas pela *Cour des comptes*;
d) na Itália, a Prestação de Contas Geral do Estado (*Rendiconto Generale dello Stato*), auditada pela *Corte dei Conti*;
e) nos Estados Unidos, as Demonstrações Financeiras Consolidadas do Governo dos Estados Unidos (*Consolidaded Financial Statements of U. S Government*), auditadas pelo *Government Accountability Office*;
f) na Inglaterra, as Contas Integradas do Governo (*Whole Government Accounts*), auditadas pelo *National Audit Office*;
g) na União Europeia, as Demonstrações Consolidadas da União Europeia, auditadas pela *European Court of Auditors*.

No exame das "contas do Presidente", o seu governo e o seu comportamento seriam julgados pelo Congresso Nacional sob os seguintes aspectos:[1142] a) os princípios gerais da Administração Pública; b) os compromissos assumidos por ocasião da posse; c) os crimes de responsabilidade; e d) os planos de governo.

O relator fazia distinção entre o papel do TCU, "avaliação estritamente técnica",[1143] e o do Congresso Nacional, que ultrapassa esse nível para fazer "um julgamento político do conjunto da gestão e do *comportamento do supremo mandatário*, sob o prisma das regras constitucionais"[1144] (grifos nossos).

Veja-se o excerto da manifestação:

> O julgamento não leva em conta essa apreciação (exposta no Parecer Prévio do TCU) mas a ultrapasso ao examinar se o Presidente da República cumpriu seus compromissos com a Nação. Tais compromissos estão citados no juramento de posse do Presidente e do Vice-Presidente da República (C.F. Art. 78), nos atos que ele não pode praticar, sob pena de crime de responsabilidade (C.F. art. 85), e também no plano de governo com base no qual

emitir parecer sobre os projetos referidos neste artigo e sobre as *contas apresentadas* anualmente pelo Presidente da República [...]".

1141 Senado (1995, DCN 44/1995, *Relatório e Voto do Relator*, p. 852; 964): "[...] Há flagrante impropriedade de designação da Prestação de Contas – impropriedade que se mostra até no título dado pelo TCU ('Relatório e Parecer sobre as Contas do Governo da República'). *As contas são do Presidente da República* – como determina a Constituição (art. 49, IX e art. 84, XXIV) – e não do Governo da República. Tal impropriedade não é de responsabilidade do TCU. A confusão conceitual é natural. O próprio Congresso jamais se pronunciou de maneira formal e institucional sobre, sequer, o que deseja ver incluído na Prestação de Contas do Presidente da República no Parecer Prévio do TCU".

1142 Senado (1995, DCN 44/1995, *Relatório e Voto do Relator*, p. 845; 964).

1143 O que implicaria que o Tribunal deve abster-se de fazer manifestações que envolvam juízo de valor, como aprovar ou reprovar as contas.

1144 Senado (1995, DCN 44/1995, *Relatório e Voto do Relator*, p. 845; 964).

ele se elegeu. Cabe, assim, ao Congresso um *julgamento político* do conjunto da gestão e do comportamento do supremo mandatário, sob o prisma das regras constitucionais.
Por isso, é possível a *apreciação* e o *julgamento* chegarem a resultados diversos: o TCU, levando em conta apenas a Prestação de Contas formal – composta pelo Balanço Geral da União e demonstrativos da execução orçamentária – recomendar a aprovação ou rejeição das "Contas" do Presidente, e o Congresso, levando em consideração essa apreciação, mas, também muitos outros elementos de avaliação no seu "julgamento" político decidir no sentido oposto. (Grifos no original)

Seguiu essa linha para recomendar à CMO a aprovação as contas, uma vez que ao final de seu voto concluiria que os atos pelos quais o ex-presidente havia sido julgado e condenado por crime de responsabilidade ocorreram no exercício de 1991.[1145] Logo, por coerência e justiça, não poderiam ser considerados no julgamento das Contas de Governo de 1992:[1146]

> Assim, para que sejamos justos no julgamento, é preciso definir se os crimes de responsabilidade pelos quais o Presidente foi julgado politicamente foram cometidos também no exercício de 1992 ou, se cometidos antes disso, seus efeitos perduraram no exercício de 1992, sem que qualquer medida prática tivesse sido adotada pelo então Presidente para fazer cessar esses efeitos.[1147]

Embora adotasse quase todas as premissas do voto do relator sobre as CPR, a Comissão Mista de Orçamento decidiu pela rejeição das contas, pois, diferentemente

[1145] Senado (1995, DCN 44/1995, *Relatório e Voto do Relator*, p. 855; 964): "Ao analisar, portanto, as contas do Presidente da República, nosso julgamento tem amplitude menor [que o julgamento do impeachment] em dois sentidos: deve referir-se à ação de governo do Presidente e especificamente ao exercício de 1992. Assim, para que sejamos justos no julgamento, é preciso definir se os crimes de responsabilidade pelos quais o Presidente foi julgado politicamente foram cometidos também no exercício de 1992 ou, se cometidos antes disso, seus efeitos perduraram no exercício de 1992, sem que qualquer medida prática tivesse sido adotada pelo então Presidente para fazer cessar esses efeitos. Esta distinção precisa ser feita com clareza, pois do contrário nem seria necessário fazer o julgamento das contas de cada exercício da gestão do ex-Presidente, como estamos fazendo. [...]".

[1146] Senado (1995, DCN 44/1995, *Relatório e Voto do Relator*, p. 865-866; 964): "[...]. 7.4 – Os crimes de responsabilidade – Este é o aspecto que, sem dúvida, suscita controvérsias, tendo em vista o julgamento do ex-Presidente Fernando Collor, pelo Senado Federal. De minha parte, entendo que o Congresso Nacional não pode ignorar os fatos investigados pela CPI. Todavia, o Congresso também não pode simplesmente, ao julgar as contas do exercício de 1992, repetir o julgamento do Senado Federal – o qual abrange dois outros exercícios (1990 e 1991) que não são objeto do presente julgamento – a menos que aqueles fatos apontados pela CPI tivessem se repetido em 92 ou outros fatos diferentes tivessem sido praticados no exercício de 1992. Do exame procedido, resulta que não há provas de que tais fatos tenham se repetido em 1992 ou que outros da natureza tenham sido praticados. E, de outro lado, verificou-se que o Presidente efetuou alterações profundas em sua equipe de governo, de sorte a buscar modificação substancial na gestão pública. O governo deste exercício, integrado por nomes de estatura ética e, profissional reconhecida nacionalmente, diferia de modo claro, dos períodos imediatamente anteriores. É de se observar que, com as reformas ministeriais procedidas no final de 1991 e no início de 1992, não restou um único integrante da equipe de ministros civis empossada em março de 1990. Face a isso, entendo que não poder imputada ao ex-Presidente Collor nem ao ex-Presidente Itamar Franco a prática de atos que, *no exercício de 1992*, importe em crime de responsabilidade, embora ressalvado que os fatos apontados pela CPI e julgados pelo Senado tiveram reflexos negativos na gestão governamental de 1992, mormente na aplicação dos planos de governo'. 9. VOTO DO RELATOR. Com base nos elementos descritos na conclusão acima, recomendo a *aprovação* da Prestação de Contas do Presidente da República relativa ao exercício financeiro de 1992, no período de 1º de janeiro a 29 de setembro, correspondente à gestão do Sr. Fernando Collor de Mello, e, igualmente, a *aprovação* da Prestação de Contas relativa ao período de 29 de setembro a 31 de dezembro, correspondente à gestão do Sr. Itamar Franco, conforme dispõem os projetos de Decreto legislativo em anexo: [...]" (Grifos no original).

[1147] Senado (1995, DCN 44/1995, *Relatório e Voto do Relator*, p. 855; 964).

do relator, entendeu que os fatos apurados no processo de *impeachment* haviam que ser considerados no julgamento das contas:[1148]

> Em 30 de setembro de 1992, a Comissão do Senado Federal, constituída [...] concluiu que: "[...] A conduta ímproba, o atentado à moral, a agressão a ética, sobre serem intoleráveis porque violam a fidúcia que se depositou nos responsáveis pela tutela e resguardo da res publica, acarreta danos inaceitáveis à estabilidade da organização sócio-política da nação". [...]
> Assim, *o Congresso Nacional toma-se impossibilitado de aprovar a Prestação de Contas do Presidente da República*, já que provocar danos à estabilidade da organização sócio-política da nação, por via de cometimento de improbidade administrativa, é indubitavelmente vitimar a Administração Pública. [...]
> Por todas essas razões a questão do impeachment assume na aprovação das contas do Presidente da República um ponto fundamental.
> Com base no Relatório e no Parecer Prévio do Tribunal de Contas da União, nos registros do Congresso Nacional, suas Casas e Comissões aqui comentados e demais elementos compilados, assim como nos fatos narrados e nos aspectos levantados, a Comissão Mista de Planos, Orçamentos Públicos e Fiscalização conclui que há evidências de infração do ex-Presidente da República, Sr. Fernando Collor de Mello a dispositivos constitucionais, artigos 37 e 85, que atingem a sua gestão, inclusive o período referente ao exercício de 1992, comprometendo inapelavelmente a prestação de contas do período.
> Por outro lado, não há indícios de que o Presidente que o sucedeu no mesmo exercício, Sr. Itamar Franco, tenha cometido qualquer infração da mesma natureza, pelo que esta Comissão considerou aprovada a prestação de contas relativas ao seu exercício na Presidência da República. (Grifos nossos)

4.6.2.4 O Congresso pode, o Tribunal, não

Se o Congresso Nacional, em julgamento político das contas prestadas pelo presidente da República, "do conjunto de sua gestão e de seu comportamento", *pode* examinar os aspectos que o relator das Contas do Governo de 1992 considerou em seu voto, o Tribunal de Contas da União, na apreciação que lhe cabe fazer, em auxílio ao Poder legislativo, exercendo função de auditoria, *não pode*.

Primeiramente, porque uma entidade fiscalizadora superior, independente do Poder Legislativo e do Poder Executivo, existe para exercer funções de fiscalização e auditoria, de modo autônomo, profissional e apartidário (entre outras possibilidades correlatas).

Em segundo lugar, porque as Contas do Presidente da República (CPR), como são referidas as "contas anualmente prestadas pelo Presidente da República" no art. 36 da LOTCU-1992, são compostas pelos balanços gerais da União (todos os Poderes, administração direta e indireta) e pelo relatório sobre a execução dos orçamentos (de todos os Poderes).[1149]

[1148] Senado (1995, DCN 44/1995, *Parecer do Vencido*, p. 836; 964).

[1149] *Vide* art. 165, §5º, da CF-1988: "A lei orçamentária anual compreenderá: I – o orçamento fiscal referente aos Poderes da União, seus fundos, órgãos e entidades da administração direta e indireta, inclusive fundações instituídas e mantidas pelo Poder Público; II – o orçamento de investimento das empresas em que a União, direta ou indiretamente, detenha a maioria do capital social com direito a voto; III – o orçamento da seguridade

Em terceiro, porque o processo de preparação e exame das CPR, na forma como sinteticamente definida na LOTCU-1992, similar aos países analisados, não se destina à apuração de infrações nem à formação de juízo sobre o desempenho do Governo pelo Tribunal de Contas.

Não é inerente à razão de ser das entidades fiscalizadoras superiores avaliar a gestão do Chefe do Poder Executivo, mediante emissão de juízos de aprovação/reprovação, e muito menos o seu comportamento.

Não deve o Tribunal de Contas, na emissão do parecer prévio, emitir juízos que assumam ou possam ser percebidos como avaliações dessa natureza.[1150]

No entanto, isso é possibilitado e acontece quando a instituição decide manifestar-se por juízos de valor, em recomendações de aprovação/reprovação das "contas", sem precisar o que exatamente está recomendando que seja aprovado/reprovado, por quais razões, com bases em quais padrões de análise.

Isso é possibilitado, também, por construções intelectivas (não se pode falar em teorias) sobre as "contas prestadas pelo Presidente da República" que vejam o processo como um lugar, também, de julgamento de condutas, como ocorreu nos casos Collor e Dilma.

4.6.3 O Caso Dilma no Congresso Nacional: o juízo aprovação/rejeição induzindo teorias reativas que distorcem a lógica das "contas de governo"

No exame e emissão do parecer prévio sobre as "Contas do Governo de República" de ano de 2014[1151] (Contas do Governo-2014), o Tribunal de Contas da União, pela primeira vez, recomendou ao Congresso Nacional a rejeição das contas.

Em 22.12.2022, a Comissão Mista de Orçamento, a CMO, contrapôs-se à recomendação do TCU e deu parecer favorável à "aprovação, com ressalvas", das contas apresentadas pela "Excelentíssima Senhora Presidenta da República, Dilma Vana Rousseff, referentes ao exercício de 2014".[1152]

Em 2015, o contexto geral envolvendo a apreciação das Contas de Governo2014 transformou a Corte de Contas em *fórum de accountability e responsabilização política do Governo*.

---

social, abrangendo todas as entidades e órgãos a ela vinculados, da administração direta ou indireta, bem como os fundos e fundações instituídos e mantidos pelo Poder Público".

[1150] Senado (1995, DCN 44/1995, *Parecer do Vencido*, p. 833; 964): "Ao Tribunal incumbe fazer uma avaliação estritamente técnica das Contas sob o prisma da legalidade e observância das normas contábeis, orçamentárias e financeiras. Esse é o motivo pelo qual o Parágrafo Único do artigo 36 da Lei nº 8.443 de 16.7.92, ao dispor sobre as Contas do Presidente da República estabelece que: 'Parágrafo Único. As contas consistirão nos balanços gerais da União e no relatório do órgão central do sistema de controle interno do Poder Executivo sobre a execução dos orçamentos de que trata o §50. do art. 165 da Constituição Federal. ' É lógico. A apreciação do TCU deve ser feita sobre os elementos que mais de perto se aproximam do significado semântico da palavra 'Contas' porque a ele incumbe, é sempre bom reforçar, uma apreciação técnica. Tal dispositivo, evidentemente não pode determinar ao Congresso Nacional quais elementos de informação deverá levar em consideração ao fazer o seu julgamento. *A autonomia e demais prerrogativas constitucionalmente garantidas a esse* órgão *auxiliar do Congresso Nacional visam garantir que sua apreciação dos aspectos citados no artigo 70 da Carta se faça com o máximo de isenção, sem a interferência do natural entrechoque de interesses políticos divergentes inerentes ao Poder Legislativo*" (Grifos nossos).

[1151] Referidas também como Contas do Governo-2014, ou CG-2014.

[1152] Congresso Nacional (2022, PN 69/2022).

A fórmula redacional de um *parecer* prévio, recomendando a aprovação ou reprovação de contas, não sendo uma mera construção linguística, insípida, transmitiria um sentido de aprovação ou de censura ao Governo.

Os observadores externos assim compreendiam o resultado da decisão sobre as CG-2014.

A reportagem transcrita a seguir, em parte, é uma clara evidenciação da forma como o público especializado percebia o julgamento do Tribunal:

> *As contas de Dilma podem ser reprovadas?*[1153]
> *O governo Dilma Rousseff volta seu foco para o julgamento de suas contas pelo TCU, que ocorre dentro de 24 horas*
> As atenções, aqui em Brasília, estão voltadas para o Tribunal de Contas da União. Na quarta-feira, amanhã, o TCU vai julgar o chamado Balanço Geral da União referente ao ano de 2014. [...]
> Via de regra, o TCU aprova as contas, fazendo apenas ressalvas pontuais. A decisão do TCU é encaminhada ao Congresso Nacional que.... bem, nada faz. Mas, desta vez, há um fato completamente novo e que gera suspense na capital federal.
> [...] Em julgamento, realizado em abril, os ministros do TCU decidiram, de forma unânime, pela condenação das pedaladas fiscais.
> Pois bem. Agora, o mesmo TCU que condenou as pedaladas fiscais de 2014 *terá que dizer se aprova ou reprova* as contas federais de 2014. Mais que isso: [...]
> O relatório aponta que há "distorções" (esta é a palavra dos auditores) da ordem de R$281 bilhões no balanço entregue pelo governo Dilma ao tribunal. Somente em pedaladas fiscais as distorções chegaram a R$37,1 bilhões. Isso foi omitido pelo governo no balanço, segundo o TCU.
> De posse deste relatório que os ministros, amanhã, *vão decidir o que fazer com as contas*.
> Nunca, na história, o tribunal de contas reprovou as contas de um governo. Aliás, em toda a história houve somente um voto pela reprovação entre todos os ministros.
> Agora, nos corredores do TCU fala-se que haverá "pelo menos" três votos pela reprovação entre os oito ministros que compõem o plenário no julgamento.
> *O clima é de suspense*. [...]. (Grifos nossos)

Vide também as reportagens citadas por Mafei, para quem o TCU foi o "último organismo da teia de *accountability* que cercou as pedaladas":[1154] "Governo ataca relator para tentar adiar decisão do TCU"; "Oposição visita TCU em desagravo à pressão do governo na véspera da análise das contas"; "Relator descarta 'aprovação com ressalvas' das contas do governo"; "Presidente é responsável"; "Em decisão unânime, TCU rejeita contas do governo Dilma em 2014".

O parlamentar relator das Contas de Governo-2014, *na Comissão Mista de Orçamento*, deu sua impressão do que fora a decisão do TCU:[1155]

> Então, *em 21/06/2022*, fui designado Relator da Prestação de Contas da Presidenta da República relativas ao exercício de 2014. Tenho a exata consciência da imensa responsabilidade desta

[1153] *As contas de Dilma podem ser reprovadas*. O Estado de São Paulo, 16 de jun. 2015.
[1154] Mafei (*Como remover um presidente*, 2021, p. 218; 426-427; 523).
[1155] Congresso Nacional (2022, PC 69/2022, p. 10; 314).

> missão. As questões aqui discutidas foram o pivô das mais profundas convulsões na política brasileira recente, tendo reflexos até mesmo na qualidade democrática de nosso País.
> O que aqui se decidir poderá ter consequências gravíssimas sobre o desenrolar da vida política nacional. Essa excepcional relevância começa de uma singularidade histórica: a posição manifestada pelo TCU, em prol da rejeição das Contas de 2014, representa, sem dúvida, uma inflexão na conduta histórica daquela Corte. [...]. (Grifos nossos)

Ao longo de seu voto, desenvolveu uma nova concepção da finalidade das contas apresentadas pelo presidente da República, da finalidade do julgamento do Congresso Nacional e dos critérios que deveriam balizá-lo.

Sua concepção resulta em um processo centrado na responsabilização do Presidente:[1156] [1157]

> [...]. Por outro lado, está em questão no julgamento não um governo em abstrato, uma política em tese. *Trata-se de julgar a conduta de um mandatário*, de um titular de poderes políticos conferidos pela Constituição e pelo voto popular, a partir dos elementos trazidos nas contas. A Carta Magna, não por acaso, diferencia esses tipos de apreciação em seu art. 49, inciso IX: por um lado, o Congresso aprecia os relatórios sobre os planos de governo, mas julga as contas prestadas pelo Presidente da República.
> *Ou seja, parece não restar dúvidas que o julgamento é personalíssimo. É o mandatário quem tem as contas julgadas, não o governo em geral.* (Grifos nossos)

Para o relator, julgar as contas do presidente envolveria o exame de sua "responsabilidade pessoal sobre eventuais atos e fatos impugnados". Portanto, deveria a Comissão Mista de Orçamento examinar cada achado, irregularidade apontada no relatório e parecer prévio sobre as contas, e outros de que tivesse conhecimento, e fazer análises de conduta, nexo de causalidade e reprovabilidade.[1158]

[1156] Congresso Nacional (2022, PC 69/2022, p. 68; 314): "3.2.3 Delimitação do objeto do julgamento. Nesse exercício de dispor sobre o próprio julgamento, é preciso desde logo definir sem ambiguidade o objeto do julgamento que o Congresso Nacional deve realizar, para que os congressistas possam exercer plenamente suas prerrogativas sobre a matéria, mas sem excedê-las. A delimitação é relevante, porque não parece ser razoável atribuir todas as minúcias do funcionamento da máquina pública à responsabilidade do Chefe do Governo. Por outro lado, está em questão no julgamento não um governo em abstrato, uma política em tese. Trata-se de julgar a conduta de um mandatário, de um titular de poderes políticos conferidos pela Constituição e pelo voto popular, a partir dos elementos trazidos nas contas. A Carta Magna, não por acaso, diferencia esses tipos de apreciação em seu art. 49, inciso IX: por um lado, o Congresso aprecia os relatórios sobre os planos de governo, mas julga as contas prestadas pelo Presidente da República. Ou seja, parece não restar dúvidas que o julgamento é personalíssimo. É o mandatário quem tem as contas julgadas, não o governo em geral".

[1157] Congresso Nacional (2022, PC 69/2022, p. 71; 314): "[...] estando em questão o governo de um mandatário em particular (e não um governo em abstrato ou uma política em tese), julgam-se contas objetivas, mas aquelas prestadas pelo Presidente da República e de responsabilidade direta deste. São os documentos contábeis formais, mas para apreciação de "atos ou indevidas omissões próprios e específicos do Chefe do Poder Executivo, de responsabilidade pessoal dele, vale dizer, que lhe sejam direta e pessoalmente imputáveis e que, estas sim, terão de passar por um crivo substancial".

[1158] Congresso Nacional (2022, PC 69/2022, p. 71; 314): "Julgar as contas do Presidente, desse modo, envolve fundamentalmente a sua responsabilidade pessoal sobre eventuais atos e fatos impugnados. Para isso, há que se examinar em relação a cada ato ou fato: a) a conduta, mediante identificação de ação ou omissão, culposa (por negligência, imprudência ou imperícia) ou dolosa, no exercício das suas funções; b) o nexo de causalidade, com explicitação do vínculo entre a conduta e o resultado reprovado, evidenciando que a conduta foi causa significativa do resultado; e c) a reprovabilidade da conduta, de modo que sejam sopesados aspectos como: desconhecimento escusável dos fatos atribuídos ou de sua ilicitude; o papel de pareceres ou manifestações técnicas para efeitos da decisão; e inexigibilidade de conduta diversa".

Caberia, então, buscar critérios sobre que condutas do "primeiro mandatário" seriam passíveis de avaliação no julgamento das contas:[1159]

> Em que sentido concreto, portanto, pode-se falar em "conduta" do primeiro mandatário a atender a tais critérios?
> Vários cursos de ação desse dirigente em seu papel decisório podem ser considerados, uma vez que dão ensejo à ocorrência dos resultados reprovados e à causalidade indispensável à responsabilização. São situações como:
> a) ato que represente o exercício formal de qualquer das prerrogativas privativas do presidente da república ou de titular de poder nos termos da constituição e das leis;
> b) conduta tipificada em lei como de responsabilidade pessoal do presidente da república ou de titular de poder;
> c) ato ou conjunto de atos que, ainda que praticados por subordinado hierárquico, representem a concretização de ação de governo de gravidade, materialidade e relevância tais que não permitam a presunção de que fossem desconhecidos pelo mandatário (especialmente se de conhecimento público e discutidos pela opinião pública), circunstância da qual se deduz a sua anuência às práticas ou a inobservância da diligência mínima exigível de qualquer exercente de tão altas funções.

No julgamento das contas seria, portanto, necessário "configurar a vinculação direta do ato com o Chefe de Governo, analisar a legitimidade, eficiência e economicidade, sua repercussão financeira e orçamentária, o atingimento dos fins pretendidos, o potencial de ofensa à coisa pública".

Desse modo, para fundamentar a decisão sobre as contas, seguindo essa concepção, deveriam ser considerados "aqueles fatos e atos que possam ser diretamente imputados ao Chefe do Poder Executivo".

O relator das contas de 2014 inovava na forma de examinar o trabalho produzido pelo TCU.

Caberia ao relator e à Comissão *discutir juridicamente cada um dos "doze apontamentos de irregularidades" consignados no parecer prévio* (em sentido lato): "Fui exaustivo no Relatório, dissecando cada minúcia dos apontamentos do Parecer Prévio do TCU".

O voto pela aprovação com ressalvas representava o resultado dessa análise, que conclui pela insubsistência dos apontamentos:[1160]

[1159] Congresso Nacional (2022, PCN 69/2022, p. 72; 314): "No âmbito material, existem inúmeros comandos estritamente constitucionais que não deixam nenhuma dúvida quanto a prerrogativas ou obrigações do Chefe do Executivo, que devem ser consideradas na formatação de suas contas. O art. 84, por exemplo, além de outros encargos privativos, dispõe que o Presidente da República deve enviar mensagem e plano de governo ao Congresso Nacional, por ocasião da abertura da sessão legislativa, expondo a situação do País e solicitando as providências que julgar necessárias. O art. 85, por seu turno, estabelece os crimes de responsabilidade do Presidente da República que atentam contra a Constituição Federal, cuja ocorrência é diretamente vinculada ao mandatário. A Constituição estabelece, ainda, que a União deve aplicar pelo menos 18% (dezoito por cento) da receita de imposto na manutenção e desenvolvimento do ensino (art. 212), aplicar 15% (quinze por cento) da receita corrente líquida em ações e serviços de saúde (art. 198, §2º, inciso I), obedecer aos limites máximos de gastos com pessoal (art. 169, §1º), segundo os termos da LRF, bem assim observar a repartição tributária e a pontual entrega dos recursos aos demais entes da Federação (arts. 157 a 162) e os necessários ao custeio dos demais Poderes e do Ministério Público (art. 168). Nenhuma dessas atribuições poderia ser deferida a outro agente, que não o Chefe de Governo, revelando que existe, assim, vasta orientação constitucional, que, pela sua substância, deveria ser o objeto específico das contas presidenciais".

[1160] Congresso Nacional (2022, PCN 69/2022, p. 294; 314).

> No mérito substantivo, não posso senão concluir pela *aprovação das contas com ressalvas*.[1161] *Aprovação*, porque considero insubsistentes os apontamentos de irregularidades feitos pelo Parecer Prévio do TCU, como exaustivamente debatido e demonstrado na seção 3.3 deste Relatório. Para maior transparência, resumo aqui as minhas conclusões sobre as objeções do Parecer Prévio, agrupadas por tema: [...].

Nessa concepção, de fato, o presidente da República seria posto sob julgamento, e os membros do Congresso Nacional exerceriam o papel de juiz, imparciais, reavaliando juridicamente os apontamentos do Tribunal de Contas da União, para fins de responsabilização, impondo-lhe, se fosse o caso, um juízo sancionatório de "reprovação de contas":[1162] [1163]

> Quanto aos critérios de julgamento, reitero que:
>
> I – sua natureza política não afasta o *dever de imparcialidade* de cada um de nós, e tem por natureza o exigir do *Presidente sob julgamento* os parâmetros de conduta formalmente codificados em lei e todos aqueles padrões de comportamento que expressem a ação político-institucional desejada pela Constituição, sempre que sejam claramente deduzidos a partir dos preceitos constitucionais;
> II – o critério básico para apuração da ação presidencial deve ser preponderantemente o desempenho, em especial a adequação das políticas públicas examinadas em seu desenho, implementação e resultados, ao alcance dos objetivos fundamentais estabelecidos na Constituição;
> III – *a responsabilização do Chefe do Executivo* é *pessoal* e direta, ou seja, abrange atos de sua formal responsabilidade pessoal assim definidos no ordenamento jurídico e também atos que representem a concretização de ação de governo de gravidade, materialidade e relevância tais que não permitam a presunção de que fossem desconhecidos pelo mandatário. (Grifos nossos)

4.6.4 Os casos e suas lições

Dois dos momentos políticos mais relevantes pós-Constituição, os *impeachments* de presidentes em 1993 e 2015, envolveram discussões sobre o julgamento e o parecer prévio sobre as contas apresentadas anualmente pelo presidente da República.

[1161] Congresso Nacional (2022, PCN 69/2022, p. 299; 314): "*Aprovação com ressalvas*, porque o exame das contas pode e deve ensejar aprendizado, aperfeiçoamento da administração governamental, tanto para a equidade no registro histórico do desempenho de cada governante quanto, sobretudo, para deixar disponível todo o patrimônio de experiências acumuladas (inclusive na forma de eventuais erros) para o aprendizado institucional e das futuras gerações de administradores e parlamentares. São ressalvas, nesse sentido, falhas de técnica de evidenciação contábil, ou de observância de leis, regulamentos e controles internos do conjunto da administração, que sejam materialmente relevantes mas que, em grau e escopo, não possam ser consideradas como elemento de responsabilização individual do Chefe do Executivo" (Grifos nossos).

[1162] Congresso Nacional (2022, PCN 69/2022, p. 72; 314): "Não se trata de detalhe menor ou tecnicalidade: o processo de prestação de contas tem papel central nos freios e contrapesos estabelecidos pela Constituição Federal como garantia da democracia, além de ter um potencial caráter sancionador".

[1163] O relator compreendia a nova compreensão como um modelo a ser obrigatoriamente seguido nos estados, Distrito Federal e municípios: "Senhoras e Senhores Congressistas, estamos votando muito mais do que as contas presidenciais relativas ao exercício financeiro de 2014. Todos os pontos da nossa análise terão forte repercussão sobre os anos vindouros, para o governo federal e também, como precedente por força do art. 75 da Constituição Federal, para a relação entre Executivo e Legislativo nos estados, no Distrito federal e nos municípios" (Congresso Nacional, 2022, PCN 69/2022, p. 292; 314).

O Tribunal de Contas da União foi politicamente envolvido. E isso se deu em boa medida pela sua forma de manifestação no parecer prévio, recomendação de aprovação/rejeição, o que refletia tanto a visão institucional do processo como induções por protagonismo político vindas de diferentes direções.

A visão do Tribunal influenciaria a reação político-conceitual da Comissão Mista de Orçamento sobre "o que são as contas do Presidente da República", o que é o seu julgamento e o papel do TCU.

Essas reações caminharam num sentido de serem as contas um instrumento de responsabilização pessoal do presidente da República, em completo descompasso com o desenvolvimento histórico e com a visão de ciclo orçamentário e "encadeamento virtuoso", que se verá nas próximas seções.

O modelo desenvolvido no PCN 69/2022 não encontra similar nos países analisados, nos quais o que está sob exame são as Contas do Estado. Neles, a EFS não se manifesta por aprovação/rejeição de contas, com ares sancionatórios, e o Parlamento não as utiliza para sancionar pessoalmente o presidente ou o primeiro-ministro.

CAPÍTULO 5

"CONTAS DE GOVERNO" NA UNIÃO EUROPEIA E NA FRANÇA

Neste capítulo estudamos dois modelos que melhor representam a estruturação mais bem estabelecida de um sistema de "julgamento de contas" relacionado a um processo de encerramento do ciclo orçamentário com características de accountability política fundamentado em auditorias externas das entidades fiscalizadoras superiores: o *discharge procedure* na União Europeia e o processo francês que tem por pressuposto o princípio do "encadeamento virtuoso", que chegou a balizar o modelo brasileiro no século XIX.

Ambos os modelos ilustram o que há de mais bem construído no mundo, seguidos em maior ou menor extensão pelos países europeus, assim como ilustram o quão distante da lógica-teórica de um "sistema de julgamento de contas" do qual deva fazer parte uma entidade fiscalizadora superior, estão os tribunais de contas no Brasil, uns mais, outros menos, conforme predomine mais ou menos a concepção "aprovação/rejeição de contas".

Em muitos casos, os processos de contas de governo estão estruturados segundo uma lógica processual dialética "responsabilizatória", de contraditório e defesa, inclusive com fase recursal, guiada por uma ideia de atuação voltada à emissão de um juízo de contas fundado na avaliação pessoal sobre se as irregularidades apuradas devem justificar um juízo de reprovação das "contas" como sinônimo de uma gestão "maculada".

Em vários outros, ainda que essa lógica "responsabilizatória" não seja o seu cerne, o processo mostra-se carente de melhor definição de sentido, carente de senso de utilidade, de trabalhos verdadeiramente de auditoria, como se viu no capítulo anterior, mas, ainda assim, dominado pela mesma lógica axiomática danosa ao sistema: ao emitir um parecer prévio, o tribunal de contas deve dar um parecer pela aprovação/reprovação das "contas", ou seja, em termos claros, deve o tribunal dizer como julgaria as contas se lhe fosse dada essa competência.

Só não se sabe quais são os fundamentos teóricos que sustentam uma tal atuação de uma entidade fiscalizadora superior, num processo que, em todos os países estudados, assim como em suas raízes históricas no Brasil, é um mecanismo de accountability política e uma formulação técnico-normativa de encerramento do ciclo orçamentário.

5.1 União Europeia: o *discharge procedure* e o papel da Corte Europeia de Auditores[1164]

O orçamento geral da União Europeia[1165] está sujeito anualmente a um procedimento mediante o qual o Parlamento europeu, "agindo sob a recomendação do Conselho da União Europeia,[1166] decide se a Comissão Europeia[1167] cumpriu satisfatoriamente suas responsabilidades orçamentárias".[1168]

Esse procedimento, denominado *discharge procedure*,[1169] está disciplinado no Tratado sobre o Funcionamento da União Europeia,[1170] no capítulo 4, sob o título *Implementation of the Budget and Discharge* (em inglês), *Ejecución del Presupuesto y Aprobación de la Gestión* (em espanhol), *Esecuzione del Bilancio e Scarico* (em italiano), *L'Exécution du Budget et La Décharge* (em francês) e *Execução do Orçamento e a Quitação* (em português de Portugal).[1171] [1172] [1173]

[1164] European Court of Auditors (ECA) ou Corte Europeia de Auditores, Corte de Auditores, Corte ou, ainda, em alguns casos, para maior clareza, Tribunal de Contas Europeu.

[1165] Siglas e referências utilizadas nesse texto: União Europeia: EU ou União; Parlamento Europeu: PE ou Parlamento; Conselho da União Europeia: CEU ou Conselho; Comissão Europeia: CMEU ou Comissão.

[1166] European Union (*Tipos de Instituições e Organismos*, [s.d.]): "Conselhos da União Europeia – Representa os governos dos Estados-Membros da UE. O Conselho da UE é onde os ministros nacionais de cada governo se reúnem para adotar legislação e coordenar políticas. Os ministros reúnem-se em diferentes formações, em função do tema a debater. O Conselho da UE toma decisões sobre a legislação europeia em conjunto com o Parlamento Europeu".

[1167] European Union (*Tipos de Instituições e Organismos*, [s.d.]): "A Comissão Europeia representa os interesses comuns da UE e é o principal órgão executivo da UE. Utiliza o seu «direito de iniciativa» para apresentar propostas de nova legislação, que são analisadas e adotadas pelo Parlamento Europeu e pelo Conselho da União Europeia. Além disso, gere as políticas da UE (com exceção da Política Externa e de Segurança Comum, que é conduzida pelo Alto Representante para a PESC, Vice-Presidente da Comissão Europeia) e o orçamento da UE, e assegura que os países aplicam corretamente a legislação da UE. [...] O trabalho destas quatro principais instituições da UE, que abrange as tarefas legislativas e executivas da UE, é complementado pelo trabalho de outras três instituições da UE: o Tribunal de Justiça da União Europeia, o Banco Central Europeu e o Tribunal de Contas Europeu. Estas três instituições são responsáveis pela gestão dos aspetos de auditoria judicial, financeira e externa da União Europeia".

[1168] ECA (*2021 Annual reports*, 2022, p. 7): "Through this procedure, the Parliament, acting on a recommendation from the Council, decides whether the European Commission has satisfactorily met its budgetary responsibilities".

[1169] O *Discharge procedure* será referenciado também como DCHPR ou discharge, sem itálico.

[1170] Tratado sobre o Funcionamento da União Europeia será referenciado como TFEU ou Tratado de Funcionamento.

[1171] O glossário do relatório anual da Corte Europeia de Auditores, na versão em português, define o termo "quitação" como: "Decisão anual tomada pelo Parlamento Europeu que dá à Comissão a aprovação final pela forma como executou o orçamento" (ECA, 2022, p. 27).

[1172] O texto do TFUE em português traduz o termo *discharge* como quitação. No entanto, essa palavra, "quitação", no que se refere à atuação do Tribunal de Contas da União, foi utilizada historicamente com conotação jurídica, no sentido de que o responsável direto por arrecadar rendas públicas e despender dinheiros públicos, entre outras responsabilidades, encontrar-se-ia, ao final do exercício financeiro, quite com a Fazenda Nacional. Esses responsáveis, ao assumirem cargos com atribuições financeiras de arrecadação e pagamento, aportavam ao Tesouro alguma forma de garantia (caução, fiança) pelo exercício regular dessas atribuições. As transações financeiras relacionadas às suas atribuições eram registradas na contabilidade, em contas contábeis, a débito ou a crédito. O julgamento das contas procedido pelo Tribunal de Contas representava o exame dessas contas e das transações subjacentes para, ao final, dizer a Corte, em exercício de função judiciária, se o responsável se encontrava em débito, quite ou mesmo em crédito perante a Fazenda Nacional. Na primeira situação, seria ele considerado devedor e promovida a cobrança judicial do que devido à Fazenda Nacional, executando-se as garantias. Nas duas últimas situações, recebia do Tribunal quitação, do que resultava a extinção das "cauções de qualquer natureza" (art. 3º, n. 8, do Decreto nº 392/1986). O termo "quitação", portanto, na realidade do Tribunal de Contas no Brasil, não tem o sentido de uma desoneração política das responsabilidades orçamentárias. Em razão dessas explicações, traduzir *discharge procedure* por "procedimento de quitação" geraria confusão de entendimentos. A versão em espanhol do TFUE traduz *discharge procedure* como "aprovação da gestão", uma expressão mais apropriada ao contexto brasileiro, em que o Congresso, ao julgar as contas anualmente apresentadas pelo Presidente da República, decide, por decreto-legislativo, aprová-las ou reprová-las.

[1173] Qualquer que seja o termo, refere-se tanto a um processo técnico de encerramento do ciclo orçamentário quanto a um processo de *accountability* que se encerra por um ato político do Parlamento, que concede sua "aprovação"

O *discharge* corresponde ao processo de aprovação final da implementação do orçamento, encerrando o exercício financeiro e o ciclo orçamentário. Esse processo permite que o Parlamento Europeu mantenha a Comissão Europeia *politicamente accountable* pela implementação do orçamento da União.

O *discharge procedure* da União Europeia constitui um modelo institucional que bem representaria, em consonância com nossas prescrições legais históricas, o que denominamos no Brasil de "julgamento das contas prestadas pelo Presidente da República", ou do Chefe do Poder Executivo.

5.1.1 A teorização do *discharge procedure*

Segundo Sanchez-Barrueco e Stephenson,[1174] o discharge, última etapa do ciclo orçamentário, constitui um dos *três poderes orçamentários*: o poder de orçar, atribuído na União Europeia ao Conselho e ao Parlamento; o poder de implementar, competência exclusiva da Comissão; e o poder de controlar ou de supervisionar a implementação do orçamento, exercido pelo Parlamento (*discharge autority*), a partir de recomendação do Conselho e com base em relatórios de auditoria da Corte Europeia de Auditores,[1175] principalmente, e outras fontes, conforme estabelecido no TFEU.[1176]

Os autores[1177] situam o poder de controlar e supervisionar a implementação do orçamento, do qual é expressão mais relevante o discharge, nos mecanismos de

---

à Comissão, *accountable* perante ele. Portanto, traduziremos *discharge procedure* como *processo de aprovação das demonstrações financeiras consolidadas e da gestão do orçamento*, por ser mais adequado à história brasileira e representar o sentido do processo, como descrito pela Corte Europeia de Auditores (Tribunal de Contas Europeu): procedimento pelo qual o Parlamento decide se a Autoridade que implementa o orçamento "cumpriu satisfatoriamente suas responsabilidades orçamentárias".

1174 Sanchez-Barrueco e Stephenson (*Council discharge by the European Parliament*, 2017, p. 6): "The discharge procedure represents the last stage in the budgetary cycle and is one of three budget powers: budgeting power or the power to adopt the budget, ensured in the EU by the Budgetary Authority (Council and EP) under Articles 314-316 TFEU; managing power or the power to implement the budget (whether it is endowed exclusively to the Commission by Article 317 TFEU remains a bone of contention; and budget control power or the power to oversee budget implementation, which is carried out by the Discharge Authority (EP, upon recommendation of the Council), on the basis of ECA's audit reports and other sources, following Article 319 TFEU".

1175 Não obstante não ser uma EFS com competência jurisdicional, a Corte Europeia de Auditores é referida como Tribunal de Contas Europeu, nas versões em português das normas da EU.

1176 Sanchez-Barrueco e Stephenson (*Council discharge by the European Parliament*, 2017, p. 8): "The procedure has remained unchanged since 1957, although the scope of reporting has broadened over time: on a yearly basis, the Commission submits the accounts (of the preceding year), and a financial statement (on the assets and liabilities) to the EP and the Council. Since 2009, a third document, the evaluation report, joins the package".

1177 Sanchez-Barrueco e Stephenson (*Council discharge by the European Parliament*, 2017, p. 6): "The accountability of the executive is the hallmark of a healthy democratic system. In representative democracies, accountability entails a relationship between the executive and the legislature in which the former bears four duties. Firstly, *transparency* may be passive (making available its documents to the general public) or active (periodically reporting on its activities). Secondly, *exposure* means the executive's obligation to bear questioning by and to justify its conduct to the legislative. Thirdly, *judgement* obliges the executive to bear criticism from the legislative. Lastly, *liability* is often merged with the previous dimension and means that, resulting from the accountability exercise, the executive will be bound by new obligations; also, it will bear the risk of some sort of sanction. The scope and robustness of these dimensions varies across political systems and institutions. Additional accountability dimensions other than the political often include apolitical watchdog institutions within the system (such as administrative or judicial bodies); as well as non-state monitoring forces (professional associations, the media, advocacy organizations). The rationale is that no government activities go undetected, but are firmly on the radar of external, autonomous, and independent oversight. Accountability mechanisms ultimately guarantee that the executive serve the interests of the citizens in an efficient and selfless way; therefore preventing potential outcomes that risk destabilising citizens' trust in the system. Indeed, the suboptimal performance of accountability arrangements features prominently among those factors undermining the legitimacy of a governance system.

accountability do Poder Executivo, característica marcante de um "sistema democrático saudável".

Nas democracias representativas, o Executivo sujeita-se a quatro dimensões de *accountability política* perante o Legislativo: *transparência, exposição, julgamento e responsabilização*. O escopo e a força dessas dimensões variam entre os diferentes sistemas políticos e instituições.

O Executivo tem o dever de disponibilizar informações e documentos ao público (transparência passiva) e divulgar periodicamente relatórios sobre suas atividades (transparência ativa): dever de ser transparente. Sob as dimensões exposição e julgamento, está sujeito a ser questionado e constrangido a justificar suas ações e receber as críticas do Poder Legislativo.

A essas dimensões liga-se a dimensão responsabilização, suportando o Executivo, como resultado do exercício da accountability política, o ônus de sujeitar-se a novas obrigações e ao risco de receber algum tipo de sanção.

A *accountability financeira* resulta da aplicação dessas dimensões no campo da administração dos recursos públicos pelo Executivo e, no sistema de governança da União Europeia, baseia-se em diversos processos, o mais importante dos quais é o *discharge procedure*.

Sanchez-Barrueco e Stephenson ressaltam que a razão de ser de um sistema de accountability é que nenhuma das atividades governamentais pode ficar desconhecida do público, ao contrário, elas devem estar "firmemente no radar de uma vigilância externa, autônoma e independente", e nele podem ser incluídos mecanismos distintos da accountability política, como instituições de controle apolíticas (*watchdog institutions*), administrativas ou judiciais, assim como instâncias de controle não estatais, como a mídia, as associações profissionais e as organizações da sociedade civil.

A finalidade fundamental desse sistema é garantir que o Executivo sirva aos interesses dos cidadãos, de modo eficiente e não interessado, prevenindo a ocorrência de resultados que possam minar a confiança dos cidadãos nos governos. O mau funcionamento dos mecanismos de accountability é um dos principais fatores que deslegitimam um sistema de governança.

O *discharge procedure* permite ao Parlamento Europeu manter a Comissão *politicamente accountable* pela implementação do orçamento da União Europeia, decidindo, após receber recomendação do Conselho,[1178] se dará ou não sua aprovação ao modo como a Comissão implementou o orçamento da União.

Esse mecanismo de *accountability política* desempenha duas funções: *politicamente*, representa "a avaliação pela instituição democraticamente eleita sobre como a Comissão

Financial accountability, in turn, enforces these dimensions in the field of the management of public funds by the executive. Within the EU governance system, financial accountability builds on various mechanisms, the most important of which is the so-called discharge procedure" (Grifos nossos).

[1178] Ver, como exemplo de recomendação, o documento: Note 6247/23, de 16 February 2023. Council recommendation on the 2021 discharge to be givern to the Comission in respect of the implmentation or the gneral budget of the European Union for the financial year 2021. Disponível em: CONS_CONS(2023)06247_EN.pdf (europa.eu). Acesso em: 3 nov. 2023. Ver também: Note 6247/2023 ADD1, 16 February 2023. Council recommendation on the 2021 discharge to be givern to the Comission in respect of the implmentation or the general budget of the European Union for the financial year 2021. Disponível em: CONS_CONS(2023)06247_ADD01_EN.pdf (europa.eu). Acesso em: 3 nov. 2023.

conduziu sua atribuição de implementar o orçamento"; *tecnicamente*, permite que as contas de um dado ano sejam encerradas, finalizando o ciclo orçamentário.[1179]

5.1.2 O procedimento[1180]

O acompanhamento, o monitoramento e a fiscalização da execução do orçamento da União Europeia fazem parte das responsabilidades fundamentais do Parlamento Europeu, que as desenvolve por meio de comissões orçamentárias e, especificamente, pela Comissão de Controle Orçamentário. Ao mesmo tempo em que monitora a implementação do orçamento do ano, examina a execução do orçamento do exercício passado, no *discharge procedure*, uma robusta forma de controle *ex post*.[1181]

Explica o autor que o poder de conceder a aprovação (*grant discharge)* era, inicialmente, do Conselho Europeu, dado pelo Tratado de Roma (1957). Depois, esse poder foi compartilhado com o Parlamento Europeu, por alguns anos (Tratado de Luxemburgo de 1970). Desde 1975 (Tratado de Bruxelas), o poder de conceder a aprovação passou ao Parlamento, com a participação da Corte Europeia de Auditores,[1182] que desempenha um papel-chave nesse processo.

[1179] D'Alfonso (*Discharge procedure for the EU Budget*, 2020, p. 3): "The procedure, which covers the EU revenue and expenditure accounts, their balance, and the assets and liabilities of the Union detailed in the balance sheet, performs a two-fold function: *politically*, it represents the assessment by the democratically elected institution of how the Commission has performed its task of implementing the budget; and *technically*, it allows the accounts of a given year to be closed, which brings the relevant budgetary cycle to an end" (Grifos no original).

[1180] A síntese dos procedimentos pode ser vista no texto *European Parliament's scrutiny on EU Budget implementation*: "The final approval of the budget implementation for a specific year, also called 'discharge' closes a financial year. An overview of what institutions are involved, how it works, and what is examined. What is budget discharge? *The annual procedure on the discharge to the European Commission and its executive agencies allows the European Parliament to hold the Commission politically accountable for the implementation of the EU budget*. The European Parliament decides, after a recommendation by the Council of the European Union, whether or not to provide its final approval to the way the Commission implemented the EU budget in a given year, i.e. whether it grants discharge or not. The European Parliament's granting of the discharge also leads to the formal closure of the accounts for the year in question. When deciding whether to *grant, postpone or refuse the discharge* for the financial year N, the Parliament takes into consideration the integrated financial and accountability reporting published by the European Commission by July N+1. The Parliament's decision is also based on the European Court of Auditors' annual report, published in the autumn of year N+1, and on any relevant special reports. The Parliament takes the decision on discharge, based on a recommendation from the Council, in the first half of year N+2. Both the Council's recommendation and the Parliament's decision are accompanied by requests addressed to the Commission and, sometimes, to the Member States. The Commission must report on how it follows up on these requests. Other EU institutions and bodies are subject to separate discharge procedures, only for the part of the budget they manage, which, unlike the one of the Commission and its executive agencies, is mainly of administrative nature.*The discharge procedure offers an opportunity for the EU institutions to reflect on past developments and lessons learnt, to identify both good practices and weaknesses to be addressed, with the aim of further improving EU financial management and achieving better results with the EU budget in the future*" (Grifos nossos).

[1181] D'Alfonso (*Discharge procedure for the EU Budget*, 2020, p. 2): "At political level, oversight of EU budget implementation is a key responsibility of the European Parliament, which has a Budgets Committee (BUDG) and a specific Budgetary Control Committee (CONT). While Parliament regularly monitors the implementation of the current year's budget, one of its strongest tools in this area is a form of ex-post control, the 'discharge procedure'. Initially given by the Treaty of Rome (1957) to the Council, and then shared by Council and Parliament for a few years (Luxembourg Treaty of 1970), the power to grant discharge was assigned by the Treaty of Brussels (1975) to the European Parliament. This helped to increase Parliament's political leverage. *The ECA, also established by the Treaty of Brussels, is a key interlocutor in the discharge procedure*" (Grifos nossos).

[1182] Sobre a European Court of Auditors, *vide* Website of the European Union: "As the EU's independent external auditor, the European Court of Auditors (ECA) looks after the interests of EU taxpayers. It does not have legal powers, but works to improve the European Commission's management of the EU budget and reports on EU finances. [...] ECA audits EU revenue & expenditure, to check EU funds are correctly raised, spent, achieve value for money and accounted for checks any person or organisation handling EU funds – including spot checks in

O *discharge* desenvolve-se ao longo de aproximadamente 12 meses, em várias instâncias.[1183] [1184] [1185]

O processo envolve o exame,[1186] pelo Parlamento Europeu, pelo Conselho e pela Corte de Auditores:

EU institutions (especially the Commission), EU countries and countries receiving EU aid writes up findings and recommendations in audit reports, for the European Commission and national governments reports suspected fraud, corruption or other illegal activity to the European Anti-Fraud Office (OLAF) produces an annual report for the European Parliament and Council of the EU, which the Parliament examines before deciding whether to approve the Commission's handling of the EU budget gives its expert opinion to EU policymakers on how EU finances could be better managed and made more accountable to citizens Also publishes opinions on preparatory legislation that will impact EU financial management, as well as position papers, reviews and ad hoc publications on EU public finance issues. To be effective, the Court must be independent of the institutions and bodies it audits. To this end, it is free to decide on: what it will audit how to do this how & when to present its findings. The Court's audit work focuses mainly on the European Commission – the main body responsible for implementing the EU budget. But it also works closely with national authorities, because the Commission manages most EU funds (around 80%) jointly with them".

1183 União Europeia (*Fact Sheets on the European Union*, [s.d.]): "Once a year, on a recommendation from the Council, Parliament grants discharge to the Commission in respect of the implementation of the budget for the year n-2, after having examined the activity reports of the Commission's DGs, the Commission's annual management and performance report, the evaluation report (Article 318 of the TFEU), the ECA's annual report and the replies from the Commission and the other institutions to Parliament's questions (Article 319 of the TFEU). The Committee on Budgetary Control prepares Parliament's stance on the ECA's special reports, often in the form of working papers to guide the general rapporteur on the discharge. The Commission and the other institutions are required to act on the observations made by Parliament in its discharge resolutions (Article 319(3) of the TFEU and Article 262 of the Financial Regulation). Parliament also grants discharge annually to the other institutions and to the decentralised agencies. Parliament's discharge decision and resolution concerning the implementation of the EU general budget, Section I – European Parliament, are addressed to the President of Parliament. As a general rule, Parliament considers the discharge reports at a part-session before 15 May (Article 260 of the Financial Regulation). Thus, other than in exceptional circumstances, the votes on granting discharge are taken at the May part-session or, in the event of a postponement, at the October part-session. If a proposal to grant discharge is not carried by a majority, or if Parliament decides to postpone its discharge decision, Parliament informs the institutions or agencies concerned of the reasons. The latter are required to act without delay to remove the obstacles to a discharge decision. The Committee on Budgetary Control then submits a fresh report, within six months, containing a fresh proposal to grant or refuse discharge".

1184 *Vide* D'Alfonso (*Discharge procedure for the EU Budget*, 2020).

1185 Ver também Regulamento (UE, Euratom) 2018/1046 do Parlamento Europeu e do Conselho de 18 de julho de 2018.

1186 Ver artigos 287, 318, 319 (1) do TFUE: "Artículo 287 – 1. El Tribunal de Cuentas examinará las cuentas de la totalidad de los ingresos y gastos de la Unión [...] El Tribunal de Cuentas presentará al Parlamento Europeo y al Consejo una declaración sobre la fiabilidad de las cuentas y la regularidad y legalidad de las operaciones correspondientes que será publicada en el Diario Oficial de la Unión Europea. [...] 2. El Tribunal de Cuentas examinará la legalidad y regularidad de los ingresos y gastos y garantizará una buena gestión financiera. Al hacerlo, informará, en particular, de cualquier caso de irregularidad. El control de los ingresos se efectuará sobre la base de las liquidaciones y de las cantidades entregadas a la Unión. El control de los gastos se efectuará sobre la base de los compromisos asumidos y los pagos realizados. Ambos controles podrán efectuarse antes del cierre de las cuentas del ejercicio presupuestario considerado. [...] 4. El Tribunal de Cuentas elaborará, después del cierre de cada ejercicio, un informe anual. Dicho informe será transmitido a las instituciones de la Unión y publicado en el Diario Oficial de la Unión Europea, acompañado de las respuestas de estas instituciones a las observaciones del Tribunal de Cuentas. El Tribunal de Cuentas podrá, además, presentar en cualquier momento sus observaciones, que podrán consistir en informes especiales, sobre cuestiones particulares y emitir dictámenes, a instancia de una de las demás instituciones de la Unión. [...] El Tribunal de Cuentas asistirá al Parlamento Europeo y al Consejo en el ejercicio de su función de control de la ejecución del presupuesto. [...] Artículo 318. La Comìsión presentará cada año al Parlamento Europeo y al Consejo las cuentas del ejercicio cerrado relativas a las operaciones del presupuesto. Además, les remitirá un balance financiero del activo y pasivo de la Unión. La Comisión presentará asimismo al Parlamento Europeo y al Consejo un informe de evaluación de las finanzas de la Unión basado en los resultados obtenidos, en particular, en relación con las indicaciones dadas por el Parlamento Europeo y el Consejo en virtud del artículo 319. [...] Art. 319 (1) – El Parlamento Europeo, por recomendación del Consejo, aprobará la gestión de la Comisión em la ejecución del presupuesto. A tal fin, examinará, después del Consejo, las cuentas, el balance financiero y el informe de evaluación mencionados en el artículo 318, el informe anual del Tribunal de Cuentas, acompañado de las respuestas de las instituciones controladas a las observaciones del

a) de relatórios e documentos produzidos pela Comissão: relatório anual de gestão e desempenho,[1187] [1188] relatório de avaliação das finanças da União Europeia,[1189] relatório anual da auditoria interna,[1190] respostas providas às questões formuladas pelo Parlamento, entre outros;[1191]
b) das contas anuais consolidadas da União Europeia;[1192]
c) das contas anuais da Comissão;[1193]
d) do relatório anual elaborado pela Corte Europeia de Auditores, bem como seus relatórios especiais.[1194]

A Comissão Europeia está obrigada, conforme art. 319 (3) do TFUE,[1195] a adotar providências para atender às recomendações e considerações feitas pelo Parlamento quando da decisão final no *discharge procedure* do ano anterior e a reportar essas providências para serem discutidas e analisadas no processo do ano seguinte.[1196] [1197]

Tribunal de Cuentas, la declaración de fiabilidad a que se refiere el párrafo segundo del apartado 1 del artículo 287 y los informes especiales pertinentes del Tribunal de Cuentas".

[1187] Ver European Union (*Integrated financial and accountability reporting – Overview 2021*, 2022).

[1188] European Union (*Annual Management and Performance Report for the EU Budget-2021-Volume* I, 2022); European Union (*Annual Management and Performance Report for the EU Budget-2021-Volume II*, 2022); European Union (*Annual Management and Performance Report for the EU Budget-2021-Volume III*, 2022).

[1189] European Union (*Long-term forecast of futur inflows and outflows of the EU Budget-2023-2027*, 2022).

[1190] European Union (*Annual report on internal audits carried out in 2021*, 2022).

[1191] A Comissão elabora o *Integrated financial and accountability reporting*, composto de cinco relatórios: *Annual management and performance report, Consolidated annual accounts of the European Unions, Report on the follow-up to the discharge authority on internal audits carried out in the year, Long-term forecast o future inflows and outflows of the EU budget*. "The integrated financial na accountability reporting package brings together comprehensive information on the implementation, performance, results, sound financial management and protection of the EU budget" (European Union, *Integrated financial and accountability reporting – Overview 2021*, p. 5).

[1192] Ver European Union (*Consolidated annual accounts of the European Union-2021*, 2022).

[1193] European Union (*Annual Accounts of the European Comission for the financial year 2021*, 2022).

[1194] Ver também artigo 261 do Regulamento 2018/1046 do Parlamento Europeu e do Conselho: "Procedimento de quitação – 1. A decisão de quitação incide nas contas respeitantes à totalidade das receitas e despesas da União, bem como no saldo delas resultante e no ativo e passivo da União evidenciados no balanço. 2. Para efeitos da concessão de quitação, o Parlamento Europeu examina, depois do Conselho, as contas, as demonstrações financeiras e o relatório de avaliação referidos no artigo 318 do TFUE. O Parlamento Europeu examina também o relatório anual do Tribunal de Contas, acompanhado das respostas das instituições da União objeto de auditoria, bem como os relatórios especiais pertinentes do Tribunal de Contas respeitantes ao exercício em causa, e a declaração do Tribunal de Contas que atesta a fiabilidade das contas e a legalidade e regularidade das operações subjacentes. 3. A Comissão apresenta ao Parlamento Europeu, a pedido deste, todas as informações necessárias para o bom desenrolar do procedimento de quitação relativo ao exercício em causa, nos termos do artigo 319. o do TFUE".

[1195] Ver o Art. 319 (3) do TFUE, versão em espanhol: "La Comisión hará todo lo necesario para dar efecto a las observaciones que acompañen a las decisiones de aprobación de la gestión y las demás observaciones del Parlamento Europeo relativas a la ejecución de los gastos, así como a los comentarios que acompañen a las recomendaciones de aprobación adoptadas por el Consejo. A instancia del Parlamento Europeo o del Consejo, la Comisión informará acerca de las medidas adoptadas como consecuencia de dichas observaciones y comentarios y, en particular, acerca de las instrucciones impartidas a los servicios encargados de la ejecución del presupuesto. Dichos informes se enviarán también al Tribunal de Cuentas".

[1196] Ver European Union (*Report on the follow-up to the discharge for the 2020 financial year*, 2022).

[1197] Ver também o artigo 262 do Regulamento 2018/1046 do Parlamento Europeu e do Conselho: "Medidas de seguimento – 1. Nos termos do artigo 319 do TFUE e do artigo 106-A do Tratado Euratom, as instituições da União e os organismos da União referidos nos artigos 70 e 71 o do presente regulamento tomam todas as medidas necessárias para dar seguimento às observações que acompanham a decisão de quitação do Parlamento Europeu, bem como aos comentários que acompanham a recomendação de quitação adotada pelo Conselho. 2. A pedido do Parlamento Europeu ou do Conselho, as instituições da União e os organismos da União referidos nos artigos 70 e 71 elaboram um relatório sobre as medidas tomadas no seguimento dessas observações e comentários e, nomeadamente, sobre as instruções que tenham dado aos seus serviços responsáveis pela execução do orçamento. Os Estados-Membros cooperam com a Comissão indicando-lhe as medidas que tomaram para dar seguimento

A Comissão deve encaminhar as contas (demonstrações financeiras) consolidadas da União ao Parlamento, ao Conselho e à Corte de Auditores até 31 de março do ano seguinte, em caráter provisório, e, em caráter final, até 31 de julho.[1198] [1199]

Até 15 de novembro, as demonstrações financeiras consolidadas da EU devem ser publicadas no Official Journal of the European Union, acompanhadas da *statement of assurance* (*déclaration d'assurance* – DAS) da Corte Europeia de Auditores,[1200] a qual, até essa mesma data, encaminhará o seu relatório anual sobre a implementação do orçamento ao Parlamento e ao Conselho, contendo a DAS e uma avaliação da solidez da administração financeira.

Entre a publicação do relatório anual da Corte (até 15 de novembro) e janeiro do ano seguinte, o Budgetary Control Committee[1201] do Parlamento realiza audiências públicas com comissários europeus (membros da Comissão) e outros dirigentes de instituições da União Europeia, de modo a obter mais informações e esclarecimentos sobre despesas específicas e a gestão dos recursos da EU.[1202]

Em fevereiro, o Conselho encaminha ao Parlamento sua recomendação de conceder ou não conceder aprovação à gestão orçamentária da Comissão Europeia.

Em regra, o Parlamento decide antes de 15 de maio. No entanto, se a proposta de conceder aprovação à CME não obtiver maioria ou se o Parlamento, insatisfeito com "aspectos particulares da gestão do orçamento feita pela Comissão", decidir postergar a decisão, nova votação será realizada em outubro. Nesse caso, ela será informada das razões da postergação e demandada a "agir, sem demora, para remover os obstáculos

às referidas observações, a fim de que a Comissão possa tê-las em conta no seu próprio relatório. Os relatórios das instituições da União e dos organismos da União referidos nos artigos 70 e 71 são igualmente transmitidos ao Tribunal de Contas".

1198 ECA (*2021 Annual Reports*, 2022, p. 19): "The provisional accounts should already give a true and fair view of the EU's financial position. It is therefore imperative that all items of the provisional accounts are presented as final calculations, allowing us to perform our task in line with (Title XIII) of the Financial Regulation and by the given deadlines. Any changes between the provisional and final accounts would normally result from our observations only".

1199 Ver art. 258 do Regulamento 2018/1046 do Parlamento Europeu e do Conselho: "Relatório anual do Tribunal de Contas – 1. O Tribunal de Contas comunica à Comissão e às outras instituições da União em causa, até 30 de junho, as observações que, em sua opinião, devem ser incluídas no relatório anual. Essas observações devem ser mantidas confidenciais e ser objeto de procedimento contraditório. As instituições da União enviam as suas respostas ao Tribunal de Contas até 15 de outubro. As respostas das instituições da União, com exceção da Comissão, são enviadas simultaneamente à Comissão. 2. O relatório anual do Tribunal de Contas inclui uma apreciação da boa gestão financeira. 3. O relatório anual do Tribunal de Contas contém uma secção para cada instituição da União e para o fundo comum de provisionamento. O Tribunal de Contas pode acrescentar as sínteses ou observações de âmbito geral que considere adequadas. 4. O Tribunal de Contas transmite às autoridades responsáveis pela quitação e às demais instituições da União, até 15 de novembro, o seu relatório anual, acompanhado das respostas das instituições da União, e assegura a respetiva publicação no Jornal Oficial da União Europeia".

1200 Em português, conforme tradução oficial, "Declaração de Fiabilidade do Tribunal de Contas Europeu enviada ao Parlamento Europeu e ao Conselho – Relatório do auditor independente".

1201 Conforme D'Alfonso (*Discharge Procedure for the EU Budget*, 2020, p. 3), o Budgetary Control Committee é um comitê (comissão) distinto dos demais Budgets Commitee, que operam na fase de adoção do orçamento da EU.

1202 Ver artigo 319 (2) do TFEU: "Antes de aprobar la gestión de la Comisión, o con cualquier otra finalidad relacionada con el ejercicio de las atribuciones de ésta en materia de ejecución del presupuesto, el Parlamento Europeo podrá solicitar explicaciones a la Comisión sobre la ejecución de los gastos o el funcionamiento de los sistemas de fiscalización financiera. La Comisión facilitará al Parlamento Europeo, a instancia de éste, toda la información necesaria"; e D'Alfonso (*Discharge procedure for the EU Budget*, 2020, p. 4).

à decisão sobre a aprovação",[1203] [1204] cabendo ao Budgetary Control Committee preparar um novo relatório e uma nova proposta, de recusar ou conceder aprovação.[1205]

1203 European Union (*Fact Sheets on the European Union*, 2024, p. 3): "As a general rule, Parliament considers the discharge reports at a part-session before 15 May (Article 260 of the Financial Regulation). Thus, other than in exceptional circumstances, the votes on granting discharge are taken at the May part-session or, in the event of a postponement, at the October part-session. If a proposal to grant discharge is not carried by a majority, or if Parliament decides to postpone its discharge decision, Parliament informs the institutions or agencies concerned of the reasons. The latter are required to act without delay to remove the obstacles to a discharge decision. The Committee on Budgetary Control then submits a fresh report, within six months, containing a fresh proposal to grant or refuse discharge".

1204 Ver art. 260 do Regulamento 2018/1046 do Parlamento Europeu e do Conselho: "Calendário do procedimento de quitação. 1. Antes de 15 de maio do exercício n+2, o Parlamento Europeu, sob recomendação do Conselho, que delibera por maioria qualificada, dá quitação à Comissão pela execução do orçamento do exercício n. 2. Caso o prazo fixado no n. o 1 não possa ser cumprido, o Parlamento Europeu ou o Conselho informam a Comissão dos motivos desse incumprimento. 3. No caso de o Parlamento Europeu adiar a decisão de quitação, a Comissão providencia no sentido de tomar, no mais breve prazo, medidas para suprimir os obstáculos a essa decisão ou para facilitar a sua supressão".

1205 Ver *Anexo V "Processo a aplicar na apreciação das decisões sobre a concessão de quitação"* do Regimento do Parlamento Europeu, 9ª Legislatura, Abril de 2023: "Artigo 1º- Documentos. 1. *Serão impressos e distribuídos os seguintes documentos*: a) A conta de gestão, a análise de gestão financeira e o balanço financeiro transmitidos pela Comissão; b) O relatório anual e os relatórios especiais do Tribunal de Contas, acompanhados das respostas das instituições; c) A declaração relativa à fiabilidade das contas e à legalidade e regularidade das operações a que as mesmas se refiram, apresentada pelo Tribunal de Contas nos termos do artigo 287.º do Tratado sobre o Funcionamento da União Europeia; d) A recomendação do Conselho. 2. Estes documentos serão enviados à comissão competente. Qualquer comissão interessada pode emitir parecer. 3. Se outras comissões desejarem emitir pareceres, o Presidente fixará o prazo para esses pareceres serem enviados à comissão competente. Artigo 2º – Apreciação do relatório. 1. O Parlamento apreciará o relatório da comissão competente sobre a quitação até 30 de abril do ano seguinte ao da aprovação do Relatório Anual do Tribunal de Contas, como previsto no Regulamento Financeiro. 2. Salvo disposição em contrário do presente anexo, aplicam-se os artigos do Regimento relativos a alterações e votações. Artigo 3º – *Conteúdo do relatório*. 1. O relatório de quitação da comissão competente deverá conter: a) Uma proposta de decisão sobre a concessão de quitação ou sobre o adiamento da decisão de quitação (votação no período de sessões de abril), ou uma proposta de decisão sobre a concessão ou a recusa de quitação (votação no período de sessões de outubro); b) Uma proposta de decisão destinada a fechar as contas de todas as receitas, despesas, ativos e passivos da União; c) Uma proposta de resolução contendo as observações que devam acompanhar a proposta de decisão referida na alínea a), incluindo uma avaliação da gestão orçamental da Comissão durante o exercício e observações relativas à execução futura das despesas; d) Em anexo, uma lista dos documentos recebidos da Comissão, bem como dos documentos solicitados e não recebidos; e) Os pareceres das comissões visadas. 2. Se a comissão competente propuser o adiamento da quitação, a proposta de resolução correspondente referirá, em especial: a) As razões do adiamento; b) As demais medidas que se espera venham a ser adotadas pela Comissão e os respectivos prazos; c) Os documentos necessários para que o Parlamento possa tomar uma decisão com conhecimento de causa. *Artigo 4º – Apreciação e votação no Parlamento*. 1. Todos os relatórios da comissão competente sobre a quitação serão inscritos na ordem do dia do primeiro período de sessões subsequente à sua apresentação. 2. Apenas serão admissíveis alterações à proposta de resolução apresentada nos termos do artigo 3.º, n.º 1, alínea c). 3. Salvo disposição em contrário do artigo 5.º, a votação das propostas de decisão e da proposta de resolução seguirá a ordem referida no artigo 3º. 4. O Parlamento deliberará por maioria dos votos expressos, nos termos do artigo 231.º do Tratado sobre o Funcionamento da União Europeia. Artigo 5º – Variantes do processo. 1. Votação no período de sessões de abril. Numa primeira fase, o relatório de quitação deve propor a concessão ou o adiamento da quitação. a) Caso a proposta de concessão de quitação obtenha maioria, a quitação será concedida. Esta aprovação constituirá decisão de encerramento das contas. *Caso a proposta de concessão de quitação não obtenha maioria*, a quitação será considerada adiada e a comissão competente apresentará um novo relatório dentro de seis meses, incluindo uma nova proposta de concessão ou recusa de quitação. b) Caso a proposta de adiamento da quitação seja aprovada, a comissão competente apresentará um novo relatório dentro de seis meses, incluindo uma nova proposta de concessão ou recusa de quitação. Neste caso o encerramento de contas será igualmente adiado, e apresentado de novo com o novo relatório. Caso a proposta de adiamento da quitação não obtenha maioria, a quitação será considerada concedida. Nestas condições, a decisão constituirá também decisão de encerramento de contas. A proposta de resolução poderá ainda ser posta à votação. 2. *Votação no período de sessões de outubro*. Nesta segunda fase, o relatório de quitação deve propor a concessão ou a recusa de concessão da quitação. a) Caso a proposta de concessão de quitação obtenha maioria, a quitação será concedida. Este facto constituirá igualmente decisão de encerramento de contas. Caso a proposta de concessão de quitação não obtenha maioria, este facto constituirá uma recusa da quitação. Num período de sessões posterior, será apresentada uma proposta formal de encerramento das contas do exercício em questão, sendo a Comissão igualmente convidada a fazer uma declaração nessa ocasião. b) Caso a proposta de recusa de quitação obtenha maioria, será apresentada num período de sessões posterior uma proposta formal de encerramento das contas do exercício em questão, sendo a Comissão igualmente convidada a fazer uma declaração nessa ocasião. Caso a proposta de recusa de quitação não obtenha maioria, a quitação será

5.1.2.1 Negativa de aprovação

Se não for concedida a aprovação, "num período de sessões posterior, será apresentada uma proposta formal de encerramento das contas do exercício em questão, sendo a Comissão igualmente convidada a fazer uma declaração nessa ocasião".[1206]

O Tratado sobre o Funcionamento da União Europeia não prevê consequência específica no caso de o Parlamento recusar dar aprovação à Comissão.

Embora a CME não seja obrigada a renunciar e tampouco possa ser dissolvida em razão da recusa no *discharge procedure*, essa situação poderá resultar em uma grave crise política,[1207] pois, ainda que não constitua uma moção de censura parlamentarista, "sua natureza excepcional e significância simbólica"[1208] pode ser considerada uma exigência para que a Comissão renuncie,[1209] como ocorreu em 1996, no caso conhecido como *Santer Commission Resignation Crisis*,[1210] quando os comissários renunciaram conjuntamente.

---

considerada concedida. Neste caso, a decisão constituirá também decisão de encerramento de contas. A proposta de resolução poderá ainda ser posta à votação. 3. Caso a proposta de resolução ou a proposta de encerramento de contas incluam disposições contraditórias com a votação do Parlamento sobre a quitação, o Presidente, após consultar o presidente da comissão competente, pode adiar essa votação e fixar um novo prazo para a apresentação de alterações. Artigo 6º – *Execução das decisões de quitação*. 1. O Presidente transmitirá à Comissão e a cada uma das outras instituições todas as decisões ou resoluções do Parlamento aprovadas nos termos do artigo 3º. O Presidente fará as diligências necessárias para a sua publicação no Jornal Oficial da União Europeia, na série 'Legislação'. 2. Pelo menos uma vez por ano, a comissão competente apresentará um relatório ao Parlamento sobre as medidas tomadas pelas instituições na sequência das observações que acompanharem as decisões relativas à quitação e das restantes observações constantes de resoluções do Parlamento relativas à execução das despesas. 3. O Presidente, agindo em nome do Parlamento, com base num relatório da comissão competente para o controlo orçamental, poderá interpor recurso para o Tribunal de Justiça da União Europeia contra qualquer instituição, nos termos do artigo 265.º do Tratado sobre o Funcionamento da União Europeia, por incumprimento das obrigações decorrentes das observações anexas à decisão de quitação ou das demais resoluções relativas à execução das despesas" (Grifos nossos).

1206 Ver Anexo V "Processo a aplicar na apreciação das decisões sobre a concessão de quitação" do Regimento do Parlamento Europeu.

1207 European Union (*Court of Auditors' report for the year 2003: Frequently asked questions*, 2004, p. 1): "The Treaty does not foresee any specific actions in the case where the Parliament decides not to grant discharge, i.e. there is no legal obligation for a Commission to step down. However, if discharge is not granted, a serious political situation arises. The non-granting of the discharge for 1996 initiated the process which led to the fall of the Santer Commission".

1208 D'Alfonso (*Discharge Procedure for the EU Budget*, 2020, p. 4-5): "Although Article 319 TFEU does not mention refusal of discharge explicitly, this has been considered an implicit power. Therefore, Parliament's RoP (Annex V) detail relevant procedures for such cases, including those allowing the necessary technical closure of the accounts. While refusing the European Commission discharge does not imply immediate legal consequences, it does have major political consequences. It is not a censure motion (Article 234 TFEU), but its exceptional nature and symbolic significance can lead to such a motion. [...] Parliament has so far refused to grant the European Commission discharge twice. In 1984 (for financial year 1982), the Commission, which was very close to the end of its term in office, did not resign. In contrast, resignation did take place a few months after the 1998 discharge refusal (for financial year 1996), following the publication of the report of a committee of independent experts (called for by a European Parliament resolution on improving the financial management of the European Commission). Reaction to the content of this report raised the prospect of Parliament adopting a censure motion, but on 15 March 1999 the entire European Commission under President Jacques Santer resigned before this could take place".

1209 European Union (*Budgetary Control*): "Parliament may decide to postpone discharge where it is dissatisfied with particularaspects of the Commission's management of the budget. Refusing to grant dischargecan be regarded as tantamount to requiring the Commission to resign. This threat wasput into effect in December 1998: following a vote in plenary to reject the discharge motion, a group of five independent experts was established, which reported onaccusations of fraud, mismanagement and nepotism against the Commission. The Commissioners then resigned en bloc on 16 March 1999".

1210 Ver histórico do caso em Ring (*The Santer Commission Resignation Crisis*, 2003, p. 3-7): "On March 15, 1999, the European Commission under President Jacques Santer resigned collectively under pressure from the European Parliament. A long and intense political process preceded this final, unprecedented step, culminating in an open crisis during the Commission' s final four months in office, from December 1998 to March 1999. At that point in time, recurrent accusations of fraud, nepotism and mismanagement of aid funds had generated a highly

O caso *Santer Comission* evidencia como o *discharge procedure* (o "julgamento das contas"), encerramento do ciclo orçamentário, é um processo político (assim como também é a aprovação da lei do Orçamento), em que a decisão parlamentar de conceder ou não aprovação se dá tanto por considerações valorativas sobre aspectos técnicos das contas, o desempenho do Executivo e o conjunto das irregularidades reportadas,

politicized atmosphere both within the European Parliament and between the two institutions. The dynamic that developed increasingly assumed the nature of a political battle for and against the Commission, as well as for and against the principle of the Commission's collective political responsibility. [...] The crisis ultimately leading to the resignation of the Commission was triggered in the Budgetary Control Committee of the European Parliament, whose most fundamental task is to discuss whether or not the Commission should be granted budgetary discharge. The right to grant budget discharge – which is the formal approval of Parliament for the way in which the budget was implemented by the Commission in a given financial year- constitutes the basis of Parliament's budgetary powers and constitutes the final act in adopting the European Union's accounts. The position taken by the Budgetary Control Committee on the discharge question serves as a recommendation to Parliament as a whole before the final vote on discharge is taken in the plenary. In the Committee, a group of EPP [European People's Party] parliamentarians assumed a radical stance in their evaluation of the question over the 1996 budget discharge as well as alleged cases of rnismanagement in the Commission that had become public over the previous months, revolving primarily around French Commissioner Edith Cresson and Spaniard Manuel Marin – two Socialists. At this time, the Socialists prevailed in their position favoring discharge, and the Committee voted in favor of granting discharge with a narrow margin of 14 to 13 votes on December 11. With this vote, the Committee officially advised the EP plenary to grant discharge. The issue was debated in the EP plenary on December 15, where the rapporteur of the Budgetary Control Committee publicly assumed a stance contrary to its Committee's oficial position and urged the EP not to grant discharge. The following day, Commission President Santer announced that the Commission would treat the matter of discharge as one of confidence in a letter sent to each Member of Parliament declaring the Commission' s position. He urged Parliament either to grant discharge or to 'clarify the situation by proceeding to a vote on a censure motion'. In the vote on discharge of the EP plenary on December 17, 1998, however, discharge was denied. Based on the premise that a refusal of discharge is tantamount to an expression of nonconfidence in the Commission, the President of the Socialist group in the EP, Pauline Green, announced immediately following the discharge vote that she would file a motion of censure against the Commission. She also emphasized that her group would vote against its own motion, thus effectively converting a vote of non-confidence into a vote of confidence (for which there is no treaty provision). This motion was to be voted upon in the January 1999 session of the EP. By the time of the EP's January session, the focus of the conflict had decisively shifted from budgetary issues and the misdemeanors of individual Commissioners to the general question of political responsibility and accountability of and within the European Commission – especially the matter of individual versus collective responsibility. These issues were reflected in the different resolutions tabled by the EP party groups. The EPP promoted the idea of individual political responsibility in the Commission, a position that was overtly targeting Commissioners Marin and Cresson, the two Commissioners who had been especially implicated in the alleged scandals surrounding the Commission. The resolution tabled by the Socialists, on the other hand, promoted the notion of collective responsibility and called for Commission President Santer to resign if individual Commissioners, in this case two Socialists, were considered guilty of mishandling financial and administrative affairs. The resolution also called for the establishment of an independent committee of experts that should examine how fraud, mismanagement, and nepotism are being identified and handled by the Commission. Moreover, the plenary of the EP was due to vote on two motions of censure, one tabled by Pauline Green (her 'vote of confidence'), the other one by a coalition of MEPs from all party groups except the Socialists, as 'a true motion of censure' reflecting the 'political link between the refusal of discharge and a motion of censure'. In its voting session on January 14, the EP denied the EPP resolution targeting Commissioners Marin and Cresson, while accepting the Socialist one. Hence, a Committee of Independent Experts was to examine the charges leveled against the Commission and presente a first report by March 1999. The EP also refrained from censuring the Commission by voting 293 to 232 (27 abstentions) against censure. The Committee of Independent Experts was convened under the auspices of the Parliament and the Commission. Its members were designatedjointly by Parliament's Conference of Presidents, i.e. the heads of the individual party groups, and the European Commission. The group was, in the words of an EP official, a mixture of insiders and outsiders and somewhat balanced between the financial/auditing and the legal types. After two months of examination and deliberation, the Committee submitted its first report to Commission and Parliament on March 15, 1999. While the report cleared most Commissioners of the charges brought against them – with the exception of Edith Cresson – its concluding chapter on the question of political responsibility broke the Commission' s collective neck by stating that 'the studies carried out by the Committee have too often revealed a growing reluctance among the members of the hierarchy [of the Commission] to acknowledge their responsibility. It was becoming increasingly difficult to find anyone who has the slightest sense of responsibility'. Following the publication of the report, even the PES publicly revoked its support of the Commission. Late that night, President Santer announced the collective resignation of the European Commission".

quanto por considerações estratégicas (até mesmo oportunistas) político-partidárias de ampliação de espaço de poder e influência nas posições e programas de governo.

Como observou Ringe,[1211] "a crise da renúncia foi o resultado de um crescente ambiente de politização dentro e fora do Parlamento Europeu, resultando numa incomum e sem precedentes intensificação de competição partidária".

Nesse cenário, o governo e os partidos de oposição não têm incentivos para chegar a acordos. Para a oposição, o objetivo maior é derrotar as iniciativas do governo ou forçá-lo a defender suas propostas publicamente. Assim, ela usa os mecanismos institucionais disponíveis para extrair informações do governo, monitorar suas atividades e constrangê-lo a defender suas posições de decisões. Negar a aprovação é uma opção relevante nessa estratégia.

5.1.3 A avaliação do processo

Sanchez-Barrueco e Stephenson fazem as seguintes considerações sobre a decisão do Parlamento Europeu no discharge, explicitando a natureza de dúplice accountability do processo:[1212]

a) a decisão de conceder aprovação à Comissão encerra o ciclo orçamentário e a libera de suas responsabilidades orçamentárias (encerra o processo de accountability política da CME perante o Parlamento pela implementação do orçamento do exercício em questão);
b) as recomendações e observações feitas pelo Parlamento na decisão "não são opiniões"; elas representam uma clara intenção de induzir ou orientar a Comissão a promover mudanças na implementação do orçamento e na produção de informações, conforme art. 319 do TFUE;[1213]
c) o discharge procedure atual não estabelece sanções além daquelas qualificadas como *soft law*.

1211 Ringe (*The Santer Commission Resignation Crisis*, 2003, p. 2).

1212 Sanchez-Barruenco e Stephenson (*Council discharge by the European Parliament: Finding Solutions*, 2017, p. 9): "[...] the EP's *discharge decision produces several effects*: a) closure of the budgetary cycle: it *releases the budget responsibility of the recipient*; b) discharge instructions are not opinions; they *translate a clear willingness* – beyond mere declarations- *to move the recipient body to change its conduct* in budget implementation and reporting – Article 319 (3) para 1 TFEU wants COM to implement ['take the necessary measures'] the recommendations formulated by the EP and the Council; c) Article 319 (3) para 2 TFEU creates a *new obligation* ('shall') *to report on follow-up measures* resulting from the discharge decision. *De lege lata*, this only affects the COM, to the extent of the availability of means and the respect of those core principles governing interinstitutional relations, such as institutional autonomy. Over the years, discharge decisions have contributed to institutional improvement in budget management. Additionally, the lack of implementation of past discharge instructions has gained ground as a key criterion for the EP to postpone or refuse subsequent discharges. However, *the current discharge procedure does not entail significant sanctions beyond soft law ones*. Whether they *bind* the Council is a question that remains largely incumbent on the interpretation given to Article 317 TFEU and on the EP's competence to issue separate discharges" (Grifos no original).

1213 TFUE, Art. 319 (2) (3): "2. Antes de aprobar la gestión de la Comisión, o con cualquier otra finalidad relacionada con el ejercicio de las atribuciones de ésta en materia de ejecución del presupuesto, el Parlamento Europeo podrá solicitar explicaciones a la Comisión sobre la ejecución de los gastos o el funcionamiento de los sistemas de fiscalización financiera. La Comisión facilitará al Parlamento Europeo, a instancia de éste, toda la información necesaria. 3. La Comisión hará todo lo necesario para dar efecto a las observaciones que acompañen a las decisiones de aprobación de la gestión y las demás observaciones del Parlamento Europeo relativas a la ejecución de los gastos, así como a los comentarios que acompañen a las recomendaciones de aprobación adoptadas por el Consejo. A instancia del Parlamento Europeo o del Consejo, la Comisión informará acerca de las medidas adoptadas como consecuencia de dichas observaciones y comentarios y, en particular, acerca de las instrucciones impartidas a los servicios encargados de la ejecución del presupuesto. Dichos informes se enviarán también al Tribunal de Cuentas".

Em geral, os analistas consideram que o DSCHPR contribuiu significativamente para a evolução do sistema orçamentário na União Europeia e que o Parlamento tem sido capaz de usar o poder de aprovação da gestão orçamentária (*power to grant discharge*) para fortalecer sua posição na institucionalidade da EU e aumentar sua influência sobre o modo como a Comissão opera e desempenha suas responsabilidades e atribuições orçamentárias, mesmo quando concede a aprovação, o que é a regra (D'Alfonso, 2020, p. 4-5).

A Comissão Europeia compreende o discharge como um processo que possibilita às instituições da UE refletirem sobre situações passadas e lições aprendidas, para identificar tanto boas práticas quanto fragilidades a serem corrigidas, com o objetivo de aprimorar a sua gestão financeira e alcançar resultados melhores com o seu orçamento no futuro.[1214]

5.1.4 O papel da Corte Europeia de Auditores no *discharge procedure*: teoria, normas e prática

A Corte de Auditores apresenta-se, em seu relatório anual, como uma instituição da União Europeia e auditor externo de suas finanças, atuando como "guardião independente dos interesses financeiros de todos os cidadãos europeus, notadamente ajudando a aprimorar a gestão financeira da EU".[1215]

Seu relatório anual, contendo a declaração de certificação das demonstrações financeiras consolidadas (DAS) e um exame fundamentado da implementação do orçamento, é elemento fundamental no DSCHPR, "através do qual o Parlamento, deliberando sob recomendação do Conselho, decide se a Comissão Europeia exerceu satisfatoriamente as suas atribuições orçamentais".

Sua atuação é estritamente de auditoria, técnico-profissional.[1216] Não emite qualquer tipo recomendação de aprovação ou rejeição da gestão do orçamento da EU pela Comissão (aprovação ou rejeição de contas), a conceder ou não *discharge*. Não se manifesta por nenhuma forma indireta sobre se a CME "cumpriu satisfatoriamente suas

[1214] European Union (*European Parliament's scrutiny on EU Budget implementation* [s.d.]): "The discharge procedure offers an opportunity for the EU institutions to reflect on past developments and lessons learnt, to identify both good practices and weaknesses to be addressed, with the aim of further improving EU financial management and achieving better results with the EU budget in the future".

[1215] ECA (*2021 Annual Reports*, 2022, p. 7; 22): "The European Court of Auditors is an institution of the European Union and the external auditor of the EU's finances. In this capacity, we act as the independent guardian of the financial interests of all EU citizens, notably by helping to improve the EU's financial management. [...] In accordance with the Treaty on the Functioning of the European Union, we: (a) give our opinion on the EU's accounts; (b) check whether the EU budget is used in accordance with applicable laws and regulations; (c) report on whether EU spending is economic, efficient and effective; and (d) advise on proposed legislation with impact on the financial management of EU funds or related aspect".

[1216] ECA (*Relatórios Anuais 2022*, 2023, p. 7): "0.1. O Tribunal de Contas Europeu (TCE) é uma instituição da União Europeia (UE), sendo o auditor externo das finanças da UE. Nesta qualidade, atua como guardião independente dos interesses financeiros de todos os cidadãos da UE, nomeadamente ajudando a melhorar a gestão financeira da União. 0.2. Em conformidade com o Tratado sobre o Funcionamento da União Europeia (TFUE)1, o relatório anual do Tribunal sobre a execução do orçamento da UE abrange tanto as receitas como as despesas. Apresenta a declaração de fiabilidade, que indica se as contas da UE são fiáveis e se o orçamento da UE foi utilizado em conformidade com a legislação e regulamentação aplicáveis. Essa declaração é completada por apreciações específicas sobre os domínios importantes das despesas do orçamento da União. Um relatório anual separado incide sobre os Fundos Europeus de Desenvolvimento".

responsabilidades orçamentárias", esse um juízo estritamente de *accountability* política, reservado ao Parlamento Europeu e ao Conselho.[1217]

O papel do European Court of Auditors/Tribunal de Contas Europeu está claramente expresso em seus relatórios anuais:[1218]

> Papel do Tribunal de Contas Europeu
> 1.1. O Tribunal é o auditor independente da União Europeia (UE). Em conformidade com o Tratado sobre o Funcionamento da União Europeia (TFUE), o Tribunal:
> a) emite uma opinião sobre as contas da UE;
> b) avalia se o orçamento da UE é utilizado em conformidade com a legislação e regulamentação aplicáveis;
> c) comunica informações sobre o exame da economia, eficiência e eficácia das despesas da UE;
> d) formula pareceres sobre propostas de legislação com impacto na gestão financeira dos fundos da UE ou aspetos conexos.
> 1.2. O trabalho que o Tribunal realiza em apoio da Declaração de Fiabilidade (explicado no anexo 1.1) cumpre o primeiro e o segundo destes objetivos. O Tribunal apresenta aspetos de desempenho da execução do orçamento (economia, eficiência e eficácia das despesas) num relatório anual separado do seu Relatório Anual. No seu conjunto, o trabalho de auditoria do Tribunal constitui também um elemento essencial para os seus pareceres relativos a propostas de legislação.

À semelhança do disposto no art. 36 da LOTCU,[1219] acerca do parecer prévio sobre as contas consolidadas de governo apresentadas pelo presidente da República, o que está sob auditoria e avaliação pela Corte Europeia de Auditores são as demonstrações financeiras e a execução do orçamento.

As funções e outros aspectos da atuação da Corte Europeia de Auditores[1220] estão estabelecidos no art. 287 do Tratado sobre o Funcionamento da União Europeia:[1221]

[1217] ECA (*Relatórios Anuais 2022*, 2023, p. 7): "Tanto o orçamento geral da UE como o financiamento do IRUE estão sujeitos ao procedimento de quitação, através do qual o Parlamento, *deliberando sob recomendação do Conselho, decide se a Comissão Europeia exerceu satisfatoriamente as suas atribuições orçamentais*. O Relatório Anual do Tribunal, em articulação com outros produtos seus se adequado, constitui uma base para o procedimento de quitação. Quando publicado, o Tribunal envia o Relatório Anual aos Parlamentos nacionais dos Estados-Membros, ao Parlamento Europeu e ao Conselho" (Grifos nossos).

[1218] ECA (*Relatórios Anuais 2021*, 2022, p. 23).

[1219] Art. 36 da Lei nº 8.443/1992: "Art. 36. Ao Tribunal de Contas da União compete, na forma estabelecida no Regimento Interno, apreciar as contas prestadas anualmente pelo Presidente da República, mediante parecer prévio a ser elaborado em sessenta dias a contar de seu recebimento. Parágrafo único. As contas consistirão nos balanços gerais da União e no relatório do órgão central do sistema de controle interno do Poder Executivo sobre a execução dos orçamentos de que trata o §5º do art. 165 da Constituição Federal".

[1220] ECA (*2021 Annual Reports*, 2022, p. 7): "The ECA was established as an institution by Article 13 of the Treaty on European Union, also known as the Maastricht Treaty. However, it was first established by the Treaty of Brussels in 1977, as the new Community body responsible for the external audit function".

[1221] *Vide* art. 287 do TFEU, versão em inglês: "Article 287. 1. The Court of Auditors shall examine the accounts of all revenue and expenditure of the Union. It shall also examine the accounts of all revenue and expenditure of all bodies, offices or agencies set up by the Union in so far as the relevant constituent instrument does not preclude such examination. The Court of Auditors shall provide the European Parliament and the Council with a statement of assurance as to the reliability of the accounts and the legality and regularity of the underlying transactions which shall be published in the *Official Journal of the European Union*. This statement may be supplemented by specific assessments for each major area of Union activity. 2. The Court of Auditors shall examine whether all revenue has been received and all expenditure incurred in a lawful and regular manner and whether the financial management has been sound. In doing so, it shall report in particular on any cases of irregularity. The audit of revenue shall be carried out on the basis both of the amounts established as due and the amounts actually

a) examinar todas as contas de todas as receitas e todas as despesas da União;
b) fornecer ao Parlamento Europeu e ao Conselho uma certificação sobre a confiabilidade das contas consolidadas (demonstrações financeiras) e da legalidade e regularidade das transações subjacentes (*déclaration d'assurance* – DAS), complementada por avaliações específicas de cada uma das áreas principais de despesa do orçamento europeu;
c) examinar se todas as receitas foram arrecadadas e todas as despesas incorridas regularmente e de acordo com a legislação, bem como se a administração financeira é sólida, reportando os casos de irregularidade;[1222]
d) conduzir a auditoria das receitas tendo por base os valores estabelecidos como devidos e os valores efetivamente pagos à União;
e) conduzir a auditoria das despesas tendo por base os compromissos assumidos e os pagamentos realizados;[1223]
f) realizar as auditorias após o encerramento das contas do ano financeiro;
g) elaborar um relatório anual, após o encerramento do ano financeiro, a ser encaminhado às diversas instituições da União Europeia, juntamente com os esclarecimentos e questionamentos sobre suas observações e achados de auditoria, publicados em conjunto no *Official Journal of the European Union*;
h) submeter, a qualquer tempo, considerações, na forma de relatórios especiais, sobre temas específicos, e emitir opiniões a pedido de outras instituições da União;
i) auxiliar o Parlamento Europeu e o Conselho no exercício de seus poderes de controle sobre a implementação do orçamento.

O Tribunal de Contas Europeu não "tem um mandato para investigar casos de suspeita de fraude lesiva aos interesses financeiros da União", nem desenvolve ações de responsabilização. No entanto, leva em consideração "o risco de fraude antes de iniciar os procedimentos de auditoria" e comunica aos órgãos competentes (OLAF[1224] e Procuradoria Europeia) "quaisquer suspeitas de fraude,[1225] corrupção ou outras atividades ilegais que afetem os interesses financeiros da União":

---

paid to the Union. The audit of expenditure shall be carried out on the basis both of commitments undertaken and payments made. These audits may be carried out before the closure of accounts for the financial year in question. [...] 4. The Court of Auditors shall draw up an annual report after the close of each financial year. It shall be forwarded to the other institutions of the Union and shall be published, together with the replies of these institutions to the observations of the Court of Auditors, in the *Official Journal of the European Union*. The Court of Auditors may also, at any time, submit observations, particularly in the form of special reports, on specific questions and deliver opinions at the request of one of the other institutions of the Union. It shall adopt its annual reports, special reports or opinions by a majority of its Members. However, it may establish internal chambers in order to adopt certain categories of reports or opinions under the conditions laid down by its Rules of Procedure. It shall assist the European Parliament and the Council in exercising their powers of control over the implementation of the budget. The Court of Auditors shall draw up its Rules of Procedure. Those rules shall require the approval of the Council" (European Union, *Consolidated Version of The Treaty of the Functioning of the European Union*, 2012).

[1222] Casos de suspeitas de fraudes são comunicados pela ECA ao Anti-Fraud Office (OLAF) e ao European Public Prosecutor's Office (EPPO). A Corte também audita as ações da EU para combater fraudes e reporta seus exames e conclusões no relatório anual (ECA, *2021 Relatórios Anuais*, 2022, p. 47).

[1223] As auditorias serão realizadas após o encerramento do exercício financeiro.

[1224] Organismo de Luta Antifraude de União Europeia.

[1225] ECA (*2021 Relatórios Anuais*, 2022, p. 53-56): "Anexo 1.1 – Abordagem e metodologia da auditoria [...] 28) O Tribunal identifica e avalia os riscos de distorções materiais das contas consolidadas e de não conformidade significativa das operações subjacentes com os requisitos do quadro jurídico da UE, sejam devidas a fraude ou

> Enquanto auditor externo da UE, o Tribunal não tem um mandato para investigar casos de suspeita de fraude lesiva dos interesses financeiros da União. Tem em conta o risco de fraude antes de iniciar os procedimentos de auditoria [...] e revê regularmente os seus procedimentos. Comunica ao OLAF (o organismo de luta antifraude da UE) quaisquer suspeitas de fraude, corrupção ou outras atividades ilegais que afetem os interesses financeiros da União, detetadas durante os trabalhos de auditoria (incluindo as auditorias de resultados) ou com base em informações que lhe foram fornecidas diretamente por terceiros. O OLAF dá então seguimento a estes casos, decide se deve dar início a um inquérito administrativo e coopera com as autoridades dos Estados-Membros e a Procuradoria Europeia[1226] conforme necessário.

Essencialmente, o relatório divide-se em duas partes principais: a primeira concerne à emissão de opinião de auditoria independente sobre "a confiabilidade das contas consolidadas da EU e a legalidade e regularidade das transações subjacentes";[1227] [1228] [1229] [1230] a segunda contém a avaliação da execução do orçamento ao final do ano.[1231]

---

erro. 29) O Tribunal concebe e realiza procedimentos de auditoria em resposta a esses riscos e obtém provas de auditoria suficientes e adequadas para fundamentar a sua opinião. *Os casos de distorções materiais ou incumprimentos de origem fraudulenta são mais difíceis de detetar* do que os casos resultantes de erros, uma vez que a fraude pode envolver colusão, falsificação, omissões intencionais, deturpações ou omissões do controlo interno. Existe, assim, um maior risco de esses casos não serem detetados. 30) Se o Tribunal tiver motivos para suspeitar da existência de uma atividade fraudulenta, *informa o OLAF, o Organismo Europeu de Luta Antifraude*, que é responsável pela realização dos devidos inquéritos administrativos. Além disso, desde 2021, encaminha para a Procuradoria Europeia quaisquer suspeitas, decorrentes dos trabalhos de auditoria do Tribunal ou de informações que lhe foram transmitidas, de infrações penais que se inserem no âmbito das suas competências. De seguida, a Procuradoria Europeia dá seguimento a estes casos e decide se deve dar início a uma investigação penal. O Tribunal comunica vários casos por ano ao OLAF e à Procuradoria Europeia" (Grifos nossos).

[1226] ECA (*2021 Relatórios Anuais*, 2022, p. 47-48): "A Procuradoria Europeia, criada em 2017, é um organismo independente que dispõe de poderes para investigar, instaurar ação penal e levar a julgamento crimes lesivos do orçamento da UE, tais como fraude, corrupção ou fraude transfronteiriça grave em matéria de IVA, conforme previsto na Diretiva PIF e no Regulamento (UE) 2017/1939 do Conselho. O Tribunal coopera com a Procuradoria Europeia desde que esta iniciou a sua atividade em junho de 2021 e, em 3 de setembro do mesmo ano, as duas organizações assinaram um acordo de cooperação. O Tribunal encaminha para a Procuradoria Europeia quaisquer suspeitas, decorrentes dos trabalhos de auditoria do TCE ou de informações que lhe foram transmitidas, de infrações penais que se inserem no âmbito das suas competências. De seguida, a Procuradoria Europeia dá seguimento a estes casos e decide se deve dar início a uma investigação penal. Em março de 2022, o Tribunal decidiu começar a encaminhar casos de suspeita de fraude, sempre que pertinente, simultaneamente para o OLAF e para a Procuradoria Europeia".

[1227] "It is our responsibility, as external auditor, to report our audit findings and draw the necessary conclusions in order to provide an independent and impartial assessment of the reliability of the EU accounts and the legality and regularity of transaction" (ECA, 2022, *2021 Annual Reports*, p. 9).

[1228] "Key audit matters relating to the 2021 financial statements – 1.11. Key audit matters are those matters that, according to our professional judgement, were of most significance in our audit of the financial statements of the current period. These matters were addressed in the context of our audit of the financial statements as a whole and in forming our opinion thereon, but we do not provide a separate opinion on these matters. We report on key audit matters in our statement of assurance" (ECA, *2021 Annual Reports*, 2022, p. 27).

[1229] "Regularity of transactions – We examined the EU's revenue and expenditure to assess whether its resources had been collected and spent in compliance with the applicable laws and regulations. [...] Our audit covers revenue and expenditure transactions underlying the accounts – For revenue, we obtained reasonable assurance for our audit opinion by assessing selected key systems, complemented by transaction testing. The sample of transactions examined was designed to be representative of all sources of EU budgetary revenue, which comprises four categories of own resources and revenue stemming from other sources. [...]" (ECA, *2021 Annual Reports*, 2022, p. 27).

[1230] "1.14. For expenditure, we defined a representative sample of 740 transactions, comprising transfers of funds from the EU budget to final recipients of EU spending [...]. Our testing of these transactions contributed to our statement of assurance and our estimation of the proportion of irregular transactions in the overall audit population, in high-risk and low-risk expenditure [...]" (ECA, *2021 Annual Reports*, 2022, p. 28).

[1231] "We present performance aspects of the budget's implementation (the economy, efficiency and effectiveness of spending) in a separate part of our annual report" (ECA, *2021 Annual Reports*, 2022, p. 22).

O termo "contas consolidadas" pode ser substituído por "demonstrações financeiras consolidadas", que compreendem: o balanço patrimonial, o demonstrativo do fluxo de caixa, o demonstrativo das variações nos ativos líquidos e um sumário das políticas de contabilidade significativas e outras notas explicativas.[1232]

5.1.4.1 Análise do relatório relativo ao ano de 2021[1233]

Quanto à certificação, o relatório da Corte de Auditores referente ao ano de 2021 explica detalhadamente todo o processo que levou às suas opiniões, transcritas a seguir a partir da versão em português.

Inicialmente, descreve o objeto sobre o qual incidiu a auditoria:

> Opinião
> I. A auditoria do Tribunal incidiu sobre:
> a) as contas consolidadas da União Europeia, que são constituídas pelas demonstrações financeiras consolidadas e pelos relatórios de execução orçamental [implementação do orçamento], relativas ao exercício encerrado em 31 de dezembro de 2021, aprovadas pela Comissão em 28 de junho de 2022;
> b) a legalidade e regularidade das operações subjacentes, como exige o artigo 287º do Tratado sobre o Funcionamento da União Europeia (TFUE).

Em seguida, apresenta a opinião sobre a fiabilidade das contas (demonstrações financeiras consolidadas):[1234]

1232 "The consolidated financial statements comprise the balance sheet, the statement of financial performance, the cash flow statement, the statement of changes in net assets, and a summary of significant accounting policies and other explanatory notes (including segment reporting)'. [...] The consolidated accounts comprise: (a) the consolidated financial statements covering the balance sheet (presenting the assets and liabilities at the end of the year), the statement of financial performance (recognising the income and expenses of the year), the cash-flow statement (disclosing how changes in the accounts affect cash and cash equivalents) and the statement of changes in net assets, as well as the notes to the financial statements; (b) the budget implementation reports covering the revenue and expenditure for the year, as well as the related notes" (ECA, *2021 Annual Reports*, 2022, p. 13; 26).

1233 Ver também: European Court of Auditors (*Relatório anual do TCE relativo a 2022-Glossário*); European Court of Auditors (*2021 - Relatório sobre o desempenho do orçamento da EU-Situação no final de 2021*); European Court of Auditors (*2022- Auditoria da EU – uma síntese*); European Court of Auditors (*2022 - Relatórios anuais*).

1234 ECA (*2021 Relatórios Anuais*, 2022, p. 51-53): "Anexo 1.1 – Abordagem e metodologia da auditoria [...] 2) O trabalho do Tribunal está em conformidade com as normas internacionais de auditoria e assegura que as *opiniões de auditoria assentam em provas de auditoria suficientes e adequadas*. [...] 4) O Tribunal examina as contas consolidadas da UE com vista à determinação da sua fiabilidade. Estas são compostas: a) pelas demonstrações financeiras consolidadas; b) pelos relatórios de execução orçamental. 5) As contas consolidadas devem apresentar, de forma adequada, em todos os aspetos materialmente relevantes: a) a situação financeira da União Europeia no final do exercício; b) os resultados das suas operações e fluxos de caixa; c) a variação da situação líquida no exercício encerrado. 6) Na sua auditoria, o Tribunal: a) avalia o ambiente de controlo contabilístico; b) verifica o funcionamento dos principais procedimentos contabilísticos e do processo de encerramento no final do exercício; c) analisa os principais dados contabilísticos em termos de coerência e razoabilidade; d) analisa e reconcilia as contas e/ou os saldos; e) realiza testes substantivos a autorizações, pagamentos e elementos específicos do balanço com base em amostras representativas; f) utiliza os trabalhos de outros auditores, sempre que possível e em conformidade com as normas internacionais de auditoria, nomeadamente em matéria de auditoria das atividades de contração e concessão de empréstimos geridas pela Comissão relativamente às quais estejam disponíveis certificados de auditoria externa; g) *aplica um nível de 2,0% como limiar de materialidade para a sua opinião*. Tem também em consideração a natureza, o montante e o contexto dos erros, bem como outras informações disponíveis" (Grifos nossos).

> Opinião sobre a fiabilidade das contas
> II. Na opinião do Tribunal, as contas consolidadas da União Europeia (UE) relativas ao exercício encerrado em 31 de dezembro de 2021 refletem fielmente, em todos os aspetos materialmente relevantes, a sua situação financeira nessa data, os resultados das suas operações, os fluxos de caixa, bem como a variação da situação líquida do exercício então encerrado, em conformidade com as disposições do Regulamento Financeiro e as regras contabilísticas baseadas nas normas de contabilidade internacionalmente aceites para o setor público.

A opinião sobre a legalidade e regularidade das transações subjacentes corresponde a duas opiniões, baseadas em amostragem: uma opinião sobre a legalidade e regularidade das receitas e outra sobre a legalidade e regularidade da despesa:[1235]

> III. Na opinião do Tribunal, as receitas subjacentes às contas relativas ao exercício encerrado em 31 de dezembro de 2021 são, em todos os aspetos materialmente relevantes, legais e regulares. [...]
> *Opinião adversa sobre a legalidade e regularidade das despesas orçamentais*
> V. Na opinião do Tribunal, devido à importância da questão descrita no ponto referente aos elementos em que se baseia a opinião adversa sobre a legalidade e regularidade das despesas orçamentais, as despesas orçamentais aceitas nas contas relativas ao exercício encerrado em 31 de dezembro de 2021 estão *materialmente afetadas por erros*. (Grifos nossos)

Na seção VIII, "Elementos em que se baseia a opinião adversa sobre a legalidade e regularidade das despesas orçamentais", da Declaração de Fiabilidade, o Tribunal explica a razão da opinião adversa:

> O nível global de erro estimado pelo Tribunal para as despesas orçamentais aceites nas contas relativas ao exercício encerrado em 31 de dezembro de 2021 é de 3,0%.
> Uma proporção substancial destas despesas está materialmente afetada por erros. Trata-se sobretudo de despesas baseadas em reembolsos, que apresentam um nível de erro estimado de 4,7%. Este tipo de despesas aumentou para 90,1 mil milhões de euros em 2021, o que representa 63,2% da população de auditoria do Tribunal.
> Por conseguinte, os efeitos dos erros detetados pelo Tribunal são materiais e generalizados nas despesas aceites neste exercício.

A opinião adversa é emitida quando os "erros [irregularidades, no jargão brasileiro] são materiais e generalizados".

O Tribunal estima a materialidade dos erros a partir de processos de auditoria baseados em amostragem e procedimentos estatísticos e considera aceitável um nível de materialidade equivalente a 2%.[1236] Em anexo específico de seu relatório, explica

---

[1235] O que no caso do Tribunal de Contas da União equivaleria ao exame da execução orçamentária e gestão dos recursos.

[1236] ECA (*2021 Relatórios Anuais*, 2022, p. 56): "Anexo 1.1 – Abordagem e metodologia da auditoria [...] 22) O Tribunal já não baseia a sua Declaração de Fiabilidade apenas na estimativa de erro global. Desde 2016, tem continuado a identificar domínios de risco reduzido do orçamento da UE, em que espera detetar um nível de erro não significativo nas despesas aceites, e domínios de risco elevado, em que parte do princípio de que existirá um nível significativo de erros. Para este efeito, tem em consideração, além dos riscos inerentes e de controlo, a sua

detalhadamente suas abordagens e metodologias de auditoria relativas à "fiabilidade das contas",[1237] à regularidade das operações[1238] e à ocorrência de fraudes.

A essência do trabalho de certificação, abordada de forma sintética, é encontrada na seção "A forma como o Tribunal chega às suas opiniões na Declaração de Fiabilidade" do Anexo 1.1 – Abordagem e metodologia da auditoria:[1239]

> 25) O Tribunal baseia a sua opinião em provas de auditoria suficientes, pertinentes e fiáveis sobre a regularidade das operações subjacentes às contas consolidadas da UE. Para obter essas provas, realiza testes às operações e examina os sistemas de gestão e controlo, descrevendo as constatações a que chegou nos capítulos 3 a 9.

---

apreciação dos sistemas de gestão e de controlo em conjunção com os resultados de auditorias anteriores. Por exemplo, o Tribunal considera algumas despesas do desenvolvimento rural baseadas em direitos no âmbito da rubrica 3 do QFP e outras despesas administrativas (ou seja, despesas não relacionadas com salários) no âmbito da rubrica 7 do QFP como sendo de risco elevado, com base na anterior experiência de auditoria. Esta divisão permite determinar, de forma tão eficiente quanto possível, se os erros materiais detetados são generalizados [...]".

1237 ECA (*2021 Relatórios Anuais*, 2022, p. 51-52): "Anexo 1.1 – Abordagem e metodologia da auditoria [...] 2) O trabalho do Tribunal está em conformidade com as normas internacionais de auditoria e assegura que as *opiniões de auditoria assentam em provas de auditoria suficientes e adequadas*. [...] 4) O Tribunal examina as contas consolidadas da UE com vista à determinação da sua fiabilidade. Estas são compostas: a) pelas demonstrações financeiras consolidadas; b) pelos relatórios de execução orçamental. 5) As contas consolidadas devem apresentar, de forma adequada, em todos os aspetos materialmente relevantes: a) a situação financeira da União Europeia no final do exercício; b) os resultados das suas operações e fluxos de caixa; c) a variação da situação líquida no exercício encerrado. 6) Na sua auditoria, o Tribunal: a) avalia o ambiente de controlo contabilístico; b) verifica o funcionamento dos principais procedimentos contabilísticos e do processo de encerramento no final do exercício; c) analisa os principais dados contabilísticos em termos de coerência e razoabilidade; d) analisa e reconcilia as contas e/ou os saldos; e) realiza testes substantivos a autorizações, pagamentos e elementos específicos do balanço com base em amostras representativas; f) utiliza os trabalhos de outros auditores, sempre que possível e em conformidade com as normas internacionais de auditoria, nomeadamente em matéria de auditoria das atividades de contração e concessão de empréstimos geridas pela Comissão relativamente às quais estejam disponíveis certificados de auditoria externa; g) *aplica um nível de 2,0% como limiar de materialidade para a sua opinião*. Tem também em consideração a natureza, o montante e o contexto dos erros, bem como outras informações disponíveis" (Grifos nossos).

1238 ECA (*2021 Relatórios Anuais*, 2022, p. 53-56): "Anexo 1.1 – Abordagem e metodologia da auditoria [...] 7) A atual abordagem do Tribunal para avaliar se as operações subjacentes às contas estão em conformidade com as regras e a regulamentação da UE consiste em basear-se principalmente em testes diretos de conformidade para uma grande amostra aleatória e representativa de operações. Segundo as práticas estatísticas aceites, a extrapolação dos resultados de uma amostra estatística produz a melhor estimativa da taxa de erro. O Tribunal divide a sua amostra em despesas de risco elevado e reduzido, e em diferentes estratos para as rubricas do QFP sobre as quais comunica informações. Este procedimento permite-lhe extrapolar os erros que deteta para os domínios em causa. [...] 10) Para cada operação selecionada, determina se a declaração ou o pagamento foram efetuados para os efeitos previstos no orçamento e especificados na legislação e se cumpriam a legislação e regulamentação aplicáveis. [...] Este procedimento implica seguir o percurso da operação desde as contas orçamentais até ao destinatário final (por exemplo, um agricultor, o organizador de uma ação de formação ou o promotor de um projeto de ajuda ao desenvolvimento) e testar, em cada nível, a conformidade com as condições aplicáveis. [...] 14) A amostra de auditoria do Tribunal destina-se a proporcionar uma *estimativa do nível de erro das despesas no seu conjunto*, e não de operações individuais (por exemplo, um projeto específico). O método de amostragem por unidade monetária é utilizado para selecionar as declarações ou pagamentos e, a um nível inferior, os elementos individuais dentro de uma operação (por exemplo, faturas dos projetos, parcelas na declaração de um agricultor). As taxas de erro registadas para esses elementos não devem ser entendidas como uma conclusão sobre as suas operações, mas contribuem diretamente para o nível global de erro das despesas da UE no seu conjunto. [...] 17) Um erro pode dizer respeito à totalidade ou a parte do montante envolvido numa operação individual. O Tribunal analisa se os erros são quantificáveis ou não quantificáveis, ou seja, se é possível aferir a parte do montante examinado afetada por erros. Os erros detetados e corrigidos antes e independentemente dos controlos efetuados pelo Tribunal são excluídos do cálculo e da frequência dos erros, já que a sua *deteção e correção demonstram que os sistemas de controlo funcionaram com eficácia*. 18) Os critérios utilizados pelo Tribunal para a quantificação dos erros na contratação pública são descritos no documento sobre incumprimento das regras relativas à contratação pública – tipos de irregularidades e bases de quantificação" (Grifos nossos).

1239 ECA (*2021 Relatórios Anuais*, 2022, p. 57).

> Estes trabalhos permitem que o Tribunal formule uma *opinião fundamentada quanto à questão de os erros existentes na população excederem ou se encontrarem dentro dos limites de materialidade.*
> 26) Quando encontra um nível significativo de erros e determina o seu impacto na opinião de auditoria, o Tribunal deve decidir se os erros, ou a ausência de provas de auditoria, são "generalizados" ou não. Para o efeito, aplica as orientações contidas na Norma Internacional de Auditoria (ISA) 705 (revista), tornando-as extensivas às questões da legalidade e regularidade, em conformidade com o seu mandato. Quando os erros são materiais e generalizados, formula uma opinião adversa.
> 27) Os erros e/ou a ausência de provas de auditoria são "generalizados" se, no juízo profissional do auditor, não estão confinados a elementos, contas ou rubricas específicas das demonstrações financeiras (isto é, estão disseminados pelas contas ou operações testadas). Mesmo que estejam confinados a estes elementos, contas ou rubricas, continuam a ser generalizados se representam ou podem representar uma parte substancial das demonstrações financeiras, ou se se referem a informações divulgadas que são fundamentais para a compreensão das demonstrações financeiras pelos utilizadores. (Grifos nossos)

Além da parte relacionada às demonstrações financeiras e opiniões de auditoria, o relatório anual do Tribunal de Contas Europeu (European Court of Auditors) contém uma segunda parte, dedicada às informações, análises, conclusões e recomendações pertinentes à "gestão orçamental e financeira", e acompanham o relatório as respostas da Comissão Europeia às observações, conclusões e recomendações da Corte.[1240]

As respostas constituem um detalhado relatório contendo considerações, entendimentos e justificativas da Comissão sobre cada observação da Corte de Auditores,[1241]

[1240] ECA (*2021 Relatórios Anuais*, 2022, p. 8-9): "[...] 0.4. O Relatório Anual do Tribunal relativo a 2021 está, uma vez mais, dividido em duas partes diferentes. Esta parte diz respeito à fiabilidade das contas consolidadas da UE e à legalidade e regularidade das operações, enquanto a segunda abrange a prestação de informações pelo Tribunal sobre o desempenho orçamental da UE no final de 20215. 0.5. O elemento central do Relatório Anual é constituído pela declaração sobre a fiabilidade das contas consolidadas da UE e a legalidade e regularidade das operações. Essa declaração é completada por apreciações específicas sobre os domínios importantes das despesas do orçamento da União. 0.6. Esta parte do relatório está estruturada da seguinte forma: – o capítulo 1 apresenta a Declaração de Fiabilidade, um resumo dos resultados da auditoria do Tribunal à fiabilidade das contas e à legalidade e regularidade das operações, incluindo as informações da Comissão sobre a regularidade, bem como uma síntese do método da auditoria do Tribunal; – o capítulo 2 apresenta a análise do Tribunal sobre a gestão orçamental e financeira; – o capítulo 3 comunica as constatações do Tribunal no domínio das receitas da UE; – os capítulos 4 a 9 apresentam, relativamente às rubricas [temas] do Quadro Financeiro Plurianual (QFP) para 2021-2027, os resultados dos testes do Tribunal à legalidade e regularidade das operações e o seu exame dos Relatórios Anuais de Atividades da Comissão, de elementos dos seus sistemas de controlo interno e de outras disposições em matéria de governação; [...] 0.8. O Tribunal procura apresentar as suas observações de uma forma clara e concisa. Nem sempre é possível evitar termos específicos da UE, das suas políticas e orçamento ou da contabilidade e auditoria. No sítio Web do Tribunal foi publicado um glossário com explicações da maioria destes termos específicos. Os termos definidos no glossário surgem em itálico quando ocorrem pela primeira vez em cada capítulo. 0.9. Enquanto auditor externo, compete ao Tribunal comunicar as suas constatações de auditoria e retirar as conclusões necessárias, de modo a fornecer uma avaliação independente e imparcial da fiabilidade das contas da UE e da legalidade e regularidade das operações. 0.10. As respostas da Comissão às observações do Tribunal (e, quando for caso disso, as respostas de outras instituições e organismos da UE) acompanham o presente relatório".

[1241] ECA (*2021 Relatórios Anuais*, 2022, p. 63; 306): Observação do Tribunal (p. 63): "A adoção tardia dos regulamentos resultou numa baixa execução das dotações de autorização 2.4. A autoridade orçamental aprovou um orçamento inicial de 164,3 mil milhões de euros para dotações de autorização, bem como seis orçamentos retificativos, quatro dos quais alteraram o montante das dotações de autorização. O orçamento definitivo para as dotações de autorização foi de 166,8 mil milhões de euros, ou seja, acima do limite máximo do QFP de 163,5 mil milhões de euros (ver figura 2.1). Esta situação foi possível graças à utilização de instrumentos especiais, como o Instrumento de Flexibilidade e a Reserva para a Solidariedade e as Ajudas de Emergência, a que a UE pode recorrer para reagir com flexibilidade a circunstâncias imprevistas". Resposta da Comissão (p. 306): "Impacto da adoção tardia

redigido em linguagem sóbria, no qual também se manifesta sobre as recomendações, aceitando-as ou, eventualmente, registrando, justificadamente, que não as aceita,[1242] o que não é frequente.

A Corte de Auditores não produz réplica às respostas da Comissão em seu relatório anual, pois o seu papel no processo não é o de identificação e apuração de irregularidades para fins de responsabilização técnica ou política da Comissão.

E, de fato, essa não é a natureza do papel histórico e finalístico de atuação das entidades fiscalizadoras superiores nesse processo de encerramento do ciclo orçamentário e de natureza dúplice: técnica e *accountability* política.

5.1.5 Recuperação do sentido histórico do sistema de julgamento de contas no Brasil: evidenciação do princípio do encadeamento virtuoso presente no *discharge*

Nesse ponto, devemos retornar ao disposto na Constituição de 1824, que determinava a apresentação do balanço geral da receita e da despesa do ano anterior concomitantemente com o orçamento geral para o ano seguinte:

> Art. 172. O Ministro de Estado da Fazenda, havendo recebido dos outros Ministros os orçamentos relativos as despesas das suas Repartições, apresentará na Câmara dos Deputados anualmente, logo que esta estiver reunida, um Balanço geral da receita e despesa do Tesouro Nacional do ano antecedente, e igualmente o orçamento geral de todas as despesas públicas do ano futuro, e da importância de todas as contribuições, e rendas públicas.

Retornamos, também, ao disposto nos arts. 5º e 6º do Decreto nº 313, de 18.10.1843, que previa a apresentação de uma proposta de lei para aprovação das contas do exercício encerrado, "fixando definitivamente tanto a receita e despesa":

> Art. 5º Na mesma ocasião, em que o Ministério da Fazenda apresentar o Balanço definitivo de cada Exercício, oferecerá também uma proposta de lei para a aprovação das contas desse exercício, fixando definitivamente tanto a receita e despesa a ele pertencentes, como aos anteriores.

---

dos regulamentos sobre a execução das dotações de autorização 2.5 O facto de, em 2021, a taxa de execução das dotações de autorização ter sido baixa não significa que as dotações não executadas tenham sido anuladas, mas sim, que serão executadas nos anos seguintes, tal como previsto no Regulamento QFP e nos atos de base pertinentes. No que respeita aos fundos em gestão partilhada, o Regulamento QFP previa já a necessidade e a possibilidade de transferir a parcela de autorizações de 2021 para exercícios posteriores. Com efeito, a Comissão conseguiu garantir a plena execução, passada ou futura, do orçamento de 2021, graças à reprogramação dos programas em gestão partilhada, em conformidade com o artigo 7.º do Regulamento QFP1, às transferências efetuadas em conformidade com o Regulamento QFP e outros atos de base e à plena execução dos recursos orçamentais ainda disponíveis".

[1242] ECA (*2021 Relatórios Anuais*, 2022, p. 176; 341): Recomendação do Tribunal: "Recomendação 5.6 Estado de direito – Apresentar informações nos seus relatórios anuais de atividades sobre procedimentos de salvaguarda do Estado de direito em curso contra Estados-Membros e sobre a forma como estes poderão afetar a garantia que a Comissão consegue obter dos sistemas de controlo e de garantia dos países em causa sobre a regularidade das despesas. Prazo de execução: abril de 2023 (próximos RAA)". Resposta da Comissão: "[...] Recomendação 5.6 – Estado de direito. A Comissão não aceita a recomendação. A Comissão continuará a referir-se aos procedimentos de condicionalidade geral apenas no RAGE e no RAA da DG BUDG. O regime geral de condicionalidade ou a proteção do orçamento da União diz respeito à totalidade do orçamento da UE e não apenas aos programas ou domínios de intervenção".

> Art. 6º Nas contas que acompanharem a referida proposta, o Governo não só justificará todos os excessos de despesa que houver em cada artigo da Lei respectiva, para que não tenha sido suficiente o crédito votado, mas também dará as razões por que não foram despendidas somas concedidas para serviços, que se não tenham realizado.

Ao disposto no art. 89 da Constituição de 1891 (CF-1891) e no art. 2º, §1º, 2, "g", do Decreto-Lei nº 392/1896, primeira Lei Orgânica do TCU (LOTCU-1896):

> CF-1891: É instituído um Tribunal de Contas para liquidar as contas da receita e despesa e verificar a sua legalidade, antes de serem prestadas ao Congresso. Os membros deste Tribunal serão nomeados pelo Presidente da República com aprovação do Senado, e somente perderão os seus lugares por sentença.
> LOTCU-1896: [...] Cabe-lhe em referência às despesas: [...] [expor em relatório anual dirigido às Casas do Congresso a situação da Fazenda Federal; propor as medidas tendentes à melhor arrecadação da receita e à fiscalização da despesa; emitir parecer sobre a expansão desta e suas causas, e fazer menção dos abusos e omissões praticados na execução das leis do orçamento e nas que entenderem com a administração fiscal.

E, por fim, ao disposto no Decreto nº 2.511/1911, que regulou a "toma de contas ao Governo pelo Congresso Nacional":

> Art. 1º Para o fim do disposto na segunda parte do n. 1 do art. 34 da Constituição, o Presidente da República enviará, anualmente, até o dia 15 de maio, as contas da gestão financeira durante o penúltimo exercício encerrado. [...]
> §5º As contas serão, antes de presentes ao Congresso para julgamento, sujeitas ao exame do Tribunal de Contas, que emitirá parecer sobre a regularidade e exatidão das mesmas, assinalando si, na execução do orçamento, agiu o Poder Executivo com inteira observância das autorizações legislativas e conforme os preceitos da contabilidade pública.
> Art. 2º Recebida a exposição, a Mesa da Câmara a enviará imediatamente à Comissão de Tomada de Contas, para que institua quanto antes o exame das contas do exercício e dê seu parecer fundamentado, que deverá concluir por um projeto de lei aprovando-as ou não.[1243]

Estava estabelecido historicamente em nosso país o que teoricamente se denominava de "encadeamento virtuoso" na doutrina francesa, que será visto na próxima seção.

De outro lado, ainda que todo o processo fosse um processo complexo, de muita dificuldade de processamento de informações e construção de análises técnicas, jurídicas e fáticas, a decisão sobre o "projeto de lei de aprovação das contas", encerrando o ciclo orçamentário que começara com a aprovação da lei orçamentária, era, como não poderia deixar de ser, de natureza política, e essa decisão poderia ter consequências muito graves.

Logo no início do século XX, no Brasil, o Decreto nº 2.511/1911 previra no art. 2º, §1º, que a recusa do Congresso à aprovação das contas implicaria a abertura de um processo

[1243] O Decreto nº 2.511/1911 previa no art. 2º, §1º, que a recusa do Congresso à aprovação das contas implicaria a abertura de um processo de crime de responsabilidade: "Não sendo aprovadas as contas pelo Congresso, terá lugar o processo de responsabilidade de que trata o decreto n. 27, de 7 de janeiro de 1892". Como vimos no exame do *discharge procedure*, a recusa do Parlamento Europeu em conceder a "quitação" à Comissão implicaria constrangimentos políticos de tal ordem que poderia levar a moções de desconfiança contra a Comissão.

de crime de responsabilidade: "Não sendo aprovadas as contas pelo Congresso, terá lugar o processo de responsabilidade de que trata o decreto n. 27, de 7 de janeiro de 1892".

Desse modo, àquela época, qualquer manifestação do Tribunal de Contas, a que título fosse, pela aprovação ou reprovação das "contas", teria os efeitos de um juízo político, apto a deslocar para a entidade fiscalizadora superior o fórum do processo de *accountability política* do Poder Executivo perante o Congresso Nacional.

Como vimos no exame do *discharge procedure*, a recusa do Parlamento Europeu em conceder a "aprovação" à Comissão implicaria constrangimentos políticos de tal ordem que poderia levar a moções de desconfiança contra a Comissão.

5.2 França: o princípio do "encadeamento virtuoso", a Loi de Règlement e a atuação da Cour des Comptes[1244]

Desde o início do século XIX, faz parte do sistema orçamentário-financeiro francês uma "lei de contas", criada pela lei de finanças de 15 de maio de 1818.

Os parlamentares da época entendiam que o cumprimento da lei de finanças (lei orçamentária)[1245] deveria ser examinado pelo Parlamento, pois do poder de votar os impostos derivavam os poderes de avaliar sua necessidade, autorizar sua destinação e verificar se os recursos não foram desviados para finalidades não autorizadas e se o Governo respeitou as autorizações orçamentárias (orçamento), votando uma "lei de contas".[1246]

Assim, para que o Parlamento pudesse exercer o poder/dever de fiscalização da execução orçamentária bem esclarecido, a Lei de Contas de 27 de junho de 1819 atribuiu à Cour des Comptes competência para examinar e certificar a correção das contas dos ministérios. Posteriormente, em 1822, a Corte passou a ter que emitir e encaminhar ao rei uma declaração de conformidade das "contas gerais dos ministros".

[1244] Loi de règlement du budget et d'approbation des comptes: Loi de règlement ou LR. Ou denominação mais recente: Loi relative aux résultats de la gestion et portant approbation des comptes de l'année.

[1245] O exame da execução da "lei de finanças" na França equivaleria ao exame da execução da lei orçamentária, no Brasil, ou execução do orçamento.

[1246] Damarey (*Droit public financier*, 2021, p. 139 e seguintes): "Vote de la loi des comptes. L'exécution des lois de finances doit être appréciée par le Parlement. Les politiques de l'époque en font un essentiel du pouvoir budgétaire détenu par le Parlement et une conséquence logique de leur pouvoir de consentir l'impôt: 'Le droit de voter librement l'impôt est, sans contredit, la plus importante de vos attributions. Mais quelle est l'étendue de ce droit ? Et dans quelles limites doit – il être restreint restreint? N'auriez – vous que le droit de voter ou de refuser l'impôt sans avoir celui de vérifier, de fixer les dépenses et de surveiller l'emploi des deniers publics ? [...] Les impôts et les subsides ne sont établis que pour les besoins de l'État et pour ses nécessités indispensables. La conséquence immédiate de ce principe, c'est que celui qui a le droit de voter l'impôt a nécessairement le droit d'examiner si cet impôt est demandé pour les nécessités de l'État, de vérifier ces nécessités... de surveiller l'emploi des fonds et de s'assurer s'ils n'ont pas été distraits de la destination pour laquelle seulement ils ont été accordés' (Rapport du 14 janvier 1817, M. Roy, député cité in Miller G., 'La Charte constitutionnelle de 1814 et la naissance d'un système moderne de finances publiques', GFP 2016, n o 2, p. 97). Il faut donc que les parlementaires puissent, par un vote, apprécier le respect par le Gouvernement de l'autorisation budgétaire qu'ils ont accordée en loi de finances. C'est la loi de finances du 15 mai 1818 qui crée la loi des comptes (ancêtre de la loi de règlement 3). Afin que le Parlement soit éclairé dans l'examen de cette loi, la Cour des comptes se voit confier compétence pour constater et certifier l'exactitude des comptes publics ministériels avec la loi des comptes du 27 juin 1819: 'Le compte annuel des finances sera accompagné de l'état de situation des travaux de la Cour des comptes au premier septembre de chaque année.' Avec l'ordonnance du 14 septembre 1822, la Cour des comptes est tenue de transmettre au roi une 'déclaration de conformité' concernant les comptes généraux des ministres (art. 22)".

A *Loi des comptes* de 1818 é precursora da *Loi de Réglement*, depois denominada de *Loi de règlement du budget et d'approbation des comptes* (Lei de Encerramento do Orçamento[1247] e de Aprovação das Contas) e, desde 2023, *Loi relative aux résultats de la gestion et portant approbation des comptes de l'année* (Lei relativa aos Resultados da Gestão e Aprovação das Contas do Ano).

A *Loi de Réglement* é, sinteticamente, uma lei que demonstra e declara o montante final das receitas e despesas do ano anterior e aprova as diferenças entre as realizações e as previsões formuladas na Lei de Finanças (Lei Orçamentária), consideradas as modificações procedidas pelas leis retificativas (créditos adicionais), bem como aprova os balanços gerais, entre outras finalidades.[1248]

A *Loi de Règlement* referente ao ano N é apresentada e aprovada no N + 1, antes da deliberação sobre a Lei de Finanças do ano N + 2.

A Lei Orgânica das Leis de Finanças[1249] estabelece que o projeto da *Loi de Règlement* deve ser apresentado antes de 1º de junho do ano seguinte àquele a que se referem o orçamento e as demonstrações financeiras consolidadas, e a sua primeira apreciação deve ocorrer antes da votação da proposta de lei de finanças para o ano seguinte.

A aprovação da *Loi de Règlement* encerra o ciclo orçamentário e dá início a um novo ciclo. Desse modo, a Assembleia Nacional francesa pode discutir o orçamento do ano

---

[1247] *Loi de Réglement* é uma expressão de difícil tradução para o português. Pode ser traduzida por Lei de Liquidação, mas preferimos traduzi-la por "Lei de Encerramento do Orçamento". A OCDE traduz para o inglês como *Budget Execution Law*.

[1248] França (Senat, *Les Lois des Finances*, [s.d.]): "*La loi de règlement* est l'acte qui constate le montant définitif des recettes et des dépenses de l'année écoulée et approuve les différences entre les résultats et les prévisions de la loi de finances initiale, telle que modifiée éventuellement par des lois de finances rectificatives ou de fin de gestion. Elle approuve également le compte de résultat, exprimé selon les règles de la comptabilité générale. La loi de règlement de l'année N est votée au cours de l'année N+1, avant l'examen du projet de loi de finances pour l'année N+2, ce qui permet ainsi de suivre en 'dynamique' l'évolution du budget selon le principe du 'chaînage vertueux'. À ce titre, la LOLF en revalorise d'autant plus le rôle et l'importance qu'elle est désormais examinée au printemps et au début de l'été: à cette occasion, les parlementaires peuvent auditionner les ministres gestionnaires afin qu'ils rendent compte de leur gestion, le tout au vu de documents budgétaires substantiellement enrichis (les rapports annuels de performances – RAP – qui sont le pendant des projets annuels de performances – PAP – présentés en loi de finances initiale)". Ver também: "*La loi de finances initiale* prévoit et autorise, pour chaque année civile (principe de l'annualité budgétaire), l'ensemble des ressources et des charges de l'État. Cette loi comprend deux parties distinctes: la première partie autorise la perception des ressources publiques (impôts et taxes) et comporte les 'voies et moyens', c'est-à-dire l'évaluation des recettes. Elle présente un tableau d'équilibre des recettes et charges et donc le niveau du solde budgétaire annuel, ainsi que la variation de la dette négociable de l'État et un plafond des emplois calculé en 'équivalents temps plein travaillés' (ETPT); la seconde partie autorise les dépenses et contient des dispositions diverses, relatives par exemple aux garanties accordés par l'État ou à l'information du Parlement. Depuis l'entrée en vigueur de la LOLF en 2006, les votes ne portent plus d'une part sur les services votés et d'autre part sur les mesures nouvelles, mais s'effectuent pour chaque mission 'au premier euro' (c'est-à-dire en reconsidérant l'ensemble des crédits correspondants, et non plus seulement leur augmentation par rapport à ceux décidés l'année précédente). Les crédits des missions sont présentés dans des projets annuels de performance (PAP), comprenant des objectifs de performance chiffrés pour les différents programmes". "*Loi de finances rectificative* – Une loi de finances rectificative, appelée aussi 'collectif budgétaire', modifie en cours d'exercice les dispositions de la loi de finances de l'année. Des collectifs budgétaires sont ainsi discutés en cas de changement de cap de la politique gouvernementale ou pour répondre à des crises nécessitant l'engagement de crédits nouveaux. Au moins une loi de finances rectificative est votée en fin d'année pour autoriser des mouvements de crédits ou réestimer le niveau des recettes. Toutefois, à compter de l'exercice 2023, la loi de finances rectificative de fin d'année pourrait être remplacée, si le Gouvernement le décide, par une loi de finances de fin de gestion. La principale différence entre ces deux types de textes est qu'une loi de finances de fin de gestion peut ajuster les prévisions de recettes et les autorisations de dépenses, mais elle ne peut pas comporter de dispositions de nature fiscale, alors que la loi de finances rectificative peut, elle, porter sur la plupart des domaines traités par la loi de finances initiale" (Grifos no original).

[1249] Loi organique nº 2002-692 du 1 août 2001 relative aux lois de finances. Constitutional bylaw (LOLF) No. 2001-692 of 1 August 2001 on budget acts.

seguinte a partir do exame dos resultados do orçamento do ano anterior. Essa ideia é denominada de princípio do "encadeamento virtuoso" (*chaînage verteux*).[1250]

Para a OCDE,[1251] a *Loi de Règlement* (*Budget Execution Act*) é o principal documento de accountability ao final do ano. Além das finalidades já mencionadas, ela apresenta os resultados orçamentários finais por missão e programa (categorias programáticas do orçamento francês), comparando-os com as previsões iniciais, e apura o resultado financeiro, déficit ou superávit, pelo regime de caixa.

A Cour des Comptes, no começo de cada ano, elabora um relatório sobre a execução e a gestão do orçamento (*Le Budget de L'État – Rèsultats et gestion*) e certifica as contas do Estado (*Certification des Comptes de L'Etat*) do ano anterior, no âmbito de sua missão constitucional de auxiliar o Parlamento em sua função de monitorar e controlar a atuação do Governo, de auxiliar o Parlamento e o Governo no controle da execução das leis de finanças e das leis de financiamento da seguridade social, bem como na avaliação de políticas públicas.[1252]

[1250] *Vide*, sobre a presença implícita desse princípio no sistema brasileiro, Oliveira (*Precisamos falar sobre contas*, 2018, p. 69-74): "A prestação de contas visa, entre outros fins que não se revelam expressamente nas normas, mas se percebem da análise finalística e funcional do sistema: fornecer ao Congresso Nacional (que exerce controle externo sobre a Administração Pública) relatórios e exames substantivos sobre a execução dos orçamentos, dos programas governamentais, das contas públicas em sentido estrito (patrimônio público, situação fiscal de curto, médio e longo prazos), em tempo hábil para serem utilizados na apreciação da proposta orçamentária do exercício seguinte. Colhe-se a corroboração dessa compreensão no art. 90, §3º, c, do Regimento Comum do Congresso Nacional sobre a participação das comissões permanentes de suas casas legislativas na apreciação do projeto de lei orçamentária anual: 'Art. 90. O projeto de lei orçamentária será apreciado por uma Comissão Mista que contará com a colaboração das Comissões Permanentes da Câmara dos Deputados e do Senado Federal. §3º A participação das Comissões Permanentes, no estudo da matéria orçamentária, obedecerá às seguintes normas: a) as Comissões Permanentes interessadas, uma vez constituída a Comissão Mista, deverão solicitar ao Presidente desta lhe seja remetido o texto do projeto de lei orçamentária; b) a Comissão Mista, ao encaminhar o projeto à solicitante, estabelecerá prazos e normas a serem obedecidos na elaboração de seu parecer, o qual deverá abranger, exclusivamente, as partes que versarem sobre a matéria de sua competência específica; c) a Comissão Permanente emitirá parecer circunstanciado sobre o anexo que lhe for distribuído e elaborará estudo comparativo dos programas e dotações propostas *com a prestação de contas do exercício anterior* e, sempre que possível, com a execução da lei orçamentária em vigor;'. Seguindo essa lógica substantiva e temporal, a Resolução nº 1/2006 do Congresso Nacional determina que a Comissão Mista de Orçamento realize audiência pública com o ministro relator do Tribunal de Contas da União, para exposição e debate do parecer prévio, logo no início dos trabalhos do segundo período da sessão legislativa, que começa em 1º de agosto. Ou seja, observado esse procedimento, o parecer do TCU já teria sido debatido na CMO quando o Congresso recebesse do Presidente da República a proposta orçamentária para o ano seguinte, em 31 de agosto. O prazo determinado para a apresentação das contas pelo Presidente, 60 (sessenta) dias após a abertura da sessão legislativa, e o fixado para o Tribunal de Contas da União emitir o parecer prévio e devolver as contas ao Congresso, 60 (sessenta dias) após o recebimento, corroboram a força dessa análise. São prazos curtos e peremptórios, exatamente para possibilitar o uso das análises nas discussões orçamentárias, que se processam no segundo semestre. Devidamente respeitados esses prazos, o Congresso teria em mãos, antes do final do primeiro semestre, informações técnicas para subsidiar as discussões do orçamento e do desempenho geral do Governo e dos programas governamentais, assim como para adotar, tempestivamente, as medidas legais e providências de sua competência aptas, segundo seu juízo político de oportunidade e necessidade, a lidar, se for o caso, com as graves irregularidades (lato sensu) reportadas pelo TCU referentes aos balanços gerais, à execução orçamentária e às operações com recursos públicos. [...]" (Grifos nossos).

[1251] OECD (*Budgeting in France*, 2018, p. 60): "The main accountability document at year-end is however the Budget Execution Act (*'Loi de règlement'*, or LR), presented to the Parliament before 1 june. The law shows final budget outurns by mission and programme against Parliamentary authorisation and the cash basis deficit or surplus. Audited accrual basis financial statements (*'compte Géneral de L'État*, or CGE) are presented in an apendix to the Law. They report on an accrual basis all financial operations undertaken by central Government during the fiscal year".

[1252] Constituição da França ([s.d.]): "Art. 47º-2: O Tribunal de Contas auxilia o Parlamento no controle da ação do Governo. Auxilia o Parlamento e o Governo no controle da execução das leis de finanças e da aplicação das leis de financiamento da previdência social, bem como na avaliação das políticas públicas. Pelos seus relatórios públicos, contribui para a informação dos cidadãos. As contas das administrações públicas são regulares e autênticas. Fornecem uma imagem fiel do resultado da sua gestão, seu patrimônio e sua situação financeira". Constitution of October 4, 1958: "ARTICLE 47-2. The Cour des Comptes shall assist Parliament in monitoring Government action. It shall assist Parliament and the Government in monitoring the implementation of Finance Acts and Social Security Financing Acts, as well in assessing public policies. By means of its public reports, it shall contribute to informing citizens. The accounts of public administrations shall be lawful and faithful. They

Ao todo, a Corte de Contas[1253] produz um conjunto de seis relatórios:[1254] um sobre a execução do orçamento do Estado; outro sobre a aplicação das leis de financiamento da seguridade social; dois relatórios de certificação de contas: as contas do Estado e as contas da seguridade social; um relatório sobre a situação e as perspectivas das finanças públicas; e um sobre os créditos orçamentários abertos por meio de *décrets d'advances*.[1255] [1256]

---

shall provide a true and fair view of the result of the management, assets and financial situation of the said public administrations".

1253 Sobre a Cour des comptes, seu papel e sua relevância no sistema orçamentário francês, *vide* OECD (*Budgeting in France*, 2018, p. 64): "7.2.1. Court of Accounts – Relationships between Supreme Audit Institutions (SAI) and Parliaments vary widely among OECD countries, reflecting historic, cultural, political or other factors or influences. The SAI may be part of either the legislative branch or the executive branch or independent of both. The Court of Accounts ('*Cour des comptes*') is a judicial body, independent from both Government and Parliament and also a particularly high profile institution in France. Since a ruling by the Constitutional Court ('*Conseil Constitutionnel*') in 2001, the Court's independence as well as its institutional relationship with the executive and legislative branches has been protected by the Constitution (Article 47-2, dating from 2008). In addition, the position of First President of the Court (who serves a nine-year term) is usually filled by high-profile personalities. Members of the Court of Accounts are recruited amongst high-level public servantes and appointed for an indefinite term, in order to protect their independence. Such a model does not preclude the fact that the work done is, sometimes to a significant extent directed to Parliament. The relationship between the Court of Accounts and Parliament has in fact become significantly stronger over time, in particular following the adoption of the LOLF and LOLFSS, which formally assigned an 'assistance to Parliament' role to the Court of Accounts. with regards to the execution of the State Budget Law and Social Security Financing Law' and turned the Court of Accounts into a 'budget watchdog' (OECD, 2016). In this role, the Court of Accounts receives regular information from the Ministry for the Budget, among which public budget documents discussed above and non-public documents (detailed analysis of budget execution by programme). It also has access to central Government's financial IT system, where budget execution data is available both at aggregated and detailed level".

1254 Segundo Lamarque (*Contrôle et* évaluation *de la gestion publique*, 2016, p. 19-20): "La Cour consacre chaque année six rapports publics à ces deux missions: deux rapports sur l'exécution du budget de l'État (résultats et gestion budgétaire) et sur l'application des lois de financement de la sécurité sociale; deux rapports de certification, des comptes de l'État et des comptes de la sécurité sociale; un rapport sur la situation et les perspectives des finances publiques; un rapport sur les crédits du budget de l'État ouverts par décrets d'avances. La Cour assure également, depuis 2013, un examen de la qualité des comptes publics. [...] A. Le contrôle de l'exécution du budget – 1. Objet: vérifier le respect des principes du droit budgétaire, évaluer la performance et la soutenabilité des finances publiques. Le contrôle de l'exécution du budget a pour objet d'examiner comment le budget voté par le Parlement a été exécuté par l'administration, c'est-à-dire comment le gouvernement a mis en œuvre les autorisations votées par les lois de finances initiale et rectificatives. Le rapport sur le budget de l'État: résultats et gestion, établi par la Cour sur la base de l'article 58-4 de la LOLF, décrit les résultats de l'exécution des lois de finances (le déficit et la dette, notamment), les recettes et les dépenses de l'exercice. Il examine également la gestion budgétaire sous trois angles: régularité, performance et soutenabilité".

1255 Sobre as atribuições da Cour des comptes, ver artigo 58 da *Loi organique nº 2001-692 du 1 août 2001 relative aux lois de finances*: "*Article 58*. La mission d'assistance du Parlement confiée à la Cour des comptes par le premier alinéa de l'article 47-2 de la Constitutioncomporte notamment: *1º* L'obligation de répondre aux demandes d'assistance formulées par le président et le rapporteur général de la Commission chargée des finances de chaque assemblée dans le cadre des missions de contrôle et d'évaluation prévues à l'article 57; *2º* La réalisation de toute enquête demandée par les commissions de l'Assemblée nationale et du Sénat chargées des financessur la gestion des services ou organismes qu'elle contrôle. Les conclusions de ces enquêtes sont obligatoirement communiquées dans un délai de huit mois après la formulation de la demande à la commission dont elle émane, qui statue surleur publication; *3º* Le dépôt, avant la fin du mois de juin, d'un rapport relatif à la situation et aux perspectives des finances publiques; *4º* Le dépôt d'un rapport conjoint au dépôt du projet de loi relative aux résultats de la gestion et portant approbation des comptes de l'année, relatif aux résultats de l'exécution de l'exercice antérieur et aux comptes associés, qui, en particulier, analyse par mission et par programme l'exécution des crédits; *5º* La certification de la régularité, de la sincérité et de la fidélité des comptes de l'Etat au regard des règles mentionnées àl'article 30. Cette certification est annexée au projet de loi relative aux résultats de la gestion et portant approbation descomptes de l'année et accompagnée du compte rendu des vérifications opérées; *6º* Le dépôt d'un rapport conjoint au dépôt de tout projet de loi de finances sur les mouvements de crédits opérés par voie administrative dont la ratification est demandée dans ledit projet de loi de finances. Les rapports visés aux 3º, 4º et 6º sont, le cas échéant, accompagnés des réponses des ministres concernés. Le rapport annuel de la Cour des comptes peut faire l'objet d'un débat à l'Assemblée nationale et au Sénat" (Grifos nossos).

1256 *Vide* Cour des comptes (Certification des comptes de l'État – exercice 2022, p. 7): "La Cour publie, chaque année, un rapport sur le budget de l'État (RBDE) qui analyse l'exécution de l'année antérieure. Il est déposé sur le bureau

As certificações e os relatórios da Cour des Comptes são peças essenciais nesse processo.

Segundo o Ministério da Economia e das Finanças Públicas francês,[1257] a Lei Orgânica das Leis de Finanças de 2001 ampliou as atribuições e definiu melhor o auxílio que a Corte de Contas presta ao Parlamento.

Primeiramente, por volta do mês de abril, ela certifica as contas do Estado.[1258] O ato de certificação e a conta geral constituirão anexos do projeto da *Loi de Règlement*

---

de l'Assemblée nationale et du Sénat conjointement au projet de loi relative aux résultats de la gestion et portant approbation des comptes de l'année [...] le (ou les) rapport(s) sur les ouvertures de crédits par décret d'avance en cours d'exercice (6º de l'article 58 de la LOLF), qui accompagne(nt) le projet de loi de finances comportant la demande de leur ratification".

1257 La loi de règlement du budget et d'approbation des comptes. Ministère de L'Économie, 10 out. 2019: "Le Parlement examine, en juin-juillet de l'année N+1, le projet de loi de règlement du budget et d'approbation des comptes pour l'année N. Ce texte arrête le résultat de l'exécution de l'année N en comptabilités budgétaire (notamment les dépenses constatées par mission et par programme) et générale. Il présente également un volet 'Performances', qui permet au Parlement d'apprécier la qualité de la gestion des politiques publiques et leurs performances relatives. Il détaille les résultats obtenus et mesure la différence avec les prévisions pour en tenir compte lors de la discussion du budget de l'année N+2. Comptes et performances de l'État – Le projet de loi de règlement du budget et d'approbation des comptes présente un volet comptable avec le résultat de l'année en comptabilités budgétaire et générale et un volet 'Performances' avec les rapports annuels de performances (RAP). La présentation du compte général de l'État s'inspire du modèle de la comptabilité d'entreprise (comptabilité en droits constatés, et non plus comptabilité de caisse comme la comptabilité budgétaire) tout en tenant compte des spécificités de l'État. Il donne une image régulière, fidèle et sincère de la situation financière et patrimoniale de l'État: Le bilan donne une image de la situation patrimoniale de l'État. L'actif valorise les éléments du patrimoine, tandis que le passif recense les engagements de l'État à l'égard des tiers; Le compte de résultat présente le résultat de l'exercice selon les règles de la comptabilité générale (principe des droits constatés). En cela, il complète l'information de la comptabilité budgétaire qui présente l'état de la 'caisse' en fin d'exercice. Les principales sources d'écart entre ces deux approches sont explicitées; L'annexe (hors bilan) enrichit l'information comptable en présentant notamment, de manière qualitative, les risques difficiles à chiffrer. Elle présente en outre les options comptables retenues, ainsi que la trajectoire d'amélioration sur laquelle s'est engagée l'État pour les années à venir. Les rapports annuels de performances (RAP) présentent les résultats des administrations au regard des engagements pris en loi de finances initiale. Ils permettent notamment d'évaluer l'amélioration de la performance en comparant, ex post, les résultats au regard des objectifs initialement fixés. La loi de règlement du budget et d'approbation des comptes devient donc un outil de contrôle et d'évaluation des politiques publiques mises en œuvre par l'État. Elle permet d'identifier les marges de progrès et engage l'administration dans une dynamique vertueuse. La LOLF introduit le principe de 'chaînage vertueux' en prévoyant le dépôt du projet de loi de règlement du budget et d'approbation des comptes avant le 1er juin de l'année suivant celle à laquelle elle s'applique, et son examen en première lecture avant le vote du projet de loi de finances de l'année suivante. Le Parlement peut ainsi contrôler les résultats de l'exécution de l'année N avant de procéder à la discussion des crédits et des objectifs proposés pour l'année N+2. Il s'agit donc de lier les discussions de la loi de règlement du budget et d'approbation des comptes et celle du projet de loi de finances (PLF) afin de permettre aux parlementaires de tirer les conséquences pour l'avenir des résultats observés et de créer un véritable 'cycle de la performance'. La Cour des comptes, juge des comptes de l'État et de sa gestion budgétaire [*julgar no sentido de auditar e certificar as contas e de examinar e avaliar a gestão orçamentária*] – La LOLF a élargi et précisé le concours que la Cour des comptes apporte au Parlement dans le contrôle de l'exécution des lois de finances: La Cour des comptes présente d'abord un acte de certification de la régularité, de la sincérité et de la fidélité des comptes de l'État qui est annexé au projet de loi de règlement; Elle dépose ensuite un rapport, conjointement au dépôt du projet de loi de règlement du budget et d'approbation des comptes, portant sur les résultats et la gestion budgétaire pendant l'exercice antérieur. Il analyse l'exécution des lois de finances sous tous ses aspects, y compris l'exécution des crédits par mission et par programme dans la logique de performance prévue par la LOLF; Elle dépose enfin un rapport, dans le courant du mois de juin conjointement au rapport du Gouvernement sur l'évolution de l'économie nationale et sur les orientations des finances publiques, préliminaire au débat d'orientation budgétaire".

1258 Cour des comptes (Certification des comptes de l'État – exercice 2022): "[...] Les comptes de l'État et l'acte de certification de la Cour sont joints au projet de loi de règlement pour l'exercice écoulé. Ces documents permettent d'assurer une information transparente sur la situation financière de l'État afin d'éclairer le Parlement avant qu'il n'examine la loi de règlement. Ils s'adressent, plus largement, aux citoyens, aux acteurs économiques et aux observateurs des finances publiques. [...] *Le rôle de la Cour* En application de l'article 58 de la LOLF, la Cour des comptes certifie tous les ans la régularité, la sincérité et la fidélité des comptes de l'Etat. Cette certification est annexée au projet de loi de règlement et accompagnée du compte rendu des vérifications opérées. Dans le cadre de cette certification la Cour applique les normes internationales d'audit, sauf exceptions liées au droit français. [...] Pour émettre son opinion, elle s'appuie notamment sur des éléments recueillis par des rapporteurs et des experts dédiés, tout au long de l'année, au cours de travaux en deux phases: – une phase d'évaluation des

du budget et d'approbation des comptes, que será apreciado e votado entre os meses de junho e julho.[1259]

A Corte de Contas assim explica as características das contas anuais do Estado submetidas à certificação.

Quando da apresentação do projeto da *Loi de Règlement* pelo Governo, do qual fará parte também um conjunto de relatórios sobre o desempenho anual (RAP – *rapports annuels de performance*), a Corte encaminha à Assembleia Nacional e ao Senado um relatório sobre os resultados e a gestão do orçamento (*Le Budget de L'État – Résultats et* gestion),[1260] em que analisa a aplicação da legislação financeira e a execução orçamentária por missão e programa, segundo a "lógica de desempenho" estabelecida na LOLF.[1261] [1262]

---

risques d'anomalies comptables (juin à décembre), qui combine l'analyse des évènements à portée financière intervenus depuis l'exercice précédent, la revue des grands processus de gestion, et l'évaluation de la qualité des systèmes de contrôle interne; – une phase d'audit des chiffres retenus par l'administration (janvier à avril), au cours de laquelle des vérifications sont opérées sur la base des risques évalués et l'opinion d'audit est préparée. À chaque stade du travail de certification, les experts de la Cour échangent de manière formalisée avec l'administration pour présenter leurs observations et recueillir ses explications. Le rapport d'opinion est également soumis à l'administration avant son adoption collégiale définitive par la Cour. Seules les anomalies, ou les risques d'anomalies, significatives, c'està-dire susceptible d'influencer la compréhension du lecteur des comptes, sont retenues par la Cour pour justifier son opinion d'audit" (Grifos nossos).

1259 Sobre a composição das "contas", *vide* Cour des comptes (*Certification des comptes de l'État – exercice 2022*, p. 28): "Les comptes de l'État sont présentés dans un document intitulé "Compte général de l'État" (CGE) qui comprend un bilan, un compte de résultat, un tableau des engagements hors bilan, ainsi qu'une annexe qui fournit les informations utiles à la compréhension et à l'interprétation des états précités. Les opérations retracées par ces comptes annuels sont celles des services, des établissements et des institutions de l'État qui ne sont pas dotés d'une personnalité juridique distincte de ce dernier. Outre les administrations centrales et déconcentrées de l'État, ce périmètre comprend les Pouvoirs publics au sens de la Constitution (principalement les assemblées parlementaires, la Présidence de la République et le Conseil constitutionnel), les budgets annexes, les comptes spéciaux et tous les fonds dénués de la personnalité juridique qui sont gérés pour le compte de l'État ou sur lesquels il détient des droits. Les entités dotées de la personnalité juridique (les établissements ou entreprises publics, par exemple) ne sont intégrées à l'actif du bilan de l'État qu'à hauteur d'une valeur représentative des droits qu'il détient sur elles. Le CGE est accompagné d'un rapport de présentation, qui expose les faits marquants de l'exercice et analyse les comptes de manière synthétique, d'un rapport sur le contrôle interne, qui décrit les actions réalisées au cours de l'exercice pour renforcer la maîtrise des risques financiers, et d'une plaquette de communication financière. Ces documents sont joints, avec le présent acte de certification, au projet de loi de règlement pour l'exercice écoulé. Ils contribuent à informer les citoyens et leurs représentants sur la situation financière de l'État".

1260 Cour des Comptes (*Le budget de l'État en 2023 – résultats et gestion*, p. 7): "La Cour publie, chaque année, un rapport sur le budget de l'État (RBDE) qui analyse l'exécution de l'année antérieure. Il est déposé sur le bureau de l'Assemblée nationale et du Sénat conjointement au projet de loi relative aux résultats de la gestion et portant approbation des comptes de l'année. [...] Prévu par le 4º de l'article 58 de la loi organique relative aux lois de finances (LOLF), le RBDE est l'une des quatre publications annuelles de la Cour dans le cadre de sa mission constitutionnelle d'assistance au Parlement et au Gouvernement pour le contrôle de l'exécution des lois de finances (article 47-2 de la Constitution), avec: l'acte de certification des comptes de l'État, annexé au projet de loi relative aux résultats de la gestion et portant approbation des comptes de l'année (5º de l'article 58 de la LOLF), rendu public en même temps que le rapport sur le budget de l'État; [...] Ces rapports ainsi que l'acte de certification des comptes de l'État s'appuient sur les contrôles, enquêtes et vérifications conduits par la Cour. En tant que de besoin, il est fait appel au concours d'experts extérieurs, et des consultations et des auditions sont organisées pour bénéficier d'éclairages larges et variés. Ces travaux et leurs suites sont réalisés par les six chambres thématiques que comprend la Cour, le pilotage et la synthèse étant assurés par une formation commune associant ces six chambres".

1261 Conforme Lamarque (*Contrôle et* évaluation *de la gestion publique*, 2016, p. 20), a Cour des comptes examina a gestão orçamentária, também, sobre três aspectos: regularidade, desempenho e sustentabilidade.

1262 *Vide* OECD (*Budgeting in France*, 2018, p. 64): "The Court of Accounts prepares three reports through the annual budget cycle, as shown in Table 10, which are presented by the First President in plenary sessions. Regular hearings of Court of Accounts' magistrates are done by Finance Committees in both houses. One notable aspect of the Court of Accounts' work is that it annually conducts a review of ministries' key performance indicators. The Court of Accounts has developed an audit approach, which specifies that auditors should assess 1) the indicators' relevance: 2) their consistency over time: and 3) their usefulness (is the performance indicator used for improving the efficiency or effectiveness of a given public policy?). Auditors are also asked to comment on

No mês de junho, dois meses depois do encaminhamento do relatório sobre a execução orçamentária e antes dos debates sobre as finanças públicas, apresenta um relatório (*rapport sur la situation et les perspectives des finances publiques*) concomitantemente com o relatório do Governo sobre a evolução da economia nacional e as diretrizes das finanças públicas.

Um exemplo de ato de certificação (*acte de certification des comptes de l'Etat*) é dado a seguir, relativo à Conta Geral do Estado de 2022:[1263]

> *Opinião com ressalva sobre a conta geral do Estado relativa a 2022*
> Em cumprimento à atribuição que lhe foi dada pela lei, a Corte auditor a conta geral do Estado relativa ao exercício de 2022 [...] cujo resumo está anexado a este relatório.
> A Corte certifica que, ressalvados os efeitos dos problemas descritos na seção "Fundamentos da opinião com reserva", a conta geral do Estado é, de acordo com as normas contábeis do Estado, regular e sincera,[1264] e apresentam, em todos os seus aspectos significativos, uma imagem fiel do resultado das operações do exercício anterior, assim como da situação financeira e do patrimônio do Estado ao encerramento do exercício.
> Além disso, a Corte constata que, embora afetados pelos mesmos problemas que apresentados na conta, o relatório de apresentação, o relatório sobre o controle interno e o documento de divulgação financeira não contêm discrepância significativa com a conta geral do Estado.

O papel da Cour des Comptes no exame das contas do Estado é o de auditor externo,[1265] que emite uma opinião de auditoria:[1266]

---

the performance achieved by each ministry over the year. [...] The Court of Accounts' flagship publication (and means for conveying recommendations) remains however, the Annual Report of Court of Audit ("Rapport public annuel"), which receives significant attention from Government, Parliament and the general media. While this report is not dedicated specifically to the public finances, it includes key recommendations in this area. Due to regular follow-up of past recommendations on public finances and its prominent role in the oversight of public finances, the Court of Accounts plays an important and regular role in identifying areas for improvement in budgetary processes in France".

1263 Cour des comptes (Certification des comptes de L'État Exercice 2022): "*Opinion avec réserve sur le compte général de l'État pour 2022* – En exécution de la mission qui lui a été confiée par la loi, la Cour a effectué l'audit du compte général de l'État pour l'exercice clos le 31 décembre 2022, arrêté le 3 avril 2023, dont un résumé est annexé au présent rapport. La Cour certifie que, sous réserve des incidences des problèmes décrits dans la section "Fondement de l'opinion avec réserve», le compte général de l'État est, au regard du recueil des normes comptables de l'État, régulier et sincère, et donne, dans tous ses aspects significatifs, une image fidèle du résultat des opérations de l'exercice écoulé, ainsi que de la situation financière et du patrimoine de l'État à la clôture de l'exercice. En outre, la Cour constate que, tout en étant affectés des mêmes problèmes que le compte lui-même, le rapport de présentation, celui sur le contrôle interne et la plaquette de communication financière ne comportent pas de discordance significative avec le compte général de l'État".

1264 *Sincère* é uma palavra usada na França para expressar uma situação de "verdade", "sincera", que no Brasil seria expressa por "exata" ou "real", daí o sentido do princípio da sinceridade do direito orçamentário francês.

1265 Ver também Cour des Comptes (*Certification des comptes de l'État Exercice 2022*, p. 27): "*3 – Responsabilité de la Cour des comptes à l'égard des comptes* – Conformément aux normes internationales d'audit, en particulier la norme ISA 200, l'auditeur doit chercher à obtenir l'assurance raisonnable que les états financiers pris dans leur ensemble ne comportent pas d'anomalies significatives, que celles-ci résultent d'erreurs ou de fraudes. Ces vérifications doivent être étendues aux entités qui réalisent des prestations spécifiques pour l'entité dont les comptes sont audités. À cette fin, il incombe notamment à l'auditeur: – d'identifier et d'évaluer les risques d'anomalies significatives dans les états financiers; – de concevoir et de mettre en oeuvre des réponses adaptées à son évaluation des risques d'anomalies significatives afin d'obtenir des éléments probants suffisants et appropriés concernant ces risques; – de répondre de manière appropriée aux cas d'erreurs ou de fraudes avérées ou suspectées identifiés au cours de l'audit; – de faire preuve d'esprit critique tout au long de l'audit. [...]" (Grifos no original).

1266 Cour des Comptes (*Certification des comptes de l'État Exercice 2022*, p. 25): "*Compte rendu des vérifications* – Dans le cadre de sa mission constitutionnelle d'assistance au Parlement et au Gouvernement dans le contrôle de

> *Relatório de auditoria*
> No âmbito de sua função constitucional de auxiliar o Parlamento e o Governo no controle da execução das leis de finanças, detalhada no artigo 58 da lei orgânica relativas às leis de finanças (LOLF), a Corte pronuncia-se cada ano sobre a regularidade, a sinceridade, e à imagem fiel das contas do Estado. Essa opinião está anexa ao projeto da loi de règlement e acompanhada dos relatórios das auditorias realizadas
> *A – Características da missão da Corte*
> *1 – O objeto da certificação*
> A certificação é uma opinião escrita e fundamentadas que o auditor formula sob sua própria responsabilidade. Ela consiste em coletar os elementos necessários à obtenção de uma asseguração razoável sobre a conformidade das contas do Estado, em todos os aspectos significativos, com as regras e os princípios contábeis que lhes são aplicáveis.

No caso, a Corte emitiu uma opinião com reserva, cuja fundamentação foi devidamente explicada:[1267]

> *Fundamentos da opinião com ressalva*
> De acordo com as normas de auditoria, o auditor deve exprimir uma opinião com ressalva em um ou mais dos casos a seguir:
> - quando conclui que, após ter obtido evidências suficientes e apropriadas, que as distorções constatadas são significativas, individualmente ou no conjunto, mas não têm impacto generalizado nas demonstrações financeiras;
> - quando não pode obter evidências suficientes e apropriadas para fundamentar sua opinião, mas conclui que eventuais impactos de distorções não detectadas nas demonstrações financeiras, se houver, podem ser significativas mas não generalizadas.
> A Corte constatou que, em quatro caso, as contas do Estado do exercício 2022 são afetadas por distorções significativas (A). Em treze outros casos, não dispõe de evidências suficientes para poder se pronunciar, com uma asseguração razoável, sobre a ausência de anomalias significativas (B).
> Esses casos de anomalias e insuficiência de evidências são detalhados a seguir segundo uma ordem de apresentação similar àquela utilizada na conta geral do Estado (CGE) para os elementos contábeis respectivos: ativos, passivos, tesouraria [...].

l'exécution des lois de finances, détaillée à l'article 58 de la loi organique relative aux lois de finances (LOLF), la Cour se prononce chaque année sur la régularité, la sincérité et l'image fidèle des comptes de l'État. Cette opinion est annexée au projet de loi de règlement et accompagnée du compte rendu des vérifications opérées. *A – Caractéristiques de la mission de la Cour – 1 – L'objet de la certification* – La certification est une opinion écrite et motivée que l'auditeur formule sous sa propre responsabilité13. Elle consiste à collecter les éléments nécessaires à l'obtention d'une assurance raisonnable sur la conformité des comptes de l'État, dans tous leurs aspects significatifs, aux règles et principes comptables qui lui sont applicables" (Grifos no original).

1267 Cour des Comptes (*Certification des comptes de l'État Exercice 2022*, p. 11): "Conformément aux normes ISA, l'auditeur doit exprimer une opinion avec réserve dans l'un ou l'autre des cas suivants: – lorsqu'il conclut, après avoir obtenu des éléments probants suffisants et appropriés, que les anomalies constatées sont significatives, prises individuellement ou collectivement, mais qu'elles n'ont pas d'incidence généralisée sur les états financiers; – lorsqu'il n'est pas en mesure d'obtenir des éléments probants suffisants et appropriés sur lesquels fonder son opinion, mais qu'il conclut que les incidences éventuelles des anomalies non détectées sur les états financiers, si anomalies il y a, pourraient être significatives mais non généralisées. La Cour a constaté que, dans quatre cas, les comptes de l'État de l'exercice 2022 sont affectés d'anomalies significatives (A). Dans treize autres cas, elle ne dispose pas de suffisamment d'éléments probants pour pouvoir se prononcer, avec une assurance raisonnable, sur l'absence d'anomalies significatives (B)".

No relatório sobre os resultados e a gestão do orçamento (*Le Budget de L'État – Résultats et gestion*), a Corte de Contas faz avaliações mais sistêmicas, buscando maior poder de entendimento e de comunicação sobre as finanças públicas; faz recomendações e examina o cumprimento das recomendações já expedidas. Em relatórios à parte, denominados de *notes d'analyse de l'exécution budgétaire*, no ano de 2023, procede do mesmo modo sobre a execução das grandes divisões orçamentárias (receitas, despesas, missões e agregados específicos).

As divisões dos relatórios são nomeadas de forma a transmitir a ideia central das conclusões da Corte,[1268] por exemplo: "as despesas do orçamento geral permanecem em nível elevado, apesar da redução dos programas de emergência e estímulo"; "há ainda grandes transferências de créditos que prejudicam o controle das despesas"; "uma necessidade de financiamento e uma dívida crescentes, que atingem níveis preocupantes"; "um teto global ineficaz"; "uma missão com peso orçamentário crescente, inexecuções recorrentes e despesas aumentando significativamente".

Lamarque[1269] sintetizou o que se espera da Cour des Comptes no exame da execução e gestão orçamentária que realiza ao final do exercício, como parte do "encadeamento virtuoso" e do processo de aprovação:

> O controle realizado sobre a execução do orçamento cumpre vários objetivos:
> - informativo; a Corte subsidia o Parlamento com dados confiáveis sobre a execução do orçamento e informa o público a respeito;
> - normativo [conformidade]: a Corte verifica a observância do direito orçamentário;[1270]
> - operacional: ela formula recomendações visando o aprimoramento da gestão.
>
> Este trabalho permite ao Parlamento votar a "lei de liquidação" do orçamento, lei que define o montante definitivo das despesas e das receitas do Estado e do resultado orçamentário, descreve as operações de tesouraria e ratifica as operações regulamentares[1271] que tenham afetado a execução do orçamento.
>
> Os trabalhos da Corte são igualmente utilizados pelos relatores especiais das comissões de finanças durante a apreciação do projeto de lei de finanças. Eles subsidiam, finalmente, o debate público e os trabalhos acadêmicos.

[1268] *Vide* os relatórios: Le Budget de l'État em 2023-Résultats et gestion-Synthèse, Avril 2024; Analyse de L'Execution Budgetaire 2023-Mission "Sport, jeunesse et vie associative", Avril 2024; Analyse de L'Exécution Budgetaire 2023-Dépenses fiscales, Avril 2024.

[1269] Lamarque (*Contrôle et* évaluation *de la gestion publique*, 2016, p. 24): "3. Portée: informer, contrôler, réformer – Le contrôle réalisé sur l'exécution du budget remplit donc plusieurs fonctions: – informative: la Cour fournit au Parlement des données fiables sur l'exécution du budget, et informe le public sur sa gestion; – normative: la Cour vérifie le respect du droit budgétaire; – opérationnelle: elle formule des recommandations en vue d'un meilleur management. Ce travail permet au Parlement de voter la loi de règlement du budget, loi de finances qui arrête le montant définitif des dépenses et des recettes de l'État et le résultat budgétaire qui en découle, décrit les opérations de trésorerie et ratifie les opérations réglementaires ayant affecté l'exécution du budget. Les travaux de la Cour sont également utilisés par les rapporteurs spéciaux des commissions des finances lors de l'examen du projet de loi de finances. Ils alimentent enfin le débat public et les travaux académiques".

[1270] Essa é uma boa expressão, melhor do que legislação orçamentária, dado que o conceito de direito é mais amplo.

[1271] Como exemplo de "operações regulamentares", podemos citar alterações procedidas no orçamento, de acordo com a legislação, como, no Brasil, créditos suplementares abertos por decreto, por exemplo.

5.3 Considerações sobre a relação do axioma aprovação/rejeição com a estruturação processual e o desvio de funcionalidade

O discharge, na União Europeia, e o "julgamento" das contas prestadas pelo Chefe do Poder Executivo, no Brasil, são processos que se enquadrariam no que Lamarque denominou de "verificação anual dos orçamentos e das contas públicas",[1272] "presente em quase todos os países, pelo menos em suas grandes linhas", em que o papel da EFS seria o de fornecer ao Parlamento os elementos necessários ao controle que ele exerce sobre as ações do Executivo:

> Votado anualmente pelo Parlamento, que tem [na França] a prerrogativa de autorizar a arrecadação de tributos, o orçamento aporta ao executivo os recursos necessários ao funcionamento dos serviços públicos, em conformidade com os objetivos definidos para a atuação dos diferentes ministérios. Sua execução é verificada por uma instituição de controle (a Cour des comptes na França) que fornece ao Parlamento as informações necessárias ao controle que ele exerce sobre a ação do executivo. Esse esquema geral está presente em todos os Estados, pelo menos em linhas gerais.

O trabalho da Cour des Comptes no exame e certificação das contas do Estado é um trabalho de auditoria e, portanto, não visa produzir recomendação à Assembleia Nacional e ao Senado de aprová-las ou rejeitá-las.

No exame da gestão e execução do orçamento, sua atuação não tem por objetivo apontar irregularidades, discuti-las e avaliá-las para fins de subsidiar uma recomendação de aprovação ou rejeição das contas do Estado ao Parlamento, o que, no caso francês, significaria recomendação de aprovação ou rejeição do projeto de *Loi de Règlement*, a *loi de comptes* de 1818, ou a *Loi relative aux résultats de la gestion et portant approbation des comptes de l'ánnée* (Lei relativa aos Resultados da Gestão e Aprovação das Contas do Ano), de 2023.

O cenário que se observa em outras EFS de países europeus com influência sobre a instituição Tribunal de Contas no Brasil, como Itália, Portugal e Espanha, é similar ao da atuação da Cour des Comptes descrito neste capítulo.

Uma EFS que oriente sua atuação no exame da execução e gestão do orçamento no sentido de emitir um juízo de aprovação/reprovação de contas, a título de parecer ou de recomendação ao Parlamento, com base na identificação e avaliação do grau de gravidade de irregularidades, deixa de cumprir as funções mais relevantes que dela se pode esperar no processo orçamentário e no escrutínio das finanças públicas, descritas por Lamarque e reproduzidas acima.

Uma entidade fiscalizadora superior que visse o seu papel no processo de exame das contas financeiras consolidadas e da gestão orçamentária do Poder Executivo pelo

---

[1272] Lamarque (*Contrôle et* évaluation *de la gestion publique*, 2016, p. 18): "Chapitre 1 – La Vérification annuelle es budgets et des comptes publics – Voté chaque année par le Parlement, qui détient la prérogative d'autoriser les contributions publiques, le budget apporte à l'exécutif les ressources nécessaires au fonctionnement des services publics, conformément aux objectifs assignés à l'action des différents ministères. Son exécution est vérifiée par une institution de contrôle (la Cour des comptes en France) qui fournit au Parlement les informations nécessaires au contrôle qu'il exerce sur l'action de l'exécutif. Ce schéma général est à peu près présent dans tous les États, du moins dans ses grandes lignes".

Parlamento como o de emitir, ao final, uma manifestação de recomendação de aprovação ou reprovação, antecipativo do juízo de accountability política parlamentar, estruturaria seu processo de análise e seu relatório de forma distinta daquela que faria uma EFS que compreendesse seu papel como emissora de opiniões de auditoria essenciais e relato de achados robustamente evidenciados.

Se, como no caso brasileiro,[1273] em que se firmou a ideia de emissão de um parecer prévio pela aprovação/reprovação das contas,[1274] a manifestação da EFS se der com base em um juízo de valor sobre a gravidade de uma irregularidade ou um conjunto de irregularidades, seu processo de apreciação será desenvolvido buscando identificar irregularidades, avaliar o grau de gravidade dessas irregularidades (juízos classificatórios) e avaliar se o grau de gravidade a elas atribuído corresponde a um grau de gravidade suficiente para "macular as contas" (análise essencialmente pessoal) e, consequentemente, para emissão de um parecer de reprovação das contas (que terá inexorável característica política).

O processo de auditoria dará lugar, indevidamente, a um processo de responsabilização política, movido por indevidos aspectos de contraditório entre a Corte de Contas e o Chefe do Poder Executivo, diretamente, algumas vezes.

Assim, não se procede em nenhum dos países considerados no estudo de *peer review* conduzido pela OCDE, nem nos países objeto do estudo comparativo realizado no âmbito do acordo celebrado entre o Tribunal de Contas da União e o Banco Mundial, já examinado.

1273 Principalmente antes do início da estratégia de fortalecimento da auditoria financeira desenvolvida de 2010 em diante no Tribunal de Contas da União.

1274 Ou de recomendação de aprovação/reprovação; ou ainda uma manifestação de estarem/não estarem as contas em condições de ser aprovadas.

CAPÍTULO 6

COMPETÊNCIAS JURISDICIONAIS COMPARADAS

Neste capítulo relatamos a pesquisa feita sobre a competência jurisdicional da Corte dei Conti, da Itália, e da Cour des Comptes, da França.

Itália e França constituíram modelos para o estabelecimento do Tribunal de Contas no Brasil no final do século XIX e começo do século XX.

Portugal (Tribunal de Contas) e Espanha (Tribunal de Cuentas),[1275] os dois outros países estudados a respeito, seguem modelos de responsabilização similares, muito embora com diferenças relevantes.[1276] [1277]

[1275] Sobre a responsabilidade financeira na Espanha, *vide* Ortiz (*Descripición del sistema de enjuiciamiento contable em España*, 2017, p. 2-3): "La función jurisdiccional del Tribunal de Cuentas, como se ha indicado, se recoge en la Ley y se admite de forma unánime en la jurisprudência como *una auténtica jurisdicción y no como una mera competência administrativa* [...] El Tribunal de Cuentas enjuicia, a través de su función jurisdiccional, las responsabilidades en que pueden incurrir los gestores de fondos públicos que, actuando de forma ilegal y dolosa o gravemente negligente, provocan el menoscabo de los mismos. También puede juzgar el Tribunal de Cuentas a los perceptores de subvenciones y otras ayudas procedentes del Sector Público que las perciben indebidamente o las justifican de manera insuficiente o las aplican a fines distintos de los legalmente permitidos. La responsabilidad exigible por el Tribunal de Cuentas en el ejercicio de *su función jurisdiccional es solo reparatoria, nunca sancionatoria*, supone el deber de reintegrar los daños y perjuicios causados al erario público. Por eso es una responsabilidad jurídica compatible con las responsabilidades sancionatorias (penales o administrativas) que pudieran imponerse por los mismos hechos. [...] En conclusión, la administración de cualquier elemento del patrimonio público, aunque sea un particular quien la ejercite, puede ser fiscalizada por el Tribunal de Cuentas y dar lugar a la exigencia de responsabilidad contable al mal gestor, aunque se trate de una persona física o jurídica privada" (Grifos nossos).

[1276] Sobre a importância da responsabilização financeira, conduzida pelas EFS com função jurisdicional, ver Ortiz (*Descripición del sistema de enjuiciamiento contable em España*, 2017, p. 2): "Durante los últimos años del Siglo XX y los primeros del Siglo XXI el criterio predominante en los foros internacionales era favorable a la paulatina desaparición del modelo de tribunal de cuentas con función jurisdiccional y su creciente sustitución por el modelo de entidade fiscalizadora de corte anglosajón, dotada de función fiscalizadora e incluso consultiva, pero nunca enjuiciadora de las conductas desempeñadas por quienes gestionan fondos públicos. Es significativo en este sentido el silencio de la Declaración de Lima de INTOSAI, en 1977, sobre la función de enjuiciamiento de las entidades fiscalizadoras superiores. En los últimos quince años la situación ha cambiado extraordinariamente. La profunda crisis económica, unida a la proliferación de casos de corrupción y despilfarro en la gestión del patrimonio público, ha provocado una reacción social y mediática favorable a potenciar las competências enjuiciadoras de las entidades de control externo, con objeto de conseguir procedimientos sancionadores o indemnizatorios tramitados por órganos especializados y dotados de agilidad procesal. [...] En España predomina, en los ámbitos académicos, profesionales y sociales, la idea de potenciar la función jurisdiccional del Tribunal de Cuentas introduciendo las modificaciones normativas necesarias para su modernización y eficacia".

[1277] Ver também Hernandez (*Evolución y Reforma de la Jurisdicción Contable*, 2022, p. 45): "En 1999, la extraordinaria monografía de Cubillo Rodríguez sobre la jurisdicción del Tribunal de Cuentas [en lo sucesivo, TCu analizaba las posiciones doctrinales que ponían en duda la propia subsistencia de una jurisdicción contable. «En aquellos años», ha escrito más recientemente, «triunfaba la tesis de que las funciones enjuiciadoras de los tribunales de cuentas tenderían a desaparecer, por tratarse de competencias meramente amparadas en razones históricas». Sin embargo, escribe Cubillo, desde «la llegada de la crisis económica con la que se inauguró el siglo XXI», la «opinión social, mediática, pública y hasta profesional [...] ha cambiado mucho y puede decirse que predominan

Nos países em que suas EFS desempenham competência jurisdicional, elas fazem parte do que podemos chamar de "sistema judiciário", exercendo uma função judiciária porque integram a estrutura do Poder Judiciário como jurisdição especializada, tal como o é o contencioso-administrativo, caso de Portugal;[1278] ou a Justiça Administrativa, caso da França, em que o contencioso-administrativo está fora do Poder Judiciário; ou, ainda, como uma jurisdição especial e especializada, caso da Espanha, "como uma exceção prevista na própria Constituição ao princípio da exclusividade da função jurisdicional".[1279]

Mas nenhuma Corte de Contas estudada desenvolve sua competência jurisdicional, o seu "julgar contas", como se dela fizesse parte a emissão de um juízo de contas com características de "juízo sobre a gestão"; como se sua decisão de mérito, judiciária, fosse dizer se as contas são regulares ou regulares com ressalva, como se lhe coubesse "aprovar" ou "rejeitar"; como se fosse devido proferir um "juízo autônomo sobre as contas", dissociado da sentença que condena a ressarcir o erário o *agente contábil, cuentadante, agente contabile, comptable public*, ou, em termos gerais, o "responsável por prestar contas dos dinheiros, valores e bens públicos sob sua responsabilidade".

Quando emitem qualquer manifestação sobre regularidade de contas, isso é apenas parte do processo que, por vezes, se denomina de "auditoria judicial" e tem o sentido de dizer da inexistência ou existência de irregularidade, para fins de exoneração ou imputação de responsabilidades, por uma instituição judiciária, sem nenhuma conotação de opinião de auditoria ou de formulação de um juízo sobre a gestão.

O exercício da competência jurisdicional representa, como está bem definido nas normas da Intosai, por ser a realidade das EFS com esses poderes e a razão de serem instituições vinculadas, de algum modo, ao sistema de judiciário (pelo menos na Itália, França, Portugal e Espanha), o poder de definir situação do responsável perante o erário, em função de suas responsabilidades financeiras, condenando-o a pagar ou exonerando-o.

---

los puntos de vista favorables a que la institución nacional encargada del control externo de toda la actividad económico-financiera de todo el sector público pueda [...] exigir responsabilidades jurídicas a los gestores corruptos o manirrotos»".

1278 Ver Constituição da República de Portugal: "CAPÍTULO II – Organização dos tribunais. Artigo 209.º Categorias de tribunais. 1. Além do Tribunal Constitucional, existem as *seguintes categorias de tribunais*: a) O Supremo Tribunal de Justiça e os tribunais judiciais de primeira e de segunda instância; b) O Supremo Tribunal Administrativo e os demais tribunais administrativos e fiscais; c) o Tribunal de Contas. [...] *Artigo 214.º Tribunal de Contas*. 1. O Tribunal de Contas é o órgão supremo de fiscalização da legalidade das despesas públicas e de julgamento das contas que a lei mandar submeter-lhe, competindo-lhe, nomeadamente: a) Dar parecer sobre a Conta Geral do Estado, incluindo a da segurança social; b) Dar parecer sobre as contas das Regiões Autónomas dos Açores e da Madeira; c) Efetivar a responsabilidade por infrações financeiras, nos termos da lei; d) Exercer as demais competências que lhe forem atribuídas por lei. [...]" (Grifos nossos).

1279 Hernandez (*Evolución y Reforma de la Jurisdicción Contable*, 2022, p. 45): "En los años transcurridos desde la promulgación de la Ley 7/1988, la jurisprudencia de los Tribunales Constitucional y Supremo ha disipado las dudas sobre la naturaleza jurisdiccio nal de la función de enjuiciamiento del TCu, «propia», «necesaria e improrrogable» según el art. 17.1 LFTCu. *El Tribunal Constitucional ha caracterizado la jurisdicción del TCu como una de las excepciones previstas en la propia Constitución al principio de exclusividad de la función jurisdicional* [6. SSTC 185/2012, de 17 de octubre; 126/2011, de 18 de julio y 215/2000, de 18 de septiembre.] Cuando ejerce funciones de enjuiciamiento contable, el TCu actúa como órgano jurisdiccional: «el enjuiciamiento contable que lleva a cabo el Tribunal de Cuentas constituye el ejercicio de una función jurisdiccional, plena y exclusiva, en un processo especial por razón de la materia» [7. STC 215/2000, 18 de septiembre], aunque se trate de una jurisdicción limitada, cuyo alcance ha de interpretarse restrictivamente y que carece de capacidad revisora sobre los actos o disposiciones de las Administraciones públicas [8. SSTS de 27 de octubre de 2011 (Casación 5494/2009); 29 de marzo de 2012 (Casación 2517/2008) y 29 de abril de 2011 (Casación 1755/2007), más la de 28 de noviembre de 2012 (Casación 3671/2010).]".

6.1 A Corte dei Conti da Itália[1280]

A Corte dei Conti surge em 1862, ao final do processo de unificação do Reino da Itália,[1281] [1282] seguindo o modelo da Cour des Comptes francesa, de 1807.

Está situada, juntamente com o Conselho de Estado, no art. 100 da atual Constituição da República Italiana,[1283] no Título III – O Governo, Seção III – Os órgãos auxiliares, e no art. 103, no Título IV – A Magistratura, Seção I – Ordenamento jurisdicional:

> Art. 100
> O Conselho de Estado é órgão de consultoria jurídico-administrativa e de tutela da justiça na administração.
> O Tribunal de Contas *exerce o controlo* preventivo de legitimidade sobre os atos do Governo, e também ao sucessivo sobre a gestão do orçamento do Estado. Participa, nos casos e nas formas estabelecidas pela lei, ao controlo sobre a gestão financeira das entidades à qual o estado contribui em via ordinária. Refere diretamente às Câmaras sobre o resultado da verificação efetuada.
> A lei assegura a independência dos dois Institutos e dos seus membros perante o Governo. [...]
> Art. 103
> O Conselho de Estado e os outros órgãos de justiça administrativa têm jurisdição para a tutela perante a Administração Pública dos interesses legítimos e, em específicos assuntos indicados por lei, também dos direitos subjetivos.
> *O Tribunal de Contas tem jurisdição* nos assuntos de contabilidade pública[1284] e nas outras especificadas pela lei.
> Os tribunais militares, em tempo de guerra, têm a jurisdição estabelecida pela lei. Em tempo de paz, só têm jurisdição para os crimes militares cometidos por pessoas pertencentes às Forças Armadas.

[1280] Também referenciada nesta seção como Corte dei Conti, Corte, CdC ou EFS italiana.

[1281] Itália. Corte dei Conti (*La Corte dei Conti. La storia, l'organizzazione e le funzioni*, p. 6): "[...] La Corte dei conti della Repubblica italiana deriva dalla Camera dei conti istituita nel da Amedeo VI di Savoia [1351]. La Camera, cui erano sottoposti coloro che avevano maneggio di denaro pubblico, si presentava come una magistratura esterna che svolgeva il suo controllo in forma giurisdizionale su controversie concernenti il fisco e il patrimonio ducale, la contabilità dei pubblici ufficiali e quella riguardante l'esazione delle entrate tributarie e patrimoniali. [...] Dopo l'unificazione del Regno d'Italia [1861], furono provvisoriamente lasciate in vita le istituzioni di controllo già esistenti: la Camera dei conti dello Stato di Sardegna, con sede a Torino, la Corte dei conti del Granducato di Toscana, con sede a Firenze, la Gran corte dei conti del Regno delle Due Sicilie, con sede a Napoli e Palermo. [Em]1862 fu istituita la Corte dei conti del Regno d'Italia con legge 14 agosto 1862, n. 800: la prima magistratura dell'Italia unita. [...]".

[1282] *Vide site* da Corte dei Conti (*Home. Chia siamo. Storia.* Disponível em: https://www.corteconti.it/Home/ChiSiamo/Storia).

[1283] Constituição da República Italiana (CRI).

[1284] *Vide site* da Corte dei Conti (*Home. Attivita. Giurisdizione.* Disponível em: https://www.corteconti.it/Home/Attivita/Giurisdizione). Sobre a matéria abrangida na expressão "assuntos de contabilidade pública", *vide* o caminho *Home. Attivita. Giurisdizione*: "[...] La Costituzione della Repubblica, all'art. 103, dopo ampio dibattito in sede di Assemblea costituente, ha mantenuto l'attribuzione alla Corte dei conti sia delle funzioni di controllo che di quelle giurisdizionali. L'art. 103 della Costituzione assegna alla Corte la giurisdizione nelle 'materie di contabilità pubblica'. Detta espressione deve essere ben chiarita, nel senso che essa si riferisce alle origini della giurisdizione della Corte che, come ricordato, giudicava in materia di giudizi di conto e di responsabilità. Il concetto, interpretato in modo evolutivo anche alla luce delle trasformazioni dell'agire amministrativo, va inteso nel senso che la Corte dei conti è competente *a giudicare agenti contabili, amministratori e funzionari pubblici per tutte le vicende comunque concernenti la gestione di risorse pubbliche (in senso ampio)*" (Grifos nossos).

6.1.1 A posição constitucional e suas missões

As características peculiares da Corte dei Conti, posicionada na Constituição italiana em parte no Título III – O Governo e, em parte, no Título IV – A Magistratura, com competências judiciária e de controle, suscitaram divergências doutrinárias sobre ser ela: um órgão de natureza administrativa, abordagem minoritária já superada; um órgão de relevância constitucional; ou um órgão constitucional, à parte da estrutura do Poder Judiciário, mas com jurisdição especial própria, o que a torna funcionalmente uma instituição que exerce poder judiciário, concepção prevalecente.[1285]

6.1.1.1 A síntese de sua missão constitucional

A Corte dei Conti assim resume a finalidade, o modo de exercício e os propósitos de sua missão constitucional:[1286]

> Em síntese, pode-se dizer que a missão constitucional de garantir a legitimidade e o bom funcionamento da administração será cumprida mediante uma interação equilibrada de três funções:
> um controle preventivo limitado, destinado a impedir que atos ilegítimos do Governo possam ter efeitos;

[1285] Sciascia (*La Corte dei conti/Organizzazione, funzioni e procedimenti*, 2020, p. 32-3): "Nel nuovo regime costituzionale repubblicano la Corte dei conti ha consolidato la sua posizione, essendo stata espressamente prevista dalla Costituzione, che ne ha determinato i compiti fondamentali. [...] La previsione costituzionale ha rafforzato la posizione della Corte dei conti nei rapporti con gli altri poteri dello Stato, ma non è servita a chiarire la sua precisa qualificazione costituzionale, anche per la sua sistemazione nella sezione terza intitolata agli «organi ausiliari del Governo». Talché ancora oggi sopravvivono in dottrina opinioni contrastanti sulla stessa natura dell'istituto. Sembra, però, ormai acquisito che una siffatta situazione, frutto peraltro di un compromesso, debba correttamente intendersi nel senso che «l'ausiliarietà» si riferisca non al Governo quale apparato, ma alla Repubblica o agli organi costituzionali e che il collegamento al Governo sia stato effettuato per ragioni pratiche, essendo la prevalente attività della Corte collegata alla funzione governativa ed amministrativa. Ciò non risolve l'ulteriore questione sollevata si la Corte sia o meno un organo costituzionale al pari del Parlamento, del Governo e del Presidente della Repubblica.[...] La rilevanza costituzionale è, invece, indiscutibile per il fatto che la Costituzione stabilisce l'esistenza dell'Istituto, i suoi compiti fondamentali c le guarentigie dei suoi componenti. [...] Su questa linea si può definire «costituzionale» quell'organo che, esprimendo una funzione essenziale della Comunità statale, cioè dello Stato-Comunità, sia posto dalla Costituzione in una posizione di indipendenza dagli altri organi nello svolgimento delle competenze da essa direttamente attribuite; tanto che una eventuale violazione di queste assurge a violazione dell'ordine costituzionale, legittimante l'organo titolare ad adire direttamente la Corte Costituzionale per conflitto di attribuzione. [...] In tal modo la nozione di organo costituzionale di carattere statico assume contorni giuridici precisi, individuando un particolare apparato con una pluralità di funzioni, ma non viene a sovrapporsi alla nozione di potere innanzi descritta di carattere dinamico, che è la proiezione soggettiva di una singola funzione. Per tale ragione ogni organo costituzionale riassume in sé in via esclusiva o concorrente una pluralità di poteri, che ne costituiscono il contenuto sostanziale. *E la Corte dei conti in tale visuale è certo un organo costituzionale*[21] (21Ciò in quanto, prevista dalla Costituzione negli artt. 100 co. 2 e 3 e 103 co. 2, con predeterminate funzioni di controllo e di giurisdizione contabile, è abilitata a sollevare direttamente conflitti di attribuzioni per la tutela della sua sfera specifica rimessa dalla Costituzione alla sua cura (il controllo) ed a subire un identico conflitto su iniziativa di altro organo costituzionale ritenutosi leso dall'esercizio delle sue funzioni (di controllo o di giurisdizione)" (Grifos nossos).

[1286] Itália. Corte dei Conti (*La Corte dei Conti. La storia, l'organizzazione e le funzioni*, p. 12): "In sintesi, può dirsi che la missione costituzionale di garanzia della legittimità e del buon andamento dell'azione amministrativa viene assicurata tramite l'equilibrato interagire di tre funzioni fondamentali: un limitato controllo preventivo, rivolto a impedire che possano aver corso, se illegittimi, i più importanti atti di Governo; un generalizzato controllo successivo sulla gestione per rendere l'amministrazione sempre più efficiente; *una giurisdizione di responsabilità*, nei confronti di amministratori e funzionari pubblici, destinata a reprimere, attraverso la sanzione del risarcimento del danno, e con finalità di prevenzione, le più evidenti e gravi condotte causative di danno" (Grifos nossos).

um amplo controle sucessivo [posterior] sobre a gestão, para entregar uma administração sempre mais eficiente;
uma jurisdição de responsabilidade incidente sobre os administradores e funcionários públicos, destinada a reprimir, por meio de sanções de ressarcimento, e com a finalidade de prevenção, as condutas causadoras de dano mais evidentes e graves. (Tradução nossa)

6.1.2 Linhas gerais das competências da Corte dei Conti[1287]

A EFS italiana classifica suas atividades em duas macrofunções: controle (preventivo e sucessivo) e jurisdição, sendo, portanto, segundo a classificação da Intosai, uma entidade fiscalizadora superior com competência jurisdicional: no caso, uma competência responsabilizatória de caráter judicial.

Também faz parte de sua jurisdição própria e especial o exame de pensões civis, militares e de guerra.[1288] Nesse caso, a Corte, à semelhança do Tribunal de Contas no Brasil, verifica e decide, havendo controvérsia, sobre a existência do direito e o montante da pensão.[1289] [1290]

[1287] Para conhecimento mais amplo sobre a Corte e suas funções, *vide* Itália. Corte dei Conti (*La Corte dei Conti. Uno strumento di difesa insostituibile per i cittadini.* Disponível em: Layout 3 (corteconti.it)). Ver, inicialmente, a apresentação da publicação feita por Tullio Lazzaro, então presidente da Corte: "La Corte dei conti, unitaria ma dislocata sull'intero territorio, deve esserci ovunque vi siano risorse pubbliche così che attraverso il duplice e sinergico potere del controlo e della giurisdizione dà al Parlamento l'ausilio della giuridica certezza di dati e risultanze, necessaria per le scelte che ad esso solo competono; dà al contribuente la ragionevole garanzia di un uso del denaro sottratto al singolo, per soddisfare i bisogni della collettività, conforme non solo alla legge ma anche alle regole di sana gestione; dà al Governo la sicurezza del vigilare sull'attuazione amministrativa dei piani e programmi; dà agli organi della comunità del territorio ogni apporto utile all'efficacia e alla legittimità dell'azione amministrativa, nel quadro dello Stato-comunità; dà al cittadino, con l'assicurare la trasparenza dei pubblici poteri, maggiore fiducia nelle istituzioni perché possa sentirsene, concretamente, parte consapevole e attiva. Tutto questo la Corte deve e può fare purché vi sia l'intento unico e concorde dei suoi magistrati e funzionari consapevoli dell'assoluta necessità che la Corte, unitaria, sai unanimemente percepita quale indispensabile elemento di utilità effettiva per il Paese e non certo per sé stessa".

[1288] Itália. Corte dei Conti (*Home. Attivita. Giurisdizione*): "[...] Anche in materia pensionistica la Corte, che sulla base della legge istitutiva (art. 11) liquidava le pensioni, in caso di reclamo giudicava con le forme della giurisdizione contenziosa. [...] La Corte dei conti ha competenza sui giudizi relativi a pensioni a totale carico dello Stato e su quelle a carico degli enti previdenziali confluiti La Corte dei conti ha competenza sui giudizi relativi a pensioni a totale carico dello Stato e su quelle a carico degli enti previdenziali confluiti nell'INPDAP. Le controversie possono avere ad oggetto sia l'esistenza del diritto alla pensione sia la sua entità. La Corte dei conti giudica anche in ordine alla legittimità del recupero disposto dall'ente in ordine alle somme erogate a titolo di trattamento pensionistico ed accessori (indennità integrativa speciale, tredicesima mensilità, interessi legali e rivalutazione.). La Corte giudica sia in materia di pensioni ordinarie (civili e militari) che di pensioni di guerra".

[1289] Itália. Corte dei Conti (*La Corte dei Conti. Uno strumento di difesa insostituibile per i cittadini*, p. 27): "[...] Inoltre, la Corte ha la giurisdizione nella materia delle pensioni civili, militari e di guerra. Occorre distinguere a seconda che la Corte si occupi dei giudizi di conto o di responsabilità, ovvero dei giudizi in materia pensionistica. [...]. Nel secondo caso (materia pensionistica), la giurisdizione della Corte dei conti há caratteristiche di un giudizio volto ad accertare l'esistenza del diritto a pensione e il suo ammontare".

[1290] No Brasil, conforme art. 71, III, da CF-1988, compte ao TCU "apreciar, para fins de registro, a legalidade dos atos de admissão de pessoal, a qualquer título, na administração direta e indireta, incluídas as fundações instituídas e mantidas pelo Poder Público, excetuadas as nomeações para cargo de provimento em comissão, bem como a das concessões de aposentadorias, reformas e pensões, ressalvadas as melhorias posteriores que não alterem o fundamento legal do ato concessório". No entanto, o Poder Judiciário é competente para decidir ações a respeito. Não se trata de uma jurisdição especial e privativa do Tribunal de Contas que afasta qualquer outra.

Na função de controle,[1291] realiza os controles: preventivo de legitimidade de atos governamentais especificados em lei;[1292] da gestão do orçamento público; da gestão dos administradores públicos;[1293] da gestão financeira dos entes financiados pelo Estado; o

[1291] Itália. Corte dei Conti (*Home. Attivita. Controllo*. Disponível em: https://www.corteconti.it/Home/Attivita/Controllo). "[...] La Corte dei conti in base alla Costituzione (art. 100) svolge: un controllo preventivo di legittimità sugli atti del governo; un controllo successivo sulla gestione del bilancio dello Stato; un controllo sulla gestione finanziaria degli enti cui lo Stato contribuisce en via ordinaria. [...]. Si tratta di un controllo esterno e neutrale svolto in posizione di assoluta imparzialità rispetto agli interessi di volta in volta perseguiti dal governo o dall'amministrazione. Accanto a dette funzioni, individuate in modo diretto dall'art. 100 della Costituzione, ve ne sono altre, introdotte da leggi ordinarie, che trovano il loro fondamento costituzionale nell'art. 97 della Costituzione (principio del buon andamento degli uffici pubblici), nell'art. 81 (rispetto degli equilibri di bilancio) e nell'art. 119 (coordinamento della finanza pubblica). In particolare, la legge 14 gennaio 1994 n. 20 ha attuato una riforma completa delle funzioni di controllo della Corte dei conti, riducendo il numero degli atti sottoposti al controllo preventivo di legittimità ed introducendo una nuova forma di controllo successivo sulla gestione del bilancio e del patrimonio delle amministrazioni pubbliche, nonché sulle gestione fuori bilancio e sui fondi di provenienza comunitaria, improntata ai parametri di economicità ed efficacia che debbono sempre ispirare l'azione amministrativa (legge 7 agosto 1990 n. 241) [...] In sintesi, fra i controlli svolti dalla Corte dei conti possono distinguersi tre principali tipologie: il controllo preventivo di legittimità su atti; il controllo successivo sulla gestione delle amministrazioni pubbliche; il controllo economico/finanziario con funzione referente".

[1292] Itália. Corte dei Conti (*Home. Attivita. Controllo*): "[...] La legge 14 gennaio 1994, come modificata dal d.l.23 ottobre 1996 n. 543, convertito dalla legge 20 dicembre 1996 n. 639, ha ulteriormente ridotto il numero di atti dell'esecutivo e di gestione del bilancio, sottoposti al controllo preventivo di legittimità. Ai sensi dell'art. 3 comma 1 sono sottoposti al controllo preventivo di legittimità: i provvedimenti emanati a seguito della deliberazione del Consiglio dei ministri (art. 2 legge 23 agosto 1988 n. 400); atti del Presidente del Consiglio dei ministri e atti dei ministri aventi ad oggetto la dotazione delle piante organiche, il conferimento di incarichi di funzioni dirigenziali, le direttive generali per l'indirizzo e lo svolgimento dell'azione amministrativa; atti normativi a rilevanza esterna, atti di programmazione comportanti spese ed atti generali attuativi di norme comunitarie; provvedimenti dei comitati interministeriali di riparto o di assegnazione dei fondi ed altre deliberazioni emanate nelle materie di cui sopra; provvedimenti di disposizione del demanio e del patrimonio immobiliare; decreti che approvano contratti delle amministrazioni dello Stato, escluse le aziende autonome: attivi di qualunque importo; di appalto d'opera, se di importo superiore al valore in ECU stabilito dalla normativa comunitaria per l'applicazione delle procedure di aggiudicazione dei contratti stessi; altri contratti passivi, se di importo superiore ad un decimo del valore indicato; decreti di variazione del bilancio dello Stato, di accertamento dei residui e di assenso preventivo del Ministero del tesoro all'impegno di spese a carico degli esercizi successivi; atti per il cui corso sia stato impartito l'ordine scritto del Ministro; atti che il Presidente del consiglio richieda di sottoporre temporaneamente a controllo preventivo o che la Corte dei conti deliberi di assoggettare, per un periodo determinato, a controllo preventivo, in relazione a situazioni di continua e diffusa irregolarità rilevate in sede di controllo successivo; i decreti di cui all'art. 21, comma terzo, della legge 23 agosto 1988 n. 400 (il terzo comma dell'art. 21 è stato abrogato dal decreto legislativo n. 303 del 1999, relativo al riordino della Presidenza del Consiglio)".

[1293] Itália. Corte dei Conti (*Home. Attivita. Controllo*): "[...] Per la legge 14 gennaio 1994 n. 20 e successive modifiche la Corte dei conti, nell'esercizio di detta funzione è chiamata a verificare "la legittimità e la regolarità delle gestioni, nonché il funzionamento dei controlli interni a ciascuna amministrazione. Accerta, anche in base all'esito di altri controlli, la rispondenza dei risultati dell'attività amministrativa agli obiettivi stabiliti dalla legge valutando comparativamente costi, modi e tempi dello svolgimento dell'azione amministrativa'. [...] A differenza del controllo preventivo di legittimità, l'esito del controllo non consiste nel mancato perfezionamento dell'efficacia di un atto, ma nella predisposizione di relazioni e osservazioni destinate alle amministrazione controllate.Scopo del controllo è, infatti, quello di verificare se l'azione amministrativa sia stata economica, efficiente ed efficace ed abbia raggiunto gli obiettivi stabiliti. In caso di giudizio negativo, le amministrazioni dovranno attenersi alle indicazioni del controllore per eliminare i fattori di scarsa efficacia della gestione e migliorare la propria azione. La Corte riferisce, almeno annualmente, al Parlamento ed ai consigli regionali sull'esito del controllo eseguito.Le relazioni della Corte vengono anche comunicate alle amministrazioni interessate, alle quali la Corte formula, in qualsiasi altro momento le proprie osservazioni. Le amministrazioni sono tenute a comunicare alla Corte ed agli organi elettivi le misure adottate a seguito delle osservazioni della Corte dei conti. [...]. Al termine di ogni esercizio finanziario la Corte dei conti adotta una pronuncia nella quale effettua le proprie valutazioni sulla gestione finanziaria dell'ente controllato. La relazione viene inviata al Parlamento per l'esercizio del suo controllo politico finanziario. La relazione viene anche inviata all'ente controllato nonché ai Ministeri vigilanti per far loro adottare i provvedimenti necessari a rimuovere le eventuali irregolarità contabili, amministrative e gestionali riscontrate, nonché per migliorare la gestione".

controle econômico-financeiro, que abrange a auditoria da Conta Geral do Estado,[1294] a avaliação da cobertura financeira das leis que criam ou aumentam despesas[1295] e o acompanhamento dos principais planos, programas e projetos de interesse econômico;[1296] bem como o controle sobre outras matérias definidas em lei.[1297]

Na função jurisdicional, denominada jurisdição contábil, a Corte dei Conti é a magistratura à qual a Constituição, no art. 103, atribuiu competência exclusiva nos "assuntos de contabilidade pública".

1294 Itália. Corte dei Conti (*Home. Attivita. Controllo*): "[...] Il giudizio di parificazione del rendiconto è il giudizio volto ad accertare la conformità dei risultati del rendiconto dello Stato alla legge di bilancio. Ai sensi dell'art. 39 del regio decreto 12 luglio 1934 n. 1214 la Corte dei conti a Sezioni riunite verifica il rendiconto generale dello Stato (inteso come conto del bilancio e conto del patrimonio) e ne confronta i risultati, tanto per le entrate quanto per le spese, con le leggi di bilancio. [...] Nella sua funzione costituzionale di organo di verifica dei complessivi equilibri di finanza pubblica (artt. 100, 119, 81, 97) la Corte dei conti ha, nel tempo, ampliato le sue valutazioni in sede di parificazione tenendo conto della evoluzione legislativa della decisione di bilancio (esposizione dal Tesoro al Parlamento del fabbisogno di cassa del settore statale e del settore pubblico) includendo, perciò, nella relazione che accompagna il giudizio sul rendiconto i risultati della gestione finanziaria con riferimento all'intero settore pubblico.Le valutazioni della Corte dei conti sugli andamenti complessivi della gestione del settore pubblico sono anche volte a verificare il rispetto dei parametri comunitari (rispetto del patto di stabilità)".

1295 Itália. Corte dei Conti (*Home. Attivita. Controllo*): "[...] La legge 5 agosto 1978 n. 468 (art. 11 ter) ha attribuito alla Corte dei conti un controllo di tipo generale sulla copertura finanziaria delle leggi che comportano nuove o maggiori spese oppure minori entrate (art. 81, quarto comma della Costituzione). Si tratta di un controllo volto a garantire il rispetto degli equilibri finanziari e dei vincoli di bilancio. [...] La Corte dei conti trasmette ogni quattro mesi al Parlamento una relazione sulla copertura di spesa delle leggi adottate nel periodo, nonché osservazioni in ordine alle tecniche di quantificazione degli oneri. [...] Il procedimento di controllo sulle leggi di spesa attribuisce alla Corte dei conti il compito di valutare la razionalità e congruità delle stime e delle misurazioni che sorreggono le previsioni di spesa. E' quindi escluso che la Corte dei conti possa entrare nel 'merito' delle scelte economiche (sentenza della Corte costituzionale n. 384 del 1991). Nell'esercizio di detta funzione la Corte dei conti può sollevare questioni incidentali di legittimità costituzionale delle leggi per violazione dell'art. 81 della Costituzione".

1296 Itália. Corte dei Conti (*Home. Attivita. Controllo*): "[...] Il Collegio del controllo concomitante, istituito presso la Sezione centrale di controllo sulla gestione delle amministrazioni dello Stato con delibera del Consiglio di Presidenza della Corte dei conti n. 272 del 10 novembre 2021, esercita l'attività di controllo concomitante (prevista dall'art. 22 del d.l. 16 luglio 2020, n. 76, convertito con modificazioni nella legge 11 settembre 2020, n. 120), sui principali piani, programmi e progetti relativi agli interventi di sostegno e di rilancio dell'economia nazionale. Nell'ambito di questi ultimi, 'il Collegio del controllo concomitante concorre all'espletamento dei controlli sull'attuazione del PNNR nel perimetro della programmazione generale di cui all'art.5 del regolamento per l'organizzazione delle funzioni controllo della Corte dei conti' (art. 2, co. 5, della citata del. Consiglio n. 272/2021). Le funzioni di controllo è intestata al Collegio ed è esercitata in autonomia sulla base del programma annuale da esso deliberato nel quadro della programmazione generale dei controlli definito dalle Sezioni riunite ai sensi dell'art. 5 del regolamento di organizzazione delle funzioni di controllo approvato con Delibera delle Sezioni riunite n. 14/DEL/2000. Ove l'attuazione di piani, programmi e progetti sia rimessa a Regioni/Province autonome o ad altri enti o a organi operanti esclusivamente in ambito regionale, le funzioni sopra descritte vengono svolte dalla competente Sezione regionale di controllo".

1297 Itália. Corte dei Conti (*Home. Attivita. Controllo*): "[...] Cos'è il giudizio di parificazione del rendiconto generale dello Stato? Il giudizio di parificazione del rendiconto è il giudizio volto ad accertare la conformità dei risultati del rendiconto dello Stato alla legge di bilancio. Ai sensi dell'art. 39 del regio decreto 12 luglio 1934 n. 1214 la Corte dei conti a Sezioni riunite verifica il rendiconto generale dello Stato (inteso come conto del bilancio e conto del patrimonio) e ne confronta i risultati, tanto per le entrate quanto per le spese, con le leggi di bilancio. In cosa consistono le valutazioni della Corte dei conti in sede di parificazione? Nella sua funzione costituzionale di organo di verifica dei complessivi equilibri di finanza pubblica (artt. 100, 119, 81, 97) la Corte dei conti ha, nel tempo, ampliato le sue valutazioni in sede di parificazione tenendo conto della evoluzione legislativa della decisione di bilancio (esposizione dal Tesoro al Parlamento del fabbisogno di cassa del settore statale e del settore pubblico) includendo, perciò, nella relazione che accompagna il giudizio sul rendiconto i risultati della gestione finanziaria con riferimento all'intero settore pubblico.Le valutazioni della Corte dei conti sugli andamenti complessivi della gestione del settore pubblico sono anche volte a verificare il rispetto dei parametri comunitari (rispetto del patto di stabilità). [...]".

Essa expressão é entendida no sentido de que a Corte é competente para "julgar os agentes contábeis, administradores e funcionários públicos por todos os eventos que de algum modo sejam concernentes à gestão de recursos públicos, em sentido amplo".[1298]

Para Sciascia,[1299] a jurisdição gestionária, como também denomina a jurisdição contábil, representa, em conjunto com a função de controle, um dos meios de tutela das finanças e do patrimônio público e de garantia da boa Administração Pública.

Os limites dessa jurisdição, contudo, não estão bem definidos na Constituição e nas leis e, por isso, seu âmbito de incidência é mais "elástico e impreciso", abrangendo, abstratamente, todas as matérias situadas no ramo dos estudos jurídicos definido como "Contabilidade Pública", do qual é originária, o qual ele entende que deve ser referida, modernamente, como "Direito da Gestão Pública".[1300]

Embora os limites da jurisdição contábil (gestionária) sejam desenvolvidos pela doutrina publicista e, em última instância, pela jurisprudência, a definição concreta e efetiva é deixada ao legislador, às leis ordinárias, observado o "limite constitucional de não poder subtrair de modo algum da Corte de Conti, confiando-as a outro juiz, competências tradicionalmente qualificadas como de natureza contábil".

A Corte julga não apenas a responsabilidade dos agentes contábeis (*agenti contabili*), em contas judiciais, mas também a responsabilidade pessoal (contábil[1301] e administrativa)

[1298] Itália. Corte dei Conti (*La Corte dei Conti. La storia, l'organizzazione e le funzioni*, p. 36).

[1299] Sciascia (*La Corte dei conti/Organizzazione, funzioni e procedimenti*, 2020, p. 250-251): "La giustizia gestionaria o contabile comprende tutti i mezzi di tutela giurisdizionale predisposti dall'ordinamento per la tutela di posizioni soggettive collettive e individuali che si originano nell'ambito della Contabilità Pubblica, intesa nell'attualità come 'Diritto delle gestioni pubbliche'. 'Essa rappresenta, insieme al controllo esterno, uno dei mezzi di garanzia obiettiva della corretta gestione pubblica, a tutela dell'integrità della finanza e del patrimonio pubblico in relazione a quel rapporto giuridico fondamentale – insito nel sistema costituzionale dello Stato di diritto – individuato dalla dottrina come 'rapporto contabile', che noi preferiremmo denominare, nella nuova prospettiva, 'rapporto gestionario'. [...] Se si procede oltre tale generica surriportata definizione, ci si rende conto che i confini della Contabilità Pubblica, intesa come diritto delle gestioni pubbliche, non sono costituzionalmente o legislativamente precisati, ma rimessi alla dottrina giuspubblicista del settore ed in ultima analisi alla giurisprudenza. Quindi il suo ambito è quanto mai elastico e impreciso. Pertanto al momento può ben ritenersi che la sfera riservata in concreto alla giurisdizione contabile copre astrattamente tutte le materie rientranti nella branca degli studi giuridici definita 'Contabilità Pubblica', attualizzata in 'Diritto delle Gestioni Pubbliche', ma la definizione effettiva e concreta di esso comunque è rimessa alle leggi ordinarie (c.d. *interpositio legislatoris*), che sono abilitate ad ampliarlo o restringerlo a piacimento, con l'unico limite costituzionale di non poter sottrarre in alcun modo alla Corte dei conti, eventualmente affidandole ad altro giudice, competenze tradizionalmente qualificabili quali di natura contabile. [...]. Nota de rodapé 588: 'Già dalla definizione si evidenzia la caratteristica essenziale della giustizia in parola, che è inscindibilmente collegata ad un ramo delle discipline giuspubblicistiche, rappresentato dalla Contabilità Pubblica, intesa come 'diritto delle gestioni pubbliche'. È vero che ogni giurisdizione si riferisce ad una branca del diritto di cui costituisce una garanzia, ma in questo caso la particolarità risiede nella circostanza che essa non ha un ambito definito dalla natura delle posizioni soggettive che tutela, ma dalla connessione di qualunque posizione giuridica soggettiva (diritti soggettivi e di obblighi connessi, interessi collettivi e diffusi, ecc), sempreché rientrante nella Contabilità Pubblica, intesa come diritto delle gestioni pubbliche".

[1300] No modelo italiano, a responsabilidade contábil não corresponde à responsabilidade por procedimentos contábeis, como a denominação poderia dar a entender. Insere-se no conceito de responsabilidade financeira, em sentido amplo.

[1301] *Sobre a responsabilidade financeira no Brasil, vide* o elucidativo resumo de Gomes (*Responsabilidade financeira: uma teoria sobre a responsabilidade no* âmbito *dos tribunais de contas*, 2009): "A responsabilidade financeira é uma espécie de responsabilidade jurídica existente nos países que adotam o modelo de Tribunais de Contas com função jurisdicional. No Brasil, existem duas modalidades de responsabilidade financeira: a reintegratória, que compreende o ressarcimento do dano causado ao erário (débito) e a sancionatória, que compreende a aplicação de multa, que pode ser cumulada ou não com imputação de débito. É responsabilidade subjetiva que incide sobre um conjunto específico de sujeitos denominados de 'agentes contábeis'. Está vinculada às funções de fiscalização da gestão pública e de julgamento das contas, o que reforça a sua finalidade preventiva e, não somente, reparadora ou punitiva. A responsabilidade financeira tem características, pressupostos e finalidades próprias que a diferenciam de outras espécies de responsabilidade, tais como, a responsabilidade civil, a penal, a disciplinar, a administrativa e a responsabilidade por ato de improbidade administrativa. Os Tribunais de Contas exercem uma jurisdição especial e limitada, relacionadas às pretensões do Estado à Responsabilidade dos administradores e funcionários públicos por danos causados ao erário com dolo ou culpa grave no exercício de suas funções ou em situações a elas relacionadas.[1302] [1303]

6.1.3 Linhas gerais da competência jurisdicional: responsabilidade contábil e responsabilidade administrativa

O exercício da competência jurisdicional[1304] destina-se à apuração e definição de responsabilidades por dano ao erário, classificadas como responsabilidade contábil (ou responsabilidade de contas)[1305] e responsabilidade administrativa.[1306]

6.1.3.1 A responsabilidade contábil e o *agente contabile*[1307]

Segundo Staderini, desde sua lei institutiva, de 1862, a jurisdição da Corte dei Conti abrange o juízo sobre a responsabilidade dos "agentes contábeis".

A compreensão dessa responsabilidade requer o esclarecimento do conceito de "agente contábil" (*agente contabile*).

Recebe essa qualificação "a pessoa a que tenham sido entregues dinheiros, bens ou valores públicos, ou tenha tido a possibilidade de deles dispor, e não cumpre a obrigação de restituição que lhe incumbe".[1308]

O conceito é atinente às pessoas que se encontram em posição de obrigação de prestar contas da aplicação dos recursos públicos (financeiros e não financeiros) postos

---

Financeira, o que em outros países é denominada jurisdição contábil ou financeira. Esta modalidade de jurisdição é compatível com as demais jurisdições, ainda que se sujeite a eventual controle pelo Poder Judiciário, restrito aos aspectos formais e de manifesta ilegalidade".

1302 Itália. Corte dei Conti (*La Corte dei Conti. La storia, l'organizzazione e le funzioni*, p. 12): "La Corte dei conti giudica non solo sui giudizi di conto degli agenti contabili, ma anche delle responsabilità personali, contabili e amministrative, degli amministratori e pubblici funzionari per i danni provocati, con dolo o colpa grave, nell'esercizio delle loro funzioni o in occasione delle stesse".

1303 Itália. Corte dei Conti (*La Corte dei Conti. Uno strumento di difesa insostituibile per i cittadini*, p. 27): "[...] Nel primo caso, la giurisdizione presenta i caratteri di un giudizio volto ad accertare la responsabilità di singoli soggetti legati alla pubblica amministrazione per i danni pubblici dagli stessi causati nell'esercizio delle loro funzioni".

1304 São também utilizados os termos competência e atividade como sinônimo de função.

1305 Staderini (*El modelo de fiscalización de Italia*, 2005, p. 264-265).

1306 Sciasicia (*La Corte dei conti/Organizzazione, funzioni e procedimenti*, 2020, p. 174) denomina essa responsabilidade como responsabilidade gestora.

1307 Staderini (*El modelo de fiscalización de Italia*, 2005, p. 264-265): "Entra en la jurisdicción de la Corte, por antigua disposición emanada de la ley institutiva, el juicio sobre la responsabilidad de los agentes contables. La así llamada responsabilidad de cuentas, es la responsabilidad de aquellos sujetos (agentes contables) que han recibido en consignación (bajo diferentes contratos) dinero, bienes u otros valores públicos o que en alguna otra forma han tenido la disponibilidad material de esos bienes o valores, y que no han cumplido con la obligación de la restitución que les incumbe. Las normas de contabilidad general del Estado distinguen las siguientes figuras: Agentes de la recaudación. (aquellos que están encargados de la recaudación de los ingresos); Agentes de tesorería (que administran los recursos financieros públicos y efectúan pagos a cuenta de la Administración); Agentes consignatarios (aquellos que custodian objetos o material de la administración pública). El Juicio de Cuenta tiene por objeto la verificación de la regularidad de la cuenta judicial, correspondiente a los agentes contables. Todos estos agentes deben presentar la cuenta judicial sobre modelos predeterminados, y deberán evidenciar la consistencia inicial, el movimiento de los ingresos y egresos (y de sus contrapartidas de bienes) en el curso de su ejercicio presupuestario y el remanente final. La responsabilidad contable se caracteriza por la presunción de culpa del agente, a quienes le incumbe demostrar, que los eventuales faltantes monetarios y/o de bienes o valores, se debe a causas de fuerza mayor o de algún siniestro natural, que cause el deterioro de los bienes, de lo contrario será condenado al pago de una suma equivalente al valor del faltante no justificado".

1308 Itália. Corte dei Conti (*La Corte dei Conti. La storia, l'organizzazione e le funzioni*, p. 38): "[...] La c.d. responsabilità contabile è la responsabilità di quei soggetti (agenti contabili) che, avendo avuto in consegna (a vario titolo) denaro, beni o altri valori pubblici, o comunque avendone avuto la disponibilità materiale, non adempiano all'obbligo di restituzione che a loro incombe [...]".

à sua disposição ou sob sua responsabilidade perante um órgão judicial, a Corte de Contas, que definirá sua responsabilidade financeira, em um processo denominado "juízo de contas" (*conto giudiziale*).

Mais especificamente, assumem essa condição as pessoas encarregadas de arrecadar receitas e recolhê-las ao Tesouro; aqueles que têm a guarda dos recursos financeiros (tesoureiros) e os que fazem os pagamentos por conta da Administração; as pessoas que têm sob sua responsabilidade (custodiam) bens móveis e imóveis da Administração, denominados agentes consignatários.[1309]

Os agentes contábeis podem, portanto, ser classificados em três categorias: os agentes de arrecadação ou exatores; os agentes pagadores ou tesoureiros, encarregados da custódia do dinheiro e da execução dos pagamentos; e os agentes consignatários, responsáveis pela conservação de gêneros, objetos e materiais pertencentes à Administração.[1310]

Pane ressalta que, de acordo com a jurisprudência consolidada, quem movimenta ou custodia dinheiro e valores públicos pertencentes à Fazenda Pública encontra-se na posição de agente contábil, independentemente de fazê-lo com base em uma relação jurídica legítima ou de fato.[1311]

[1309] Itália. Corte dei conti (*La Corte dei Conti. La storia, l'organizzazione e le funzioni*, p. 38): "[...] Le norme di contabilità generale dello Stato distinguono: agenti della riscossione (coloro che sono incaricati di riscuotere entrate e versarne l'ammontare); agenti pagatori o tesorieri (addetti alla conservazione delle somme o all'effettuazione di pagamenti per conto dell'amministrazione); agenti consegnatari (addetti alla consegna o alla custodia di oggetti o materie dell'amministrazione) [...]".

[1310] Pane (*Evoluzione del giudizio di conto ed il suo ruolo nel sistema delle garanzie sulle gestioni contabili*, 2022, p. 5): "[...] Si deve, infine, riportare quanto disciplinato dall'art. 178 del regolamento di contabilità (R.D. 23 maggio 1924, n. 827) il cui contenuto offre una elencazione puntuale di coloro che rappresentano gli agenti contabili: 'a) gli agenti che con qualsiasi titolo sono incaricati, a norma delle disposizioni organiche di ciascuna amministrazione, di riscuotere le varie entrate dello Stato e di versarne le somme nelle casse del tesoro; b) i tesorieri che ricevono nelle loro casse le somme dovute allo Stato, o le altre delle quali questo diventa debitore, eseguiscono i pagamenti delle spese per conto dello stato, e disimpegnano tutti quegli altri servizi speciali che sono loro affidati dal ministro delle finanze o dal direttore generale del tesoro; c) tutti coloro che, individualmente ovvero collegialmente, come facenti parte di consigli di amministrazione per i servizi della guerra e della marina e simili, hanno maneggio qualsiasi di pubblico denaro, o sono consegnatari di generi, oggetti e materie appartenenti allo Stato; d) gli impiegati di qualsiasi amministrazione dello Stato cui sia dato speciale incarico di fare esazioni di entrate di qualunque natura e provenienza; e) tutti coloro che, anche senza legale autorizzazione, prendono ingerenza negli incarichi attribuiti agli agenti anzidetti e riscuotono somme di spettanza dello Stato'. Sulla scorta di quanto esposto, dunque, si evince che gli agenti contabili dello Stato possono suddividersi in tre categorie: agenti della riscossione o esattori, il cui compito risulta essere quello di riscuotere le entrate e di versarne il relativo ammontare; gli agenti pagatori o tesorieri, incaricati della custodia del denaro e dell'esecuzione dei pagamenti; gli agenti consegnatari, addetti alla conservazione di generi, oggetti e materie di pertinenza della pubblica amministrazione".

[1311] Pane (*Evoluzione del giudizio di conto ed il suo ruolo nel sistema delle garanzie sulle gestioni contabili*, 2022, p. 6; 25): "Si osserva poi che affinché un soggetto venga qualificato agente contabile non è necessaria la presenza di un rapporto di pubblica dipendenza nella gestione dei beni pubblici, essendo coinvolti anche soggetti privati legati alla pubblica amministrazione da peculiari relazioni (ad es. un rapporto di concessione che lega la banca tesoriere all'amministrazione). Appare utile ricordare che secondo una posizione giurisprudenziale consolidatasi nel tempo si ritiene che il maneggio e la custodia di denaro e di valori di pertinenza dell'erario pubblico implichino l'assunzione da parte di chi li svolge della qualifica di agente contabile, a prescindere dal fatto che tali attività avvengano sulla base di una legittima investitura oppure per via di mero fatto. Si aggiunga, altresì, che l'espressione 'maneggio di denaro' debba essere inteso nel senso volto a far ricomprendere non solo gli agenti contabili che sulla base di norme organizzative svolgono attività di riscossione o di esecuzione dei pagamenti, ma anche coloro che abbiano la disponibilità di denaro da qualificarsi pubblico (in ragione della provenienza e/o della destinazione) e siano forniti del potere di disporne senza l'intervento di altro ufficio. Da quanto appena affermato se ne ricava che affinché un soggetto possa rivestire la qualifica di agente contabile rilevano quali elementi essenziali e sufficienti il carattere pubblico dell'ente per il quale il soggetto agisca, nonché del denaro o del bene oggetto della gestione. Non assume, viceversa, alcun valore il titolo in base al quale la gestione è svolta, che può comprendere un rapporto di pubblico impiego o di servizio, una concessione amministrativa financo ad un contratto; infine, il titolo in base al quale si svolge la gestione potrebbe mancare totalmente, in quanto il relativo rapporto potrebbe configurarsi secondo schemi generali previsti e disciplinati dalla legge oppure discostarsene in tutto o in parte".

No mesmo sentido são as definições oficiais da seção jurisdicional da Região de Emilia-Romagna da Corte dei Conti sobre quem são os agentes obrigados à prestação de contas judiciais (aqueles que arrecadam, pagam, conservam, manuseiam dinheiro e custodiam valores e bens de natureza pública):[1312] o tesoureiro, o agente encarregado da cobrança, o funcionário encarregado da cobrança das receitas e recebimento em dinheiro, o funcionário encarregado de fazer pagamentos de qualquer natureza e origem, terceiros encarregados de manusear fundos públicos ou depositários de mercadorias e objetos, e todos aqueles que lidam com recursos públicos e interferem na gestão contábil da Administração.

6.1.3.2 As contas judiciais

Os agentes contábeis apresentam uma forma específica de prestação de contas, as "contas judiciais", segundo modelos predeterminados, em que demonstrarão o saldo inicial, a movimentação de entradas e saídas no curso do exercício financeiro e o saldo final.[1313]

No juízo de contas, a responsabilidade financeira e patrimonial do agente contábil, a responsabilidade contábil em sentido geral, é caracterizada pela presunção de culpa do agente, "ao qual recai o ônus de demonstrar que eventual diferença numérica ou quantitativa de bens ou valores é devida a força maior ou à depreciação ou deterioração natural".[1314] [1315]

Conforme explica a seção jurisdicional regional de Emilia-Romagna,[1316] as contas judiciais constituem o núcleo histórico e fundante da jurisdição da Corte de Contas, da

---

1312 Itália. Corte dei Conti (*Circolare Presidente Sezione giurisdizionale n. 1/2022*, p. 11): "5) SOGGETTI TENUTI ALLA PRESENTAZIONE DEL CONTO GIUDIZIALE – L'obbligo di rendere il conto della gestione sorge in modo automatico in presenza del fato obiettivo dello svolgimento dell'incarico, prevalentemente conferito o anche di fatto, di: riscuotere; pagare; conservare; maneggiare denaro; custodire valori e materie di pertinenza pubblica'. [...] 6) AGENTI CONTABILI – Per 'Agente Contabile' si intende: a) il Tesoriere, incaricato, sulla base di apposita convenzione, di riscuotere e pagare; b) il Responsabile incaricato della gestione del Servizio di Cassa Economale e delle Casse Periferiche; c) il Responsabile delle Casse C.U.P. che si avvale di più cassieri; d) l'Agente incaricato della riscossione in base ai ruoli, sulla base di apposito contratto; e) il dipendente che, a qualsiasi titolo, è incaricato della riscossione delle entrate mediante l'incasso di denaro contante o dell'esecuzione dei pagamenti diretti, di qualunque natura e provenienza; f) i Terzi incaricati, per contratto o convenzione, di maneggio di denaro pubblico o individuati quali consegnatari, di generi ed oggetti, comunque afferenti all'Amministrazione per debito di custodia di azioni, beni mobili e/o di consumo, valori comunque afferenti all'Amministrazione; g) tutti coloro che fanno maneggio di pubblico denaro e si ingeriscano nella gestione contabile dell'Amministrazione".

1313 Staderini (*El modelo de fiscalización de Italia*, 2005, p. 265). Ver também Itália. Corte dei Conti (*Circolare Presidente Sezione giurisdizionale n. 1/2022*, p. 22): "È compito dell'agente contabile rendere all'amministrazione di appartenenza, con cadenza annuale, il conto giudiziale in ordine alla propria gestione, per la successiva trasmissione alla Corte dei conti".

1314 Itália. Corte dei Conti (*La Corte dei Conti. La storia, l'organizzazione e le funzioni*, p. 38): "[...] Il giudizio di conto ha per oggetto la verifica di regolarità del conto giudiziale cui sono tenuti i titolari di gestioni di tesoreria e gli agenti contabili. Tutti questi soggetti devono presentare il conto giudiziale su appositi modelli rivolti a evidenziare la consistenza iniziale, il carico e il discarico avvenuto nel corso dell'esercizio e la rimanenza finale. La responsabilità contabile si caratterizza per la presunzione di colpa dell'agente, cui incombe l'onere di dimostrare che l'eventuale deficienza numerica o quantitativa di beni o valori sia dovuta a forza maggiore o a naturale deperimento. [...]".

1315 A respeito do ônus da prova e da atuação do Ministério Público, *vide* D'Antino (*Corte dei Conti: l'attività di controlo e la giurisdizione di responsabilitá*, p. 1273-1274): "Nei confronti dei soggetti che incorrono in responsabilità amministrativa in senso stretto, l'onere di provare, oltre il danno, la colpa, nel giudizio dinanzi al magistrato, incombe al titolare dell'azione. Invece, nei confronti di coloro che incorrono in responsabilità contabile, il pubblico ministero si limita a far rilevare il danno o quanto meno la tradizione dei valori, e l'onere della prova circa la colpa è invertito, nel senso che spetta al convenuto contabile dimostrare la eventuale sussistenza della forza maggiore o del caso fortuito dirimente la sua responsabilità".

1316 Itália. Corte dei Conti (*Circolare Presidente Sezione giurisdizionale n. 1/2022*, 2022, p. 3): "I conti giudiziali, il giudizio di conto ed il giudizio per resa di conto, costituiscono il nucleo storico e fondante della giurisdizione della Corte

qual se origina o nome do instituto, *uma garantia objetiva de gestão adequada dos recursos públicos* em conformidade com o art. 103 da Constituição.[1317]

Essa garantia se concretiza por meio do instrumento da prestação de contas judiciais, submetidas à verificação e julgamento, em sede processual, pelo "juiz contábil" (magistrado de contas):

> A Corte Constitucional, na sentença nº 114 de 1975, em relação aos agentes contábeis e figuras assemelhadas, ao enfatizar a obrigação da prestação de contas judiciais, esclareceu que: é princípio geral do nosso ordenamento que o dinheiro público proveniente do conjunto dos contribuintes e destinado à satisfação das necessidades públicas deve ser submetido à garantia constitucional da correção de sua gestão, garantia que se concretiza por meio do instrumento da prestação de contas judiciais.
> Requisito indispensável para o julgamento da conta é o da necessidade, em virtude do qual nenhum ente gestor de recursos de origem pública e nenhum agente contábil que tenha manuseado dinheiro e valores pertencentes à entidade é permitido se eximir desse dever fundamental. (Tradução nossa)[1318]

6.1.3.3 Contas judiciais e prestação de contas: institutos distintos

Sciascia faz a necessária distinção entre os institutos da prestação de contas e das contas judiciais.[1319] [1320]

---

dei conti, da cui tra origine il nome dell'Istituto, garanzia obiettiva di regolare gestione delle risorse pubbliche in attuazione dell'articolo 103 della Costituzione. La funzione di tali giudizi consiste nell'accertamento in sede processuale da parte del giudice contabile della regolarità dei conti giudiziali resi dagli agenti contabili, ovvero da tutti coloro che hanno maneggio di denaro o beni pubblici. [...] Il giudizio sui conti è disciplinato dagli articoli da 137 a 150 del Codice della giustizia contabile. Ai sensi dell'art. 137 la Corte dei conti giudica sui conti degli agenti contabili e delle altre pubbliche amministrazioni 'per quanto le spetti a termini di leggi, anche speciali'. La Corte costituzionale con sentenza n.114 del 1975, con riguardo agli agenti contabili e alle figure assimilate nel rimarcare l'obbligo del rendiconto giudiziale, ha precisato che: «è principio generale del nostro ordinamento che il pubblico denaro proveniente dalla generalità dei contribuenti e destinato al soddisfacimento dei pubblici bisogni debba essere assoggettato alla garanzia costituzionale della correttezza della sua gestione, garanzia che si attua con lo strumento del rendiconto giudiziale. Requisito indispensabile del giudizio sul conto è quello della necessarietà in virtù del quale a nessun ente gestore di mezzi di provenienza pubblica e a nessun agente contabile che abbia comunque maneggio di denaro e valori di proprietà dell'ente è consentito sottrarsi a questo fondamentale dovere»".

[1317] Constituição da República Italiana, art. 103: "[...] O Tribunal de Contas tem jurisdição nos assuntos de contabilidade pública e nas outras especificadas pela lei [...]".

[1318] Itália. Corte dei Conti. (*Circolare Presidente Sezione giurisdizionale n. 1/2022*, de 20.9.2022, p. 3).

[1319] Sciascia (*La Corte dei Conti/Organizzazione, funzione e procedimenti*, 2020, p. 293-294): "Esigenza connessa ad ogni sistema di gestione è la rendicontazione, cioè l'esposizione periodica e/o finale dei risultati. [...] Il rendiconto puó essere finanziario, patrimoniale ed economico, a seconda che le rappresentazioni contabili in esso riportate riguardino rispettivamente i movimenti in denaro, le variazioni di consistenza dei cespiti patrimoniali o tutti gli elementi che abbiano l'idoneitá ad una valutazione economica. [...] 727Il conto giudiziale è il documento contabile, in cui è contenuta la dimostrazione descrita in termini numerici di atti e fatti di gestione per le entrate (carico) e per le uscite (scarico) al fin di determinare la sfera di responsabilitá del gestore, denominato agente contabile. Esso ha altresì l'ulteriore funzione prevista dalla legge di *vocatio iudicis* cioè di vera e propria domanda introdutiva di un giudizio in ordine alla correttezza formale del documento nonché della regolarità e legalità della sottostante gestione contabile. Proprio per tale cacracteristica di atto costitutivo di um rapporto processuale è denominato con l'attributo 'giudiziale'. In ragione di tale suo carattere particolare di contabilità giudiziale, esso va compilato nelle forme prescritte ed accompagnato dalla documentazione necessaria a provare indiscutibilmente i movimenti rappresentati nel conto stesso. Il conto ha carattere probatorio di una scrittura privata, in quanto contiene la dimonstrazione delle operazi compiute. Per tale ragione è indispensabile che esso possegga i riquisiti di contenuto e di forma che lo rendano idoneo ad evidenziare riassuntivamente i risultati della gestione contabile svolta dall'agente, mentre diviene irrilevante in sé la mancata predisposizione dei modelli ufficiali V. Atti del convegno su '*I conti giudiziali*', Torino, 19-21 ottobre 2017 a cura del Consiglio Regionale del Piemonte".

[1320] Ver também D'Antino (*Corte dei Conti: l'attività di controlo e la giurisdizione di responsabilitá*, p. 1273): "Tutti i contabilli, per espressa previsione normativa, sono tenuti a scadenze fisse a rendere conto dei valori maneggiati e delle materie di proprietà dell'ente pubblico avute in consegna. Ciò devono fare con la presentazione alla Corte

De modo geral, a prestação de contas é "uma exigência associada a qualquer sistema de gestão, ou seja, a exposição periódica ou final dos resultados". Pode ser financeira, patrimonial e econômica, conforme os demonstrativos refiram-se aos movimentos em dinheiro, às variações nos saldos dos ativos patrimoniais ou aos elementos necessários para uma avaliação econômica.

A conta judicial corresponde a um conjunto de documentos contábeis que descrevem, numericamente, os atos e fatos de gestão relativos às entradas (crédito) e saídas (débito), cuja finalidade é permitir a determinação da responsabilidade do agente contábil.

Sciascia ressalta que esse instrumento "tem a função adicional, prevista por lei, de *vocatio iudicis*, ou seja, de uma verdadeira e própria petição inicial de um julgamento sobre a correção formal da conta judicial, bem como sobre a regularidade e legalidade da gestão contábil subjacente", correspondendo a um ato constitutivo de uma relação processual, razão por que se lhe atribui a denominação "judicial".

O caráter de "contabilidade judicial" determina que *il conto giudiziale*, uma das formas de prestação de contas *lato sensu*, seja "elaborado nas formas prescritas e acompanhado da documentação necessária para provar indiscutivelmente os movimentos nele representados".[1321]

Na mesma linha, conforme Balbo,[1322] quem manuseou dinheiro público, o agente contábil, deve prestar contas de modo a comprovar que não está sujeito à "obrigação de restituição":

> O princípio afirmado pela Corte Constitucional é que "o juízo de contas se configura essencialmente como um procedimento judicial, de caráter necessário, destinado a verificar se quem teve manuseio de dinheiro público e, portanto, teve recursos financeiros provenientes de orçamentos públicos sob sua responsabilidade, é capaz de prestar contas do modo legal como os gastou, e, consequentemente, não está sujeito a obrigações de restituição. (Tradução nossa)

Ainda segundo Sciascia, contas judiciais são caraterizadas por representar, de um lado, o "crédito", proveniente da conta anterior, e, do outro, o "débito", determinado pelos resultados da gestão, conteúdo mínimo ao qual se acrescenta o conteúdo específico das contas judiciais relativas às diferentes categorias de agentes contábeis.

---

dei conti di apposito rendiconto giudiziale, redatto secondo determinate formalità, che non va confuso con il rendiconto amministrativo, che il contabile deve rendere all'autorità amministrativa da cui dipende".

1321 Sciascia (*La Corte dei Conti/Organizzazione, funzione e procedimenti*, 2020, p. 296-297): "I conti giudiziali, in ragione della loro funzione, sono caratterizzati dall'indicare da un lato il 'carico' costituito dal precedente conto e dall'altro il 'discarico' costituito dalle risultanze finali della gestione. A questo contenuto minimale comune, si aggiunge quello specifico dei conti relativi alle tre categorie di agenti contabili [conti giudiziali degli agenti della riscossione; conti resi dai contabili, consegnatari, magazzinieri; conti dei tesorieri]. [...] Oggeto del giudizio di conto è l'accertamento della regolarità sia del documento contabile in sé che delle gestioni ivi rappresentate. Ma costituisce parimenti oggetto del giudizio l'accertamento delle conseguenti responsabilità dell'agnete contabile, al fine della condanna di questi al pagamento delle somme dovute. La responsabilità di cui si tratta è naturalmente quella contabile in senso stretto, ossia quella scaturente dalla difformità – non semplicemente formale, ma sostanziale cioè effettiva – tra il carico ed il discarico".

1322 Balbo (*I conti giudiziali avanti la Corte dei conti*, p. 13): "Il principio che viene affermato dalla Corte Costituzionale è che "il giudizio di conto si configura essenzialmente come una procedura giudiziale, a carattere necessario, volta a verificare se chi ha avuto maneggio di denaro pubblico, e dunque ha avuto in carico risorse finanziarie provenienti da bilanci pubblici, è in grado di rendere conto del modo legale in cui lo ha speso, e dunque non risulta gravato da obbligazioni di restituzione".

No juízo de contas é realizado o exame da regularidade tanto do documento formal contábil em si quanto da "gestão nele representada", bem como da consequente apuração de responsabilidade do agente contábil, para fins de condenação ao pagamento da quantia devida.

Enfatiza o autor que a responsabilidade que se apura no juízo de contas "é naturalmente aquela contábil em sentido estrito, ou seja, aquela decorrente da diferença (não simplesmente formal, mas substancial, isso é, efetiva) entre o crédito e o débito".

De ponto de vista processual, em linhas gerais, no juízo de contas, procedese, inicialmente, ao exame objetivo das contas apresentadas.[1323]

Desse procedimento poderá resultar uma decisão de desonerar o agente contábil de suas responsabilidades,[1324] com liberação de cauções e cancelamento de hipotecas, se houver.

Se constatadas irregularidades, a Corte dei Conti julgará a responsabilidade do agente,[1325] em processo contraditório de avaliação de fatos e condutas, no qual, ao final,

[1323] Ver Cimini (*La controversa natura del Giudziio di Conto*, 2023, p. 83): "La prima fase, quella istruttoria e necessaria, svolta dal magistrato relatore, può ritenersi espressione di una funzione sostanzialmente di controllo, anche perché oggetto del giudizio non è, come detto, la condotta dell'agente contabile ma un atto, il 'conto'. In questa prima fase preliminare-istruttoria 'vengono in evidenza alcuni dei caratteri propri del controllo successivo esterno (sull'atto), con carattere unilaterale e non episodico, anzi necessario e sistematico e, dunque, tale da mostrare significative analogie con istituti propri del controllo amministrativo".

[1324] Ver D'Antino (*Corte dei Conti: l'attività di controlo e la giurisdizione di responsabilitá*, p. 1277): "Il giudizio sul conto prevede l'assegnazione ad un giudice relatore, il quale, accertata la parificazione da parte dell'amministrazione, procede all'esame del conto e conclude o per il discarico del contabile (in caso di pareggio) o di condanna al pagamento di una somma a carico del contabile (art. 145). In caso di conto in pareggio o comunque sia dichiarato regolare, il giudice deposita la relazione e propone il discarico del contabile. Il presidente, ove non abbia obiezioni, trasmette la relazione al P.M. che esprime il proprio avviso nel termine di 30 giorni. Ove non vi siano obiezioni, il presidente approva il conto con decreto di discarico (art. 146). Ove non possa provvedersi a norma dell'art. 146, entro 30 giorni dal deposito della relazione il presidente fissa l'udienza per la discussione del giudizio, assegnando un termine per il deposito di memorie e per le conclusioni del P.M. Il decreto di fissazione dell'udienza – salvi i casi contemplati dall'art. 147, c. 3 – a cura della segreteria è comunicato all'agente contabile per il tramite della sua amministrazione. Segue l'udienza di discussione nei modi di cui all'art. 91 del Codice; l'agente può chiedere di essere sentito personalmente dal collegio ed il P.M. esprime il proprio avviso. Ove sussista anche la responsabilità di soggetti non tenuti a presentare il conto, si riunisce il giudizio sul conto con quello di responsabilità (art. 148, c. 5). Ove il collegio non ravvisi la regolarità del conto, liquida il debito dell'agente; in ipotesi di accertati ammanchi o perdite, il collegio pronuncia condanna alla restituzione delle somme mancanti e all'alienazione della cauzione prestata dall'agente (art. 149), Il giudizio del conto si estingue trascorsi cinque anni dal deposito del conto presso la segreteria della sezione senza che sia stata presentata la relazione prevista dall'art. 145, c. 4 o senza che siano state elevate contestazioni a carico del contabile (art. 150)".

[1325] Ver Cimini (*La controversa natura del Giudizio di Conto*, 2023, p. 83): "Soltanto nella seconda fase, peraltro eventuale, cioè nelle (non così frequenti) ipotesi in cui non sia possibile emettere il decreto di discarico (oggi a norma degli artt. 146 e 147 del codice) (10), si apre una procedura realmente giurisdizionale nei confronti dell'agente contabile e il giudizio di conto si trasforma in un processo, in un vero e proprio giudizio, con l'iscrizione a ruolo di udienza. Sul punto giova ricordare che l'art. 147 del codice, al quarto comma, dispone che il "decreto di fissazione dell'udienza e la relazione del giudice designato per l'esame del conto, a cura della segreteria della sezione, sono comunicati all'amministrazione interessata e, per il tramite di quest'ultima, all'agente contabile nonché al pubblico ministero".

decidirá sobre as medidas a serem adotadas, entre elas, no caso de desfalque ou perda, a condenação à restituição dos valores.[1326] [1327]

6.1.3.4 Sintética teorização sobre as contas judiciais

Na síntese[1328] da seção judicial da região de Emilia-Romagna, o juízo de contas visa determinar a esfera de responsabilidade do agente contábil, e seus *fundamentos ontológicos* são "a necessidade de proteger os direitos patrimoniais indisponíveis da coletividade" e "o princípio geral do ordenamento jurídico pelo qual aquele que administra dinheiro que não lhe pertence deve prestar contas de suas ações ao titular da própria gestão":

1326 Pane (*Evoluzione del giudizio di conto ed il suo ruolo nel sistema dele garanzie sulle gestioni contabili*, 2022, p. 12-13; 25): "Terminata la sua attività volta, in estrema sintesi, a verificare l'esistenza o meno di irregolarità nel conto relatore provvede a predisporre una relazione che contenga l'esposizione dei risultati dell'esame svolto, nonché la proposta in ordine alla definizione del giudizio. Cosicché, ove il conto chiuda in pareggio e risulti privo di irregolarità, il giudice designato deposita la relazione proponendo il discarico del contabile. La relazione viene poi trasmessa su ordine del Presidente, qualora non decida per il dissenso, al pubblico ministero, il quale deve esprimere il proprio avviso entro il termine perentorio di 30 giorni. Nel caso in cui non vi sia nulla da obiettare il giudizio si conclude con l'approvazione del conto e con la conseguente adozione da parte del Presidente della sezione giurisdizionale del decreto di discarico, il quale viene successivamente comunicato a cura della segreteria della sezione sia all'agente contabile per il tramite dell'amministrazione di appartenenza, sia al pubblico ministero. Nell'ipotesi in cui non si possa provvedere con il decreto di discarico, ai sensi dell'art. 146 del c.g.c., il Presidente fissa con decreto l'udienza per la discussione del giudizio, alla quale possono comparire sia l'agente contabile che l'amministrazione interessata. L'udienza viene sempre fissata dal Presidente non solo quando è scaduto il termine stabilito dal magistrato relatore per la presentazione dei documenti essenziali ai fini dell'esame della gestione, ma anche in determinate ipotesi espressamente contemplate dal comma 3 dell'art. 147 del c.g.c.[33] Il giudizio di conto che si svolge davanti al Collegio può terminare il suo esame con una pronuncia di discarico dell'agente contabile, nel caso in cui venga riconosciuto che i conti sono stati saldati o si bilanciano in favore dell'agente dell'amministrazione (comma 2 dell'art. 149 del c.g.c.). Viceversa, qualora il Collegio opti per diversa soluzione, non provvedendo con pronuncia di discarico, lo stesso procede con la liquidazione del debito dell'agente contabile, disponendo, nel caso lo ritenga opportuno, la rettifica dei resti da riprendersi nel conto successivo, ovvero dichiara la irregolarità della gestione contabile (comma 3 dell'art. 149 del c.g.c.). Il comma 4 del citato art. 149 prevede un'ulteriore ipotesi di pronuncia di condanna da parte del Collegio, il quale dispone la restituzione delle somme mancanti e l'alienazione della cauzione versata dall'agente contabile, in caso di ammanco o di perdita accertata. Si deve, infine, ricordare che il giudizio di conto si estingue di diritto e, ove necessario, con dichiarazione d'ufficio, decorsi 5 anni dal deposito del conto presso la segreteria della sezione giurisdizionale senza che sia stata depositata la relazione predisposta dal magistrato relatore o senza che siano state sollevate contestazioni a carico del contabile da parte dell'amministrazione, degli organi di controllo o del pubblico ministero che chieda con contestuale istanza la fissazione d'udienza (comma 1 dell'art. 150 del c.g.c.)".

1327 *Vide* art. 149 do *Codice della Gisutizia Contabile*: "Art. 149 – Decisione 1.Quando pronuncia sentenza parziale od altro provvedimento interlocutorio, il collegio può trattenere il giudizio sul conto, oppure disporre la restituzione degli atti al giudice designato come relatore, affinché prosegua l'istruttoria. 2.Quando il collegio riconosce che i conti furono saldati o si bilanciano in favore dell'agente dell'amministrazione, pronuncia il discarico del medesimo e la liberazione, ove occorra, della cauzione e la cancellazione delle ipoteche. Ove non si sia provveduto, l'interessato ha facoltà di richiedere i provvedimenti del caso nell'ambito di separato giudizio ad istanza di parte. 3.Quando non pronuncia discarico, il collegio liquida il debito dell'agente e dispone, ove occorra, la rettifica dei resti da riprendersi nel conto successivo, ovvero dichiara l'irregolarità della gestione contabile. (1) 4.In ipotesi di ammanco o di perdita accertata il collegio pronuncia condanna alla restituzione delle somme mancanti e alla alienazione della cauzione versata dal contabile o comunque prestata anche da terzi, purché citati o intervenuti in giudizio. 5.Quando l'alienazione non è autorizzata con la decisione sul conto il pubblico ministero promuove un giudizio mediante citazione notificata agli interessati. Il giudizio segue le forme dei giudizi ad istanza di parte".

1328 Itália. Corte dei Conti (*Circolare Presidente Sezione giurisdizionale n. 1/2022*, 2022, p. 22-23): "L'obbligatorietà della verifica da parte della Corte dei conti nasce dalla necessità di tutelare i diritti patrimoniali indisponibili della collettività e dal principio generale dell'ordinamento in forza del quale chi gestisce denaro non proprio deve rendere il conto del proprio operato al titolare della gestione stessa. Oggetto dell'accertamento ad opera della Corte dei conti è la correttezza e la regolarità della gestione del denaro e dei beni di proprietà dell'amministrazione da parte dell'agente contabile. Il conto giudiziale è il documento contabile che dà evidenza della gestione contabile al fine di determinare la sfera di responsabilità dell'agente contabile, responsabilità che è personale e limitata ai fatti o alle omissioni commessi con dolo o colpa grave".

> A obrigatoriedade da atuação da Corte de Contas surge da necessidade de proteger os direitos patrimoniais indisponíveis da coletividade e do princípio geral do ordenamento jurídico pelo qual aquele que administra dinheiro que não lhe pertence deve prestar contas de suas ações ao titular da própria gestão.
> O objeto da verificação pelo Tribunal de Contas é a correção e a regularidade da gestão do dinheiro e dos bens de propriedade da administração pelo agente contábil.
> O balanço judicial é o documento contábil que evidencia a gestão contábil para determinar a esfera de responsabilidade do agente contábil, responsabilidade que é pessoal e limitada aos atos ou omissões cometidos com dolo ou culpa grave. (Tradução livre)

Do ponto de vista político, a jurisdição contábil é bem sintetizada por Pane:

> Em extrema síntese, o juízo de contas pode ser definido como aquele efetuado no interesse dos cidadãos contribuintes sobre a utilização dos dinheiros públicos e dos bens da coletividade; controle cuja existência resulta imprescindível em todo sistema de governo, desde as monarquias mais antigas às modernas democracias.[1329]

6.1.4 A responsabilidade administrativa[1330]

A responsabilidade administrativa é de outra natureza. Refere-se à responsabilidade patrimonial dos dirigentes e funcionários públicos em sentido amplo pelos danos causados à Administração no desempenho de suas funções ou em situações relacionadas a elas.

Staderini[1331] destaca que podem ser sujeitos à reponsabilidade administrativa "não unicamente os empregados públicos, mas também os titulares de certos cargos eletivos (incluindo ministros) ou os cargos de caráter honorário, ou seja, funcionários públicos que desempenham funções públicas sem legitimação eleitoral".

[1329] Pane (*Evoluzione del giudizio di conto ed il suo ruolo nel sistema delle garanzie sulle gestioni contabili*, 2022, p. 6; 25): "In estrema sintesi, il giudizio di conto può essere definito come quel controllo effettuato nell'interesse del cittadino contribuente sull'utilizzazione del denaro e dei beni della comunità; controllo la cui presenza risulta imprescindibile in ogni sistema di governo, dalle monarchie financo alle antiche e moderne democrazie".

[1330] Itália. Corte dei Conti (*La Corte dei Conti. La storia, l'organizzazione e le funzioni*, p. 36): "[...] La responsabilità amministrativa dei pubblici funzionari e amministratori quale garanzia di correttezza della gestione Con detta espressione ci si riferisce alla responsabilità a contenuto patrimoniale di amministratori o dipendenti pubblici per i danni causati all'ente nell'ambito o in occasione del rapporto d'ufficio. L'accertamento della responsabilità comporta la condanna al risarcimento del danno a favore dell'amministrazione danneggiata nella misura che sarà concretamente determinata dal giudice contabile, sulla base di una serie di elementi, quali, oltre al 'danno effettivamente cagionato', la 'capacità economica del soggetto', il 'comportamento' tenuto e il 'livello di responsabilità' (cfr. Corte costituzionale, n. 340 dell'24 ottobre 2001). Per capire quale sia la funzione della responsabilità amministrativa occorre valutare il sistema delle responsabilità dei pubblici funzionari e impiegati pubblici nell'ordinamento italiano, nel suo complesso. Accanto alla responsabilità penale, che punisce i comportamenti più gravi, e alla responsabilità civile (obbligo del risarcimento del danno), preordinata alla tutela dei terzi danneggiati, l'ordinamento ha previsto una forma particolare di responsabilità per reagire ai comportamenti illeciti produttivi di danno nei confronti della collettività, attribuendo l'azione a un organo terzo e neutrale estraneo all'amministrazione (il pubblico ministero contabile). Lo scopo della responsabilità è quindi quello di prevenire comportamenti illeciti (stante la minaccia della sanzione) e reprimerli, ove si siano verificati, condannando i responsabili, sulla base delle particolari regole del giudizio di responsabilità, a risarcire di persona il danno provocato. [...]".

[1331] Staderini (*El modelo de fiscalización de Italia*, 2005, p. 265): "El Tribunal de Cuentas, enjuicia la responsabilidad de todos los administradores, dependientes públicos y sujetos que estén ligados con la Administración Pública ya sea en una relación de empleo o de otro tipo. Son enjuiciados, no únicamente, los empleados públicos sino también los titulares de ciertos cargos electivos (incluyendo a los ministros) o los de carácter honorario, es decir, funcionarios públicos que desarrollan funciones públicas sin legitimación electoral".

Segundo D'Antino,[1332] os servidores públicos no exercício de suas funções podem incorrer em responsabilidade civil (se causarem dano a terceiros ou à própria administração), penal, administrativo-contábil (se causarem dano ao erário), disciplinar e gerencial (em que incorrem apenas os dirigentes, quando não alcançam os resultados definidos ou agem em desacordo com diretrizes estabelecidos pela direção política).

No âmbito da responsabilidade administrativa, só se é responsável por atos ou omissões cometidas com dolo ou culpa grave,[1333] sendo insindicável o mérito das escolhas discricionárias.

6.1.4.1 Culpa grave e mitigação do ressarcimento

Por culpa grave entende-se a falta de observância da diligência mínima requerida pela natureza das funções exercidas que, segundo o senso comum, teria ou deveria ter a generalidade das pessoas que exercessem as mesmas funções.

1332 D'Antino (*Corte dei Conti: l'attività di controlo e la giurisdizione di responsabilitá*, p. 1256-1262): "Il pubblico dipendente nell'esercizio delle proprie funzioni, può astrattamente incorrere in cinque fondamentali responsabilità: a) quella civile (se arreca danni a terzi, anche estranei all'amministrazione, o alla stessa amministrazione); b) penale (se pone in essere comportamenti qualificati dalla legge come reato); c) amministrativo-contabile (se arreca un danno erariale all'amministrazione di appartenenza o ad altra amministrazione); d) disciplinare (se viola obblighi previsti dalla contrattazione collettiva, dalla legge o dal codice di comportamento); e) dirigenziale per il solo personale dirigenziale che non raggiunga i risultati posti dal vertice politico o si discosti dalle direttive dell'organo politico. [...] 3.6. I principali problemi della giurisdizione contabile [...] b) Errore professionale scusabile. Secondo un consolidato indirizzo della Corte dei conti, costituiscono esimenti l'errore professionale scusabile e la non imputabilità di danni conseguenti a carenze organizzative delle strutture pubbliche. Oggi, per effetto della vigente normativa, è onere del Pubblico Ministero acquisire i maggiori elementi probatori che consentano la migliore valutazione dei comportamenti tenuti dagli agenti pubblici nella determinazione di danni. Non è quindi più sufficiente per il P.M. addebitare responsabilità sulla base dell'inosservanza di leggi, regolamenti o regole di comportamenti materiali, ma è necessaria una più penetrante analisi dei comportamenti amministrativi e suffragare con chiari e specifici elementi la presunta grave trasgressione ai pubblici doveri. [...] c) Responsabilità solidale. Normalmente i danni all'erario non sono il risultato dell'azione od omissione di un solo organo o ufficio, ma coinvolgono più uffici dello stesso ente o di più enti pubblici. Il legislatore ha stabilito che la responsabilità degli amministratori e dipendenti pubblici è solidale solo quando il danno sia stato determinato dal concorso di più azioni dolose o nel caso di illecito arricchimento di coautori del danno. In passato la giurisprudenza aveva seguito in prevalenza l'indirizzo di richiedere una colpevollezza qualificata nel comportamento amministrativo, in quanto riconducibile ad attività aventi connotati di professionalità, e sulle quali incidono situazioni di rischio spesso non ben note all'atto in cui si fanno le scelte, ovvero ad attività disciplinate da una legislazione né chiara e neppure di agevole interpretazione".

1333 Sobre a caracterização e avaliação da culpa grave, ver D'Antino (*Corte dei Conti: l'attività di controlo e la giurisdizione di responsabilitá*, p. 1256): "[...] Secondo il primo comma dell'art. 1 della legge n. 20/1994, come novellato dall'art. 3 della legge n. 639/1996, si è responsabili solo per fatti od omissioni compiuti con dolo o colpa grave, ma sono insindacabili nel merito le scelte discrezionali. Se il disposto normativo ha il pregio della chiarezza, va detto che esso è il punto di arrivo di un'ampia polemica tra coloro che, in nome della difesa degli interessi dell'erario, invocavano la censurabilità per ogni tipo di atto delle varie amministrazio ni e coloro che volevano limitare la responsabilità per attività discrezionale alle sole ipotesi di dolo. La colpa grave deve intendersi come la mancata osservanza di quel minimo di diligenza richiesta dalla natura delle mansioni esercitate cui, secondo la comune accezione, si attiene o dovrebbe attenersi la generalità dei soggetti che svolgono le medesime funzioni (C.d.c., Sez. III, 23.7.1996, n. 320/A e 321/A). La Corte ha precisato che «nel sindacare le scelte discrezionali della pubblica amministrazione, la valutazione del giudice contabile va svolta in limiti ben circoscritti, dovendo essere compiuta con giudizio ex ante e con il parametro della irragionevolezza, dal momento che solo in presenza di una palese irragionevolezza il comportamento psicologico dell'amministratore decidente può configurarsi come colposo. Pertanto – ha proseguito la Corte – in ipotesi di discrezionalità piena e non tecnica, il giudizio del giudice deve limitarsi a una valutazione sulla razionalità e congruità dei comportamenti, che va effettuata in relazione al momento in cui concretamente gli amministratori hanno operato e alla esigenza concreta da perseguire». [...] È stato comunque ritenuto che la c.d. discrezionalità tecnica attiene non al merito del provvedimento amministrativo, ma a stime e valutazioni su materie caratterizzate da regole e prescrizioni tecnico-scientifiche di carattere obiettivo, il cui sindacato deve quindi ritenersi non solo consentito ma doveroso per il giudice contabile (C.d.c., Sez. I centrale, 20.9.2004, n. 333/A)".

A apuração dessa responsabilidade pode resultar em decisão da Corte por condenar o responsável a ressarcir o dano causado, considerando um conjunto de elementos: o dano efetivamente causado, a capacidade econômica do agente, seu comportamento e o nível de responsabilidade.

6.1.4.2 Função da responsabilidade administrativa e seu desenvolvimento paulatino e assistemático

A responsabilidade administrativa no ordenamento jurídico italiano coloca-se ao lado da responsabilidade penal e da responsabilidade civil ("preordenada à tutela de terceiros lesados").

A função dessa forma de responsabilidade[1334] é a de "prevenir os comportamentos ilícitos (dada a ameaça de sanção) e reprimi-los quando ocorrerem, segundo o procedimento específico do juízo de responsabilidade administrativa, condenando o responsável a ressarcir pessoalmente o dano causado".

A responsabilidade administrativa é uma responsabilidade ressarcitória. Não envolve apenação com multas por infrações normativas.

Sciascia[1335] explica que essa forma de responsabilização não tem origem em uma "visão orgânica de um legislador sagaz", mas, ao contrário, evoluiu, com contradições, a partir da responsabilidade contábil, com nomes variados.

[1334] Estão sujeitos a essa forma de responsabilização todos aqueles vinculados à Administração por relação de emprego ou de função, bem como os titulares de cargos eletivos ou honorários e, eventualmente, pessoas jurídicas e "funcionários de fato". Não estão sujeitos à jurisdição da Corte dei Conti os administradores de "entes públicos e econômicos" por fatos inerentes à atividade de gestão e particulares alheios à Administração Pública, conforme decisões da Corte Suprema de Cassação. *Vide* Itália. Corte dei Conti (*La Corte dei Conti. La storia, l'organizzazione e le funzioni*, p. 36): "[...] Una giurisdizione estesa a tutti i soggetti inseriti nella pubblica amministrazione... La Corte dei conti giudica sulla responsabilità di tutti gli amministratori, dipendenti pubblici e soggetti che siano legati alla p.a. da un rapporto d'impiego o di ufficio. Non solo quindi gli impiegati pubblici, ma anche i titolari di incarichi elettivi (per esempio: Ministri) o onorari, e i c.d. funzionari di fatto, cioè quelli che svolgono funzioni pubbliche senza legittimazione. La giurisprudenza della Corte dei conti, confortata dalla Corte di cassazione, ha ritenuto sottoposti alla propria giurisdizione anche soggetti estranei alla p.a., ma inseriti in modo stabile nel proprio apparato organizzativo. Anche le persone giuridiche possono essere sottoposte alla giurisdizione contabile. Sono anche venuti meno, ad opera della Corte suprema di cassazione, alcuni limiti, come quelli che escludevano la giurisdizione della Corte dei conti in materia di responsabilità degli amministratori di enti pubblici e economici per fatti inerenti ad attività di gestione, e quelli che precludevano alla Corte dei conti di perseguire privati (estranei alla p.a.)".

[1335] Sciascia (*La Corte dei Conti/Organizzazione, funzione e procedimenti*, 2020, p. 174-177): "[...] La responsabilità *de qua* ha la sua base nella responsabilità contabile in senso stretto, che era conosciuta sin dall'origine (considerando il Ducato di Savoia e quindi il Regno di Sardegna gli antecedenti del Stato italiano) dalla giurisdizione contabile attraverso quella che era la sua più rilevante competenza, ossia il giudizio di conto. Questo schema rimane pressocché invariato con l'istituzione della Corte dei conti del Regno d'Italia prevista dalla legge 14 agosto 1862 n. 800. [...] Al fianco della responsabilità specifica del contabile si evidenziano lentamente altre forme di responsabilità ed in particolare quella denominata amministrativa, oltre a quella formale relativa agli enti locali (solo di recente cancellata dall'ordi-namento), cui sono assoggettati i c.d. ordinatori delle spese, ossia amministratori e funzionari, per danni provocati all'ente di appartenenza in violazione dei propri doveri d'ufficio. [...] Tipologia della responsabilità risarcitoria nel campo contabile – Le responsabilità gestorie a carattere risarcitorio conosciute dalla Corte dei conti sono ormai solo due, ossia quella amministrativa e quella contabile in senso stretto, a fianco delle quali si pongono responsabilità sanzionatorie di carattere personale (art. 8 co. 4-bis D.Lgs. 15 settembre 1997 n. 342) o patrimoniale (art. 30 co. 15º L. 27 dicembre 2002 n. 89 o citato comma 593 .fin. 2007) poste dalla recente legislazione e che saranno trattate nelle sedi proprie. La prima appare una comune responsabilità per danno – pur dotata di peculiarità dovute alla sua natura pubblicistica – conseguente alla commissione di un fatto illecito, doloso o gravemente colposo, da parte di un soggetto legato all'amministrazione pubblica da un rapporto di servizio di diritto o di fatto. La seconda ha caratteristiche più specifiche, essendo collegata al rapporto gestorio, che si instaura, in via di diritto o di fatto, tra un soggetto (agente conta-bile) materialmente detentore di

Portanto, ao lado da responsabilidade contábil, originária, lentamente se desenvolveram outras formas de responsabilidade, entre elas a administrativa, a que estão sujeitos os chamados "ordenadores de despesa", ou seja, "administradores e funcionários, pelos danos provocados ao ente a que pertencem por violação dos seus deveres de ofício".

Os processos de responsabilidade administrativa (apuração de dano ao erário) surgem, originalmente, como espécie de *processos incidentais* nos processos de contas judiciais, até se tornar uma responsabilidade autônoma, ressarcitória.

Entre outras possibilidades, a principal forma de responsabilidade administrativa aparece como uma responsabilidade por danos "resultantes da prática de um fato ilícito, doloso ou gravemente culposo, por um sujeito ligado à Administração Pública por uma relação de serviço de direito ou de fato".

A responsabilidade administrativa alcança um universo mais amplo de pessoas do que a responsabilidade contábil, à qual estão sujeitos apenas os que sejam qualificados como agentes contábeis.

Sciascia diz não ser possível chegar-se a uma definição dos sujeitos à responsabilidade administrativa apenas por aproximação: "podem ser incluídos aqueles que estão ligados com a organização pública por uma relação de serviço ou de ofício, desempenhando por razões de direito ou de fato, atribuições institucionais ou simples tarefas atribuídas por lei a uma unidade da estrutura pública". Não importa o tipo de sujeito (pessoas física ou jurídica) nem sua "natureza pública ou privada".

Como sujeitos potencialmente prejudicados, estão incluídos, segundo Sciascia, "qualquer outra articulação da complexa estrutura pública, ainda que estranha à noção tradicional de Administração Pública".

A responsabilidade administrativa é um tema complexo na Itália e, portanto, foge ao escopo desta tese ampliar o estudo a respeito.

6.1.5 Uma breve aproximação de semelhanças e dessemelhanças com o caso brasileiro

Podemos já aqui, neste capítulo, registrar a semelhança dessa responsabilidade com as responsabilidades apuradas em tomada de contas especial no Brasil.

---

valori dell'amministrazione e l'ente stesso; essa trova il suo presupposto nell'impossibilità da parte del primo di giustificare la mancata corrispondenza dei valori all'inizio ed alla fine della gestione o durante il suo svolgimento. [...] 1.3. I soggetti della responsabilità risarcitoria – Soggetti passivi della responsabilità strettamente contabile possono essere solo gli agenti contabili. Invece per la responsabilità amministrativa l'ambito dei potenziali soggetti passivi è senz'altro più vasto ed articolato, talché risulta complesso giungere ad una definizione onnicomprensiva, se non per approssimazione; in tal modo possono ricomprendersi coloro che sono legati con la struttura pubblica da un rapporto di servizio o d'ufficio, esercitando, in via di diritto o anche di fatto, attribuzioni istituzionali o semplici compiti rimessi dalla legge ad un'articolazione della complessa struttura pubblicaso. Non ha rilievo la loro struttura semplice (persone fisiche o associazioni anche non ri-conosciute, comitati, società personali, ecc.) o complessa (persone giuridiche private o pubbliche, società di capitali, cooperative, ecc.) ovvero la loro natura pubblica o privata. Soggetti potenzialmente danneggiati sono invece le amministrazioni stata-li, anche ad ordinamento autonomo, gli enti pubblici autarchici ed economici, le società a partecipazione pubblica totalitaria in house, ogni altra articolazione della complessa struttura pubblica, ancorché estranea alla nozione tradizionale di pubblica amministrazione".

6.1.5.1 Responsabilidade administrativa e tomada de contas especial: processos assemelhados, mas não existe a ideia de "juízo de contas" na Itália

De certo modo, tal como a responsabilidade administrativa desdobra-se da responsabilidade contábil, veremos, no próximo capítulo, que a responsabilidade por dano ao erário, apurada nos processos de prestação de contas anuais, passa a ser apurada de forma autônoma, também, em processo distinto do de contas anuais de administradores e demais responsáveis por recursos públicos, denominado de tomada de contas especial.

Um tipo de responsabilidade relacionada, nos termos da Constituição, "ao julgamento das contas daqueles que derem *causa* a extravio, perda ou qualquer outra irregularidade de que resulte prejuízo ao erário", de difícil definição do universo de agentes, públicos e privados, a ela sujeitos, tal como Sciascia apontou ser o caso da responsabilidade administrativa italiana.

Mas, diferentemente do caso brasileiro, na Itália a Corte dei Conti, ao proceder ao julgamento da responsabilidade administrativa, não é instada a dizer que "têm contas irregulares" aqueles que condena a ressarcir o erário.

6.1.5.2 O Ministério Público de Contas como titular da ação de responsabilidade administrativa: modelo inexistente no Brasil

A iniciativa de dar início a um processo de responsabilidade administrativa é da competência exclusiva do Ministério Público de Contas (*Pubblico Ministerio Contabile*), uma vez que, sendo a Corte dei Conti e as Cortes Regionais órgãos judiciais, não podem seus magistrados proceder de ofício.

Staderini[1336] explica a respeito desse princípio processual, inexistente no controle externo brasileiro, que no ordenamento jurídico italiano, ao lado da responsabilidade penal, "que castiga pelas condutas mais graves", e da responsabilidade civil (obrigação de ressarcimento do dano), estabelecida para a proteção de terceiros prejudicados (proteger terceiros), a "lei previu um forma particular de responsabilidade para enfrentar as condutas ilícitas que gerem dano à Administração Pública", "atribuindo a ação a um órgão terceiro e neutro (o Ministério Público Contábil)".

A administração lesada também não pode dar início ao processo, muito embora deva comunicar todos os fatos ilícitos e danosos ao Ministério Público, que decidirá se estão presentes os pressupostos para instauração de uma ação de responsabilidade.

A atribuição dessa exclusividade de promover a responsabilização administrativa ao Ministério Público, de "atribuir o poder de agir em juízo a um órgão neutro e

[1336] Staderini (*El modelo de fiscalización de Italia*, 2005, p. 271): "Para entender la naturaleza y la función de la responsabilidad administrativa, es importante considerar en toda su complejidad, el sistema de las responsabilidades de los funcionarios y empleados públicos dentro del orden legal italiano. Al lado de la responsabilidad penal, que castiga las conductas más graves, y la responsabilidad civil (obligación de resarcimiento del daño), establecida para proteger a los terceros dañados, la ley ha previsto una forma particular de responsabilidad para enfrentar las conductas ilícitas que generen daño a la Administración Pública, *atribuyendo la acción a un* órgano *tercero y neutral (el Ministerio Público Contable)*" (Grifos nossos).

independente, externo à administração, é preordenada a garantir o respeito ao princípio da imparcialidade e ao próprio princípio do bom andamento da administração".[1337]

A competência do Ministério Público de Contas é exercida pelo procurador regional, perante a seção jurisdicional regional,[1338] e, em grau de recurso, pelo procurador geral, perante a Corte dei Conti.[1339]

6.2 A Cour des Comptes da França[1340]

A Corte de Contas da França foi criada em 1807, no governo de Napoleão Bonaparte, após a extinção das câmaras de contas existentes no Antigo Regime,[1341] "para que, por meio de uma vigilância ativa, a infidelidade fosse reprimida e a legalidade do emprego dos fundos públicos, garantida".[1342]

A Cour des Comptes teria jurisdição em todo o país e desempenharia duas funções: julgar as contas dos *comptables publics*,[1343] [1344] e controlar a gestão dos ministros e dos demais ordenadores de despesa.

1337 Itália. Corte dei Conti (*La Corte dei Conti. La storia, l'organizzazione e le funzioni*, p. 38): "[...] L'attribuzione del potere di agire in giudizio a un organo neutrale e indipendente, estraneo all'amministrazione, è preordinata a garantire il rispetto del principio di imparzialità e lo stesso principio del buon andamento. [...]".

1338 Em 1994, a atividade jurisdicional foi descentralizada. Foram criadas seções na capital de cada região. *Vide* Itália. Corte dei Conti (*La Corte dei Conti. La storia, l'organizzazione e le funzioni*, p. 38): "[...] organizzazione della giurisdizione Il decentramento della giurisdizione realizzato nel 1994 ha consentito di istituire sezioni e procure regionali in ogni capoluogo di regione. L'assetto organizzativo della giurisdizione è il seguente: ventuno sezioni giurisdizionali regionali competenti in primo grado, una sezione giurisdizionale d'appello in Sicilia, tre sezioni giurisdizionali d'appello con sede in Roma. L'organo di vertice è rappresentato dalle Sezioni riunite in sede giurisdizionale, con sede in Roma, competenti a decidere sulle questioni di massima e sui conflitti di competenza".

1339 Itália. Corte dei Conti (*La Corte dei Conti. La storia, l'organizzazione e le funzioni*, p. 38): "[...] esercitata da un organo imparziale, il P.M. contabile a tutela di interessi generali L'azione viene esercitata dal pubblico ministero contabile e, cioè, dal Procuratore Regionale competente presso le Sezioni giurisdizionali regionali della Corte dei conti e in grado d'appello dal Procuratore Generale rappresentante il P.M. innanzi alle Sezioni d'appello della Corte dei conti. Il P.M. è l'unico soggetto che può attivare l'azione di responsabilità non potendo il giudice procedere d'ufficio, in assenza di domanda di parte. Se, quindi, il P.M. contabile ritiene che non vi siano i presupposti per l'esercizio dell'azione di responsabilità, il processo non avrà inizio. L'attribuzione del potere di agire in giudizio a un organo neutrale e indipendente, estraneo all'amministrazione, è preordinata a garantire il rispetto del principio di imparzialità e lo stesso principio del buon andamento".

1340 Também referenciada nesta seção como *Cour des comptes*, Corte, EFS francesa.

1341 França. Cour des comptes (*Accueil. Cour des Comptes. Histoire et patrimoine. Le plus ancien des "Grands corps" de l'État*, [s.d.]): "La Cour des comptes a été créée par une loi du 16 septembre 1807. Napoléon Ier voulait en l'instituant poursuivre l'assainissement financier du pays. S'inspirant des chambres des comptes de l'Ancien Régime supprimées par la Révolution après parfois cinq cents ans d'existence, l'Empereur fonda une juridiction unique pour l'ensemble du territoire. La Cour reçut deux missions: juger les comptes des comptables publics, ceux de l'État comme ceux des collectivités territoriales (sauf les petites); contrôler la gestion des ministres et des autres ordonnateurs, avec le devoir de dénoncer les abus et malversations qu'elle relevait lors de ses contrôles, mais à l'Empereur seulement. D'emblée, la Cour remplit ainsi une fonction juridictionnelle (elle rend des arrêts) et une fonction qui n'a pas ce caractère (elle adresse des observations)".

1342 Damarey (*Droit public financier. Finances publiques, droit budgétaire, compatilité publique et contentieux financier*, 2021, p. 368): "Créée en 1807 par Napoléon Bonaparte, la Cour des comptes répondait au souhait émis 'que, par une surveillance active, l'infidélité soit réprimée et l'emploi légal des fonds publics garanti'. Installée depuis 1812 dans le Palais Cambon, spécialement construit pour elle, la Cour des comptes se compose d'un premier président (P. Moscovici depuis 2020), des présidents de chambre, de conseillers – maîtres, de conseillers référendaires et d'auditeurs".

1343 A tradução de *comptables publics* para contadores públicos, tal como a tradução de *agenti contabile* para agente contábil no caso da Corte dei Conti, não fornece a noção correta da qualificação desses agentes, que não corresponde à noção de profissional contabilista ocupante do cargo de contador na Administração Pública brasileira.

1344 França. Cour des comptes (*Glossaire*, [s.d.]): "Um *comptable public* é 'um funcionário ou agente habilitado a título principal para manusear fundos públicos ou fundos privados regulamentados', segundo o glossário da Cour de

6.2.1 A posição constitucional da Cour des Comptes e suas missões

A Cour des Comptes está situada no Capítulo V – Das relações entre o Parlamento e o Governo, no art. 47-2, da Constituição francesa:

> O Tribunal de Contas auxilia o Parlamento[1345] no controle da ação do Governo. Auxilia o Parlamento e o Governo no controle da execução das leis de finanças e da aplicação das leis de financiamento da previdência social, bem como na avaliação das políticas públicas.[1346] Pelos seus relatórios públicos, contribui para a informação dos cidadãos. As contas das administrações públicas são regulares e autênticas. Fornecem uma imagem fiel do resultado da sua gestão, seu patrimônio e sua situação financeira.[1347]

A Constituição garante, conforme o Conselho Constitucional, a independência da Corte tanto em relação ao Poder Legislativo quanto ao Poder Executivo:[1348]

> Essas jurisdições financeiras são claramente identificadas como juízes administrativos especializados, cuja independência deve ser garantida. Foi o que definiu o Conselho Constitucional a respeito da Corte de Contas, indicando que ela constituía uma jurisdição

---

Contas". Na versão do glossário em inglês, *compable public* é traduzido como *public accounting officer.*

1345 França. Conseil Constitutionnel (*A Constituição francesa em Português*, [s.d.]).

1346 França. *Loi organique no 2001-692 du 1 août 2001 relative aux lois de finances*. Ver art. 58 da *Loi organique no 2001-692 du 1 août 2001 relative aux lois de finances* (LOLF): "*La mission d'assistance du Parlement* confiée à la Cour des comptes par le premier alinéa de l'article 47-2 de la Constitution comporte notamment: 1º L'obligation de répondre aux demandes d'assistance formulées par le président et le rapporteur général de la commission chargée des finances de chaque assemblée dans le cadre des missions de contrôle et d'évaluation prévues à l'article 57; 2º La réalisation de toute enquête demandée par les commissions de l'Assemblée nationale et du Sénat chargées des finances sur la gestion des services ou organismes qu'elle contrôle. Les conclusions de ces enquêtes sont obligatoirement communiquées dans un délai de huit mois après la formulation de la demande à la commission dont elle émane, qui statue sur leur publication; 3º Le dépôt, avant la fin du mois de juin, d'un rapport relatif à la situation et aux perspectives des finances publiques; 4º Le dépôt d'un rapport conjoint au dépôt du projet de loi relative aux résultats de la gestion et portant approbation des comptes de l'année, relatif aux résultats de l'exécution de l'exercice antérieur et aux comptes associés, qui, en particulier, analyse par mission et par programme l'exécution des crédits; 5º La certification de la régularité, de la sincérité et de la fidélité des comptes de l'Etat au regard des règles mentionnées à l'article 30. Cette certification est annexée au projet de loi relative aux résultats de la gestion et portant approbation des comptes de l'année et accompagnée du compte rendu des vérifications opérées; 6º Le dépôt d'un rapport conjoint au dépôt de tout projet de loi de finances sur les mouvements de crédits opérés par voie administrative dont la ratification est demandée dans ledit projet de loi de finances. Les rapports visés aux 3º, 4º et 6º sont, le cas échéant, accompagnés des réponses des ministres concernés. Le rapport annuel de la Cour des comptes peut faire l'objet d'un débat à l'Assemblée nationale et au Sénat".

1347 Sobre a relação histórica da Cour des Comptes com o Parlamento, o Governo e os cidadãos, *vide* Damarey (*Droit public financier. Finances publiques, droit budgétaire, compatilité publique et contentieux financier*, 2021, p. 892): "La Cour des comptes a été créée avec la loi du 16 sept. 1807. Lorsque Napoléon Bonaparte décide de sa création, elle est alors conçue comme étant 'avant tout au service de l'Empereur et ne saurait gêner son administration' ('La Cour des comptes', in Histoire de l'administration française, éd. CNRS, 1984, p. 351). C'est ensuite à compter de 1832 que la Cour des comptes s'adresse s'adresse aux parlementaires et à travers eux, aux citoyens. Comme l'a souligné le Premier président Séguin: 'La Cour n'a de sens que si elle est utile à l'État et à la Nation', cette utilité devant se formaliser à l'égard du Gouvernement, du Parlement et du citoyen (P. Séguin, 'Discours prononcé lors de l'audience solennelle de rentrée du 22 janvier 2007', in Philippe Séguin à la Cour des comptes, La documentation française, 2012, p. 223)".

1348 Damarey (*Droit public financier. Finances publiques, droit budgétaire, compatilité publique et contentieux financier*, 2021, p. 891): "Ces juridictions financières sont clairement identifiées comme des juges administratifs spécialisés dont l'indépendance doit être garantie. C'est ce qu'a précisé le Conseil constitutionnel à propos de la Cour des comptes indiquant qu'elle constituait une juridiction administrative dont la Constitution garantie l'indépendance par rapport au pouvoir législatif et au pouvoir exécutif (Cons. const. 25 juill. 2001, Loi organique relative aux lois de finances, no 2001448 DC)".

administrativa à qual a Constituição garantia independência em relação ao poder legislativo e ao poder executivo.

6.2.1.1 As quatro missões: julgar, controlar, certificar e avaliar

Segundo a Cour des Comptes, sua missão principal é "assegurar o bom emprego do dinheiro público e informar o cidadão", sendo uma instituição independente e equidistante do Parlamento e do Governo, auxiliando ambos[1349] no exercício de quatro "missões":[1350] julgar,[1351] controlar,[1352] certificar[1353] e avaliar.[1354]

Ao longo do tempo, as competências da EFS francesa foram ampliadas. Já em 1822,[1355] atribuiu-se a ela uma incipiente espécie de certificação de contas do Estado,

---

1349 França. Cour des Comptes (*Cour des comptes. Nous decouvrir. Rôle et activités*, [s.d.]): "La Cour des comptes a pour mission principale de s'assurer du bon emploi de l'argent public et d'en informer les citoyens. Juridiction indépendante, elle se situe à équidistance du Parlement et du Gouvernement, qu'elle assiste l'un et l'autre, conformément à l'article 47-2 de la Constitution".

1350 Os termos *missões*, *funções*, *competências*, *atividades* e *atribuições* são utilizados como sinônimos neste capítulo.

1351 França. Cour des Comptes (*Cour des comptes. Nous decouvrir. Rôle et activités*, [s.d.]): "Juger – Au 1er janvier 2023, en application de l'ordonnance nº 2022-408 du 23 mars 2022 et du décret nº 2022-1605 du 22 décembre 2022, une réforme a instauré un régime unifié de responsabilité financière des gestionnaires publics. Les gestionnaires publics sont désormais soumis à un régime de responsabilité unique et ils sont justiciables devant une seule et même chambre, la chambre du contentieux de la Cour des comptes, afin d'instruire et juger les affaires. Cette chambre est composée à parité de magistrats de la Cour et des chambres régionales et territoriales des comptes. En amont du contentieux, le contrôle de régularité est renforcé dans les chambres pour identifier les faits susceptibles de faire l'objet d'un déféré. Une Cour d'appel financière est instituée, présidée par le Premier président de la Cour des comptes et composée de membres de la Cour et du Conseil d'État, ainsi que de personnalités qualifiées Dernier niveau de juridiction, les pourvois en cassation se font devant le Conseil d' État. Ne seront plus sanctionnées par des amendes que les fautes graves, notamment celles ayant causé préjudice financier. Les erreurs purement formelles, sans conséquences, ne feront plus l'objet de poursuites par les juridictions financières".

1352 França. Cour des Comptes (*Cour des comptes. Nous decouvrir. Rôle et activités* [s.d.]): "*Contrôler* – En pratique, partout où de l'argent public est engagé, la Cour veille à la régularité, à l'efficience et à l'efficacité de la gestion. Pour ce faire elle contrôle l'État et ses opérateurs, les organismes de sécurité sociale, les entreprises publiques, les organismes bénéficiant de dons ainsi que les établissements et services médico-sociaux (ESMS) et les cliniques privées. Ses observations sont communiquées aux institutions et organismes contrôlés, ainsi qu'à leurs autorités de tutelle".

1353 França. Cour des Comptes (*Cour des comptes. Nous decouvrir. Rôle et activités* [s.d.]): "Certifier – Chaque année, la Cour certifie les comptes de l'État et du régime général de la sécurité sociale. Cette mission, confiée par la loi organique relative aux lois de finances de 2001 et par celle relative aux lois de financement de la sécurité sociale de 2005, garantit aux citoyens une information financière et comptable plus claire, lisible, et une image plus fidèle de la réalité financière de l'État et de la sécurité sociale. Conformément à la convention signée le 23 juillet 2013 par le Premier président, le Président du Sénat et le Président de l'Assemblée nationale la Cour certifie chaque année les comptes des deux assemblées. Cette mission, qui vise à apprécier la conformité des états financiers au référentiel comptable de chaque assemblée, ne porte pas sur la gestion des moyens, matériels et humains, mobilisés pour assurer leur fonctionnement. En outre, conformément à l'article 110 de la loi portant sur la Nouvelle organisation territoriale de la République (NOTRe) la Cour des comptes conduit, en liaison avec les chambres régionales des comptes, une expérimentation de dispositifs destinés à assurer la régularité, la sincérité et la fidélité des comptes des collectivités territoriales et de leurs groupements. Cette expérimentation doit permettre d'établir les conditions préalables et nécessaires à la certification des comptes du secteur public local, qu'il s'agisse de la nature des états financiers, des normes comptables applicables, du déploiement du contrôle interne comptable et financier ou encore des systèmes d'information utilisés".

1354 França. Cour des Comptes (*Cour des comptes. Nous decouvrir. Rôle et activités* [s.d.]: "Évaluer – La Cour assiste le Parlement et le Gouvernement dans l'évaluation des politiques publiques. Elle cherche à vérifier si les résultats d'une politique publique sont à la hauteur des objectifs fixés, et si les moyens budgétaires sont utilisés de manière efficace et efficiente. Le rôle de la Cour n'est pas de commenter les choix faits mais d'évaluer les conséquences et de formuler des recommandations pour atteindre les objectifs votés par le Parlement. Les pouvoirs publics peuvent ainsi fonder leurs décisions sur des analyses objectives. Exemples d'évaluation: le soutien à l'agriculture biologique, le revenu de solidarité active (RSA), etc".

1355 França. Cour des Comptes (*Accueil. Cour des comptes. Histoire et patrimoine. Le plus ancien des "Grands corps" de l'État*, [s.d.]): "[...] Avec la loi organique sur les lois de finances (LOLF) de 2001 puis la loi organique sur les

renovada nos anos 2000 como um processo de auditoria externa, correspondendo a uma das competências atuais mais relevantes de todas as EFS, inclusive do Tribunal de Contas no Brasil.

Modernamente, a Cour des Comptes desempenha as quatro "missões" já mencionadas, que se complementam: as duas funções históricas, julgamento das contas[1356] dos contadores públicos (*comptables publics* ou *public accounting officers*) e o controle da gestão, às quais se somaram a avaliação de políticas públicas e a certificação de contas.

Essas missões são vistas por Didier Migaud, ex-presidente da Corte, como as funções de controle externo atribuídas à generalidade das entidades fiscalizadoras superiores: controle jurisdicional,[1357] controle da gestão, certificação de contas e avaliação.[1358]

Desempenhando essas funções, as EFS buscam atender às

> expectativas das sociedades num mundo globalizado: garantir uma utilização regular dos recursos públicos, prevenir ocorrência de fraudes e irregularidades, aportar aos cidadãos informações objetivas e completas sobre as finanças públicas e os resultados da ação governamental e contribuir para tornar efetiva a responsabilidade [*accountability*] dos gestores públicos. (Tradução nossa)[1359]

A jurisdição financeira é uma jurisdição administrativa especializada, distinta da jurisdição administrativa comum e competente para decidir sobre a responsabilidade financeira de administradores e funcionários públicos.

---

lois de financement de la Sécurité sociale (LOLFSS) de 2005, la Cour se voit chargée d'une tâche complètement renouvelée par rapport à ce qui avait été conçu en 1822: la certification annuelle des comptes de l'Etat ainsi que de ceux de la Sécurité sociale. Le corollaire de cette nouvelle mission est que la Cour prend son autonomie financière et cesse d'être gérée par le ministère des Finances comme elle l'avait toujours été. La Cour des comptes remplit aujourd'hui quatre missions complémentaires, le jugement des comptes des comptables publics et le contrôle de la gestion, tâches historiques auxquelles s'ajoutent deux tâches plus récentes, la participation à l'évaluation des politiques publiques et la certification des comptes [...]".

1356 Segundo o glossário da Cour des Comptes, o julgamento das contas corresponde a um conjunto de atividades mediante as quais a Corte, em acórdão, e as CRTC, em sentenças, decidem sobre a responsabilidade dos contadores públicos: "Jugement des comptes: Pan de l'activité des juridictions financières statuant sur la responsabilité des comptables.Au terme de cette procédure sont rendus des arrêts (pour la Cour) et des jugements (pour les CRTC)" (França. Cour des comptes. *Accueil. Glossaire*, [s.d.]).

1357 Para a Corte, muito embora o julgamento de contas não seja mais o cerne da jurisdição financeira, continua a ser uma função essencial para assegurar o controle da boa aplicação dos recursos públicos: "Quoiqu'elle soit moins connue que le contrôle de la gestion et qu'elle ne constitue plus le cœur de l'activité des juridictions financières, la mission de jugement des comptes demeure essentielle pour assurer le contrôle du bon emploi des fonds publics. [...] La baisse de l'activité contentieuse de la Cour des comptes observée depuis plusieurs années résulte de différentes évolutions: montée en puissance d'autres missions (demandes du Parlement, certification des comptes publics), mise en place d'une programmation plus sélective, qui permet, à partir d'une analyse des risques, de se concentrer sur les enjeux les plus significatifs. [...]" (França. Cour des comptes. *Rapport public annuel 2015-février 2015. Tome II: Le jugement des comptes publics*, p. 25; 30-31).

1358 Lamarque (*Contrôle el et* évaluation *de la gestion publique*, 2016, p. 6): "Le lecteur pourra ainsi, au fil des pages, se familiariser avec les missions de contrôle externe réalisées par les institutions supérieures de contrôle – contrôle juridictionnel, contrôle de la gestion, certification des comptes, évaluation –, mais aussi avec le contrôle interne exercé au sein des administrations elles-mêmes".

1359 Lamarque (*Contrôle el et* évaluation *de la gestion publique: Enjeux contemprais n et coparaisons internacionales*, 2016, p. 7): "Le contrôle est à la mode. On attend de lui qu'il apporte la réponse à une série d'interrogations et d'attentes nées de la complexité croissante des sociétés dans un monde globalisé: garantir une utilisation régulière des deniers publics, prévenir les irrégularités et la fraude, apporter aux citoyens une information objective et complète sur les finances publiques et les résultats de l'action publique, contribuer à rendre effective la responsabilité des gestionnaires publics".

6.2.2 Aspectos centrais da competência jurisdicional da Cour des Comptes

6.2.2.1 Ordenadores, contadores públicos e o princípio da separação *ordonnateurs/comptables publics*

Na França, a gestão pública é baseada no princípio da separação entre os *ordonnateurs* (ordenadores)[1360] e *comptables publics* (contadores públicos). Um modelo de controle que visa à regularidade e à qualidade da gestão dos recursos públicos,[1361] no qual "o funcionário público que ordena uma despesa ou o recebimento de uma receita [*ordonnateur*] não é o mesmo que maneja os fundos [*comptable*]".[1362]

Em sua origem, a competência jurisdicional da Cour des Comptes era caracterizada pelo julgamento das contas dos *comptables publics* (contadores públicos),[1363] apenas.

1360 Sobre o conceito de ordenador de despesa, retomemos o Decreto-Lei nº 200/1967: "Art. 80. Os órgãos de contabilidade inscreverão como responsável todo o ordenador da despesa, o qual só poderá ser exonerado de sua responsabilidade após julgadas regulares suas contas pelo Tribunal de Contas. §1º *Ordenador de despesas é toda e qualquer autoridade de cujos atos resultarem emissão de empenho, autorização de pagamento, suprimento ou dispêndio de recursos da União ou pela qual esta responda*. §2º O ordenador de despesa, salvo conivência, não é responsável por prejuízos causados à Fazenda Nacional decorrentes de atos praticados por agente subordinado que exorbitar das ordens recebidas. Art. 81. Todo ordenador de despesa ficará sujeito a tomada de contas realizada pelo órgão de contabilidade e verificada pelo órgão de auditoria interna, antes de ser encaminhada ao Tribunal de Contas (artigo 82). Art. 82. As tomadas de contas serão objeto de pronunciamento expresso do Ministro de Estado, dos dirigentes de órgãos da Presidência da República ou de autoridade a quem estes delegarem competência, antes de seu encaminhamento ao Tribunal de Contas para os fins constitucionais e legais. §1º A tomada de contas dos ordenadores, agentes recebedores, tesoureiros ou pagadores será feita no prazo máximo de 180 (cento e oitenta) dias do encerramento do exercício financeiro pelos órgãos encarregados da contabilidade analítica e, antes de ser submetida a pronunciamento do Ministro de Estado, dos dirigentes de órgãos da Presidência da República ou da autoridade a quem estes delegarem competência, terá sua regularidade certificada pelo órgão de auditoria. §2º Sem prejuízo do encaminhamento ao Tribunal de Contas, a autoridade a que se refere o parágrafo anterior no caso de irregularidade, determinará as providências que, a seu critério, se tornarem indispensáveis para resguardar o interesse público e a probidade na aplicação dos dinheiros públicos, dos quais dará ciência oportunamente ao Tribunal de Contas. §3º Sempre que possível, desde que não retardem nem dificultem as tomadas de contas, estas poderão abranger conjuntamente a dos ordenadores e tesoureiros ou pagadores".

1361 França. Cour des Comptes (*Rapport public annuel 2015-février 2015. Tome II, Le jugement des comptes publics*, p. 26): "La gestion des administrations publiques repose en France sur le principe de séparation des ordonnateurs et des comptables. L'ordonnateur est en général le représentant légal de la collectivité; il est, selon les cas, élu ou nommé: ministre ou préfet pour l'État, maire pour une commune, proviseur pour un lycée, président ou directeur pour un établissement public. Il dispose de pouvoirs en matière administrative et financière comme celui d'engager des dépenses ou d'ordonner le recouvrement de recettes, par exemple en recrutant des agents, en concluant des marchés ou des conventions présentant une incidence financière (subvention, bail, vente, etc.). Il agit, pour les actes les plus importants, avec l'autorisation de l'assemblée délibérante (conseil municipal, conseil d'administration, Parlement pour l'État). L'ordonnateur n'est pas habilité à payer les dépenses ni à encaisser les recettes de l'organisme public. Ces tâches sont confiées à un fonctionnaire, le comptable public, qui doit effectuer à cette occasion des contrôles de régularité de l'opération ordonnancée, en s'assurant notamment de la cohérence des pièces justificatives qui lui sont présentées. Le comptable n'est pas le subordonné de l'ordonnateur. Il s'agit, le plus souvent, d'un fonctionnaire de l'État, nommé par le ministre des finances et qui a suivi une formation en matière juridique, financière, budgétaire et comptable. La séparation des ordonnateurs et des comptables constitue à la fois le gage d'une gestion régulière des deniers publics et une contribution à la qualité de cette gestion".

1362 França. Comptable-etat.fr (*Comptable public em France*, [s.d.]): "En droit des finances publiques en France, un comptable public est un agent public chargé du maniement des deniers publics. Le principe de séparation entre l'ordonnateur et le comptable est un principe fondamental du droit budgétaire et financier public français. L'agent public qui ordonne une dépense – ou la perception d'une recette – n'est pas celui qui manie les fonds. Cette séparation offre une garantie à l'organisme public (État ou collectivité territoriale ou établissement public), qui bénéficie d'une vérification des dépenses avant qu'elles soient réalisées. Elle offre aussi une garantie au contribuable ou à l'usager du service public, qui bénéficie d'une vérification de l'exactitude de la recette à percevoir. Le principal texte de droit instituant la séparation entre ordonnateur et comptable est le règlement général sur la comptabilité publique (RGCP)".

1363 Damarey (*Droit public financier. Finances publiques, droit budgétaire, compatilité publique et contentieux financier*, 2021, p. 892): "La Cour des comptes se caractérise au travers de compétences juridictionnelles et non juridictionnelles. Pour les premières, il lui revient de juger les comptes des comptables publics (Chapitre 1). Au titre des secondes, la Cour des comptes a en charge le contrôle de la gestion, l'assistance au Parlement et au Gouvernement, la certification des comptes publics, l'évaluation l'évaluation des politiques publiques ainsi que le contrôle des

A partir de 2023, após a reforma do regime de responsabilização dos gestores públicos (RRGP), aprovada em 2022,[1364] não é mais caracterizada dessa forma, como veremos.

O contador público é, normalmente, um funcionário do Estado, não subordinado ao ordenador, nomeado pelo ministro das finanças[1365] e com formação abrangente: matérias jurídicas, financeiras, orçamentárias e contábeis.

O ordenador, em geral, é o representante legal do órgão ou entidade da Administração Pública. Cabe a ele "autorizar despesas e ordenar a cobrança de receitas", mas não lhe compete efetuar pagamentos nem receber as receitas.

Essas são atribuições legais do contador público, que verifica a regularidade da operação subjacente à autorização de pagamento (ordenação de despesa) e a consistência dos documentos que suportam a autorização e que lhe são apresentados.

Assim, antes de realizar pagamentos ou recebimentos, o *comptable* certifica-se, conforme foi sendo esclarecido pela jurisprudência das jurisdições financeiras, que a documentação apresentada é suficiente para justificar a despesa autorizada: se está completa e precisa, se é consistente com a categoria de despesa a que se subsome, conforme a legislação pertinente, bem como a coerência com a natureza e finalidade em que os recursos públicos serão despendidos. Esses controles são tradicionalmente denominados de "diligências" (*diligences*), enumeradas no *règlement général sur la comptabilité publique* (RGCP).

Os *comptables* podem, como decidido pelo Conselho de Estado, avaliar os atos administrativos que deram origem à autorização de despesa, conforme a regulamentação em vigor, sem serem, contudo, juízes da legalidade dos atos do ordenador.

Especificamente, o contador público realiza a operação financeira, debita ou credita as contas da entidade pública, faz pagamentos ou recebe valores, em espécie ou de outra natureza, faz todos os lançamentos contábeis e mantém a guarda da documentação contábil e comprobatória das despesas.

Com base em suas diligências (verificações), pode recusar-se a efetuar o pagamento ou a receber a receita. Em certos casos, contudo, o ordenador é autorizado a requerer-lhe a realização do pagamento ou o recebimento, assumindo a responsabilidade.[1366]

Os contadores públicos, ao contrário do que ocorre com a generalidade dos funcionários públicos, respondiam, até a reforma do RRGP, pessoalmente, com seu patrimônio por irregularidades e dano patrimonial ocasionado à administração.[1367]

---

organismes bénéficiant de dons (Chapitre 2, sections successives). Dans l'exercice de ces compétences, la Cour des comptes s'appuie sur les dispositions de l'article 15 de la Déclaration des droits de l'homme et du citoyen aux termes desquelles la société a le droit de demander compte à tout agent public de son administration . Cet article justifie, à lui seul, les compétences de la représentation nationale pour vérifier, au nom des citoyens, la manière de gérer le denier public – et au – delà celles de la Cour des Comptes".

1364 França. *Ordonnance n 22-408 du mars 2022 relative au régime de responsabilité financière des gestionnarires publics. Vide* também França. *Rapport au Président de la République relatif à l'ordonnance no 2022-408 du 23 mars 2022 relative au régime de responsabilité financière des gestionnaires publics.*

1365 Equivalente ao ministro da Fazenda ou da Economia no Brasil.

1366 França. Comptable-etat.fr (*Comptable public em France,* [s.d.]): "Après une décision de l'ordonnateur, le comptable public l'exécute, c'est-à-dire effectue l'opération financière, débite ou crédite les comptes de l'organisme public, encaisse ou décaisse les espèces et les valeurs. Il ne le fait qu'après avoir soumis l'ordre donné par l'ordonnateur à un certain nombre de vérifications, traditionnellement nommées ses diligences, qui sont limitativement énumérées par l'article 19 du RGCP. Si ces vérifications ne le satisfont pas, il refuse d'effectuer la dépense ou la recette décidée par l'ordonnateur. Dans certains cas, l'ordonnateur peut alors lui imposer d'effectuer l'opération, en le réquisitionnant. Mais alors l'ordonnateur endosse la responsabilité de l'opération, à la place du comptable".

1367 São responsáveis por despesas pagas irregularmente, por receitas não arrecadadas, por não exercerem os controles devidos ou por faltas constatadas em seu caixa.

Até 2011, o *comptable* podia ser condenado a pagar ao erário a quantia equivalente à despesa paga irregularmente, mesmo que não se constatasse dano efetivo aos cofres públicos.

A legislação, contudo, previa situações em que as condenações pronunciadas pelas jurisdições financeiras poderiam ser mitigadas por decisão do ministro das finanças (pelos mecanismos denominados *décharge de responsabilité* ou *remise gracieuse*).[1368]

Para assumir a função, o *comptable* prestava alguma forma de garantia (em torno de 150 mil euros), como fiança bancária, ou associava-se a uma instituição que os afiançava, mediante uma contribuição anual (a *Association française de cautionnement mutuel*).[1369]

Os *comptables publics* estavam sujeitos ao procedimento de apresentação e julgamento de contas perante a Cour des Comptes; os *ordonnateurs*, não.

Historicamente, o julgamento de contas realizado pela Corte era o julgamento da responsabilidade dessa categoria especial de agente público.

A finalidade desse julgamento de natureza jurisdicional era a de definir a responsabilidade financeira do *comptable*,[1370] desonerando-o[1371] de suas responsabilidades, caso

---

1368 França. Comptable-etat.fr (*Comptable public em France*, [s.d.]): "La rigueur de cette règle est tempérée par des mécanismes régulateurs. En cas de débet définitivement prononcé par la juridiction financière compétente, le comptable public peut présenter au ministère de l'Économie et des Finances une demande en 'décharge de responsabilité'. Cette procédure consiste, pour le comptable, à expliquer qu'il n'a rien pu faire pour s'opposer à la survenue du sinistre4 . La décharge de responsabilité est conditionnée par le caractère imprévisible et irrépressible de la survenue du sinistre5 . Le second mécanisme régulateur est la demande en 'remise gracieuse'. Le comptable du Trésor public ne conteste pas la réalité du sinistre dont la responsabilité lui incombe. Il demande, à titre gracieux, à son ministre de tutelle de le dispenser de payer la somme qui est mise à sa charge. Généralement le ministère de l'Économie et des Finances instruit avec beaucoup de bienveillance ce type de demande. Si une somme est définitivement laissée à sa charge, le comptable public fera jouer son assurance personnelle payée sur ses deniers propres. Cette assurance n'est jamais payée par l'État. Chaque sinistre fait alors l'objet d'une prise en charge partielle par l'assureur qui applique une franchise variable selon le grade de l'agent. Dans les faits, sauf cas extrêmement graves (vol, malversations avérées...), une somme définitivement laissée à la charge d'un comptable du Trésor public 'ne doit pas être d'un montant tel (qu'elle) puisse mettre en déséquilibre, d'une façon trop sensible, son train de vie'. Seuls ces mécanismes régulateurs efficaces permettent au système de fonctionner correctement. En effet, la responsabilité d'un comptable public est illimitée. Il serait illusoire, alors que le comptable peut avoir plusieurs dizaines d'agents sous ses ordres, d'imaginer supprimer totalement ces mesures de tempérament. Certains sinistres peuvent absorber immédiatement plusieurs mois, voire plusieurs années de traitement du comptable public".

1369 França. Comptable-etat.fr (*Comptable public em France*, [s.d.]): "Avant son installation dans son poste comptable, le comptable doit apporter la preuve qu'il a constitué un cautionnement propre à garantir les intérêts de l'État. Pour un poste comptable de taille moyenne, la caution est d'environ 150 000€. Jusqu'à la Révolution, un comptable public devait déposer au sens propre du terme le montant de son cautionnement dans les caisses du royaume. Après 1908, afin de ne plus sélectionner les comptables publics sur leur fortune, ils ont pu adhérer à l'Association française de cautionnement mutuel qui se porte caution pour eux moyennant une cotisation annuelle".

1370 A finalidade do julgamento de contas, parte da jurisdição financeira, é definir a responsabilidade do *comptable*, e não o de produzir um juízo de regularidade de operações, típico de um juízo de auditoria: "C'est ainsi que l'exprimait Jacques Magnet: '*La raison même d'être du juge des comptes est de statuer sur la responsabilité des comptables.* S'il ne s'agissait que de constater l'exécution ou l'inexécution des opérations financières ou même d'exprimer sur leur régularité ou leur irrégularité des avis sans force obligatoire, des commissaires aux comptes suffiraient' (Magnet J., 'Que juge le juge des comptes', RFFP 1989, no 28, p. 119)" (Damarey, *Droit public financier. Finances publiques, droit budgétaire, compatilité publique et contentieux financier*, p. 899, grifos nossos). A mesma essência se vê na atuação da Corte de Contas da Bélgica, conforme Damarey: "C'est ainsi qu'en Belgique, la Cour des comptes juge la responsabilité du comptable public lorsqu'un déficit a été constaté dans sa gestion. À l'issue d'une procédure contradictoire et publique, *la Cour des comptes prononce la décharge du comptable si elle conclut à l'absence de débet. Dans le cas contraire, il est condamné à solder son débet si la Cour des comptes juge qu'il a commis une faute* ou une négligence graves voire une faute légère à caractère répétitif qui a facilité ou permis la survenance du débet. Elle peut également choisir de ne le condamner à rembourser que'une partie du débet par appréciation des circonstances de l'espèce et notamment de l'importance des manquements du compatble (loi du 29 octobre 1846 relative à l'organisation de la Cour des comptes, art. 8)" (Damarey, *Droit public financier. Finances publiques, droit budgétaire, compatilité publique et contentieux financier*, p. 901, grifos nossos).

1371 França. Cour des Comptes (Accueil. *Glossaire*, [s.d.]): "Quitus: Décision par laquelle une juridiction financière constate que les comptes présentés par un comptable public ayant cessé ses fonctions, sont exacts et réguliers et lui permet

em que as garantias podiam ser levantadas, ou condenandoo a pagar o débito que lhe fosse imputado.

Os *ordonnateurs*, exceto os ministros, submetiam-se a eventual processo de responsabilização perante a *Cour de discipline budgétaire et financière* (CDBF), criada em 1948 e extinta pela reforma do RRGP de 2022, processo que não se caracterizava como julgamento de contas.

No entanto, se o ordenador de algum modo se imiscuísse na gestão dos recursos públicos, nos pagamentos e recebimentos, estaria sujeito à jurisdição da *Cour des comptes*, na situação de *comptable de fait*, contador público de fato, em oposição ao *comptable patent*, contador público certificado, regularmente investido na competência que lhe permite manusear os recursos públicos (pagamentos e recebimento).[1372]

6.2.2.2 O sistema de jurisdições financeiras

O atual sistema de jurisdições financeiras (*juridictions financières*) é composto pela *Cour des Comptes*, pelas *Chambres régionales et territoriales des comptes* (CRTC) e pela *Cour d' appel financière* (Corte de Apelo).[1373] [1374] [1375]

A *Cour des Comptes* avaliava que o modelo de gestão e controle baseado na separação *ordonnateur/comptable public* era eficaz, dado seu inegável efeito preventivo e dissuasório, vinculado à intervenção de um agente, o *comptable*, com forte incentivo a ser diligente, porque respondia com seu patrimônio em caso de dar curso a operações irregulares e estava submetido a um específico exame de responsabilidades, por meio da apresentação e julgamento de contas.[1376]

---

d'obtenir la levée des sûretés constituées à son entrée en fonction". Ou, na versão em inglês: "Discharge: Ruling by which a financial court notes that the accounts presented by a public accounting officer having ceased their duties are accurate and sincere, enabling them to obtain release of the securities pledged on their arrival in the position".

[1372] França. Cour des Comptes (*Rapport public annuel 2015-février 2015. Tome II: Le jugement des comptes publics*, p. 27-28): "Le juge financier est un juge administratif spécialisé, distinct du juge administratif de droit commun et compétent pour statuer sur les comptes des comptables publics. Il s'agit en général des comptables 'patents', c'est-à-dire régulièrement investis de la compétence qui leur permet de manier des deniers publics. La Cour et les chambres régionales des comptes ne peuvent juger les ordonnateurs, qui, lorsqu'ils commettent les faits prévus au titre III du code des juridictions financières, relèvent, à l'exception des ministres et, dans la plupart des cas, des élus locaux, de la Cour de discipline budgétaire et financière (CDBF – cf. encadré première partie chapitre I). En 2014, le nombre de déférés à la CDBF a été de 22. Il en va autrement, et le juge des comptes redevient compétent, si l'ordonnateur s'immisce dans la gestion des deniers publics: on parle alors de 'comptable de fait', par opposition à 'comptable patent', ou de 'gestion de fait'".

[1373] França. Cour des Comptes (*Cour des comptes. Nous decouvrir. Les juridictions financières et institutions associées*, [s.d.]).

[1374] França. Cour des Comptes (*Rapport public annuel 2015-février 2015. Tome II: Le jugement des comptes publics*): "La mission juridictionnelle est la plus ancienne exercée par la Cour. Depuis leur création, les chambres régionales et territoriales des comptes remplissent, sur les organismes relevant de leur champ de compétence, un rôle similaire à celui de la Cour, celle-ci demeurant la juridiction d'appel des jugements des CRTC".

[1375] Damarey (*Droit public financier. Finances publiques, droit budgétaire, compatilité publique et contentieux financier*, 2021, p. 890): "Le contrôle des finances publiques a également été confié à un juge, le juge financier dont les compétences ont été spécialement conçues pour accompagner l'élaboration et l'exécution des budgets publics. Sont identifiées comme juge financier, la Cour des comptes, la Cour de discipline budgétaire et financière, les chambres régionales et territoriales des comptes. Ces juridictions connaissent, chacune, pour leurs domaines de compétences, de l'emploi fait du denier public, de l'exécution des budgets publics et plus largement entendu, du respect des règles budgétaires et comptables auxquelles sont soumis les gestionnaires publics, les ordonnateurs et comptables publics".

[1376] França. Cour des Comptes (*Rapport public annuel 2015-février 2015. Tome II: Le jugement des comptes publics*, p. 31): "L'efficacité du contrôle juridictionnel ne saurait pour autant se résumer au seul nombre des décisions de débet

6.2.2.3 A decisão de mérito do julgamento das contas dos contadores públicos é a definição de sua responsabilidade financeira e do montante a reembolsar

A finalidade do julgamento de contas, parte da jurisdição financeira, sempre foi a de definir a responsabilidade do *comptable*, e não a de produzir um juízo de regularidade de operações, típico de um juízo de auditoria.

A esse respeito, Damarey[1377] *enfatiza a observação de Jaques Magnet:*[1378]

ou aux montants en cause. S'y ajoute l'effet préventif ou dissuasif, par définition impossible à mesurer mais incontestable, lié à l'intervention d'un comptable d'autant plus vigilant qu'il expose son propre patrimoine en cas d'opération irrégulière. S'y ajoutent également les reversements obtenus en cours d'instruction: avertis du fait qu'un réquisitoire a été pris sur leur gestion, les comptables peuvent verser eux-mêmes les sommes en cause ou les faire reverser, par exemple par le bénéficiaire d'une dépense irrégulière, de façon à éviter le prononcé d'un débet". O modelo francês era ainda mais particular comparativamente ao nosso, dada a possibilidade de o ministro das finanças remitir a dívida do contador público (*um pouvoir de remise gracieuse*): "Le régime de responsabilité des comptables publics, qui peut conduire à des débets de montant important, explique l'existence d'un pouvoir de remise gracieuse. Celui-ci permet au ministre des finances de dispenser les comptables de régler tout ou partie des sommes dont ils ont été déclarés débiteurs et de faire prendre ces sommes en charge, selon les cas, par l'État ou par l'organisme public. Les textes d'application de la loi du 23 février 1963 ont longtemps confié le pouvoir de remise au ministre des finances, sans condition ni limite. La pratique a parfois tendu à dénaturer l'exercice de cette prérogative, pour en faire une modalité du pouvoir hiérarchique, voire disciplinaire. Dans nombre de cas, les comptables constitués en débet par le juge des comptes ont obtenu une remise quasi-intégrale en principal et en intérêts par décision ministérielle non motivée. Au milieu des années 2000, le taux de remise représentait ainsi entre 99,7 % et 99,9 % du montant des débets. La Cour des comptes comme la doctrine ont pu voir dans une telle attitude une atteinte à l'autorité de la chose jugée. Depuis l'entrée en vigueur de la loi du 28 décembre 2011, le ministre ne peut plus faire remise des sommes mises à la charge du comptable lorsque la méconnaissance de ses obligations n'a pas causé de préjudice à l'organisme public. En cas de préjudice, les possibilités de remise des débets sont également limitées puisque le ministre ne peut plus en faire remise gracieuse intégrale sauf en cas de décès ou de mise en œuvre des règles de contrôle sélectif des dépenses (cf. infra)" (França. Cour des comptes. *Rapport public annuel 2015-février 2015. Tome II: Le jugement des comptes publics*, p. 32).

1377 Damarey (*Droit public financier. Finances publiques, droit budgétaire, compatilité publique et contentieux financier*, 2020, p. 899, grifos nossos): "C'est ainsi que l'exprimait Jacques Magnet: '*La raison même d'être du juge des comptes est de statuer sur la responsabilité des comptables.* S'il ne s'agissait que de constater l'exécution ou l'inexécution des opérations financières ou même d'exprimer sur leur régularité ou leur irrégularité des avis sans force obligatoire, des commissaires aux comptes suffiraient' (Magnet J., 'Que juge le juge des comptes', RFFP 1989, no 28, p. 119)".

1378 Damarey registra a observação de Magnet no contexto da análise do adágio "o juízo de contas julga as contas dos contadores públicos" e, consequentemente, a compreensão de *haver nessa abordagem um processo de contraditório menos rigoroso* e a resistência de aplicação do artigo 6-1 da Convenção Europeia de Direitos do Homem (transcrito a seguir) ao julgamento de contas na França: "Le juge des comptes juge les comptes des comptables publics'. C'est pendant longtemps en fonction de cet adage au terme duquel 'le juge des comptes juge les comptes des comptables publics' que la fonction juridictionnelle de ce juge a été identifiée. Seuls les comptes étaient jugés et nullement le comptable. Ceci expiquait que le comportement de ce dernier, le fait qu'il soit ou non de bonne foi de même que les circonstances ne soient pas prises en compte par le juge des comptes étair qualifié d'objectif et a pu justifier les résistances affichées par la France dans l'application au jugment de ces comptes des dispositions de l'article 6-1, CEDH. Pourtant, en maints aspects, la procédure de jugement des comptes recélait des éléments teintés de subjecitité de nature à tempérer la portée d'une application (trop) stricte de cet adage". European Union. Council of Europe (*Convenção Europeia dos Direitos do Homem*, [s.d.], p. 9-10): "ARTIGO 6º Direito a um processo equitativo 1. Qualquer pessoa tem direito a que a sua causa seja examinada, equitativa e publicamente, num prazo razoável por um tribunal independente e imparcial, estabelecido pela lei, o qual decidirá, quer sobre a determinação dos seus direitos e obrigações de carácter civil, quer sobre o fundamento de qualquer acusação em matéria penal dirigida contra ela. O julgamento deve ser público, mas o acesso à sala de audiências pode ser proibido à imprensa ou ao público durante a totalidade ou parte do processo, quando a bem da moralidade, da ordem pública ou da segurança nacional numa sociedade democrática, quando os interesses de menores ou a protecção da vida privada das partes no processo o exigirem, ou, na medida julgada estritamente necessária pelo tribunal, quando, em circunstâncias especiais, a publicidade pudesse ser prejudicial para os interesses da justiça. [...]".

> C'est ainsi que l'exprimait Jacques Magnet: «*La raison même d'être du juge des comptes est de statuer sur la responsabilité des comptables.* S'il ne s'agissait que de constater l'exécution ou l'inexécution des opérations financières ou même d'exprimer sur leur régularité ou leur irrégularité des avis sans force obligatoire, des commissaires aux comptes suffiraient» (Magnet J., «Que juge le juge des comptes», RFFP 1989, n. 28, p. 119).

A finalidade do julgar as contas é sentenciar a responsabilidade dos *comptables*. Se se tratasse apenas de constatar a execução ou inexecução de operações financeiras ou mesmo exprimir opiniões sobre sua regularidade ou irregularidade sem força obrigatória, enfatizava Magnet, auditores independentes seriam suficientes.

A mesma essência se vê na atuação da Corte de Contas da Bélgica, conforme registrado por Damarey:[1379]

> Na Bélgica, a Corte de Contas julga a responsabilidade do contador público quando um déficit é constatado em sua gestão. Mediante um processo público e que garante o contraditório, a Corte pronuncia a exoneração do contador se conclui pela inexistência de débito. Caso contrário [havendo débito], ele será condenado a saldar o débito, se a Corte julgar que ele cometeu uma falta grave ou uma negligência grave, ou uma falta leve, mas de caráter repetitivo, que facilitou ou permitiu a ocorrência do débito.
> A Corte pode igualmente escolher condená-lo a reembolsar apenas uma parte do débito, considerando as circunstâncias do caso e, especialmente, a gravidade das falhas do contador. (loi du 29 octobre 1846 relative à l'organisation de la Cour des comptes, art. 8).

6.2.3 O novo regime de responsabilidade financeira jurisdicional dos gestores públicos

Em 2022, foi introduzido um novo regime de responsabilidade dos gestores públicos,[1380] que passa a ser unificado, alterando-se profundamente o modo de

---

[1379] Damarey (*Droit public financier. Finances publiques, droit budgétaire, compatilité publique et contentieux financier*, 2020, p. 901): "C'est ainsi qu'en Belgique, la Cour des comptes juge la responsabilité du comptable public lorsqu'un déficit a été constaté dans sa gestion. À l'issue d'une procédure contradictoire et publique, la Cour des comptes prononce la décharge du comptable si elle conclut à l'absence de débet. Dans le cas contraire, il est condamné à solder son débet si la Cour des comptes juge qu'il a commis une faute ou une négligence graves voire une faute légère à caractère répétitif qui a facilité ou permis la survenance du débet. Elle peut également choisir de ne le condamner à rembourser que'une partie du débet par appréciation des circonstances de l'espèce et notamment de l'importance des manquements du compatble (loi du 29 octobre 1846 relative à l'organisation de la Cour des comptes, art. 8)".

[1380] *Sobre o conceito de gestores públicos, vide* França. Ministère de L'Economie (*Eléments de cadrage sur la réforme de la responsabilité des gestionnaires publics*, p. 3-4): "La dénomination de gestionnaire puise sa source dans l'environnement de l'entreprise et fait référence au décideur, chargé de la gestion d'un secteur économique. Aucun texte juridique applicable à la gestion budgétaire et comptable publique ne donne de définition précise du 'gestionnaire public'. Le terme de gestionnaire peut toutefois être entendu comme l'ensemble des acteurs financiers publics révélés par la LOLF qui comprend, dans la gestion publique, une logique de performance adossée à l'exercice d'un pouvoir financier. Le terme de gestionnaire trouverait ainsi à s'appliquer à l'ensemble des acteurs publics qui mettent en œuvre un budget, au service d'une communauté, par le biais des compétences qu'ils exercent au nom et pour le compte d'une personne morale de droit public ou d'un service chargé d'une mission de service public. Il recouvre de nombreux acteurs et fonctions: ordonnateurs, comptables, directeurs, directeurs comptables et financiers, responsables de programme, de budget opérationnel de programme, d'unité opérationnelle".

responsabilização dos *ordonnateurs* e dos *comptables publics*, mas mantendo o princípio da separação ordenador/contador.[1381] [1382]

1381 *Sobre o início do processo e algumas das razões mais gerais para a revisão do modelo*, ver França (*Ordonnance nº 2022-408 du 23 mars 2022 relative au régime de responsabilité financière des gestionnaires publics-Dossiers législatifs*): "Le ministre de l'Économie, des Finances et de la Relance et le ministre délégué auprès du ministre de l'Économie, des Finances et de la Relance, chargé des Comptes publics, ont présenté une ordonnance relative au régime de responsabilité financière des gestionnaires publics. Cette ordonnance est prise sur le fondement de l'article 168 de la loi nº 2021-1900 du 30 décembre 2021 de finances pour 2022 habilitant le Gouvernement à créer un régime juridictionnel unifié de responsabilité des gestionnaires publics et des gestionnaires des organismes relevant du code de la sécurité sociale. Elle traduit l'engagement du Gouvernement tendant à donner aux agents publics les moyens d'agir en responsabilité et en confiance, conformément à la décision issue du 5ème comité interministériel de la transformation publique du 5 février 2021. Elle vise à remédier aux limites des régimes actuels de responsabilité des ordonnateurs et des comptables tout en favorisant la responsabilisation de tous les gestionnaires publics. Ainsi, ce régime tend, d'une part, à sanctionner de manière plus efficace et ciblée les gestionnaires publics qui, par une infraction aux règles d'exécution des recettes et des dépenses ou à la gestion des biens publics, ont commis une faute grave ayant causé un préjudice financier significatif. Il vise, d'autre part, à limiter la sanction des fautes purement formelles ou procédurales qui doivent désormais relever d'une logique de responsabilité managériale. Il modernise enfin d'autres infractions dont sont actuellement passibles les justiciables de la Cour de discipline budgétaire et financière (CDBF), notamment la faute de gestion et l'avantage injustifié, ainsi que le régime spécifique de la gestion de fait. [...] Mettant en place un régime unifié pour l'ensemble des gestionnaires publics, l'ordonnance prévoit l'abrogation de l'ensemble des différents régimes de responsabilité personnelle et pécuniaire des comptables. Elle réaffirme en revanche le principe essentiel de séparation entre l'ordonnateur et le comptable ainsi que les missions de contrôle qui incombent à ces derniers. [...] L'ordonnance entrera en vigueur le 1er janvier 2023. La suppression de la responsabilité personnelle et pécuniaire des comptables publics sera menée dans le cadre d'une loi organique future dans les collectivités d'outre-mer régies par l'article 74 de la Constitution et en Nouvelle-Calédonie". Ver também França (*Rapport au Président de la République relatif* à *l'ordonnance no 2022-408 du 23 mars 2022 relative au régime de responsabilité financière des gestionnaires publics*): "Dans le cadre du programme 'Action publique 2022', le Gouvernement a pris l'engagement d'accroître les marges de manœuvre et de renforcer la responsabilité des gestionnaires publics. Cet engagement a été mis en œuvre au travers de la réforme de l'organisation financière de l'Etat qui s'est traduite par un ensemble de mesures visant à mieux coordonner et proportionner les contrôles, à simplifier les procédures et à déconcentrer la gestion budgétaire pour renforcer la capacité d'action de l'Etat dans les territoires. Le corollaire de cette réforme est une rénovation profonde du régime de responsabilité des ordonnateurs et des comptables publics. Lors du 5e comité interministériel de transformation publique du 5 février 2021, a été acté le principe d'engager des travaux conjoints entre le Conseil d'Etat, la Cour des comptes et l'administration pour faire évoluer le régime actuel de la responsabilité des ordonnateurs et des comptables vers un régime unifié de responsabilité financière des gestionnaires publics. Ces travaux, engagés au printemps 2021, ont permis de définir les principales caractéristiques de ce nouveau régime juridictionnel. [...] Cette réforme vise à remédier aux limites soulignées à de multiples reprises des régimes actuels de responsabilité des ordonnateurs et des comptables tout en favorisant la responsabilisation des gestionnaires publics. S'agissant des comptables publics, le régime de responsabilité personnelle et pécuniaire (RPP) repose sur une approche exhaustive, au premier euro, qui ne permet ni de cibler les opérations les plus significatives ni de prendre en compte l'évolution des chaînes financières qui se traduit notamment par une imbrication de plus en plus poussée des acteurs et des procédures. S'agissant des justiciables de la Cour de discipline budgétaire et financière (CDBF), les poursuites demeurent restreintes et pâtissent de longs délais de procédure. [...]". Ver, ainda, França. Ministère de L'Economie (*La reforme du régime de responsabilité financière des gestionnaires publics*): "[...] Objectif: assurer une plus grande responsabilisation des gestionnaires publics, en simplifiant et unifiant la responsabilité devant les juridictions financières, tout en renforçant le contrôle interne, ainsi que la responsabilité managériale. Il s'agit de répondre à une demande sociale légitime et croissante vis-à-vis des responsables publics et à la nécessité de ne pas paralyser l'action publique. [...] La réforme vise à remédier aux limites des régimes actuels, largement partagées par les acteurs de la chaîne financière et soulignées dans plusieurs rapports dont celui remis par Jean Bassères (juillet 2020): le dispositif actuel de responsabilité, daté, n'est plus adapté au fonctionnement de la chaîne financière et freine sa modernisation. Le chantier de réforme de la responsabilisation est intrinsèquement lié à la réforme de la gestion budgétaire et comptable: le régime actuel est désincitatif pour les acteurs de la chaîne financière, qu'il rend averses au risque et focalise sur le respect de règles formelles plus que sur l'efficience des processus financiers. [...]".

1382 França. Ministère de L'Economie, des Finances (*La reforme du régime de responsabilité financière des gestionnaires publics*): "[...] Le nouveau régime ne remet pas en cause la séparation des ordonnateurs et des comptables mais la maintient et, même, la renforce, en clarifiant les responsabilités des uns et des autres. – Le cadre réglementaire du décret GBCP est maintenu: les comptables devront toujours veiller à la régularité des opérations de dépense et de recette. – L'ordonnance porte également au niveau législatif la procédure de réquisition qui relevait jusque-là

O novo regime de responsabilidade dos gestores públicos (RRGP), em linhas gerais, põe fim à responsabilidade pessoal e pecuniária do contador público;[1383] extingue o poder de "remissão graciosa" do ministro das finanças; extingue a CDBF e submete todos os gestores públicos[1384] (especificados na *Ordonnance 2022-408*) à jurisdição responsabilizatória da *Cour des Comptes*; institui uma corte de apelação contra suas decisões jurisdicionais; mantém o princípio da separação entre ordenadores e contadores públicos;[1385] e promove profundas mudanças no sistema sancionatório.

O novo regime institui um modelo cujo objetivo "é sancionar uma infração, e não compensar o prejuízo financeiro".[1386]

De modo geral, são sancionáveis os *justiciables* (jurisdicionados, como ordenadores e contadores públicos)[1387] pelo cometimento de infrações graves[1388] às regras relativas à

---

du niveau réglementaire (art 38 GBCP). Elle institue une faculté de signalement permettant au comptable d'attirer l'attention de l'ordonnateur sur des pratiques susceptibles de relever de la Cour (nouvel art L.131-7 CJF). [...]".

1383 *Sobre algumas das razões para essa extinção, vide* França. Ministère de L'Economie (*Eléments de cadrage sur la réforme de la responsabilité des gestionnaires publics*, p. 3-4): "Le nouveau régime s'inscrit dans la continuité du régime CDBF, qui sanctionne les responsables en titre et non les agents dont l'action se limite à appliquer les directives ou à suivre les instructions. Des mécanismes exonératoires de responsabilité sont expressément prévus aux articles L.131-5 du CJF7 (agents placés sous l'autorité d'un supérieur hiérarchique justiciable) et L.131-6 du CJF8 (agents disposant d'un ordre écrit préalable émanant d'une autorité non justiciable). En outre, le nouveau régime juridictionnel vise à sanctionner celui qui commet effectivement la faute alors que le régime de la responsabilité personnelle et pécuniaire conduisait à sanctionner le comptable quelle que soit la faute dans la chaîne de la dépense, en omettant potentiellement de sanctionner les véritables fautifs". Ver também França. Ministère de L'Economie, des Finances et de la Souverineté Industrielle et Numérique (*La plaquette générale d'information*): "Des limites partagées: le dispositif actuel de responsabilité, daté, n'est plus adapté au fonctionnement de la chaîne financière et freine sa modernisation".

1384 Os responsáveis principais são os dirigentes. *Vide* França. Ministère de L'Economie (*La plaquette générale d'information*): "Qui est concerné par la réforme? Tous les agents publics (ordonnateurs et comptables), fonctionnaires, contractuels, agents de droit privé exerçant une mission de service public, à l'exclusion des ministres et des élus locaux. Les responsables en titre seront principalement concernés plutôt que les agents dont l'action se limite à appliquer les directives ou à suivre les instructions. Par exemple: Secrétaire général, Directeur d'administration centrale, Directeur d'administration territoriale de l'Etat, Ambassadeur, Préfet, Sous-préfet, Dirigeant d'établissement public, Directeur de caisse de sécurité sociale, Président d'université, Directeur d'hôpital, Directeur général des services d'une collectivité locale, Président d'association, Chef de service, Sous-directeur".

1385 França. Ministère de L'Economie (*La reforme du régime de responsabilité financière des gestionnaires publics*, p. 11-12): "En résumé, ce qui ne change pas: • Le nouveau régime ne remet pas en cause la séparation des ordonnateurs et des comptables. Cette séparation fonctionnelle qui garantit la qualité de la gestion publique est maintenue et même renforcée à travers: – La gestion de fait inscrite au code des juridictions financières. – L'introduction d'une possibilité pour le comptable de signaler à l'ordonnateur toute opération susceptible de relever d'une infraction sanctionnée par le juge financier (alinéa 1 er de l'article L.131-7 CJF). – L'inscription du mécanisme de réquisition dans le CJF (alinéas 2 et 3 du nouvel article L.131-7 CJF)".

1386 França. Ministère de L'Economie (*La reforme du régime de responsabilité financière des gestionnaires publics*, p. 8/12): "[...] Contrairement au régime de responsabilité personnelle et pécuniaire (RPP) des comptables publics, le nouveau régime de responsabilité est répressif. Il a pour objectif de sanctionner une faute et non pas de réparer un préjudice financier [...]".

1387 França. *Code des juridictions financières*. TITRE III: Compétences et attributions/CHAPITRE Ier: Compétences juridictionnelles/Section 1: Les justiciables. "Article L131-1 Est justiciable de la Cour des comptes au titre des infractions mentionnées à la section 2 du présent chapitre: 1º Toute personne appartenant au cabinet d'une personne mentionnée aux 1º à 15º de l'article L. 131-2; 2º Tout fonctionnaire ou agent civil ou militaire de l'Etat, des collectivités territoriales, de leurs établissements publics ainsi que des groupements des collectivités territoriales; 3º Tout représentant, administrateur ou agent des autres organismes qui sont soumis soit au contrôle de la Cour des comptes, soit au contrôle d'une chambre régionale des comptes ou d'une chambre territoriale des comptes. Sont également justiciables tous ceux qui exercent, en fait, les fonctions des personnes désignées aux 1º à 3º".

1388 Damarey (*Pouvoir juridictionnel et de sanction des juridictions financières*, 2021, p. 7) mostra que os sistemas comparados, Itália, Espanha e Portugal, também exigem a comprovação de negligência grave ou dolo para fins de responsabilização, e, de fato, elevar a responsabilização a esse nível era necessário: "C'est là également une caractéristique commune aux modèles espagnol, italien et portugais: la responsabilité financière engagée par le juge financier, est conditionnée par la gravité de la faute voire de la négligence commise par le gestionnaire.

execução da receita e da despesa e à gestão de bens públicos e que tenham conduzido a um prejuízo financeiro significativo.[1389] [1390]

As sanções correspondem à multa de até 6 vezes a remuneração anual, ou, em caso de infrações consideradas formais, até o valor da remuneração mensal.[1391] Serão

---

En Espagne, sont condamnées les actions gravement négligentes ayant abouti à un dommage causé aux fonds publics. Ce dommage causé doit être effectif, économiquement évaluable et individualisé. L'élément intentionnel est également requis. [...]. En Italie, le dispositif suppose une faute voire une omission, intentionnelle ou relevant d'une négligence grave. [...] Au Portugal, le montant de l'amende prononcée par le Tribunal de contas dépend de l'infraction commise, selon qu'elle a été intentionnelle ou qu'elle résulte d'une négligence (art. 65, loi nº 98/97 du 26 août 1997). Ce montant peut également être modulé en tenant compte des circonstances (art. 64, loi nº 98/97 préc.). [...]. Cette condition a été reprise dans le programme Juridictions financières 2025, elle l'est également avec le projet d'ordonnance. Il était important, en effet, de relever le niveau de responsabilité en ciblant les fautes et erreurs les plus graves commises, afin d'éviter une paralysie de l'action publique que ne peut qu'engendrer une mise en cause trop systématique de la responsabilité des acteurs de l'exécution budgétaire".

1389 França (*Code des juridictions financières*): "TITRE III: Compétences et attributions/CHAPITRE Ier: Compétences juridictionnelles/Section 2: Les infractions . Article L131-9 Tout justiciable au sens de l'article L. 131-1 qui, par une infraction aux règles relatives à l'exécution des recettes et des dépenses ou à la gestion des biens de l'Etat, des collectivités, établissements et organismes mentionnés au même article L. 131-1, commet une faute grave ayant causé un préjudice financier significatif, est passible des sanctions prévues à la section 3. Les autorités de tutelle de ces collectivités, établissements ou organismes, lorsqu'elles ont approuvé les faits mentionnés au premier alinéa, sont passibles des mêmes sanctions. Le caractère significatif du préjudice financier est apprécié en tenant compte de son montant au regard du budget de l'entité ou du service relevant de la responsabilité du justiciable".

1390 *Ver também sobre infrações específicas*: França. Ministère de L'Economie (*La reforme du régime de responsabilité financière des gestionnaires publics*, p. 5; 12): "Le nouveau régime de responsabilité sanctionne les fautes graves ayant conduit à un préjudice financier significatif apprécié au regard du budget effectivement sous la responsabilité du justiciable. En outre, le juge peut sanctionner certaines infractions spécifiques: – Faute relative à l'exécution des recettes et des dépenses et à la gestion des biens. – Faute de gestion ayant entraîné un préjudice financier significatif: reprise de la jurisprudence de la CDBF qui ne s'applique ni à l'Etat, ni au secteur public local mais seulement aux entreprises publiques (infraction déjà existante dans le CJF). – Maintien de diverses fautes spécifiques et formelles: absence de production des comptes; engagement de dépense sans respecter les règles de contrôle budgétaire; défaut de qualité d'ordonnateur. – Les situations de gestion de fait seront considérées comme des infractions qui seront sanctionnées en tant que telles. [...] L'infraction générique concerne les infractions aux règles relatives à l'exécution des recettes et des dépenses ou à la gestion des biens avec deux conditions: l'existence d'une faute grave et la matérialisation d'un préjudice financier significatif, apprécié au regard du budget effectivement sous la responsabilité du justiciable. [...]". E, ainda, França. Ministère de L'Economie, des Finances (*La plaquette générale d'information*): "Quelles sont vos responsabilités? Le nouveau régime sanctionne: Les fautes graves ayant causé un préjudice financier significatif par le non-respect des règles d'exécution des recettes et des dépenses ou de la gestion des biens publics: Attribution injustifiée de subventions, non-respect de la chaîne de la dépense, défaut de service fait. D'autres infractions comme la faute de gestion applicable uniquement aux organismes à caractère industriel et commercial, l'octroi d'un avantage injustifié, l'inexécution d'une décision de justice, la gestion de fait (maniement non autorisé de deniers publics). Le non-respect de certaines règles structurantes de la dépense publique: Défaut de qualité d'ordonnateur, défaut de saisine du contrôleur budgétaire".

1391 Conforme Damarey (*Pouvoir juridictionnel et de sanction des juridictions financières*, 2021, p. 7), a reforma francesa distancia-se no modelo verificado nos países europeus por ela estudados, em especial Itália, Espanha e Portugal: "Le projet français prévoit également de remplacer le débet par une amende dont le montant sera plafonné à six mois de salaires. En comparaison, pour les trois pays d'Europe du sud étudiés, la condamnation prononcée par le juge financier conduit à exiger du gestionnaire le remboursement des sommes manquantes dans la caisse publique. Au Portugal, cette condamnation peut se doubler d'une amende. Et les précédents exemples cités dans le cadre de cette contribution, permettent d'illustrer l'effectivité de telles condamnations". A autora projeta que da condição "prejuízo financeiro significativo" resultará que "não haverá muitos casos de responsabilidade dos gestores públicos": "[...] Mais le projet d'ordonnance va encore plus loin en combinant l'erreur grave commise au 'préudice financier significatif' en résultant. Sans s'attarder sur les difficultés déjà rencontrées en jurisprudence, à la suite de la précédente réforme de 2011, pour identifier la notion de préjudice financier, il faut relever qu'en exigeant que ce préjudice soit significatif, le projet restreint les marges de manœuvre dont aurait pu disposer le juge financier pour s'assurer d'une responsabilité financière effective et non pas purement symbolique. Sur ce point, on peut craindre que le projet ne passe à côté de l'essentiel mais c'est probablement, pour ne pas dire indéniablement, voulu car avec une telle formulation, le gouvernement sait bien que les cas d'engagement de responsabilité financière en seront réduits d'autant. [...] Tout d'abord, parce qu'il ajoute à la gravité de la faute, un 'préjudice financier significatif'. De manière certaine, avec un tel encadrement juridique, les cas d'engagement

graduadas em função da gravidade e das circunstâncias do caso,[1392] podendo a Corte deixar de aplicar multa se o dano houver sido reparado.[1393]

6.2.3.1 O julgamento de contas deixa de existir; a responsabilidade financeira, não

A modernização do regime de responsabilidade dos gestores públicos é considerada uma reforma histórica, que busca conciliar "a eficácia da gestão e a confiança dos cidadãos na ação da administração".[1394] A Corte julgará os autores das irregularidades financeiras mais graves, tanto os ordenadores quanto os contadores públicos, que não mais se submetem ao processo de prestação e julgamento de contas, que deixará de existir:[1395]

---

de la responsabilité financière des gestionnaires publics ne vont pas être nombreux. A fortiori, s'agissant des comptables publics pour lesquels on peut craindre que la responsabilité financière ne disparaisse totalement".

1392 França. Ministère de L'Economie, des Finances (*La plaquette générale d'information*): "Peines d'amendes pouvant aller jusqu'à: 6 mois de rémunération pour les fautes graves; 1 mois pour les infractions formelles. Elles seront prononcées par une juridiction unifiée relevant de la Cour des comptes, de manière individualisée et proportionnée à la gravité des faits reprochés, à la réitération des pratiques prohibées, à l'importance du préjudice et à la qualité du dispositif de contrôle interne et de maîtrise des risques".

1393 França. Ministère de L'Economie (*La reforme du régime de responsabilité financière des gestionnaires publics*, p. 8; 12): "[...] Le nouveau régime de responsabilité prévoit une sanction sous forme d'amende dont le montant sera plafonné à 6 mois de rémunération annuelle ou à 1 mois pour les infractions plus formelles (absence de production des comptes, non respect des règles d'engagement de la dépense). – Le dispositif de sanction sera gradué pour tenir compte des circonstances de l'espèce: – Les amendes seront proportionnées à la gravité des faits reprochés, à l'importance du préjudice causé à l'organisme et à l'éventuelle réitération de pratiques prohibées; – Les amendes seront déterminées individuellement pour chaque personne sanctionnée; – La juridiction pourra accorder une dispense de peine lorsque le dommage causé aura été réparé".

1394 *Sobre a "filosofia da reforma"*, ver França. Ministère de L'Economie (*La reforme du régime de responsabilité financière des gestionnaires publics*, p. 11-12): "La réforme, vise, dans sa philosophie, à recentrer le régime répressif sur des infractions graves et à développer la responsabilité managériale: – Il s'agit de sanctionner les fautes graves ayant un réel impact financier et non les fautes purement formelles ou procédurales; – Il s'agit d'adapter les contrôles métiers avec un ciblage sur les opérations à enjeux financiers significatifs et de sanctionner les carences graves et négligences dans l'exercice des contrôles de la chaîne financière; – L'approche par les risques devra être développée dans tous les services et organismes où cela est nécessaire pour identifier les risques ou les situations anormales afin de pouvoir les corriger et assurer la qualité de la procédure. La réforme conduit à une adaptation du contrôle interne financier dont la finalité passerait d'une approche exhaustive à une approche finaliste: dans ce sens, le système de contrôle interne passerait d'une logique de recensement de tous les risques et d'actions de maîtrise hiérarchisée à une logique de recensement des seuls risques significatifs auxquels seraient adossés des actions de maîtrise avec une finalité de sécurisation des procédures. L'objectif est le renforcement du fonctionnement de la chaîne financière. Les gestionnaires publics devront pouvoir s'appuyer sur des outils de diagnostic, de contrôle interne, de maîtrise des risques et d'audit interne de la chaîne financière, ainsi que sur la définition de leviers managériaux".

1395 França. Cour des Comptes (*Accueil. Actualités*): "Délibérée ce jour en conseil des ministres, l'ordonnance relative au régime de responsabilité financière des gestionnaires publics opère une profonde réforme des règles en établissant un régime unifié entre les ordonnateurs et les comptables publics. Portée par le Gouvernement dans le cadre du programme 'Action publique 2022', cette réforme figure également dans le projet stratégique 'JF 2025' initié par le Premier président de la Cour des comptes, Pierre Moscovici. Prise sur le fondement de l'article 168 de la loi nº 2021-1900 du 30 décembre 2021 de finances pour 2022, cette ordonnance met fin à la responsabilité personnelle et pécuniaire des comptables publics, et redéfinit les infractions actuellement poursuivies devant la Cour de discipline budgétaire et financière (CDBF). *Désormais, le juge financier ne jugera plus les comptes*, mais bien les auteurs des fautes financières les plus graves, qu'ils soient ordonnateurs ou comptables publics. Le principe fondamental de séparation de l'ordonnateur et du comptable est, lui, maintenu. Dans ce nouveau régime, les gestionnaires publics seront passibles de sanctions pécuniaires pouvant atteindre jusqu'à six mois de rémunération – mettant fin au pouvoir de remise gracieuse du ministre, propre à la 'justice retenue' qui caractérisait le régime précédent de responsabilité personnelle et pécuniaire. La chambre du contentieux (7e chambre de la Cour des comptes), composée à parité de magistrats de la Cour et des chambres régionales et territoriales des comptes (CRTC), sera chargée d'instruire et de juger les affaires en première instance. L'appel sera ouvert à tous les justiciables. L'ordonnance tire également les conséquences de la réforme sur les autres missions des juridictions financières. En particulier, elle raccourcit les délais de procédure qui s'appliquent au contrôle des comptes et de la gestion

> A partir de agora, o juiz financeiro não julgará mais as contas, mas, sim, os autores das faltas financeiras mais graves, sejam ordenadores ou contadores públicos. [...]
> Essa modernização do regime de responsabilidade dos gestores públicos é uma reforma histórica, destaca Pierre Moscovici. Ela fortalece a ordem pública financeira e a torna mais racional, conciliando a eficácia da gestão pública e a confiança das cidadãs e dos cidadãos na ação da administração [...].

6.2.3.2 O julgamento dos gestores públicos e uma nova processualística

O texto atual do *Code des jurisdictions financières* disciplina quatro missões da Corte: *jugement des gestionnaires publics* (julgamento dos gestores), *controle des comptes et de la gestion* (controle das contas e da gestão), *evaluation des politiques publiques* (avaliação de políticas públicas) e *certification des comptes* (certificação das contas).

Especificamente quanto à missão julgamento dos gestores públicos, estabelece[1396] que a Corte julgará, em primeira instância,[1397] os gestores pelo cometimento das infrações nele especificadas, exceto quanto aos casos que competem às câmaras territoriais e regionais de contas, cujas decisões são recorríveis para a Corte.

O novo modelo adota a seguinte premissa:

> quando a Corte descobre, por ocasião dos trabalhos de controle [auditorias, entre outros] infrações qualificadas como motivadoras da instauração de um procedimento judicial, ela informa o procurador geral junto a *Cours des comptes*, que informa o procurador da República e o ministro da Justiça.

---

par les CRTC. Elle concrétise aussi deux actions clés du projet stratégique 'JF 2025': la publicité de l'intégralité des rapports de la Cour, et la redéfinition du périmètre du rapport public annuel qui pourra notamment porter sur des travaux dont l'objet aura été arrêté après consultation citoyenne. L'ordonnance entrera en vigueur le 1er janvier 2023. Le régime de la responsabilité personnelle et pécuniaire des comptables restera appliqué dans les collectivités ultramarines régies par l'article 74 de la Constitution, et en Nouvelle-Calédonie jusqu'à l'adoption d'une loi organique permettant de modifier leur statut. «*Cette modernisation du régime de responsabilité des gestionnaires publics constitue une réforme historique, souligne Pierre Moscovici*. Elle renforce l'ordre public financier et le rend plus lisible, conciliant l'efficacité de la gestion publique et la confiance des citoyennes et des citoyens dans l'action de l'administration. Pour la première fois depuis 1807, une chambre de la Cour des comptes jugera l'ensemble de gestionnaires publics pour sanctionner de véritables fautes financières. Il s'agit également d'une avancée du point de vue du rapprochement fonctionnel entre la Cour et les chambres régionales et territoriales, que j'ai à cœur de promouvoir depuis ma prise de fonction, ajoute le Premier président. Ensemble, nous œuvrerons activement pour que cette réforme aille dans le sens d'une justice financière plus moderne, plus cohérente et mieux comprise. L'Article 15 de la Déclaration des Droits de l'Homme et du Citoyen – 'La Société a le droit de demander compte à tout Agent public de son administration' – voit ainsi sa portée pleinement adaptée aux enjeux du XXIe siècle" (Grifos nossos).

[1396] França. *Code des jurisdictions financières* (LIVRE Ier: La Cour des comptes/TITRE Ier: Missions et organisation/ CHAPITRE Ier: Missions/Section 1: Jugement des gestionnaires publics/Article L111-1): "La Cour des comptes juge en premier ressort les gestionnaires publics pour les infractions mentionnées à la section 2 du chapitre Ier du titre III du présent livre, sous réserve de la compétence des chambres territoriales des comptes. La Cour des comptes connaît de l'appel des arrêts rendus par les chambres territoriales des comptes. Lorsque la Cour des comptes découvre, à l'occasion de ses contrôles, des faits de nature à motiver l'ouverture d'une procédure judiciaire, elle en informe le procureur général près la Cour des comptes qui en informe le procureur de la République et en avise le garde des sceaux, ministre de la justice. La Cour des comptes juge en premier ressort les gestionnaires publics pour les infractions mentionnées à la section 2 du chapitre Ier du titre III du présent livre, sous réserve de la compétence des chambres territoriales des comptes. La Cour des comptes connaît de l'appel des arrêts rendus par les chambres territoriales des comptes. Lorsque la Cour des comptes découvre, à l'occasion de ses contrôles, des faits de nature à motiver l'ouverture d'une procédure judiciaire, elle en informe le procureur général près la Cour des comptes qui en informe le procureur de la République et en avise le garde des sceaux, ministre de la justice".

[1397] Por meio de sua *chambre du contentieux*, formada por magistrados da Corte e das câmaras regionais e territoriais.

A abertura de um procedimento judicial para apuração de responsabilidades é prerrogativa do ministério público da *Cour des comptes*,[1398] provocado pelos legitimados definidos na *Ordonnance 2022-408*.[1399]

Suas decisões são recorríveis, agora, para a recém-criada Corte de Apelo, presidida pelo presidente da Corte de Contas e constituída por quatro de seus conselheiros, quatro conselheiros do Conselho de Estado e "duas personalidades qualificadas, designadas por sua experiência [superior a dez anos][1400] no campo das finanças públicas". O Conselho de Estado continua a ser instância recursal, em recurso de cassação.[1401]

6.2.4 Racionalização da jurisdição financeira e da dualidade fundamental de funções: reflexões para o Brasil

A França abandonou o modelo dual, único na Europa,[1402] fundado na apuração de responsabilidades dos *comptables* e dos *ordonnateurs* por instituições, finalidades e

---

[1398] França. *Code des jurisdictions financières* (LIVRE Ier: La Cour des comptes/TITRE Ier: Missions et organisation/ CHAPITRE II: Dispositions relatives aux activités juridictionnelles Section 1: Jugement des gestionnaires publics/Article L142-1-2): "Le ministère public près la Cour des comptes apprécie les suites à donner aux déférés mentionnés à l'article L. 142-1-1".

[1399] França. *Code des jurisdictions financières* (LIVRE Ier: La Cour des comptes/TITRE Ier: Missions et organisation/ CHAPITRE II: Dispositions relatives aux activités juridictionnelles Section 1: Jugement des gestionnaires publics/ Article L142-1-1): "Ont qualité pour déférer au ministère public près la Cour des comptes des faits susceptibles de constituer des infractions au sens de la section 2 du chapitre 1er du titre III du présent livre: 1º Le président du Sénat; 2º Le président de l'Assemblée nationale; 3º Le Premier ministre; 4º Le ministre chargé du budget 5º Les autres membres du Gouvernement pour les faits relevés à la charge des fonctionnaires et agents placés sous leur autorité ainsi que des agents exerçant dans des organismes placés sous leur tutelle; 6º La Cour des comptes; 7º Les chambres régionales et territoriales des comptes; 8º Les procureurs de la République; 9º Le représentant de l'Etat dans le département pour les faits ne relevant pas des ordonnateurs de l'Etat; 10º Le directeur régional, départemental ou local des finances publiques pour les faits ne relevant pas des ordonnateurs de l'Etat; 11º Les personnes mentionnées aux 2º à 15º de l'article L. 131-2; 12º Les créanciers pour les faits mentionnés au 2º de l'article L. 131-14; 13º Les chefs de service de l'inspection générale de l'administration, l'inspection générale des affaires sociales, l'inspection générale des finances et des inspections ministérielles; 14º Les commissaires aux comptes des organismes soumis au contrôle de la Cour des comptes et des chambres régionales et territoriales des comptes; 15º L'Agence française anticorruption. Le procureur général près la Cour des comptes peut également se saisir de sa propre initiative".

[1400] França. *Rapport au Président de la République relatif à l'ordonnance no 2022-408 du 23 mars 2022 relative au régime de responsabilité financière des gestionnaires publics*, p. 2-4.

[1401] França. *Ordonnance nº 2022-408 du 23 mars 2022 relative au régime de responsabilité financière des gestionnaires publics-Dossiers législatifs*: "[...] Afin de renforcer les droits des justiciables, une Cour d'appel financière, présidée par le Premier président de la Cour des comptes, sera instituée, composée de quatre conseillers d'État, de quatre conseillers maîtres à la Cour des comptes et de deux personnalités qualifiées désignées pour leur expérience dans le domaine de la gestion publique. L'appel sera suspensif. Enfin, le Conseil d'État demeurera la juridiction de cassation. [...]".

[1402] Segundo Damarey (*Pouvoir juridictionnel et de sanction des juridictions financières*, 2021, p. 1; 3-4), o modelo europeu de responsabilização dos gestores públicos pelas Cortes de Contas predominante em países como Itália, Espanha e Portugal, por exemplo, é um modelo unificado, que abrange todos os que respondem pela execução orçamentária, inclusive os ministros de Estado e os administradores locais eleitos: "Le modèle juridictionnel européen d'engagement de la responsabilité des gestionnaires publics repose sur un modèle unifié au sein duquel chacun des acteurs de l'exécution budgétaire va répondre des fautes graves qu'il a commises. Un modèle qui s'applique à l'ensemble des acteurs de cette exécution budgétaire, ce qui inclus les élus ainsi que les ministres. Ces caractéristiques ne sont pas celles du modèle traditionnel d'engagement de la responsabilité des gestionnaires publics en France mais pourraient le devenir, pour certaines d'entre elles, avec le projet d'ordonnance envisagé par le gouvernement [...] Si l'on revient au modèle juridictionnel existant en Europe, l'Espagne, l'Italie et le Portugal constituent, là également, des modèles de référence. Chacun d'eux fait état d'un modèle juridictionnel unifié: un seul juge ayant compétence à l'égard des gestionnaires publics. En Espagne, c'est le Tribunal de cuentas qui a compétence à l'égard de ceux qui sont responsables des fonds ou effets publics (art. 2, Loi du 12 mai 1982, nº 2 relative l'organisation du Tribunal de Cuentas – Lotcu). Plus précisément, il a compétence à l'égard de ceux

processos distintos: os primeiros, pela Corte, a partir de um processo de apresentação de um conjunto documental, que se denominava "contas", submetido a escrutínio, para fins de exonerar o contador público de suas responsabilidades financeiras ou responsabilizá-lo pelas infrações apuradas, segundo um procedimento de jurisdição administrativa-financeira intitulado "julgamento de contas"; os ordenadores, pela CDBF, passível de ser acionada pelas pessoas e autoridades legitimadas pela legislação.

Sob o novo regime, a *Cours des Comptes* não deixará de examinar a regularidade da arrecadação e da realização de despesas e o bom emprego dos recursos públicos e as responsabilidades dos *comptables*, mas o fará por meio de seus trabalhos de controle das contas e da gestão:[1403] "Par ses contrôles, la Cour des comptes vérifie sur pièces et sur place la régularité des recettes et des dépenses décrites dans les comptes et s'assure du bon emploi des crédits, fonds et valeurs gérés par les services et organismes relevant de sa compétence".

Segundo o Ministério da Economia,[1404] responsável pelo orçamento estatal, a reforma: confirma a "repressão às infrações à ordem financeira como uma repressão infra-penal e supra-gerencial"; induz os atores da cadeia financeira a concentrarem e reposicionarem seus controles sobre os problemas reais e a assumirem a responsabilidade gerencial pelas infrações que a jurisdição financeira, as Cortes de Contas e as câmaras regionais e territoriais de contas não mais irão apurar e sancionar; resulta na expectativa de que cada órgão público "seja capaz de identificar riscos ou situações anormais, para poder corrigi-las e garantir a qualidade dos processos"; fortalece o "funcionamento da cadeia financeira", exigindo um sistema de controle interno "mais direcionado e hierarquizado";

---

qui collectent, interviennent, gèrent, gardent ou administrent, utilisent les actifs, les fonds ou les effets publics (art. 15, Lotcu). En Italie, c'est la Corte dei conti qui intervient en tant que juge de première instance (chambre de 3 juges pour l'essentiel), avec un appel possible devant cette même Corte (chambre de 5 juges), et cassation devant la Cour suprême (Corte di cassazione). En parallèle, au niveau régional, la Corte dei conti se distingue en chambres juridictionnelles régionales (une par région et une pour chacune des deux provinces autonomes: Trente et Bolzano pour un total de 21 chambres avec appel possible devant la chambre centrale d'appel). La logique est la même au Portugal avec des sections régionales chapeautées par le Tribunal de contas. Dans chaque cas, le modèle juridictionnel unifié se justifie par le fait que l'ensemble des acteurs de l'exécution budgétaire a à répondre de son emploi des fonds publics devant un même juge [...] Les modèles européens comparables au modèle français se distinguent par la mise en place d'un régime de responsabilité financière unifié conditionné par la gravité de la faute commise par le gestionnaire. [...]".

[1403] França. *Code des jurisdictions financières*, Section 2 – Contrôle des comptes et de la gestion, Article L111-2.

[1404] França. Ministère de L'Economie (*Eléments de cadrage sur la réforme de la responsabilité des gestionnaires publics*, p. 3-4): "Les conséquences de la réforme: – La répression des infractions à l'ordre public financier est confirmée comme répression infrapénale et supra-managériale 5 . – Il ne s'agit pas d'un transfert de responsabilité des comptables vers les ordonnateurs mais d'un rééquilibrage des mécanismes, qui pourront attraire aussi bien un comptable qu'un ordonnateur, ou tout gestionnaire, selon qu'il sera ou non à l'origine des faits reprochés. – Les acteurs de la chaîne financière pourront recentrer leurs contrôles sur les enjeux réels et développer la responsabilité managériale pour les fautes que le juge financier ne sera pas amené à sanctionner. Chaque structure doit pouvoir identifier les risques ou les situations anormales afin de pouvoir les corriger et assurer la qualité de la procédure. La réforme implique donc une adaptation du contrôle interne: maîtrise des risques et sécurisation accrue des processus, au regard des enjeux identifiés. La réforme vise à renforcer le fonctionnement de la chaîne financière et s'inscrit dans le sens d'un contrôle interne financier plus finalisé et mieux hiérarchisé. Les gestionnaires publics devront pouvoir s'appuyer sur des outils de diagnostic, de contrôle interne, de maîtrise des risques et d'audit interne de la chaîne financière, ainsi que sur la définition de leviers managériaux. [...] Dans le cadre de l'accompagnement des gestionnaires, la direction du budget et la direction générale des Finances publiques vont mettre en œuvre, dès 2022, un plan d'action pour renforcer le contrôle interne financier en: – passant en revue les processus existants et les acteurs; – identifiant et formalisant les risques majeurs; – proposant les mesures de maitrises des risques incontournables. L'accompagnement prévoira également des actions de formation en matière d'audit et de contrôle interne financier".

requer que os gestores públicos disponham de ferramentas de diagnóstico, gestão de risco, auditoria interna e novas estratégias gerenciais.

A reforma francesa evidencia que uma mudança no regime de responsabilização dos gestores públicos vincula-se a alterações do processo de responsabilização perante a *Cours des Comptes*, que se vincula a uma *mudança mais ampla no sistema de controle da Administração Pública*.

Essa reforma é uma reforma particular da França, que já tinha um sistema particular de responsabilização financeira. Não é uma tendência no Continente.

Na Espanha, por exemplo, conforme exposição do presidente da *Sección de Enjuiciamento del Tribunal de Cuentas de España*, Felipe Garcia Ortiz, no seminário sobre a relevância da efetividade da jurisdição financeira no século XXI, realizado em Portugal, "a responsabilidade exigida pelo Tribunal de Contas no exercício de sua função jurisdicional é somente reparatória, nunca sancionatória", supõe o dever de reintegrar os danos e prejuízos causados ao erário público, alcança "qualquer gestor de fundos públicos, qualquer que seja o seu cargo e área do setor público", bem como a "administração de qualquer elemento do patrimônio público, ainda que seja um particular que a exerça", quer se trate de pessoa física ou jurídica (Ortiz, 2017).

Ortiz ressaltou que na Espanha "predomina, em todos os âmbitos acadêmicos, profissionais e sociais, a ideia de potencializar a função jurisdicional do Tribunal de Contas, introduzindo as modificações normativas necessárias para sua modernização e eficácia", entre elas, a eliminação de distinções entre "a responsabilidade contábil por alcance e distinta de alcance", porque toda responsabilidade contábil sempre nasce de uma situação ilegal, dolosa ou de grave negligência que provoca prejuízo aos fundos públicos e sempre gera uma obrigação de indenizar os cofres públicos, e, portanto, "não tem sentido nem do ponto de vista jurídico-material nem processual dar tratamento distinto a fatos que são essencialmente iguais por sua natureza e efeitos para o Ordenamento Jurídico".

TOMADA DE CONTAS ESPECIAL

TCU entrega lista com 6.791 nomes inelegíveis por reprovação de contas – A lista é uma exigência da Lei da Ficha Limpa para as eleições.[1405]
TRE-MT disponibiliza lista de gestores que tiveram contas rejeitadas pelo TCE-MT e pelo TCU.[1406]
Justiça Eleitoral recebe do TCE-SP relação de gestores com contas irregulares – Agentes públicos com contas julgadas irregulares ficam inelegíveis por oito anos.[1407]
Sai a lista dos inelegíveis do TCU; quase 300 no AM- Relação dos políticos que possuem contas reprovadas pelo Tribunal de Contas da União é encaminhada à Justiça Eleitoral.[1408]
Paraná tem 1.275 políticos na lista de inelegíveis.[1409]

7.1 O problema

A tomada de contas especial é um instrumento processual de apuração de responsabilidades por dano ao erário.[1410] No entanto, essa finalidade é, muitas vezes, posta em segundo plano pela compreensão de que a essência decisória nesse processo, em razão até mesmo de sua denominação (tomada de contas especial), é a definição de um juízo sobre o "mérito das contas":[1411] contas regulares, regulares com ressalva ou irregulares.

1405 *TCU entrega lista com 6.791 nomes inelegíveis por reprovação de contas* (2022). Agência Brasil, Brasília, 10 ago. 2022.

1406 *TRE-MT disponibiliza lista de gestores que tiveram contas rejeitadas pelo TCE-MT e pelo TCU* (2022). Tribunal Regional Eleitoral-MT, Cuiabá, 17 ago. 2022.

1407 *Justiça Eleitoral recebe do TCE-SP relação de gestores com contas irregulares* (2022). Tribunal Regional Eleitoral-SP, São Paulo, 23 set. 2022.

1408 *Sai a lista dos inelegíveis do TCU; quase 300 no AM* (2020). Brasil Norte Comunicação, Manaus, 02 jul. 2020.

1409 *Paraná tem 1.275 políticos na lista de inelegíveis* (2014). Bem Paraná, 05 jun. 2014.

1410 Da conclusão de ocorrência de dano ao erário, seguem-se: a condenação do responsável a ressarcir ao erário o valor do dano apurado, a aplicação de multa, prevista no art. 57 da LOTCU-1992, e, ao final do processamento dos recursos, expedição de título executivo para cobrança judicial da dívida.

1411 Nessa perspectiva, permaneceriam por serem esclarecidas duas questões, em cada caso: o que é o objeto "contas" sobre o qual há que se proferir um juízo de regularidade e que finalidade demanda a emissão desse juízo?

Essa compreensão ganhou enorme relevância político-eleitoral em decorrência do Inciso I-G da Lei de Inelegibilidades,[1412] [1413] que, em sua redação original, estabelecia serem inelegíveis aqueles que tivessem suas contas rejeitadas por irregularidade insanável e por decisão irrecorrível do órgão competente.

Ao longo do tempo, esse entendimento assumiu a característica de um axioma, e petrificou-se uma concepção muito problemática sobre o que se faz e o que se deve fazer numa tomada de contas especial, pois, nesse processo, é o juízo de irregularidade (rejeição) de contas,[1414] e não a condenação do responsável a ressarcir o erário (imputação de débito), que suscita a incidência da inelegibilidade.

O reposicionamento do tema e a abordagem dos problemas discutidos neste capítulo começam por uma investigação histórica, normativa e analítica que pretende desobscurecer[1415] o sentido de uma tomada de contas especial, expurgando da compreensão desse processo a ideia de que nele há um juízo de mérito de contas (um juízo de auditoria ou juízo de valor sobre a gestão de um administrador) a ser feito.

A tomada de contas especial é um processo de apuração de responsabilidades que não precisaria ter sido denominado como foi e cuja denominação só teria pertinência com o conceito de "julgamento de contas especial" em casos muito particulares,[1416] e

[1412] Esse entendimento condicionou o desenho da processualística e a abordagem funcional do processo, o que condicionou os modelos mentais sobre sua finalidade, consolidados ao longo do tempo, tornando-se muito difícil de serem desfeitos.

[1413] Lei Complementar nº 64, de 1990: "Art. 1º São inelegíveis: I – para qualquer cargo [...] g) os que tiverem suas contas relativas ao exercício de cargos ou funções públicas rejeitadas por irregularidade insanável e por decisão irrecorrível do órgão competente, salvo se a questão houver sido ou estiver sendo submetida à apreciação do Poder Judiciário, para as eleições que se realizarem nos 5 (cinco) anos seguintes, contados a partir da data da decisão; [...]" (Redação original, alterada pela Lei complementar nº 135, de 2010, e complementada pela Lei complementar nº 184, de 2021).

[1414] Os problemas gerados pelo uso, em tomadas de contas especiais, dos mesmos critérios de emissão de juízos de contas previstos para serem proferidos em prestações de contas anuais, processos de finalidades muito distintas, responsabilidades diferentes e categorias de responsáveis que não são equivalentes, foram potencializados, como já se disse, pelo Inciso I-G da Lei de Inelegibilidades, pois é o juízo de contas irregulares e não a condenação a ressarcir o erário que pode conduzir à inelegibilidade, a ser declarada pela Justiça Eleitoral.

[1415] O tema é tão obscuro que os órgãos de comunicação do Tribunal de Contas da União encontram *enorme dificuldade em esclarecer "o que quer dizer 'contas irregulares"*. *Vide* recente esclarecimento a respeito em: https://sites.tcu.gov.br/contas-julgadas-irregulares/#perguntas_e_respostas. Acesso em: 17 ago. 2024. "8. O que quer dizer 'contas irregulares? *É a forma como o TCU classifica as contas* após a sua análise, que leva em conta os aspectos da legalidade, legitimidade, economicidade, eficiência e eficácia. A partir dessa análise, o TCU julga se as contas são regulares, regulares com ressalvas, irregulares ou iliquidáveis. As irregularidades das contas vêm: da omissão no dever de prestá-las; da prática de ato de gestão ilegal, ilegítimo, antieconômico, ou infração à norma legal ou regulamentar de natureza contábil, financeira, orçamentária, operacional ou patrimonial; de dano ao erário decorrente de ato de gestão ilegítimo ou antieconômico; ou de desfalque ou desvio de dinheiros, bens ou valores públicos ou de reincidência no descumprimento de determinações do Tribunal" (Grifos nossos). Depreende-se da explicação acima que o Tribunal, ao final de sua longa atividade analítica e de auditoria, deve num processo de contas anual "classificar as contas" em uma de quatro categorias: regulares, regulares com ressalvas, irregulares ou iliquidáveis. As questões mais complexas de serem respondidas, no entanto, são: o que é esse objeto "contas" que está sendo assim classificado, por qual razão se procede a essa classificação e que valor jurídico pode ser atribuído a ela? Essa mesma lógica classificatória seria aplicada numa tomada de contas especial, ao final de um processo de apuração de fatos e responsabilidades por dano ao erário. Nesse caso, a complexidade dessas questões aumenta: o que é o objeto "contas" a ser classificado nesse caso e por qual razão se procede a essa classificação nesses processos tão distintos das prestações de contas anuais?

[1416] Esse seria o caso em que se detectam indícios de dano ao erário imputado a um responsável típico, como se verá a seguir, cujas contas seriam apresentadas, examinadas e julgadas após o final do exercício financeiro. Em razão da potencial ocorrência de dano ao erário a ele imputado, suas contas são tomadas para fins de apuração e julgamento do fato lesivo ao patrimônio público, em caráter especial, daí o nome: tomada de contas especial. Mas esse não é o caso de uma "tomada de contas especial" instaurada, por exemplo, para apurar ocorrência de

nos quais apenas em situações muito específicas seria consentâneo proferir um juízo de contas como juízo de auditoria, sob as fórmulas "contas regulares, regulares com ressalva ou irregulares", aplicáveis ao julgamento de tomadas e prestações de contas anuais de administradores de dinheiros, bens e valores públicos.

O modelo processual formal centrado na emissão de um juízo sobre o mérito das contas permite, por exemplo, que, ao final de um processo de tomada de contas especial, o Tribunal decida que a imputação de dano ao erário feita inicialmente a um administrador de recursos públicos não subsiste, deixando, consequentemente, de subsistir a razão de ser do processo, mas ainda assim profira um juízo de contas irregulares, por irregularidades de menor relevância, de modo que o administrador poderia ser incluído na Lista de Responsáveis com Contas Julgadas Irregulares encaminhada à Justiça Eleitoral, tão somente porque suas "contas" haviam sido julgadas irregulares.[1417]

7.1.1 Razões para estudar o tema juízo de contas em tomadas de contas especiais

A tomada de contas especial tornou-se, como consequência da Lei de Inelegibilidades, um complicado e politicamente sensível processo de controle externo, que precisa ser estudado em profundidade, por várias razões.

7.1.1.1 A quase totalidade dos potenciais casos de inelegibilidade é gerada em tomadas de contas especiais e envolve agentes públicos de estados e municípios

A primeira dessas razões é que milhares de casos que compõem a Lista de Responsáveis com Contas Julgadas Irregulares do Tribunal de Contas da União derivam de decisões em processos de tomada de contas especiais. Pouquíssimos casos, comparativamente, referem-se a julgamento de contas ordinárias anuais de agentes públicos federais.

Esse fato pode ser constatado consultando-se a lista relativa ao exercício de 2024, no *site* do Tribunal de Contas da União.[1418]

De 9.690 registros com informação sobre a função exercida pelo responsável, mais da metade refere-se a dirigentes de entes federativos, sendo 4.280 referentes a prefeitos e

---

dano ao erário por superfaturamento havido em execução contratual e imputado a um agente público que está sujeito à tomada de contas ordinária anual.

[1417] A partir da Lei Complementar nº 184, de 2021, quando os estudos desta tese já estavam em andamento, esse problema foi mitigado, pois foi acrescido ao art. 1º da LC 64/1990 o seguinte dispositivo: "§4º-A. A inelegibilidade prevista na alínea 'g' do inciso I do *caput* deste artigo não se aplica aos responsáveis que tenham tido suas contas julgadas irregulares sem imputação de débito e sancionados exclusivamente com o pagamento de multa". Ou seja, depois dessa lei, encontrar-se-ão em situação de inelegibilidade apenas aqueles que tiverem suas contas relativas ao exercício de cargos ou funções públicas rejeitadas por irregularidade insanável que configure ato doloso de improbidade administrativa que cause dano ao erário (imputação de débito). No entanto, se a alteração reduz o risco de um agente público ser incluído na Lista de Inelegibilidades pelo cometimento de infração que não causou dano ao erário e apenada com multa de baixo valor, *deixará de fora* dessa lista pessoas que tiveram contas rejeitadas por cometerem irregularidades graves não danosas ao erário, apenadas com multa de alto valor e inabilitadas para ocupar cargos e funções na Administração Pública Federal.

[1418] Lista de responsáveis com contas julgadas irregulares com possível implicação eleitoral disponível em: https://contasirregulares.tcu.gov.br/ordsext/f?p=105:2:::NO:RP:P2_MOSTRAR_LISTA:1. Acesso em: 23 ago. 2024.

prefeitas. Outra parte expressiva abrange responsáveis por entidades privadas e pessoas qualificadas como empregados, servidores e beneficiários.

Portanto, a parte mais significativa da lista é composta por agentes públicos de municípios e estados que tiveram "suas contas especiais" julgadas irregulares.

7.1.1.2 Discutir o juízo de contas implica rediscutir o Inciso I-G da Lei de Inelegibilidades

Outra razão é que a revisão da formulação da decisão em tomada de contas especial, eliminando-se do acórdão do Tribunal de Contas qualquer formulação linguística sob a forma de juízo de contas, implica a rediscussão do já bastante controverso e incoerente Inciso I-G da Lei de Inelegibilidades, para colocar em novas bases a seguinte questão: quando uma decisão de um Tribunal de Contas tem dimensão suficiente de relevância e pertinência com os pressupostos de elegibilidade para constituir hipótese de inelegibilidade?

A revisitação dessa questão, no futuro, tenderá a produzir mudanças expressivas na processualística, nos procedimentos analíticos e no modo como os Tribunais de Contas veem o persistente problema de desperdícios e desvios de recursos públicos: um problema de gestão complexo, e não uma questão punitiva – sancionatória, ressarcitória, político-eleitoral e moral.

7.2 A sistematização do tema

Nas primeiras décadas de funcionamento do Tribunal de Contas, a tomada de contas das pessoas que tivessem contas a prestar[1419] poderia ser instaurada por exercícios, por gestão, por execução de contrato, para liquidação de comissão ou para comprovar a aplicação de adiantamento.[1420]

Como regra, a tomada de contas seria feita anualmente.[1421]

No começo de cada ano, os ministérios encaminhariam ao Tribunal "uma relação completa e circunstanciada de todos quantos tenham recebido, administrado, despendido ou guardado bens pertencentes à União, discriminados os respectivos responsáveis pelas repartições a que pertencerem".[1422]

Nos casos de identificação de desfalque ou desvio de bens da União, a tomada de contas seria iniciada imediatamente, "a fim de se apurar a situação do responsável".[1423]

Essas tomadas de contas, iniciadas excepcionalmente, fora do ciclo anual, também foram previstas anos mais tarde no Decreto-Lei nº 200/1967:[1424]

[1419] Na forma da legislação.

[1420] Art. 3º, 10, §1º, do Decreto nº 392/1896 (LOTCU-1896) e art. 181 do Decreto nº 2.409/1896 (RITCU-1896).

[1421] Art. 89 do Código de Contabilidade da União de 1922: "A tomada de contas dos responsáveis será feita anualmente. A dos exactores e pagadores terá por base a escrituração, em livro de contas correntes, das operações da receita e despesa, constantes de balancetes organizados e liquidados mensalmente".

[1422] Conforme art. 88 do Código de Contabilidade Pública da União de 1922 (CCU-1922).

[1423] Art. 90, §2º, do CCU-1922: "No caso de desfalque ou desvio de bens da União, a tomada de contas deverá ser iniciada imediatamente, a fim de se apurar a situação do responsável".

[1424] DL 200/1967: "Art. 84. Quando se verificar que determinada conta não foi prestada, ou que ocorreu desfalque, desvio de bens ou outra irregularidade de que resulte prejuízo para a Fazenda Pública, as autoridades administrativas,

Art. 84. Quando se verificar que determinada conta não foi prestada, ou que ocorreu desfalque, desvio de bens ou outra irregularidade de que resulte prejuízo para a Fazenda Pública, as autoridades administrativas, sob pena de co-responsabilidade e sem embargo dos procedimentos disciplinares, deverão tomar imediatas providências para assegurar o respectivo ressarcimento e instaurar a tomada de contas, fazendo-se as comunicações a respeito ao Tribunal de Contas.

Posteriormente, a atual LOTCU-1992 dispôs sobre um processo específico de apuração de dano ao erário, denominado de *tomada de contas especial*, que recebe disciplina detalhada em instrução normativa própria:[1425]

Art. 8º Diante da omissão no dever de prestar contas, da não comprovação da aplicação dos recursos repassados pela União, da ocorrência de desfalque ou desvio de dinheiros, bens ou valores públicos, ou, ainda, da prática de qualquer ato ilegal, ilegítimo ou antieconômico de que resulte dano ao Erário, a autoridade administrativa competente, sob pena de responsabilidade solidária, deverá imediatamente adotar providências com vistas à instauração da tomada de contas especial para apuração dos fatos, identificação dos responsáveis e quantificação do dano.

7.2.1 A tomada de contas imediata no Decreto-Lei nº 200/1967

O art. 84 do DL 200/1967 determina a imediata instauração de tomada de contas em duas situações: quando "se verificar que determinada conta não foi prestada";[1426] ou quando se verificar que "ocorreu desfalque, desvio de bens ou outra irregularidade de que resulte prejuízo para a Fazenda Pública" (dano ao erário).

Esse artigo é parte de um conjunto de disposições do Decreto-Lei nº 200/1967 sobre a responsabilidade de certos agentes pela arrecadação e dispêndio de recursos públicos (agentes recebedores, tesoureiros, ordenadores de despesas e pagadores) e a respectiva tomada de contas:[1427]

---

sob pena de co-responsabilidade e sem embargo dos procedimentos disciplinares, deverão tomar imediatas providência para assegurar o respectivo ressarcimento e instaurar a tomada de contas, fazendo-se as comunicações a respeito ao Tribunal de Contas".

1425 Ver Instrução Normativa-TCU nº 71/2012.

1426 A falta de "prestação de uma conta" implicava a presunção de prejuízo à Fazenda Pública.

1427 *Vide* DL 200/1967, arts. 80, 81 e 82: "Art. 80. Os órgãos de contabilidade inscreverão como responsável todo o ordenador da despesa, o qual só poderá ser exonerado de sua responsabilidade após julgadas regulares suas contas pelo Tribunal de Contas. §1º *Ordenador de despesas é toda e qualquer autoridade de cujos atos resultarem emissão de empenho, autorização de pagamento, suprimento ou dispêndio de recursos da União ou pela qual esta responda.* §2º O ordenador de despesa, salvo conivência, não é responsável por prejuízos causados à Fazenda Nacional decorrentes de atos praticados por agente subordinado que exorbitar das ordens recebidas. §3º As despesas feitas por meio de suprimentos, desde que não impugnadas pelo ordenador, serão escrituradas e incluídas na sua tomada de contas, na forma prescrita; quando impugnadas, deverá o ordenador determinar imediatas providências administrativas para a apuração das responsabilidades e imposição das penalidades cabíveis, sem prejuízo do julgamento da regularidade das contas pelo Tribunal de Contas. Art. 81. Todo ordenador de despesa ficará sujeito a tomada de contas realizada pelo órgão de contabilidade e verificada pelo órgão de auditoria interna, antes de ser encaminhada ao Tribunal de Contas. Art. 82. As tomadas de contas serão objeto de pronunciamento expresso do Ministro de Estado, dos dirigentes de órgãos da Presidência da República ou de autoridade a quem estes delegarem competência, antes de seu encaminhamento ao Tribunal de Contas para os fins constitucionais e legais. §1º A tomada de contas dos ordenadores, agentes recebedores, tesoureiros ou pagadores será feita no prazo máximo de 180 (cento e oitenta) dias do encerramento do exercício financeiro pelos órgãos encarregados da contabilidade analítica e, antes de ser submetida a pronunciamento do Ministro de Estado, dos dirigentes de

a) ordenador de despesa é definido como "toda e qualquer autoridade de cujos atos resultarem emissão de empenho, autorização de pagamento, suprimento ou dispêndio de recursos da União ou pela qual esta responda";
b) todo ordenador da despesa deve ser inscrito como responsável pelos órgãos de contabilidade e só poderá ser exonerado de sua responsabilidade após julgadas regulares suas contas[1428] pelo Tribunal de Contas;
c) cabe ao órgão de contabilidade tomar as contas do ordenador de despesa;
d) a tomada de contas dos ordenadores de despesas (e, também, as dos agentes recebedores, tesoureiros ou pagadores) deve ser feita em até 180 dias após o encerramento do exercício financeiro, pelos órgãos encarregados da contabilidade analítica;[1429]
e) a auditoria interna deve verificar e certificar a regularidade da tomada de contas procedida pelo órgão de contabilidade, antes de ser submetida ao pronunciamento do ministro de Estado e encaminhada ao Tribunal de Contas.

órgãos da Presidência da República ou da autoridade a quem estes delegarem competência, terá sua regularidade certificada pelo órgão de auditoria. §2º Sem prejuízo do encaminhamento ao Tribunal de Contas, a autoridade a que se refere o parágrafo anterior no caso de irregularidade, determinará as providências que, a seu critério, se tornarem indispensáveis para resguardar o interesse público e a probidade na aplicação dos dinheiros públicos, dos quais dará ciência oportunamente ao Tribunal de Contas" (Grifos nossos).

1428 Na verdade, o que exonerava o ordenador de despesas de suas responsabilidades pelas despesas que ordenou era a parte dispositiva da decisão, prolatada nos termos do art. 40 da LOTCU-1967, dando-lhe quitação, e não eventual juízo de contas regulares. O Tribunal de Contas da União, conforme disciplinado na LOTCU-1967 (Decreto-Lei nº 199/1967), julgava a regularidade das contas, ou seja, examinava a contabilização e a documentação pertinentes às transações financeiras e patrimoniais de responsabilidade do agente público, de modo a definir se ele se encontrava em situação de débito (responsabilidade por operações irregulares), crédito ou quite em relação à Fazenda Pública. O exame da regularidade das operações contábeis e documentos respectivos (julgamento da regularidade das contas) era, pois, um procedimento necessário para definição da situação do agente perante a Fazenda Pública, sendo esse o resultado do exercício da competência jurisdicional do Tribunal. Não se realizava esse exame com a finalidade de emissão de um juízo de auditoria financeira ou de auditoria de conformidade, ambos emitidos apenas em trabalhos de auditoria, realizados sob procedimentos técnicos bem delineados e normatizados, com finalidades não jurisdicionais (responsabilização financeira). Veja-se, a respeito, os seguintes dispositivos do Decreto-Lei nº 199/1967 (LOTCU-1967): "Art. 49. *Julgado em débito*, será o responsável notificado para, em 30 (trinta) dias, repor a importância do alcance, sob as penas do Regimento. Art. 40. O Tribunal de Contas: VI – *Mandará expedir quitação* aos responsáveis correntes em suas contas. Art. 50. O Tribunal, nos casos de não atendimento da notificação, poderá tomar as seguintes providências: a) ordenar a liquidação administrativa da fiança ou caução, se houver; b) determinar o desconto integral ou parcelado do débito nos vencimentos ou proventos do responsável; c) determinar a cobrança judicial, pela via executiva, nas Varas da Fazenda Federal, através dos Procuradores da República, que receberão a documentação e as instruções necessárias por intermédio do Ministério Público junto ao Tribunal de Contas" (Grifos nossos). E, também, os seguintes dispositivos do RITCU-1977: "Art. 42. As deliberações do Plenário terão a forma de ... IV – Acórdãos, quando se tratar de *condenação de responsável em débito*; V – Decisões, nos demais casos, especialmente quando se tratar de: a) tomada ou prestação de contas, ressalvada a hipótese do item anterior" (Grifos nossos); "Art. 107. Julgado em débito, será o responsável notificado para, em 30 (trinta) dias, repor a importância do alcance, acrescida dos juros de mora devidos e correção monetária sobre o valor do sob pena das seguintes cominações: I – sequestro dos seus bens, quanto baste e II- prisão administrativa"; "Art. 108. Se o Tribunal se convencer de que o débito é incobrável ou de que os custos da cobrança não serão compensados pelo ressarcimento, poderá determinar o arquivamento do processo".

1429 Sobre o "órgão de contabilidade analítica" à época, *vide* arts. 8º e 9º do Decreto nº 64.135, de 25.2.1969, que "aprova o Regulamento das Inspetorias-Gerais de Finanças e dá outras providências": "*Art. 8º* Ressalvada a peculiaridade do Ministério da Fazenda, as unidades responsáveis pela administração de créditos dos Ministérios Civis terão a seu cargo a contabilização analítica de suas operações, bem como a execução financeira respectiva, observando e cumprindo a orientação normativa que lhes for transmitida pelo Inspetor-Geral de Finanças, a cuja supervisão técnica ficam sujeitas, sem prejuízo da subordinação ao órgão em cuja estrutura administrativa estejam integrados. (Revogado pelo Decreto nº 67.206, de 1970) [...] *Art. 9º* Os responsáveis pelos setores de contabilidade e de execução financeira das unidades incumbidas da administração de créditos, serão designados pelo dirigente do órgão em cuja estrutura se integram, respeitadas a legislação e as normas em vigor. (Revogado pelo Decreto nº 67.206, de 1970)".

Sendo o ordenador de despesa a "autoridade de cujos atos resultarem emissão de empenho, autorização de pagamento, suprimento ou dispêndio de recursos da União ou pela qual esta responda", suas contas, tomadas pelos órgãos encarregados da contabilidade analítica, em até 180 dias após o encerramento do exercício financeiro, abrangeriam, nos termos do DL 200/1967, o conjunto documental pertinente aos seus atos de que resultaram "emissão de empenho, autorização de pagamento, suprimento ou dispêndio de recursos da União ou pela qual esta responda", relativos ao exercício financeiro.

O agente público na posição de ordenador de despesas responde pela regularidade, legalidade, economicidade e legitimidade dos atos que o caracterizam como ordenador de despesa perante o Tribunal de Contas da União, que poderá, no exercício da competência *de responsabilização financeira (jurisdicional-Intosai)*, se comprovada a ocorrência de dispêndios irregulares, ilícitos, ilegítimos ou antieconômicos, aplicar-lhe sanções[1430] e condená-lo a ressarcir o erário.

7.2.1.1 Tomada de contas imediata como uma tomada de contas extraordinária de pessoas já sujeitas à tomada de contas ordinária anual

Considerado esse contexto normativo e funcional da Administração, o art. 84 do DL 200/1967 refere-se a uma tomada de contas de natureza extraordinária relacionada a *pessoas já sujeitas à tomada de contas ordinária anual* (aquela que se realiza após o encerramento do exercício financeiro).

No mesmo sentido, o art. 39 do Decreto-Lei nº 199/1967 (LOTCU-1967):

> Art. 39. Sempre que o Tribunal, no exercício do controle financeiro e orçamentário e em consequência de *irregularidade nas contas de dinheiros arrecadados ou despendidos, verificar a configuração de alcance* determinará à autoridade administrativa providências no sentido de saná-las, podendo também mandar proceder ao imediato levantamento das contas, para a apuração dos fatos e identificação dos responsáveis. (Grifos nossos)

O art. 39 da LOTCU-1967 caracterizava bem o sentido de uma tomada de contas de natureza extraordinária: imediato levantamento das contas quando "verificar a configuração de alcance" em razão de irregularidade nas contas de dinheiros arrecadados ou despendidos.

No caso de "uma conta não prestada", a tomada de contas, iniciada em razão da presunção de dano ao erário, é de natureza extraordinária (especial) porque seguirá outro rito e será processada *depois* do momento em que ordinariamente ocorreria.

No caso de ocorrência de "desfalque, desvio de bens ou outra irregularidade de que resulte prejuízo para a Fazenda Pública", a tomada de contas é de natureza extraordinária (especial) porque se *antecipa*, em razão de ocorrência danosa ao erário (Fazenda Pública), um procedimento ordinário marcado para iniciar-se em momento futuro.

1430 *Vide* art. 53 do DL 199/1967: "Art. 53. As infrações das leis e regulamentos relativos à administração financeira, sujeitarão seus autores a multa não superior a 10 (dez) vezes o valor do maior salário-mínimo, independentemente das sanções disciplinares aplicáveis".

7.2.1.2 Tomada de contas imediata em sentido impróprio: um processo de apuração de responsabilidades por dano ao erário

Contudo, se observada a literalidade do art. 84 do DL 200/1967, poderia ser instaurado, nessa situação, um processo de tomada de contas,[1431] para apurar fatos e responsabilidades atribuíveis a pessoas que *não estavam sujeitas* à tomada de contas ordinária (pessoas que não eram ordenadores de despesa, agentes recebedores, tesoureiros ou pagadores e até mesmo pessoas que não eram servidores, empregados ou de qualquer forma qualificados como agentes públicos).[1432]

Assim, a legislação possibilitou que a mesma denominação "tomada de contas" fosse dada a processos abrangendo diferentes categorias de pessoas, em diferentes posições jurídicas e com finalidades muitos distintas.

Denominar como tomada de contas (depois tomada de contas especial) o procedimento administrativo de apuração de prejuízo à Fazenda Pública (dano ao erário), atribuído a uma categoria de pessoas que não desempenham funções que impliquem a obrigação de prestar contas periodicamente,[1433] acarretaria a adoção de uma processualística indevidamente similar, em muitos pontos, à de uma tomada de contas verdadeira.

E isso produziria problemas sérios: inconsistências conceituais, processuais e decisórias e resultados adversos. E algumas perguntas indispensáveis: por que razão se prolata um juízo de regularidade de contas nesses casos? Qual é a natureza e a fundamentação lógica da emissão desse juízo: juízo de auditoria, juízo jurisdicional-judiciário, juízo de valor, juízo declaratório, juízo classificatório? Seria a emissão desse juízo dispensável?

7.2.2 Revisitando o surgimento da tomada de contas ficta e do correspondente juízo de contas ficto

O problema do sentido, da natureza, da necessidade e possibilidade lógica, técnica e legal de emissão de juízos de contas[1434] assume no processo de tomada de contas especial uma dimensão de inconsistência muito maior do que ocorre no processo de prestação de contas anual.

Esse ponto de pesquisa começou a ser investigado em sua vertente histórica no Capítulo 3, e aqui retomamos a análise lá iniciada, para, em seguida, prosseguir nas discussões de algumas das questões centrais investigadas nesta tese.

Naquele capítulo, abordamos as duas categorias de pessoas abrangidas pela jurisdição do Tribunal, diferenciadas pela natureza da responsabilidade, ambas sujeitas à prestação de contas, conforme a LOTCU-1935:

[1431] Processo que na LOTCU-1992 foi denominado tomada de contas especial.

[1432] *Vide* o conceito de agente público adotado na Lei nº 8.429, de 1992: "Art. 2º Para os efeitos desta Lei, consideram-se agente público o agente político, o servidor público e todo aquele que exerce, ainda que transitoriamente ou sem remuneração, por eleição, nomeação, designação, contratação ou qualquer outra forma de investidura ou vínculo, mandato, cargo, emprego ou função nas entidades referidas no art. 1º desta Lei".

[1433] Obrigação cumprida mediante um processo ordinário de tomada de contas, especialmente construído para exame de um conjunto de inúmeras operações contábeis e transações financeiras e patrimoniais, visando, ao final, a exoneração ou imputação de responsabilidades pecuniárias, perante a Fazenda Pública, aos administradores de recursos públicos.

[1434] Problema estudado no Capítulo 3, sobre a formulação desses juízos em prestações de contas anuais.

> Art. 22. Estão *sujeitos à prestação de contas* e só por ato do Tribunal de Contas podem ser liberados de sua responsabilidade:
> 1º, o gestor dos dinheiros públicos e todos quantos houverem arrecadado, despendido, recebido depósitos de terceiros ou tenham sob sua guarda e administração, dinheiros, valores e bens da União;
> 2º, todos os funcionários públicos civis e militares, ou qualquer pessoa ou entidade, estipendiados pelos cofres públicos, ou não, que derem causa a perda, extravio ou estrago de valores, ou de material da União, ou pelas quais seja esta responsável. (Grifos nossos)

A segunda das duas categorias de pessoas então abrangidas pela jurisdição do Tribunal de Contas, expressa no §2º do art. 22 de sua Lei Orgânica de 1935, abarcava pessoas que *não* eram responsáveis "por dinheiros ou bens públicos": pessoas que não arrecadavam, despendiam ou administravam dinheiros públicos, nem mantinham ou administravam bens públicos.

O dispositivo referia-se a pessoas ou entidades (pessoas jurídicas) que dessem causa a alguma forma de perda patrimonial à União, fossem elas estipendiadas ou não pelos cofres públicos.

Anteriormente, em 1896, uma similar segunda categoria de jurisdicionados do Tribunal de Contas, menos abrangente do que aquela, havia sido prevista no Decreto nº 2.409/1896,[1435] que regulamentou a LOTCU-1896.[1436]

Segundo esse decreto, estavam submetidos à jurisdição do Tribunal de Contas, "para o efeito de prestação de contas", "todos os funcionários estipendiados pelos cofres da União, com excepção dos Ministros do Presidente da República, que derem causa a perda de valores pertencentes à União, ou pelos quais esta deva responder".

Naquele momento, a Constituição de 1891 estabelecia apenas que competia ao Tribunal de Contas "liquidar as contas da receita e despesa e verificar a sua legalidade, antes de serem prestadas ao Congresso".[1437]

[1435] RITCU-1896.

[1436] No Decreto Legislativo nº 392/1896 (LOTCU-1896), não havia essa previsão. Essa possibilidade surgiu no Decreto nº 2.409/1896, que aprovou o regulamento do Tribunal de Contas, norma infralegal. *Vide* art. 3º do DL 392/1896: "Art. 3º O Tribunal exercita a sua jurisdição contenciosa: 1) Processando, julgando, em única instância, e revendo as contas de todas as repartições, empregados e quaisquer responsáveis que, singular ou coletivamente, houverem administrado, arrecadado e despendido dinheiros públicos ou valores de qualquer espécie, inclusive em material, pertencentes à Republica, ou por que esta seja responsável e estejam sob sua guarda; bem assim dos que deverem prestar ao Tribunal, seja qual for o Ministério a que pertencerem, em virtude de responsabilidade por contrato, comissão ou adiantamento". *Vide* também o art. 64 e os artigos antecedentes do mesmo decreto: "*Art. 59.* O Tribunal de Contas tem jurisdição própria e privativa sobre as pessoas e as matérias sujeitas à sua competência. *Art. 60.* A essa jurisdição estão sujeitos todos os responsáveis por dinheiro, valores e material pertencentes à República, ainda que residam fora do país. *Art. 61.* O gestor de dinheiros públicos está sujeito à jurisdição do Tribunal de Contas pelo simples facto da gestão e só por ato do Tribunal pode ser liberado da sua responsabilidade. *Art. 62.* Todos quantos houverem tido sob sua guarda e administração valores e bens da República, por ato do Governo ou por contrato, estão adstritos à prestação de contas perante o Tribunal. *Art. 63.* Estão sujeitos à jurisdição do Tribunal de Contas os funcionários que houverem recebido, em nome da República, depósitos de terceiros, pelos quais a República responda como obrigada; se tais depósitos forem subtraídos ou extraviados, ao tribunal cabe julgar da responsabilidade pela subtração ou pelo extravio. *Art. 64.* Estão igualmente sujeitos à jurisdição do Tribunal, para o efeito de prestação de contas, todos os funcionários estipendiados pelos cofres da União, com excepção dos Ministros do Presidente da República, que derem causa à perda de valores pertencentes à União, ou pelos quais esta deva responder" (Grifos nossos).

[1437] CF-1891: "Art. 89. É instituído um Tribunal de Contas para liquidar as contas da receita e despesa e verificar a sua legalidade, antes de serem prestadas ao Congresso. Os membros deste Tribunal serão nomeados pelo Presidente da República com aprovação do Senado, e somente perderão os seus lugares por sentença".

Deixara-se amplo espaço para que a lei disciplinasse as competências do Tribunal. Entre elas, a revisão e o julgamento das contas, no exercício da jurisdição contenciosa, funcionando como Tribunal de Justiça,[1438] que declararia, em sentença, a situação do responsável perante a Fazenda: quite, em crédito ou em débito.[1439]

Em 1935, ano da redação da segunda Lei Orgânica, a situação era diferente. Estava em vigor a Constituição de 1934, que incorporara disposições sobre o Tribunal de Contas até então constantes apenas na LOTCU-1896.[1440] No art. 99, foi constitucionalizada a competência de julgar contas:

> Art. 99. É mantido o Tribunal de Contas, que, diretamente, ou por delegações organizadas de acordo com a lei, acompanhará a execução orçamentaria e *julgará as contas dos responsáveis por dinheiros ou bens públicos*. (Grifos nossos)

A LOTCU-1935, contudo, dizia que "estavam sujeitos à prestação de contas"[1441] não apenas "os responsáveis por dinheiros ou bens públicos", conforme previsão constitucional expressa, mas, também, "todos os funcionários públicos civis e militares, ou qualquer pessoa ou entidade, estipendiados pelos cofres públicos, ou não, que derem

---

1438 DL 392/1896: "Art. 3º O Tribunal exercita a sua jurisdição contenciosa: 1) Processando, julgando, em única instância, e revendo as contas de todas as repartições, empregados e quaisquer responsáveis que, singular ou coletivamente, houverem administrado, arrecadado e despendido dinheiros públicos ou valores de qualquer espécie, inclusive em material, pertencentes à República, ou por que esta seja responsável e estejam sob sua guarda; bem assim dos que deverem prestar ao Tribunal, seja qual for o Ministério a que pertencerem, em virtude de responsabilidade por contrato, comissão ou adiantamento. [...]".

1439 DL 392/1896: "Art. 4º As decisões do Tribunal sobre tomadas de contas dos responsáveis terão a forma de – acórdãos –, mencionarão o nome do responsável, o tempo e a natureza de sua responsabilidade, e o declararão quite, em credito ou em debito: *1)* No caso de estar o responsável quite ou em credito para com a Fazenda, concluirá a sentença por ordenar a expedição de quitação, o levantamento da fiança ou caução prestada e dos sequestros que hajam tido lugar, e a entrega do depósitos. Na hipótese de ser declarado o responsável em debito, a sentença fixará a importância do mesmo o condenará o devedor ao pagamento; *2)* Os acórdãos serão assignados pelo presidente do Tribunal e pelos diretores presentes à sessão, guardada a ordem de antiguidade. §1º A execução da sentença definitiva sobre tomada de contas, na parte em que condenar o responsável ao pagamento do alcance e à entrega dos valores ou do material sob sua guarda e administração, será promovida no Juízo Federal de Secção pelo respectivo procurador, à vista da cópia autêntica da sentença, remetida pelo representante do Ministério Público perante o Tribunal de Contas. [...]" (Grifos nossos).

1440 CF-1934: "Art. 99. É mantido o Tribunal de Contas, que, diretamente, ou por delegações organizadas de acordo com a lei, acompanhará a execução orçamentaria e julgará as contas dos responsáveis por dinheiros ou bens públicos. *Art. 100.* Os Ministros do Tribunal de Contas serão nomeados pelo Presidente da República, com aprovação do Senado Federal e terão as mesmas garantias dos Ministros da Corte Suprema. Parágrafo único – O Tribunal de Contas terá quanto á organização do seu Regimento Interno e da sua Secretaria, as mesmas atribuições dos tribunais judiciais. *Art. 101.* Os contratos, que, por qualquer modo, interessarem imediatamente à receita ou à despesa, só se reputarão perfeitos e acabados quando registrados pelo Tribunal de Contas. A recusa do registo suspende a execução do contrato até ao pronunciamento do Poder Legislativo. §1º Será sujeito ao registo prévio do Tribunal de Contas qualquer ato de Administração Pública, de que resulte obrigação de pagamento pelo Tesouro Nacional, ou por conta deste. §2º Em todos os casos a recusa do registo, por falta de saldo no credito ou por imputação a credito improprio, tem caráter proibitivo; quando a recusa tiver outro fundamento a despesa poderá efetuar-se após despacho do Presidente da República, registo sob reserva do Tribunal de Contas e recurso ex-officio para a Câmara dos Deputados. §3º A fiscalização financeira dos serviços autônomos será feita pela forma prevista nas leis que os estabelecerem. *Art. 102.* O Tribunal de Contas dará parecer prévio, no prazo de trinta dias sobre as contas que o Presidente da República deve anualmente prestar à Câmara dos Deputados. Se estas não forem enviadas em tempo útil, comunicará o fato à Câmara dos Deputados, para os fins de direito, apresentando-lhe, num ou noutro caso, minucioso relatório do exercício financeiro terminado" (Grifos nossos).

1441 Os "novos" responsáveis estavam, consequentemente, sujeitos a um "julgamento de contas", em que o Tribunal definiria a situação do responsável por valores e bens públicos perante a Fazenda Pública: em débito, quite ou em crédito.

causa a perda, extravio ou estrago de valores, ou de material da União, ou pelas quais seja esta responsável".

O instituto da prestação de contas era perfeitamente racionalizado como corolário da responsabilidade assumida pelo "gestor dos dinheiros públicos" e por todos que arrecadassem, despendessem, recebessem depósitos de terceiros ou tivessem sob sua guarda e administração dinheiros, valores e bens da União.[1442] [1443]

Havia que se estabelecer em relação aos agentes responsáveis por dinheiros, bens e valores públicos um procedimento de accountability, de prestação de contas, correspondente ao *exame da regularidade* das operações contábeis, orçamentárias, financeiras e patrimoniais (julgamento das contas) e a subsequente definição da situação do responsável perante a Fazenda Nacional.

No entanto, em relação às pessoas que a lei (não a Constituição) submetia à jurisdição do Tribunal unicamente por terem causado perda patrimonial à Fazenda Nacional, não se procedia segundo a mesma lógica, não havia um sentido de accountability; não havia um sentido de responsabilidade pela gestão de dinheiros, bens e valores pertencentes a outrem. Era uma questão de responsabilidade por ato ilícito danoso ao erário público.[1444]

O Tribunal de Contas apuraria e julgaria a responsabilidade dessas pessoas num processo cuja finalidade seria a reparação do prejuízo causado à Fazenda Pública (dano ao erário).

Mas não se estava procedendo à revisão e julgamento das contas, tal como se procedia no caso dos gestores e demais responsáveis por dinheiros, bens e valores públicos, sujeitos à obrigação de comprovar a regularidade das operações contábeis, orçamentárias, financeiras e patrimoniais sob sua responsabilidade perante o Tribunal de Contas.

A *LOTCU-1935* incorporava à jurisdição contenciosa do Tribunal de Contas, como fizera antes o decreto regulamentador da LOTCU-1896 de modo mais restrito, a apuração de responsabilidades que se distanciavam daquelas relacionadas à administração financeira, sujeita à fiscalização do Tribunal e à sua atuação de caráter judiciário, como a qualificaram Castro Nunes e Pontes de Miranda (1943).

Dizer que estavam sujeitos à prestação de contas e só por ato do Tribunal de Contas poderiam ser liberados de sua responsabilidade aqueles que dessem "causa a perda, extravio ou estrago de valores, ou de material da União, ou pelas quais seja esta responsável" significava estabelecer que esses casos estavam submetidos ao Tribunal para fins de apuração do prejuízo causado e eventual condenação à reparação, assim

---

[1442] LOTCU-1935, art. 22, 1º.

[1443] Ver também CF-1988: "Art. 70, parágrafo único: Prestará contas qualquer pessoa física ou jurídica, pública ou privada, que utilize, arrecade, guarde, gerencie ou administre dinheiros, bens e valores públicos ou pelos quais a União responda, ou que, em nome desta, assuma obrigações de natureza pecuniária". *Vide* art. 15 da Declaração dos Direitos do Homem e do Cidadão: "Art. 15º – A sociedade tem o direito de pedir contas a todo agente público pela sua administração".

[1444] *Vide* art. 159 do Código Civil de 1916: "Aquele que, por ação ou omissão voluntária, negligência, ou imprudência, violar direito, ou causar prejuízo a outrem, fica obrigado a reparar o dano". E, também, artigos do Código Civil de 2002: "Art. 186. Aquele que, por ação ou omissão voluntária, negligência ou imprudência, violar direito e causar dano a outrem, ainda que exclusivamente moral, comete ato ilícito. [...] Art. 927. Aquele que, por ato ilícito [arts. 186 e 187], causar dano a outrem, fica obrigado a repará-lo. Parágrafo único. Haverá obrigação de reparar o dano, independentemente de culpa, nos casos especificados em lei, ou quando a atividade normalmente desenvolvida pelo autor do dano implicar, por sua natureza, risco para os direitos de outrem".

como se submetiam à Corte, no exercício de sua função de fiscal da administração financeira, os casos de real presença de uma obrigação de prestação de contas decorrente da responsabilidade por "dinheiros e bens públicos".

Contudo, dessa disposição normativa não se poderia depreender que, naqueles casos, haveria, como havia para os demais jurisdicionados, uma prestação de contas a ser feita, um conjunto de documentos referentes a operações contábeis, financeiras, orçamentárias e patrimoniais a ser submetido ao exame do Tribunal de Contas.

O que se tinha é que a Lei Orgânica atribuía ao Tribunal de Contas duas competências judiciárias:

a) competência para "julgar (examinar) as contas dos responsáveis por dinheiros e bens públicos", com o objetivo de estabelecer a situação deles perante a Fazenda Nacional;
b) competência para julgar a responsabilidade de qualquer pessoa física ou jurídica por prejuízo patrimonial causado à Fazenda Nacional.

Embora fossem competências distintas, havia um ponto comum entre elas, que constituiria razão para serem atribuídas ao Tribunal de Contas: a jurisdição contenciosa do Tribunal, *então de feição judiciária*, caracterizava-se, em ambos os casos, pela possibilidade de prolação de uma sentença condenando o responsável a pagar determinada quantia à Fazenda Nacional.

No entanto, não sendo a segunda competência uma competência de revisão e julgamento das contas de certos agentes, corolário histórico da fiscalização da administração financeira, sua inclusão na jurisdição do Tribunal de Contas, afastandoa do Poder Judiciário, não poderia ser feita por lei.

Essa inclusão foi feita mediante a criação de uma ficção: "todos os funcionários públicos civis e militares, ou qualquer pessoa ou entidade, estipendiados pelos cofres públicos, ou não, que derem causa a perda, extravio ou estrago de valores, ou de material da União, ou pelas quais seja esta responsável", estariam "sujeitos à prestação de contas" e, portanto, à jurisdição contenciosa do Tribunal de Contas, do mesmo modo como estavam "o gestor dos dinheiros públicos e todos quantos houverem arrecadado, despendido, recebido depósitos de terceiros ou tenham sob sua guarda e administração, dinheiros, valores e bens da União".

Com esse caráter judiciário, todavia, somente a Constituição poderia, de forma indiscutível, dar essa atribuição ao Tribunal de Contas, excluindo-a do Poder Judiciário.

Se essa atribuição lhe tivesse sido dada diretamente na Constituição, não se precisaria recorrer àquela ficção, que ampliara já no final no século XIX, por via do regulamento da LOTCU-1896, e no começo do século XX, por meio da LOTCU-1935, a jurisdição contenciosa do Tribunal.

Desse modo, para que não surgissem dúvidas sobre a competência *jurisdicional-judiciária* do Tribunal de Contas, bastaria que o texto constitucional lhe atribuísse expressa competência para *julgar a responsabilidade* de pessoas físicas e jurídicas que dessem causa "a perda, extravio ou estrago de valores, ou de material da União, ou pelas quais seja esta responsável", ou mesmo, de modo mais amplo, por qualquer irregularidade de que resultasse prejuízo ao erário público.

A Constituição de 1988 evoluiu a competência de *responsabilização financeira* (jurisdicional-Intosai) do Tribunal de Contas da União nessa direção, conforme art. 71, II:

> Art. 71. O controle externo, a cargo do Congresso Nacional, será exercido com o auxílio do Tribunal de Contas da União, ao qual compete [...] II – julgar as contas dos administradores e demais responsáveis por dinheiros, bens e valores públicos da administração direta e indireta, incluídas as fundações e sociedades instituídas e mantidas pelo Poder Público federal, e as contas daqueles que derem causa a perda, extravio ou outra irregularidade de que resulte prejuízo ao erário público; [...].

No entanto, a redação do texto é falha, por não deixar claro quem são as pessoas sujeitas à jurisdição do Tribunal de Contas para fins de apuração e julgamento de responsabilidade por prejuízo causado ao erário.

Essa competência não foi expressa em termos mais precisos, como exemplo, "julgar a responsabilidade daqueles que derem causa a perda, extravio ou outra irregularidade de que resulte prejuízo ao erário público", de modo que é incerto que a Constituição tenha ampliado a competência do Tribunal de Contas para apurar responsabilidades e obrigar ao ressarcimento todos aqueles "que derem causa a perda, extravio ou outra irregularidade de que resulte prejuízo ao erário público", pois a expressão "julgar as contas" carrega uma noção delimitadora da jurisdição.

O sentido do texto "julgar as contas daqueles que derem causa a perda, extravio ou outra irregularidade de que resulte prejuízo ao erário público", quando contrastado com a primeira parte do mesmo dispositivo ("julgar as contas dos administradores e demais responsáveis por dinheiros, bens e valores públicos da administração direta e indireta"), é de difícil e controversa compreensão, por algumas razões.

Nem todas as pessoas que derem causa a "prejuízo ao erário público" são pessoas sujeitas a apresentar ou prestar contas ao Tribunal de Contas, como são os "administradores e demais responsáveis por dinheiros, bens e valores públicos da administração direta e indireta", já abarcados pela parte inicial do inc. II do art. 70 da Constituição.

Assim, há algumas hipóteses sobre o sentido da expressão "julgar contas".

Uma delas é que, a expressão "julgar contas" torna a competência (a) "*julgar as contas* daqueles que derem causa a perda, extravio ou outra irregularidade[1445] de que resulte prejuízo ao erário público" mais restrita do que uma competência (b) "*julgar a responsabilidade* daqueles que derem causa a perda, extravio ou outra irregularidade de que resulte prejuízo ao erário público", pois abarcaria um universo menor de pessoas físicas e jurídicas: aquelas passíveis de algum "julgamento de contas".

Esse universo poderia ser constituído pelas demais pessoas, físicas e jurídicas, sujeitas ao dever constitucional de prestar contas (art. 70, parágrafo único, Constituição),[1446] além

---

[1445] Observe-se que o termo *irregularidade* é um termo associado a aspectos contábeis, financeiros, operacionais ou patrimoniais da administração de recursos públicos (dinheiros, bens e valores).

[1446] CF-1988: "Art. 70. A fiscalização contábil, financeira, orçamentária, operacional e patrimonial da União e das entidades da administração direta e indireta, quanto à legalidade, legitimidade, economicidade, aplicação das subvenções e renúncia de receitas, será exercida pelo Congresso Nacional, mediante controle externo, e pelo sistema de controle interno de cada Poder. Parágrafo único. Prestará contas qualquer pessoa física ou jurídica, pública ou privada, que utilize, arrecade, guarde, gerencie ou administre dinheiros, bens e valores públicos ou

dos "administradores e demais responsáveis por dinheiros, bens e valores públicos da administração direta e indireta".

Outra possibilidade seria compreender que a expressão "julgar contas" da segunda parte do art. 70, II, tem um sentido figurado, de "julgar a responsabilidade", entendendo-se que todo aquele que causar prejuízo ao erário encontrar-se-ia em situação de responder perante o Tribunal de Contas do mesmo modo que respondem os responsáveis por dinheiros, bens e valores públicos que causam dano ao erário em processos de exame e julgamento anual de contas.

Qualquer que seja a interpretação, o sentido da ação "julgar contas" nos dois casos (parte inicial e parte final do art. 70, II) *não é o mesmo*.

O julgar as contas de administradores e demais responsáveis por dinheiros, bens e valores públicos tem uma construção histórica longa, desde a origem do Tribunal de Contas no Brasil, discutida no capítulo anterior, e envolveria, modernamente, um complexo processo de auditoria, desenvolvido com sistematicidade e periodicamente, e eventual apuração de responsabilidades por dano ao erário ou graves infrações normativas.

O julgar as contas daqueles que "derem causa a perda, extravio ou qualquer irregularidade de que resulte prejuízo ao erário público" corresponderia a um processo de apuração de responsabilidades abrangendo um universo de pessoas que pode ser tão amplo quanto a interpretação normativa possibilitar.

Se no primeiro caso cabe, em contextos bem precisos, formular juízos de regularidade, com sentido de juízo de auditoria, porque o "julgamento de contas" pode assumir, também, esse significado; no segundo, a formulação desse juízo é incabível, porque o "julgar contas" não tem qualquer possibilidade de assumir a natureza de juízo de auditoria, dada a finalidade do processo, pois a função do processo de apuração de responsabilidades por dano ao erário é integralmente cumprida com a conclusão do Tribunal a respeito: se a pessoa física ou jurídica for considerada responsável pelo dano ao erário, será condenada a ressarcir ao erário o valor do prejuízo causado; caso contrário, o processo será encerrado.

Compreender a gênese desse segundo "julgar contas" no texto constitucional de 1988 é uma investigação necessária para marcar bem a diferenciação em questão e é o objetivo da próxima seção.

7.2.3 O sentido da competência "julgar as contas daqueles que derem causa a perda, extravio ou outra irregularidade de que resulte prejuízo ao erário público" na Constituição de 1988

Nas Constituições[1447] de 1934, 1937, 1946 e 1967/1969, foi atribuída competência expressa ao Tribunal de Contas para julgar contas:

---

pelos quais a União responda, ou que, em nome desta, assuma obrigações de natureza pecuniária. (Redação dada pela Emenda Constitucional nº 19, de 1998)".

[1447] A Constituição de 1891 não atribuía competência de natureza judiciária ao Tribunal de Contas. Nos termos do art. 89, competia ao Tribunal de Contas "liquidar as contas da receita e despesa e verificar a sua legalidade, antes de serem prestadas ao Congresso". *Vide* o debate parlamentar sobre a função do Tribunal de Contas como Tribunal de Justiça quando da discussão da primeira Lei Orgânica do Tribunal, reportada no Capítulo 2.

> CF 1934 – Art. 99. É mantido o Tribunal de Contas, que, diretamente, ou por delegações organizadas de acordo com a lei, acompanhará a execução orçamentaria e *julgará as contas dos responsáveis por dinheiros ou bens públicos*.
> CF 1937 – Art. 114. Para acompanhar, diretamente, ou por delegações organizadas de acordo com a lei, a execução orçamentária, *julgar das contas dos responsáveis por dinheiros ou bens públicos* e da legalidade dos contratos celebrados pela União [...].
> CF 1946 – Art. 77. Compete ao Tribunal de Contas: [...] II – *julgar as contas dos responsáveis por dinheiros e outros bens públicos*, e as dos administradores das entidades autárquicas.
> CF 1967/1969 – Art. 70, 1º. O controle externo do Congresso Nacional será exercido com o auxílio do Tribunal de Contas da União e compreenderá a apreciação das contas do Presidente da República, o desempenho das funções de auditoria financeira e orçamentária, bem como o *julgamento das contas dos administradores e demais responsáveis por bens e valores públicos*. (Grifos nossos)

A competência do Tribunal de Contas para "julgar as contas" (julgar a responsabilidade) dos responsáveis por prejuízo causado ao erário público, o que denominamos como "jurisdição anômala", surgiu no texto constitucional apenas na Constituição de 1988:

> Art. 71. O controle externo, a cargo do Congresso Nacional, será exercido com o auxílio do Tribunal de Contas da União, ao qual compete: [...] II – julgar as contas dos administradores e demais responsáveis por dinheiros, bens e valores públicos da administração direta e indireta, incluídas as fundações e sociedades instituídas e mantidas pelo Poder Público federal, *e as contas daqueles que derem causa a perda, extravio ou outra irregularidade de que resulte prejuízo ao erário público*; [...]. (Grifos nossos)

Muito embora as leis orgânicas estabelecessem que estavam sujeitos à prestação de contas aqueles "que dessem causa a perda, extravio ou estrago de valores, ou de material da União, ou pelos quais seja essa responsável", e, portanto, abarcados por sua jurisdição, nenhuma das Constituições previu que o Tribunal *julgaria as contas* desses responsáveis tal qual examinava, revia e julgava as contas dos administradores e demais responsáveis por bens e valores públicos.[1448]

Como já analisado, a submissão desses responsáveis à jurisdição do Tribunal implicava a possibilidade de serem sentenciados a indenizar a Fazenda Pública, por prejuízos regularmente apurados, mas essa atuação não tinha a ver com o exame, a revisão e o julgamento da regularidade das operações contábeis, financeiras, orçamentárias e

[1448] DL 2.409/1896, que regulamentou a LOTCU-1896: "Art. 64. Estão igualmente sujeitos à jurisdição do Tribunal, para o efeito de prestação de contas, todos os funcionários estipendiados pelos cofres da União, com excepção dos Ministros do Presidente da República, que derem causa à perda de valores pertencentes à União, ou pelos quais esta deva responder". LOTCU-1935: "Art. 22. Estão sujeitos à prestação de contas e só por ato do Tribunal de Contas podem ser liberados de sua responsabilidade: [...] 2º, todos os funcionários públicos civis e militares, ou qualquer pessoa ou entidade, estipendiados pelos cofres públicos, ou não, que derem causa à perda, extravio ou estrago de valores, ou de material da União, ou pelas quais seja esta responsável". LOTCU-1949: "Art. 40. Estão sujeitos à prestação de contas e só por ato do Tribunal de Contas podem ser liberados de sua responsabilidade: [...] II – todos os servidores públicos civis e militares, ou qualquer pessoa ou entidade, estipendiados pelos cofres públicos, ou não, que derem causa à perda, extravio ou estrago de valores, ou de material da União, ou pelos quais seja esta responsável; [...]". LOTCU-1967: "Art. 34. Estão sujeitos à tomada de contas e só por ato do Tribunal de Contas podem ser liberados de sua responsabilidade: II – Todos os servidores públicos civis e militares ou qualquer pessoa ou entidade estipendiadas pelos cofres públicos ou não, que derem causa à perda, subtração, extravio ou estrago de valores, bens e material da União, ou pelos quais seja responsável. [...]".

patrimoniais de responsabilidade de administradores e outros responsáveis por bens e valores públicos.

7.2.3.1 A gênese da parte final do inc. II do art. 71

O ponto de partida da análise da gênese das competências atribuídas pela Constituição de 1988 ao Tribunal de Contas da União no art. 71, inc. II, é o "Anteprojeto de Constituição Afonso Arinos".[1449]

No art. 206,[1450] o Anteprojeto definia as funções a serem desempenhadas pela instituição que então se denominava de Tribunal Federal de Contas (auditoria financeira, orçamentária e operacional e o "julgamento das contas públicas, dos responsáveis pela arrecadação da receita e dos ordenadores de despesa, bem como dos administradores e demais responsáveis por bens e valores públicos, inclusive os da administração indireta e fundações"):[1451]

> Art. 206 – O Tribunal Federal de Contas, órgão auxiliar do Congresso Nacional, exercerá, mediante controle externo, a fiscalização financeira orçamentária e operacional sobre os atos da Administração Pública. [...]
> §2º – O controle compreenderá o desempenho das funções de auditoria financeira, orçamentária e operacional e o *julgamento das contas públicas, dos responsáveis* pela arrecadação da receita e dos ordenadores de despesa, bem como dos administradores e demais responsáveis por bens e valores públicos, inclusive os da administração indireta e fundações. [...]

[1449] Presidência da República. Despachos do Presidente da República. *Anteprojeto constitucional elaborado pela Comissão Provisória de Estudos Constitucionais*, instituída pelo Decreto nº 91.450, de 18 de julho de 1985. Essa comissão ficou conhecida como Comissão Afonso Arinos, composta por 50 membros e presidida por Afonso Arinos de Melo Franco.

[1450] Na Seção VII – Da fiscalização financeira e orçamentária do Capítulo VIII – Do Poder Legislativo do Título II – Do Estado Federal.

[1451] *Vide* demais disposições: "*Art. 205* – A fiscalização financeira e orçamentária da União será exercida pelo Congresso Nacional, mediante controle externo e pelos sistemas de controle interno do Poder Executivo, instituídos por lei. *Art. 206* – O Tribunal Federal de Contas, órgão auxiliar do Congresso Nacional, exercerá, mediante controle externo, a fiscalização financeira orçamentária e operacional sobre os atos da Administração Pública. §1º – Lei de iniciativa do Tribunal Federal de Contas disporá sobre sua organização, podendo criar delegações ou órgãos destinados a auxiliá-lo no exercício de suas funções e na descentralização de suas atividades. §2º – O controle compreenderá o desempenho das funções de auditoria financeira, orçamentária e operacional e o julgamento das contas públicas, dos responsáveis pela arrecadação da receita e dos ordenadores de despesa, bem como dos administradores e demais responsáveis por bens e valores públicos, inclusive os da administração indireta e fundações. *Art. 207* – A auditoria financeira, orçamentária e operacional será exercida sobre as contas das unidades administrativas do Executivo, do Legislativo e do Judiciário, que, para esse fim, deverão colocar à disposição do Tribunal Federal de Contas as demonstrações contábeis, a documentação e as informações por este solicitadas. Parágrafo único – O julgamento dos atos e das contas dos administradores e demais responsáveis será baseado em exames jurídicos, contábeis e econômicos, certificados de auditoria e pronunciamentos das autoridades administrativas, sem prejuízo das inspeções determinadas pelo Tribunal Federal de Contas. *Art. 208* – O Tribunal Federal de Contas dará parecer prévio, em noventa dias, sobre as contas que o Chefe do Executivo prestar anualmente ao Congresso Nacional. *Art. 212* – O processo e julgamento das contas terão caráter contencioso, e as decisões eficácia de sentença, construindo-se em título executivo. Parágrafo único – Da decisão caberá recurso, com efeito suspensivo, para o Congresso Nacional. *Art. 213* – O Tribunal Federal de Contas, de ofício ante provocação do Ministério Público ou das auditorias financeiras, orçamentárias e operacionais, se verificar a ilegalidade qualquer despesa, inclusive as referentes a pessoal e as decorrentes de editais, contratos, aposentadorias, disponibilidades, reformas, transferências para a reserva remunerada e pensões, deverá: I – assinar prazo razoável para que o órgão da Administração Pública adote as providências necessárias ao exato cumprimento da lei; II – sustar, se não atendido, a execução do ato impugnado. Parágrafo único – A parte que se considerar prejudicada poderá interpor recurso, sem efeito suspensivo, para o Congresso Nacional. *Art. 214* – Apurada a existência de irregularidades e abusos na gestão financeiro-orçamentária, o Tribunal Federal de contas aplicará aos responsáveis as sanções fixadas em lei. [...]" (Grifos nossos).

> Art. 212 – O processo e julgamento das contas terão caráter contencioso, e as decisões eficácia de sentença, constituindo-se em título executivo. [...]. (Grifos nossos)

O Anteprojeto mantinha a competência constitucional histórica do Tribunal para julgar as contas dos responsáveis por bens e valores ou dinheiros públicos. Nada dizia sobre o julgamento das contas daqueles que dessem causa a prejuízo ao erário público.

O ponto inicial da gênese dessa competência seria a Emenda 5B0139-0 do constituinte Osmundo Rebouças,[1452] apresentada ao Anteprojeto do Relator da Subcomissão de Orçamento e Fiscalização Financeira,[1453] da Comissão do Sistema Tributário, Orçamento e Finanças, da qual era relator o constituinte José Serra.

O Anteprojeto do Relator tratava do julgamento das contas no art. 24:[1454]

> Art. 24 – O controle externo será exercido com o auxílio do Tribunal de Contas da União e compreenderá: [...]
> II – o *julgamento dos atos*[1455] *e das contas dos administradores* e demais responsáveis por bens e valores públicos, da administração direta e indireta, inclusive as fundações e as sociedades civis instituídas ou mantidas pelo Poder Público federal; [...]. (Grifos nossos)[1456]

1452 Assembleia Nacional Constituinte (*Fase B. Emendas ao Anteprojeto do Relator da Subcomissão. Volume 152*, p. 196-256).

1453 Assembleia Nacional Constituinte (*V – Comissão do Sistema Tributário, Orçamento e Finanças. V-b – Subcomissão de Orçamento e Fiscalização Financeira. Anteprojeto dos Planos e Orçamentos, da Fiscalização Financeira, Orçamentária e Patrimonial*, 1987).

1454 *Vide* as demais disposições pertinentes: "*Art. 23* – A fiscalização financeira, orçamentária e patrimonial da União será exercida pelo Congresso Nacional, mediante controle externo, e pelos sistemas de controle interno de cada Poder, instituídos por lei. *Art. 24* – O controle externo será exercido com o auxílio do Tribunal de Contas da União e compreenderá: I- a apreciação das contas encaminhadas ao Congresso Nacional, anualmente, pelo Chefe do Poder Executivo; II- o julgamento dos atos e das contas dos administradores e demais responsáveis por bens e valores públicos, da administração direta e indireta, inclusive as fundações e as sociedades civis instituídas ou mantidas pelo Poder Público federal; III- a realização de inspeções e auditorias financeiras, orçamentárias e patrimoniais nos órgãos e entidades dos Poderes Executivo, Legislativo e Judiciário; IV- a fiscalização das entidades supranacionais de cujo capital o Poder Público participe, de forma direta ou indireta. *Art. 25* – Quem quer que utilize, arrecade, guarde, gerencie ou, por qualquer forma, administre bens e valores públicos ou que estejam sob a responsabilidade do Estado, disso prestará contas. / *Art. 27* – O Tribunal de Contas da União, de oficio ou mediante provocação do Ministério Público ou das auditorias financeiras, orçamentárias e patrimoniais, se verificar a ilegalidade de qualquer ato suscetível de gerar despesa ou variação patrimonial, inclusive editais, contratos, nomeações e contratações de pessoal, aposentadorias, disponibilidades, transferências para a reserva remunerada, reformas e pensões, deverá: I- assinar prazo razoável para que o órgão ou entidade da Administração Pública adote as providências necessárias ao exato cumprimento da lei; II- sustar, se não atendido, a execução do ato impugnado. / *Art. 28* – Verificada a existência de irregularidades ou abusos, o Tribunal de Contas da União aplicará aos responsáveis as sanções previstas em lei, que estabelecerá, dentre outras cominações: I- multa proporcional ao vulto do dano causado ao patrimônio público; II- inabilitação para o exercício de função, emprego ou cargo público, inclusive de natureza eletiva, pelo prazo de cinco a quinze anos. *Art. 29* – As decisões do Tribunal de Contas da União de que resulte imputação débito terão eficácia de sentença e constituir-se-ão em título executivo. [...]".

1455 A supressão da expressão "dos atos" foi proposta pelo constituinte Jessé Freire (emenda 5B0189-6). É pertinente registrar a sua justificação: "Com relação à supressão da expressão 'dos atos', note-se que o controle externo tem por objetivo estritos aspectos contábeis (receita e despesa) da ação governamental. A atribuição, ao Tribunal de Contas, de competência para 'o julgamento *dos atos* ... dos administradores', confere à Corte de Contas poder amplíssimo, que pode até mesmo ser interpretado corno abrangente inclusive da faculdade de avaliar critérios discriminários [*sic*]. A supressão da expressão 'dos atos' previne tal latitude de interpretação, sem prejuízo da preservação da correta competência jurisdicional do Tribunal, assegurada pela expressão 'julgamento *das contas*'- eis que nestas se expressam e se abrangem, no que respeita à receita e à despesa, *todos os efeitos dos atos* dos administradores públicos. [...]" (Grifado no original).

1456 *Vide* texto completo: "Art. 24 – O controle externo será exercido com o auxílio do Tribunal de Contas da União e compreenderá: I – a apreciação das contas encaminhadas ao Congresso Nacional, anualmente, pelo Chefe do Poder Executivo; II – o julgamento dos atos e das contas dos administradores e demais responsáveis por bens

A emenda do constituinte Osmundo Rebouças propunha a seguinte alteração no inc. II do art. 24:

> Art. 24 – [...] II – o julgamento das contas dos administradores dos três Poderes e demais responsáveis por bens e valores públicos, da Administração Pública federal, inclusive fundações e sociedades civis instituídas ou mantidas pelo Poder Público, *que derem causa a perda, extravio ou a outra irregularidade de que resulte prejuízo* à *Fazenda Pública*.
> Parágrafo único – regularidade da gestão orçamentária, financeira e patrimonial será acompanhada mediante relatório e demonstrativos dos administradores e do controle interno, sem prejuízo da ação realização de inspeções e auditorias julgadas necessárias pelo Tribunal de Contas. (Grifos nossos)

A emenda, com o adendo que fazia ao texto original (destacado em itálico), estabelecia que o Tribunal julgaria apenas as contas dos administradores e demais responsáveis por bens e valores públicos que dessem causa a "perda, extravio ou a outra irregularidade de que resulte prejuízo à Fazenda Pública", sob a seguinte justificação:

> A alteração objetiva evitar fluxo desnecessário de papéis, relatórios, balanços e balancetes, ao final de cada exercício, que, face aos prazos legais, terminam por tornar pouco produtivo a atividade clássica de auditoria.
> Assegurar ao TCU o controle sobre as contas consideradas regulares pelo controle interno e estabelecer o acompanhamento contínuo, através de relatórios relacionados à gestão e balancetes relativos às informações contábeis, como hoje parcialmente ocorre.
> A alteração proposta liberará recursos para atividades de controle mais relevantes à aferição da economicidade e eficiência da gestão pública, assim corno permitirá redirecionar a auditoria para ação preventiva, buscando evitar a ocorrência de fatos consumados que resultam usualmente em vultosos prejuízos para os cofres públicos.

A proposição não foi aprovada no anteprojeto final da Subcomissão. No entanto, na fase de elaboração do projeto da Comissão, o constituinte Osmundo Rebouças reapresentou a emenda (501107-8),[1457] sob nova justificação, a seguir reproduzida:

> A alteração objetiva evitar fluxo desnecessário de papéis, relatórios, balanços e balancetes, ao final de cada exercício, que, face aos prazos legais, terminam por tornar pouco produtiva a atividade clássica de auditoria.
> Em razão disso, liberará recursos para atividades de controle mais relevantes à aferição da economicidade e eficiência da gestão pública, assim como permitirá redirecionar a auditoria para ação preventiva, buscando evitar a ocorrência e o crescimento de irregularidades que resultam usualmente em vultoso prejuízos para os cofres públicos.
> *Assegura ao TCU o controle sobre as contas consideradas regulares pelo controle interno* e estabelece o acompanhamento contínuo, através de relatórios relacionados à gestão e balancetes relativos às informações contábeis, como hoje parcialmente ocorre. [...]

---

e valores públicos, da administração direta e indireta, inclusive as fundações e as sociedades civis instituídas ou mantidas pelo Poder Público federal; III – a realização de inspeções e auditorias financeiras, orçamentárias e patrimoniais nos órgãos e entidades dos Poderes Executivo, Legislativo e Judiciário; IV – a fiscalização das entidades supranacionais de cujo capital o Poder Público participe, de forma direta ou indireta".

1457 Assembleia Nacional Constituinte (*Emendas oferecidas à V – Comissão do Sistema Tributário, Orçamento e Finanças. Volume 141*, jun. 1987, p. 298-313).

> Finalmente cabe esclarecer que: I – sendo a auditoria a etapa final do controle interno dos 3 Poderes, o qual, face a mandamento constitucional, deve ensejar as condições indispensáveis para assegurar eficácia ao controle externo e a regularidade à realização da receita e da despesa, essa atividade estará mais apropriada no âmbito do controle interno, ficando o controle externo com a prerrogativa de realização de inspeções. II – Forçosamente há que se entender o objeto do capítulo II do Anteprojeto como *um sistema*, onde os diversos órgãos – sobretudo os controles interno e externo – se interagem e se complementam; caso contrário, a Constituição não elaborará em bom exemplo nos caminhos da redução das despesas públicas e da eficiência e eficácia na utilização dos instrumentos à disposição do Estado. Além disso, é necessário que a Constituição nasça inspirada em princípios ético morais sólidos, entre os quais figura, destacadamente, a confiança entre os entes formadores do Estado. (Grifos nossos)

Com essa emenda, mais bem explicada pela nova justificação, o parlamentar pretendia que o Tribunal de Contas *apenas recebesse e julgasse* as contas dos administradores e demais responsáveis por dinheiros, valores e bens públicos quando o controle interno as considerasse irregulares por terem os responsáveis dado causa a perda, extravio ou a outra irregularidade de que resultasse prejuízo à Fazenda Pública.

As contas consideradas regulares pelo controle interno seriam acompanhadas pelo Tribunal mediante "relatórios relacionados à gestão e balancetes relativos às informações contábeis", o que, como dizia a emenda, vinha ocorrendo parcialmente.

A emenda foi aprovada parcialmente[1458] no Substitutivo ao Anteprojeto da Comissão,[1459] elaborado pelo constituinte José Serra no art. 50, II:

> Art. 50 – O controle externo será exercido com o auxílio do Tribunal de Contas da União, ao qual compete: [...]
> II – o julgamento das contas dos administradores e demais responsáveis por dinheiros, bens e valores públicos, da administração direta e indireta, inclusive as fundações e as sociedades civis, instituídas ou mantidas pelo poder público federal, *os quais derem causa* a perda, extravio ou outra irregularidade de que resulte prejuízo à Fazenda Nacional. [...]. (Grifos nossos)

Posteriormente, a esse substitutivo[1460] foi apresentada emenda pelo constituinte Féres Nader (Emenda 5S0769-3),[1461] retomando a redação original,[1462] com a seguinte justificação:

[1458] A alteração descrita foi integralmente acolhida; o restante da emenda, não.

[1459] Assembleia Nacional Constituinte (*V – Comissão do Sistema Tributário, Orçamento e Finanças. Substitutivo. Volume 142*, p. 11). Ver também: Assembleia Nacional Constituinte (*V – Comissão do Sistema, Tributário, Orçamento e Finanças. Relatório e Anteprojeto da Comissão. Volume 144*, 1987, p. 11; 22).

[1460] Assembleia Nacional Constituinte (*V – Comissão do Sistema Tributário, Orçamento e Finanças. Substitutivo. Volume 142*, p. 11).

[1461] Assembleia Nacional Constituinte (*Emendas oferecidas ao Substitutivo. V – Comissão do Sistema Tributário, Orçamento e Finanças. Volume 143*, 1987, p. 197-232).

[1462] "Art. 50. [...] II – o julgamento das contas dos administradores e demais responsáveis por dinheiros, bens e valores públicos, da administração direta e indireta, inclusive as fundações e as sociedades civis, instituídas ou mantidas pelo Poder Público Federal".

A redação do Substitutivo, no particular, conflita com o disposto no seu artigo 48.[1463] Realmente, o texto trazido à apreciação da Comissão é incompleto e dá margem a dúvidas quanto ao seu verdadeiro sentido e alcance. Tratando-se de competência, é da maior conveniência que a regra jurídica seja posta de maneira clara e objetiva.

Na 8ª reunião da Comissão do Sistema Tributário, Orçamento e Finanças, realizada em 9.6.1987,[1464] o tema voltou a ser debatido:

> O SR. PRESIDENTE (Francisco Dornelles): – Foi retirada a emenda do Constituinte Jutahy Magalhães. Há um pedido de preferência para a *Emenda nº 769 do Constituinte Feres Nader*. Será defendida pelo Constituinte Messias Góis.
> O SR. CONSTITUINTE MESSIAS GÓIS: – Sr. Presidente, o ilustre Relator José Serra, ao elaborar novo Substitutivo no seu art. 54, ao que me consta, no desejo de amarrar o mais possível a fiscalização financeira, foi além. E, pelo que está no item II do art. 54, parte final diz: [...] os quais derem causa a perda, extravio ou outra irregularidade de que resulte prejuízo à Fazenda Nacional;
> Sugerimos que o ilustre Relator José Serra coloque o ponto final após a expressão "pelo poder público, federal". Só assim o Tribunal de Contas teria competência para, o tempo todo, acompanhar e fiscalizar a execução orçamentária, enfim, todo o processo administrativo. Do jeito que está, quer-me parecer, – foi o que estranhei – que o Tribunal de Contas só tomaria a iniciativa de fiscalizar quando surgisse escândalo nos jornais com alcance ou apropriação do dinheiro ou do patrimônio público. Colocando o ponto final após a expressão "poder público federal" o Tribunal de Contas se sentiria na obrigação de acompanhar a execução orçamentária no dia-a-dia, através da sua fiscalização.
> O SR. PRESIDENTE (Francisco Dornelles): – Com palavra o Constituinte José Serra.
> O SR. RELATOR (José Serra): – Meu caro Constituinte Messias Góis, V. Ex.ª também tem tido importante participação nos nossos trabalhos. A redação do item II do art. 54, no Substitutivo é mais abrangente, mais clara e objetiva. Eu ficaria com ela realmente, porque vai direto ao ponto e é mais abrangente.
> Se fizéssemos a exclusão que V. Ex.ª propõe, perderíamos... não é uma questão de vida ou morte, do ponto de vista do projeto. Mas acredite que, do jeito como está, ficaria melhor.
> O SR. CONSTITUINTE MESSIAS GÓIS: – Sr. Relator a palavra "prejuízo" é que está mal colocada, porque, a pessoa poderá cometer uma irregularidade processual que gera prejuízo, mas um prejuízo lato senso.
> Se se substituir à palavra "prejuízo" por outra... O SR. RELATOR (José Serra): Estou de acordo cor V. Ex.ª Apenas não temos uma emenda nesse sentido. *De qualquer modo será o caso de, mais adiante, revermos o assunto*. A observação é coerente, porque aqui é prejuízo no sentido amplo. O SR. CONSTITUINTE MESSIAS GÓIS: – Eu retiro o destaque. (Grifos nossos)

Depois dessa avaliação, a redação final do dispositivo foi alterada, passando a constar no projeto aprovado pela Comissão nos seguintes termos:[1465]

1463 Art. 48 do Substitutivo: "Prestará contas qualquer pessoa física ou jurídica que utilize, arrecade, guarde, gerencie ou, por qualquer forma, administre dinheiros, bens e valores públicos ou que estejam sob a responsabilidade do Estado, ou, ainda, que em nome deste assuma obrigações".

1464 Senado (*Anais do Senado Federal, Atas das Comissões*, p. 200-207).

1465 Assembleia Nacional Constituinte (*V – Comissão do Sistema Tributário, Orçamento e Finanças. Relatório e Anteprojeto da Comissão. Volume 144*, 1987, p. 11-26). Ver também: Assembleia Nacional Constituinte (*V – Comissão do Sistema Tributário, Orçamento e Finanças. Relatório e Anteprojeto da Comissão. Republicado Volume 145*, jun. 1987, p. 23-64).

> Art. 55 – O controle externo será exercido com o auxílio do Tribunal de Contas da União, ao qual compete: [...]
> II – o julgamento das contas dos administradores e demais responsáveis por dinheiros, bens e valores públicos, da administração direta e indireta, inclusive as fundações e as sociedades civis, instituídas ou mantidas pelo poder público federal, *e das contas daqueles* que derem causa a perda, extravio ou outra irregularidade de que resulte prejuízo à Fazenda Nacional; [...]. (Grifos nossos)

Essa seria, na essência, a redação do art. 71, inc. II, da Constituição.[1466] Nas demais fases da ANC, alguns pequenos ajustes foram feitos, mas não alteraram o teor das competências atribuídas ao Tribunal de Contas da União.[1467] [1468]

Analisado esse histórico, depreende-se que, desde o início da Assembleia Nacional Constituinte, no Anteprojeto Afonso Arinos, até esse último momento, não se manifestara qualquer intenção de se atribuir, na Constituição, competência ao Tribunal de Contas para "julgar a responsabilidade daqueles que derem causa a perda, extravio ou qualquer irregularidade de que resulte dano ao erário público", à semelhança da responsabilidade administrativa italiana.

Uma competência absolutamente distinta da competência histórica de julgar as contas dos administradores e demais responsáveis por dinheiros, bens e valores públicos, em que exerce tanto a função de auditoria *stricto sensu* quanto a função de responsabilização financeira (jurisdicional-Intosai),[1469] de impor sanções e imputar obrigação de ressarcir os prejuízos causados ao erário.

A redação final da Comissão do Sistema Tributário, Orçamento e Finanças resultou de uma reação à emenda que propôs atribuir ao Tribunal de Contas a competência de julgar as contas dos administradores e demais responsáveis por dinheiros, bens e valores *apenas* quando dessem causa a prejuízo à Fazenda Nacional.

Ou seja, uma função de julgamento dos administradores e demais responsáveis por dano ao erário público, deixando o Tribunal de exercer a função de auditoria anual das contas, ordinariamente, que seria desempenhada pelo controle interno.

7.2.3.2 A tese da separação de funções: Auditoria-Geral e Tribunal de Contas

Subjacente a essa intenção, estava o entendimento, compartilhado por alguns constituintes, de separação das funções de auditoria e julgamento, a serem desempenhadas

---

1466 CF-1988: "Art. 71. [...] II – julgar as contas dos administradores e demais responsáveis por dinheiros, bens e valores públicos da administração direta e indireta, incluídas as fundações e sociedades instituídas e mantidas pelo Poder Público federal, e as contas daqueles que derem causa a perda, extravio ou outra irregularidade de que resulte prejuízo ao erário público; [...]".

1467 *Vide* as alterações promovidas ao longo das demais fases da Assembleia Nacional Constituinte em: https://www.senado.leg.br/publicacoes/GeneseConstituicao/pdf/genese-cf-1988-1.pdf (p. 224-552).

1468 Nos documentos (relatórios, emendas, atas) disponíveis nos *sites* da Câmara dos Deputados e do Senado Federal, não foram identificados registros, relatos ou debates sobre a modificação procedida pelo relator da Comissão.

1469 Função responsabilizatória, função de responsabilização financeira, função jurisdicional clássica, função jurisdicional histórica, função jurisdicional-Intosai. Evitaremos mencioná-lo como função de julgar contas em razão do sentido distorcido que essa denominação alcança: julgar contas como proferir juízo de regularidade, irregularidade ou regularidade com ressalva, ou ainda, como proferir juízo de aprovação ou reprovação.

por instituições distintas: a primeira por uma Auditoria-Geral da República; a segunda, pelo Tribunal de Contas, que decidiria "contendas suscitadas com gestores de bens, valores e interesses da União".[1470]

Do diálogo entre os constituintes Messias Góis e José Serra, reproduzido anteriormente, resultava uma norma que, de um lado, afastava qualquer dúvida sobre a manutenção da competência histórica do Tribunal de Contas de julgar (auditar)

[1470] *Vide* Emenda 5B0019-9, do Senador Jutahy Magalhães, em Câmara dos Deputados (*Assembleia Nacional Constituinte. Fase B. Emendas ao Anteprojeto do Relator da Subcomissão, Volume 152*, p. 27-29-256): "[...] Art. [...] O Congresso Nacional fiscalizará a administração do patrimônio, a execução orçamentária, as finanças e a realização dos planos da União, a gestão de suas autarquias e das empresas de que a União participe, a aplicação das subvenções e das renúncias de receitas federais, sem prejuízo dos serviços específicos dos Poderes Executivo, Judiciário e Legislativo. §1º – O Congresso Nacional, no exercício da função fiscalizadora, será auxiliado pela Auditoria Geral da República e pelo Tribunal de Contas da União, conforme regulado em lei. [...] Justificação – Torna-se necessário modernizar a ação fiscalizadora da Câmara dos Deputados e do Senado Federal, e torná-la eficaz e tempestiva. Isso importa em separar a função julgadora, inerente a um tribunal, da função auditorial, específica a um órgão contábil independente. Na falta histórica deste, o Tribunal de Contas acrescentou, gradativamente, à sua missão inicial de 'liquidar as contas da receita e despesa e verificar a sua legalidade, antes de serem prestadas ao Congresso' (art. 89 da Constituição de 1891), atividades desenvolvidas nas ciências contábeis e que, hoje, constituem especialização da auditoria externa ou independente. Entretanto, *são heterogêneas e inacumuláveis a judicatura, ainda que carente de poder jurisdicional, e a auditoria contábil, sob pena de desvirtuar ambas.* Por isso, a primeira providência constitucional a respeito consiste em instituir a Auditoria Geral da República, subordinada ao Congresso Nacional, à semelhança do modelo já experimentado com êxito nos Estados Unidos da América, Chile, China, México, Peru, Venezuela e outros países. Obviamente, o serviço dessa especialidade precisa operar com autonomia e ser dirigido por profissional idôneo, diplomado na correspondente área técnico-científica. *Coerentemente, a função do Tribunal de Contas deve ser concentrada no julgamento. Decidirá contendas suscitadas com gestores de bens, valores e interesses da União.* Desnecessário julgar contas não impugnadas pela administração ou pela auditoria independente, até para impedir precipitadas atestações de regularidade e para prevenir insuperáveis congestionamentos de processos. [...]" (Grifos nossos). *Vide* também a Emenda 5B0053-9, do Deputado José Costa, na mesma publicação (p. 72-256): "Art. O Congresso Nacional fiscalizará quaisquer interesses da União, de suas autarquias e das empresas de que participem, sem prejuízo dos serviços internos dos Poderes Executivo, Judiciário e Legislativo. §1º As auditagens serão realizadas pela Auditoria Geral da República, subordinada ao Congresso Nacional e dirigida por bacharel em ciências contábeis nomeado, para período de dez anos, pelo presidente do Senado Federal, após concordância de ambas as Casas. §2º O julgamento das contendas com gestores e responsáveis por bens e valores da União serão julgados administrativamente pelo Tribunal de Contas da União, cujos ministros serão nomeados, em caráter vitalício, pelo presidente do Senado Federal depois e aprovados pelas duas Casas do Congresso Nacional. Justificação – A fiscalização congressual precisa atingir quaisquer interesses da União. Torna-se necessário segregar as funções de auditoria e de julgamento, ambas autônomas e vinculadas ao Parlamento Nacional. O Tribunal de Contas tinha por competência original 'liquidar as contas da receita e despesa e verificar a sua legalidade, antes de serem prestadas ao Congresso' (Constituição de 1891, art. 89). *Como é curial, a função de qualquer tribunal é judicante.* Mas aquele órgão auxiliar do Congresso Nacional passou a executar também atividades auditoriais [*sic*], presentemente configuradas em especialização do Curso de Bacharelado em Ciências Contábeis. Por outro lado, *a auditoria externa ou independente precisa exercitar suas elevadas funções com autonomia, separadamente da função julgadora* e também auxiliando o Congresso Nacional. [texto suprimido] Os detalhamentos referentes às atribuições específicas, à organização, ao funcionamento, à autonomia operacional, aos procedimentos e métodos, constituem matéria a ser regulada em lei, tanto com referência ao Tribunal de Contas quanto à Auditoria Geral" (Grifos nossos). Ver, ainda, Emenda 500353-9, do Deputado Carlos Chiarelli, em Brasil (*Assembleia Nacional Constituinte, Emendas oferecidas à V – Comissão do Sistema Tributário, Orçamento e Finanças. Volume 141*, 1987, p. 102-313): "Art. 19. O Congresso Nacional fiscalizará quaisquer interesses da União, através de suas Comissões, da Auditoria Geral da República e do Tribunal de Contas da União, sem prejuízo dos serviços internos dos Poderes Executivo, Judiciário e Legislativo. Parágrafo único. A lei regulará o processo de fiscalização e fixará as atribuições, organização e funcionamento dos órgãos fiscalizadores. Art. 20 A Auditoria Geral da República, subordinada ao Congresso Nacional, será dirigida por bacharel em ciências contábeis nomeado, para período de dez anos, pelo Presidente do Senado Federal, após concordância de ambas as Casas. Justificação – A fiscalização pelo Congresso Nacional precisa ser modernizada e dinamizada, à semelhança das Democracias mais eficazes. Nesse sentido, há que segregar as funções inerentes às Comissões do Senado Federal e da Câmara dos Deputados, as funções auditoriais [*sic*] e as funções de julgamento, as quais se completam mas não devem ser superpostas. *O Tribunal de Contas da União deve ocupar-se da função própria a qualquer tribunal.* As auditagens compreendem especialidade das Ciências Contábeis e, para serem eficazes, devem ser realizadas por órgão autônomo. Por isso, esta emenda introduz no Congresso Nacional a Auditoria Geral da República. [...]" (Grifos nossos).

ordinariamente as contas dos administradores e demais responsáveis por dinheiros, valores e bens públicos, da administração direta e indireta; e, de outro, a afirmação de sua competência para apurar, a qualquer tempo, a responsabilidade ("julgar contas") desses responsáveis por prejuízos causados ao erário público, competência que já estava implícita no texto constitucional anterior, de 1967/1969.[1471]

Também resultaria desse segundo "julgar contas", dessa própria expressão "julgar contas", que essa competência, *responsabilização financeira*, estender-se-ia a todas as pessoas, físicas e jurídicas, sujeitas ao dever constitucional de prestar contas, conforme art. 70, parágrafo único, da Constituição Federal de 1988,[1472] universo mais amplo do que o dos administradores e demais responsáveis por bens, dinheiros e valores públicos, da administração direta e indireta.

Mas desse "julgar contas de responsáveis que derem causa a prejuízo ao erário público" não resultaria um natural entendimento de que essa competência *de responsabilização financeira* alcançaria: (a) danos *não* decorrentes da utilização, arrecadação, guarda, gestão ou administração de dinheiros, bens e valores públicos ou pelos quais a União responda; e (b) a apuração de responsabilidade por prejuízo/dano causado por pessoas, físicas e jurídicas, que *não* se encontrem obrigadas ao dever constitucional de prestar contas pela utilização, arrecadação, guarda, gestão ou administração de dinheiros, bens e valores públicos ou pelos quais a União responda, tampouco assumiram obrigações pecuniárias em nome dela.

Essa é uma temática que pode ser profundamente discutida em outras pesquisas.

Para os fins desta tese, o que se busca é evidenciar, sob o prisma histórico e da gênese da Constituição de 1988, as distinções entre as duas competências e a lógica da emissão de juízos de contas[1473] nos processos em que o Tribunal de Contas as exerce.

7.2.4 Sistematização conceitual I: responsáveis-típicos, responsáveis-atípicos e responsáveis-anômalos

A Constituição Federal de 1988 incluiu no rol de competências do Tribunal de Contas da União duas competências de "julgar contas":

a) "julgar as contas dos administradores e demais responsáveis por dinheiros, bens e valores públicos da administração direta e indireta, incluídas as fundações

---

[1471] CF-1967: "Art. 71 – [...] §1º – O controle externo do Congresso Nacional será exercido com o auxílio do Tribunal de Contas e compreenderá a apreciação das contas do Presidente da República, o desempenho das funções de auditoria financeira e orçamentária, e *o julgamento das contas dos administradores e demais responsáveis por bens e valores públicos*" (Grifos nossos).

[1472] *Vide* CF-1988: "Art. 70 [...] Parágrafo único: Prestará contas qualquer pessoa física ou jurídica, pública ou privada, que utilize, arrecade, guarde, gerencie ou administre dinheiros, bens e valores públicos ou pelos quais a União responda, ou que, em nome desta, assuma obrigações de natureza pecuniária".

[1473] Sobre o julgamento das contas como emissão de juízo de valor, *vide* manifestação do Deputado João Natal: "[...] O controle que hoje se exerce sobre os dispêndios públicos é puramente formal, *sem qualquer juízo de valor* quanto à essência dos atos de gestão financeira A verificação processada é superficial, porque apenas afirma regularidade das contas, ou seja, a sua conformação com o ritual estabelecido para o processamento da despesa, sem passar ao Congresso Nacional informação alguma sobre os resultados alcançados, que seria a única indispensável para a *formação de juízo político* sobre a atuação do Governo. [...] O Legislativo, ao se pronunciar sobre as contas do Executivo, emite um conceito político e não jurídico, isto é, os atos de gestão orçamentária, financeira, e patrimonial não são vistos necessariamente pela ótica de sua legalidade ou regularidade, mas de sua conformidade com a política traçada pelo Governo" (Grifos nossos) (Assembleia Nacional Constituinte. *Diário da Assembleia Nacional Constituinte*, p. 557-559).

e sociedades instituídas e mantidas pelo Poder Público federal" (primeira competência-jurisdição);[1474]

b) "julgar as contas daqueles que derem causa a perda, extravio ou outra irregularidade de que resulte prejuízo ao erário público" (segunda competência-jurisdição).

Denominaremos as pessoas sujeitas à primeira competência-jurisdição do Tribunal como "responsáveis-típicos", os "jurisdicionados-anuais", ou seja, agentes públicos dos quais se tomam contas ordinariamente, na forma da legislação.

O sentido e a história da função de julgar as contas dos "responsáveis-típicos" (administradores e demais responsáveis por dinheiros, bens e valores públicos da administração direta e indireta) foram abordados nos capítulos anteriores.

Denominaremos como "responsáveis-atípicos" e "responsáveis- anômalos" as pessoas e entidades sujeitas à segunda competência-jurisdição: pessoas e entidades que respondem por dano ao erário em situações em que não se encontram na posição de responsável-típico (não são administradores nem responsáveis por dinheiros, bens e valores públicos da administração direta e indireta).[1475] Essa diferenciação será explicada a seguir.

O Constituinte de 1988 alçou à Constituição situações que atos infraconstitucionais haviam inserido na jurisdição do Tribunal de Contas no final do século XIX e no começo do século XX:[1476]

> Decreto 2.409/1896: Art. 64. Estão igualmente sujeitos à jurisdição do Tribunal, *para o efeito de prestação de contas*, todos os funcionários estipendiados pelos cofres da União, com excepção dos Ministros do Presidente da República, que derem causa a perda de valores pertencentes à União, ou pelos quais esta deva responder.
> Lei 156/1935: Art. 22. *Estão sujeitos* à *prestação de contas* e só por ato do Tribunal de Contas podem ser liberados de sua responsabilidade [...] 2º, todos os funcionários públicos civis e militares, ou qualquer pessoa ou entidade, estipendiados pelos cofres públicos, ou não, que derem causa a perda, extravio ou estrago de valores, ou de material da União, ou pelas quais seja esta responsável. (Grifos nossos)

[1474] A denominação competência-jurisdição, dada apenas para ganho de comunicação, não tem conotação de competência judicial, como se o Tribunal de Contas exercesse uma função especializada dentro do Poder Judiciário. *O Tribunal de Contas da União exerce uma função judiciária, especial e especializada, mas fora do Poder Judiciário. Vide* o que denominamos de "sistema judiciário", no Capítulo 5.

[1475] Decreto nº 2.409/1896: "Art. 63. Estão sujeitos à jurisdição do Tribunal de Contas os funcionários que houverem recebido, em nome da República, depósitos de terceiros, pelos quais a República responda como obrigada; se tais depósitos forem subtraídos ou extraviados, ao tribunal cabe *julgar da responsabilidade pela subtração ou pelo extravio.* Art. 64. Estão igualmente sujeitos à jurisdição do Tribunal, para o efeito de prestação de contas, todos os funcionários estipendiados pelos cofres da União, com excepção dos Ministros do Presidente da República, que derem causa à perda de valores pertencentes à União, ou pelos quais esta deva responder" (Grifos nossos). Observe-se, como disciplinado no art. 63, que na situação descrita – subtração ou extravio de depósitos –, o Tribunal julgaria "da responsabilidade pela subtração ou pelo extravio": o Tribunal não "julgaria as contas" dos responsáveis pela subtração ou pelo extravio.

[1476] Ver também CF-1988: "Art. 71. O controle externo, a cargo do Congresso Nacional, será exercido com o auxílio do Tribunal de Contas da União, ao qual compete: [...] *julgar as contas daqueles que derem causa a perda, extravio ou outra irregularidade de que resulte prejuízo ao erário público.* E a Lei 8443/1992: Art. 5º – A jurisdição do Tribunal abrange / II – aqueles que derem causa a perda, extravio ou outra irregularidade de que resulte dano ao Erário; [...]" (Grifos nossos).

Nessas situações, o Tribunal de Contas não realiza um exame de contas ordinário, envolvendo responsáveis-típicos. Nelas, o Tribunal, em processo próprio, denominado tomada de contas especial,[1477] [1478] apura a responsabilidade por dano ao erário, conforme declarado nas seguintes normas:

> LOTCU-1992
> Art. 8º Diante da omissão no dever de prestar contas, da não comprovação da aplicação dos recursos repassados pela União, na forma prevista no inciso VII do art. 5º desta Lei, da ocorrência de desfalque ou desvio de dinheiros, bens ou valores públicos, ou, ainda, da prática de qualquer ato ilegal, ilegítimo ou antieconômico de que resulte dano ao Erário, a autoridade administrativa competente, sob pena de responsabilidade solidária, deverá imediatamente adotar providências com vistas à instauração da tomada de contas especial para apuração dos fatos, identificação dos responsáveis e quantificação do dano.
> *IN TCU nº 71/2012*
> Art. 2º Tomada de contas especial é um processo administrativo devidamente formalizado, com rito próprio, para apurar responsabilidade por ocorrência de dano à Administração Pública federal, com apuração de fatos, quantificação do dano, identificação dos responsáveis e obter o respectivo ressarcimento.
> Parágrafo único. Consideram-se responsáveis pessoas físicas ou jurídicas às quais possa ser imputada a obrigação de ressarcir o Erário.

Essa denominação (tomada de contas especial) é inapropriada para uma variedade muito grande de processos de apuração de dano ao erário que envolvem:

a) *responsáveis-atípicos*, pessoas que não estão sujeitas a um procedimento ordinário de julgamento de contas anual, pois não são administradores ou responsáveis por dinheiros, bens e valores públicos da administração direta e indireta, submetidos ao processo ordinário anual de tomada de contas, mas que, no entanto, são passíveis de enquadramento no disposto no art. 70, parágrafo único, da CF-1988: "qualquer pessoa física ou jurídica, pública ou privada, que utilize, arrecade, guarde, gerencie ou administre dinheiros, bens e valores públicos ou pelos quais a União responda, ou que, em nome desta, assuma obrigações de natureza pecuniária";
b) e uma outra categoria de responsáveis, que denominamos de *responsáveisanômalos*, porque não são administradores ou responsáveis por dinheiros, bens

---

[1477] LOTCU-1992: "Art. 8º Diante da omissão no dever de prestar contas, da não comprovação da aplicação dos recursos repassados pela União, na forma prevista no inciso VII do art. 5º desta Lei, da ocorrência de desfalque ou desvio de dinheiros, bens ou valores públicos, ou, ainda, da prática de qualquer ato ilegal, ilegítimo ou antieconômico de que resulte dano ao Erário, a autoridade administrativa competente, sob pena de responsabilidade solidária, deverá imediatamente adotar providências com vistas à instauração da tomada de contas especial para apuração dos fatos, identificação dos responsáveis e quantificação do dano. §1º Não atendido o disposto no caput deste artigo, o Tribunal determinará a instauração da tomada de contas especial, fixando prazo para cumprimento dessa decisão. §2º A tomada de contas especial prevista no caput deste artigo e em seu §1º será, desde logo, encaminhada ao Tribunal de Contas da União para julgamento, se o dano causado ao Erário for de valor igual ou superior à quantia para esse efeito fixada pelo Tribunal em cada ano civil, na forma estabelecida no seu Regimento Interno. §3º Se o dano for de valor inferior à quantia referida no parágrafo anterior, a tomada de contas especial será anexada ao processo da respectiva tomada ou prestação de contas anual do administrador ou ordenador de despesa, para julgamento em conjunto".

[1478] Como veremos, essa denominação seria compatível apenas com o caso raríssimo, para não dizer inexistente, de "conta não prestada/omissão no dever de prestar contas".

e valores públicos da administração direta e indireta, nem pessoas obrigadas ao dever constitucional de prestar contas, porque não estão abrangidos pelo disposto no art. 70, parágrafo único, da CF-1988.

Toda pessoa física ou jurídica sujeita ao dever constitucional de prestar contas poderá ser demandada pelo Tribunal de Contas a demonstrar o bom e correto uso, guarda ou administração de bens e valores públicos sob sua responsabilidade.

Mas somente em casos bem regulados, discutidos anteriormente, essa comprovação será processada por meio de um procedimento ordinário de prestação, auditoria, exame e julgamento de contas, no qual, ao final, o Tribunal de Contas emitirá, quando cabível e possível, *no exercício da função de auditoria*, um juízo de auditoria,[1479] e promoverá, quando devidas, *no exercício da função de responsabilização financeira* (jurisdicional-Intosai), responsabilização ressarcitória (condenação a ressarcir o erário) e sancionatória (aplicação de multa).

Assim, em tomada de contas especial, instaurada para "apurar responsabilidade por ocorrência de dano à Administração Pública federal, com apuração de fatos, quantificação do dano, identificação dos responsáveis e obter o respectivo ressarcimento" (IN 71/2012), os responsáveis pelo dano podem ser:

a) responsáveis-típicos (jurisdicionados-anuais);[1480]
b) responsáveis-atípicos (jurisdicionados-especiais), sujeitos ao dever de prestar contas, mas não na forma de processo de contas anual;
c) responsáveis-anômalos, não sujeitos ao dever de prestar contas, de forma geral, pelo uso, guarda ou administração de bens e valores públicos.

7.3 As inconsistências e incoerências processuais

O que dá origem à série de problemas estudados e pesquisados neste capítulo é o fato de estar estabelecido no funcionamento processual do Tribunal de Contas que existem "contas" a serem julgadas numa tomada de contas especial, à semelhança de processos de contas anuais, e que o julgamento de mérito da TCE é uma decisão que declara as contas regulares, regulares com ressalva ou irregulares, nos mesmos termos do art. 16 da LOTCU-1992,[1481] aplicável a um julgamento das contas anuais dos

[1479] Juízo de auditoria associável aos termos *contas regulares, regulares com ressalva* ou *irregulares*.

[1480] O disposto nos §§2º e 3º do art. 8º aplica-se a esses responsáveis: "Art. 8º [...] §2º A tomada de contas especial prevista no caput deste artigo e em seu §1º será, desde logo, encaminhada ao Tribunal de Contas da União para julgamento, se o dano causado ao Erário for de valor igual ou superior à quantia para esse efeito fixada pelo Tribunal em cada ano civil, na forma estabelecida no seu Regimento Interno. §3º Se o dano for de valor inferior à quantia referida no parágrafo anterior, a tomada de contas especial será anexada ao processo da respectiva tomada ou prestação de contas anual do administrador ou ordenador de despesa, para julgamento em conjunto".

[1481] LOTCU-1992: "Art. 16. As contas serão julgadas: I – regulares, quando expressarem, de forma clara e objetiva, a exatidão dos demonstrativos contábeis, a legalidade, a legitimidade e a economicidade dos atos de gestão do responsável; II – regulares com ressalva, quando evidenciarem impropriedade ou qualquer outra falta de natureza formal de que não resulte dano ao Erário; III – irregulares, quando comprovada qualquer das seguintes ocorrências: a) omissão no dever de prestar contas; b) prática de ato de gestão ilegal, ilegítimo, antieconômico, ou infração à norma legal ou regulamentar de natureza contábil, financeira, orçamentária, operacional ou patrimonial; c) dano ao Erário decorrente de ato de gestão ilegítimo ao antieconômico; d) desfalque ou desvio de dinheiros, bens ou valores públicos. §1º O Tribunal poderá julgar irregulares as contas no caso de reincidência no descumprimento de determinação de que o responsável tenha tido ciência, feita em processo de tomada ou prestarão de contas. §2º Nas hipóteses do inciso III, alíneas c e d deste artigo, o Tribunal, ao julgar irregulares

administradores,[1482] supostamente pensados como juízos de auditoria, um processo de outra natureza e com outras finalidades:

> Art. 16. As contas serão julgadas:
> I – regulares, quando expressarem, de forma clara e objetiva, a exatidão dos demonstrativos contábeis, a legalidade, a legitimidade e a economicidade dos atos de gestão do responsável;
> II – regulares com ressalva, quando evidenciarem impropriedade ou qualquer outra falta de natureza formal de que não resulte dano ao Erário;
> III – irregulares, quando comprovada qualquer das seguintes ocorrências: a) omissão no dever de prestar contas; b) prática de ato de gestão ilegal, ilegítimo, antieconômico, ou infração à norma legal ou regulamentar de natureza contábil, financeira, orçamentária, operacional ou patrimonial; c) dano ao Erário decorrente de ato de gestão ilegítimo ao antieconômico; d) desfalque ou desvio de dinheiros, bens ou valores públicos

Muito embora a LOTCU-1992 prescreva que devem integrar a tomada de contas especial elementos que também integram as tomadas e prestação de contas,[1483] essa lei não estabelece expressamente que numa tomada de contas especial há que se proferir um "juízo de mérito", consistente em um juízo sobre a regularidade de contas, tal como a lei expressamente prescreve para o julgamento das tomadas e prestações de contas.[1484] [1485] É o regimento interno (RITCU) que dá o mesmo tratamento a processos tão distintos, no art. 201.[1486]

---

as contas, fixará a responsabilidade solidária: a) do agente público que praticou o ato irregular, e b) do terceiro que, como contratante ou parte interessada na prática do mesmo ato, de qualquer modo haja concorrido para o cometimento do dano apurado. §3º Verificada a ocorrência prevista no parágrafo anterior deste artigo, o Tribunal providenciará a imediata remessa de cópia da documentação pertinente ao Ministério Público da União, para ajuizamento das ações civis e penais cabíveis".

1482 LOTCU-1992: "Art. 7º As contas dos administradores e responsáveis a que se refere o artigo anterior serão anualmente submetidas a julgamento do Tribunal, sob forma de tomada ou prestação de contas, organizadas de acordo com normas estabelecidas em instrução normativa".

1483 LOTCU-1992: "Art. 9º Integrarão a tomada ou prestação de contas, inclusive a tomada de contas especial, dentre outros elementos estabelecidos no Regimento Interno, os seguintes: I – relatório de gestão; II – relatório do tomador de contas, quando couber; III – relatório e certificado de auditoria, com o parecer do dirigente do órgão de controle interno, que consignará qualquer irregularidade ou ilegalidade constatada, indicando as medidas adotadas para corrigir as faltas encontradas; IV – pronunciamento do Ministro de Estado supervisor da área ou da autoridade de nível hierárquico equivalente, na forma do art. 52 desta Lei".

1484 LOTCU-1992: "Seção II – Decisões em Processo de Tomada ou Prestação de Contas – Art. 10. A decisão em processo de tomada ou prestação de contas pode ser preliminar, definitiva ou terminativa / §2º Definitiva é a decisão pela qual o Tribunal julga as contas regulares, regulares com ressalva, ou irregulares. Art. 14. O Tribunal julgará as tomadas ou prestações de contas até o término do exercício seguinte àquele em que estas lhes tiverem sido apresentadas. Art. 15. Ao julgar as contas, o Tribunal decidirá se estas são regulares, regulares com ressalva, ou irregulares. [...]".

1485 A LOTCU-1992 não estabelece essa forma de decisão expressamente. Pode-se discutir se não o fez implicitamente. Seria possível cogitar essa mesma forma decisória na hipótese, da qual não se tem conhecimento que já tenha ocorrido, em que uma tomada de contas especial fosse instaurada em substituição a uma prestação ou tomada de contas de administradores não apresentada ordinariamente. Mas, neste caso, essa não seria uma tomada de contas especial instaurada com a finalidade expressa de apurar dano ao erário.

1486 RITCU-2012: "SEÇÃO III – DECISÕES – Art. 201. A decisão em processo de prestação ou de tomada de contas, *mesmo especial*, pode ser preliminar, definitiva ou terminativa / §2º. Definitiva é a decisão pela qual o Tribunal julga as contas regulares, regulares com ressalva ou irregulares. [...] Art. 205. Ao julgar as contas, o Tribunal decidirá se são regulares, regulares com ressalva ou irregulares" (Grifos nossos).

7.3.1 Decidir o mérito de um processo de tomada de contas especial não é proferir juízo de regularidade das contas:[1487] a desnecessidade ontológica de emissão desse juízo e a necessidade de se deixar de emiti-lo

Uma tomada de contas especial é "um processo administrativo devidamente formalizado, com rito próprio, para apurar responsabilidade por ocorrência de dano à Administração Pública federal, com apuração de fatos, quantificação do dano, identificação dos responsáveis e obter o respectivo ressarcimento", e são considerados responsáveis as "pessoas físicas ou jurídicas às quais possa ser imputada a obrigação de ressarcir o Erário".[1488]

Um acórdão normal do Tribunal de Contas da União em tomada de contas especial segue a seguinte organização decisória quando condena o responsável a ressarcir o erário (imputa débito):

a) rejeita as alegações de defesa do responsável;
b) julga irregulares as contas do responsável, com fundamento no art. 16, III, da LOTCU-1992 e em artigos do RITCU;
c) condena o responsável a ressarcir ao erário o valor apurado no processo e declarado no acórdão ("pagamento da quantia especificada"), solidariamente, ou não, com outras pessoas físicas ou jurídicas;
d) aplica ao responsável multa proporcional ao débito[1489] (valor do dano), prevista no art. 57 da LOTCU-1992.[1490]

Considerando a finalidade da tomada de contas especial, um acórdão de mérito, no exercício da *função de responsabilização financeira*,[1491] real sentido da função jurisdicional assimilável a uma decisão do Poder Judiciário, poderia ser organizado do seguinte modo:

a) rejeita as alegações de defesa;
b) condena o responsável a ressarcir ao erário o valor apurado no processo e declarado no acórdão;
c) aplica ao responsável multa proporcional ao débito (valor do dano), prevista no art. 57 da LOTCU-1992.

A eliminação do item de acórdão em que se profere um juízo de contas, fundamentado no art. 16 da LOTCU, não prejudica o alcance da finalidade do processo: a ocorrência de dano foi comprovada, o valor foi quantificado, os responsáveis foram identificados, condenados a ressarcir o erário e apenados com multa (função de responsabilização financeira).[1492]

[1487] Nesta tese, as expressões "juízo de regularidade de contas" e "juízo de contas" significam a manifestação do Tribunal que declare serem as contas regulares, regulares com ressalvas ou irregulares.

[1488] *Vide* art. 2º da Instrução Normativa-TCU nº 71, de 28.11.2012, também referida como IN 71-2012.

[1489] O fato de a LOTCU-1992 usar a expressão *débito*, em vez de *dano*, é uma evidência do olhar da lei ao processo histórico, em que o exame e o julgamento das contas se faziam para definir a situação do responsável perante o erário: em débito, em crédito ou quite.

[1490] LOTCU-1992: "Art. 57. Quando o responsável for julgado em débito, poderá ainda o Tribunal aplicar-lhe multa de até cem por cento do valor atualizado do dano causado ao Erário".

[1491] Função jurisdicional-Intosai.

[1492] Naturalmente, poderia ser feito o seguinte questionamento, após esse raciocínio: *por quais razões*, então, esse juízo vem sendo proferido? Não é objetivo desta tese responder a essa pergunta, mas algumas possibilidades podem ser levantadas: a) a consolidação dessa ideia como um axioma: em julgamento de contas, há que se proferir

Por outro lado, um acórdão que apenas proferisse um juízo de irregularidade de contas nada decidiria sobre a responsabilidade dos agentes e a quantificação do dano, o que é o objetivo do processo.

A decisão de mérito numa tomada de contas especial *não é, ontologicamente,* a emissão de um juízo de regularidade de contas.

7.3.2 Crítica dos juízos de contas proferidos numa tomada de contas especial

Numa tomada de contas especial, os "juízos sobre a regularidade das contas"[1493] são proferidos com fundamento no art. 16:

> Art. 16. As contas serão julgadas:
> I – regulares, quando expressarem, de forma clara e objetiva, a exatidão dos demonstrativos contábeis, a legalidade, a legitimidade e a economicidade dos atos de gestão do responsável;
> II – regulares com ressalva, quando evidenciarem impropriedade ou qualquer outra falta de natureza formal de que não resulte dano ao Erário;
> III – irregulares, quando comprovada qualquer das seguintes ocorrências:
> a) omissão no dever de prestar contas;
> b) prática de ato de gestão ilegal, ilegítimo, antieconômico, ou infração à norma legal ou regulamentar de natureza contábil, financeira, orçamentária, operacional ou patrimonial;
> c) dano ao Erário decorrente de ato de gestão ilegítimo ao antieconômico;
> d) desfalque ou desvio de dinheiros, bens ou valores públicos.

Esses juízos foram concebidos para serem proferidos em processos de prestação de contas anual de administradores públicos.[1494]

Num processo de prestação de contas anual, o Tribunal de Contas, como entidade fiscalizadora superior, deve proferir um juízo sobre a regularidade de contas (regulares, regulares com ressalva, irregulares) como um juízo de auditoria, conforme discutido no Capítulo 2.

Um processo de prestação de contas anual envolve, necessariamente, conforme disposto na LOTCU[1495] e demais normas pertinentes do TCU, a realização de auditorias. Um processo de tomada de contas especial, não.

O ART 16 baliza, de forma muito inconsistente, as condições para formulação desses juízos profissionais de auditoria, que só devem ser proferidos quando a atividade

---

um juízo de contas; b) o enorme ônus de revisão de um entendimento consolidado há mais de três décadas; c) resistência a mudanças expressivas; d) inexistência de pressões pela mudança; e) manutenção do poder de influência política desfrutado pelo Tribunal de Contas produzido por desse entendimento e potencializado pela Lei de Inelegibilidades.

[1493] Entre aspas porque, doravante, estamos nos referindo a uma manifestação que entendemos não ter a natureza de um juízo de auditoria de contas.

[1494] Na expressão "prestação de contas anual", está abrangida também, por facilidade de redação, a expressão "tomada de contas anual". A expressão "administradores de recursos públicos" sintetiza a expressão maior "administradores e demais responsáveis por dinheiros, bens e valores públicos".

[1495] LOTCU-1992: "Art. 7º As contas dos administradores e responsáveis a que se refere o artigo anterior serão anualmente submetidas a julgamento do Tribunal, sob forma de tomada ou prestação de contas, organizadas de acordo com normas estabelecidas em instrução normativa".

desempenhada com essa finalidade pelo controle interno, que realiza auditorias de contas, observar as normas e padrões profissionais de auditoria.

Juízos de regularidade, regularidade com ressalva ou irregularidade de contas emitidos em contextos que não são contextos reais de trabalhos de auditoria assumem outras características; não são nem juízos de auditoria nem juízos de natureza jurisdicional-responsabilizatória.

Juízos de regularidade, regularidade com ressalva ou irregularidade de contas emitidos em *contextos de não auditoria* podem assumir a qualidade de juízos de valor, juízos de avaliação da gestão, simples juízos classificatórios, simples fórmulas comunicativas e declaratórias de ocorrência ou inocorrência de irregularidades, entre outras possibilidades.

A emissão de juízos de regularidade, regularidade com ressalva ou irregularidade de contas em *contextos de não auditoria* em que assumem a qualidade de juízos de valor, juízos de avaliação da gestão, meros juízos classificatórios, meras fórmulas declaratórias de ocorrência/inocorrência de irregularidades, entre outras possibilidades, precisa encontrar fundamentação racional compatível com a razão de ser de um Tribunal de Contas, entidade fiscalizadora superior, com a natureza e finalidade dos processos em que são emitidos, com as competências definidas na Constituição e nas leis.

A natureza da emissão de juízos sobre a regularidade de contas em contextos de não auditoria precisa ser explicitada e justificada, para que não se tome como um juízo referente às conclusões de um trabalho de auditoria realizado com o rigor técnico-profissional exigido pelas normas e padrões mais elevados de auditoria (rigor que os Tribunais de Contas têm a pretensão de observar) uma manifestação que não tem essa natureza e qualidade.

Não há fundamentação constitucional ou legal, nem respaldo institucional, em normas produzidas pela Intosai, para emissão de juízos de contas como "juízos de valor" sobre a forma como o administrador e demais gestores de recursos públicos[1496] desempenharam suas funções; juízos dessa natureza são prolatados e percebidos como juízos morais.

Uma entidade fiscalizadora superior tem como características essenciais fundamentadoras de sua existência a autonomia, a independência, a imparcialidade e o profissionalismo. É incompatível com sua razão de ser desempenhar uma função de emitir juízos de valor.

Não deve emitir juízos de contas com a pretensão de serem juízos de auditoria quando não tenham por substrato trabalhos de auditoria reais que fundamentem e possibilitem a emissão de juízos dessa natureza compatível com a finalidade que justifica a existência desses juízos.

Um Tribunal de Contas não deve emitir juízos de valor.

Uma tomada de contas especial não é um processo de auditoria. Consequentemente, os juízos de contas proferidos nesse processo não são juízos de auditoria.

[1496] Por facilidade de redação, evitando repetições enfadonhas, a expressão "dinheiros, bens e valores públicos", constante na Constituição, será também substituída por "recursos públicos".

No entanto, esses juízos são proferidos sempre referenciados ao art. 16 da LOTCU-1992,[1497] porque não é admissível a emissão de juízos de contas, aos quais se dá normativamente a possibilidade de qualificação como decisão de mérito, sem base em critérios estabelecidos em normas jurídicas ou em normas e padrões técnicoprofissionais de auditoria.

Assim, ao serem proferidos juízos de contas que não podem ter a qualidade de juízos de auditoria, porque o processo em que estão sendo emitidos não é um processo de auditoria, mas que se fundamentam em norma (ART. 16) que, presumidamente, estabeleceu critérios para formulação de juízos de auditoria, duas possibilidades serão aventadas:

a) ou esses juízos não podem ser proferidos, visto que a norma referenciada não serve como fundamento;
b) ou estão sendo tomados como *não juízos de auditoria*.

Neste último caso, a aplicação desses juízos em uma tomada de contas especial requer a elaboração de uma fundamentação que explique a natureza desse juízo e a imprescindibilidade jurídica de ser proferido, com que finalidade, com qual base jurídica.[1498]

Essa fundamentação não existe.

Em tomadas de contas especiais, a análise lógico-abstrata e a realidade empírica mostram que um "juízo de contas irregulares" é uma fórmula linguística que tão somente expressa a constatação de ocorrência de dano ao erário (e, muitas vezes, indevidamente, de irregularidades não danosas), sem significado de opinião de auditoria e sem real qualidade decisória, pois não representa a definição da situação jurídica do responsável perante o erário: ressarcir o dano causado ou não.

Quando se trata de um "juízo de contas regulares", esse juízo não representa o critério jurídico enunciado como sua fundamentação, o art. 16, I, da LOTCU-1992: "as contas serão julgadas regulares, quando expressarem, de forma clara e objetiva, a exatidão dos demonstrativos contábeis, a legalidade, a legitimidade e a economicidade dos atos de gestão do responsável".

Esse juízo seria proferido para expressar que não foi constatada a ocorrência de dano ao erário, em oposição ao "juízo de contas irregulares", mas sem representar o enunciado usado como fundamento, pois a atividade de apuração dos fatos, identificação dos responsáveis e quantificação do dano não envolve o exame da exatidão dos demonstrativos contábeis (auditoria financeira), tampouco o exame da legalidade, legitimidade e economicidade do conjunto dos atos de gestão do responsável (auditoria de conformidade).

[1497] Os juízos do art. 16 da LOTCU-1992 não foram definidos para serem fórmulas linguísticas anódinas. Por isso, pelo contexto, e pela redação dada ao inc. I ("As contas serão julgadas: I – regulares, quando expressarem, de forma clara e objetiva, a exatidão dos demonstrativos contábeis, a legalidade, a legitimidade e a economicidade dos atos de gestão do responsável; [...]"), espera-se que sejam proferidos como juízos de auditoria.

[1498] A base jurídica aventada seria: "a lei diz que o Tribunal deve proferir esse juízo". No entanto, ainda que a lei fosse cristalina nesse sentido, o que não é, o "porquê" subjacente há que ser identificado para a adequada hermenêutica, ainda mais quando o critério de seleção dos juízos é o mesmo aplicável aos juízos proferidos em processos de contas anuais, cujos objetivos, conforme a lei, são muito diferentes.

Isso revela a incompatibilidade entre a ação analítica desempenhada e o fundamento da conclusão (contas regulares).

Não havendo compatibilidade, a conclusão não pode ser emitida, a não ser que o enunciado (contas regulares) assuma um sentido diferente, requerendo outra fundamentação jurídica, inexistente, porque não se encontra, nos acórdãos do Tribunal de Contas da União que proferem juízo de regularidade de contas em tomada de contas especial, outra fundamentação legal que não seja o art. 16, I, da LOTCU1992.

Inexistente essa fundamentação jurídica, é inviável proferir "juízo de contas regulares", o que produziria uma contradição insuperável: se em tomada de contas especial há que se proferir um juízo de contas (regulares, irregulares), juridicamente fundamentado no art. 16 da LOTCU-1992, é incoerente admitir que seja viável assim se proceder apenas para emitir juízo de contas *irregulares*, mas não um juízo de contas regulares.[1499]

Essa análise de consistência lógico-normativa corrobora a constatação mais visível de que a emissão de juízos de contas em tomada de contas especial é incompatível com a finalidade do processo[1500] e deve ser eliminada.

Uma tomada de contas especial está plenamente decidida quando o Tribunal decide por condenar os responsáveis a ressarcir ao erário os prejuízos causados, ou conclui que nada há a ressarcir e arquiva o processo.

É um processo distinto de um processo anual de exame de um conjunto de atos e fatos ocorridos em determinado período, submetidos a escrutínio mediante métodos de auditoria, para, ao final, ser prolatada uma opinião de auditoria, juízo sobre a regularidade das contas, conforme art. 16 da LOTCU.

Em muitos casos é muito evidente que nem mesmo existe um objeto sob apreciação que se possa denominar "contas" para fins de sobre ele prolatar uma declaração de regularidade.

Em tomada de contas especial, exceto em uma situação única, de tomada de contas *stricto sensu*, explicada na próxima seção, da qual não se tem registro conhecido, o "juízo sobre a regularidade das contas" assume, de fato, duas características:

a) uma forma linguística expletiva de declarar que o responsável, pessoa física ou jurídica, cometeu irregularidades reputadas graves ("julgar irregulares suas contas") ou que não as cometeu ("julgar regulares com ressalva ou regulares suas contas");
b) um juízo moral negativo sobre a conduta do responsável a quem se atribui o cometimento de irregularidades reputadas graves ("julgar irregulares as suas contas"), e, inadvertidamente, um juízo moral positivo, quando o juízo é de contas regulares.

As formas expletivo-comunicativas (contas regulares/irregulares) ganharam indevidos e anômalos efeitos jurídicos em razão do Inciso I-G da Lei de Inelegibilidades, o que faz da emissão desses "juízos de contas" em tomada de contas especial *um problema sério*, pois a hipótese de inelegibilidade não é a condenação a ressarcir o erário

---

1499 O juízo de "contas regulares com ressalva" aparece entre os outros dois juízos, quase sempre como um juízo "curinga", como será visto mais à frente.

1500 A não ser em um caso muito particular, inexistente na prática, que será explicado na próxima seção.

nem eventual sanção de inabilitação,[1501] como poderia ser: é o juízo de irregularidade (rejeição) de contas, uma manifestação que deve deixar de ser feita.

A eliminação de uma manifestação lógica e funcionalmente indevida em tomada de contas especial implicará a adequação interpretativa da aplicação do Inciso I-G, ou a sua revisão.

Essa eliminação *facilitará a mudança de modelo institucional-mental* do papel das tomadas de contas especiais na relação Administração-Tribunal de Contas: um processo, que, dada a possibilidade de o "julgamento pela irregularidade" levar à inelegibilidade, associada à séria mácula moral e de probidade, é percebido, por todas as partes (Administração, responsáveis e Tribunal de Contas), também, como um processo sancionatório, que permite ao controle externo expurgar da vida pública, por um longo período, os "maus gestores".

A mais notória demonstração da predominância desse modelo que podemos denominar TCE-Juízo de Contas-Inelegibilidade-Sanção Moral é dada pela exposição e repercussão da entrega da Lista de Responsáveis com Contas Irregulares ao Tribunal Superior Eleitoral, e as situações equivalentes nos estados.[1502]

Dá-se grande atenção ao número de gestores com contas reprovadas, mas nenhuma ou quase nenhuma sobre o montante do desperdício de recursos públicos[1503] apurado nas tomadas de contas especiais, as ações que podem ser adotadas para minimizar os prejuízos ou as ações de cobrança possíveis.

São raros os estudos sobre os tipos de danos ao erário, suas prováveis causas e as medidas estruturais de longo prazo para diminuir os desperdícios e desvios de recursos apurados ano a ano em "processos de responsabilização por dano ao erário" (tomadas de contas especiais).

7.3.3 Sistematização conceitual II: a anatomia do art. 8º da LOTCU e os diferentes tipos de tomada de contas especial

De acordo com o art. 8º da LOTCU, uma tomada de contas especial deve ser instaurada nas seguintes *situações*:

A) omissão no dever de prestar contas;
B) não comprovação da aplicação dos recursos repassados pela União aos entes federativos, mediante convênio ou instrumentos congêneres;
C) desfalque ou desvio de dinheiros, bens e valores públicos;
D) prática de qualquer ato ilegal, ilegítimo ou antieconômico de que resulte dano ao erário.

[1501] *Vide* LOTCU-1992: "Art. 60. Sem prejuízo das sanções previstas na seção anterior e das penalidades administrativas, aplicáveis pelas autoridades competentes, por irregularidades constatadas pelo Tribunal de Contas da União, *sempre que este, por maioria absoluta de seus membros, considerar grave a infração cometida*, o responsável ficará inabilitado, por um período que variará de cinco a oito anos, para o exercício de cargo em comissão ou função de confiança no âmbito da Administração Pública" (Grifos nossos).

[1502] Nos Estados, o problema abrange em maior parte as contas anuais, porque os Tribunais de Contas julgam centenas de contas anuais referentes aos municípios sob sua jurisdição.

[1503] Obras inacabadas, superfaturamentos, pagamentos indevidos etc.

7.3.3.1 A tomada de contas especial stricto sensu

A *situação "A"* corresponde ao caso que denominamos *tomada de contas especial stricto sensu.*

A omissão no dever de prestar contas corresponde a uma situação de não comprovação da aplicação de recursos, diferenciando-se da situação *"b"*, porque não envolveria a aplicação de recursos da União repassados aos demais entes federados.

É uma situação que corresponderia, em tese, a uma hipótese de probabilidade de ocorrência quase nula: a não apresentação de prestação de contas ordinária por um responsável-típico da administração direta ou indireta da União, caso em que a tomada de contas especial corresponderia ao levantamento das contas para exame e julgamento, à semelhança do que se faz em tomada de contas ordinária anual.[1504]

Hipótese dessa natureza está prevista no Regimento Interno da Câmara dos Deputados,[1505] nos arts. 215 e seguintes, a respeito da "tomada de contas do Presidente da República, quando não apresentadas ao Congresso Nacional dentro de sessenta dia após a abertura da sessão legislativa", hipótese que nunca se concretizou.

As normas internas do Tribunal de Contas da União, ao darem à tomada de contas especial tratamento similar ao de processos de prestações de contas anuais, tratam-na nessa perspectiva – *stricto sensu* –, quando a quase totalidade dos casos se refere a um processo, *tomada de contas especial em sentido impróprio*, que não tem essa característica.

7.3.3.2 A tomada de contas especial em sentido impróprio

Os casos reais de instauração de tomada de contas especial por omissão no dever de prestar contas não são casos *stricto sensu*. São casos em que não foi apresentada a prestação de contas da aplicação de recursos repassados aos entes subnacionais ou a entidades privadas (e, portanto, não comprovada a correta utilização dos recursos), como os casos referentes a:

[1504] *Vide* LOTCU-1967: "Art. 39. Sempre que o Tribunal, no exercício do controle financeiro e orçamentário e em consequência de irregularidade nas contas de dinheiros arrecadados ou despendidos, verificar a configuração de alcance determinará à autoridade administrativa providências no sentido de saná-las, podendo também mandar proceder ao imediato levantamento das contas, para a apuração dos fatos e identificação dos responsáveis".

[1505] Câmara dos Deputados. *Resolução nº 17, de 1989*. Aprova o Regimento Interno da Câmara dos Deputados. "Seção II Da Tomada de Contas do Presidente da República: Art. 215. À Comissão de Finanças e Tributação incumbe proceder à tomada de contas do Presidente da República, quando não apresentadas ao Congresso Nacional dentro de sessenta dias após a abertura da sessão legislativa. §1º A Comissão aguardará, para pronunciamento definitivo, a organização das contas do exercício, que deverá ser feita por uma Subcomissão Especial, com o auxílio do Tribunal de Contas da União, dentro de sessenta sessões. §2º A Subcomissão Especial compor-se-á, pelo menos, de tantos membros quantos forem os órgãos que figuraram no Orçamento da União referente ao exercício anterior, observado o princípio da proporcionalidade partidária. §3º Cada membro da Subcomissão Especial será designado Relator-Parcial da tomada de contas relativas a um órgão orçamentário. §4º A Subcomissão Especial terá amplos poderes, mormente os referidos nos §§1º a 4º do art. 61, cabendo-lhe convocar os responsáveis pelo sistema de controle interno e todos os ordenadores de despesa da Administração Pública direta, indireta e fundacional dos três Poderes, para comprovar, no prazo que estabelecer, as contas do exercício findo, na conformidade da respectiva lei orçamentária e das alterações havidas na sua execução. §5º O parecer da Comissão de Finanças e Tributação será encaminhado, através da Mesa da Câmara, ao Congresso Nacional, com a proposta de medidas legais e outras providências cabíveis. §6º A prestação de contas, após iniciada a tomada de contas, não será óbice à adoção e continuidade das providências relativas ao processo por crime de responsabilidade nos termos da legislação especial" (Grifos nossos).

a) convênios, contratos de repasses e outros ajustes congêneres celebrados pela União com os demais entes da Federação;
b) aplicação de recursos públicos repassados pela União aos entes da Federação em decorrência de lei, como os recursos destinados ao Programa Nacional de Alimentação Escolar;[1506]
c) convênios e ajustes similares celebrados com organizações da sociedade civil;
d) situações em que a legislação estabelece um procedimento de prestação de contas devidamente formalizado para comprovação da regular utilização de recursos públicos, como a de captação de doações e patrocínios oriundos do imposto de renda, com base na Lei Rouanet.[1507]

São casos que não têm a ver com a omissão no dever de prestar contas exigível de administradores e demais responsáveis por dinheiros, bens e valores públicos da administração direta e indireta, sujeitos ao processo ordinário anual de tomada e prestação de contas. Casos em que a denominação do processo como tomada de contas especial é imprópria.

São situações em que o processo seria apropriadamente denominado de "responsabilização por dano ao erário" e aos quais a incidência de normas que fazem sentido para um processo de contas anual ou, rarissimamente, uma tomada de contas especial *stricto sensu*, resulta em muitas incoerências e consequências indesejadas.

Nos casos de falta de apresentação da prestação de contas, presume-se, até demonstração em contrário, que os recursos públicos não foram aplicados nas finalidades a que se destinavam, imputando-se o correspondente dano ao erário à pessoa física ou jurídica sujeita ao ônus de comprovar a regular aplicação dos recursos sob sua responsabilidade.

[1506] *Lei nº 11.947, de 16.6.2009*: "Dispõe sobre o atendimento da alimentação escolar e do Programa Dinheiro Direto na Escola aos alunos da educação básica; [...]: *Art. 5º* Os recursos financeiros consignados no orçamento da União para execução do PNAE serão repassados em parcelas aos Estados, ao Distrito Federal, aos Municípios e às escolas federais pelo Fundo Nacional de Desenvolvimento da Educação – FNDE, em conformidade com o disposto no art. 208 da Constituição Federal e observadas as disposições desta Lei. §1º A transferência dos recursos financeiros, objetivando a execução do PNAE, será efetivada automaticamente pelo FNDE, sem necessidade de convênio, ajuste, acordo ou contrato, mediante depósito em conta corrente específica. [...]. *Art. 8º* Os Estados, o Distrito Federal e os Municípios apresentarão ao FNDE a prestação de contas do total dos recursos recebidos. §1º A autoridade responsável pela prestação de contas que inserir ou fizer inserir documentos ou declaração falsa ou diversa da que deveria ser inscrita, com o fim de alterar a verdade sobre o fato, será responsabilizada na forma da lei. §2º Os Estados, o Distrito Federal e os Municípios manterão em seus arquivos, em boa guarda e organização, pelo prazo de 5 (cinco) anos, contados da data de aprovação da prestação de contas do concedente, os documentos a que se refere o caput, juntamente com todos os comprovantes de pagamentos efetuados com os recursos financeiros transferidos na forma desta Lei, ainda que a execução esteja a cargo das respectivas escolas, e estarão obrigados a disponibilizá-los, sempre que solicitado, ao Tribunal de Contas da União, ao FNDE, ao Sistema de Controle Interno do Poder Executivo Federal e ao Conselho de Alimentação Escolar – CAE" (Grifos nossos).

[1507] *Lei nº 8.313, de 23.12.1991*: "Restabelece princípios da Lei nº 7.505, de 2 de julho de 1986, institui o Programa Nacional de Apoio à Cultura (Pronac) e dá outras providências. [...] Art. 18. Com o objetivo de incentivar as atividades culturais, a União facultará às pessoas físicas ou jurídicas a opção pela aplicação de parcelas do Imposto sobre a Renda, a título de doações ou patrocínios, tanto no apoio direto a projetos culturais apresentados por pessoas físicas ou por pessoas jurídicas de natureza cultural, como através de contribuições ao FNC, nos termos do art. 5º, inciso II, desta Lei, desde que os projetos atendam aos critérios estabelecidos no art. 1º desta Lei. / Art. 26. O doador ou patrocinador poderá deduzir do imposto devido na declaração do Imposto sobre a Renda os valores efetivamente contribuídos em favor de projetos culturais aprovados de acordo com os dispositivos desta Lei, tendo como base os seguintes percentuais: / Art. 29. Os recursos provenientes de doações ou patrocínios deverão ser depositados e movimentados, em conta bancária específica, em nome do beneficiário, e a respectiva prestação de contas deverá ser feita nos termos do regulamento da presente Lei".

A tomada de contas especial nesse caso não corresponde a um instrumento de que se vale a própria administração direta ou indireta para levantar e organizar as contas do responsável omisso, para posterior exame e julgamento do Tribunal de Contas da União, segundo o mesmo rito do procedimento ordinário, cuja finalidade não é a de apuração de infrações identificadas anteriormente à instauração do processo.

Aqui, esse processo é, como é em todos os demais casos, um processo de persecução ressarcitória:[1508] a pessoa física ou jurídica omissa no dever de apresentar a prestação de contas será citada para pagar o débito (ressarcir o erário) ou apresentar alegações de defesa.[1509]

7.3.3.3 Não comprovação da aplicação dos recursos repassados pela União aos entes federativos, mediante convênio e instrumentos congêneres, ou omissão no dever de prestar contas?

Os casos de falta de prestação de contas mencionados anteriormente deveriam ser enquadrados *na situação B*, porque equivalem à não comprovação da aplicação dos recursos públicos. No entanto, são normalmente qualificados como omissão no dever de prestar contas. E há uma razão para essa opção.

Como discutido anteriormente, no âmbito do Tribunal de Contas vem sendo aplicada à generalidade das tomadas de contas especiais procedimentos processuais e regras decisórias pensadas na LOTCU para o exame e julgamento de tomadas e prestações de contas anuais.[1510] A aplicação estrita dessas regras e procedimentos às tomadas de contas especiais conduz a problemas de coerência.

[1508] *Vide* Instrução Normativa-TCU nº 71, de 28.11.2012: "[...] *Considerando* que é dever do administrador público federal adotar medidas imediatas, com vistas ao ressarcimento de dano ao Erário, independentemente da atuação do Tribunal de Contas da União; *Considerando* que o Tribunal de Contas da União, na condição de órgão julgador dos processos em que se apura a ocorrência de dano ao Erário, somente deve ser acionado após a autoridade administrativa competente ter adotado, sem sucesso, as medidas administrativas necessárias à caracterização ou à elisão do dano; / *Art. 2º* Tomada de contas especial é um processo administrativo devidamente formalizado, com rito próprio, para apurar responsabilidade por ocorrência de dano à Administração Pública federal, com apuração de fatos, quantificação do dano, identificação dos responsáveis e obter o respectivo ressarcimento. / *Art. 5º* É pressuposto para instauração de tomada de contas especial a existência de elementos fáticos e jurídicos que indiquem a omissão no dever de prestar contas e/ou dano ou indício de dano ao erário. [Texto suprimido]. *Parágrafo* único. O ato que determinar a instauração da tomada de contas especial, deverá indicar, entre outros: I – os agentes públicos omissos e/ou os supostos responsáveis (pessoas físicas e jurídicas) pelos atos que teriam dado causa ao dano ou indício de dano identificado; II – a situação que teria dado origem ao dano ou indício de dano a ser apurado, lastreada em documentos, narrativas e outros elementos probatórios que deem suporte à sua ocorrência; III – exame da adequação das informações contidas em pareceres de agentes públicos, quanto à identificação e quantificação do dano ou indício de dano; IV – evidenciação da relação entre a situação que teria dado origem ao dano ou indício de dano a ser apurado e a conduta da pessoa física ou jurídica supostamente responsável pelo dever de ressarcir os cofres públicos. / *Art. 7º* Serão arquivadas as tomadas de contas especiais, antes do encaminhamento ao Tribunal de Contas da União, nas hipóteses de: I – recolhimento do débito nos termos do artigo 9º; [Texto suprimido] II – comprovação da não ocorrência do dano imputado aos responsáveis; III – subsistência de débito inferior ao limite de R$100.000,00, de que trata o inciso I do art. 6º desta Instrução Normativa. / *Art. 8º* A quantificação do débito far-se-á mediante: I – verificação, quando for possível quantificar com exatidão o real valor devido; ou II – estimativa, quando, por meios confiáveis, apurar-se quantia que seguramente não excederia o real valor devido. [...]" (Grifos nossos).

[1509] *Vide* LOTCU-1992: "Art. 12. Verificada irregularidade nas contas, o Relator ou o Tribunal: I – definirá a responsabilidade individual ou solidária pelo ato de gestão inquinado; II – se houver débito, ordenará a citação do responsável para, no prazo estabelecido no Regimento Interno, apresentar defesa ou recolher a quantia devida; [...]".

[1510] Observe-se que um julgamento de contas *stricto sensu*, na forma como desenvolvido historicamente em nosso país e nos países pesquisados, envolvia o exame de lançamentos contábeis e transações subjacentes. Os casos de

Segundo o ART 16-III, as contas serão julgadas irregulares quando comprovada qualquer das seguintes ocorrências: omissão no dever de prestar contas; prática de ato de gestão ilegal, ilegítimo, antieconômico, ou infração à norma legal ou regulamentar de natureza contábil, financeira, orçamentária, operacional ou patrimonial; dano ao erário decorrente de ato de gestão ilegítimo ou antieconômico; desfalque ou desvio de dinheiros, bens ou valores públicos.

O artigo, desenvolvido para os casos de tomada e prestação de contas anuais de administradores e demais responsáveis da *administração direta e indireta da União*, não faz referência à ocorrência descrita como não comprovação da aplicação de recursos pela União aos estados, ao Distrito Federal e aos municípios (falta de apresentação da prestação de contas, entre outras possibilidades). Consequentemente, o fundamento para julgamento das contas de agentes públicos dos demais entes federativos tem sido a alínea "a" do art. 16, III: omissão no dever de prestar contas.

Essa é mais uma constatação de que a regulação da Lei Orgânica para emissão de juízos de contas foi pensada para as prestações/tomadas de contas anuais.[1511]

Essa situação gerou outro paradoxo, examinado em outra seção. Como se emite juízo de contas com fundamento no art. 16, III, é necessário capitular esse juízo em alguma de suas alíneas, o que termina por dificultar o processo, uma vez que nem todas as situações de dano ao erário são subsumíveis a uma das quatro alternativas.

Também por essa razão, os casos de "não comprovação da aplicação dos recursos repassados pela União aos entes federativos, mediante convênio ou instrumentos congêneres", que correspondam à não apresentação da prestação de contas, precisam ser tratados como "omissão no dever de prestar contas" para fins de emissão de juízo de irregularidade de contas.

Omissão no dever de prestar contas, no escrutínio que fazemos, é uma situação prevista no art. 16, III, assim como no art. 8º, e se relacionaria a uma situação específica de agentes da Administração Federal, tal como também prevista no art. 84 do Decreto-Lei nº 200/1967, examinado anteriormente (caso de conta não prestada).

7.3.3.4 Um caso evidente de inexistência de contas a serem julgadas

As situações C (desfalque ou desvio de dinheiros, bens e valores públicos) e *D* (prática de qualquer ato ilegal, ilegítimo ou antieconômico de que resulte dano ao erário) correspondem, claramente, à investigação de eventos danosos ao erário específicos.

Nesses casos é ainda mais difícil assimilar a ideia de que aqui há um "julgamento de contas" sendo feito, um processo em que a decisão de mérito é no sentido de dizer se as contas são regulares, regulares com ressalva ou irregulares, aplicando-se os mesmos critérios de julgamento definidos no art. 16 para as contas de responsáveis-típicos, em contas ordinárias anuais.

Um exame mais detalhado da casuística das tomadas de contas especial será útil para revelar que situações são abordadas em tomada de contas especial e em que medida

irregularidades corresponderiam a débitos na "conta" sob exame.

[1511] Por facilidade de redação e para evitar repetições, a expressão "contas anuais" será utilizada como equivalente à "prestação e tomada de contas anual". Onde se falar em "prestação de contas", entendase também mencionada "tomada de contas".

existiria algum tipo de abordagem de "exame de contas" a ser feito e uma decisão a que se pudesse atribuir a noção de "julgamento de contas". Mas, antes, será relevante explicar o problema da conversão de processos de fiscalização em tomada de contas especial.

7.3.4 O problema da conversão de processos de fiscalização em tomada de contas especial

O Tribunal de Contas da União desempenha sua função de *responsabilização financeira*,[1512] consistente na apuração e responsabilização pelo cometimento de graves irregularidades, danosas ou não ao erário,[1513] em diferentes tipos de processo: denúncia, representação, auditoria, tomadas e prestações de contas anuais, tomada de contas especial.

Na processualística atual do TCU, nos processos de denúncia, representação e auditoria podem ser apuradas e sancionadas graves irregularidades não danosas ao erário. No entanto, se constatada a ocorrência de dano ao erário, o processo deve ser convertido em tomada de contas especial, com base no disposto na LOTCU-1992:

> Art. 43. Ao proceder à fiscalização de que trata este capítulo, o Relator ou o Tribunal: [...]
> II – se verificar a ocorrência de irregularidade quanto à legitimidade ou economicidade, determinará a audiência do responsável para, no prazo estabelecido no Regimento Interno, apresentar razões de justificativa. Parágrafo único. Não elidido o fundamento da impugnação, o Tribunal aplicará ao responsável a multa prevista no inciso III do art. 58 desta Lei. [...]
> Art. 47. Ao exercer a fiscalização, se configurada a ocorrência de desfalque, desvio de bens ou outra irregularidade de que resulte dano ao Erário, o Tribunal ordenará, desde logo, a conversão do processo em tomada de contas especial, salvo a hipótese prevista no art. 93 desta Lei.
> Parágrafo único. O processo de tomada de contas especial a que se refere este artigo tramitará em separado das respectivas contas anuais.

[1512] Nossa denominação de função de responsabilização financeira (responsabilizatória) equivale ao que a Intosai denomina de função jurisdicional, uma vez que as entidades fiscalizadoras superiores em países como França, Itália, Portugal e Espanha que desempenham essa função estão vinculadas ao sistema judiciário, seja por corresponderem a um ramo de justiça especializada ou da justiça administrativa, caso da França. No Brasil, essa denominação não é adequada, porque aqui os Tribunais de Contas não estão vinculados ao Poder Judiciário, não exercendo jurisdição no sentido judicial.

[1513] *Vide* CF-1988: "Art. 71. O controle externo, a cargo do Congresso Nacional, será exercido com o auxílio do Tribunal de Contas da União, ao qual compete: / VIII – aplicar aos responsáveis, em caso de ilegalidade de despesa ou irregularidade de contas, as sanções previstas em lei, que estabelecerá, entre outras cominações, multa proporcional ao dano causado ao erário; [...]". *Vide* LOTCU-1992: "*Art. 1º* Ao Tribunal de Contas da União, órgão de controle externo, compete, nos termos da Constituição Federal e na forma estabelecida nesta Lei: / *IX* – aplicar aos responsáveis as sanções previstas nos arts. 57 a 61 desta Lei; / *Art. 57*. Quando o responsável for julgado em débito, poderá ainda o Tribunal aplicar-lhe multa de até cem por cento do valor atualizado do dano causado ao Erário. *Art. 58*. O Tribunal poderá aplicar multa de [texto suprimido] aos responsáveis por: I – contas julgadas irregulares de que não resulte débito, nos termos do parágrafo único do art. 19 desta Lei; II – ato praticado com grave infração à norma legal ou regulamentar de natureza contábil, financeira, orçamentária, operacional e patrimonial; III – ato de gestão ilegítimo ou antieconômico de que resulte injustificado dano ao Erário; / *Art. 60*. Sem prejuízo das sanções previstas na seção anterior e das penalidades administrativas, aplicáveis pelas autoridades competentes, por irregularidades constatadas pelo Tribunal de Contas da União, sempre que este, por maioria absoluta de seus membros, considerar grave a infração cometida, o responsável ficará inabilitado, por um período que variará de cinco a oito anos, para o exercício de cargo em comissão ou função de confiança no âmbito da Administração Pública".

As constatações de irregularidades oriundas das atividades de fiscalização, exercidas por meio de inspeções e auditorias, segundo a LOTCU, seriam depois levadas à avaliação nos processos de contas anuais, conforme previsto no RITCU2012.[1514]

Se a apuração de responsabilidade por infrações diversas que não tenham dado causa a dano ao erário pode ser feita no mesmo processo de fiscalização em que foram constatadas, por qual razão não poderia ser feita essa apuração também no mesmo processo, no caso de ocorrência de dano ao erário?

A razão é que no processo de tomada de contas especial, conforme previsão regimental, será proferido um juízo de contas; nos demais processos, não.[1515]

A discussão relevante, no entanto, seria: deve um processo de fiscalização (auditoria, principalmente) se confundir com um processo de responsabilização por graves infrações normativas ou prática de atos antieconômicos e ilegítimos?

Nos países estudados (Itália, França, Portugal e Espanha), o processo de responsabilização é autônomo, com procedimento específico para ser iniciado, distinto do processo em que as infrações foram apuradas.

Essa discussão fica obscurecida pela relevância dada a ter um processo distinto apenas em razão de nele ser proferido um, desnecessário e indevido, juízo de contas.

Na próxima seção, a análise lógico-abstrato-normativa aqui procedida será complementada pelo exame empírico.

7.4 Pesquisa empírica e análise de casos

Para demonstrar que os casos analisados em tomadas de contas especial são realmente casos em que não está presente a ideia de contas a serem examinadas em

---

1514 Ver também RITCU-2012: "Art. 249. Para assegurar a eficácia do controle e para instruir o julgamento das contas, o Tribunal efetuará a fiscalização dos atos de que resulte receita ou despesa, praticados pelos responsáveis sujeitos à sua jurisdição, competindo-lhe, para tanto, em especial: / Art. 250. Ao apreciar processo relativo à fiscalização de atos e contratos, o relator ou o Tribunal: / V – *determinará a audiência* do responsável para, no prazo de quinze dias, apresentar razões de justificativa, quando verificada a ocorrência de irregularidades decorrentes de ato ilegal, ilegítimo ou antieconômico, bem como infração a norma legal ou regulamentar de natureza contábil, financeira, orçamentária ou patrimonial. / §2º Não elidido o fundamento da impugnação, o Tribunal aplicará ao responsável, no próprio processo de fiscalização, ressalvado o disposto no art. 206, a multa prevista no inciso II ou III do art. 268 e determinará o *apensamento do processo* às *contas correspondentes*. / Art. 252. Se configurada a ocorrência de desfalque, desvio de bens ou outra irregularidade de que resulte *dano ao erário*, o Tribunal ordenará, desde logo, a conversão do processo em tomada de contas especial, salvo na hipótese prevista no art. 213. Parágrafo único. Caso a tomada de contas especial envolva responsável por contas ordinárias, deverá ser observado o disposto no art. 206. / Art. 206. A decisão definitiva em processo de tomada ou prestação de contas ordinária não constituirá fato impeditivo da aplicação de multa ou imputação de débito em outros processos, salvo se a matéria tiver sido examinada de forma expressa e conclusiva, hipótese na qual o seu exame dependerá do conhecimento de eventual recurso interposto pelo Ministério Público".

1515 Uma vez convertido o processo em tomada de contas especial, passa a ser demandada, obrigatoriamente, a audiência do Ministério Público de Contas, nos termos do art. 81, II, da LOTCU, uma vez compreendendo-se a TCE como um processo de "tomada ou prestação de contas": "Art. 81. Competem ao procurador-geral junto ao Tribunal de Contas da União, em sua missão de guarda da lei e fiscal de sua execução, além de outras estabelecidas no Regimento Interno, as seguintes atribuições: [...] II - comparecer às sessões do Tribunal e dizer de direito, verbalmente ou por escrito, em todos os assuntos sujeitos à decisão do Tribunal, sendo obrigatória sua audiência nos processos de tomada ou prestação de contas e nos concernentes aos atos de admissão de pessoal e de concessão de aposentadorias, reformas e pensões; [...]". A intervenção do MPC nesses processos, como já reportado, decorre de neles, historicamente, se determinar a situação do responsável perante a Fazenda. Na verdade, a intervenção do MPC dever-se-ia dar em todos os casos de responsabilização financeira (ressarcitória ou sancionatória), independentemente da denominação do processo.

caráter extraordinário, mas, sim, situações de dano ao erário, como a lei comanda, e coletar casos que representam o que denominamos de situações-problema, realizamos uma pesquisa exploratória abrangendo os julgamentos em tomada de contas especial proferidos pelo Tribunal de Contas da União em acórdãos unitários no período de 1º.7.2023 a 30.6.2024.[1516]

Denominamos de situação-problema situações em que podem ser evidenciadas incoerências e problemas relacionados à emissão de juízo de contas em processos de tomada de contas especial. É um conjunto de situações numeroso. Serão examinados os casos necessários à evidenciação pretendida.

Examinados e classificados 2.207 acórdãos unitários, entre decisões iniciais e decisões recursais, consideramos relevantes as seguintes constatações:[1517]

1. Não foi identificado caso de instauração de tomada de contas especial *stricto sensu* contra responsável-típico por omissão no dever de prestar contas, como esperado.
2. Uma parte expressiva de apuração de dano ao erário inicia-se pela falta de apresentação da prestação de contas relativa à aplicação de recursos transferidos pela União aos estados, ao Distrito Federal, aos municípios e a entidades privadas, casos que muitas vezes são referidos como "não comprovação da boa e regular aplicação dos recursos repassados pela União, em função da omissão no dever de prestar contas", caracterizada pela não apresentação da prestação de contas.[1518]
3. A maior parte dos casos envolve irregularidades havidas na aplicação de recursos federais repassados aos entes subnacionais por meio de: convênios, contratos de repasse, termos de compromisso e outros ajustes; transferências fundo a fundo; e transferências automáticas na forma da legislação de diversos programas governamentais, como o Programa Nacional de Alimentação Escolar. Exemplos:

[1516] Pesquisa textual – Tribunal de Contas da União (tcu.gov.br). Pesquisa realizada em 30.6.2024, abrangendo o período de 1º.7.2023 a 30.6.2024. 4.393 acórdãos, 2.207 acórdãos unitários, 2.286 acórdãos de relação (Disponível em: https://pesquisa.apps.tcu.gov.br/resultado/acordao-completo/*/DTRELEVANCIA%253A%255B20230701%2520to%252020240630%255D%2520TIPOPROCESSO%253A%2522TOMADA%2520DE%2520CONTAS%2520ESPECIAL%2522).

[1517] Um exame detalhado das situações envolvidas em cada caso permite um sem-número de abordagens sobre as decisões em tomada de contas especial, objeto de inúmeras possibilidades de análises técnico-científicas em artigos, dissertações e teses.

[1518] *Vide*, por exemplo: Acórdão nº 4.404/2024-TCU-Primeira Câmara: "Relatório / INTRODUÇÃO 1. Trata-se de tomada de contas especial instaurada pelo Fundo Nacional de Desenvolvimento da Educação, em desfavor, inicialmente, de *A* e *B*, em razão da não comprovação da boa e regular aplicação dos recursos repassados pela União mediante o programa Educação Infantil – Novas Turmas – exercício de 2014, em função da omissão no dever de prestar contas". Acórdão nº 4062/2024-TCU-Primeira Câmara: "Relatório / INTRODUÇÃO 1. Cuidam os autos de tomada de contas especial instaurada pela Secretaria Especial do Desenvolvimento Social, atual Ministério do Desenvolvimento e Assistência Social, Família e Combate à Fome, em desfavor de *A* razão da não comprovação da regular aplicação dos recursos repassados pela União ao município de Santa Quitéria do Maranhão/MA, por meio do Fundo Nacional de Assistência Social, na modalidade fundo a fundo [...] O fundamento para a instauração da Tomada de Contas Especial, conforme consignado na matriz de responsabilização elaborada pelo tomador de contas, foi a constatação das seguintes irregularidades: Não comprovação da boa e regular aplicação dos recursos federais repassados à Prefeitura Municipal de Santa Quitéria do Maranhão – MA, em face da omissão no dever de prestar contas dos valores transferidos, no âmbito do PSB/PSE, no exercício de 2015, cujo prazo encerrou-se em 31/5/2016".

a) pagamento por serviços não prestados;[1519]
b) "ausência de nexo causal entre os recursos transferidos e as despesas efetuadas" (em outros termos, não comprovação de que os recursos repassados pela União foram utilizados na execução do objeto do convênio);[1520]
c) utilização dos recursos em finalidades não previstas no plano de trabalho do ajuste;[1521]
d) não comprovação da execução física do objeto;[1522]
e) execução parcial do objeto sem aproveitamento em benefício do ente federado;[1523]
f) documentação insuficiente à integral comprovação da regularidade do uso dos recursos;[1524]
g) abandono do objeto sem alcance social por negligência dos responsáveis pela gestão dos recursos federais repassados;[1525]

1519 A exemplo do Acordão nº 1.220/2024-TCU-Plenário: "Relatório / Realizar pagamento de produção SIA e/ou SIH sem emissão de documento fiscal e sem a efetiva prestação de serviços, quando deveria ter sido realizado o pagamento mediante a emissão de Nota Fiscal e comprovação do serviço prestado".

1520 Acórdão nº 4.061/2024-TCU-Primeira Câmara: "Voto [...] Na origem, o tomador de contas apontou as seguintes irregularidades na aplicação dos recursos públicos federais: a) não comprovação da execução de itens previstos no plano de trabalho do convênio; b) ausência de nexo de causalidade entre os recursos transferidos e as despesas efetuadas; c) utilização de recursos acima do orçado para aquisição de passagens aéreas; d) ausência da identificação do convenente nos documentos de despesas apresentados; e) documentos de despesa ilegíveis, sem autenticação ou sem dados necessários à sua validade ; f) não comprovação da utilização dos recursos da contrapartida". Ver também Acórdão nº 3.390/2024-TCU-Segunda Câmara.

1521 Acórdão nº 4.406/2024-TCU-Primeira Câmara: "Voto [...] A instauração da TCE pelo Ministério do Meio Ambiente e Mudança do Clima ocorreu em 24/9/2021, porquanto restou constatada a não comprovação da execução financeira do objeto do convênio em decorrência da realização de despesas que não constavam do plano de trabalho aprovado e da ausência de apresentação de documentação complementar (peça 88). O prejuízo decorrente dessa irregularidade teria atingido R$41.317,88, e a responsabilidade foi atribuída a *A* prefeito no período de 1º/1/2009 a 31/12/2012".

1522 Acórdão nº 1.195/2024-TCU-Plenário: "Sumário: Recurso de revisão [...] Realização de evento festivo. Não comprovação da execução física do objeto [...]".

1523 Acórdão nº 4.394/2024-TCU-Primeira Câmara: "Voto [...] Submetidos os autos ao descortino deste Tribunal, a AudTCE procedeu, sem a prévia anuência deste Relator, à citação apenas do Sr. *A*, pelo valor integral repassado, devido à "ausência de funcionalidade do objeto, em face da não consecução dos objetivos pactuados no Convênio 571/2007, registro Siafi 628566, sem aproveitamento útil da parcela executada e sem geração do benefício social esperado".

1524 Acórdão nº 4.395/2024-TCU-Primeira Câmara: "Voto [...] 3. Conforme plano de trabalho, os recursos deveriam ser gastos com a aquisição de filmes plásticos para estufa agrícola, motores, caixas de água, peneiras, chapas de aço, carreta agrícola, grade niveladora, debulhador de milho, descascador de arroz, engenho de cana, moenda industrial de cana, macaco hidráulico, espalhador de calcário, entre outros itens. 4. Após a apresentação da prestação de contas, o poder concedente não encontrou imagens fotográficas dos motores a diesel, do motor a combustão, do forno manual de farinha, do debulhador de milho, da carreta agrícola para microtrator e do pulverizador costal motorizado. Também constatou que, em relação a outros equipamentos, as imagens não demonstravam, de forma inequívoca, a correlação entre os bens mostrados nas fotos e as notas fiscais (apesar de solicitadas, não foram apresentadas imagens do número de série ou chassi dos itens que possuem)".

1525 Acórdão nº 4.390/2024-TCU-Primeira Câmara: "Voto [...] 37. No caso, verifico que os prefeitos arrolados deixaram de tomar as providências necessárias à conclusão do objeto do Contrato de Repasse 310366-79/2009, o que culminou com a imprestabilidade da parcela executada e o não atingimento dos objetivos sociais buscados pela avença. 38. Em minha visão, os fatos são graves, uma vez que denotam descaso com a coisa pública e frontal violação aos princípios da eficiência e continuidade administrativa. 39. A meu juízo, a deficiente supervisão de instrumentos de repasse federais, materializada pelo abandono injustificado de obras de relevante importância social, constitui condutas praticadas com grave inobservância do dever de cuidado, ou seja, com grave negligência, sendo passíveis de ensejar a cominação de sanção, por configurar a ocorrência de erro grosseiro na gestão dos recursos federais, nos termos do art. 28 da LINDB. 40. Dessa forma, por configurarem atos de gestão ilegítimos e antieconômicos que deram causa a dano ao Erário, cabe a imputação de multas individuais aos responsáveis, com fulcro no art. 57 da Lei 8.443/1992".

h) obra abandonada;[1526]
i) não comprovação da existência dos equipamentos adquiridos;[1527]
j) aplicação dos recursos em finalidade diversa da pactuada;[1528]
k) subcontratação irregular de transporte escolar;[1529]
l) aumento irregular dos preços contratados de gêneros alimentícios no âmbito do PNAE;[1530]
m) não comprovação de entrega dos gêneros alimentícios nas escolas;[1531]
n) superfaturamento de compra de gêneros alimentícios no âmbito do PNAE;[1532]
o) desvio de recursos da conta do convênio para contas do município;[1533]
p) aplicação dos recursos fora da finalidade institucional;[1534]
q) falta de nexo de causalidade;[1535]
r) fornecimento falho de alimentação escolar.[1536]

4. Casos de irregularidades cometidas em operações financeiras realizadas por banco público, como Caixa Econômica Federal e Banco do Nordeste, de que resultou inadimplência dos beneficiários.[1537]
5. Caso de irregularidades ocorridas nos Correios:[1538] falta de numerário na tesouraria da agência, facilitação de assalto.
6. Irregularidades cometidas no âmbito dos conselhos de fiscalização de profissões regulamentadas: concessão indevida de verbas indenizatórias, férias e jetons,[1539] despesas indevidas decorrentes de demissões ilícitas.[1540]
7. Irregularidades cometidas no âmbito de órgãos e entidades da Administração Pública federal direta e indireta. Exemplos: ato antieconômico, contratação de

---

1526 Acórdão nº 3.566/2024-TCU-Primeira Câmara.

1527 Acórdão nº 4.073/2024-TCU-Primeira Câmara.

1528 Acórdão nº 4.044/2024-TCU-Primeira Câmara.

1529 Acórdão nº 3.567/2024-TCU-Segunda Câmara.

1530 Acórdão nº 1.170/2024-TCU-Plenário.

1531 Acórdão nº 3.816/2024-TCU-Primeira Câmara.

1532 Acórdão nº 3.587/2024-TCU-Segunda Câmara.

1533 Acórdão nº 3.118/2024-TCU-Segunda Câmara.

1534 Acórdão nº 903/2024-TCU-Plenário.

1535 Acórdão nº 3.538/2024-TCU-Primeira Câmara.

1536 Acórdão nº 3.338/2024-TCU-Primeira Câmara.

1537 Acórdão nº 1.218/2024-TCU-Plenário. "Voto [...] 2. Em substância, a tomadora de contas apurou que houve transações bancárias indevidas, sem que fossem observadas as normas internas da instituição financeira, o que resultou em prejuízo para a empresa pública, ante a inadimplência dos beneficiários daquelas operações. Por conseguinte, imputou responsabilidade pelo dano ao Sr. [...] – Gerente de Atendimento de Pessoa Jurídica – PJ da referida agência. 3. Neste Tribunal, foi realizada a citação do ex-Gerente, para que restituísse aos cofres da entidade financeira o débito indicado no Relatório precedente e/ou apresentasse alegações de defesa quanto a 'operações de crédito realizadas de forma irregular', em decorrência da 'inobservância aos preceitos normativos vigentes, valendo-se de documentos e/ou informações inidôneos, inserção de dados irreais nos sistemas corporativos e ausência de constituição das garantias contratuais', o que resultou na infração das normas internas da Caixa [...]". Acórdão nº 3.570/2024-TCU-Segunda Câmara: "Voto [...] Originalmente, os autos tratam de autos de tomada de contas especial (TCE) instaurada pela Caixa Econômica Federal (CEF), em desfavor de *A*, tendo por motivação a concessão irregular de operações de crédito e a movimentação não autorizada da conta de correntistas que redundaram em dano aos cofres da instituição pública, quantificado no valor de R$877.804,90". Acórdão nº 1.071/2024-TCU-Plenário.

1538 Acórdão nº 2.942/2024-TCU-Segunda Câmara e Acórdão nº 950/2024-TCU-Plenário.

1539 Acórdão nº 1.171/2024-TCU-Plenário.

1540 Acórdão nº 3.338/2024-TCU-Segunda Câmara.

objeto desnecessário, superfaturamento,[1541] despesas irregulares, irregularidades na aquisição de combustível,[1542] transações imobiliárias irregulares,[1543] reequilíbrio econômico-financeiro indevido.[1544]

8. Irregularidades cometidas no âmbito dos serviços sociais autônomos. Exemplo: irregularidades em programa de remuneração por atingimento de metas.[1545]
9. Irregularidades ocorridas no âmbito do Programa Farmácia Popular.[1546]
10. Irregularidades cometidas em convênios e outros ajustes celebrados com entidades privadas sem fins lucrativos.[1547]
11. Descumprimento de termo de compromisso por bolsistas.[1548]
12. Irregularidades relacionadas à execução de projetos culturais mediante captação de recursos com base na Lei de Incentivo à Cultura.[1549] Lei Rouanet: não comprovação do regular uso dos recursos captados no projeto.[1550]
13. Irregularidades cometidas na aplicação de recursos de subvenção econômica concedida pela Finep.[1551]
14. Irregularidades relativas a desvio de bens públicos.[1552]
15. Outros casos, como: danos ocorridos na realização de investimentos por fundo de pensão,[1553] em razão da falta de dever de cuidado; despesas indevidas decorrentes de demissão irregular; omissão no dever de prestar contas relativas a termo de concessão de auxílio financeiro pela Capes.[1554]

[1541] Acórdão nº 1.064/2024-TCU-Plenário.

[1542] Acórdão nº 991/2024-TCU-Plenário.

[1543] Acórdão nº 981/2024-TCU-Plenário.

[1544] Acórdão nº 893/2024-TCU-Plenário.

[1545] Acórdão nº 3.316/2024-TCU-Segunda Câmara.

[1546] Acórdão nº 4047/2024-TCU, Primeira Câmara.

[1547] Acórdão nº 1.159/2024-TCU-Plenário: "Sumário: [...] Convênio. Shows artísticos. Pagamento a empresa que não detinha contrato de exclusividade com os artistas. Ausência de comprovação dos valores efetivamente recebidos pelos artistas. Citação do prefeito e das duas empresas contratadas. Rejeição de alegações de defesa. [...]".

[1548] Acórdão nº 3.432/2024-TCU-Segunda Câmara e Acórdão nº 3.417/2024-TCU-Segunda Câmara.

[1549] Acórdão nº 3.401/2024-TCU-Segunda Câmara.

[1550] Acórdão nº 3.572/2024-TCU-Segunda Câmara.

[1551] Acórdão nº 3.387/2024-TCU-Segunda Câmara: "Voto [...] Considerando que a informação acerca da aprovação de laudos técnicos não se mostra suficiente para evidenciar que a empresa utilizou integralmente os repasses realizados pela Finep na finalidade prevista no contrato de subvenção, bem como que cabia à beneficiária prestar contas da alocação dos recursos e, se fosse o caso, devolver o saldo remanescente em até 30 dias após a conclusão do contrato, não observo um percentual excessivo na multa aplicada mediante o acórdão recorrido". Acórdão nº 3.128/2024-TCU-Segunda Câmara.

[1552] Acórdão nº 444/2024-TCU-Plenário: "Sumário – [...] CMNE-7º RM. Exército Brasileiro. Desvio de bens do estoque físico (conta 'Gêneros de alimentação), mediante guias falsa e manipulação do controle informatizado de estoque. Conduta irregular comprovada mediante sindicância do órgão instaurador da TCE. Citação. Revelia. Contas irregulares. Débito. Multa. Inabilitação para o exercício de cargo/função de confiança na Administração Pública. Ciência".

[1553] Acórdão nº 1.105/2024-TCU-Plenário: "Relatório [...] Em síntese, a irregularidade que fundamenta a responsabilização dos gestores consistiria na realização de investimento sem o cuidado esperado e sem análise prévia do risco real envolvido na aquisição. Em relação à instituição financeira condenada solidariamente, sua responsabilização decorre da inobservância de deveres fiduciários previstos no próprio regulamento do fundo e de normas previstas em instruções da CVM (Comissão de Valores Mobiliários) e na Lei 5.474/1968". Excerto do acórdão: "9.1. julgar regulares as contas dos Srs. *omissis*, bem como das instituições financeiras *B* com fundamento nos arts. 1º, inciso I, 16, inciso I, 17 e 23, inciso I, da Lei 8.443/1992, [...]; 9.2. julgar irregulares as contas dos *omissis*, com fundamento nos arts. 1º, inciso I, 16, inciso III, alínea 'b' e 'c', da Lei 8.443/1992, c/c os arts. 1º, inciso I, 209, incisos II e III, e 214, inciso III, do Regimento Interno do TCU; [...]".

[1554] Acórdão nº 3.148/2024-TCU-Segunda Câmara.

7.5 Situações-problema

As entidades fiscalizadoras superiores são instituições caracterizadas por quatro qualidades essenciais: autonomia, independência, imparcialidade e profissionalismo.

Essas instituições, como *instituições de auditoria*, buscam permanente revisão e aprimoramento do rigor técnico e do rigor metodológico, bem como da qualificação profissional necessária à produção de trabalhos robustos e conclusões úteis e convincentes.

Como instituições com *funções de responsabilização financeira (jurisdicional-Intosai)* e autoridade para impor sanções e o ressarcimento de prejuízos causados ao Estado, elas revisam e aprimoram seus processos de responsabilização com frequência, para garantir o devido processo legal, a coerência e a consistência processual no desenvolvimento e aplicação de conceitos e institutos, observando limites constitucionais e legais de sua jurisdição especial.

No caso do Tribunal de Contas da União, especificamente sobre o tema sob análise nesta tese e neste capítulo, a pesquisa revelou que a Lei Orgânica de 1992 não disciplinou bem os contextos de contas: contas anuais, tomada de contas especial e parecer prévio sobre as contas apresentadas pelo presidente da República.

A lei não estabeleceu processos distintos para prestações de contas anuais de administradores e outros responsáveis por recursos públicos e para tomada de contas especiais, o que poderia ter sido feito, dado que são processos com finalidades distintas.

A tomada de contas especial é um processo de apuração de responsabilidades de dano ao erário. Não é um processo de prestação de contas/tomada de contas características especiais.

A LOTCU-1992 disciplinou um processo de prestação de contas anuais com dupla finalidade: um processo anual de auditoria de contas e, ao mesmo tempo, um processo de apuração e responsabilização pelo cometimento de graves infrações normativas, danosas ou não ao erário.

O julgamento de contas é uma das duas funções essenciais que deram origem ao Tribunal de Contas no Brasil (a outra, em sentido lato, é a fiscalização da administração financeira).[1555]

Ao longo de mais de um século, o julgamento de contas correspondeu a um processo que, de forma imperfeita, pode ser sintetizado, no caso de administradores de recursos públicos, como um processo de revisão da correção (regularidade) dos registros contábeis e das operações subjacentes (com base na documentação necessária, nas normas aplicáveis e em constatações empíricas) para fins de apuração da responsabilidade financeira desses agentes perante a Fazenda Pública.

Examinado o conjunto das operações correspondentes ao montante de recursos públicos sob responsabilidade do agente público, do qual, até o início dos anos 1970, podia-se e devia-se exigir alguma forma de garantia de pagamento de suas potenciais responsabilidades pecuniárias,[1556] cada comprovação de ocorrência de despesa ilegal e

---

[1555] Por fiscalização financeira pode-se entender em acepção bem abrangente, a partir da verificação do que fazem os Tribunais de Contas, a fiscalização e a avaliação da aplicação de recursos públicos (dinheiros, bens e valores públicos), tendo como base a legislação aplicável (orçamentária, financeira, contábil e a específica a cada área de intervenção estatal), bem como a verificação da correção das demonstrações financeiras e fiscais.

[1556] A ser executada quando o responsável for julgado em débito, devedor da Fazenda Pública.

irregularidade nas contas (na contabilização das operações)[1557] era considerada débito do responsável perante a Fazenda Pública.[1558]

Ao final do processo de julgamento das contas, o Tribunal proferiria uma decisão sobre a situação do responsável: quite ou em débito com a Fazenda Nacional (e, eventualmente, até mesmo em crédito). *Vide*, por exemplo, os seguintes artigos da LOTCU-1967:

> Art. 48. Decorrido o decêndio da notificação do responsável, expedirá o Tribunal de Contas a competente quitação se o responsável *for julgado quite* com a Fazenda Nacional, arquivando em seguida o processo.
> Art. 49. *Julgado em débito*, será o responsável notificado para, em 30 (trinta) dias, repor a importância do alcance, sob as penas do Regimento.
> Art. 50. O Tribunal, nos casos de não atendimento da notificação, poderá tomar as seguintes providências:
> a) ordenar a *liquidação administrativa da fiança* ou caução, se houver;
> b) determinar o desconto integral ou parcelado do débito nos vencimentos ou proventos do responsável;
> c) determinar a cobrança judicial, pela via executiva, nas Varas da Fazenda Federal, através dos Procuradores da República, que receberão a documentação e as instruções necessárias por intermédio do Ministério Público junto ao Tribunal de Contas. (Grifos nossos)[1559]

O objetivo do processo de julgamento das contas, exercício da competência judiciária, não era a emissão de um juízo de auditoria sobre as contas, muito menos de um juízo de valor sobre a gestão.

Se no passado remoto a revisão e exame das contas constituía o procedimento necessário para se definir a situação do agente público perante a Fazenda Pública (finalidade do julgamento de contas como função judiciária), a partir da Constituição de 1967,[1560] passado recente, seria a auditoria financeira e orçamentária, complementada por inspeções, que constituiria o processo que subsidiaria o Tribunal na definição da situação do agente perante a Fazenda Nacional, que permanecia sendo o objetivo do julgamento das contas (ou julgamento da regularidades das contas) dos administradores de recursos públicos.

[1557] *Vide* as expressões utilizadas na Constituição de 1988: "Art. 71. [...] VIII – aplicar aos responsáveis, em caso de ilegalidade de despesa ou irregularidade de contas, as sanções previstas em lei, que estabelecerá, entre outras cominações, multa proporcional ao dano causado ao erário; [...]". Decreto-Lei nº 199/1967: "Art. 39. Sempre que o Tribunal, no exercício do contrôle financeiro e orçamentário e em conseqüência de irregularidade nas contas de dinheiros arrecadados ou despendidos, verificar a configuração de alcance determinará à autoridade administrativa providências no sentido de saná-las, podendo também mandar proceder ao imediato levantamento das contas, para a apuração dos fatos e identificação dos responsáveis". Esse também: DL 199/1967: "Art. 40. [...] IV – Fixará, à revelia, o débito dos responsáveis que em tempo não houverem apresentado as suas contas nem devolvido os livros e documentos de sua gestão".

[1558] Não se tratava de apuração de dano ao erário, apenas. No início, a responsabilidade era objetiva, independentemente de avaliação de culpa. Assim foi durante muitos anos da França.

[1559] Ver também DL 199/1967: "Art. 51. O Tribunal de Contas fixará prazo para conclusão dos expedientes necessários à aplicação das penas referidas no art. 49. Parágrafo único. Aos servidores que deixarem de observar ou prejudicarem a observância do disposto neste artigo, além das penas disciplinares aplicáveis pelas autoridades administrativas de que dependem, imporá o Tribunal de Contas multa de até 50% (cinqüenta por cento) de seus vencimentos mensais".

[1560] *As menções feitas à Constituição de 1967 referem-se ao texto resultante da Emenda Constitucional nº 1, de 1969.*

Vide, por exemplo, os seguintes dispositivos da Constituição de 1967:[1561]

> Art. 70. A fiscalização financeira e orçamentária da União será exercida pelo Congresso Nacional mediante controle externo e pelos sistemas de controle interno do Poder Executivo, instituídos por lei.
> §1º O controle externo do Congresso Nacional será exercido com o auxílio do Tribunal de Contas da União e compreenderá a apreciação das contas do Presidente da República, o desempenho das funções de auditoria financeira e orçamentária, bem como o *julgamento das contas dos administradores e demais responsáveis por bens e valores públicos*. [...]
> §3º *A auditoria financeira e orçamentária* será exercida sobre as contas das unidades administrativas dos três Poderes da União, que, para esse fim, deverão remeter demonstrações contábeis ao Tribunal de Contas da União, a que caberá realizar as inspeções necessárias.
> §4º O julgamento da regularidade das contas dos administradores e demais responsáveis será baseado em levantamento contábeis, certificados de auditoria e pronunciamento das autoridades administrativas, *sem prejuízo das inspeções mencionadas no parágrafo anterior*.
> §5º As normas de fiscalização financeira e orçamentária estabelecidas nesta seção aplicar-se-ão às autarquias. (Grifos nossos)

A LOTCU-1992, diferentemente, abordou o julgamento de contas sob dupla finalidade, sem adequada sistematização, de forma incompleta, com algumas inconsistências e incoerências.

Caberia ao Tribunal agora emitir um juízo de auditoria financeira e de conformidade, conforme expresso no art. 16, I: "As contas serão julgadas regulares, quando expressarem, de forma clara e objetiva, a exatidão dos demonstrativos contábeis, a legalidade, a legitimidade e a economicidade dos atos de gestão do responsável".

Ao mesmo tempo, o Tribunal desempenha nesses processos a função judiciária, atualmente consistente em apurar responsabilidades, subjetivas, por dano ao erário ou graves infrações a normas contábeis, financeiras, orçamentárias, patrimoniais ou operacionais.[1562] [1563]

Constatadas essas situações, o Tribunal, dentro do processo anual de contas, deve fazer um juízo de regularidade de contas (juízo de não auditoria), para fins de iniciar, no mesmo processo de auditoria, a apuração de responsabilidades financeiras.

[1561] Ver também LOTCU-1967: "Art. 41. As tomadas de contas serão: a) organizadas pelos órgãos de contabilidade; b) certificadas pelos órgãos de controle financeiro e orçamentário interno; c) acompanhadas de pronunciamento sobre a regularidade, por parte dos Chefes de órgãos da Presidência da República ou do Ministro de Estado, ou da autoridade por estes delegada, quando se tratar de contas de órgãos da Presidência da República ou dos Ministérios. Sendo as contas de unidade administrativa dos Poderes Legislativo e Judiciário, o pronunciamento caberá às autoridades competentes; d) acompanhadas de comunicação das providências que as autoridades referidas no parágrafo anterior tenham, porventura, tomado para resguardar o interesse público e a probidade da aplicação dos dinheiros públicos. Parágrafo único. A decisão do Tribunal será comunicada à autoridade administrativa competente para que, no caso de regularidade das contas, se cancele o nome do responsável no respectivo registro, ou no caso de irregularidade se adotem as providências destinadas a saná-las, dentro do prazo que o Tribunal fixar".

[1562] Vamos denominar essas responsabilidades como responsabilidade financeira.

[1563] Essa é a razão de a LOTCU-1992 prever em diversos dispositivos a expressão "débito", resquício da legislação histórica, não "dano ao erário".

Vide também os arts. 16, III, 19, 23, 57 e 58, II e III, da LOTCU-1992, reproduzidos em nota de rodapé.[1564]

Em síntese: quando, no exame do conjunto de informações e relatórios demonstrativos que compõem um processo de prestação de contas anual, o Tribunal "verificar irregularidade", como ocorrência de dano ao erário decorrente de ato de gestão ilegítimo ou antieconômico; desfalque ou desvio de dinheiros, bens ou valores públicos; prática de ato de gestão ilegal, ilegítimo, antieconômico; ou infração à norma legal ou regulamentar de natureza contábil, financeira, orçamentária, operacional ou patrimonial; dar-se-á início ao procedimento apuratório previsto no art. 12 da LOTCU1992:

> Art. 12. *Verificada irregularidade nas contas*, o Relator ou o Tribunal:
> I – definirá a responsabilidade individual ou solidária pelo ato de gestão inquinado;
> II – se *houver débito, ordenará a citação* do responsável para, no prazo estabelecido no Regimento Interno, apresentar defesa ou recolher a quantia devida;
> III – *se não houver débito, determinará a audiência* do responsável para, no prazo estabelecido no Regimento Interno, apresentar razões de justificativa;
> IV – adotará outras medidas cabíveis.
> §1º O responsável cuja defesa for rejeitada pelo Tribunal será cientificado para, em novo e improrrogável prazo estabelecido no Regimento Interno, recolher a importância devida.
> §2º Reconhecida pelo Tribunal a boa-fé, a liquidação tempestiva do débito atualizado monetariamente sanará o processo, se não houver sido observada outra irregularidade nas contas. [...]
> Art. 14. O Tribunal julgará as tomadas ou prestações de contas até o término do exercício seguinte àquele em que estas lhes tiverem sido apresentadas.

[1564] "Art. 16. As contas serão julgadas: [...] III – irregulares, quando comprovada qualquer das seguintes ocorrências: a) omissão no dever de prestar contas; b) prática de ato de gestão ilegal, ilegítimo, antieconômico, ou infração à norma legal ou regulamentar de natureza contábil, financeira, orçamentária, operacional ou patrimonial; c) dano ao Erário decorrente de ato de gestão ilegítimo ao antieconômico; d) desfalque ou desvio de dinheiros, bens ou valores públicos. [...] Art. 19. Quando julgar as contas irregulares, havendo débito, o Tribunal condenará o responsável ao pagamento da dívida atualizada monetariamente, acrescida dos juros de mora devidos, podendo, ainda, aplicar-lhe a multa prevista no art. 57 desta Lei, sendo o instrumento da decisão considerado título executivo para fundamentar a respectiva ação de execução. Parágrafo único. Não havendo débito, mas comprovada qualquer das ocorrências previstas nas alíneas a, b e c do inciso III, do art. 16, o Tribunal aplicará ao responsável a multa prevista no inciso I do art. 58, desta Lei. [...] Art. 23. A decisão definitiva será formalizada nos termos estabelecidos no Regimento Interno, por acórdão, cuja publicação no Diário Oficial da União constituirá: I – no caso de contas regulares, certificado de quitação plena do responsável para com o Erário; II – no caso de contas regulares com ressalva, certificado de quitação com determinação, nos termos do art. 18 desta Lei; III – no caso de contas irregulares: a) obrigação de o responsável, no prazo estabelecido no Regimento Interno, comprovar perante o Tribunal que recolheu aos cofres públicos a quantia correspondente ao débito que lhe tiver sido imputado ou da multa cominada, na forma prevista nos arts. 19 e 57 desta Lei; b) título executivo bastante para cobrança judicial da dívida decorrente do débito ou da multa, se não recolhida no prazo pelo responsável; c) fundamento para que a autoridade competente proceda à efetivação das sanções previstas nos arts. 60 e 61 desta Lei. [...] *Art. 24. A decisão do Tribunal*, de que resulte imputação de débito ou cominação de multa, torna a dívida líquida e certa e tem eficácia de título executivo, nos termos da alínea b do inciso III do art. 23 desta Lei. [...] Art. 57. Quando o responsável for julgado em débito, poderá ainda o Tribunal aplicar-lhe multa de até cem por cento do valor atualizado do dano causado ao Erário. Art. 58. O Tribunal poderá aplicar multa de Cr$42.000.000,00 (quarenta e dois milhões de cruzeiros), ou valor equivalente em outra moeda que venha a ser adotada como moeda nacional, aos responsáveis por: I – contas julgadas irregulares de que não resulte débito, nos termos do parágrafo único do art. 19 desta Lei; II – ato praticado com grave infração à norma legal ou regulamentar de natureza contábil, financeira, orçamentária, operacional e patrimonial; III – ato de gestão ilegítimo ou antieconômico de que resulte injustificado dano ao Erário; [...]" (Grifos nossos).

Art. 15. *Ao julgar as contas, o Tribunal decidirá se estas são regulares, regulares com ressalva, ou irregulares.* (Grifos nossos)[1565]

Posicionado onde está, na sequência de uma cadeia de ações procedimentais de um processo de apuração de responsabilidades, o art. 15 trata de juízos que não são juízos de auditoria, tampouco podem ser considerados juízos sobre a gestão dos administradores de recursos públicos como um todo.

Primeiramente, porque não há previsão constitucional nem legal, expressa, para serem emitidos juízos de valor sobre a gestão dos administradores.

Não há sustentação histórica nesse sentido.

Também não há norma da Intosai que aborde atuação das entidades fiscalizadoras superiores nessa perspectiva.

Essa forma de atuação não encontra respaldo nas razões históricas de surgimento do Tribunal de Contas no Brasil e nos países que serviram e têm servido de modelo comparativo: Itália, França, Espanha, Portugal, Estados Unidos e Inglaterra.

Emissão de juízo de valor sobre a gestão não se confunde com emissão de juízos de auditoria financeira e de conformidade, ou conclusões de auditorias operacionais, ou mesmo avaliação de programas governamentais e políticas públicas. Em nenhuma dessas formas de atuação internacionalmente disseminadas uma EFS atua emitindo juízos de valor.[1566]

Auditorias e avaliações são trabalhos sofisticados, cujo valor repousa na robustez metodológica que fundamenta suas conclusões e recomendações.

Os juízos definidos no art. 15 são formas de expressar os resultados dos exames procedidos na auditoria de contas[1567] [1568] e elementos obtidos em inspeções e diligências conduzidas pelo Tribunal de Contas:

a) ao julgar as contas regulares, comunica-se que nos exames procedidos o Tribunal *não* encontrou infrações normativas ou ocorrências danosas ao erário suscetíveis de se dar início a um processo de responsabilização, tampouco irregularidades outras passíveis de serem reportadas e sujeitas a alguma espécie de correção pela Administração;
b) ao julgar as contas regulares com ressalva, comunica-se que nos exames procedidos o Tribunal *não* encontrou infrações normativas ou ocorrências danosas ao erário suscetíveis de se dar início a um processo de responsabilização, *mas encontrou* irregularidades outras passíveis de serem reportadas e sujeitas a alguma espécie de correção pela Administração (denominadas falhas formais);

[1565] "Art. 16. As contas serão julgadas: [...] III – irregulares, quando comprovada qualquer das seguintes ocorrências: a) omissão no dever de prestar contas; b) prática de ato de gestão ilegal, ilegítimo, antieconômico, ou infração à norma legal ou regulamentar de natureza contábil, financeira, orçamentária, operacional ou patrimonial; c) dano ao Erário decorrente de ato de gestão ilegítimo ao antieconômico; d) desfalque ou desvio de dinheiros, bens ou valores públicos".

[1566] Não se está falando aqui de juízos de valor como julgamento profissional de auditoria.

[1567] Saber o que é uma auditoria de contas e como deve ser formulada para fins de o Tribunal emitir juízos reais de auditorias é uma outra discussão.

[1568] *Vide* LOTCU-1992: "Art. 50. No apoio ao controle externo, os órgãos integrantes do sistema de controle interno deverão exercer, dentre outras, as seguintes atividades: [...] II – realizar auditorias nas contas dos responsáveis sob seu controle, emitindo relatório, certificado de auditoria e parecer; [...]".

c) ao julgar as contas irregulares, comunica-se que nos exames procedidos *foram encontradas* infrações normativas ou ocorrências danosas ao erário pelas quais os responsáveis devem ser sancionados e/ou condenados a ressarcir ao erário o dano causado.

Esses juízos comunicam que há irregularidade ou não nas contas examinadas, mas não são juízos com pretensão de expressar opinião sobre o conjunto dos atos de gestão ou sobre os demonstrativos contábeis.

Esses juízos não correspondem a conclusões de auditoria. Juízos de auditoria (opiniões), como discutido no Capítulo 3, são expressos segundo fórmulas padronizadas e sobre objetos objetivamente definidos, para total clareza do que se pretende com eles expressar.

E esses juízos não são decisões jurisdicionais (responsabilizatórias). As decisões do Tribunal de Contas com essas características são as que aplicam sanções e impõem a obrigação de ressarcir o erário.

Esses juízos não correspondem à historicidade centenária de julgamento de contas presentes nas Constituições brasileiras com a pretensão de ser essa uma competência jurisdicional-judiciária privativa. As decisões de mérito no julgamento são decisões que, juridicamente, exoneram os agentes de suas responsabilidades financeiras ou lhes imputam responsabilidades pecuniárias e lhes aplicam sanções.

A emissão de juízos sobre as contas são conclusões sobre a existência de ilegalidades e infrações passíveis de ocasionar sentenças de caráter judicial restritivas de direitos ou impositivas de sanções.

As conclusões sobre "a regularidade das contas" são conclusões sobre se naquilo que foi examinado pelo controle interno (em auditoria de contas) e pelo Tribunal (em inspeções e diligências adicionais) foram encontradas ou não irregularidades.

Essas conclusões são etapas prévias às *decisões sancionatórias e indenizatórias*.

Esses juízos têm valor em si mesmo *quando são* juízos de auditoria.

Observe-se, logo a seguir, as releituras que podem ser feitas do disposto nos arts. 17 a 20 da LOTCU-1992.

Um acórdão do Tribunal na perspectiva jurisdicional que apenas manifeste que as contas são regulares nada diz sobre a responsabilidade do administrador.

Do mesmo modo, um acórdão que apenas manifeste que as contas são irregulares não tem o condão de obrigar juridicamente o responsável a pagar ao erário a importância que foi apurada nos processos em razão dos fatos danosos que lhe foram imputados. O que importa é o dispositivo que condena o responsável ao ressarcimento e o que o sanciona com multa ou mesmo inabilitação para ocupar cargos e funções de confiança.

Vide o art. 24: "A decisão do Tribunal, de que resulte imputação de débito ou cominação de multa, torna a dívida líquida e certa e tem eficácia de título executivo, nos termos da alínea b do inciso III do art. 23 desta Lei".

Em ambos os casos, os juízos de contas (conclusões sobre a existência de irregularidades) são dispensáveis. Não há prejuízo à compreensão da decisão jurisdicional-responsabilizatória.[1569]

[1569] "Art. 35. De decisão definitiva caberá recurso de revisão ao Plenário, sem efeito suspensivo, interposto por escrito, uma só vez, pelo responsável, seus sucessores, ou pelo Ministério Público junto ao Tribunal, dentro do prazo de

Os arts. 17 a 20 podem ser assim reescritos:

a) Art. 17. *Quando não forem constatadas irregularidades*, o Tribunal dará quitação plena ao responsável.

Original: "Art. 17. Quando julgar as contas regulares, o Tribunal dará quitação plena ao responsável".

b) Art. 18. *Quando forem constatadas somente irregularidades formais*, o Tribunal dará quitação ao responsável e lhe determinará, ou a quem lhe haja sucedido, a adoção de medidas necessárias à correção das impropriedades ou faltas identificadas, de modo a prevenir a ocorrência de outras semelhantes.

Original: "Art. 18. *Quando julgar as contas regulares com ressalva*, o Tribunal dará quitação ao responsável e lhe determinará, ou a quem lhe haja sucedido [...]".

c) Art. 19. *Quando forem constatadas ocorrências de dano ao erário ou graves infrações legais ou regulamentareis*, havendo débito, o Tribunal condenará o responsável ao pagamento da dívida atualizada monetariamente, acrescida dos juros de mora devidos, podendo, ainda, aplicar-lhe a multa prevista no art. 57 desta Lei, sendo o instrumento da decisão considerado título executivo para fundamentar a respectiva ação de execução.

Original: "Art. 19. *Quando julgar as contas irregulares*, havendo débito, o Tribunal condenará o responsável ao pagamento da dívida atualizada [...]".

d) Art. 20. As contas serão consideradas iliquidáveis quando caso fortuito ou de força maior, comprovadamente alheio à vontade do responsável, tornar materialmente impossível *decidir se ocorreram ou não irregularidades a partir dos elementos disponíveis para exame*.

Original: "Art. 20. As contas serão consideradas iliquidáveis quando caso fortuito ou de força maior, comprovadamente alheio à vontade do responsável, tornar materialmente impossível *o julgamento de mérito a que se refere o art. 16 desta Lei*".

O objetivo de proferir juízo sobre aspectos da gestão dos administradores deve ser buscado por meio de auditorias, de diferentes tipos, cujas formas de expressão não são as definidas no art. 16 da LOTCU-1992.

Observe-se, ainda, que os responsáveis, ao serem notificados para se manifestar sobre ocorrências danosas (débito) ou graves infrações normativas, não são demandados a se defender sobre possível juízo de irregularidade de contas (presumida decisão de mérito), mas sobre a ocorrência do fato e de sua responsabilidade por eles (efetiva decisão de mérito).

Esse contexto, necessário, nos mostra que a LOTCU-1992 utilizou a ideia de "julgamento de contas", emissão de juízo de contas, em múltiplos sentidos, sem consistência, e em diferentes contextos:

a) como juízo de auditoria (art. 16, I);
b) como critério para apuração de responsabilidades (art. 16, III);

---

cinco anos, contados na forma prevista no inciso III do art. 30 desta Lei, e fundar-se-á: I – em erro de cálculo nas contas; II – em falsidade ou insuficiência de documentos em que se tenha fundamentado a decisão recorrida; III – na superveniência de documentos novos com eficácia sobre a prova produzida. Parágrafo único. A decisão que der provimento a recurso de revisão ensejará a correção de todo e qualquer erro ou engano apurado".

c) como juízo moral negativo, utilizando o alerta de possibilidade de emissão de juízo de contas irregulares como meio de *enforcement* de suas decisões (art. 16, §1º: "O Tribunal poderá julgar irregulares as contas no caso de reincidência no descumprimento de determinação de que o responsável tenha tido ciência, feita em processo de tomada ou prestarão de contas");
d) como juízo dependente da satisfação do prejuízo, e não de ocorrência de irregularidade danosa ao erário ("Art. 12. [...] §2º Reconhecida pelo Tribunal a boa-fé, a liquidação tempestiva do débito atualizado monetariamente sanará o processo, se não houver sido observada outra irregularidade nas contas");
e) como juízo de proporcionalidade, considerando os efeitos derivados da Lei de Inelegibilidades: contas regulares com ressalva, em substituição a contas irregulares (precedentes, a exemplo do voto do relator do Acórdão nº 1.723/2009TCU-Plenário).

A introdução desse contexto analítico sobre o sentido dos juízos de contas é relevante para destacar que possibilitar que essa miscelânea de sentidos fosse elevada para um processo de apuração de responsabilidades danosas ao erário, nos quais esses juízos não deveriam ser emitidos, mas são, iria gerar incoerências e inconsistências.

A análise lógico-normativa conclui pela desnecessidade de emissão de juízo de contas na quase totalidade dos processos instaurados para apurar responsabilidades por dano ao erário denominados de tomadas de contas especial. Conclui-se, também, que a decisão de mérito numa TCE não é o juízo de regularidade de contas emitido, com base no art. 16 da LOTCU-1992.

Outro elemento contextual importante é que, como regra, a prolação de juízo de contas – regulares, regulares com ressalva e irregulares – busca fundamento no art. 16 da LOTCU-1992. Isso indica que as decisões desejam ser decisões de mérito "técnicas", e não juízos de valor, subjetivos, ou de outra natureza.

O valor de um juízo de contas está, presumidamente, atrelado à demonstração de ter um claro fundamento normativo a respaldá-lo e uma perfeita correspondência entre o critério utilizado e a situação a que se aplica.

Isso se torna especialmente relevante e problemático dado ser esse juízo, qualificado como juízo de mérito, o que se exige para a incidência do Inciso I-G da Lei de Inelegibilidades.

Seria incoerente que uma restrição tão grave de exercício de direitos políticos pudesse ter por base um juízo de mérito de fraca racionalidade e normatividade, para esses fins, como seria o caso de um juízo de valor.

Essa análise será complementada e corroborada pelo exame de casos selecionados dentre os acórdãos pesquisados, buscando demonstrar a ocorrência de problemas lógicos e de coerência na aplicação desses juízos, como se de mérito fossem, ontologicamente, e somar mais um elemento às conclusões de que esses juízos não devem ser feitos em tomadas de contas especial e de que esse processo deve receber outra denominação, por exemplo, processo de apuração de responsabilidade financeira.

Para esse fim, identificamos, qualificamos e sistematizamos o que denominamos de situações-problemas.

7.5.1 Situação-problema: a geração de consequências anti-isonômicas

Em muitas tomadas de contas especiais não há, ao final, uma decisão condenatória de ressarcimento ao erário, mas, mesmo assim, um juízo de contas irregulares é proferido, em razão da apuração de irregularidades sancionáveis com multa (muitas de baixo valor, inferior a R$10.000,00), gerando consequências percebidas de sanção moral e quase-sanção eleitoral que não seriam geradas se a mesma irregularidade fosse examinada em processos de denúncia, representação ou auditoria. Tal problema pode surgir em várias situações, algumas examinadas neste capítulo.

Em muitos outros casos, mesmo que o agente público seja condenado a ressarcir o dano causado ao erário, o Tribunal não o sanciona com a *restrição de direitos* prevista no art. 60 da LOTCU: sempre que o Tribunal, "por maioria absoluta de seus membros, considerar grave a infração cometida, o responsável ficará inabilitado, por um período que variará de cinco a oito anos, para o exercício de cargo em comissão ou função de confiança no âmbito da Administração Pública".

Tanto no caso de "contas irregulares sem dano e multa relativamente de baixo valor" quanto no de "contas irregulares com dano, mas sem sanção de inabilitação", os responsáveis comporão a Lista de Responsáveis com Contas Julgadas Irregulares.

No entanto, casos de responsáveis sancionados, em outros processos, por graves irregularidades com multas máximas e inabilitação não vão para a Lista de Potenciais Inelegíveis. *Vide* os seguintes casos, entre muitos outros semelhantes:

a) no Acórdão nº 651/2023-TCU-Plenário, processo de representação, um dos responsáveis foi sancionado com multa de R$79.004,53 e inabilitado por 5 anos para o exercício de cargos e funções de confiança na Administração Pública, mas não fará parte da Lista de Responsáveis com Contas Julgadas Irregulares;
b) nos acórdãos nº 868/2022-TCU-Plenário e nº 1.143/2022-TCU-Plenário, processos de representação, responsáveis foram sancionados com multa de R$74.680,53 e inabilitados por 8 anos para o exercício de cargos e funções de confiança na Administração Pública, mas não farão parte da Lista de Responsáveis com Contas Julgadas Irregulares.

Essa é uma questão que deve conduzir a mudanças normativas, algumas já em curso, como vimos no Capítulo 3.

A inabilitação para o exercício de cargos e comissões de confiança, por exemplo, seria um parâmetro de inelegibilidade mais equânime e inteligível.

7.5.1.1 Representação convertida em tomada de contas e a questão da reconversão da tomada de contas em representação

A primeira situação-problema examinada, a mais elucidativa das incoerências processuais, é a de tomadas de contas especiais oriundas de outro processo (representação, denúncia, auditoria), por meio do procedimento denominado "conversão em tomada de contas especial", quando, ao final da TCE, conclui-se pela inocorrência de dano ao erário, remanescendo, contudo, a comprovação de ocorrência de irregularidades não danosas ao erário.[1570] [1571]

Tivesse sido o responsável sancionado no próprio processo de representação, não sofreria as consequências notórias de um juízo de contas irregulares (mácula moral e alto risco de problemas na Justiça Eleitoral).

Esse problema foi claramente discutido no Acórdão nº 1.723/2009-TCU-Plenário, conforme excertos do voto do relator, do voto do 1º revisor e da declaração de voto do 2º revisor, que conduziu a redação final do acórdão:

Voto do relator:

> 5. Como já deixei assente em outras oportunidades, desde que cheguei a este Tribunal, venho defendendo a tese de que os gestores podem e devem ser punidos por comprovadas irregularidades, condicionado, porém, esse julgamento às especificidades de cada caso. É o que passo a fazer também neste Voto
> 6. Ainda que considere merecida a imputação da multa prevista no art. 58, inciso II, da Lei 8.443/92 a esses responsáveis, a aplicação de tal sanção, em sede de Tomada de Contas Especial, atrela-se ao julgamento pela irregularidade das contas, de acordo com o disposto nos arts. 16, inciso III, e 19, parágrafo único, da mesma Lei.
> 7. Entendo, entretanto, como demonstrei no início deste Voto, que havia caminho diverso a percorrer para imputar-lhes multa relativa à dimensão das impropriedades cometidas. Impossibilitada, porém, neste momento processual, a adoção de tal solução, com as devidas vênias por divergir do douto representante do Ministério Público, creio ser *o julgamento*

1570 *Vide*, por exemplo, entre muitos outros, o Acórdão nº 983/2024-TCU-Plenário, referente a processo de tomada de contas especial instaurada por conversão de processo de auditoria: "Sumário: [...] Indício de superfaturamento ante a diferença entre o valor contratado e as propostas desclassificadas. Ausência de preços de referência confiáveis aptos a caracterizar o superfaturamento [...] acolhimento das alegações de defesa de alguns responsáveis. Irregularidade das contas do gestor cuja omissão concorreu para a contratação potencialmente antieconômica. Multa [...]".

1571 *Vide* também Acórdão nº 901/2024-Plenário. Excerto do voto: "Trago a exame deste Tribunal tomada de contas especial instaurada mediante a conversão de representação sobre possíveis irregularidades na execução de obras na BR-020/CE pelo Dnit no Estado do Ceará [...]. 40. Assim, tendo se omitido em relação a esse dever quanto à contratação dos serviços adicionais e à fiscalização da execução deles, resta evidenciada falha grave, caracterizada por erro grosseiro, cuja conduta entendo reprovável bastante para a aplicação da sanção alvitrada nos pareceres, em que pese afastado o débito imputável em razão unicamente da impossibilidade de sua aferição sem exceder o real valor devido, nos termos do §1º, incisos I e II, do art. 210 do Regimento Interno/TCU. 41. Também estou de acordo com a proposição de responsabilização do Sr. *omissis*, considerando suas atribuições na qualidade de Superintendente, a quem não se atribui a responsabilidade pela realização de serviços em cobertura contratual, posto que a fiscalização não foi por ele realizada, nem lhe cabia atribuição tão pormenorizada, mas pelo seguinte fato adequadamente apontado na análise empreendida pela AudRodoviaAviação por ocasião da primeira instrução transcrita no relatório precedente: / No caso, vale enfatizar que o superintendente subscreveu declaração do fiscal das obras dando conta que os quantitativos medidos correspondiam fielmente à realidade de campo e que as fotografias constariam do relatório da supervisora / Ademais, aprovou e autorizou o processamento da medição contestada / Portanto, a atuação do superintendente foi decisiva para a materialização da irregularidade consubstanciada na aprovação da 12ª Medição do Contrato 397/2009, sem que esta contivesse a imprescindível documentação comprobatória dos serviços medidos, em afronta ao disposto no inciso III do §2º do art. 63 da Lei 4320/1964, caracterizando prática de ato de gestão ilegal, ilegítimo ou antieconômico, ou infração a norma legal ou regulamentar de natureza contábil, financeira, orçamentária, operacional ou patrimonial (RI/TCU, art. 209, inciso II) [...]". Excerto do acórdão: "[...] 9.9. rejeitar parcialmente as alegações de defesa apresentadas pelos Srs. *omissis* em relação à ocorrência de falhas na aprovação da 1ª Revisão de Projeto em Fase de Obras e respectiva medição de serviços decorrentes da alteração de quantitativos; 9.10. julgar irregulares as contas dos responsáveis Srs. *omissis*, com fundamento nos arts. 1º, inciso I, 16, inciso III, alínea "b", 19, parágrafo único, da Lei 8.443/1992, aplicando-lhes a multa prevista no art. 58, inciso I, da Lei 8.443/1992 [...]".

pela irregularidade das contas dos responsáveis medida de extremo rigor e desproporcional aos fatos apurados nestes autos.
8. Diante desse impasse, acredito ser alternativa mais justa, in casu, julgar as contas dos dirigentes e empregados pela ELETRONORTE regulares com ressalva, prejudicada a cominação de multa.[1572] (Grifos nossos)

Voto do revisor:

62. Desta feita, a proposta de aplicação de sanção sem a ocorrência de débito a ser ressarcido é justificada pela culpa grave evidente dos responsáveis, os quais devem ser apenados de acordo com sua participação nas irregularidades.
63. Acolho ainda as proposições contidas na Declaração de Voto do eminente Ministro-Substituto Weder de Oliveira no sentido de que caberia a modificação da natureza desse processo de "Tomada de Contas Especial" para "Relatório de Auditoria". Isso porque, a conversão destes autos em TCE ocorreu quando não havia débito a ser ressarcido, pois eventuais prejuízos a serem apurados já estavam com a garantia de ressarcimento em razão de medida cautelar adotada por esta Corte. Assim, como inclusive exposto pelo Ministro-Relator, não estavam presentes os pressupostos para a instauração de TCE's, a qual, não custa lembrar, é medida de exceção.
64. Seria pois não isonômico que os gestores aqui tratados sofressem os efeitos de um julgamento pela irregularidade das contas em razão de inadequado procedimento do TCU quando, seguindo-se os trâmites normais, eles sofreriam apenas sanções pecuniárias.
65. Destaco contudo que esse procedimento é aqui proposto apenas em razões das especiais circunstâncias do caso concreto, não devendo servir como regra geral a ser adotada, especialmente quando se trata de TCE's encaminhadas diretamente a esta Corte, não oriundas portanto de conversão de processos de fiscalização.

Declaração de voto:[1573]

[1572] A interpretação mais comum no Tribunal de Contas da União é de que não é cabível aplicação de multa se as contas são julgadas regulares com ressalva.

[1573] *Vide* a íntegra da declaração de voto: "O responsável pela prática de ato infracional a norma legal ou regulamentar de natureza contábil, financeira, orçamentária, operacional ou patrimonial da qual não decorra dano ao erário pode merecer distintas decisões deste Tribunal, a depender do tipo de processo em que tenha sido apurada a ocorrência. 2. Assim, se a ocorrência é examinada em processos de fiscalização, representação ou denúncia, o responsável será apenado com a multa do art. 58, II, da LO/TCU. Se apurada em processo de tomada ou prestação de contas ordinária, poderá o responsável ter as contas julgadas irregulares e ser apenado com a multa prevista no art. 58, I. Se constatada em processo de tomada de contas especial em que o débito que deu ensejo a esse procedimento seja afastado no curso da apreciação, as decisões poderão ser várias, dentre elas, como no presente caso: julgamento pela regularidade com ressalvas, como propõe o Relator, Ministro Raimundo Carreiro; ou julgamento pela irregularidade, como propugna o Revisor, Ministro Benjamin Zymler. 3. Desse modo, se, por exemplo, determinado gestor pratica atos contrários à Lei de Licitações, irregulares embora não danosos ao erário, e esses atos são objeto de representação ou denúncia ao Tribunal, ou mesmo verificados pelo próprio TCU em atos de fiscalização, ao final do processo poderá ser sancionado com multa. Se esses atos são detectados no bojo do processo de contas ordinárias, muito provavelmente, o responsável, além de ser apenado com multa, poderá ter as contas julgadas irregulares e ser incluído, após a decisão definitiva, na lista de responsáveis cujas contas houverem sido julgadas irregulares remetida ao Ministério Público Eleitoral para os fins previstos na Lei Complementar nº 64/1990, nos termos do art. 91 da LO/TCU. 4. Destaco, ainda, que, se no decurso do processo de representação, denúncia ou fiscalização ficar configurado indício de desfalque, desvio de bens ou outra irregularidade de que resulte dano ao erário, o Tribunal ordenará, conforme determina o art. 47 da LO/TCU, a conversão do processo em tomada de contas especial. Se confirmado o dano, as contas serão julgadas irregulares, o responsável será condenado a ressarcir o erário e poderá ser multado. Afastado o dano, há divergências quanto à melhor decisão processual e de mérito a ser tomada. 5. Essas distintas conseqüências para um mesmo fato praticado por um mesmo responsável não decorrem de diferenças de entendimento de diferentes ministros sobre um mesmo fato. Decorrem unicamente do tipo de processo no âmbito do qual se apurou a irregularidade. Um mesmo relator seria conduzido pela LO/TCU e pelo Regimento Interno a deliberar em diferentes sentidos, conforme a natureza do processo, se de contas ou não. 6. Tal situação tem considerável possibilidade de Tal situação tem considerável possibilidade de produzir situações não isonômicas. Por exemplo, se dois gestores tiverem praticado o mesmo ato não danoso ao erário mas estiverem respondendo por eles em processos de natureza distinta, um em representação e o outro em prestação de contas ordinárias, ao primeiro não será atribuído 'o julgamento pela irregularidade', passível de levar à condição de inelegível; ao segundo, muito provavelmente, sim. 7. A respeito de decisões não isonômicas dessa espécie, menciono parte do Voto do eminente Ministro Walton Alencar Rodrigues no TC 006.857/2002-0 (Tomada de Contas Especial): 'Deixo de acompanhar a proposta de que os responsáveis cujas justificativas foram rejeitadas tenham suas contas julgadas irregulares e sejam condenados ao pagamento de multa, com base no art. 58, inciso I, da Lei nº 8.443/1992. As irregularidades que remanescem neste processo não se confundem com as que deram causa à sua conversão em tomada de contas especial. Assim, considerando que os autos tratavam originalmente de denúncia, entendo apropriado que se aplique, desde já, com fulcro no art. 250, inciso IV, §2º, do Regimento Interno do TCU, a multa prevista no art. 58, inciso II, da Lei nº 8.443/1992, a todos os responsáveis que tiveram suas razões de justificativas rejeitadas. Tal medida é a mais adequada, pois, à luz do princípio da isonomia, os responsáveis neste processo receberiam o mesmo tratamento dispensado aos responsáveis nos processos de denúncia em que não se configura a existência de desfalque, desvio de bens ou outra irregularidade que resulte em dano ao erário'. 8. No caso de apuração de ocorrências que causam dano ao erário, a possibilidade de infringência do princípio da isonomia é menor, pois os processos de representação, denúncia e fiscalização são convertidos em tomada de contas especial (art. 47, LO/TCU), cujo desenlace poderá ser o julgamento pela irregularidade. Dessa forma, gestores que praticaram atos ilegais e danosos, apurados em qualquer tipo de processo, teriam suas condutas apreciadas ou em processos de contas ordinárias ou em processos de tomada de contas especial, e em ambos estariam sujeitos aos mesmos tipos de deliberações. 9. Passemos ao exame da situação em que ao longo do processo de tomada de contas especial o débito venha a ser afastado, remanescendo, contudo, irregularidades passíveis de conduzir ao julgamento pela irregularidade (art. 16, III, b, da LO/TCU), pertinente ao presente caso. 10. Imagine-se que inicialmente o responsável tenha sido objeto de representação para apuração de prática de supostos atos ilegais. O Tribunal, concluindo que há irregularidades e que não há dano ao erário, aplicará multa e fará determinações. Imagine-se, agora, que (1) ao longo da apreciação constatam-se, além de irregularidades, evidências de dano ao erário, que levam o Tribunal a determinar a conversão da representação em tomada de contas especial, e que (2) no decorrer desse novo processo constata-se que não há dano, de fato, mas há irregularidades. 11. Nesse caso, se se prossegue com o processo de tomada de contas especial para que o Tribunal profira o julgamento pela irregularidade, instaura-se novamente situação de não-isonomia. E se não se prossegue com o processo, sem exame das irregularidades, também dá-se origem à mesma situação. Na primeira hipótese, porque não havendo dano ao erário a irregularidade em processo de representação daria ensejo apenas à imposição de multa, enquanto no processo de tomada de contas especial a deliberação será, provavelmente, por essa imposição e pelo julgamento pela irregularidade. Na segunda, porque no processo de representação haveria imposição de multa, enquanto no caso de arquivamento da TCE sem apreciação das irregularidades já detectadas, após garantido o contraditório e a ampla defesa, o responsável pelas irregularidades não seria apenado. 12. Em situações como as descritas, o responsável poderia ser, de um lado, beneficiado pelo julgamento das contas 'regular com ressalvas' ou, de outro, prejudicado em relação à situação jurídica a que estaria exposto antes da conversão do processo em TCE, pelo acréscimo do julgamento das contas pela 'irregularidade'. 13. Foi o que aconteceu no processo sob apreciação, de um lado o Ministro-Relator, diante da hipótese de ter que julgar as contas irregulares para poder apenar os responsáveis pelas irregularidades, optou por considerar as situações como ensejadoras de julgamento pela regularidade com ressalvas, por considerar a imputação de 'contas irregulares', e as conseqüentes potenciais repercussões negativas, decisão demasiadamente forte. O Ministro-Revisor, de outro lado, optou por não deixar os responsáveis pelas irregularidades sem a devida apenação, e, portanto, julga as contas irregulares. 14. Entendo que há uma terceira alternativa. Da mesma forma como está explícito no art. 47 da LO/TCU que o Tribunal deve ordenar, desde logo, a conversão do processo em tomada de contas especial, se configurada a ocorrência de desfalque, desvio de bens ou outra irregularidade de que resulte dano ao erário, está implícito que o Tribunal poderá ordenar a modificação da natureza do processo, de TCE para a natureza original, quando comprovado no desenvolvimento da TCE que não há, efetivamente, dano ao erário. 15. Para ficar mais clara essa possibilidade, é preciso destacar que a existência de dano, efetivo ou presumido, é pressuposto processual para constituição do processo de TCE. Conforme dispõe o art. 8º da LO/TCU, a tomada de contas especial visa à apuração dos fatos, identificação dos responsáveis e quantificação do dano. A IN nº 56/2007, no art. 3º, conceitua tomada de contas especial como 'é um processo devidamente formalizado, com rito próprio, para apurar responsabilidade por ocorrência de dano à Administração Pública federal e obtenção do respectivo ressarcimento'. 16. Não se instaura tomada de contas especial para apurar responsabilidade e apenar pessoas sem que haja, pelo menos, razoável identificação de dano ao erário a suscitar processo específico para obtenção de ressarcimento. 17. As normas regimentais e regulamentares deste Tribunal autorizam o arquivamento de processos de tomada de contas especial em que não mais subsiste o débito inicialmente identificado. Vejam-se os arts. 169, 212 e 250, do RI/TCU, e arts. 5º e 10 da IN nº 56/2007: 'RI/TCU, Art. 169. O Tribunal e, ressalvados os casos indicados neste Regimento, o relator podem determinar o arquivamento do processo nas seguintes situações: II – quando ausentes os pressupostos de constituição ou de desenvolvimento válido e regular do processo, nos termos do art. 212; [...] IV – quando tenha o processo cumprido o objetivo para o qual foi constituído'. 'RI/TCU, Art. 212. O Tribunal determinará o arquivamento do processo de prestação ou de tomada contas, mesmo especial, sem julgamento do mérito, quando verificar a ausência de pressupostos de constituição e de desenvolvimento válido e regular do processo'. 'IN 56/2007, Art. 5º A tomada de contas especial somente deve ser instaurada e encaminhada ao Tribunal quando o valor do dano, atualizado monetariamente, for igual ou superior à quantia fixada pelo Tribunal

O responsável pela prática de ato infracional a norma legal ou regulamentar de natureza contábil, financeira, orçamentária, operacional ou patrimonial da qual não decorra dano ao erário pode merecer distintas decisões deste Tribunal, a depender do tipo de processo em que tenha sido apurada a ocorrência [...]
3. Desse modo, se, por exemplo, determinado gestor pratica atos contrários à Lei de Licitações, irregulares embora não danosos ao erário, e esses atos são objeto de representação ou denúncia ao Tribunal, ou mesmo verificados pelo próprio TCU em atos de fiscalização, ao final do processo poderá ser sancionado com multa. Se esses atos são detectados no bojo do processo de contas ordinárias, muito provavelmente, o responsável, além de ser apenado com multa, poderá ter as contas julgadas irregulares e ser incluído, após a decisão definitiva, na lista de responsáveis cujas contas houverem sido julgadas irregulares remetida ao Ministério Público Eleitoral para os fins previstos na Lei Complementar nº 64/1990, nos termos do art. 91 da LO/TCU. [...]
5. Essas distintas conseqüências para um mesmo fato praticado por um mesmo responsável não decorrem de diferenças de entendimento de diferentes ministros sobre um mesmo fato. Decorrem unicamente do tipo de processo no âmbito do qual se apurou a irregularidade. Um mesmo relator seria conduzido pela LO/TCU e pelo Regimento Interno a deliberar em diferentes sentidos, conforme a natureza do processo, se de contas ou não.
6. Tal situação tem considerável possibilidade de produzir situações não isonômicas. Por exemplo, se dois gestores tiverem praticado o mesmo ato não danoso ao erário mas estiverem respondendo por eles em processos de natureza distinta, um em representação e o outro em prestação de contas ordinárias, ao primeiro não será atribuído "o julgamento pela irregularidade", passível de levar à condição de inelegível; ao segundo, muito provavelmente, sim. [...].

Acórdão:

[...] 9.1. considerar válidos os atos praticados inerentes à então Tomada de Contas Especial, *retomando sua natureza de Relatório de Auditoria*, com fundamento nos princípios da instrumentalidades das formas e da economia processual, os quais suprem a promoção das audiências previstas no art. 43, II, da Lei nº 8.443/1992, tendo em vista que foi assegurado

para esse efeito. §1º Fica dispensado o encaminhamento ao Tribunal e autorizado o correspondente arquivamento, no órgão ou entidade de origem, de tomada de contas especial já constituída nas hipóteses de: [...] IV – outra situação em que o débito seja descaracterizado'. 'IN 56/2007, Art. 10. Aplicam-se as disposições constantes do art. 5º aos processos já constituídos que se encontrem no Tribunal, nos órgãos de controle interno ou nos órgãos ou entidades de origem'. 18. Em vez de arquivar ou dar prosseguimento a processos de TCE nessa situação, parece-me mais coerente com princípio da economia processual, as normas regimentais e a real essência das ações de controle externo que se reconheça a modificação da natureza do processo, procedimento decisório que afigura-se plenamente viável e adequado. Se a tomada de contas especial originou-se da conversão de outro processo, que se reconheça-lhe à natureza inicial. Se se trata de processo autônomo (ou seja, TCE desde a origem) que passe a ser conhecido como representação, cuja finalidade é exatamente a de apurar ilegalidades. Desse modo, o Tribunal encerrará a apreciação do processo deliberando não mais sobre uma TCE, que efetivamente não mais subsiste, mas sobre um processo de fiscalização ou representação, nos quais a apenação dos responsáveis pelas irregularidades praticadas pode se dar sem as dificuldades inerentes à emissão do julgamento segundo o que dispõe o art. 16, III, da LO/TCU. 19. É relevante ressaltar e evidenciar que nos processos de tomada de contas especial, em regra, sejam aqueles instaurados pelos órgãos da Administração sejam os instaurados pelo próprio Tribunal, apuram-se tanto irregularidades diretamente associadas ao dano quanto irregularidades que podem subsistir autonomamente. Muitas vezes, esses processos são, efetivamente, processos mistos: tomada de contas em sentido estrito, para as irregularidades vinculadas ao dano, e representação, para as demais. Portanto, voto no sentido de que este Tribunal delibere pela modificação da natureza do processo, de 'Tomada de Contas Especial' para 'Relatório de Auditoria', que era a natureza anterior à conversão, mantendo as disposições relativas à apenação dos responsáveis nos termos do Acórdão proposto pelo Ministro-Revisor".

aos responsáveis o direito ao contraditório e à ampla defesa, sem que a forma empregada gerasse qualquer prejuízo a eles;
9.2. aplicar aos responsáveis abaixo arrolados, no âmbito do presente Relatório de Auditoria, a multa prevista no art. 58, inciso III, da Lei n. 8.443/92, nos valores a seguir definidos: [...]. (Grifos nossos)

7.5.1.2 Inconsistência processual em proferir juízo de contas irregulares mesmo quando afastada a obrigação de ressarcir o erário

Uma tomada de contas especial é instaurada, como regra, diante de evidências de ocorrência de dano ao erário, com a expectativa de, ao final, se comprovados o dano e a responsabilidade, ser proferido um juízo de irregularidade de contas com fundamento no art. 16, II, alínea "c", da LOCTU-1992: "dano ao Erário decorrente de ato de gestão ilegítimo ao antieconômico".

Ou seja, um juízo fundamentado numa previsão normativa coerente com a razão da instauração da tomada de contas especial.

No entanto, não comprovada a ocorrência de dano, mas comprovada a ocorrência de infração à norma legal ou regulamentar de natureza contábil, financeira, orçamentária, operacional ou patrimonial, será proferido um juízo de irregularidade de contas, agora fundamentado no art. 16, III, "b": "prática de ato de gestão ilegal, ilegítimo, antieconômico, ou infração à norma legal ou regulamentar de natureza contábil, financeira, orçamentária, operacional ou patrimonial".

Nesses casos, o processo inicia-se como tomada de contas especial, nos termos do art. 8º da LOTCU, "para apuração dos fatos, identificação dos responsáveis e quantificação do dano", mas, mesmo afastada a ocorrência de dano, o processo prossegue para, sob outra ótica, buscar-se a responsabilização, com multa, dos agentes, pelo cometimento de outras infrações, não danosas ao erário.

Considerando que a prática processual do Tribunal de Contas determina a conversão de processos de outras naturezas (representação, denúncia, auditoria) em tomada de contas especial quando houver evidência de ocorrência de dano ao erário – porque, essencialmente, numa tomada de contas, pode ser proferido um juízo de contas – e tendo em vista que esse juízo representa uma efetiva sanção moral, assim como pode ocasionar outros efeitos negativos na esfera jurídica dos responsáveis, esse juízo deveria ser proferido apenas em casos de o processo começar e terminar como um devido processo de tomada de contas especial.

Ou seja, considerando que não se pode buscar a "apuração dos fatos, identificação dos responsáveis e quantificação do dano" em processo que não seja tomada de contas especial – daí a determinação de conversão, para manter a higidez processual e o devido processo legal –, não se deveria, numa tomada de contas especial, atribuir um juízo de contas que tenha como razão fatos e condutas dos quais não derivaram imputação de débito (dano ao erário), ainda que seja possível promover-se a devida responsabilização pecuniária, desde que a forma como foi citado o responsável não cause prejuízo à sua defesa.

Esses casos evidenciam as contradições e dificuldades geradas por esses juízos.

Na jurisprudência do Tribunal, observa-se que em muitos casos procura-se dar consistência à decisão de emitir juízo de contas irregulares fundamentando a aplicação de multa no art. 19, parágrafo único, da LOTCU: "Não havendo débito, mas comprovada qualquer das ocorrências previstas nas alíneas a, b e c do inciso III, do art. 16, o Tribunal aplicará ao responsável a multa prevista no inciso I do art. 58, desta Lei".[1574]

É importante relembrar que o termo "débito" está associado ao exame de contas anuais dos administradores e demais responsáveis por bens, dinheiros e valores públicos na forma como historicamente era feito.

A LOTCU, no art. 8º, ao tratar da tomada de contas especial, não utiliza esse termo. Não se instaura uma TCE para apuração e imputação de eventual "débito" ao responsável, mas "para apuração dos fatos, identificação dos responsáveis e quantificação do dano" e obtenção do ressarcimento,[1575] conforme art. 2º da então IN 71/2012:[1576]

> Art. 2º Tomada de contas especial é um processo administrativo devidamente formalizado, com rito próprio, para apurar responsabilidade por ocorrência de dano à Administração Pública federal, com apuração de fatos, quantificação do dano, identificação dos responsáveis e obter o respectivo ressarcimento.
> Parágrafo único. Consideram-se responsáveis pessoas físicas ou jurídicas às quais possa ser *imputada a obrigação de ressarcir o Erário*. (Grifos nossos)

A apenação com multa em casos de "ato praticado com grave infração à norma legal ou regulamentar de natureza contábil, financeira, orçamentária, operacional e patrimonial" e de "ato de gestão ilegítimo ou antieconômico de que resulte injustificado dano ao Erário", apurados em processos de representação, denúncia e auditoria, é feita com base no art. 58, II, da LOTCU:

> Art. 58. O Tribunal poderá aplicar multa [texto suprimido] aos responsáveis por: [...]
> II – ato praticado com grave infração à norma legal ou regulamentar de *natureza* contábil, financeira, orçamentária, operacional e patrimonial;
> III – ato de gestão ilegítimo ou antieconômico de que resulte injustificado dano ao Erário; [...].

O uso do art. 58, II, como fundamento da multa seria inconsistente com um juízo de contas irregulares em casos de não imputação de "obrigação de ressarcir o Erário". Por isso, recorrer ao art. 19, parágrafo único, da LOCTU para fundamentar a multa é uma forma de dar consistência à emissão de juízo de contas irregulares.

No entanto, em muitos casos, os acórdãos registram como fundamento o art. 58, II, utilizado em denúncias, representações e auditorias, ou mesmo genericamente o art. 58, sem referência a inciso específico, ocorrendo certa contradição: a apenação com base em dispositivo aplicável em processos de "não prestação/tomada de contas" e de

[1574] "Art. 16. As contas serão julgadas: [...] III – irregulares, quando comprovada qualquer das seguintes ocorrências: a) omissão no dever de prestar contas; b) prática de ato de gestão ilegal, ilegítimo, antieconômico, ou infração à norma legal ou regulamentar de natureza contábil, financeira, orçamentária, operacional ou patrimonial; c) dano ao Erário decorrente de ato de gestão ilegítimo ao antieconômico; / Art. 58. O Tribunal poderá aplicar multa / aos responsáveis por: I – contas julgadas irregulares de que não resulte débito, nos termos do parágrafo único do art. 19 desta Lei; [...]".

[1575] Em conformidade com os termos do art. 71, inc. II, da Constituição de 1988: "julgar as contas [...] e daqueles que derem causa a perda, extravio ou outra irregularidade de que resulte prejuízo ao erário público; [...]".

[1576] Revogada por Instrução Normativa TCU nº 98/2024.

"emissão de juízo de contas" somente é possível em "processos/tomada de contas". Em outros, pode-se ver que não há referência normativa vinculada ao juízo de contas e à fundamentação da multa com base nos incs. I e III do art. 58.

O modo processualmente devido seria a apenação dos responsáveis, quando processualmente possível, com base no art. 58, II, sem emissão de qualquer juízo de contas.

Como casuística exemplificativa dessa situação-problema, citamos os acórdãos nºs 6.878/2021-TCU-2ª Câmara;[1577] 729/2024-TCU-1ª Câmara;[1578] 2.819/2024-TCU-2ª Câmara;[1579] 1.151/2024-TCU-Plenário;[1580] e 13.031/2023-TCU-1ª Câmara.[1581]

[1577] Excerto do voto: "[...] 39. Acerca da responsabilidade do Sr. A, revel nestes autos, não se constatam elementos nestes autos capazes de elidir a sua responsabilidade para, ao suceder o Sr. B, finalizar as pendências, buscando a ligação do Packing House ao sistema de energia elétrica, e colocá-lo em funcionamento para beneficiar os pequenos agricultores da região. Ao se omitir na adoção das medidas necessárias para viabilizar o funcionamento do Packing House, sem qualquer justificativa, cometeu grave falha de gestão de empreendimento que estava sob a sua administração. 40. Ambos os responsáveis, Srs. A e B, ao não colocarem em funcionamento o objeto pactuado, incorreram em infração aos termos do Convênio 01.0121.00/2007, frustrando o objetivo da avença. 41. Nesse contexto, cabe julgar irregulares as contas dos Srs. A e B, com base no art. 16, inciso III, alínea b, da Lei 8.443/1992, sem débito, e aplicar-lhes, individualmente, a multa prevista no art. *58, inciso I*, da Lei 8.443/1992 [...]". Excerto do acórdão: "[...] 9.2. com fundamento nos arts. 1º, inciso I, 16, inciso III, alínea b, 19, parágrafo único, e 23, inciso III, da Lei 8.443/1992, julgar irregulares as contas dos Srs. A e B; 9.3. aplicar, individualmente, aos Srs. A e B a multa prevista no art. 58, inciso I, da Lei 8.443/1992, no valor de R$20.000,00 (vinte mil reais) [...]".

[1578] Excerto do voto: "[...] *3.* Já no âmbito deste Tribunal, a então SecexTCE analisou os autos e propôs realizar diligências à CEF e à Prefeitura de Cícero Dantas/BA, para complementação das informações. Após o mencionado banco público atestar que o objeto foi concluído, com total funcionalidade e utilidade para o público, esta unidade instrutora propôs o arquivamento do feito ante a ausência de dano ao Erário. *4.* Por sua vez, o Ministério Público de Contas (MPTCU) [...] concordou parcialmente com a unidade técnica, porém apontou que, embora não esteja configurado o dano ao Erário, as ocorrências identificadas são graves e merecem a realização de audiência, pela possibilidade de aplicar a multa do art. 58 da Lei 8.443/1992. *5.* Em despacho acostado à peça 102, concordei com a realização da audiência proposta, que versou sobre as seguintes irregularidades e condutas do responsável [...] *11.* Quanto ao mérito, destaco que as irregularidades apontadas não são falhas meramente formais. A falta da regularização fundiária dos imóveis frustra um dos importantes objetivos do ajuste, que era a constituição de direito real sobre o imóvel em favor da família beneficiária, para que ela passasse a ser a legítima proprietária da unidade habitacional construída com recursos públicos [...]. *14.* Desse modo, se de um lado a falta de documentos básicos na prestação de contas que foram solicitados, por várias vezes, ao responsável, não ensejou dano ao erário quantificável; de outro, representa grave infração a norma legal, que coloca em dúvida o alcance dos objetivos da transferência dos recursos federais, que foi beneficiar famílias em situação de vulnerabilidade social, de modo que proponho a aplicação da *multa do art. 58* da Lei 8.443/1992 ao responsável no *valor de R$7.000,00*". Excerto do acórdão: "[...] ACORDAM os Ministros do Tribunal de Contas da União, reunidos em sessão da 1ª Câmara, com fundamento nos arts. 1º, I; 12, §3º; 16, II e III, "b" e "c"; 18; 19; 23, III; 26; 28, II, e 58 da Lei 8.443/1992 c/c os arts. 214, III, "a", 217 e 267 do Regimento Interno do TCU e ante as razões expostas pelo Relator, em: 9.1. considerar revel *omissis* para todos os efeitos, dando-se prosseguimento ao processo com os elementos nele contidos; 9.2. julgar irregulares as contas de *omissis*; 9.3. aplicar a *omissis* multa de R$7.000,00 [...]" (Grifos nossos).

[1579] Excerto do voto: "37. No caso concreto, não houve dano ao erário, mas está bem evidenciada a necessidade de apenação de *omissis* com a multa individual *prevista no art. 58, inciso I*, da Lei 8.443/1992, aquele por paralisar o empreendimento e esta por não retomar as obras, em deferência ao princípio da continuidade administrativa, mesmo com disponibilidade de recursos federais para tanto" (Grifos nossos).

[1580] Excerto do voto: "[...] Por outro lado, não há falar em débito se os consórcios executores adotaram os mesmos métodos construtivos previstos no projeto básico e orçamento base iniciais, embora sejam considerados antieconômicos e ineficientes, em desalinho com o porte e finalidade do empreendimento. Assim, os atos administrativos de aprovação de projeto básico e orçamento base com inconsistências técnicas amolda-se à hipótese de prática de ato antieconômico. Por essa razão rejeito, em parte, as alegações de defesa apresentadas pelos responsáveis *omissis*, julgo irregulares as respectivas contas, sem condenação em débito, e lhes aplico sanção pecuniária individual, por prática de ato de gestão antieconômico, com fundamento nos artigos 16, inciso III, alínea 'b', e 58, da Lei 8.443/1992". Excerto do acórdão: "9.10. julgar irregulares as contas dos Srs. *omissis*, aplicando-lhes sanção pecuniária individual prevista no *art. 58, incisos I e III*, da Lei 8.443/1992, no valor de R$30.000,00 (trinta mil reais) [...]".

[1581] Excerto do voto: "18. Desse modo, considerando a pouca materialidade da despesa e a assertiva do MTur de que foi apresentado um exemplar contendo o anúncio pactuado, considero que esse débito também pode ser afastado. [...] Ante essas considerações, o presente recurso de reconsideração deve ser conhecido e provido parcialmente

7.5.1.3 Juízo de contas irregulares por irregularidades indevidamente incluídas em tomada de contas especial

Em outros casos, o problema é potencializado porque a Administração, em processo de exame de contas de convênios, por exemplo, instaura tomada de contas especial abrangendo irregularidades que causaram prejuízos ao erário e outras que representam apenas infrações à legislação,[1582] sancionáveis ou não.

Situações dessa natureza começaram a receber atenção do Tribunal em 2016, quando acrescido parágrafo único ao art. 3º da IN nº 71/2012:

> Art. 3º Diante da omissão no dever de prestar contas, da não comprovação da aplicação de recursos repassados pela União mediante convênio, contrato de repasse, ou instrumento congênere, da ocorrência de desfalque, alcance, desvio ou desaparecimento de dinheiro, bens ou valores públicos, ou da prática de ato ilegal, ilegítimo ou antieconômico de que resulte dano ao Erário, a autoridade competente deve imediatamente, antes da instauração da tomada de contas especial, adotar medidas administrativas para caracterização ou elisão do dano, observados os princípios norteadores dos processos administrativos.
> Parágrafo único. Na hipótese de se constatar a ocorrência de graves irregularidades ou ilegalidades de que não resultem dano ao erário, a autoridade administrativa ou o órgão de controle interno *deverão representar os fatos* ao Tribunal de Contas da União. (AC) (Instrução Normativa nº 76, de 23/11/2016, DOU de 12/12/2016). (Grifos nossos)

Ou seja, a norma prescreve que a Administração proceda de modo dúplice: instaure uma tomada de contas especial para apuração de dano ao erário e represente "os fatos ao Tribunal de Contas da União" no caso de ocorrência de graves irregularidades ou ilegalidades de que não resultem dano ao erário.

Essa separação processual será, muitas vezes, produtiva; mas, em outras, complicará a apreciação dos fatos e condutas, quando estiverem interligadas ocorrências danosas e não danosas.

Esse problema *não existiria* se a apreciação de distintas responsabilidades interligadas pudesse ser realizada num mesmo processo de responsabilização sem gerar a anti-isonomia em questão.

---

para que o débito então imputado seja afastado. Todavia, a contratação irregular da empresa intermediária, que não comprovou ser a representante exclusiva das bandas, impõe a manutenção do julgamento pela irregularidade das contas e a aplicação da multa ao ex-gestor, agora convertida naquela estipulada no *art. 58, inciso II*, da Lei 8.443/1992" (Grifos nossos). Excerto ao acórdão: "9.2. julgar irregulares as contas de *omissis*, com fundamento nos arts. 1º, inciso I, 16, III, 'b', 19, parágrafo único, da Lei 8.443/1992, aplicando-lhe a multa prevista no *art. 58, inciso I*, da Lei 8.443/1992, no valor de *R$5.000,00* (cinco mil reais) [...]" (Grifos nossos).

1582 *Vide* a Acórdão nº 12.046/2023-Primeira Câmara. Excerto do voto: "[...] Ficou devidamente demonstrado o recebimento irregular de recursos federais pelo município, em razão de cadastramento, no SIAB, de número de equipes de saúde superior ao efetivamente pago. [suprimido] Quanto à possível aplicação de multa, importante esclarecer que a responsabilidade pelo cadastramento de profissionais de saúde no SIAB era da Secretaria Municipal de Saúde, conforme Portarias GM/MS 2.488/2011 e SAS/MS 134/2011. [...] As secretárias de saúde incorreram em conduta culposa e omissiva ao não prestarem informação fidedigna e manterem registro irregular no SIAB, dando causa ao recebimento irregular de recursos pela municipalidade. As razões de justificativa e alegações de defesa de *omissis* não são capazes de afastar as falhas cometidas". Excerto ao acórdão: "[...] 9.5. julgar irregulares, com fundamento nos arts. 1º, inciso I, 16, inciso III, alínea 'b', 19, parágrafo único e 23, inciso III, da Lei 8.443/1992, as contas de *omissis*; 9.6. aplicar às responsáveis multas previstas *no artigo 58, inciso II*, da Lei 8.443/1992, nos valores a seguir discriminados [...]" (Grifos nossos).

Como mencionado neste capítulo, a única razão para que a apuração de responsabilidades por dano ao erário seja procedida em um processo de tomada de contas especial é que aqui, diferentemente dos demais, se procede à emissão de um juízo de contas, produzindo efeitos não produzidos nos demais.

7.5.2 Situação-problema: emissão de juízo sobre "contas" de empresas contratadas

Empresas que executam contratos públicos não são pessoas jurídicas sujeitas à prestação de contas nos termos do art. 70, parágrafo único, da Constituição Federal: "Prestará contas qualquer pessoa física ou jurídica, pública ou privada, que utilize, arrecade, guarde, gerencie ou administre dinheiros, bens e valores públicos ou pelos quais a União responda, ou que, em nome desta, assuma obrigações de natureza pecuniária".

Mas empresas "não prestadoras de contas" podem ser responsabilizadas por dano ao erário, com base, explicitamente, no art. 16, 2º, da LOTCU:

> Nas hipóteses do inciso III, alíneas c e d deste artigo,[1583] o Tribunal, ao julgar irregulares as contas, fixará a responsabilidade solidária: a) do agente público que praticou o ato irregular, e b) do terceiro que, como contratante ou parte interessada na prática do mesmo ato, de qualquer modo haja concorrido para o cometimento do dano apurado.

O fato de serem responsabilizadas solidariamente com o agente público não significa que tenham "contas a serem julgadas".

Apenas num sentido altamente figurado se poderia cogitar o "julgamento de contas" de empresas executoras de contratos públicos, pois que contas há a julgar de quem não está sujeito a prestar contas, nos termos da Constituição ou de disposição expressa em lei?

Vide, a respeito, o seguinte excerto do voto do Acórdão nº 12.607/2023-TCU-1ª Câmara:[1584]

> 24. Por fim, não merece acolhida a proposta de multar a contratada com base no art. 58, inciso IV, da Lei 8.443/1992. É *consabido que as empresas contratadas, que percebem remuneração por serviços prestados, não arrecadam, guardam ou administram recursos públicos, motivo pelo qual não ostentam dever de prestar contas* (Acórdãos 5.344/2014-1ª Câmara, Rel. Min. Benjamin Zymler, e 901/2018-2ª Câmara, Rel. Min. José Múcio Monteiro). Nesse passo, é cediço que o ônus de demonstrar eventual irregularidade na remuneração havida compete à unidade técnica, nos termos assim vazados pela Diretoria de Jurisprudência da Secretaria das Sessões: O ônus da prova sobre ocorrências ilegais imputadas a terceiros contratados pela Administração Pública cabe ao TCU, o qual deve evidenciar a conduta antijurídica praticada para fins de imputação de débito. A obrigação de demonstrar a boa e regular aplicação de recursos públicos é atribuída ao gestor, e não a terceiros contratados pela Administração Pública. (Boletim de Jurisprudência 329/2020). (Grifos nossos)

[1583] "Art. 16. As contas serão julgadas: [...] III – irregulares, quando comprovada qualquer das seguintes ocorrências: [...] c) dano ao Erário decorrente de ato de gestão ilegítimo ao antieconômico; d) desfalque ou desvio de dinheiros, bens ou valores públicos; [...]".

[1584] Acórdão nº 12.607/2023-TCU-Primeira Câmara.

Mas admitir que a emissão de um juízo de contas possa ter essa acepção figurada implicaria fragilizar o instituto e, ainda mais, fragilizar a utilização desse juízo abstrato como razão para discussões sobre inelegibilidade.

Muitos acórdãos do Tribunal de Contas da União tão somente condenam a empresa solidariamente com o agente público responsável a ressarcir o erário (pagar determinada quantia).

A maior parte, contudo, emite juízo de irregularidade de contas da empresa com base em critério inaplicável a uma pessoa jurídica contratada para executar contratos administrativos: o art. 16, inc. III, alínea "c", da LOTCU: "dano ao Erário decorrente de ato de gestão ilegítimo ou antieconômico".

Note-se que o inc. III do art. 16 é parte de um conjunto de disposições que tratam da prestação/tomada de contas de administradores e demais responsáveis por dinheiros, bens e valores públicos.

A emissão de juízo sobre "contas" de empresas contratadas, bem como a existência de inúmeros outros acórdãos que não julgam "contas" de empresas, é uma evidência da falta de rigor conceitual e normativo na emissão desses juízos, que configura a dificuldade de compreensão e de explicação do sentido do "julgar contas" em tomada de contas especial.

Casuística exemplificativa: Acórdão nº 962/2024-TCU-2ª Câmara,[1585] Acórdão nº 727/2024-TCU-1ª Câmara[1586] e Acórdão nº 12.611/2023-TCU-1ª Câmara.[1587]

[1585] Excerto do sumário: "Tomada de contas especial. Irregularidades na Construção do Fórum Eleitoral de São Luís do Maranhão. Arquivamento do processo em relação à empresa A. Contas irregulares referente à empresa B. Débito, Ciência". Excerto do acórdão: "[texto suprimido] 9.2. julgar irregulares, nos termos dos arts. 1º, inciso I, *16, inciso III, alínea 'c'*, da Lei 8.443/1992, c/c os arts. 19 e 23, inciso III, da mesma Lei, as contas da empresa *omissis*, condenando a massa falida de *omissis* ao pagamento da importância abaixo especificada [...]" (Grifos nossos).

[1586] Excerto do voto: "[Texto suprimido] 7. Em setembro de 2013, a Controladoria-Geral da União realizou auditoria nesse contrato de repasse e identificou a existência de superfaturamento de preços e de quantidades. [...] 11. No âmbito deste Tribunal, foram citadas essas pessoas jurídicas, em solidariedade com o prefeito [...] 24. Há ainda outra circunstância desabonadora desse gestor municipal: mesmo ciente diante da relevância da obra, capaz de melhorar a qualidade de vida da população menos favorecida historicamente, autorizou pagamentos por serviços não executados ou com preços superiores aos praticados no mercado. [...]. Pelo exposto, entendo cabível a aplicação das multas individuais de R$80.000,00, R$6.000,00 e R$65.000,00 ao sr. A, à empresa B e ao empresário individual C. A sanção tem por fundamento o art. 57 da Lei 8.443/1992". Excerto ao acordão: '[Texto suprimido] 9.2. julgar irregulares, nos termos dos arts. 1º, inciso I, *16, inciso III, alíneas 'b' e 'c'*, da Lei 8.443/1992, c/c os arts. 19 e 23, inciso III, da mesma Lei, as contas do sr. *omissis*, da empresa *omissis*. e do empresário individual *omissis*, condenando-os ao pagamento das importâncias a seguir especificadas [...]" (Grifos nossos).

[1587] Excerto do voto: "[Texto suprimido] Em exame tomada de contas especial instaurada pela Fundação Nacional de Saúde em desfavor de A e diante da não consecução dos objetivos pactuados no Termo de Compromisso TC/PAC 0152/2007 (Siafi 632919) cujo objeto consistia na execução de sistema de abastecimento de água tratada, em consonância com o plano de trabalho aprovado. [...] 6. Neste Tribunal houve a citação da Sra. A solidariamente com o município em face da execução parcial do objeto e da não comprovação da propriedade dos terrenos, pela totalidade dos valores do convênio, bem assim da empresa B, em face do recebimento por serviços não executados no montante original de R$43.400,00, montante este em solidariedade com a ex-prefeita [...]". Excerto do acórdão: "[Texto suprimido] 9.3. julgar irregulares as contas dos responsáveis Sra. *omissis* e Alfa Construções e Serviços Ltda. – ME, com fundamento nos arts. 1º, inciso II, *16, inciso III, alínea 'c', e* §2º, 19 e 23, inciso III, da Lei 8.443/1992, e com arts. 1º, inciso I, 209, inciso III, e §5º, 210 e 214, inciso III, do Regimento Interno/TCU, e condená-los solidariamente ao pagamento da quantia a seguir especificada [...]" (Grifos nossos).

7.5.3 Situação-problema: juízo de contas regulares com ressalva como juízo "curinga"

A aplicação, indevida, dos juízos de contas previstos no art. 16 da LOTCU (prescritos para serem proferidos no exame de determinado objeto auditável anualmente denominado "contas") a situações em que "contas" não só não é um objeto auditável como não é previamente cognoscível e determinável de modo suficiente para que se possa construir uma racionalidade clara e imperiosa de sobre ele proferir juízos que cumpram uma finalidade explícita e essencial quanto aos sentidos de seu exame resulta em conclusões que se expressam na forma de juízos de alguma natureza (juízos de auditoria, de valor, classificatórios, expletivos).

Desse modo, de um exame analítico da consistência entre os sentidos daqueles juízos com o que está sob exame em casos reais sujeitos à emissão de um "juízo de contas", esperar-se-ia encontrar incoerências incompatíveis com o rigor conceitual e finalístico que caracteriza uma forma de manifestação que se pretende ser a essência e essencial à conclusão do processo.

A falta de rigor conceitual, normativo, lógico, evidenciada pelo uso do juízo ora num sentido, ora em outro; ora bem associado ao critério normativo, ora não, revela que esse juízo não é algo da essência nem essencial ao cumprimento das finalidades do processo, como de fato ocorre em um processo de tomada de contas especial.[1588]

É o que se observa mais acentuadamente no uso do "juízo de contas regulares com ressalva" em relação ao que se observa nos demais.

Numa tomada de contas especial, o uso do juízo de contas irregulares[1589] é o padrão e cumpre seus fins expletivos quando associado à condenação dos responsáveis a ressarcirem ao erário os prejuízos causados. O uso do juízo de contas regulares, incomum, comunica um sentido de correção de condutas que nem sempre encontra segura fundamentação no processo.

Entre esses dois polos, surge o juízo de contas regulares com ressalva.[1590]

O juízo de contas regulares com ressalva está previsto no art. 16, II, da LOTCU.

Esses juízos, como já se disse, foram pensados para um contexto de contas anuais, no qual o "julgamento das contas", precedido de trabalhos de "auditoria", seria feito em prazo razoável, a tempo de serem úteis e sensatas as determinações e recomendações, de aprimoramento e correção, formuladas nos processos de prestação de contas dos administradores, essencialmente.

É por essa razão que o art. 18 da LOTCU prescreve:

> Quando julgar as contas regulares com ressalva, o Tribunal dará quitação ao responsável e lhe determinará, ou a quem lhe haja sucedido, a adoção de medidas necessárias à correção

[1588] A não ser na hipótese de se tratar de uma tomada de contas especial *stricto sensu*, que, por não se ter registro de ocorrência, permanece apenas no campo hipotético.

[1589] Por "juízo de regularidade de contas", entenda-se o gênero do qual são espécies os juízos: contas regulares, contas regulares com ressalvas, contas irregulares. A eles podemos nos referir em diferentes passagens como "juízo de contas regulares", "juízo de contas irregulares", "juízo de contas regulares com ressalva".

[1590] Regulares com ressalva ou regulares com ressalvas.

das impropriedades ou faltas identificadas, de modo a prevenir a ocorrência de outras semelhantes.[1591]

No caso de tomadas de contas especiais, cujo propósito não é o de auditar contas, mas apurar fatos, identificar os responsáveis e quantificar o dano, processo em que a decisão do Tribunal ocorrerá muito tempo depois da ocorrência dos fatos, um juízo de contas regulares com ressalva somente muito excepcionalmente será proferido nessa perspectiva.

A perspectiva real em que é proferido é a de uma opção de juízo de contas entre contas regulares e contas irregulares, uma evidência de que esses juízos têm uma natureza expletiva, muito embora procure-se embasamento normativo no art. 16 da LOTCU.

Esses juízos expletivos exprimem: a) quando é um juízo de irregularidade de contas, a ocorrência de irregularidades danosas ao erário que ensejam condenação ao ressarcimento ou a ocorrência de irregularidades não danosas que ensejam sanção pecuniária; b) quando juízo de contas regulares, a não constatação de irregularidades, que daria ensejo ao não tão comum juízo de regularidade de contas; c) quando juízo de contas regulares com ressalva, ocorrência de irregularidades que não ensejam juízo de contas irregulares, mas cuja ocorrência não pode passar sem registro, de forma a não se dar ao responsável um atestado de boa gestão contido no juízo de contas regulares.

Com essa natureza expletiva, a emissão desses juízos não precisaria estar fundamentada em critérios normativos.

A contradição observada é que se deseja dar a esse juízos uma natureza "jurisdicional" (judicial ou pelos menos quase judicial) em tomada de contas especial, de forma a dotá-los de poder jurídico, a ponto de a emissão desses juízos ser considerada a decisão de mérito a ser proferida nesses processos, quando não são; mas o exame de casos concretos revela que os fundamentos normativos nem sempre sustentam a emissão desses juízos com o poder jurídico pretendido, porque inconformes com a realidade fático-processual a que estão sendo aplicados, em presumida consonância com os critérios do art. 16, revelando-se, na prática, como juízos comunicativo-expletivos, que é a natureza efetiva que podem ter em tomadas de contas especiais, pois a finalidade desse processo prescinde por completo da emissão desses juízos.

Em muitos casos, observa-se que o juízo de contas regulares com ressalva não é propriamente emitido quando "as contas evidenciarem impropriedade ou qualquer outra falta de natureza formal de que não resulte dano ao Erário", conforme critério prescrito no art. 16, II, da LOTCU.

O juízo de contas irregulares é emitido em três situações:

a) quando a ocorrência de dano ao erário é comprovada, é possível imputá-lo a alguém, é possível quantificá-lo e é possível condenar os responsáveis a ressarcirem o erário;

[1591] O termo *quitação* é mais bem compreendido no contexto histórico, em que a legislação exigia de ordenadores de despesa, agentes arrecadadores e outros responsáveis por bens e valores públicos a prestação de garantia. O processo de julgamento de contas era, pois, um processo de apuração da correção desses agentes na gestão e uso desses recursos públicos, definição de suas responsabilidades financeiras perante a Fazenda Pública e eventual exoneração "judicial" de suas obrigações e liberação, se fosse o caso das garantias dadas. Quitação no contexto atual é um instituto por receber análise mais profunda.

b) quando a ocorrência de dano ao erário é comprovada, é possível imputá-lo a alguém, mas *não* é possível quantificá-lo, não sendo possível condenar o responsável a ressarcir o erário;
c) quando não está comprovada a ocorrência de dano ao erário, mas há comprovação da ocorrência de uma ou mais irregularidades consideradas graves e alguém pode ser responsabilizado por elas, e sancionado.

No âmbito do Tribunal de Contas da União, seguindo-se o que prescrevem os artigos da LOTCU, se as contas forem julgadas irregulares, por ocorrência danosa ao erário ou não, segue-se a apenação dos responsáveis. E se forem julgadas regulares com ressalva, os responsáveis não serão apenados. *Vide* arts. 18 e 19 da LOTCU.[1592]

Desse modo, muitas vezes, o que definirá se uma ocorrência será considerada "impropriedade ou falha de natureza formal" e, portanto, definirá a emissão de um juízo de contas regulares com ressalva será o contexto.

Se for avaliado que o conjunto *fato-norma-conduta-contexto* justifica a apenação dos responsáveis, mas não houver possibilidade jurídica de serem apenados,[1593] então será formulado um juízo de contas regulares com ressalva.

Assim, na prática, em tomada de contas especial, o juízo de contas regulares com ressalva é *um juízo emitido quando*, uma vez considerado ser necessário emitir um juízo de contas, não for possível emitir um juízo de irregularidade de contas.

É, pois, um juízo emitido mesmo quando o critério definido no art. 16, II, da LOTCU ("impropriedade ou qualquer outra falta de natureza formal de que não resulte dano ao Erário") não é aplicável, ou só é aplicável quando a relevância das irregularidades é minimizada para fins de viabilizar a emissão desse juízo em conformidade formal com a prescrição normativa, o que é necessário para fins de emissão de um juízo de contas que não seja um juízo de irregularidade.

7.5.3.1 Dano ao erário não imputável, contas regulares com ressalva

Em dois casos analisados, muito embora tivesse sido constatada a ocorrência de dano ao erário, as contas dos responsáveis foram julgadas regulares com ressalva porque não foi possível individualizar as condutas ("em razão da impossibilidade de serem individualizadas as falhas administrativas identificadas nos processos de locação e

---

[1592] LOTCU-1992: "Art. 19. Quando julgar as contas irregulares, havendo débito, o Tribunal condenará o responsável ao pagamento da dívida atualizada monetariamente, acrescida dos juros de mora devidos, podendo, ainda, aplicar-lhe a multa prevista no art. 57 desta Lei, sendo o instrumento da decisão considerado título executivo para fundamentar a respectiva ação de execução. Parágrafo único. Não havendo débito, mas comprovada qualquer das ocorrências previstas nas alíneas a, b e c do inciso III, do art. 16, o Tribunal aplicará ao responsável a multa prevista no inciso I do art. 58, desta Lei". "Art. 18. Quando julgar as contas regulares com ressalva, o Tribunal dará quitação ao responsável e lhe determinará, ou a quem lhe haja sucedido, a adoção de medidas necessárias à correção das impropriedades ou faltas identificadas, de modo a prevenir a ocorrência de outras semelhantes".

[1593] Pessoas jurídicas apenas são apenadas com a multa prevista no art. 57 da LOTCU (proporcional ao dano ao erário); não são apenadas com as multas previstas no art. 58: "Art. 58. O Tribunal poderá aplicar multa de [...] aos responsáveis por: I – contas julgadas irregulares de que não resulte débito, nos termos do parágrafo único do art. 19 desta Lei; II – ato praticado com grave infração à norma legal ou regulamentar de natureza contábil, financeira, orçamentária, operacional e patrimonial; III – ato de gestão ilegítimo ou antieconômico de que resulte injustificado dano ao Erário; [...]".

reforma dos imóveis, atribuindo as ocorrências descritas nos autos a uma falha sistêmica de gestão em nível institucional, envolvendo setores diversos da empresa pública").[1594]

[1594] AC nº 3.974/2024-1ª Câmara. Excerto do voto: "Trata-se de recurso de reconsideração interposto pela Empresa Brasileira de Correios e Telégrafos (Correios) contra o Acórdão 7.195/2022-TCU-1ª Câmara [...] Durante a instrução processual, verificou-se a *existência de deficiências estruturais na Diretoria Regional dos Correios no Maranhão, capaz de justificar* 'eventuais ações/omissões em adotar as medidas necessárias à profícua gestão dos imóveis alugados para o funcionamento de suas unidades operacionais'. [...] Para além das questões fáticas presentes nos autos, o afastamento do débito, de forma excepcional, encontra guarida na jurisprudência deste Tribunal, a exemplo do Acórdão 17898/2021-1ª Câmara, da relatoria do E. Ministro Vital do Rego, por meio do qual este Colegiado, no âmbito do TC 033.415/2019-6, apreciou situação análoga, relacionada a pagamentos em duplicidade pela locação de imóveis no Estado de Tocantins, decorrentes de prolongadas reformas necessárias ao funcionamento da unidade. [...] Na ocasião, as contas dos responsáveis, também foram julgadas regulares com ressalvas, *em razão da impossibilidade de serem individualizadas as falhas administrativas identificadas* nos processos de locação e reforma dos imóveis, atribuindo as ocorrências descritas nos autos a uma falha sistêmica de gestão em nível institucional, envolvendo setores diversos da empresa pública, incluindo sua Vice-Presidência de Administração (VIPAD), responsável por administrar a área patrimonial da empresa em todo o Brasil, bem assim a locação de imóveis. Considerando, pois, que a peça recursal não logrou afastar os motivos acima descritos, nos quais o Relator a quo baseou seu entendimento acerca da regularidade com ressalva das contas dos responsáveis e pela impossibilidade de imputar-lhes o débito apurado pelos Correios, nego provimento ao presente recurso" (Grifos nossos). AC nº 7.192/2022-1ª Câmara. Excerto da manifestação do Ministério Público de Contas no Processo TC 033.464/2019-7, em que foi prolatado o acórdão recorrido, Acórdão nº 7.195/2022-TCU-1ª Câmara: "[...] Segundo relatado pelo tomador de contas [...], teria sido constatado prejuízo da ordem de R$139.900,00 aos cofres da ECT por ocasião da mudança das instalações das agências dos Correios nas localidades maranhenses [...]. O dano decorreria de descumprimento do prazo de carência previsto nos contratos de locação; falta de planejamento, inércia e atrasos nas obras de adaptação das novas agências; e desídia na devolução das chaves das antigas unidades. 3. A responsabilidade foi atribuída sobretudo a *omissis*, gerente de administração, e a *omissis*, chefe da seção de patrimônio. Com relação à irregularidade no acompanhamento das obras também foram arrolados o diretor regional, *omissis*, e os gerentes de operações de cada localidade, *omissis*. Os demais gestores, ocupantes de cargos de gerência local, foram suprimidos do rol pela SecexTCE ao elaborar a matriz de responsabilização [...]. *5.* Ao examinar as argumentações trazidas, a unidade técnica [...] *6.* Considerou pertinente, no entanto, a argumentação relativa a deficiências administrativas e estrutura precária da Diretoria Regional/MA da ECT. Nesse sentido, observou a existência de recente precedente do TCU em situação bastante similar à analisada nestes autos (Acórdão 17898/2021-1ª Câmara), mediante o qual foram julgadas regulares com ressalva as contas de empregados dos Correios responsabilizados por prejuízos decorrentes de pagamentos indevidos de aluguéis em Tocantins, em razão de atrasos em obras de adaptação de novas instalações. Nessa decisão, prevaleceu o entendimento de que *as constatações se referem a falhas sistêmicas da gestão em nível institucional, tornando inadequado imputar a responsabilidade aos gestores locais*. Adotando essa compreensão, a SecexTCE defendeu ser imperativo reconhecer a inexigibilidade de conduta diversa dos empregados arrolados nesta TCE, uma vez que o provável dano teve origem em falha sistêmica da estatal. *7.* Além disso, a unidade instrutora considerou aplicável ao caso a Súmula-TCU 134, que afasta a competência deste Tribunal quanto à apreciação de ocorrências oriundas de relações de natureza trabalhista. Segundo o posicionamento defendido, o débito apontado nos autos decorreria desse tipo de relação e, por outro lado, não configuraria desvio ou apropriação indevida de valores ou bens. *8.* Por conseguinte, a SecexTCE (peça 82) propôs arquivar o processo, sem julgamento de mérito, por ausência de pressupostos para seu regular processamento [...]. *10.* Compreendo que os atos impugnados se caracterizam como atos de gestão praticados por empregados da unidade jurisdicionada, pois dizem respeito a gestão de contratos de locação de imóveis, a contratação e fiscalização de serviços de engenharia, bem como a ordenação de pagamentos. Ou seja, não constituem falhas intrínsecas à relação trabalhista, como descumprimento de horários, inassiduidade ou insubordinação. Dessa forma, considero íntegra a competência do TCU para a apreciação da situação relatada nesta tomada de contas especial. *11.* Quanto ao mérito, acompanho o entendimento, defendido pela SecexTCE, de que se mostra pertinente adotar o mesmo desfecho produzido pelo Acórdão 17898/2021-1ª Câmara, uma vez que se trata de precedente em situação bastante análoga à observada nestes autos. Diante da falha sistêmica da gestão dos Correios em nível institucional, mostra-se inadequado imputar a responsabilidade exclusivamente aos gestores locais. Por outro lado, há plausibilidade no reconhecimento de inexigibilidade de conduta diversa dos responsáveis arrolados, o que conduz à exclusão da culpabilidade. *12.* Ante o exposto, este representante do Ministério Público de Contas manifesta concordância parcial com as conclusões da unidade técnica e propõe, alternativamente, julgar regulares com ressalva as contas dos responsáveis citados nesta TCE, dando-lhes quitação". Excerto do acórdão: "Os Ministros do Tribunal de Contas da União [...] com fundamento nos arts. 1º, inciso I, 16, inciso II, 18 e 23, inciso II, da Lei 8.443/1992 c/c os arts. 143, inciso I, alínea 'a', e 169, inciso III, do Regimento Interno deste Tribunal, quanto ao processo a seguir relacionado, de acordo com os pareceres emitidos nos autos, julgar regulares com ressalva as contas dos responsáveis, dando-lhes quitação, dar ciência deste acórdão aos responsáveis e ao órgão/entidade e arquivar os presentes autos [...]".

7.5.3.2 Dano ressarcido, contas regulares com ressalva[1595]

Esse juízo também é emitido quando, mesmo comprovada a irregularidade danosa ao erário, o responsável promove o ressarcimento. Em outros termos, o juízo "contas irregulares" se liga à existência de "dano não ressarcido", e não somente à ocorrência comprovada de irregularidades danosas, sendo o juízo de contas regulares com ressalva um juízo de "dano ressarcido".[1596] A fundamentação desse juízo de contas é incompatível com o critério normativo do art. 16, II, da LOTCU.

7.5.3.3 Acolhimento das alegações e afastamento do juízo de contas irregulares, contas regulares com ressalva

O juízo pela regularidade com ressalva também pode ser emitido como uma explicitação do acolhimento das alegações de defesa (ocorrência do fato/culpabilidade), mesmo sem apontamento da existência de ressalvas, ou seja, quando se entende que os responsáveis apresentaram argumentos que infirmam a imputação de terem dado causa a dano ao erário, como se vê nessas passagens:

> acolho suas alegações de defesa e julgo regulares com ressalvas suas contas em relação ao débito apontado na irregularidade 1 – ausência de funcionalidade do objeto do termo de compromisso [...]. Assim, embora existam inconsistências de informações sobre as datas de execução das concretagens nos boletins de medição, não é possível assegurar a ocorrência de superfaturamento de quantidades com base nos registros de betoneiras. Por todo o exposto [...] julgo regulares com ressalvas as contas dos senhores *omissis* quanto à irregularidade n. 2 tratada nos presentes autos.[1597]

Casuística exemplificativa: acórdãos nºs 3.477/2024-TCU-1ª Câmara,[1598] 3.974/2024-TCU-1ª Câmara, 3.901/2024-TCU-1ª Câmara e 3.827/2024-TCU-1ª Câmara.

1595 Uma EFS tem pretensões de rigor técnico, rigor metodológico e rigor conceitual. As inconsistências e lacunas da LOTCU geram enormes dificuldades de manutenção desse rigor. Rigor processual é essencial para o devido processo legal de responsabilização. Uma EFS não deve fazer juízos sancionatórios morais, embora de seus achados de auditoria e dos seus processos responsabilizatórios isso derive.

1596 Acórdão nº 3.901/2024-TCU-Primeira Câmara. Excerto do voto: "Trata-se de Tomada de Contas Especial instaurada pelo Fundo Nacional de Saúde (FNS) em desfavor de Drogaria *A*, solidariamente com seus sócios administradores *B*, em razão de irregularidades na administração de recursos do Sistema Único de Saúde (SUS), no âmbito do Programa Farmácia Popular do Brasil – Aqui Tem Farmácia Popular (PFPB) [...]. 2. O Tribunal manifestou-se *omissis* condenando os demais responsáveis em débito [...]. 3. Em resposta à notificação da decisão [...] a Sra. *A* carreou aos autos documentação comprobatória de que recolheu aos cofres do FNS [...] a importância de R$545,00. [...] Segundo a responsável, esse recolhimento se deu em decorrência do expediente de citação do TCU. [...] 8. Considerando que a Sra. *A* respondia solidariamente apenas por essa parcela diminuta do débito, que efetuou o respectivo recolhimento do valor ainda no prazo estipulado em sua citação e que não há nos autos outra irregularidade apurada imputável à responsável, a Unidade Técnica, com a aquiescência do MPTCU, propõe a *alteração do julgamento de suas contas pela regularidade com ressalva*. [...] 11. Assim, por entender adequado que as contas da responsável sejam consideradas regulares com ressalva, e tendo em vista o princípio da formalidade moderada, proponho conhecer excepcionalmente do expediente [...] como embargos de declaração, para, no mérito, acolhê-los, promovendo-se as alterações sugeridas pela Unidade Técnica no Acórdão 2445/2022-1ª Câmara" (Grifos nossos). Excerto do acórdão: "[...] 9.3. julgar regulares com ressalva as contas de *A* nos termos do arts. 1º, inciso I, *16, inciso II*, 18 e 23, inciso II, da Lei 8.443/92 c/c os arts. 201, §2º, 205 e 208 do RI/TCU, dando-lhe quitação; [...]".

1597 AC nº 3.827/2024-TCU-1ª Câmara.

1598 AC nº 3.477/2024-TCU-1º Câmara. Excerto do voto: "4. Segundo o Relatório de TCE 108/2022, o fundamento para a instauração da tomada de contas especial foi a inexecução parcial do objeto pactuado, sem aproveitamento útil

7.5.3.4 Juízo de contas regulares com ressalva como meio lógico-processual de afastamento da obrigação de ressarcir o erário em casos de baixa materialidade

Várias questões aparecem nos casos de dano de baixa materialidade:

a) o problema da sanção moral veiculada pelo juízo de contas irregulares;
b) o problema de se considerar como decisão de mérito a emissão de um juízo de contas;
c) a ideia de que a condenação a ressarcir o erário está atrelada à emissão de juízo de irregularidade de contas, e não à comprovação do dano.

Assim, em casos de ocorrência culposa ou dolosa de dano ao erário de valor muito pequeno, num processo de responsabilização que não fosse denominado tomada de contas especial e que não estivesse imerso em todos os problemas derivados da emissão de juízos de contas, o Tribunal encerraria o processo concluindo pela existência do dano, identificando o responsável e o valor, e: a) condenando-o à obrigação de ressarcir o erário, mas, em função do baixo valor, dispensando a execução judicial da dívida, sem prejuízo de outras formas legais de estímulo ao pagamento do valor devido; ou b) simplesmente, em função do baixo valor, dispensá-lo de ressarcir o erário, de modo a evitar custos de processamento de recursos e cobranças administrativas.

---

da parcela executada, por divergência existente entre os projetos, tanto nos quantitativos previstos e medidos quanto na execução física dos serviços [...]. 7. Nesta Corte de Contas, em instrução inicial, observou-se que não havia, nos autos, 'evidências suficientes para quantificar adequadamente os valores superfaturados para os itens relativos à execução da pavimentação e de iluminação elétrica, bem como para indicar os responsáveis da prefeitura pela aprovação das medições do contrato de repasse, visando melhor apuração do valor do dano e dos responsáveis'. Isso porque, com base na avaliação realizada pela CEF e nos registros fotográficos constantes dos autos, apesar da execução da reforma da praça e que esta estivesse sendo utilizada pela população, os serviços teriam sido realizados utilizando projeto significativamente distinto do aprovado originalmente [...]. Em instrução conclusiva, a AudTCE salientou o entendimento no sentido de que, em que pese tenha havido a alteração do projeto executivo sem a autorização do convenente, o objeto não foi alterado na sua essência, a saber, a revitalização da praça municipal. Ademais, segundo a jurisprudência deste Tribunal, a alteração de método construtivo sem prévia autorização da concedente pode ser considerada falha formal quando os recursos transferidos são aplicados dentro da finalidade pactuada e não há aumento de custos nem redução de qualidade na execução do objeto. [...] 13. Portanto, após as informações trazidas pela CEF... quantificou-se o dano sendo de R$43.188,61, em valores históricos. [...] 16. O representante do Parquet divergiu do encaminhamento da unidade técnica [...]. 18. Logo, a sugestão do Parquet foi pelo julgamento das contas do *sr. A* pela regularidade com ressalva, em razão das falhas atinentes aos serviços executados de forma divergente, sem a aprovação do órgão repassador. [...] 20. Com as vênias ao posicionamento da unidade técnica, entendo que a análise empreendida pelo MP/TCU é a que melhor se ajusta à hipótese vertente, motivo pelo qual a incorporo às minhas razões de decidir. [...] 22. Além disso, *a execução de obra em desconformidade com o projeto aprovado*, embora configure irregularidade, não caracteriza, necessariamente, dano ao Erário, desde que apresente funcionalidade e não haja a ocorrência de irregularidades na liquidação das despesas" (Grifos nossos). Excerto do acórdão: "[...] 9.2. com fundamento nos arts. 1º, inciso I, *16, inciso II*, 18 e 23, inciso II, da Lei 8.443/1992, c/c os arts. 1º, inciso I, 143, inciso I, alínea 'a', 208 e 214, inciso II, do RITCU, julgar regulares com ressalva as contas do sr. *omissis*, dando-lhe quitação; [...]" (Grifos nossos). Dispositivos mencionados: LOTCU, art. 16, inc. II: "As contas serão julgadas regulares com ressalva, quando evidenciarem impropriedade ou qualquer outra falta de natureza formal de que não resulte dano ao Erário; [...]"; LOTCU, art. 18: "Quando julgar as contas regulares com ressalva, o Tribunal dará quitação ao responsável e lhe determinará, ou a quem lhe haja sucedido, a adoção de medidas necessárias à correção das impropriedades ou faltas identificadas, de modo a prevenir a ocorrência de outras semelhantes"; LOTCU, art. 23, inc. II: "A decisão definitiva será formalizada nos termos estabelecidos no Regimento Interno, por acórdão, cuja publicação no Diário Oficial da União constituirá no caso de contas regulares com ressalva, certificado de quitação com determinação, nos termos do art. 18 desta Lei"; RITCU, art. 208: "Art. 208. As contas serão julgadas regulares com ressalva quando evidenciarem impropriedade ou qualquer outra falta de natureza formal de que não resulte dano ao erário. §1º. O acórdão de julgamento deverá indicar, resumidamente, os motivos que ensejam a ressalva das contas. §2º. Na hipótese prevista no caput, o Tribunal dará quitação ao responsável e lhe determinará, ou a quem lhe haja sucedido, se cabível, a adoção de medidas necessárias à correção das impropriedades ou faltas identificadas, de modo a prevenir a ocorrência de outras semelhantes"; RITCU, art. 214, II: "A decisão definitiva publicada nos órgãos oficiais constituirá [...] no caso de contas regulares com ressalva, certificado de quitação com determinação, se cabível, nos termos do §2º do art. 208".

No entanto, ante a desproporcionalidade entre as consequências negativas de um juízo de contas irregulares e o valor do dano, a solução é não emitir esse juízo, o que implica a impossibilidade de imputar responsabilidade pelo dano e a necessidade de emitir um juízo de "não irregularidade", no caso, contas regulares com ressalva, incompatível com o critério normativo invocado (art. 16, II da LOTCU), sendo o juízo de contas regulares com ressalva usado como meio lógico-processual de dispensar o responsável da obrigação de ressarcir o erário.[1599]

Vide, como exemplo, os seguintes excertos de voto e acórdão:[1600]

> Voto [...]
> 8. Em que pese a documentação complementar comprovar o pagamento da estadia, remanesceram sem justificativa as despesas realizadas no montante de R$14.038,09, que corresponde a 3,38% do montante repassado.
> 9. Haja vista a baixa materialidade do valor em relação ao valor comprovado e o cumprimento do fim pretendido (divulgação do indicado brasileiro ao Oscar de melhor filme estrangeiro), há elementos para julgar a contas regulares com ressalva, com quitação, com fundamento nos princípios da racionalidade administrativa e da economia processual, de forma a evitar que o custo da cobrança do título executivo seja superior ao valor do ressarcimento.
> Acórdão [...]
> 9.1. com fundamento nos arts. 1º, inciso I, 16, inciso II, 18 e 23, inciso II, da Lei 8.443/1992, julgar regulares com ressalva as contas de *omissis*, conferindo-lhes quitação; [...].

7.5.4 Situação-problema: absoluta incompatibilidade entre a ideia de contas a serem julgadas e o caso concreto

Em muitos casos, há emissão de juízo para responsáveis-anômalos, aqueles que não estão sujeitos ao dever constitucional de prestar contas (CF, art. 70, parágrafo único)[1601] nem estão abrangidos pelas situações descritas no art. 8º da LOTCU,[1602] e o critério de juízo de contas irregulares definido no inc. III do art. 16[1603] não se aplica à situação real.

[1599] *Vide*, como exemplo, o Acórdão nº 8.645/2023-Primeira Câmara: "Voto [...] 9. Esse débito remanescente seria considerado de baixa materialidade diante do valor total do débito inicialmente imputado (R$223.216,80), o que levou à proposta de provimento do presente recurso, com afastamento do débito inicialmente imputado e julgamento pela regularidade com ressalva das contas do responsável. [...] 27. Diante da comprovação da maior parte das despesas anteriormente impugnadas nesta Corte, remanesceu um débito no valor de R$4.608,48 [...]. Dessa forma, acompanho o encaminhamento proposto pela unidade técnica, endossado pelo Parquet de Contas, de que esse valor pode ser considerado de baixa materialidade frente ao valor total do débito inicialmente imputado (R$223.216,80)". Excerto ao acórdão: "9.3. julgar regulares com ressalva, as contas de *omissis*, nos termos do *art. 16, inciso II, da Lei 8.443/1992 c/c art. 208 do Regimento Interno do TCU*, dando-lhe quitação; [...]" (Grifos nossos).

[1600] Acórdão nº 2.741/2024-TCU-Primeira Câmara.

[1601] CF-1988, art. 70, parágrafo único: "Art. 70. [...] Parágrafo único. Prestará contas qualquer pessoa física ou jurídica, pública ou privada, que utilize, arrecade, guarde, gerencie ou administre dinheiros, bens e valores públicos ou pelos quais a União responda, ou que, em nome desta, assuma obrigações de natureza pecuniária. (Redação dada pela Emenda Constitucional nº 19, de 1998)".

[1602] LOTCU-1992, art. 8º: "Art. 8º Diante da omissão no dever de prestar contas, da não comprovação da aplicação dos recursos repassados pela União, na forma prevista no inciso VII do art. 5º desta Lei, da ocorrência de desfalque ou desvio de dinheiros, bens ou valores públicos, ou, ainda, da prática de qualquer ato ilegal, ilegítimo ou antieconômico de que resulte dano ao Erário, a autoridade administrativa competente, sob pena de responsabilidade solidária, deverá imediatamente adotar providências com vistas à instauração da tomada de contas especial para apuração dos fatos, identificação dos responsáveis e quantificação do dano".

[1603] LOTCU-1992, art. 16, inc. III: "Art. 16. As contas serão julgadas: [...] II – irregulares, quando comprovada qualquer das seguintes ocorrências: a) omissão no dever de prestar contas; b) prática de ato de gestão ilegal, ilegítimo,

Nesses casos, os critérios normativos dos juízos de contas previstos no art. 16 da LOTCU mostram-se absolutamente incompatíveis com as situações concretas sob exame.

Olhados em perspectiva mais crítica, são casos em que a própria jurisdição do Tribunal de Contas para processar e apurar a ocorrência de dano ao erário é posta em dúvida.

7.5.4.1 Juízo de contas de beneficiário de pensão concedida com base em decisão judicial posteriormente reformada

Um dos casos mais interessantes é o da instauração de tomada de contas especial contra beneficiário de pensão concedida com base em antecipação de tutela posteriormente reformada. Até o Acórdão nº 1.352/2022-1ª Câmara,[1604] comentado a seguir, não se vislumbrava problemas em instaurar tomada de contas especial contra o beneficiário e julgar irregulares as suas contas.

Vide, como exemplo, excertos do Acórdão nº 11.706/2021-2ª Câmara.[1605]

Excerto do relatório:[1606]

> 3. O fundamento para a instauração da Tomada de Contas Especial ... foi a constatação da seguinte irregularidade: "recebimento indevido da pensão especial no período de 1º de julho de 2011 a 30 de outubro de 2015, por parte da Senhora *omissis*." [...]
> 25.1. Irregularidade 1: recebimento de parcelas de remuneração de pensão especial de ex-combatente da 2ª Guerra Mundial à qual não tinha direito.
> 25.1.1. Fundamentação para o encaminhamento: de acordo com o art. 71, inciso, II, segunda parte, da Constituição Federal/1988, o Tribunal julgará as contas de qualquer pessoa física ou jurídica, pública ou privada, que der causa a perda, extravio ou outra irregularidade de que resulte prejuízo ao erário público.
> Por sua vez, de acordo com os arts. 876, 884 e 927 da Lei 10.406/2002, todo aquele que recebeu o que não lhe era devido fica obrigado a restituir. Portanto, a Sra. *omissis* deve ser citada para devolver os valores dos proventos que ela recebeu indevidamente. [...]
> 26. Em razão da irregularidade apontada encontrar-se devidamente demonstrada, deve ser citada a responsável, *omissis*, para apresentar alegações de defesa e/ou recolher o valor total do débito quantificado em relação à irregularidade descrita anteriormente. [...]

---

antieconômico, ou infração à norma legal ou regulamentar de natureza contábil, financeira, orçamentária, operacional ou patrimonial; c) dano ao Erário decorrente de ato de gestão ilegítimo ao antieconômico; d) desfalque ou desvio de dinheiros, bens ou valores públicos".

1604 Acórdão nº 1.352/2022-TCU-Primeira Câmara.

1605 Acórdão nº 11.706/2021-TCU-Segunda Câmara.

1606 *Vide* explicação do caso, conforme excerto do voto do relator: "2. Conforme apurado [...] o órgão de origem, em caráter provisório e por força de tutela antecipada concedida pelo juízo da 1ª Vara Federal do Rio Grande do Norte, [...] implementou o pagamento da pensão especial de ex-combatente da Segunda Guerra Mundial a favor da Sra. *omissis*, que recebeu o benefício no período de julho/2011 a outubro/2015. 3. Em 2015, a União obteve êxito em fase recursal junto ao Superior Tribunal de Justiça – STJ, que deu provimento ao Recurso Especial 192.516/RN para julgar improcedente o pedido da autora [...] 4. Em vista da reversão da decisão judicial desfavorável à União e nos termos do Parecer da Advocacia-Geral da União sobre a força executória da aludida decisão do STJ (peça 14, p. 2-4), o órgão de origem suspendeu, em 2015, os pagamentos indevidos da pensão de ex-combatente e adotou as providências administrativas necessárias para buscar a reposição ao erário dos valores recebidos pela Sra. *omissis* em face de decisão judicial precária que lhe favorecia inicialmente, porém não confirmada no STJ. 5. Sem êxito na recuperação do dano ao erário, o órgão de origem instaurou a presente Tomada de Contas Especial e a encaminhou ao TCU".

- Irregularidade: recebimento de parcelas de remuneração de pensão especial de ex-combatente da 2ª Guerra Mundial à qual não se tinha direito.

Dava-se ao dispositivo constitucional, combinado com o Código Civil, intepretação de que todo aquele que recebeu do erário público o "que não lhe era devido" deve a ele restituir o que recebeu, por meio de tomada de contas especial, atribuindo-se à beneficiária como conduta ilícita que deu caso ao dano ter recebido o que não tinha direito.

O Tribunal julgou irregulares "as contas" da beneficiária, condenou-a a ressarcir o erário e apenou com multa, conforme o seguinte excerto do acórdão:

> 9.1. com fulcro nos arts. 1º, inciso I, *16, inciso III, alíneas b e c*, 19, caput, e 23, inciso III, da Lei 8.443/1992, julgar irregulares as contas da Sra. Arnides Gomes de Oliveira Dantas e condená-la ao pagamento das quantias a seguir indicadas [...] 9.2. aplicar, com base no art. 57 da Lei 8.443/1992, multa de R$50.000,00 (cinquenta mil reais) à Sra. *Omissis* [...]. (Grifos nossos)

O fundamento buscado para o juízo de contas irregulares foram as alíneas "b" e "c" do inc. III do art. 16 da LOTCU: "b) prática de ato de gestão ilegal, ilegítimo, antieconômico, ou infração à norma legal ou regulamentar de natureza contábil, financeira, orçamentária, operacional ou patrimonial; c) dano ao Erário decorrente de ato de gestão ilegítimo ao antieconômico".

A comparação da situação (ocorrência e conduta) com o critério normativo para proferimento de julgamento pela irregularidade das contas mostra que os critérios invocados não são condizentes com a situação examinada.

Essa não é uma mera questão formal.

Na verdade, considerado o contexto processual que vem sendo escrutinizado nesta tese, o descompasso entre o critério normativo invocado para proferimento de um juízo de contas irregulares e a natureza do caso indica a impossibilidade de imputação juridicamente correta de débito (dano ao erário), dado que se entende que o mérito das contas é o juízo, e essa impossibilidade indica que o caso talvez não seja suscetível de ser apurado e processado por meio de tomada de contas especial, ou seja, estaria fora da jurisdição especial do Tribunal de Contas.

Foi o que se discutiu no Acórdão nº 1.352/2022-TCU-1ª Câmara,[1607] que tratou de caso igual, mudando a jurisprudência do Tribunal, nos termos do voto do relator:[1608]

[1607] Acórdão nº 1.352-TCU-1ª Câmara. Excerto do relatório: "3. O fundamento para a instauração da tomada de contas especial, conforme consignado na matriz de responsabilização elaborada pelo tomador de contas, foi a constatação da seguinte irregularidade: 'Recebimento de pensão especial do ex-combatente *omissis* concedida através de tutela antecipada à Sra. *omissis*, valores recebidos durante o período de novembro de 2009 até dezembro de 2014.' [...] 8. Na instrução inicial [...] analisando-se os documentos nos autos, concluiu-se pela necessidade de realização de citação para a seguinte irregularidade: 8.1. Irregularidade 1: recebimento de parcela de remuneração de pensão especial de ex-combatente, concedida através de tutela antecipada posteriormente cassada, durante o período de novembro de 2009 até dezembro de 2014. [...] 8.1.2. Normas infringidas: *art. 71, II, da* Constituição Federal/1988; *arts. 884, 876 e 927 do Código Civil* (Lei 10.406 de 10/1/2002) e art. 30 da Lei 4.242/1963. [...] 8.2.2.1. Conduta: receber parcela de remuneração de pensão militar à qual não tinham direito. 8.2.2.2. Nexo de causalidade: ao receber pensão indevida, a responsável causou dano ao erário" (Grifos nossos).

[1608] A decisão encontra-se enunciada na jurisprudência selecionada do TCU da seguinte forma: "Não é cabível a instauração de tomada de contas especial com vistas à devolução de valores recebidos por servidor ou pensionista mediante antecipação de tutela posteriormente revogada, por não se tratar de desfalque ou desvio de recursos, tampouco prática de ato ilegal, ilegítimo ou antieconômico por parte do beneficiado, que recebeu as quantias

> 11. Embora exista precedente deste Tribunal no qual outra pensionista foi condenada a ressarcir quantias recebidas mediante antecipação de tutela posteriormente revogada, ante o julgamento pela improcedência da ação judicial tratando de situação análoga, considero que questões dessa natureza merecem deslinde diverso.
> 12. No caso em exame, não estão presentes os pressupostos legais para instauração de uma tomada de contas especial estabelecidos no art. 8º da LO/TCU:[1609] [...]
> 13. A questão tratada no presente processo *não envolve desfalque ou desvio de recursos federais, tampouco a prática de ato ilegal, ilegítimo ou antieconômico* por parte da Sra. *omissis*, que recebeu os benefícios por determinação de legítima decisão judicial.
> 14. Não constam dos autos elementos que indiquem o cometimento de irregularidade por parte de agentes públicos. Conforme acórdão do TRF5, a Sra. *omissis* não chegou a apresentar requerimento administrativo perante o ministério. A apresentação da ação judicial objetivando a reversão da cota-parte da pensão militar especial de ex-combatente encontrava amparo no princípio da inafastabilidade do controle jurisdicional. [...]
> 16. Com efeito, é prerrogativa do Poder Judiciário, ao revogar decisão que concedeu tutela antecipada em caso de improcedência do pedido do autor, decidir se cabe ou não a devolução dos valores. (Grifos nossos)

Neste caso, o Tribunal começou a rever sua jurisprudência, sendo o processo arquivado por falta dos pressupostos de constituição e desenvolvimento válido e regular.

Essa decisão foi rediscutida no Acórdão nº 2.594/2024-TCU-2ª Câmara.

A unidade instrutiva sustentou o entendimento superado:

> Não custa reprisar que, de acordo com mencionado art. 71, inciso, II, segunda parte, da Constituição Federal/1988, o Tribunal julgará as contas de qualquer pessoa física ou jurídica, pública ou privada, que der causa a perda, extravio ou outra irregularidade de que resulte prejuízo ao erário. A sua vez, segundo o art. 876 da Lei 10.406/2002, todo aquele que recebeu o que não lhe era devido fica obrigado a restituir.
> Portanto, uma vez que houve recebimento indevido de proventos, tem-se configurado prejuízo ao erário e, consequentemente, o responsável está sujeito à jurisdição do TCU e a ser instado via tomada de contas especial. As decisões adiante confirmam o entendimento preponderante, na linha de que deve ser restituído valor pago – amparado em decisão judicial posteriormente cassada – a título de remuneração ou provento e que a restituição pode ser perseguida via tomada de contas especial [...].

---

por determinação de legítima decisão judicial. Compete à AGU adotar as medidas cabíveis no sentido de obter a devolução, para a União, dos valores recebidos por força da decisão revogada, e ao Poder Judiciário decidir sobre o ressarcimento (art. 302, inciso I e parágrafo único, do CPC)".

[1609] "[...] Art. 8º Diante da omissão no dever de prestar contas, da não comprovação da aplicação dos recursos repassados pela União, na forma prevista no inciso VII do art. 5º desta Lei, da ocorrência de desfalque ou desvio de dinheiros, bens ou valores públicos, ou, ainda, da prática de qualquer ato ilegal, ilegítimo ou antieconômico de que resulte dano ao Erário, a autoridade administrativa competente, sob pena de responsabilidade solidária, deverá imediatamente adotar providências com vistas à instauração da tomada de contas especial para apuração dos fatos, identificação dos responsáveis e quantificação do dano" (Grifos nossos).

O Ministério Público de Contas posicionou-se pelo novo entendimento, iniciado em 2022,[1610] bem como o relator, mantendo-se a Segunda Câmara na mesma linha:[1611]

1610 Segue excerto de maior extensão do parecer: "[...] 14. Não tenho reparos em relação à conclusão da unidade instrutiva, de que a Sra. Kátia Teixeira de Vasconcelos tem o dever de devolver os valores recebidos a título de pensão por força de decisão judicial posteriormente cassada. A jurisprudência do TCU mencionada na instrução é consistente no sentido de corroborar esse ponto [...] 15. Contudo, observo que o argumento de defesa relativo à ausência dos requisitos para instauração de tomada de contas especial não foi propriamente enfrentado na instrução de mérito. 16. Em casos semelhantes ao deste processo, são reiteradas as decisões deste Tribunal de Contas no sentido de arquivar os autos, com fundamento no art. 212 do Regimento Interno/TCU, por ausência dos pressupostos de constituição e de desenvolvimento válido e regular, entre as quais: Acórdãos 1352/2022, 1353/2022, 3232/2022, 4598/2022, 7330/2022, 7617/2022, 1608/2023, todos da 1ª Câmara; e Acórdãos 3840/2022 e 2811/2024 da 2ª Câmara. 17. A título de exemplo, e pela sua clareza, destaco trecho da Proposta de Deliberação que conduziu o Acórdão 3232/2022-1ª Câmara: "16. Conforme já me manifestei anteriormente ao apreciar duas TCEs envolvendo a mesma situação ora exame [Acórdãos 1352/2022-1ª Câmara e 1353/2022-1ª Câmara], não estão presentes os pressupostos legais para instauração de uma tomada de contas especial, estabelecidos no art. 8º da LO/TCU: [...] 17. A questão tratada no presente processo não envolve desfalque ou desvio de recursos federais, tampouco a prática de ato ilegal, ilegítimo ou antieconômico por parte das responsáveis, que receberam os benefícios por determinação de legítima decisão judicial. 18. Não constam dos autos elementos que indiquem o cometimento de irregularidade por parte de agentes públicos. Conforme acórdão do TRF5, as responsáveis não chegaram a apresentar requerimento administrativo perante o ministério. *A apresentação da ação judicial objetivando a reversão da cota-parte da pensão militar especial de ex combatente encontrava amparo no princípio da inafastabilidade do controle jurisdicional.* 19. Ressalto que, tendo em vista o insucesso na cobrança administrativa dos valores pagos em caráter provisório às responsáveis, a AGU requereu, perante o Poder Judiciário, a devolução dos valores em questão, tendo já sido proferida sentença em 22/5/2017, [...]. [...] 20. *Com efeito, é prerrogativa do Poder Judiciário, ao revogar decisão que concedeu tutela antecipada em caso de improcedência do pedido do autor, decidir se cabe ou não a devolução dos valores.' (Grifei).* 18. Cumpre esclarecer que nem todo prejuízo ou dano causado ao erário aciona automaticamente o poder/dever das autoridades administrativas e do TCU de instaurar uma tomada de contas especial visando obter o respectivo ressarcimento. É necessário que os fatos e condutas avaliadas em cada caso estejam circunscritos às hipóteses taxativas de instauração de TCE previstas no art. 8º da Lei 8.443/92 e no art. 3º da IN/TCU 71/2012. 19. De acordo com o regramento citado, a autoridade competente deve, antes da instauração da tomada de contas especial, adotar medidas administrativas para caracterização ou elisão do dano, nos seguintes casos: i) omissão no dever de prestar contas; ii) não comprovação da aplicação de recursos repassados pela União mediante convênio, contrato de repasse, ou instrumento congênere; iii) ocorrência de desfalque, alcance, desvio ou desaparecimento de dinheiro, bens ou valores públicos; e iv) prática de ato ilegal, ilegítimo ou antieconômico de que resulte dano ao Erário. 20. Retomando à situação em exame, verifica-se que a Sra. *omissis* não incidiu em quaisquer dessas hipóteses. A conduta irregular atribuída à responsável foi ter recebido remuneração de pensão especial de ex-combatente concedida através de tutela antecipada cassada em momento posterior. Não restou caracterizada a prática de ato ilegal, ilegítimo ou antieconômico por parte da responsável de que tenha resultado dano ao erário, muito menos desfalque ou desvio de recursos públicos decorrente de sua atuação. 21. Ao buscar a reversão de pensão percebida por sua mãe, a responsável exerceu o seu legítimo direito de ingressar em juízo para assegurar o resultado prático de sua pretensão. Desse modo, a decisão do TRF5 de julgar improcedente o pedido da Sra. *omissis* de concessão de pensão especial de ex-combatente não torna o ato inicial de provocação do judiciário ilícito ou abusivo. 22. Seria irrazoável e desproporcional o Tribunal condenar a Sra. *omissis* em débito e multa, além de julgar suas contas irregulares, sob o legítimo anseio de reparação dos danos causados pelos pagamentos determinados provisoriamente, quando a responsável não deu causa a nenhuma irregularidade, mas tão somente pleiteou judicialmente um direito que compreendia lhe ser devido. 23. Assim, na linha da defesa apresentada pela responsável, e de acordo com a jurisprudência deste TCU, concluo que os presentes autos devem ser arquivados ante a ausência dos pressupostos de constituição de TCE, o que não exime a responsável da obrigação legal de indenizar a União pelo dano experimentado durante a vigência da tutela antecipada. 24. Conforme visto na proposta de deliberação citada anteriormente, como foi o Poder Judiciário que determinou a execução provisória da sentença, ao revogar a decisão ante a improcedência do pedido do autor, é prerrogativa desse mesmo poder decidir sobre o cabimento da devolução dos valores. Com base nesse cenário, deve a Advocacia Geral da União, em colaboração com o órgão de origem, respeitadas as competências de cada um, buscar a restituição dos valores. 25. Ante o exposto, com vênias por divergir da unidade instrutiva, este representante do Ministério Público de Contas propõe: a) arquivar o processo, ante a ausência de pressupostos de constituição e de desenvolvimento válido e regular; b) enviar cópia desta decisão, acompanhada dos respectivos relatório e voto, à Advocacia-Geral da União (AGU), para que adote as providências que entender pertinentes com vistas ao ressarcimento dos prejuízos sofridos pela União em decorrência da antecipação da tutela concedida no processo [...] que foi posteriormente revogada; [...]'.

1611 Excertos do voto do relator: "16. Acerca da questão controvertida, entendo que a interpretação do Parquet tem integral aderência ao ordenamento jurídico e ao magistério jurisprudencial desta Casa de Contas. Ou seja, em

eventual devolução dos recursos deve ser buscada na via judicial pela Advocacia-Geral da União, mas não pelo Tribunal de Contas, pela via da tomada de contas especial.

Em outras situações,[1612] surgem questões semelhantes sobre a abrangência do art. 71, II, da Constituição Federal e do art. 8º da LOTCU em associação com os critérios de emissão de juízos de contas estabelecidos no art. 16.

---

hipóteses dessa natureza as contas do responsável não devem ser julgadas irregulares, com a fixação da obrigação de ressarcir os cofres públicos federais e imposição de multa, mas, sim, os autos devem ser arquivados, por ausência dos pressupostos de constituição e de desenvolvimento válido e regular do processo, deixando-se a adoção de providências necessárias ao ressarcimento dos prejuízos a cargo do órgão de representação judicial (e extrajudicial) da União (AGU) [...] 20. Quanto à forma de se obter a recomposição do erário em situações quejandas, esta Corte tem entendido que a Tomada de Contas Especial não é adequada para tanto. Essa interpretação igualmente tem fundamento legal, haja vista que o art. 8º da Lei 8.443/1992 estabelece as hipóteses legais que autorizam o início desse processo (TCE): a) omissão no dever de prestar contas; b) não comprovação da aplicação dos recursos repassados pela União; c) desfalque ou desvio de dinheiros, bens ou valores públicos; e d) prática de qualquer ato ilegal, ilegítimo ou antieconômico de que resulte dano ao erário. 21. Tais requisitos não se fazem presentes nestes autos, porquanto a beneficiária da pensão não cometeu quaisquer das irregularidades acima. Apesar de ter sido contemplada com a decisão precária (tutela antecipada), tal fato decorreu do exercício legal de sua garantia constitucional de levar ao descortino do Poder Judiciário suas causas de pedir e pedidos, com base no suposto direito subjetivo que acreditava ter, o que vai ao encontro do princípio da inafastabilidade da Jurisdição [...] 22. Percebe-se que o dano ao erário em questão decorre do próprio exercício da jurisdição que, decerto, tem lá as suas consequências jurídicas para as partes processuais expressas no CPC, como aquela indicada no item 19 acima. [...] 24. Dessarte, não havendo a subsunção da situação fática às hipóteses legais previstas no art. 8º da Lei 8.443/1992, entendo ausentes os pressupostos para a constituição e desenvolvimento válido desta TCE. Em consequência, na linha do que sugere o Parquet, este processo deve ser arquivado com base no art. 212 do Regimento Interno/TCU, sendo igualmente providencial enviar cópia do Acórdão a ser adotado à AGU, para adoção das medidas que entender necessárias, com vistas ao ressarcimento dos prejuízos sofridos pela União em face da antecipação da tutela concedida no processo 803924- 23.2015.4.05.8200, posteriormente reformada". Excerto ao acórdão: "[...] 9.2. enviar cópia desta decisão: 9.2.1. à Advocacia-Geral da União, para que adote as providências que entender necessárias com vistas ao ressarcimento dos prejuízos sofridos pela União em decorrência da antecipação da tutela concedida no processo 803924-23.2015.4.05.8200, que foi posteriormente revogada; 9.2.2. ao Centro de Controle Interno do Exército, para que, em casos de recebimento de remunerações, proventos e pensões por força de decisão judicial precária, posteriormente reformada, não sejam instaurados processos de Tomada de Contas Especial, devendo a questão ser direcionada à Advocacia-Geral da União, órgão de representação judicial e extrajudicial da União; [...]".

[1612] *Vide* Acórdão nº 9.794/2023-TCU-Segunda Câmara, em que o relator, seguindo parecer do Ministério Público discordante da proposição da unidade instrutiva, arquivou tomada de contas especial contra pessoas físicas não agentes públicos em decorrência de colisão de veículo com equipamento do Exército brasileiro. Excerto do relatório: "[...] 3. O fundamento para a instauração da Tomada de Contas Especial, conforme consignado na matriz de responsabilização elaborada pelo tomador de contas, foi a constatação das seguintes irregularidades: *A* causou dano ao patrimônio público quando dirigia veículo civil, veio a colidir a componentes da equipagem ponte Suporte Logístico – LSB, em razão de não observar os limites de velocidade na via, indicadas na sinalização existente no local, e ainda sem possuir a carteira nacional de habilitação. *B* confiou o seu veículo (caminhão) ao seu empregado, o Senhor *A* sem [que ele possuísse] a carteira nacional de habilitação. [...] 9.1. Irregularidade 1: dano ao erário, consubstanciado nos custos dos componentes da equipagem ponte Suporte Logístico – LSB, de propriedade do Exército Brasileiro, em virtude de acidente com o caminhão [...] conduzido pelo Sr. *A* e de propriedade do Sr. *B*, sinistro decorrente de culpa exclusiva do particular, ao conduzir veículo sem carteira de habilitação e em velocidade superior à determinada para a via. [...] Fundamentação para o encaminhamento: de acordo com o art. 71, inciso, II, segunda parte, da Constituição Federal, o tribunal julgará as contas de qualquer pessoa física ou jurídica, pública ou privada, que der causa a perda, extravio ou outra irregularidade de que resulte prejuízo ao erário público / A irregularidade também constitui infração aos arts / do Código de Trânsito Brasileiro / De acordo com o art. 186 da Lei 10.406/2002, aquele que, por ação ou omissão voluntária, negligência ou imprudência, violar direito e causar dano a outrem, ainda que exclusivamente moral, comete ato ilícito, ficando obrigado a repará-lo por força do art. 927 da mesma Lei. A responsabilidade deve ser solidária, tendo em vista o disposto no art. 932, inciso III, e 933 da Lei 10.406/2002, que dispõem também ser responsáveis pela reparação civil o empregador ou cometente, ainda que não haja culpa de sua parte, pelos atos praticados por seus empregados, serviçais e prepostos, no exercício do trabalho que lhes competir, ou em razão dele". Excerto do parecer do Ministério Público de Contas: "[...] *9.* Verifica-se que a irregularidade imputada aos responsáveis, estranhos ao serviço público, consiste em acidente de trânsito sem vítimas, o qual gerou dano material ao patrimônio do Exército Brasileiro. *10.* Seguindo-se a literalidade do rol de competências constitucionalmente conferidas à Corte de Contas, a teor do art. 71 da Carta Política, é intuitivo aduzir que todo e qualquer ato que

7.5.4.2 Juízo de contas de beneficiário de valores indevidamente pagos pela Administração

Como exemplo de uma situação-problema semelhante, temos o caso de médicos que receberam indevidamente bolsa-formação do Programa Mais Médicos pelo Brasil por erro da administração, ainda que tivessem consciência do pagamento indevido, conforme excertos de um dos acórdãos, reproduzidos em nota de rodapé.[1613]

Ao final, "as contas" do responsável foram julgadas irregulares com base nas alíneas "b" e "c" do inc. III do art. 16 ("prática de ato de gestão ilegal, ilegítimo, antieconômico, ou infração à norma legal ou regulamentar de natureza contábil, financeira, orçamentária, operacional ou patrimonial; "dano ao Erário decorrente de ato de gestão ilegítimo ao antieconômico"), e o médico foi condenado a ressarcir o erário e apenado com multa.

---

culmine em prejuízo ao erário seja automaticamente abarcado pela jurisdição do TCU. Todavia, no que diz respeito à jurisdição de contas, não se deve empregar uma interpretação unicamente gramatical ao texto da Constituição Federal de 1988, sob pena de não expressar o espírito da norma. *11.* Os dispositivos que delineiam as competências da Corte de Contas, notadamente os contidos no art. 70, parágrafo único, e no art. 71, inciso II, da Constituição Federal, devem ser interpretados de forma sistemática, na qual a jurisdição de contas albergue os atos de gestão, que são, na essência do termo, aqueles praticados no exercício da função pública (ou como meio para o atingimento de determinado fim almejado pela Administração Pública) e que importem reflexos de natureza contábil, orçamentária, financeira, operacional ou patrimonial à Administração. Isso nos faz concluir que, em sede de uma TCE, o elemento dano apresenta-se como condição necessária, mas não suficiente, para a constituição e desenvolvimento válido do processo. *12.* No caso concreto, em que pese exista o elemento dano, não vislumbramos a prática de ato de gestão pelos Srs. *A* e *B*, nem conduta associada a ato gerencial de terceiro, mas sim a prática de ato ilícito, nos termos do art. 186 da Lei 10.406/2002 (Código Civil), que deve ser objeto de ação nas instâncias judiciais apropriadas, uma vez que extrapola as competências de controle externo reservadas à Corte de Contas. [...] *13.* Em consulta a precedentes do TCU, verifica-se, em consonância com o posicionamento encampado neste parecer, que o instrumento processual de tomada de contas especial não se apresenta como a via apta e adequada para buscar o ressarcimento de prejuízos que não decorram direta ou indiretamente de atos de gestão, porquanto não se insere entre as competências do TCU dizer do direito em lides nas quais se discute a responsabilidade aquiliana pela prática de um ato ilícito, a exemplo do objeto da TCE em exame. Nessa linha, a jurisprudência da Corte de Contas em situações análogas considera que a busca pela reparação do dano ao erário decorrente de acidente de trânsito, utilizando-se de processos de tomada de contas especial submetidos ao TCU, ocorre apenas quando demonstrada culpa de servidores públicos [...]".

1613 Acórdão nº 3.586/2024-TCU-2ª Câmara, entre inúmeros outros. Excerto do relatório: "[...] 6.1.1.1. Constaram, da Nota Técnica [...] as seguintes informações sobre o pagamento indevido ao Sr. *omissis*, relativo à bolsa-formação do Programa Mais Médicos para o Brasil, no período de fevereiro de 2017 a fevereiro de 2018: '6. O referido profissional apresentou-se ao município [de Jijoca de Jericoacoara/CE] em 01/02/2017[...], porém no dia seguinte informou que não ficaria no município, não sendo validado, deixando de assumir o cargo. No entanto, *em virtude de uma falha no sistema*, foi verificado tardiamente o pagamento indevido ao profissional. Assim, conforme fichas do SIAPE [Sistema Integrado de Administração de Pessoal], ferramenta responsável pelo pagamento da bolsa, o profissional permaneceu recebendo as bolsas do Programa pelo período de fevereiro de 2017 a fevereiro de 2018, gerando a necessidade de restituição ao erário no valor total de R$141.825,10.' [...] 6.1.1.3. Deduz-se, a partir do constante na Nota Técnica ... que restou *caracterizado enriquecimento sem causa* do Sr. *omissis*, tendo em vista que não fazia jus ao efetivo pagamento da bolsa-formação do Programa 'Mais Médicos para o Brasil'" [...]" (Grifos nossos). Excerto do voto: "[...] 19. Acolho a análise promovida pela Unidade Técnica, com os ajustes efetuados pelo MPTCU, cujos fundamentos incorporo às minhas razões de decidir, no sentido da irregularidade das contas do mencionado responsável, com sua condenação ao pagamento do débito ora apurado, com fundamento no disposto pelo *art. 16, inciso III, alíneas 'b' e 'c'*, da Lei 8.443/1992. 20. A despeito de uma série de e-mails enviados pelo Sr. *omissis* ao Suporte de Sistemas do SUS, com vistas a obter o seu desligamento do programa, compreendo que a falta de informações claras a respeito de sua situação funcional, sobretudo a omissão de comunicação, por mais de um ano, sobre a percepção de vantagem indébita, contribuiu para a continuidade dos pagamentos indevidos, contrariando a transparência esperada da ação de boa-fé. 21. É notório que o responsável, em função da não prestação de serviços, não se credenciava aos recebimentos. Nesse diapasão, a ausência de providências para a efetiva devolução dos valores indevidamente percebidos é passível de punição com multa.... Assim, aplica-se ao responsável a penalidade prevista no art. 57 da Lei 8.443/1992 [...]" (Grifos nossos). Excerto do acórdão: "9.1. com fundamento nos arts. 1º, inciso I, 16, inciso III, alíneas 'b' e 'c', 19, caput, e 23, inciso III, da Lei 8.443/1992, julgar irregulares as contas do Sr. *omissis*, condenando-o ao pagamento das quantias descritas a seguir [...]. 9.2. aplicar a multa prevista no art. 57 da Lei 8.443/1992 ao Sr. *omissis*, no valor de R$20.000,00 (vinte mil reais) [...]".

Nesses casos, a tomada de contas especial não é instaurada contra o agente público que ordenou os pagamentos indevidos e eventuais demais responsáveis (conforme art. 8º),[1614] mas apenas e diretamente contra o beneficiário de má-fé, que pode responder solidariamente com o agente público pelo dano em tomada de contas especial.[1615]

Num contexto de compreensão funcional do modelo constitucional-legal de responsabilização por dano ao erário conduzido pelo Tribunal de Contas, por meio de tomada de contas especial, em que se entende (não esta tese) que há um "juízo de contas" a ser feito, proferido sob os critérios do art. 16, que esse juízo é a decisão de mérito e que é dessa decisão que decorre a condenação do responsável a ressarcir o erário, a adesão do juízo de contas ao critério normativo não é uma questão formal, mas, ao contrário, essencial à possibilidade de emissão de um juízo de "contas irregulares" para fins de condenação ao ressarcimento e apenação com multa.

No caso reportado, a tomada de contas especial deveria ter sido instaurada contra os agentes públicos que deram causa aos pagamentos indevidos e ao "enriquecimento sem causa" do médico-bolsista, que responderia solidariamente como terceiro que concorreu para o cometimento do dano (art. 16, §2º da LOTCU).

O agente público teria "contas a serem julgadas", considerando os critérios do art. 16, III; o responsável médico-bolsista, não.

Todavia, nesse modelo, não é concebível que alguém seja responsabilizado em tomada de contas especial diretamente sem que tenha contas julgadas, segundo os juízos do art. 16.

Consequentemente, os critérios normativos que fundamentam a emissão desse "juízo de contas irregulares" balizam a natureza e as situações dos responsáveis passíveis de serem processados em tomada de contas especial.

Nesse contexto *dogmático*, a instauração de tomada de contas especial direta e exclusivamente contra certas pessoas físicas e jurídicas (responsáveisanômalos) somente será possível se:

a) mantida a lógica do art. 16, sem ampliação implícita, passar *despercebida* a impossibilidade de atribuir responsabilidade por dano ao erário a quem não praticou ato de gestão de recursos públicos ou qualquer outra função na Administração que pudesse ser compreendida como "ato de gestão ilegal, ilegítimo, antieconômico, ou infração à norma legal ou regulamentar de natureza contábil, financeira, orçamentária, operacional ou patrimonial";
b) os critérios normativos de emissão de um juízo de contas irregulares receberem uma interpretação de aplicação mais ampla, devidamente explicada no caso concreto (sob quais fundamentos?), o que enfraqueceria o pressuposto de que a emissão de um juízo de contas, por todas as suas consequências negativas e

[1614] LOTCU-1992, art. 8º: "Art. 8º Diante da [...] ocorrência de desfalque ou desvio de dinheiros, bens ou valores públicos, ou, ainda, da prática de qualquer ato ilegal, ilegítimo ou antieconômico de que resulte dano ao Erário, a autoridade administrativa competente, sob pena de responsabilidade solidária, deverá imediatamente adotar providências com vistas à instauração da tomada de contas especial para apuração dos fatos, identificação dos responsáveis e quantificação do dano".

[1615] LOTCU, art. 16, §2º: "Nas hipóteses do inciso III, alíneas c e d deste artigo, o Tribunal, ao julgar irregulares as contas, fixará a responsabilidade solidária: a) do agente público que praticou o ato irregular, e b) do terceiro que, como contratante ou parte interessada na prática do mesmo ato, de qualquer modo haja concorrido para o cometimento do dano apurado".

riscos de comunicação errada, segue rigoroso balizamento normativo-conceitual-processual, e aumentaria o risco de inobservância do devido processo legal num processo dessa natureza, que conduz a decisões que restringem direitos individuais;

c) fosse abandonada a ideia de "julgar contas" de responsáveis-anômalos, pessoa física ou jurídica que não é administrador ou responsável por dinheiros, bens e valores públicos da administração direta e indireta, nem sujeita ao dever constitucional de prestar contas (qualquer pessoa física ou jurídica "que utilize, arrecade, guarde, gerencie ou administre dinheiros, bens e valores públicos ou pelos quais a União responda, ou que, em nome desta, assuma obrigações de natureza pecuniária"), caso em que a própria ideia de emitir juízo de contas num processo que visa, nos termos da instrução normativa específica,[1616] "apurar responsabilidade por ocorrência de dano à Administração Pública federal, com apuração de fatos, quantificação do dano, identificação dos responsáveis e obter o respectivo ressarcimento", precisaria ser revista.

Essa problemática está presente nos casos a seguir, sintetizados a partir de excertos dos acórdãos exemplificativos: juízo de contas de beneficiário de pagamentos previdenciários inacumuláveis;[1617] juízo de contas de servidor público beneficiário de auxílio previdenciário indevidamente:[1618] juízo de contas de servidor público por recebimento indevido de benefício de progressão funcional;[1619] juízo de contas de servidor militar por receber adicional em valor indevidamente majorado por erro da Administração;[1620] juízo de contas de beneficiário de pensão do regime público recebida indevidamente mediante fraude.[1621]

1616 IN 71/2012: "[...] *Considerando* que os processos de ressarcimento de dano ao Erário devem pautar-se pelos princípios da racionalidade administrativa, do devido processo legal, da economia processual, da celeridade, da ampla defesa e do contraditório; [...] *Art. 2º* Tomada de contas especial é um processo administrativo devidamente formalizado, com rito próprio, para apurar responsabilidade por ocorrência de dano à Administração Pública federal, com apuração de fatos, quantificação do dano, identificação dos responsáveis e obter o respectivo ressarcimento. Parágrafo único. Consideram-se responsáveis pessoas físicas ou jurídicas às quais possa ser imputada a obrigação de ressarcir o Erário. *Art. 3º* Diante da omissão no dever de prestar contas, da não comprovação da aplicação de recursos repassados pela União mediante convênio, contrato de repasse, ou instrumento congênere, da ocorrência de desfalque, alcance, desvio ou desaparecimento de dinheiro, bens ou valores públicos, ou da prática de ato ilegal, ilegítimo ou antieconômico de que resulte dano ao Erário, a autoridade competente deve imediatamente, antes da instauração da tomada de contas especial, adotar medidas administrativas para caracterização ou elisão do dano, observados os princípios norteadores dos processos administrativos.[...]" (Grifos nossos).

1617 Acórdão nº 897/2024-TCU-Plenário e Acórdão nº 3.575/2024-TCU-Segunda Câmara.

1618 Acórdão nº 2.216/2024-TCU-Primeira Câmara.

1619 Acórdão nº 2.926/2024-TCU-Primeira Câmara.

1620 Acórdão nº 3.811/2024-TCU-Segunda Câmara. Ainda que deixasse de lado a discussão sobre se o que estava sob exame era um caso de dano ao erário que deva ser submetido ao Tribunal de Contas da União ou um simples caso de instauração de processo administrativo visando à reposição de valores indevidamente recebidos, nos termos, por exemplo, da Lei nº 8.112/1990: "Art. 46. As reposições e indenizações ao erário, atualizadas até 30 de junho de 1994, serão previamente comunicadas ao servidor ativo, aposentado ou ao pensionista, para pagamento, no prazo máximo de trinta dias, podendo ser parceladas, a pedido do interessado. [...] Art. 47. O servidor em débito com o erário, que for demitido, exonerado ou que tiver sua aposentadoria ou disponibilidade cassada, terá o prazo de sessenta dias para quitar o débito. Parágrafo único. A não quitação do débito no prazo previsto implicará sua inscrição em dívida ativa".

1621 Pagamento indevido de pensão militar. Constatação de conduta fraudulenta. Contas irregulares. Acórdão nº 1.054/2024-TCU-Plenário. Apropriação indevida de pensão. Acórdão nº 3.817/2024-Primeira Câmara. Recebimento indevido de pensão civil na condição de filha solteira, que se encontrava em situação de união estável. Acórdão nº 4.076/2024-TCU-Primeira Câmara. Acórdão nº 76/2024-TCU-Plenário.

7.5.5 Síntese

No exame dos casos selecionados, fica evidente a necessidade de existir um processo de apuração de responsabilidades por prejuízos ao erário, como existe na Itália (processo de responsabilidade administrativa, em contraposição à responsabilidade contábil), bem como a inadequação de denominar esse processo de tomada de contas especial, cuja decisão de mérito seria um juízo de regularidade sobre as contas.

As análises lógico-normativas e de casos concretos somam-se na conclusão de que esses juízos não devem ser feitos em tomadas de contas especial e que esse processo deve receber outra denominação, como exemplo, processo de apuração de responsabilidade financeira, ou processo de apuração de responsabilidade por dano ao erário.

Essa alteração não é uma mera questão nominal.

Mudam-se a perspectiva e o modelo intelectivo-institucional de apreensão do sentido, da finalidade, da forma de lidar com situações de dano ao erário. Muda-se muito.

Sai-se da perspectiva de ser esse um processo que tem como uma de suas finalidades exarar uma decisão sobre o "mérito das contas" (regulares ou irregulares), com seus intrínsecos reflexos político-eleitorais e morais, particularidade do sistema brasileiro, atraindo, consequentemente, um especial poder a esse juízo, relacionado ao poder de decidir ou de influenciar a decisão.

Desse modo, o enfrentamento de questões como "o que fazer para reduzir a instauração de tomadas de contas especiais" (reduzir a ocorrência de danos ao erário) significa, ao mesmo tempo, a redução de espaço de poder institucional.

Entra-se numa perspectiva de ver o processo como ele é: um processo de responsabilização e obtenção de ressarcimento pelos prejuízos causados ao erário.

Passam a ser centrais discussões mais atinentes às razões de atribuição dessa competência responsabilizatória primariamente ao Tribunal de Contas, e não ao Poder Judiciário:

a) Que espécie de dano ao erário deve entrar na jurisdição especial do Tribunal de Contas?
b) O que a instituição que desempenha a função de auditoria – e tem, como regra, a missão de aprimorar a Administração Pública, os programas governamentais e o controle das finanças públicas – pode e deve fazer para reduzir as incidências de dano ao erário que reiteradamente têm levado a processos de responsabilização? Em suma, o que pode fazer para reduzir o prejuízo e os desperdícios na aplicação de recursos públicos?

Sai-se de uma situação em que, quanto maior for a Lista de Responsáveis por Contas Irregulares, maior será a percepção de que um bom trabalho de controle externo está sendo realizado, para outra, em que quanto maior é o volume de casos de prejuízos ao erário, maior será a percepção de que se faz necessária uma atuação sistêmica, uma melhor atuação da EFS, mediante auditorias e avaliações que possam auxiliar na compreensão e solução dos problemas.

Numa entidade fiscalizadora superior, a função jurisdicional-responsabilizatória não é a sua função principal, é uma função-corolário. A função principal é a de auditoria (fiscalização da administração financeira, na acepção histórica), aqui compreendida em acepção ampla, incluídas as demais formas de fiscalização e avaliação. O Government

Accountability Office e o National Audit Office, por exemplo, duas das EFS mais respeitadas do mundo, não exercem competência jurisdicional.

No próximo capítulo, examinaremos dois casos em que a ideia de inelegibilidade por rejeição de contas fez situações muito distantes do que se espera deva ser uma situação que justifique tornar alguém inelegível – à luz dos próprios parâmetros da Lei de Inelegibilidade, do princípio da isonomia e do rigor que deveria presidir a emissão de juízos de contas – passarem por todo o sistema, chegarem ao Supremo Tribunal Federal e se transformarem em casos paradigmas, em um ambiente permeado por confusões conceituais e consequências juridicamente estranhas.

DOIS CASOS EMBLEMÁTICOS NO SUPREMO TRIBUNAL FEDERAL: AS CONTRADIÇÕES E INCOERÊNCIAS DO MODELO JUÍZO DE REJEIÇÃO DE CONTAS/INELEGIBILIDADE

O exame do que, de fato, aconteceu em casos reais ajuda a perceber melhor os problemas e do que se está tratando, concretamente, muitas vezes, a título de rejeição de contas.

Analisamos dois casos em que o pano de fundo é a emissão de juízos de contas de aprovação/rejeição. Casos que chegaram ao Supremo Tribunal Federal e se tornaram emblemáticos, envolvendo "contas de prefeitos", a atuação dos Tribunais de Contas, do Poder Legislativo municipal, da Justiça Eleitoral, e a conexão entre um juízo de rejeição de contas e a inelegibilidade.

Os casos são o RE nº 729.744[1622] e o RE nº 848.826,[1623] [1624] em que se discutiram os temas de repercussão geral nºs 157[1625] e 835.[1626]

Analisamos o debate havido no STF e os casos que lhes deram origem.

[1622] Recurso Extraordinário nº 729.744-Minas Gerais, julgado em 10.8.2016.

[1623] Recurso Extraordinário nº 848.826-Distrito Federal, julgado em 10.8.2016.

[1624] Essas decisões serão referidas doravante como STF, RE 729744 e STF, RE 848826.

[1625] Tema 157 – Competência exclusiva da Câmara Municipal para o julgamento das contas de Prefeito. Descrição: "Recurso extraordinário em que se discute, à luz do art. 31 da Constituição Federal, se a competência da Câmara Municipal para o julgamento das contas do Chefe do Poder Executivo municipal é exclusiva, sendo, por conseguinte, meramente opinativo o parecer prévio do Tribunal de Contas respectivo, que não pode substituir o pronunciamento da Casa Legislativa". Tese: "O parecer técnico elaborado pelo Tribunal de Contas tem natureza meramente opinativa, competindo exclusivamente à Câmara de Vereadores o julgamento das contas anuais do Chefe do Poder Executivo local, sendo incabível o julgamento ficto das contas por decurso de prazo" (Disponível em: https://portal.stf.jus.br/jurisprudenciaRepercussao/verAndamentoProcesso.asp?incidente=4352126&numeroProcesso=729744&classeProcesso=RE&numeroTema=157. Acesso em: 14 set. 2024).

[1626] Tema 835 – Definição do órgão competente, se o Poder Legislativo ou o Tribunal de Contas, para julgar as contas de Chefe do Poder Executivo que age na qualidade de ordenador de despesas. Descrição: "Recurso extraordinário em que se discute, à luz dos arts. 5º, XXXIV, a, XXXV, LIV e LV, 31, §2º, 71, I, 75, e 93, IX, da Constituição Federal, a definição do órgão competente (Poder Legislativo ou Tribunal de Contas) para julgamento das contas de Chefe do Poder Executivo que age como ordenador de despesas". Tese: "Para os fins do art. 1º, inciso I, alínea 'g', da Lei Complementar 64, de 18 de maio de 1990, alterado pela Lei Complementar 135, de 4 de junho de 2010, a apreciação das contas de prefeitos, tanto as de governo quanto as de gestão, será exercida pelas Câmaras Municipais, com o auxílio dos Tribunais de Contas competentes, cujo parecer prévio somente deixará de prevalecer por decisão de 2/3 dos vereadores" (Disponível em: https://portal.stf.jus.br/jurisprudenciaRepercussao/verAndamentoProcesso.asp?incidente=4662945&numeroProcesso=848826&classeProcesso=RE&numeroTema=835. Acesso em: 14 set. 2024).

Conforme a Constituição Federal de 1988, os Tribunais de Contas devem apreciar as contas prestadas anualmente pelo Chefe do Poder Executivo, em auxílio ao Poder Legislativo, que irá julgá-las. É o caso das denominadas "contas de governo".

E compete aos Tribunais de Contas julgar as contas dos administradores e demais responsáveis por dinheiros, bens e valores públicos. Esse é o caso das "contas de gestão".

Considerando a redação original do Inciso I-G do art. 1º da Lei Complementar nº 64/1990 (Lei de Inelegibilidades),[1627] ambos os julgamentos, que têm naturezas completamente distintas, poderiam dar ensejo a ações de impugnação de candidatura a cargos eletivos.

Normalmente, os chefes do Poder Executivo não atuam como administradores diretos dos recursos municipais, ou, mais especificamente, como ordenadores de despesa.[1628]

Contudo, em municípios de menor porte, é comum que os prefeitos assumam essa condição, o que os coloca todos os anos na dupla condição de "prestador de contas": apresentar as contas do município ao Poder Legislativo,[1629] como Chefe do Poder Executivo (na mesma situação dos governadores e do presidente da República) e de apresentar prestação de contas anuais ao Tribunal de Contas respectivo como ordenador de despesa,[1630] [1631] à semelhança da posição, por exemplo, de secretários municipais em municípios em que o prefeito não é ordenador.

[1627] Art. 1º, §1º, "g", da LC 64/1990 (redação original): "São inelegíveis, para qualquer cargo g) os que tiverem suas contas relativas ao exercício de cargos ou funções públicas rejeitadas por irregularidade insanável e por decisão irrecorrível do órgão competente, salvo se a questão houver sido ou estiver sendo submetida à apreciação do Poder Judiciário, para as eleições que se realizarem nos 5 (cinco) anos seguintes, contados a partir da data da decisão; [...]". Art. 1º, §1º, "g", da LC 64/1990 (redação dada pela LC 135/2010): "São inelegíveis, para qualquer cargo, os que tiverem suas contas relativas ao exercício de cargos ou funções públicas rejeitadas por irregularidade insanável que configure ato doloso de improbidade administrativa, e por decisão irrecorrível do órgão competente, salvo se esta houver sido suspensa ou anulada pelo Poder Judiciário, para as eleições que se realizarem nos 8 (oito) anos seguintes, contados a partir da data da decisão, aplicando-se o disposto no inciso II do art. 71 da Constituição Federal, a todos os ordenadores de despesa, sem exclusão de mandatários que houverem agido nessa condição; (Redação dada pela Lei Complementar nº 135, de 2010)". Essa lei foi alterada pela Lei Complementar nº 184, de 2021: "Art. 1º Esta Lei Complementar altera a Lei Complementar nº 64, de 18 de maio de 1990, para excluir da incidência de inelegibilidade prevista na alínea 'g' do inciso I do caput do art. 1º da referida Lei os responsáveis que tenham tido suas contas julgadas irregulares sem imputação de débito e com condenação exclusiva ao pagamento de multa. Art. 2º O art. 1º da Lei Complementar nº 64, de 18 de maio de 1990, passa a vigorar acrescido do seguinte §4º-A: [...] §4º-A. A inelegibilidade prevista na alínea 'g' do inciso I do *caput* deste artigo não se aplica aos responsáveis que tenham tido suas contas julgadas irregulares sem imputação de débito e sancionados exclusivamente com o pagamento de multa. [...]".

[1628] Ordenador de despesa, conforme o art. 80, §1º, do Decreto-Lei nº 200, de 1967, "é toda e qualquer autoridade de cujos atos resultarem emissão de empenho, autorização de pagamento, suprimento ou dispêndio de recursos da União ou pela qual esta responda".

[1629] CF-1988: "Art. 31. A fiscalização do Município será exercida pelo Poder Legislativo Municipal, mediante controle externo, e pelos sistemas de controle interno do Poder Executivo Municipal, na forma da lei. §1º O controle externo da Câmara Municipal será exercido com o auxílio dos Tribunais de Contas dos Estados ou do Município ou dos Conselhos ou Tribunais de Contas dos Municípios, onde houver. §2º O parecer prévio, emitido pelo órgão competente sobre as *contas que o Prefeito deve anualmente prestar*, só deixará de prevalecer por decisão de dois terços dos membros da Câmara Municipal. §3º *As contas dos Municípios* ficarão, durante sessenta dias, anualmente, à disposição de qualquer contribuinte, para exame e apreciação, o qual poderá questionar-lhes a legitimidade, nos termos da lei".

[1630] *Vide* parte final da alínea "g" do inc. I do art. 1º da Lei Complementar nº 64/1990: "aplicando-se o disposto no inciso II do art. 71 da Constituição Federal a todos os ordenadores de despesa, sem exclusão de mandatários que houverem agido nessa condição".

[1631] STF (RE 848826, p. 20): "*Os prefeitos municipais não precisam ser ordenadores de despesa.* Eles têm que prestar contas de governo, mas não precisam prestar contas de gestão se não forem ordenadores de despesa. Mas, se escolherem ser, evidentemente estão sujeitos às regras de qualquer ordenador de despesa [...]" (Grifos nossos).

Segundo a terminologia utilizada no âmbito dos Tribunais de Contas estaduais, na primeira condição, o prefeito apresenta as "contas de governo". Na segunda, apresenta "contas de gestão", julgadas pelo Tribunal de Contas, sem a interveniência do Poder Legislativo.

Naqueles recursos extraordinários, discutiu-se qual seria o órgão competente para decidir sobre "as contas dos prefeitos", contas de gestão e contas de governo, em razão do disposto no Inciso I-G.[1632] Seria o Tribunal de Contas ou a Câmara de Vereadores?

Não havia controvérsia sobre a distinção entre contas de governo e contas de gestão e, dado que predominava o entendimento de que o disposto no art. 31, §2º, da Constituição[1633] referia-se a contas de governo,[1634] pareceria inequívoca a compreensão de que o órgão competente mencionado no Inciso I-G no que se refere às contas dos ordenadores de despesa, inclusive de mandatários que houverem agido nessa condição (contas de gestão), seria o Tribunal de Contas.[1635]

No entanto, o STF, por 6 votos a 5, não corroborou essa tendência e firmou a seguinte tese no RE nº 848.826, atinente às "contas de prefeito", nova terminologia para as contas de gestão e de governo prestadas por prefeito:

Para fins do art. 1º, inciso I, alínea g, da Lei Complementar 64, de 18 de maio de 1990, alterada pela Lei Complementar 135, de 4 de junho de 2010, a apreciação das contas de prefeito, tanto as de governo quanto as de gestão, será exercida pelas Câmaras Municipais, com o auxílio dos Tribunais de Contas competentes, cujo parecer prévio somente deixará de prevalecer por decisão de 2/3 dos vereadores.[1636]

[1632] STF (RE 848826, p. 23): "A solução do caso reclama o equacionamento da seguinte questão principal: à luz dos arts. 31, §2º, 71, I e II, e 75, da Constituição, qual o órgão competente para julgar as contas de Chefe do Poder Executivo que atua na qualidade de ordenador de despesas, o Tribunal de Contas ou a Casa Legislativa? A definição do órgão competente para julgar as contas assume particular importância quando se constata que a sua rejeição, por irregularidade insanável, gera inelegibilidade do agente público, consoante o art. 1º, I, g, da Lei Complementar nº 64/1990 (Lei de Inelegibilidades), com a redação dada pela Lei Complementar nº 135/2010 (Lei da 'Ficha Limpa')".

[1633] CF-1988: "Art. 31. [...] §2º: O *parecer prévio*, emitido pelo órgão competente sobre as contas que o Prefeito deve anualmente prestar, só deixará de prevalecer por decisão de dois terços dos membros da Câmara Municipal" (Grifos nossos). Observe-se, contudo que, logo em seguida, o §3º do mesmo artigo dispõe sobre as "contas dos Municípios" ("As contas dos Municípios ficarão, durante sessenta dias, anualmente, à disposição de qualquer contribuinte, para exame e apreciação, o qual poderá questionar-lhes a legitimidade, nos termos da lei"). A leitura conjunta dos §§2º e 3º do art. 31 leva à conclusão de que as "contas que o Prefeitos deve anualmente prestar" à Câmara Municipal são as "contas do Município".

[1634] A Constituição vincula a emissão de parecer prévio pelos Tribunais de Contas à apreciação das contas prestadas anualmente pelo Chefe do Poder Executivo ao Poder Legislativo, para os fins que estão sendo discutidos nesta tese. Essas instituições não emitem parecer prévio endereçado ao Poder Legislativo quando examinam as contas de administradores de recursos públicos, ordenadores de despesa, porque esse Poder não tem competência para promover a responsabilização ressarcitória ou sancionatória de agentes públicos, resultado que pode derivar do exame realizado pelo Tribunal de Contas.

[1635] Tal como sustentou o Ministro Roberto Barroso em seu voto no RE 848826.

[1636] *Os fundamentos da decisão de ser a Câmara Municipal o* órgão *competente para julgar as contas do prefeito*, para os fins do Inciso I-G, sejam elas contas de governo ou contas de gestão, encontram-se nesta reunião concatenada de passagens dos votos: "A competência do órgão legislativo para o julgamento não é determinada pela natureza das contas, se de gestão ou de governo, mas pelo cargo de quem as presta, no caso, o de Prefeito Municipal", pois "a opção do constituinte foi a de destinar o julgamento de todas as contas à Câmara, em clara demonstração de respeito à relação de equilíbrio que deve necessariamente existir entre os Poderes da República, na sistemática *checks and balances*", logo "o juiz natural das contas do prefeito sempre será a Câmara Municipal, prestigiando-se, portanto, a democracia, a soberania popular, a independência e a autonomia do órgão legislativo local" e, desse modo, "não caberia tal encargo aos técnicos dos Tribunais de Contas, que não são detentores de poder". Uma vez que a rejeição das contas de governo "tem o condão de gerar, como consequência, a caracterização da

8.1 As questões de fundo

A temática "inelegibilidade/contas de prefeitos", agentes políticos mais afetados pelo Inciso I-G, envolve muitas questões cruciais, relacionadas com inconsistências lógicas e jurídicas, conceitos controversos e, principalmente, com as finalidades, o modo e a operacionalidade da atuação dos Tribunais de Contas e das Casas Legislativas sobre o que se convencionou denominar contas de governo e contas de gestão.[1637]

8.1.1 A questão de fundo: o axiomático juízo de aprovação/rejeição

A controvérsia se desenvolve a partir de um pressuposto axiomático, discutido amplamente nos capítulos anteriores: sejam as contas de governo, sejam as contas de gestão, deve-se decidir sobre elas no sentido de aprová-las ou rejeitá-las. Assim:

a) as contas de governo prestadas pelo prefeito à Câmara Municipal seriam postas à apreciação do Tribunal de Contas para que emitisse um parecer prévio pela aprovação ou rejeição e, posterior, decisão da Câmara Municipal, aprovando-as ou rejeitando-as;[1638]

b) as contas de gestão seriam apresentadas ao Tribunal de Contas, o qual julgaria as contas aprovadas ou rejeitadas.

8.1.2 O problema de fundo: a problemática associação de um enigmático juízo de aprovação/rejeição de contas à inelegibilidade

O sistema que se desenvolveu pragmaticamente para aplicação do Inciso I-G da Lei de Inelegibilidades pode, em muitos casos, resultar em violação dos princípios do contraditório e da isonomia (situações equivalentes, tratamentos distintos), bem como dos postulados da proporcionalidade e da razoabilidade, a depender de quais tenham sido os fatos e o direito envolvidos na decisão de "rejeição de contas".

A potencial ou concreta violação desses princípios e postulados é materializada em casos de desproporção entre a consequência jurídica negativa (a inelegibilidade por oito anos) resultante de um juízo de rejeição de contas e o grau de lesividade à probidade e à moralidade administrativa[1639] de certas irregularidades apuradas pelos Tribunais de Contas, quando se tem em consideração, especialmente, parâmetros

---

inelegibilidade do prefeito, nos termos do art. 1º, I, g, da LC 64/90, não se poderia admitir, dentro desse sistema, que o parecer opinativo do Tribunal de Contas tivesse o condão de gerar tais consequências ao Chefe de Poder local". Ver, especialmente, STF (RE 729744, p. 15) e STF (RE 848826, p. 55).

1637 Ver STF (RE 848826, p. 26): "De qualquer modo, antecipo-me assentando que me filio àquela segunda corrente, que corresponde ao último entendimento do Tribunal Superior Eleitoral. Penso que a conclusão oposta decorra de uma interpretação que não leva em conta sutilezas do regime constitucional dos Tribunais de Contas delineado na Constituição Federal e desconsidera a natureza e os distintos propósitos da prestação de contas de governo e contas de gestão".

1638 Oliveira (*Precisamos falar sobre contas*, 2018), em estudo sobre a prestação de contas anual do presidente da República e a atuação do Tribunal de Contas da União e do Congresso Nacional, chamou a atenção para "discussões que já deveriam estar sob os olhares da política e do direito há muito tempo": "Do que trata a prestação de contas que o Presidente da República deve apresentar anualmente ao Congresso Nacional? O que se põe ao exame do Parlamento Nacional e com que finalidade? Como deve o Poder Legislativo manifestar-se sobre o seu conteúdo, o que deve fazer a respeito e quais são as consequências jurídicas de sua manifestação?".

1639 Importante rememorar o fundamento na inelegibilidade sancionatória, encontrado no art. 14, §9º, da Constituição Federal: "Lei complementar estabelecerá outros casos de inelegibilidade e os prazos de sua cessação, a fim de *proteger a probidade administrativa, a moralidade para exercício de mandato considerada vida pregressa do candidato* [...]".

dados pelas demais causas de inelegibilidade estabelecidas na mesma lei,[1640] como crimes de diversas naturezas (crimes contra a Administração Pública, por exemplo) e atos dolosos de improbidade administrativa que importe lesão ao patrimônio público e enriquecimento ilícito.

Um ato passível de tipificação como crime contra a Administração Pública pode levar à inelegibilidade se o agente público for condenado em decisão judicial transitada em julgado ou proferida por órgão judicial. Não basta a constatação da ocorrência do ato ilícito, é necessária uma decisão judicial que condene o responsável por crime.

Esse mesmo ato, contudo, poderia levar à inelegibilidade se tivesse sido constatado em exame de contas de gestão e o Tribunal de Contas emitisse um parecer pela rejeição das contas em razão dele.

Nesse ponto, cabe repassar questões que perpassaram os capítulos anteriores.

O que é esse objeto *contas*, o que é um juízo sobre contas e o que há sempre de tão grave num juízo de rejeição de contas?

O que é esse objeto *contas de gestão*, o que é um juízo sobre contas de gestão e o que há de tão grave num juízo de rejeição de contas de gestão,[1641] que decorre de um processo no qual não se apura a ocorrência de conduta dolosa (e que não se desenvolve segundo o mesmo rigor de amplas garantias de contraditório e defesa de um processo judicial penal) a ponto de conduzir ao mesmo resultado que decorre de um processo judicial?

O que é esse objeto *contas de governo*, o que é um juízo sobre contas de governo e o que há de tão grave num juízo de rejeição de contas de governo, contas do município, no qual não se julgam infrações normativas ou ilícitos cometidos pelo prefeito, a ponto de um juízo de rejeição de contas conduzir ao mesmo resultado que decorre de um processo judicial criminal (a inelegibilidade)?

Em contas de governo, processo em que não se apuram reponsabilidades individuais por condutas ilícitas, em que se diferencia um juízo de aprovação/reprovação prolatado no parecer prévio emitido pelo Tribunal de Contas de um juízo de aprovação/rejeição prolatado pela Câmara Municipal no julgamento que lhe compete fazer sobre as contas do município que lhes são prestadas anualmente pelo prefeito?

8.2 A árdua laboração sistematizante no STF

Esta seção explora respostas que podem ser obtidas das notas taquigráficas dos referidos julgamentos para as seguintes questões: o que são contas de governo? O

[1640] Lei Complementar nº 64, de 1990, art. 1º, inc. I, alínea "d", alíneas "e" até "j", e alíneas "l" a "q".

[1641] Esse juízo, considerada a literalidade das leis orgânicas dos Tribunais de Contas, pode ser proferido em qualquer caso de ocorrência de "prática de ato de gestão ilegal, ilegítimo ou infração a norma legal ou regulamentar de natureza contábil, financeira, orçamentaria, operacional ou patrimonial". Sendo o processo de contas de gestão (e, também, o processo de contas de governo) um trabalho que envolve realização de auditorias, a menos que se realize uma auditoria muito superficial e mal planejada, ou que não se realize auditoria alguma, mas tão somente a verificação de certos aspectos pontuais de tudo o que pode ocorrer numa Administração Pública, é impossível que não se encontre alguma ocorrência tipificada no dispositivo acima. Assim, qualquer infração normativa mais grave pode suscitar um juízo de rejeição de contas, mas nem todo juízo dessa natureza pode ensejar inelegibilidade. Na redação original do Inciso I-G, a infração deveria constituir "irregularidade insanável"; posteriormente, com a alteração procedida pela Lei Complementar nº 135/2010, passou-se a exigir "irregularidade insanável que configure ato doloso de improbidade administrativa".

que são contas de gestão? O que está sob apreciação? O que deve fazer a Câmara de Vereadores? Qual é o papel dos Tribunais de Contas?[1642]

O conteúdo apresentado representa a sistematização e concatenação dos entendimentos presentes nos votos e nos debates, que tiveram por base principal doutrinas (que se sobrepõem) e normas dos Tribunais de Contas, citadas nas notas taquigráficas.

Alguns excertos estão transcritos entre aspas, devidamente referenciados, por ser imprescindível expor o entendimento tal como literalmente manifestado. Nos demais, manteve-se, tanto quanto possível, a redação original, fazendo-se apenas os ajustes necessários à melhor exposição das ideias.

O resultado desse trabalho analítico, escrito com uma antevista e admitida perda de ritmo narrativo em prol de ganhos de fidelidade aos pensamentos exprimidos, representa a visão dos REs sobre contas de gestão e contas de governo considerada[1643] na compreensão das decisões e, também, mas não apenas ela, nas reflexões sobre o tema de fundo.

8.2.1 A visão dos REs sobre contas de governo

As contas de governo têm uma dimensão política,[1644] só podem ser prestadas pelo Chefe do Poder Executivo e estão "relacionadas à gestão política da coisa pública"; referem-se à sua atuação como agente político.

Denominam-se, também, contas de desempenho ou de resultados[1645] e, sendo o Chefe do Poder Executivo responsável geral pela execução orçamentária, objetivam demonstrar o cumprimento do orçamento, dos planos e programas de governo.

Estão relacionadas aos grandes números e são prestadas por valores globais. Informam os resultados da atuação governamental no exercício financeiro em questão e retratam a situação financeira da unidade federativa, "sendo capazes de revelar os níveis de endividamento e se estão sendo atendidos, em virtude de determinação constitucional, os limites de gastos previstos para algumas áreas, como saúde e educação".

São, em suma, "balanços gerais exigidos pela Lei nº 4.320/1964, razão pela qual são chamadas de contas globais", e nelas são examinadas, ainda, a realização da receita prevista, a movimentação de créditos adicionais, os resultados financeiros, a situação patrimonial, "enfim, todo um quadro indicativo do bom ou do mau desempenho da administração municipal no decorrer do exercício a que se referem as contas apresentadas".[1646]

Em contas de governo, a Câmara de Vereadores examinará "as exigências legais para aplicação de despesas", a "adequação orçamentária", a "exatidão da execução orçamentária"; analisará "se a atuação do Chefe do Poder Executivo atendeu, ou não,

---

[1642] STF (RE 729744, p. 7-8; 10; 36) e STF (RE 848826, p. 4; 18; 19; 34; 95).

[1643] Mas, contudo, sem tomá-la como expressão do que são e devem ser essas "contas".

[1644] Dimensão política implica julgamento político, do Poder Legislativo.

[1645] Não há respaldo normativo em lei para essa definição, muito embora os tribunais de contas procurem extrair do processo essas dimensões, altamente complexas para serem examinadas num processo de pouca maturação temporal.

[1646] Nenhuma relação, portanto, com cometimento de ilícitos pelo Chefe do Poder Executivo.

aos anseios e necessidades da população respectiva",[1647] "se a destinação do orçamento se deu em prol dos interesses da população ali representada" e se, do *ponto de vista político*,[1648] a gestão orçamentária se fez de maneira adequada.

O órgão fiscalizador (Tribunal de Contas e Câmara Municipal) "vai verificar se o orçamento está sendo executado, se as verbas destinadas à educação e à saúde foram efetivamente direcionadas àqueles setores, se os limites da Lei de Responsabilidade Fiscal estão sendo observados".

Dada a sua

> relação direta com a execução orçamentária, portanto, com a concretização do projeto idealizado na Lei Orçamentária Anual, o constituinte estabeleceu que, embora a avaliação das contas de governo deva ser feita previamente pelo Tribunal Contas, será a correspondente Casa Legislativa o órgão competente para julgá-las em definitivo.[1649]

O auxílio prestado pelo Tribunal de Contas, em contas de governo,

> se traduz na instrução do processo, informando sobre a harmonia entre os programas previstos na lei orçamentária, o plano plurianual e a lei de diretrizes orçamentárias, assim como quanto ao cumprimento de tais programas no que tange à legalidade, legitimidade, economicidade e alcance das metas estabelecidas.[1650]

Deverá a Corte de Contas "verificar o equilíbrio fiscal e evidenciar o reflexo da administração financeira e orçamentária no desenvolvimento econômico e social do ente federado, muito em especial nas áreas da educação, saúde, emprego, segurança, infraestrutura, meio-ambiente e assistência social" e "se o gestor em questão cumpriu os preceitos da Lei de Responsabilidade Fiscal quanto à transparência em sua gestão fiscal".

Sua competência, nessas contas, "cinge-se à elaboração de parecer prévio opinativo sobre aspectos gerais relacionados à execução dos orçamentos, especialmente aqueles definidos pela LRF".[1651] Contudo, embora "não tenha a última palavra sobre as contas de governo, sua participação é fundamental tanto para legitimar o julgamento feito pela Casa Legislativa como para instruí-la".

[1647] Esse seria um aspecto da "atuação do Chefe do Poder Executivo" que somente o Poder Legislativo poderia avaliar, politicamente. Seria muito improvável que uma entidade fiscalizadora superior conseguisse fazer esse tipo de avaliação. Essas entidades trabalham com foco, critério e método.

[1648] O julgamento político, como não poderia deixar de ser, leva em consideração aspectos da disputa político-eleitoral, bem como de posições partidárias. O julgamento do ponto de vista político materializar-se-ia por meio de um ato legislativo de aprovação ou rejeição. Essa é a natureza da manifestação política; aprovar ou rejeitar, sem obrigatoriedade de prover fundamentos racionais à luz de fatos e argumentos em contraposição a critérios preestabelecidos de "aprovação ou rejeição", que não existem.

[1649] STF (RE 848826, p. 34).

[1650] É enorme a dimensão do trabalho dos Tribunais de Contas para obter conclusões dessa natureza. E o tempo para fazê-lo, com método, no parecer prévio, extremamente exíguo. Essa atuação demanda planejamento, seletividade e análise de contexto.

[1651] STF (RE 848826, p. 95). Na verdade, quando o Tribunal, na apreciação das contas, examina a legalidade e regularidade, por exemplo, da execução orçamentária, faz afirmações quanto à legalidade e à regularidade, não emite uma opinião. *Vide* o Capítulo 4, sobre contas de governo e os casos históricos relatados.

O que deve ser focalizado pelo

> Tribunal de Contas, que as aprecia, e pelo Legislador, que as julga, não são os atos administrativos do Chefe do Executivo considerados isoladamente, mas, sim, a conduta do administrador no exercício das funções políticas de planejamento, organização, direção e controle das políticas públicas idealizadas na concepção das leis orçamentárias.[1652]

Portanto, "é importante sublinhar que no julgamento das contas anuais do prefeito não há julgamento do próprio prefeito".[1653]

No caso das contas de governo, "ao lado da legalidade, é o desempenho do governante que estará primordialmente sendo avaliado pela Casa Legislativa,[1654] daí ser um julgamento revestido de caráter essencialmente político".[1655]

A decisão final acerca da aprovação ou rejeição das contas fica a cargo do respectivo Poder Legislativo.[1656]

> Deveras, a deliberação do parecer das Cortes de Contas pela Câmara *nada tem que ver com aspectos técnicos*, mas, em vez disso, se relaciona apenas e tão somente com aspectos políticos. Justamente por isso, referida deliberação ocorrerá em juízos de conveniência e oportunidade, orientados por critério de situação/oposição.[1657] (Grifos nossos)

Em síntese,

> não cabe aos Tribunais de Contas, como também não cabe ao próprio Poder Judiciário, emitir juízo de mérito a respeito das contas[1658] entregues anualmente pelo Chefe do Poder Executivo. O beneplácito ou a censura ao extrato financeiro da execução dos programas de governo é responsabilidade do Poder Legislativo.[1659]

Em outros termos: o parecer prévio emitido pelos Tribunais de Contas em contas prestadas por prefeitos não pode corresponder ao juízo de mérito do reservado ao Poder Legislativo ("aprovação/rejeição").[1660]

[1652] STF (RE 848826, p. 34).

[1653] STF (RE 729744, p. 15).

[1654] Não caberia, portanto, nessa perspectiva, ao Tribunal de Contas avaliar o desempenho do governante, mas estaria fazendo exatamente isso se se manifestasse, ainda que a título de "opinião", sobre a "aprovação/rejeição" das contas prestadas.

[1655] STF (RE 848826, p. 40).

[1656] STF (RE 848826, p. 95).

[1657] STF (RE 729744, p. 36).

[1658] Essa passagem bem expressa como a real função de "julgamento das contas dos administradores e demais responsáveis por bens e valores públicos" e a de "apreciar as contas prestadas anualmente pelo Chefe do Poder Executivo, mediante parecer prévio" ficam obscurecidas pela ideia de que essas funções se encerram em emitir um "juízo de aprovação ou reprovação".

[1659] STF (RE 848826, p. 90).

[1660] A Constituição não requer do Tribunal de Contas uma opinião sobre a aprovação ou reprovação das contas prestadas pelo presidente da República. A Constituição também não prescreve que os Tribunais de Contas emitirão parecer sobre as contas do município, prestadas pelo prefeito, aprovandoas ou rejeitando-as. *Vide* art. 31, §2º, da Constituição Federal de 1988: "O parecer prévio, emitido pelo órgão competente sobre as contas que o Prefeito deve anualmente prestar, só deixará de prevalecer por decisão de dois terços dos membros da Câmara Municipal".

8.2.1.1 Análise da visão dos REs sobre as contas de governo

Os entendimentos manifestados no STF sobre o que são contas de governo abrangem aspectos muito distintos e, alguns, muito indeterminados: exame dos balanços gerais, da movimentação dos créditos, da situação patrimonial; evidenciação da situação financeira; verificação do equilíbrio fiscal; cumprimento do orçamento, planos e programas de governo, no que tange à legalidade, legitimidade, economicidade e alcance das metas estabelecidas; avaliação dos resultados da ação governamental; cumprimento da Lei de Responsabilidade Fiscal e dos limites mínimos previstos na Constituição de aplicação de recursos em educação e saúde; evidenciação do reflexo da administração financeira e orçamentária no desenvolvimento econômico e social do ente federado.

Essas compreensões não destoam, de modo geral, do que está disposto nas leis orgânicas, nos regimentos internos e em outros atos normativos dos Tribunais de Contas, a exemplo da Lei Orgânica do Tribunal de Contas de Santa Catarina,[1661] na parte sobre as contas prestadas anualmente pelo prefeito (arts. 51 a 54), em alinhamento com o que prescreve o regimento interno do TCU, resumidamente:

a) a prestação de contas consistirá no Balanço Geral do Município e no relatório do órgão central do sistema de controle interno do Poder Executivo sobre a execução dos orçamentos;
b) o parecer prévio consistirá em apreciação geral e fundamentada da gestão orçamentária, patrimonial e financeira havida no exercício, devendo demonstrar se o balanço geral do município representa adequadamente a posição financeira, orçamentária e patrimonial do município em 31 de dezembro, bem como se as operações estão de acordo com os princípios fundamentais de contabilidade aplicados à Administração Pública municipal;
c) o parecer prévio será acompanhado de relatório, que conterá informações sobre a observância às normas constitucionais, legais e regulamentares na execução dos orçamentos públicos municipais, o cumprimento dos programas previstos na lei orçamentária anual quanto à legalidade, legitimidade, economicidade e atingimento de metas, assim como a consonância deles com a lei do plano plurianual e a lei de diretrizes orçamentárias e o reflexo da administração financeira e orçamentária municipal no desenvolvimento econômico e social do município;
d) a elaboração do parecer prévio não envolve o exame de responsabilidade dos administradores, incluindo o prefeito municipal.

Uma miríade de temas tecnicamente difíceis, cada um deles passível de suscitar uma auditoria específica.

Seria possível ou exigível dos Tribunais de Contas um juízo de mérito de "aprovação/reprovação" sobre esse conjunto de temas, assim vistas as "contas"? Seria possível prolatar um juízo como esse que não fosse um juízo político, reconhecido como legítimo ao Poder Legislativo, mas não a uma entidade superior de fiscalização instituída para não ser "política"?

[1661] Santa Catarina. *Lei complementar nº 202, de 15 de dezembro de 2000*. Institui a Lei Orgânica do Tribunal de Contas do Estado de Santa Catarina e adota outras providências.

Qual seria o significado "técnico" de uma aprovação ou rejeição?

O processo de contas de governo, como mostram a prática e as normas, é um processo que demanda muito esforço de produção de informações e relatos das administrações, requer dos Tribunais de Contas uma capacidade analítica, típica de auditorias de grande porte, muito boa e adequada ao escrutínio tempestivo que deles se espera que seja feito na emissão do parecer prévio, e não se deveria tomar como pressuposto que o Poder Legislativo dele não faça uso para melhorar suas possibilidades de participar das discussões sobre os programas e projetos executados na localidade, discutir o orçamento, a situação financeira e fiscal do município e fiscalizar as ações do Poder Executivo.

8.2.1.2 Dois consensos fundamentais sobre a atuação da Câmara de Vereadores

Sobre a função da Câmara de Vereadores, conforme extrai-se do conjunto dos entendimentos manifestados no STF, competiria ao Poder Legislativo examinar o conteúdo das contas de governo, as análises e conclusões do parecer prévio[1662] e, em juízo essencialmente político, avaliar, entre tantos outros aspectos, se a "destinação do orçamento se deu em prol dos interesses da população", "se a gestão orçamentária se fez de forma adequada", se "a atuação do Chefe do Poder Executivo atendeu ou não aos anseios e necessidades da população", e decidir sobre as contas, aprovando-as ou rejeitando-as.

Dois consensos fundamentais a respeito dessa função emanam das notas taquigráficas: a) o julgamento da Câmara de Vereadores é político; b) o prefeito não está sob julgamento, ou seja, não estão sob exame ações ou omissões suas para fins de imputação de sanções por cometimento de infrações, com dolo ou culpa.

A mesma compreensão observa-se em Oliveira[1663] sobre as contas prestadas pelo presidente da República, que ontologicamente não diferem das contas prestadas por prefeitos:

> Se as contas são do Governo Federal ou do "Governo da República", o que se tem por pressuposto é o exame de dados, informações, relatórios analíticos, demonstrativos contábeis, patrimoniais, financeiros, orçamentários; uma apreciação da realidade fática, de caráter institucional, e não de atos e condutas pessoais.

O autor ressalta que, se do exame das contas de governo não resulta imposição de sanções pessoais ao Chefe do Poder Executivo pelo Poder Legislativo, tal como num processo de *impeachment*, dele, no entanto, "pode resultar elogiosa ou devastadora crítica política, que é da natureza do Parlamento fazer".

É em tudo pertinente ao contexto municipal o que Oliveira, no contexto federal, explicou serem as providências e ações ao alcance do Congresso Nacional, "uma instituição que funciona sob o pressuposto do juízo político", em face do relatório

---

[1662] Os pareceres prévios contêm um conjunto de análises e conclusões, e não apenas uma conclusão: aprovação/rejeição.

[1663] Oliveira (*Precisamos falar sobre contas*, 2018, p. 60).

produzido pelo Tribunal de Contas da União e de suas próprias considerações e análises, por meio da Comissão Mista de Orçamento:

> fazer determinações ao próprio TCU; dar início a processos de responsabilização pessoal por crime de responsabilidade; propor projetos de leis; aprovar propostas de fiscalização; convocar autoridades; instalar comissão parlamentar de inquérito; promover audiências públicas.

No caso de prefeitos, eventual vontade parlamentar persecutória deve ser intentada pelo processo de apuração de infrações político-administrativas, nos termos do Decreto-Lei nº 201/1967,[1664] das ações cíveis e judiciais apropriadas e de ações de controle externo dos Tribunais de Contas, que podem ser chamados a agir em auxílio ao Poder Legislativo Municipal.

Em *contas de governo*, consubstanciadas num conjunto muito abrangente de informações, análises e conclusões, como demonstrado, o que menos o sistema normativo deveria fomentar seria uma atuação do Poder Legislativo focada na perspectiva de inelegibilidade dada pelo Inciso I-G, fazendo desse processo, na prática, um instrumento de "quase-*impeachment*", buscando a segunda das consequências do legítimo processo constitucional: a inelegibilidade.

Mas esse tem sido um dos mais relevantes incentivos e efeitos adversos de se ter como causa de inelegibilidade um juízo de "aprovação/rejeição de contas",[1665] que deriva do axioma: quando julgam ou emitem parecer sobre contas, os Tribunais de Contas devem emitir juízo de aprovação (regulares) ou rejeição (irregulares).

8.2.2 A visão dos REs sobre contas de gestão: o que se faz em contas de gestão, o que está sob apreciação, qual é o papel do Tribunal de Contas[1666]

O conteúdo desta seção representa a sistematização do que foi debatido no julgamento dos recursos extraordinários. Não representa a compreensão desta tese nem se reporta a uma doutrina específica, ainda que os debates tenham tido por fundamento um ou mais autores de preferência.

Em *contas de gestão*, também chamadas *contas dos ordenadores de despesa*, "o ponto central não está no desempenho, mas, sim, na probidade dos atos de gestão[1667] isoladamente praticados pela pessoa física ou jurídica, de caráter público ou privado, razão pela qual o julgamento aqui tem caráter eminentemente técnico".[1668]

[1664] *Decreto-lei nº 201, de 27 de fevereiro de 1967*. Dispõe sobre a responsabilidade dos Prefeitos e Vereadores, e dá outras providências.

[1665] Independentemente da discussão doutrinária sobre se a inelegibilidade é sanção ou não, o fato é que ela assim é percebida pelos inelegíveis, é assim referida consciente ou inconscientemente nos Tribunais de Contas e no Poder Judiciário. Desse modo, a inelegibilidade de que trata o Inciso I-G pode ser referida como "inelegibilidade sancionatória".

[1666] STF (RE 848826, p. 18-19; 37-38; 40) e STF (RE 729744, p. 8).

[1667] Para que se atenda a uma finalidade como essa, o modelo de auditoria de contas praticado pelos Tribunais de Contas deveria ser completamente diferente. Nesse caso, o tipo de trabalho a ser conduzido teria que ser preponderantemente de investigação de condutas.

[1668] STF (RE 848826, p. 40).

As contas de gestão possibilitam o exame não dos gastos globais, mas de cada ato administrativo que compõe a gestão contábil, financeira, orçamentária, operacional e patrimonial do ente público quanto à legalidade, legitimidade e economicidade.[1669]

São compostas por "informações gerenciais, financeiras e contábeis da gestão daqueles que diretamente foram responsáveis por recursos públicos, isto é, aqueles que têm a responsabilidade de ordenar despesas, de comprar, de arrecadar, de contratar, de pagar e de zelar pelos bens públicos".[1670]

Essas contas não são exclusivas do chefe do Executivo, pois

> podem ser delegadas aos administradores públicos de uma maneira geral, e frequentemente são. Na União, evidentemente, e nos Estados, de uma maneira geral, o governador não é ordenador de despesas, nem nos grandes municípios, mas nos pequenos municípios e até nos médios frequentemente o prefeito também é o ordenador de despesas.[1671]

Os atos administrativos apreciados

> são analisados de forma técnica, para averiguar se houve violação a preceitos normativos ou regulamentares de natureza contábil, financeira, orçamentária, operacional ou patrimonial e se atenderam aos princípios da Administração Pública, insculpidos no art. 37 da Constituição.[1672]

Procede-se à "análise acerca da escorreita execução de despesas e contratos administrativos, das ordens de empenho, da observância às diretrizes contábeis, dentre outros aspectos".[1673]

As contas de gestão "não estão relacionadas às opções políticas[1674] e ao cumprimento do orçamento.[1675] Elas estão associadas à probidade, à lisura da administração, à correção com que se comporta o administrador público, e tem ele o dever de comprovar a adequada alocação desses recursos".

Em suma,

> diferentemente da prestação de contas de governo, e que se consubstanciam nos Balanços Gerais do ente público, que se referem à totalidade de recursos movimentados pelo ente federado, o conteúdo da prestação de contas de gestão está voltado para, no âmbito do órgão ou entidade administrada no respectivo período, prestar, entre outras informações:
> a) o fluxo financeiro;
> b) as licitações realizadas, as despesas efetuadas com dispensa ou inexigibilidade de licitação, os contratos assinados no período;

[1669] Isso demanda dos Tribunais de Contas um planejamento de auditoria sofisticado, requerendo teorias estatísticas e procedimentos amostrais, dado ser impossível analisar cada ato administrativo dessa natureza. Os Tribunais dificilmente avaliam o conjunto dos atos de ordenação de despesa do prefeito. O axioma e o sistema "rejeição de contas/inelegibilidade", somado às impossibilidades materiais, induz um processo de contas de gestão voltado ao escrutínio de situações específicas passíveis de ensejar um juízo de irregularidade de contas.

[1670] STF (RE 848826, p. 37).

[1671] STF (RE 848826, p. 18-19).

[1672] STF (RE 729744, p. 8).

[1673] STF (RE 729744, p. 36).

[1674] Nem as contas de governo nem as contas de gestão estão relacionadas a opções políticas, na perspectiva de atuação dos Tribunais de Contas.

[1675] As contas anuais de gestão estão intrinsecamente relacionadas à execução do orçamento, desde sempre.

c) os créditos orçamentários, bem como as alterações e os respectivos saldos remanescentes;
d) o processamento das fases da execução da despesa: empenho, liquidação e pagamento; os restos a pagar inscritos e as disponibilidades de caixa existentes no final do exercício;
e) o processamento da despesa mediante adiantamento, subvenções, auxílios e contribuições;
f) o cumprimento de normas legais referentes à gestão de pessoal (contratações temporárias, encargos sociais, terceirização);
g) controle de gestão patrimonial;
h) as alienações de bens móveis e imóveis; e
i) obediência às normas de transparência fiscal.

8.2.3 Processo de prestação de contas de gestão como instrumento de responsabilização: síntese da visão dos REs

Os objetivos do Tribunal de Contas em contas de gestão são: "(i) punir o mau administrador, por meio de multa proporcional ao dano causado ao erário (art. 71, VIII), em caso de ilegalidade de despesa ou irregularidade de contas; e (ii) efetivar a reparação de dano ao patrimônio público, mediante a imputação de débito ao responsável".[1676]

Nesse exame, "o que importa não é o desempenho do gestor ou o resultado de sua atuação anual, mas a reparação de possível dano ao patrimônio público, assim como a disciplina do responsável por ilegalidade de despesa ou irregularidade de contas, seja ele quem for".

No julgamento das contas de gestão,[1677]

> as decisões do Tribunal de Contas de que resulte imputação de débito ou multa terão eficácia de título executivo, tornam a dívida declarada líquida, certa e exigível, de maneira a permitir a respectiva ação de execução, no caso de não haver quitação voluntária do débito pelo responsável.

Nesse caso, "o Tribunal de Contas desempenha típica função deliberativa"[1678] e "tem competência para julgá-las em definitivo, sem a participação da casa legislativa, conforme determina o artigo 71, II, da Constituição",[1679] cabendo um alerta relevante a esse respeito: "não é bom substituir o juízo político da câmara por um juízo político do Tribunal de Contas".[1680]

8.3 O caso da Prefeitura de Bugre (MG): contas de governo[1681]

Nesse caso, julgado pelo Tribunal de Contas do Estado de Minas Gerais (TCE-MG) em 30.10.2008,[1682] estava em exame a "Prestação de Contas da Prefeitura Municipal de

---

[1676] STF (RE 848826, p. 38).
[1677] Não apenas em contas de gestão, mas, principalmente, em tomada de contas especial.
[1678] STF (RE 729744, p. 8).
[1679] STF (RE 848826, p. 21).
[1680] STF (RE 729744, p. 39).
[1681] Disponível em: http://redir.stf.jus.br/estfvisualizadorpub/jsp/consultarprocessoeletronico/ConsultarProcessoEletronico.jsf?seqobjetoincidente=4352126. Acesso em: 12 nov. 2020.
[1682] STF (RE 729744, peça "Volume", p. 62 e seguintes). Notas taquigráficas do julgamento (Disponível em: http://redir.stf.jus.br/paginadorpub/paginador.jsp?docTP=TP&docID=4115485&prcID=4352126&ad=s#. Acesso em: 12

Bugre, referente ao exercício de 2001, sob a responsabilidade do [prefeito]". Tratava-se, pois, de contas de governo.

8.3.1 A longa intempestividade de apreciação das contas de governo e a perda de sentido como instrumento de accountability e encerramento do ciclo orçamentário

Inicialmente, nota-se que a prestação de contas estava sendo apreciada *mais de 6 anos* depois de ter sido apresentada, muito embora a Lei Orgânica do TCE-MG então vigente, Lei Complementar nº 33/1994, estabelecesse, no art. 53, que as contas anuais do prefeito seriam apresentadas ao Tribunal no prazo de 90 dias após o encerramento do exercício e que a Corte estadual emitiria parecer prévio no prazo de 360 dias após o recebimento.

Compreendidas as contas de governo como instrumento de accountability e encerramento do ciclo orçamentário, e não na perspectiva sancionatória efetiva de aprovação/rejeição para fins de inelegibilidade, não faz sentido que tais contas recebam parecer prévio tantos anos depois.[1683]

Essa é uma evidência de que o axioma e a conexão rejeição de contas/inelegibilidade levaram à perda de sentido das contas de governo, especialmente no âmbito municipal, em que o parecer prévio do Tribunal de Contas recebe uma concepção diferente do parecer prévio sobre as contas prestadas anualmente por governadores e o presidente da República.

Pela razão de accountability tempestiva, a Lei de Responsabilidade Fiscal abordou especificamente, em seu art. 57, que o prazo de emissão dos pareceres prévios é de sessenta dias do recebimento, se outro não estiver estabelecido nas constituições estaduais ou nas leis orgânicas municipais, e, no caso de municípios que não sejam capitais e que tenham menos de duzentos mil habitantes, o prazo será de cento e oitenta dias, não podendo os Tribunais de Contas entrar em recesso enquanto existirem contas pendentes de parecer prévio.

8.3.2 A perspectiva geral de atuação dos Tribunais de Contas a partir do caso real

O exame desse processo permite explicitar o modo, em termos gerais, de atuação dos Tribunais de Contas.

O Tribunal de Contas do Estado, primeiramente, identificou e relevou irregularidades menores, que se costumam qualificar como impropriedades ou falhas formais, conforme excerto extraído das notas taquigráficas do julgamento:

> Cingimo-nos *aos pontos que, por sua relevância, repercutirão na formação de juízo quanto* à *aprovação ou não das contas*. Os demais são incontroversos, razão pela qual não ensejam

nov. 2020).

[1683] Sobre o contexto federal, Oliveira (*Precisamos falar sobre contas*, 2018, p. 72) registrou que, "realizada intempestivamente, a apreciação das contas não resultará nem mesmo em propostas pertinentes quanto às irregularidades examinadas no parecer prévio, em razão de o contexto subjacente a ela já se ter alterado substantivamente [...]".

> dúvidas quanto a sua consubstanciação ou, por sua imaterialidade, seu caráter formal, ou seu caráter esporádico, podem ser relevados.[1684] (Grifos nossos)

Depois, identificadas ocorrências relevantes, quantitativa[1685] ou qualitativamente, discutiu-se se eram ilegais, ilícitas ou irregulares.[1686] A título de exemplo, destaca-se das notas taquigráficas parte do voto do conselheiro relator, em que não acolhe entendimento inicial da unidade de auditoria quanto à ilegalidade de determinada ocorrência financeira:

> [...] o órgão técnico observou que, no exercício, foram inscritos Restos a Pagar no valor de R$96.059,58, sem disponibilidades financeiras. [...] a Auditoria ressaltou que o saldo das disponibilidades financeiras não era suficiente para cobrir as obrigações inscritas em Restos a Pagar em 31/12/01, entendendo que o disposto no art. 42 da Lei Complementar 101 / 2000 não foi atendido. Apesar do exposto, adoto o entendimento de que o art. 42 da Lei Complementar 101/00 só é aplicável nos dois últimos quadrimestres do mandato do titular de Poder ou Órgão e como o exercício em análise não se trata do último ano do mandato do Prefeito, a irregularidade não está tipificada.

8.3.2.1 A questão relevante da prestação de contas: insignificante diferença na aplicação mínima de recursos em MDE[1687]

No caso concreto, que levou ao RE nº 729.744, a questão relevante que restou em discussão foi o descumprimento da aplicação mínima de recursos em ações de manutenção e desenvolvimento do ensino.

Segundo o voto do conselheiro,

> o órgão técnico constatou que a Administração Municipal[1688] não aplicou o percentual mínimo exigido pelo art. 212 da Constituição da República de 1988 na manutenção e desenvolvimento do ensino, uma vez que foi aplicado somente o percentual de 24,87% da receita base de cálculo [o percentual mínimo era de 25%].

Informa o conselheiro-relator que

> o defendente [prefeito][1689] alegou que houve um lapso na apropriação de receitas no exercício de 2001, pois algumas receitas foram contabilizadas como ISS e na verdade referiam-se

---

1684 Conforme voto do conselheiro.

1685 No jargão dos Tribunais de Contas, a expressão "materialmente relevante" é utilizada, também, para qualificar ocorrências de expressivo valor, no contexto sob exame.

1686 Sob essa qualificação, os Tribunais de Contas referem-se a atos ou omissões que poderiam receber outras categorizações, como ilegais, ilícitos, ilegítimos, antieconômicos, inconstitucionais, ou, mais amplamente, como violação de princípios da Administração Pública ou infrações a normas técnicas ou procedimentais.

1687 Ações de manutenção e desenvolvimento do ensino.

1688 Importante sublinhar "administração municipal", porque a referência despersonalizada revela a incerteza quanto à atribuição de responsabilidades pessoais: não foi o prefeito que não cumpriu o dispositivo constitucional, foi a *administração municipal*. Trata-se de constatação objetiva, e não de verificação de relação de nexo entre conduta e fato, o que é necessário para atribuição de responsabilidade pessoal.

1689 O defendente (prefeito) justifica a ocorrência da irregularidade objetiva constatada. Não se defende como se sujeito fosse de imputação de responsabilidade por culpa.

à receita patrimonial, no valor total de *R$14.056,36*,[1690] anexando cópias das guias de arrecadação municipal e novo Quadro Demonstrativo da Aplicação na Manutenção e Desenvolvimento no Ensino.

Mas, no entanto, "o órgão técnico não acatou as alegações do defendente, uma vez que os documentos apresentados não estavam devidamente quitados, motivo pelo qual ratificou o apontamento inicial".

Assim, o TCE concluiu pelo: "não cumprimento do percentual mínimo exigido na manutenção e desenvolvimento do ensino, conforme o art. 212 da Constituição da República de 1988" e por adotar

> o *entendimento pela emissão de parecer prévio pela rejeição das contas*, tendo em vista o descumprimento do limite mínimo constitucional na aplicação de recursos na manutenção e desenvolvimento do ensino, o que configura *falha grave de responsabilidade do gestor*, e pelo encaminhamento dos autos ao Ministério Público de Contas para as providências cabíveis, em razão do desatendimento ao art. 212 da CR/88 e da possibilidade de configuração do disposto no art. 11, I, c/c art. 12, III, da Lei 8.429/92. (Grifos nossos)

8.3.2.2 A rejeição era a única possibilidade de decisão?

Algumas questões essenciais, discutidas nesta tese, são suscitadas nesse processo decisório concreto.

Por que depois de já ter concluído, assertivamente, pelo descumprimento de norma constitucional, considerando o "fato como falha grave de responsabilidade do gestor",[1691] um Tribunal de Contas deve fazer um juízo, adicional, de aprovação/rejeição de contas?

O TCE, diante da conclusão de ter havido descumprimento de norma constitucional de especial relevo, poderia não considerar o fato como falha grave e, assim, emitir parecer prévio pela aprovação das contas, ou aprovação com ressalvas? Ou, mesmo considerando o fato como falha grave, poderia recomendar a aprovação das contas? Os Tribunais de Contas podem e fazem isso.

No caso concreto, o TCE, ainda que tivesse havido descumprimento da norma, mas diante da ínfima diferença que se verificou entre o percentual apurado (24,87%) e o percentual mínimo (25%), poderia não considerar o fato como falha grave e, assim, emitir parecer pela aprovação das contas com ressalva?

O TCE poderia. Outros elementos contextuais poderiam ser considerados, a análise poderia ser aprofundada para serem perfeitamente identificadas as razões, ou simplesmente, em vez de considerar a aprovação das contas com ressalva, as diversas instâncias que atuam em processo dessa natureza no Tribunal de Contas poderiam se

[1690] Com esse argumento, o prefeito pretendia explicar que foi contabilizado um montante de receita de impostos maior do que o que deveria ter sido, pois foi indevidamente considerada uma arrecadação de R$14.056,36, que deveria ser contabilizada como receita patrimonial. Portanto, sendo a base de incidência menor e mantendo-se as despesas no mesmo valor, o percentual de 25% seria alcançado. Ou seja, a questão não envolvia negligência ou intenção do prefeito em adotar providências para garantir a aplicação mínima de 25%. Era exclusivamente numérica.

[1691] Na verdade, apurou-se no processo um fato objetivo, mas não se discutiu a ocorrência do fato por culpa do prefeito. Um processo de contas de governo não é um processo de imputação de responsabilidade objetiva ao Chefe do Poder Executivo por irregularidades havidas na gestão municipal.

manifestar pela rejeição das contas por considerarem grave a constatação, situações igualmente comuns.

Não bastaria, para os fins do julgamento que faria o Poder Legislativo, que o TCE afirmasse, conclusivamente, que ocorreu o descumprimento da norma constitucional e as razões de sua conclusão? Bastaria. E esse é um dos pontos já discutidos nesta tese.

Mas, o mais importante, o que havia de tão grave na situação associável a aspectos de moralidade administrativa para serem considerados na condição de elegibilidade do prefeito?

8.3.3 A decisão da Câmara de Vereadores e a evidente natureza de juízo de valor envolvida nas manifestações de aprovação/rejeição de contas de governo

Em 2014, *13 anos depois* do exercício financeiro em que se apurou o referido descumprimento de 0,13% na aplicação de recursos em MDE (2001), a Câmara de Vereadores de Bugre aprovou a Resolução nº 002/2014, em que decidiu: "ficam aprovadas as contas do Prefeito Municipal de Bugre, relativas ao exercício financeiro de 2001, rejeitando o parecer prévio do Tribunal de Contas do Estado de Minas Gerais".

Na justificativa do projeto de resolução, o motivo da aprovação das contas e da rejeição do parecer prévio foi exposto:

> [...] constando que o índice apurado pelo TCEMG foi de 24,87%, resultando numa *diferença módica de apenas 0,13%* e com fulcro no princípio da insignificância ou da bagatela – adotado pela própria Corte de Contas – e considerando o disposto no art. 31 da Constituição Federal opinamos pela aprovação das referidas contas [...]. (Grifos nossos)[1692]

8.3.3.1 A Câmara de Vereadores não rejeitou a conclusão objetiva do TCE: substituiu-se um juízo de valor de rejeição das contas por outro de aprovação

A Câmara Municipal não rejeitou o entendimento do TCE quanto à conclusão objetiva do parecer prévio de ocorrência concreta do descumprimento da norma constitucional, no claro exercício de atuação profissional técnico-legal de uma entidade fiscalizadora superior.

Apenas entendeu, e justificou, que aquele fato, uma diferença insignificante, não constituía razão para rejeição das contas de governo prestadas pelo então prefeito do município relativa ao exercício de 2001, 13 anos antes.

[1692] O assunto não recebeu a análise fática que receberia numa perspectiva substantiva, de conhecimento da realidade. Uma diferença "módica" como essa muito provavelmente decorreria de arrecadação maior do que a prevista ou de contingências na execução da despesa, ou ambas. Dificilmente ocorreria por negligência ou decisão deliberada de um prefeito, em prejuízo das ações de educação planejadas no orçamento, aspecto que poderia ser examinado no caso. Isso mostra a influência do Inciso I-G na geração de um ambiente institucional em que se veem as contas de governo como momento de identificação e qualificação de irregularidades, para o fim de emitir juízo de rejeição/aprovação, tendo a discussão de inelegibilidade no horizonte.

Substituiu o juízo de valor do Tribunal, de rejeição das contas, juízo que poderia ser pela aprovação com ressalva, pelo seu juízo de aprovação.

8.3.3.2 Um caso emblemático da transfiguração sofrida pelo processo de contas de governo

Percebe-se, também, que estava sob análise um único elemento isolado de um amplo espectro de coisas que se examinam em contas de governo.

A única razão para se fazer uma discussão como essa, nesse contexto de elevada intempestividade, era a possibilidade de, mediante um juízo de rejeição de contas, serem criados constrangimentos eleitorais para o ex-prefeito do município, *treze anos* depois, suscitando-se sua inelegibilidade, em razão do Inciso I-G da LC 64/1990.

Não havia outra utilidade para esse processo. Um exemplo emblemático da transfiguração do processo de prestação de contas anual do Poder Executivo municipal de instrumento de accountability em meio de instrumentação de disputas eleitorais e político-partidárias, nas quais o Tribunal de Contas termina por ser envolvido em razão da prolação de parecer pela aprovação/rejeição das contas.

Um exemplo emblemático porque não estava em discussão um conjunto de questões que se espera sejam levadas em consideração quando se pensa em fazer juízo sobre um objeto tão vasto como as "contas de governo". Um objeto incompatível com o proferimento de juízo sobre ele baseado em situação pontual, desconsiderado todo o restante.

Tanto o juízo do TCE sobre a escolha do juízo de contas (regulares com ressalva/aprovação ou irregulares/rejeição) quanto o dos vereadores eram discricionários. Numa gama de casos muito grande, excluídos os casos extremos, são efetivamente juízos de valor, por isso percebido como políticos.

A Câmara de Vereadores não pode prescindir das conclusões do Tribunal de Contas sobre aquilo que fiscalizou, investigou e auditou. Mas não necessita que o Tribunal de Contas lhe faça uma recomendação prévia de aprovação/rejeição da prestação de contas apresentada pelo prefeito, atraindo para si a sensibilidade política desse processo, pois esse é, pela Constituição, um juízo *político* histórico de julgamento de contas que cabe *apenas* ao Parlamento fazer.[1693]

Como encerramento desta análise, o exemplo de avaliação política legítima da Câmara dos Vereadores formulado pelo Ministro Roberto Barroso:[1694]

> Considere-se, a propósito, o seguinte exemplo. Nas contas anuais prestadas pelo Prefeito, detecta-se a ausência de aplicação do mínimo exigido da receita municipal na manutenção e desenvolvimento do ensino e nas ações e serviços públicos de saúde. Essa omissão, a rigor, não representa ato de apropriação, desfalque, desvio ou locupletamento ilícitos, nem mesmo de dilapidação de patrimônio público. Trata-se, é bem verdade, de uma

[1693] Parecer conclusivo sobre a prestação de contas não quer dizer, inexoravelmente, que se trata de um parecer pela aprovação/rejeição. Inexoravelmente, deve ser conclusivo no sentido de ser uma manifestação conclusiva sobre os exames que realizou sobre objetos específicos: cumpriu limites, execução orçamentária ocorreu de acordo com as normas pertinentes, demonstrativos financeiros são fidedignos?

[1694] STF (RE 848826, p. 40).

irregularidade preocupante, mas, dada sua relação com a execução do orçamento, reveste-se de natureza política, de modo que sua ocorrência poderá ser considerada relevável pela Casa Legislativa, ainda que essa falha represente hipótese de intervenção do Estado no Município (art. 35, III, CF).

Se o Tribunal de Contas orienta seu exame de contas de governos municipais sob essa perspectiva, axiomática, as atenções processuais serão concentradas na discussão de situações que possam ou não levar ao juízo de aprovação/rejeição de contas, percebido como sanção, prolatados no parecer prévio sob fórmulas revestidas de recomendação. As finalidades do processo como instrumento de accountability e encerramento do ciclo orçamentário serão perdidas, e o senso de tempestividade deixará de fazer sentido. *A ineficiência material e processual será o resultado da "mais nobre missão das Cortes de Contas"*.

8.4 O caso da Prefeitura de Horizonte (CE):[1695] contas de gestão

Neste caso, tratava-se de processo de tomada de contas de gestão referente ao exercício de 2000, julgado pelo Tribunal de Contas dos Municípios do Estado do Ceará em 30.10.2007, *sete anos depois* do encerramento do ciclo orçamentário.

Inicialmente, foi imputado ao prefeito um conjunto de irregularidades, umas de menor e outras de maior gravidade,[1696] pelas quais foi sancionado com a multa de R$37.881,96.

O conselheiro-relator, em primeiro lugar, concluiu que "os atos praticados pelo ex-Prefeito Municipal de Horizonte foram praticados com infração à norma legal, sujeitando o responsável à aplicação de multa na importância de R$37.881,96 [...]".

Depois, manifestou-se sobre a aprovação/desaprovação das contas:

> Sendo assim, por força das irregularidades ora comentadas, entendo que tais ocorrências justificam a desaprovação das presentes contas, uma vez que as mesmas encontram-se irregulares conforme os elementos dispostos no inciso III do art. 13 da Lei Estadual nº 12.160/93.[1697]

[1695] Dentre elas: não apresentação da prestação de contas do exercício de 2000; envio intempestivo de documentação mensal de receitas e despesas; ausência de lei autorizativa e do termo contratual referentes a empréstimos concedidos aos servidores; não repasse ao INSS de valores consignados das folhas de pagamentos dos servidores, no montante de R$26.858,92; não repasse integral dos valores consignados a título de Contribuição Prev. FMS, na importância de R$3.911,01, e seguro de vida, na quantia de R$23,46; repasse a maior de valores alusivos às contas pensão alimentícia, R$443,40; contribuição sindical, R$29.175,76, e cauções de fornecedores, R$2.100,00; ausência de licitação e contrato relativamente a aquisições e diversos serviços: aquisição de combustíveis, R$176.930,55; prestação de serviços de assessoria jurídica, R$36.870,00; locação de veículos, R$54.644,99; locação de imóveis, R$19.330,00; serviços de publicidade, R$92.578,00; fornecimento de refeições, R$37.210,71; serviços de assessoria administrativa, R$25.326,03; locação de sistemas informatizados, R$14.252,78. STF (2016, RE 848826, Volume 2, p. 35) (Disponível em: http://redir.stf.jus.br/paginadorpub/paginador.jsp?docTP=TP&docID=9067527&prcID=4662945&ad=s. Acesso em: 12 nov. 2020).

[1696] STF (RE 848826, p. 63).

[1697] "Art. 13. As contas de gestão serão consideradas: III – irregulares, quando comprovadas quaisquer das seguintes ocorrências: [...] b) grave infração à norma legal ou regulamentar de natureza contábil, financeira, orçamentária, operacional e patrimonial; [...]".

O Tribunal, acompanhando o voto do relator, decidiu:

> a) sejam desaprovadas as contas de gestão da Prefeitura Municipal de Horizonte [...], considerando-as irregulares, nos termos do art. 13, inciso III da Lei Estadual nº 12.160/93: b) seja aplicada multa [...]: c) seja aplicada nota de improbidade administrativa [...] devendo ser encaminhada representação ao Promotor de Justiça da Comarca, para fins de interposição da competente ação judicial; d) seja reconhecido que o ex-prefeito municipal de Horizonte, cometeu, em tese, crime previsto no art. 168-A do Código Penal Brasileiro, pela falha destacada no item 05, devendo por isso, após o trânsito em julgado do presente feito, ser representado ao ilustre Promotor de Justiça daquela Comarca [...].

O TCM nada decidiu sobre improbidade administrativa ou crime, porque não tem competência nesse campo, mas fez uma imputação de cometimento, em tese, de crime previdenciário, e encaminhou representação ao Ministério Público reportando os indícios de improbidade administrativa e crime de apropriação indébita previdenciária, para o ajuizamento das ações judiciais cabíveis, cujo desfecho poderia vir a ser condenação por improbidade administrativa ou pelo crime mencionado, hipóteses em que poderia o prefeito se tornar inelegível.

8.4.1 O procedimento do Tribunal Regional Eleitoral

O Tribunal Regional Eleitoral,[1698] ao examinar o caso, seguiu um roteiro analítico padrão para avaliar os elementos constitutivos da inelegibilidade estatuída no Inciso I-G:

a) Contas rejeitadas: "o impugnado possui desaprovação de contas de gestão por parte do Tribunal de Contas dos Municípios do Ceará".
b) Decisão irrecorrível proferida por órgão competente:

> extrai-se dos autos a existência da Tomada de Contas de Gestão no 3842/05, com trânsito em julgado, na qual o impugnado teve suas contas desaprovadas como gestor da Prefeitura de Horizonte-CE, especificamente no ano de 2000. A irrecorribilidade do julgado, inclusive, é matéria incontroversa nesta demanda.

c) Irregularidade insanável que configura ato doloso de improbidade administrativa: "Com efeito, a irregularidade acima representa falha insanável, que configura ato doloso de improbidade administrativa, atraindo a incidência da causa de inelegibilidade prevista no art. 1º, I, 'g', da LC nº 64/90".

O que é observado, nesse e em inúmeros outros casos, é que o Tribunal de Contas *não* examinou a culpabilidade dolosa do ex-prefeito, mas somente, como é de sua competência, apurou e comprovou a ocorrência de irregularidade e a imputou ao responsável pelas contas, o ex-prefeito, não havendo contraditório a respeito de o não recolhimento ter sido doloso ou não.[1699]

[1698] STF (RE 848826, Volume 2, p. 47).

[1699] A transcrição do voto do conselheiro não deixa explícito se a culpa direta pelo não recolhimento poderia ser atribuída ao prefeito ou a outros agentes públicos, como os servidores encarregados de processar a folha de pagamento.

O TRE, no entanto, assumiu, com base em precedentes do Tribunal Superior Eleitoral, que o não recolhimento da contribuição previdenciária (ocorrência que, por constituir crime em tese, foi objeto de representação do TCM à Promotoria de Justiça para a devida apuração) corresponde à irregularidade insanável que configura ato doloso de improbidade administrativa do prefeito,[1700] sem, contudo, promover contraditório a respeito da culpabilidade dolosa, que já não havia sido promovido pelo TCM, porque não lhe cabia promover nem lhe era necessário fazê-lo para fins de imputação de sanção, que poderia aplicar e aplicou *multa de R$5.820,00*.[1701]

8.4.2 Os problemas que o caso revela

8.4.2.1 O potencial ofensivo da irregularidade e a fórmula "irregularidade insuscetível de macular as contas"

Sendo as contas consideradas irregulares (= *rejeitadas*) quando comprovada grave infração à norma legal ou regulamentar, basta que no amplo universo de atos sujeitos ao escrutínio na apreciação da prestação de contas de gestão seja encontrada uma só irregularidade passível de ser qualificada, em abstrato, como improbidade administrativa, para que "as contas" sejam rejeitadas e a inelegibilidade seja atraída.

No momento da avaliação da qualificação da infração, há, numa vasta gama de situações, grande margem de discricionariedade para que se decida se uma irregularidade é grave ou não e, consequentemente, se as contas serão consideradas regulares com ressalva, livrando o prefeito do risco da inelegibilidade, ou consideradas irregulares, colocando-o em situação de alto risco.

Na categoria "grave infração", podem ser incluídas ocorrências das mais diversas naturezas: desde irregularidades menos graves, como um procedimento irregular de contratação direta, até irregularidades gravíssimas, como desfalque ou desvio de dinheiros, bens e valores públicos de alta materialidade.

Contudo, essa inequívoca diferença tem tido pouca relevância na literalidade do Inciso I-G, pois o que importa é o juízo de irregularidade de contas (rejeição), o qual se aplica indistintamente a situações que seriam perfeitamente passíveis de gradação, como: graves, muito graves e gravíssimas.[1702]

[1700] Não se obteve nos autos informação sobre eventual recolhimento intempestivo dos valores que não foram recolhidos no momento devido, o que sanearia a dívida com a Previdência.

[1701] Há doutrina no presumido sentido de não ser necessário esse contraditório: "Ao fazer referência à improbidade administrativa, a lei obviamente não exigiu de qualquer modo a propositura da ação correspondente na órbita civil como requisito para a ocorrência da inelegibilidade. *Para que o administrador com contas rejeitadas fique inelegível, basta que a irregularidade apurada pelo tribunal de contas corresponda abstratamente a uma das formas de improbidade* relacionadas nos arts. 9º a 11 da Lei de Improbidade Administrativa. Essa equação é feita a partir da leitura do parecer ou acórdão proferido pelo tribunal de contas, confrontando-se os fatos ali narrados com as figuras previstas nos referidos dispositivos da LIP" (Grifos nossos) (Reis, *Inelegibilidade decorrente da reprovação das contas públicas*, 2014).

[1702] No âmbito do Tribunal de Contas da União, há muitos anos se busca alcançar a proporcionalidade entre o grave juízo de irregularidade de contas e a gravidade da infração em análise, pois desse juízo poderá decorrer a gravíssima inelegibilidade-sancionatória e grave mácula à idoneidade e à competência profissional do agente público. Assim, quando do exame da prestação de contas anuais, nem toda irregularidade passível de ser considerada grave em si mesma poderá ou será assim considerada no contexto da gestão, para fins de emitir o questionável juízo sobre as contas do administrador. Foi o que ocorreu, entre outros casos, no processo decidido pelo Acórdão nº 329/2019TCU-Plenário, que apreciou recurso de revisão interposto pelo Ministério Público junto ao Tribunal

Não só é possível fazer essa gradação, como, de fato, é feita, expressa ou implicitamente, nas leis orgânicas dos Tribunais de Contas.[1703]

8.4.2.2 O caso e o problema da equivalência dos efeitos de uma decisão de rejeição de contas aos de uma decisão de órgão colegiado judicial

Tribunais de Contas e Câmaras Municipais, nessa realidade, podem e frequentemente rejeitam contas de gestão (ou contas de governo) conforme seja seu juízo discricionário e valorativo sobre a gravidade de uma só irregularidade.

Foi o que aconteceu no caso da Prefeitura Municipal de Horizonte (CE).

A associação da inelegibilidade à decisão de rejeição de contas, feita no Inciso I-G, politizou as contas de governo e as contas de gestão e elevou o risco de inelegibilidade de prefeitos, pois pode decorrer de um juízo valorativo de gravidade de uma única irregularidade, juízo que abarca infrações e graus de lesividade de toda ordem.

Retomando o histórico do caso, após julgados todos os recursos interpostos,[1704] as imputações referentes à "ausência de licitação e contrato" foram retiradas, restando algumas irregularidades de menor gravidade[1705] e *apenas uma irregularidade qualificada como grave*: não repasse, ao INSS, de valores consignados das folhas de pagamentos dos servidores, no montante de R$26.858,92.

Um problema que poderia ser resolvido com o devido recolhimento do valor não recolhido no momento apropriado. Um problema que não estava relacionado ao uso do valor não recolhido em benefício do prefeito. Uma situação em que o município se beneficiou financeiramente às custas do INSS.

A multa foi reduzida para R$16.067,91, a nota de improbidade administrativa foi excluída, mantendo-se a decisão pela "irregularidade das contas" e o reconhecimento,

---

contra anterior julgamento que considerou regulares com ressalvas as contas. Nesse acórdão, não obstante os responsáveis pelas contas terem sido, em outro processo, uma tomada de contas especial, condenados a ressarcir o erário (R$143.357,59, em valores históricos) e multados, mantevese a decisão anterior, pela regularidade com ressalvas, considerando-se que as ocorrências que levaram à condenação de ressarcimento não se revestiam de "gravidade suficiente para macular a gestão dos responsáveis", uma vez que, entre outras razões, o referido valor representava 0,13% do montante do orçamento gerido pelo órgão, ou, nos termos da conclusão da unidade instrutiva do TCU, "a quantia possui baixa relevância e materialidade no contexto examinado" e, ainda, conforme manifestação do Ministério Público de Contas, "as falhas encontradas não são suficientes para atribuir irregularidades graves à gestão do órgão no ano de 1998". O caso exemplifica os paradoxos gerados pela emissão de juízo de contas com várias qualidades e distintos contextos, como "juízos sobre a gestão", em contas anuais, e da associação desses juízos com a condição de elegibilidade. O gestor não seria tornado inelegível pelo todo, mas sim pelo particular. Presumidamente, essa decisão, incomum, intentou usar o juízo de contas numa perspectiva de auditoria, muito embora o processo não tenha sido conduzido para emissão de juízos dessa natureza. E qual teria sido a perspectiva utilizada na emissão de juízo de regularidade de contas na tomada de contas especial? O fato é que, julgado em contas irregulares na tomada de contas especial, o administrador é considerado ímprobo; julgado regulares com ressalva em suas contas anuais, é um bom administrador.

1703 A Lei Orgânica do Tribunal de Contas da União, Lei nº 8443/1992, por exemplo, prevê, no art. 58, II, a aplicação de multa nos casos de grave infração à norma legal ou regulamentar de natureza contábil, financeira, orçamentária, patrimonial e operacional e, em seu parágrafo terceiro, estabelece que o Regimento Interno disporá sobre a "gradação da multa em função da gravidade da infração". Além da multa, o Tribunal poderá inabilitar o responsável para ocupar cargos em comissão ou funções de confiança no âmbito da Administração Pública, por um período de 5 a 8 anos. Essa sanção é reservada para situação de particular gravidade, matéria de decisão privativa do Plenário.

1704 STF (RE 848826, Volume 2, p. 87).

1705 A prestação de contas da Prefeitura Municipal de Horizonte, do exercício de 2000, não foi apresentada; envio intempestivo de documentação mensal de receitas e despesas; ausência de lei autorizativa e do termo contratual referentes a empréstimos concedidos aos servidores; não foram repassados integralmente os valores consignados a título de Contribuição Prev. FMS, na importância de R$3.911,01, e seguro de vida, na quantia de R$23,46.

em tese, do crime de apropriação indébita previdenciária, cabendo ressaltar que a nota de improbidade e o reconhecimento de ocorrência de crime, ambos em tese, que teriam o sentido de fundamentar uma representação ao Ministério Público, servem ao propósito de sinalizar a ocorrência, *em tese*, de ato doloso de improbidade administrativa associada ao juízo de rejeição de contas, para fins do Inciso I-G, muito embora as contas não tenham sido rejeitadas por esse fundamento.

O que restou do julgamento como ocorrência grave passível de suscitar a grave sanção de inelegibilidade foi o não repasse dos valores consignados das folhas de pagamentos dos servidores ao INSS, no montante de R$26.858,92, situação, como se disse, que o TCM reconheceu como possível crime de apropriação indébita previdenciária.

Nota-se, nas peças colacionadas aos autos do processo no STF, que não há discussão no âmbito do TCM sobre dolo na conduta atribuída ao prefeito (não recolhimento das contribuições previdenciárias), razão pela qual não há registro de defesa do prefeito quanto a esse tipo de imputação.

8.4.2.3 O juízo de contas produzindo desarrazoadamente o mesmo efeito de uma decisão judicial transitada em julgado ou proferida por órgão colegiado judicial em processo criminal ou de improbidade administrativa

A mesma "irregularidade" (o não recolhimento da contribuição previdenciária, possível crime de apropriação indébita) somente geraria inelegibilidade por outra alínea da Lei de Inelegibilidades em processo judicial transitado em julgado ou proferida por órgão judicial colegiado[1706] em processo criminal ou de improbidade administrativa.[1707]

Mas, como a decisão do Tribunal foi pela rejeição das contas, ela teve o mesmo efeito de uma decisão judicial, que tem curso processual rigoroso e apuração de conduta sujeita a todos os instrumentos processuais e meios de prova para garantia do contraditório e da ampla defesa.

No caso, a discussão de inelegibilidade foi gerada por uma única ocorrência irregular, de baixíssimo valor, qualificada pelo TCM como crime em tese (apropriação indébita previdenciária) e, também em tese, como ato doloso de improbidade administrativa, levada ao conhecimento do Ministério Público, em relação à qual havia tão somente a imputação de multa pelo TCM, dentro de sua atuação no âmbito da responsabilização financeira, mas nenhum pronunciamento judicial na esfera cível ou penal.

Essa situação deve ser comparada com as demais hipóteses de inelegibilidade do inc. I do art. 1º da Lei de Inelegibilidades:

[1706] Inc. I, alínea "e", do art. 1º da Lei de Inelegibilidades: "e) os que forem condenados, em decisão transitada em julgado ou proferida por órgão judicial colegiado, desde a condenação até o transcurso do prazo de 8 (oito) anos após o cumprimento da pena, pelos crimes: [...] 1. contra a economia popular, a fé pública, a Administração Pública e o patrimônio público (Redação dada pela Lei Complementar nº 135, de 2010)".

[1707] Inc. I, alínea "l", do art. 1º da Lei de Inelegibilidades: "l) os que forem condenados à suspensão dos direitos políticos, em decisão transitada em julgado ou proferida por órgão judicial colegiado, por ato doloso de improbidade administrativa que importe lesão ao patrimônio público e enriquecimento ilícito, desde a condenação ou o trânsito em julgado até o transcurso do prazo de 8 (oito) anos após o cumprimento da pena; (Incluído pela Lei Complementar nº 135, de 2010)".

> São inelegíveis [...]:
> os que forem condenados, em decisão transitada em julgado [...] pelos crimes: 1. contra a economia popular, a fé pública, a Administração Pública e o patrimônio público; 2. contra o patrimônio privado, o sistema financeiro, o mercado de capitais e os previstos na lei que regula a falência; [...];
> h) os detentores de cargo na Administração Pública que beneficiarem a si ou a terceiros, pelo abuso do poder econômico ou político, que forem condenados em decisão transitada em julgado ou proferida por órgão judicial colegiado [...];
> os que forem condenados, em decisão transitada em julgado ou proferida por órgão colegiado da Justiça Eleitoral, por corrupção eleitoral [...];
> os que forem condenados à suspensão dos direitos políticos, em decisão transitada em julgado ou proferida por órgão judicial colegiado, por ato doloso de improbidade administrativa que importe lesão ao patrimônio público e enriquecimento ilícito [...];
> os que forem excluídos do exercício da profissão, por decisão sancionatória do órgão profissional competente, em decorrência de infração ético-profissional [...];
> o) os que forem demitidos do serviço público em decorrência de processo administrativo ou judicial [...];
> q) os magistrados e os membros do Ministério Público que forem aposentados compulsoriamente por decisão sancionatória, que tenham perdido o cargo por sentença [...].

O Inciso I-G ("contas rejeitadas por irregularidade insanável que configure ato doloso de improbidade administrativa") é parte desse rol de situações de elevada gravidade: condenações pelo cometimento de crimes e outras sanções graves, de natureza pessoal, impostas por órgãos colegiados em razão de condutas.

Embora se esteja sempre fazendo referência a *contas rejeitadas* (relativas ao exercício de cargos ou funções públicas), com a aparente ideia de isso representar a situação de conjunto de graves irregularidades apuradas em detalhado exame de uma prestação de contas (cuja análise envolve uma série de análises contábeis, orçamentárias, financeiras, fiscais e de atos de gestão e administrativos, como contratos, recolhimentos previdenciários etc.), a discussão, no caso concreto e como também se viu no anterior, esteve centrada *numa* única *irregularidade*, de cerca de 30 mil reais, reputada como grave, em razão da qual o TCM prolatou um juízo de desaprovação de contas, sem qualquer consideração adicional sobre o contexto mais amplo e geral de tudo que lhe foi submetido a exame a título de prestação de contas.

Ou seja, se o Tribunal de Contas, no exame de contas de gestão, apurar e considerar grave uma só irregularidade e, em razão disso, emitir um quase automático juízo de rejeição/desaprovação de contas, já estará em curso uma muito provável declaração de inelegibilidade pela Justiça Eleitoral.

8.5 Síntese

A maior lacuna observada na discussão dos recursos extraordinários refere-se a uma pergunta fundamental: com que finalidades o Poder Legislativo deve examinar e julgar as contas prestadas anualmente pelo Chefe do Poder Executivo?[1708]

[1708] A esse respeito, Oliveira (*Precisamos falar sobre contas*, 2018, p. 53): "Muito pouco se esclarece no ordenamento normativo sobre o que seria o ato de 'julgar as contas'; sobre o que o Congresso, uma instituição compósita de partidos políticos que apoiam e se opõem ao Presidente e seu governo, deveria se debruçar em avaliações técnicas,

A resposta poderia ser unicamente normativa: "para fins do disposto na alínea 'g' do inciso I do art. 1º da Lei de Inelegibilidades".

Mas não seria uma resposta convincente, porque a concepção e as razões do sistema *prestação de contas do Chefe do Poder Executivo/emissão de parecer prévio do Tribunal de Contas/julgamento pelo Poder Legislativo* precedem em dezenas de anos a ideia de associar a rejeição de contas à inelegibilidade sancionatória estabelecida na Lei Complementar nº 64/1990, como vimos.

Suponha-se, então, que a rejeição de contas não constituísse hipótese de inelegibilidade, que não existisse o mencionado Inciso I-G. Qual seria, nesse caso, o sentido de o Poder Legislativo examinar as contas com propósito principal, senão único, como tem sido, na esfera municipal, de prolatar um juízo binário de aprovação ou rejeição? Qual seria a consequência jurídica de qualquer desses juízos?

Quais são as finalidades inerentes a esse processo, de origens remotas e completamente independentes de sua associação à questão da inelegibilidade?

Fazendo-se essa análise contrafactual, percebe-se que o sistema não deixaria de existir e, portanto, a funcionalidade que se daria a ele inexistindo o Inciso I-G é a que se deve dar efetivamente.

O processo de prestação de contas anual do Chefe do Poder Executivo, contas de governo, é um processo de accountability política, de encerramento do ciclo orçamentário, e não um processo de apuração de responsabilidades pessoais por cometimento de infrações.

Em decorrência dessa natureza, um questionamento crucial precisa de respostas: *como* uma decisão do Poder Legislativo em contas de governo poderia corresponder a contas rejeitadas "por irregularidade insanável que configure ato doloso de improbidade administrativa", se nesse tipo de processo atos comissivos e omissivos do Chefe do Poder Executivo não estão sob julgamento?

Um processo de exame das contas anualmente prestadas pelo prefeito, pelo Chefe do Poder Executivo, *pode ser convertido* efetivamente num processo assemelhado ao *impeachment*, para o qual existem normas constitucionais, leis e procedimentos específicos, visando à declaração de inelegibilidade?

Não deveria um Tribunal de Contas encaminhar o seu parecer prévio ao Poder Legislativo conclusivo quanto à ocorrência de irregularidades orçamentárias, financeiras e fiscais, sem qualquer recomendação de aprovação/rejeição? Em que isso prejudicaria o desempenho da função a ser exercida pelo Poder Legislativo?

Ou, ao contrário, não é precisamente pelo fato de os Tribunais de Contas manifestarem-se recomendando aprovação ou rejeição das contas e o consequente foco que se põe no Inciso I-G, e na inelegibilidade que fica atrelada a esse juízo, que a função efetiva dos parlamentos, de análise da situação fiscal e da execução do orçamento e desempenho governamental, fica obscurecida?

jurídicas e políticas; sobre o que deveria o Poder Legislativo se pronunciar e com que finalidade; e, a mais grave das omissões, sobre as consequências do 'julgamento' que lhe cabe fazer".

O processo de apreciação e julgamento das contas de governo não pode ser transmutado num processo semelhante ao *impeachment*,[1709] *visando à inelegibilidade sem destituição do cargo*, mas nada impede que do exame das contas se extraiam elementos para instauração de um processo, no caso de prefeitos, por infração político-administrativa, com base no Decreto-Lei nº 201/1967, ou na Lei nº 1079/1950, cujos objetivos e processualística são completamente diferentes e têm base direta e expressa na Constituição.

Do ponto de vista da função sancionatória, se a ideia que presidiu a inserção do Inciso I-G na Lei de Inelegibilidades foi a visão da "rejeição de contas" (presumidamente compreendidas na abrangência e complexidade expostas nas seções anteriores) como a expressão de uma situação de má gestão sistêmica, desorganização e negligência, um conjunto grave de irregularidades relevantes que justificaria a gravidade da sanção decorrente, essa ideia não está prevalecendo, como os dois casos examinados demonstraram e a vivência empírica corrobora.[1710]

Se, por outro lado, admitiu o legislador das inelegibilidades que sob o rótulo "rejeição de contas" pudessem os Tribunais de Contas apurar e decidir sobre irregularidade específica, como ocorreu nos casos aqui examinados, então o princípio da isonomia reclama uma interpretação do dispositivo que nele incluam não apenas os que tenham "contas rejeitadas", mas todos os que tenham sido sancionados pelos Tribunais de Contas por irregularidades graves, em qualquer tipo de processo: contas de governo, contas de gestão, tomadas de contas especiais, representação, auditoria, inspeção, denúncia etc.[1711]

A interpretação e o funcionamento do sistema jurídico e a incompreensão dos processos de contas de governo e contas de gestão estão permitindo que uma consequência jurídica tão grave, como a inelegibilidade, derive de situações que não causaram lesão aos princípios da probidade e da moralidade administrativa de proporcional gravidade, ainda que ilegais e passíveis de sanções mais brandas e adequadas, bem como gerando situações anti-isonômicas.

A inelegibilidade decorrente de decisões dos Tribunais de Contas precisa ser revista, não para eliminá-la, pois a relevância da atuação dessas instituições para a garantia da probidade e moralidade administrativas é um dos fatores que as alçaram à posição de órgão constitucional autônomo, há mais de um século, mas para corrigir os defeitos do modelo e dar-lhe consistente efetividade, contrapondo-se à sua potencial inocuidade, percebida com o aprofundamento dos estudos, e que somente não se materializa porque o sistema tem convivido com nítidas inconsistências, difíceis de sustentar.

[1709] *Vide* reportagem *Rejeição de contas vira arma política e leva a acusações de manobra em eleições no país*. Ex-prefeitos pelo país têm condição de ficha limpa ameaçada por medidas do legislativo. Folha de São Paulo, São Paulo, 19 out. 2020.

[1710] A realização de pesquisas será importante para demonstrar a extensão do problema.

[1711] Ver o art. 1º, §1º, da Resolução nº TC-0096/2014 do Tribunal de Contas do Estado de Santa Catarina: "O Tribunal de Contas do Estado, no ano em que se realizarem eleições, encaminhará à Justiça Eleitoral, até o dia cinco (5) do mês de julho, a relação dos responsáveis que nos oito (8) anos imediatamente anteriores ao da realização de cada eleição [...] Serão também incluídos na relação prevista no caput, *os responsáveis por irregularidade insanável apurada em outros processos que não os de Prestação ou Tomada de Contas*, desde que a decisão neles proferida reconheça a existência de indícios da prática de improbidade administrativa pelo responsável, com representação dos fatos ao Ministério Público" (Grifos nossos). Essa resolução teve por base o estudo de Adircélio de Moraes Ferreira Junior, então conselheiro do TCE-SC, e de Karine de Souza Zeferino Fonseca de Andrade (*Da elaboração pelos Tribunais de Contas da Lista de Inelegíveis*, 2013), que se referenciou, também, no voto do Ministro-Substituto Weder de Oliveira no processo de tomada de contas especial TC 013.456/2005-6, Acórdão nº 1.723/2009-TCU-Plenário (*Da elaboração pelos Tribunais de Contas da Lista de Inelegíveis*, 2013, p. 16-18), analisado anteriormente.

Alternativas de alteração legislativa podem ser intuídas e vislumbradas, para serem avaliadas e discutidas em outros trabalhos. Assim, como ponto de partida, pode-se formular a seguinte proposição: a inelegibilidade decorrente da ação dos Tribunais de Contas deve ser textualmente desvinculada do indevido juízo de rejeição de contas e passar a ser atrelada a, por exemplo: situações de apenação por irregularidades muito graves, como aquelas em que atualmente as Cortes de Contas sancionam o responsável com a inabilitação para ocupação de cargos em comissão ou função de confiança,[1712] independentemente do tipo de processo,[1713] aproximando essa causa de inelegibilidade à normatividade do conjunto prescrito na própria Lei de Inelegibilidades; e à condenação de ressarcir ao erário os prejuízos causados por dolo ou culpa grave, em casos bem tipificados.

O processo de prestação de contas anual do Chefe do Poder Executivo, contas de governo, é um processo de accountability, e não um processo de apuração de responsabilidades pessoais por cometimento de infrações.

Nessa perspectiva, Oliveira[1714] produziu as seguintes conclusões, sobre o contexto federal:

> Se não for para subsidiar debates sobre a situação das finanças públicas, a dívida pública, a contabilidade da União, a execução da lei orçamentária precedente, o desempenho dos programas de governo, a regularidade da utilização de recursos públicos no ano anterior, a elaboração do orçamento para o ano exercício seguinte (tomando os resultados do anterior como base comparativa), providências tendentes a solucionar problemas, inibir recorrência de irregularidades, aprimorar o controle da execução orçamentária, aperfeiçoar políticas públicas, buscar responsabilizações pessoais tempestivas em outros instâncias, entre outras possibilidades, a apreciação da contas anuais do Presidente da República, do Governo da República, do Governo Federal, qual quer que seja a acepção que se lhes der, perde sua razão de ser.

Se no plano federal o risco é de inutilidade do processo na esfera do controle parlamentar, no plano municipal o risco é de natureza mais adversa: inutilidade funcional e arma política, manejada em torno desse juízo e sua consequência de ser utilizado como um *processo de meio-impeachment (a inelegibilidade, imputada muitas vezes anos* à *frente do final do mandato).*

Sobre esse problema, manifestou-se o Ministro Nelson Jobim, do STF, citado pelo Ministro Luiz Fux[1715] no RE nº 848.826:

> Sabemos, perfeitamente, que as decisões da Câmara de Vereadores sobre apreciação de contas não têm absolutamente nada a ver com o conteúdo do parecer do Tribunal de Contas.

[1712] *Vide* LOTCU-1992: "Art. 60. Sem prejuízo das sanções previstas na seção anterior e das penalidades administrativas, aplicáveis pelas autoridades competentes, por irregularidades constatadas pelo Tribunal de Contas da União, sempre que este, por maioria absoluta de seus membros, considerar grave a infração cometida, o responsável ficará inabilitado, por um período que variará de cinco a oito anos, para o exercício de cargo em comissão ou função de confiança no âmbito da Administração Pública".

[1713] Contas de governo, contas de gestão, tomada de contas especial, auditoria, representação e denúncia, por exemplo.

[1714] Oliveira (*Precisamos falar sobre contas*, 2018, p. 74).

[1715] STF (2016, RE 729744, p. 36).

> Têm a ver, isto sim, com a maioria oposicionista ou situacionista de que dispõe o prefeito municipal na Câmara de Vereadores. [...].

Os processos de contas de governo e de contas de gestão não podem ser transmutados, no âmbito dos Tribunais de Contas e do Poder Legislativo, num processo de identificar a ocorrência de irregularidades relevantes com o subjacente objetivo de emitir um juízo valorativo de rejeição/aprovação, tendo em mira o Inciso IG da Lei de Inelegibilidades, de alta sensibilidade política, que obscurece o seu conteúdo substantivo, funcional e útil.

Como se viu nos dois casos, há elevado risco de o foco na inelegibilidade alterar o sentido histórico e atual da apreciação e julgamento das contas de governo e das contas de gestão, politizando nos Tribunais de Contas um exame que não pode neles ser politizado, pela própria natureza da instituição.

Como concluiu Oliveira,[1716]

> o que menos interessa nesse processo na perspectiva funcional da Constituição é a busca por um juízo qualificativo de aprovação ou reprovação (não previsto na legislação primária da União). Na verdade, a expectativa por esse mal compreendido juízo tem trazido enormes prejuízos à compreensão e à funcionalidade desse instrumento de accountability.

Expectativa amplificada pelos pareceres-julgadores dos Tribunais de Contas, como são percebidos pela opinião pública.

O axioma "tribunais de contas quando apreciam ou julgam contas devem emitir juízos de aprovação ou rejeição" tem um papel de destaque nessa problemática.

[1716] Oliveira (*Precisamos falar sobre contas*, 2018, p. 74).

CAPÍTULO 9

CONCLUSÃO

Em 2009, nosso primeiro ano como ministro-substituto do Tribunal de Contas da União, o tema desta tese começou a surgir, sem ser percebido. Depois foi se desenvolvendo paulatinamente, ao mesmo tempo em que se revelava cada vez mais intrincado.

Naquele momento, estava em julgamento um caso em que, normalmente, não teria muito o que ser discutido: uma tomada de contas especial instaurada contra dois carteiros dos Correios que não entregaram cartões de crédito aos destinatários e os utilizaram e negociaram com terceiros. A empresa incorreu em diversas despesas e indenizações e instaurou uma tomada de contas especial para deles obter o devido ressarcimento.

A decisão do Tribunal seria no sentido de julgar irregulares "as contas" dos carteiros e condená-los a ressarcir a empresa, com fundamento no art. 16, III, "d", de sua Lei Orgânica:[1717] "desfalque ou desvio de dinheiros, bens ou valores públicos".

Algumas questões, no entanto, foram suscitadas, e não havia respostas muito seguras: os carteiros haviam desfalcado ou desviado dinheiros, bens ou valores públicos? O fundamento normativo para a condenação ao ressarcimento correspondia aos fatos ilícitos apurados? A condenação ao ressarcimento necessariamente deveria estar fundamentada em um dos tipos daquele dispositivo?

A condenação foi mantida e o fundamento também. Entendeu-se que seria preciso fundamentar a condenação naquele inciso, dando-se a ele um alargamento de sentido[1718] e, o mais importante, o Tribunal, com uma interpretação extensiva aqui e ali, assim procedia há 17 anos.[1719]

Os pontos de reflexão nesse caso são dois. O primeiro: um modo de proceder estabelecido há muito tempo sem questionamentos é dado como bom e juridicamente correto, *a priori*. O segundo: muitas vezes uma questão que parece ser um perfeccionismo conceitual ou processual, um detalhe, representa a ponta de um novelo de questões

[1717] LOTCU, art. 16, III: "As contas serão julgadas irregulares quando comprovada qualquer das seguintes ocorrências: a) omissão no dever de prestar contas; b) prática de ato de gestão ilegal, ilegítimo, antieconômico, ou infração à norma legal ou regulamentar de natureza contábil, financeira, orçamentária, operacional ou patrimonial; c) dano ao Erário decorrente de ato de gestão ilegítimo ao antieconômico; d) desfalque ou desvio de dinheiros, bens ou valores públicos".

[1718] A ocorrência de "desfalque ou desvio de dinheiros, bens ou valores públicos" abrangeria "prática de ato ilegal de que resulte dano ao erário e de desvio de bens pelos quais a União responda".

[1719] Conforme se argumentou, verificava-se ao longo dos anos a inexistência desses questionamentos, a jurisprudência era pacífica a respeito das interpretações extensivas, de modo que se poderia dizer que o processo funcionava bem.

subjacentes difíceis. No caso, uma das questões de fundo, muito relevante, associada ao enquadramento normativo, não discutida naquele momento, era o limite da jurisdição do Tribunal para "julgar contas".

A iniciativa de suscitar reflexões e um início de mudança em algo já bem estabelecido impõe ônus elevado e enfrenta desinteresses discursivos, ainda que os questionamentos não possam ser liminarmente descartados.

Esse é um assunto muito bem conhecido nos estudos da Administração e do Direito. Não é novidade. Mas também não é novidade que de algum modo e em algum momento algo bem estabelecido pode ser repensado, e, possivelmente, deverá ser.

Posteriormente, em outro caso, questionamentos sobre um modo de proceder também já estabelecido foram levantados.

O caso era o seguinte: havia um processo de representação em que diversas irregularidades estavam sendo apuradas. Em determinado ponto, entendeu-se que essas irregularidades resultaram em dano ao erário, e, assim, o processo foi convertido em tomada de contas especial,[1720] para apuração do dano. Ao final, comprovou-se que ocorreram irregularidades relevantes, mas comprovou-se, também, que não resultaram em dano ao erário.

Como a decisão seria proferida numa tomada de contas especial, os responsáveis sancionados com multa teriam que ter "contas julgadas irregulares", um juízo muito negativo de imagem e de potencial dano à elegibilidade.

Surgiu uma controvérsia sobre o que fazer: de um lado, havia que se julgar irregulares as contas para que se pudesse sancionar os responsáveis com multa, e isso era necessário, dada a natureza das irregularidades; de outro, entendia-se que o juízo de "contas irregulares" era algo sério demais e, portanto, melhor seria que as contas fossem julgadas "regulares com ressalva", mesmo que os responsáveis não fossem multados, dada a existência de um outro entendimento consolidado: um responsável com "contas jugadas regulares com ressalva" não pode ser multado.

A razão da inquietação vinha de um questionamento até então inexistente: os agentes públicos só estavam tendo "contas julgadas" porque o processo de representação foi convertido em tomada de contas especial para ser discutida a existência de dano ao erário, que não se confirmou, mas estavam sofrendo consequência negativa que não sofreriam se o processo de apuração tivesse prosseguido como representação.

Nesse caso, o questionamento levou a um início de mudança. Decidiu-se por uma inovação para viabilizar a decisão justa: reconverter o processo em representação e sancionar os responsáveis com multa, mas sem a grave consequência de "contas irregulares".

Esse questionamento processual, contudo, levava, tal como o outro, a algo mais profundo: por que simplesmente não se prosseguia na apuração de dano ao erário no próprio processo de representação? Dificílima discussão.

No decorrer do tempo, muitas outras questões inquietantes foram sendo vistas. Nesta tese, discutimos uma parte desse universo, caracterizado por: conceitos ainda por serem mais amadurecidos, porque nem mesmo questionados profundamente;

[1720] Ver Capítulo 7, seção "Representação convertida em tomada de contas e a questão da reconversão da tomada de contas em representação".

normatização incompleta ou com muitas inconsistências; e jurisprudência assentada sobre casos que não foram bem discutidos desde o início e, portanto, tornam-se difíceis de serem rediscutidos.

Foi ficando claro, ao longo dos anos, que, subjacente a muitos problemas processuais e de compreensão das normas, estava um axioma: ao julgar as "contas anuais", o Tribunal deve proferir, em decisão de mérito, se elas são regulares ou irregulares (aprová-las ou rejeitá-las); ao julgar uma tomada de contas especial, deve dizer se "as contas dos responsáveis" são irregulares ou regulares; ao emitir parecer prévio, o Tribunal deve recomendar a aprovação ou rejeição das "contas prestadas pelo Chefe do Poder Executivo ao Poder Legislativo".

Em termos diretos, o axioma pode ser assim descrito: se o que está sob apreciação são "contas", então a apreciação esperada, o julgamento de mérito esperado, é uma decisão de aprovação[1721] ou rejeição (regulares ou irregulares).

Um axioma que encontra apoio numa lei orgânica[1722] que, examinada a fundo, não disciplinou com clareza e consistência[1723] pontos essenciais para que o Tribunal cumprisse bem suas duas principais funções, encontradas em entidades fiscalizadoras superiores comparáveis: auditoria do setor público e responsabilização financeira, função essa que justifica a Corte de Contas como uma instituição com poderes judiciários, com expectativa de não ter suas decisões responsabilizatórias revistas, no mérito, pelo Poder Judiciário.

Para discutir esse axioma era preciso ingressar em um empreendimento acadêmico, intelectual e profissional de maior porte e intensidade. Seria preciso conhecer muito mais sobre o Tribunal de Contas da União, e, consequentemente sobre os demais Tribunais de Contas no Brasil, e estudar entidades fiscalizadoras superiores comparáveis e vistas como *benchmarking*, como a Cour des Comptes, da França, a Corte dei Conti, da Itália, o Tribunal de Cuentas, da Espanha, o Tribunal de Contas, de Portugal, o Government Accountability Office, dos Estados Unidos, o National Audit Office, da Inglaterra, e a Corte Europeia de Auditores.

Seria preciso discutir esse axioma em cada processo guiado por ele: contas anuais, tomada de contas especial, contas apresentadas pelo presidente da República.

Seria preciso encontrar uma forma viável de discuti-lo e dela conseguir algo maior: conhecimento novo sobre os Tribunais de Contas.

Entendemos que deveríamos começar "do começo", o que fizemos no segundo capítulo: sob que fundamentos, com que finalidades, com quais competências surgiu o Tribunal de Contas no Brasil?

Seria preciso buscar identificar e compreender naqueles três "contextos de contas" as ideias de "contas", processo de contas, julgamento de contas, juízo de contas, e identificar como e por que se decide de certos modos, a partir: da legislação, que reflete a visão institucional do Tribunal; do estudo de casos bem selecionados; das normas

---

[1721] Aprovação e aprovação com ressalvas.

[1722] Uma lei que olhada com outros olhos nem suportaria com tanta força aquele axioma.

[1723] A LOTCU-1992 mistura conceitos e procedimentos de processos distintos dentro da ideia geral de "julgar contas": um julgamento jurisdicional e um julgamento de auditoria. Ou, como disse outro autor, "um conjunto de normas de eras diferentes".

internacionais; da teoria, doutrina e grandes estudos, em seus aspectos mais aplicáveis à compreensão dos temas.

Paralelamente ao incremento de conhecimento histórico, doutrinário e institucional comparado, desenvolvemos escrutínios analíticos de casos e da legislação para evidenciar, tantas vezes quanto nos pareceu necessário, os problemas gerados, as contradições processuais e lógicas,[1724] as ineficiências, as desarrazoabilidades, o direcionamento de comportamentos e, mais importante, o avanço de uma visão estranha às entidades fiscalizadoras superiores comparadas: a de que a competência jurisdicional, o "julgar contas", envolve um, de fato, juízo autônomo "sobre a conduta", "sobre a gestão"[1725] e, até mesmo, "sobre a administração do Chefe do Poder Executivo", um juízo sobre o Governo. Juízo carregado de um sentido de reprovação moral, profissional ou política, quando "as contas", um objeto muito indefinido, são julgadas irregulares/rejeitadas; quando pareceres são emitidos recomendando rejeição das contas.

Esse trabalho marcadamente analítico pode ser visto nos Capítulos 3, 4 e 7.

Conforme discutimos em várias passagens, um "julgar contas" com características de juízo de valor não encontra sua razão de ser na Constituição, nem fundamento em práticas de entidades fiscalizadoras comparáveis, nem na história do Tribunal de Contas da União, nem nas finalidades intrínsecas de uma EFS/SAI, nem em normas da Intosai.

Um juízo de rejeição de contas, conforme visto nesta tese e exemplificado nos casos examinados no Capítulo 8, não é juízo de auditoria (opinião) e não é decisão condenatória de natureza judiciária, quase judicial.

Um juízo sobre a regularidade das "contas" é, concretamente, um juízo valorativo sobre a gravidade de uma irregularidade (ou algumas), considerados o contexto e os aspectos de proporcionalidade, razoabilidade e conveniência, que serve ao propósito de expressar uma espécie de "censura" ou juízo de valor sobre condutas individuais ou sobre a gestão de um dirigente, conforme discutimos, em especial na apresentação dos esclarecedores debates dos casos que denominamos "agência postal dos Correios-1968", no Capítulo 3.[1726]

[1724] Veja-se o caso reportado no Capítulo 7, incomum, em que um administrador foi condenado a ressarcir o erário em tomada de contas especial, tendo "contas julgadas irregulares", com consequente inclusão na "Lista de Potenciais Inelegíveis", mas teve suas contas anuais julgadas "regulares com ressalva", por se considerar que essa condenação não era de valor expressivo o suficiente para "macular toda a gestão".

[1725] *Vide* os seguintes enunciados da jurisprudência selecionada do Tribunal de Contas da União, entre muitos outros (grifos nossos em todos os casos), expostos na Introdução: "A constatação de que o conjunto de ocorrências que motivaram a aplicação de multa em processo de fiscalização é suficiente grave para *macular toda a gestão* do dirigente implica o julgamento pela irregularidade de suas contas ordinárias do exercício correlato". "A aplicação de multa em processo de fiscalização não implica prejulgamento das contas ordinárias, devendo o fato ser considerado no contexto dos *demais atos de gestão* do período envolvido. O Tribunal, verificando que as ocorrências apuradas no processo de fiscalização não se revestem de gravidade suficiente *para macular a gestão* do exercício examinado, julga regulares com ressalva as contas do responsável". "A aplicação de multa em processo de fiscalização não implica prejulgamento das contas ordinárias do gestor obrigado a prestá-las. O TCU, contudo, verificando que as irregularidades apuradas no processo de fiscalização, no contexto dos demais atos de gestão praticados no período envolvido, são graves o bastante *para macular o conjunto da gestão*, pode julgar irregulares as respectivas contas ordinárias do responsável".

[1726] No Capítulo 2, Seção Controvérsia e entendimento 4: "14. Temos, com apoio na legislação vigente (cfr. art. 70, §§1º, 2º, 3º e 4º, da E. C. nº 1/69; arts. 35, 39, 40, I, 42, 43, 45 e 46 do DL nº 199/67; arts. 80, 82, 84 e 93 do DL nº 200/67), *que não basta apreciar-se a situação pessoal* (de quitação, crédito ou débito) de quantos devam prestar contas perante esta Colenda Corte, quer por sua condição de ordenador de despesas, quer por força de ter sob sua responsabilidade a guarda de dinheiros, valores e bens públicos: *impõe-se, ainda*, a formulação de um *juízo de valor sobre o bom e regular emprego destas mesmas contas*" (Grifos nossos).

Na Constituição Federal, a competência "julgamento de contas de administradores e demais responsáveis por bens, dinheiros e valores públicos" é uma competência judiciária (mas não de órgão integrante da estrutura orgânica do Poder Judiciário), uma competência histórica que autoriza o Tribunal de Contas a promover a responsabilização financeira em processos ordinários anuais ou específicos, com feições judiciais, à semelhança do que ocorre nos países estudados, como exemplo, a Itália, caso estudado no Capítulo 6.

Não é lá, no Texto Constitucional, que se encontra fundamento para emitir juízo sobre as contas de administradores (regulares ou irregulares), como se esse juízo fosse a "decisão de mérito" a ser adotada no exercício daquela competência constitucional, judiciária-responsabilizatória.

Fomentar o entendimento de que há um "julgamento da gestão", valorativo e autônomo, como decisão de mérito, a ser proferido no julgamento de contas de que trata o art. 71, II, da Constituição Federal, enfraquece a vontade institucional de ver ali uma competência judiciária, uma jurisdição especializada privativa,[1727] de definir a responsabilidade por prejuízos ao erário de administradores e demais responsáveis por bens, dinheiros e valores públicos.

A possibilidade de usar o julgamento de contas como um "juízo sobre a gestão" fomentou e deu sentido normativo-finalístico à boa intenção de ver o processo de contas anuais de administradores, um processo historicamente desenvolvido para apurar a situação dos "prestadores de contas" perante a Fazenda Pública (equivalentes ao *comptable public*, na França, ao *agente contabile*, na Itália, ao *cuentadante*, na Espanha), como um processo de avaliar a gestão, muito amplo e complexo, como ocorreu durante alguns anos no Tribunal de Contas da União, conforme discutimos no Capítulo 4,[1728] cuja impossibilidade de eficiência foi se revelando ao longo do tempo, resultando no abandono do modelo.

Esta tese foi desenvolvida com dois objetivos permanentes a guiá-la: buscar, aportar e sistematizar conhecimento mais amplo e fundamentado sobre o tema "Tribunal de Contas da União e julgamento de contas" (incluído o parecer prévio); e identificar e estudar os problemas decorrentes do axioma "Tribunais de contas devem emitir juízos de aprovação ou rejeição de contas quando julgam ou apreciam contas", supostamente lastreado no art. 71, II, da Constituição.

Uma das principais conclusões a que chegamos, entre algumas resultantes desse empreendimento de pesquisa, é que o Tribunal de Contas deve deixar de proferir juízos de aprovação/rejeição de contas, de contas regulares ou irregulares, quando julga contas anuais de administradores em uma tomada de contas especial ou quando aprecia as contas prestadas pelo Chefe do Poder Executivo por meio do parecer prévio.

A eliminação desses juízos não afeta o exercício das competências constitucionais essenciais do Tribunal: a auditoria e a responsabilização financeira. Ao contrário, deixa-as mais evidentes.

[1727] Mesmo que o Tribunal de Contas não faça parte da estrutura orgânica do Poder Judiciário, como dele não fazem parte outras Cortes de Contas que têm competência jurisdicional.

[1728] *Vide* a seção "A ideia de juízo de contas como um 'juízo sobre a gestão' induzia a estrutura do processo de contas como um processo de avaliação do desempenho da gestão", entre outros pontos.

Um processo de contas anuais, na compreensão atual, é plenamente decidido quando o Tribunal emite recomendações e determinações e decide, quando é o caso, por condenar pessoas a ressarcirem o erário e aplicar sanções. Um juízo de contas regulares ou irregulares, com diferentes sentidos, não faz falta.

Eventualmente, a essas decisões podem ser acrescidas opiniões de auditoria, quando técnica e metodologicamente possível, juízos absolutamente diferentes de juízos de valor sobre se certas irregularidades maculam ou não a gestão.

Fundamentamos essa distinção (juízos de valor/juízos de auditoria) nas normas de auditoria da Intosai, reconhecidas internacionalmente e adotadas, em maior ou menor extensão, pelas EFS em todo o mundo. Entidades fiscalizadoras superiores realizam trabalhos para emitir conclusões fundamentadas, segundo procedimentos normatizados e testados. É da sua essência, como parte do sistema de governança e *accountabilities* estatais, conforme as teorias e autores estudados, ser independente, profissional, imparcial, credível.

Uma tomada de contas especial é plenamente decidida quando o Tribunal, garantidos os princípios da ampla defesa e do contraditório, conclui que o dano ao erário ocorreu, define os responsáveis, define o valor e profere decisão que os condena ao ressarcimento e os sanciona, na forma da legislação. O juízo de contas regulares ou irregulares é dispensável.

A compreensão da finalidade do processo hoje denominado "tomada de contas especial" é prejudicada pelo próprio nome. Esse é um processo de apuração de responsabilidades por dano ao erário inúmeras vezes instaurado contra quem não tem "contas a serem tomadas", tal como evidenciamos no Capítulo 7. É um processo assemelhado ao processo de persecução da denominada responsabilidade administrativa na Itália, como vimos no Capítulo 6.

Poderia muito bem, sem nenhum prejuízo ao cumprimento de sua finalidade, ser denominado de *processo de apuração de responsabilidade por dano ao erário*. Deixaria de ser um nominal "processo de contas": não haveria "contas a julgar", não haveria juízo de contas, não haveria contas irregulares/rejeitadas, não haveria inclusão na "Lista de Inelegíveis", não seria suscitada inelegibilidade por contas rejeitadas, o que, contudo, poderia ser feito por outras razões advindas de decisões sancionatórias e condenatórias dos Tribunais de Contas.

A revisão da formulação da decisão em processo de contas, especialmente em tomada de contas especial, eliminando-se do acórdão do Tribunal de Contas qualquer formulação linguística sob a forma de juízo de contas, implica a rediscussão do já bastante controverso e incoerente Inciso I-G da Lei de Inelegibilidades, para colocar em novas bases a seguinte questão: quando uma decisão de um Tribunal de Contas tem dimensão suficiente de relevância e pertinência com os pressupostos de elegibilidade para constituir hipótese de inelegibilidade?

A revisitação dessa questão, no futuro, tenderá a produzir mudanças expressivas na processualística, nos procedimentos analíticos e no modo como os Tribunais de Contas veem o persistente problema de desperdícios e desvios de recursos públicos: um problema de gestão complexo, e não uma questão punitiva: sancionatória, ressarcitória, político-eleitoral e moral.

Retomando os "contextos de contas", o Tribunal de Contas da União cumpre integramente sua mais nobre missão constitucional quando, no parecer prévio sobre a prestação de contas anualmente apresentada pelo presidente da República ao Congresso Nacional, emite opiniões de auditoria financeira e conformidade e produz relatórios segundo os padrões internacionais, como vem fazendo, e fazendo cada vez melhor, seguindo estratégia de evolução desenvolvida desde o início dos anos 2010, conforme exposto e analisado no Capítulo 4.

A adição de uma "recomendação de aprovação, aprovação com ressalvas ou rejeição" das contas apresentadas ao Congresso Nacional pelo presidente da República é dispensável. Uma dispensa necessária.

A pesquisa histórica mostrou que a ideia de "um julgamento de contas prestadas pelo Presidente da República" surge como um elemento fundamental de encerramento do ciclo orçamentário e início de outro, seguindo o princípio do "encadeamento virtuoso", do qual é parte fundamental a entidade fiscalizadora superior.

No Capítulo 4, reportamos como esse processo está estruturado na União Europeia e como nele atua a Corte Europeia de Auditores. Analisamos, também, a atuação da Cour des Comptes, na certificação e auditoria anual das Contas do Estado.

Na União Europeia, na França, na Itália, em Portugal, na Espanha e, pode-se dizer, nos demais países europeus, nenhuma EFS se manifesta sobre a "Conta Geral do Estado" e o conjunto de relatórios apreciados na mesma época (equivalente às contas de governo) recomendando aprovação ou rejeição de algo que se poderia associar a "contas do Presidente".

O processo cumpre uma finalidade de accountability política cujo fórum sancionador é o Parlamento. O papel da EFS é técnico-especializado, de auditoria, independente e imparcial, cujos achados e conclusões, a serem reportados de forma sóbria, convincente e de relativa facilidade de compreensão, já são politicamente sensíveis por eles mesmos.

Os dois modelos constituem a evidenciação dos princípios essenciais desse processo – o encerramento do ciclo orçamentário e o "encadeamento virtuoso" –, aos quais se soma a certificação das contas. São referência sobre o que poderia ser um *sistema de julgamento das contas prestadas pelo Chefe do Poder Executivo* e mostram como esse sistema está desvirtuado em nosso país, especialmente no âmbito municipal, em que a atuação dos Tribunais de Contas é fortemente orientada segundo um eixo dialético de identificação e discussão de irregularidades passíveis de dar ensejo a um parecer pela rejeição de contas, no futuro próximo ou muitos anos depois.

Essa concepção é um exemplo de como o axioma "avaliação de contas implica prolação de juízo de aprovação ou rejeição", fomentado pela Lei de Inelegibilidades, induziu o desenvolvimento de uma processualística nos Tribunais de Contas e no Legislativo Municipal voltada a esse fim; como esse axioma contribuiu para a perda do sentido finalístico do processo e para tentativas de transformar o "julgamento das contas" num instrumento apto a produzir a outra metade relevante de um processo de *impeachment*: a inelegibilidade. Um processo inútil sob o ponto de vista da accountability orçamentária, financeira e fiscal.

A superação do axioma em exame é uma etapa necessária à mitigação ou eliminação dos problemas mencionados na Introdução (em outros termos: complexificação processual, ineficiências funcionais, resultados não isonômicos, indevido posicionamento sensível no ambiente político-parlamentar, indução ao desenvolvimento de processos analíticos e institucionais direcionados à emissão de um juízo de aprovação ou rejeição de contas) e ao direcionamento da atenção dessa instituição para outros horizontes de exercício de suas competências constitucionais

Superada a concepção do "juízo de aprovação/rejeição, regulares/irregulares", como decisão de mérito em um julgamento de contas de administradores, a atenção do Tribunal de Contas pode se voltar para o melhor modo de efetivamente examinar em marcos temporais apropriados a "administração de dinheiros, bem e valores públicos", periodicamente, seletivamente, com foco, sem pretensão de "accountability de tudo", de forma a constatar eventuais responsabilidades financeiras e promover as que forem devidas, em decisões com força judiciária, conforme competência que sempre lhe foi atribuída diretamente nas Constituições ou nas leis.

Os Tribunais de Contas, exercendo a função de auditoria, em acepção mais ampla, e na plenitude metodológica, poderão sempre exercer a vontade e o dever institucional de avaliar a gestão, avaliar programas, projetos e políticas públicas, a qualquer momento, em diferentes dimensões, abrangências e expectativas, e instituir procedimentos de melhor funcionamento da accountability pública sobre o uso de recursos públicos, como "prestação de contas em sentido amplo". Nessa perspectiva, não estão adstritos aos processos de "julgamento de contas de gestão" e "emissão de parecer prévio sobre contas de governo", que não são os locais processuais e finalísticos adequados e pertinentes para aquelas avaliações.

Superada a concepção atual da tomada de contas especial como instrumento de natureza "dúplice", apurar responsabilidades por dano ao erário e punir com "a inelegibilidade", com a mácula da censura institucional, verificada na prática, o Tribunal de Contas poderá redirecionar sua perspectiva de controle.

Não de "o controle se mostra presente quando julga irregulares as contas e apresenta uma lista de centenas de responsáveis com contas irregulares" suscetíveis de alcance pela inelegibilidade; mas de um controle que poderá, no futuro, divulgar que a dimensão quantitativa de tomadas de contas especiais vem diminuindo pelos esforços de mitigar os riscos e as ocorrências de desperdícios, fraudes e pagamentos indevidos, por exemplo.[1729]

Passam a ser centrais discussões mais atinentes, em nosso país, a como mitigar os prejuízos já causados e como obter celeremente o ressarcimento, às quais se continuará a dar menos atenção do que o que é cada vez mais necessário enquanto a "irregularidade de contas" for vista como uma "sanção" de que não se pode abrir mão, visto que se sabe que a probabilidade de recuperação do prejuízo é muito baixa.

Passam a ser centrais discussões sobre as razões de atribuição dessa competência de responsabilização financeira ao Tribunal de Contas e não a outras instituições.

[1729] Sai-se de uma situação em que quanto maior for a Lista de Responsáveis por Contas Irregulares, maior será a percepção de que um bom trabalho de controle externo está sendo realizado, para outra em que quanto maior é o volume de casos de prejuízos ao erário, maior será a percepção de que se faz necessária uma atuação sistêmica, uma melhor atuação da EFS, mediante auditorias e avaliações que possam auxiliar na compreensão e solução dos problemas.

Que espécie de dano ao erário deve entrar na jurisdição especial, judiciária, privativa (ou não) do Tribunal de Contas? O que a instituição, que desempenha a função de auditoria e tem, como entendimento institucional geral, a missão de aprimorar a Administração Pública, os programas governamentais e o controle das finanças públicas, pode e deve fazer para reduzir as incidências de dano ao erário que reiteradamente têm levado a processos de responsabilização? Em suma, o que pode fazer para reduzir o prejuízo e os desperdícios na aplicação de recursos públicos?

Nos países estudados, França, Itália, Portugal e Espanha, entidades fiscalizadoras superiores com competência jurisdicional, entidades com competência para "promover, diretamente, a responsabilização de administradores de recursos públicos", como o Tribunal de Contas no Brasil, o sistema de responsabilização financeira que lhes incumbe promover está há muitos anos em discussão permanente.[1730]

Na Itália, Francesco Staderini, então presidente da Corte dei Conti, em 2005, já avaliava que a responsabilidade contábil (nosso processo de julgamento de contas anuais na acepção histórica) já não era "tão funcional, de acordo com as modernas exigências da celeridade dos trâmites e de garantia dos direitos dos responsáveis e deverá ser reconsiderada para se avaliar a conveniência de preservá-la ou derrogála".[1731]

Na França, como examinamos, o regime de responsabilidade dos gestores públicos foi substancialmente alterado em 2022,[1732] deixando de existir o processo de responsabilização por meio do exame de contas anuais dos *comptables publics*. Foi alterado para, também, assegurar melhor os direitos de defesa dos que podem ser responsabilizados pecuniariamente.

Em Portugal, o Tribunal de Contas realizou nos anos de 2017 e 2018 uma série de seminários sob o tema "relevância e efetividade de jurisdição financeira no século XXI". No seminário final, o seu presidente, Vitor Caldeira,[1733] ressaltou "a importância

---

[1730] Em todos esses países, as EFS integram o sistema de justiça, seja como jurisdição especializada do Poder Judiciário, como integrante do sistema de justiça administrativa, ou como jurisdição especial. Em todos eles, o Ministério Público desempenha papel central no processo de responsabilização. Na Itália, tem a prerrogativa de iniciar o procedimento de responsabilidade administrativa (algo como a responsabilidade apurada em nossa tomada de contas especial), como "um terceiro imparcial". No ordenamento jurídico italiano, a "lei previu uma forma particular de responsabilidade para enfrentar as condutas ilícitas que gerem dano à Administração Pública", "atribuindo a ação a um órgão terceiro e neutro (o Ministério Público Contábil)". A administração lesada também não pode dar início ao processo, muito embora deva comunicar todos os fatos ilícitos e danosos ao Ministério Público, que decidirá se estão presentes os pressupostos para instauração de uma ação de responsabilidade. No Brasil, não é assim. Mas já é possível refletir com mais intensidade sobre esse outro "modo estabelecido de proceder".

[1731] Staderini (*El Modelo de Fiscalización de Italia*, 2005, p. 265-268): "Entra en la jurisdicción de la Corte, por antigua disposición emanada de la ley institutiva, el juicio sobre la responsabilidad de los agentes contables. La así llamada responsabilidad de cuentas, [...] Esta función jurisdiccional, sujeta a una disciplina ya no tan funcional de acuerdo con las modernas exigencias de la celeridad de los trámites y de garantía de los derechos del inculpado, deberá ser reconsiderada para luego evaluar la conveniencia de preservarla o derogarla".

[1732] O novo regime de responsabilidade dos gestores públicos, em linhas gerais, põe fim à responsabilidade pessoal e pecuniária do contador público; submete todos os gestores públicos à jurisdição responsabilizatória da Cour des Comptes; institui uma corte de apelação contra suas decisões jurisdicionais; mantém o princípio da separação entre ordenadores e contadores públicos; e promove profundas mudanças no sistema sancionatório. Conforme explicou o presidente da Cour des Comptes, "a partir de agora, o juiz financeiro não julgará mais as contas, mas, sim, os autores das faltas financeiras mais graves, sejam ordenadores ou contadores públicos. [...] Essa modernização do regime de responsabilidade dos gestores públicos é uma reforma histórica. Ela fortalece a ordem pública financeira e a torna mais racional, conciliando a eficácia da gestão pública e a confiança das cidadãs e dos cidadãos na ação da administração".

[1733] Caldeira (*Os atuais desafios da jurisdição financeira*, 2018, p. 7-12).

de que se reveste uma jurisdição financeira forte e atual"; que importa "encetar um esforço de simplificação e clarificação legislativa, que garanta coerência, a igualdade e a eficácia da jurisdição financeira", e que, em Portugal, "em matéria de responsabilidade financeira, o Tribunal de Contas, o País e os cidadãos reclamam um quadro geral, global e integrado –, adequado às novas realidades da gestão financeira pública e apto à realização da justiça financeira".

A mudança de foco facilitará a discussão de uma revisão do sistema responsabilizatório,[1734] na perspectiva, que sugerimos, de desenvolvimento de um só processo de responsabilização,[1735] ressarcitória ou sancionatória.

Evidenciado no decorrer de toda a tese, o modo histórico de um julgamento de contas de administradores e demais responsáveis por dinheiros, bens e valores públicos (como *cuentadantes*, *comptables publics* ou *agenti contabili*) que está subjacente a essa competência, atribuída ao Tribunal de Contas por todas as Constituições desde 1934, já não existe efetivamente.

No Tribunal de Contas da União, há muito tempo um processo de contas anuais já é um processo em que pode ser promovida a responsabilidade de diferentes agentes e até mesmo de empresas e outras pessoas jurídicas.

Dificilmente um processo de contas anuais se volta a examinar as "contas" (o conjunto dos atos e documentos subjacentes dos quais resultaram pagamento, em acepção mais estrita) do prestador de contas mais típico: o ordenador de despesa.

Uma tomada de contas especial é, desde sua origem normativa, especificamente um processo destinado à apuração de responsabilidades por dano ao erário. Não carrega a ideia de "tomar contas de modo especial", por exemplo, de um ordenador de despesa da Administração Federal.

Esta pesquisa teve como recorte o Tribunal de Contas da União e foi conduzida segundo um eixo de reconstrução histórica da origem da instituição, dos sentidos de sua competência constitucional para julgar contas e apreciar as contas governamentais apresentadas pelo presidente da República mediante parecer prévio, acoplada a um forte escrutínio analítico da legislação, de exame de casos e do que fazem outras entidades fiscalizadoras superiores, cujos pressupostos fundamentais de existência são os de serem independentes, imparciais, apartidárias, equidistantes da Administração e do Parlamento e conduzirem seus trabalhos segundo normas técnicas e profissionais de auditoria que lhes deem a credibilidade imprescindível.

[1734] Sobre a modernização da jurisdição contábil na Espanha, *vide* Ortiz (*Descripición del Sistema de Enjuicialiento Contable en España*, 2017, p. 5): "La antigüedad de su normativa originaria, a la que ya se ha aludido, unida a las nuevas demandas de la Sociedad de una mayor eficacia en la gestión de los fondos públicos y en la recuperación de los indebidamente administrados, obliga en el momento presente a plantearse algunas reformas que podrían resultar útiles para una mayor calidad de la Jurisdicción Contable y un mayor acercamiento de la misma a lo que la ciudadanía pide de ella".

[1735] Ver Ortiz (*Descripición del Sistema de Enjuicialiento Contable en España*, 2017, p. 6): "[...] En concreto resultarían de interés las posibles modificaciones que a continuación se apuntan en relación con el régimen jurídico de la responsabilidad contable: Desaparición de la responsabilidad contable por alcance y distinta de alcance. Toda responsabilidad contable, sea cual sea la infracción de la que procede, se caracteriza por dos rasgos: Por su origen: siempre nace de una situación ilegal y dolosa o gravemente negligente que provoca un menoscabo en los fondos públicos. Por sus efectos: siempre genera una obligación de indemnizar a las arcas públicas los daños y perjuicios causados a las mismas. Por lo tanto, no tiene sentido ni desde un punto de vista jurídico-material ni procesal, dar tratamiento distinto a hechos que son esencialmente iguales por su naturaleza y efectos para el Ordenamiento Jurídico. [...] Articulación de un proceso único para la exigencia de cualquier tipo de responsabilidad contable".

Em todo o tempo de pesquisa e redação, manuseamos um processo de seleção de temas a incorporar nos exames: que casos discutir, que doutrina referenciar, o quanto de teoria aportar (e em que partes do texto), o quanto aprofundar o estudo das experiências de outras EFS.

Consideramos prioritário conduzir o processo de ampliação de conhecimento segundo a linha do estudo e do relato histórico, da compreensão das normas, que revelam a visão institucional, e de uma robusta análise de pontos relevantes e casos capazes de embasar a crítica ao axioma "juízo de aprovação/reprovação", expondo os seus problemas nos três contextos de contas, e sustentar a proposição de que deve ser abandonado, baseada na concepção teórica de uma entidade fiscalizadora superior com função jurisdicional como instituição que desempenha duas funções essenciais (auditoria do setor público e responsabilização financeira), mundo afora, perfeitamente aderente à história do surgimento e da evolução do Tribunal de Contas da União.

O Tribunal de Contas é uma instituição *sui generis*, com funções de auditoria e responsabilização financeira, cuja compreensão dos limites de sua atuação multifuncional pode ser buscada na perspectiva de ser uma instituição histórica perene, que compõe a estrutura de governança estatal configurada pela Constituição Federal de 1988 e pelas leis e que atua como parte essencial de um sistema institucional-normativo que o Estado desenvolve para alcançar objetivos interconectados: a escorreita elaboração e execução do orçamento público, aprovado pelo Poder Legislativo; a regular e eficiente gestão dos recursos públicos; a probidade administrativa; a eficaz implementação de projetos, programas e políticas públicas; a adequada prestação de serviços públicos; a boa gestão do patrimônio público; a higidez e confiabilidade das demonstrações contábeis e fiscais; e a sustentabilidade das finanças públicas.[1736]

Uma instituição cuja razão de ser e de permanecer reside na preservação de suas características de independência, autonomia, profissionalismo, imparcialidade, apartidarismo e aperfeiçoamento constante.[1737]

Esta tese contribui para o avanço do conhecimento sobre os Tribunais de Contas no Brasil e fundamenta proposições que podem estimular e dar base a mais reflexões e discussões sobre o aprimoramento do processo de controle externo, o reposicionamento da instituição quanto à função judiciária que as Constituições brasileiras lhe atribuíram e à forma de desempenho da auditoria governamental, de forma ordinária, e no exame das contas prestadas anualmente pelo Chefe do Poder Executivo.

O sentido geral de se proceder à pesquisa que resultou nesta tese encontra perfeita expressão nas palavras de Allende sobre a relevância do método histórico:

[1736] Sobre as funções da auditoria governamental e, consequentemente, das entidades fiscalizadoras superiores, como os Tribunais de Contas, *vide* Posner e Shahan (*Audit Institutions*, 2014, p. 488): "Governmental audits are conducted to provide an independent assessment of the extent to which public agencies meet acceptable standards of legal, financial, and performance accountability in implementing public programs. Audits can simply provide information to policymakers about public policy implementation, but most often they make recomendations to either executive or legislative officials to take corrretive actions".

[1737] *Vide*, também, Caldeira (*Os atuais desafios da jurisdição financeira*, 2018, p. 6): "É, pois, tempo de olhar o futuro! Tempo de afirmar o Tribunal como uma moderna instituição superior de controlo com competência jurisdicional. Uma instituição que atua com independência relativamente aos demais poderes, legislativo e executivo; que aplica normas profissionais exigentes [...] que desenvolve sua ação de forma imparcial, transparente e na defesa do interesse geral, desse modo contribuindo para o bom uso dos fundos públicos e promovendo a cultura de responsabilidade por parte dos gestores públicos".

> Para construir um futuro melhor temos de entender com profundidade o presente, e para conhecer o presente é absolutamente necessário conhecer a fundo o passado, porque ademais nada há de novo debaixo do sol. Situações que parecem inéditas se pensaram e já tiveram soluções, umas vezes com êxito, outras, não, mas sempre dignas de serem tidas em conta.[1738]

[1738] Allende (*La funcion jurisdicional del Tribunal de Cuentas,* 1983, p. 1315-1316): "Por ello, para construir un futuro mejor hemos de entender con profundidad el presente, y para conocer este presente es necesario de todo punto conocer a fondo el pasado, porque además nada hay nuevo bajo el sol. Situaciones que parecen inéditas se plantearon ya y obtuvieron soluciones, unas veces con éxito, otras no, pero siempre dignas de ser tenidas en cuenta". Rafael de Mendizábal Allende foi magistrado do Tribunal Constitucional da Espanha e juiz do Tribunal Europeu de Direitos Humanos.

REFERÊNCIAS

20 ANOS do Impeachment de Collor. *Câmara dos Deputados*, [2012?]. Disponível em: https://www2.camara.leg.br/atividade-legislativa/plenario/discursos/escrevendohistoria/destaque-de-materias/20-anos-do-impeachment. Acesso em: 28 abr. 2024.

ABREU E SILVA, Guilherme de. *A experiência da Lei da Ficha Limpa nas eleições de 2012*: uma análise do perfil dos impugnados e dos reflexos da aplicação da lei. 2015. Dissertação (Mestrado em Ciências Políticas) – Universidade Federal do Paraná, Curitiba, 2015.

ABRUCIO, Fernando Luiz; ARANTES, Rogério Bastos; TEIXEIRA, Marco Antonio Carvalho Teixeira. A imagem dos Tribunais de Contas Subnacionais. *Revista do Serviço Público*, [s.l.], v. 56, n. 1, p. 57-83.

ALBERT, Jean-Luc; LAMBERT, Thierru. *La Cour des comptes*: un pouvoir rédempteur? França: LGDJ, 2017. 178 p.

ALBUQUERQUE, Cristhian Carla Bueno de. *A influência política da governabilidade no julgamento de contas municiais no Estado do Paraná*: possíveis consequências para o desenvolvimento local. 2014. Dissertação (Mestrado em Planejamento e Governança Pública) – Programa de Pós-Graduação em Planejamento e Governança Pública, Universidade Tecnológica Federal do Paraná, Curitiba, 2014.

ALENCAR, José Daniel de; SOUZA, Augusto Conde de Mello. *Quem está sujeito à jurisdição do Tribunal de Contas da União?* Brasília: DIPEC Distribuidora de Publicações Especializadas Ltda., 1977.

ALMEIDA, Amanda. PT pede ao TCU rejeição de contas de Bolsonaro. *O Globo*, [s.l.], 24 mar. 2021. Disponível em: https://blogs.oglobo.globo.com/lauro-jardim/post/pt-pede-ao-tcu-rejeicao-de-contas-de-bolsonaro.html. Acesso em: 17 mar. 2024.

ALMEIDA, Bruno; TABORDA, Daniel. A auditoria forense: as vertentes da detecção de fraudes e da prova pericial. *In*: CITIES IN COMPETITION: SPANISH-PORTUGUESE MEETING OF SCIENTIFIC MANAGEMENT, 15., 2005, Sevilla. *Anais*... Sevilla: Universidad de Sevilla, 2005. p. 1-11. Disponível em: https://core.ac.uk/reader/161814847. Acesso em: 9 out. 2023.

ALVES, Camila Cristine da Silva. *Influência do lobby política na apreciação das contas de governos municipais pelo Tribunal de Contas:* uma análise no Estado de Santa Catarina. 2020. Dissertação (Mestrado em Contabilidade) – Centro Socioeconômico, Universidade Federal de Santa Catarina, Florianópolis, 2020.

AMBASSADE DE FRANCE AU BRÉSIL. A França no Brasil: Embaixada da França no Brasil, 2017. *A Declaração dos Direitos do Homem e do Cidadão*. Disponível em: https://br.ambafrance.org/A-Declaracao-dos-Direitos-do-Homem-e-do-Cidadao. Acesso em: 24 set. 2023.

ARANTES, Silvana Aparecida Domingues. *Motivos de rejeição de prestação de contas de executivos municipais pelo Tribunal de Contas do Estado de Minas Gerais*. 2013. Dissertação (Mestrado em Administração) – Faculdade Novos Horizontes, 2013.

ARAÚJO, Marcos Valério de. O Tribunal de Contas da União e a República: uma análise histórica de causas e efeitos. *Revista do Tribunal de Contas da União*, Brasília, v. 21, n. 46, 1990.

ARQUIVO NACIONAL. Diretório Brasil de Arquivos. *Registro de autoridade*: Felisberto Caldeira Brant Pontes Oliveira e Horta. [s.d.]. Disponível em: https://dibrarq.arquivonacional.gov.br/index.php/horta-felisberto-caldeira-brant-pontes-oliveira-e-1772-1842. Acesso em: 9 jul. 2023.

ARQUIVO NACIONAL. Memória da Administração Pública Brasileira. *Biografias*: Mariano José Pereira da Fonseca, marquês de Maricá. [s.d.]. Disponível em: https://mapa.an.gov.br/index.php/mapa/centrais-de-conteudo/producao/biografias/444-mariano-jose-pereira-da-fonseca-marques-de-marica?highlight=WyJtYXJpYW5vIiwiam9zXHUwMGU5IiwicGVyZWlyYSIsImRhIiwiZm9uc2VjYSJd. Acesso em: 3 mar. 2024

ARQUIVO NACIONAL. Memória da Administração Pública Brasileira. *Biografias*: Antônio Luís Pereira da Cunha, marquês de Inhambupe. 2019. Disponível em: http://mapa.an.gov.br/index.php/ultimas-noticias/746-antonio-luiz-pereira-da-cunha-marques-de-inhambupe. Acesso em: 9 jul. 2023.

ARQUIVO NACIONAL. Memória da Administração Pública Brasileira. *Biografias*: Manuel Jacinto Nogueira da Gama, marquês de Baependi. 2019. Disponível em: http://mapa.an.gov.br/index.php/ultimas-noticias/758-manuel-jacinto-nogueira-da-gama-marques-de-baependi. Acesso em: 9 jul. 2023.

ARQUIVO NACIONAL. Memória da Administração Pública Brasileira. *Dicionário da Administração Pública Brasileira do Período Colonial*: Junta de Lançamento da Décima Urbana. [s.d.]. Disponível em: https://mapa.an.gov.br/index.php/assuntos/15-dicionario/57-dicionario-da-administracao-publica-brasileira-do-periodo-colonial/185-juntas-de-lancamento-da-decima-urbana. Acesso em: 8 set. 2023.

ASSING, Thaisy Maria. *A realização da accountability nas prestações de contas de prefeito*. 2019. Dissertação (Pós-Graduação Profissional em Administração) – Centro de Ciências da Administração e Socioeconômicas, Universidade do Estado de Santa Catarina, Florianópolis, 2019.

ATALIBA, Geraldo. *República e Constituição*. 2. ed. atual. por Rosolea Miranda Folgosi. São Paulo: Malheiros, 2004.

AZAMBUJA, Patricia Adriana. *A independências da auditoria pública e a apreciação das contas municipais*. 2018. Dissertação (Mestrado em Ciências Contábeis) – Fundação Instituto Capixaba de Pesquisas em Contabilidade, Economia e Finanças, Vitória, 2018.

BACELLAR FILHO, Romeu Felipe. Breves reflexões sobre a jurisdição administrativa: uma perspectiva de direito comparado. *Revista de Direito Administrativo*, Rio de Janeiro, v. 211, p. 65-67, jan./mar. 1998. Disponível em: https://periodicos.fgv.br/rda/article/view/47127/45703. Acesso em: 23 set. 2023.

BAHIA. *Lei Complementar nº 6, de 6 de dezembro de 1991*: Lei Orgânica do TCM. Salvador: Tribunal de Contas dos Municípios do Estado de Bahia, [20--]. Disponível em: https://www.tcm.ba.gov.br/wp-content/uploads/2015/02/LeiOrganica.pdf. Acesso em: 15 dez. 2023.

BALBO, Paola. *I conti giudiziali avanti la Corte dei conti*. Disponível em: https://www.diritto.it/wp-content/uploads/2014/01/pdf_35821-1.pdf. Acesso em: 6 jun. 2024.

BALEEIRO, Aliomar. O Tribunal de Contas e o controle da execução orçamentária. *Revista de Direito Administrativo*, [s.l.], v. 31, p. 10-22, jan./mar. 1953. Disponível em: https://periodicos.fgv.br/rda/article/view/12612/11490. Acesso em: 20 set. 2023.

BANCO MUNDIAL. Brasil. *Desempenho da gestão financeira pública federal baseado na metodologia PEFA*. 2009.

BARBALHO, João. *Comentários à Constituição de 1891*. Brasília: Secretaria de Documentação e Informação do Senado Federal, 1992.

BARBALHO, João. *Constituição Federal Brazileira*: commentarios. Rio de Janeiro: Typographia da Companhia Litho-Typographia, 1902. 411 p.

BATISTA, Diene. TCE rejeita pela primeira vez contas de Marconi e José Eliton. *Poder Goiás*, Goiânia, 5 jun. 2019. Disponível em: https://www.podergoias.com.br/materia/639/tce-rejeita-pela-primeira-vez-contas-de-marconi-e-jose-eliton. Acesso em: 20 set. 2023.

BÉLGICA. Court of Audit. *Presentation*. Historical survey. [s.d.]. Disponível em: https://www.ccrek.be/EN/Presentation/HistoricalSurvey.html. Acesso em: 17 dez. 2022.

BOBBIO, Norberto. *Direita e esquerda*: razões e significados de uma distinção política. 3. ed. São Paulo: Editora Unesp, 2011. 192 p.

BORGES, Ana Claudia Castro Silva. *Governança orçamentária e gasto público no Brasil*: uma abordagem institucional do processo de definição da despesa em âmbito federal. 2015. Dissertação (Mestrado em Administração) – Faculdade de Economia, Administração e Contabilidade, Universidade de Brasília, 2015. Disponível em: http://www.realp.unb.br/jspui/bitstream/10482/19835/1/2015_AnaCl%c3%a1udiaCastroSilvaBorges.pdf. Acesso em: 22 maio 2022.

BOURN, Sir John. *Public Sector Auditing*: Is it value for Money? Chichester: John Wiley & Sons Ltd, 2007. 412 p.

BOVENS, Mark; GOODIN, Robert E.; SCHILLEMANS, Thomas. Public Accountability. *In*: BOVENS, Mark; GOODIN, Robert E.; SCHILLEMANS, Thomas. *The Oxford Handbook of Public Accountability*. Oxford: Oxford University Press, 2014. *eBook*.

BRANDÃO, Guilherme. *A quem prestam contas os Tribunais de Contas?* Transparência, politização e governismo na accountability. 2017. Dissertação (Mestrado em Ciência Política) – Instituto de Ciência Política, Universidade Federal de Brasília, Brasília, 2017.

BRASIL [Constituição (1824)]. Constituição Política do Império do Brazil, de 25 de março de 1824. Manda observar a Constituição Politica do Imperio, offerecida e jurada por Sua Magestade o Imperador. *Coleção de Leis do Império do Brasil*, Rio de Janeiro, v. 1, p. 7-36. Disponível em: https://www.planalto.gov.br/ccivil_03/constituicao/constituicao24.htm. Acesso em: 23 set. 2023.

BRASIL. [Constituição (1891)]. Constituição da República dos Estados Unidos do Brasil, de 24 de fevereiro de 1891. *Coleção de leis do Brasil*, Rio de Janeiro, v. 1, p. 1, 1891. Disponível em: https://www.planalto.gov.br/ccivil_03/constituicao/constituicao91.htm. Acesso em: 23 set. 2023.

BRASIL. [Constituição (1891)]. Constituição da República dos Estados Unidos do Brasil, de 24 de fevereiro de 1891. *Diário do Congresso Nacional*, p. 523, 24 fev. 1891. Disponível em: https://www.planalto.gov.br/ccivil_03/constituicao/constituicao91.htm. Acesso em: 23 set. 2023.

BRASIL. [Constituição (1934)]. Constituição da República dos Estados Unidos do Brasil, de 16 de julho de 1934. *Diário Oficial da União*, Rio de Janeiro, seção 1, p. 1, 16 jul. 1934. Suplemento. Disponível em: https://www.planalto.gov.br/ccivil_03/Constituicao/Constituicao34.htm. Acesso em: 24 set. 2023.

BRASIL. [Constituição (1946)]. Constituição dos Estados Unidos do Brasil, de 18 de setembro de 1946. *Diário Oficial da União*, Rio de Janeiro, seção 1, p. 13059, 19 ago. 1946. Disponível em: https://www.planalto.gov.br/ccivil_03/constituicao/constituicao46.htm. Acesso em: 27 set. 2023.

BRASIL. [Constituição (1967)]. Constituição da República Federativa do Brasil de 1967. *Coleção de Leis do Brasil*, v. 1, p. 3, 1967. Disponível em: https://www.planalto.gov.br/ccivil_03/constituicao/constituicao67.htm. Acesso em: 27 set. 2023.

BRASIL. [Constituição (1967)]. Emenda Constitucional nº 1, de 17 de outubro de 1969. Edita o novo texto da Constituição Federal de 24 de janeiro de 1967. *Diário Oficial da União*, seção 1, p. 8865, 20 out. 1969. Disponível em: https://www2.camara.leg.br/legin/fed/emecon/1960-1969/emendaconstitucional-1-17-outubro-1969-364989-publicacaooriginal-1-pl.html. Acesso em: 29 set. 2023.

BRASIL. [Constituição (1988)]. Constituição da República Federativa do Brasil de 1988. *Diário Oficial da União*, Brasília, seção 1, p. 1, 5 out. 1988. Disponível em: https://www.planalto.gov.br/ccivil_03/Constituicao/Constituicao.htm. Acesso em: 22 set. 2023.

BRASIL. Assembleia Nacional Constituinte. *Diário da Assembleia Nacional Constituinte*, ano I, n. 70, 3 jun. 1987. Disponível em: https://www.senado.leg.br/publicacoes/anais/constituinte/N005.pdf. Acesso em: 17 ago. 2024.

BRASIL. Assembleia Nacional Constituinte. *Emendas oferecidas à V – Comissão do Sistema Tributário, Orçamento e Finanças*, v. 141, jun. 1987. Disponível em: https://www.camara.leg.br/internet/constituicao20anos/DocumentosAvulsos/vol-141.pdf. Acesso em: 14 ago. 2024.

BRASIL. Assembleia Nacional Constituinte. *Emendas oferecidas ao Substitutivo V – Comissão do Sistema Tributário, Orçamento e Finanças*, v. 143, jun. 1987. Disponível em: https://www.camara.leg.br/internet/constituicao20anos/DocumentosAvulsos/vol-143.pdf. Acesso em: 16 ago. 2024.

BRASIL. Assembleia Nacional Constituinte. Fase B. *Emendas ao Anteprojeto do Relator da Subcomissão*, v. 152. Disponível em: https://www.camara.leg.br/internet/constituicao20anos/DocumentosAvulsos/vol-152.pdf. Acesso em: 14 ago. 2024.

BRASIL. Assembleia Nacional Constituinte. *V – Comissão do Sistema Tributário, Orçamento e Finanças*. Substitutivo, v. 142, jun. 1987. Disponível em: https://www.camara.leg.br/internet/constituicao20anos/DocumentosAvulsos/vol-142.pdf. Acesso em: 16 ago. 2024.

BRASIL. Assembleia Nacional Constituinte. *V – Comissão do Sistema Tributário, Orçamento e Finanças*. Relatório e Anteprojeto da Comissão, v. 144, jun. 1987. Disponível em: https://www.camara.leg.br/internet/constituicao20anos/DocumentosAvulsos/vol-144.pdf. Acesso em: 16 ago. 2024.

BRASIL. Assembleia Nacional Constituinte. *V – Comissão do Sistema Tributário, Orçamento e Finanças*. V-b – Subcomissão de Orçamento e Fiscalização Financeira. Anteprojeto dos Planos e Orçamentos, da Fiscalização Financeira, Orçamentária e Patrimonial. Relator: Constituinte José Luiz Maia, v. 151, jun. 1987. Disponível em: https://www.camara.leg.br/internet/constituicao20anos/DocumentosAvulsos/vol-151.pdf. Acesso em: 14 ago. 2024.

BRASIL. Ato Institucional nº 4, de 7 de dezembro de 1966. Convoca o Congresso Nacional para se reunir extraordinariamente, de 12 de dezembro de 1966 a 24 de janeiro de 1967, para discursão, votação e promulgação do projeto de Constituição apresentado pelo Presidente da República, e dá outras providências. *Diário Oficial da União*, seção 1, p. 14187, 7 dez. 1966. Disponível em: https://www.planalto.gov.br/ccivil_03/AIT/ait-04-66.htm. Acesso em: 19 mar. 2024.

BRASIL. Câmara dos Deputados. *Diário do Congresso Nacional*, Brasília, DF, seção I, ano 45, n. 15, p. 1342, 14 mar. 1990. Disponível em: https://imagem.camara.gov.br/Imagem/d/pdf/DCD14MAR1990.pdf#page=. Acesso em: 4 out. 2023.

BRASIL. Câmara dos Deputados. *Projeto de Lei Complementar nº 149, de 13 de setembro de 1989.* Dossiê digitalizado. v. I.

BRASIL. Câmara dos Deputados. *Projeto de Lei Complementar nº 149, de 13 de setembro de 1989.* Dossiê digitalizado. v. II.

BRASIL. Câmara dos Deputados. *Projeto de Lei nº 4064, 1º de novembro de 1989.* Dossiê digitalizado. v. II.

BRASIL. Câmara dos Deputados. Resolução nº 17, de 1989. Aprova o Regimento Interno da Câmara dos Deputados. *Diário do Congresso Nacional*, Brasília, seção 1, ano 44, p. 3, 22 set. 1989. Suplemento. Disponível em: https://www2.camara.leg.br/atividade-legislativa/legislacao/regimento-interno-da-camara-dos-deputados/arquivos-1/RICD%20atualizado%20ate%20RCD%2011-2024.pdf. Acesso em: 25 jun. 2024.

BRASIL. *Colecção de Leis do Império do Brazil de 1843*. Rio de Janeiro: Typographia Nacional, 1867. t. V. Parte 1. Disponível em: https://bd.camara.leg.br/bd/bitstreams/7052518e-d30f-4a98-bce4-1061f5968f76/download. Acesso em: 20 set. 2023.

BRASIL. Decreto nº 1.166, de 17 de dezembro de 1892. Dá regulamento para execução da Lei nº 23 de 30 de outubro de 1891, na parte referente ao Ministério da Fazenda. *Coleção de Leis do Brasil*, Rio de Janeiro, v. 1, p. 1028, 1892. Disponível em: https://www2.camara.leg.br/legin/fed/decret/1824-1899/decreto-1166-17-dezembro-1892-523025-publicacaooriginal-1-pe.html. Acesso em: 22 set. 2023.

BRASIL. Decreto nº 10.145, de 5 de janeiro de 1889. Regula o modo de contar o exercício e dá providencias sobre a liquidação e pagamento das dívidas de exercícios findos. *Coleção de Leis do Império do Brasil*, Rio de Janeiro, v. 1, p. 13, 1889. Disponível em: https://www2.camara.leg.br/legin/fed/decret/1824-1899/decreto-10145-5-janeiro-1889-542334-publicacaooriginal-50729-pe.html. Acesso em: 24 set. 2023.

BRASIL. Decreto nº 15.783, de 8 de novembro de 1922. Aprova o regulamento para execução do Código de Contabilidade Pública. *Diário Oficial da União*, Rio de Janeiro, seção 1, p. 21073, 10 nov. 1922. Disponível em: https://www.planalto.gov.br/ccivil_03/decreto/1910-1929/d15783.htm#:~:text=DECRETO%20N%C2%BA%2015.783%2C%20DE%208%20DE%20NOVEMBRO%20DE,regulamento%20para%20execu%C3%A7%C3%A3o%20do%20Codigo%20de%20Contabilidade%20Publica. Acesso em: 24 set. 2023.

BRASIL. Decreto nº 15.783, de 8 de novembro de 1922. Aprova o regulamento para execução do Código de Contabilidade Pública. *Diário Oficial da União*, Rio de Janeiro, seção 1, p. 21073, 10 nov. 1922. Disponível em: D15783 (planalto.gov.br). Acesso em: 24 set. 2023.

BRASIL. Decreto nº 2.409, de 23 de dezembro de 1896. Aprova o regulamento do Tribunal de Contas. *Coleção de Leis do Brasil*, Rio de Janeiro, v. 1, pt. II, 1896. Disponível em: https://www2.camara.leg.br/legin/fed/decret/1824-1899/decreto-2409-23-dezembro-1896-514244-publicacaooriginal-1-pe.html#:~:text=Decreto%20n%C2%BA%202.409%2C%20de%2023%20de%20Dezembro%20de,approvado%20o%20regulamento%2C%20que%20a%20este%20acompanha%2C%20. Acesso em: 24 set. 2023.

BRASIL. Decreto nº 2.511, de 20 de dezembro de 1911. Regula a tomada de contas ao Governo pelo Congresso Nacional. *Diário Oficial da União*, seção 1, p. 16411, 22 dez. 1911. Disponível em: https://www2.camara.leg.br/legin/fed/decret/1910-1919/decreto-2511-20-dezembro-1911-579938-publicacaooriginal-102823-pl.html. Acesso em: 24 set. 2023.

BRASIL. Decreto nº 392, de 8 de outubro de 1896. Reorganiza o Tribunal de Contas. *Coleção de Leis do Brasil*, Rio de Janeiro, v. 1, p. 16, 1896. Disponível em: https://www2.camara.leg.br/legin/fed/decret/1824-1899/decreto-392-8-outubro-1896-540205-publicacaooriginal-40163-pl.html. Acesso em: 22 set. 2023.

BRASIL. Decreto nº 4.536, de 28 de janeiro de 1922. Organiza o Código de Contabilidade da União. *Coleção de Leis do Brasil*, Rio de Janeiro, v. 1, p. 62, 1922. Disponível em: https://www.planalto.gov.br/ccivil_03/decreto/Historicos/DPL/DPL4536-1922.htm. Acesso em: 24 set. 2023.

BRASIL. Decreto nº 563, de 4 de julho de 1850. Autorizando o Governo a reformar o Tesouro Público e Tesourarias das Províncias. *Coleção de Leis do Império do Brasil*, Rio de Janeiro, v. 1, pt. I, p. 248, 1850. Disponível em: https://

www2.camara.leg.br/legin/fed/decret/1824-1899/decreto-563-4-julho-1850-559722-publicacaooriginal-82071-pl.html. Acesso em: 27 set. 2023.

BRASIL. Decreto nº 64.135, de 25 de fevereiro de 1969. Aprova o Regulamento das Inspetorias-Gerais de Finanças e dá outras providências. *Diário Oficial*, p. 1711, 26 fev. 1969. Disponível em: https://www.planalto.gov.br/ccivil_03/decreto/1950-1969/D64135.htm#art9. Acesso em: 23 ago. 2024.

BRASIL. Decreto nº 736, de 20 de novembro de 1850. Reforma o Tesouro Público Nacional e as Tesourarias das Províncias. *Coleção de Leis do Império do Brasil*, Rio de Janeiro, v. 1, pt. II, p. 243, 1850. Disponível em: https://www2.camara.leg.br/legin/fed/decret/1824-1899/decreto-736-20-novembro-1850-560158-publicacaooriginal-82782-pe.html#:~:text=Decreto%20n%C2%BA%20736%2C%20de%2020%20de%20Novembro%20de,presente%20anno%3B%20Hei%20por%20bem%20Ordenar%20o%20seguinte. Acesso em: Acesso em: 27 set. 2023.

BRASIL. Decreto nº 9.203, de 22 de novembro de 2017. Dispõe sobre a política de governança da administração pública federal direta, autárquica e fundacional. *Diário Oficial da União*, seção 1, ano 154, n. 224, p. 3-4. Disponível em: https://www.planalto.gov.br/ccivil_03/_Ato2015-2018/2017/Decreto/D9203.htm. Acesso em: 5 mar. 2024.

BRASIL. Decreto nº 966-A, de 7 de novembro de 1890. Cria um Tribunal de Contas para o exame, revisão e julgamento dos atos concernentes à receita e despesa da República. *Coleção de Leis do Brasil*, Rio de Janeiro, 11. fasc., p. 3440-3442, 1890. Disponível em: https://www.planalto.gov.br/ccivil_03/decreto/1851-1899/d00966-a.html. Acesso em: 23 set. 2023.

BRASIL. Decreto-Lei nº 199, de 25 de fevereiro de 1967. Dispõe sobre a Lei Orgânica do Tribunal de Contas da União e dá outras providências. *Diário Oficial da União*, seção 1, p. 1, 27 fev. 1967. Suplemento. Disponível em: https://www.planalto.gov.br/ccivil_03/Decreto-Lei/1965-1988/Del0199impressao.htm. Acesso em: 30 set. 2023.

BRASIL. Decreto-Lei nº 200, de 25 de fevereiro de 1967. Dispõe sobre a organização da Administração Federal, estabelece diretrizes para a Reforma Administrativa e dá outras providências. *Diário Oficial da União*, seção 1, p. 2812, 8 mar. 1967. Disponível em: https://www.planalto.gov.br/ccivil_03/decreto-lei/del0200.htm. Acesso em: 1º out. 2023.

BRASIL. Decreto-Lei nº 201, de 27 de fevereiro de 1967. Dispõe sobre a Responsabilidade dos Prefeitos e Vereadores, e dá outras providências. *Diário Oficial da União*, p. 2348, 27 fev. 1967, retificado em 14 mar. 1967. Disponível em: https://www.planalto.gov.br/ccivil_03/decreto-lei/Del0201.htm. Acesso em: 24 set. 2023.

BRASIL. Lei Complementar nº 101, de 4 de maio de 2000. Estabelece normas de finanças públicas voltadas para a responsabilidade na gestão fiscal e dá outras providências. *Diário Oficial da União*, seção 1, p. 1, 5 maio 2000. Disponível em: https://www.planalto.gov.br/ccivil_03/LEIS/LCP/Lcp101.htm. Acesso em: 22 set. 2023.

BRASIL. Lei Complementar nº 135, de 4 de junho de 2010. Altera a Lei Complementar nº 64, de 18 de maio de 1990, que estabelece, de acordo com o §9º do art. 14 da Constituição Federal, casos de inelegibilidade, prazos de cessação e determina outras providências, para incluir hipóteses de inelegibilidade que visam a proteger a probidade administrativa e a moralidade no exercício do mandato. *Diário Oficial da União*, Brasília, DF, seção 1, p. 1, 7 jun. 2010. Disponível em: https://www.planalto.gov.br/ccivil_03/leis/lcp/lcp135.htm. Acesso em: 25 set. 2023.

BRASIL. Lei Complementar nº 184, de 29 de setembro de 2021. Altera a Lei Complementar nº 64, de 18 de maio de 1990, para excluir da incidência de inelegibilidade responsáveis que tenham tido contas julgadas irregulares sem imputação de débito e com condenação exclusiva ao pagamento de multa. *Diário Oficial da União*, Brasília, seção 1, ano 159, n. 186, p. 7, 30 set. 2021. Disponível em: https://www.planalto.gov.br/ccivil_03/leis/lcp/lcp184.htm. Acesso em: 23 set. 2023.

BRASIL. Lei Complementar nº 5, de 5 de abril de 1970. Estabelece, de acordo com a Emenda Constitucional nº 1, de 17 de outubro de 1969, art. 151 e seu parágrafo único, casos de inelegibilidades, e dá outras providências. *Diário Oficial da União*, seção 1, p. 3121, 29 abr. 1970. Disponível em: https://www.planalto.gov.br/ccivil_03/leis/lcp/Lcp05impressao.htm. Acesso em: 30 set. 2023.

BRASIL. Lei Complementar nº 64, de 18 de maio de 1990. Estabelece, de acordo com o art. 14, §9º, da Constituição Federal, casos de inelegibilidade, prazos de cessação e determina outras providências. *Diário Oficial da União*, seção 1, p. 9591, 21 maio 1990. Disponível em: https://www.planalto.gov.br/ccivil_03/leis/lcp/lcp64.htm. Acesso em: 22 set. 2023.

BRASIL. Lei de 15 de dezembro de 1830. Orça a receita e fixa a despesa para o ano financeiro de 1831-1832. *Coleção de Leis do Império do Brasil*, v. 1, pt. I, p. 100, 1830. Disponível em: https://www2.camara.leg.br/legin/fed/lei_sn/1824-1899/lei-38056-15-dezembro-1830-565833-publicacaooriginal-89571-pl.html. Acesso em: 27 set. 2023.

BRASIL. Lei de 15 de outubro de 1827. Da responsabilidade dos Ministros e Secretarios de Estado e dos Conselheiros de Estado. *Coleção de Leis do Império do Brasil*, Rio de Janeiro, v. 1, pt. I, p. 71, 1827. Disponível em: https://www.planalto.gov.br/ccivil_03/leis/lim/lim-15-10-1827.htm. Acesso em: 23 set. 2023.

BRASIL. Lei de 4 de outubro de 1831. Dá organização ao Thesouro Publico Nacional e às Thesourarias das Provincias. *Coleção de Leis do Império do Brasil*, Rio de Janeiro, v. 1, pt. I, p. 103, 1831. Disponível em: https://www.planalto.gov.br/ccivil_03/leis/lim/LIM-4-10-1831.htm#:~:text=LEI%20DE%204%20DE%20OUTUBRO,e%20%C3%A1s%20Thesourarias%20das%20Provincias.&text=Art. Acesso em: 23 set. 2023.

BRASIL. Lei nº 10.028, de 19 de outubro de 2000. Altera o Decreto-Lei nº 2.848, de 7 de dezembro de 1940 – Código Penal, a Lei nº 1.079, de 10 de abril de 1950, e o Decreto-Lei nº 201, de 27 de fevereiro de 1967. *Diário Oficial da União*, Brasília, seção 1, p. 1, 20 out. 2000. Disponível em: https://www.planalto.gov.br/ccivil_03/Leis/L10028.htm. Acesso em: 22 set. 2023.

BRASIL. Lei nº 10.180, de 6 de fevereiro de 2001. Organiza e disciplina os Sistemas de Planejamento e de Orçamento Federal, de Administração Financeira Federal, de Contabilidade Federal e de Controle Interno do Poder Executivo Federal, e dá outras providências. *Diário Oficial da União*, Brasília, seção 1, p. 2, 7 fev. 2001. Disponível em: https://www.planalto.gov.br/ccivil_03/LEIS/LEIS_2001/L10180.htm. Acesso em: 1º out. 2023.

BRASIL. Lei nº 11.079, de 30 de dezembro de 2004. Institui normas gerais para licitação e contratação de parceria público-privada no âmbito da administração pública. *Diário Oficial da União*, Brasília, seção 1, p. 6, 31 dez. 2004. Disponível em: https://www.planalto.gov.br/ccivil_03/_Ato2004-2006/2004/Lei/L11079.htm. Acesso em: 22 set. 2023.

BRASIL. Lei nº 11.947, de 16 de junho de 2009. Dispõe sobre o atendimento da alimentação escolar e do Programa Dinheiro Direto na Escola aos alunos da educação básica; altera as Leis nos 10.880, de 9 de junho de 2004, 11.273, de 6 de fevereiro de 2006, 11.507, de 20 de julho de 2007; revoga dispositivos da Medida Provisória no 2.178-36, de 24 de agosto de 2001, e a Lei nº 8.913, de 12 de julho de 1994; e dá outras providências. *Diário Oficial da União*, Brasília, DF, seção 1, p. 2, 17 jun. 2009. Disponível em: https://www.planalto.gov.br/ccivil_03/_ato2007-2010/2009/lei/l11947.htm. Acesso em: 25 jun. 2024.

BRASIL. Lei nº 13.019, de 31 de julho de 2014. Estabelece o regime jurídico das parcerias entre a administração pública e as organizações da sociedade civil, em regime de mútua cooperação, para a consecução de finalidades de interesse público e recíproco, mediante a execução de atividades ou de projetos previamente estabelecidos em planos de trabalho inseridos em termos de colaboração, em termos de fomento ou em acordos de cooperação; define diretrizes para a política de fomento, de colaboração e de cooperação com organizações da sociedade civil; e altera as Leis nºs 8.429, de 2 de junho de 1992, e 9.790, de 23 de março de 1999. (Redação dada pela Lei nº 13.204, de 2015). *Diário Oficial da União*, Brasília, seção 1, p. 1, 1 ago. 2014. Disponível em: https://www.planalto.gov.br/ccivil_03/_ato2011-2014/2014/lei/l13019.htm. Acesso em: 22 set. 2023.

BRASIL. Lei nº 13.448, de 5 de junho de 2017. Estabelece diretrizes gerais para prorrogação e relicitação dos contratos de parceria definidos nos termos da Lei nº 13.334, de 13 de setembro de 2016, nos setores rodoviário, ferroviário e aeroportuário da administração pública federal, e altera a Lei nº 10.233, de 5 de junho de 2001, e a Lei nº 8.987, de 13 de fevereiro de 1995. *Diário Oficial da União*, Brasília, seção 1, p. 1, 6 jun. 2017. Disponível em: https://www.planalto.gov.br/ccivil_03/_Ato2015-2018/2017/Lei/L13448.htm. Acesso em: 22 set. 2023.

BRASIL. Lei nº 13.848, de 25 de junho de 2019. Dispõe sobre a gestão, a organização, o processo decisório e o controle social das agências reguladoras, altera a Lei nº 9.427, de 26 de dezembro de 1996, a Lei nº 9.472, de 16 de julho de 1997, a Lei nº 9.478, de 6 de agosto de 1997, a Lei nº 9.782, de 26 de janeiro de 1999, a Lei nº 9.961, de 28 de janeiro de 2000, a Lei nº 9.984, de 17 de julho de 2000, a Lei nº 9.986, de 18 de julho de 2000, a Lei nº 10.233, de 5 de junho de 2001, a Medida Provisória nº 2.228-1, de 6 de setembro de 2001, a Lei nº 11.182, de 27 de setembro de 2005, e a Lei nº 10.180, de 6 de fevereiro de 2001. *Diário Oficial da União*, Brasília, seção 1, p. 1, 26 jun. 2019. Disponível em: https://www.planalto.gov.br/ccivil_03/_Ato2019-2022/2019/Lei/L13848.htm. Acesso em: 22 set. 2023.

BRASIL. Lei nº 156, de 24 de dezembro de 1935. Regula o funcionamento do Tribunal de Contas. *Diário Oficial da União*, Rio de Janeiro, seção 1, p. 27894, 30 dez. 1935. Disponível em: https://www.planalto.gov.br/ccivil_03/Leis/1930-1949/L0156.htm. Acesso em: 24 set. 2023.

BRASIL. Lei nº 23, de 30 de outubro de 1891. Reorganiza os serviços da Administração Federal. *Coleção de Leis do Brasil*, Rio de Janeiro, v. 1, pt. I, p. 42, 1891. Disponível em: https://www2.camara.leg.br/legin/fed/lei/1824-1899/lei-23-30-outubro-1891-507888-norma-pl.html#:~:text=EMENTA%3A%20Reorganiza%20os%20servi%C3%A7os%20da%20Administra%C3%A7%C3%A3o%20Federal.&text=Vide%20Norma(s)%3A,)%20%2D%20(Norma%20Complementar). Acesso em: 23 set. 2023.

BRASIL. Lei nº 26, de 30 de dezembro de 1891. Fixa despesa geral da República dos Estados Unidos do Brasil para o exercício de 1892, e dá outras providências. *Coleção de Leis do Brasil*, Rio de Janeiro, v. 1, pt. I, p. 50, 1891. Disponível em: https://www2.camara.leg.br/legin/fed/lei/1824-1899/lei-26-30-dezembro-1891-545784-publicacaooriginal-59166-pl.html#:~:text=Fixa%20despeza%20geral%20da%20Republica,1892%2C%20e%20d%C3%A1%20outras%20providencias. Acesso em: 23 set. 2023.

BRASIL. Lei nº 3.454, de 6 de janeiro de 1918. Fixa a Despesa Geral da República dos Estados Unidos do Brasil para o exercício de 1918. *Diário Oficial da União*, Rio de Janeiro, seção 1, p. 315, 8 jan. 1918. Disponível em: https://www2.camara.leg.br/legin/fed/lei/1910-1919/lei-3454-6-janeiro-1918-571960-publicacaooriginal-95095-pl.html. Acesso em: 24 set. 2023.

BRASIL. Lei nº 4.320, de 17 de março de 1964. Estatui Normas Gerais de Direito Financeiro para elaboração e controle dos orçamentos e balanços da União, dos Estados, dos Municípios e do Distrito Federal. *Diário Oficial da União*, p. 2745, 23 mar. 1964. Disponível em: https://www.planalto.gov.br/ccivil_03/leis/l4320.htm#:~:text=LEI%20No%204.320%2C%20DE%2017%20DE%20MAR%C3%87O%20DE%201964&text=Estatui%20Normas%20Gerais%20de%20Direito,Munic%C3%ADpios%20e%20do%20Distrito%20Federal. Acesso em: 29 set. 2023.

BRASIL. Lei nº 6.322, de 14 de abril de 1976. Dispensa a prestação de fiança por servidores civis da União e dá outras providências. *Diário Oficial da União*, Brasília, seção 1, p. 4895, 19 abr. 1976. Disponível em: https://www.planalto.gov.br/ccivil_03/LEIS/1970-1979/L6322.htm. Acesso em: 11 out. 2023.

BRASIL. Lei nº 8.313, de 23 de dezembro de 1991. Restabelece princípios da Lei nº 7.505, de 2 de julho de 1986, institui o Programa Nacional de Apoio à Cultura (Pronac) e dá outras providências. *Diário Oficial da União*, Brasília, DF, seção 1, p. 30261, 24 dez. 1991. Disponível em: https://www.planalto.gov.br/ccivil_03/leis/l8313cons.htm. Acesso em: 25 jun. 2024.

BRASIL. Lei nº 8.443, de 16 de julho de 1992. Dispõe sobre a Lei Orgânica do Tribunal de Contas da União e dá outras providências. *Diário Oficial [da] República Federativa do Brasil*, Brasília, DF, seção 1, ano 130, n. 136, p. 9449, 17 jul. 1992. Disponível em: https://www.planalto.gov.br/ccivil_03/leis/l8443.htm. Acesso em: 23 set. 2023.

BRASIL. Lei nº 8.666, de 21 de junho de 1993. Regulamenta o art. 37, inciso XXI, da Constituição Federal, institui normas para licitações e contratos da Administração Pública e dá outras providências. *Diário Oficial da União*, Brasília, seção 1, p. 8269, 22 jun. 1993. Disponível em: https://www.planalto.gov.br/ccivil_03/LEIS/L8666cons.htm. Acesso em: 22 set. 2023.

BRASIL. Lei nº 8.730, de 10 de novembro de 1993. Estabelece a obrigatoriedade da declaração de bens e rendas para o exercício de cargos, empregos e funções nos Poderes Executivo, Legislativo e Judiciário, e dá outras providências. *Diário Oficial da União*, Brasília, seção 1, p. 16929, 11 nov. 1993. Disponível em: https://www.planalto.gov.br/ccivil_03/Leis/L8730.htm. Acesso em: 22 set. 2023

BRASIL. Lei nº 9.473, de 22 de julho de 1997. Dispõe sobre as diretrizes para a elaboração da lei orçamentária de 1998 e dá outras providências. *Diário Oficial da União*, Brasília, seção 1, p. 15801, 23 jul. 1997. Disponível em: https://www.planalto.gov.br/ccivil_03/Leis/L9473.htm. Acesso em: 22 set. 2023.

BRASIL. Lei nº 9.491, de 9 de setembro de 1997. Altera procedimentos relativos ao Programa Nacional de Desestatização, revoga a Lei nº 8.031, de 12 de abril de 1990, e dá outras providências. *Diário Oficial da União*, Brasília, seção 1, p. 19941, 10 set. 1997. Disponível em: https://www.planalto.gov.br/ccivil_03/LEIS/L9491.htm. Acesso em: 22 set. 2023.

BRASIL. Lei nº 9.504, de 30 de setembro de 1997. Estabelece normas para as eleições. *Diário Oficial [da] República Federativa do Brasil*, Brasília, DF, seção 1, ano 135, n. 189, p. 21801, 1º out. 1997. Disponível em: https://www.planalto.gov.br/ccivil_03/Leis/L9504.htm. Acesso em: 22 set. 2023.

BRASIL. Lei nº 9.637, de 15 de maio de 1998. Dispõe sobre a qualificação de entidades como organizações sociais, a criação do Programa Nacional de Publicização, a extinção dos órgãos e entidades que menciona e a absorção de suas atividades por organizações sociais, e dá outras providências. *Diário Oficial da União*, Brasília, seção 1, p. 8, 18 maio 1998. Disponível em: https://www.planalto.gov.br/ccivil_03/LEIS/L9637.htm. Acesso em: 22 set. 2023.

BRASIL. Lei nº de 30 de outubro de 1891. Reorganiza os serviços da Administração Federal. *Coleção de Leis do Brasil*, Rio de Janeiro, v. 1, pt. 1, p. 42, 1891. Disponível em: https://www2.camara.leg.br/legin/fed/lei/1824-1899/lei-23-30-outubro-1891-507888-norma-pl.html#:~:text=EMENTA%3A%20Reorganiza%20os%20servi%C3%A7os%20da%20Administra%C3%A7%C3%A3o%20Federal.&text=Vide%20Norma(s)%3A,)%20%2D%20(Norma%20Complementar). Acesso em: 23 set. 2023.

BRASIL. *Ministério da Fazenda.* Disponível em: https://www.gov.br/fazenda/pt-br/acesso-a-informacao/institucional/galeria-de-ministros/pasta-imperio-segundo-reinado-dom-pedro-ii/pasta-imperio-segundo-reinado-dom-pedro-ii-ministros/jose-ignacio-borges. Acesso em: 9 set. 2023.

BRASIL. *Ministério da Fazenda.* Disponível em: https://www.gov.br/fazenda/pt-br/acesso-a-informacao/institucional/galeria-de-ministros/pasta-imperio-primeiro-reinado-dom-pedro-i/pasta-imperio-primeiro-reinado-dom-pedro-i-ministros/manoel-jacintho-nogueira-da-gama. Acesso em: 9 set. 2023.

BRASIL. *Ministério da Fazenda.* Disponível em: https://www.gov.br/fazenda/pt-br/acesso-a-informacao/institucional/galeria-de-ministros/pasta-imperio-primeiro-reinado-dom-pedro-i/pasta-imperio-primeiro-reinado-dom-pedro-i-ministros/felisberto-caldeira-brant-pontes-de-oliveira-e-horta. Acesso em: 8 set. 2023.

BRASIL. Ministério da Fazenda. *Relatório do Ministro da Fazenda Ruy Barbosa:* em janeiro de 1891. Rio de Janeiro: Imprensa Nacional, 1891. 464 p. Disponível em: http://www2.senado.leg.br/bdsf/handle/id/222318. Acesso em: 22 set. 2023.

BRASIL. Ministério da Transparência e Controladoria-Geral da União. Secretaria Federal de Controle Interno. *Manual de Auditoria Anual de Contas*: versão março/2018. Brasília: [s.n.], 2018. Disponível em: https://repositorio.cgu.gov.br/bitstream/1/44983/5/Manual_AAC_Mar_2018.pdf. Acesso em: 8 out. 2023.

BRASIL. Presidência da República. Despachos do Presidente da República. Anteprojeto constitucional elaborado pela Comissão Provisória de Estudos Constitucionais, instituída pelo Decreto nº 91.450, de 18 de julho de 1985. *Diário Oficial da União*, Brasília, DF, seção I, p. 1 e 3, 26 set. 1986. Suplemento especial ao n. 185. Disponível em: https://www.senado.leg.br/publicacoes/anais/constituinte/AfonsoArinos.pdf?_gl=1*12bq3ay*_ga*MTI0NDcxNzUxNi4xNjk0MDA3NTEz*_ga_CW3ZH25XMK*MTY5NDAxMTUwOC4yLjEuMTY5NDAxMjc0MC4wLjAuMA. Acesso em: 14 ago. 2024.

BRASIL. Senado Federal. *Diário do Congresso Nacional*, Brasília, DF, seção II, ano 45, n. 36, p. 1535-1584, 27 abr. 1990. Disponível em: https://legis.senado.leg.br/diarios/ver/5901?sequencia=1. Acesso em: 10 set. 2024.

BRASIL. Senado Federal. *Diário do Congresso Nacional*, seção II, 27 abr. 1990.

BRASIL. Superior Tribunal de Justiça (1ª Turma). *Recurso Especial nº 403.153/São Paulo.* Relator: Ministro José Delgado. Disponível em: https://processo.stj.jus.br/processo/pesquisa/?tipoPesquisa=tipoPesquisaNumeroRegistro&termo=200101914564&totalRegistrosPorPagina=40&aplicacao=processos.ea. Acesso em: 7 set. 2024.

BRASIL. Superior Tribunal de Justiça (2ª Turma). *Agravo Interno no Recurso Especial nº 2142794/Paraíba.* Relator: Ministra Maria Thereza de Assis Moura. Julgado em: 19 ago. 2024. Disponível em: https://processo.stj.jus.br/processo/pesquisa/?tipoPesquisa=tipoPesquisaNumeroRegistro&termo=202401634960&totalRegistrosPorPagina=40&aplicacao=processos.ea. Acesso em: 3 set. 2024.

BRASIL. Supremo Tribunal Federal. *Mandado de Segurança nº 6.960.* Relator: Ministro Ribeiro da Costa. Sessão de 31 jul. 1959. Disponível em: https://portal.stf.jus.br/processos/detalhe.asp?incidente=1424869. Acesso em: 26 ago. 2024.

BRASIL. Supremo Tribunal Federal. *Recurso Extraordinário nº 636.886/Alagoas*. Plenário. Relator: Ministro Alexandre de Moraes. Julgado em 20 abr. 2020. Disponível em: https://redir.stf.jus.br/paginadorpub/paginador.jsp?docTP=TP&docID=753077365. Acesso em: 22 set. 2023.

BRASIL. Supremo Tribunal Federal. *Recurso Extraordinário nº 729.744/Minas Gerais*. Plenário. Relator: Ministro Gilmar Mendes. Julgado em 10 ago. 2016. Disponível em: https://portal.stf.jus.br/jurisprudenciaRepercussao/verAndamentoProcesso.asp?incidente=4352126&numeroProcesso=729744&classeProcesso=RE&numeroTema=157. Acesso em: 24 set. 2023.

BRASIL. Supremo Tribunal Federal. *Recurso Extraordinário nº 848.826/Distrito Federal*. Plenário. Relator: Ministro Roberto Barroso. Julgado em 10 ago. 2016. Disponível em: https://portal.stf.jus.br/jurisprudenciaRepercussao/verAndamentoProcesso.asp?incidente=4662945&numeroProcesso=848826&classeProcesso=RE&numeroTema=835. Acesso em: 24 set. 2023.

BRASIL. Transcrição da Ata nº 49 do Tribunal de Contas, sessão ordinária de 26 de abril de 1937. *Diário Oficial*, p. 13.548 e seguintes, 22 jun. 1937.

BRASIL. Tribunal de Contas da União. *Acórdão nº 1143/2022*. Plenário. Relator: Ministro Benjamin Zymler. Sessão de 25 maio 2022. Disponível em: https://pesquisa.apps.tcu.gov.br/documento/acordao-completo/1143%252F2022/%2520%2520/DTRELEVANCIA%2520desc%252C%2520NUMACORDAOINT%2520desc/0. Acesso em: 26 ago. 2024.

BRASIL. Tribunal de Contas da União. *Acórdão nº 1417/2023*. Plenário. Relator: Ministro Jorge Oliveira. Sessão de 12 jul. 2023. Disponível em: https://pesquisa.apps.tcu.gov.br/documento/acordao-completo/*/ANOACORDAO%253A2023%2520RELATOR%253A%2522JORGE%2520OLIVEIRA%2522%2520COLEGIADO%253A%2522Plen%25C3%25A1rio%2522%2520ENTIDADE%253A%2522minist%25C3%25A9rio%2520da%2520economia%2522%2520/DTRELEVANCIA%2520desc%252C%2520NUMACORDAOINT%2520desc/3. Acesso em: 15 mar. 2024.

BRASIL. Tribunal de Contas da União. *Acórdão nº 1723/2009*. Plenário. Relator: Ministro Raimundo Carreiro. Sessão de 5 ago. 2009. Disponível em: https://pesquisa.apps.tcu.gov.br/documento/acordao-completo/*/NUMACORDAO%253A1723%2520ANOACORDAO%253A2009%2520COLEGIADO%253A%2522Plen%25C3%25A1rio%2522%2520/DTRELEVANCIA%2520desc%252C%2520NUMACORDAOINT%2520desc/0. Acesso em: 23 set. 2023.

BRASIL. Tribunal de Contas da União. *Acórdão nº 2663/2017*. Plenário. Relator: José Mucio Monteiro. Sessão de 29 nov. 2017. Disponível em: https://pesquisa.apps.tcu.gov.br/documento/acordao-completo/*/NUMACORDAO%253A2663%2520ANOACORDAO%253A2017%2520COLEGIADO%253A%2522Plen%25C3%25A1rio%2522%2520/DTRELEVANCIA%2520desc%252C%2520NUMACORDAOINT%2520desc/0. Acesso em: 26 out. 2023

BRASIL. Tribunal de Contas da União. *Acórdão nº 2788/2022*. Segunda Câmara. Relator: Ministro Augusto Nardes. Sessão de 31 maio 2022. Disponível em: https://pesquisa.apps.tcu.gov.br/documento/acordao-completo/*/NUMACORDAO%253A2788%2520ANOACORDAO%253A2022%2520COLEGIADO%253A%2522Segunda%2520C%25C3%25A2mara%2522%2520/DTRELEVANCIA%2520desc%252C%2520NUMACORDAOINT%2520desc/0. Acesso em: 12 out. 2023.

BRASIL. Tribunal de Contas da União. *Acórdão nº 329/2019*. Plenário. Relator: Ministro Benjamin Zymler. Sessão de 20 fev. 2019. Disponível em: https://pesquisa.apps.tcu.gov.br/documento/acordao-completo/329%252F2019/%2520%2520/DTRELEVANCIA%2520desc%252C%2520NUMACORDAOINT%2520desc/0. Acesso em: 24 set. 2023.

BRASIL. Tribunal de Contas da União. *Acórdão nº 3608/2014*. Plenário. Relator: Ministro Aroldo Cedraz. Sessão de 9 dez. 2014. Disponível em: https://pesquisa.apps.tcu.gov.br/documento/acordao-completo/*/NUMACORDAO%253A3608%2520ANOACORDAO%253A2014%2520COLEGIADO%253A%2522Plen%25C3%25A1rio%2522%2520/DTRELEVANCIA%2520desc%252C%2520NUMACORDAOINT%2520desc/0. Acesso em: 1º out. 2023

BRASIL. Tribunal de Contas da União. *Acórdão nº 592/2019*. Plenário. Relator: Ministro Walton Alencar Rodrigues. Sessão de 20 mar. 2019. Disponível em: https://pesquisa.apps.tcu.gov.br/documento/acordao-completo/auditoria%2520ADJ%2520conformidade.SUMARIO%2520/COLEGIADO%253A%2522Plen%25C3%25A1rio%2522%2520/DTRELEVANCIA%2520desc%252C%2520NUMACORDAOINT%2520desc/5. Acesso em: 12 out. 2023.

BRASIL. Tribunal de Contas da União. *Acórdão nº 651/2023*. Plenário. Relator: Ministro Benjamin Zymler. Sessão de 5 abr. 2023. Disponível em: https://pesquisa.apps.tcu.gov.br/documento/acordao-completo/651%252F2023/%2520/DTRELEVANCIA%2520desc%252C%2520NUMACORDAOINT%2520desc/0. Acesso em: 26 ago. 2024.

BRASIL. Tribunal de Contas da União. *Acórdão nº 868/2022*. Plenário. Relator: Ministro Vital do Rêgo. Sessão de 20 abr. 2022. Disponível em: https://pesquisa.apps.tcu.gov.br/documento/acordao-completo/868%252F2022/%2520/DTRELEVANCIA%2520desc%252C%2520NUMACORDAOINT%2520desc/0. Acesso em: 26 ago. 2024.

BRASIL. Tribunal de Contas da União. *Ata nº 20/1974*, de 28 de março de 1974. Plenário. Relator: Ministro Jurandyr Coelho. Disponível em: https://pesquisa.apps.tcu.gov.br/documento/ata-sessao/20%252F1974/%2520/DTRELEVANCIA%2520desc/8. Acesso em: 2 out. 2023.

BRASIL. Tribunal de Contas da União. *Ata nº 23/1993*, de 16 de junho de 1993. Sessão especial do Plenário. Disponível em: https://pesquisa.apps.tcu.gov.br/documento/ata-sessao/*/NUMEROATA%253A23%2520ANOATA%253A1993%2520COLEGIADO%253A%2528Plen%25C3%25A1rio%2529%2520/DTRELEVANCIA%2520desc/0. Acesso em: 28 abr. 2024.

BRASIL. Tribunal de Contas da União. *Ata nº 31/1992*, de 25 de junho de 1992. Sessão especial do Plenário. Disponível em: https://pesquisa.apps.tcu.gov.br/documento/ata-sessao/*/NUMEROATA%253A31%2520ANOATA%253A1992%2520COLEGIADO%253A%2528Plen%25C3%25A1rio%2529%2520/DTRELEVANCIA%2520desc/0. Acesso em: 28 abr. 2024.

BRASIL. Tribunal de Contas da União. *Decisão Normativa TCU nº 198/2022*. Estabelece normas complementares para a prestação de contas dos administradores e responsáveis da administração pública federal, nos termos do inciso I do art. 2º; §1º do art. 5º; inciso III e §3º do art. 8º; §3º do art. 9º; e art. 14 da Instrução Normativa-TCU nº 84, de 22 de abril de 2020. Vigente desde 23 mar. 2022. Disponível em: https://pesquisa.apps.tcu.gov.br/documento/norma/198%252F2022/%2520/score%2520desc/0. Acesso em: 20 mar. 2024.

BRASIL. Tribunal de Contas da União. *Instrução Normativa TCU nº 12/1996, de 24 de abril de 1996*. Estabelece Normas de Organização e Apresentação de Tomadas e Prestações de Contas e Rol de Responsáveis, e dá outras providências. Revogada pela Instrução Normativa TCU nº 47/2004. Disponível em: https://pesquisa.apps.tcu.gov.br/documento/norma/*/COPIATIPONORMA%253A%2528%2522Instru%25C3%25A7%25C3%25A3o%2520Normativa%2522%2529%2520NUMNORMA%253A12%2520ANONORMA%253A1996%2520/score%2520desc/0. Acesso em: 8 out. 2023.

BRASIL. Tribunal de Contas da União. *Instrução Normativa TCU nº 47/2004, de 27 de outubro de 2004*. Estabelece normas de organização e apresentação de processos de tomada e prestação de contas. Revogada pela Instrução Normativa TCU nº 57/2008. Disponível em: https://pesquisa.apps.tcu.gov.br/documento/norma/*/COPIATIPONORMA%253A%2528%2522Instru%25C3%25A7%25C3%25A3o%2520Normativa%2522%2529%2520NUMNORMA%253A47%2520ANONORMA%253A2004%2520/score%2520desc/0. Acesso em: 8 out. 2023.

BRASIL. Tribunal de Contas da União. *Instrução Normativa TCU nº 57/2008, de 27 de agosto de 2008*. Estabelece normas de organização e apresentação dos relatórios de gestão e dos processos de contas da administração pública federal. Revogada pela Instrução Normativa TCU nº 63/2010. Disponível em: https://pesquisa.apps.tcu.gov.br/documento/norma/*/COPIATIPONORMA%253A%2528%2522Instru%25C3%25A7%25C3%25A3o%2520Normativa%2522%2529%2520NUMNORMA%253A57%2520ANONORMA%253A2008%2520/DATANORMAORDENACAO%2520desc/0. Acesso em: 8 out. 2023.

BRASIL. Tribunal de Contas da União. *Instrução Normativa TCU nº 6/1994, de 8 de junho de 1994*. Estabelece Normas de Organização e Apresentação de Tomadas e Prestações de Contas e Rol de Responsáveis, e dá outras providências. Vigente desde 8 jun. 1994. Disponível em: https://pesquisa.apps.tcu.gov.br/documento/norma/*/COPIATIPONORMA%253A%2528%2522Instru%25C3%25A7%25C3%25A3o%2520Normativa%2522%2529%2520NUMNORMA%253A6%2520ANONORMA%253A1994%2520/score%2520desc/0. Acesso em: 8 out. 2023.

BRASIL. Tribunal de Contas da União. *Instrução Normativa TCU nº 63/2010, de 1º de setembro de 2010*. Estabelece normas de organização e de apresentação dos relatórios de gestão e das peças complementares que constituirão os processos de contas da administração pública federal, para julgamento do Tribunal de Contas da União, nos termos do art. 7º da Lei nº 8.443, de 1992. Revogada pela Instrução Normativa TCU nº 84/2020. Disponível em: https://pesquisa.apps.tcu.gov.br/documento/norma/*/COPIATIPONORMA%253A%2528%2522Instru%25C3%25A7%25C3%25A3o%2520Normativa%2522%2529%2520NUMNORMA%253A63%2520ANONORMA%253A2010%2520/score%2520desc/0. Acesso em: 8 out. 2023.

BRASIL. Tribunal de Contas da União. *Instrução Normativa TCU nº 71/2012, de 27 de novembro de 2012*. Dispõe sobre a instauração, a organização e o encaminhamento ao Tribunal de Contas da União dos processos de tomada de contas especial. Vigente desde 27 nov. 2012. Disponível em: https://pesquisa.apps.tcu.gov.br/documento/norma/*/COPIATIPONORMA%253A%2528%2522Instru%25C3%25A7%25C3%25A3o%2520Normativa%2522%2529%2520NUMNORMA%253A71%2520ANONORMA%253A2012%2520/score%2520desc/0. Acesso em: 8 out. 2023.

BRASIL. Tribunal de Contas da União. *Instrução Normativa TCU nº 84/2020, de 22 de abril de 2020*. Estabelece normas para a tomada e prestação de contas dos administradores e responsáveis da administração pública federal, para fins de julgamento pelo Tribunal de Contas da União, nos termos do art. 7º da Lei 8.443, de 1992, e revoga as Instruções Normativas TCU 63 e 72, de 1º de setembro de 2010 e de 15 de maio de 2013, respectivamente. Vigente desde 22 abr. 2020. Disponível em: https://pesquisa.apps.tcu.gov.br/documento/norma/*/COPIATIPONORMA%253A%2528%2522Instru%25C3%25A7%25C3%25A3o%2520Normativa%2522%2529%2520NUMNORMA%253A84%2520ANONORMA%253A2020%2520/score%2520desc/0. Acesso em: 8 out. 2023.

BRASIL. Tribunal de Contas da União. *Portaria TCU nº 185/2020, de 30 de novembro de 2020*. Altera o Anexo da Portaria TCU nº 280, de 8 de dezembro de 2010, que dispõe sobre as Normas de Auditoria do Tribunal de Contas da União (NAT). Vigente desde 30 nov. 2020. Disponível em: https://pesquisa.apps.tcu.gov.br/documento/norma/185%252F2020/%2520/score%2520desc/1. Acesso em: 1º out. 2023.

BRASIL. Tribunal de Contas da União. *Relatório de Auditoria nº 016.822/20226*. Auditoria Financeira e de Conformidade no Ministério da Economia (AC 2022). Plenário. Relator: Ministro Jorge Oliveira.

Disponível em: https://pesquisa.apps.tcu.gov.br/documento/processo/016.822%252F2022-6/%2520/DTAUTUACAOORDENACAO%2520desc%252C%2520NUMEROCOMZEROS%2520desc/5. Acesso em: 25 set. 2023.

BRASIL. Tribunal de Contas da União. Resolução Administrativa nº 14/77, de 12 de dezembro de 1977. Aprova o Regimento Interno do Tribunal de Contas da União. Revogada. *Diário Oficial da União*, 19 dez. 1977. Suplemento. Disponível em: https://portal.tcu.gov.br/data/files/CB/E5/83/06/9CB3C710D79E7EB7F18818A8/RITCU_1977_revogado.pdf. Acesso em: 1º out. 2023.

BRASIL. Tribunal de Contas da União. *Resolução TCU nº 113/1972*. Dispõe sobre a remessa obrigatória de documentos ao Tribunal de Contas da União, para o exercício da auditoria financeira e orçamentária. 16 mar. 1972. Revogada pela Portaria TCU nº 12/1993. Disponível em: https://pesquisa.apps.tcu.gov.br/documento/norma/113%252F1972/%2520/score%2520desc/0. Acesso em: 1º out. 2023.

BRASIL. Tribunal de Contas da União. *Resolução TCU nº 165/1975*. Dispõe sobre o exame das tomadas de contas dos órgãos da administração direta e das prestações de contas das entidades da administração indireta, disciplina a execução da Lei nº 6.223, de 14 de julho de 1975, e dá outras providências. 12 ago. 1975. Revogada pela Portaria TCU nº 12/1993. Disponível em: https://pesquisa.apps.tcu.gov.br/documento/norma/165%252F1975/%2520/score%2520desc/0. Acesso em: 1º out. 2023.

BRASIL. Tribunal de Contas da União. Resolução TCU nº 246/2011, de 30 de novembro de 2011. *In*: BRASIL. Tribunal de Contas da União. *Regimento interno do Tribunal de Contas da União*. Brasília: TCU, Secretaria Geral da Presidência, 2023. Disponível em: https://portal.tcu.gov.br/data/files/5A/54/AE/28/EE157810ED256058E18818A8/RITCU.pdf. Acesso em: 25 set. 2023.

BRASIL. Tribunal de Contas da União. Resolução TCU nº 291/2017. Estabelece normas e procedimentos relativos ao processo de apreciação das Contas do Presidente da República e à emissão de parecer prévio pelo Tribunal de Contas da União, nos termos do art. 71, inciso I, da Constituição Federal. Vigente desde 29 nov. 2017. *Boletim do Tribunal de Contas da União – Administrativo especial*, Brasília, ano 35, n. 34, 5 dez. 2017. Disponível em: https://pesquisa.apps.tcu.gov.br/documento/norma/*/COPIATIPONORMA%253A%2528Resolu%25C3%25A7%25C3%25A3o%2529%2520NUMNORMA%253A291%2520/DATANORMAORDENACAO%2520desc/0. Acesso em: 26 out. 2023.

BRASIL. Tribunal de Contas da União. *Resolução TCU nº 344/2022*. Regulamenta, no âmbito do Tribunal de Contas da União, a prescrição para o exercício das pretensões punitiva e de ressarcimento. Vigente desde 11 out. 2022. Disponível em: https://portal.tcu.gov.br/data/files/EE/66/BC/12/F02F3810B4FE0FF7E18818A8/Resolucao-TCU-344-2022_prescricao_punitiva_e_ressarcimento.pdf. Acesso em: 29 ago. 2024.

BRASIL. Tribunal de Contas do Estado de Santa Catarina. *Resolução nº 96/2014*. Estabelece procedimentos para envio da relação de responsáveis que tiveram as contas julgadas irregulares à Justiça Eleitoral e dá outras providências. Revogada pela Instrução Normativa nº 20/2015. Disponível em: https://www.tcesc.tc.br/sites/default/files/leis_normas/resolucao_n_96-2014_consolidada.pdf. Acesso em: 20 set. 2021.

BRITTO, Carlos Ayres. O regime constitucional dos Tribunais de Contas. *In*: SOUZA, Alfredo José de *et al*. *O novo Tribunal de Contas*: órgão protetor dos direitos fundamentais. Belo Horizonte: Fórum, 2005.

BUSQUETS, Cristina del Pilar Pinheiro. *A configuração jurídica do Tribunal de Contas:* o processo e o tempo. 2010. Tese (Doutorado em Direito) – Pontifícia Universidade Católica de São Paulo, São Paulo, 2010.

BUZAID, Alfredo. O Tribunal de Contas no Brasil. *Revista da Faculdade de Direito da Universidade de São Paulo*, São Paulo, v. 62, n. 2, p. 37—62, 1967. Disponível em: https://www.revistas.usp.br/rfdusp/article/view/66514/69124. Acesso em: 23 set. 2023.

CABRAL, Flávio Garcia. O Tribunal de Contas é um órgão político? *Revista de Investigações Constitucionais*, Curitiba, v. 7, n. 1, p. 237-284, jan./abr. 2020.

CABRAL, Flávio Garcia. *Uma análise comparativa da atuação do Tribunal de Contas da União de 1989 a 2010*. 2011. Dissertação (Mestrado em Direito) – Pontifícia Universidade Católica do Rio de Janeiro, Rio de Janeiro, 2011.

CALDAS, Olavo Venturim. *Ensaios sobre legibilidade das prestações de contas e de relatórios de auditoria e seus impactos no processo de accountability no setor público do Brasil*. 2020. Tese (Doutorado em Ciências Contábeis) – Faculdade de Economia, Administração, Contabilidade e Gestão de Políticas Públicas, Universidade de Brasília, Brasília, 2020.

CALDEIRA, Vítor. *Os atuais desafios da jurisdição financeira*. Tribunal de Contas de Portugal. 2018. Disponível em: http://seminarios.tcontas.pt/seminario_final/seminario-final__20180523__intro-vc.pdf. Acesso em: 13 set. 2024.

CÂMARA DOS DEPUTADOS. *Annaes da Câmara dos Deputados*: Terceira Sessão da Segunda Legislatura, sessões de 1 a 31 de julho de 1896. Rio de Janeiro: Imprensa Nacional, 1896. v. III. Disponível em: https://bd.camara.leg.br/bd/bitstreams/a5e286a8-ae49-4403-b3e5-e7473a34a05a/download. Acesso em: 23 set. 2023.

CAMARGO, João Batista; LIMA, Luiz Henrique; OLIVEIRA, Weder de (Coord.). *Contas governamentais e responsabilidade fiscal*: desafios para o controle externo: estudos de ministros e conselheiros substitutos dos tribunais de contas. Belo Horizonte: Fórum, 2017. 371 p.

CARBAJOSA PÉREZ, Borja. Alcance. *In*: MENDIZÁBAL ALLENDE, Rafael de (Coord.). *Glosario de Términos de Fiscalización y de Enjuiciamiento Contable*. Madrid: Boletín Oficial del Estado, Real Academia de Jurisprudencia y Legislación de España, 2019. p. 219-224.

CARMO, João Franco do. Contribuição para o Estudo da Responsabilidade Financeira. *Revista do Tribunal de Contas*, Lisboa, n. 23, p. 35-208, jan./set. 1995.

CARREIRA, Liberato de Castro. *História financeira e orçamentária do Imperio do Brazil*: desde a sua fundação precedida de alguns apontamentos acerca da sua Independência. Rio de Janeiro: Imprensa Nacional, 1889.

CARVALHO FILHO, José dos Santos. *Manual de direito administrativo*. 23. ed. Rio de Janeiro: Lumen Juris, 2010. 1369 p.

CASTARDO, Hamilton Fernando. *Natureza jurídica do Tribunal de Contas no ordenamento brasileiro*. 2007. Dissertação (Mestrado em Direito) – Faculdade de Direito, Universidade Metodista de Piracicaba, Piracicaba, 2007.

CASTRO, Domingos Poubel de. *Auditoria, contabilidade e controle interno no setor público*. 6. ed. São Paulo: Atlas, 2015.

CASTRO, José Nilo de. *Julgamento das contas municipais*. 2. ed. Belo Horizonte: Editora Del Rey, 2000.

CASTRO, Ruy. Bagunça nas contas de Bolsonaro. *Folha de São Paulo*, São Paulo, 16 jun. 2023. Disponível em: https://www1.folha.uol.com.br/colunas/ruycastro/2023/06/bagunca-nas-contas-de-bolsonaro.shtml. Acesso em: 22 set. 2023.

CASTRO, Sylvia de Nazaré Ferreira. *Accountability de governos subnacionais*: Aspectos do relacionamento entre Tribunal de Contas, Assembleia Legislativa e o Executivo no Estado do Pará. 2015. Dissertação (Mestrado em Ciência Política) – Instituto de Filosofia e Ciências Humanas, Universidade Federal do Pará, Belém, 2015.

CATARINO, João Ricardo. *Finanças públicas e direito financeiro*. 5. ed. rev. e atualizada. Coimbra: Edições Almedina, 2019. 592 p.

CAVALCANTI, Amaro. *Elementos de finanças* – Estudo theorico-pratico. Rio de Janeiro: Imprensa Nacional, 1896. 582 p.

CAVALCANTI, Amaro. *Resenha financeira do ex-Império do Brazil*. Rio de Janeiro: Imprensa Nacional, 1890. 368 p.

CEARÁ. Lei nº 12.160, de 4 de agosto de 1993. Dispõe sobre a Lei Orgânica do Tribunal de Contas dos Municípios do Estado do Ceará e dá outras providências. *Diário Oficial Eletrônico*, 12 ago. 1993. Disponível em: https://www.tce.ce.gov.br/downloads/municipios/Lei_Organica_janeiro_2014_2.pdf. Acesso em: 24 set. 2023.

CHAMOUN, Rodrigo Flávio Freire Farias. *Parecer prévio sobre as contas de governo como instrumento de enforcement do equilíbrio fiscal dos municípios*: uma análise do Tribunal de Contas do Estado do Espírito Santo. 2017. Dissertação (Mestrado Profissional em Administração Pública) – Escola Brasiliense de Administração, Instituto Brasiliense de Direito Público, Brasília, 2017.

CIDADE, Patricia Levin de Carvalho. *A ampla defesa e o contraditório*: uma análise da atuação do TCU. 2012. Dissertação (Mestrado Profissional em Justiça Administrativa) – Faculdade de Direito, Universidade Federal Fluminense, Niterói, 2012.

CIMINI, Salvatore. La controversa natura del giudizio di conto. *Rivista della Corte dei Conti*, Roma, n. 3, p. 81-93, 2023.

CLUNY, António. *Responsabilidade financeira e Tribunal de Contas*: contributos para uma reflexão necessária. Coimbra: Coimbra Editora, 2011. 286 p.

COELHO, Jurandyr. Do Tribunal de Contas como Tribunal de Justiça. *Revista do Serviço Público*, [s.l.], v. 74, n. 3, p. 261-288, mar. 1957. Disponível em: https://revista.enap.gov.br/index.php/RSP/article/view/4327/2489. Acesso em: 24 jan. 2023.

COHEN, Robert. *Athènes, une démocratie*: de sa naissance a sa mort. 23ème ed. Paris: Librarie Arthème Fayard, 1936. 211 p.

COIBIR abuso na indicação a tribunais de contas depende do Congresso. *O Globo*, 23 fev. 2023. Editorial. Disponível em: https://oglobo.globo.com/opiniao/editorial/coluna/2023/02/coibir-abuso-na-indicacao-a-tribunais-de-contas-depende-do-congresso.ghtml. Acesso em: 23 fev. 2023.

CONSTITUTIONAL BYLAW (LOLF) No. 2001-692 of 1 August 2001 on budget acts. Disponível em: https://www.alain-lambert.org/wp-content/uploads/lolf/pdf/articles-de-la-lolf-en-anglais-01-08-01.pdf. Acesso em: 16 abr. 2024.

CONTI, José Maurício. *O planejamento orçamentário da administração púbica no Brasil*. 1. ed. São Paulo: Blucher Open Access, 2020. 464 p.

CONTI, José Mauricio; CARVALHO, André Castro. O controle interno na Administração Pública brasileira: qualidade do gasto público e responsabilidade fiscal. *Revista Direito Público*, [s.l.], v. 8, n. 37, p. 201-220, jan./fev. 2011. Disponível em: https://edisciplinas.usp.br/pluginfile.php/8129504/mod_folder/content/0/10.O.2%20CONTI%3B%20CARVALHO.%20Controle%20Interno.pdf. Acesso em: 1º out. 2023.

CORDERY, Carolyn; HAY, David. *Public sector Audit*. New York: Routledge, 2021. 120 p.

CORRALES Y SÁNCHEZ, Enrique. *La Institución del Tribunal de Cuentas en España y en extranjero*. Madrid: Imprenta de la Revista de Legislación, 1902. *eBook*.

COSTA, Carlos Casimiro. Funções jurisdicionais e administrativas dos Tribunais de Contas. *Revista do Tribunal de Contas do Estado da Paraíba*, João Pessoa, ano II, n. 4, p. 29-55, jul./nov. 2003.

COSTA, Eliane. TCM adia decisão sobre rejeição de contas do prefeito de Salvador. *Vermelho*, Salvador, 16 mar. 2011. Disponível em: https://vermelho.org.br/2011/03/16/tcm-adia-decisao-sobre-rejeicao-de-contas-do-prefeito-de-salvador/. Acesso em: 4 ago. 2022.

COTIAS E SILVA, Artur Adolfo. O Tribunal de Contas da União na história do Brasil: evolução histórica, política e administrativa (1890 – 1998). *In*: TRIBUNAL DE CONTAS DA UNIÃO. *Prêmio Serzedello Corrêa 1998*: monografias vencedoras. Brasília: Instituto Serzedello Corrêa, 1999. p. 19-144.

COUTINHO, Doris de Miranda. *Prestação de contas de governo*: relação entre o parecer prévio elaborado pelo Tribunal de Contas do Estado do Tocantins e o julgamento das contas pelo Legislativo referente aos exercícios de 2013 a 2015. 2019. Dissertação (Mestrado Profissional e Interdisciplinar em Prestação Jurisdicional e Direito Humanos) – Escola Superior da Magistratura Tocantinense, Universidade Federal do Tocantins, Palmas, 2019.

COUTO, Deivisom Carlos de França. *O controle judicial do julgamento de contas realizado pelo TCU* parâmetros de legitimação. 2013. Dissertação (Mestrado em Direito Constitucional) – Faculdade de Direito, Universidade Federal Fluminense, Niterói, 2013.

COUTO, Marlen. Antes de Dilma, só Getúlio Vargas teve as contas de governo rejeitadas pelo TCU. *Acervo O Globo*, [s.l.], 8 jul. 2015. País. Disponível em: https://acervo.oglobo.globo.com/fatos-historicos/antes-de-dilma-so-getulio-vargas-teve-as-contas-do-governo-rejeitadas-pelo-tcu-16687345. Acesso em: 7 abr. 2024.

CRETELLA JUNIOR, José. *Manual de direito administrativo*. 4. ed. Rio de Janeiro: Forense 1989. 442 p.

CRUZ, Olga. Com ressalvas e recomendações, TCE-MS aprova as contas do Governo do Estado de 2021. *Portal do Tribunal de Contas do Estado do Mato Grosso do Sul*, Campo Grande, 18 maio 2022. Disponível em: http://www.tce.ms.gov.br/noticias/detalhes/6585/com-ressalvas-e-recomendacoes-tce-ms-aprova-as-contas-do-governo-do-estado-de-2021. Acesso em: 4 ago. 2022.

CUNHA, Ernesto. Perspectiva geral sobre a natureza e a evolução da responsabilidade financeira. *Ciclo de Seminários Relevância e Efetividade da Jurisdição Financeira no século XXI*, seminário 1 – A Natureza e a Evolução da Responsabilidade Financeira. Disponível em: http://seminarios.tcontas.pt/seminario1/apresentacoes/seminario1__20171002__ernesto_cunha.pdf. Acesso em: 7 set. 2024.

CUNHA, Mateus Carvalho da. *Uma análise sobre a accountability dos pareceres prévios do Tribunal de Contas de Municípios com maiores PIB(s) do Estado de São Paulo*. 2019. Dissertação (Mestrado em Gestão de Organizações e Sistemas Públicos) – Universidade Federal de São Carlos, São Carlos, 2019.

CUNHA, Paulo Ferreira da. *Presidencialismo & Parlamentarismo*. Belo Horizonte: Fórum, 2010.

D'ALFONSO, Alessandro. *Discharge Procedure for the EU Budget*: Political scrutiny of budgetary implementation. [s.l.]: European Parliamentary Research Service, 2020. Disponível em: https://www.europarl.europa.eu/RegData/etudes/BRIE/2020/649410/EPRS_BRI(2020)649410_EN.pdf. Acesso em: 7 abr. 2024.

DAMAREY, Stéphanie. *Droit public financier*: Finances publiques, droit budgétaire, comptabilité publique et contentieux financier. 2ème édition. Paris: Dalloz, 2021. 1226 p.

DAMAREY, Stéphanie. Pouvoir juridictionnel et de sanction des juridictions financières, approche comparée. *Gestion & Finances Publiques*, n. 6, p. 41-47, nov./dec. 2021. Disponível em: https://shs.cairn.info/revue-gestion-et-finances-publiques-2021-6-page-41?lang=fr. Acesso em: 17 jun. 2024.

DECOMAIN, Pedro Roberto. *Tribunais de Contas no Brasil*. São Paulo: Dialética, 2006.

DENNIS, Ian. *Auditing Theory*. New York: Routledge, 2015.

DEWAR, David; FUNNELL, Warwick. *A History of British National Audit*: The Pursuit of Accountability. Oxford: Oxford University Press, 2017. *eBook*.

DIAS, Lucinea. *Controle externo de municípios:* diálogo institucional entre Câmaras Municipais e o Tribunal de Contas Estadual em Minas Gerais. 2021. Dissertação (Mestrado em Direito Constitucional) – Escola de Direito e Administração Pública, Instituto Brasiliense de Direito Público, Brasília, 2021.

DIMAGGIO, Paul Joseph; POWELL, Walter Woody. A gaiola de ferro revisitada: isomorfismo institucional e racionalidade coletiva nos campos organizacionais. *Revista de Administração de Empresas*, [s.l.], v. 45, n. 2, p. 74-89, abr./jun. 2005. Disponível em: https://hml-bibliotecadigital.fgv.br/ojs/index.php/rae/article/view/37123/35894. Acesso em: 5 mar. 2024.

DUQUE, Luciara Lopes Vilela. *Isenção ou influência política no processo decisório dos Tribunais de Contas*: um estudo do Tribunal de Contas de Minas Gerais. 2017. Dissertação (Mestrado Profissional em Administração Pública) – Escola Brasileira de Administração Pública, Fundação Getúlio Vargas, Rio de Janeiro, 2017.

ECO, Umberto. *Como se faz uma tese*. 26. ed. São Paulo: Perspectiva, 2016.

ESPANHA. Tribunal de Cuentas. *Institución*. Historia. [s.d.]. Disponível em: https://www.tcu.es/es/la-institucion/historia/index.html. Acesso em: 17 dez. 2022.

ESTADOS UNIDOS DA AMÉRICA. Government Accountability Office (GAO). *"Yellow Book" Government Auditing Standards*: 2018 Revision. [s.l.]: United States Government Accountability Office, 2021. *eBook*.

ESTADOS UNIDOS DA AMÉRICA. House of Representatives. *The Need for a National Budget*: Message from the Presidente of United States transmitting report of The Commission on Economy and Eficiency on the subject of the need for a national budget. Washington: [s.n.], 1912. Disponível em: https://archive.org/details/needforanationa00clevgoog/page/n4/mode/2up. Acesso em: 23 set. 2023.

ESTADOS UNIDOS DA AMÉRICA. House of Representatives. *The Need for a National Budget*. Message from the Presidente of United States transmitting report of The Commission on Economy and Eficiency on the subject of the need for a national budget. Washington, 1912. Disponível em: The need for a national budget. Message from the President of the United States, transmitting report of the Commission on economy and efficiency on the subject of the need for a national budget: United States. President's Commission on Economy and Efficiency: Free Download, Borrow, and Streaming: Internet Archive. Acesso em: 23 set. 2023.

EUROPEAN UNION. Consolidated Version of the Treaty on the Functioning of the European Union. *Official Journal of the European Union*, v. 326, p. 47-390, 26 Oct. 2012. Disponível em: https://eur-lex.europa.eu/legal-content/EN/TXT/PDF/?uri=CELEX:12012E/TXT. Acesso em: 31 out. 2023.

EUROPEAN UNION. European Comission. *Annual Accounts of the European Comission for the financial year 2021*. Brussels: [s.n.], 2022. Disponível em: https://www.europarl.europa.eu/cmsdata/250377/Annual%20Accounts%20of%20the%20European%20Commission%20for%20the%20financial%20year%202021.pdf. Acesso em: 3 nov. 2023.

EUROPEAN UNION. European Comission. *Annual Management and Performance Report for the EU Budget*: volume I. Financial year 2021. Luxembourg: Publications Office of the European Union, 2022. Disponível em: https://www.europarl.europa.eu/cmsdata/252898/ampr_2021_-_volume_1_2022_en.pdf. Acesso em: 3 nov. 2023.

EUROPEAN UNION. European Comission. *Annual Management and Performance Report for the EU Budget*: volume II – annexes. Financial year 2021. Luxembourg: Publications Office of the European Union, 2022.

Disponível em: https://www.europarl.europa.eu/cmsdata/252899/ampr_2021_-_volume_2_2022_en_0.pdf. Acesso em: 3 nov. 2023.

EUROPEAN UNION. European Comission. *Annual Management and Performance Report for the EU Budget*: volume III – technical annexes. Financial year 2021. Luxembourg: Publications Office of the European Union, 2022. Disponível em: https://www.europarl.europa.eu/cmsdata/252900/ampr_2021_-_volume_iii_en.pdf. Acesso em: 3 nov. 2023.

EUROPEAN UNION. European Comission. *Annual report on internal audits carried out in 2021*. Financial year 2021. Luxembourg: Publications Office of the European Union, 2022. Disponível em: https://www.europarl.europa.eu/cmsdata/252903/annual_internal_audit_report_web-10.06.pdf. Acesso em: 3 nov. 2023.

EUROPEAN UNION. European Comission. *Consolidated annual accounts of the European Union*. Financial year 2021. Luxembourg: Publications Office of the European Union, 2022. Disponível em: https://www.europarl.europa.eu/cmsdata/252901/2021_eu_accounts_adopted_web.pdf. Acesso em: 3 nov. 2023.

EUROPEAN UNION. European Comission. *European Parliament's scrutiny on EU budget implementation*. [s.d.]. Disponível em: https://commission.europa.eu/strategy-and-policy/eu-budget/how-it-works/annual-lifecycle/assessment/discharge-procedure_en. Acesso em: 1º nov. 2023.

EUROPEAN UNION. European Comission. *Integrated financial and accountability reporting*: Overview. Financial year 2021. Luxembourg: Publications Office of the European Union, 2022. Disponível em: https://www.europarl.europa.eu/cmsdata/252895/overview_ifar_2021_web_29.07.pdf. Acesso em: 3 nov. 2023.

EUROPEAN UNION. European Comission. *Long-term forecast of future inflows and outflows of the EU Budget*: 2023-2027. Luxembourg: Publications Office of the European Union, 2022. Disponível em: https://www.europarl.europa.eu/cmsdata/252904/long_term_forecast_web.pdf. Acesso em: 3 nov. 2023.

EUROPEAN UNION. European Comission. *Report on the follow-up to the discharge for the 2020 financial year*. Luxembourg: Publications Office of the European Union, 2022. Disponível em: https://www.europarl.europa.eu/cmsdata/252902/follow_up_to_the_discharge_web.pdf. Acesso em: 3 nov. 2023.

EUROPEAN UNION. European Commission. *Court of Auditors' report for the year 2003*: Frequently asked questions. [2004]. Disponível em: https://ec.europa.eu/commission/presscorner/detail/en/MEMO_04_259. Acesso em: 4 nov. 2023.

EUROPEAN UNION. European Court of Auditors (ECA). *2021 Annual reports*. Luxembourg: Publications Office of the European Union, 2022. Disponível em: https://www.eca.europa.eu/lists/ecadocuments/annualreports-2021/annualreports-2021_en.pdf. Acesso em: 31 out. 2023.

EUROPEAN UNION. European Court of Auditors. *Relatório anual do TCE relativo a 2022* – Glossário. Disponível em: https://www.eca.europa.eu/ECAPublications/AR-2022-glossary/AR-2022-glossary_PT.pdf. Acesso em: 5 nov. 2023

EUROPEAN UNION. European Parliament. *Regimento*: 9ª Legislatura. Abr. 2023. Disponível em: https://www.europarl.europa.eu/doceo/document/RULES-9-2023-04-17_PT.pdf. Acesso em: 11 abr. 2024.

EUROPEAN UNION. European Parliament. *The EU at work*: Financing: Budgetary control. [s.d.]. Disponível em: https://www.europarl.europa.eu/factsheets/en/sheet/31/budgetary-control. Acesso em: 4 nov. 2023.

EUROPEAN UNION. European Union. *EU institution*: European Court of Auditors (ECA). [s.d.]. Disponível em: https://european-union.europa.eu/institutions-law-budget/institutions-and-bodies/search-all-eu-institutions-and-bodies/european-court-auditors-eca_en. Acesso em: 12 abr. 2024.

EUROPEAN UNION. Regulamento (UE, Euratom) 2018/1046 do Parlamento Europeu e do Conselho de 18 de julho de 2018. Relativo às disposições financeiras aplicáveis ao orçamento geral da União, que altera os Regulamentos (UE) nº 1296/2013, (UE) nº 1301/2013, (UE) nº 1303/2013, UE nº 1304/2013, (UE) nº 1309/2013, (UE) nº 1316/2013, (UE) nº 223/2014 e (UE) nº 283/2014, e a Decisão nº 541/2014/UE, e revoga o Regulamento (UE, Euratom) nº 966/2012. *Jornal Oficial da União Europeia*, 193, p. 1-222, 30 jul. 2018. Disponível em: https://eur-lex.europa.eu/legal-content/PT/TXT/PDF/?uri=CELEX:32018R1046. Acesso em: 3 nov. 2023.

EUROPEAN UNION. Traité sur Le Fonctionnement de L'Union Eropéenne (Version Consolidée). *Journal officiel de l'Union européenne*, 326, p. 47-390, 26 oct. 2012. Disponível em: https://eur-lex.europa.eu/LexUriServ/LexUriServ.do?uri=CELEX:12012E/TXT:fr:PDF. Acesso em: 1º nov. 2023.

EUROPEAN UNION. Tratado sobre o Funcionamento da União Europeia (Versão Consolidada). *Jornal Oficial da União Europeia*, 326, 26 out. 2012, p. 47390. Disponível em: https://eur-lex.europa.eu/legal-content/PT/TXT/PDF/?uri=CELEX:12012E/TXT. Acesso em: 31 out. 2023.

EUROPEAN UNION. Trattato sul Funzionamento Dell'Unione Europea (Versione Consolidata). *Gazzetta ufficiale dell'Unione europea*, 326, 26 ott. 2012, p. 47-390. Disponível em: https://eur-lex.europa.eu/legal-content/IT/TXT/PDF/?uri=CELEX:12012E/TXT. Acesso em: 31 out. 2023.

EUROPEAN UNION. Tribunal de Contas Europeu. *Auditoria da EU, uma síntese*: Apresentação dos Relatórios Anuais do Tribunal de Contas Europeu relativos a 2022. Luxemburgo: Serviço das Publicações da União Europeia, 2023. Disponível em: https://www.eca.europa.eu/ECAPublications/AIB-2022/AIB-2022_PT.pdf. Acesso em: 5 nov. 2023.

EUROPEAN UNION. Tribunal de Contas Europeu. *Relatório sobre o desempenho do orçamento da EU*: Situação no final de 2021. Luxemburgo: Serviço das Publicações da União Europeia, 2022. Disponível em: https://www.eca.europa.eu/Lists/ECADocuments/annualreport-Performance-2021/annualreport-Performance-2021_PT.pdf. Acesso em: 5 nov. 2023.

EUROPEAN UNION. Tribunal de Contas Europeu. *Relatórios Anuais 2021*. Luxemburgo: Serviço das Publicações da União Europeia, 2022. Disponível em: https://www.eca.europa.eu/lists/ecadocuments/annualreports-2021/annualreports-2021_pt.pdf. Acesso em: 4 nov. 2023.

EUROPEAN UNION. Tribunal de Contas Europeu. *Relatórios Anuais 2022*. Luxemburgo: Serviço das Publicações da União Europeia, 2023. Disponível em: https://www.eca.europa.eu/ECAPublications/AR-2022/AR-2022_PT.pdf. Acesso em: 10 abr. 2024.

FAGUNDES, Miguel Seabra. *O controle dos atos administrativos pelo Poder Judiciário*. 8. ed. Rio de Janeiro: Forense, 2010.

FAGUNDES, Miguel Seabra. O posicionamento constitucional e a competência dos TCs. *Revista do Tribunal de Contas do Estado da Paraíba*, João Pessoa, ano II, n. 4, jul./nov. 2003.

FAGUNDES, Tatiana Penharrubia. *O controle das contas municipais*. 2012. Tese (Doutorado em Direito) – Faculdade de Direito do Largo de São Francisco, Universidade de São Paulo, São Paulo, 2012.

FERREIRA JÚNIOR, Adircélio de Moraes. *O bom controle público e as Cortes de Contas como tribunais da boa governança*. 2015. Dissertação (Mestrado em Direito) – Universidade Federal de Santa Catarina, Florianópolis, 2015.

FERREIRA JÚNIOR, Adircélio Morais; ANDRADE, Karine de Souza Zeferino Fonseca de. Da elaboração pelos Tribunais de Contas da lista de inelegíveis prevista no §5º do art. 11 da Lei nº 9.504/97 a partir do advento da Lei da Ficha Limpa. *Fórum Administrativo*, ano 13, n. 149, jul. 2013.

FERREIRA, Cláudio. *O julgamento das contas públicas e o sistema de controle parlamentar do Governo na Constituição brasileira de 1988*. 2011. Dissertação (Mestrado em Direito do Estado) – Faculdade de Direito, Universidade de São Paulo, São Paulo, 2011.

FESTA, Massimo. *La Corte dei conti del Regno d'Italia nel sec. XIX*. Guidonia: Aletti Editore, 2019.

FIGUEIRÊDO, Thiago Pereira. *O controle judicial das decisões do Tribunal de Contas da União*. 2017. Dissertação (Mestrado em Direito) – Faculdade de Direito, Universidade de Brasília, Brasília, 2017.

FONSECA, Thiago do Nascimento. *Tribunal de Contas da União*: regras institucionais e fatores políticas na explicação de seu desempenho. 2015. Dissertação (Mestrado em ciência Política) – Faculdade de Filosofia, Letras e Ciências Humanas, Universidade de São Paulo, São Paulo, 2015.

FRANÇA. Cour des Comptes. Accueil. *Actualités*. Disponível em: https://www.ccomptes.fr/fr/communiques-presse/responsabilite-des-gestionnaires-publics-pierre-moscovici-souligne-une-reforme. Acesso em: 15 jun. 2024.

FRANÇA. Cour des Comptes. Accueil. Cour des Comptes. Histoire et patrimoine. *Le plus ancien des "Grands corps" de l'État*. Disponível em: https://www.ccomptes.fr/fr/cour-des-comptes/histoire. Acesso em: 10 jun. 2024.

FRANÇA. Cour des Comptes. Accueil. *Glossaire*. Disponível em: https://www.ccomptes.fr/fr/glossaire. Acesso: em 10 jun. 2024.

FRANÇA. Cour des Comptes. *Analyse de L'Execution Budgetaire 2023*: Mission "Sport, jeunesse et vie associative". Avril 2024. Disponível em: https://www.ccomptes.fr/fr/documents/69570. Acesso em: 26 abr. 2024.

FRANÇA. Cour des Comptes. *Analyse de L'Exécution Budgetaire 2023*: Dépenses fiscales. Avril 2024. Disponível em: https://www.ccomptes.fr/fr/documents/69436. Acesso em: 26 abr. 2024.

FRANÇA. Cour des Comptes. *Certification des Comptes de l'État* – Exercice 2022. Disponível em: https://www.ccomptes.fr/fr/documents/64035. Acesso em: 26 abr. 2024.

FRANÇA. Cour des Comptes. *Certification des Comptes de l'État* – Exercice 2022. *Synthèse*. Disponível em: https://www.ccomptes.fr/fr/documents/64035. Acesso em: 26 abr. 2024.

FRANÇA. Cour des Comptes. *Le budget de l'État en 2023 (résultats et gestion)*. Disponível em: https://www.ccomptes.fr/fr/publications/le-budget-de-letat-en-2023-resultats-et-gestion. Acesso em: 26 abr. 2024.

FRANÇA. Cour des Comptes. Nous decouvrir. *Les juridictions financières et institutions associées*. Disponível em: https://www.ccomptes.fr/fr/cour-des-comptes/nous-decouvrir. Acesso em: 10 jun. 2024.

FRANÇA. Cour des Comptes. Nous decouvrir. *Rôle et activités*. Disponível em: https://www.ccomptes.fr/fr/cour-des-comptes/nous-decouvrir/role-et-activites. Acesso em: 14 jun. 2024.

FRANÇA. Cour des Comptes. *Rapport public annuel 2015-février 2015*. Tome II: Le jugement des comptes publics. Disponível em: https://www.ccomptes.fr/sites/default/files/EzPublish/23-RPA2015-jugement-comptes-publics.pdf. Acesso em: 13 jun. 2024.

FRANÇA. *Le Budget de l'État em 2023* – Résultats et gestion-Synthèse. Avril 2024. Disponível em: https://www.ccomptes.fr/fr/publications/le-budget-de-letat-en-2023-resultats-et-gestion. Acesso em: 26 abr. 2024.

FRANÇA. Senat. *Les Lois des Finances*. Disponível em: https://www.senat.fr/connaitre-le-senat/role-et-fonctionnement/les-lois-de-finances.html. Acesso em: 13 abr. 2024.

FRANCE. *Comptable public en France*. [s.l.]: [s.n.], [s.d.]. Disponível em: https://www.comptable-etat.fr/Comptable-public-en-France.pdf. Acesso em: 13 jun. 2024.

FRANCE. Conseil Constitutionnel. *Constituição da República Francesa em Português*. 1958. Disponível em: https://www.conseil-constitutionnel.fr/sites/default/files/as/root/bank_mm/portugais/constitution_portugais.pdf. Acesso em: 13 abr. 2024.

FRANCE. *Constitution of October 4, 1958*. França, 1958. Disponível em: https://constitutionnet.org/sites/default/files/constitution_of_france_1958.pdf. Acesso em: 13 abr. 2024.

FRANCE. *Loi organique nº 2001-692*. Relative aux lois de finances. 1 août 2001. Disponível em: https://www.legifrance.gouv.fr/loda/id/JORFTEXT000000394028/2024-04-25/. Acesso em: 25 abr. 2024.

FRANCE. Ministère de L'Economie, des Finances et de la Souverineté Industrielle et Numérique. *Eléments de cadrage sur la réforme de la responsabilité des gestionnaires publics*. [s.l.]: [s.n.], [s.d.]. Disponível em: https://www.budget.gouv.fr/files/files/gestion%20publique/RGP/El%C3%A9ments%20de%20cadrage%20RGP.PDF. Acesso em: 17 jun. 2024.

FRANCE. Ordonnance nº 2022-408 du 23 mars 2022. Relative au régime de responsabilité financière des gestionnaires publics. *Journal Officiel de la République Française*, texte 4 sur 109, 24 mars 2022. Disponível em: https://www.legifrance.gouv.fr/download/file/mLjksUPWGzi7-JAPoBqcP0FiR1cJimgoBPDZZ4qc0Sc=/JOE_TEXTE. Acesso em: 14 jun. 2024.

FRANCE. Rapport au Président de la République relatif à l'ordonnance nº 2022408 du 23 mars 2022. Relative au régime de responsabilité financière des gestionnaires publics. *Journal Officiel de la République Française*, texte 3 sur 109, 24 mars 2022. Disponível em: https://www.legifrance.gouv.fr/download/file/mLjksUPWGzi7-JAPoBqcPyfC2n2JIx8Uaz9MK_h2w_c=/JOE_TEXTE. Acesso em: 14 jun. 2024.

FRANCO, António L. Sousa. *Finanças públicas e direito financeiro*. 4. ed. 11. reimpr. Coimbra: Almedina, 2007. v. I-II. 394 p.

FREITAS, Daniela Gomes de. *O cidadão tutelado:* a interferência do Poder Judiciário na corrida eleitoral brasileira – Uma análise empírica da aplicação do artigo 1º, I, g, da Lei Complementar 64/90, alterado pela "Lei da Ficha Limpa". 2020. Dissertação (Mestrado Profissional em Poder Legislativo) – Centro de Formação, Treinamento e Aperfeiçoamento da Câmara dos Deputados, Brasília, 2020.

FULIARO, Ana Paula; VARGAS, Marco Antônio. A Lei da Ficha Limpa e as Eleições 2014: um estudo do cenário paulista. *Cadernos de Pós-Graduação em Direito: estudos e documentos de trabalho*, n. 34, p. 8-25, 2015.

GAMEIRO, António Ribeiro (Org.). *O controlo financeiro externo do Estado*. Coimbra: Edições Almedina, 2021. 308 p.

GAO's Forensic Audits and Investigative Service Team. *GAO*, 2014. Disponível em: https://www.gao.gov/blog/2014/04/24/introduction-to-gaos-forensic-audits-and-investigative-service-team. Acesso em: 10 out. 2023.

GARCÉS SANAGUSTÍN, Mario. Cuenta. *In*: MENDIZÁBAL ALLENDE, Rafael de (coord.). *Glosario de Términos de Fiscalización y de Enjuiciamiento Contable*. Madrid: Boletín Oficial del Estado, Real Academia de Jurisprudencia y Legislación de España, 2019. p. 76-78.

GARCIA ORTIZ, Felipe. Descripición del sistema de enjuiciamiento contable en España. Intervención en La Jornada sobre la Relevancia y Efectividade de la Jurisdicción Financiera en el siglo XXI. *Tribunal de Contas de Portugal*, Lisboa, 2017. 11 p. Disponível em: http://seminarios.tcontas.pt/seminario2/textos/seminario2__20171129__tce.pdf. Acesso em: 6 set. 2024.

GOLDKORN, Henrique. O que significa um parecer de auditoria. *Revista de Administração de Empresas*, Rio de Janeiro, v. 16, n. 1, p. 37-40, jan./fev. 1976.

GOMES, Emerson Cesar da Silva. *Responsabilidade financeira*: uma teoria sobre a responsabilidade no âmbito dos tribunais de contas. 2009. Dissertação (Mestrado em Direito) – Faculdade de Direito, Universidade de São Paulo, São Paulo, 2009.

GONÇALVES, Gabriel Garschagen. *Flexibilizações políticas e rupturas do processo democrático:* uma análise dos pareceres do TCE-ES entre os anos de 2010 e 2017. 2019. Dissertação (Mestrado em Ciências Contábeis) – Centro de Ciências Jurídicas e Econômicas, Universidade Federal do Espírito Santos, Vitória, 2019.

GRAMLING, Audrey A.; RITTENBERG, Larry E.; JOHNSTONE, Karla M. *Auditoria*: Tradução da 7. ed. norte-americana por Antonio Zoratto Sanvicente. São Paulo: Cengage Learning, 2012. 768 p.

GRIPPAUDO, Emanuele Fratto Rosi. *Il Giudizio di Conto*. Evoluzione storica e profili teorici nella cornice costituzionale della giurisdizione contabile. Napoli: Editoriale Scientifica, 2022. 285 p.

GRUENFELD, Valeria Rocha Lacerda. *A competência para julgamento das contas de gestão dos prefeitos*. 2016. Dissertação (Mestrado em ciência Jurídica) – Centro de Educação de Ciências Sociais e Jurídicas, Universidade do Vale do Itajaí, Santa Catarina, 2016.

GUALAZZI, Eduardo Lobo Botelho. *Regime jurídico dos Tribunais de Contas*. São Paulo: Editora Revista dos Tribunais, 1992.

HESPANHA, António M. *Como preparar uma dissertação*: um guia em cinco pontos. Lisboa: Faculdade de Direito da Universidade Nova de Lisboa, 2010. 8 p. Disponível em: https://www.academia.edu/10140194/Como_preparar_uma_disserta%C3%A7%C3%A3o. Acesso em: 23 set. 2023.

IMPEACHMENT de Collor. *Memória Globo*, 2021. Disponível em: https://memoriaglobo.globo.com/jornalismo/coberturas/impeachment-de-collor/noticia/impeachment-de-collor.ghtml. Acesso em: 28 abr. 2024.

IÑIGUEZ HERNANDEZ, Diego. Evolución y Reforma de la Jurisdicción Contable. *Revisa Española de Control Externo*, v. 24, n. 71, p. 44-49, mayo 2022. Disponível em: https://dialnet.unirioja.es/descarga/articulo/8824064.pdf. Acesso em: 25 jun. 2023.

INSTITUT NATIONAL DE LA STATISTIQUE ET DES ÉTUDES ÉCONOMIQUES (INSEE). *Définitions, méthodes et qualité*. Définitions. Loi de règlement. 2020. Disponível em: https://www.insee.fr/fr/metadonnees/definition/c1316#:~:text=Loi%20de%20r%C3%A8glement%20D%C3%A9finitions%20Date%20de%20publication%20%3A,r%C3%A9sultat%20budg%C3%A9taire%20et%20d%C3%A9crit%20les%20op%C3%A9rations%20de%20tr%C3%A9sorerie. Acesso em: 24 set. 2023.

INTOSAI. *40 years of Lima Declaration of INTOSAI*. 2017. Disponível em: https://www.intosai.org/fileadmin/downloads/documents/open_access/INTOSAI_Publications/Publication_40y_Lima_Declaration/EN_40_Jahre_Lima_Deklaration.pdf. Acesso em: 7 out. 2023

INTOSAI. *Declaração de Lima, 1977*. Tradução de Tribunal de Contas da União, 2016. Disponível em: https://www.google.com/url?client=internal-element-cse&cx=014966672901662145021:fl5apafnw0i&q=https://portal.tcu.gov.br/lumis/portal/file/fileDownload.jsp%3FfileId%3D8A81881E7FF0EF4B018432E9F9EE55B0&sa=U&ved=2ahUKEwiB2MnZuamIAxX6pZUCHaLjFBIQFnoECAgQAQ&usg=AOvVaw2vqTYfIAiOt4GVAgNHhBAT. Acesso em: 7 out. 2023.

INTOSAI. *ISSAI 100* – Princípios Fundamentais de Auditoria do Setor Público. Tradução de Tribunal de Contas da União, 2013. Disponível em: https://portal.tcu.gov.br/data/files/80/04/47/3A/C1DEF610F5680BF6F18818A8/ISSAI_100_principios_fundamentais_auditoria_setor_publico.pdf. Acesso em: 22 set. 2023.

INTOSAI. *ISSAI 400* – Compilance audit principles. 2019. Disponível em: https://www.intosai.org/fileadmin/downloads/documents/open_access/ISSAI_100_to_400/issai_400/ISSAI_400_en_2019.pdf. Acesso em: 7 out. 2023.

INTOSAI. *ISSAI 4000* – Norma para Auditoria de Conformidade, 2016. Tradução de Tribunal de Contas da União, 2017. Disponível em: https://portal.tcu.gov.br/lumis/portal/file/fileDownload.jsp?fileId=8A81881E7FF0EF4B018432E9FBE557B6. Acesso em: 10 out. 2023.

INTOSAI. *Princípios fundamentais de auditoria de conformidade* – ISSAI 400, 2013. Tradução de Tribunal de Contas da União, 2017. Disponível em: https://portal.tcu.gov.br/lumis/portal/file/fileDownload.jsp?fileId=8A81881E7FF0EF4B018432E9FB765747. Acesso em: 1º out. 2023.

INTOSAI. *Princípios Fundamentais de Auditoria Financeira* – ISSAI 200, 2013. Tradução de Tribunal de Contas da União, 2017. Disponível em: https://portal.tcu.gov.br/lumis/portal/file/fileDownload.jsp?fileId=8A81881E7FF0EF4B018432E9FB2F56FD. Acesso em: 1º out. 2023.

INTOSAI. *Principles of jurisdictional activities of SAIs*. 2019. Disponível em: https://www.intosai.org/fileadmin/downloads/documents/open_access/INT_P_11_to_P_99/INTOSAI_P_50/INTOSAI_P_50_en.pdf. Acesso em: 15 jun. 2023.

IOCKEN, Sabrina Nunes. *Controle compartilhado das políticas públicas*. Belo Horizonte: Fórum, 2018. 274 p.

IOCKEN, Sabrina Nunes. *Políticas públicas:* o Controle do Tribunal de Contas. Florianópolis: Conceito Editorial, 2014. 142 p.

ITÁLIA. Corte dei Conti. Circolare *Presidente Sezione giurisdizionale n. 1/2022, de 20/09/2022* – Sezione Giurisdizionale Regionale Emilia Romagna. 2022. Disponível em: https://www.corteconti.it/Download?id=088e39fa-ce1f-4d97-ad28-a86176d71431. Acesso em: 3 mar. 2024.

ITÁLIA. Corte dei Conti. *Codice di Giustizia Contabile*. Texto coordinato, marzo 2022. Disponível em: corteconti.it. Acesso em: 7 jun. 2024.

ITÁLIA. Corte dei Conti. Home. *Attivita. Controllo*. Disponível em: https://www.corteconti.it/Home/Attivita/Controllo. Acesso em: 5 maio 2024.

ITÁLIA. Corte dei Conti. Home. *Attivita. Giurisdizione*. Disponível em: https://www.corteconti.it/Home/Attivita/Giurisdizione. Acesso em: 5 maio 2024.

ITÁLIA. Corte dei Conti. Home. *Chia siamo. Storia*. Disponível em: https://www.corteconti.it/Home/ChiSiamo/Storia. Acesso em: 5 maio 2024.

ITÁLIA. Corte dei Conti. *La Corte dei Conti, Uno strumento di difesa insostituibile per i cittaidni*. Disponível em: https://www.corteconti.it/Download?id=432d31e9-8074-4083-a2d1-e4eb615e12d6. Acesso em: 12 mar. 2024.

ITÁLIA. Corte dei Conti. La Corte dei Conti. *La storia, l'organizzazione e le funzioni*. Disponível em: corteconti.it. Acesso em: 5 maio 2024.

ITÁLIA. Corte dei Conti. Sezione Giurisdizionale Regionale Emilia Romagna. *Circolare Presidente Sezione giurisdizionale n. 1/2022, de 20/09/2022*. Disponível em: https://www.corteconti.it/HOME/Documenti/DettaglioDocumenti?Id=0c6b8a59-587c-4355-bbfd-49413bd0a5c3. Acesso em: 6 jun. 2024.

ITÁLIA. Senato della Repubblica. *Constituição da República Italiana* – Costituzione Italiana: Edizione in lingua portoghese. Roma, dez. 2017. Disponível em: https://www.senato.it/sites/default/files/media-documents/COST_PORTOGHESE.pdf. Acesso em: 21 set. 2023

JUSTIÇA Eleitoral recebe do TCE-SP relação de gestores com contas irregulares. *Tribunal Regional Eleitoral de São Paulo*, 2022. Disponível em: https://www.tre-sp.jus.br/comunicacao/noticias/2022/Setembro/justica-eleitoral-recebe-do-tce-sp-relacao-de-gestores-com-contas-irregulares. Acesso em: 21 set. 2023.

KAISER, Frederik M. *GAO*: Government Accountability Office and General Accounting Office. 2008. Disponível em: https://sgp.fas.org/crs/misc/RL30349.pdf. Acesso em: 21 set. 2023.

KANIA, Cláudio Augusto. *Relevo constitucional dos Tribunais de Contas no Brasil*. Rio de Janeiro: Lumen Juris, 2020.

KEANEY, David John. *Boas práticas internacionais de auditoria financeira no setor público*: comparação entre TCU e outras entidades de fiscalização superior. Brasília: [s.n.], 2013. Disponível em: https://portal.tcu.gov.br/lumis/portal/file/fileDownload.jsp?fileId=8A8182A15D3169CE015D3D3CA5E91CAB. Acesso em: 15 out. 2023.

KEUNECKE, Lucas Peter. *Transparências e prestação de contas nas instituições de ensino superior do Sul do Brasil*. 2017. Dissertação (Mestrado em Administração) – Centro Socioeconômico, Universidade Federal de Santa Catarina, Florianópolis, 2017.

KRAAN, Dirk; MORETTI, Delphine. Budgeting in France. *OECD Journal on Budgeting*, v. 2, p. 8-72, 2018. Disponível em: https://read.oecd-ilibrary.org/governance/budgeting-in-france_budget-18-5j8jt0pt4c0q#page66. Acesso em: 13 abr. 2024.

KRAKOVICS, Fernanda; SASSINE, Vinicius. TCU rejeita as contas da presidente Dilma de 2014: ministros entenderam haver irregulares nos gastos; parecer segue para o Congresso. *O Globo*, [s.l.], 7 out. 2015. Disponível em: TCU rejeita as contas da presidente Dilma de 2014 – Jornal O Globo. Acesso em: 28 set. 2023.

LA LOI de règlement du budget et d'approbation des comptes. *Budget: La plateforme des finances publiques, du budget de l'État et de la performance publique*, 2019. Disponível em: https://www.budget.gouv.fr/reperes/budget/articles/la-loi-de-reglement-du-budget-et-dapprobation-des-comptes. Acesso em: 13 abr. 2024.

LAGO, Laurenio. Conheça os ministros do Supremo Tribunal Federal – República: João Barbalho Uchôa Cavalcanti. *Supremo Tribunal Federal*, 2001. Disponível em: https://portal.stf.jus.br/ostf/ministros/verMinistro.asp?periodo=STF&id=142. Acesso em: 24 set. 2023.

LAMARQUE, Danièle. *Contrôle et évaluation de la gestion publique*: Enjeux contemporains et comparaisons internationales. [s.l.]: Bruylant, 2016. *eBook*.

LE CLAINCHE, Michel. Responsabilité des comptables publics et management public. *Gestion & Finances Publiques*, [s.l.], n. 5, p. 98-105, set./out. 2017. Disponível em: https://shs.cairn.info/revue-gestion-et-finances-publiques-2017-5-page-98?lang=fr. Acesso em: 24 set. 2023.

LE RAPPORT publique annuel 2015. *Cour des Comptes*, 2015. Disponível em: https://www.ccomptes.fr/fr/publications/le-rapport-public-annuel-2015. Acesso em: 24 set. 2023.

LEAL, Vítor Nunes. Valor das decisões do Tribunal de Contas. *Revista do Tribunal de Contas do Estado da Paraíba*, João Pessoa, ano II, n. 4, p. 418-431, jul./nov. 2003.

LEMOS, Renato. *Alberto Torres*. Rio de Janeiro: Fundação Getulio Vargas, Centro de Pesquisa e Documentação de História Contemporânea do Brasil, [s.d.]. Disponível em: https://cpdoc.fgv.br/sites/default/files/verbetes/primeira-republica/TORRES,%20Alberto.pdf. Acesso em: 24 set. 2023.

LES ENJEUX de la réforme de la responsabilité des gestionnaires publics. *Budget: La plateforme des finances publiques, du budget de l'État et de la performance publique*, 2022. Disponível em: https://www.budget.gouv.fr/reperes/gestion_publique/articles/les-enjeux-de-la-reforme-de-la-responsabilite-des-gestionnaires. Acesso em: 16 jun. 2024.

LIMA, João Alberto de Oliveira; PASSOS, Edilenice; NICOLA, João Rafael Nicola. *A gênese do texto da Constituição de 1988*. Brasília: Senado Federal, Coordenação de Edições Técnicas, 2013. Disponível em: https://www.senado.leg.br/publicacoes/GeneseConstituicao/pdf/genese-cf-1988-1.pdf. Acesso em: 16 ago. 2024.

LIMA, Luiz Henrique; SARQUIS, Alexandre Manir Figueiredo. *Processos de controle externo*: estudos de ministros e conselheiros substitutos dos Tribunais de Contas. Belo Horizonte: Fórum, 2019. 329 p.

LINHARES, Carolina; MARQUES, José. Órgão de contas pede reprovação de gastos de Alckmin e França em 2018. *GZH Política*, São Paulo, 22 maio 2019. Disponível em: https://gauchazh.clicrbs.com.br/politica/noticia/2019/05/orgao-de-contas-pede-reprovacao-de-gastos-de-alckmin-e-franca-em-2018-cjvzf5i9z05t401llyrwj0faz.html. Acesso em: 16 dez. 2022.

LINO, André Feliciano. *As lógicas conflitantes no Tribunal de Contas e o enfraquecimento de sua relevância social*. 2019. Tese. (Doutorado em Ciências) – Faculdade de Economia, Administração e Contabilidade de Ribeirão Preto, Universidade de São Paulo, São Paulo, 2019.

LINO, André Feliciano; AQUINO, André Carlos Busanelli. Práticas não adequada nos tribunais de contas. *Revista de Administração Pública*, Rio de Janeiro, v. 54, n. 2, p. 220-242, mar./abr. 2020.

LINS, Cristiana de Meira. *Divergências entre o parecer prévio do Tribunal de Contas do Estado e o resultado do julgamento das anuais de prefeitos em Pernambuco*. 2012. Dissertação (Mestrado em Administração Pública e Governo) – Escola de Administração de Empresas do Rio de Janeiro, Fundação Getúlio Vargas, Rio de Janeiro, 2012.

LOPES JUNIOR, Eduardo Monteiro. *A judicialização da política no Brasil e o TCU*. Rio de Janeiro: FGV Editora, 2007. 124 p.

LOPES, Raimundo Helio. *Luís Antônio Domingues da Silva*. Rio de Janeiro: Fundação Getulio Vargas, Centro de Pesquisa e Documentação de História Contemporânea do Brasil, [s.d.]. Disponível em: https://cpdoc.fgv.br/sites/default/files/verbetes/primeira-republica/SILVA,%20Lu%C3%ADs%20Ant%C3%B4nio%20Domingues%20da.pdf. Acesso em: 24 set. 2023.

MADELA, Vinicius Zacarias. *A prestação de contas perante o TCU*: proposta de modelo de análise de contas de órgãos do Poder Judiciário de mesma natureza. 2019. Monografia (Pós-Graduação em Auditoria Financeira) – Instituto Serzedello Corrêa, Brasília, 2019. Disponível em: https://portal.tcu.gov.br/lumis/portal/file/fileDownload.jsp?fileId=8A81881F72289E55017234D54D1B585B. Acesso em: 23 jul. 2024.

MAFEI, Rafael. *Como remover um presidente*: teoria, história e prática do impeachment no Brasil. Rio de Janeiro: Zahar, 2021. *eBook*.

MARQUES, José Regis. O papel do TCU na fiscalização dos recursos públicos: um enfoque das dificuldades no exercício do controle externo. *Revista do Tribunal de Contas da União*, Brasília, ano 12, n. 27, 1982.

MATTJIE, Glaucia. *O papel do Tribunal de Contas do Estado de Santa Catarina no controle da probidade administrativa eleitoral*. 2016. Dissertação (Mestrado em Ciência Jurídica) – Universidade do Vale do Itajaí, Itajaí, 2016.

MEDEIROS, Bernardo Abreu de. *Os controles em xeque:* entre a hipertrofia e a ineficácia do controle das políticas públicas – uma análise da Tribunal de Contas da União. 2022. Tese (Doutorado em Políticas Públicas, Estratégias e Desenvolvimento) – Instituto de Economia, Universidade Federal do Rio de Janeiro, Rio de Janeiro, 2022.

MEDEIROS, João Paulo. TCE rejeita recurso de João Azevêdo e mantém reprovação das contas de 2019. *Jornal da Paraíba*, João Pessoa, 25 ago. 2022. Disponível em: https://jornaldaparaiba.com.br/politica/pleno-poder/tce-rejeita-recurso-de-joao-azevedo-e-mantem-reprovacao-das-contas-de-2019/. Acesso em: 20 set. 2023.

MELO, Marcus André. *O Controle Externo na América Latina*. São Paulo/Santiago de Chile: Instituto Fernando Henrique Cardoso/Cieplan, 2008.

MELO, Marcus André. Por que as instituições se fortaleceram? *Instituto Millenium*, Rio de Janeiro, 10 mar. 2017. Disponível em: https://institutomillenium.org.br/por-que-as-instituicoes-se-fortaleceram-no-brasil/. Acesso em: 15 set. 2024.

MENDIZÁBAL ALLENDE, Rafael de. La función jurisdiccional del Tribunal de Cuentas. *Revista de Administración Pública*, [s.l.], n. 100-102, p. 1307-1373, enero/dic. 1983. Disponível em: https://www.cepc.gob.es/sites/default/files/2021-12/232911983100-1021307.pdf. Acesso em: 7 set. 2024.

MÉXICO. Comisión de Vigilancia de la Auditoría Superior de la Federación/LIX Legislatura de la Cámara de Diputados del la H. Congreso de la Unión. *Memoria del Foro Internacional sobre Fiscalización Superior en México y el Mundo México*, Noviembre 2005.

MINAS GERAIS. Lei Complementar nº 33, de 28 de junho de 1994. Dispõe sobre a organização do Tribunal de Contas e dá outras providências. *Diário do Executivo*, v. 1, p. 2, 29 jun. 1994. Revogada pela Lei Complementar nº 102/2008. Disponível em: https://www.almg.gov.br/legislacao-mineira/texto/LCP/33/1994/?cons=1. Acesso em: 24 set. 2023.

MIRANDA, Álvaro Guilherme. *Desenho institucional do Tribunal de Contas no Brasil (1890 a 2013)*: da legislação simbólica ao "gerencialismo público" do ajuste fiscal. 2013. Tese (Doutorado em Ciências, Políticas Públicas, Estratégias e Desenvolvimento) – Instituto de Economia, Universidade Federal do Rio de Janeiro, Rio de Janeiro, 2013.

MIRANDA, Álvaro Guilherme. *Mudança institucional do Tribunal de Contas:* Os oito modelos debatidos na Constituinte de 1988 para o sistema de fiscalização do Brasil. 2009. Dissertação (Mestrado em Políticas Públicas, Estratégias e Desenvolvimento) – Instituto de Economia, Universidade Federal do Rio de Janeiro, Rio de Janeiro, 2009.

MIRANDA, Francisco Cavalcanti Pontes de. Comentários à Constituição de 1967. *Revista do Tribunal de Contas do Estado da Paraíba*, João Pessoa, v. 2, n. 4, p. 25-43, jul./nov. 2003.

MORAIS, George Ventura. *Inelegibilidade decorrente da rejeição de contas de gestores públicos e a nova interpretação da súmula nº 01 do Tribunal Superior Eleitoral.* 2008. Dissertação (Mestrado em Direito) – Universidade Católica de Pernambuco, Recife, 2008.

MOREIRA NETO, Diogo de Figueiredo. Algumas Notas sobre órgãos constitucionalmente autônomos: um estudo de caso sobre os Tribunais de Contas no Brasil. *Revista de Direito Administrativo*, Rio de Janeiro, n. 223, p. 1-24, jan./mar. 2001.

MOUTINHO, Donato Volkers. *Contas dos governantes:* apreciação das contas dos chefes de Poder Executivo pelos tribunais de contas do Brasil. São Paulo: Blucher Open Access, 2020.

NOBRE, Leni Lúcia Leal. *Análise dos julgamentos do Tribunal de Contas dos Municípios do Estado do Ceará:* um olhar sobre a prestação de contas dos Sistemas Municipais de Saúde. 2010. Tese (Doutorado em Saúde Pública) – Faculdade de Saúde Pública, Universidade de São Paulo, São Paulo, 2010.

NUNES, José de Castro. *Teoria e prática do Poder Judiciário.* Rio de Janeiro: Revista Forense, 1943.

OECD. *Avaliações da OCDE sobre Governança Pública*: Brasil – Tribunal de Contas da União: Parecer prévio e relatório sobre as contas do Presidente da República: Avaliação e recomendações. [s.l.]: [s.n.], 2012. Disponível em: https://web-archive.oecd.org/2012-12-04/219338-Assessment%20and%20Recommendations%20booklet_PORT.pdf. Acesso em: 23 mar. 2024.

OECD. *Brazil's Federal Court of Accounts*: Insight and Foresight for Better Governance. Paris: OECD Publishing, 2017. Disponível em: https://www.oecd.org/content/dam/oecd/en/publications/reports/2017/08/brazil-s-federal-court-of-accounts_g1g7e25c/9789264279247-en.pdf. Acesso em: 23 mar. 2024.

OECD. *Brazil's Supreme Audit Institution*: The Audit of the Consolidated Yearend Government Report. OECD Public Governance Reviews. [s.l.]: OECD Publishing, 2013. Disponível em: https://www.oecd-ilibrary.org/brazil-s-supreme-audit-institution_5k9166mp76hg.pdf?itemId=%2Fcontent%2Fpublication%2F9789264188112-en&mimeType=pdf. Acesso em: 23 mar. 2024.

OLIVEIRA, Anderson do Nascimento. *Dissecando os relatórios do TCE-PE de avaliação das prestações de contas dos municípios pernambucanos*: uma análise exploratória. 2017. Dissertação (Mestrado em Ciências Contábeis) – Centro de Ciências Sociais Aplicadas, Universidade Federal de Pernambuco, Recife, 2017.

OLIVEIRA, Eduardo Romero de. A ideia de Império e a fundação da Monarquia Constitucional no Brasil (Portugal-Brasil, 1772-1824). *Tempo*, Rio de Janeiro, v. 9, n. 18, p. 43-63, jun. 2005.

OLIVEIRA, Priscila. Processo de modernização e novas funções dos Tribunais de Contas. *Associação dos Membros dos Tribunais de Contas do Brasil*, [s.l.], 4 ago. 2022. Disponível em: https://atricon.org.br/processo-de-modernizacao-e-novas-funcoes-dos-tribunais-de-contas/. Acesso em: 28 fev. 2024.

OLIVEIRA, Weder de. *Curso de responsabilidade fiscal*: direito, orçamento e finanças públicas. 2. ed. rev., ampl. e atual. Belo Horizonte: Fórum, 2015. v. I. 1136 p.

OLIVEIRA, Weder de. *Lei de Diretrizes Orçamentárias*. Gênese, funcionalidade e constitucionalidade: retomando as origens. Belo Horizonte: Fórum, 2017. 462 p.

OLIVEIRA, Weder de. Precisamos falar sobre contas... Uma nova perspectiva sobre a apreciação das contas anuais do Presidente da República pelo Congresso Nacional mediante parecer prévio do Tribunal de Contas da União. *Fórum de Contratação e Gestão Pública – FGCP*, Belo Horizonte, ano 17, n. 195, p. 53-75, mar. 2018.

OTA, Kleber da Cunha. *Accountability e contas públicas:* uma análise das contas públicas do poder executivo pelo tribunal de contas dos municípios do estado do Pará no período de 2005 a 2014. 2016. Dissertação (Mestrado em Ciência Política) – Instituto de Filosofia e ciências Humanas, Universidade Federal do Pará, Belém, 2016.

PALHEIRO, Renata di Masi. *Novas perspectivas no controle judicial das decisões condenatórias dos tribunais de contas.* 2018. Dissertação (Mestrado em Direito) – Universidade Estácio de Sá, Rio de Janeiro, 2018.

PANAIT, Maria da Conceição Cardoso. *História comparada do contencioso administrativo (1840-1889)*: França e Segundo Reinado Brasileiro. 2019. Tese (Doutorado em História) – Instituto de História, Universidade Federal do Rio de Janeiro, Rio de Janeiro, 2019.

PANE, Miriam. Evoluzione del giudizio di conto ed il suo ruolo nel sistema dele garanzie sulle gestioni contabili. *SalvisJuribus*, 2022. Disponível em: http://www.salvisjuribus.it/evoluzione-del-giudizio-di-conto-ed-il-suo-ruolo-nel-sistema-delle-garanzie-sulle-gestioni-contabili/. Acesso em: 7 jun. 2024.

PARANÁ tem 1.275 políticos na lista de inelegíveis *Bem Paraná*, 2014. Disponível em: https://fetraconspar.org.br/01backup/index.php?option=com_content&view=article&id=38709:parana-tem-1275-politicos-na-lista-de-inelegiveis&catid=168:parana&Itemid=100. Acesso em: 21 set. 2023.

PARRA, Osmar Henrique Costa. *Controle do quê e para quem?* Uma análise dos planos estratégicos dos Tribunais de Contas e de seu papel no desenvolvimento nacional. 2017. Dissertação (Mestrado em Planejamento e Análise de Políticas Públicas) – Faculdade de Ciências Humanas e Sociais, Universidade Estadual Paulista Júlio de Mesquita Filho, Franca, SP, 2017.

PINHEIRO, Ewald Sizenando. *O controle financeiro pelo Tribunal de Contas*. Ensaios de Administração. Rio de Janeiro: D.A.S.P, 1959. n. 18. 311 p.

PINHEIRO, Ewald Sizenando. *O Tribunal de Contas através do tempo*: 1938 a 1989. Brasília: Tribunal de Contas da União, 1989. 90 p.

POMPEU, Carolina Gutierrez; COSTA, Júlia Câmara da (Coord.). *Histórico do Controle de Contas em Portugal e no Brasil:* do século XIII ao XIX. Brasília: Tribunal de Contas da União, 2014. 192 p.

PORTUGAL. Assembleia da República. *Constituição da República Portuguesa*. [s.d.]. Disponível em: https://www.parlamento.pt/Legislacao/Paginas/ConstituicaoRepublicaPortuguesa.aspx. Acesso em: 7 set. 2024.

PORTUGAL. *Tribunal de Contas 1849-1999*: 150 anos de Tribunal de Contas: memoria, história, realidade presente. Disponível em: https://bdigital.tcontas.pt/cotas/336-126-55(469)_expxano/336-126-55(469)_expxano.pdf. Acesso em: 10 set. 2024.

POSNER, Paul L.; SHAHAN, Asif. Audit Institutions. *In*: BOVENS, Mark; GOODIN, Robert E.; SCHILLEMANS, Thomas. *The Oxford Handbook of Public Accountability*. United Kingdom: Oxford University Press, 2014. *eBook*.

POWER, Michael. *The Audit Society*: Rituals of Verification. Oxford: Oxford University Press, 1997. 183 p.

PREFEITO de Candiota tem contas aprovadas por unanimidade no Tribunal de Contas do Estado. *Prefeitura Municipal de Candiota-RS*, [s.d.]. Disponível em: https://www.candiota.rs.gov.br/prefeito-de-candiota-tem-contas-aprovadas-por-unanimidade-no-tribunal-de-contas-do-estado/. Acesso em: 22 set. 2023.

PREFEITO tem as contas de 2021 aprovadas pelo TCE-SP. *Prefeitura de Fernandópolis*, Fernandópolis, 24 maio 2023. Disponível em: https://www.fernandopolis.sp.gov.br/noticias/chefia-de-gabinete/prefeito-tem-as-contas-de-2021-aprovadas-pelo-tce-sp-. Acesso: 27 ago. 2024.

PUBLIC EXPENDITURE AND FINANCIAL ACCOUNTABILITY. *PEFA Partnership Program*. [s.d.]. Disponível em: https://www.pefa.org/about/partners. Acesso em: 21 out. 2023.

RAMOS, J. Baptista. *Tribunal de Contas*: princípio da legalidade e legalidade da despesa. Rio de Janeiro: Forense, 1980.

REIS, Márlon. Inelegibilidade decorrente da reprovação das contas públicas. *Movimento de Combate à Corrupção Eleitoral*, 4 mar. 2012. Disponível em: http://mccpe.blogspot.com.br/2012/03/inelegibilidadedecorrenteda.html. Acesso em: 8 jul. 2013.

REJEIÇÃO de contas vira arma política e leva a acusações de manobra em eleições no país. *Folha de São Paulo*, São Paulo, 19 out. 2022. Disponível em: https://www1.folha.uol.com.br/poder/2020/10/rejeicao-de-contas-vira-arma-politica-e-leva-a-acusacoes-de-manobra-em-eleicoes-no-pais.shtml. Acesso em: 16 dez. 2022.

RINGE, Nils. *The Santer Commission Resignation Crisis*: GovernmentOpposition Dynamics in Executive-Legislative Relations of the EU. Pittsburgh: University of Pittsburgh, 2003. Disponível em: https://aei.pitt.edu/2919/1/156.pdf. Acesso em: 4 nov. 2023.

ROCHA, Arlindo Carvalho. *Realização do potencial de accountability dos pareceres prévios do Tribunal de Contas do Estado de Santa Catarina*. 2011. Tese (Doutorado em Administração) – Escola de Administração, Universidade Federal da Bahia, Salvador, 2011.

RODRIGUES, Alex. TCU aprova contas do governo federal de 2021 com ressalvas: Relator endossou conclusões da equipe técnica do tribunal. *Agência Brasil de Notícias*, Brasília, 29 jun. 2022. Disponível em: https://agenciabrasil.ebc.com.br/politica/noticia/2022-06/tcu-aprova-contas-do-governo-federal-de-2021-com-ressalvas. Acesso em: 4 ago. 2024.

RODRÍGUEZ CASTAÑO, Antonio Ramón. Alcance (Fiscalización). *In*: MENDIZÁBAL ALLENDE, Rafael de (Coord.). *Glosario de Términos de Fiscalización y de Enjuiciamiento Contable*. Madrid: Boletín Oficial del Estado, Real Academia de Jurisprudencia y Legislación de España, 2019. p. 25-28.

ROSA, Ruben. *Direito e Administração*. Rio de Janeiro: Jornal do Commercio Rodrigues & Cia, 1940. 348 p.

ROSA, Ruben. *Rui Barbosa e o Tribunal de Contas*. Rio de Janeiro: Casa de Rui Barbosa, 1949. 38 p.

ROSAS, Roberto. A função jurisdicional do Tribunal de Contas. *Revista de Direito Administrativo*, [s.l.], v. 93, p. 430-437, 1968. Disponível em: https://periodicos.fgv.br/rda/article/view/31767. Acesso em: 15 ago. 2022.

ROSAS, Roberto. Aspectos dos Tribunais de Contas. *Revista de Direito Administrativo*, Rio de Janeiro, v. 101, p. 44-52, jul./set. 1970. Disponível em: https://periodicos.fgv.br/rda/article/view/34430/33235. Acesso em: 9 out. 2023.

ROSILHO, André Janjácomo. *Controle da Administração Pública pelo Tribunal de Contas da União*. 2016. Tese (Doutorado em Direito) – Faculdade de Direito, Universidade de São Paulo, São Paulo, 2016. Disponível em: https://teses.usp.br/teses/disponiveis/2/2134/tde-08022017-165131/publico/Andre_Rosilho_Controle_da_Administracao_Publica_pelo_TCU_INTEGRAL.pdf. Acesso em: 23 ago. 2024.

ROSILHO, André Janjácomo. *Tribunal de Contas da União*: Competências, jurisdição e instrumentos de controle. São Paulo: Quartier Latin, 2019.

ROURE, Agenor de. *Formação do Direito Orçamentário Brazileiro*: desenvolvimento da 'memoria' approvada pelo primeiro Congresso de Historia Nacional, reunido em 1914, no Rio de Janeiro. Rio de Janeiro: Typ. do Jornal do Commercio, 1916. 275 p.

ROURE, Agenor de. *O orçamento*. Rio de Janeiro: Pimenta de Mello & C., 1926.

SABINO, Wellington. TCE "ignora" 26 irregularidades e aprova contas de Pedro Taques. *AgoraMT*, [s.l.], 7 ago. 2019. Disponível em: https://www.agoramt.com.br/2019/08/tce-ignora-26-irregularidades-e-aprova-contas-de-pedro-taques/. Acesso em: 20 set. 2023.

SABÓIA, Gabriel. TCE-RJ rejeita contas de 2020 do Governo do Estado. *O Globo*, [s.l.], 1º jun. 2021. Disponível em: https://oglobo.globo.com/rio/tce-rj-rejeita-contas-de-2020-do-governo-do-estado-25043880. Acesso em: 20 set. 2023.

SAI a lista dos inelegíveis do TCU; quase 300 no AM. *Brasil Norte Comunicação Amazonas*, 2020. Disponível em: https://bncamazonas.com.br/poder/sai-a-lista-do-inelegiveis-tcu/. Acesso em: 21 set. 2023.

SALES, Pedro Carneiro. *Inelegibilidade por rejeição de contas*: o problema da conceituação de irregularidade insanável que configure ato doloso de improbidade administrativa. [s.l.]: [s.n.], 2020. *eBook*.

SALLES, Alexandre Aroeira. *A necessária reformulação da organização e do processo nos tribunais de contas para efetivo alcance dos princípios do devido processo legal, do contraditório e da ampla defesa*. 2016. Tese (Doutorado em Direito) – Pontifícia Universidade Católica de São Paulo, São Paulo, 2016.

SALOMÃO, Eduardo Mendonça. *Os tribunais de contas, jurisdição e eficácia e efetividade de suas decisões*. 2016. Dissertação (Mestrado em Direito) – Faculdade de Ciências Humanas e Sociais, Universidade Estadual Paulista Júlio de Mesquita Filho, São Paulo, 2016.

SANCHES, Osvaldo Maldonado. *Dicionário de orçamento, planejamento e áreas afins*. Brasília: OMS, 2004. 394 p.

SANCHEZ-BARRUECO, Maria Luisa; STEPHENSON, Paul. *Council discharge by the European Parliament*: Finding solutions. [s.l.]: Policy Department D for Budgetary Affairs, 2017. Disponível em: https://www.europarl.europa.eu/RegData/etudes/STUD/2017/572724/IPOL_STU(2017)572724_EN.pdf. Acesso em: 31 out. 2023.

SANTA CATARINA. Lei Complementar nº 202, de 15 de dezembro de 2000. Institui a Lei Orgânica do Tribunal de Contas do Estado de Santa Catarina e adota outras providências. *Diário do Executivo*, 15 dez. 2000. Disponível em: http://leis.alesc.sc.gov.br/html/2000/202_2000_Lei_complementar.html. Acesso em: 24 set. 2023.

SÃO PAULO (Estado). Lei Complementar nº 709, de 14 de janeiro de 1993. Dispõe sobre a Lei Orgânica do Tribunal de Contas do Estado. *Diário Oficial [do] Estado de São Paulo*, seção 1: Poder Executivo, v. 103, n. 10, 15 jan. 1993. Disponível em: https://www.al.sp.gov.br/repositorio/legislacao/lei.complementar/1993/lei.complementar-709-14.01.1993.html. Acesso em: 27 fev. 2024.

SCHIAVO-CAMPO, Salvatore. *Running the Government*: Public Administration and Governance in Global Context. New York: Routledge, 2019. 504 p.

SCIASCIA, Michael. *La Corte dei conti*: Organizzazione, funzioni e procedimenti. Milano: Giapeto, 2020. 512 p.

SENADO FEDERAL. Comissão do sistema tributário, orçamento e finanças. *Anais do Senado Federal (Atas das Comissões)*, Brasília, [s.l.], 1987. Disponível em: http://www.senado.leg.br/publicacoes/anais/constituinte/5_Comissao_Do_Sistema_Tributario,_Orcamento_E_Financas.pdf. Acesso em: 18 ago. 2024.

SENADO FEDERAL. *Diário do Congresso Nacional*, Brasília, sessão conjunta, v. I, ano 51, n. 44, 19 dez. 1996. Disponível em: https://legis.senado.leg.br/diarios/ver/14505?sequencia=1. Acesso em: 29 abr. 2024.

SENADO. *Annaes do Senado do Império do Brazil*: Primeira Sessão da Primeira Legislatura, anno de 1826, tomo segundo. Rio de Janeiro: Typographia Nacional, 1878. Disponível em: https://www.senado.leg.br/publicacoes/anais/pdf-digitalizado/Anais_Imperio/1826/1826%20Livro%202.pdf. Acesso em: 23 set. 2023.

SENADO. *Annaes do Senado do Império do Brazil*: Primeira Sessão da Primeira Legislatura, anno de 1826, tomo terceiro. Rio de Janeiro: Typographia Nacional, 1878. Disponível em: https://www.senado.leg.br/publicacoes/anais/pdf-digitalizado/Anais_Imperio/1826/1826%20Livro%203.pdf. Acesso em: 3 mar. 2024.

SENADOR pede que TCU rejeite prestação de contas de Bolsonaro. *Correio Braziliense*, Brasília, 7 dez. 2022. Política. Disponível em: https://www.correiobraziliense.com.br/politica/2022/12/5057441-senador-pede-que-tcu-rejeite-prestacao-de-contas-de-bolsonaro.html. Acesso em: 28 set. 2023.

SETEMY, Adrianna. *Augusto Montenegro*. Rio de Janeiro: Fundação Getulio Vargas, Centro de Pesquisa e Documentação de História Contemporânea do Brasil, [s.d.]. Disponível em: https://cpdoc.fgv.br/sites/default/files/verbetes/primeira-republica/MONTENEGRO,%20Augusto.pdf. Acesso em: 24 set. 2023.

SILVA, Anderson Luiz da. *Decisão do Tribunal de Contas*: contexto, produção jurídica e controle judicial. 2015. Dissertação (Mestrado em Direito Público) – Faculdade de Direito de Alagoas, Universidade Federal de Alagoas, Maceió, 2015.

SILVA, André Garcia Xerez. *Controle judicial das decisões dos tribunais de contas como hipótese de inelegibilidade*. 2014. Dissertação (Mestrado em Direito) – Faculdade de Direito, Universidade Federal do Ceará, Fortaleza, 2014.

SILVA, José Afonso da. *Curso de direito constitucional positivo*. 29. ed. São Paulo: Malheiros, 2008.

SILVA, Michel Mascarenhas. *Separação dos Poderes e Administração Pública*: controle judicial sobre atos dos Tribunais de Contas. 2010. Dissertação (Mestrado em Direito Constitucional) – Centro de Ciências Jurídicas, Universidade de Fortaleza, Fortaleza, 2010.

SILVA, Ruy Gomes da. *O controle democrático do Governo e a ação punitiva do Tribunal de Contas da União*. 1981. Dissertação (Mestrado em Administração Pública) – Escola Brasileira de Administração Pública, Fundação Getúlio Vargas, Rio de Janeiro, 1981.

SIMÕES, Edson. *Tribunais de Contas*: Controle externo das contas públicas. São Paulo: Saraiva, 2014.

SOARES, Amanda Paulino. *Taxonomia das irregularidades detectadas no processo de auditoria das prefeituras*: instrumento de apoio aos tribunais de contas brasileiros. 2018. Dissertação (Mestrado em Ciências Contábeis) – Centro de Ciências Aplicadas. Universidade Federal de Pernambuco, Recife, 2018.

SOUSA NETO, João Dias. *Entre governo e gestão*: accountability e o estágio democrático brasileiro a partir da definição da competência do julgamento das contas do Chefe do Poder Executivo Municipal. 2019. Tese (Doutorado Interinstitucional em Ciência Política) – Universidade Federal do Rio Grande do Sul/Faculdade Católica de Rondônia, 2019.

SOUSA, Geovane Oliveira de. *Politização nos Tribunais de Contas:* o caso do Estado de São Paulo. 2019. Dissertação (Mestrado em Políticas Públicas) – Fundação Universidade Federal do ABC, São Paulo, 2019.

SOUZA, Antônio Emanuel Andrade de. *Accountability nos pareceres prévios do Tribunal de Contas dos municípios*. 2017. Dissertação (Mestrado em Administração) – Unifacs, Salvador, 2017.

SOUZA, Artur Leandro Veloso de. *Contas de governo e o déficit financeiro:* peculiaridades das contas de governo, o cancelamento de restos a pagar e a depuração do passivo. Rio de Janeiro: Lumens Juris, 2018.

SOUZA, Cesária Catarina Carvalho Ribeiro de Maria. *Controle externo das contas dos prefeitos*: Relação entre as Câmaras Municipais e os pareceres prévios dos Tribunais de Contas Estaduais. 2018. Tese (Doutorado em Sociologia Política) – Centro de Ciências do Homem, Universidade Estadual do Norte Fluminense Darcy Ribeiro, Campo dos Goytacazes, 2018.

SPECK, Bruno Wilhelm. *Inovação e rotina no Tribunal de Contas da União*: o papel da instituição superior de controle financeiro no sistema político-administrativo do Brasil. São Paulo: Fundação Konrad Adenauer, 2000. 226 p.

SPITZCOVSKY, Celso. *A cláusula do devido processo legal e a inelegibilidade no processo de prestação de contas*. 2010. Dissertação (Mestrado em Direito Constitucional) – Pontifícia Universidade Católica de São Paulo, São Paulo, 2010.

STADERINI, Francesco. El modelo de fiscalización de Italia/Intervención del Sr. Francesco Staderini, Presidente del Tribunal de Cuentas de Italia. *In*: COMISIÓN DE VIGILANCIA DE LA AUDITORÍA SUPERIOR DE LA FEDERACIÓN/LIX LEGISLATURA DE LA CÁMARA DE DIPUTADOS DEL LA H. CONGRESO DE LA UNIÓN. *Memoria del Foro Internacional sobre Fiscalización Superior en México y el Mundo*. México: Câmara de Diputados LIX Legislatura, Comisión de Vigilancia de la Auditoria Superior de la Federación, noviembre 2005.

STOURM, René. *Le Budget*: son histoire et son mécanisme. Paris: Guillaumin et cie, 1889. 676 p.

SUNDFELD, Carlos Ari; ROSILHO, André (Org.). *Tribunal de Contas da União no direito e na realidade*. São Paulo: Almedina, 2020.

SUPREMO TRIBUNAL FEDERAL. *Currículo e biografia do ministro Castro Nunes*. [s.l.]: STF, [s.d.]. Disponível em: https://www.stf.jus.br/arquivo/biblioteca/PastasMinistros/CastroNunes/CurriculoBiografia/004.pdf. Acesso em: 16 mar. 2024.

TCE-MT aponta 27 irregularidades e aprova contas de 2018 de Pedro Taques. *G1*, [s.l.], 7 ago. 2019. Disponível em: https://g1.globo.com/mt/mato-grosso/noticia/2019/08/07/tce-mt-aponta-27-irregularidades-e-aprova-contas-de-2018-de-pedro-taques.ghtml. Acesso em: 20 set. 2022.

TCE-PB reprova contas da gestão do governador João Azevêdo, referentes a 2019. *G1*, Paraíba, 2 maio 2022. Disponível em: https://g1.globo.com/pb/paraiba/noticia/2022/05/02/tce-pb-reprova-contas-da-gestao-do-governador-joao-azevedo-referentes-a-2019.ghtml. Acesso em: 4 ago. 2022.

TCE-SP aprova com ressalvas e recomendações as Contas do Governo de São Paulo em 2022 – MPC manteve opinião pela rejeição. *Ministério Público de Contas do Estado de São Paulo*, São Paulo, 28 jun. 2023. Disponível em: https://www.mpc.sp.gov.br/tce-sp-aprova-com-ressalvas-e-recomendacoes-contas-do-governo-de-sao-paulo-em-2022-mpc-manteve. Acesso em: 20 set. 2023.

TCM-BA prepara lista de inelegíveis. *Associação dos Membros dos Tribunais de Contas do Brasil*, [s.l.], 10 maio 2014. Disponível em: https://atricon.org.br/tcm-ba-prepara-lista-de-inelegiveis/. Acesso em: 22 set. 2023.

TCU entrega lista com 6.791 nomes inelegíveis por reprovação de contas. *Agência Brasil de Notícias*, Brasília, 10 ago. 2022. Disponível em: https://agenciabrasil.ebc.com.br/justica/noticia/2022-08/tcu-entrega-lista-com-6791-nomes-inelegiveis-por-reprovacao-de-contas. Acesso em: 10 dez. 2022.

TCU. Secom. Em conferência internacional, presidente do TCU destaca a importância da atividade jurisdicional das instituições superiores de controle. *Portal TCU*, [s.l.], 2024. Disponível em: https://portal.tcu.gov.br/imprensa/noticias/em-conferencia-internacional-presidente-do-tcu-destaca-a-importancia-da-atividade-jurisdicional-das-instituicoes-superiores-de-controle.htm. Acesso em: 26 fev. 2024.

TCU. Secom. Tribunal aprova contas do presidente com 14 ressalvas. *Portal TCU*, Brasília, 29 jun. 2022. Disponível em: https://portal.tcu.gov.br/imprensa/noticias/tribunal-aprova-contas-de-governo-com-14-ressalvas.htm. Acesso em: 4 ago. 2022.

TENORE, V. *La responsabilitá civile, amministrativo-contabile e penale dei pubblici dipendenti*. Disponível em: https://concorsipubblici.fpcgil.it/wp-content/uploads/2021/10/INPS_Lez-4-3_La-responsabilita-amministrativa-e-contabile-dei-dipendenti-pubblici.pdf. Acesso em: 10 set. 2024.

TRE-MT disponibiliza lista de gestores que tiveram contas rejeitadas pelo TCE-MT e pelo TCU. *Tribunal Regional Eleitoral de Mato Grosso*, 2022. Disponível em: https://www.tre-mt.jus.br/comunicacao/noticias/2022/Agosto/tre-mt-disponibiliza-lista-de-gestores-que-tiveram-contas-rejeitadas-pelo-tce-mt-e-pelo-tcu. Acesso em: 21 set. 2023.

TRIBUNAL de Contas aprova por unanimidade as contas do Prefeito de Urupês relativas a 2021. *Prefeitura de Urupês*, [s.d.]. Disponível em: https://www.urupes.sp.gov.br/noticias/noticia.php?id=1780#:~:text=O%20Tribunal%20de%20Contas%20do,de%20planejar%20adequadamente%20a%20gest%C3%A3o. Acesso em: 27 fev. 2024.

TRIBUNAL DE CONTAS DA UNIÃO. *Coletânea de documentos e textos concernentes ao Tribunal de Contas da União.* Brasília: [s.n.], 1969. v. III.

TRIBUNAL DE CONTAS DA UNIÃO. Contas do Presidente da República – 2020. *Portal TCU*, [2021]. Disponível em: https://sites.tcu.gov.br/contas-do-governo-2020/. Acesso em: 20 set. 2023.

TRIBUNAL DE CONTAS DA UNIÃO. Contas. Contexto geral das prestações de contas. *Portal TCU*, [s.d.]. Disponível em: https://portal.tcu.gov.br/contas/contas-e-relatorios-de-gestao/contexto-geral-das-prestacoes-de-contas.htm#:~:text=A%20Presta%C3%A7%C3%A3o%20de%20Contas%20Anual,e%2071%20da%20Constitui%C3%A7%C3%A3o%20Federal). Acesso em: 5 mar. 2024.

TRIBUNAL DE CONTAS DA UNIÃO. Controle e Fiscalização. Padrões e Orientações de Auditoria de Conformidade. *Portal TCU*, [s.d.]. Disponível em: https://portal.tcu.gov.br/contas-e-fiscalizacao/controle-e-fiscalizacao/auditoria/normas-de-fiscalizacao/auditoria-de-conformidade.htm. Acesso em: 1º out. 2023.

TRIBUNAL DE CONTAS DA UNIÃO. Exposição de Motivos de Rui Barbosa sobre a Criação do TCU. *Revista do Tribunal de Contas da União*, Brasília, v. 30, n. 82, p. 253-262, out./dez. 1999.

TRIBUNAL DE CONTAS DA UNIÃO. *Manual de Auditoria Financeira 2016*. Brasília: TCU, Secretaria de Métodos e Suporte ao Controle Externo (SEMEC), 2016. 276 p. Disponível em: https://portal.tcu.gov.br/lumis/portal/file/fileDownload.jsp?fileId=8A8182A1588C235001588D1E5DB21707. Acesso em: 1º out. 2023.

TRIBUNAL DE CONTAS DA UNIÃO. Museu do Tribunal de Contas da União: Min Ruben Machado da Rosa (1934-1967). *Portal TCU*, [s.d.]. Disponível em: https://portal.tcu.gov.br/centro-cultural-tcu/museu-do-tribunal-de-contas-da-uniao/tcu-a-evolucao-do-controle/min-ruben-machado-da-rosa-1934-1967.htm. Acesso em: 26 set. 2023.

TRIBUNAL DE CONTAS DA UNIÃO. Museu do Tribunal de Contas da União: As Contas do Governo. *Portal TCU*, [s.d.]. Disponível em: https://portal.tcu.gov.br/centro-cultural-tcu/museu-do-tribunal-de-contas-da-uniao/tcu-a-evolucao-do-controle/contas-do-governo.htm#:~:text=Nesse%20per%C3%ADodo%2C%20no%20ano%20de,relativas%20ao%20exerc%C3%ADcio%20de%201936. Acesso em: 7 abr. 2024.

TRIBUNAL DE CONTAS DA UNIÃO. *Novas Instruções para o Processo de Tomada de Contas*. Rio de Janeiro: Imprensa Nacional, 1918.

TRIBUNAL DE CONTAS DA UNIÃO. Orientações para Auditorias de Conformidade (OAC). Portaria-APLAN nº 1, de 25 de janeiro de 2010. *Boletim do Tribunal de Contas da União*, Brasília, ano 43, n. 3, 9 fev. 2010. Especial. Disponível em: https://portal.tcu.gov.br/lumis/portal/file/fileDownload.jsp?fileId=8A8182A259ADCD370159B3013CB05B41. Acesso em: 1º out. 2023.

TRIBUNAL DE CONTAS DA UNIÃO. Padrões de Auditoria de Conformidade (PAC). Portaria-Segecex nº 26, de 19 de outubro de 2009. *Boletim do Tribunal de Contas da União*, Brasília, ano 43, n. 2, 3 fev. 2010. Especial. Disponível em: https://portal.tcu.gov.br/lumis/portal/file/fileDownload.jsp?fileId=8A8182A259ADCD370159B2FD99B04042. Acesso em: 1º out. 2023.

TRIBUNAL DE CONTAS DA UNIÃO. *Preceitos sobre competências, jurisdição, atribuições e organização do Tribunal de Contas da União.* Brasília, 1964.

TRIBUNAL DE CONTAS DA UNIÃO. *Processo nº 016.822/2022-6*. Relator Ministro Jorge Oliveira. Peça 243.

TRIBUNAL DE CONTAS DA UNIÃO. *Processo nº 034.095/2019-5*. Peça 11, 29/9/2019.

TRIBUNAL DE CONTAS DA UNIÃO. *Processo nº 26. 483/74*. Relator: Ministro Wilson de Souza Aguiar. Ata nº 59, de 8 ago. 1974. Processo 26.483/74. Disponível em: https://portal.tcu.gov.br/sessoes/sessoes-pautas-e-atas/atas/. Acesso em: 2 out. 2023.

TRIBUNAL DE CONTAS DA UNIÃO. *Processo nº 396.478/73*. Relator: Ministro Wagner Estelita Campos. Ata nº 20, de 28 de março 1974. Processo 26.483/74. Disponível em: https://portal.tcu.gov.br/sessoes/sessoes-pautas-e-atas/atas/. Acesso em: 2 out. 2023.

TRIBUNAL DE CONTAS DA UNIÃO. *Regimento Interno do Tribunal de Contas da União*. Brasília: TCU, 1997. 93 p. Disponível em: https://portal.tcu.gov.br/data/files/EC/E5/74/06/9CB3C710D79E7EB7F18818A8/RITCU_1993_revogado.pdf. Acesso em: 10 out. 2023.

TRIBUNAL DE CONTAS DA UNIÃO. Relatório e Parecer Prévio sobre as Contas do Governo da República: Exercício de 1999. Relator: Ministro Valmir Campelo. *In*: TRIBUNAL DE CONTAS DA UNIÃO. Secretaria Geral das Sessões. *Ata nº 22, de 13 de junho de 2000*. Sessão extraordinária do Plenário. Aprovada em 28 de junho de 2000. Anexo I, p. 2-380. Disponível em: https://portal.tcu.gov.br/tcu/paginas/contas_governo/contas1999.pdf. Acesso em: 20 set. 2023.

TRIBUNAL DE CONTAS DA UNIÃO. *Relatório e Parecer Prévio sobre as Contas do Governo da República*: exercício de 2010. Brasília: TCU, 2011. Disponível em: https://portal.tcu.gov.br/tcu/paginas/contas_governo/contas_2010/CG%202010%20Relat%C3%B3rio.pdf. Acesso em: 19 out. 2023

TRIBUNAL DE CONTAS DA UNIÃO. *Relatório e Parecer Prévio sobre as Contas do Governo da República*: exercício de 2011. Brasília: TCU, 2012. Disponível em: https://portal.tcu.gov.br/tcu/paginas/contas_governo/contas_2011/fichas/CG%202011%20Relat%C3%B3rio%20Sess%C3%A3o.pdf#page=510. Acesso em: 23 out. 2023.

TRIBUNAL DE CONTAS DA UNIÃO. *Relatório e Parecer Prévio sobre as Contas do Governo da República*: exercício de 2014. Brasília: TCU, 2016. Disponível em: https://sites.tcu.gov.br/contas-do-governo-2014/Contas%202014%20-%20Relat_rio%20e%20Parecer%20Pr_vio%20sobre%20as%20Contas%20do%20Governo%20da%20Rep_blica%20-%20Exerc_cio%20de%202014.pdf. Acesso em: 23 out. 2023.

TRIBUNAL DE CONTAS DE PORTUGAL. *Tribunal de Contas (1849-1911)*. [s.d.]. Disponível em: https://erario.tcontas.pt/pt/apresenta/historia/tc1849-1911.shtm. Acesso em: 17 dez. 2022.

TRIBUNAL DE CONTAS DO ESTADO DO RIO GRANDE DO SUL. Resolução nº 1028/2015, de 4 de março de 2015. Aprova o Regimento Interno do Tribunal de Contas do Estado. *Diário Eletrônico [do] Tribunal de Contas do Estado do Rio Grande do Sul*, Porto Alegre, ano 9, n. 1979, 18 mar. 2015. Boletim n. 304/2015. Disponível em: https://atosoficiais.com.br/lei/regimento-interno-tcers?origin=instituicao. Acesso em: 27 fev. 2024.

TRISTÃO, Conrado Valentini. *Controle do Tribunal de Contas da União pelo Supremo Tribunal Federal:* uma análise a partir dos julgamentos de mandados de segurança. 2020. Dissertação (Mestrado em Direito e Desenvolvimento) – Escola de Direito de São Paulo, Fundação Getúlio Vargas, São Paulo, 2020.

UNITED KINGDOM. *Budget Responsibility and National Audit Act 2011*: 2011 chapter 4. [s.l.]: [s.n.], 2011. Disponível em: https://www.legislation.gov.uk/ukpga/2011/4/data.pdf. Acesso em: 14 out. 2023.

URUGUAY, Visconde do. *Ensaio sobre o Direito Administrativo.* Rio de Janeiro: Typographia Nacional, 1862. t. I.

VALCARCEL, Ernesto Lejeune. Direito Financeiro. *Revista do Serviço Público*, [s.l.], v. 39, n. 4, 127-131, 2017. Disponível em: https://revista.enap.gov.br/index.php/RSP/article/view/2244/1165. Acesso em: 3 out. 2023.

VELTEN, Simone Reinholz. *Determinantes da rejeição das prestações de contas anuais dos municípios capixabas pelo Tribunal de Contas do Estado do Espírito Santo.* 2015. Dissertação (Mestrado em Ciências Contábeis) – Faculdade Instituto Capixaba de Pesquisas em Contabilidade, Economia e Finanças, Vitória, 2015.

VIANA, Arízio de. *Orçamento brasileiro.* 2. ed. Rio de Janeiro: Edições Financeiras S.A., 1950.

VICTER, Roberto Santos. *Prestação de contas ou auditoria de contas?* A busca por uma significação. 2016. Dissertação (Mestrado em Administração Pública) – Escola Brasileira de Administração Pública e de Empresas, Fundação Getúlio Vargas, Rio de Janeiro, 2016. Disponível em: https://repositorio.fgv.br/server/api/core/bitstreams/8b90cd2c-5ee8-4416-bb9a-2977e43fd5aa/content. Acesso em: 7 set. 2024.

VILLAVERDE, João. As contas de Dilma podem ser reprovadas? *O Estado de São Paulo*, 16 de jun. 2015. Disponível em: https://www.estadao.com.br/economia/joao-villaverde/as-contas-de-dilma/. Acesso em: 24 abr. 2024.

VITÓRIA, Teresa. *Serzedello Corrêa.* Rio de Janeiro: Fundação Getulio Vargas, Centro de Pesquisa e Documentação de História Contemporânea do Brasil, [s.d.]. Disponível em: https://cpdoc.fgv.br/sites/default/files/verbetes/primeira-republica/CORREIA,%20Serzedelo.pdf. Acesso em: 24 set. 2023.

WILLEMAN, Marianna Montebello. *Accountability democrática e o desenho institucional dos tribunais de contas no Brasil.* Belo Horizonte: Fórum, 2017. *eBook.*

WILLEMAN, Marianna Montebello. *O desenho institucional dos Tribunais de Contas e sua vocação para a tutela da accountability democrática*: perspectiva em prol do direito à boa administração pública no Brasil. 2016. Tese (Doutorado em Direito) – Pontifícia Universidade Católica, Rio de Janeiro, 2016.

WORLD BANK. *Features and functions of supreme audit institutions.* July 2002. Disponível em: https://openknowledge.worldbank.org/server/api/core/bitstreams/ced8d6f8-07a5-56b7-8276-eab4bea52ab0/content. Acesso em: 5 mar. 2024.

FSC
www.fsc.org
MISTO
Papel | Apoiando uma gestão florestal responsável
FSC® C092828

2023
CARBON NEUTRAL
SAVE cerrado

Esta obra foi composta em fonte Palatino Linotype, corpo 10
e impressa em papel Offset 75g (miolo) e Supremo 250g (capa)
pela Gráfica Formato.